WAR IN WORLD HISTORY

世界战争史

[英]杰里米·布莱克　[美]史蒂芬·莫里略　[美]保罗·洛科科　著　王启超　董伟　译

Jeremy Black　　Stephen Morillo　　Paul Lococo

Society, Technology, and War from Ancient Times to the Present

光明日报出版社

目 录

前 言 /I

第一部分　古代世界，公元前2000—公元400年

第1章　青铜器和双轮战车　/3
　　　　欧亚大陆，公元前10000—前600年

第2章　帝国、战象与意识形态　/23
　　　　亚洲，公元前800—公元200年

第3章　城邦和方阵　/43
　　　　希腊和马其顿，公元前800—前200年

第4章　军团和帝国　/65
　　　　罗马，公元前500—公元400年

第5章　船桨和撞角　/89
　　　　公元400年前的古代海战

评论：第一部分　到公元400年　/111

第二部分　迁徙和入侵时代，400—1100年

第6章　游牧民族世界　/117
　　　　公元1100年前的中亚

第7章　首领与战团　/139
　　　　西欧，400—1100年

第8章　哈里发与盔甲骑士　/163
　　　　伊斯兰世界与拜占庭帝国，400—1100年

第 9 章　从骑兵到征兵　/ 185
　　　　中国，400—1100 年

第 10 章　掠夺者与警察　/ 203
　　　　海战，400—1100 年

评论：第二部分　400—1100 年　/ 222

第三部分　传统冲突的时代，1100—1500 年

第 11 章　十字和新月　/ 229
　　　　中东，1100—1450 年

第 12 章　骑士、城堡与国王　/ 249
　　　　西欧，1050—1500 年

第 13 章　可汗与征服　/ 271
　　　　蒙古人，1150—1400 年

第 14 章　学者、武士和苏丹　/ 291
　　　　亚洲，1100—1500 年

第 15 章　水手与商人　/ 313
　　　　海上战争，1100—1571 年

评论：第三部分　1100—1500 年　/ 335

第四部分　全球战争的开端，1500—1750 年

第 16 章　欧洲的转变　/ 341
　　　　西欧，1450—1720 年

第 17 章　大炮与骑兵　/ 365
　　　　欧亚扩张，1500—1750 年

第 18 章　征服与接触　/ 387
　　　　欧洲的海外扩张，1500—1700 年

第 19 章　东亚的转变　/ 411
　　　　日本与中国，1500—1750 年

第 20 章　航海时代　/ 435
　　　　海战，1500—1750 年

评论：第四部分　1500—1750 年　/ 458

第五部分　革命和帝国主义时代，1700—1914 年

第 21 章　金钱与刺刀　/465
　　　　　全球舞台中的线式战术，1680—1789 年

第 22 章　从监狱到路障　/487
　　　　　革命与拿破仑战争，1792—1815 年

第 23 章　步枪和铁路　/509
　　　　　工业时代的战争，1815—1914 年

第 24 章　枪炮与政府　/533
　　　　　欧洲在全球的主导地位，1800—1914 年

第 25 章　从帆船到蒸汽船　/555
　　　　　海上战争，1750—1914 年

评论：第五部分　1700—1914 年　/576

第六部分　全球冲突时代，1914 年至现在

第 26 章　大型战争　/583
　　　　　第一次世界大战，1914—1918 年

第 27 章　坦克与任务　/603
　　　　　两次世界大战之间的军事发展，1918—1937 年

第 28 章　正义之战　/615
　　　　　第二次世界大战，1937—1945 年

第 29 章　核时代　/645
　　　　　殖民地独立和冷战，1945—1989 年

第 30 章　冲突与文化　/663
　　　　　1989 年后的战争

评论：第六部分　1914 年至今　/684

出版后记　/688

前　言

本书是以战争的视角来研究世界历史的著作，初步设定为大学军事历史课程教材，或世界史课程教材和补充阅读材料。考虑到这是一本全面介绍军事历史并对其进行综合研究的书，我们相信它也会受到普通读者，特别是那些对军事历史感兴趣的读者的喜爱。毋庸置疑，军事历史是一个非常流行的主题，但仅仅是流行并不足以让一本教材超脱于智力教育的范围之外。一本专注于战争的世界历史教材能给校内外的学生和教师带来什么帮助呢？

为什么选择战争这个主题

贯穿整个历史，战争是人类最普遍的活动之一。军事准备工作和组织机构曾经是许多人类群体内部组织的核心组成部分。战争本身是这些人类群体与其他群体相互影响的主要方式之一，人们经常把它与其他重要的交流和影响形式紧密联系起来：或者是传播疾病的媒介，或者是贸易和经济交流的伴生事件或者根本就是其外在形态，再或者就是宗教扩张的同伙。

由于战争在众多的人类群体活动中处于中心地位，因此它成了一个透视镜，借助它可以很好地观察历史的其余部分，战争不但为人类发展的许多方面提供了一个主题性联系，而且其本身就是一个重要的主题。战争的不断爆发有时会对社会构成投射一道特别的启迪之光，它能够暴露组织的优点和缺陷，检验群体之间的文化联系的紧密程度，其他活动则很少能做到这一点。

尽管战争曾扮演着如此重要的角色，但直到今天，作为世界史的主题之一，战争的很多细节仍然有待发现。如今，专业的世界史教材比以前更加普及了，即使与10年前相比，情况也大不相同。最近，许多学者尝试着把世界历史学家面对的大量素材组织起来，围绕类似科技或文化联系等方面的主题来展开论述。一些学者甚至对所有的主题分支都有涉猎，以全球视野研究了各种各样的跨文化主题，例如，家族、宗教以及国家或边境。但是战争除了可能作为20世纪冲突的一个方面外，几乎从不入围这份主题名单。

在过去的25年里，许多专家投身到军事历史领域进行研究，他们的工作从根本上重新定义了军事历史，使之成为一个学术研究的竞技场。这股热潮仍然不能阻止人们对军事历史的忽视，这令本来就古怪的情形显得更加古怪。在19世纪和20世纪初的军事历史编纂传统中，前军事人员面向其他前职业军人和战争狂热分子而撰写的决定性大战相关文字和所谓"战争的艺术"占据了主导地位，几乎毁了这个原本属于严肃的历史学家的领域。但是，20世纪70年代中期以来兴起的"新军事历史"使军事研究焕发出新的生命力。欧洲中世纪历史学家考察了为战争而组织的社会，他们在创造新的军事历史方面成为引领者。近些年，有关近代早期军事革命和现代"军事事务中的革新"（revolution in military affairs）两者之间的激烈且富有成效的争论，把研究战争史的新方法拓展到了许多新的时期和地点。

新军事历史的核心是将战争放在大背景中，更准确地说是放在许多大背景——社会经济、公共制度以及文化背景——中进行研究。因此，本书的主旨之一，是从全球的视角来综合和整合新军事历史。另外，作为一本军事历史教材，我们始终尝试把战争和军人看作正常运转的社会的一部分。战争及其背景的相互关系——既包括战争对社会的影响，也包括社会对战争的影响（包括同属于两者的一部分的新技术的开发）——是理解历史上战争为什么以多种方式进行的基础。不同于其他许多战争史研究，我们把海战和海上活动（以及20世纪的空战）整合到武装力量千年发展的大画卷里。总之，新军事历史的主旨和方法成为我们这本书的重点。

重 点

因此，我们所撰写的内容是战争和战争背景。研究军事行动的人将会在本书中找到历史上发生的一些战役。讲述全球历史意味着需要跨越久远的年代和辽阔的地理空间，这可能限制了叙述详尽的故事的数量。本书的重点在于分析，而非讲述。不过，每个章节都浓墨重彩地介绍了代表着经典和有时一成不变的"战争的艺术"的会战和战役，也阐述了战术和训练为适应新的挑战、武器和环境而发生的改变。

但本书突出强调的部分，如前所述，是战争背景。在这个方面有三个重要的领域脱颖而出。

第一，政治和制度背景。任何社会的战争组织机构始终与政治精英、国家权力以及统治和管理方法有着重要联系。权力的组织结构对军事组织及其行动形成了重要的约束，举例来说，它一直影响着军队的招募对象及方式。对军队的使用也是政治活动中政治权力分配的可靠且经常是非常重要的组成部分。作为国家政策的工具，政治活动和政治机构反过来又影响着战争。战争不仅受制度背景影响，而且也影响着制度背景。

第二，社会和经济背景。该领域包括社会阶层结构的影响（与政治背景有密切联系）以及经济对军事活动的支持问题。生产力和运输科技在一些具有决定性意义的方面影响了军队后勤，而军队后勤——使军队保持现有状态的能力——从整个历史的角度来看可能是制约战争进行方式的占据统治地位的因素。经济领域通常也包括科技。当提到与战争有关的技术时，人们自然而然地会想到武器革新。但还有一些科技——可能是非军事用途的，如印刷机，也可能是与军事仅仅有间接或部分关联的，如蒸汽机——一直在战争的形成过程中扮演着重要的角色。军事冲突最终都会对社会和经济产生显著的影响（"战争对社会的影响"是新军事历史的一个早期口号），最常见的是带来浩劫和破坏，尽管在个别情况下会刺激经济增长和科技创新。

第三，文化背景。从世界历史的角度来看，战争不仅仅是一种活动，它也是文化发展的纽带。由于在世界历史上许多战士拥有社会精英的地位，因此战士价值观塑造了很多文化。战争和宗教经常结成联盟（神圣或不神圣均出于个人观点）。许多文化对战争的实施有着各种各样的宗教性限制，而作为在世界文学领域中一个占据主导地位的主题，对战争从赞颂到谴责的各种反应恐怕只有爱情才能够与之相比，且不提在许多文化中，战争更为流行，远超过罗曼史。

作为军事历史的资料来源之一，军事文献给我们提供了本书重点的又一个方面。从世界上许多社会中得到的资料以及在不同地区发行的间接历史资料有着巨大的不同。一部综合性的作品，例如，本书，是建立在许多学者与的研究工作基础之上的，而且不可避免地受到资料可使用性问题的影响。本书的情况是，我们把重点放在了主要的欧亚文明，但同时早在1700年，中亚的游牧民族就已经和这些欧亚文明共同存在了。而在这些文明发达地区，许多文献趋向于把更多的重点放在西欧而不是历史上有疑问的其他地区。这种倾向性在欧洲军事占统治地位的过去两个世纪里几乎是难以避免的（仅有少数的重要情况例外）。在那段时期之前，这种重点倾向性是有待商榷的，但对我们来说，与需要比起来，这些争论显得不是那么重要。当然我们一直在试图保持全球性视野，我们必须等待进一步的研究成果，这些成果将使欧亚大陆的资料研究更加连贯且平衡。

毋庸置疑，我们简略撒哈拉沙漠以南的非洲、前哥伦布时代的美洲以及大洋洲的军事历史。一个原因是缺乏间接文献。另一个原因是如何定义战争的问题，关注我们主观选择的"军事视野"之外的东西，这是我们继续论述之前必须分析的两个基本问题之一。

两个基本问题

这两个问题并没有明确的答案，它们是：何种活动可以被认定为战争？在人类历史上，战争的起源是什么？

谈到第一个问题，很明显人类暴力是一个很大的范畴。但区分一种暴力类别和另一种类别的界线，特别是区分有组织的战争和更加个体性以及可能是随意的暴力行为的界线是极端模糊不清的。把战争的定义限定为"有组织的国家行为"不仅会排除那些或许应该被算作某种形式的战争的部落冲突，而且在我们不考虑部落的情况下也过于有限。许多发生在中世纪早期欧洲的武装冲突，以及大多数来自西伯利亚大草原的游牧民族充满侵略性的行为毫无疑问应该被认定为战争。尽管事实上在某些这样的民族中所谓"国家"是很少存在的，而且即使存在也未能垄断战争行为。人数多少并不能被用于区分真正的战争和非战争，因为国家武装的暴力行动经常是由人数极少的部队来实施的。就意图的严肃性或伤亡率而言，想要区分"真正的"战争和更加仪式化的暴力行为是不可能的，这既是由于它本身含混不清，也由于几乎各种形式的战争都有意义重大的仪式成分，这只是把该问题移开了一步，而没有解决它。简言之，要想区分从谋杀到群殴再到导弹袭击的人类暴力活动，并没有一个明确的衡量标准。

然而，正是这种想要区分开的尝试，突显了战争的普遍性，至少在更广阔的定义下，它是人类文化的一个特征。这提出了战争起源的问题。

该领域的著作很多，类别也很复杂，更新也非常快。各种研究覆盖了生物进化领域、精神进化领域、神经系统科学、大脑研究、人类学、社会学以及历史学。然而，目前仍没有一致的观点出现。这部分是由于对战争起源的解释依赖于战争的定义：有组织的战争行为作为复杂的、统治阶层文化的一个创造，起源问题至少在某种程度上与某些种类的冲突——比如，那些狩猎者和采集者部落可能参与的冲突——区别明显。缺乏一致观点还由于该主题的政治色彩过浓。对战争起源的解释，不管是正确的还是错误的，都隐隐喻示着战争必然性相对于现代和平运动可能性相关的问题。

该主题政治色彩浓厚，至少潜在地与性别相关，尽管近期武装部队取消了性别歧视，但战争不管是过去还是将来仍然主要是一项男性参与的活动。在过去，当然，女性与战争紧密相连是由于她们是强奸、绑架以及杀戮行为的受害者、支持战争的经济生产者、军妓、妻子、"战争后方"的一个关键部分、联姻联盟的纽带以及引发战争的借口——尽管特洛伊的海伦根本就不存在。女性参与战争仅仅是偶尔作为领导者出现，更加少见的是作为战士出现，这个事实使得对战争起源的解释以及对战争起源解释的政治意义更为复杂。

在正文中，我们将含蓄地解答第一个问题，即什么行为能被认定为战争，而且我们的解答还可能比较武断。我们将在第 1 章尝试简要地解答第二个问题，即战争的起源问题。这个介绍将迅速把我们引向亚洲西南部，那里最早的文明之间已被确认发生过战争——古老的城墙雄辩地证明了，即使是在定居文化的早期阶段，公共防御也是非常必要的——而且清楚地呈现了从那时开始的演变。历史上，战争几乎在全球普遍存在，这是否意味着战争是人类发展不可避免的一部分呢？可能是的，但直到最近一段时期，奴隶制度还是人类社会几乎普遍存在的，现在则变得不像以前那样普遍了。情况改变了，涉及的群体与组织的反应也随之发生变化。历史学家的工作是帮助理解过去。预测未来则是非常愚蠢的。

结构：按年代排序

为了探讨全球范围内长达数个时代的战争演变，我们把这项研究划分为六个按年代排序的部分，每个部分包含 5 个章节。在前五部分中，有 4 章探究陆地上发生的战争，按地理和文化来划分。第 5 章以全球性和比较性的视野研究海上战争和海事活动。在第六部分，陆地、海洋以及越来越多的空战交织在一起，而且所有这些战争都是全球性的。这些部分简要介绍如下：

第一部分：古代世界，公元前 2000—公元 400 年 这部分从最早的军队建立开始研究，先是第一支可证明存在的步兵部队，然后是战车——这可能是世界上第一个复杂的武器系统，再到古代世界的希腊、波斯、罗马、印度以及中国的军队。这部分研究了早期文明中战争文化的产生，由步兵组成的大型军队的产生和不断成熟直至完善，还研究了地中海地区单层甲板桨帆船（galley，一译加莱船）的发明。

第二部分：迁徙和入侵的时代，400—1100 年 这部分从介绍中亚大草原游牧民族的生活和战争开始，研究游牧民族对定居文明长达上千年的威胁。从中国的边疆到西罗马帝国，这是一个被游牧民族迁徙和入侵塑造的时代，入侵也包括海上入侵，游牧民族的海上活动是两大海事活动类型之一。

第三部分：传统冲突的时代，1100—1500 年 主要的游牧民族的征服活动于蒙古帝国时达到顶峰，在这个时代仍在继续，文化交流越来越多，十字军东征和商业活动掺杂其中。不断增加的商业活动和持续发展的科技水平开始转变海上力量的潜能，相互作用不仅大大拓展了战争的思想和科技，而且使得个别军事传统的特性更新更快。

第四部分：全球战争的开端，1500—1750 年 使用黑火药的武器在这个时代占据主导地位。在欧洲，一场正在进行的变革接近了革命的程度；在亚洲许多地区，在游牧民族对定居社会的威胁逐渐减弱的过程中，大炮和滑膛枪的使用显示了军事变革的重要意义。最重要的是，枪炮和军舰使全球融合进入了一个新时代——从对美洲的征服开始，并创造了海军的新时代，使得海上战争不再是陆地战争的附属。

第五部分：革命和帝国主义时代，1700—1914 年 18 世纪的列队射击战术，法国大革命和拿破仑掌权时期第一次征募大规模新式军队的尝试，开启了一个社会、科技和经济快速变化的时代，这对于战争有着直接且革命性的影响。工业化、大规模军队以及火力变革，使得欧洲国家走上了全球霸权的道路。在海上，已臻完美境界的木制帆船让位于铁甲舰和海上军备竞赛。

第六部分：全球冲突时代，1914年至现在 快速的科技革新使得战争继续发生变革，从火力优先到运输和机动能力的变革，见证了军事革命的发展进步。其结果在两次世界大战的战场上显露无遗，不管是在1945年之前还是之后，军事理论都努力跟上军事变革的节奏。空战加入陆战和海战行列，成为战争的一部分到20世纪末期，联合武装部队被在世界范围内的各种地形和战场使用，经常会在非常规战争中同非常规对手作战，这给军事行动的计划和实施带来了新的难题。

结构：卷的划分

本书的英文版由两卷组成（中文版合成一册），其划分的分界点为大约1500年：第一卷包括第一至第三部分，第二卷包括第四至第六部分。这种格式顺应了西方和世界文明课程划分的常用方式，因此本书可以用作补充课程（甚至主要课程）教材，也符合军事历史研究课程的一个标准学期的使用需要。

使用本书的教师应该注意，可以通过麦格劳-希尔公司定制出版教材的普里米思（Primis）系统容易且轻松得到许多其他选择。只要登录麦格劳-希尔公司高等教育网站www.mhhe.com/primis的普里米思系统，选择社会科学/人文学科，选择历史，然后从待挑选的教材中选择世界历史中的战争即可。这时你可以创建属于自己的划分方式。你可以一个部分一个部分地订购。这些以一学期为时间设定的系统能生成三卷：1100年之前的历史（第一和第二部分），从1100年至1750年（第三和第四部分），从1750年至今（第五和第六部分）。

普里米思系统能提供不受限制的划分。对海军历史研究有兴趣？把第5、第10、第15、第20和第25章合并在一起，就可以得到涵盖从舰船兴起到20世纪开端的海军历史。研究欧洲陆地战争？第7、第12、第16、第21、第22和第23章涵盖了从400年到1900年的历史；第3章和第4章讲述的是古希腊和古罗马，第六部分则包含了1900年以后的战事。本书能给你全面的讲解，普里米思系统则给予灵活的定制方式。两者结合能让你组织起你想要教授的课程。

特 色

在根据年代划分的各个章节中，本书提供了许多专题来提升教材的实用性。除了主要的内容之外，每章都包含了更细致的描写军事历史某些方面的材料，这些材料被放在方框区域中以示强调。我们使用了三种类型的材料，每一份材料都意在说明章节主题的不同方面。

专题A为文献资料区，挑选了一些文献材料，给学生们提供了研究过去的一扇窗户，帮助他们接触那些历史学家做出结论的作品，并给予学生们自己得出结论的机会。

专题 B 为精彩现场区，关注某一场特定的野战、围城战或者战役[①]，提供研究作战行动细节和探讨未包含在主要内容里的某些特殊战略和战术的机会。

专题 C 为比较争论区，提出并探讨历史争论——历史学家目前是如何针对军事历史上的一些重要问题展开争论的——在每一章的框架内以比较的视角来研究综合或长期的历史课题。

除了专题材料外，每个章节还提供了一个简短的关于该部分主题的**建议阅读书目**。最后，每五章还以一个**评论**部分作为结尾，总结了这五章的主题，研究了在章节的地理结构外全球性以及相比较的发展情况。我们希望这些设计有助于让本书成为一本世界军事历史的实用且吸引人的教材。

致　谢

感谢那些在读过不同阶段的手稿后发来许多有益评论的读者，他们回复的评论，或正式或简洁，都大大提升了本书的质量。这些学者包括：

理查德·艾伯斯，美国海军学院

威廉·托马斯·埃里森，韦伯州立大学

大卫·巴克拉克，新汉普郡大学

乔纳森·M. 比格尔，西新英格兰学院

波特·布莱克摩尔，玛丽华盛顿学院

西奥多·F. 库克，威廉帕特森大学

菲利斯·卡尔汉姆，美国海军学院

休·杜布勒，圣安塞姆学院

威廉·哈姆布林，布里汉姆青年学院

史蒂文·艾萨克，朗伍德大学

韦恩·李，北卡罗来纳大学查布尔希尔分校

米歇尔·V. 莱吉尔，路易斯安那州立大学什里夫波特分校

[①] 书中所讲的作战形式，主要有下列几种：siege，我们一般译作"围城战"，它表示围困和攻打城池和堡垒等，有时候是围而不攻，通过围困使敌方耗尽资源而投降。battle，我们一般译作"野战"。它不同于两军行进途中的遭遇战，也不同于双方挖好战壕的阵地战。它指的是交战双方在开阔的战场（通常是约定好的地点）排开阵势，以各种阵型互相攻防。有时候 battle 也被译成"战役"，特别是到 19 世纪中后期进入现代战争阶段，这个单词通常译为"战役"，与 campaign 意思相近。后者所指的也是野战这种作战形式，但通常已经包括阵地战的内容了。campaign 一般译作"战役"，指的是包括野战和围城战在内的一系列战斗的组合。combat，通常我们译作"近战格斗"，它一般指的是个体战斗人员的作战方式，而不是两军的作战形式。之所以会强调 combat，是因为无论是 siege 还是 battle，个体的参战人员实际上很少有"近战格斗"的机会，所以书中才会讲到特定历史时期某些参加过很多战斗的老兵，实际上并没有 combat 的经验。

蒂莫西·G.林奇，加利福尼亚海事学院，CSU

约翰·林恩，伊利诺伊大学

亚历克斯·罗兰，杜克大学

乔纳森·罗斯，圣何塞州立大学

弗雷德里希·施耐德，海波特大学

斯宾塞·塔克，弗吉尼亚军事学院

艾弗里特·L.惠勒，杜克大学

对我们的编辑，麦格劳-希尔公司的约翰·黑格，在推动本书进度方面提供的帮助，我们的感激之情无以言表。我们要特别感谢美国海军战争学院的迈克尔·帕夫科维奇，他提供了本书的最初设想，但由于个人原因，他未能成为本书的作者之一，这令人非常遗憾。

第一部分

古代世界

公元前 2000—公元 400 年

第1章
青铜器和双轮战车

欧亚大陆，公元前10000—前600年

战争似乎一直都是人类历史的组成部分。在许多文化中，文字之所以被发明，那些成为今日大多数历史研究基础的著作之所以会流传至今，就是为了记载国王们的战争以及伟大勇士的英雄故事。然而事实上早期的战争史一直为迷雾所遮盖。在有文字记录前的数千年里，人类以狩猎者和采集者的身份生活在地球上的各个角落。他们之间进行过战争吗？即使战争变成了人类活动中众所周知的一部分，原始资料的缺乏和获取资料的艰难也使我们只能通过不完整的、不确定的方式来认识某场战争，或者是研究战争双方的军事组织形式。

　　当然，原始资料的问题——战争记录不完整，我们找到的常常又是带有偏见和问题的材料，以及已有的证据容易被以不同的方式解读——在所有的历史研究中都十分常见。在本书中，我们在主要内容后面的小节中举例强调了这些问题。

　　在本章，我们首先对有关战争起源引起的争论进行简要的探讨；然后，纵览远古时期的战争并研究战争的主题，这些主题在历史上将一再发生，它们将构成本书后面部分研究分析的主要框架；最后，我们将进一步研究那些证据充分的材料，这些材料的证据足够充分，以至于我们终于可以谈一些有实质性内容的远古战争和军事组织。

战争起源

生物学因素

　　要评估战争起源的证据，首先要理解与引发战争有关的生物学因素的地位。争论双方有一方认为侵略和战争是人类的本性，暗指战争不仅过去是而且永远都是人类生存发展难以避免的；另一方则认为战争是文化的产物，与生物学因素无关，这意味着战争可以通过人类活动消除。正是这两方暗含的政治意图导致或者说造成这个争论不时成为热点问题。单纯从生物学角度讲，这个问题是无法回答的，因为它是建立在错误的将天性和文化两分的基础上的。人类是复杂的生物体，它不仅受基因影响，也耳濡目染着复杂的、建立在语言基础上的文化，并代代相传。就像在培养独立个体过程中难以将教育对天性的影响分离开一样，在不同的社会体系中，把社会对生物的影响分离开来也是不可能的。这两种说法的对立不可避免地让我们难以解答潜在的战争起源的生物学问题。可以参考一下我们在生物学上的血缘近亲——无尾猿，由于灵长类族群的社会生物学有着巨大的差异，而且含有文化组成部分，因此它们也无法帮助我们找到答案。

仅仅在灵长目动物中与人类血缘最近的一族——黑猩猩中，其个体以及族群之间的争斗也是有着巨大差异的，尽管有非暴力的发展趋势，但还是无法提供有关人类天性的明确答案。因此，我们必须把目光转向早期人类历史留下的证据。

当然，类似这样的证据相当少，而且文字证据并没有显示战争尚未出现的时期的情况。因此，许多历史学家和人类学家转而研究那些20世纪仍然留存的由狩猎者和采集者组成的族群。他们假设这些部族人员仍然像数千年前我们的祖先那样生活，试图以此管窥远古时代的情况。一个经常被引用的例子是生活在亚马孙流域的亚纳马默（Yanamamo）部落，该部落曾发生过很激烈的暴力冲突。这种冲突不仅发生在部落族人之间（特别是同性之间），也发生于部落之间。这个事例经常被引用证明进行战争是人类天性的一部分。然而假设亚纳马默部落成员过着与我们的祖先一样的生活是有问题的。通过把这个小部落的发展历程放置于更加广阔的整个南美洲殖民历史长河中，一些人类学家已经重新解读了亚纳马默部落的原始地域研究资料。他们指出，亚纳马默部落远远不是独立存在的，它与临近的（通常是更加复杂的）社会在长达数个世纪的时间里一直有着直接或间接的接触。这些社会自身曾进行过有组织的战争、贩卖武器，而且总体上破坏了所谓亚纳马默部落过着原始生活的假设。事实上，其他以捕猎动物和采集食物为生的一直存续到20世纪的部落情况也都如此。更进一步说，每个存在暴力冲突的部落的例子在人类学文献中都会发现与之相对的和平生活的部落案例。人类学档案，至少是当它涉及研究仍然存在的民族时，用于回答战争起源问题是不可信的。

这使得我们把目光转向对远古人类的考古学记录，但这些考古学记录也难以解答战争起源问题，因为这些记录非常不完整。尽管专家们对用考古学记录解答战争起源这个问题曾有过激烈的争论，但考古学记录的确提供了某种临时性的答案轮廓。考古学家和古人类学家曾研究过散布于地球各个角落的现代人的祖先——直立人（Homo erectus）的骨骼，这些专家同时还研究了直立人使用的有限的工具（基本上是石头制作的手斧）；这些物品散落于欧亚大陆的各处遗址中，其时代可以追溯到200万年前至10万年前。除了上述证据之外，还有专家们发现的生活于15万年前至10万年前的智人（Homo sapiens）的骨骼，他们的足迹比直立人所到达的地方更远，其使用的工具也更加多样。在这两个远古人群的数千块骨骼中，很难发现人类暴力活动的明显痕迹，而那些确实发现痕迹的也属个案。研究发现，直立人并没有出现过个别的存在暴力活动痕迹的情况，看起来在原始人类中，所谓现代人类的产物——有组织的暴力活动不会早于大约15万年前发生。即使是在现代人遗址中，族群间（相对于个体而言）有组织的、使用武器的侵略证据在大约10万年前也是不存在的。

因此，如果我们把战争定义为人类之间有组织的暴力活动，而不是极罕见的凶杀事件，那么除了在古美索不达米亚的一起个别案例，在8000年前几乎没有发生战争的明显证据。在那个案例中，伊拉克北部某地发现了一个埋有数百具骸骨的大型墓地。这些骸骨有明显被人类武器伤害的痕迹。这是发现武器伤害的最早案例，也是最初的类型。也就是从这时起，这种类型变得越来越普遍。几乎在同一时间，堡垒开始在同一地区出现，例如，巴勒斯坦北部地区的耶利哥（Jericho）①就有这样的建筑（尽管这些城墙的最初形态可能是为了抵御洪水而不是防御敌人）。从这时起，类似的痕迹在欧洲和近东地区迅速蔓延，在中国北部地区和美洲中部地区的一些地方随后也出现了这种情况。

这些案例暗示着战争是一项发明、一种文化现象，而不是生物决定论的产物。尽管战争不可避免地包含了一些生物学因素，但这仅仅是因为人类本身就是一种生物（自此以后人类社会相互作用的影响是否使得战争成为一种不可避免的社会和文化现象则是另外一个问题）。那么我们要问的是：经历了数千年和平之后，是何种情况对那些地区和时代产生了影响，从而使战争爆发并从此出现在这个世界上？

发明战争：原因

那些爆发战争的地区和时代暗示着战争的爆发与农业的出现有关（尽管战争并不依赖于农业的出现）。同样，从另一个角度看，导致各个地区农业诞生的前提条件也有助于催生战争。不断增加的人口是非常关键的因素。在一些土地特别肥沃的农业区和物产丰富的猎区，人口增长开始导致食物不足。与此同时，由于资源至少在初期是足够充分的，因此在这些地区的人们，即使在农耕时代以前，其生活方式也变得离游牧生活越来越远。他们因此越来越频繁地提出对明确为领土的定居地的所有权。简言之，这种趋势在那些农业开始兴起的地区和时代得到了强化。固定的居所能够积累资源，这就给劫掠提供了一个诱人的目标，它同时也是一笔值得保卫的财富。

不断增加的人口不仅给资源带来压力，而且也改变了社会结构。一个地区的人口越来越多，不仅在绝对数量上，而且在居所的密度上，都不可避免地导致定义明确的社会阶层和社会管理机制的诞生。类似的机制——其形式来源于部落领导功能——可能逐渐被一个家族掌握，直至首领世袭制出现。该机制也用于团结社会精英和那些统治家族内的强势团体，其诞生起初可能是为了处理团体内部斗争以及解决财富的再分配问题。最终，团体越大，内部的矛盾越难以通过家族成员或伙伴的非正式调解来解决，因为这种方式不能把不断增加的人口紧密联系在一起。基于同样的原因，人们在这个团体内也很难进行交易和共享资源。因此，为了处理一些在现代名词术语中类似于维持治安和司法审判的事务，以及"为了公共利益"的征税和开支事务，领袖或等同于领袖的职务开始出现。一个公认的领袖和他的支持者（可能有助于执行领袖在团体内部做出的决策部署）不仅能够满足这些内部需求，而且潜在地为应对外来威胁提供了一个组织性更强的、中央集权的、高效的公共应对工具。类似的社会政治阶层和结构的产生并没有让

---

① 耶利哥：巴勒斯坦古城，临近死海西北海岸，是扼守约旦河下游河谷的要塞，据《圣经·旧约》记载，它被约书亚征服并毁灭。——译注

战争的出现和爆发成为必然，但它们推动了这样一个步骤——即使没能让战争不可避免，但也让战争出现的可能性大大增加，它们是战争产生的前提。

政治阶层的诞生，即使是以有限的形式出现，也伴随着越来越多的重要财产交易，这些交易凸显了权力的重要、合法以及精英地位的高贵。凸显那些重要物品（这些物品本身具有稀有特性）价值的交易本身，以及有限的资源供给，形成了导致冲突产生的另一种潜在关系。政治决策制定者及其地位与这种关系有着紧密联系，这为战争提供了一个强大的诱因。

许多社会，在不同的地区和时代，独立步入了这样的经济和社会政治发展阶段。推动部分这样的社会跨过界线步入发动有组织的暴力行动来攻击临近群体的最终因素是环境。最初是伊拉克北部地区，其后是明显独立发生战争的一些地区，这些地区似乎都发生过严重的环境危机，例如，由气温的缓慢上升和气候干燥导致的大范围干旱。突然且普遍的食品短缺给本已稳定的资源供给带来了巨大的压力，点燃了发动军事行动的导火索。因此，原本和平相处的邻近族群为了保卫各自在这个世界中的生存空间，开始诉诸有组织的暴力活动，相互征战不休。应该引起注意的是，从已有的证据来看，战争和农业均诞生于最后一个冰河时代之后。由于全球变暖并不是永远有利于维持食物供给，因此不管是战争还是农业都可以被视为对重大环境变化的某种适应性反应。

战争起源：结果

此外，战争和农业发生、发展的结果往往是相互促进的，促成了对方的传播。一旦战争在一个地区发生，许多动力会促使爆发战争的趋势迅速蔓延，这背离了战争的初始目的，也的确远离了战争爆发的初始条件。最初也是最明显的，它是一种成功的方式，至少在最初获得胜利的社会眼中是这样。当然，确实有一些社群能最大化地发掘这种新的生活方式，因为在一场战争中获得胜利就能得到有利于生存的资源，奠定进一步发动战争的基础，并获取如何进行战争的经验，这是至关重要的。面对着发动战争威胁的社群，相邻的社群不得不做出选择，要么以同样的方式回应，要么屈服。他们向战时机制的转变则迫使他们的邻居反过来面临着同样的选择。简言之，一旦社会政治版图中出现发动战争的势力，任何与它们有关的势力均不得不采取新的组织模式，否则将面临被征服或灭亡的风险。这种动力导致的战争观念的传播是非常迅速的——事实上，考古学证据间接地证明了这一点。

也许更重要的是，从那以后，战争作为社会可以利用的一种工具，其长期存在是同社会阶层以及政治领导阶层相互作用的。像我们指出的那样，即使是在那些并不存在战争爆发条件的地区，战争也开始广泛蔓延。那些地区大概缺乏发动战争以获得生存空间的必要性，至少在一些案例中是这样的。在那些能有效使用武力的等级社会中，起作用的基本动力是社会精英追求自身利益，这自然与人民大众的利益相悖。由于政治精英更有可能利用其社会和经济上的特殊地位置办武器装备，这就促使他们变得崇尚武力，也因此能够在战争中实现利益的最大化并攫取荣誉和财富。简言之，战争给精英阶层带来的好处可能多于给农民带来的好处。事实上，在许多情况下，由于战争使精英阶层对资源的需求越来越大，而使农民承担受到敌人发动破坏性袭击的风险，因此战争无疑是农民的一项负担。精英阶层支持战争，这种做法是与农民的经济利益相对立的，导致社会内部出现政治紧张情况，并促使精英阶层加强对人民的统治。这种情况发展到最后可能会导致自由民沦为佃农甚至是奴隶。由于农耕经济产生的剩余财富不足，这种情况使得精英阶层更倾向于对农民进行政治统治，因此精英阶层可以保证他们拥有（不成比例的）剩余财富，而战争很容易地推动了农业经济创造精英阶层主导的等级社会结构的趋势。

此外，作为社会面临的一种最严峻的危机，战争使最高层强有力的领导变得更加重要。部落领袖、酋长或者国王们都认识到了这一点，因此他们可能比其所属的作为一个整体存在的社会更热衷于发动战争。因此，领导人们发动战争是因为战争加强了他们的权威和地位，而不是因为战争是使他们所属群体获益的必要手段。通过这种方式，战争也强化并加剧了在资源不足和通信手段有限的情况下农耕社会所面临的统一领导的压力。因此，君主政体能够成为最后一个冰河世纪结束后很长时间的人类历史中盛行的占据统治地位的政治组织形式，战争是起了很大作用的。

外有尚武社会造成的威胁，内有等级政治组织的推动，避免战争不再是一个选项。战争与修筑防御工事、军备竞赛以及广泛的社会和文化影响一起逐渐成为人类历史中不断发生的现象，本书后文将会对它们进行解读。

军事要素：公元前 3500 年之前的发展情况

前一节概述的战争起源的动力暗示着战争和军事组织将进一步发展。尽管在战争出现以及公元前第二个千年之间，某些战争和军事系统缺乏证据（例如，它们是什么样的），使得无法对一些案例展开详细调查，但一些总体趋势是能够看清楚的。这些趋势契合本书围绕的主题分析的主要范畴，因此它们值得研究并作为军事实践和历史的基础。我们大多数分散的证据来源于埃及和近东地区，这里早期文明的记录是最为丰富的，我们所知道的早期的中国、印度、中美洲以及其他地区都符合这样的模式。

战争及社会组织

第一个趋势包括社会组织中出现战争的外部和内部结果。要理解战争和社会组织的相互影响，需要对社会复杂性进行类型学研究。大体而言，社会政治组织可以分为简单的社团和复杂的社团。简单的社团没有等级分明的组织——团体的所有成员大致拥有同等的地位，他们之间的差别趋向于在个别特征中产生且不具有遗传性。这类社团明显地适用于狩猎者-采集者群体，小型组织通常由一个家族扩展而来。那些由许多群体组成的部落，特别是当这个部落是大型部落时，尽管在某些时候确实拥有公认的领袖，但它也算简单的社团。然而，如果一个部落首领以及支持他的家族获得了世袭的首领地位并逐渐发展出永久或暂时的统治机制，那么这个社团则跨越了这个难以定义的界限，转化为复杂社团，从而演变成酋邦。复杂社团的最高层次——包括永久性的行政系统、正式的办公室，以及通常意义上的城市政治组织以及一些保存永久性记录（在大多数情况下是文学作品）的机构——就是所谓国家。（有一个必须指出的重要问题是，这里讲到的机构等级的复杂性是从低到高排列的，但这并不意味着这种发展是从"较恶劣的"到"较好的"，或者是从"野蛮的"到"文明的"。）

战争出现的痕迹可以追溯到足够久远的过去，那时还没有一个社团符合通常意义上的对国家级别的政治组织的定义。最早进行战争的组织究竟是大型部落还是酋邦，还不得而知。相对而言，更令人信服的是战争促进了社会复杂性的发展。组织一群男人（以及女人）去打仗并不是一件简单的事，它需要机构的调度，强征劳力、资源，甚至是要求一个社群服兵役或者是以一种更好的方式说服社群的成员们或多或少地主动奉献。战争也因此成为一个有助于组织机构和意识形态发展的重要因素，它将人类社会连接得更为紧密。促进这样的政治结构和文化进步的特殊科技——最重要的当属文字（并不令人感到意外）——与战争的蔓延有着紧密联系，尽管这种联系并非科技所独享。当然，伴随着战争开始的政治统一进程也是不可避免的或没有任何疑问的。战争能够轻易地毁灭一个社会，而且遭到毁灭的并不仅仅是失败的一方。即使是一场胜仗也可能会在一个社会内部导致政治紧张，过度扩张其资源，或使其规模过大而难以有效管理，所有这些情况都可能会导致政治统一和社会凝聚力的崩塌。

战争对社会组织的影响可以反映在古代政治组织，特别是国家层次的社会组织的外部联系和内部动态上。由于新的领土和人口是政府能够增加资源的主要渠道，古代的国家都有扩张倾向。居住在其边界的人们因此常常被迫采取应对措施，不仅要发展自己的战争能力，而且还要顺应强大邻居的意识形态。其结果是造就了政治上更有组织的酋邦和国家。在文化上，这个进程被称为民族起源，即在各自拥有独立的文化、种族、身份的相邻族群中形成一个民族。接下来，经过对这些族群的扩充和同化的复杂过程，最终发展成占统治地位的政府。事实上，许多我们熟悉的早期著名历史人物都是王国的军事领袖，例如，阿卡德（Akkad）的萨尔贡（Sargon）以及古埃及的美尼斯（Menes），这些都反映出战争与社会政治组织有着重要联系。

战争与科技

战争和社会机制、文化控制之间的间接联系前面已经提及。更直接的是，在很早的时候，战争就已经与不同形式的科技发展和传播产生了联系。然而，我们必须小心不要掉进技术决定论的陷阱，这种过去流行的观点过分简单地把军事史（有时是整个历史）上所有重大的变革都归因于技术的革新。特定的科技影响因推行这些技术的经济、政治以及文化背景不同而有着很大不同，这是我们在本书中将不断提及的主题之一。但仍然有一些科技毋庸置疑对战争的发动产生着重要的影响，尽管这种影响也是有区别的。

　　早期战争中的关键技术是冶金术、筑城术以及动物驯养术。金属——首先是青铜器，后来是铁——能够被打造成利刃（当然，也可以用来打造铠甲），武器和铠甲的发明提升了冶金技术发达的社群的战斗力，而一些固定地区的防御工事也是战争从一个地区蔓延到另一个地区的明确标志。关键的驯养术当然是马匹的驯养：人们起初用马来拉战车，后来用它们承载战士，但马匹和其他驮运牲畜最广泛的用途是运输给养，其给战争带来的主要变革将在本章后面部分进行探讨。

　　战争中科技的主要形式，毫无疑问当属武器装备。古代战争中武器的基本分类与今天仍以某种形式存在的白刃战所使用武器的分类相同，例如，棍棒、匕首、长矛，以及投射武器如标枪、弹弓和弓箭。早期战争的武器毫无疑问是由大型捕猎工具演化而来的，但人们很快就需要专门制作的武器，特别是需要大规模使用这些武器杀死其他装备了武器和铠甲的敌人时。举例来说，剑从来都不是狩猎武器。（弓箭相对而言则很容易从用于打猎转变为用于作战。）武器和战术紧密相关，但我们对古代战争的了解很有限，以至对于军队是如何进行作战的无法做出肯定的结论。直到公元前的第二个千年，我们才能进行更详细的研究。

战争与文化

　　发动战争牵涉到社会政治，这种情况不可避免地影响了文化表达。我们已经谈及皇家宣传鼓动对于要发动战争而把社会团结起来的作用。对皇家军队胜利的记述，不管精确与否，都给领袖带来了声望，表现他在保卫人民时尽到了国王的职责，也因此有助于使王权统治合法化。这种皇家宣传至少是基于当时发生的事件，因此它们是我们研究军事历史的第一手资料。

　　在军事贵族和精英阶层中形成的勇士文化（warrior culture）的变化至少是同等重要的，无论这些人在何种情况下出现。与皇家宣传经常起到的作用相比，勇士精神——常常围绕着勇敢、忠诚以及其他存在于有战斗力的军事组织的普遍价值观构筑——有机会更为彻底地渗入一个社会的文化观念中去，因为它代表着一个重要的社会组织的观点和利益，而不是那些形式上的皇权。战争故事——勇士精神的文学表达，经常以诗歌的形式出现（在有文字记载以前很久，许多地区流传的是口述的史诗）——成为许多文学的传统资源。荷马的《伊利亚特》可能是西方读者最为熟悉的，包含许多战争故事的文学流派则成为印度教传统的基础，而以书面形式存在的最早的文学史诗《吉尔伽美什》讲述了一个伟大的国王的故事。在所有的勇士文化中一个普遍的因素是这些文化的角色性别高度单一。从我们已知的早期案例来看，战争、战争技巧以及部队的训练（而且可以延伸到合法使用权力）即使不全是与男性相关，也与男性密切相关。在有组织的战事爆发之前，我们无疑对性别在人类发展长河中的作用和身份知之甚少，但似乎男性权力以及公众生活的雄性化程度不同地成为几乎所有社会的鲜明特点，现代之前，几乎所有的社会都受到等级社会使用暴力的文化后果的深刻影响。在历史上，尽管数量不多,女性也确实曾经作为领袖、战士以及军队密切支持者参加过战争,尽管如此,战争的阳刚形象仍然得以突显,其地位并未因一些性别相反的案例而受到影响。当哈利卡纳苏斯(Halicarnassus)女王阿特米西娅(Artemisia)作为波斯的军事统帅在萨拉米斯(Salamis)海战(参见第5章)中英勇作战时,她的宗主皇帝薛西斯(Xerxes)从高高的山岭上俯视意料之外的损失惨重的战况时,据说说过这样的话:"我的男子汉们变成了女人,而我的女人则成了真正的男子汉!"这暗示着女性在大多数历史时期,在性别高度单一的部队中,受到的对待曾经非常严苛。

有组织的战争,公元前 3500—前 600 年

公元前 8000 年之后的战争考古证据,包括大规模的墓葬群、武器埋藏点以及那些早已被夷为平地的村庄,广泛分布于欧亚大陆的广阔地区——从现今的比利时到中国北部,类似的证据也在美洲大陆出现过,尽管其出现的时间相对而言非常晚。有意思的是,大多数美洲地区的战争考古证据都间接地表明当地政治组织的层次当时都未曾超过酋邦的水平。而城市、国家首先出现的地区,如美索不达米亚、埃及、印度河河谷以及稍晚的中国北部,大多数似乎没有发生过大规模的战争。因此,尽管在酋邦中战争提升了首领的权力,但在尚未达到国家层次的社会中发生高烈度的战争似乎并不是能够促使其向更复杂的政治组织层次转变的充分条件。事实上,战争的破坏性后果可能阻碍了资源的积累和人口的增长,而这些是国家出现所必需的。(一旦国家广泛存在,从酋邦升级为国家则变得更加简单,因为可以复制的模式和可以利用的资源已经触手可及。)

结果就是历史上战争的出现比国家的出现要早大约 5000 年,而且,在城邦国家出现后的大约 1000 年里,战争并不是国家政治组织或活动的中心。美索不达米亚早期城邦国家参与的战争十分有规律,且烈度较低(至少以我们现在的了解而言),而且与在战争中的领导地位相比,统治者的形象与他们在宗教中的地位联系得更为紧密。埃及很早就在一场看起来短暂且低烈度的武装冲突后统一成为一个王国,它被围绕着尼罗河的沙漠同其他地区隔离开来,在完全没有战争和军队的状态下度过了将近 1000 年。位于巴基斯坦境内的印度河的哈拉潘(Harappan)文明的考古记录非常模糊,令人无法确定战争在这个地区所起到的作用,但可以确定战争似乎并未扮演着突出的角色。位于中国北部黄河流域的早期国家间爆发的战争可能更为频繁,但那里的战争似乎在波及范围和烈度上也是有限的。事实上,埃及周边的早期城邦国家将精力主要放在利用水利系统来治理变化无常的洪水上。在公元前 3500 年至前 3000 年,很可能是和水利灌溉需要相关的内部组织需要与战争领导职能联合起来推动了美索不达米亚从酋邦升级为国家。美索不达米亚人的发展几乎确定无疑地影响到埃及和印度河流域国家的崛起。大约在 1000 年后,在中国出现了国家,可能是独立出现的。尽管如此,即使早期的国家并没有把发动战争当成中心任务,战争仍然在它们的历史中成为重要一环,而且战争模式对城市政治组织有着重要的影响。

战争中的城邦国家，公元前 3500—前 1700 年

城市和战争　国家出现的标志首先当属城市的出现（可能埃及除外，那里各种各样的城市中心迅速臣服于一个很早就实现中央集权的王国）。当政治、行政、经济和社会事务集中于一些大型的中心，城市成为城邦国家发动战争的目标也就不可避免了。早期战争围绕城市展开在考古学证据中就有反映：美索不达米亚早期的城市都被高高的城墙围绕着，这些城墙显然是特意设计用来抵御敌军进攻的。大量的城墙甚至在更早一些的定居地区就出现过，最著名的例子当属耶利哥闻名遐迩的城墙，可以追溯到公元前 7000 年左右。但这些城墙并不仅仅是被设计用来抵御敌人进攻的，最新研究认为它最初是用来抵御洪水的。但另一方面，在类似乌鲁克（Uruk）这样的城市，沿着城墙相隔一定距离设有塔楼，塔楼从城墙伸出从而提供从侧翼以弓箭对敌人进行打击的角度，使得这些建筑物的作用不言自明。

在许多案例中，环绕着城市的防御工事长达数英里，通常超过 30 英尺（约 9 米）高，地基达到 60 英尺（约 18 米）宽（美索不达米亚城邦的城墙基本上是土制的，外部砌有烧硬的砖块，所以必须有宽阔的地基才能让城墙呈锥形沿着坡度逐渐递减拔地而起；黄河流域早期城邦的城墙也是以类似的方式将泥土冲压捣打后筑成的）。这些工事的修筑都是通过征召农夫劳力来完成的。城邦军队中的大多数士兵也同样来自这些人，这一点毋庸置疑。考虑到早期城邦能用于战争的人口和资源十分有限，这样的军队很可能基本上就是一支兼职的民兵队伍，几乎没有任何训练，而且只有数量极少的属于核心的精英武士才能面见君主。另外，早期步兵的甲胄非常薄，有的步兵甚至没有盔甲，武器也只不过是简易的弓箭和长矛。在这样的物质和社会背景下，围城战成了战争的主要方式。这不仅是因为打败敌人就意味着侵占它的城市，也因为敌人根本没有足够的手段和能力来进行决战。战斗肯定发生过，但毫无疑问是烈度很低的战斗。此外，没有骑兵意味着这样的军队几乎没有追击敌人扩大战果的能力，因此战败的一方通常可以退回城内，继而城市被包围。围城战是很难打的，然而，如果一场突然袭击没有立即攻破城市的防御（无论是突袭还是围城战，高高的城墙让攀爬变得无比困难），攻击者必须堆起能通往城墙顶部的土坡，从而能够继续攻击。如果做不到这一点，那么要取胜只有迫使被围困的城邦因挨不过饥饿而投降这一个办法了，然而围城的军队同样需要补给，他们往往比据城守卫的敌人更早吃光粮食。

规模小且非职业化的敌军、高大的城墙以及有限的后勤补给能力意味着防守一方拥有巨大的优势，成功的攻击依赖于几个城邦联合，而这种联合一般是难以持久的。因此，在公元前 3500 年到前 3000 年间第一批城邦建立后的将近 1000 年里，美索不达米亚仍然有无数独立的城邦，在类似于吉尔伽美什这样的王国战争首领的领导下进行非决定性的、低烈度的战争。中国早期历史中的情况也很类似，而且如果印度河流域的城邦真的发生过战争的话，情况也一样。埃及是一个统一的王国，在这个时期没有发生战争。

阿卡德和帝国的起源 大约在公元前 2400 年，一些统治者似乎开始寻找能跨越城邦国家战争限制的方法。这个过程在阿卡德帝国君主萨尔贡在位时取得了决定性进展，他在大约公元前 2400—前 2250 年间（具体时间不确定，然而人们通常认为公元前 2371—前 2316 年为帝国创立时间）创建了一个领土可能囊括从地中海到伊朗北部高原的帝国，其版图包括美索不达米亚大部分地区。尽管这个帝国持续的时间并不比其缔造者在世的时间长多少，而且我们对萨尔贡如何建立或统治这个帝国知之甚少，但萨尔贡成功地指明了未来发展的道路。

萨尔贡成功的基础似乎是他能够保持一支小型的常备军，他的碑铭上记载着"5400 名士兵每天都在他的宫殿吃饭"。一支常备部队使得他在围城战中拥有巨大优势：不仅是他可以围困更长时间，而且在围城技术方面也出现了一些创新，这可能是常备军的专门技术积累的结果。开掘（mining），或者在固定地点挖穿城墙或在城墙下挖洞，在一些原始文献中都有提及，而且绘画遗迹显示围城用的器械看起来像是一个大型的攻城镐，有时能把攻城部队遮盖起来以保护他们不被城墙上投掷的东西伤到。为了反击防御火力，萨尔贡的工程师们设计了移动的围城器械，这种器械的高度至少与城墙一样高，因此能起到还击平台的作用。他们还设计出了精密的攻城斜坡，因此能够很快迫使一个城市为免遭一场不可避免的洗劫而谈判投降。与此同时，单兵武器水平有了提高。威力更大的复合弓列装军队，与简易弓箭相比，它射程更远，穿透力更强，作为拼刺武器的青铜剑也开始大量出现。

危机和恢复 阿卡德帝国可能就是一个松散统治的联盟，它在公元前 2200 年左右灭亡。但它的灭亡恰恰与埃及古王国（the Old Kingdom）的灭亡以及印度河流域文明瓦解的时间一致，也可能与中国历史上第一个王朝商朝出现之前一段危机时期同时。青铜器时代早期的这场泛欧亚危机暗示了一些深层次的因素作用，而不是简单的政治衰落。许多历史学家指出，环境因素，包括气候变化以及由农耕的精耕细作导致的地区生态退化；在社会组织方面，早期国家资源和文化能力的不足，都是导致危机的重要原因。

然而，在南亚次大陆，哈拉潘文明消失后，在公元前 600 年恒河流域出现国家之前没有高级文明出现。该地区的所有事例都显示，在危机过后是一段恢复期。埃及中王国和汉谟拉比时期巴比伦帝国采用的是从早期以来就基本未曾改变的军事技术，恢复并扩大了先人的疆土。只有在公元前 1700 年左右巴比伦和埃及中王国（the Middle Kindom）灭亡之后，以及遭遇了一段时间的混乱和来自该文明外的势力入侵之后，青铜器时代中期的国家才在政治组织方面取得了更大的发展。新的王国在公元前 17 世纪中期开始出现。新型社会政治组织与新的军事技术有着密切联系，而且它还与战车武士（chariot warrior）精英实现了结合，引领了历史方向。

战车与王国，公元前 1700—前 1200 年

战车和精英 马匹饲养可能最早出现于黑海北部的大草原，早在公元前 4000 年，后来在欧

亚大陆创建了一支重要的军事力量的游牧民族已开始饲养马匹。但到那时为止，骑术和射术的组合，至少作为一种军事技巧，人们并不精通，而且在向南到亚洲西南部，向东到中国的广大地区，马匹最初只是用来作为拉仪仗车的牲口。在公元前1700年，一批新的技术似乎开始出现，与马匹相结合，产生了一种新的军事装备——战车，它影响到了很多王国，这些王国的社会和政治结构与战车有着重要联系。

这套军事装备包括两匹马和一辆轻型战车。战车有两个装有辐条的车轮，这种车轮相对于实心木轮而言是一种巨大的进步。缰绳连着马嚼环，这是一个新发明，它能帮助驭手在射手用改良的复合弓向敌人射箭时控制住马匹。（后来，特别是在赫梯人的传统中，战车加入了第三个人，担任盾牌手。）这项创新反过来促进了第一种重要的铠甲的诞生，将青铜甲片按比例缝在皮革制品上，能够保护射手，有时也用来保护马匹。这就打造了一个快速机动的发射平台，战车部队现在可以统治战场了——事实上，从理性的角度看，它们集群机动的能力使得一些战役第一次真正有可能成为战史上的知名战例。不仅如此，驾驶战车的驭手现在拥有了使用耗资巨大的技术的特殊技能。拥有这两种手段实际上确保了（或来源于）他们的地位不仅仅是一名军人，而且还是社会政治精英，战车时代的王国由居住在中心城市宫殿中，隶属于国王的战车武士贵族阶层统治。

所谓战车王国的军队仍然包括大量步兵，但步兵在战场上所起的作用微乎其微，在那些至少能让我们尝试再现当时情景的资料中，有足够的细节描绘这一情况（参见专题B：卡叠什）。出现这种情况的原因可能很简单，在于精英们不公平地拥有那些资源，但更可能的原因是现实情况的确如此。战车时代的步兵仍然是由只经过极少的训练的农民组成，他们在围城战中做苦力或者担任军营或城市守卫可能还是一把好手，到了战场上则一无是处。因此，交战成了敌对双方成百上千辆战车的大规模对抗。注重速度和机动性的轻型战车，可能并不直接发起冲锋，而是采取军团游斗射击的战法，这让交战看起来类似于轻型坦克的大规模战斗。可能在这样松散且机动性强的战斗中，个人的技艺和英勇更为重要，这在战车战争文化中显露无遗。

在高速的战车面前，那些相对而言未经训练的、几无甲胄保护的步兵一触即溃。因此，即使仍处于战场上，他们也是僵化、被动的角色。但也有证据显示，一些更专业的轻装游击散兵或随从步兵能在战场上为战车提供支援，他们救助己方跌落的战车武士，杀死敌方跌落的武士。

战车和战车战争的起源不很清楚，但语言学证据暗示它们的发明者是中亚的雅利安人，他们的祖先讲的语言是印欧语系的一个分支。当然，雅利安语系中关于战车、战车武士、战车战争的技术与战术的词语在整个亚洲西南部地区是非常普及的，甚至在那些不讲雅利安语的地方或原本作为通用语言的雅利安语已经消亡的地方也是如此，使用战车的精英们与雅利安神殿（人们最熟悉的是他们仍然作为印度教的主神存在）有联系，甚至在其他宗教传统中也处于中心地位。讲述战车武士阿朱那（Arjuna）[①]和他的驭手克利须纳（Krishna，是由毗湿奴神伪装的）的故事的福音之歌（*Bhagavad Gita*）[②]，成为印度教的一个重要伦理著作，它表明战车武士精英在雅利安（或者是印度背景的吠陀）社会的核心地位。

专题 B：卡叠什

公元前 1275 年，拉美西斯二世统治的埃及王国和穆瓦塔里二世（Muwatallis II）统治的赫梯王国在叙利亚地区的领土争端演变成一场大战。

在赫梯王国的边界处，叙利亚北部要塞城市卡叠什（Kadesh）外，穆瓦塔里集结了赫梯军队，纠集了数量庞大（根据埃及方面的资料）的臣属国部队。与此同时，在经过一个月多一点的行军后，拉美西斯二世率领埃及军队从埃及来到了卡叠什附近。行军速度接近每天 15 英里（约 24 千米），这可以与机械化之前的整个历史中任何一支步兵或混合部队行军的速度相媲美。这也证明了埃及军队的组织效率以及他们对于后勤补给的保护。埃及军队的补给，大概主要是通过行军路线上的盟国或附属省份提供的，在国王的军队抵达之前，埃及的盟友们已经接到了通知；手推车和用于驮运物资的牲畜可能携带了一些补给和装备，包括大捆的箭矢。整支部队被分为 4 个军团（division），分别以埃及众神的名字命名。每个军团都拥有战车和步兵，有资料显示战车的数量达到了 1000 辆。赫梯军队据称拥有 2500 辆战车，臣属国有 1000 辆战车，而且还有大量的步兵。

最后一天行军过后，拉美西斯二世率领的埃及军队第一军团在卡叠什西北安营扎寨，与卡叠什城东北方的赫梯人营地隔着奥龙特斯河（Orontes）对垒。不管是因为侦察得一塌糊涂、情报错漏百出，还是自恃过高，拉美西斯二世似乎并没有预料到赫梯人会袭击紧随他前进、正从前一天的营地向北绕过卡叠什城以便在第二天和法老的军队汇合的第二军团。穆瓦塔里派赫梯战车部队从卡叠什南部渡过奥龙特斯河，袭击了正在行军的埃及第二军团。这次突然袭击——埃及的资料中把它描绘成一个胆怯的诡计——彻底击溃了第二军团，接着赫梯人掉头向北开始攻击拉美西斯二世营地中的第一军团。拉美西斯集结了足够的战车部队部署到营地西面来抵挡赫梯军队。穆瓦塔里从营地的高处观察到了这一情况，派出了他的臣属国军队增援。但从北部及时赶来的拉美西斯的叙利亚盟军，以及可能从南部赶来的埃及第三军团，从两个侧翼给赫梯军队造成了巨大压力。连续作战后已经十分疲惫的赫梯军队撤军渡河，从而结束了这一天的战斗。赫梯步兵似乎并没有参战。埃

[①] 印度古代梵文史诗《摩诃婆罗多》中的王子，克利须纳曾向他阐述存在的本质、神的本质和人类要理解神的途径。——译注
[②] 指《摩诃婆罗多》。——译注

> 及第二军团的步兵随着其战车部队一起被击溃了，而拉美西斯第一军团的步兵则一直守在营中。这场战斗成了双方战车部队的较量。
>
> 战斗在第二天继续，双方采取的可能是更常规的作战方式，没有任何一方获得出人意料的优势。最终成了拉锯战：赫梯人不能击退埃及人，而拉美西斯也不能赶跑赫梯人或迫使他们退入卡叠什城并包围这座城市。双方签署了停战协定，埃及人欢呼胜利，但真正的结果在停战协定签署15年后才显现，双方相互承认对方的领地，另一大成果是拉美西斯迎娶了一位赫梯公主。

战车和王国 雅利安人和他们的战车文化似乎从高加索山脉南部地区传播开来。新的战争形式的证据出现在公元前1700年后不久，发生在小亚细亚的特洛伊战争中，而大约在公元前1650年，来自小亚细亚和叙利亚的亚摩利（Amorite）与胡里安（Hurrian）入侵者又把这种方式带到了埃及的希克索斯王朝（Hyksos）。赫梯人的根基也在小亚细亚，接受了这种新的战争方式，公元前1595年，一支赫梯军队一路凯歌进入美索不达米亚，洗劫了巴比伦并展示了具有决定性效果的战车的射程和威力。

战车战争的威力促进了由国王领导的战车武士文化的普及，国王是战车部队的领袖，这使得皇家宣传在类型上有了显著的改变，向着军事英雄主义转变而不再拘泥于宗教合法性，战车战争变得愈加重要。（这并不是说宗教变得不重要了，它赋予战争合法化的外衣，甚至在很多场合推动了战争的进行，它提供的宗教因素帮助军队在政治上、文化上融为一体，在战场上则起到了鼓舞士气的作用。）战车战争的成果是政治组织的建立，其根基是国王富丽堂皇的宫殿。共同的文化、战车部队奔袭的打击范围之远使得埃及的主要王国、美索不达米亚、地中海东部地区在历史上第一次进行了正规且直接的军事和外交接触。拥有大规模战车部队的王国互相承认对方的强国地位并争夺涉及各自核心利益的土地。特别是叙利亚地区，变成了著名的兵家必争之地，不时被小亚细亚的赫梯人、美索不达米亚北部的米坦尼人（Mitanni）以及以全新面貌出现的富有侵略性的埃及王国征服，这三个王国相互承认对方为伟大王国（Great Kingdom）。

战争在此背景下变成了治国的众多手段之一。联姻、经济贸易和贸易条约，以及边境防御工事，根据环境情况被结合在一起来提供防卫安全，并且尽可能地追求宗主国统治区域的扩张。国王们通过展示军事的重大发展来树立统治声望，这种文化上的需要使得伟大王国的军队在国王们统治早期针对一些精心挑选的小目标进行了一系列的战争。当然，处理与其他伟大王国的关系仍旧是国王们最重要的事。在这些关系中，对给军事行动披上合法外衣的法律的关注，包括宣布战争是处于合法争夺框架内的正式宣战声明，都反映出尽管不同的王国之间存在语言和文化上的差异，但从亚洲西北部到埃及的广大地区都有着共同的战车精英文化。这种共同的文化包括一种战役制定传统——敌对双方似乎同意在一个指定地点举行会战来解决争端。战争物资和后勤情况也是导致这一趋势出现的原因：战车对决需要辽阔的平原，作战地区中的要塞和已加强防御的城市会有限制。基于上述原因，尽管可以在战车机动性上做文章进而达到战术上的出其不意，但出人意料的战略结果很难在战争中出现。

战车精英的共有文化在中国商朝的许多属地或一些小的属国中也曾出现。然而在黄河流域国家中普及的文化框架与亚洲西南部地区相比更为同质同源，因为亚洲西南部在地理上更为开放，更易受到迁徙民族、游牧民族入侵以及文化交流的影响。

专题C：灾变说与"军事革命"

很长时间以来，导致青铜时代结束的原因一直是学术界争论的一个焦点。罗伯特·德鲁斯（Robert Drews）所著的《青铜时代的结束——战争的改变以及公元前1200年左右发生的大灾难》（*The End of the Bronze Age: Changes in Warfare and the Catastrophe ca. 1200 B.C.*）于1993年出版，将军事技术和作战战术全面引入这场争论中。步兵战斗力的提高源于更好的甲胄和武器以及由于提高社会凝聚力而转化来的战场凝聚力的提高，德鲁斯把这种改变视为导致青铜时代结束的原因，这也是这场争论的焦点所在。尤其是德鲁斯认为把战车精英赶下神坛，摧毁了他们的宫殿，进而是他们的国家，彻底瓦解了那些国家依赖的总体系统的是步兵武器和战术。

德鲁斯的著作几乎从出版的那一刻起就引起了广泛争议。一些人认为德鲁斯的论证令人信服，然而许多学者，尤其是考古学家和古史学家，尽管承认德鲁斯学识渊博，但仍然对他的结论提出了批评。事实上几乎每个学者都欣赏德鲁斯对青铜时代王国终结的各种标志性事件的记述，甚至那些抨击德鲁斯将这些事件统括于"大灾难"之下的做法的人也是如此。实际上，正是这些事件的异常复杂程度以及它们发生的时间跨度，导致许多人都怀疑这个看起来过于单一的因果解释。另外，蛮族步兵新的军事能力如此迅速和具有破坏性地传播开来的确切方式在很多人看来并不明确，特别是考虑到在同时期的记录中，许多外来入侵者是以"海洋民族"的面貌而不是以步兵部队的面貌出现的。事实上德鲁斯承认海盗在其中扮演了重要角色，他并没有把军事上的改变看作改变的唯一原因，而是视其为联合了系统崩溃、劫掠以及其他原因的核心要素。更进一步说，军事上的改变与从青铜时代到铁器时代政体的转变有关这一观点之所以能被普遍接受，部分要归功于德鲁斯对战车战争的修正性记述。但他对军事上的改变是时代终结的因果强调则没有得到广泛认同。

德鲁斯描述的军事上的变化可以称为"军事革命"（Military Revolution）。由于早期现代欧洲历史学家们进行的"军事革命"争论（参见第16章专题C）以及现代军事理论家和历史学家们进行的"军事事务变革"（Revolution in Military Affairs）争论（参见第30章），这个概念自20世纪80年代后期以来在军事历史界有巨大的吸引力。德鲁斯的观点代表了军事革命史学著作中的一些一贯式样和问题，我们在本书中将不时进行回顾。"军事革命"的核心特征包括强调突然性、广泛性、灾难性（catastrophic）或革命性的改变；军事实践的改变是革命的核心因素；而技术革新通常是军事变革的核心诱因。类似理论的简易和直接是其广泛流行的重要原因，因为与这些理论相抗衡的情况更为散乱、复杂且更难以表述。但这些因素也是完全连贯的。例如，改变的速度慢于革命理论允许的速度（且连贯性更为重要），给人的印象是革命常常是历史时刻压缩的结果；军事上的变化几乎常常是结果而不是导致广泛改变的原因，因为军事机构反映的是潜在的社会、经济以及政治背景和文化设想；技术变化并不是确定的，因为技术的应用依赖于同样的背景和文化。

读者们将看到，本文将坚定地持后一种观点。那就是，军事革命在我们整个军事历史中只扮演了很小的角色，我们描述的军事实践的两个最大的变革只不过是人类历史中两项主要变革——农业革命和工业革命的某个方面。第一项变革在本章有阐述，而后一项将从第23章开始介绍。"军事革命"理论脉络清晰，因此也很吸引人，但现实更为复杂凌乱，因此我们倾向于更复杂的解释。

步兵与帝国，公元前1200—前600年

青铜时代的终结 在公元前1200年的半个世纪里，对民族迁徙、入侵以及外来影响的开放在结束青铜时代和战车战争时代中发挥了重要作用。公元前1225—前1175年，东地中海和西南亚的几乎每个主要文明的中心均遭到破坏。从埃及、克里特、特洛伊、迈锡尼文明到赫梯王国，王朝灭亡，王国解体，许多文明彻底湮灭。美索不达米亚的米坦尼王国的继承者亚述王国在最初的危机中幸存下来，但一个世纪后领土萎缩，只维持了一个极小的核心区域。

这些事件标志的重大变迁的原因乃至本质，都是既复杂又充满争议的（参见专题C：灾变说与"军事革命"）。军事上的变化可能在其中扮演了某个角色，而且无疑成为标志着青铜时代终结和铁器时代开启的特征之一。事实上，这两个历史时期的传统名称反映出一个古老的概念，即这些变迁是基于技术的改变，包括军事技术。但是现代描述基于已有的有限考古学和文字记录，强调一些相互关联且难以区分的因素。

与发生于公元前2200年的危机不同，当阿卡德帝国灭亡的时候，没有发生明显且普遍的生态变化，尽管在一些地区一些大地震可能与这场危机是同时发生的。当时也没有大规模民族迁徙的明显证据。但来自文明世界边缘的蛮族的劫掠频率不断增多，这个现象的确可能发挥了一定作用，但是否是时代变革的原因或产生了多大作用还很难说。这些蛮族至少在某些情况下，

拥有了更好的盾牌、盔甲和锋利的短剑（起初是青铜制的，后来是铁制的），他们作为步兵攻击者提高了战斗力并对战车武士的权威发起了挑战。越来越频繁的劫掠使得贸易网络被破坏，而正是这些网络为定居邦国以宫殿为基础的中央政权提供了财富。这种破坏转而可能导致经济和社会结构内部发生变化，权力会向更广泛的统治阶级扩散，并导致总体系统的崩溃。不管促成这一转变的原因的确切顺序和关系如何，以宫殿为基础的战车武士国家的根基瓦解了。

步兵的战斗力及战车战争的终结 不管战争在青铜时代王国系统的终结过程中扮演的角色如何变化，战争本身在这个阶段发生了改变这一点是毋庸置疑的。重装步兵发挥了新的突出作用，在战争中占据了核心位置，此后一直没有失去过，尽管骑兵在公元前8世纪已经出现，作为另一个重要组成部分和步兵一起组成了直到19世纪仍然普遍流行的军事体系。我们因此需要停下来看看步兵战斗力的基础。

步兵发挥战斗力的关键在于凝聚力：一支步兵部队必须能够在行军、防卫、进攻或面对攻击威胁时团结一致。防止士兵逃跑，从而导致部队减员或四分五裂是军事首领面临的最艰巨的任务。而且要指挥的是大量步行的人，他们的背景各不相同，且大多数都是非职业军人，这通常比指挥武士精英——生而为战（至少部分表现在保卫他们的社会特权）的男人，不管是徒步作战还是进行更熟悉的骑马作战都团结在一起——更为艰难。凝聚力能够通过采用大纵深的密集队形来提升，更精良的铠甲和武器也能提振士气。然而，步兵军事凝聚力的主要来源既在于先前存在的社会凝聚力——行伍中的男人此前已经是邻居、朋友或公共活动的共同参与者——又来自有能力打造一支部队的首领的训练指挥。这些来源并不是相互排斥的。而且在这两者的任何一种情况下，战斗经历能大大加强以共同联系为基础和以训练为基础的凝聚力的效果，事实上，作战经历增强了通过社区或训练完成的对部队的磨炼。（骑兵当然也能受益于凝聚力，但骑兵的机动性使得凝聚力作为一种有效能力的来源更为复杂且更多是辅助作用，这让凝聚力对骑兵而言不像对步兵那样重要。）

在青铜时代终结之前，这两种步兵凝聚力的来源都微不足道，这似乎是一个合理的假设。早期的邦国尽管有能力招募相当数量的步兵，但没有资源、装备或行政能力来对他们进行严格训练。与此同时，社会的农业组织和等级组织妨碍了社会凝聚力在步兵阶层的发展。早期邦国以外的社群尽管有时尚武好战，但无法组织数量足够大的人手，也不具备相当的社会凝聚力来打造有战斗力的步兵部队，更不要说社群的规模和社会凝聚力往往成反比。

无论如何，青铜时代王国的成功可能推动了新背景的演变，并使得更好的步兵成为可能，而且与此同时破坏了以宫殿为基础的战车武士精英的根基。这些王国繁荣的经济以及它们建立并扩大的贸易网络不可避免地使王国周边的社群和人口富裕起来。更富裕的、更大的社群，逐渐发展成为小型王国，例如，阿拉米（Aramaeans）、以色列（Israelites）以及希腊城邦开始在公元前1200年后的几个世纪中崛起，它们成为新的军事强国，全都依靠基于社群关系的步兵。更富有的社群也有能力制作更精良的铠甲和武器。它们的某些早期活动可能破坏了同样的贸易系统，而就是这些系统曾帮助它们建立起自己的权势。但是，这些系统不会悲惨地终结，而是向四外传播，在系统节点最终被破坏的地方，它们就会不可避免地以一个较少中央垄断的形式重新出现。

在希腊和罗马，这种公民步兵模式拥有更悠久且更为显耀的历史，地中海地区和西南亚的其他地区在这方面难望其项背。我们将在第 3 章和第 4 章研究这些情况。但是，两个更进一步的发展限制了希腊和罗马之外也依赖于公民步兵的小型势力的影响。一个发展是骑兵于公元前 800 年出现了。另一个发展是一个大型国家——亚述，在大量国家资源的支持下，学会了把骑兵和训练有素的步兵打造成一个体系，从而创建了一个新型王国。罗马的步兵部队最终采用了亚述的训练模式。在亚述崛起几个世纪后，同样是在训练和大量国家资源的基础上，强悍的步兵和中央集权帝国——秦——在中国完整且独立地出现了，秦是中国历史上第一个帝国（参见第 2 章）。

骑兵、亚述以及"现代"军政措施 前文曾提到过，早在公元前 4000 年中亚草原地区就已在驯服野马了，但直到公元前 1000 年前骑术才开始兴起。野马及早期的驯服的马体型太过矮小，不能载人进行远征或作战，它们的部分军事用途是拉战车。但有选择地根据体型或至少是韧性（在蒙古帝国时期甚至更长的时间里，草原矮种马仍然相对比较矮小）进行配种，最终培育出了能够作为作战平台的马，到了公元前 750 年，骑兵取代了战车部队成为亚述军队中的机动作战力量。骑射技术和奔袭战术从此快速传播开来。

但亚述军队的核心是重装步兵——穿戴盔甲，手持长矛，在密集的队列中纪律严明地作战，攻防兼备。骑兵的支援使第一支真正的联合军队战术产生了。亚述人的城市攻坚能力也相当令人瞩目，亚述人是在围城战中使用大规模恐怖战术的先驱：攻占一个城市，亚述人会洗劫甚至摧毁整个城市，他们把杀死的敌人的颅骨堆成记录他们暴行的纪念碑，这种展示的目的是恫吓后面的对手快点投降。

经过在公元前第 10 个世纪的肆意扩张后，青铜时代王国的霸权模式已经崩溃，政治和军事行政的改革为崛起于公元前 750—前 600 年的亚述王国打下了基础，刚刚提到，亚述王国采用了联合军队和恐怖战术。新征服的领土于是被划为亚述的行省，如同亚述中心地区一样，每个行省都由一名亚述总督统治，并为亚述常备军队提供标准化部队，因此产生了一支数量越来越庞大的非亚述人辅助兵。亚述人还大规模驱逐了占领区的人口，使当地人无力反抗亚述人的统治，他们把占领区的精英与其子民分离，将他们迁到被亚述王国摧毁的地区。这种做法引发了激烈的反抗，王国在公元前 600 年左右突然灭亡，推翻亚述王国的是其统治的巴比伦人、米底人以及之后的波斯人。但亚述这个做法是实用且有效的，证明就是亚述王国的继承者借鉴了其大多数行政和军事体制。与此惊人相似的是同期的中国秦朝被汉朝取代，汉朝借鉴了秦朝的统治模式，但以更为人性化的面貌出现。直到工业革命前，亚述和秦朝中心思想的演变都主导着定居国家的战争。

总　结

在人类居住、经济发展、社会和政治机构方面的广泛改革常常被归于"农业革命"之下，这些改革不可避免地对人类历史的方面之一——战争产生了重要影响。事实上，就像本章所探讨的，战争只有在与改变结合在一起时才会爆发，这些改变又与农业有关（尽管不是每一次都由农业引起），包括与世隔绝和不容侵犯，也包括等级制度和社会经济专业化。即使在这时，战争的发展也是缓慢曲折的。领主的战争似乎很少会超出特定的组织规模，这不是说这些战争不具备毁灭性——它们的破坏性可能被领主阶层进一步的政治等级制度的发展限制住了。在长达1000年的岁月里，国家层次的社群或文明的战争发展落后于政治和文化的革新（特别是从现代视角来看，军事技术在其潜在的影响方面是前沿的和全球性的）。

只有亚述和秦朝才把几乎所有主要国家层次的社群曾实践过的战争的所有主要因素聚合在一起，发展为一个单独的军事系统：在战术层面，拥有纪律严明的重装步兵、真正的骑兵和（围城）炮兵部队；在组织层面，拥有常备军队和由中央政府统一运行的后勤支援系统；在战略和政治层面，采用这个军事系统是为了给中央集权的、有改革能力的帝制服务，起主导作用的是战争和国家二者不可分离的文化思想。接下来的四章将探讨在波斯、希腊、罗马、中国以及其他地区的这种军事社会的含义和演变，既包括陆上也包括海上。本书的其余章节仅仅是亚述和秦朝故事的拓展。

■ 推荐阅读

Dawson, Doyne. *The First Armies*. London: Cassell, 2001。一份最新的、结构清晰的对早期军事史的研究，德鲁斯曾对其布局谋篇进行研究，认为总体上是有说服力的，但对军事因果关系的重点研究较狭窄。

Drews, Robert. *The End of the Bronze Age: Changes in Warfare and the Catastrophe ca. 1200 B.C.* Princeton: Princeton University Press, 1993。本书对青铜时代的结束进行了重要而充满争议的重新审视，重点是对军事变革，特别是全副武装、纪律严明的步兵的战斗力进行说明。

Ferguson, Brian. "The Birth of War." *Natural History* (cover story), July/August, 2003, 28–35。通过本书可以理解弗格森的研究结论；这些结论在他的 "Archaeology, Cultural Anthropology, and the Origins and Intensifications of War" 学术报告中有所体现，收录在 E. Arkush 和 M. Allen 的 *Violent Transformations: The Anthropology of Warfare and Long-Term Social Change* (Gainesville: University of Florida Press, 2005) 中；也可以参考他的 "Violence and War in Prehistory"，收录在 Debra L. Martin 和 David W. Frayer 的 *Troubled Times: Violence and Warfare in the Past* (Langhorne: Gordon and Breach, 1997) 中。弗格森通过对全世界的考古证据进行详细调查，支持文化催生战

争的理论；他的著作是这个领域的必读作品。

Ferrill, Arthur. *The Origins of War: From the Stone Age to Alexander the Great.* New York: Thames and Hudson, 1985。本书于20世纪80年代中期出版时，对资料进行了有价值的历史研究。费雷尔是很早就认可文化对早期战争有重要促进影响理论的支持者。

Keeley, Lawrence. *War Before Civilization: The Myth of the Peaceful Savage.* Oxford: Oxford University Press, 1996。自人类出现以来，战争就一直是人类活动的一部分。为支持这一理论，我引用最多的内容就来自本书。尽管这本书很有价值，但它过于具有争议性。事实上，基利所有的确凿证据都可以追溯到考古记录的晚期，当时没有人质疑战争的存在。

Otterbein, Keith. *How War Began.* College Station: Texas A&M, 2004。在这本书中，奥特拜因同意弗格森关于战争起源的观点，但对战争的具体机制持不同意见，他更强调从大型狩猎活动到战争的演变。

Partridge, Robert. *Fighting Pharaohs: Weapons and Warfare in Ancient Egypt.* Manchester: Peartree, 2002。本书明确介绍了埃及法老的军事地位和埃及军队在战车时代的组织情况。

Saggs, H. W. F. *The Might That Was Assyria.* London: Sidgewick and Jackson, 1984。本书是一部通史性著作，包括一些军事组织和行动的细节。

第 2 章
帝国、战象与意识形态

亚洲，公元前 800—公元 200 年

如第 1 章所述，战车武士初登历史舞台，便成为早期战争中的主导力量。公元前 1200 年前的欧亚大陆诸社会中，战车武士是军队及社会的中坚力量。

特洛伊战争（详见第 3 章）之后，随着支撑其存在的社会经济基础崩溃，战车武士从希腊历史中隐退。罗马帝国崛起（详见第 4 章）前，战车武士在意大利半岛尚不成军，却依然在埃及、西南亚、南亚和东亚拥有很大的影响力。约公元前 800 年之后，跨文明交流更加活跃，不同文明内部的社会文化结构也变得更为复杂。技术创新使得冶铁技术广泛传播，铁不仅用来制作农具，也被制成武器应用于战争。战车武士中顺应时代发展的精英演变为骑兵精英（cavalry elite），虽然未能像青铜时代的战车武士一样横扫战场，却依然在战场和政治领域发挥着重要作用。

公元前 800 年至公元 200 年间，诸社会为应对新的挑战，发展出新的文化和政治体系，一些历史学家将该时期最初的几个世纪称为轴心时代（Axial Age），即文明沿轴向发展，并指向新的方向。这个时期不仅产生了新哲学和宗教，也出现了影响力延续至今的大思想家，如古希腊的苏格拉底、柏拉图、亚里士多德，又如孔子、佛陀、琐罗亚斯德。这些思想体系的建立同军事变革密切相关，事实上，正是社会军事变革与新的意识形态的结合为一系列帝国的出现提供了关键条件。该时期后期，以这些帝国的建立为特征的几个世纪通常被称为帝国时代。

在这段历史中，无论从军事、社会还是政治角度来说，旧时战车武士及其继任者骑兵精英在中央集权和帝国建立的过程中都是关键角色。这个时期形成的意识形态通常反映了该阶层在新秩序中所扮演或者欠缺的角色。帝国统治者们也利用诸多象征性行为，如使用战象、创立阅兵式、举行盛大的皇家狩猎等，来推动这些意识形态的合法化，而且由于统治者源自战车武士或者骑兵精英，这些活动也通常在形式上具有军事色彩。因此在本章中，该时期亚洲大部分地区的军事史都与帝王、战象和意识形态有关。

伊朗：波斯帝国

公元前 8 世纪后半叶及公元前 7 世纪的最初几十年，伊朗人登上了古代近东的历史舞台，关于伊朗部落米底（Medes）和波斯的记载出现在亚述王国的史料中。显然，这些伊朗部落已经稳固取代了当时散落在亚述王国边境的一些非伊朗国家。有时，他们是亚述王国的朝贡者，有时又伙同其他民族对亚述发动袭击。公元前 7 世纪末，米底似乎已经建立起了某种意义上的联盟，并逐渐成为占统治地位的伊朗王国，统治着波斯部落，掌控着一个小小的帝国。

据称在基亚克萨雷斯（Cyaxares）国王统治期间，米底已经完成了军事改革，根据功能将士兵编为骑兵、步兵弓箭手和步兵枪兵，并将其组成混合编队。接着基亚克萨雷斯开始利用他的新型军队扩张米底王国的版图。米底先是同吕底亚（Lydians）古国交战，并最终以联姻的方式结束了战争。公元前 615 年，基亚克萨雷斯又与巴比伦王国联手攻打亚述，并于公元前 612 年攻陷亚述都城尼尼微。最终，由于来自中亚大草原、擅长骑射的游牧民族斯基泰人（Scythians，参见第 6 章）的入侵，米底的扩张才告一段落。

阿契美尼德王朝的崛起

米底王国的统治持续不到百年，公元前 6 世纪中叶，就被另一支伊朗部落——波斯取代。波斯建立的这个帝国称为阿契美尼德王朝，崛起于居鲁士大帝（Cyrus the Great）统治期间。希腊历史学家希罗多德记载，居鲁士在幼年时便被自己的祖父米底国王阿斯提阿格斯（Astyages）下令处死，最终他发动起义战胜米底取得了王位。而实际上更为可能的情况是，居鲁士是公元前 6 世纪中叶米底王国的一个藩属王，并利用该地位领导了起义。但希罗多德的故事也有一些事实根据，比如，故事中称阿斯提阿格斯派了一支军队攻打刚刚崛起的波斯，但其选派的将领曾被他冤枉误解，结果该将率领军队叛变投敌。事实上，居鲁士的军队似乎确有米底叛军加入。居鲁士在帕萨尔加德（Pasargadae，此地为波斯人的大本营，有宫殿建筑群和居鲁士的陵寝）集结了大批波斯军队，和米底盟友一起对阿斯提阿格斯发动了攻击，并最终于公元前 550 年将其击败。此后，居鲁士成为前米底王国的君主。

不久，居鲁士便展开了一系列行动来扩大阿契美尼德王朝的版图。吕底亚王国首当其冲，第一个被打败。吕底亚占据着哈利河（Halys）西部的安纳托利亚地区，地理位置重要，贸易发达，是一个强大富庶的国家，还拥有一支由精锐骑兵和外国雇佣兵组成的军队。公元前 547 年，吕底亚国王克罗伊斯（Croesus）向居鲁士发动了战争，胜负未决。之后，克罗伊斯退守首都萨迪斯（Sardis），计划集结补充的部队在第二年再次发动战争。这一年的作战季节已临近结束，居鲁士却大胆地继续攻打吕底亚，并在接下来的战役中充分展现了自己在战术上的灵活性。他利用一队骆驼成功地抵挡住了吕底亚的强大骑兵（据称马害怕骆驼，在看到骆驼或闻到骆驼的气味时就受不了），并取得了最终的胜利。在接下来的战事中，居鲁士陆续将巴比伦和伊朗东部地区纳入帝国版图。事实上，居鲁士的执政生涯几乎全部用在了战场上，直到公元前 530 年在西北边境被马萨格泰人（Massagetai）击败。

居鲁士是一位能力卓越的统治者，为统治多民族的辽阔帝国建立了基本的管理模式。他借鉴了亚述古国在政治和军事机构组建方面的经验，并去其糟粕，对臣民非常宽容，特别是对被征服民族的宗教表现出欢迎的姿态。比如，他在征服巴比伦之后成功赢得了巴比伦马杜克神（Marduk）信众的支持，他还提供资源帮助犹太人重建耶路撒冷的所罗门圣殿，此外居鲁士还允许非波斯裔人士在民事行政机构和军队中担任要职。

居鲁士的继任者、他的儿子冈比西斯（Cambyses）的统治却不那么成功。冈比西斯既没有对臣民表现出同样的宽容，也缺乏管控波斯精英，让他们为皇室效力的技巧。然而，他在公元前525年的一场战役中将埃及纳入帝国版图。冈比西斯利用骆驼为部队运送水和食物等必需品，又增派了一支腓尼基部队加强补给，与前者联合行动，既共同提供后勤保障，也参与同埃及军队的战斗。但是冈比西斯征服埃及后，国内出现了叛乱，他的"兄弟"在国内密谋叛乱（冈比西斯可能已杀掉了自己的亲兄弟，这个"兄弟"可能只是一个江湖骗子），匆忙骑上马背的冈比西斯不小心被自己的短剑刺中，还未来得及平息叛乱便因伤口感染而死。随后，一个称为"七人集团"的贵族团体在内战中击败了反叛者，推举该团体中的一位担任国王，他就是大流士（Darius）。

在大流士一世（大流士大帝）的统治下，波斯帝国的疆域空前广大，西抵色雷斯（Thrace），东至印度河河谷。尽管他一直致力于扩张领土，但相较其前任，波斯帝国已经放慢了疯狂的扩张步伐，这为大流士提供了建设国家的机会。

阿契美尼德王朝的行政区划和军事组织

大流士将波斯帝国划分为20个大行政区，称为总督辖地，由总督进行管理。辖地人口通常由以某个民族为核心的数个民族组成，战时由该核心民族负责向帝国提供贡品和军队。自大流士统治时期以来，总督一般都是由波斯贵族中掌握财政和军事资源的大人物担任，极少出现例外。为了抑制总督的政治野心，大流士大帝设置了一种被称为"国王之眼"的特殊官职，这种官员手下有一批被称为"国王之耳"的眼线，被派遣至各个辖地监视总督的行为。通过这种方式，波斯贵族受到使用和控制。

皇家军队 大流士大帝一生征战不休，因此需要建立一支常备军。最初，这支军队似乎由一万名波斯步兵、一万名波斯骑兵和一支米底部队组成。这是波斯历史上的重要发展，常备军不仅成为皇室维持权威的工具，也减轻了君主对波斯贵族及其部属的依赖。

波斯军队常被描绘成一支战斗力低下的部队，需要指挥官用皮鞭赶着上阵。这种观点的产生还要追溯到波斯战争时期，公元前5世纪和公元前4世纪的希腊人通常对波斯人怀有敌意，并且十分瞧不起沦为手下败将的波斯军队。但是真实情况完全不同——波斯成为当时世界上最大的帝国，所倚仗的就是这支军队。仔细研读希腊历史文献可以发现，波斯军队的军事能力以及战场中的勇敢坚韧，不仅被波斯贵族奉为最宝贵的品质，也让希腊人怀着隐隐的崇拜之意。希腊文献和波斯皇室铭文中均记载，波斯人将战争技能看得无比重要。波斯铭文强调，君主应该具有在马上和马下使用弓箭和长枪的高超技能，波斯青年也被教导"骑马、射箭、讲真话"。

对"讲真话"的强调也反映出波斯文明在意识形态上的发展，正是在此时期琐罗亚斯德教发展成为波斯精英阶层的宗教。先知琐罗亚斯德生活在几个世纪之前，关于其生平的史料残缺不全，但是基于其布道内容而发展起来的宗教似乎已经同波斯的势力扩张联结在一起——它加强了皇室权威并为其提供合法性，帮助皇室控制波斯贵族精英阶层，进而统治所有臣民，不仅促进了军事体系的发展，也在更广阔的意义上维持了波斯的民族特性，防止其被帝国吸纳的更古老的文明同化（参见专题C：战争与意识形态）。

为了向波斯青年传授军事技巧、传播宗教信仰，并为帝国提供维持其统治所必需的军事力量，政府设立了特殊的教育体系，将挑选出来的波斯男孩打造成未来的战士。被选出来的波斯男孩从5岁至20岁期间都将接受训练，学习使用长矛、标枪、弓箭等武器，练习骑马和长跑，甚至要通过偷窃来获取一些补给。这与斯巴达训练男孩的方式非常类似，但是波斯青年的服役年龄只到24岁。

编队及装备　波斯军队的编制参照亚述军队模式，1000名士兵组成一个千人团（Hazarabam），由千夫长（Hazarapatis）指挥；每个千人团又分为10个队，每队100人；每队分为10个排，每排10人。这些战士身着轻质鳞状铠甲，手持传统波斯武器——弓箭和长矛。这些武器是如何在战场中相互配合的呢？波斯人似乎对亚述军队的箭盾组合做了改进，每个排组成一个纵队作为基本战术单位，站在最前面的十夫长一手持矛，一手持被称为"斯帕拉"（spara）的大型柳编方盾。十夫长们的盾牌连在一起，形成抵御敌人的屏障。如果敌人靠近，十夫长便挥动长矛保护身后的纵队，而纵队中配备了弓箭和长矛的其他九人则箭如雨发攻击敌人。波斯骑兵似乎也配备了类似的装备，但他们只使用弓箭、长矛或者标枪，不使用笨重的"斯帕拉"方盾。

专题C：战争与意识形态

琐罗亚斯德教认为宇宙是由真神阿胡拉·玛兹达（Ahura-Mazda）创造的，其践行对象仅限于被选定的民族，也就是同神有特殊关联的波斯人。琐罗亚斯德教与同期出现的犹太教有很多相似的地方（两者之间甚至可能存在一些相互影响），将一个幅员辽阔、多民族、多文化帝国中的少数民族团结起来，并赋予他们稳固的身份地位。同希伯来人的差别在于，波斯人是处于统治地位的少数派。波斯人通过武力征服，成功地开拓出一片幅员辽阔的疆土，建立起一个统一的国家，因此可以说波斯的宗教发展是战争的产物。琐罗亚斯德教的宗教信条强调诚实正直和善恶道德观，也影响了波斯人，促使他们建立起一个对所有民族都较为宽容的政府。但是战争、征服及骑兵阶层的起源（早期印欧地区混杂的宗教信仰中，认为战神在战争中发挥主要作用，这种信仰在印度获得了各种不同形式的发展），都与该宗教的发展有着密不可分的关联，也对后来西南亚地区的宗教发展产生了深远影响。

战争、武士精英和新思想体系构成了该时期欧亚大陆地区的标志性特征，但是由此产生的哲学和宗教千差万别，连同产生的社会和政治结构也各不相同。雅利安武士精英与

> 波斯人和希腊人有着共同的印欧起源，和当时波斯战车武士的地位一样，这些雅利安武士精英也主导了早期印度社会。琐罗亚斯德教有助于将武士精英纳入更为强大的中央集权之中，而印度教的前身吠陀教则在基于社会等级和种姓制度构建的印度社会中巩固了武士阶层在社会和政治中的统治地位，不利于中央政府发展成为强大持久的政府。印度教经典《摩诃婆罗多》中的《薄伽梵歌》讲述了英雄阿朱那的故事，当时他在战场中进退维谷，是守护之神毗湿奴乔装的克利须纳帮助他走出了困境。武士精神逐渐成为信仰印度教的社会中关于社会责任的道德基础。因此，无论在波斯还是印度，宗教的演变和发展都与战争和武士精英紧密相关。
>
> 波斯和印度的战争所引发的思考主要围绕宗教在历史和社会发展中的作用，政府方面的作用只是间接触及。中国则不同，战国时代的战争史突出了非宗教因素对治国理念的影响，这一时期涌现出了大量哲学思想，如儒家、道家、法家等，还有大量直接将战争作为治国工具的著作（参见专题A：孙子）。中国的战争暴力文化同其他国家一样，都是源于战车武士精英阶层，但是在战国时代，中国政治和世俗哲学所强调的是集权，其武士阶层并未像波斯那样被吸收至中央政府，也未像印度那样始终保持在社会中的主导地位，而是作为一个独立阶级从中国社会中消亡了。
>
> 如第3章所述，城邦、方阵战争和希腊哲学三者之间相互影响，进而产生了世俗哲学的另一个主要传统。这个时代的伟大智慧主要来自人们对武力的认知理解以及对战争合理性的判断，这一特点非常明显，且并非偶然。

最重要的波斯常备军是由10个千人队组成的被称作"不死军团"（Immorrals）的国王卫队。其中最精锐的部队因长矛上饰有金苹果，被称为"金苹果军"（Applebearers），对国王实施贴身保护。国王的近卫部队至少还有1000名骑兵。军团内除了波斯人，还有米底人、希伯来人和赫卡尼亚人（Hyrcanian）等其他伊朗民族的成员，也有外国雇佣兵，也包括斯基泰人等在内的更加尚武的民族。这些士兵在军事殖民地服役，并接受伊朗形式的训练，采用伊朗式的装备和战术。

受阅部队　公元前5世纪，伊朗军团是波斯军队中的核心力量，参与了这个世纪的许多重要战事。希腊历史学家希罗多德等人认为，波斯军队是从整个帝国的所有民族中征召兵员的，因而令波斯军队的形象显得臃肿松散。实际上，真正投入军事活动的很可能只有其中的少量兵力。波斯帝国的君主虽然拥有大量"受阅部队"，却并非用于实际战争，而是为了炫耀武力，向外部敌人和包括上层社会在内的臣民展示自己的辽阔疆土和崇高权威。

阿契美尼德王朝的终结

与希腊的战争结束之后，波斯帝国遭遇了一系列军事困扰，不仅有总督发动的零星叛乱，还有埃及等总督辖地爆发的民族起义。波斯在同希腊的战争中战败，使得构成皇家军队主力的伊朗军团损失惨重，皇家军队的声望也遭受严重破坏。在之后的150年间，波斯帝国被迫对本国军事组织进行改革。

有记载称，"金苹果军"和同族部队曾在公元前4世纪与国王并肩战斗。改革中，波斯皇帝保留了伊朗皇家卫队，只是规模小于公元前5世纪的。此外，有证据表明，地方总督和波斯贵族所拥有的部队人数正在增加，可能多达数百人，而且装备精良，其中最有名的就是保护小居鲁士进行继位之战的600名重装骑兵。最终，波斯人不得不利用更多的外国雇佣兵来扩充军力，尤其是希腊人。公元前401年，小居鲁士就曾雇佣过1万名以赚钱为目的的希腊人。波斯末代君主大流士三世在同亚历山大大帝作战时也借助了数万名希腊雇佣兵，甚至任命希腊人担任高级指挥官（参见第3章）。直至公元前4世纪30年代波斯王朝覆灭，这种趋势才结束。

其实，波斯人也尝试过创建名为"卡达克"（Kadakes）的本土军队，以代替损失的伊朗军团。他们的想法是从整个帝国中征召士兵，非伊朗人也允许加入，然后进行伊朗军队体系的训练。此举似乎相当成功，公元前4世纪至少有一支波斯主力部队主要由卡达克组成。在打败了波斯帝国之后，马其顿的亚历山大大帝也对波斯军事教育体系进行了改革，训练波斯青年像马其顿人那样战斗。

波斯帝国在被亚历山大大帝征服之后陷入了长达几个世纪的衰落，但是阿契美尼德王朝所奠定的思想文化基础依然在波斯人中传承。游牧民族帕提亚人（Parthian）首先对其进行了改良吸收，于公元前2世纪从希腊统治者手中夺取了该地区的控制权。公元226年，萨珊王朝有意识地恢复了曾奠定波斯人在阿契美尼德王朝的辉煌成就的琐罗亚斯德教。

中国：秦汉王朝

商朝和周初松散的政治联合被战国时代（公元前480—前221年）彻底击碎。这一名称非常准确地体现了当时中国政治家们所关注的焦点。随着战争规模的日渐扩大，斗争日益激烈，中国社会中出现了专门为各国统治者提供军事建议的谋士阶层。战争几乎成为生活中永恒不变的主题，参战者变得更为专业，中国社会被专职武士所掌控。终于，中国在秦朝（公元前221—前206年）和汉朝（公元前202—公元220年）获得了统一，两朝均增加了新的机构，以确保中央能够牢牢掌控庞大的军队，维持国内和平和持续进行领土扩张。中国在走向统一，但其边境地区并不安宁，北方游牧民族结成松散的联盟，严重威胁其南部地区的安宁，秦、汉两朝均认为有必要投入大量精力和资源来应对北方的威胁。

战国时代，公元前480—前221年

公元前771年，由于北方游牧部落入侵，中国的统一局面遭到破坏，分裂成数百个在名义

上效忠周王室的独立小国。他们合纵连横、缔结协议，却还是陷入了一系列大大小小的战争，小国被大国吞并，大国又分裂成数个小国，战争本身也不像后世文学所描绘的那般"君子"。事实上，公元前5世纪，战争变得越来越野蛮残忍，对战败者的大规模屠杀几乎成为常态。

统一战争　日益极端的战争迫使统治者必须不断扩大军队规模，到公元前3世纪，一些国家的军队人数已经多达几十万人。军事行动的筹备更为周密，组织更为严谨，一场战事常常持续数日，不再像过去那样一两天即可结束。在战国时代，人们利用新的建筑材料和技术建造防御工事来抵御围困，堡垒、城墙拔地而起；而攻击者为了突破这些防御，不断动用大规模军队、改进技术、发明新型器械进行攻击。因为突破这些精心构筑的防御工事实在费力，以致中国历史上的军队将领普遍不愿意参与围城战。

各国被迫实行改革，积极推动属地的经济发展。农业上用土地私有制取代了从前的农奴制，收税变得更为便利，从前用于监管庄园资产的人力物力也得到重新配置。各国鼓励贸易和其他商业活动，组织修建大型灌溉工程、开凿运河、筑路和建桥等工程，并建立起专门的机构管理税收和公共工程，保证这些工作能够有效展开。

一国的军事经济改革一旦获得成功，其改革经验很快会被他国借鉴采用，其实在弱肉强食的时代背景下，他们也没有别的选择。到了公元前3世纪，七雄争霸的局面最终形成，中国陷入似乎永无休止的战乱之中。秦国是七国中首先进行改革的国家，其地理位置得天独厚，加之早期采取了"不问出处，广纳贤才"的改革政策，取得了极大的优势。但是，竞争对手的衰落才是秦国的最大优势。公元前260年，秦国最强大的对手之一赵国在战场上遭受惨败，损失40万人，尽管政治上未受损害，但赵国已无法恢复从前的实力，终于在几年之后被秦国彻底消灭。楚国尽管长久以来被认为是七国之中实力最为强大的国家，但也遭遇到了同样的命运。公元前221年，秦国击败齐国，最终统一了中国。

军队逐渐以步兵为基础　战国时代早期，大多数战争的发起模式同从前一样（和青铜时代的西南亚一样），都是以战车武士为核心，并辅以数千步兵。这些步兵素质良莠不齐，主要负责消灭敌军溃退时的残兵败将。然而随着军队规模的扩大，战车作用逐渐减弱。公元前5世纪，致命武器——弩——投入使用，战车的战斗力进一步降低。

由于军队规模必须不断扩大才能满足战争的需要，各国开始进行军事改革，实行多种征兵制度是其中最为重要的措施。随着土地私有制成为主要的土地制度，政府部门开始对特定年龄的男子进行登记，组织农村防御武装，分发武器，并在每年特定时间进行训练；遇大型军事行动，便将农村防御武装编入常备军。通过这种方式，各国创建了相当规模的后备军，同时最大限度地减少了开支。

军事专业化的提高　战国时代的战争日益惨烈，政治家们发现有必要招募专业军事人才。之前，拥有贵族血统是领兵的前提条件，但是由于当时战败者通常难以逃脱被杀的命运，因此这项条件逐渐变得无关紧要，而那些具有军事知识、领兵能力尤其是战争经验的人才在各国备受青睐，战场上的胜利成为提升社会地位的捷径。

专题 A：孙子

　　《孙子兵法》是中国最古老的一部兵书，历代备受推崇，普遍认为是孙武所著，成书的具体时间尚不确定，战国末期开始广为流传，后世几经增补校勘，对中国后来的战争影响巨大。中国后世军事谋士和将领对该书进行了大量注解，自明朝初期开始，通晓《孙子兵法》成为在军中谋职发展的必要条件。

　　在这一章中，孙子强调外交是军事事务的重要方面：

　　　　夫用兵之法，全国为上，破国次之；全军为上，破军次之；全旅为上，破旅次之；全卒为上，破卒次之；全伍为上，破伍次之。……故上兵伐谋，其次伐交，其次伐兵，其下攻城。

　　一旦决定使用武力，孙子的建议亦非常明确：

　　　　故兵闻拙速，未睹巧之久也。夫兵久而国利者，未之有也。……故兵贵胜，不贵久。故知兵之将，民之司命。国家安危之主也。

　　在接下来的一章中，孙子探讨了将领在整军备战时的重要职责——赢得部队的忠诚与服从。我们也能从中发现中国军事思想的一个普遍特点，即将领与士兵之间存在私人化关系。

　　　　兵非贵益多也，惟无武进，足以并力料敌取人而已。……卒未亲而罚之，则不服，不服则难用。卒已亲附而罚不行，则不可用。故合之以文，齐之以武，是谓必取。

　　来源：《孙子兵法》

　　兵法等军事论著在这一时期得到广泛传播，其中最著名的当属春秋时期孙武所著的《孙子兵法》（详见专题 A：孙子）。这些兵法论述的领军布阵之法内容非常广泛，被中国后世推崇效仿，包括：建立职业军队，并依据战绩派遣将领；使用大规模方阵作战，而非小股力量；军事活动前耐心储备军力，做好后勤准备；将外交作为军事战略的必要组成部分；通过兵势、地形、奇袭、外交、诡诈等手段积极获取军事优势，甚至达到不战而屈人之兵的效果；如果战争无可避免，采用刚柔并济、软硬兼施的策略取得成功，等等。战国时代，军事理论强调战争最基本的道德规范，简言之，就是统治者发兵必须名正言顺，特别是要突出维持或伸张正义。在这种名正言顺的战争

中，对手将被视为上天的敌人，为天理所不容。倘若他意识到自己的罪行，则当以仁慈对待，倘若他冥顽不灵、负隅顽抗，那么统治者便可名正言顺地动用一切手段将其剿灭。因此，我们可以看到，投降变节者获得了极大的包容，而战场上的战败者遭到了极为残酷的对待。

该时期的大部分军事著作已经逸失。但显然，在战国时代后期，军事将领必须通晓军事活动的组织、训练、战略、战术等方面的基本原则，许多战争也是按照《孙子兵法》等军事著作所论述的方式展开的。到了战国末期，中国人已经逐渐意识到，国家政治分裂的状态是不正常的，只有实现国家统一，才能实现和谐与正义，为此，要在必要时使用武力。

秦汉时代，公元前221—公元220年

中国实现了统一，战火却并未因此熄灭。秦朝首位皇帝创建了统一的军事体系，并掌控了军权，一面镇压来自帝国内部的反抗，一面积极地扩张领土。秦朝灭亡之后，汉朝初期的统治者主要将军队用于维持国内秩序，同时抵御北方匈奴的入侵。汉武帝时期，大规模领土扩张再度开启，但是匈奴依然是汉朝的心腹大患，常常逃入广袤的草原躲避汉朝军队的攻击。

秦朝时期，军事事务是社会生活的主要内容，军人占据了大量具有影响力和社会声望的职位，参军被广泛认为是改变社会地位的有效途径。汉朝取得政权同样是通过军事手段，汉初军人依然扮演着重要角色，但是汉朝统治者曾尝试将军队置于文官的管辖之下，比如，2世纪时皇帝曾指派信任的宦官担任军事主官。然而，来自国内外的压力迫使统治者不得不依赖军队，至汉朝末年，武将已控制了大半个中国，并最终废黜了汉朝皇帝。

秦朝的中央集权统治 公元前246年，秦国王子嬴政继位，打响了战国时代最后的战争。秦国是诸国中处于最西边的国家，已经同西部边境的游牧民族进行了几个世纪的战争，积累了丰富的作战经验，待到平定这些民族，秦国已经做好了向东扩张的准备。秦国的地理位置得天独厚，以山脉为屏障，占据易守难攻之地，在控制了巴蜀之地以后，秦国又获得了丰富的农产品，进一步巩固了后方。

秦国经过数年征伐结束了各国绵延几百年的战争，最终统一了中国。秦国以法家思想为指导，强调对社会特别是军队实行集权统治，同时强调任用有能力的专业人才担任官员。正如前文所述，在此之前秦国已经因为"不问出处，广纳贤才"的开放政策赢得了美誉。

依据法家思想对整个帝国进行系统化的集权统治，是秦朝的显著特点。其中，军队在集权统治的过程中发挥了关键作用。军队将领不仅负责维持国内秩序，也担负着镇压改革阻力的任务。尽管严格说来这些将领和军队不需对民政负责，但是事实上他们参与和主导着众多非军事事务，毫不夸张地说，秦朝统治下的中国其实是一个军事化国家。

在平灭了其他国家之后，秦朝随即开始了以领土扩张为目的的远征。武将蒙恬率军多次击败匈奴，将秦朝北方领土推进到河南地（今鄂尔多斯）以北。然而令人遗憾的是，关于此次远征的记载不是很确切，因此我们无法了解其军队人数及详细经过。相比之下，南方地区军事活

动的记载就清晰多了，秦朝派遣大量步兵从当地部族中夺取了今日福建和广东等地的控制权，并组建了一支水军，充分利用中国南方纵横交错的水网。当地居民为抵御秦朝的武力征服，展开游击战，不断骚扰和打击秦朝军队，迫使后者不断革新军事手段。这些领土在秦朝灭亡之后重新回到当地人手中，在汉朝时期再度被征服。

秦朝的诸如苛捐杂税等集权政策，严重破坏了人民的生活，导致大规模反叛和起义。公元前210年，秦始皇驾崩，在其死后的两年内，多地爆发起义。秦二世缺乏秦始皇的魄力和能力，军队也无法镇压不断蔓延的起义。由于战国时代的连绵战火以及秦国的统一战争消灭了大部分旧贵族阶层，起义部队的领袖通常出身卑微，有些甚至是农民。刘邦是起义军及后来内战中的一个关键人物，曾在秦朝灭亡之前担任地方小吏。因为骁勇善战，颇具领导能力，刘邦掌控着当时一支主要的起义军，并通过收编败军、施行严格军纪、约束军队劫掠行为等方式赢得了众多追随者和当地部族的支持。公元前202年，刘邦击败其争霸对手，宣布建立大汉王朝，自己为开国皇帝，史称汉高祖。

汉朝的内外纷争 自公元前202年建国至约公元前130年，汉朝的军事活动主要围绕平定国内叛乱，而非对外扩张或者防御。当然，汉朝依然面临着来自外部的威胁，北方游牧民族匈奴野心勃勃，借中国内战之机，不断侵扰破坏。汉初的几任皇帝几次发兵征讨匈奴，但几乎均以失败告终。汉高祖也曾亲自领兵攻打匈奴，结果汉军大败，汉高祖也险些被匈奴俘虏。

其实，劫掠财物才是匈奴频繁入侵的目的所在。当时，汉朝2/3的土地都掌握在半独立的王侯手中，其中有些人野心极大，为了集中军事力量平定这些谋反的王侯，汉朝对匈奴采取安抚政策。匈奴可能也对自己的优势了如指掌，提出的要求日益过分，索要越来越多的丝绸、珠宝及其他物品，一旦遭到拒绝，便重新开始侵袭，有一次，竟有3万匈奴铁骑大举入侵中国腹地，留下一片疮痍。

当时，汉高祖不但拥有最多的领土，也得到了一些王侯的拥护和支持，他成功地利用了这些优势去征服其他王侯。他的行动非常谨慎，利用各种名义发兵，打败了一个又一个王侯，改立刘氏家族成员为王。在几场大型战役中，高祖调遣了几十万步兵，有时甚至包括已结盟的匈奴骑兵。公元前195年，汉高祖在与一位王侯的战争中受到致命伤，但此时他已经成功地以刘氏成员替代了几乎所有残余王国的王侯，并进一步限制了他们的权力。然而他的继任者在进一步加强中央集权时却发现这种家族纽带并不可靠。于是朝廷调整赋税政策，扩大民事机构和军队的职权范围，进一步提升它们的效率，来更加有效地镇压王侯叛乱。公元前122年，残余王侯所领导的叛乱被朝廷大军轻松镇压。

汉武帝的军事活动 汉武帝统治时期，汉朝的中央集权达到顶峰，版图也扩展至最大。汉初几十年，经济获得极大增长，尽管税率远低于战国末期尤其是秦朝的水平，但朝廷的财力依然大为增加。汉朝依据儒家"任人唯贤"的理念以及战国、秦朝时代的经验建立起专业机构，极大提高了征税效率，用于建立和维持一支庞大的专业化军队，并支持其在边界地区所进行的大量军事活动。

这些军事活动发起的原因很多，除去扫清北部匈奴的威胁、确保丝绸之路的安全、传播中华文明等，也为了实现汉武帝的个人意愿。事实上，在汉朝通过军事活动确保亚洲内陆贸易通道的安全之前，丝绸之路是不存在的。汉武帝为了建立这条从东方通往中亚的连接汉帝国与西方的贸易通道投入了大量资金，沿途设立卫戍要塞来保护驿站的安全。此外，汉武帝还采取了激进的征服镇压政策应对匈奴的侵扰。

为了扩大汉帝国在文化和政治上的统治范围，同时由于对其他国度的好奇，汉武帝将军队从中原派遣至遥远的边境地带。其中，实现其个人意愿是汉朝开展军事活动的重要因素，而经济实力的增强和有效行政机构的建立为军队远征提供了所需的物资和精良的武器，使其实现成为可能。汉朝的对手（可能除朝鲜以外）都不具备大规模生产高质量武器的技术能力，尤其是冶金能力。

汉武帝统治初期，曾派军队再次出征闽地（今福建省）。尽管土地很快被汉军占领，但当地人民进行了持续不断的抵抗，以沿海小岛为基地袭扰，"打完就跑"的战术令汉军非常头痛。为了避免遭受攻击，汉朝政府只得将沿海人口迁移至内地。有学者认为汉代的人口迁移政策并未得到彻底贯彻，但是闽地确实一直置于汉朝政府的直接统治之下。

公元前112年，汉武帝开始了对南方的第一次远征，目标大概包括今天的广东省和广西壮族自治区，以及南方小国南越，涵盖了今天的越南北部地区。这些地区曾被秦朝军队短暂占领，但是随着秦王朝的灭亡，再次获得了独立。南越人，包括许多逃亡至此的中原人，已大体根据中原模式建立起一个新国家，只在名义上承认汉朝的统治。决心对这些地区实施直接统治的汉武帝，下令建造数百艘小船运送汉朝大军。据记载，最终抵达南越的汉军多达10万之众，久经战争考验的后勤部队则向军队提供了充足的粮草和精良的武器，无力招架的南越只得像闽地一样，成为汉朝的直接管辖区。

战国时期，许多中原难民逃亡至朝鲜，带去了先进的技术和文化。秦朝时期，有更多的中原人口迁至朝鲜，其中包括在公元前190年被朝鲜王封为大将军的卫满。卫满利用军队控制了朝鲜，并建立了一个新王朝，同汉朝保持着友好关系。但是汉武帝以各种借口于公元前109年派遣6万陆军和7000水军攻打朝鲜。在这次远征中，汉朝的水陆两军之间缺乏配合，被朝鲜军队击退。当年年末，汉朝对朝鲜发起第二次远征，这一次水陆两军互相配合，最终取得了胜利。朝鲜北部领土被暂时纳入汉朝版图之中。

在汉武帝发起的所有军事行动中，征讨匈奴用兵规模最大，战术最为复杂，意义最为重大。从公元前129年始，汉武帝曾几次派遣大军远征匈奴，用兵数万。汉朝初期和中期的军事活动，通常以正规军或者屯田兵为核心，兵员从全国各地征募而来。作战部队通常包含几支骑兵部队，这些骑兵的征召方式不甚明确，大部分来自结盟的游牧部落，其中包括归降的匈奴人。汉武帝手下的将领非常清楚，倘若没有骑兵，只依靠行动相对迟缓的步兵，匈奴只需退至草原更深处便可躲避打击，击败匈奴简直是痴人说梦（草原军队内容详见第6章）。

汉武帝的远征计划布置周密，车辆、牲畜、人力、食物和武器等后勤事务在行军前已经经过仔细筹划和准备。汉朝在获取了北方宜耕土地之后，将罪犯及其亲属发配至此，以便进一步巩固朝廷的统治，并为未来远征提供部分人力和物资。此外，汉军还在中亚地区尤其是丝绸之路沿线附近的主要城市筑起坚固的堡垒，不断增长的贸易和税收保障了大量行军费用。

汉武帝及其军队付出了巨大代价，终于成功地扩大了汉朝在北部和西部地区的统治。然而中国军队并非战无不胜，特别是在汉武帝统治的后几十年间。公元前99年，匈奴大败汉朝名将李广利的军队，数万士兵战死疆场。公元前90年，李广利又被匈奴伏击，损失数千军士，自己也被匈奴生擒。但总体来说，汉朝和匈奴双方均损失惨重，胜利的汉朝军队也曾屠杀过数千匈奴人。整个汉朝期间，中央政府对被征服地区的控制都比较弱，至汉武帝去世时，军事行动的巨大开销已经使国库出现亏空。

汉朝后期发展　施行屯田制，或者称作"军事殖民地"，是汉朝政府控制西北边境地区的主要举措。公元前1世纪，汉朝在边疆和新征服的土地上，特别是丝绸之路沿线建立起卫戍要塞。这些屯田区人口众多，甚至多达上万人。屯田区居民的任务是实现要塞的自给自足，并为常备军和民兵队伍提供人力，他们为边疆地区的汉化做出了贡献。随着匈奴领地被进一步征服，新的屯田区得以建立，旧的屯田区急速扩张，修建水利工程，开凿运河，甚至改变了一条主要河流的流向，极大地改变了当地的地貌，使其变得适宜耕种。

尽管能够真正实现自给自足的屯田区只占少数，但屯田进程依然十分迅速，以至屯田区之争成为汉朝和匈奴之间长期的外交焦点。丝绸之路沿线的重要要塞吐鲁番几乎常年受到匈奴的侵扰，其统治权也在汉朝最后200年间几经易手。为了保卫屯田区，汉朝不得不依赖大量弓弩手保卫堡垒和要塞。

若要有效控制丝绸之路和包括匈奴领地在内的北方地区，汉军必须拥有同中北亚游牧部落相匹敌的机动能力，因此，获得稳定的马匹来源对汉朝的持续统治至关重要。战马也限制了汉朝保卫疆土的能力，为获取"天马"，汉朝曾发动过几次远征，其目标便是为帝国军队获取马匹，这也是汉朝推行民族结盟共同御敌政策的一个重要原因。定居在汉帝国境内的部分羌人部落，为了交换商品而帮助汉朝维持统治，成功汉化，归顺于汉朝，参加针对匈奴的军事行动。然而，到了2世纪，羌人的侵扰活动对汉朝造成了比匈奴侵袭更严重的破坏。由于失去了稳定的战马来源，威胁加剧，汉朝开始逐步从北部和西部领土撤军。2世纪末，汉朝为收复失地进行了多次征讨，但中国北方大部分领土已被少数民族政权逐渐蚕食，在汉朝灭亡之后的300年间，这种现象仍在持续。

与之相反的是，在汉朝灭亡之后，南部和西南部的领土仍在中原政权的掌控之中，这要归功于大规模人口迁移和当地的成功汉化。东北地区的朝鲜虽然未被中央政府直接统治，也依然处于汉文化圈内。在北部和西北部地区，激进的军事政策曾在几十年间保护了丝绸之路沿线贸易免受匈奴侵扰，但是这种安宁是短暂的，且代价很高；向匈奴进献贡品则看起来更为有效，至少相对划算，因而成为汉朝惯常采用的手段，维持同匈奴边界地区的和平。

军事区划及汉朝的灭亡 汉朝统治的最后两个世纪（25—220年，又被称为后汉，现代称为东汉），中国北部，尤其是西部的大片领土逐渐被匈奴和其他游牧民族控制。汉朝调整了针对某些羌人部落的政策，有一段时期甚至允许一些匈奴部落在汉帝国境内定居，充当汉朝骑兵，抵御其他更为好斗的部落。

至2世纪中叶，游牧民族的侵袭和当地汉族叛乱严重削弱了汉朝的统治。许多显赫的家族在这个时期崛起，不仅控制了大片领土，还拥有私人武装。宦官权倾朝野，至2世纪70年代，宦官当起了将军，其中一位甚至被任命为大将军，统领全军。游牧民族侵袭、国内叛乱、私人武装出现、地方军事将领权力膨胀——这一切都显示出，汉王朝正处于严重的危机之中。

2世纪80年代，汉朝爆发了当朝最大的起义——黄巾起义。为镇压"黄巾军"，汉朝急需扩充军力。起义成功镇压后，朝廷里的宦官试图削弱那些打了胜仗的将军的权力，并遣散他们的军队。结果，其中一位将军攻进了都城，不仅废黜皇帝，另立新皇，还指挥军队杀了很多宦官。其他将军组成恢复汉室的联盟，然而此时的中国已经四分五裂，由地方军事将领划地而治。220年，汉朝灭亡，各地军阀自立为王。此后的350多年间，中国一直处于分裂状态，内外战火不断。

武器装备 战国时代，中国士兵的主要武器为中国弩（十字弓），配备给步兵和部分骑兵。中国弩出现于公元前5世纪，战国末期成为步兵的主要武器，汉初发展至顶峰。汉朝军队作战时，前锋和侧翼通常配备有各种枪矛、长斧或者戟形武器，但部队主体仍旧使用弓弩。

该时期，大部分步兵会根据职能和需求配备铠甲和盾牌（汉初配备盾牌的军兵数量较少）。军队为守卫营寨，有时会用盾牌遮盖战车，再将战车部署在营寨周围。除此之外，也有将少量鹿角战车当作移动作战平台的记载。

早在公元前5世纪中国人便已掌握了生铁冶炼技术，并用于制造武器，远远早于西方，但直到汉代，铁仍主要用于制造农具。在依靠大量粮草维持庞大军队的战国时期，铁制工具极大地提高了农业生产力。战国时期和秦代的武器主要为铜制，到公元前3世纪，中国的青铜制造技艺已经领先世界，制造的武器锋利无比、经久耐用，该时期，铁器的使用率也有显著提升，汉代的刃类武器大部分由生铁制成。

对古代中国战争的评价

战国时期，战争的级别和烈度均有显著提高。由于经济和政治改革，各国具备了发动战争的强大实力，这种改革也对中国社会的历史发展产生了巨大影响。

经济的发展提供了丰厚的物资，各国得以建立起庞大的军队，并设立专门机构管理征兵、训练和后勤工作。军队将士成为职业军人，具有军事才能和丰富经验的人才得到重用。战事不再像从前那样频繁，却更加激烈，有时持续数日，并以战败者惨遭杀戮结束。

秦汉两朝中央集权的实现，实质上是对之前改革的肯定。专门军事机构的设立保证了充足的人力和物资，使得秦朝和汉武帝时期的大举远征得以实现。战国时代的军事论著和作战原则，也成为后世将领的必修课程和指导教案。秦汉两朝均力图在任用文官管理军队的基础上保持军队的战斗力。然而到了汉朝末期，中国分裂成众多半独立的军事统辖区，军人成为社会的主导。

印度：孔雀王朝

公元前4世纪，印度通过武力争斗实现了领土兼并，形成了一些较大的国家。但是公元前326年亚历山大大帝入侵印度时，他所面对的印度军队无论在装备、编制还是在战术上都基本停留在前吠陀时代（参见专题B：海达佩斯之战，或第1章内容）。这些军队的核心依然是战象和战车武士——战象象征着统治者的高贵与威严，精锐的战车武士则彰显出统治者麾下大军的理想和高效。

然而，为这些精锐核心提供支援的却是一众装备简陋、缺乏训练的步兵。随着军队规模急剧扩大，进攻作战越来越讲究战术运用，然而印度所强调的始终是武器、技术甚至军队成分的一贯性，同战国时期的中国形成了鲜明的对比。印度军队发展为何会出现停滞呢？这很大程度上与印度森严的社会等级有关。随着社会发展，印度逐渐形成种姓制度，军队精英在种姓体系中享有特权。因此，尽管历代印度君主也曾雄心勃勃地想要加强中央集权，却终究无法掀起中国那样的社会变革。意识形态的阻碍异常强大，使得印度既无法像波斯帝国那样联合军队精英，也无法像中国那样消灭军队精英阶层。

亚历山大的胜利及其军队模式激发了一批朝气蓬勃、具有革新精神的年轻军事领袖，其中最为成功的当属旃陀罗笈多·孔雀（Chandragupta Maurya），他借鉴希腊战争经验创建了新的军事体系，子孙三代开创了一个庞大的帝国。然而相比于罗马和中国，孔雀王朝寿命很短，只持续了140年便衰落灭亡了。尽管强大的军事机器推动了孔雀王朝的扩张，但其带给印度社会的改革影响，仍然不及其他伟大帝国的军事体系。

孔雀王朝的扩张：公元前322—前250年

亚历山大大帝在公元前326年的胜利改变了印度西北部的政治格局，然而在更遥远的东方，一股力量正逐渐崛起，并最终创建了一个统辖南亚次大陆大部分地区的伟大帝国，令亚历山大的壮举黯然失色。我们对于旃陀罗笈多·孔雀和孔雀王朝的了解几乎全部来自印度文学和希腊著作，例如，《政治论》（*Arthashastra*）和古希腊历史学家麦加斯梯尼（Megasthenes）的著作，除此之外所知甚少。旃陀罗笈多显然生于摩揭陀的贵族家庭，才能卓越，最初只期望能当上军队高官。他目睹了亚历山大的胜利，甚至曾请求亚历山大协助推翻摩揭陀国王的统治。在遭到

> **专题 B：海达佩斯之战**
>
> 　　印度西北部塔克西勒（Taxala）的王公邀请亚历山大进入印度，想利用其对付自己的敌人——该地区最有实力的王公波鲁斯（Porus）。（几个世纪之后，穆斯林入侵者进入印度，部分原因也由于印度王公的邀请。在王公们眼中，争取外援击败当地竞争者才是最重要的，哪怕此举会引狼入室。）亚历山大自然乐意推进自己的征服之旅，于是率领2万大军一路向东进入旁遮普，直抵海达佩斯河（Hydaspes River）。海达佩斯河洪水泛滥，波鲁斯王公端坐在河对岸，身后是他的3.5万人的大军和100多头战象。
>
> 　　如果亚历山大无法渡过海达佩斯河，他那雄心勃勃的征服计划就只能就此搁浅，可是在敌军眼皮底下过河怎么可能成功呢？于是亚历山大在河边安营扎寨，摆出一副静待洪水退去的姿态——这也可以视作两军之间军纪和毅力的比拼。接下来的数个星期里，他不断派遣小股部队在上游和下游假意发动袭击，让敌人以为他们打算突袭过河。波鲁斯的军队每次都会做出应对，只是越来越没有士气。这些看似毫无意义的攻击使敌军懈怠轻敌，不能真刀真枪地打上一仗也让敌军变得烦躁不安。亚历山大敏锐地观察到印度军队士气越发低落，同时马其顿侦察兵发现己方军营上游有一个浅滩，于是借着一个漆黑的雨夜，亚历山大留下一半军队在下游继续假意发动攻击，然后调遣其余部队登上浅滩渡过了河。
>
> 　　亚历山大率领众军登上了波鲁斯所在的河岸，他拥有6000名骑兵和5000名步兵，其中包括近卫骑兵、部分方阵步兵、一些持盾步兵（hypaspists，详见第3章）和轻装弓箭手。波鲁斯急忙调遣部队，将战象部署在最前沿，认为亚历山大的战马根本无力对抗战象的冲击。
>
> 　　亚历山大派遣半数骑兵形成宽广的侧翼包抄印军右翼，命令自己部队的右翼紧贴河岸，同时防止左翼被占据人数优势的敌人包围。然后他命令弓箭手袭扰印度象群，让它们狂躁失控，趁着敌人自乱阵脚的空档，亚历山大一面率领近卫骑兵和方阵步兵持续攻击，一面命侧翼骑兵从后方攻击印军前突的右翼。经过激烈的战斗，印军四散奔逃，波鲁斯也被生擒。马其顿人凭借严格的军纪和联合战术再次证明了自己的实力，给印度战争带来了深远的影响。海达佩斯之战，印度的战败并未抹杀战象的象征力量和作战潜力，它们在印度被继续沿用了数百年，亚历山大死后，连瓜分其帝国的继任者们也曾使用过战象。

拒绝后，他借鉴同亚历山大作战失败的经验教训创建了一支新型军队。公元前322年，旃陀罗笈多指挥大军攻打摩揭陀，经过一系列血战，终于攻陷首都华氏城（Pataliputra），废黜并处决了国王。

　　登上摩揭陀王座后，旃陀罗笈多开始了持续的征战。他将占据印度河和旁遮普的希腊人视为最强劲的对手，因而做好了准备。比起之前对抗希腊的印度军队，他率领的军队装备更为精良，指挥更加得力。此外，他还扩充了骑兵部队，给战马披上了甲胄，最后通过扶持当地武装、推动游击战极大地扩充了军队规模。

印度战胜了希腊军队。为收复失地，掌管亚历山大帝国东部的希腊统治者塞琉古（Seleucus）于公元前305年调遣大军迎击这支印度北部的新兴力量。旃陀罗笈多又一次打破了印度的军事传统，得知希腊大军逼近，他决定在希腊人深入本国领土之前进行决战。希腊人刚刚渡过印度河，便惊奇地发现对手出现在面前。旃陀罗笈多再一次胜利了，他的胜利很大程度上依赖人数上的优势（如果资料可信，参战的印度军队达60万人），其中包括2万名训练精良的骑兵。

旃陀罗笈多及其继任者将主要精力放在扩大帝国版图和管理国内领土上。孔雀王朝的第三代君主阿育王（Ashoka）通过漫长而血腥的战争征服了小国羯陵伽（Kalinga，今奥里萨邦[Orissa]）及其他传统小邦，之后转变为虔诚的佛教徒，停止了扩张。无论出于何种原因，征服了羯陵伽之后，阿育王将注意力从征服转移到治理国家上，至此，他的帝国已经囊括了几乎整个南亚。

孔雀王朝的军事体系

由于旃陀罗笈多的军事改革和政府对帝国的有效管理，孔雀王朝的军事征服战果非凡。与同时期的中国战国时代相似，孔雀王朝的政治经济活动主要为军事服务，对几乎一直处于战争状态的孔雀王朝来说，加强中央集权和提高行政效率对维持庞大的军队至关重要。孔雀王朝对赋税体制进行了合理改革，并设专门机构管理。该机构同时负责监督公共工程建设、提高农业产量和促进贸易活动等，并为军队提供运输和通信服务，甚至负责管理军事后勤，为战场和印度南部的军队供应物资。由此可知，在阿育王统治下的孔雀王朝经济繁荣、社会进步，有能力动用庞大的军队持续进行战争。

组织和战略　表面看来孔雀王朝军队是按照印度传统模式由四部分组成，即步兵、骑兵、战象和战车，分别由设在首都的政府委员会管理。此外还有一支海军，但我们对此了解甚少。据记载，孔雀王朝的常备军大约包含60万步兵、3万骑兵、9000头战象和8000辆战车，此时战车主要象征着精英阶层的地位，而非实际战场上的作战车辆。

孔雀王朝依赖常备军，士兵需要终身服役，他们并不仅仅来自世袭武士阶层。由于印度种姓制度越来越严格，只限于武士阶层的征兵方式最终将阻碍印度军队的发展。印度军人待遇优厚，出兵作战常配备大量仆从、厨师和武器工匠。将军们不仅指挥作战，也负责管理辖地，直接关系到帝国的繁荣和安全，因此只有被证实值得信任的内部成员和皇室成员才能被委以重任。

孔雀王朝行军前总是进行周密筹划，以确保胜算，减少行军途中的干扰。行军中，军人不得离开营地，由皇室专员外出寻找水、木柴和草料，其他物资或者随军携带或者由后方供应，这种体系同中国的战国时代和秦汉两朝非常相似。此外，王朝还派出大量细作潜入敌国收集情报和在敌人内部散布谣言、挑拨离间。

孔雀王朝充分利用人数优势压制敌军，乐于进行夜战，这一点也同印度军事传统大相径庭。骑兵发挥了比以前更为重要的作用，战象和战车的作用则相对减弱，但大部分战斗中，步兵依然是决定性因素，他们往往比对手接受了更好的训练，配备了更精良的武器。有趣的是，旃陀罗笈多参照希腊模式改革了印度骑兵，却没有对步兵进行类似的改革，尽管他曾亲眼见到过希腊方阵的强大威力。

武器和装备 军队所用的全部武器装备均由王朝的行政部门提供。正如前文提到的，孔雀王朝的军人待遇丰厚，大部分时间都在训练，因此配备大量仆从。此外，营地内还有一支制造武器装备的工匠大军，他们的招募方式和军人相同，并不限于世袭阶层，入伍还能免除一定税费，因此具有一定吸引力。和阿契美尼德王朝时期的波斯体系一样，皇室监察人员会在各个营地轮番巡视，以确保训练有序开展、官员恪尽职守。

孔雀王朝的战象
投射手坐在搭在战象背上的堡垒里投射能穿透甲胄的长矛，驭象人则携带一把带刃的凿子，在战象受惊发狂的时候敲入它的脑中杀死它

据官方记载，武器配备实现了标准化。每名步兵都配备长弓，拉弓时用左脚将弓踩在地上；还配有短剑，有些还使用投枪，大部分步兵都穿戴胸甲。由于骑射技术传入印度时间较晚，印度骑兵依然配备长矛。每头战象通常搭载三名弓箭手，有时还搭载投掷匕首和投枪的士兵。

对古代印度战争的评价

孔雀王朝的统治者同阿契美尼德的波斯人和亚历山大大帝一样，试图建立一个世界级帝国。在孔雀帝国鼎盛时期，它几乎囊括了整个南亚次大陆和部分中亚领土。同前辈相比，建立这个庞大帝国的印度军队确实更有战斗力，但是除了改变战车武士的战场职能，并未真正抛弃印度的军事传统。此外，行之有效的行政措施对管理庞大的帝国也十分重要，否则，战斗力强大的孔雀王朝大军不可能在历史上出现。

总 结

战争和武士精英的职能转变对这一时期的军事体系、政治体系、意识形态和社会结构产生了极大影响，更是深远地影响了欧亚大陆不同地区的社会发展进程。从这一时期开始，主体文明的发展开始分化，日益形成不同的传统。

然而，有两个因素在一定程度上减缓了主体文明分别发展的趋势。首先，海上贸易变得日益重要，跨文化交流和商品交换日渐增多。但是这种交流也带来了海战升级的潜在威胁（第5章将会讲到海战的早期历史）。另外，不断增强的跨文化交流促进了新的人口迁徙，这种人口迁徙通常会使原本稳定的社会遭到入侵（第6章的主题是人口迁徙），结合第二部分所讲的内容，这也是帝国实力扩张所直接或间接引发的结果。

■ 推荐阅读

Briant, P. *From Cyrus to Alexander: A History of the Persian Empire*. Peter T. Daniels, trans. Winona Lake, IN: Eisenbrauns, 2002。这是一部帝国史，包括对行政和军事事务的出色描述。K. Raaflaub 和 N.Rosenstein 主笔的 *War and Society in the Ancient and Medieval Worlds* (Cambridge: Cambridge University Press, 1999) 中，布莱恩特在由他负责的 "The Achaemenid Empire" 一章里进一步阐述了这些主题。

The Cambridge History of Ancient China; From the Origins of Civilization to 221 BCE. Michael Loewe and Edward L. Shaughnessy, eds. Cambridge: Cambridge University Press, 1999.

The Cambridge History of China: Volume 1: The Ch'in and Han Empires, 221 B. C.,—A. D. 220. Denis Twitchett and Michael Loewe, eds. Cambridge: Cambridge University Press, 1986。这两本书中有几章不仅讨论了中国古代军队的政治、社会和经济背景，还讨论了中国军队的组成。

Cook, J. M. *The Persian Empire*. New York: Barnes and Noble, 1983。这是一部非常详细的波斯历史著作，从居鲁士时期一直讲到亚历山大消灭波斯。库克对古代近东历史十分熟悉。

Frye, R. N. *The History of Ancient Iran*. Munich: C. H. Beck, 1983。这是一部伊朗通史，从最早的时代讲到萨珊王朝的灭亡，包括关于军事和政治组织的章节。弗莱对资料来源和文献的讨论尤其有价值。

Kar, H. C. *Military History of India*. Calcutta: Firma KLM, 1980。本书对孔雀王朝军队的历史、结构和组织的描述非常可靠。

Lewis, Mark Edward. *Sanctioned Violence in Early China*. Albany: SUNY Press, 1992。本书对中国战国时代军事变革的文化原因和后果进行了深入的分析，揭示了思想和组织的相互发展关系。参见刘易斯在 Hans Van deVen,ed. *Warfare in Chinese History* (Brill: Leiden, 2000) 中所写的 "The Han Abolition of Universel Military Service"，讨论了汉朝军队的基本结构以及军事战略的演变。

Loewe, Michael. "The Campaigns of Han Wu-ti." In *Chinese Ways in Warfare*, Frank A. Kierman Jr, ed. Cambridge: Harvard University Press, 1974。本书对汉朝军队进行了很有价值的分析。

Mielczarek, M. *Cataphacti and Clibanarii. Studies on the Heavy Armoured Cavalry of the Ancient*

World. Lodz: Oficyna Naukowa MS, 1993。本书探讨了构成后来伊朗军队基础的重装骑兵的演变,包括其来源及其对西方的影响。

Nath, Rajendra. *Military Leadership in India: Vedic Period to Indo-Pak Wars*. New Delhi: Lancers Books, 1990。本书对孔雀王朝军事领导体制的影响进行了较好的全面描写。

Thapar, Romila. *Early India, from the Origins to 1300*. Berkeley: University of California Press, 2002。本书将印度军事和政治发展置于社会和文化背景中,对早期印度历史进行了全面研究。

第3章
城邦和方阵

希腊和马其顿，公元前800—前200年

亚洲西南部和地中海东部的动乱年代开始于公元前1200年,很多帝制国家在这些地区崛起,崛起过程参照中国和印度。

但是,希腊的发展路线则不同,其军事氛围非常浓厚。希腊人采用的并不是大规模军事-政治发展路线,而是发展了一种小型政治组织,这些组织产生了一种有效的步兵战术。马其顿人将这种战斗方式予以完善,并在其联合部队中加以运用,以至在那个时代,这支军队因为其战术的灵活和有效而战无不胜。这种作战方式将马其顿军队和希腊文化传播到亚洲西南部的广阔区域。本章就将讲述这种发展历程。

希腊:公社步兵的崛起

前文所提的普遍性危机同样发生在希腊的迈锡尼城邦。随着迈锡尼城邦的灭亡,文明也走向终结,其中有段时间,就连始于黑暗时代(Dark Ages)[①]、持续3个世纪并形成希腊古典文化的定居农业都行将衰亡。在黑暗时代的开端,人类居住点急遽减少,移民潮遍布希腊全境。一些移民离开半岛,来到小亚细亚半岛。其他人则聚到一起开始重建希腊社会,并回归到定居农耕的生活状态。

荷马史诗的世界

由于青铜时代末期的战乱,人们对黑暗时代的战争所知甚少。然而,依旧可以在荷马的著作《伊利亚特》和《奥德赛》里一窥端倪。虽然荷马史诗以青铜时代迈锡尼人的世界为背景,但是其中对战争和社会组织的很多描述很可能就是公元前8世纪的社会状况。

《伊利亚特》描绘的战争都带有贵族性质。战斗在不同阵营的首领之间展开。这些英勇的武士驾着战车进入战场,然后在地面进行近身搏斗。这些战斗具有迈锡尼时代的代表性。迈锡尼时代的首领与他们同时代的近东首领一样,直接在战车上进行战斗,而不是使用《伊利亚特》里所谓

[①] 黑暗时代指的是希腊历史中从多利亚人入侵及迈锡尼文明灭亡的公元前12世纪到公元前9世纪最早的希腊城邦崛起的时期,也称荷马时代。公元前8世纪荷马史诗中记录的便是这段历史,其中最著名的事件为特洛伊之战。——编注

战车战术。但是那个时代战斗的基本特质可以从荷马的描述中推断出来。荷马无疑知道，就像那个时代的马一样，迈锡尼人的战车不仅是地位的象征，还是运输的工具。有人或许就此认为，荷马用战车代替战马与《伊利亚特》的英雄进行联系，因为他知道贵族都是骑马进入战场，然后下马战斗的。而且，这种战斗方式适合使用矛、剑、战斧以及盔甲和盾牌进行近战格斗。只有在极少数情况下，而且带着些许轻蔑，弓箭（可以与战车武士媲美的武器）才会出现在战场上。

荷马史诗还证明，公元前8世纪的迈锡尼武士有一种价值体系。这些贵族很明显都是有身份的武士，为了自己的地位和荣誉而战。这种形式的战斗一般规模都很小，而且采用突然袭击的方式，主要以获取战利品为目的。首领将这些战利品赏赐给他们，代表身份的象征。荷马史诗最著名的例子是阿喀琉斯与阿伽门农的矛盾。阿伽门农夺走了阿喀琉斯视为战利品的女人，因为阿喀琉斯劫掠了她所在的城镇并杀了她的丈夫和兄弟。受此冒犯，阿喀琉斯与他的部属撤出了战斗。

阿喀琉斯的战士告诉我们，贵族武士是战场的主要力量，却不是唯一的力量。平民作为贵族的随从参加战斗，尽管没有贵族身份的光环笼罩，但是他们仍是战争的参与者。大规模的战斗也是史诗中所描绘的战役的一部分。这些战斗显示出，公元前8世纪的战争处于转折期，即平民开始成为战场的一分子。在一个世纪里，随着黑暗时代的社群变成古希腊的城邦，希腊的战争模式也彻底转变了。

城邦的兴起

公元前8世纪希腊文明重生。公元前8世纪末期，城市的数量和规模均有所增长，殖民地也不断在地中海各地建立。希腊人再次开始写作，他们从腓尼基人那里学来字母并加以改进。但是那个时期最重要的发展莫过于希腊社群向城邦转变。

城邦的本质　公元前800—前500年，很多希腊社群由乡村逐渐发展成功能齐全的城镇。希腊语将这种城市中心叫作阿斯托（asty）。大部分阿斯托都有两个主要的组成部分：首先是一个聚居地，其次是一个避难所，经常建在易于防御的地点，比如山顶。这种山顶的防御工事被称作卫城。雅典卫城是其中最为著名的。由于它是阿斯托中最安全的地方，对整个社区来说是尤为重要的建筑，例如，寺庙、珍宝储藏所等都建在那里。并不是所有的乡村都能发展成为阿斯托，一些被附近的阿斯托吸纳，成为供养城市中心的农业地区。这些农村和农田被称作霍拉（chora）。在一些地区，例如，拉科尼亚（Laconia），从来没有如此发展过。

另外，有的社群将其阿斯托与霍拉合并，组成一个新机构，即城邦。城邦与阿斯托的不同在于，城邦不仅仅是建筑的实际组合，还是思想的聚合。它确实也是城镇中心，但它也有乡村和乡民。它同样被认为是一种政治实体，具有独立的外交政策。正因为如此，我们称城邦为城市型国家。而且，尽管我们普遍用雅典、科林斯、斯巴达等地名指代这些城邦，但是古希腊人视城邦为公民共同体。因此，碑文指代的不是地点而是公民："雅典公民大会和议事会颁布如下法令……"或者"斯巴达公民的宪法说……"，城邦正是以这种方式来阐述活动、法律和决策的。事实上，城邦的理念对希腊人来说非常重要，以至这与希腊语一道，成为希腊人之所以为希腊人的原因。亚里士多德有句名言这样说道："人天生是一种政治动物。"[1]

随着城邦的发展，希腊的人口有了明显增长。尽管大多数城邦开始均由黑暗时代贵族的后裔统治，但是已有越来越多的平民占据了城邦的很多土地。这种社会变迁促进并完成了史诗中已然显现的战争格局的演变。

军队和战争

防御希腊城邦的军队与荷马所描绘的大相径庭。英雄们和战友一起与敌人作战，他们驾着战车，在敌人中间杀开一条血路。他们都远去了，取而代之的是全副武装的被称为重装步兵（hoplite）的地面部队，他们以纪律严明、摩肩接踵的编队方式作战，这种编队在荷马的描述中被叫作方阵（phalanxe）。

古希腊重装步兵革命 这种作战方式的转变是怎么产生的？它来源于城邦的政治变革还是促成了该变革？一种理论认为，公元前8世纪的某个时候，新式武器装备被用于战争，例如，一种大型圆盾（hoplon）、全防护的科林斯式（Corinthian）头盔，还有一种保护上半身的铜质胸甲。这般全副武装并不适合之前描述的个人英雄主义式的战斗，因为盾牌太大、太重，不便迅速躲闪，全防护的头盔遮挡了视线（单打独斗很不利），等等。新式装备更适合于团队作战，人数越多，则适用性越强。于是，公元前650年左右，在人口中变得越发重要的、拥有武器的农民群体获准参军。由于农民已然成为防御社群的重要力量，这些人便开始在社区决策中要求更大的发言权，打破了贵族在政治上的垄断地位。

然而，从军事和政治原因上来分析，这个模式是有问题的。首先，新式武器的引入看起来非常可疑，因为武器都没有先前存在的使用说明，尤其是在古代的经济体制中，这种引入是一种经济上的冒险行动。似乎更合理的是，由很多人组成的密集方阵所参加的战斗，已经开始替代早期的个人英雄主义式的战斗，跟我们看到的一样。武器在新式作战中变得更加有效。其次，当没有贵族身份的人在国家经济和军事上的角色变得日益重要时，我们可以肯定他们在社区的政治生活中拥有了不断增加的发言权。公元前6世纪至公元前5世纪，这些人的解放并不是保护城邦的新角色所赋予的，而是社会经济、政治和军事过程在300年的时间里相互作用达到的顶峰和形式化的表现。也就是说，社区发展与步兵战法的生成相辅相成。一些城邦发生了社会重组，形成特定的经济群体，使政治与军事的联系更加系统和有效。

战争的起因 随着城邦巩固了其领地，人口开始膨胀，希腊人便开始寻求更多的耕地。这便引发了由领土争端导致的边境摩擦。城邦的荣誉感以及公元前6世纪统治许多城邦的暴君的帝国主义思想也是引发战争的起因。在这个阶段，大部分战争都属于城邦之间的斗争，更大的

---

[1] 本句翻译采用《政治学》，中国人民大学出版社，2003。——译注

同盟集团也开始发展起来，比如，利兰丁战争（Lelantine War），很多历史学家视其为希腊的第一场大战。简言之，城邦的复杂性与对外政策，比起作战形式和军事组织要发展得更快，这并不令人意外。

战略和战术　愤怒的城邦开始召集重装步兵部队。这些人不是职业军人，而是农民和商人，有富人，有中产。武器装备他们自己准备，武器样式相差无几。因此，他们所发起的行动在形式上是有限的。这种行动在农耕时期的重要阶段是很难发起的，即使发起了也难持久。因此，行动一般在播种后或丰收前的几个月展开。由于没有正规的命令和后勤机构，重装部队发起行动所需的装备只能随身携带，因此实质性的行动顶多支撑一星期的时间。部队一般在预定地点会合，还经常携儿带女。他们还可能有奴隶帮助拿铠甲、武器和补给。然后，他们便向敌军方阵进攻。如果运气好的话，两个方阵便可以在平地作战，当然双方也可事先商定。如果敌方并不准备正面迎战，而是打算待在城墙后面，进攻一方则开始劫掠敌方的土地，尽管实质破坏的程度是由谈判决定的。但是物理破坏可能是个有争议的地方，因为其影响是心理上的：对城邦的成员来说，那些土地是属于和他们同一社区的同胞的，被侵略者践踏是不能接受的。由此，荷马史诗中英雄的荣耀成为社区居民的集体荣誉。只有像伯罗奔尼撒战争期间雅典的领导者伯里克利这样的强势人物，才能在受到如此侮辱后阻止自己的重装步兵部队进行报复。

一旦两支部队到达战场的平坦地域，重装步兵便开始在各自的方阵中整队待发。大多数城邦都没有正规的军事组织，他们会与亲属、邻居或其他村民按军衔列阵。他们很可能是按照军衔来接受训练的，这种训练来源于节日期间的比武并被正式化。它并不是大规模的，而是小规模的或仅仅是单兵训练。一般来说，八列左右的方阵最为常见。这种方阵一般都包括不同年龄的男人，从幼童到老人。每个人都有自己的作用：年轻人可以担任前锋，而有经验的老年人一般用来稳住阵脚。

列阵需要时间，在等待命令前进的时候，许多士兵会借机放下盾牌、摘下头盔，一些人甚至会狂饮一杯壮行酒。当双方部署完毕，会下达命令前进。审视战斗部署以及命令方阵行动是方阵战斗中军官的真正职责，而将军的指挥权来自他们的社会和政治地位，或者由民主选举产生。

一旦方阵行动起来，需要做的便很少了，因为机动是不可能的。方阵只会朝敌方行进。士兵被部署在密集的方阵中，每个人的盾牌都与左边的人的盾牌有所重叠。这就使得方阵在行进时会偏向右边，因为每个人都试图尽可能贴着他身边的人。在最右边一列的人，因为没人可以保护他们没有盾牌遮掩的那边，只能与敌方阵营的左翼重叠了。

两个方阵不断向对方逼近，随即便兵戎相见。在这点上，复原这种战争是有争议的。一些历史学家强调密集阵型和打击的重要性。此种观点认为，当敌对双方相互逼近，长矛刺向盾牌时便会产生巨大的混乱，有时长矛会折断，盾牌相互撞击在一起。两队冲锋形成白刃战，方阵后方的战士随即便开始支撑前方的战友,或者干脆上前接替前面倒下的。一些历史学家认为当时较为常用的是松散的阵型,战士用各种方式挥舞长矛,这样的战斗就好像是一群人在单挑。无论何种方式,战斗持续到一方开始退却为止。这时,战败一方的恐慌情绪便会散布开来,这便打乱了阵型,士兵落荒而逃。后续的追杀造成的伤亡最大,因为人们扔掉了防护,将后背交给了敌人。

因此,古希腊的战斗便是相互斗争的城邦的重装步兵之间的对抗。大部分人在方阵中战斗。在重装步兵战争的早期,有关其他类型的部队的记载很少。有时人们会提及轻装步兵,这种部队由那些没钱置办重装步兵装备的人组成。直到希腊战争晚期,骑兵部队才见诸记载。

历史学家们有时将重装步兵式的战斗称作仪式化的,这很容易理解。所有战斗部队都是依照同一套规则甚至在商量好的战场上战斗。仪式——尤其以战斗前的宗教典礼形式出现——形成了进行战斗的文化要素。战斗结束,双方宣布停战,战败一方可以认领尸体,战胜一方可以建纪功柱,用以纪念宙斯,并展示从敌方战死者身上缴获的武器。尽管这当然是种程式化、奉行仪式的战斗形式,但是这并不是仪式化的(ritualistic)。仪式化这个词一般用来指代那些流血很少的战斗,那些仅用少许伤害便能结束的战斗。而这并不适用于希腊的战争。那时的战斗往往十分血腥,尽管有限的追击和紧接着的休战使全军覆没的情况得以避免。这些战斗确实可以解决争端,至少可以和解一段时间,而且它们让一些历史学家认为希腊人发明了"决战"的思想,这种思想据称对西方战争非常重要(参见专题 C:西方式的战争)。但是解决争端的长期方案是极少的,战争通常在不久之后再次爆发。

斯巴达的不同寻常 在希腊城邦中,斯巴达的战争模式与前面所描绘的不同。到公元前 6 世纪,斯巴达人已经建立了希腊真正的常备军队,开始训练可称得上职业军人的重装步兵部队。对于战争规范的突破开始于公元前 8 世纪的一场战斗,在这场战斗中,斯巴达打败了邻近的麦西尼亚(Messenia)。很多麦西尼亚人被贬为奴隶,或叫作农奴(helot)。这些农奴的生活远离斯巴达城邦,但是仍得将半数的劳动所得上缴斯巴达统治者。公元前 7 世纪中叶,斯巴达被阿尔戈斯(Argos)打败,农奴们受到鼓舞,奋起反抗斯巴达人的统治。麦西尼亚人的起义差一点就打败了斯巴达,但还是被斯巴达人镇压了。接着,斯巴达人的态度变得更加坚决,希腊古典时期的斯巴达体制便开始发展起来。

斯巴达将土地和农奴一并分给市民。结果,斯巴达人便可以将以往耕种田地的时间用在军事训练上,准备对麦西尼亚和阿尔戈斯的战争威胁采取先发制人的策略。斯巴达人还通过恐怖手段控制这些农奴,使他们成为国家驯顺的服务者。举例来说,斯巴达人每年都向农奴发动战争,这样斯巴达人便可以对农奴们毫无顾忌地大开杀戒。更恐怖的是被称作克里普提(Krypteia)的机构,它便是斯巴达人的秘密警察。不到 30 岁的男性都必须在克里普提服役两年。在某些情况下,很可能在农奴起义的时刻,这些年轻人便被派出去,他们只携带匕首和一些给养,见到农奴便杀,有时他们还专门找那些强壮的奴隶来杀。

专题 C：西方式的战争

毫无疑问，有一种西方哲学传统，它可以追溯到苏格拉底、柏拉图和亚里士多德。同样，在数学、艺术、自然哲学或科学中也有相关的知识系统。它可以追溯到公元前 5 世纪的雅典和更宽泛的希腊世界所建立的文化传统。有没有一种"西方式的战争"可以追溯到古希腊的城邦及其战争呢？至少根据历史学家维克多·戴维斯·汉森（Victor Davis Hanson）的理论，这是有的。他将希腊战争的两种因素看作所谓西方式战争的基础。第一，全民皆兵的城邦社会表现出了一种"公民军国主义"，因为公民同政治和军事有着密切联系；第二，旨在取得决定性胜利的面对面的传统战斗模式，虽然使西方式的战争变得更加残酷，但是比起非西方式的战争，它更有效果。非西方式的战争模式倾向于更加间接的决策和战术。汉森宣称，两种特征不仅体现在军事训练上，还体现在军事思想传统上。这两种特征所形成的军事组织和战争形式在世界历史上取得了无可比拟的成功，并从 19 世纪以来统治了全球。

汉森的理论受到广泛的关注。但是，在本书的作者看来，他的理论根本就是错误的，而且越来越多的历史学家都这么认为。其理论的诸多方面都该受到批判。也许最为重要的是，参照上述所提的思维传统（虽然汉森主张军事思维传统），古希腊战争与现代西方战争之间的历史延续性是无法得到证明的。古希腊公民的好战传统在伯罗奔尼撒战争之后就已经逝去了，尽管在马其顿和早期的罗马共和国时期曾以不同形式复苏，但到罗马帝国时代，就已完全消亡了。中世纪和现代欧洲早期的战争不能称作"公民军国主义"。只有到了美国和法国革命的时候，服役和公民之间的联系才出现，这种关系几乎不可能出现在希腊模式中。

除"公民军国主义"的争论外，汉森关于西方战争效力的论述也是错误的。在历史上，被认为是希腊人后裔的西方军队被各种对手打败过，汉森只通过其中极个别的例子就做起了西方军队战无不胜的幻梦。汉森的选择涉及"谁是西方人"。迦太基位于罗马西面，这些人并不属于西方人，因为罗马赢得迦太基战争的最终胜利（尽管很多决定性战役罗马人都败给了汉尼拔）。此外，作为罗马制度和文化后裔的拜占庭也不属于西方人，尽管其有着连贯的记录军事文学的传统，大概因为"公民军国主义"只适用于拜占庭人，更可笑的是，拜占庭的战略和战术传统总强调要避免战争。（当然，著名的罗马军事作家维基修斯[Vegetius]也建议要避免战争，他的想法与中国兵家孙子难分伯仲。）拜占庭最终灭亡了。所谓"西方人"暴露了一种符合西方标签的未经核实的哲学假设，仔细检查，这些假设都是站不住脚的，并都带有欧洲中心主义思想。如果"公民军国主义"（就是指政治和军事参与的密切关系）和军事效力是西方战争的基本组成部分，那么处于欧亚大陆的游牧民族则是这种传统的典型案例。（详见第 6 章关于游牧民族战争的情况。）

> 最终，美国军队（或许可以称之为西方军队）的现代理念强调的不是面对面的类似于希腊方阵战争式的大规模冲锋，强调的是间接性、弱点、机动性以及汉森认为不重要的、非西方的策略和战术。很难看出除了出于政治动机的争论之外，汉森的理论还有什么有值得挽救的东西，当然，对严肃的军事史来说，他的论断几乎没有任何有价值的东西。

为了建立服务于政权的军队，斯巴达人从出生起便开始军事训练。所有新生的斯巴达男婴都由部落的长老们检查，那些被认为是不强壮的婴儿直接被扔进特吉特斯山（Mount Taygetus）的山谷。剩下的在家长到 7 岁后便进入"阿高基"（agoge），开始斯巴达人的生活方式。他们学习独自谋生或依靠有限的粮食存活，他们还要练习携带重装武器舞蹈，这些招式让他们习惯根据笛子的节奏来进行移动（方阵是根据笛音来行军的）。12 岁时，训练变得更加严酷，孩子们被断供粮食，只能去偷窃，因为这可以让他们学到离开本土如何生活（偷窃是允许的，但是那些被发现的还是会因此受到鞭打）。为了适应行军征战的艰苦，孩子们一年到头能用的只有一块斗篷，而且只能睡在芦苇铺成的床上。到 18 岁或 20 岁的时候，这些年轻人便大约每 15 人组成一个群体。一直到 30 岁，他们都与同伴住在军营中，到 30 岁这一年他们可以开始建立家庭。（他们 20 岁就可以结婚，但是还得住在军营中。）

这种严酷的体制使斯巴达人建立起强大的重装步兵部队。斯巴达人将方阵组织起来，建立起其他城邦的方阵所不了解的连、团编制，而且有一个比希腊其他地方更加正式的指挥系统。他们训练特殊的机动方式，这使得他们的方阵在战场上比其他城邦的方阵更加有效和灵活。而且严酷的训练使勇敢的斯巴达人可以默默地忍受困苦，因此使其获得了令人胆寒的声誉。然而，这种体制有个代价：人力长期不足。"那些生活于周边的人"（就是生活于周边城镇并将外交交由斯巴达来寻求保护的人）的加入，在某种程度上充实了斯巴达人的军队。他们实行自治，但在外交政策上追随斯巴达。一些斯巴达同盟国建立起了联邦，称作伯罗奔尼撒联盟，尽管斯巴达人对于联盟的控制并不稳固。有关斯巴达人力不足的本质和程度的问题一直以来都有争论——可能斯巴达根本没有人力不足的问题，不足的只不过是优秀的军人，但是有时候这种不足非常严重，斯巴达人不得不同意奴隶们通过服兵役来换取自由和权利。

过渡期的希腊战争：波斯战争

希腊战争本质上一直保持着相对平稳不变的状态，直到公元前 5 世纪早期。这时，波斯的崛起迫使希腊人开始重新考虑战争的方式。公元前 6 世纪中期，波斯人占领吕底亚王国，生活在小亚细亚西岸的希腊人第一次与波斯人发生接触，然后波斯人便开始与大陆上的希腊人发生争端。波斯人在陆地和海洋进行大规模战争的能力让希腊人面临从未有过的威胁。公元前 5 世纪早期，波斯人更加复杂的战斗形式促使希腊半岛的城邦不得不面对或适应战败的命运。希腊人必须开展更广泛的合作，必须思考那些政策、行动和战术选择以及他们的战争手段所不具备的东西。

公元前 540 年，波斯人占领了爱奥尼亚，但这次占领并没有立即对当地希腊人和波斯人的关系产生负面影响。确实，当大流士一世于公元前 514 年向斯基泰人发动全面进攻的时候，是爱奥尼亚人守住了多瑙河上的桥头堡，才使得大流士的残兵败将渡河逃脱。但是在公元前 499 年，爱奥尼亚的希腊人起义反抗大流士，毫无疑问这是因为独裁的波斯君主们总在干涉爱奥尼亚城邦的内部事务，这与希腊的自治观念是相悖的。米利都（Miletus）的政治阴谋点燃了反抗的导火索。当形势危急时，他们的统治者亚里斯托格拉斯（Aristogoras）试图向希腊大陆求援。他先向斯巴达人求助，被拒，然后接触了雅典人，雅典人看在与爱奥尼亚人民的紧密关系上派出了 20 艘战船。起义者与其同盟开始时表现出色，甚至就快占领并烧毁波斯人在当地的首府萨迪斯了。但没过多久，雅典人撤退了，起义最后于公元前 493 年失败。

马拉松战役 萨迪斯烧毁后，为了复仇和阻止希腊人再次干涉波斯事务，大流士一世派出一支远征军去消灭那些帮助爱奥尼亚叛乱的希腊人。公元前 490 年，通过一些象征性的让步并在希腊全境展开一波外交和心理攻势，大流士一世掌握了爱奥尼亚的控制权，之后他派出一支由 600 艘船（1/3 为战舰，2/3 为货船）和 2.5 万人组成的军队。波斯人攻占了沿岸城市，并在马拉松建立了基地，不仅可以泊船，还可以利用长条形的开阔地训练波斯骑兵。

发现波斯人登陆后，雅典人便争论起之前施以援手的得失。斯巴达的救援遥遥无期，表面上是由于宗教原因，部分雅典人认为应该躲在城墙内应对一场攻城战，而亲波斯派意图背叛。但是剩下的人，由参加过爱奥尼亚救援且了解波斯人的米尔提亚德（Miltiades）将军率领，成功号召民众向"野蛮人"进军。雅典人据守一处通向雅典的主干道的位置。接下来所发生的事备受争议，双方僵持数天之久——雅典人等待斯巴达人救援，波斯人等待雅典城中亲波斯派的信号——波斯人最后派出 1 万人的部队乘船前往雅典，其中包括大部分骑兵。波斯舰队离开爱奥尼亚，米尔提亚德将军决定第二天先行对留在基地的 1.5 万名波斯士兵发起攻击，破釜沉舟，要么迅速取胜，要么撤回雅典。

波斯人的正面防线非常坚固，为此，米尔提亚德削弱了己方阵营中军的力量，让其对阵波斯最精锐的部队，而当米尔提亚德阵营的两翼压制波斯人较为薄弱的两侧后，便可与中军形成一种包围态势。黎明时分，当波斯人的第一波箭矢落在他们的队伍中时，雅典人便势如破竹，快步推进了 150 码。战斗非常激烈，希腊人的重型铠甲、武器以及严密的阵型在攻击对方侧翼的过程中起到了关键作用。当两翼以包围态势大获全胜的时候，队伍的中部却处于溃败的边缘。波斯人进行了顽强抵抗，冲出包围逃回船上。波斯人战败了，6400 人战死，被俘者不计其数，7 艘战舰损毁。听闻失败的消息，剩余的部队和舰船撤了回去。雅典人仅损失了 192 名重装步兵。

大举入侵，公元前 480—前 479 年 马拉松战役的胜利让"马拉松人"确信重装步兵方阵在城邦防御和抵抗波斯人传统攻击上的优势。城邦民兵的重型武器和铠甲对波斯人的轻型铠甲、盾牌、长矛和弓箭有明显优势，至少当其可以选择战场并能消除波斯骑兵的威胁时如此。

然而，波斯的大流士建立的强大的帝国行政机器已经运转起来，它的目标不再是一次小型远征，而是针对希腊大陆的一次大规模进攻。10年来，波斯人一直都在聚集他们近乎取之不尽的资源，以不断激起反叛为代价来聚集人力、舰船、钱财和给养。大流士死于公元前486年，但是他的儿子薛西斯一世完成了战争准备，镇压了起义，建造了超过1300艘战船，并集结了近20万人的部队。他在友邦境内建立了不计其数的后勤补给点，遣使希腊要求其投降，并广泛散播军队规模庞大的谣言。希腊的反应是复杂的。一些人想投降或合作。其他国家，比如雅典和斯巴达，通过斩杀波斯来使来显示抵抗的决心。10年的大部分时间里，雅典人几乎没有做什么实质性的准备工作，直到公元前481年，雅典人开始与伯罗奔尼撒联盟合作，他们在柯林斯湾商讨事宜。希腊所有的城邦都派出代表讨论泛希腊安全问题并确定共同策略。尽管希腊人并没有商讨策略的机构——没有联邦的高层指挥——但他们还是制订了一项计划，决定由斯巴达人全权指挥作战。计划中有关指挥权的论述是非正式的，而且没有说明怎样协调后勤支援。联盟还派代表前往西西里叙拉古（Syracuse）拜见手握大权的希腊君主。他允诺提供大规模援助，包括2万名重装步兵、200艘三层桨座战船、8000名骑兵和轻装步兵。但是这些支援承诺没有兑现，因为迦太基于公元前480年攻打了西西里。

真正开始实质性准备的是雅典人，而且这个工作落到一个人身上，他便是政治家特米斯托克利（Themistocles）。他认为，希腊只有有效地反击波斯复杂的海上和陆地战术才能取胜。为此，希腊需要强大的舰队。马拉松战役数年后，特米斯托克利不遗余力地排挤那些反对其意见并试图改变政府的雅典人，他还赋予元老院更多的权力。雅典于公元前483年发现一个巨大的银矿矿脉，特米斯托克利便获得了足以建造200艘三层桨座战船的资金。

公元前481年，薛西斯一世在苏萨（Susa）集结部队，开始向希腊大陆进军。公元前480年，薛西斯一世用600艘战舰并排搭成横跨达达尼尔海峡的桥梁，他们从小亚细亚出发，跨过舟桥进入欧洲。他的军队非常庞大，这意味着什么呢？其人数可能达到18万~20万，主要由波斯军人组成，其中包括1万人的皇家卫队，从各省招募的士兵也在一定程度上壮大了帝国军队的势力。700艘战舰组成的舰队以及不计其数的小船也加强了军队的实力。薛西斯一世通过顺路给宗教避难所发放礼物来展现其对宗教的包容性。这些活动都是波斯的系统宣传活动的一部分。

伯罗奔尼撒联盟再次开会，试图制定军事战略。许多希腊城邦犹豫不定，使得部分北方防线在政治和战略上都岌岌可危。列奥尼达（Leonidas）率领包括300名斯巴达人在内的数千人的部队与特米斯托克利的舰队防守朝向大海的侧翼，两支部队共同防守着温泉关的要道达三天之久，随后薛西斯一世通过一条小路转移了陆上部队。舰队被迫撤退。此时，希腊人还需要做另一项决定。联盟决定防守科林斯湾海峡，但这样就会使雅典人易于受到攻击。然而，特米斯托克利让舰队首领们在萨拉米斯会合而不是退回到海峡。他计划撤出雅典人，将所有赌注压在海战上，如果成功，就可以避免海峡的防线被从侧翼包围的风险。许多雅典人同意撤到萨拉米斯和埃伊纳岛（Aegina）。特米斯托克利诱使波斯舰队将注意力放在萨拉米斯的一条狭窄海峡上，并取得了一场重要胜利，这最终使海上优势转向希腊一方（详见第5章有关海上战争的内容）。

萨拉米斯之战的胜利对战争的结果具有重要影响。波斯舰队损失了大约200艘战舰，而希腊人只损失了40艘三层桨座战船。随后，波斯舰队便开始撤退，并防御达达尼尔海峡上的浮桥。虽然波斯人仍拥有一支强大的军队，但是海战失败迫使一些部队回撤，因为后勤支援可能因此缺失。薛西斯一世劫掠了阿提卡，先后洗劫了雅典和萨拉米斯，随后便撤退了，并宣称取得了战争的胜利，最后将打击希腊的任务留给了他的副手马多尼乌斯（Mardonius）。马多尼乌斯手上有最为精良的波斯部队，包括波斯正规军。但是他的部队规模被大大缩减了。在公元前479年，希腊联盟军在普拉提亚（Plataea）附近与其发生了交战，这个战场让希腊人的方阵变得相对安全。波斯骑兵给希腊人制造了麻烦，直到波斯人的首领马多尼乌斯被杀死，其进攻才停止。经过一场恶战，联盟军胜利了。几乎同时，希腊舰队在小亚细亚西岸登陆并打败了那里的波斯军队。波斯人的威胁就此解除了。

希腊和波斯体制的对比 波斯战争的交战双方有着截然不同的军事体系，这种军事体系又是建立在不同的社会基础上的。希腊人在普拉提亚的胜利再一次证明，选对战场的重装步兵比波斯轻骑兵更胜一筹，这更让现代人认为东方的波斯人在军事上战斗力很弱，这种观点很大程度建立在后期希腊作家和反波斯政客的言论上。然而，仔细来看，波斯军队实际上战斗力非常强，至少在策略和行动上如此，而且他们在这些方面都影响了希腊人。在策略层面，波斯战争，尤其是公元前480年的战争，证明希腊人其实并不擅长任何协同军事行动。战争末期，希腊人建立了正式的联盟，设立了投票机制和战争仓库。在行动层面，波斯海陆联合行动在计划和执行上的优势深刻影响了希腊人——甚至连斯巴达人在公元前5世纪末期也认识到了海军的重要性。最后，在战术层面，尽管重装步兵方阵仍是希腊人在战场上的主要选择，但波斯人的箭术和骑兵则使重装步兵部队的局限性暴露了出来。重装步兵尽管有效，但希腊人还是在公元前5世纪逐渐增加了骑兵和轻装步兵。

伯罗奔尼撒战争，公元前431—前404年

在公元前5世纪末期，希腊大陆和爱琴海地区的政治形态呈现出两极分化的态势——由斯巴达领导的伯罗奔尼撒联盟以及由雅典领导的提洛同盟。伯罗奔尼撒联盟已经存在一段时间。提洛同盟起初是为应对和抵抗波斯人的入侵和镇压而成立的。起初，其所有的邦国都为与波斯的战争捐助兵力、战舰和钱财，但是不久之后，雅典便独揽同盟的军事大权，他们将邦国捐助的人员和战舰统统换成了钱财，并命令同盟的成员不得擅自离开同盟。雅典后来将邦国的钱财

捐献解释为"贡品",同盟自此便成了雅典人的帝国。

帝国的建立对雅典民主接下来的发展非常重要。提洛同盟的捐献让其可以负担雅典海军低等桨手的费用,这些桨手主要由爱琴海诸岛和小亚细亚西岸的人担任,而雅典海军是帝国得以保全的保证。资金和人员在海军上的投入(重装步兵太过昂贵)与持久和完全的政治解放息息相关。帝国式的民主与雅典人自马拉松战役胜利50多年来所建立的文化自信是希腊哲学、历史、戏剧以及艺术获得长足发展的重要背景。简单说来,就是战争与和平的艺术相容共生。

战争的起因 雅典军力的增长让斯巴达人寝食难安。斯巴达是希腊的常态化力量,他们曾经带领联盟(至少是名义上的)打败了波斯人(公元前480—前479年),并于接下来的20年一直保持着压倒性的军事力量。但是,当雅典的实力开始上升,斯巴达的地位便动摇了。崇尚民主的雅典人与斯巴达人的帝国主义之间的政治分歧加剧了这种紧张局势,并且这种政治分歧也是两个联盟之间的主要分歧。修昔底德(Thucydides)明确地说:"斯巴达于公元前431年发动伯罗奔尼撒战争完全是由于恐惧。"公元前431年,雅典的盟国克基拉(Corcyra)与伯罗奔尼撒联盟成员国之一科林斯开战,调解失败,双方的盟国均支持己方,战争便打响了。但是仍有人反对战争:机敏的斯巴达国王阿基达姆斯(Archidamus)表示,斯巴达与雅典终有一战,但不是现在,斯巴达应该将战争留给子孙。他的想法被证明是正确的,因为波斯战争结束后,希腊战争中潜藏的变化将公元前6世纪的有限战争转变成长期而痛苦的冲突,在这场冲突中,早期希腊战争的传统已不复存在。

战略 伯罗奔尼撒战争既有海战也有陆战,在这些战斗中,波斯战争的影响依稀可见。在策略上,希腊人从波斯人身上学到了很多东西,双方的盟国策划并实施了复杂的战略。战争中复杂的同盟关系决定了几条战线上的同时行动。战争早期,由雅典人伯里克利制定的战略要是放在60年前是根本不可能的。他劝说雅典人放弃阿提卡,守在雅典城内。雅典城在比雷埃夫斯有坚固的海军军械库,著名的"长墙"(Long Walls)将其与雅典相连,海军舰队为其提供补给。他希望两三年后斯巴达人可以知难而退,因为雅典人始终拒绝正面迎战斯巴达的重装步兵。不幸的是,斯巴达人的耐心比想象的要好。于是雅典海军与斯巴达陆军之间的战略僵局便形成了。

诱使盟国背叛以及促使中立国转变立场成为冲突时期的重要策略。相应地,为了巩固同盟关系,双方都下足了功夫,尤其是雅典,以残酷的手段镇压反抗。双方都在寻找打破僵局的方法。雅典远征军于公元前415—前413年对叙拉古采取行动,结果海陆两军都遭到惨败。然而,在叙拉古之战几年后,雅典军力得以恢复,比伯罗奔尼撒联盟海军还要强大。但是斯巴达人于公元前408年借助波斯的海军和资金,取得一系列海战胜利,对雅典实施围攻,伯罗奔尼撒战争终于在公元前404年结束。

行动和战术 在行动方面,海上和陆地的联合行动在战争期间已经司空见惯。例如,前往皮洛斯(Pylos)的雅典远征军将斯巴达军队打得大败,俘虏众多。有时远征军的规模非常大:

远征西西里的雅典军队拥有百余艘舰船和千余名士兵。最终，斯巴达人建造和维护舰船的能力（波斯给予了资助）助其打败了雅典人，就如前面提到的。

战术上，轻装步兵和轻骑兵的不断增加体现了波斯战争的影响。这些部队在侦察和执行复杂任务方面的重要性使其在军队中不可或缺。不止一种场合，轻装步兵和轻骑兵在打败传统的重装步兵方面发挥了重要作用。这方面最具代表性的例子是皮洛斯的行动，在那里，雅典轻装步兵袭扰了斯巴达部队，让斯巴达人措手不及。斯巴达人后来用新组建的重装步兵（称作 ekdromoi）跳出方阵，击退了雅典人的游击散兵。

军队和社会 战争的长期性促使国家不断增加常备军力，即使在战争结束以后。阿尔戈斯是这方面的最先发起者，它利用国库开支维持了一只1000人的重装步兵队伍。斯巴达的伯罗奔尼撒盟国争相效仿，并在盾牌上使用了相同的纹章，复制了斯巴达军队的一致性特点。这种国家军队被称作 epilektoi。在雅典，青年男子都要服兵役，在与阿提卡的边界上保卫着雅典城的安全。最著名的新型职业军队便是"底比斯圣队"（Sacred Band of Thebes）。它由150对男子组成，一位年长者配一个年轻者，依据训练情况和亲属关系进行配对。这支精英部队成为底比斯于公元前370年崛起为军事霸主的先锋力量。

职业化军队容许对部队类型和战术进行更多尝试。雅典的伊菲克拉特斯（Iphicrates）使支援方阵的轻装步兵部队变得更加正规。最为著名的是，底比斯的伊帕米农达斯（Epaminondas）为方阵发明了一种倾斜式战线的打法。方阵一侧为重装步兵部队，由"圣队"（Sacred Band）带领前进。方阵另一侧则向后撤退。这样便在一侧形成了一种压倒性的优势，以此将对方包围起来。底比斯打败了斯巴达，巩固了底比斯的霸权，伊帕米农达斯死于此战，但其理论传给了马其顿王国的腓力（Philip）及其子亚历山大。总的来说，直到公元前4世纪，波斯和伯罗奔尼撒战争的经验教训才得以巩固和成熟。

战争基本特征的这种巨大变化，常备部队的建立以及雇佣兵的使用，在社会和政治上都对依靠民兵组织的城邦产生了深刻和颠覆性的影响。城邦想要仅仅依靠民兵是根本不可能了。最终，在谁来打仗这个问题上有了根本性的变化：雇佣兵开始取代民兵，其数量增长迅速。当然，当许多雇佣兵在国内无法找到工作时，就会去国外找。波斯人则非常喜欢用希腊的雇佣兵来充实他们的部队，有时，波斯的整支部队都由希腊人组成。在公元前4世纪，波斯军队中有好几万希腊人（参见专题A：色诺芬）。

长期战争的社会和经济影响也可以以一种更加突然和致命的形式出现：伯里克利的政策导致了雅典城过于拥挤，结果于公元前430年爆发了一场瘟疫。这场瘟疫也夺走了这位伟大的领袖的生命。

对大部分希腊人来说，这些变化动摇了城邦的基础。泛希腊主义哲学流派得到了发展，这种哲学提倡寻找一位能够将希腊人的注意力转移到波斯这个真正的敌人上的领袖。这就可能促成爱奥尼亚人的解放，或者形成一种新式城邦，这种城邦可能再次将雇佣兵转变成民兵式的重装步兵。没有一位希腊人具备泛希腊主义所要求的境界。但是，在希腊世界的周围，一位具备此种能力的领袖即将出现。

专题A：色诺芬

以下段落来自色诺芬的《长征记》(Anabasis)，表现了伯罗奔尼撒战争后希腊雇佣兵的本质特征。它也有助于我们关注波斯人对希腊军队的反应。我们可以假设色诺芬的描述是相对准确的，因为色诺芬不仅是参与者，还是一名骁勇善战的战士。

小居鲁士对于希腊和其本国的部队有着全面的审视。他命令希腊部队以正常的战斗顺序进行站位，每一位军官必须看好自己的人。于是他们四人一组等待检阅，门农（Menon）与其手下站右翼，克里尔库斯（Clearchus）与其手下站左翼，其他将军列于中间。起初，小居鲁士检阅了本国部队，他们形成编队一组一组地行进。然后，他检阅了希腊部队，与西里西亚王后一道坐着战车顺着部队前沿行进。军人都戴着青铜头盔，身着红色束腰外衣和护胫，他们的盾牌并没有举起。小居鲁士走过了整个阅兵场，然后将战车停在方阵中央的前方。他要求希腊将军让部队进入战备状态，并让整个方阵开始前进。将军们将命令传达给士兵，军号响起，利矛挺出并向前进军。当士兵加快脚步并喊出口号时，他们发现自己实际上是奔向他们自己的帐篷。这吓坏了本国民众，西里西亚王后躲开了所在的位置，市集上的民众逃离了摊位，而希腊人则对着帐篷放声大笑。西里西亚王后惊异于这场军事表演。小居鲁士看到希腊部队在本国民众中引起的恐慌，喜笑颜开。

下面一段是描述库纳科萨（Cunaxa）之战的，在这场战役中，小居鲁士战死，但他的希腊雇佣兵取得了胜利。

到目前为止，两军之间的距离已在600~800码之间，希腊人开始高唱赞歌（paean）并向敌军挺进。当他们前进的时候，方阵的一部分快速冲到其他人前面，剩下的人便开始以加倍的速度前进。与此同时，他们齐声喊出"哎呦噜"（Eleleu）以向战神致敬。有人认为这是为了吓退敌方的战马。此时波斯人已进入箭矢射程之内，有些人犹豫不定，有些人已经逃跑了。结果可想而知，希腊人继续挺进，勇猛追杀，但是他们相互呼喊"不要乱跑，要保持阵型"。战车冲了出去，一些冲入敌人的队列中，一些甚至被人丢弃，冲入了希腊人自己的方阵中。当他们看到战车冲来时，希腊人的方阵便闪开了，只有一个人还站在原地，就像参加一场跑步比赛，最终他还是被

> 撞倒了。人们说，他没有受伤，希腊人也没有任何伤亡，只是据说方阵左翼的一人被箭射中了。
>
> 资料来源：色诺芬，《长征记》，第一册，第二章和第七章。

马其顿：国王们以及联合军种

整个古典时代的大部分时期，马其顿对希腊人来说简直就是穷乡僻壤。那里的人说的希腊方言对他们的南方邻居来说是难以理解的。他们不住在城邦中，而是住在由强大的地主贵族控制的分散的王国中，由农民供应日常饮食。他们的国王往往都很弱势，尽管不时会有强势的领袖冒出来。在伯罗奔尼撒战争时期，马其顿只有 400 名贵族轻骑兵和数千名病恹恹的步兵，尽管在战争末期勤勉的国王阿基劳斯（Archelaus）做了些改进。由于马其顿人这种普遍的状态，希腊人便将他们归入了"野蛮人"的行列。然而，正是这些"野蛮人"将方阵式战争发展得更加完善，将其整合到一种灵活的多兵种战术体系中，并用于征服战争中，使希腊文明远远超越了公元前 5 世纪时的边界。

腓力二世与马其顿军队

马其顿历史上没有哪个阶段比公元前 360 年更让人觉得阴沉了。就在那个时候，巴尔干半岛的部落杀害了马其顿国王并劫掠了马其顿的大部分领土。但是国王的弟弟腓力迅速掌控了王国并着手改革，这种改革将马其顿军队打造成了组织完善的战斗机器。第一步便是提高农民步兵的战斗力。腓力通过银矿获得资金，引入了标准化的武器装备和方阵编队的技巧。在两年中，他将马其顿军队规模扩大到一万人以上，赶走了侵略者。他所取得的胜利巩固了王权，新式步兵也平衡了贵族的政治影响力。

有了新的权力，腓力在 20 多年时间里对军事组织和武器进行了更多的改革。他将马其顿贵族打造成了技艺熟练、纪律严明的重装骑兵部队，由地区骑兵中队负责。他将其命名为"伙友"（hetairoi），用来强调他们与国王的特殊关系。这种方式赢得了他们的忠诚，从而使他牢牢掌握兵权，此举还削弱了贵族在王国中的影响力。重装骑兵身着甲胄，使用一种较短的步兵矛，其更适合在马上作战。"伙友"被打造成一种机动的打击力量，在战斗力上，他们可以与最好的波斯骑兵相媲美，只是数量不足。但在希腊军队中，他们几乎没有对手。

腓力还对重装步兵进行扩充，从马其顿各地招募士兵。其中就包括一些在传统上属于国王直接控制之外的地区，比如，西马其顿一些崎岖的山区，腓力许诺赐予他们土地，将其纳入麾下。腓力的目的是打造一支民兵部队，士兵可以通过在军队服役得到一定的社会地位，这种方式融合了步兵凝聚力的两个来源：一是从希腊城邦发展而来的关系纽带，二是由中央推行的训练和纪律。结果便发展出了大型马其顿步兵部队，由各个地方卫戍部队组成。这些部队组成一个人数达1.8万人的方阵，这是希腊任何城邦都无法维持的规模。腓力用长达15~18英尺（4.6~5.5米）的长矛武装这支部队。这种长矛使得腓力的步兵只需穿戴更轻便的铠甲，还可在左臂绑上一面小型盾牌。长矛和轻型铠甲让马其顿方阵变得更加机动灵活，更有攻击力。为了加强步兵部队的忠诚度，腓力称他们为"步兵伙友"（pezhetairoi）。虽然这些人无法享受到与贵族骑兵同等的特权，但他们也有固定的收入，可以役使奴隶和劳工来耕种农田，这使得马其顿国王们拥有了最有战斗力的民兵和职业军人。

步兵方阵与重装骑兵的组合令人生畏，步兵好似砧板一样，紧紧缠住敌军，由重装骑兵实施打击。但是，两者均缺乏灵活性，单独行动无法灵活互动。马其顿军队里关键的"第三号"角色便是组成皇家卫队的3000名持盾步兵，他们与常规步兵的区别在于从全国各地招募，并且不按地域统一组织在一起。关于他们的武器装备众说纷纭，似乎持一面比方阵兵稍大的盾牌、一柄短剑和一支更短更轻的长矛。他们的装备比重装步兵轻便，更具攻击性，组织比方阵步兵更为小巧灵活，因此在战场上能够衔接方阵步兵和重装骑兵。持盾步兵的技能和战术灵活性使他们能够承担多种任务，在腓力之子亚历山大的指挥下，他们成为马其顿军队中的"特种部队"。

腓力在常规军队中加入了轻装步兵和游击散兵，还加入了一支由盟军和希腊雇佣兵组成的特殊部队，其中包括色萨利（Thessalian）重装骑兵、克里特弓箭兵和阿格里安（Agrianian）登山兵，加强了军队的战斗力，提高了袭扰和侦察能力，这使腓力和亚历山大拥有了一系列战术（tactical）及作战（operational）工具，能够应对几乎任何挑战。腓力之所以能够运用这支新型军队，是因为他能够协调组织不同种类的步兵和骑兵，使其融入连贯的作战计划中。

腓力强调行动和战略的灵活性。他命令部队随军携带各种补给，并限制了牲畜的数量。与希腊军队不同，他的军队能够全年不间断地作战。腓力非常了解围城战的重要性，因此组织了一支包括武器工匠和作战器械的移动大军，其中有些器械非常轻便，在战场上能够当作大炮使用。腓力创建了一个完整的战争机器。

腓力已经准备好接受泛希腊主义者的挑战，掀起一场与波斯野蛮人的伟大对决。不幸的是，希腊人将他也视作野蛮人。因此，腓力率领军队侵入希腊，于公元前338年在喀罗尼亚（Chaeronea）击败雅典和底比斯联军，消灭了"底比斯圣队"。在喀罗尼亚之战中，他的儿子亚历山大作为"伙友"骑兵的首领获得殊荣。到公元前336年，腓力已经成为希腊的霸主、马其顿的国王和色萨利的首领，并做好了入侵波斯的准备。他派遣先锋部队首先进入小亚细亚地区，却不料在会师前被暗杀。

亚历山大大帝

腓力二世重新建立起军队，恢复了皇室权威，利用马其顿一夫多妻制传统开展外交。他的妻子伊庇鲁斯公主奥林匹娅斯（Olympias of Epirus）于公元前 356 年为他生下第二个儿子——亚历山大。

腓力与亚历山大之间关系紧张，部分原因是奥林匹娅斯声称亚历山大的父亲不是腓力，而是众神之神宙斯。但是由于其兄长明显能力不足，亚历山大从小便被作为皇位继承人来培养。16 岁时，亚历山大在代替远征的父亲主持国政期间平定了一场叛乱，并且看似出格地将那里重新命名为亚历山大波利斯（Alexandropolis）。他接受了希腊最好的教育（曾师从大哲学家亚里士多德），参加过希腊式的运动会，也吸收了大量的希腊文化（在其出生前，著名剧作家欧里庇德斯曾在马其顿宫廷居住过），荷马写的《伊利亚特》是他最喜欢的书。腓力遇刺身亡后，亚历山大继承了皇位，很快展现出卓越的领导才干。他残酷地镇压了巴尔干半岛和底比斯的叛乱，将一座城市夷为平地，只留下了诗人品达（Pindar）的宅邸。作为马其顿的君主和希腊世界的霸主，亚历山大将目光投向了东方。

亚历山大的征伐战争 公元前 334 年，亚历山大率领 3 万步兵和 5000 名骑兵发起对波斯的战争。这是一场新的特洛伊战争，而亚历山大所扮演的则是一个全新的、更为强大的阿喀琉斯。他的第一场主要战役发生在格拉尼库斯河，守卫这条河的是 2 万名波斯骑兵和包括大量希腊雇佣兵在内的 2 万步兵。亚历山大用步兵压制了部分波斯军队，同时指挥骑兵给予致命一击。波斯骑兵四散溃逃，留下步兵和希腊雇佣兵被马其顿军队屠杀。

亚历山大意识到，尽管自己已大胜波斯军队，但波斯军队依然有能力威胁自己同马其顿之间的联系，并在希腊制造麻烦。于是他首先夺取了波斯在米利都和哈利卡纳苏斯的海军基地，进而攻占了整个地中海东岸，压制了波斯海军，然后向内陆进发直取波斯帝国的心脏，将小亚细亚西部收入囊中。在行军期间，亚历山大将部队分开，有效减轻了后勤补给方面的压力。对后勤补给的密切关注，包括对市场的提前侦察及安排，也是亚历山大整个戎马生涯的显著特征。

接下来，亚历山大向西里西亚进军，准备南下征战叙利亚海岸。波斯皇帝大流士三世亲自率领军队深入亚历山大大军后方，切断了马其顿人的通信路线。亚历山大回身迎战大流士三世的优势兵力，在大海与山脉之间的一个狭长平原上进行了伊苏斯之战。波斯军队在人数上占据极大优势，由包括"金苹果"部队（"不死军团"的后代）、希腊雇佣兵和大量骑兵等在内的最精锐的波斯战士组成。亚历山大在进攻中撤回己方左翼，率领近卫骑兵和持盾步兵击溃了波斯人的左翼。接着，他转向攻击波斯大军的中央方阵，与其展开激战。大流士三世逃走，波斯军队溃败。

胜利之后，亚历山大回撤保卫海岸安全。他一面利用搭建的堤道发动陆上袭击，一面用舰船攻击，围困并夺取了腓尼基海岛城市提尔（Tyre）。这个堤道最终被淤泥填塞，将小岛变成了一个地峡，亚历山大成为历史上为数不多的永久改变地貌的统帅之一。到公元前 331 年，亚历山大已经控制了叙利亚和埃及，并且俘获了大部分波斯舰队及其基地，获得了制海权，现在，他已经做好了东进准备。他轻松挺进到幼发拉底河流域,渡河后沿底格里斯河向南进发,一路上有充足的草料喂养牲畜,从不设防的村庄中获取食物也非常容易。亚历山大继续追击波斯军队,在高伽米拉平原与波斯皇帝大流士的军队展开决战,最终控制了波斯帝国(参见专题B:高伽米拉战役)。

在高伽米拉之战中击败大流士后,波斯帝国的腹地已然向亚历山大敞开。波斯举行仪式的城市兼财富之都波斯波利斯(Persepolis)很快被亚历山大攻占,后来这座城市因所谓"意外"被烧毁。亚历山大没有停止对大流士的追击,但是意图在东部城市集结部队东山再起的大流士却被波斯贵族杀死了。亚历山大最终剿灭了弑君者,战胜了阿契美尼德人,占领了波斯帝国的核心地带。

专题B:高伽米拉战役

公元前331年9月底,亚历山大率领4万名步兵和7000名骑兵进入古城尼尼微附近的平原。他让大军休整一夜,拒绝了大流士提出的割让半壁江山的和平协议。亚历山大面对的是一支异常庞大的波斯军队,人数无法确定,一些资料称有20万之众,但考虑到后勤补给能力,这个数字可能有些夸张。经过格拉尼库斯河(Granicus)之战和伊苏斯(Issus)之战的两场大败,波斯军队中精锐步兵和希腊雇佣兵的数量大为减少,大流士更加依赖临时征召的士兵、装备精良且数量众多的波斯骑兵、一支战车部队和一小队战象。换句话说,波斯大军无疑在人数上具有压倒性优势,但具体多出多少人、兵源质量如何尚无定论。大流士排开阵势,以期最大限度地扩大己方优势。他将波斯皇家步骑混编部队和希腊雇佣兵编入中央方阵,又在方阵前增配了战车和战象部队;他在左右两翼部署大量骑兵,负责包围数量较少的马其顿军队。

针对波斯大军的阵型,亚历山大开始调遣部队,显然,他的军队可能无法在战线长度上与波斯大军相比,于是他像在伊苏斯之战那样收缩了马其顿军队的左翼,突出右翼并部署身披重甲的近卫骑兵和持盾步兵,步兵方阵位于中央,左翼主要由色萨利骑兵组成。为防止波斯军队迂回包抄,亚历山大在两翼后方部署了骑兵和轻装步兵的混合编队,以便在遭到包围时冲出重围。此外,他还在后方留下了一支色萨利步兵部队保卫营地和辎重。事实证明,这种阵型既能进行全面防御,又能在战术上留有余地。

波斯大军彻夜无休,防备亚历山大的军队夜袭,但直到第二天早晨,亚历山大才有所行动。10月1日,亚历山大的大军逼近波斯阵线,并有意向右偏移。波斯人调整着不灵活的阵线,在中间靠左的部位露出了一个缺口。亚历山大抓住战机,率领右翼近卫骑兵和持盾步兵以楔形阵形直插缺口,冲向大流士和他的私人卫队。大流士仓皇逃命,波斯大军的整个左翼和中部迅速瓦解溃退。

> 当亚历山大攻击波斯大军中部的时候，波斯军队的左右两翼对马其顿军队发起了攻击，因此，亚历山大无法立即追击逃走的大流士。波斯右翼骑兵击退了希腊的色萨利骑兵，向希腊的辎重部队压了过去，企图迂回至马其顿方阵后方，包围整个马其顿军队。身处广阔战场中的亚历山大敏锐地觉察到了左翼和中部的危险，指挥近卫骑兵和持盾步兵从战斗中抽出身来，攻击波斯骑兵的侧翼和后方。现在，对战变成了一场大规模的追击，波斯大军四散奔逃，最终被马其顿军队彻底击败。马其顿军队大约有500人战死，5000人受伤。波斯大军则损失惨重，伤亡人数比军队规模更加难以确定，可能超过了5万人。
>
> 鉴于马其顿军队强大的战斗力，回顾这段历史，高伽米拉（Gaugamela）之战的结局也就在意料之中。但事实上，波斯拥有人数占优且装备精良的军队，且骑兵异常优秀，同时还占据了得天独厚的地理优势。倘若马其顿军队缺乏果断的指挥，很容易被包围、击破和歼灭。然而亚历山大果断地抓住了战机发起攻击，在本可乘胜追击扬扬自得的时候，也没有丧失对瞬息万变的战场的洞察力。也许亚历山大在海达佩斯之战中的战术更为精妙，但高伽米拉之战才是展示其非凡天才的杰作——帮助他赢得了一个帝国。

亚历山大继续挥师东进，穿过阿富汗，进入印度河河谷，后来的军事行动均展现了亚历山大在战术和后勤保障方面的灵活性。无论是攻打坚固的山中要塞、对阵斯基泰游牧部落，还是对抗配备有战车和战象的印度军队，亚历山大都成功地根据敌人特点调整战术，调遣部队，减轻补给困难，集中物资进行战斗和围攻。同印度王公波鲁斯之间进行的海达佩斯之战，是他戎马生涯中最为艰难的一役。亚历山大不断东进，想要将世界踩在自己脚下，直到饱受思乡之苦和征战疲劳的军队在海达佩斯河发动兵变要求回乡。亚历山大在营帐中像阿喀琉斯一样生了一个星期的闷气，最终挥师沿着印度河向南，踏上了归乡之旅。

亚历山大的影响　亚历山大返回巴比伦后，开始重新组织帝国资源。他进行了一些有趣的军事改革，比如，将波斯人与其他亚洲人尤其是弓骑兵一起整编纳入近卫骑兵，将步兵射手和波斯矛兵编入马其顿步兵，同时借用了已有的波斯军事训练机构。对于亚历山大此举的动机，历史学家争论不休，他是要将马其顿人和波斯人共同纳入帝国统治之下，还是马其顿缺少人力的现状使他不得不采取这样的做法？某种意义上讲，这个问题没有答案，因为到公元前323年亚历山大英年早逝之时，他的计划还没有得到完全实施。但是，广义地看，亚历山大已经开始推进希腊文明和波斯文明的融合，这种融合将在未来数个世纪影响西南亚和东地中海地区的军事、政治和文化。

亚历山大在所到之处建立新的城市，许多都以"亚历山大"命名（以埃及亚历山大里亚最为著名），有一座甚至以他的坐骑"布赛弗勒斯"（Bucephalus）命名。这些城市以希腊城邦为模板，居住着大量退役的马其顿士兵，将亚历山大大帝所热爱的希腊文明传播到了帝国的每一个角落。后来，当亚历山大的将领们纷纷成为分崩离析的帝国的君主时，这些城市又成为他们建立军事殖民地的样本。人口并不多的马其顿人获得了这些殖民地的支持，成为后续王国军队中的重要组成部分。他们所向披靡，战无不胜，直至一个世纪之后罗马军团登上东地中海地区的政治版图（参见第 4 章）。

殖民地居民通常与波斯女子或者其他非希腊裔女子通婚，进一步推动了以城市为基础的文化融合，而亚历山大本人便是这项政策的推动者和实践者。更重要的是，亚历山大将这些城市纳入更广义的帝国统治概念之下，实现了地方自治同君主集权之间的平衡。为了加强君权，他吸收了波斯和埃及关于神赋君权的观念，为自己披上了遗传自母亲的神圣外衣，创造了一种既非完全马其顿、希腊形式，又非完全波斯形式的政治结构。这种尝试是非常成功的，亚历山大神一般的征服经历为其带来的巨大声望进一步巩固了这种政治结构，也受到了后来罗马统治者的效仿和赞美——他们的帝国同样以建立在地方管理的城市网络上的神圣王权为特色。这种模式成为其所创立的希腊世界的理想模式，反映出了城邦自治同君主中央集权之间的高度政治融合。

倘若说亚历山大有什么缺点，那便是他不计后果的勇气。他亲赴前线，数次受伤，在围困一座印度城市时肺部中箭，这次重伤或许是他几年后发热而死的原因所在。然而正是这种无所畏惧的骁勇、天才般的帅才和激励士气的能力使他的军队几乎所向无敌。极少有人能够显著改变历史的发展进程，但发挥自己非凡的才干，指挥父亲留下来的大军，在其生命各个阶段建立伟业的亚历山大无疑做到了这一点。

结 论

希腊世界的战争形态在两个世纪里发生了显著变革。公元前 5 世纪初期，希腊战争形式同当时希腊社会的需求相匹配，通常以局部战争为主，规模亦相对较小。波斯的入侵成为变革的催化剂，迫使希腊人开始考虑进行更大规模的战争，并在战略、战术和实战技巧上做出调整。公元前 5 世纪晚期和公元前 4 世纪持续不断的冲突，催生了常备部队和更多军种出现，到马其顿国王腓力和灵活运用战略、战术的亚历山大时期，军队改革的发展达到顶峰。他们成功的关键在于围绕高效的重装步兵组建起一支完整的复合型军队。

这便是亚历山大的军队及帝国的威望，他们的作战方式被希腊世界的君主们视为战争艺术的巅峰，它的辉煌仍在这个世界上持续，直到罗马军团出现并将其超越。然而从另一个角度看，不论是亚历山大及其继任者，还是后来的罗马人，其发展都未能超越那些伟大的亚洲帝国——他们的君主独裁政治体制是由专业化军事组织支持的，而这些军事组织提升效率的方式更加依赖于军事训练，而非共同的内聚力。在那些存在"公民"概念的地方，地位高于普通平民的"公民"可减少或免除兵役。作为军事强国的罗马帝国的历史，将更加清晰地展现这种演变过程，具体内容将在下一章讲到。

■ 推荐阅读

Anderson, J. K. *Military Theory and Practice in the Age of Xenophon.* Berkeley: University of California Press, 1970。本书对公元前 4 世纪进行了一次全面的考查。

Engels, D. *Alexander the Great and the Logistics of the Macedonian Army.* Berkeley: University of California Press, 1978。本书对亚历山大军队的后勤情况进行了开创性的分析，其影响远远超出了传统军事史。

Hammond, N. G. L. *Alexander the Great: King, Commander, and Statesman.* Park Ridge: William Andrew, 1980。本书是对历史上一位伟大军事指挥官生平的权威研究。参见他的 *The Macedonian State: Origins, Institutions, and History* (Oxford: Oxford University Press, 1989)，其范围更广。

Hanson, V. D. *The Western Way of War: Infantry Battle in Classical Greece.* New York: Knopf, 1989。本书是一项关于希腊方阵作战的著名但有争议的"战斗情景"（face of battle）研究。参见他编辑的作品集 *Hoplites: The Classical Greek Battle Experience* (London: Routledge Press, 1991) 和他更面向大众的作品 *The Wars of the Ancient Greeks* (London: Cassell Press, 1999)。

Lazenby, J. F. *The Spartan Army.* Warminster: Bolchazy-Carducci, 1985。本书为斯巴达军事和社会组织的标准调查。

Parke, H. W. *Greek Mercenary Soldiers: From the Earliest Times to the Battle of Ipsus.* Oxford: Oxford University Press, 1933。本书对一个最近没有引起关注的话题做了研究，虽然陈旧，但仍然有用。

Pritchett, W. K. *The Greek State at War, 5 vols.* Berkeley: University of California Press, 1971–1991。本书是一部权威概述，研究希腊战争许多方面的细节。

Rich, J., and G. Shipley, eds. *War and Society in the Greek World.* London: Routledge, 1993。本书是一部基础性的文章合集，涵盖了一系列的主题，研究希腊战争的社会背景。

Sidebottom, H. *Ancient Warfare: A Very Short Introduction.* Oxford: Oxford University Press, 2004。这是一部简短的、主题引领的概述，有效地反驳了汉森的"西方式战争"的论点。

Spence, I. G. *The Cavalry of Classical Greece.* Oxford: Oxford University Press, 1994。本书对一支被忽视的希腊部队——骑兵以及骑兵的出现对社会阶层的持续影响做了重要分析。

Van Wees, H. *Greek Warfare: Myths and Realities.* London: Routledge, 2004。本书是进一步研究希腊战争的重要基础性著作。也可参见他的 *War and Violence in Ancient Greece* (London: Classical Press of Wales, 2000)。

第 4 章
军团和帝国

罗马,公元前 500—公元 400 年

从一个小型城邦发展成世界帝国，罗马的崛起可能是军事历史中最广为人知的故事，总体上，罗马是现代世界所认为的军事强国和帝国的典范。从这个典型层次看，罗马的崛起似乎是不可阻挡的，而且也是不可避免的。但罗马的崛起并不是没有挫折的胜利之旅。罗马发展为一个国家乃至帝国，其内部发生了巨大改变，既发生在社会层面也发生在政治层面，改变和影响了罗马的军事组织和活动方式。与公民步兵最终被强大的邻国侵吞并为之所用的希腊不同，罗马就算不是抢占者，也是一个侵吞者。但罗马共和国早期的公民步兵是与哺育他们的城市和社会一起消失的，被一支服务独裁帝国的专业军队取代。因此，尽管路线不同，但罗马基本上算是与以亚述王国和秦王朝为先驱的大国军事政治样式殊途同归。秦朝之后的汉朝，与罗马一起，并立为帝国时代欧亚大陆的两大帝国。

尽管殊途同归，但罗马仍然有其独特的一面。从意识形态上和文化上看，罗马帝国有着共和国的标记。尽管罗马、中国汉朝以及印度孔雀王朝有着类似的深层次的国家结构，但它们在意识形态和文化方面的差异是巨大的，帝国军事精英与国家之间的关系也是如此。如此巨大的差异应部分归因于罗马的起源，因为不同于中国、印度、西南亚，甚至是希腊，罗马在其过去的历史中并没有土生土长的战车武士精英。根据历史记载，罗马神话般的历史始于对国王的驱逐，而不是追求权力的巅峰。

信奉扩张主义的罗马共和国，至公元前167年

尽管有史料显示，直至公元前480年伊特鲁里亚人仍然在罗马拥有影响力，但在公元前510—前509年，罗马人推翻了当时的统治者伊特鲁里亚国王。在公元前5世纪剩余的时间里，罗马这个位于拉丁姆（Latium）平原北部台伯河边的一些山丘上的城邦国家，因争抢农田与其邻国不断发生小的冲突。意大利中部地区人口不断增长的问题和平原附近山丘地区人们的侵略特性刺激了战争的发生，但在将近一个世纪的时间里，罗马并未获得实际的优势。事实上，来自波河（Po）河谷的高卢人曾于公元前390年洗劫了罗马。

这次劫掠似乎刺激了罗马，他们重组了军队，自那以后很短时间内，罗马开始战无不胜，并将势力范围扩张至意大利中部。拉丁联盟（Latin League）是一个共同反抗罗马扩张的国家联盟，罗马于公元前338年打败拉丁联盟后，其扩张开始加速，到公元前280年，波河南部的意

大利领土几乎全被罗马统治。这导致罗马与非意大利势力爆发了冲突，先是与伊庇鲁斯国王皮洛士（Pyrrhus）在意大利南部打了一仗，然后是围绕西西里岛的归属与迦太基人发生了冲突。前两次布匿战争，从公元前264年到公元前202年，实际上使罗马发展的第一阶段步入了终结。

国家、政治、社会和战争

在这个时期，战争几乎每年都会发生，扩张也从未停止。罗马的社会、政治和军事组织，以及所发动的军事行动之间存在着非常紧密的关系：公民要在军队服役，扩张既是政治焦点也是缓解罗马社会矛盾的润滑剂。

国家和社会 尽管在这个强大、富裕的国家没有国王和那种所谓精英，但富裕的地主同小农户之间存在着巨大的鸿沟：前者是罗马共和国早期社会和政治生活中占据统治地位的阶层，后者虽最为贫困，动不动就会因债务沦落为奴隶，却是大多数罗马人所处阶层。元老院掌控着罗马，这是一个源自富裕阶层的精英团体。富裕阶层构成了执政官主体，执政官是罗马的临时军事领袖，每年在罗马城外的战神广场（campus Martius）或战神平原由所有罗马公民选举产生。军事领袖的地位和个人荣誉促进了罗马精英政治的发展。基于对民众或普通人在罗马军团——罗马军队的组织模式——的兵员资源中所起到的关键作用的认可，代表民众利益的护民官这一职务应运而生。

公元前400年左右的罗马政府面临两个主要挑战：一是邻国越来越咄咄逼人，特别是维依（Veii），挑战罗马在台伯河流域的统治地位；二是在富人和穷人之间、地主和债务人之间越来越紧张的社会关系。民众的土地由政府控制，造成社会紧张的核心问题就是公地的使用权问题。对贫苦农民来说，一块公地的使用权可能就会决定他们是成为富人还是债务缠身；对富人来说，公地甚至有着更美好的前景，即拥有更为高产、更为赚钱的农场。

人力资源 战争是国家和社会的核心活动：尽管失去土地和债务缠身的人被禁止加入军团（作为罗马军队核心的重装步兵部队），但每个罗马市民都要服兵役。拥有土地的公民根据财富多少分为六个阶层，并依此来决定拥有何种装备；最富裕的阶层是骑兵，剩下的大多数则是不同类型的重装步兵。可能在公元前4世纪，在军队服役没有薪水，而且是自觉自愿的，但最晚在打败拉丁联盟的公元前338年以前，也可能是更早，罗马开始为军人发放固定薪水，由专门征收的税款支付。在公元前400—前202年，罗马全体公民中可能有10%~15%的成年男子长年在军团服役，服役期通常长达数年。在发生危机的时期，例如，萨莫奈战争（Samnite Wars）高潮阶段或汉尼拔入侵意大利时，超过25%的成年男子曾在军中服役。战争导致的伤亡情况有时很可能令人震惊，占到了整个人口的很大一部分。

即使在这种情况下，罗马的兵源也难以完全满足其军事需求。有两个机制加强了罗马征募士兵的人力资源基础。第一，从扩张的早期阶段开始，罗马就把设置于整个意大利中部（而后是整个意大利）各个战略要地的殖民地向公民开放。罗马公民的数量得以持续增长，甚至战争伤亡也未停止兵员增长的步伐。第二，从一开始进行战争时罗马就学会了与其他城市结盟并肩战斗。最初双方都是自愿的，地位也应该没有不同，但罗马在公元前400年后的60年里逐渐确立了对盟国的领导地位。实际上，服兵役是盟国公民对罗马的一项重要义务，有时甚至是唯一的义务。

体系结构和扩张动力　公元前396年，罗马打败了敌对城邦维依，从此以后捷报频传。罗马也曾遭遇威胁，最有代表性的是发生于公元前390年的罗马城被高卢人洗劫。在公元前400年后的20年里，前面所述的各种因素在战争背景下变得更加紧密并形成一种体系，这个体系推动了罗马在意大利的持续扩张。

由此开始，当罗马取得战争胜利后，会攫取土地、奴隶，从战败民族手中抢夺战利品。每个手段都对罗马的发展非常重要。攫取的土地变成了公共用地，罗马的穷人和富人获得公共用地的机会越来越多。当然，更多的农田保障了更快的人口增长速度，从而让罗马更迫切地获取更多土地，罗马穷人的债务在公元前4世纪似乎在以稳定的速度下降。如前文所述，获取土地为建立新的殖民地打下了基础。在为殖民地选址时罗马是经过战略考虑的，殖民地也为过多的人口提供了居住地，穷人也获得了土地资源。

富人得到了更多获得公共用地的机会，这直接增加了对劳动力的需求，随着罗马公民的债务减轻，甚至其后根据法律得以废除，对劳动力的需求难以满足。在战争中俘虏的奴隶开始越来越多地用于满足这项需求。领土扩张热潮和奴隶需求旺盛把罗马的穷人和富人团结了起来，共同支持对外扩张。

征服的目标也指向了罗马同盟城邦，这些城邦不仅包括那些主动结盟的，也包括最初被罗马打败后变成盟友的城邦。在这个过程中，罗马政治家起到了至关重要的作用。罗马与希腊不同，因为希腊城邦即使有类似机会也坚持着高度排外的公民意识，罗马与雅典类似，罗马政治家建立了一个征服性的帝国（尽管同盟国家的公民没有罗马原住民那样的投票权），罗马愿意将公民权扩展到罗马原住民之外。这种身份认可机制并不完美，于是有些同盟国家反叛，有些则是在公元前340—前338年向罗马发动了所谓拉丁战争，即由同盟国家和殖民地联合进行的大规模反叛。这些反叛的国家被打败后，罗马与它们签订了宽恕性的协议，这种协议似乎从此加强了同盟国家对罗马的忠诚，这种忠诚在第二次布匿战争时被证明具有决定性意义。不仅如此，同盟国家为罗马军队提供兵源的确加强了二者的联盟，在罗马军中服役后，这些人也无法再被用于对付罗马，从而形成了能够刺激持续扩张的一种更长远的结构性诱因。

罗马精英追求政治荣誉的特性为这些重要因素的形成提供了关键的文化框架。对职位以及个人荣誉的追求是政治影响力的关键，这尤其在庆祝胜利时，即公众为军队将领所取得的军事胜利举行庆祝活动时表现出来。罗马城中也树立了许多军事胜利纪念碑，修建这些纪念碑的资金来自战争胜利后获得的物资。因此，对土地和奴隶的渴望，对同盟国家的统治以及文化、政治这些因素都促使罗马形成了每年都进行战争并持续扩张的模式，这种模式让罗马在公元前3

世纪 70 年代成为意大利波河南部整个地区的主宰，在其后与迦太基爆发冲突后，罗马把扩张的步伐迈出了意大利本土。

罗马共和国进行领土扩张时的军队

关于早期罗马军队组织和战术的直接证据少得可怜。在公元前 390 年高卢人洗劫罗马之前，罗马军队似乎模仿了希腊军队的作战方式，即持矛的大方阵。很可能是与指挥松散的、使用刀剑的高卢人（也可能是萨莫奈人）的冲突刺激了罗马，其军队进行了重组并持续改进，导致在公元前 4 世纪或公元前 3 世纪早期的某个时期，形成了罗马"支队军团"（manipular legion），即围绕"支队"这个军事单位所建立的军团。直到公元前 1 世纪早期，这种类型的军团仍然是罗马军队的基本作战单位。

军队类型和队形　军团从形式上看由四种类型的士兵组成。最年轻、最缺乏经验的士兵被称为少年兵（velites），他们是携带轻武器的散兵。年龄大一些、经验更丰富的是青年兵（hastati），位于重装步兵第一战线，由 10 个支队组成，每个支队包含 2 个百人队，每个百人队有 60～80 人。最好的老兵为壮年兵（principes），位于重装步兵第二战线，也是由 10 个支队组成，每个支队有 2 个百人队。年纪最大、最有经验的士兵，被称为成年兵（triarii），位于重装步兵第三战线，由 10 个支队组成，每个支队只包括一个百人队。因此，一个齐装满员的军团包括 3000～4000 名重装步兵、600 名左右的轻装步兵以及 300 名骑兵。每个罗马军团都有一个同盟国家军团做辅助，同盟国家军团骑兵更多，比罗马军团多 300 名骑兵，其他组成部分则完全相同。两支罗马军团和两支同盟国家军团组成一支完整的执政官部队，有能力进行完全独立的作战行动。

支队军团战术机动性的核心就在于对三个战线重装步兵的排兵布阵。每个支队部署在一个方阵中，每行 20 人，6 行，每一行的空间比希腊或马其顿军队的大方阵更大。支队间的间距与支队的正面宽度相等，第二战线和第三战线兵力依次排布，形成了一个棋盘状的样式。战线因此可以从支队间的空隙前进或后退，根据需要增强兵力或后撤那些已经疲倦的战士。与大方阵相比显得更为松散的队形使得罗马军团的机动性更强，在通过不利地形时能够保持良好的秩序，也更有能力应对来自侧翼和后方的威胁。

武器和战术　武器的变革随编队变革而进行。罗马军团的青年兵和壮年兵手持投掷式长矛（*pilum*），这种武器更像是标枪，而不是用于击刺的长矛。并没有确凿证据表明这种投掷式长矛是何时设计成它的经典形状的，铁头通过一个松软的铁鞘或一种可以折断的栓与木质的矛杆连接，因此，掷矛在插入敌人盾牌的时候会弯曲或者碎裂，同时会使盾牌变得笨重、难以挥动，由于掷矛破损，敌人将它掷回罗马军队时也毫无效果。罗马军队的士兵也携带一种锋利的短剑（*gladius*），其经典的形状可能由伊比利亚人设计，在布匿战争开始时被罗马军队使用。罗马军队的成年兵作为预备队和防卫力量位于最后一排，除罗马短剑之外还在一段时期内将长矛作为主要武器。散兵则带着标枪，罗马同盟或雇佣军的投射部队，包括投石兵和弓箭手，在某种程度上增强了罗马军团在小型战斗中的火力。骑兵配备了一支短矛和一把剑，重装步兵装备了头盔和护身铠甲。罗马的战术非常适合攻击。即使在被攻击的时候，罗马军团的前锋也能向接近的敌人发起冲锋，从 30～50 米外投掷长矛，然后拔剑做最后冲刺进行白刃战。

信奉扩张主义的罗马共和国的军团尽管从技术上看仍然是带有民兵风格的军队，但通过训练（随着罗马共和国的发展，训练变得越来越有必要，而且来自意大利各个地区的士兵要并肩作战），罗马军团逐步拥有了高水准的技巧、丰富的经验、严格的纪律以及实际上自觉自愿的意志，这种自觉自愿的根源在于统率罗马军队的执政官经由公民选举产生。事实证明这些军团不管是迎战指挥无序、纪律松散的高卢军队、意大利丘陵部落军队，还是凝聚力更强但机动性相对较差的皮洛士国王的方阵以及其后的马其顿方阵，都取得了胜利，罗马军团完美地适应了复杂多样的意大利丘陵地形以及西地中海地区。它是罗马征服意大利以及随后征服第一个帝国行省的首要工具。

必须指出的是，执政官统率的罗马军队，从技术上看离完美的军队还有很大差距。执政官的领导从来都是摇摆不定的，而且有时存在分歧，执政官经常不称职，而且往往缺乏想象力——除了像在扎马之战中战胜了汉尼拔（参见专题 B：坎尼和扎马之战）的"非洲的征服者西庇阿"这样个别的执政官。（当然，从整体上看，罗马军队将领的才华并不比其他任何有组织的军队将领差，而且罗马似乎永远都能够在危机时刻找到他们需要的将领。）罗马用于围城作战的器械在这个时期与马其顿以及波斯相比也并不充足。重要的是，罗马骑兵很少够用——汉尼拔的骑兵多次让罗马骑兵大吃苦头，在坎尼战役中显得尤为关键——罗马共和国从来没拥有过真正有战斗力的重装骑兵部队，从来没有围绕骑兵组建军队，也从来没有在适合骑兵发挥的地域打过仗：尽管他们击败过马其顿和塞琉古的骑兵部队，但其实马其顿的骑兵自亚历山大大帝之后就已经江河日下了。尽管如此，罗马军队还是在面对每一次挑战时都取得了最终胜利。

战略和大战略 罗马几乎总是能够取得战争的最终胜利，但其原因仅仅部分取决于罗马军团的适应能力和战术成效。他们最值得称道的成功之处在于，尽管罗马曾遭遇了巨大的失败（特别是在与汉尼拔作战时），但他们在战场上取得的胜利次数几乎和失败的次数一样多。为了解释这个情况，我们需要检视罗马共和国扩张时期的战略（strategy）和大战略（grand strategy）。

专题 B：坎尼和扎马之战

　　罗马军团以支队为核心的优势和劣势在第二次布匿战争中的两场最著名的战役（坎尼 [Cannae] 和扎马 [Zama] 之战）中表现得淋漓尽致。

　　公元前 216 年 8 月，由罗马执政官卢基乌斯·埃米利乌斯·保卢斯（Lucius Aemilius Paullus）和盖乌斯·特雷恩蒂乌斯·瓦罗（Gaius Terentius Varro）共同统率、轮流指挥的一支人数众多（超过6万）但相对缺乏经验的部队，与迦太基首领汉尼拔统率的大约3.5万人的军队在坎尼扎营对峙。8月2日，汉尼拔知道罗马军队轮到瓦罗指挥，便率领迦太基军队冲出营地发出挑战。汉尼拔将他的军队两翼做了精巧的部署，得到了地形的保护，他指挥阵营中部的伊比利亚剑手排成一排朝着罗马军队开进。罗马军队统帅瓦罗考虑到麾下士兵作战经验并不丰富，希望能用人数优势击溃汉尼拔的中部阵营，将罗马士兵集中到了一个纵深很长且人员密集的大方阵中。按照汉尼拔的计划，迦太基军队的中部集团将慢慢后退，吸引罗马人不断深入。

与此同时，汉尼拔的左翼，来自西班牙和高卢的重装骑兵向前发动攻击，击垮了正面的罗马骑兵，然后从罗马军团后方绕过向右翼挺进，击溃了正在与其右翼努米底亚骑兵作战的罗马同盟军骑兵。正在此时，一直驻守在汉尼拔的伊比利亚剑手战线两端的非洲重装步兵方阵开始由两端向内攻击罗马军队的两翼，随后迦太基骑兵从后面环形包围了罗马军队。见到这种情况，罗马军队从趾高气扬变成了恐慌溃散，超过5万人挤在一起，由于过于密集而无法有效挥动武器，罗马军队尽管有1万人成功冲出了包围圈，但剩下的则遭到了迦太基军队有组织的屠杀。汉尼拔只损失了大约6000人。他对罗马军队采取的两翼包抄战术，是其军事生涯的巅峰之作，从此以后，只要研究"战争艺术"，这个战术就一直被视为经典。

然而在公元前202年3月，战争的结果发生了改变。这一次，汉尼拔的军队规模更大（4.8万人），但经验相对不足。与迦太基军队对阵的是"非洲的征服者西庇阿"统率的3.4万名经验丰富的老兵以及9000名同盟国的努米底亚骑兵。汉尼拔指望战象能为他带来一些优势，但西庇阿利用罗马军团支队阵形的机动性把支队间的空隙排成一条直线通道，让战象在支队间的空隙中通过，从而将战象对罗马军队的杀伤力降到了最低。罗马骑兵部队首先击败了迦太基骑兵，重装步兵战线中的青年兵和壮年兵则砍翻了汉尼拔前两排缺乏经验的步兵。尽管此时罗马军团的成年兵也加入了攻击，但汉尼拔的第三排老兵（三线阵形反映出罗马对汉尼拔的战术的影响）还是进行了有效抵抗。罗马骑兵结束对迦太基骑兵的追击后折返回来，从后面对迦太基阵营发动了攻击。最终汉尼拔逃跑，迦太基阵亡了2万名士兵，1.5万名士兵被俘，而罗马方面则阵亡了1500人，几千名士兵受伤。

两场战役都展示了古代（以及大多数近代）战争的一些共同特征。首先，击败敌人最可靠的办法就是使他们恐慌。除了杀死或击退敌人的指挥官（就像亚历山大大帝在高迦米拉战役中做的那样），让敌人恐慌最容易通过攻击对方阵营的两翼以及后面来实现。这就让骑兵在由步兵主导的战争中发挥出更重要的作用。而且大多数人员伤亡（或者像坎尼之战中发生的大屠杀）都发生在战斗的追击阶段，因为相对而言杀一个不再主动抵抗的人更为轻松。最后，尽管通常人数起到很大作用，但经验似乎更重要：一支沉稳的老兵编队比那些甚至受过更好训练的新兵在压力面前更容易保持团结，所以他们能够在面对更多敌人时取得最终胜利。

可能罗马战略的最大特点就是实施直接路线。战场上的罗马指挥官试图将他们的部队直接开到关键的位置，不管这里将面对的是敌人的城市还是军队，罗马的目标就是直接击败对方的主要力量。这个战略可能会导致灾难——汉尼拔在入侵意大利的头两年曾利用这个战略的漏洞连续击败三支罗马军队，成功将罗马军队调回内线作战。但直接路线也恰恰经常将罗马的敌人引入一个直接而且有时拼消耗的战争中，而罗马通常会拥有兵员优势，大的战略意图将帮助罗马取得最终胜利。因此，直接路线可能对罗马执政官轮流执掌军队的体系而言是一项福利，因为每一位执政官（被选中后仅仅有一个有限的任期）都希望可能快地获取荣誉（一场胜利）。在罗马军队被汉尼拔于特雷比亚河（Trebbia）和特拉西梅诺湖（Lake Trasimene）击败之后，昆图斯·法比乌斯·马克西姆斯（Quintus Fabius Maximus）被任命为独裁官（一个临时任命的紧急状态下的军事指挥官），采取了更加谨慎的策略。在这个过程中，法比乌斯得了一个"耽搁者"（Cunctator）或"拖延者"的绰号，反映出罗马共和国的军队文化对于哪怕取得了胜利的间接路线的矛盾心理。

与直接路线的战略相匹配的是以冷酷无情著称的大战略。就像我们已经看到的，扩张主义是共和国早期社会和政治文化的组成部分，这就是我们在这里称它为信奉扩张主义的共和国的原因，由此构成了一个隐性的大战略。但只有在面对关系到罗马存亡的真正威胁时，罗马大战略的特点才会显现：他们拒绝考虑投降，罗马的政治和军事意志比对手要更加坚定。罗马元老院的狂热和坚决让迦太基元老院的不认真和内耗显得尤其突出。冷酷无情、凶狠可怕的侵略特性因此渗入罗马军队的精神内核当中，从大战略到战术再到个人层面都是如此。他们是亚述人的真正继承者，就这一点而言，能与之相提并论的只有同时期的秦帝国。

变革中的罗马，公元前218—前31年

布匿战争的遗产

第一次布匿战争（公元前264—前241年）第一次让罗马卷入意大利本土之外的领土冲突中（罗马第一次重要海战的细节请参见第5章）。战争的结果是罗马统治了西西里岛，这是第一个被罗马征服并管理的地区，不直接作为罗马城邦的组成部分，也不是一个同盟国家，而是作为帝国的一个行省。除了在公元前238年夺取撒丁岛外，战争并未立即让罗马产生在地中海地区发挥更大作用的意愿，也没有引起作战样式的显著变化，军队仍由每年选出的执政官在有限的服役期内统率。简言之，它体现了罗马自公元前400年开始的持续对外扩张的传统逻辑。

第二次布匿战争（公元前218—前202年）则大不相同，它引发了罗马国家、社会和军事组织的改变，这些改变将带来重大影响。罗马共和国的体系、战争的样式以及文化都保持下来，但同时也逐渐发生变革，最终在公元前31年，罗马共和国终结，罗马帝国时代开启。因此，从公元前218年至公元前31年是从信奉扩张主义的共和国向早期帝国过渡的时期。限于篇幅，

这里不能详述罗马与迦太基及其伟大的将军汉尼拔·巴尔之间的战争，但是这样一场战争同时对意大利中南部大部分地区、南部高卢、伊比利亚半岛产生了巨大影响，也波及了整个非洲地区。

征服者和行省 这场战争让罗马军队到更远的地区作战，作战距离之远前所未有。特别是当汉尼拔在意大利被遏制的时候，罗马在第二主要战线西班牙进行了长期的征战。汉尼拔的外交挑拨让马其顿和罗马陷入了冲突之中；三场战争的结果是公元前167年罗马统治了马其顿、征服了希腊，尽管征服并不是罗马的最初目标。与马其顿之间的战争让罗马更多地卷入与小亚细亚、叙利亚和埃及等地区的国家的外交纠纷中。与此同时，高卢人的持续威胁让罗马在第二次布匿战争结束后不久就发起了对波河峡谷地区的征服行动。到了公元前2世纪中期，尽管还不完整，但罗马的行省跨度已经等同了地中海的长度。

需要在这些更远的地区作战，同时需要卫戍部队对这些地区进行防守，这种情况与罗马（甚至在更为广阔的意大利地区）的战争文化有很大区别，这意味着罗马军团新招募的士兵现在要服役更长时间——6～10年，而在罗马共和国早期，士兵只需要服役1～3年。这给征兵工作带来了影响，而且罗马的各种机制也不得不运转起来，去管理他们的新财产，对行省进行经济开发的问题以及海外委任带来的政治优势资源的分配问题开始凸显。

转向海外征服也对罗马战争样式产生了巨大的影响。竞选、征服以及扩张不再是有规律的活动。公元前202年（特别是公元前146年）后，罗马进行对外战争的次数逐渐减少，和平岁月增加了，这让一些政治家担心罗马人服役的军事美德会消失。实际上，当战争变得不再频繁，以及更远的战场导致对士兵进行更为严格的选拔，并要求他们长期服役后，意大利的服役人数开始降低了。

征服行动现在因此变得规模更大——一次性征服整个王国或地区——但战争偶尔才会爆发。造成这种情况的部分原因在于一个简单而直接的实际问题：征服更大、更远的地区需要更多时间，而忙于卫戍和治安执法任务的军队无法立即投入另一场远征作战中。在地中海地区这个更大的舞台，要想通过外交手段来证明侵略和征服的合法性可能也变得更为复杂艰难。另一方面，公元前202年后罗马所发动的征服战争次数逐渐减少，也反映出精英政治的能量，以及从海外战争中获得荣耀的风险已经增大这个现实。对取得作战胜利的执政官来说，更大规模的征服的奖励是更多的荣耀以及更大的政治优势。具有讽刺意味的是，这反而导致大规模战争发生的次数更少，因为每个能够取得征服胜利的执政官都在元老院有很多敌人，这些敌人乐于让征服者的雄心误入歧途。换句话说，个别战争的风险已经变得很高，足以让平衡收益和平摊荣誉成为问题。

实际上，偶尔发动扩张战争这种样式更像是帝国时代的特征而非信奉扩张主义的共和国的特征。在罗马共和国后期，内战越来越频繁，这隐藏了那种共同点，却凸显出罗马和平时期（Pax Romana）这个罗马帝国的特质。理解这一点需要检视罗马战争与社会变革以及精英政治之间不断变化的关系。

战争、社会和政治

社会变化 从意大利本土征战过渡到海外行省扩张，最重要的长期影响可能就是占有的土地不再被划分为公地，这种公共土地财产既可以转化为大地主的利益，也可以为贫苦农民所拥有。意大利已经不能再让罗马建立殖民地，而且为了占有更多当时有限的资源，竞争不断发生，穷人不可避免地发现自己与富人相比处于不利地位，因为能够为富人耕种土地的奴隶并没有减少——实际上，通过海外征服的手段，奴隶如同泉涌般出现。借债情况再次增多，尽管债奴不再存在，但违约情况的发生，以及将小型农场卖给富人导致罗马无地农民的数量越来越多。许多失地农民来到罗马，成为罗马政治中新的不稳定因素。

社会变革因此引发了政治联动。到公元前2世纪中叶，土地改革已经成为一项主要的政治议题。提比利乌斯（Tiberius）和盖乌斯·格拉古（Gaius Gracchus）将土地问题以最猛烈的方式提出来，这两位都是通过选举脱颖而出的护民官，分别于公元前133年和公元前123年提出罗马应重新进行土地分配——但二人最终直接或间接地被政治对手杀害。由奴隶耕种大型庄园的土地利用方式激起了另一种形式的反抗：公元前135—前132年，第一次持续的大规模奴隶起义在西西里岛爆发；公元前104—前99年，西西里岛的奴隶再次揭竿而起；斯巴达克斯领导了第三次起义，公元前73—前71年，起义的奴隶控制了意大利南部的许多地区。虽然每次奴隶起义都被镇压了下去，但罗马军队在与起义军作战时也付出了巨大代价，而且最开始的时候总是被起义军打败。另外，当海外征服的经济收益不成比例地回流给罗马公民时，罗马公民权的认定范围和收益也成为冲突的根源之一，公元前91—前88年，"同盟战争"（Social War）爆发，罗马几乎所有的意大利盟友在罗马拒绝给他们公民权之后都叛乱了。罗马以让步的方式赢得了战争，公民权在整个意大利最终得到普及。在这些战争中，盖乌斯·马略（Gaius Marius）通常被认为成功推动了军队的重要改革，并逐渐成为罗马主要的领导人。

精英政治和军事寡头 虽然同盟战争和奴隶起义逐渐平息，但在罗马政治精英内部，敌对的个人和派系之间的斗争却在不断升温。元老院的能量在前文中已经有所阐述，他们在发生社会和政治冲突的时候，试图削弱执政官的权力，让远征变得效率低下，而且罗马国内的社会矛盾也为有野心的政治家提供了取得作为"共和国救世主"这份荣耀的机会。从公元前88年到前31年，发生了一系列的内战和权力斗争，持续了三代人，直到屋大维成为罗马帝国第一位君主。

屋大维是尤利乌斯·恺撒的侄子，恺撒与成功镇压斯巴达克斯起义的克拉苏和庞培一起，组成了罗马历史上第一个"三巨头"。庞培是在第一次罗马内战的获胜者苏拉麾下崭露头角的。通过这三个人的努力，罗马行省的军队指挥控制和罗马的政治领导向数量越来越少的一些家族集中。军队领导力下降的部分原因是在行省难以主动指挥作战，就如同前文所讲，也有部分原因是人们在帝国扩张时可以通过农业和贸易致富（尽管没有一位罗马贵族愿意公开承认曾进行商品投资），这让许多精英不再追求军事领导权。换句话说，并不是只有数量巨大的平民越来越远离战争。罗马元老院中主张非军事化的一派大大提高了竞争力。阶层的对立让这场斗争变得更为激烈，分歧越来越大，这些对立阶层在罗马共和国最后的岁月里，试图在保守的政治精英和民粹主义的支持者中，将政治和军事分开，这两个派别对罗马共和国有各自的理解，都声称要为保卫罗马共和国而战。

　　从后来发展的情况，可以得出这样一个结论：罗马帝国已经变得太庞大、太复杂和有利可图，它已经变得像一个由一个集团，特别是类似于共和国这样的集团所成功运营的企业。罗马共和国的文化强调竞争，其军队领导力（因此，能够成功指挥军队即暗示了获得强制权力的可能性）仍然是一个主要典范——即使不像以前那样经常在实践中受到尊重。其发展的必然结果就是不稳定，只有通过建立大一统或者以罗马国家的崩溃、帝国的解体而终结。但罗马共和国的文化和理念仍根深蒂固，因此集体主义的政府不仅难以消失，而且在接下来罗马帝国的统治形式中也留下了烙印。

一个罗马士兵

这个罗马士兵的雕塑不仅展示了一个罗马军团士兵的标准装备——投掷式长矛、罗马短剑以及长盾——而且理想地展示了罗马士兵作为公民美德的代表和捍卫者的形象

变革中的罗马军队

　　新的作战类型的重心，既包括对外作战也包括内战，都给意大利社会带来了改变，对罗马军队产生了影响，罗马军队在由共和国到帝国的过渡时期也进行了改革。

　　如前文所述，社会变革已经影响到了士兵的征募。直到公元前1世纪，拥有土地所有权仍然是进入罗马军团服役的一个先决条件。马略曾发布著名的征召令，允许没有土地的人加入罗马军团，现在看来，征召令并不是长期的重大政策调整，而是没有彻底实现制度化的权宜之计，直到屋大维对罗马军队进行重组后才实现了彻底的制度化。但此时罗马的穷人仍然愿意参军，因为成功服役仍然是一条通往上层社会的通道，即使这条通道受限制而且有危险。服役期限在逐渐延长，士兵开始在服役结束时要求奖励，此时指挥官满足了这些要求，因此军团对指挥官的忠诚度越来越高。

征兵基础受到了越来越多的社会限制，因此过去按照年龄大小和财富多少将士兵分配到不同的兵种和类别的方式被废弃并不令人惊讶。现在，所有的步兵都统一为一个类型，配备了短剑和投掷式长矛，穿上了青铜头盔和铠甲，手持一个巨大的长方形盾牌。重装步兵的平均化在组织机构上也有反映。大队（cohort）是军团的一个单位，由一个包括青年兵、壮年兵和成年兵的步兵支队和骑兵组成，现在，去除了骑兵的大队成为军团的基本战术单位。10 个大队，每个大队有 450～500 人（加上骑兵），仍然构成了一个军团，仍然倾向于按三线配置部队，按照老式的棋盘编队排兵布阵。但大队规模更大，彼此的间隙更小，这让罗马军团拥有了更连绵不绝的正面，在战术机动性上则牺牲不多。

因此，有时被称为马利安军团（Marian legion，马略开启的部分改革让罗马共和国时期军团的变革更加深入，它也成为奥古斯都治下罗马军团制度的形式）的罗马军团除了倾向于选择一个更像方阵的阵形，其战术与以前相比并未发生较大改变。在发生内战和危机的时期，罗马军队的纪律标准、训练和经历发生了变化且有下降的趋势。但在罗马历史上，这些军团之所以能够取得令人瞩目的胜利，在于军人职业化程度的增强，特别是军官阶层，尤其是百夫长能力的提升，恺撒曾在他关于将才的记录中高度赞扬了罗马军官的勇气和主动性（参见专题 A：法萨卢斯之战中的恺撒）。

军团与指挥官的关系很可能间接影响到了军团与国家的关系，大多数重大的改变都在这个时期发生。到了公元前 1 世纪，军队产生（通过训练、效忠以及对未来奖励的期望）"伟大指挥官"的情况越来越多。例如，庞培在 23 岁时将三个本属于他有钱的父亲的老兵军团带给了苏拉并由此声名鹊起；恺撒的部队是私人武装，当他带领部队在高卢作战时打着罗马的旗号，而当他的部队跨过卢比孔河来到意大利时，部队出征的目标则是解决恺撒的个人政治问题。相比罗马共和国早期不断轮换执政官，这样的指挥官拥有更长的职业生涯，在罗马民众中发挥的影响也更大。他们也指挥服役时间更长的部队远离本土作战，此时的本土已经包括了整个意大利。因此，尽管罗马的公民认同制度曾让罗马这座城市走上征服的道路，但公民权、军队服役以及罗马公民认同间的紧密关系已经在很大程度上变得更为松散：罗马的士兵和公民在身份认同和利益上的分歧越来越多。这也是罗马共和国政治斗争的"遗产"，在建立一个有效的帝国统治时，奥古斯都不得不解决这个问题。

专题 A：法萨卢斯之战中的恺撒

在恺撒（以第三人称视角）撰写的《内战记》（*Bellum Civile*）一书中，他描述了公元前 48 年他的部队与其对手庞培的部队在法萨卢斯（Pharsalus）进行决战的情况。

[3.90][恺撒的鼓励]他的军队来到战场,根据罗马军队的习惯,以士兵们喜欢的、经常听到的方式对他们讲话,……在发表完讲话之后,他让士兵们吹号,战士们急切地想听到这个声音,非常渴望发动进攻。

[3.93]……我们的人,当军号吹响的时候,手持投掷式长矛向前冲锋并准备投掷,但感觉到庞培的军队并没有冲过来,根据已有的习惯和经验,像以前作战时表现的那样,他们自发地降低了速度,几乎在中途停止了。他们知道当力量耗尽的时候打不过敌人,所以一小段喘息时间过后,他们再一次前进,当恺撒发出命令的时候,投掷出他们的长矛并立即拔出短剑。庞培的军队在这个危机中并没有失败,他们承受了我们的长矛打击,抵挡住了我们的冲锋,并保持了侧翼稳定,他们投掷出了长矛,拔出了他们的剑。与此同时,庞培的骑兵按照他的命令,全部从他的左翼冲出,他的弓箭手部队在后面箭如雨发。我们的骑兵没有挡住他们的冲锋,一点点退却,庞培的骑兵则发动了更猛烈的攻击,他们的部队开始排成纵队前进,冲击我们的侧翼。当恺撒发现这个情况,他向第四战线发出了信号,第四战线此前已经部署了6个步兵大队。他们立即向前冲击庞培的骑兵,他们怀着熊熊怒火,将所有敌人都打趴下;这场狂风暴雨般的攻击不仅吓跑了敌人,而且一直跑向最高的山峰来躲避攻击。但他们的溃逃让落在后面的弓箭手和投石兵暴露出来,毫无防御能力,都被砍翻在地。步兵大队在继续扩大战果,来回冲击庞培的左翼,但庞培的步兵一直在坚持战斗,从后面发动了攻击。

[3.94]与此同时,恺撒命令他的第三战线部队前进,直到此时他们还没有接战,一直驻守在阵地上。因此,生力军前来协助那些疲惫的部队,其他的士兵对他们的后面发动了进攻,庞培的部队没能抵抗住,全都四散而逃。恺撒并没有感到失望,因为这场胜利就像他在作战前的演讲中对士兵宣布的那样,必须从这6个步兵大队开始,他将这些大队部署在第四战线来对抗骑兵。正是他们击垮了庞培的骑兵;正是他们砍翻了庞培的弓箭手和投石兵;正是他们包围了庞培的左翼,使之不得不首先溃败。当庞培看到他的骑兵溃不成军,看到一部分他寄予最大期望的部队开始混乱的时候,他对余下的战斗感到绝望,从战场上撤退下来,直接骑着马退回了营地……

[3.97]恺撒占领了庞培的营地,命令他的士兵不要只顾着劫掠,从而错失彻底征服的机会。

[3.99]在这场战斗中,恺撒的部队最多有200名士兵失踪,却损失了30位百夫长,英勇的军官……至于庞培的部队,约1.5万名士兵死伤,超过2.4万名士兵被俘……

资料来源:Julius Caesar, *Bellum Civile*. 摘自 http://ancienthistory.about.com/library/bl/bl_text_caesar_bellumciv_3.htm.

帝国，公元前31—公元400年

恺撒·奥古斯都

征服者 当屋大维取得罗马共和国后期内战的最终胜利后，他继承了恺撒·奥古斯都的名号，他在西班牙西北部、埃及、阿尔卑斯山脉、巴尔干半岛大部分地区以及多瑙河南部的奥地利发动了一系列战争。这一系列征服作战是在将近一个世纪的内战和社会冲突后立即发动的，其结果留下了这样一个印记，即罗马共和国早期时代的好战和对扩张主义的信奉在奥古斯都统治时期被完整地继承了下来。但进一步看，这次扩张主义的爆发更像过渡时期（公元前231—前218年）罗马向外扩张所进行的断断续续的战争。这些战争让罗马对诸如此前受天然的地理条件限制、不太受控制的西班牙行省等已有行省的统治更为彻底，或者如埃及这样已经由罗马势力控制的地区正式接受罗马的统治。

这些战争从目的上看也与此前非常类似。尽管奥古斯都已经打败了眼前的敌人，但他可能感到需要通过军队成功打败国外的敌人来巩固他的政治威望和地位，于是他参考了早期的执政官和军事寡头采用的方式，包括他的叔叔尤里乌斯·恺撒在高卢的做法。更何况他需要加强帝国政治统治中最重要的机构——军队对他的忠诚，方式就是打胜仗、分配奖赏和战利品。当奥古斯都与正在作战的部队不在一起的时候，这样做也有利于让驻扎在边境的部队保持忙碌，而在罗马只留有最忠诚于他的近卫部队。

恺撒·奥古斯都

恺撒·奥古斯都不仅开拓了罗马帝国大部分的疆域，而且还奠定了罗马帝国近两个世纪的主要风格——一种既包括传统罗马共和国架构也包括君权神授理论的奇怪混合体

这一轮征服并建立合法统治地位的作战，于公元9年日耳曼部落在莱茵河和易北河中间的条顿堡森林伏击并消灭了三支罗马军团而告终。奥古斯都似乎曾计划征服日耳曼地区，至少他想要向北到达易北河；在经历了这次惨败后，他将罗马军团撤退到莱茵河和多瑙河，并建议他的继任者不要再继续向前推进。他的建议大部分得到了遵从，但主要是出于实际原因（对一个君主的威望来说，失败的风险几乎与胜利带来的潜在收益一样大）而不是对他的愿望的尊重。事实上，当君主登上王座后确实需要巩固他们的合法地位，他们追求对遥远地区的征服，就像克劳迪乌斯（一个非常不懂军事的人）在公元43年后对不列颠的远征以及图拉真（第一个非意大利出生的皇帝）从101年至107年对达契亚（Dacia）发动征服战争并随后进入美索不达米亚一样。

职业军队的制度化 奥古斯都的征服与制度上的准备同步进行，这些准备和安排的目的是稳定并平定帝国内部。首先，这意味着对军队进行改革。内战结束之后，剩下的各种部队超过了 60 个未达满员的军团，士兵数量多达 50 万。通过合并整编以及给老兵支付报酬和赐予帝国殖民地土地的方式，奥古斯都将兵团数量减少至 28 个，军队的人数，包括辅助军队和新成立的罗马近卫军（Praetorian Guard）——奥古斯都的私人警卫部队——降到了 30 万人以下。

整编后军队的服役条件更加正规化和制度化，这在大约公元前 100 年的马略时代就已出现并越来越得到广泛采用。必须拥有土地才能加入军团的先决条件被正式废除。军人变成了明确的职业，服役的期限延长到 6~20 年（16 年现役，4 年预备役）。由马略首创的在士兵服役期满时赐予土地的做法已经变成了服役规定的标准组成部分。薪水待遇并不高，以至参军并非有利可图，但罗马在和平时期的大多数时间里，征兵似乎并不成问题。大多数部队驻扎在主要的边境线附近，特别是莱茵河和多瑙河，东面就是帕提亚帝国。军事殖民地以退役老兵被赐予的土地为基础，在活跃的罗马军队的主要永久性营地附近逐渐发展壮大。

军队和政治文化 奥古斯都建立了一支专业且长期服役的军队，这支正规化的军队自然成为罗马帝国主要的永久性的保障，这让军队与帝王之间形成了一种特殊的关系，罗马近卫军与皇帝之间的关系最为密切，这种情况不可避免地让军队更多地参与了帝国的政治。早在公元 41 年，近卫军便参与刺杀已经发疯的罗马皇帝卡利古拉，随即将他的叔叔克劳迪乌斯推上了王座，在公元 69 年的短暂内战中，不同行省的军队，包括近卫军，拥戴不同的指挥官为君主，维斯帕先就是在那场战争后成为皇帝的。尽管在 3 世纪以前，军队（表面上）一直不介入罗马皇帝宝座的争夺，但它仍然是罗马政治场上的重要力量。

这不能仅仅被视为一种制度安排的结果，它也是罗马共和国遗留下来的文化印记之一，这个印记即军事指挥官和战场上的胜利产生的威望。具有启发意义的对比对象是中国。在那里，秦王朝权力的巩固，来自战争合法性的消除以及原有的战车武士精英残留文化在公民国家机制中的消失，这都有利于中央统治者实现合法地位的垄断。没有战车武士精英影响负担的罗马人，则围绕军事化的贵族政治、族群以及民族精神，在一个反对君主政体的基础上建立了国家，形成了一个与秦朝类似的有活力的中央统治权力结构，尽管其关于战争和国家关系的文化并不相同。

这种政治文化上的差异也在中国和罗马军队的士兵个体中有所体现。两种体系都强调纪律和训练，但罗马军队的军官阶层和士兵秉持了竞争和个人荣誉的意识，在等级分明的指挥结构中，这种意识就转变成了在战场中的个人主动性。因此，罗马将军能够给出宽泛的命令并相信他们的下属，授权能向下达到百夫长层级，这让他们能够尽可能地抓住战机。另一方面，秦朝集权的政治意识形态就像孙子在其军事著作中讲的那样，将所有的决策权赋予了将军，这降低了下级军官和士兵的主动性，甚至让他们成为战争机器。很难讲何种体系在军事上更胜一筹（尽管现代西方世界持有偏见，他们更清楚地看到了罗马体系的优点），两种方式都非常成功。

尽管二者的结构非常相似,但它们在文化上有着天壤之别。

罗马和平时期到公元 180 年

奥古斯都创立的帝国军事和政治结构,为自那时起就为所谓的"罗马和平"时代的开启打下了基础。考虑到罗马帝国是通过武装力量建立并维护的,这让人们可能对罗马和平时期到底有多和平存在争议。主要是在从奥古斯都开始统治罗马到 2 世纪晚期这段时间里,帝国保持了内部稳定和外部安全。稳定和安全依赖于许多系统组织,而军队就是这些系统组织的核心。

地缘政治地图　奥古斯都统治罗马后,罗马军团的部署尽管并不绝对固定,但仍保持了相对稳定,反映出罗马对面临的主要威胁有着清醒的认识。一些军团,像西班牙军团,肩负内部警卫和维持治安的职责,但军团驻扎地绝大多数都离莱茵河和多瑙河的边境很近,边境以东是帕提亚帝国,与罗马直接接壤的主要国家。公元前 53 年,克拉苏率领的罗马军队在卡雷(Carrhae)战役中的惨败,让罗马人对帕提亚军队在其本土的战斗力有了充分的尊重,在那个时期,东部边境更多采用了外交手段而不是军事手段。

边境线并不是一条"文明世界"和"野蛮世界"之间的细长分界线,甚至也不是一条明确了罗马控制力和影响力的分界线,所有的地图都有倾向性的(误导的)暗示,认识到这一点很重要。边疆是具有渗透性的相互交流的地区,远远超出了概念性的边界的限定。边境附近的部落或多或少地在贸易中使用了罗马文字,也采用了罗马的生活方式,在日耳曼地区尤其如此——这也是当这些日耳曼部落后来被相对不文明的、大量涌入的东方部落移民挤压时,他们认为进入罗马帝国合情合理的一个原因。这样一种对边疆的理解,以及罗马在外交和政治决策制定过程中经常出现个人因素,都让定义罗马大战略的企图趋于复杂。罗马皇帝试图将资源与承诺、威胁相匹配,就这个意义而言,的确如此。它是一个明确的、概念化的防御体系吗?从现代意义上看,它的确不是。实际上,罗马军团营地的建设让其看起来不像是用来防守的要塞,而是用来发动进攻的基地,尽管奥古斯都之后的罗马皇帝发动征服战争很少为了实际的理由,但帝国的民族精神中仍然充满了扩张主义。

作为罗马帝国一个机构的军队　罗马军队是现代以前的世界中最伟大的机构之一。有名称和编号的军团在几个世纪中保持了结构和文化的连续性,这为征兵、训练以及退役提供了基本的框架,正是这些框架让军团持续发展。曾经驻扎过军队的防御营地和军团进军走过的路,其组成的网络的寿命比帝国本身存在的时间更长。对军队和相关基础设施的支出在帝国预算中占据主导地位。考虑到军队和帝国内部政治的紧密关系,说军队就是罗马帝国(核心)并不夸张。

军事帝国的存在基础是一个围绕着城市和贸易往来而构建的罗马社会经济世界。可能罗马统治者(就像许多类似的大帝国一样)的关键问题就是让国家和社会间的关系保持共生共存:国家和军队为经济的繁荣发展提供安全保障,这让罗马维持一支大型军队成为可能;罗马军队不是一个寄生的机构，安全上的花费并没有妨碍对军队的支持。奥古斯都裁撤军队编制明显是为了这一点，但随着时间的流逝，军队的总体规模逐渐扩大，公元180年后罗马需要应付的威胁数量也增多，这种平衡被证明更难以保持。

军队和社会 奥古斯都对军队的处理给军队和社会间的关系带来了其他影响，这让两者的关系在之后两个世纪中变得更为不清不楚。主要的改变可能是士兵在社会上被边缘化，考虑到帝国的规模和对一支职业军队的需求，这种情况是不可避免的。如果是罗马共和国早期的公民，这意味着他同时也是一名士兵；如果是帝国（212年，帝国的所有自由民都被授予了公民身份，公民的范围大为扩展）的一名公民，这意味着他大多数时间里从士兵的保护中获益。在奥古斯都改革后，士兵的服役期限更长，军队数量更少，这意味着帝国时期在军队服役的人口比例甚至小于共和国向帝国过渡时期的比例，公民和士兵之间的文化差异越拉越大。

这种情况造成的一个奇怪结果就是，军事荣誉仍然是罗马文化中的核心要素，但荣誉和威望越来越归于军事机构和总指挥官（皇帝）的名下，而不是士兵。在军队文化中，荣誉仍然既是一个广义的价值追求也是个人通过勇敢作战所应得的成就，转化成的效益既包括有形的方面——升职和奖金，也包括无形的方面。但士兵们在军队中取得的荣誉和社会威望并不会自动转换为整个社会中的荣誉，而在更早的几个世纪中，二者是不可分割的。在精英文化这个层次，军队荣誉集中于皇帝个人而不是其他人，军队价值边缘化这些认识仍然大行其道。参政的大臣们和文化精英们在首都居于强势地位，而地方的城市精英则关注公务服务以及民用和宗教建筑项目，这两类人，特别是前者，丝毫不理解或同情军事价值观和士兵的生命。罗马社会和军队之间的认可问题演变为一个接近两极对立的问题。

当然二者的接触和联系仍有所保持。在永久性营地长期服役的士兵们自然与当地人发展出了经济和社会上的联系。士兵在服役时被要求保持单身，但与当地居民建立非正式的关系仍然不可避免，退役士兵在永久性营地附近安家，这让当地社会与军队产生了进一步的联系。但这样的关系仍然有限且范围较小，由于军队依赖于当地的经济发展情况，所以军队与所在地的经济交流经常被证明既会产生负担也会带来实惠。在罗马和平时期的大部分时间里，军队和社会的疏远并不是一个要命的问题，因为它受到了前文提到的国家和经济成功共生共存的保护。但大范围的关系出现问题具有潜在的负面影响。

作战中的罗马军队 制度的连续性以及撰写军事手册的文化有利于提高罗马军队的战斗力。罗马军队严格遵守行军的标准命令和程序，包括在每天行动结束时要建一个有防御工事的营地。营地根据标准的网络布置，明确军队的单位和机构，营地纪律通常得到严格执行。装备也相对制式化；许多武器和盔甲在大型的国家作坊中生产，军队对于食物、被服和帐篷的需求量非常大。如前面提到的，尽管在一些地区军队的需求刺激了经济活动，但在其他时候它也被证明是一项负担。

罗马军队仍然是可以依靠的，且在通常意义上是一部高效的作战机器。从罗马共和国后期到帝国的过渡时期，作战方式并没有发生太大变化，尽管帝国的疆域和罗马能够征召隶属民族所提供的辅助部队让罗马军队具备了更大的战术灵活性。骑兵是个特例，它长期以来一直是罗马军队的弱项，罗马通过在西班牙和北非正式征募辅助部队，这一弱项也有所改善。指挥官通过任命产生，而不是通过选举，根据这种异常行为，最高层的战术指挥在质量上有很大差别。而低级军官（最低为百夫长级别）非常敬业，以至许多罗马军队能够在高层给予最少的指令时也能打出漂亮仗。尽管战略层面的扩张和征服变得越来越少，但以侵略性和进攻性为导向，由个人荣誉和群体凝聚力以及纪律竞争所带来的富有创造性压力的罗马军事文化，在这个时期继续流传。

罗马帝国军队明显比共和国早期的先辈们更为高明的是军事工程能力。罗马人拥有工程建筑的天赋，他们不仅修建道路和防御工事，还发明了水泥，建造了罗马引水渠和古罗马竞技场等设施。罗马营地的特点是用壕沟围住，这一技术也可以直接用于攻击敌人的要塞。在恺撒对高卢（苏拉也在公元前86年的喀罗尼亚战役中利用野战堑壕来保护侧翼）的征服作战中，罗马攻城技术已经有了显著进步。帝国军队也拥有了攻城设备，能够部署大量不同类型的攻城器械，有主要用于杀伤敌军的巨大的钢弓，还有能够部署在战场上的、利用扭矩和压力发射的、用于攻击要塞的投石器。他们还发明了类似于"龟甲阵"（testudo）的队形，军团士兵将盾牌举过头顶，对城墙发起猛烈攻击，工兵随即凿开城墙。公元70年，在镇压犹太人起义（Jewish Revolt）的耶路撒冷围城战中，在城墙边建一个巨大的土坡这种古老的技术再次焕发光彩。

镇压犹太人起义表明军队要承担诸如此类的任务。镇压起义和暴动——实际上，维持内部治安占了很大比例——是至关重要的，表明不是所有罗马帝国的臣属民族都毫不含糊地对罗马统治的所谓恩惠感激涕零。这也表明了罗马价值观在战争中的作用，伟大的战争史学家约瑟夫斯（Josephus）记录（或一本正经地捏造）了一个罗马指挥官在战斗开始之前的演讲，尽管敌人就在战场上，但他提醒罗马士兵们，犹太人只不过为了他们的上帝和国家而战，而罗马人则为荣誉而战，这是更为伟大的作战动机。

单纯抵御外部侵略的防御作战是极少见的，即使是临时的防卫行动也像是接下来要进行惩罚性进攻作战，与此同时还要进行劫掠，目的就是传递这样一个信息。这样的进攻也用于施加更大的外交压力或在外交上受到轻视或威胁后进行报复。尽管很少见，但征服作战的确发生过，最著名的是在2世纪早期图拉真统治时期发生的达契亚战争和帕提亚战争。

危机和变革，180—280年

从2世纪后期开始，罗马边境面临的军事威胁越来越严重。边境之外的一些部落，相对而言更适应罗马的文化影响，开始越过边境向内迁徙。一些部落请求同意其进入罗马疆域并得到了罗马官方的认可，他们通常遵守包括服兵役在内的相关条款；其他的部落，不管是申请遭到拒绝还是根本就没有进行过申请，或多或少地涌入罗马帝国境内，结果遭到了罗马帝国的阻拦。

这种压力在巴尔干半岛的多瑙河边境线尤其大，有时莱茵河一线也会出现这种情况。导致外部压力剧增的原因很复杂，但毫无疑问受到了远东民族迁徙的影响，包括大草原的游牧民族，他们同样是受到了东方邻居的挤压而选择了向西迁徙。这个连锁反应链条的一些根源能追溯到公元前1世纪中国汉朝的对外扩张。

另一个威胁在帝国东部边境出现并越来越严重，在这里，226年，萨珊王朝统治下的波斯帝国重现活力，取代了没落的帕提亚帝国。他们复兴了琐罗亚斯德教，并在亚美尼亚和美索不达米亚北部与罗马帝国冲突不断，将本来通过外交管理的边境变成了军事冲突频发的根源地带，这种情况将会不同程度地持续很长时间，直到7世纪阿拉伯和伊斯兰教势力的突然崛起才改变了整个地区的形势（参见第8章）。

导致情况进一步复杂的是3世纪时罗马帝国内部的不稳定以及内战的大爆发。由于行省的军队成为争夺皇帝宝座的关键支持力量，王朝争斗经常导致边疆地区被急于向罗马进军的军队洗劫一空。内战对军队有两个深远的影响。第一，纪律性和训练水平下降；第二，在180年以前，军团的分遣队和辅助部队经常被派出去，用来增强主要冲突地区的力量，但这些分遣队（vexillation），就像其称呼一样，当危机解决后，会回到原来的部队去。内部和外部的危机持续不断，是3世纪中叶罗马的主要特征，派出分遣队对各部队进行混编的情况有向固定模式转变的趋势，这些情况均削弱了老军团的传统和凝聚力。罗马皇帝逐渐扩大了军队的规模，一方面是要用数量来弥补不断下滑的军队素质，另一方面这是解决在更大范围内产生的威胁的唯一办法。但这样做既增加了税负——罗马帝国此时的经济已经由于帝国边境的冲突压力而江河日下——也给军队维持纪律带来了更大的难度。兵源对蛮族的依赖越来越严重，尽管发生这种情况的意义必须被严格加以检验（参见专题C：罗马军队的"野蛮化"）。简言之，奥古都斯建立的军队系统正在瓦解。

专题C：罗马军队的"野蛮化"

罗马帝国后期的军队改革性质问题是一个充满争议的历史话题，几乎只要还有历史学家在研究罗马帝国，这种争论就会一直存在。事实上，在某种程度上，对这个问题的探讨可以追溯到韦格蒂乌斯（Vegetius），尽管他并不是历史学家，而是5世纪研究后罗马帝国时代军事手册的作家，他的作品强调罗马军队的纪律水平出现了下滑，训练也成了军队问题的根源。这个情况甚至可以追溯到更早的塔西佗，罗马帝国早期的历史学家。

但这个争论的现代形式在很多方面要追溯到18世纪晚期爱德华·吉本（Edward Gibbon）的不朽名著《罗马帝国衰亡史》（Decline and Fall of the Roman Empire），一些历史学家认为这是第一部具有现代意义的历史学作品。吉本受到了启蒙运动中理性思维的影响，发现了两个与罗马军事力量瓦解相关的原因：一个是蛮族，他们不仅是侵略者，也是罗马征兵的对象，还有一个原因就是基督教的兴起。现在很少有历史学家会将改换宗教信仰视为罗马帝国军队衰落的原因，蛮族——进入罗马帝国的日耳曼部落既是敌人也是兵源——的作用在史学中的影响力更大。

直到30年前，这种影响还体现在罗马性（Romanitas）和日耳曼性（Germanitas）的冲突和最终融合上。罗马和日耳曼是既独立又对立的社会文化世界，前者代表了精致的"文明文化"，后者则是粗鄙的"野蛮原始"。对吉本而言，这场冲突的道德关系是清楚的，"好人"（文明文化）一方以失败告终。但与此同时，许多居住在德国和英国的19世纪民族主义历史学家，将日耳曼部落视为其民族的祖先，他们认为日耳曼部落带来了活力和平等主义，而不是让罗马衰落和独裁。特别是英国历史学家，倾向于认为在日耳曼部落酋长的战团中出现了民主的根源，部落酋长的追随者——所有的自由人——在集体决策的过程中有着相当大的影响力。这个有关日耳曼战团的观点最终可以追溯到塔西佗对"扈从队"（comitatus）或所谓"战团"（warband）的描述，他撰写日耳曼部落民族志的时间可以追溯到1世纪。从这个意义上说，罗马帝国的衰落并不一定是坏事，因为它为现代国家的诞生拓展了空间。

但最近关于塔西佗和后罗马帝国时期的制度的历史研究让这种观点成为一种空想。塔西佗对"扈从队"的描述被指出大部分是虚构的，更多是源于他对罗马社会的批评而不是他对日耳曼民族的了解。更为重要的是，边境考古学和对罗马制度的研究显示，罗马帝国外的日耳曼语民族罗马化的程度远远超出了那些民族主义历史学家的观点可以接受的范围。而且那些所谓野蛮部落加入罗马军队后，他们（尽可能地）采用了罗马的军队（还有政治）体制，在某种意义上，他们认为自己就是罗马人。在军事需要、社会经济转型、罗马根深蒂固的政治斗争和分裂，以及日耳曼部落的制度影响等的作用下，制度的演变已从现代的研究中消失不见。从这个角度看，罗马军队被野蛮化这种说法是站不住脚的。

但不同的部落仍在帝国生存，而且最近的研究也含蓄地接受了这样一种观点，即生活在罗马帝国内的族群与生活在罗马帝国外的族群之间存在着一个基本的民族区别，研究也认为那些罗马化的民族实现了有机统一。最近，一些历史学家从文化研究视角对这个问题进行了详细研究。对他们而言，民族划分的整体概念是文化建设的产物。换句话说，"野蛮化"（包括每一个特定的部落身份）是不同民族之间因为不同的原因而接受的一种身份，而部落本身更像是一个政治结构而不是一个民族结构。任何一个罗马公民愿意接受"野蛮人"身份的原因在于："野蛮人"是被国家雇佣去打仗的，按照军队征兵的规定经常能够免除某种赋税。简言之，"野蛮人"演变成了"勇士"的概念，而"罗马人"则基本上演变成了"纳税人"，这两个概念的界限是可渗透的，两个类别的人是可流动的。因此，在最近的提法中，罗马框架中的制度演变保持了原封未动，与此同时罗马军队则

> 真正地实现了"野蛮化"。但这并不简单意味着"野蛮化"就是历史学家想象的样子。它与种族进化或群体认同的文化建设有关,而与野蛮的(但也是民主的)日耳曼人造成罗马文明衰落(或复兴)则关系不大或毫无关系。

最后的帝国,280—400 年

到 3 世纪中叶,帝国的存亡成了一个问题。但由罗马帝国皇帝戴克里先开始并由君士坦丁深化的一系列改革,重组了帝国的行政管理,包括民事和军事组织,也包括罗马帝国的巡防部队。这些改革让帝国在西方延续了一个半世纪,在东方延续了 1000 年。但这些改革也改变了帝国及其军队的性质。

国家和社会 由于认识到行政和军事负担已经变得让单独的一个统治者难以处理,罗马皇帝戴克里先将帝国分成了两部分,每个部分由一个权力相等的奥古斯都统治,由一个恺撒或副帝(junior emperor)辅助。值得注意的是,戴克里先统治了东罗马帝国,与西罗马帝国相比,东罗马帝国更为富有,城镇化程度更高,在某种程度上更有利于防御,其首都最早位于小亚细亚的尼科美底亚(Nicomedia);君士坦丁后来在博斯普鲁斯海峡附近建立了一个新首都,他命名为君士坦丁堡(现如今的伊斯坦布尔)。罗马城尽管象征意义仍旧显著,但已经不再是罗马帝国的中心——这是戴克里先和君士坦丁深思熟虑做出的决定,目的是降低元老院和近卫军的影响,君士坦丁最终更是废除了近卫军。

分开统治的制度并没有能阻止内战在 305 年戴克里先退位后爆发。多头统治进一步加重了罗马社会的税负,在这个时期,尽管罗马化的蛮族(在人数上一直比人们想象的少)迁徙进入帝国罗马,但罗马帝国人口的增长还是出现了停滞,甚至更糟,经济发展也由于战争和赋税而放缓。宗教改革伴随着社会变革进行,君士坦丁将基督教合法化并提升了其地位。至 4 世纪中叶,基督教已成为帝国国教——这个改变影响了罗马的外交政策,特别是在波斯帝国前线,两大帝国之间的战争又掺进了基督教和琐罗亚斯德教的意识形态冲突(参见第 8 章)。

统治一个社会分裂程度增大、安全系数降低的帝国的问题,反映在罗马越来越严重的独裁上,其标志是元老院的重要性在逐渐减弱。正是在这个时期,曾由于奥古斯都的处理而得以延续的罗马共和国给罗马帝国留下的政治文化印记最终褪去了,罗马军队的变革则反映了这个过程。

军队 戴克里先和君士坦丁对军队进行了重大改革。军队的总体规模从奥古斯都的将近 30 万人增长到 40 万~50 万人。改革将军队分为两种类型:那些驻扎在边境的被称为边防军(limitanei),机动野战部队则被称为巡防军(comitatenses),作为预备队使用。尽管在理论上双方地位相当,兵源也一样,但巡防军士兵的薪水更高,装备(在步兵中)更轻便;他们也吸收了更多优秀的、罗马一直在打造的骑兵部队。较低的薪水意味着许多驻扎在边境的军队不得不兼职从事民用经济工作,从而降低了边防军实际的机动性。边防军的军团规模降低到 1000 人左右，反映出早期创建的分遣队规模的实际情况。但这种重组方法理论上的灵活性，逐渐被边防军与驻防地越来越紧密的关系破坏了。因此，在巡防军服役变得更有尊严，边防部队的士气出现了问题，他们的战斗力和政治影响力也逐渐下降。

骑兵部队的重要性在不断上升，体现在出现了两个直接听命于皇帝的新军事指挥官职位——步兵统领和骑兵统领，这两个职位取代了军队统领这个权力和威胁都很大的职位。更强大的骑兵部队也反映在辅助部队重要性的上升上，辅助部队由保持自身编制、有时使用自己的武器、拥有自己的战术传统的非罗马军队组成。后罗马时期的军队与它所保卫的社会的关系在这些情况下变得更加疏远，远远比不上奥古斯都时期专业的但仍然由公民组成的军团与社会的关系，与罗马共和国时期社会对军队的认可程度相比更是相差甚远。

战争：训练、骑兵和机动性 3世纪中叶，对战术和作战行动的重视有助于提升罗马骑兵的重要性。很明显，骑兵比步兵从一个作战地点（或一个主要的预备驻地）运动到另一个地点的速度更快。帝国面临的分散的威胁以及入侵者的游击性质让罗马更加重视快速反应能力。这种情况也包括"马背上的部队"，即骑马的步兵——那些骑马进行战略机动，下马参加战斗的部队。但骑兵部队——骑在马上不仅能机动而且能进行作战的部队——发挥了更大的作用。罗马更加重视骑兵部队的部分原因在于要对抗诸如西哥特人的骑兵（西哥特人曾利用配备了重型武器和铠甲的骑兵发起近距离冲锋作战），后来是要对付匈奴人，他们拥有快速灵活的弓骑兵——大草原民族的典型军队。这类民族对罗马而言并不仅仅是敌人，也是征兵的对象，这进一步反映出骑兵在后罗马时期战争中发挥的更大作用。

罗马军队训练标准和纪律水平的下降也有助于骑兵重要性的提升，因为大型单位的训练形成的凝聚力对步兵部队比对骑兵部队更为重要，骑兵部队经常在小单位之间有效展开，而且与步兵相比，更倾向于以精英社会关系联结在一起。因此，骑兵的崛起实际上部分反映了步兵素质的相对下降，也反映了罗马中央政府对军队的有效控制在不断减弱。但从另一方面来说，这种趋势不应被过分夸大。步兵仍然在罗马军队中占据统治地位，继续在战场上扮演决定性的角色，特别是它能够为骑兵提供可围绕其进行机动的坚固防御阵地。在不那么魅力四射却同样重要的围城战以及防御保卫战中，步兵发挥的作用甚至更大。

地主、军阀以及分裂 罗马中央政府的效率普遍降低，西罗马帝国尤其如此，相对于东罗马帝国，用于维持秩序的、以城镇为基础的经济和社会资源更为缺乏，这种情况自然而然地对军队的编制和战斗力产生了影响。社会变化在社会不稳定、中央权威削弱并瓦解的情况下出现，这对军队的性质产生了重要的影响。

一个关键的变化，又一次在城镇发展水平更低的西罗马帝国占据主导地位，即政治、社会以及军事力量的私有化和地方化。两个对立的社会群体从两个极端相向而行，主导了这个发展趋势。一个群体是农村大地主，他们的社会和经济力量让他们能够雇用士兵来充当保镖并保护雇主的土地利益。另一个群体是罗马军事组织的领导者，特别是那些在以对领袖的忠诚为组织核心的同盟军队中的领导者（就像在专题中提到的那样，蛮族文化中的部落特性让这种情况越来越显著）。当收税和主要的薪水支付越来越成为问题的时候，这些群体对强制性力量的掌控能帮助他们占有土地，有助于保护他们的经济基础。

其结果就是在罗马高门大族中出现了一个逐渐壮大的领袖阶层，其中既包括社会领袖也包括军事领袖，事实上，他们的个人利益和权力与维护国家的公开权威正越来越相悖——尽管表面上他们继续保持了由政府任命和授权的形式，他们也最大限度地利用了国家授权的机制，原因是国家仍然保有威望和正统地位。具有讽刺意味的是，这个情况导致了军事力量与社会重新开始联系，完全不同于罗马帝国发展到顶峰时的一大特点，即军队与社会的分裂。但这种重新联系超出了罗马这个国家的处理范围，在罗马共和国时期，国家最早是作为社会和军队团结一致的框架出现的，当然，在罗马帝国时期，国家的首要制度是为了统一社会和军队。因此其结果并不是早期的罗马共和国的再生，就像奥古斯都在其著作中证实的那样，罗马共和国中反对独裁的民族精神到现在已经彻底消失了。结果是5世纪古老的大厦最终倾覆时，出现了将继承西罗马帝国的野蛮人王国的基础（参见第7章）。

这个结果仅发生在西罗马帝国，反映出这样一个事实，即"罗马的衰落"是局部发生的、在很大程度上进化的现象，因为帝国在东部幸存下来，在接下来的转型期间，国家体制的连续性和中心作用更为明显（参见第8章）。

结 论

罗马帝国起源于信奉扩张主义的共和国，在帝国时代的历史中比同期的印度和中国持续的时间更长。它对后世的影响，特别是对西方世界的影响更像孔雀王朝，而不是中国汉朝，这是因为它持久的影响是作为一种在文化上继续发扬光大的失落的理想典范，而不是进行重建的制度基础。即使是在东方，在拜占庭帝国时期，变革和限制的内容更多，而不是平衡了的连续性更为常见。尽管出现了继承者，例如，"神圣罗马帝国"（一些历史学家已经说过，它既不神圣，也与罗马无关，更不是一个帝国），但罗马帝国从来没有再现过。

本章阐述的罗马在长达8个多世纪的时间里所取得的卓越成就不应被掩盖。罗马军队是这项成就的核心，是古代世界军事组织的两大巅峰之一，另一个是中国秦朝和汉朝的军队。在现代西方军事历史形象中，"光荣属于罗马"（grandeur that was Rome）[①]继续占有突出位置是有原因的。

[①] "光荣属于希腊，伟大属于罗马"来自爱伦·坡的《致海伦》(*To Helen*)，原句是"Thy Naiad airs have brought me home To the glory that was Greece And the grandeur that was Rome"。——译注

推荐阅读

Campbell, Brian. "The Roman Empire." In K. Raaflaub and N. Rosenstein, *War and Society in the Ancient and Medieval Worlds*. Cambridge: Cambridge University Press, 1999。作者是罗马帝国军事发展领域的专家,这部著作是一个虽简短但可读性很强的综合文集。也可参见他的 *The Roman Army, 31 BC-AD 337: A Sourcebook* (London: Routledge, 1994),这是一本珍贵的原始资料集。

Cornell, Timothy. *The Beginnings of Rome: Italy and Rome from the Bronze Age to the Punic Wars (c. 1000–264 B. C.)*. London: Routledge, 1995。本书是对罗马扩张主义早期阶段的重要的再评估。

Goldsworthy, Adrian. *The Roman Army at War, 100 BC-AD 200*. Oxford: Oxford University Press, 1996。作者对罗马从组织到后勤再到战斗的军事实践进行了全面而深入的研究,重点是实际表现情况。也可参见他的优秀作品 *The Punic Wars* (London: Cassell, 2001),这部著作对主要冲突的历史进行了详细描述,也可以参考他关于恺撒、坎尼和罗马战争的其他书籍。

Harris, William. *War and Imperialism in Republican Rome, 327–70 B.C.* Oxford: Oxford University Press, 1979。本书是对罗马扩张时期社会与军事相互关系的基础性研究。

Kagan, Kimberly. "Redefining Roman Grand Strategy." *Journal of Military History* 70 (2006): 333–362。本书有效总结了 Edward Luttwak 的 *The Grand Strategy of the Roman Empire* (Baltimore: Johns Hopkins University Press, 1976) 的主要思想,是对古典学派学者的批评,其对罗马大战略的定义采取了合理的中间立场。

Lendon, J. E. *Soldiers and Ghosts: A History of Battle in Classical Antiquity*. New Haven: Yale University Press, 2005。本书引人入胜地分析了古希腊和罗马时期的战争,重点描述了罗马人在战斗中纪律和个人英雄主义之间的创造性张力。

Rich, John, and Graham Shipley, eds. *War and Society in the Roman World*. London: Routledge, 1995。本书为一本关于古罗马时期战争各个方面的重要文集,尤其对罗马历史上军队与社会关系的变迁有深刻的认识。

Rosenstein, Nathan. "Republican Rome." In Raaflaub and Rosenstein, *War and Society in the Ancient and Medieval Worlds*。本书是对罗马共和国军事发展的简要概述。

Speidel, Michael. *Riding for Caesar. The Roman Emperors' Horse Guards*. Cambridge: Harvard University Press, 1994。本书对罗马帝国精锐骑兵部队进行了有价值的研究。

Webster, Graham. *The Roman Imperial Army of the First and Second Centuries A.D*. Norman: University of Oklahoma Press, 1985。本书为一个标准的调查,现在看来解释有点过时和传统,但仍然有用。

第 5 章

船桨和撞角

公元 400 年前的古代海战

在军事历史学中海上战争史经常会被忽视。这可能部分反映出了一个普遍现象，即历史作为一个整体存在时，忽略海洋史是历史的一个组成部分这个事实。这个问题直到最近才引起关注，原因是海洋联系在全球发展模式中的重要性越来越得到认可。这个事实在一定程度上反映了关于海战的一些真实情况。与陆战相比，海战出现得更晚，而且长期以来被认为是陆地战争的附属，直到 1500 年以后，海战才获得了半独立的地位。事实上，最流行的海军历史把目光更多地投向今天之前两个世纪的历史，更乐意追寻第二次世界大战中快速发展的科技以及那些重要的海战。然而，陆战和海战的紧密联系实际上指明了将海战与陆战并列且经常相继发生的重要性，而非仅仅为忽视海军历史进行辩护。我们将在不同的章节讲述 20 世纪前的海战，大致上本书每一个按时间排序的部分中都有一个章节，这样的设计是为了突出强调海军的发展，而不是将它们边缘化。如前所述，考虑到海事活动在全球发展中发挥的关键作用，分开设置关于海军的章节也让我们可以更轻松地以一种有比较性的、全球性的视野来检视海军历史。

早期的海上活动

某种程度上，海上活动可以追溯到很早时期的人类迁徙活动。举例而言，大约 4 万年前，澳大利亚人口的增加迫使人们乘坐小舟式的竹筏或类似于独木舟那样的小船来渡过开放水域。这种小规模使用类似小船的情况在许多河流、湖泊以及海岸附近或被它们包围的人类聚居地出现。尤其是与陆地运输相比，用船运送货物进行贸易有着天然优势：与人类、动物甚至车辆相比，船舶载货量更大、更方便，运输距离更远，运费更低。但即使在等级制国家和陆地战争出现后，在很长的时期里，海上活动的范围仍然非常有限，原因是技术、地理和气候的限制。有着相对平静和封闭的海洋、友好的海岸（自由的浅滩以及适宜的天然港口或海滩）、良好的气流以及接近拥有大量人口和经济活动的陆地区域的地区对 4000 年前的船只而言并不那么常见。因此，海上贸易和探险只能在技术发展以及航海和地理知识不断积累的前提下缓慢发展。

与海上贸易或者部队运输有着明显区别的海战甚至出现得更晚，这是由于与海上贸易活动相比，制造能作为武器或者甚至武器平台的舰船需要更加复杂的技术（以及，通常而言，更多的人力）。而且，海战不仅需要海岸附近集中出现人口和经济活动，不仅需要海军赖以创建的航海传统和海上活动设施集中出现，还需要有能力组织军队的国家，需要海岸线与战略意义重要、存在争端的地点相连的国家。对早期海上活动的简要调查研究显示这一系列条件出现是非常困难的。

就像此前所言，使用有时加载舷外支架的独木舟或树皮筏、小圆舟（在一个轻型木框上蒙上外皮的小舟）、竹筏，或以船桨或简易帆为动力，对河流、湖泊甚至是狭窄海域进行较低程度的探索在古代世界是普遍存在的。

尽管这个时期的社会规模未达到国家层次，但在此背景下出现的相对较大规模的开发、商业发展甚至部队运输，最终导致在加勒比海，特别是在跨太平洋地区，出现了较高层次的海上活动，其顶峰是夏威夷群岛的军事首领动用了大型的独木舟舰队。但是，政治环境以及狂暴汹涌的海洋限制了北海、波罗的海以及中国黄海等狭窄海域的海上活动的发展。举例来说，中国潜在的海洋影响力被其以内陆为发展重心的传统和难以在其主要河流进行航行的情况限制了。印度洋见证了很早时期已经有了等级区分的群体间远途海上贸易，这是拜当地季风的规律性所赐：海上的风一个方向吹6个月，然后再向相反方向吹6个月，这就使得往返航行成了可预见的事。但过远的行程以及无边的海洋对这类贸易产生了不利影响，尽管这类贸易逐渐成为海运方面的政治竞争以及并不专业的战舰技术发展的基础。

只有在地中海，而且最初只有在其东部，才有条件为古代世界海战的发展提供温床。该地区的发展情况是本章后面将要关注的重点。

海战的出现

地理和科技

东地中海是一片相对宁静的海域，夏季尤为如此，潮水相对平缓，从西北部吹来的风也相对轻柔。除了北非部分地区，东地中海的海岸遍布天然良港和海滩，浅滩比较开阔，许多岛屿沿着海岸线点缀其中。简言之，它适合船只航行，即使航海技术很有限也是如此。古代时期，地中海以北和以东的陆地有着丰富的森林资源——特别是黎巴嫩雪松森林——这里出产制造船舶的好木材。埃及木材资源短缺，但至少其种植的芦苇晒干后可以捆扎成适合制造小艇的材料，亚麻可以被制成缝制船帆的亚麻线。尽管世界上最早的船是靠划桨驱动的，但对任何类型的船只来说，同时靠划桨和风帆驱动效率更高。东地中海有着平静的水域，意味着可以选择使用船桨作为动力，结合船帆，则可以解决逆风的问题。

埃及和美索不达米亚地区的海岸及其附近区域，是两个重要的文明地区，这两个地区逐渐发展到国家层面的、有专门经济活动的等级社会，这导致出现了利用这条充满潜力的海上运输通道的经济刺激情况。这些中心的发展反过来又促进了许多环绕地中海沿岸以及岛屿的小国崛起。在这些地区中，埃及最初在发展海事技术和活动方面走在了前面。这可能是因为，与在亚洲西南部难以预测的、礁石密布的底格里斯河和幼发拉底河不同，尼罗河有着宽阔、平坦的可通航水域，从尼罗河口到第一瀑布的距离近 500 英里（约 800 千米），所以它可以不受急流的干扰。尼罗河向北流，与当地的风向相反，所以船只可以漂流或划桨顺流而下，然后利用风帆逆流而上，轻松往返。在初期，尼罗河成为埃及王国的重要运输通道，在公元前 3 世纪晚期，已经出现可以冒险进入地中海的船只，将埃及的货物运到巴勒斯坦海岸。

与此同时，位于叙利亚和小亚细亚沿岸、克里特岛上和迈锡尼的希腊小邦国也冒险穿越这片水域，寻求商业和财富。贸易联系意味着政治接触，埃及用划桨驱动的船只很快就携带了军队和补给，并将货物运往巴勒斯坦。这样，海战的基本条件已经具备，因为在这个阶段，一艘军舰就是一艘满载士兵的船。据我们所知，实际战斗仍局限于陆地，不仅埃及军队如此，迈锡尼人也是如此，他们的战士乘船驶向小亚细亚，包围和洗劫特洛伊城。但这场战争在荷马不朽的史诗《伊利亚特》中提醒我们注意公元前 1500 年古代海上活动中出现的贸易和战争之间的紧密联系——这种联系将会持续下去，而且常常是由抵御袭击的海岸设施准备程度决定的。它还预示着地中海东部地区在一段时间内麻烦不断，从而导致了真正的海战出现。在公元前 1200 年前后的几十年里，不明身份的海上民族在整个地区进行了广泛突袭，一大批先遣队甚至在公元前 1190 年左右进入尼罗河口。然而，法老拉美西斯三世派出的舰队似乎震慑了这些海上民族，在船与船之间的战斗中，他们打败了入侵者，这一壮举通过神庙的浮雕留传下来，这是历史上第一个已知的对一场海战的描述。海战的时代已经到来。

专业化战舰的发明

战术 大约公元前 1200 年开始的这种混乱在大约公元前 900 年逐渐稳定下来，此时，两个新的民族和一项关键的新技术闪亮登场了。这两个民族是迈锡尼人的继承者希腊人以及叙利亚海岸的腓尼基人。这两个都是城邦国家，希腊人采用了腓尼基人独一无二的一项发明——字母表，这意味着双方有着密切的海上贸易联系。双方都部分依赖贸易来发展，在面对自身的人口压力时，都将海上殖民作为缓解压力的一种手段，此外还不断拓展贸易往来。希腊人的定居点遍布爱琴海并向黑海、意大利南部以及法国拓展，腓尼基人的定居点则沿着北非海岸拓展，最著名的是迦太基，并向伊比利亚半岛发展。而新技术就是指撞角。

桨帆船是一种主要靠船桨驱动的狭长的船，在公元前两千纪中期成为地中海进行贸易和战争的主要船只。两种类型的船在当时已经发明出来。更宽大、载重更大、速度较慢的一类船用于运载物资和人员。另一类更轻、更窄、更快的船则成为袭击者（他们的战士自己划桨）和海军（他们把海军陆战队部署在有特定桨手的船上）的首选。轻型的桨帆船更有助于达成军事目的，因为它速度快，可以追上速度较慢的船只，既包括商船也包括其他类型的战舰，因此，这给海盗行为和封锁港口的行动创造了机会。这些船在海战中仅仅是驶近敌船，然后向对方的船员发射投掷物，最终接舷并登上敌船。这是因为这些船无法携带大型或足够精确的能摧毁敌方舰船的投射武器。(击沉敌人舰船的另一种方法或许是烧掉它们,但当时并没有发现安全可靠的将易燃物投射到敌人甲板上的武器。)简言之,此时的海战只不过是在船上的陆战。

撞角最早在公元前 9 世纪中叶出现,从而提供了一种全新的激进选择。现在,舰船本身已经成为一种武器,可以使敌船瘫痪甚至沉没。但是要发动正确的打击则需要新的战术。桨手要训练有素,以便能够更快地改变速度和方向,包括能够倒桨使船停下,并在撞击后将船从损毁的敌船中解脱出来。他们需要由经验丰富的船长指挥,因为船长可以准确判断敌我舰船的速度和方向。这就意味着一些海军可能会获得技术优势,反过来,缺乏技术的海军有理由继续依赖登船作战这种战术,这意味着不同的战术传统可以发展下去。除了技术之外,撞角让人们更加重视速度和机动性,这也促进了桨帆船的技术发展。

科技 由于船身已经很窄,而且已经进行流线型改进,长宽比为 10∶1,要让船桨提供更大的速度,明显的解决方案是增加更多的桨手。不过,简单地延长船身和增加更多的座位,很快就会达到极限。又轻又窄的船体进一步加长会导致结构脆弱,因此更容易受到撞击伤害,而且超过一定长度(约 25 排的桨手位置)容易拱起,或在末端下垂,特别是在波涛汹涌的海上,这种情况会导致船从中间断裂。每只桨增加更多人手当然也是一种选择,后来也确实做了如此的事情,但它起初似乎并非首选,因为这样做需要扩大船体,从而会影响船只性能。(一支船桨由两个以上的人来操作也需要完全不同的划桨风格,这需要桨手们不能一直坐着,而是在每次划桨时首先站起来划,然后向后划坐回座位上。)公元前 8 世纪地中海东部的解决方案是在第一层之上再加一层或一列桨手。桨帆船有相对较低的干舷(在吃水线和舷缘或船顶之间的裸露船体),为增加第二排桨手而建造足够高的船帮被证明是相对容易的。在经过一段时间的试验后,顶层的船桨被放置在拱起的船舷上,而底部的船桨则穿过舷窗位于两侧。

为了最大限度地撞穿敌船,撞角刚开始时被设计得很尖。由于被施加的力量越来越大,撞角也进化了,变得更钝、更重。这种类型的撞角,其设计目的不仅是对敌船实施破碎性甚至延伸性撞击,也是要撞散更多接合处从而造成更大伤害,这种设计也降低了撞击敌船时深入刺穿目标导致无法撤出撞角,从而容易被其他敌船俘虏的概率。船首部位也被最大限度地加固,以抵御碰撞的冲击。

最终的结果是出现了载着大约 50 名桨手(在希腊也被称为 pentekonters 或 fiftyers)、少量船员和一支人数不固定的海军陆战队的单层或双层军用桨帆船。仅仅装载一队士兵的桨帆船不能再被称为战舰了。相反,此时的海战已经由专门的军舰所主宰,它们既是武器,也是作战平台。在 16 世纪 80 年代满载大炮并能在船舷一侧发起猛烈炮击的全装快速帆船出现之前,桨帆船的各种变体将在地中海占主导。

战略和经济影响 这种专业军舰的出现,对海战的实施具有许多战略和经济影响。首先,建造和驱动这些军舰至少需要一定程度的经济和行政资源。在公元前 800—前 500 年,双层军用桨帆船是主流的军舰类型，排水量小，而且便宜到几乎任何一个有贸易联系和海上基础设施的城邦国家都负担得起。当然，技术的发展导致个别舰船造价进一步提高，这使得地中海的海军变得与各国的人口、财政经济和政治实力紧密联系在一起。这与其他一些地区形成了对比，如北海和印度南部，在那些地区，大规模的海军活动是在较弱或新兴的国家出现的（参见第10章）。

其次，由船桨驱动的桨帆船直接决定了海战的战略。其中很大一部分原因是桨帆船的后勤保障问题。桨帆船又长又窄，舱里塞满了桨手和船员，载货能力有限，甚至连食物等必需品也装不了多少，最重要的是，在地中海炎热的夏季里，桨手的饮水是个大问题。因此，桨帆船舰队的巡航范围非常有限，几乎每天晚上都要上岸，这样船员才能找到食物和水。桨帆船很轻，可以轻松被拉上岸，但此时也很容易受到敌方舰队或陆上部队的攻击。因此，定期将海军投送到远离舰队母港的地方需要一系列安全的彼此之间容易到达的港口。换句话说，不像17世纪及之后时代可以在海上待上几个星期的帆船，桨帆船舰队难以在远海巡航。

这意味着取得任何现代意义上的制海权是不可能的。港口中的船只不可能停泊在海上或占据海上航道封锁敌方舰队。甚至当桨帆船舰队对一个港口城市进行包围时，它们也不得不以附近的海滩或港口为基地进行补给，这意味着快速的敌方桨帆船战舰有相当大的机会在被包围的港口突破封锁。就连商船队有时也能避开围攻者。在更大的意义上，海军的主导地位意味着拥有一支能够挑战对手舰队的海上力量，但仍不能有效阻止对手的活动。桨帆船也不能像后来的帆船那样能有效地封锁商业活动。

事实上，在桨帆船的时代，海军行动基本上都是两栖作战，联合作战需要舰队和陆军密切合作。战略放在建立和防守基地上，特别是主要港口和关键岛屿，这些岛屿是主要的贸易路线，也是攻击敌人基地的必经之路。这些基地可以让一个国家通过海岸线来投送军事力量并维护其经济利益。最终，取得制海权的唯一办法是控制这些基地周围的陆地，从而阻止敌方舰队利用任何可能的基地作战。我们将多次看到很多国家在最初非常不利的情况下采取这一战略取得巨大成功。

对速度和力量的追求并没有止步于双层军用桨帆船。建造专业战舰的海军工程学的下一项技术发展，引领着人类历史进入第一个伟大的海战时代。

城邦国家和三层桨座战船：雅典时代

三层桨座战船

公元前7世纪见证了希腊世界商业活动普遍繁荣的热潮。希腊海港城市科林斯在海上贸易及海军的发展中都起到了带头作用。也许在这个世纪中叶，科林斯的造船商们已经找到了一种三层桨帆船的主要技术特点，而今天的历史学家称之为"三层桨座战船"（trireme）。尽管直到公元前 500 年左右，希腊（和其他地区）城邦国家的海军才广泛使用它，此后它却主导了 200 年的海战形式。

历史学家们对三层桨座战船上船桨和桨手的位置安排争论了很长时间，之所以争论不休，是因为更多层的战舰——四层、五层甚至更多——在希腊时代后紧随三层桨座战船出现。但经过仔细研究所有证据，包括海军考古学新的证据，尤其是对三层桨座战船进行了现代复原，在很大程度上确定了三层桨座战船是如何设计的。这里的"三"是指一组三个桨手，每人操作一个桨，排列成三层。为了让这种船不要建造得太高，第二层桨手全身高过了最低层（阿里斯托芬开玩笑说他们在第一层桨手的脸上放屁），而第三层只比第二层高了半个身位左右。这三层是错开的，第三层的位置位于第二层外侧，通过悬挂在船体上的舷外支架划桨。第二层通过船舷上缘划桨，第一层则通过船体靠近吃水线的舷窗划桨，为了防止进水，用皮包裹住船桨进行密封。

这种安排能让战船容纳 170 名桨手，而且船体长度几乎不超过一个单层的军用桨帆船，雅典的三层桨座战船约为 120 英尺（36.6 米）长、19 英尺（5.8 米）宽，但划桨能力更强。现代复原的三层桨座战船可以以 8 节（约 15 千米/小时）的速度冲刺，以 4 节的速度航行数小时，每次上一半的桨手，轮换休息，它可以在相当于两艘半船长的距离实现完全转弯。一艘三层桨座战船上载有一小队海员、军官和 14 名海军陆战队队员，雅典人的标准是满编 200 人。

一个中央舷梯连接甲板两端；在舷梯和甲板之间的空隙用兽皮覆盖，以充分地包围和保护桨手，这也就使它成为一种装甲（全覆盖的或被装甲保护的）三层桨座战船，尽管大多数雅典三层桨座战船是左侧开门的。因此，三层桨座战船速度快，机动性强，比当时海上的其他任何舰船都要强大得多。

然而，由于人力是维持一支作战舰队的最昂贵因素，因此，将近 4 倍于军舰上标准人数的保障大大提高了海军强国的经济和行政风险。许多小城邦退出了海军强国序列，将这个领域留给了最大和最富有的（或联盟的）希腊城邦国家、腓尼基人以及纳入于公元前 500 年统治了东地中海世界的波斯帝国版图的小亚细亚的希腊城市。正是在这种背景下，雅典海军崛起为海上霸主。

雅典的崛起

在公元前 6 世纪，雅典拥有了一支舰队，大部分是由撞角战船组成的；从公元前 6 世纪中叶开始，这支舰队还包括了一些三层桨座战船。但雅典并不是主要的海上强国；尽管其规模庞大，但

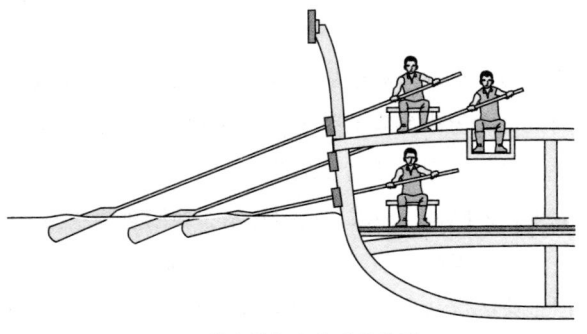

三层桨座战船上桨手的位置

这幅画展示了一艘三层桨座战船上桨手如何分层交错分布。顶层的桨手使用舷外支架进行划动，下面两层使用船体的开口操作。这样的安排需要桨手们进行集体训练并具备个人技巧

它仍是从陆地统治阿提卡的，并依靠它的重装步兵方阵（参见第3章），作为其作战的主要力量。但特米斯托克利等雅典政治家在公元前493年左右说服了他们的同胞，扩大并加固了希腊的比雷埃夫斯港，建立了雅典海军，这支海军的最初目标是对付正在与雅典交战的希腊对手埃伊纳（Aegina）。在接下来的10年里，他们又修建了从雅典到港口的长城，在公元前483年，雅典启动了三层桨座战船建造计划，由新开发的银矿收入提供资金。事实证明，特米斯托克利是很有远见的，因为在公元前480年，雅典拥有近200艘三层桨座战船的舰队在他的率领下与波斯开战，使雅典乃至整个希腊免遭波斯统治。

希波战争　海军对薛西斯于公元前480年入侵希腊至关重要。他的陆军通过三层桨座战船和撞角战船搭建的浮桥跨过了达达尼尔海峡，而且海军还护送补给船维持他的军队在希腊作战，这也是至关重要的。抵抗他的希腊城邦联盟在斯巴达的领导下组建了一支联合舰队，但雅典的特遣队和特米斯托克利的战略和战术建议占据了主导地位。希腊舰队将波斯人阻挡在了阿尔特米西乌姆（Artemesium），但当得知在温泉关的陆上防御被突破之后，他们撤退到了离阿提卡很近的萨拉米斯岛。

在萨拉米斯，舰队首先将雅典的居民疏散到岛上，除了一部分人，这些人听从了一个圣人的劝说，称雅典将被"木墙"（wooden walls）拯救。于是他们把自己关在一堵木墙后的雅典卫城里，波斯人洗劫了这座城市，并攻占了卫城，他们都被杀了。与此同时，特米斯托克利竭力劝说舰队的盟军部队在萨拉米斯海峡进行抵抗，不要撤退到科林斯地峡去，在那里，斯巴达领导的陆上部队正在准备保卫伯罗奔尼撒半岛。

当波斯舰队逼近时，似乎特米斯托克利会输掉这场争论，于是他给波斯指挥官传递了一个秘密消息，声称雅典舰队准备开到波斯那边去，而剩下的希腊人要向科林斯逃窜。随后，埃及派出的一个中队封锁了海峡西端，迫使希腊人在第二天早上投入战斗。战斗的准确日期不太清楚，大概是在9月的某个时候。

波斯舰队（由波斯人及其盟友——水手不是波斯人——组成）在数量上远远超过希腊舰队，但狭窄的海峡削弱了他们的数量优势。在战斗开始时刮起的大风，给波斯舰队造成了更多困难，因为雅典人的船更重，从侧面看也许更矮一些。波斯舰队的海战士兵更多，大多是波斯人，目的是把海战转变成陆地战斗以及确保盟军的忠诚，波涛起伏的大海让波斯弓箭手失去了准头，因此将白刃战的优势让给了希腊重装步兵。

雅典舰船的机动能力和装备的撞角发挥了决定性作用。虽然大部分战斗都是取巧的混战，但雅典的部队位于展开的希腊舰队左翼，他们可能试着改变了一些标准战术，这让他们在双方战舰面对面排成横排对射时获得了一些优势。其中包括伯里普鲁斯（periplus）战术，或称为"围绕侧后"战术，雅典舰队从侧面向波斯侧翼发动攻击，所以他们的攻击是从侧面以及后面进行的。还有难度更大但更有效的迪克普鲁斯（diekplus）战术，或称为"穿插突破"战术，雅典舰船排成一列穿过敌人防线的间隙，突然转向从后面发动攻击。小亚细亚哈利卡纳苏斯城的女王阿特米西娅是为数不多的几个在那一天的海战中表现出色的波斯指挥官之一，猛烈撞击了 9 艘雅典战船，同时击沉了一艘波斯战船，因此她被误以为是希腊舰队的人，得以从雅典的追击中逃脱。薛西斯从陆地上的高处目睹了这场战斗，误将阿特米西娅的战果视为一艘希腊战船的成绩，据称他曾说："我的男子汉们变成了女人，而我的女人则成了真正的男子汉！"到战斗结束时，有 200 多艘波斯战船被击沉，其余的四下逃窜，波斯入侵时的物资补给也都丢了；在这之后不久，薛西斯带着部分陆军撤退了，希腊陆军则在第二年击败了剩余的波斯军队（参见专题 A：希罗多德笔下的萨拉米斯之战）。

萨拉米斯之战通常被认为是世界历史上具有决定性意义的战斗之一，它在拯救西方文明、抵挡东方专制上发挥了关键作用。当然这明显夸大并过于简化了事实。研究这场战争的一位历史学家认为，希腊文明的发展与波斯相比并没有很大不同，甚至比波斯还要落后。但萨拉米斯之战本身来讲是具有决定性意义的，它证明了特米斯托克利的智慧以及海军在战争中的重要性。它对雅典海军后来发展的影响甚至更为显著和重要。

雅典海军和提洛同盟　公元前 478 年，萨拉米斯之战结束 3 年之后，雅典与一些希腊及爱琴海周围的城邦国家成立了一个海军联盟，即提洛同盟，其目的不仅是进一步抵抗波斯入侵，而且要通过解放小亚细亚的希腊城邦爱奥尼亚，将斗争延伸到波斯帝国。每个联盟成员都贡献了舰船、人员或者金钱，金库位于提洛岛（Delos），因此有了提洛同盟这个名称。由于雅典为联盟提供了多数资源，以及雅典在公元前 480 年胜利后所燃起的雄心，在 20 年间提洛同盟毫不意外地成为雅典推行霸权的一个机制，而不再是自由国家的联盟。

其他国家由提供战船和人员逐渐变成支付现金，雅典垄断了同盟的战船建造和人员配备。雅典方面越来越多地将这支海军用来对付不情愿或变节的成员国家，以使它们团结一致，它们支付的资金逐渐成为一种贡品。金库从提洛岛搬到了雅典重建的雅典娜神庙，并把那里作为日益壮大的海军管理部门办公地点，这个行政机构的主要办公室和职能都是特米斯托克利在创建海军的时候一并建立的。（具有讽刺意味的是，特米斯托克利在公元前 5 世纪 70 年代的权力斗争中被流放，到了公元前 464 年，他转投波斯，担任地区行政长官。）

舰队最终仍在雅典公民大会的控制之下，这个公民大会对舰队部署的时间和地点有最终决定权，通常会听取由 500 人组成的议事会的建议，该议事会负责管理日常事务。此外，海军委员会负责监督比雷埃夫斯造船厂的运作，管理与海军服役有关的法院，并管理用于建造、维护战船和招聘船员的资金。在比雷埃夫斯港储存了必要的军事装备，这在考古学家最近发现的文件中有详细的说明。国家转移了部分行政负担，转而要求富裕的公民支付建造和维护一艘三层桨座战船一年的资金；作为回报，公民们得到了指挥该战船的正式任命，但他们很少亲自上阵，而是把舰长的位置留给专业人员。

最重要的是，舰队桨手的招募对象是穷人，他们通常都没有土地，与城市里的自由民阶层相比，他们的工资要求更低。舰队对雅典防务的重要性，转化为桨手们对雅典民主的政治重要性：

专题 A：希罗多德笔下的萨拉米斯之战

在下面的章节中，希腊历史学家希罗多德生动地描述了这场历史性的海战。

[8.44] ……至于从伯罗奔尼撒以外的本土来的人，则雅典人提供的船只比之其他任何人都要多，他们独力提供了 180 只。……

[8.48] 大部分盟友带来的都是三层桨座战船；但米洛斯岛人、锡福诺斯岛人（Siphnians）和塞里福斯岛人（Seriphians）带来的都是桨帆船，……战船的总数，不算桨帆船的话，共有三百七十八艘。

[8.84] 在他们刚刚解缆前进的时候，异邦军便立刻向他们攻了过来。于是其他的希腊人便开始把船回转过来，想使它们靠岸，但此时一个雅典人，来自帕林（Palline）的阿美尼亚斯（Amenias）乘着船冲到前面向敌人的一条船发起进攻。他的船和敌人的船船舷相纠缠到一起不能分开，于是其他人这时便为了援助阿美尼亚斯而加入战斗。这便是雅典人关于战斗如何开始的说法。但是埃吉纳人（Eginetans）却说引起战端的船是派到埃吉纳去接埃阿喀得斯人（Aeacidae）的那一只。他们的说法如下：他们看到了一个女人的幻影，她用整个舰队都能听到的声音高声激励他们，而她一开始使用如下话语谴责他们的："卑怯的人啊，你们在做什么？你们要把船退到什么地方？"

[8.86] 在这场战斗中，有更多的波斯战船被雅典人或埃伊纳人击沉。因为希腊人在战斗中号令一致，队形整齐，而异邦军则处于混乱之中，他们行动没有任何计划，所以这场战斗的结果可想而知。然而，在这里，波斯人作战要比在埃维亚岛（Euboea）时英勇得多，甚至超越了自身极限；每个人都因害怕薛西斯而竭尽全力，他们都以为波斯国王正看着自己。

[8.89] ……[这场战斗中] 希腊人战死的很少，因为他们会游泳，所有那些没有被敌人杀死的人都从沉船上逃了出来，游向了萨拉米斯。但在异邦军这一边，淹死的比其他方式死的都多，因为他们不会游泳。当第一拨交战的波斯战船开始撤退时，损失越来越大。因为那些部署在后面的战船急于在国王面前展示他们的英勇，使出浑身的力气想挤到前面去，于是就和他们自己正在撤退的船搅在了一起。

[8.91] 当异邦军开始溃败时，他们想设法逃到了法勒鲁姆（Phalerum）去，埃吉纳人则埋伏在海峡地带等着他们，并表现出值得被记录的勇猛。在这场混战中，雅典人摧毁那些抵抗或逃窜的波斯战船，而埃吉纳人则对付那些企图离开海峡、逃离战场的人；因此，逃出了雅典人之手的波斯战船，很快又落入埃吉纳人的埋伏中。

> [8.93] 在海战中获得最大荣耀的希腊人是埃吉纳人，之后才是雅典人。
>
> 资料来源：希罗多德，《历史》。来源于 http://www.herodotuswebsite.co.uk/Text/book8b.htm.

舰队大规模雇用无地穷人让雅典民主得以持续，同时也使其受到限制。但由于舰队也是雅典霸权的一部分，它也体现出后萨拉米斯时代雅典政治核心与由此产生的创造性张力之间的矛盾。民主理想在理论层面与帝国的压迫行为并不合拍，如果说大多数雅典公民似乎满足于忽视他们的城邦未能履行其理想的外交政策，那么它的那些最优秀的思想巨匠，包括剧作家、哲学家、历史学家，例如，希罗多德和修昔底德等，则并没有随波逐流。他们对一些主题进行苏格拉底式的探讨，创作了公元前5世纪雅典文学的一些最伟大的作品，代表了萨拉米斯之战最持久的遗产。

灾难和恢复　雅典崛起为提洛同盟中占据统治地位的霸主，不仅引起了波斯的怀疑，也造成斯巴达对其极度不信任，斯巴达是希腊联合军事行动的前任领袖。这导致公元前431年爆发了伯罗奔尼撒战争，我们在第3章详细介绍了这场战争，在这里，我们将重点讨论这场战争中的海战。

雅典在这场战争中的战略（由伯里克利制定）建立在两个基础上：首先是城墙，它能提供有效防御，因为希腊围城战还带有原始性质；还有就是它的海军。雅典可以从环绕城市并与港口连接的城墙后面撤退，放弃阿提卡任其被斯巴达人劫掠，是因为雅典的舰队保护了它与远在黑海沿岸殖民地的海上贸易关系，并能从那里得到粮食。由于雅典的盟友几乎都位于爱琴海周围的岛屿上，这使得其舰队可以保证雅典的安全以及用武力胁迫这些盟友保持步调一致。

然而，雅典海军的局限性在于，它不能向内陆推进，因此也不能威胁到斯巴达的本土，而斯巴达又不依赖海外贸易来维持其经济。因此，斯巴达的陆上优势与雅典的海上优势形成了战略僵局，这成为这场战争的特征。具有讽刺意味的是，正是海军——即使有外部联系——无法让雅典与可能迫使斯巴达屈服的陆地力量建立同盟关系。相反，斯巴达通过外交拉拢了波斯，波斯资助斯巴达组建了一支舰队对抗雅典。公元前415—前413年，雅典在西西里岛的惨败导致其海军遭受巨大挑战，雅典舰队的这次过度远征让斯巴达人的行动自由有了可能。进行海陆联合行动非常困难，特别是围攻像叙拉古这样的主要城市，即使雅典舰队经验丰富，结果也一样。最终，雅典舰队被封锁在叙拉古港口内，失去了机动的空间和使用撞角的机会。9000名重装步兵和大约200艘三层桨座战船的损失可谓惨重，但是，这并非不可弥补，特别是战船的损失。这场惨败损失了2.5万名训练有素的桨手：舰队的实力下降了，必须由招募的新手甚至是被解放的奴隶来驱动，这为斯巴达和波斯联合作战并于公元前 404 年结束这场战争打开了方便之门。

然而，这次失败并不是雅典海军的终结。在战争结束后 20 年，雅典舰队已经完全由一个所有基本要素都保存下来的海军管理机构重建。在公元前 4 世纪雅典达到霸权顶峰的时期，新一代训练有素的桨手（大约有 6 万人，驱动 400 多艘三层桨座战船甚至是更大的军舰）手握船桨，同时在城市的公民大会上拥有了一席之地。是马其顿的崛起终结了雅典的海上霸权，并在总体上引发了海战的根本性转变。

王国和阿波罗巨像：希腊军备竞赛

亚历山大和海军强国

腓力治下的马其顿王国并不是一个海军强国。我们在第 3 章中指出，亚历山大的战略是压制波斯海上力量的优势，确保他与希腊的联系畅通，遏制波斯在希腊制造麻烦的能力。要实现这个战略目标，就要找到并摧毁波斯舰队的基地，最初是小亚细亚的哈利卡纳苏斯和米利都，然后是腓尼基的提尔港与埃及。在这个过程中，他俘获了很多舰船，将其纳入他的希腊盟友的海军中。

只要有机会，就像在围攻提尔港时，亚历山大会富有创造力地使用海军。俘获的战船加上从塞浦路斯来的新海军盟友使他拥有超过 200 艘三层桨座战船，可以从海上封锁城市，同时，他的军队从海岸向着海岛修造一座巨大工事（码头或防波堤）。但是，从防波堤上攻击城墙难度很大，这迫使亚历山大更加积极地使用他的战船。他利用一些船装载投射武器和其他的攻城器械来骚扰城墙上的守卫者，在其他战船和驳船上安装攻城锤，从海上直接攻击城墙，这是已知海军历史上唯一使用这种战术的战例。他还用起重船移去那些阻碍装配了撞角的战船攻击城门的大石块，当提尔港的潜水员们切断战船的锚绳时，他就用铁链来下锚。最终，海上攻城锤在城墙上打开了缺口，其他舰船将突击部队通过这个缺口投送到了城内。

他征服了所有的波斯海岸基地，只留下了潜在的麻烦的雅典海军能够威胁亚历山大的制海权。在公元前 322 年，亚历山大的舰队在阿莫尔戈斯（Amorgos）群岛击败了雅典舰队，结束了雅典作为海军强国的历史。在那场战斗中，双方的舰队已经拥有了大量比三层桨座战船更大的船，我们现在转而研究这些船的发展。

王国的继承者

比三层桨座战船更大的军舰 在前面提到的灾难性的雅典入侵之后，叙拉古的迪奥尼索斯（Dionysus）夺取了权力，确立了叙拉古对西西里岛东部的影响，主要是为了对抗迦太基（腓尼基人在北非建立的殖民地）对西西里岛日益增强的影响。可能是为了应对迦太基海上力量带来的压力，而不是与雅典作战的经验，迪奥尼索斯开始利用这座城市不断增加的资源和财富来建立自己的海军。至关重要的是，他并没有简单地建造大量的三层桨座战船，而是开始试验四桨座战船和五桨座战船，据说迪奥尼索斯是五桨座战船的发明者。在这些层级更高的战船中，对桨手的安排仍然是一个有争议的问题（参见专题C：桨手安排和海军考古学），但这些战船显然比三层桨座战船体型更大、火力更猛，在海军竞赛中投注的筹码也更大。在公元前322年阿莫尔戈斯之战中，雅典和马其顿舰队都拥有大量的四桨座战船、五桨座战船（雅典有50艘四桨座战船和7艘五桨座战船）和三层桨座战船，而迪奥尼索斯二世，五桨座战船发明者的儿子，在公元前4世纪40年代为叙拉古海军发明了六桨座战船。

专题C：桨手安排和海军考古学

在20世纪中叶以前，关于三层桨座战船（trieres）如何安排桨手存在相当大的争议。基本上有三种可能。在文献资料中，trieres这个词可能意味着3名男子共同操控一个船桨（地中海地区中世纪和早期的现代桨帆船舰队所采用的那种安排）。这可能意味着3个人坐在一个有角度的长凳上，每个人都有自己的规定长度的船桨，也可能是3个桨手水平排列。提出了不同排序的各种安排方式，但都没有得到学术界的普遍认可。

在20世纪中叶，古典学者约翰·莫里森（John Morrison）开始对所有的文字证据进行彻底的重新审视，利用所有可用的绘画和考古证据，这些考古材料大部分都是最近才发现的。在雅典的港口城市比雷埃夫斯的考古发掘以及水下考古的新发现中找到了许多古代沉船，从而使历史学家对古代舰船建造方式有了更多的了解。莫里森很有说服力地证明了三层的排列是正确的，虽然上层与中层之间的距离没有中层与底层的距离那么大。

但是，关于他提出的桨手安排的可行性仍然存有疑问，直到所谓实验考古学进入这个领域。莫里森和造船工程师约翰·科茨（John Coates）合作，并从希腊政府和私营部门获得了资助，在20世纪80年代后期按1∶1的比例复原了一艘雅典三层桨座战船。这艘名为奥林匹亚斯号（Olympias）的三层桨座战船，被现代希腊海军作为正式舰船使用，一群划艇运动员作为志愿者进行了密集的海上航行试验，这些志愿者中有一些人曾在赛艇比赛中获得过冠军。尽管船桨可能太过沉重，训练时间也很有限，但这艘船所能达到的速度和操控性与文献资料中所宣称的非常接近。复原过程不仅证实了莫里森提出的桨手安排的实用性，而且在建造过程中，海军建筑师们解决了其他一些问题，这为此前一直有些晦涩难懂的其他来源的资料提供了相当多的线索。

但关于更大型的桨帆船的文字和图像证据的数量和确定性都比不上三层桨座战船的相关描述，而且在这些级别的战船中桨手的安排仍有一定的不确定性。在以前的有关三层桨座战船的争论中，最极端的观点，即每个数字代表一个额外增加的层数或使用同一

> 船桨的人员的数量，已经明显被已知的大型战船否定了。该类战船上，实际操作同一船桨的人员上限为 8 人，实际层数最多可能为 3 层。因此，每支船桨配备的桨手以及层数的组合必须考虑到比三层桨座战船更大的战船类型。但一艘单桨 5 人的战船［例如，罗马的五桨座战船（quinquereme）］，其配备的无论是单独的一层单桨 5 人，还是两层，其中一层单桨 3 人，另一层单桨 2 人，还是三层，其中两层 2 人 2 桨，另一层单桨单人，目前能找到的资料仍然无法证实。可能未来海洋考古能发现一艘标准的沉没战船来澄清这些细节。

继承者和海军竞赛　在亚历山大去世之后，他手下的将军们的内斗持续了 20 年才结束，演变成了三方竞争，即亚洲的塞琉古王朝、马其顿的安提柯王朝和埃及的托勒密王朝的争斗。塞琉古王朝一直是陆上强国，而后两个王朝曾进行过激烈的海军竞赛，这推动了海军建筑学的进一步发展。安提柯及其儿子德米特里厄斯（Demetrius）最早迈出了这一步，托勒密及其继承者们则奋起直追，最终最大的战船是由托勒密王朝建造的。

简单通过在一层、二层或三层上增加桨手，四桨座战船、五桨座战船和六桨座战船就被建造出来了，这只是对三层桨座战船的微小改动。但一支船桨配备超过两个人则让划桨的形式发生了重大改变。超过两个桨手之后，他们不能只以一个坐姿来划动，考虑到船桨的长度，他们必须在划动开始时站着将船桨划入水中，然后再坐回到座位上。这种新型划桨方式的战船可能是德米特里厄斯在为其海军建造七桨座战船时发明的。

新增加的桨手需要配备更加宽大的船体，这在某种程度上可能降低了战船的机动性，但换来的是更大的划动力和船体，这样的战船也有相应的优势。将更多的人员配备在同一支船桨上，这提供了更大的动力，而且不需要增加额外的熟练桨手的数量，因为只有靠近船桨最前端的桨手才需要训练有素，其余人只需要提供力量就可以了。由于大型王国有充足的未经训练的人力，这样的战船因此能扩大海军的人力资源，而且不需要进行训练，也不会产生三层桨座战船熟练船员带来的政治问题。更进一步说，机动性降低导致撞击战术更少被使用（尽管所有的战船仍然保留了撞角以应不时之需），更宽大的船体意味着更大的甲板区域，甲板能部署采用接舷战术的海军陆战队以及弹弩或其他大型的能射杀敌人甚至反舰的投射武器。大型专制国家人力充足，这样的海军更受其青睐。

在这种条件下，这类舰船的尺寸以及海军陆战队队员的数量在作战时有着明显优势，这促使设计者建造更大的战船。十桨座战船和十一桨座战船越来越普遍，从十二桨座战船到二十桨座战船则较为少见，在公元前 3 世纪中期，托勒密二世建造了三十桨座战船，它运行良好，而且也参加了实战。但三层船桨、一支船桨配备最多 8 人的安排难以造出一艘三十桨座战船，更不要说托勒密四世在公元前 205 年左右造出的四十桨座战船了。这两种有史以来建造的最高层级的战船，明显是一种双壳船，即由船桨驱动的双体船，包括连接在一起的两艘十五桨座战船或二十桨座战船，由更宽阔的甲板连接，能搭载数百名海军陆战队员。

这些大船的样子，几乎相当于船桨驱动的航空母舰，当时的人们在描绘它们时可是令人印象深刻。它们的建造意图之一也是如此。托勒密四世的四十桨座战船从未参加实战，可能设计之初就是要建造一艘用于庆典的战船，展示君主的财富、权力和威严。从这个角度说，希腊文化圈的海军竞赛既有心理需要，也有军事作战考虑，与希腊世界其他地区的文化和政治发展相一致，从研发了三层桨座战船的小型民主城邦国家发展而来，经历了漫长时期。但东地中海的继承王国间的海军竞赛在公元前 2 世纪初进入了某种平衡状态，导致其结束的并不是任何一个参与竞赛的国家，而是被另一场同期发生的西地中海海军竞赛的胜者所终结。

罗马的崛起

第一次布匿战争

最初，罗马的军事力量主要是陆军，其军事史上大多数耀眼的战绩都是陆军取得的（参见第 4 章）。尽管有时被忽视，但罗马在海战方面有着同样的决心、组织，并取得了同样的胜利。一个非常引人瞩目的战果是在迎战伟大的海军强国迦太基时取得的。第一次布匿战争（公元前 265—前 241 年），是古代历史上最伟大的海战（也是规模最大、影响最广的一次），这帮助罗马开启了对地中海实现完全统治的征程。

两大强国都是寡头政治，都是由一个单独的城邦国家，通过连续征服和随后与被征服者联盟，发展成重要的地区强国的。罗马的优势在于人力资源，而迦太基通过贸易积累了大量财富，迦太基不仅遏制了罗马的优势，而且在训练有素的水手和桨手方面更胜一筹。在公元前 4 世纪的大多数时间里，罗马可能保持了一支小规模的有 20 艘三层桨座战船的舰队，但缺乏经验，而且历史上少有胜绩。双方都已证明有能力调动大量资源快速打造舰队：罗马曾在 3 个月内打造了一支超过 200 艘五桨座战船的舰队。迦太基一次建造的数量也差不多，但罗马在战争中多次完成了这种壮举，证明比迦太基更有能力减少舰船和人员方面的损失。在一艘沉船中曾发现军舰的筋绳和其他残片，这些残片上都有字母标记，显示这些残片将被安装在何处，意味着在工业革命前，有组织地用提前设计好的零件进行大规模生产并不是普遍现象。

技术 双方的制式军舰都是五桨座战船，其桨手的设置仍然存在不确定性。一些历史学家认为，罗马的五桨座战船是单层的 5 人划桨，这让罗马战舰与迦太基战舰相比较为不足，但罗马战船由于单层 5 人划桨，于是拥有了更宽阔的甲板，从而能搭载大量海军陆战队员（在战争时期，每舰 120 人成了标准）。相对而言，迦太基的五桨座战船以擅长撞击闻名于世，可能是三层桨座战船采用三层划桨方式的继承者。但自从波利比乌斯（Polybius）之后，关于战争的主要资料显示，罗马在叙拉古附近俘获了一艘迦太基五桨座战船后，对其设计进行了仿制，因此罗马和迦太基战船表现出来的差异，可能就是造船工匠和海员经验方面存在的差距，以及如何在一个三层桨座战船上搭载 120 名海军陆战队队员上。事实上，在战争后期，罗马人在围攻迦太基的利利巴厄姆（Lilybaeum）基地时，俘获了一艘快速的五桨座战船，并仿效了该技术。罗马人加大了桨手的训练强度，在战争快要结束的时候，罗马和他的敌人在训练程度上至少是相当的。

但是，战争初期罗马人在海员的技能上还是存在严重不足的。因此，他们有意识地避免与迦太基人在机动性和冲撞方面进行较量，而是将海战转变为接舷战，因为其海军陆战队队员就是罗马军团士兵，他们的陆战技能更为高超。一种空前伟大的海军秘密武器让他们成功实现了这个目标。乌喙吊桥（corvus），也称为乌鸦吊桥（raven），是一个 36 英尺（约 11 米）长的舷梯，其下 1/3 处开槽横置一个 24 英尺（约 7.3 米）长的帆杆，顶部设有滑轮，这能让这个舷梯被拉起与帆杆扭在一起，也可以放下连接敌方舰船的甲板。一个大铁钉从舷梯的底部突出来，就像一个乌喙，这也是该装备得名的原因，这个乌喙落下来能刺穿敌军战船的甲板，紧紧拉住对手，让罗马海军陆战队队员通过舷梯登上敌舰并消灭敌人。在公元前 260 年米拉（Mylae）海战中，罗马人第一次使用了这种乌鸦吊桥，击败了对其一无所知的敌军，取得了巨大战果，之后又用它不断取得胜利——在使用乌鸦吊桥时罗马人未尝败绩——直到公元前 253 年。在这一年，罗马人在离开西西里南部海域时遭遇了风暴，损失了几乎整支舰队，三年后第二次遭遇了风暴，直接摧毁了罗马海军。在船首放置的乌鸦吊桥，其高度和重量可能对罗马舰船的适航性造成了影响，应是灾难的部分原因。从后来的资料来看，在那之后，罗马人放弃了使用吊桥。罗马人唯一的一次海战失利发生在公元前 249 年的德雷帕那（Drepana）之战，当时他们已经放弃了吊桥战术。

战术　就像不同的技术所反映的那样，罗马和迦太基在海战战术方面也不同。迦太基希望能从罗马舰队中创造或找到空隙，目的是利用他们卓越的机动性来实施伯里普鲁斯（围绕侧后）战术和迪克普鲁斯（穿插突破）战术，这能够让迦太基战船从后方撞击罗马战船，而且远离罗马战船侧舷，以避免被乌鸦吊桥抓到。相反的是，罗马人试图保持相对紧密的阵形，让战船相互提供支援并压缩迦太基舰队

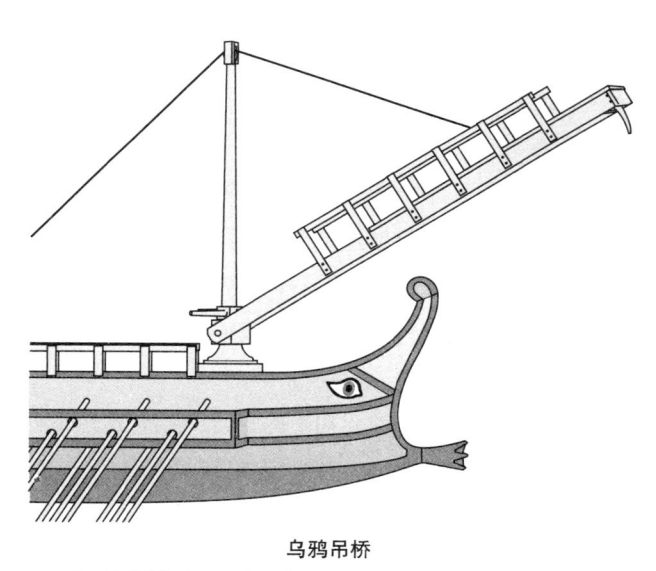

乌鸦吊桥
乌鸦吊桥能让罗马舰队将其在作战士兵数量和素质方面的优势放到最大，同时将其水手方面的劣势缩至最小。但它也对罗马舰船的适航性造成了严重影响

的机动空间，从而让战斗转变为由接舷战决定最终胜负。尽管相对缺乏经验，但事实证明罗马水手们还是有能力迅速转弯，从而发挥乌鸦吊桥的作用，因此即使迦太基战船突破防线，并成功实施迪克普鲁斯战术，就像公元前 257 年丁达里斯（Tyndaris）之战那样，也只有一小部分罗马战船被击沉，而迦太基人被俘或被击沉的战船更多。甚至当迦太基舰队将罗马舰队分割包围的计划成功实施时，就像埃克诺穆斯（Ecnomus）角海战（参见专题 B：埃克诺穆斯之战）那样，他们也无法将这种优势转化为胜利。

专题 B：埃克诺穆斯之战

在公元前 256 年，罗马决定发起致命一击，向北非直接进攻。它组建了一支舰队，估计有 330 艘舰船，沿着意大利向南航行，绕过西西里岛，沿着该岛南部海岸前行，在这里舰队将与西西里岛的执政官军团会合，罗马最精锐的士兵登上了船，一支骑兵部队的马匹也被装在 30 多艘马匹运输船中。每艘船有大约 300 名船员，加上 120 名海军陆战队队员，罗马舰队总计接近 14 万人。迦太基也在同一时间决定要控制西西里岛附近海域，组建了有 350 艘舰船的舰队。两军海员总数相近，海军陆战队队员数量也可能相当，这意味着迦太基人可能有接近 15 万人。双方共 29 万人参战，这可能是有史以来最大的海战，也可能是最大的古代战争之一。

双方舰队在埃克诺穆斯相遇，埃克诺穆斯是一个多丘陵的海角，罗马海军陆战队队员在一个停泊处（一个开放海港）登上了罗马舰船。罗马人采用了一个有趣的设计好的阵形，似乎是为了保护他们的侧翼和后方不被迦太基人包围。两支打头的分遣队由两个搭乘六桨座战船的执政官指挥，呈梯形排列，每艘船都在前一艘船的后方并向外突出。这两支分遣队因而与第三分遣队形成了一个三角形，第三分遣队并排而行，拖曳着马匹运输船。第四分遣队比第三分遣队规模更大，尾随其后，也是并排列阵。迦太基人以传统的横排阵形前进，他们的左翼，即靠近陆地的一侧与中军呈一定的角度。

当两军舰队接近时，迦太基舰队的中军开始向后撤，试图把打头的两支罗马分遣队与第三和第四分遣队分割开来，从而能够将罗马舰队分割成三个或四个部分，以获得更多空间来行动。迦太基左翼舰队猛扑罗马第三分遣队，罗马人切断了与马匹运输船相连的缆绳，然后向海岸撤退。第四分遣队朝着大海前进，为了掩护撤退的第三分遣队，他们要面临迦太基右翼舰队的侧面攻击。

尽管迦太基的战术取得了成功，但他们无法将其转变为战场优势。打头的两支罗马分遣队的威力在与迦太基舰队的中军接触时开始显现，最终击溃了他们。让罗马人赢得这场战争的原因是，两个罗马执政官只派遣了一小部分战船去追击迦太基被击败的中军，然后重新集结了大部分战船，掉头支援压力巨大的第三和第四分遣队。第一分遣队赶到

> 迦太基左翼舰队的后方。迦太基左翼已经将罗马第三分遣队压制到海岸附近，却不愿冲入罗马的防御阵形，此时罗马战船的乌鸦吊桥已无法在两侧展开。这时迦太基的左翼发现自己被包围了，随后许多战船被击沉或俘虏。迦太基的右翼也发生了同样情况，罗马第二分遣队从后方抵达，迦太基右翼被击溃，损失了很多船。这一天的胜利源于罗马人卓越的指挥和严格的纪律。
>
> 尽管超过半数的迦太基战船逃脱了，但主要由于自己的原因而在战斗中失利，沉重打击了迦太基人的斗志，自此迦太基再未发起过进攻性战役。如果说埃克诺穆斯之战即使不是罗马所取得的一次决定性的战略胜利，也是一次战术性的大胜，这为罗马打开了入侵北非的大门，展示了双方不同的战略观点和不同层次的决心，就是这种差异最终使罗马取得了胜利。

这可能是战斗时主要战场中战船规模产生的影响，一般战争双方会分别投入200艘战船，而在埃克诺穆斯，可能超过了300艘战船，这限制了迦太基舰队的常规战术的实施。大型舰队更难以有效指挥控制，考虑到传递信号还处于原始状态，船高不足，这让指挥控制难以实施。为了进行战斗，战船的桅杆和船帆都被收了起来（或甚至就留在了岸上），瞭望员甚至找不到一个高杆可以攀爬。迦太基人唯一取得胜利的战斗，是在德雷帕那，参加战斗的战船数量较少，双方均投入了大约130艘战船。而且战斗发生的过程也比较诡异：一支罗马舰队沿着西西里岛海岸向北航行，试图俘虏海港中的迦太基舰队，但迦太基舰队及时从瞭望员那里得到了消息，逃离了海港，绕着保卫海港入口的一个岛屿向西航行，在海岸边为罗马舰队布下了陷阱。由于有了海上机动空间，乌鸦吊桥无法发挥作用，迦太基成功击沉了罗马舰队3/4的战船。

由于有大量海员（包括大量海军陆战队队员）和舰船在战争中损失，第一次布匿战争中海军在人员和资源方面的花费极大。据估计罗马人损失了超过800艘船（可能500艘是在风暴中损失的），而迦太基损失了500艘，几乎都是被罗马消灭的。这意味着罗马战死了16万人，迦太基方也有10万人损失，罗马历史学家李维（Livy）所引用的人口调查情况中，罗马公民的数量在公元前260—前240年之间下降幅度非常大。

战略 这样的损失给双方的战略都带来了影响。罗马因风暴损失了两支舰队，在德雷帕那之战中又损失了第三支舰队，从公元前248年到前242年，罗马基本上放弃了海战。罗马组建其最后一支舰队是通过富有的罗马公民捐献的，国家财政资源濒临耗尽。但罗马人确实在努力作战并愿意为取得最终胜利做出必要的牺牲。相对而言，战争中的潜在损失，不管是在陆地上还是在海上，似乎让迦太基领导层变得犹豫和谨慎。即使在德雷帕那之战取得了扩大优势的机会，他们却还是选择解散了舰队。罗马在公元前241年进行了最后的努力，罗马贵族为国家购买了舰船，但迦太基的应对措施则几乎没有获得大众或精英阶层的支持。不仅如此，那时候，迦太基人在为舰队找到足够的经验丰富的桨手方面也陷入了困境。

具体而言，第一次布匿战争的战船是两栖作战行动的组成部分，其目的是确保对西西里岛海岸、港口和海湾的控制。因为双方的陆地部队如果被切断来自本土的支援，将很难有存活的机会。从这个意义上说，罗马展现了一种更为进取的战略姿态，找出关键的迦太基基地，并主动发动打击，而迦太基似乎主要满足于防守。这种区别在西西里岛之外的战斗中体现得更为明显。罗马入侵北非，威胁迦太基本土，在迦太基的非洲被征服者中挑拨叛乱，这些都阐明了一个明确的概念，即胜利的实质以及如何取得胜利：罗马在努力打垮迦太基，而迦太基在努力不被打垮。相对而言，在罗马放弃海洋之后，汉尼拔对意大利的入侵对罗马而言只是很小的威胁。

就像此前提到的那样，第一次布匿战争是古代世界中规模最大、影响最深远、最伟大的海战。考虑到个别战役中的参战人员，它也是有史以来规模最大的战争之一。战争导致了很多省份第一次出现，后来演变成罗马帝国，更直接导致了第二次布匿战争的发生，也让罗马开启了在意大利本土之外的征程。这场战争让罗马从试着成为西地中海的统治性海军强国转向征服东地中海乃至消灭所有敌方海军。

希腊海军的终结

相比于第一次布匿战争，海军在第二次布匿战争时期发挥的作用较小。尽管拥有足够与罗马海军（公元前241年之后就任其舰队逐渐衰退）相抗衡的舰队，但迦太基人无意在海上挑战罗马，即使在公元前202年，当罗马执政官西庇阿入侵非洲时，只带了400艘运输船、40艘护卫战船的舰队，迦太基的130艘战船却毫无动作。因此，战争的大多数时期，罗马能够在西地中海自由运送军队和补给，特别是向伊比利亚半岛，而当汉尼拔的军队在意大利时几乎被切断了从非洲或西班牙运送补给的路线。

战争之后，海军继续在罗马向西面的西班牙、高卢以及向东扩张的过程中发挥作用，尽管罗马最初并没想过直接挑战希腊海军。意大利的社会随着第二次布匿战争而发生了变化，然而，随着越来越多地依赖从西西里岛、非洲和埃及进口谷物来满足半岛特别是首都的需求，罗马对海军的兴趣至少偶尔会爆发出来。公元前200年后，罗马海军的行动受到了东地中海部分国家的援助。这意味着罗马能够找到稳定的盟友，包括当时的罗得岛和帕加马（Pergamum），他们曾于公元前201年在希俄斯岛（Chios）重创马其顿舰队。罗马和盟国舰队在罗马与马其顿以及叙利亚的塞琉古王朝的战争中发挥了重要作用，帮助他们掌握了战略主动并消耗了敌人的防守力量。在公元前170年，罗马消灭了所有对手的海军，陆上进攻紧随其后展开。公元前136年罗马最终消灭了迦太基，罗马舰队帮助帝国控制了地中海地区。

埃及的托勒密王朝对于罗马的谷物贸易非常重要，满足了罗马的需求，两国关系也很友好，因此除了托勒密王朝的海军，罗马将其他国家的海军都消灭了，这让罗马志得意满。当海上贸易在罗马的统治区域快速发展时，海盗也快速发展起来，部分原因是罗马的地主需要海盗来进行奴隶贸易。但后来海盗活动开始威胁从埃及甚至西西里岛通过海上运送的谷物，甚至取得了本都（Pontus）国王米特拉达特（Mithradates）的支持，罗马元老院于公元前67年授权庞培指挥海军发起了一次重要行动。通过一支重新组建的超过200艘战船的舰队以及一支大规模的陆军，庞培横扫了海盗活动猖獗的几个海域，在这个过程中，他也获得了一个在与朱利叶斯·恺撒进行内战时的重要武器。但在这场内战中，他浪费了其海军优势，让恺撒取得了陆地战场的胜利。

庞培舰队后来分崩离析，部分归东部的马克·安东尼所有，部分由西部的庞培之子塞克斯图斯·庞培（Sextus Pompey）接管，塞克斯图斯通过西西里岛的基地，发动了一次声势浩大的海盗活动，屋大维及其副将马库斯·阿格里帕（Marcus Agrippa）不得不开展一次两栖作战行动进行清剿。后来，屋大维和得到了埃及法老克利奥帕特拉支持的马克·安东尼在内战中交手，战争在公元前31年亚克兴角（Actium）海战后结束，地中海海军竞赛和罗马共和国也就此终结。

尽管马克·安东尼是一个久经沙场的老兵，但他对海战并不熟悉，其陆军和海军在安布拉基亚（Ambracia）湾的亚克兴角被马库斯·阿格里帕指挥的屋大维海军封锁。由于无法诱使屋大维的军队进行陆战，安东尼和克利奥帕特拉总计约220艘战船的舰队试图冲破屋大维的封锁。这支舰队主要由五桨座战船组成，但人员配备不足，因为在屋大维的部队抵达之前，安东尼舰队的桨手中爆发了疟疾。阿格里帕的舰船大多数船体较小，速度更快，机动性更好，而且他的船员齐整满员，也更年轻。他们冲进来避开安东尼最大的战船，用撞角撞击安东尼的进攻战船。克利奥帕特拉和她的六桨座战船逃跑了，安东尼随即也乘着一艘小型快速帆船逃跑了。其余的战船或被击沉或被俘虏。在这次失败之后，安东尼的陆军也背叛了他。第二年，即公元前30年，安东尼和克利奥帕特拉自杀身亡，埃及变成罗马的一个行省，从此地中海的大规模海战销声匿迹了。

帝国海军

屋大维成为罗马帝国首位皇帝，他不久就解散了大部分罗马海军。他保留的舰队主要用于快速投送部队以及打击海盗。对于这些任务，速度比尺寸更有价值，因此大型桨帆船从罗马海军建造清单中几乎消失了。在第一个百年中，大量大型战船还作为舰队的主力。庞大的十五桨座战船、二十桨座战船甚至三十桨座战船在军备竞赛的顶峰出现，但在第二个百年里，大多数巨型舰船消失了，而级别在七级和十级的舰船在亚克兴角海战时还很普遍。这场战斗让海战重新回到依赖技术和撞击战术上，屋大维的舰船很少有超过三层桨座战船的尺寸。罗马的桨手大多数由东地中海的希腊岛屿居民担任，都签了28年服役期的合约，他们接受过严格的训练，因而战船更强调速度、技能以及小型化。

主要的海军基地在那不勒斯和拉韦纳（Ravenna）附近，部署的分遣队分别由一艘六桨座战船和五桨座战船作为旗舰，其余大部分为三桨座战船和更小、更快的两桨座战船，更小的海军基地配备的是主要由上述类型的战船组成的分遣队，分布在地中海海域。在高效管理下，这些舰队执行任务效果显著，将罗马治下的和平传播到帝国的海岸线边缘。

唯一需要海军驻扎的边境是在西北部，因为不列颠成为帝国新增的一个行省，这就需要保护英吉利海峡的联系通道。同时，公元9年之后在莱茵河建设防御体系以对抗萨克森，这促使帝国建立了一支内河舰队巡逻莱茵河。在多瑙河也组建了防卫性的内河舰队。

但与选择在陆军服役相比，在海军服役一直是在社会和政治地位上明显低劣的选择。因此，海军主管部门和舰队自身在应对2世纪后期和3世纪初期的巨变时步履维艰，而且之后再未恢复。4世纪早期，君士坦丁重组了西北方向的内河和海岸防御部队，由萨克森河岸伯爵统领，但这被证明对于越来越多的萨克森劫掠活动只是一时有效而已。同样，地中海舰队也所剩无几，几乎无力阻止哥特人在爱琴海的海盗活动和汪达尔人在北非地区的劫掠活动。北海的大规模海军行动重新出现的社会和政治基础，与产生了地中海划桨海军的基础相比有很大不同。即使在君士坦丁统治时期以及后来著名的拜占庭帝国时期东地中海的罗马海军得以复兴，也与继承罗马帝国的直接遗产关系不大，仅有将军管理的传统不变。在君士坦丁的海军使用双层桨座战船在325年赢得了一场海战之后，就连三层桨座战船也不再流行了。

结 论

海战的第一个伟大时代落幕了。400年后，随着更加广泛的全球贸易联系网络和造船技术的缓慢发展，大规模的海上活动恢复时，海军的建立和战争的形态将比本章介绍的地中海桨帆船战争时代更加多样化，地理分布也更加广阔。这些变化将在第10章论述。

古典时代海军的桨帆船战争对战争本身有着巨大的影响，并有助于历史向深远发展。从向海洋发展的腓尼基人发明了字母表，到三层桨座战船在萨拉米斯之战中的辉煌战绩，促成了雅典文化发展和征服的伟大时代，到第一次布匿战争中的五桨座战船打下了罗马帝国扩张的基础，到罗马共和国在亚克兴角的终结，海战在古代地中海世界的军事历史中扮演了核心角色。其进一步的发展将把这种作用体现到全球历史更为广阔的领域中。

■ 推荐阅读

Casson, Lionel. *Ships and Seafaring in Ancient Times*. Austin: University of Texas Press, 1994。这是对其 *Ships and Seamanship in the Ancient World* (Princeton: Princeton University Press, 1971) 一书的

修订和普及的基础性著作。

Goldsworthy, Adrian. *The Punic Wars*. London: Cassell, 2000。本书包含了战争中海军方面的通俗易懂的内容。

Jordan, Boromir. *The Athenian Navy in the Classical Period*. Berkeley: University of California Classical Studies 13, 1972。本书详细研究了雅典海军的管理及其与雅典国家政治结构的关系。

Lazenby, J. F. *The First Punic War*. Stanford: Stanford University Press, 1996。本书是对布匿战争的权威研究,以对资料来源的仔细评估和争议点的谨慎判断为基础。

Meijer, Fik. *A History of Seafaring in the Ancient World*. New York: St. Martin's Press, 1986。本书对从人类历史早期到罗马帝国鼎盛时期的海战有详尽叙述。

Morrison, J. S., and J. F. Coates. *The Athenian Trireme. History and Reconstruction of an Ancient Greek Warship*. Cambridge: Cambridge University Press, 1986。本书对雅典发展过程进行了引人入胜、图文并茂的阐述。

Strauss, Barry. *The Battle of Salamis*: *The Naval Encounter That Saved Greece—and Western Civilization*. New York: Simon and Schuster, 2004。本书对此战的战役层面和战斗层面进行了生动的描述,可读性强,而且内容可靠。尽管有副标题,但斯特劳斯实际上淡化了这场海战通常所说的历史影响。

评论：第一部分　到公元400年

战争的确切起源可能会是一道永恒的谜题，无法最终解决，因为我们缺乏回答它的资料。就像我们在第1章中所讨论的那样，我们今日所设想的战争是，大规模使用武力，由一个人类群体对抗另一个群体，根据社会基础进行有组织的暴力，该组织机构常常会发展出首领阶层或出现政治意义上的国家。

战争只存在于人类中，在人类存在的20万年里，只在最近的大约1.2万年，随着农业的出现和复杂政治组织形式的兴起和扩散而产生。即使那样，战争发展到比较成熟的程度，即我们在过去2000年的历史中所熟悉的那样，也经过了数千年。战争的完整条件，包括社会、政治、科技以及文化的组成部分，第一次在亚述，之后在中国的秦朝出现。从这个点开始，我们才能够追溯贯穿本书始终的一系列主题。

战争、国家和社会

一个问题是世界历史上战争和国家政权的紧密联系。人类社会组织要发挥功能，合作永远是必须的，但政治组织的规模不断发展，不同国家之间的联系变得越来越常态化以及充满竞争，强制性的力量变得更有必要。战争因此成为对外保持关系、对内维护秩序的一个重要手段。在本书这一部分所涵盖的时期内，帝国的发展表明，军队的效率不断提高，加上更复杂的行政管理机制和更有说服力的社会控制意识形态，使政府能够更广泛、更深入地管理国家。战争和政权之间的关系在它产生之初就很复杂。成功的征服可以增强一个国家的实力，通过增加的资源，特别是农田和农民，可以帮助一个国家实现对重要贸易路线的控制以及消灭危险的敌人。但征服同样被证明是危险的，因为每个大赢家的背后，都至少有一个大输家。对建立在生产力低下的脆弱的农业经济基础上的国家来说，即便是打赢战争，代价也很高。过度扩张、不可持续的税率以及起义叛乱都可能威胁到帝国的统治，特别是那些先行的征服者，例如亚述和秦朝，体会都比较深刻。

成功的战争也让政权与其精英阶层的关系变得复杂，特别是当精英阶层由武士组成时，这是很常见的情况。征服能够为君主提供更多的土地，君主为了奖励武士精英们的服役和忠诚，赐予他们土地，但这种赏赐终有结束之日，这增加了内乱的风险，同时也增强了地方首领的实力，从而威胁到中央政府。有时，例如，在罗马的历史中，精英们脱离军事角色转而摘取政治统治的果实，但他们的军事价值观在一支职业军队中制度化了。另一些时候，通过中央政府的努力也取得了类似的成果：秦朝采用物质和意识形态手段系统地压制了中国的武士贵族阶层。而战争在国策中的主导地位，建立一个称职的军事领导层的必要性，以及在工业化前的社会中的社会地位和政治权力的几乎不可避免的一致性，意味着武士精英阶层的问题注定会定期出现。只有如中国汉朝和罗马帝国这样能够针对该问题找到相对稳定（或者，更重要的是，灵活的）的制度性解决办法的国家，才能够在复杂的各国争霸中成为伟大而持久的强国。

战争与国家的关系也出现在社会结构的底层，尤其体现在陆军的部队凝聚力和战斗力的基础上。早在青铜时代末期，就出现了两条通往高效步兵的道路。第一个是社会的和公共的：步兵部队的凝聚力反映了部队成员所来自的社区的社会联系——实际上，就社区的成年男性成员而言，社区和军队在本质上是相同的。第二种是以国家为中心的：拥有足够的财政和行政资源的国家，通过训练、教育和经验交流，可以培养和训练有战斗力的步兵。公共模式可能最先出现，并显示了有战斗力的步兵部队应该是什么样子（至少在近东和地中海世界是如此，中国的情况则不那么清楚）。以国家为中心的模式被证明更稳定，而且能提供更多的兵源，而公共步兵会随着每次社会变革而衰落，这种变革经常由军事上的胜利带来。因此，哪里有足够强大的国家（这是一种重要的限制条件），其步兵就会是一支难以对付的部队。但是，这种模式所隐含的军队与社会的分离也可能是有问题的。有时，海军的建立虽然有限，却增加了与军事力量有关的社会角色和国家职能。

如前所述，国家主导的军事组织的顶峰首先在亚述和中国秦朝实现。虽然细节不尽相同，但由中央掌控财政和行政的国家维持的常备部队的主要组成部分——同时社会和经济组织起来为军事化国家服务，文化和意识形态赋予整个结构合法性并进行美化——在这两个国家都曾出现。主要帝国的继承者，无论是波斯、中国汉朝、亚历山大的马其顿王国、孔雀王朝，还是罗马，都效仿了它们。但这些国家的成功，使其继承者在效仿这种组织方面的工作变得复杂起来。它们扩散了军事化国家的统治工具，在其境内和境外树起了新的敌人，并以更复杂的方式将欧亚世界联系在一起，使各国的生存斗争更加复杂。欧亚世界的这种联系和新的敌人明显交织在一起，中亚大草原的游牧民族渐渐形成了威胁。在本书的下一部分中，大草原的游牧民族的军队将主导迁徙和入侵的时代，经常会将中央集权（非迁徙）的军事国家，减少到一个历史的、几乎无法实现的理想状态，退回到权力更加分散的、由武士控制的王国。

战争和科技

战争的早期历史也见证了战争的主要技术组成部分的确立。从根本上说，它包括建造城墙的能力（社会、政治以及工艺上的），利用储能（无论是通过肌肉、扭力、拉力、平衡力或者之后的爆炸力）向士兵和城墙投掷武器，将硬金属打造成武器及防护装具，驯养马匹以及建造航海舰船。这些能力本身都不是军事性的，被用于军事用途说明了它们被引入军事的文化背景，也说明了技术对战争的影响。

至少到17世纪，这些技术都基本保持稳定，直到改进的军舰和火器在某些地方开始打破这些技术的平衡。更根本的是，古代军队所面临的自然和技术限制一直持续到工业革命，在某些情况下甚至更为长久，在不通铁路的地方，军队仍然靠步行或骑马，这种情况一直持续到20世纪。

军事活动的基本技术能力中，没有一项是必然的或纯粹的军事能力，而且它们保持稳定，这说明了本书一以贯之的主题：战争中技术在很大程度上是一个因变量。也就是说，技术的影响因其引入军事活动时的社会和文化背景而异。此外，一旦必要的技术组合——城墙、投射武器、金属武器和铠甲、驯养的马和适于航海的舰船——被用到战争中，任何特定的发明或技术都不会改变战争的基本模式，直到蒸汽机被引入战争，而蒸汽机本身当然不是一项军事技术。

战争和文化

早期的有组织的战争对文化有重大影响，不同的文化也以不同的方式影响战争。从一开始，战争作为国王和精英的主要活动就孕育了神话：在史诗中，有世界上最古老的文学作品之一《吉尔伽美什》，有歌颂武士精英荣耀的荷马史诗；在宫廷历史中，这些历史被用来美化国王和精英们并证明他们的统治合法性。因此，军事事务从一开始就与书写历史的过程密切相关。这种联系既解释了我们的军事历史资料的存在也解释了这些资料在偏见和可靠性方面的一些问题。主要的军事文献，无论是史诗还是历史，都反映并帮助构建了武士精英和王朝政权的不同文化重点和利益。

文化对军事组织和战争模式的影响在对帝国时代主要由中央财政支持军事的国家进行比较时可以清楚地看到。在结构上，它们看起来都很相似。但它们参战的原因，它们的认知方式，例如什么是可以接受的、光荣的、靠不住的等则不同；它们认为战争能够提供个人荣耀和国内政治资本的价值；征服者给他们所征服的人带来的伦理观念——所有这些都是文化观念的产物。尽管这些国家在结构上相似，而且在内部和外部都面临着军事挑战，但文化观念可能会有很大差异。文化的变异和战争与文化的相互影响将始终是本书的一个主题。

文化也是从古典时代向迁徙和入侵时代过渡的一个标志性领域，在本书的下一部分中将会介绍。对这些变化的思考突出了古代战争和文化的普遍特征。首先，许多伟大的传统都是在帝国时代从独立的（虽然不是完全孤立的）文化领域中产生的。换句话说，尽管结构上的相似性是建立在等级森严的人类社会组织的基本经济和技术限制的基础上的，但文化差异占主导地位。但是，帝国让更大地域范围的交流和贸易变得可能，至少在一定程度上促成了一个文化交流、互动和冲突更加激烈的时代。其次，这一时期出现的许多文化和意识形态建设都集中于服务国家和精英们的需求和价值，这一点也不奇怪。救赎性宗教的兴起和传播往往会使普通民众的思想更和睦友好，但反过来又会使战争的意识形态和文化变得更为复杂。这些发展将在第二部分进行讨论。

第二部分

迁徙和入侵时代

400—1100 年

第6章
游牧民族世界

公元1100年前的中亚

过去的 2500 年中，欧亚大草原孕育出擅长放牧的部族，在这片辽阔的草地上生活迁徙。他们生活在世界几大文明——欧洲、中东、南亚和中国——的边缘，与生活在周围的定居民族的关系错综复杂，特点是经常发生劫掠或战争。这些游牧民族的武士不止一次地将他们在大草原上学来的技能变成一边倒的军事优势，征服那些在文化上比他们更为发达的邻邦。不过，几乎每次这些游牧民族都会发现征服远比统治要容易得多。这些人来自多个民族和语系，包括印欧大陆的伊朗部族和突厥人。不论这些民族的起源或语言是什么，所有这些民族都因共同的文化传统和生活方式而联结在一起。

游牧文化的兴起

地理：大草原

游牧世界主要是在中亚大草原——一个辽阔的草地海洋，从中国的北部和西部，穿过亚洲至俄罗斯南部平原、黑海北岸，延伸至匈牙利平原，甚至再往西，属中部大陆地区，气候往往比较恶劣：夏季炎热干旱，冬季寒冷刺骨。更重要的是，这片土地大多十分干旱，不适合农业生产，因而也不适合定居民族在此生活，因为他们的财富基础依赖的是农业生产。于是大草原就成了游牧民族的家园，因为这些民族靠放养牲畜为生，几乎不依赖农作物。游牧民族社会的组织结构和动态关系就在这种经济基础上产生。

游牧民族的经济：马、牧群和畜力车

生活在欧亚大草原上的游牧民族的文化建立在三大成分之间的关系上：骑马技术、吃草的牧群（尤其是牛或羊），以及通常是牛拉的畜力车。三大成分组合在一起使得这些大草原上的民族迁徙能力特别强。根据季节的变换，他们可整体从一个草场迁徙到另一个草场。一般而言，他们不是无目的地游荡，而是逐水草而牧，保证一年到头都有草可牧，有时甚至还在那里进行有限的农业耕种。正是由于具备这种机动性，当出现政治、经济或气候上的紧急情况时，这些游牧部族可轻松地收拾物资，立刻迁走。

马与战争 从纯军事角度讲，草原文化最重要的内容就是发展各种马术技巧。马是生活在欧亚大草原上的人们所依赖的重要动物。早期，马只是一种狩猎动物，如同其他所有猎物一样，

人们只是为了食其肉。在遥远的过去某个时候，人们驯化了马，不是要骑它，而是留下来饲养，再获取马肉、马皮和马奶。后来，人们发现马还可以用来骑。传统上，一般认为，人们学会骑马的时间可追溯到公元前两千年的中叶。

然而，近来考古证据将这一日期向前推进了近2500年，至公元前约4000年。不管怎么说，人类驯化马作为坐骑对游牧民族的文化产生了深远的影响。学会了骑马使得大草原上的人们的活动范围比以前更加广阔。个别部族群体至此可以获得更多的资源和市场，并与其他部族发生交流或冲突。

战争中，骑在马上的武士相对于徒步作战的人有几大优势。战略上讲，马提供了更大的作战范围。在同等时间内，骑马的人比徒步的人行动距离大2~3倍。骑马的人能够在几乎不受伤害的情况下攻击没骑马的敌人。并且，骑兵在战场上还有战术上的优势。当然，骑兵拥有更大的机动性，移动更快，并将力量集中在一点上。不过，对早期的骑马游牧人口来说，或许比攻击潜力更重要的是骑马所带来的安全防护。马可使骑兵不用担心被穷追不舍，成功逃脱。毋庸置疑，从躲避追击能力不强的敌人的传统中，游牧民族发明了诈败逃跑的战术。

马作为破坏性极大的战术系统，在与大草原上的另一发明——复合弓——结合后，将机动性和火力结合在一起，其全部潜力得到了充分发挥。复合弓出现在公元前两千年时期。由三种不同材料构成——木材、牛角和筋腱——通过片状层叠、胶水黏合，并进行干燥，这样制成的弓本身是弯曲的。这就意味着复合弓短小有力。相对较小的尺寸使其成为马背上的武士们理想的武器。

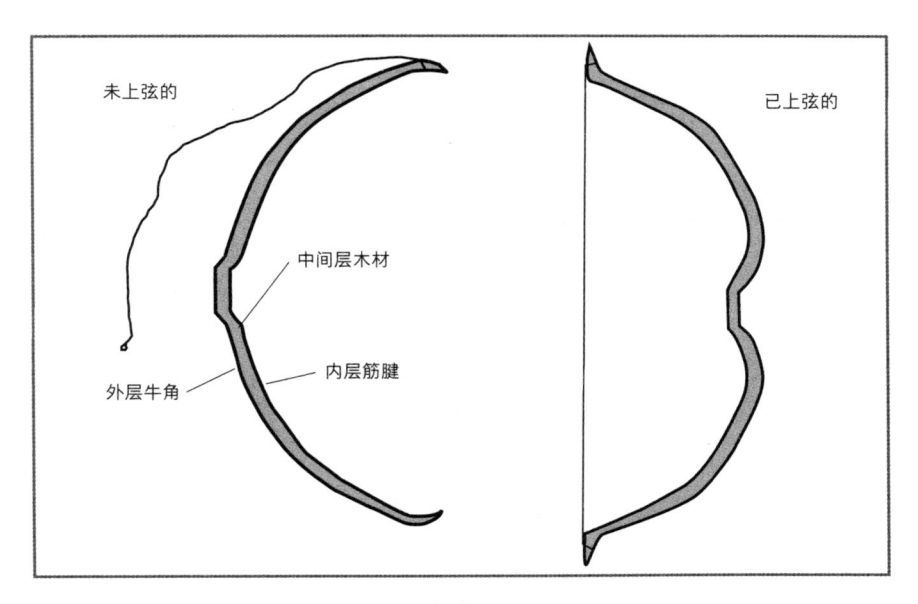

复合弓

牛与畜力车 吃草的牧群和游牧者的车辆，乍一看，似乎与战争并不相关。然而，它们对游牧部族的战争行为产生了重大影响，在与定居民族发生冲突时尤其如此。前文讲过，这些部族的牧群和畜力车使其成为一个流动的社会。不只是马背上的大草原武士活动范围很大，他们的家人和补给基地——牧养的牲畜——也一样。这种流动性使得敌人很难牵制住游牧部落与其进行决战。这里有个战例：公元前512年，大流士一世统率的一支波斯大军渡过多瑙河进入游牧民族斯基泰人的领地。聪明的斯基泰人将牧群和家人送至战斗可能伤及的范围以外，部队主力——包括部分参战的年轻女性——不断袭击波斯军队，并在撤退时销毁一切敌军可用之物，断了波斯人的补给。大流士损失惨重，最终被迫退兵。

游牧部族的推车和畜力车还可能对战争产生另外一种影响。越来越多的考古证据显示，游牧者的车辆就是古代战车的原型。这种战车在公元前两千年期间的中东、印度和中国的战争中处于主导地位。这种战车看上去起源于公元前2000年时出现的草原人使用的轮式车辆。有人不禁会问，已经掌握了骑马本领的武士们为什么要使用战车？虽然我们不能给出确切的答案，但或许是因为复合弓的小巧和便于在马背上使用的特点不是十分完美。近来有人辩称，战车，至少在大草原游牧部落中，是礼仪和竞赛中身份与地位的象征，而不是用在骑马更有实际优势的作战中（参见专题C：马镫与骑兵的战斗力）。

大草原的生活方式赋予了游牧民族的军队相对其"定居式敌人"的又一大优势：频繁地进行战斗。牧民在马背上生活，意味着整个游牧社会生活在帐篷里、营地中，饮食有限且始终面临被攻击的危险。换句话说，他们把这种生活视作理所当然，而定居式民族的军队士兵对此需要适应，且常盼着结束这样的生活。定居民族鄙视游牧民族的耐力和原始的凶悍，就如同游牧民族鄙视城镇与农村居民"软弱、缺少男子汉气概、脂粉味"一样。简言之，一条深深的文化鸿沟将游牧民族与他们从事农业生产的邻居隔离开来。

专题C：马镫与骑兵的战斗力

某些技术对大草原上游牧民族军队战斗力的影响十分明显。毫无疑问，马被驯化是头等重要的技术突破（凸显了"技术"的重要性），只有冶金术、火药的广泛使用和工业革命技术对军事的意义可以与之相提并论。复合弓和马提供的火力与机动性，使弓骑兵成为永久成功的武力系统。但是，有关马镫的发明对骑兵战斗力的影响，人们较少有共识。马镫进入骑兵技术武器库较晚，评估马镫影响力的难点之一是，人们很难准确地弄清楚它起源的时间和地点。零散的图画和考古证据不确定地认为，马镫于公元前第一个千年晚些时候起源于大草原的东部或者中国的西部。2世纪或3世纪，整个东亚地区似乎都在使用马镫，并在同一时期穿越大草原向西传播。可能于5世纪或6世纪传到波斯，之后不久传入拜占庭帝国，很可能于8世纪传入西欧。

> 那使用马镫有什么意义呢？马镫使骑手更容易骑在马上，用稳固的立足处替代了以前不稳定的平衡和膝盖贴马方式。因而，对马镫的发明产生的影响，最常见的论点是，骑手可稳定地骑乘在马背上，从而使骑马进行冲击式作战成为可能；骑手腋下夹住较重的长矛，可以将马和骑手的全部重量施加在长矛上。如果没有马镫，这一战术会造成骑手摔下马背。鉴于此，马背上的冲击式作战，作为转折点，标志着以步兵为基础的军事体系向以骑兵为基础的军事体系过渡，例如，从罗马军团向中世纪骑士转变。
>
> 实际上，这类论点并不能很好地说明骑兵作战的样式，且错误地理解了马上作战的力学原理。重装骑兵，包括部分大草原部落的披甲骑兵，在很多地方将使用马镫的日期提前了。显然，在引入马镫之前，骑兵用的是马鞍，骑手基本固定不动。最好的例证之一是凯尔特人和罗马人用的凯尔特式马鞍。近来的实验已表明，使用牛角支撑骑士的腰，再将两条大腿包起来，可为在马背上作战提供稳定的平台。但是重装骑兵冲击的真正效力，尤其是对步兵，在于心理上的影响——产生恐惧心理——而不是它能产生的实际力量。因为战马很少被刺穿，且步兵的武器长度几乎总是比相应的骑兵武器长——例如，步兵长矛就比骑兵的矛更长——在战斗前，骑兵必须在步兵编队中打开一个缺口，否则进攻就会失败。
>
> 这并不否定马镫的进步性。马镫方便了骑士的行动，所以从发明之初，就得到了广泛推广，尤其是为那些天生不是骑手的人提供了便利条件。马镫或许为骑手之间格斗提供了最大的便利，这也可以说明它在大草原上得到更快推广的原因。但是，不论怎么讲，它不是决定性的，没有给骑兵带来新本领，只是增强了已经掌握的本领。

然而，这两个世界实际上是分不开的，因为游牧生产作为一种经济形式几乎不可能完全实现自给自足。尽管鄙视农业民族，但牧民们还是常常需要农业社会的产品，尤其是那些只有定居生活方式才可能生产出来的产品，比如大规模的金属加工等。纵然有些产品并非必不可少，如丝绸布匹，但这些产品在实用层面和社会地位象征上对牧民们是有价值的。因而，定居和游牧世界彼此间始终联系在一起。有时候，这种关系通过贸易和平地进行，因为牧民们可向定居区的人口提供其所需要的产品，如羊毛、皮革，甚至还有马匹等。不过，牧民们很快发现，可以发挥自己的军事优势，通过几种途径拥有定居人口的产品：他们可以劫掠、抢夺；可以（尤其是在如果劫掠已经成功的情况下）同意在接受纳贡的情况下不再劫掠；或者侵略、征服，迫使定居区的行政机构为他们收税。虽然特定的牧民群体选择哪种途径取决于多种因素，但是贸易、劫掠、纳贡等全部样式与游牧社会的政治组织问题密切相关。

大草原上的政治结构与样式

限定政治等级 亚洲内陆的地理状况不利于强有力的中央集权的军队或政治体系发展。草原游牧制度允许不满的部落离开较大的群体，而不会对部族成员的社会或者经济生活造成严重的冲击。部落只需要牧场和／或贸易通道或劫掠机会。与定居人口不同，游牧民族很少与特定的土地或是某个特定的地区捆绑在一起。当时的部落首领能力仅限于在自己的地域范围内控制或指挥本部族，不能惩罚离群而去的部落。

不论什么样的中央集权体制，通常都是以部落联盟的形式存在，联盟的首领不会只依靠军事力量来维持部属井然有序，主要是通过领导联盟发动突袭成功劫掠的能力，来使所属部落成员保持团结，并服从首领的。换句话说，对战利品的获取和分配进行控制，是部落联盟首领维持统治的主要方法。贡品的流入可能在经济上取代抢劫，但首先，首领必须证明有这样的能力成功地领导劫掠行动，并对大量的贡品进行分配以协调——有时是暂时协调——所属部落的派系。

领导权　经过长期的战斗之后，各部落的首领展示出他们的领导能力，尤其是在战斗中的领导能力，部落联盟由此形成。不直接参与领导权之争的部落在决定拥护谁之前会仔细观察，期望上位成功的首领能领导联盟对邻近的定居民族发起突袭进行抢劫。部落联盟突袭抢劫几乎无一例外地会比个别部落独自去抢劫更为有利可图。同时，各部落还要考虑的一点是，在联盟遭到定居民族或者其他亚洲内陆部落的军队攻击时，该首领是否拥有指挥防卫的能力。

通过战斗考验取得的部落联盟领导权只属于个人，很少世袭。联盟首领还应亲自统领军队进行两类战斗，即袭击定居人口的地区和惩罚不听话的部落。战争是部落联盟的生活常态；实际上，周期性和平可能会导致联盟解体，除非流入的贡品足够多，首领可以使所属人员买他的账，而不是强迫他们忠于自己。匈奴、塞尔柱等部落联盟首领用在指挥军队打击部落异己者的时间几乎与他们发动攻击抢劫其他民族的时间一样多。一旦首领死了或者遭遇重大失败，联盟通常会解体，开始新一轮循环。

领导权与文化　有关游牧民族与他们的定居邻居的关系，从大草原领导权的动态变化中，似乎显示出几个似是而非的结论。首先，在与一个强大的（或者至少是繁荣的）定居文明的互动中，游牧联盟往往是最强大的。繁荣产生的纳贡财富和必要的战利品使游牧部落中产生了政治等级制度。两个都可向游牧民族盟友纳贡的定居区域之间如果出现长期的敌对，甚至更有利于游牧民族的政治稳定。6世纪时，拜占庭与波斯相互敌对就是一例（参见第8章）。

其次，尽管很鄙视其定居邻邦，但强大的部落联盟受这些邻邦的文化影响往往很大。原因是从文明社会流入大草原的货物价值不是中立的，而是常常内嵌着思想和文化价值，特别是有关该组织的以及展示其政治权力的思想。例如，中国丝绸的某些类型和颜色暗示一定的外交认可的级别。有时候，伴随货物而来的还有人：或者是使节，或者是定居民族统治者的女儿（送作游牧部族首领的妻子）。所有这些意味着，距离定居民族较近的游牧部族趋向于适应文明社会的价值观——至少是在某些方面。这虽然能使定居强国与游牧强国之间更易结成军事联盟，但是也可能激起游牧部族的兴趣，去征服因劫掠和纳贡而熟悉的地区。

游牧与定居的世界：一种趋势　游牧民族征服者们熟悉但不受被他们征服的定居国家传统的约束，虽有机会使那些国家充满活力，但也面临一个难题：不能既保持游牧生活方式又有效地统治一个定居型国家。因此，征服往往在两类人之间，即在那些希望成为征服地区定居人口精英的游牧者与另一些希望保持游牧生活根基的牧民之间，造成紧张关系。这样，游牧民族统治者统一大草原各部和农耕社会一段时期后，由于定居人口重新确立了自己的生活方式，再加上与游牧生活方式之间在根本上不能兼容，这两部分终会再次分裂。

在游牧民族与定居民族之间数千年的交流中，总体趋势是定居地区从游牧地区的分裂中获益。虽然这一趋势进展缓慢，既不是统一的，也不是局部不可逆的，却是很明显的。导致的主要结果可以从人口特征上看出来：农业生产能供养的人口远比游牧生产能供养的人口多。所以说，尽管游牧民族有军事上的优势，他们却不能统治定居型国家很久。

我们现在就回顾一下公元前约 2000 年至公元前 1100 年期间，最重要的游牧部族和联盟的情况，包括那些约在公元前 400 年至公元 1000 年达到巅峰的游牧民族活动的两个波次和那个时期的情况，以及此期间在诸多方面对世界军事史起决定性作用的阶段。

斯基泰人：大草原武士原型

斯基泰人与中东文明

斯基泰人是最早的游牧人口，对此我们有可靠的证据。这些属印欧语系的讲波斯语的人最早于公元前 7 世纪出现在世界历史舞台上。

他们似乎是从大草原迁徙来的，生活在黑海北部，地盘是从另一个游牧民族辛梅里安人（Cimmerian）手中抢过来的。公元前 7 世纪时，斯基泰人一直在骚扰劫掠中东几个繁荣的王国。其中最成功的一次洗劫发生在公元前 612 年，斯基泰人与另一大草原原始游牧民族米底人联合，洗劫了亚述人的首都尼尼微。之后不久，米底人就与斯基泰人分道扬镳了。据希腊历史学家希罗多德称，米底人在一次宴会上背信弃义地杀死了斯基泰人的几位首领。

接下来的一个世纪左右的时间里，斯基泰人仍生活在黑海北部的大草原上。但到公元前 512 年，他们引起了中东新崛起的波斯人的注意，波斯人本也源自游牧民族。伟大的波斯王大流士一世率领一支大型远征军，越过赫勒斯滂海峡（今达达尼尔海峡），轻松解决了色雷斯各部落，然后推进到多瑙河北部的斯基泰人的地盘。对波斯人的入侵，斯基泰人没有防备，有些措手不及。他们意识到没有时间来加强自己的力量，几乎没有能力抵挡大流士这支人数众多又装备精良的侵略军，所以没有选择正面迎战大流士的军队，而是暗中把家眷等送往北方，以主力部队将波斯人引开。大流士率军追击斯基泰人的主力，把大量后卫留在了跨越多瑙河的桥上。大约 20 天里，大流士一直在追击斯基泰人，而游牧的斯基泰人不断有援军加入，实力越来越强，并在撤退途中销毁一切敌人可用之物。面对斯基泰人的这一策略，波斯军队人数不断减少，追赶到了亚速海北部海岸线处，却始终无法与斯基泰人进行决战。大流士没办法，只好被迫退回多瑙河边。此时，实力增强的斯基泰人开始反击，他们攻击了大流士缺少粮草的侧翼部队。大流士在后卫部队的掩护下逃过多瑙河大桥之后，斯基泰人说服了这支后卫抛弃他们的波斯最高统帅。大流士得到了一个沉痛的教训。这也回答了后来希罗多德提出的问题："侵略者不仅没能使斯基泰人实力减弱，甚至连接触都没有，这些人（斯基泰人）怎么能不挫败敌人的入侵呢？"斯基泰人采用的这一战术或许就是诈败的战略版，吸引住敌人，待其士气低落、纪律涣散后，再发起反击。

斯基泰社会与战争

社会组织 对它的邻邦而言幸运的是，同大多数游牧民族一样，斯基泰各部族组织松散，并不经常合作。公元前512年波斯人入侵时，斯基泰人有3位主要首领，只在此生死存亡的紧要关头才进行了合作。在希腊伟大的历史学家修昔底德眼中，这真是万幸。他评论称，没有哪个国家在面对战争威胁时能像尚武的斯基泰人那样进行合作。

斯基泰人有勇猛和好斗的名声。据希罗多德记载，斯基泰人的传统包括：猎头——武士杀死敌人，将头盖骨用作饮杯；剥头皮——用来装饰斯基泰人的马笼头。还有，年轻人在战斗中杀死第一个敌人之前不许剪头发。斯基泰人好斗的本性不局限于部族的男子，很可能也希望女子能投入战斗。肯定地讲，很多萨尔马提亚（Sarmatian）女子的陪葬品中发现有弓、箭、弓袋（gorytos）、刀、标枪等战斗用具。这些发现佐证了文学作品的描述，女子可能参加了战斗。因而，希腊人在艺术作品中描述亚马孙女战士时让她们穿着斯基泰人的服饰并非巧合。

斯基泰人的战争 多数（不是全部）斯基泰武士骑马作战，这些骑士中大多数是轻武装的平民。参加战斗时，每个斯基泰人都携有一把弓。不用时，弓放在弓袋中，同时弓袋也用作箭袋。从斯基泰人的随葬品来看，大多数武士似乎携带一支标枪或矛。同样地，战斧和刀剑也很常见。为了防护，武士们还携带一个藤条或木质的盾牌，或许还镶有金属护套。

除了这些平民外，每支斯基泰军队还有一支重装骑手精英部队，由来自各部落的王子和贵族及其仆人组成。除了这些武士携带的武器外，这些贵族似乎更喜欢用长矛。他们有很好的防护装备，有普通武士携带的盾牌，还有金属甲胄，通常是将铁片或青铜片缝在皮革甲上制成。甚至有证据显示，他们还有皮革绑腿，类似西方的护腿皮套裤，用金属鳞片进行加强防护。部分富有的武士甚至还给自己的战马配备了皮革胸甲。

匈奴与中国文明

匈奴联盟的崛起

匈奴是大草原世界东端有代表性的游牧民族，相当于东亚的斯基泰人。我们有关匈奴的知识大部分来自中国。"匈奴"这个名称是中国人取的，是周朝和汉朝时期对居住在蒙古地区的所有游牧民族的统称。这个称谓字面意思是"野蛮（或暴力）的奴隶"。据中国人称，匈奴人的祖先可追溯到中国历史上传说中的夏朝时期的一位国王。匈奴人生活在靠近黄河河套北部鄂尔多斯地区贫瘠的土地上，其习俗和宗教信仰也具有当时典型的大草原游牧民族的特征。他们信奉萨满教，在特别的宗教场合进行以马祭祀的仪式，但匈奴人的仪式与众不同，祭祀用的马必须是白色的。据称，作为定居的汉人文明的对手，匈奴人最早出现于公元前8世纪初，但直到公元前3世纪才有历史记载——匈奴人作为骑射手，经常劫掠汉人地区。

关于统一匈奴各部的冒顿单于，有个传说。据中国西汉历史学家司马迁记载，不打仗时，匈奴人一直保持训练状态。冒顿的才能非常突出，不论什么目标，冒顿都能一箭中的。公元前209年的一天，他决定给作为部落首领的父亲留下深刻印象，以便早些继位。他让手下用箭射他的战马、他宠爱的妻子以及他父亲的战马，每次他都处死行动缓慢的人。之后，冒顿突然控弦瞄准他的父亲，手下跟着射去，老单于中箭身亡。冒顿就此确立了自己作为匈奴统治者的地位。从这个故事中，我们可以看到亚洲内陆统治者的地位是多么不稳固。

冒顿对匈奴联盟的控制十分接近亚洲内陆领导权的争夺模式。在弑父后，他还杀了他的竞争对手——他的弟弟及其拥护者。之后的几年中，他对匈奴其他各部落发动一系列战争，统一匈奴各部，巩固了自己的权威。取得胜利后，他将所有俘获的畜群与自己的支持者们分享，向他们证明自己的作战指挥能力和提供战利品的能力，同时有意地激励这些人更坚定地效忠于他。此后，他开始集中精力劫掠中原。在几次被冒顿击败后（参见第2章），汉王朝只得尴尬地同意向匈奴大量纳贡，以换取匈奴承诺不再劫掠。

这样，冒顿得以不用进行劫掠就获取成果，这使他能够集中精力降服各游牧部落，凸显他的才干。公元前174年冒顿单于去世。他的继任者们与汉朝重新确立了类似的关系，但不是像冒顿那样在领导袭扰劫掠之前证明他们领导作战的能力（参见专题B：匈奴劫掠）。只要匈奴人在军事上比汉朝人有优势，他们就能靠这个每年收到大量的丝绸、铁器等物品。

专题 B：匈奴劫掠

游牧帝国——如那些斯基泰人、匈奴人和突厥人——实际上都是部落联盟，其中央集权的控制要么非常松散，要么依赖富有号召力的首领的个性与才干。甚至联盟能否顺利维持都依赖获取定居民族土地上的物资和人口。他们通常采取的方式是突袭抢劫，骑在战马上的游牧者席卷定居民族的土地，满载着战利品和奴隶扬长而去。匈奴早年的劫掠行动是匈奴部落联盟政治与社会完整统一的一部分。劫掠和冒顿的战术让我们在某种程度上进一步了解了与其活动有关的多重目标等相关问题的重要性。

> 游牧民族突袭汉朝，主要目的肯定是获取可观的战利品。但是那些有组织的、由冒顿领导的大规模劫掠就有更广泛的政治与战略意图了。其中规模最大的一次劫掠发生在冒顿武力统一大草原各部后不久。冒顿付出很大努力终于降服了邻近的各游牧部落，尤其是西部强大的月氏，月氏遭重创后一部分归顺了匈奴（很多进一步西迁，最终成为波斯人和北印度人的噩梦）。冒顿没收了月氏人的牧群，用作两个目的：一是以此维持对这些人的控制；二是奖励追随他征战的有功将士。不过，这只是一种暂时情形，在忠于他的部落中，能分配的战利品很少。
>
> 仅几个月时间，留下的月氏人成为冒顿的游牧部落联盟的一部分，也参与了一次对汉朝的远征劫掠。这次远征，几万匈奴人洗劫了汉朝北方无数村镇，抢走了大量珠宝、纺织品、粮食、酒以及金属制的器具和武器。此外，还抢走了很多奴隶，往往是工匠和年轻的女子，但也有一些农夫，因为匈奴人也有一点点农田需要人耕种。所有这些战利品都被装上了车，运往北方匈奴人的领地。虽然汉朝方面有些小型的军事哨所或者民兵武装，但大多数情况下，匈奴人会避开主要军事中心。而当汉朝大股军队试图与匈奴人决战时，这些游牧部族就迅速撤退了——由于缺少大型骑兵部队，汉朝军队根本无法追击。
>
> 像这样的一次劫掠行动，匈奴人的协调能力不应被夸大。这些劫掠的目的不是与汉朝军队的主力进行决战，总部只在劫掠的开始和结束时参与。攻击地区的界限划分由冒顿等部落首领决定，之后，各部落自己指挥行动。只有当遇到大规模抵抗时，匈奴才有必要进行统一的行动，在这样的行动中，作为匈奴单于的冒顿及其继承者的作用就显得十分重要。在载着战利品撤离时，行动速度相对较慢的匈奴人变得更加脆弱，易遭到攻击，就有必要由总部来统一指挥防卫行动。作为阻止汉朝军队追击的策略，冒顿下令毁坏庄稼，迫使汉朝向前线运输更多的粮草。
>
> 毁坏农作物——与袭击对方的人口和定居点类似——还有另外一个目的。冒顿及其继任者发动劫掠，不仅为了获得战利品，也是为了迫使汉朝向他们纳贡。与劫掠的战利品不同，纳贡实际处于匈奴中央领导层的直接控制下，可巩固和加强统治者的个人权威，加强个人对匈奴联盟的控制。

虽然物资的分配确保了附属部落的忠诚，但是单于也使武士们频繁地与邻近游牧部落发生战争。匈奴可投入战场的骑兵规模十分庞大，使他们在大草原上没有对手。仅当汉朝切断了匈奴人的主要粮草来源，成功包围了匈奴人的侧翼时，匈奴部落联盟的统一才开始动摇。公元前80年代到前70年代的一系列战争中，匈奴都被汉朝击败了，结果不仅单于本人，而且包括匈奴人总体上都声望尽失。之后，匈奴开始忙着镇压一些所属部落的叛乱，进一步削弱了联盟领袖单于给属下提供战利品的能力。公元前60年，匈奴部落联盟终因内战分裂，尽管如此，匈奴军事联盟的某种形式还是保留了下来，直到1世纪。

匈奴社会与战争

与本章所讨论的所有游牧社会一样，匈奴人所有身体健康的男性都必须服兵役。实际上，执行军事任务是匈奴男性职业的绝大部分内容。不打仗时，他们的大部分时间用于训练和提升作战本领。为长大成人后作战做准备，匈奴男孩3岁就开始学习骑羊和用弓射鸟与老鼠；然后，在较大的狩猎活动中学骑小马和射箭。此外，匈奴人还强调集体协作，这样在面对定居民族的对手时匈奴武士已经接受了多年的军事和纪律训练。

匈奴人的主要营生就是作战，每年抢劫的主要对象就是中原王朝。与亚洲内陆国家典型的领导样式相同，只有在战争期间，单于才对部落拥有完全控制权。不打仗的时候，各部落和匈奴团体恢复传统的领导权控制模式。一旦接到战斗命令，部落成员通常在云中郡（今呼和浩特市）集合，这里土地较肥沃，能找到草地牧马，等待其他各部到来。

与大多数亚洲内陆游牧武士一样，匈奴人是弓骑兵。所有武士都配有复合弓。其他标配的武器包括短刀和盾牌，很多还配有长矛，在与中原王朝作战的几个世纪里，许多部落首领还穿着一种盔甲。匈奴人的武器是由中原王朝的战俘或其他在匈奴领土深处的小村庄中安家的被俘的中原工匠制造的。

匈奴人还在与中原王朝的战争中获得了很多武器。这是必要的，因为匈奴地区缺少铁，且能制造出匈奴武士们需要的符合质量要求的铁制武器的工匠极少。在与中原王朝作战中打了胜仗后，匈奴人常常要打扫战场，寻找武器。此外，匈奴人还常从中原王朝边防部队手中购买武器，这一现象的持续迫使汉朝颁布大量法令，严厉惩罚此类行为。

贵霜帝国：帕提亚与中国之间的战略帝国

公元后的前两个世纪中，贵霜人在帕提亚与中国之间建立起一个强大的扩张性帝国。贵霜帝国位于古丝绸之路的战略要道上，对促进贸易和推动佛教传播发挥了重要作用。整个这一时期，贵霜从帕提亚抢占领土，有时候还与中国联合打击共同的敌人，比如粟特人（Sogdian）；有时候，它又与中国开战。多数情况下，它与中国维持着不稳定的贸易关系。

尽管对此还有些争议，但从中国的资料、古钱币等该地区文物显示，月氏就是贵霜，或者说，贵霜是月氏的一个部落。月氏人约在1世纪的某个时候从中亚迁徙而来，建立起一个帝国。

贵霜帝国及其影响力的巅峰时期在迦腻色伽（Kanishka）统治时期，即2世纪前半叶。他将帝国的疆域拓展到最大，统治着今天的乌兹别克斯坦、塔吉克斯坦、阿富汗、巴基斯坦和印度北部，包括摩揭陀（Magadha）在内的大部分或全部地区。他定都喀什，表明中亚是贵霜帝国最重要的地区。有关迦腻色伽的故事很多，其中一个是讲他歼灭了帕提亚一支90万人的军队。后来，他对造成如此规模的生灵涂炭感到悔恨不已——就像阿育王故事的翻版（参见第

2 章）。迦腻色伽在传播佛教上的贡献深受佛教徒们推崇，他也被视为自阿育王以来该教最伟大的人物。

迦腻色伽和他之前的及紧接着他之后的贵霜帝国统治者从两大主要邻国，即西部的帕提亚和东部的中国的羸弱中获益。也有证据显示，贵霜帝国还与罗马帝国结成过某种非正式的联盟，共同对付帕提亚。

月氏／贵霜的最早历史记录显示，他们的军事力量是十分典型的亚洲内陆国家的骑兵，其武器、战术和队形等很像匈奴。但在贵霜征服印度北部后，其军队规模变得很大，吸收了很多新成分。大象部队和印度步兵力量成为其混合军队的一部分，大量贵族在作战时穿戴厚重铠甲，据一些记载连战马也披着铠甲。因而，同前几任君主相比，迦腻色伽的军队要大得多，战斗力强得多，战斗的类型也更加多样化。

萨尔马提亚人：罗马边界的大草原武士

到公元前 2 世纪，沿黑海北岸的斯基泰人已被一个关系较近的民族萨尔马提亚人取代。与他们的斯基泰表亲相似，萨尔马提亚人是一支说波斯语的民族，由大量部族组成，包括阿兰人（Alan）、洛克索兰尼人（Roxolani）和亚兹吉斯人（Iazyges）等。

1—2 世纪，萨尔马提亚人与罗马人不断发生冲突。在与罗马人的斗争中，萨尔马提亚人发展出一种新的作战力量，这也是在大草原上发展出来的——重装骑兵。

萨尔马提亚人与重装骑兵　到公元前 3 世纪，大草原上发展出一种新的作战力量——重装骑兵，即全装甲骑士。重装骑兵的作战形态突显了斯基泰人与众不同的原则，将机动性与武力结合在一起，而萨尔马提亚重装骑兵将战马的机动性与长矛冲刺和冲击效应结合在一起。

萨尔马提亚重装骑兵是斯基泰贵族骑士的后裔。但到公元前 3 世纪时，繁育技术的进步使战马能够承载比斯基泰人时期更重的铠甲。主要进步是引进了体型更大、更强壮的马，能比斯基泰人骑的大草原矮马负重更多。（对大草原矮马的理解不要太过拘泥于字面意思，指的是不超过 14 手——1 手等于 4 英寸——高的强壮的马，不要混淆为真的侏儒马，比如冰岛马。）萨尔马提亚骑士作战时铠甲从头武装到脚，戴着青铜或铁制头盔，并有牛角或金属制的胸甲保护，至少到膝盖那么长。罗马皇帝图拉真圆柱上有关洛克索兰尼骑士的铭文表明重装骑兵有鳞状护腿，一直护到脚趾，这样的铠甲可能只是罗马艺术家们的想象，否则骑士下了马几乎无法行走。此外，重装骑兵的战马是全身覆盖铠甲的，鳞状铠甲不仅覆盖了胸部，至少在某些情况下，还覆盖了两侧。

有关进攻型武器，重装骑兵持一种称为孔图斯（contus）的重型长矛，常需双手持。如果没有马镫，这些萨尔马提亚长矛骑兵的战斗力如何，一直有很多争论。但如我们所见，罗马人发明了一种有效的马鞍，可使马上的士兵使用各种类型的武器，罗马人的战斗力得到了很大补偿。

毋庸置疑，像萨尔马提亚人这样的大草原人也会发明这样的马鞍。

重装骑兵的进攻非常具有威胁，尤其是对步兵，一见到大规模的重装骑兵，步兵队伍除了纪律最严明的以外，肯定会溃逃。我们可以看看135年罗马将军阿里兰（Arrian）面对阿兰人时给其队伍下达的命令。这些命令给我们提供了独特而珍贵的机会了解一位指挥官在面临极具威胁的重装骑兵冲锋时的心理。

阿里兰下命令时明显有两大担忧。首先，他用武力挡住重装骑兵的冲锋，让他们不能靠近到足以引起他的队伍恐慌的距离。所以，他的重装步兵编队按次序部署得比较近，并装备有混合投掷物，还有罗马传统的短矛和轻型投枪。并且，主战线有军团和炮兵做后盾的弓箭兵的支持。他希望，战线上的士兵们的心理不会受到敌人骑兵冲锋的影响，正如他所讲的，"因为有数不清的投掷物……斯基泰人……一次也没来冲击步兵战线"。

其次，在挡住阿兰人的冲锋后，他的队伍不会破坏队形追击阿兰人。阿里兰当然清楚敌人诈败的可能性，他会尽一切努力提防，确保追击阿兰人不是随意做出的决定。所以，阿里兰命令一半骑兵去追击，另一半保持队形，一旦阿兰人的逃跑只是个诡计，可以避免无法指挥乱作一团的部队。并且，他还要求步兵"行进快一些，这样一旦遇到敌军更强力的攻击，步兵编队可再次……作为骑兵队伍前的屏障"。阿里兰非常清楚敌人诈败带来的危险。

有种观点认为，阿兰人到欧洲定居后，将诈败这一游牧部族的战术传到了欧洲。

当然，在整个中世纪，西欧骑兵经常使用这一战术，包括1066年发生的著名的黑斯廷斯之战（参见第7章专题B）。

匈　人

匈式战争

一般来说，自公元前7世纪以来，匈人（the Huns，与中国古代北方的匈奴人不是一个人种）打仗很大程度上与斯基泰人一样。多数匈人武士至少到5世纪已是轻骑兵，主要武器是复合弓；同斯基泰人一样，匈人以擅长射箭著称。除了弓箭外，匈人武士还十分擅长徒手格斗。尽管典型的武士通常不穿什么铠甲，但多数都配备近距离作战武器，比如，刀和套索，用来将对手拉倒在地（参见专题A：阿米亚努斯·玛尔塞利努斯关于匈人的记述）。

同较早的游牧民族一样，匈人也有一支穿着铠甲且武器更好的贵族骑兵队伍。当我们了解匈人击败大量罗马军队并利用从被杀或被俘的罗马人身上取下的兵器和铠甲的情况，会发现5世纪匈人军队的情况肯定是真实的。除了弓、刀和套索外，毫无疑问，匈人贵族穿着金属铠甲，手持长矛。

专题 A：阿米亚努斯·玛尔塞利努斯关于匈人的记述

阿米亚努斯·玛尔塞利努斯（Ammianus Marcellinus）是 4 世纪的罗马军人和历史学家，他的长篇著作使我们有机会了解匈人的习俗，看看定居民族罗马人对这些来自大草原的游牧武士的认知。阿米亚努斯视匈人为野蛮人，不过，他也表露出罗马人对匈人的耐力和军事技能的佩服。

1. 然而，所有遗迹的种子与根源、玛尔斯怒火激起的各种灾难，以及各种不平常的烈火导致到处一片混乱，我们找到的资料只有这些：古代历史记载中很少提到欧洲匈人。据记载，这些匈人居住在麦奥提克（Maeotic）沼泽地以外冰冻的海洋之滨，其野蛮超乎想象。2. 匈人的孩子一出生，其面颊就被刀深深刻划，这样当他们长大时，脸上的刀疤纹络会阻止胡须生长。因此匈人成年后，相貌丑陋，没有胡须，形同阉人。所有匈人都有着结实强壮的四肢，脖子短粗，而且身材畸形，样子可怕，以至于有人可能把他们误认为两条腿的野兽或残肢，或者修桥时置于两侧的粗制的雕像。3. 尽管他们有人形，但很丑陋，他们的生活方式很顽强，既不需要火，也不需要体面的食物，只吃野生植物的根和半熟的动物肉等，放在他们的大腿与马背之间，稍许有点温度……6. 他们头上戴着圆帽子，并用山羊皮保护满是毛的腿；他们的鞋没有脚后跟，妨碍他们自由行走。由于这个原因，他们根本不适应徒步作战。他们就像粘在了马背上一样，虽说有些艰苦，但确实如此，很丑陋。有时候，他们也像妇女那样坐下来，好从事一些日常事务。不管黑夜还是白昼，这个民族的每个人买卖、吃喝都在马背上进行，短粗的脖子上脑袋一耷拉就放松进入了梦乡，睡得那么香，似乎在做着美梦。7. 当有重要事情需要考虑时，他们一起像个共同体一样相互协商。虽然没有皇家规矩的约束，但是满足于几个重要人物组成的无序政府的管理，在这些人的领导下，勇往直前，克服一切困难。8. 被激怒时，他们有时也打架，到楔形场地拉开架势打架，各种叫声混杂在一起，形成一片野兽一样的嚎叫。为了行动快捷，他们通常轻装上阵，但行动有点让人出乎意料，他们会突然间故意分散成零散的小队，发起攻击，无序地到处冲击，进行令人恐惧的杀戮。因为行动极其迅速，所以从没有人看清他们攻击防御墙或者劫敌人的营地。9. 由此，你会毫不犹豫地认为他们是所有武士中最恐怖的，因为在一定距离时，他们会向敌人投掷有尖骨的而非普通尖状物的投掷物，而且很精准；就在这个间隙，他们快速冲上去，挥舞着手中的刀，玩命地展开近距离肉搏战。而当敌人在防卫刀砍的伤口时，他们又抛出绳子，像套索一样缠住对手，束缚住其四肢，使其难以动弹，利用对手骑马或奔走的力量，将其擒获。

资料来源：Ammianus Marcellinus, *Res Gestaea Fine Corneli Taciti*, Book 31, ch. 2, trans. M. Pavkovic and S. Morillo.

匈人作战的一大特点是其军队的机动能力特别强。这不只是一个简单事实证明的结果，匈人都骑马，并将全部财产装在车上运载。同时代的很多民族都有骑兵部队，但均不能与匈人相提并论。原因是匈人武士不只有一匹马，而是有一队马，作战时换着骑。这使得匈人不会因马太累而被迫下马，从而骑行的距离要比别人远得多，这相比只有一匹马可骑的罗马骑兵有很大优势。

然而，到5世纪中叶，有迹象表明匈人分裂为几个部分，有些不再骑马。据称，后来匈人在匈牙利定居，匈牙利有欧洲唯一的大平原，可供大量马匹放牧，因为没有必要骑马了，部分匈人也就不再骑了。毕竟，匈牙利平原不是大草原。据称，这个平原最多可放牧15万匹马，对1.5万名武士来说，足够了。剩下的匈人向日耳曼人学习，从事起农耕和徒步战斗。据称，451年最后一次与罗马人的大战中，大部分匈人是徒步战斗的。

阿提拉时代的匈人

到5世纪40年代，匈人在西欧发挥的作用发生了很大转变。在此之前，匈人基本被视为劫匪和强盗。他们的入侵往往危害比较严重，但不是毁灭性的。不过，这一切在新的首领——阿提拉（Attila）崛起后全变了。到5世纪40年代末，阿提拉对匈人进行了改革；匈人不再有很多野蛮的国王，而是只有一位国王，统一管理各个匈人部落。在西罗马帝国的最后几十年，阿提拉领导的匈人一直是罗马人打交道的对手。

曾有几次，因对罗马人没能如期进贡感到不满，阿提拉率军劫掠了西罗马帝国领土。451年，阿提拉发动了大战。7月，他入侵高卢，在沙隆（Chalons）战役中失利。452年，他转而进攻意大利，但罗马人在弗拉维乌斯·阿提纽斯（Flavius Aetius）将军的指挥下，用新战略成功延缓了匈人的进攻速度。西罗马帝国一边等待东罗马帝国的援兵，一边从意大利北部撤退。阿提拉洗劫了几座城市，但罗马平民和士兵们提前成功撤走了，满载战利品的匈人无法有效追击罗马人。阿提拉在米兰度过了452年的夏天，他的军队在那里遭遇了瘟疫。同时，他还发现自己腹背受敌，一边是阿提纽斯指挥的西罗马援军，另一边是东罗马军队。

匈人自知不是对手，阿提拉被迫以战略失败的方式退兵。不但他从罗马索取贡品的能力全面遭到削弱，而且失去的兵力也超出了他的承受能力。这标志着匈人帝国（或许还有阿提拉本人）走向衰落。453年年初，阿提拉去世。

突厥人

"突厥"这个名字怎么来的，学术界有大量考证，唯一达成共识的是突厥人作为一个民族不是伴随大草原同时出现的。这个名称指的是讲突厥语的一组广泛的民族。有人认为，"突厥"是山的名字，是突厥人祖先的家乡，其形状据说像头盔，当地语言称为"突厥"。当地人由此以这个名字来称呼自己。

相应地，突厥人的领土是个广阔的、几乎不确定的地区，从咸海到中国的河西走廊，延伸至蒙古。这片土地上有沙漠、绿洲、干旱草原，还有湿地草原。据称历史上有两支突厥人，一西一东。传统上，西突厥人接近波斯人，甚至是欧洲人，而东突厥人则主要接近中国人。

两支突厥人通过沙漠商队、大致共同的语言和游牧生活方式联系在一起，别的没有什么联系。西突厥人的地区也常被称为中亚河中地区（Transoxiana），或阿姆河和锡尔河（亦称奥克萨斯河[Oxus]和查可萨提河[Jaxartes]）的流域。这一地区没有剧烈的气候变化，也没有什么适合农业种植和放牧的土地，但有几个大城市，比如布哈拉和撒马尔罕。

相比之下，东突厥人的地区大部分是空旷的沙漠和干旱草原，气候差异很大。人口主要集中在塔里木盆地周围的绿洲中，第一个主要的突厥联盟就出现在这里。

第一个突厥联盟

直到6世纪的某个时候，突厥才出现在中国史籍中，据说，他们是东突厥人中其他部落群体的奴隶，以擅长打铁著称。作为为主人生产武器的工匠，突厥人的作用非常突出，还可能拥有较高的社会声望。某个时候，拥有号召力的首领阿史那土门（Tumen）统一了突厥各部族，率众成功地对邻近部落进行了多次劫掠。打败这些邻近部落和分享战利品巩固了阿史那土门的地位，551年，他与中国北方的西魏政权通过贸易和通婚建立起联盟。第二年就取得了成果，阿史那土门领导的突厥各部打败了大草原上的各主要对手，取得大草原的主导权。西魏则屠杀了涌入其领土的难民。552年，阿史那土门自称可汗，类似于匈奴最高统治者的头衔单于，意思是"无可争议的联盟领袖"。

亚洲内陆游牧民族的传统延续了下来，作战胜利（结果是提供战利品的能力）使其他部落、氏族和群体加入联盟。短短几年，阿史那土门的突厥联盟就建立起一个从蒙古高原至中亚大部分地区的汗国。突厥不仅与中国中原王朝，还与波斯甚至拜占庭帝国保持着贸易关系。控制连接中国与西域的沙漠商队路线极为有利可图，使可汗率军发动劫掠行动的必要性下降。这时中国北方的控制权已不在西魏，而在两个继任王朝手中。后两个王朝都害怕庞大的突厥汗国来劫掠或侵略，所以向阿史那土门进奉大量的贡品，包括数万匹丝绸。

与波斯萨珊王朝和拜占庭的关系也给突厥人带来不少财富，同时也促进了联盟的稳定。突厥与波斯建立了军事联盟，并成功消灭了生活在两大帝国之间的几个敌对的游牧部落。拜占庭得知其敌国波斯东面有个强大的突厥政权，也开始与突厥结盟。尽管突厥与拜占庭的军事联盟不是实质性的，但这样一个强大组合的威胁还是使波斯人对其邻国突厥做了很多让步。

突厥联盟依赖强大的有超凡号召力的可汗。当然，这也是所有大草原游牧部落联盟的共同特点，而这样一位可汗离世，常常会引发内战，直至产生一位新的领袖。553年，阿史那土门可汗去世，其大权在握的兄弟们没有争夺大位，而是让阿史那土门的儿子继位可汗。在将近30年的时间里，继位在阿史那土门的诸子中平稳进行。但581年，当只能从下一代选择一位继承人时，突厥联盟陷入内战的深渊，阿史那土门的各支后裔为争夺可汗大位相互厮杀。

第二个突厥联盟

权力斗争不久就产生了两个截然不同的、相互敌对的突厥联盟。就在这个阶段，中国中原王朝实现了统一，先后建立了两个强大的王朝——隋和唐。两个王朝的历史与突厥紧密联系在一起（参见第9章）。在此期间，中原王朝极力采取和与战两种手段，有时打击突厥人，有时又与一支突厥人结盟，打击另一方。中原王朝的统治者常常支持一个突厥联盟，牺牲另一个突厥联盟的利益，或有时支持某个权力争夺者。但对潜在的突厥领袖来说，有一样是恒定不变的：需要获取物资分配给各部落。实现的途径一是劫掠中原王朝；二是与中原王朝签署纳贡协议。有时候两者兼施，使中原王朝的战略制定者们感到困惑，不是很明白突厥人继位的权力斗争的动态关系。

隋、唐两朝初期的统治者们非常熟悉突厥文化和政治，尤其是唐朝第二位皇帝李世民（后称为唐太宗）。唐太宗灵活使用外交、贿赂和军事力量，到630年取得了一系列胜利，几乎控制了全部突厥领土，除了是中国皇帝外，他还被称为"天可汗"。在大约50年的时间里，突厥人一直都是唐朝军事体系的一部分（参见第9章）。

许多突厥部落首领对这种依附定居民族的关系感到不满，谋求恢复联盟。因而，中原王朝对突厥的控制保持高度警惕，但随着时间的推移，中原王朝的注意力越来越放在国内事务上。最后一位可汗的后代骨咄禄（Khutlugh）利用这个机会，如法炮制，在他领导下，采取军事行动扩大了领土。据说，骨咄禄擅长统兵作战，精于谋略，敏于政治，且擅长言辞。690年，其权力达到巅峰，此时他已经控制了东突厥人的大片地区，并迫使中原王朝向其进奉大量贡品。两年后骨咄禄去世，平稳继位的是他的弟弟默啜（Khapaghan）。默啜性格上接近其兄，政治和军事上也继承了骨咄禄的许多方针，奉行两面战略，扩张大草原上的领地，并不断（且有时破坏性特别大）劫掠中原地区，夺取战利品，以稳固对部属的控制。一段时间里，默啜甚至有过征服全部或部分中原地区的想法，但最终还是决定向中原王朝索取大量贡品。

尽管骨咄禄和默啜成功地恢复了第一突厥汗国的版图，但这个统一的外表容易让人产生误解。其实，与所属部落的战斗一直没有中断，突厥人争夺联盟统治权的本性造成了局势不稳定，这种争夺既能促进稳定，也能造成分裂，这种状态正如人们可能看到的那样自相矛盾。突厥联盟或汗国很像后来的塞尔柱，但与匈奴不同，不是中央集权的。可汗并非部落唯一的统治者，对所属突厥各部的直接控制有限，有时甚至还会受制于游牧部落。虽然有个支持可汗的行政机构，但主要作用是接收和分配贡品或战利品，以及调解纠纷。在可汗麾下，还有多达4名副手拥有可汗的头衔。在阿史那土门及其后的几位继任者统治期间，他的兄弟伊斯特米（Istami）负责管理突厥疆域的西半部分，从多方面看，就是自治。此外，可汗还任命一些地方官来监督所属各部，以确保它们参加作战行动，并指定可汗以外的其他官员特别留意联盟内非突厥人的动向。但在治理各部族方面，部族首领们维持着很好的控制与自治权。对于各部族内部的继位斗争，中央政府往往顺其自然，不会进行较多的干预。

骨咄禄的儿子们保持了表面上的团结，维持了家族的统治。但741年，其最后一个儿子去世后，突厥联盟的脆弱性暴露无遗，这个大汗国彻底解体了。

突厥汗国的继承者

东部大草原 东部大草原上突厥汗国的直接继承者是回纥人（回鹘人）。他们与唐朝建立了密切的联盟关系，唐朝此时受内战困扰，联盟有助于其维持政权。但随着中原王朝实力衰弱，其游牧民族盟友的政策连续性也随之变化，东部大草原上形成了权力真空。因而，游牧民族的权力重心转向北部和东部，进入蒙古和满洲地区。讲蒙古语的契丹人和满洲的女真人的一部分，从新建立的中国宋朝攫取利益，在中国北方建立起新政权（第9章中有较详细的论述）。

西部大草原 第二个突厥联盟没能对西部大草原实施有效的控制，自581年第一个突厥联盟结束以后，几个有血缘关系的部落为争夺统治权相互厮杀。其中最重要的是保加尔部（Bulghar）和可萨部（Khazar），最终，可萨部将保加尔部赶至巴尔干，在拜占庭帝国边上建立起一个王国。在拜占庭与波斯以及后来的阿拉伯人的斗争中，可萨部成为拜占庭可靠的盟友。740年左右，可萨部挡住了阿拉伯人经高加索北扩。大约在同一时期，阿拉伯人在君士坦丁堡前被击败（718年），又在法国败于查理·马特（Charles Martel）之手（732年）。佩切涅格人（Pecheneg）继可萨人之后，在10世纪晚期成为西部大草原居于统治地位的部族。其他游牧部落，主要是突厥系，向远东迁徙，8—11世纪期间，与亚洲西南部的伊斯兰国家形成了复杂的关系。

大草原上的文化影响 由于大草原世界并没有占统治地位的大国，又由于继任各国与各邻近王国不断发生激烈的外交和军事斗争，所以从741年第二个突厥汗国结束到11世纪中叶这段时期，定居民族的文化和宗教传统对大草原世界产生了重大影响，其传统与游牧民族的传统既竞争又融合。宗教——佛教、基督教和伊斯兰教——在这个过程中显得尤为重要。本章开始部分简要地介绍了部分此类文化交流的例子。

例如，契丹人在中国北方建立辽朝之前就已经采用了以中文为基础的书写系统，佛教也成为他们宗教信仰的一个重要部分。保加尔人尽管对拜占庭一直保持敌意，但最终还是皈依了东正教（且在巴尔干定居后，他们还本质上"斯拉夫化"了）。744年后的几个世纪中，回鹘人建立了世界上唯一一个摩尼教国家。或许最有趣的是可萨人皈依犹太教这件事，据说，可萨人邀请犹太教、基督教和伊斯兰教的代表举行了一次大辩论，由可汗亲自主持。为什么会选择犹太教呢？尽管拜占庭时不时和可萨人结盟，但在拜占庭与穆斯林阿拔斯哈里发（参见第8章）之间，可萨人还是被视为潜在的调停者，因而，不论选择这两个对手间的哪个宗教传统，都会妨碍他们的行动自由权。但与定居民族世界较广泛的宗教传统之一保持联系，对促进外交、贸易和结盟都很重要，于是犹太教对可萨人来说似乎在可选的一神论宗教中是一种既方便又中立的选择。

不过，从长远来看，在这一时期传入大草原的影响最大的宗教还是伊斯兰教。在伊斯兰世界北部边境地带复杂的外交与军事斗争中，各突厥部落皈依了伊斯兰教。皈依常在部落冲突中成为一种战略——结盟，或者作为一个部落区别于另一个部落的方式。虽然伊斯兰教在 11 世纪中叶之前还不可能成为中部大草原上处于主导地位的宗教，不过至少可以说是游牧民族世界的一部分逐步与伊斯兰教的联系更加紧密了。这两个方向引起的后果很重要，伊斯兰教的贸易与外交进一步深入大草原的深处；相应地，突厥人成为奴隶兵的最重要来源，850 年后，迅速在伊斯兰教军事组织中处于核心地位（参见第 8 章）。新皈依的突厥部落常常成为伊斯兰教信仰中最活跃的立誓与异教徒战斗的战士，或称尖兵、勇士。最终，皈依伊斯兰教的突厥人作为征服者直接介入了伊斯兰世界的政治。突厥部落之一的塞尔柱人，在领导这波游牧部落新的征服战中显得尤为突出。

塞尔柱突厥人

11 世纪，塞尔柱突厥人虽皈依伊斯兰教时间不久，但从一开始作为最典型的游牧民族战士，塞尔柱人用不到一个世纪的时间，就从波斯、美索不达米亚和叙利亚夺得广袤土地的统治权，在此过程中，他们完成了从劫掠者到入侵者的转变，实现了自阿拔斯哈里发鼎盛时期以来这一地区的首次统一。但这种统一并不稳固，即使是最有能力的塞尔柱统治者也从未能完全确保对所属各部的控制权。

塞尔柱人征服定居民族的土地　塞尔柱人首次成为中亚地区的主角是在 10 世纪后期，该部落成员应募进入萨曼王朝（Samanid）和伽色尼王朝（Ghaznavid）服役，作为穆斯林战士，主要是攻击非穆斯林的突厥部落。他们因胜利而得到了回报，被赏赐了牧场，可放养畜群和马匹（塞尔柱人还以擅长使用骆驼而闻名）。几十年时间里，很多别的突厥穆斯林加入了塞尔柱部落。

塞尔柱人对定居民族的第一波征服是 11 世纪中叶随图格里勒贝格（Toghril-beg）当权开始的。他是一位耀眼的拥有号召力的首领，首次在协调好的战役中指挥其部落队伍对抗中亚的各伊斯兰公国。在此期间，图格里勒贝格成功地将突厥各部团结在塞尔柱旗帜下，而伊斯兰世界则因不团结吃了很多苦头，尤以波斯首当其冲，在相互斗争的各派中一直战祸连连。

在巩固了中亚大本营后，图格里勒贝格率军进攻波斯东部的呼罗珊，取得一系列胜利。但是，塞尔柱军队不是那种严格的由中央指挥的部队，图格里勒贝格的控制权依赖于不断成功地获取战利品，所以他尽可能地将自己的家族成员安排在指挥位置上，但即使这样，这些人的忠诚也不一定靠得住。他不得不不断地满足所属各部的愿望，所以塞尔柱人进攻波斯最初几年的目标很少是永久征服，而且塞尔柱人也发现攻打城市太难了。直到围攻伊斯法罕取得成功，劫掠城市所获甚丰，图格里勒贝格才说服手下继续扩大战果，围攻主要的人口和财富中心。

同早期突厥人征服中国中原地区一样,图格里勒贝格知道,利用行政、税收等管理体系,是获取财富和巩固其作为统治者权威的更可靠的方法。自1055年起,图格里勒贝格将大部分时间用于控制所属各部,以及利用波斯的官僚系统来管理已经成为大塞尔柱的帝国,并依靠波斯人来管理国家行政机器。

11世纪时塞尔柱人被敌人视为当时最好的骑射手。波斯人、拜占庭人和十字军战士冲锋时最怕塞尔柱军队万箭齐发(参见第11章)。虽然他们知道塞尔柱人不打仗时会一直坚持训练,但是并不知道塞尔柱人在战场上的战略战术水平要明显高于其他游牧民族武士,如后来的蒙古人(参见第13章)。与几乎所有亚洲内陆游牧民族一样,塞尔柱人也擅长使用复合弓,但有一点与众不同,他们使用一种相对较小较轻的矛,使用起来很像骑兵长矛。万箭齐发之后,塞尔柱骑马的矛兵冲入敌阵大开杀戒,令敌人再次恐慌。多数士兵配有大刀或战斧,且往往是徒步作战,战斗力很强,结果这些突厥人——既是奴隶兵,又是一方的征税员——开始在西南亚伊斯兰教国家的军队中占据统治地位(参见第8章)。

然而,这些突厥人领导的伊斯兰世界的复兴付出了巨大的代价,为了解决游牧民族征服者通常面临的难题,即如何在统治一个定居的农业社会的同时保持游牧生活习惯,同时也为了能在向伊斯兰世界(后来向拜占庭)深处迁徙时保持战斗力,塞尔柱人鼓励迁走农业人口,并将大片农业区改为牧场,尤其是呼罗珊和安纳托利亚地区。这么做的经济成本虽难以衡量,但肯定很大。

塞尔柱帝国的衰落 同早期的突厥联盟一样,大塞尔柱帝国从一开始就有离心分权的趋势。在塞尔柱人的观念中,主权是既定的,而不在最高机构或者集中在某个人及其直系后代身上,而是在整个统治者的家族身上。这种集体主权的观念意味着图格里勒贝格及其后的几位直接继承人被迫将帝国的各地区赐予各系亲属去统治,这些人又会将自己的领地分给他们的后代。尽管从技术上讲,这些人臣属于塞尔柱苏丹,但这些地方的统治者很快把自己视为独立的邦国,甚至彼此间兵戈相向,而不是继续扩大帝国的版图。因此,强加给伊斯兰世界的塞尔柱征服地区的团结局面只是昙花一现。结果,虽然塞尔柱在1071年的曼齐克特(Manzikert)之战中大败拜占庭,并占领了小亚细亚大片地区(参见第8章),但阿历克塞·科穆尼(Alexius Comnenus)还是得以利用突厥人不团结的弱点,于1081年后收复了拜占庭帝国的失地。更重大的意义是,到1095年,西南亚伊斯兰世界的分裂局面使第一次十字军东征取得胜利成为可能(参见第11章)。

结束语

即使衰落了,突厥人的战斗力仍然很强——他们的问题是内部不团结,而不是军事上无能,这正符合了希罗多德对斯基泰人的评价。这种相似性并非巧合,它正好反映了从有文字记录以来直至 11 世纪大草原上出现的各游牧民族塑造其历史宿命的各种因素的连续性。游牧民族的影响有起有落——其征服活动的高峰出现在 400—1100 年这个历史阶段的开始与结束时期。此外，如本章讲到的，在此之前也有过游牧民族入侵的时期。游牧民族军事行动的威胁对于那些与其比邻而居的定居型文明的统治者是始终存在的。因此，游牧民族在欧亚大陆进行的文化交流中的作用一点也没有夸大。不过，游牧民族征服的巅峰还没有到来：13 世纪成吉思汗领导下的蒙古帝国的征服将在第 13 章详述。如这位蒙古首领的头衔所述，他的帝国直接继承了游牧帝国突厥联盟的传统：汗就是可汗的另一说法。

■ 推荐阅读

Adshead, S. A. M. *Central Asia in World History*. New York: St. Martin's Press, 1993。本书是一个可读性很强的概述，特别强调了游牧和游牧世界之间的重要联系。

Barfield, T. J. *The Perilous Frontier: Nomadic Empires and China*. Oxford: Basil Blackwell, 1989。作者提出了一个重要概念，即游牧"边境"的性质和游牧部落在中国政治发展中所起的作用。

Christian, David. *Inner Eurasia from Prehistory to the Mongol Empire*. Oxford: Blackwell, 1998。本书是一项广泛的调查，强调游牧社会和定居社会之间的共生关系。

Golden, Peter B. *Nomads and Sedentary Societies in Medieval Eurasia*. Essays on Global and Comparative History. Washington, DC: American Historical Association, 1998。本书很好地介绍了游牧历史的大纲，叙事有点沉重，但书中提供了一份很好的参考书目。

Kafesoglu, Ibrahim. *A History of the Seljuks*. Ed., trans., and intro. by Gary Leiser. Carbondale: Southern Illinois University Press, 1988。本书是关于塞尔柱突厥人崛起的经典论述，重点是伟大的塞尔柱帝国的建立。

Maenchen-Helfen, Otto. *World of the Huns*. Berkeley: University of California Press, 1973。本书利用考古和文献资料，对匈人文化和匈人历史进行了研究和解读。

Sinor, Dennis, ed. *The Cambridge History of Early Inner Asia*. Cambridge: Cambridge University Press, 1990。本书出色且全面地介绍了草原部族的历史。

第 7 章
首领与战团

西欧，400—1100 年

引 言

早在马可·奥勒留统治时期（161—180年），亚洲草原民族的迁徙与入侵就开始影响罗马人的世界。到戴克里先统治时期（284—305年），这种压力已改变了罗马帝国的社会、经济与军事结构。戴克里先统治时期的帝国行政区划承认罗马世界东西两部分不断扩大的差异。5世纪，又一波入侵者涌入，最终导致西罗马帝国灭亡。两个世纪后，信仰伊斯兰教的阿拉伯人入侵，又将旧罗马帝国一分为二，不过这次是分成南北两部分。

到7世纪中叶，罗马世界又分裂成三部分：拉丁欧洲、东罗马帝国（拜占庭）和伊斯兰世界，三者都是罗马文明与军事传统某些部分的继承者。罗马人的基础设施建设在接下来的一千年又塑造了新的战争形态，罗马筑有城墙的城市一直是争战的焦点，尤其是在地中海地区，罗马人修筑的道路也继续作为军用公路。继任的城邦国家继续采用或模仿罗马军事（和民事）机构，只是成功的程度有差异。在君士坦丁皈依之后，基督教在罗马帝国获得大发展，不仅与过去建立起行政和文化上的联系，还不断给战事注入新的意识形态意义。征服与皈依联姻了：异教、基督教的不同分支、基督教的异端，以及基督教的新表亲伊斯兰教开启了长期的口舌之争甚至刀兵相见的历史。

罗马帝国的各个继承者发展出了各自与众不同的身份。第8章将详述伊斯兰教和拜占庭帝国，本章介绍350—1050年的拉丁欧洲，它与后来的帝国及戴克里先之后转型的罗马世界有着千丝万缕的联系，同时也是天下大变的阶段。

继任王国，350—700年

日耳曼继任王国的军队兼具罗马人和蛮族的要素，是当时整个社会的特征。法兰克、勃艮第和哥特国王及他们的对手都有意维持罗马人的征兵与组织体系，但当时的社会经济条件和入侵者自身的传统都使完全维持这一连续性变得不可能。

社会与经济条件

几个世纪里人口不断减少，原因是瘟疫流行和日耳曼人的迁徙发生中断，且人口的结构变得更农村化。城市被收缩在城墙内，反映的不仅是人口减少，而且贸易和商业也在萎缩。这种货币化程度较低的经济，在很多地区更接近维持生计的水平，对统治者们雇用带薪的职业军人或雇佣兵的能力有明显的影响。

经济资源减少的问题又与行政资源的减少交织在一起。识字率的下降使得政府机构难以维持运转，而基督教的教会作为一类教育机构稍许缓解了这一趋势。政府制定的法律也退化成惯例，取代了书面的法典。权威也趋于分散，且变得私有化：治理，尤其是在地方一级，趋向于一种财产管理。在这种情况下，统治者维持专业的、中央集权管理的军队的能力在明显下降。

社会变化也很大。晚期罗马社会，农村权贵开始崛起，取代了城市精英，成为当地社会的中坚。有权势的人之所以有权势，是因他们的追随者人数众多，无论追随者是带武装的还是其他的。蛮族军事指挥官及其追随者的入侵恰好符合这种模式，尽管他们的存在加剧了平民的不安全感。这种不安全感使拥有武装追随者的权势人物提供保护更显重要，由此刺激了自助团体的形成，在城镇中尤其如此。蛮族通过服兵役和享有免税优待，再加上宗教狂热的影响，使这种不稳定的社会混合状态进一步陷入混乱。法兰克人与教皇势力结盟，捍卫正教，反对阿里乌教派（Ariansism），表明这一时期意识形态层面发生战争的潜在可能。

军队与战争

至少是自戴克里先时代以来，日耳曼人的到来在多个方面契合或加速了罗马帝国内部正在发生的各种变化。君士坦丁和戴克里先通过改革将罗马军队分为边防军和巡防军，前者负责防范小型劫掠，后者在城市中心防卫能力不断增强的情况下用来进行"深入防卫"，应对大型入侵。4世纪时，边防军趋于融入当地人口，而巡防军和宫廷卫队则由蛮族占主导，这一类别反映了人种的形成（文化身份的建构），而非实际上的民族血统（参见第4章的专题C：罗马军队的"野蛮化"）。蛮族可以视为罗马化的日耳曼人、日耳曼化的罗马人，或者两者兼具，但至少在理论上，他们是在维持了罗马军队体系结构的情况下服役的。但是军队的"野蛮化"，包括使用不隶属于罗马帝国的联邦部队，对军事组织和战争的结果产生了重要影响。这可以从三个方面看出来，即战争的目的、军事力量的构成以及战争形式。

大战略　从最宽泛的层面上看，继承的王国都是罗马防卫体系的继承人。在常规的外部威胁下，该文明只为维护其疆界而斗争。实际上，它在6世纪中叶败给了东罗马帝国查士丁尼的军队，8世纪初又败给了伊斯兰教国家，伊比利亚半岛也被征服（参见第8章）。日耳曼异教徒的进一步入侵，比如撒克逊人征服不列颠，虽然被抵消了，但那是通过慢慢将入侵者同化的方式。而且没有一以贯之的防御或协同配合的大战略，除了苟延残喘也无力做更多的事。那一时期的冲突主要有两类：一是关于王朝主权而发生的小型战争；二是地方上的权力争夺。取得对城镇和乡村的控制权成为野心勃勃的权贵和战团（武装组织）首领的目标，得到财富的方式主要有两种，或者是征收基本税，或者是进行抢劫。尽管国王作为人们树立的部落统一的象征和集中体现通常很重要（见下文），并尽可能地采用罗马和基督教合法性的标志，但最终还是要看他们给追随者分配恩赏的能力，而这些恩赏之物主要还是通过抢劫得来的。简言之，战争已经从国家层面转变为个人和家族的事。

军队与社团 继任王国的武装力量的组成是个模糊而又争论较多的话题，但几个大的趋势还是清楚的。其中可能最重要的是，与战争规模一样，武装力量的规模变小了。几万人的军队很少见，大多在1万人以下，还有很多甚至不足1000人。这也部分地反映出政治权威的分散：每个王国只能调集罗马部署在该地区的军队的一小部分。前面列出的人口、经济与行政上的限制毫无疑问影响了可以调集的兵员总数。尽管出现了两个趋势，一是国家在组建征募部队方面的不足有所缓解，二是持有武器的人口比例上升，但武装力量的规模还是变小了。

首先，武装力量与政治一样，变得越来越私人化。军队最重要的组成部分是权势人物的追随者——武装力量的维持不是通过国家的财政收入，而是通过权贵的私人财富（理论上可以建立在公共收入来源上）。实际上，供养军队的责任转移了，从中央转到了地方。因此，国王们不需要供养这些武士，却能为己所用——只有在能够保证那些追随他们的权贵忠于自己的情况下才行，这可不是一件容易的事。（同样，权贵们也不能始终保证追随者们一直忠于自己。）

其次，社会的军事化——在精英层中以私有化的战团为代表——也扩展至较低层。我们可能不会想到还有武装的农民，因为对同一社群的人口而言坚持农业耕作和服兵役似乎难以同时进行，且构成农村人口大部分的奴隶和半自由的佃农不是合适的兵源。但城市人口肯定是持有武器的，并组织起来进行自卫。城市武装力量也可以加入皇家远征军，且在部分军队中，他们的人数比权贵的战团要多。并且，战团中人员的社会地位有多低还不清楚，因为毫无疑问，追随者往往是那些没什么财产的人。社会的军事化在对自由的共同定义中得到了清晰的概括："自由之人"在接到国王的召唤时有权拿起武器，并有普遍认可的义务来保卫王国。在这个阶段的初期，自由与拿起武器的权利还与日耳曼或蛮族身份有关：蛮族负责打仗，而罗马人承担纳税。这就导致在士兵和权势人物当中广泛采用野蛮人的身份：很多人"日耳曼化"，成为日耳曼人变成一种选择。（这就解释了法兰克王国自称是日耳曼民族，却讲着一口拉丁语俗话的原因。）而当野蛮人的民族身份变得足够广泛时，就失去了区分武士和平民的作用，于是军事贵族血统取而代之，成为此后中世纪欧洲重要的社会特征之一。

战争形式 继任王国的社会与经济环境也影响了战争的形式。有一种明显的地方化的趋势，因为通信和交通落后，大型行动的协调比较难。毕竟，军队自己可以找到粮食，也能为战马找到饲料，但对任何一支工业文明前的军队来说，后勤能力的限制始终是其担心的主要问题——很可能限制了武装力量的发展，使军队的规模趋于小型化。

劫掠是战争中最常见的活动。劫掠可获得补给和战利品，减少敌人的资源（如果是在敌方领土上实施），并能向对手、敌方人民及反叛臣民传递信息。它既可以将一个有防守的城镇吓得投降，也可以作为对以前遭抢劫的报复——且很容易演变成无意义的残暴行为。对劫掠来的战利品的分配可进一步巩固王室的权威。

有防守的城镇是供给中心，也是周边乡村的控制中心，因而成为一些战役的焦点。尤其是对一个政权的征服或控制出现争论时，军事首领想占领敌方的大本营，并守好自己的大本营。因而，围城与守城成为战争持续进行的一部分。围城的结果常常取决于要塞的防守方或围城方哪一方先耗尽物资。援军可通过袭扰围城方运送粮草的队伍，造成补给危机来解除围困。有时候，决心围困的一方与意志坚决的援军对峙，结果就会发生战斗。

两种自相矛盾的冲动影响着双方首领对战斗的态度。一方面，战斗有风险，毕竟，对统领队伍到前线的指挥官来说是为了证明其超凡的能力——即使是打胜了，获得领土也只是间接成果。（消灭敌人全部野战力量的战斗使胜利一方可在不受敌人援军威胁的情况下进行围城，但并不能保证成功。）所以从这个角度来讲，除非是万不得已，否则还是应尽量避免厮杀，如罗马帝国后期的作家维吉提乌斯（Vegetius）在军事摘要中忠告的那样。另一方面，首领也需要维护其荣誉和追随者对他的忠诚，这使他要直面敌人的入侵，阻止他及追随者的土地遭受劫掠。人们普遍认为在战斗中交战双方应将争端的结果提交给神（无论碰巧是哪个神）来裁决，这种观念增强了战斗的动力，并给相互敌对的两军面对面地对决添加了仪式性的成分（参见专题 A：格里高利·图尔主教）。因此，战斗会经常发生。这一时期的战术发展几乎没什么可讲的：蛮族以楔形编队攻击可能是一种新的作战方式，但在大多数情况下，专业性的下降和指挥的不可靠使战场上的部署简化了。

专题 A：格里高利·图尔主教

格里高利·弗洛伦修斯（Gregory Florentius），6 世纪的一位法兰克骑士和主教，描述了那个时代一位君主在战场上的宗教体验，以及战斗和围困战术。

【法兰克国王克洛维（Clovis）的皈依】两军激烈交战中很多人战死，克洛维的军队在屠杀中开始溃逃。见此情景，他抬头仰望天空，心中满是自责，泪水夺眶而出，他高呼："耶稣基督啊！克洛提尔德（Chlotilda，克洛维的妻子）所称的活着的上帝之子，帮帮那些正在战斗的人吧，赐给那些对您寄予希望的人胜利吧！我祈求得到您的帮助！如果您赐予我胜利，我就信奉您，并以您的名义接受洗礼。"克洛维说完这话，日耳曼人全部转过身，神奇般地所向披靡。他们意识到自己的国王降临了，于是都接受了克洛维的统治。

【战斗战术】后来，狄奥多里克（Theodoric，法兰克国王）没有忘记图灵根国王赫蒙弗里德（Hermenfred）做伪证，叫他的兄弟克洛塔尔（Chlotar）做他的助手，准备采取措施反对赫蒙弗里德。他向克洛塔尔承诺，如果上帝眷顾，取得胜利，就分给他部分战利品。图灵根人准备了一些陷阱，对付法兰克人来袭。在即将展开战斗的平

> 原上，他们挖了一些壕沟，并在壕沟上覆盖了厚厚的草皮，伪装成平地。于是很多法兰克骑兵在战斗时掉进了陷阱，陷阱成了他们作战的一大障碍，但在知道有陷阱后，他们开始变得十分小心。之后，图灵根人发现自己人惨遭屠杀，他们的国王赫蒙弗里德逃走了，他们也扭头就跑。法兰克人取得了胜利，占领并统治了这个国家。
>
> 【围困战术】围困了 15 天，卢德吉赛尔（Leudeghisel）准备了新的器械来摧毁这座城市（科曼日）：车载的攻城大槌，还有捆扎好的树枝和木板，军队可踩着前进以破坏城墙。但他们接近城墙时却被滚石击退，靠近城墙的人全都战死了。守军向他们身上投掷装有沥青和油脂的罐子，又将其他装满石头的东西砸向他们。夜幕降临后，战斗停止了，部队返回营地。天明后，部队再次开始战斗，捆扎了很多树枝，似乎要填平东侧深深的壕沟；不过，在这里器械无法发挥作用，造不成损伤。撒吉塔里乌斯（Sagittarius）主教也全副武装在城上巡视，并亲手从城上向下投掷石块打击敌人。
>
> 来源：Gregorio di Tours, *La Storia dei Franchi*, ed. Massimo Oldoni (Fondazione Lorenzo Valla, 1981): II. 30 (v. l, p. 168); III.7 (v. l, pp. 220–222); VII.37 (v. 2, pp. 212–214), trans. S. Morillo.

步兵与骑兵 社会与政治环境的变化对战争形式的最后一个影响，与步兵和骑兵之间的战术及作战平衡有关。如我们在第 1 章至第 4 章所见，步兵的战斗力有两大基础。在希腊模式中，大军团步兵的运用与其社会起源有关，凝聚力和士气是其在战场上勇敢面对骑兵的冲锋与机动时不可或缺的。邻邦之间并肩战斗，城邦间的社会身份认同将他们团结在一起。这样的军队为了更有战斗力，也不得不频繁参加战斗，因为在战场上获取经验是他们仅有的可以得到的训练。换句话说，他们都是兼职士兵，对一个小型社区来说，供养全职的、专业的和训练有素的士兵的能力是非常有限的——希腊所有城邦中唯有斯巴达做到了。另一方面，在罗马帝国（和中国）的模式中，步兵是通过中央政府对他们进行全职训练而形成凝聚力的。这种模式需要较大的城邦和人口基础，以及较高水平的政府收入、行政管理和中央控制能力。在晚期的罗马世界及其西方继承国中，步兵战斗力的这两大基础都遭到了严重削弱。

罗马模式几乎消失了——这并不很意外，考虑到前面列出的经济与行政管理条件。维吉提乌斯抱怨最多的是他看到那个时代步兵训练标准下降。这就只剩下希腊模式了。城市民兵继续作为继任国家武装力量的重要组成部分。不过，即使是这里，衰落也是显而易见的。一个原因是，经济的衰退减少了物质资源，打击了很多城市社区居民的士气。还有更重要的一点是，继任国家的城市民兵频繁作战仅局限在防卫上，守卫他们的城墙。他们在野外作战不多，无法获取重要的野战经验，甚至那些有作战经验的人也不经常打仗，这与城邦的方阵士兵不同，他们上战场就是为了打仗。因此，除了参加防守型作战外，城市民兵在近战格斗式的战斗中作用很有限。最后，该社会的有钱人和军事精英们常常住在城外，这与希腊城邦的情况不同，因而作为军事社区，可以这么说，城镇没有领导人。事实上，当装备更好、经验更丰富的权贵战团的武士们站在前排带领城市步兵作战时，他们在战场上就能发挥出最大的战斗力。

随着步兵素质的下降，与希腊和罗马时代相比，骑兵在这个时期的战场上发挥了更突出的作用。这一现象的出现主要是因为骑兵素质大幅提升。例如，378年，罗马人在阿德里安堡（Adrianople）战役中败在东哥特王国的骑兵手下，这在过去常被视为骑兵时代的开始。另外，4世纪初或是8世纪初，马镫的传入也巩固了骑兵的主导地位。不过，骑兵时代的到来既不突然，也不是压倒性的。马镫传入的证据有争议，原因是马镫传入的时间跨度很大。马镫能使骑马者稳定在马背上，的确使骑兵之间的战斗有所不同。可能到9世纪时，西欧已普遍使用马镫。但步兵面对骑兵时，士气和凝聚力是影响战斗力的关键。面对令人畏惧的骑兵冲锋，如果步兵临危不惧，人墙稳稳地保持着，战马就会拒绝冲锋（面对障碍会立即停住，既不会跳跃，也不会乱跑），这样骑兵的冲锋就会变为近身肉搏。马镫的使用没有对骑兵冲锋时的心理产生影响。骑兵在战斗中的作用变得更加重要，不是因为骑兵获得了更强的战斗力，而是因为步兵的战斗力变得更弱了。

在军事中，这种说法并未得到广泛认同，与我们想的一样，野战只是战争的一部分。因为步兵在围城战中作用大，所以步兵的作用在那个时代的军队中仍处于重要地位，且往往在数量上构成军队的主体。因为地理上和气候上的原因，西欧不能像大草原上崛起的军队那样来供养骑兵，而且离游牧民族的领地和势力核心区很远，比其他地区受到游牧民族骑兵战术的影响要小。我们应从另外两个方面来印证这一说法。首先，这个时代的士兵不是只局限在战术作用上，今天我们讲的步兵与骑兵术语可能会误导其含义。骑马的士兵可能也常常下马徒步作战，在战斗中成为步兵。其次，与前一点相关，将马用作战场上的武器系统与将马用作战略机动工具之间有着很大不同。许多军队规模较小，意味着他们可以骑上马发动袭击和劫掠，这与这些军队通常是徒步作战还是骑马作战没有多大关系。因而，即使是步兵的素质下降（而非骑兵技能提高了）确实开启了骑兵时代，我们也必须注意这一说法的限定范围。

但是，考虑到它的社会影响，这一说法还是意义重大。在很多时候和地方，处于支配地位的社会精英将骑马作为一种显示其优越性和财富（马是又大又昂贵的物品）的方法。逐步取得社会统治地位的乡绅出于同样原因也将马作为优越地位的象征。他们属于武士阶层，控制资源的能力使其在装备与经验上成为当时的精英武士。他们在军队、宫廷和乡村中都处于主导地位，但某种意义上说，他们只是偶尔以骑兵的形式作战，并且能够与步兵打得一样好。于是，骑士处于统治地位的时代逐渐在西欧出现，成为一个社会及战术发展阶段。

加洛林王朝时期，700—830 年

从克洛维统治时代（481—511 年，前文记述了其皈依传奇）开始，法兰克王国就成为拉丁欧洲继任国中处于统治地位的大国。到 6 世纪中叶，法兰克统治者几乎统治了莱茵河谷西部、南部到阿尔卑斯和比利牛斯山脉的全部地区。他们成为最成功的蛮族，将其军事上的能力与古老的高卢-罗马精英的影响和技能融合到一起。但法兰克人在所有活着的儿子中分配继承权的传统使王国处于四分五裂的状态，导致内部频繁爆发冲突。到 7 世纪后期，王国分裂成多个小国。

墨洛温王朝的宫相（一种首相，王权的幕后实际掌控者）查理·马特（Charles Martel）再次统一了法兰克各部，并在 732 年的普瓦捷（Poitiers）之战中击退穆斯林的大举入侵。其子丕平三世（Pepin Ⅲ）于 751 年自立为王，其孙查理大帝完成了统一大业，并大幅扩张了法兰克的版图。从墨洛温王朝到加洛林王朝时期，无论是经济、社会或政治发展还是军事体系都没有发生大的变化。但是，加洛林王朝早期的成功显示了这个体系在领导有力以及权力得到系统提升时的潜力。然而，查理大帝于 814 年去世后的一个世纪，帝国分崩离析，再次显示了这一时期政治和军队的弱点。不管怎么说，查理大帝的军事扩张产生了持久的影响。

加洛林王朝的军事体系

加洛林王朝军事上成功的基础是作为国王近臣（誓言追随者）的权贵阶层，在加洛林王朝几位国王的领导下团结在一起，将王权的影响力扩展到王国的很多地区。当接到国王的召唤时，他们相应地召唤各自的追随者，并征召其统治地区的士兵。要估计中世纪军队的数量是很困难的，留下来的证据不足以进行准确的估算，所以总兵力可能从来就说不清，但几位国王显然都能征召到大量士兵，这对加洛林王朝的军事征服来说非常关键。

法兰克王国的军队似乎总是在数量上比敌人有优势。加洛林王朝利用兵力上的优势以多路纵队向敌人的领土推进，且每支纵队都强大到足以单独发起战役。这使得几路纵队可以从侧翼包抄绕过边境防御，分进合围敌军。在必要时，还可在多条战线上发起行动打击不同的敌人。此外，通过车轮战术或者选择性地征召部队，法兰克人的军队还能比敌人作战的时间更长：798 年，法兰克军队甚至在冬季发起战役，镇压了撒克逊人的最后一次起义。

能维持这样数量庞大的军队的权贵集团对这种灵活部署模式起着很关键的作用。因为他们可以提供忠诚又有能力独立开展行动的下级指挥官，国王就不必亲历亲为了。那么加洛林王朝早期是怎么成功地吸引了这些领导资源和人力的呢？

关键的一点是加洛林王朝早期的几乎所有战争都是军事进攻。进攻可以劫掠很多物资，使战争对国王的追随者来说非常具有吸引力，因为有利可图。在这种自我增强的螺旋式上升情况下，胜利使招募兵员和维持他们的忠诚度较为容易，从而使取得进一步胜利更有可能。另

外一个关键点是尽管资源有限，但早期的加洛林王朝的行政管理机制特别高效，至少有一段时间是这样。这一切很大一部分还与同教会的密切互利的伙伴关系有关，教会提供了直接从罗马帝国后期传下来的行政管理和领土划分结构。主教有着重大军事责任，包括领导他们个人的随从人员集结，查理大帝进行的改革又使这一结构焕发新的活力。在世俗这一面，帝国被划分为多个郡，每个郡由一位伯爵来治理，为国王服务，国王还随时可以将其调走或免职。伯爵是每个郡的最高长官，在边境地区负责监督当地的防御部署情况。

通过这个行政管理体系，加洛林王朝发布了一整套军事规章制度。这些制度规定了皇家追随者提供兵员的义务；士兵的义务基于其土地财富，根据具体装备水平，按照具体情况来定；还规定了较大单位应带到战场的装备类型（围城器械、补给用的车辆等诸如此类的物资）等。此外还有禁止出口武器和铠甲的规定，以及后勤和纪律方面的相关规定等。将服役和装备义务同土地财富捆绑在一起，一个庞大而经济上欠发达的帝国尽可能地将资源效率发挥到了极致，还使军事首领及各级官兵与各自的社会地位相匹配。将较小的地产编成组，例如，5 位土地所有者编为一组，其中 4 位为第 5 位捐助装备和作战开销，这样有助于将服役的负担分摊在较低的社会水平上。类似的安排还使到遥远的战场上服役成为可能：战场距离越遥远，某个地区必须服役的士兵的比例越低。尽管整个帝国的现实情况是否符合规章制度的理想状态值得怀疑，但其雄心和用意还是给人留下了深刻印象。

早期的加洛林王朝，尤其是查理大帝时期，战役中部队的运用非常成熟。劫掠不再是主要目标，而是作为有计划的征服行动的一部分。几年的劫掠行动常常是为发动大规模入侵做准备，这样能使实现目标更容易。而且征服方法很有针对性。对于要攻打的地区，如意大利或西班牙北部的伦巴第王国，法兰克的围城战车重点攻击有防御设施的重要城市。统一的伦巴第王国仅打了一仗就被征服了。在日耳曼西北部，没有像样的城市和中央集权的政治结构的萨克森成了棘手的难题。工兵在这里发挥了关键作用，萨克森的城堡也轻松地被法兰克人攻克。法兰克人沿边境线修建城堡，并通过道路连接，为进一步行动奠定了基础。这个城堡网络可稳步地向敌人的领土推进。守备部队扼守着城堡，并镇压当地的反抗。这个方法进展缓慢，对萨克森的征服持续了 33 年，最终，查理大帝对萨克森人大开杀戒，通过大屠杀和集体驱逐，完成了征服。这个方法很残酷，产生了深远的影响。征服萨克森是查理大帝王冠上最璀璨的宝石。

加洛林王朝军队中的精英力量——基督教和非基督教的权贵追随者，都骑着马参加战斗。王国的疆域辽阔，进攻行动作战范围很大，使机动能力成为急需解决的难题。这（加上社会期望）要求建立一支庞大的骑兵部队。战术因素则不存在问题。一个很有影响力的学派长期以来一直认为，法兰克骑兵使用马镫后，在战场上取得了战术优势，成为他们胜利的基础（也奠定了封建制度的基础——参见专题 C：封建制度）。但是，最近的研究对这个观点提出了质疑。最有力的证据是：直到 8 世纪末，马镫才得到广泛应用，是在法兰克人大规模扩张之后。没有证据显示骑兵战术的变化；在过去的几个世纪里，持长矛冲锋——几乎是无法抵挡的以马镫为基础的战术——没有得到广泛的运用,也不是唯一有效的骑兵手段,如前文所述,对步兵的优势几乎没什么变化。但最重要的是,野战对加洛林王朝的成功征服来说已无关紧要。查理大帝在其一生中只打了两场野战,而他的封臣也只打过几次。

工程作业——修筑城堡、桥梁和围攻敌人的要塞——巩固了查理大帝的征服。工程作业由徒步士卒承担(不论其是否骑马出征)。有力的后勤保障为工兵工作打开了方便之门。在战役中为大规模的法兰克军队提供补给需要周密的安排。远征通常在王国的大官们春季会议之后,可以为马准备充足的草料的时节开始。筹集粮草有可能会变为纪律败坏的抢劫,此时军队如果遭遇反击会很脆弱,所以必须有组织地进行,并在可能的情况下采用货运的方式认真地进行补充。水路运输更难安排,791年,补给船沿多瑙河一路跟随着军队入侵阿瓦尔(Avar)王国。牛群跟随着军队,提供自动运输的补给。工程人员与后勤人员一起工作:加洛林王朝没有像罗马那样修路,但修了些桥,改善了交通状况,且他们的城堡还可作为补给站。

专题 C:封建制度

9世纪欧洲政治上的四分五裂与军事实际常被认为是欧洲封建制度诞生的原因。那么"封建制度"是什么?如今研究中世纪的大多数历史学家认为这是个具有误导性的术语,使我们对过去的认识更为模糊,而不是更加清晰。"封建制度"这个术语是自相矛盾的,太过模糊,又太过明确。

尽管feudalism(封建制度)这个词是从中世纪的词语feudum(封地)而来的,拉丁文是fief,但封建制度这个词是由18世纪的改革者发明的,用来(不恰当地)描述法国贵族享有的权利和特权,尤其是在土地所有和农民租佃方面。其广泛的社会经济含义则由马克思主义历史学家使用并拓展,在他们看来,"生产的封建模式"继承了古典模式,又先于资本主义模式。对军事历史学家们来说,这一直是个太过宽泛的定义。实际上,如果享有特权的地主阶级与依附地主的佃农构成封建制度的话,那么工业革命前的大多数文明都是封建制的,这一术语也就失去了任何实际分析作用。

军事历史学家们通常对封建制度进行更严格的定义。对他们来说,它指的是一种部队维持制度,典型的是领主赐予一块封地给封臣(vassal,拉丁文为vassus)。作为回报,封臣向领主提供约定好的有限定条件的军事服务,通常是每年40天,而且是以全副武装的骑手——骑士(knight)的形式。虽然有时候领主提供铠甲和武器,但通常都是由封臣自己准备。封地是对封臣提供服务的酬劳,也称为"骑士费"。

从这个层面看,封建制度也常被视为中央集权较弱的表征,主要特点有:现金资源有限,进行的是有限的、一定程度的仪式性战争(骑士参加战斗不是去杀戮,而是去俘虏其他骑士来索取赎金),缺乏纪律性,采用个人主义战术,以及领导层不胜任等。虽然有关中央集权的假设有一定正确的成分，但剩下的都是错的。这种误解源于封建制度定义本身存在问题，问题正是缘于这个定义不够准确。

最近的研究将现代封地服役（Feudal service）的概念追溯到《封土之律》（*Libri Feudorum*）的术语和定义，这是一部12—13世纪的意大利法学著作。其对封地和封臣的学术观点成为16世纪人们解释封地体制的基础，在那之后一直处于主导地位，但这种观点实际上不符合中世纪的情况。封地和封臣是模糊的且变化的术语，9—14世纪的军事制度比常规解释的内涵更加丰富、灵活和理性。

以赐予土地的方式换来的有限服役，作为军事力量的基础有着先天的不足，作为中世纪军队的基础，这种有限服役的作用也被严重夸大了。士兵确实是为了土地而服役，但他们往往是家庭骑士（Household knight）——与领主一起生活的年轻人，以军事和非军事的身份为领主服务。他们长期服役的奖励是获得属于自己的土地，其在服役中一直期待着得到这一奖励。甚至为已经获得的土地服役也没有传统的"每年服役40天"的规定那么明确和严格。封地服役——领主的封臣没有酬劳的服役——最像是"孩子们，咱们走"这种风格：一位领主在地方争端中需要武装支持的时候或需要为他的上级领主（如果有的话）服役的时候，他对其朋友、亲戚、猎友或酒友，以及由他供养的年轻人说："孩子们，咱们走！"于是一起出发。领主军事家庭（拉丁文 *familia*）中的社会凝聚力转换成了军事凝聚力，经常一起打猎和作战，培养起团队战术能力。

那么我们能通俗地将封建制度定义为对没有酬劳的军事服役给予土地补偿的制度吗？这么定义也有几个问题。首先，在很多地方，只要经济条件允许，早期的个人或团体服役都是有偿的，甚至是封臣的封地服役时间未满也是如此。到1050年后，有偿服役变得越来越普遍。其次，在全球范围，不同时间和地点，曾有过多种形式的"士兵封地"，与有偿或无偿服役制度相结合。将其都称为封地，那又成了无意义的宽泛定义。若要试着将一部分区分为封地，就必然被指欧洲模式搞特殊，原因只不过是研究得比较早而已。对军事历史学家们来说，可能最好还是回避这个术语，代之以功能性的描述，来表示世界各地的（包括欧洲的）土地补偿和民兵服役相结合的军事系统，以及与之相伴的社会等级制度。

欧洲的法学史专家们会直接得出一个不同的结论。在12世纪及以后进一步定居化的欧洲，较早时代的非正式解决办法倾向于以规定服役条款和封臣的继承权，来明确正式的合法安排。这一进程标志着封建制度作为可行的军事制度在衰落，却作为一种根本的合法制度在崛起。实际上，领主-封臣的土地所有关系，在欧洲统治阶级中，作为两大纽带之一（另一个是与其类似的婚姻关系）变得很关键。12世纪英格兰的封地法成为后来英格兰地产法以及此后现代美国财产法的基础。封地财产法有清晰的历史。错误在于阅读法律史时堕入了军事范畴。

这一制度的弱点与影响

简言之，查理大帝的军队是以数量和后勤保障上的优势消耗敌人，然后又以工兵的优势战胜了敌人。因而，加洛林王朝的扩张与早期罗马共和国的形成有着明显的相似之处。但这并不表明这种局面能维持很久，因为加洛林王朝的军队仍是那个时代的产物，同样有着继承国所面临的社会和经济限制。因而，加洛林王朝实力的每个方面都有着相应的弱点。

800年后，加洛林王朝的扩张速度放慢了，直至停滞，战事也就不再那么频繁。约在810年，查理大帝遇到维京人（北欧海盗）对王国的首次劫掠。虽然他轻松地击退了海盗，但防御战还是显示出征兵变得越来越困难，因为劫掠活动已经没什么前景或利益可图。这个制度下军人是没有工资报酬的，因而防御战也削弱了可靠的兵源基础，以及下属的忠诚度。而继续扩张也变得越来越困难，因为在交通不便的那个年代，王国的辽阔疆域对个人关系构成了威胁，而这种关系是维系行政体制的关键。同军队一样，王国的官员们也没有从中央政府的税收中获得薪金酬劳——经济体制和政府都没有实现货币化，代替的办法是赐予他们土地和他们所统治地区的收入份额。这一制度有权力下放的趋势，地方官员成为地方势力效忠的对象，而不是遥远的中央政府。由于土地不足以取代金钱作为对官员的补偿，在这种情况下，这一趋势进一步加剧。与薪水相比，地方官员更容易对一个地区产生占有欲。他们建立起地方支持网络，并牢牢地巩固他们本人和家人的官位。最终，调动或罢免官员理论上是皇家特权，但实际上很难。简言之，官位变得趋向于可以继承，从而削弱了中央政府的控制力。

虽然这些问题不是致命的，但因王国政治结构上中央集权的缺陷而变得更为严重。法兰克人的传统仍然决定了国王在世的儿子们要分割王国。到了查理大帝的孙辈，内部冲突开始爆发。内战和新的外部入侵叠加在这套体制固有的弱点上，在查理大帝于814年去世后不到一个世纪，加洛林王朝的皇权和军事实力就被大幅削弱了。

尽管繁荣时间不长，但加洛林王朝还是对一些地区产生了深远的影响。其中最重要的大概要属被征服的萨克森。伴随着对法国南部和西班牙北部穆斯林控制区的征服，以及加洛林王朝的统治或影响扩展到巴伐利亚和多瑙河上游，它永久性地逆转了自身文明的收缩态势。通过将莱茵河以东大片领土并入讲拉丁语的基督教世界，它还将文明的重心北移，远离地中海，将更多从未属于罗马帝国的土地纳入拉丁欧洲的文化圈。加洛林王朝战胜异教徒萨克森人，迫使其皈依，又战胜了穆斯林，加强了该文明中战争、基督教和皈依之间的关系。法兰克主教参与军队的组建和领导加强了这种联系，在800年查理大帝加冕称帝时，这种联系又得到了教皇的确认。这种联系至少在理论上是互利的：教会得到了强大的捍卫者和皈依的急先锋，拥有军事力量的人则得到了合法性和威望。

教皇主持的加冕典礼以及教会与军事组织的联系也加强了残存的罗马理想与制度的影响。或许，其中最重要的、持续最久的是作为加洛林王朝地区组织支柱的郡。在郡一级以下，社会与军事关系继续受到加洛林王朝家臣形式的影响，并通过查理大帝的军事制度得以正式化，且与军事义务联系在一起。

这些残存的思想和制度将在不断变化的世界中发挥其影响力。最终内部冲突与新的入侵极大地改变了这个世界的社会结构。加洛林王朝统治的欧洲虽在围攻中幸存了下来，但并非毫发无损。

围攻欧洲，800—950 年

虔诚者路易（Louis the Pious）是查理大帝唯一幸存的儿子，于 814 年完整地继承了王国的统治权，但是在他 840 年去世之前，其 3 个儿子之间已经开始了激烈的争斗，路易去世后，一场全面的内战爆发了。843 年《凡尔登条约》（Treaty of Verdun）签订，正式将帝国划分为日耳曼路易（Louis the German）统治的东法兰克（日耳曼领土）、光头查理（Charles the Bald）统治的西法兰克（后来的法兰西王国），以及从低地国家经勃艮第一直延伸到意大利的中部王国，由洛泰尔（Lothair）统治，后来称为洛泰尔尼亚（Lotharingia）王国，帝号也由洛泰尔继承。然而，一纸条约未能阻止这几个兄弟及其后代之间的战争。在接下来的半个世纪，背叛、不断变化的联盟和帝号的变动削弱了整个加洛林王朝领土上的中央权威。地方官员和强大的权贵越来越醉心于追逐自身利益，建立实质上脱离王室控制的地方权力基础，但是在动荡时期他们也不得不应付其部属无法无天的举动。

入侵者：维京人、萨拉森人、马扎尔人

加洛林王朝的内部争斗为外部入侵打开了大门，加速了王权的衰落，也加剧了这个时代的动荡。此时出现了三大主要威胁。维京人是海上漂泊的异教徒，他们的起源及生存方式将在第 10 章详述。他们的劫掠活动约始于公元 800 年，持续了一个多世纪，9 世纪 60—80 年代达到顶峰。起初，他们进行一些小规模的劫掠，后来更大的维京武装开始建立有防御设施的营地，并在他们要劫掠的目标地区过冬，有些甚至将劫掠活动变成永久征服。

萨拉森（Saracen，阿拉伯人）海盗在巴利阿里群岛（Balearic Islands）和法国南部沿海地区建立起据点，从那里抢劫货船，并深入意大利和法国南部劫掠。他们的劫掠活动也始于 9 世纪初，到这个世纪的最后 30 多年时为祸最烈，持续时间比维京人更长，直至 11 世纪。他们是较大的地中海两栖作战势力的一部分，将在第 10 章详述。

马扎尔人（Magyar）是异教徒，属于中亚的游牧民族，与文明世界的互动遍及欧亚地区，对该时代影响深远。这个民族典型的特征是，其军事力量由使用弓箭的轻骑兵组成。由于受到其他游牧民族的压力，他们被迫西迁，于 9 世纪 90 年代迁至多瑙河中部平原。刚安顿下来，他们就四处发起造成破坏的远征，时间贯穿 10 世纪前半叶，侵入斯拉夫人的领地、日耳曼大片地

区、意大利北部以及法国东部。

机动的劫掠者 三大入侵者构成的军事威胁是他们有很强的机动性。维京人和萨拉森人把海与河当作快速移动和撤退的公路，袭击防守薄弱或不设防的地方。马扎尔人的轻骑兵则是陆上机动能力很强，可避开或超过当地的防守力量。修道院和没有守卫的仓库是这三股势力最喜欢打劫的目标。这个习惯及他们的非基督教信仰使他们成为那个时代特别可怕的威胁，僧侣们在编年史中对此记述最多。但我们不应夸大他们的军事能力。他们的威胁程度既反映了入侵者的实力，也反映了防御者的虚弱。

他们都不擅长围城战，其机动性妨碍了攻城器械随队行动。无论如何，围城比较困难，所以他们袭扰的目的就是进行容易得手的抢劫。也有些维京人围攻过要塞（参见第10章专题B：巴黎之围，885年），但很少成功。缺乏攻城能力限制了这些入侵者进行永久征服。但维京人有永久征服的成功例子，主要是一些总体上缺少先进防御能力的地方，如在爱尔兰和俄罗斯，政治结构比较松散，维京人有机可乘，成为当地的统治者。

这几个入侵者的武器、铠甲或者战术水平都不是很好。如果他们被投入战场上，有时候可能会被击败——问题在于他们不会轻易地投入战斗。等到防御力量集结起来能对付劫掠者时，这些劫掠者早就跑了。这些入侵者首次出现时，加洛林王朝中央政府的软弱和分裂使得这个问题更加尖锐。

政治冲击 于是入侵刺激了政治分裂和因内部斗争加剧的地方割据。在缺乏强有力的中央领导的情况下，地方政府只能自己想办法组织防卫，应对劫掠者。但在组织防卫上，中央政府还是起到了一点作用的，因此，各地区的反应有所不同，入侵的影响也是如此。

西法兰克王国（法国）在入侵中遭受的破坏最严重。维京海盗利用近海与河流中的岛屿作为半永久性基地不断进行劫掠。光头查理由于忙着与其兄弟们和反叛贵族打仗，起初顾不上打击维京海盗。当他把注意力转向维京人时，采取了这样一个战略，即在河流上修建坚固的桥梁，阻挡海盗的船队沿河穿行，取得了一定的成功。不过，他常常通过纳贡这种简单的方式去换取和平，在他死后，王朝再次陷入混乱，为海盗持续的大规模劫掠活动打开了方便之门。皇家权威几乎荡然无存，只在巴黎周边有限的地方非常缓慢地恢复。

维京人在英格兰则采取征服战略，9世纪初，众多的盎格鲁-撒克逊王国中，只有威塞克斯（Wessex），即阿尔弗雷德大帝（Alfred the Great）统治下的西撒克逊王国保持着独立，直至870年。在艰苦的斗争过程中，阿尔弗雷德利用坚固的城镇系统守卫其王国，这样的城镇称为城邑堡垒（burgh），由撒克逊土地所有者及其追随者的队伍（fyrd，自由民经动员组成的队伍）驻防。自由民服役的惯例得到确立，这样总有部分军队可担负卫戍职责，部分军队承担野战任务。骑上马进行机动（尽管是徒步战斗），驻防在城邑堡垒中，自由民部队可以有效地限制维京人的劫掠和征服能力。威塞克斯不仅幸存了下来，而且在899年阿尔弗雷德大帝死后的一个世纪里，继续征服"丹麦法区"（Danelaw，维京人统治下的英格兰地区）的大部分地区。维京人的入侵最终催生出一个统一的相对较强大的英国君主制度——与法国的结果恰好相反。

东法兰克王国（日耳曼）几乎没有遭到过维京人的袭扰，但到 900 年时它只不过是一些公爵的领地而已，与西法兰克王国一样，陷入了四分五裂的状态。但萨克森的亨利（Henry of Saxony）于 919 年成为国王，与其子奥托（Otto）阻止了王国进一步分裂，甚至还在与马扎尔人的战争中恢复了皇家的威信。同阿尔弗雷德大帝一样，亨利通过综合运用筑垒和一支重组的加强的野战部队遏制了他的敌人。步兵虽然在军队中起到重要作用，但尖刀部队还是重装骑兵，兵员从贵族中招募，机动性足以匹敌马扎尔人，在铠甲和近战武器方面相比马扎尔人拥有绝对优势。奥托一世统治时期，955 年经过勒赫菲尔德（Lechfield）之战，日耳曼军队不仅击败了马扎尔人，彻底终结了他们的劫掠活动，还推进到斯拉夫人的领地，并征服了意大利北部。远征意大利为日耳曼国王扩大了威望，而且得以加冕称帝。但是，尽管威望很高，其统治的疆域也很大，但在日耳曼人内部，王权还是缺乏成熟的权力机制。即使是在帝国的统治下，意大利的城市还是保留了相当大的行动自由，正是他们在海上的独立自主，扭转了打击萨拉森海盗的局面（参见第 10 章）。

对入侵的应对

尽管受影响地区的中央政府风格不同，结果也各异，但在应对入侵上，还是明显表现出了一些共同的特点。增强要塞防卫是各国防御战略的重点。如指出的那样，只要防御工事修得好，人手布置得当，入侵者几乎没有办法攻克防守严密的要塞。当劫掠队伍席卷而来时，这些堡垒可充当避难所。但其功能还不只是被动的防守：要塞还限制了劫掠者能攻击的目标范围，守备要塞的军队还可以袭扰和伏击行进中的敌军。在返回的途中，劫掠者满载战利品，行动迟缓，警惕性可能也差，所以就特别脆弱。正如阿尔弗雷德的城邑堡垒体系所显示的那样，堡垒还可作为战略进攻的基地，逐步包围劫掠者，夺回被占领土的控制权。

增强的要塞与某种军事制度（保持一支装备精良的军队）相结合，很好地担负起守备和野战的职责。各国采取的措施各不相同，其中一些措施比其他措施更具共性。在所有地区，鉴于那个时代各个政府在财政和行政方面能力有限，富有的领主一直是维系军事力量体系的支柱。因而，入侵行动进一步凸显出拉丁欧洲武士精英的重要性。（该精英成员是否始终是或者主要是弱势文化成员的善意保护者，这个问题我们将在第 12 章进一步探讨。）

所有例子中，非军事措施都在辅助武装防御，尤其是早期，最有效的地方防御措施就是简单地花钱打发入侵者。纳贡显然只是权宜之计，意在转移祸水，却能赢得宝贵的时间。纳贡再次提醒我们，不要夸大防御措施的军事效能。维京人及影响范围较小的马扎尔人的入侵之所以结束，既有军事失败的原因，也有这两个群体内部的原因：在经历多年的劫掠远征后，这两个群体似乎都定居下来，过上了"正常"的生活。皈依基督教为这一进程做了贡献，且常常与军事措施有关。例如，在艾丁顿（Edington）之战打败维京人后，阿尔弗雷德大帝便给维京人领袖古斯鲁姆（Guthrum）施了洗礼。再者，那个时代意识形态和文化在战争中居于核心地位。在打击穆斯林敌人时，皈依是较少使用的选项。但在对付非基督徒的过程中，剿抚并用是驯服危险敌人的两个手段，将其人口纳入各国基督教社区，在入侵行动结束后，这一进程越来越向外扩展。

走向重建，950—1050 年

950—1050 年之间是拉丁欧洲文明交替的重要时期，它见证了经济活动和社会结构广泛而系统的变化，这些变化将对政府、军事组织和文化产生深远的影响。这些变革建立起来的模式，直到工业革命之前一直对西欧文明具有重要影响。

结束入侵者对欧洲的围攻释放出巨大的增长潜力，因为环境在某种程度上变得更加安全了。新的定居点开始从旧的人口中心向外扩张，逐步向拉丁基督教世界内的荒原地带渗透，将这个世界的疆界稳步向外推进。人口开始增加。这片土地上，人口增多了，荒原减少了，入侵也减少了，交流变得更加容易。新的城镇快速增加，经济活动和贸易的节奏也加快了。不断增长的农业和商业财富吸引着统治者们有效地利用这些资源。但首先利用这些条件的是当地的实权人物，包括世俗的和教会的。事实上，他们利用这些条件果断地巩固了自己的地位，国王们和王子们在以后又利用了这些实权人物取得的成果，因为权威的重新确立开始于欧洲贵族统治的重建。

城堡与贵族统治的重新确立

这个重新确立过程的起点是在入侵时代大混乱中迅速传播开来的一项新技术：私人城堡。私人城堡在几个重要方面不同于较早时候的要塞。首先，规模要小得多。同盎格鲁-撒克逊的城邑堡垒或典型的市镇的城墙相比，其城墙围成的区域和城堡的塔楼极小。城堡是设计用来保护领主及其家人的，而非一般的平民。这是其私有性的一部分：这不是一种公共防御。从这个意义上讲，连国王和伯爵的城堡也是私有的。城堡规模较小，意味着一支小型部队（100 人以下）就可有效地进行防守。早期典型的私人城堡是土墩与外廊式（motte-and-bailey）城堡，有木质的合围城墙，有突出护堤的外廊，有天然的或人工修筑的陡峭的土墩，还有高耸的木质箭塔。规模小和土木结构意味着修建土墩与外廊式城堡速度快、成本低，所以领主自己就可以加强防守。石头结构的城堡则意味着修筑速度慢、成本高，但肯定更加安全。因此石头结构的城堡传播较为缓慢，但到 11 世纪中叶时，随着石头城堡的修建和旧的土墩与外廊式城堡的重建，石头结构的城堡在一些地区得到推广。（人工修筑的土墩在建成数十年后，才能在上面修建石头结构的塔楼。）

城堡除了不供公共使用外，在另一方面往往也体现出私人性，即领主们修建城堡无需得到国王和伯爵的许可。9世纪60年代，光头查理颁布敕令禁止未经许可修筑城堡，可实际情况愈演愈烈。一位有城堡和封臣的领主甚至会有一定的权力挑战其上级。因此，城堡的传播也造成了那个时代政治权威的分散。作为领主地位的技术象征，私人城堡纷纷涌现，而反过来城堡也刺激了欧洲贵族社会结构的重塑，并改变了地方统治的基础。

到此时，欧洲贵族的血缘关系结构已经变得相当松散。与父系和母系家族的附带关联变得很重要，在扩大的血缘关系谱中，继承模式发生了较大变化，并趋向于对土地进行分割和重新安排——前文我们讲过法兰克人在儿子中分割土地的传统造成的政治后果。但城堡作为领主权力的象征改变了这一模式。那些领主围着城堡修筑了坚固的设施，以吸引人员和物资，对自己死后不动产会被分割表现出越来越不情愿。于是，继承制度开始向更加严格的父系体制和长子继承制演变，即大部分不动产（如果不是全部）传给最年长的儿子，其他儿子则自谋出路。家族的名字开始出现了"某某的"形式，这里的某某的就是该家族所在的城堡的名字。自此以后，血统和长子继承制成为欧洲贵族家庭的结构形式。

除了不动产外，这些新"城堡领主"还将地方统治机制揽到自己身上。征税权和司法权——本该是公共权力——广泛地落入地方实权人物手中。强有力的中央权威能将财富和威望分配给拥护者，而在缺乏这一权威的情况下，地方的领主们认为有必要更全面地发展他们自己的资源。由此形成的领主身份与社会之间的密切联系使欧洲地方一级的治理进一步变为一种财产管理形式，并将政治权威牢牢地与固定的地方联系在一起。

新的社会军事制度要素

贵族家族结构体制是整个社会结构的支柱，950年后这种结构的转变，至少部分受到私人城堡推广的刺激，对欧洲社会、政府和军事组织产生了深远的影响。一种新的制度出现了，我们可以称之为社会军事制度，在接下来的800年甚至更长时间里，它成为欧洲发展的重要内容。这一制度的关键要素是城堡、骑士和城市士兵或非骑士士兵，且每个要素远非只具有军事意义。

城堡 城堡的军事功能显而易见，它为领主及守卫城堡的封臣提供了庇护所，还可对周边乡村进行突袭抢劫。以城堡为基地的一队骑手可控制城堡周边半径10英里的土地（向外骑行半日，返回骑行半日）。这样的优势地位在城堡的各项功能中增添了政治内涵，它就是领主的法庭，地方的正义也在这里伸张；它还可充当监狱，也可作为领主储藏粮食和财宝的仓库。从中世纪地方官员到王室官员的头衔的起源上，如宫廷总管（chamberlain）、总理（chancellor）、司礼官（marshal）和治安官（constable）等，可以看出城堡的家庭式管理与运作之间的联系，这些人负责其领主家中事务的某一方面，并延伸开来，负责领主掌控的政治实体的某一方面。

单个城堡虽然重要，但能控制的区域毕竟很有限，而且比较脆弱，容易被孤立。当一个地区的统治者将一组城堡（不管是新建的还是抢占的）建成一个网络时，城堡就变成了较大的政治单位的基础。这就要求地区领主以某种能确保小领主对他忠诚的方式，将他们团结在自己身边，这是一项棘手的任务，因为城堡拥有者可以容易地抵御惩罚。而地区领主没能收服城堡拥有者的那些地方，比如法国南部大片地区，中央集权的发展就比较缓慢。但是地区统治者如果能确保城堡网络的安全，相互支援的城堡之间有一日的骑行距离，并能够统治所有介于其间的乡村地区，那么他就为扩大统治奠定了军事基础。这样的网络并没有封锁边境，但建立起一种新机制，将纵深防御的特点与卫戍状态结合在一起，既防范外部威胁，又防范内部叛乱。

骑士 这个新兴的社会军事体制的第二个方面是骑士，这个词需要仔细定义。"骑士"（knight）过去通常翻译为拉丁语 miles（复数形式为 milites）。这个词本来指的是罗马帝国的军团士兵，换言之，指的是重装步兵，尤其是指 11 世纪的精英士兵，但我们知道，那时候社会上的精英士兵是骑马的。拥有战马能反映出几个基本面：装备精良，拥有社会及军事上的精英地位。由此，我们发现 milites 开始具有第二层意思，大概相当于 equites，即"骑兵"（cavalry），有别于 pedites，即"步兵"（infantry）。文献资料中所讲的军队由 milites peditesque（骑兵和步兵）组成。但有一点要记住，相等只是大体上的，因为 milites 保留着精英地位的内涵，既有社会层面的，也有军事层面的。因而仍在使用的 equites 指的可能不是骑士（knight），而是骑手（horseman），或者作者主要是想表达一队士兵是骑兵这个意思。类似地，短语 milites gregarii，即"普通骑士"（common knight），可能用来指配有骑兵的武器装备的士兵，但这些人贫穷、无地，或者出身低微，总之没有社会精英地位。进一步讲，下了马的 milites 就变成了 pedites，即骑士变成了步兵。但没有中世纪对等的"下马的骑兵"的词语，也没有"骑马的步兵"这个词语，显然，这些术语暗含着将士兵刻板地划分为中世纪根本不存在的类别。所以我们应知晓，这是通过与时代不符的术语强行刻板地进行了划分。

这么说来，骑士是装备精良的骑马的武士。在此时期，精良的装备是指铠甲（锁子甲）、圆锥形头盔、刀剑、长矛和盾牌。战马赋予了他们在城堡间巡逻、从事武装护卫和快速应对威胁的机动能力。在欧洲大陆的传统中，骑士是接受过训练，在马背上作战的。盎格鲁-撒克逊的大乡绅（thegns）相当于欧洲大陆的骑士，虽然骑着马上战场，却总是徒步作战。但即使是欧洲大陆的骑士也不必作为骑兵作战；骑士常常下马作为步兵战斗，这取决于战场情况。骑士通常拥有不止一匹战马，他们会骑着一匹马前往战场，而把状态最佳的战马留在战斗中使用。

此外，骑士通常是贵族领主的随从。从军事意义上讲，贵族本身就是骑士：以同样的方式进行武装，并在战斗中统领骑士。但我们应记住的一点是，骑士之中有社会地位的区别。这一时期的骑士范围很广：从大领主的儿子，到无地的冒险者，即想通过自己的本领在战争中为自己挣一块地的人。在 1050 年前，骑士是一个职能群体，不是一个封闭的社会阶层，有天赋的新人运气好的话，可以发家致富。不过，通常情况下，由于封臣契约本质上是自由的人自由签订的，双方都有义务，非自由民就不能成为骑士（尽管日耳曼的确出现了非自由骑士阶级，但这是特例）。

如前文所述，服役条款尚未相应地做出明确规定。服役的人只是为了从领主那里得到维持生计所必需的东西，盼望着未来能得到土地，或者交换已经得到的土地。封臣成为"领主的人"

有多种原因；军事服役只是将封臣与领主捆绑在一起的纽带之一。例如，血缘联系是骑士和贵族群体强有力的纽带。在很多地区，有些人从多个领主那里得到土地，且领主之间也相互赠予土地。不过，在此时期，军事权力仍处于这个网络的核心位置，因为领主们需要武装的部属，而地位较低的人需要保护者和资助人，所以我们可以想象很多封臣为他们的领主服役每年远超40天，服役情况取决于必要性和商讨结果的结合。1050年后，拥有骑士头衔的条件与应履行的义务逐步有了较为明确的规定，在此过程中，骑士形成了一个确定的社会阶层，1050年前的情况则比较不固定。

由于这些武士装备精良，受过良好的训练，这个社会也为其提供了各种关系，骑士就成为在地方一级的武装力量的中坚，及较大规模的军队的先锋。骑士还会成为没有骑士身份的人组成的骑兵和步兵部队的军官。骑士不是罗马军团意义上的专职士兵——骑士身份不是领薪水的职务，也没有由强有力的中央政府从上面强制进行集中训练。大型的骑士与步兵部队从不进行常规的训练，他们的作战能力也就较为有限，比不上职业军队。但骑士能达到那个时代所能达到的最高专业水准。骑士从小就接受骑术和武器使用技能训练。一些小型群体，比如领主的家庭成员（familia），可通过狩猎、战斗和共同生活获得经验和凝聚力。作战与其说是骑士的职业，不如说是他们的生活方式。因此，骑士部队拥有非凡的勇气、毅力和技能，常常表现出比历史学家所认为的更好的纪律性。

城市士兵与非骑士士兵　这个新兴的社会军事体制的第三个方面是没有骑士身份的士兵，主要来自城市人口，但有时也来自文明的边缘地区，如威尔士。在这些地方，统治阶级中的社会关系将骑士们联系在一起，非骑士士兵则通过各种力量聚合在一起，包括社区团结、有偿服役和民族身份等。

最重要的是，城市士兵与其他圈外人在社会地位上不是骑士。正如骑士可以作为步兵徒步作战，或者作为骑兵在马上作战一样，城市士兵在战术上也很灵活。由于经济上的原因，他们通常徒步作战，包括使用发射型武器，比如弩，但并非只有他们这么做。西班牙的城市民兵就有大量骑马的人员，而其他的城市部队和非骑士队伍常常也有骑马的士兵，尤其是在经济发展水平使城市部分人口有能力武装自己的那些地区，如意大利。城镇居民或其他圈外人并不一定就是做步兵。然而，一般来说，这个群体是西欧军队步兵部队的来源。

因此，在盎格鲁-斯堪的纳维亚世界之外，那些传统上的精英武士徒步作战的地方，在这一时期及以后的几个世纪里，大部分步兵兵源来自城市（至少在出身上是这样——远离故乡的步兵群体待雇用的非常多）。考虑到这一时期中央政府的权力，希腊步兵战斗模式仍然是现存的唯一模式。不过，随着贸易逐渐复兴和城市生活水平提高，优质步兵的基础也开始复兴，实际上，在接下来的8个世纪中，欧洲军队发展的一个关键方面是步兵技能稳步提高，首先是希腊模式，然后是罗马模式。到此时，最有战斗力的步兵通常来自欧洲两个城市化最发达的地区——意大利北部和佛兰德斯。

考虑到城堡及围城战的重要性，步兵在这一体制中有着非常重要的作用，尽管骑士在社会上处于主导地位。在弩快速传播的时期，步兵与围城战之间的关联得到突显。罗马时代后期，弩类的武器就已出现，但直到此时，才成为著名的步兵武器。弩虽然射程和穿透力比传统的短弓强，但装填的时间较长，因而是要塞城堡和城镇防守战的理想武器，弩手在此装填比较安全，且方便向攻城者射击。此外，弩手还可为攻城的军队提供掩护。重装步兵——大多是长矛兵——也经常被用到战场上，相比于弩兵，长矛兵的技术性较低，也便宜些，但在战场上能对敌人骑兵形成较强的防御。包括这两类步兵在内的许多部队，作为防御力量和火力的组合在围城战和野战中颇具价值。不过，步兵部队对小型突袭远征来说不那么重要，在这种远征中骑兵能更有效地劫掠乡村地区。

虽然非骑士士兵是军事体系的重要组成部分，但我们不应把这套体系视为从上到下设计的，或者是完全和谐的。随着法律赋予的自由和财富的增加，城镇同以乡村为基础的骑士之间的关系常常趋于紧张。城市步兵部队的存在一是满足领主的自我防卫要求；二是在较大的体系中支援骑士部队。在有城堡作为城镇防卫一部分的地方，城市步兵既可击败围城部队，也可震慑城镇的平民，成为城镇领主统治地位的象征。城堡、骑士及950—1050年这个阶段开始出现的城市部队三者的结合是充满紧张气氛的既合作又竞争的动态平衡过程，几乎不受上层的指挥或控制。

这样一套社会军事体制虽然有些波动，但有较强的征服能力——例如，1066年诺曼底公爵威廉征服盎格鲁-撒克逊英格兰（参见专题B：黑斯廷斯之战）——并随着时间的推移而进行重要的变化和调整，成为该文明疆界稳步扩大、国家重建和欧洲战争文化的基础。这些话题将在第12章进一步详述。

专题B：黑斯廷斯之战

1065年圣诞节，英格兰的盎格鲁-撒克逊国王忏悔者爱德华（Edward the Confessor）去世。伯爵哈罗德·戈德文森（Harold Godwinson）继位，却遇到诺曼底公爵威廉以及曾在基辅罗斯和拜占庭帝国当过兵的挪威国王哈拉尔·哈德拉达（Harald Hardraada）争夺王位。

要发动战争，威廉首先必须获得己方贵族的支持，意志坚决的外交工作终使远征得到罗马教皇的批准。这一年仲夏，他在迪弗（Dives）河口安营扎寨，承诺将劫掠来的战利品分赏属下，吸引了法国北部各地的冒险者和雇佣兵，并组建了一支舰队。与此同时，哈罗德·戈德文森在5月沿英格兰南部海岸线发动民兵（fyrd），解决了其反叛的兄弟托斯提格（Tostig）的袭扰，并与舰队一起驻扎在怀特岛（Isle of Wight），准备好一旦威廉的军队登陆就扑上去。可惜，他动员准备得太早了，整个夏季哈罗德一直使舰队和军队处于警戒状态，民兵实行两班倒。尽管后勤保障非常有效，但物资补给最终还是耗尽了。9月8日，英国民兵解散了，舰队则返回了伦敦。

威廉的入侵大军虽于8月初就准备好了起航，但没这么做。不论推迟是故意在等待哈罗德的补给出现问题，还是因为逆风，这次推迟一直都是颇具争议的话题。不论怎样，进入9月，到了帆船航行越晚就越危险的季节。12日，或许是对哈罗德的动员做出反应，威廉准备入侵了。暴风将他的舰队吹回索姆河口的圣瓦莱里（St. Valery），于是逆风又将他困了两个星期。与此同时，9月18日，哈拉尔·哈德拉达率领至少有300艘战船的舰队出现在英格兰北部近海处，并在约克附近登陆。20日，他在盖特福德（Gate Fulford）击败了埃德温（Edwin）和莫卡（Morcar）伯爵指挥的北方民兵，占领约克郡，并在斯坦福德桥（Stamford Bridge）附近扎营。哈罗德闻讯，以出人意料的速度迅速行动，一个星期行军190英里（约306千米），从伦敦赶到前线。25日，他向挪威人的军营发起突然袭击，取得了决定性的胜利，消灭了哈德拉达和反叛的托斯提格。

但是两天后，风向发生了变化，威廉在佩文西（Pevensey）登陆，很快到了黑斯廷斯（Hastings），并在两地建起土墩与外廓式城堡。之后，他开始劫掠周边地区，希望将哈罗德吸引来此决战，这是他赢得战争的唯一机会，也是威廉职业生涯中唯一采用求战策略的一次。哈罗德上当了，他迅速挥师南下，只在伦敦休整一个星期以集结更多部队。他可能希望以斯坦福德闪击战的形式再次取胜，或者想把威廉堵在黑斯廷斯半岛上，让诺曼人耗尽补给。然而，极善侦察的威廉于10月13日知晓了哈罗德的意图。翌日晨，威廉抓住战机，黎明时分向撒克逊人的军队运动。此时，哈罗德虽然占据了山岗顶部的有利阵地，却基本上是被迫打一场防御战。

两军的规模虽没有准确的统计数字，但很可能都不超过6000人。哈罗德的侍卫（他的精英王室近卫军）位于领主和地方民兵组成的盾牌墙前面，但缺少弓箭兵，且没有骑兵。威廉指挥的是一支混编部队，有重装步兵、弓箭兵和重装骑兵。两军的兵种混编情况虽然不一样，但是他们的训练水平、纪律情况和铠甲水平几乎相当，打起来应该是势均力敌。

上午约9时，威廉发起首轮进攻，立即遭遇了失利。他左翼的布列塔尼（Bretons）部队在混乱中败退下来，有关威廉战死的谣言又传遍全军。此时，哈罗德应该下令全面反击，如果真这样，情况就不一样了，不知何故（他的兄弟们之死造成的？），他没有这么做。脱下头盔的威廉重新集合部队，砍杀冲出防御盾墙的零散追兵。

大多数中世纪的战争至此该结束了，然而这一次一直持续到天黑。哈罗德此时虽然几无机会再赢，但仍可避免失败，然而，"一场奇怪的战斗"随之而来。据一位编年史家记载，撒克逊人在山岗上像岩石一样矗立的时候，诺曼人发起佯攻，通过诈败将更多的防守者从山岗上吸引了下来。撒克逊人虽然很累，但没有败，如果这天威廉的最后一击没有成功的话，他的阵地就会十分危急。威廉下令弓箭兵仰射；哈罗德可能在箭雨中一只眼被射中。威廉的步兵和骑兵发动了最后的进攻，终于攻破了防御盾墙，哈罗德被砍倒在他那绣着怪物的战旗下。国王一死，威廉取得了决定性的胜利。

> 此战证明两位领导人都是优秀的指挥员。威廉虽在指挥方面略胜哈罗德一筹，但多数靠的是运气。此战之后，他一边谨慎地向伦敦进军，一边沿途劫掠。国王及其兄弟们都已经死了，撒克逊人无法再组织有效的抵抗，12月中旬，盎格鲁-撒克逊的主要首领全部臣服于威廉。1066年圣诞节，威廉加冕，杂种威廉（William the Bastard）从此成为征服者威廉（William the Conqueror）。

总 结

同世界其他很多地区一样，世界史上以迁徙与入侵为特点的这一时期之后，西欧也发生了重大变化。罗马政治与军事结构的崩溃给拉丁基督教世界留下的是待处理的破碎的传统。但战争的社会和经济背景的变化意味着破碎的罗马传统将与许多新的元素结合到一起，也意味着拉丁基督教世界最终将不得不在政治上和军事上凤凰涅槃。从950年至1050年大约一个世纪的时间里，此前600年发展的各种要素结合在一起，形成了新的以城堡、骑士和城市士兵为基础的社会军事体系。

这套体系通过某种原始的、暴力的贵族统治形式，反映了政府不发达的世界和统治不稳固的社会。它形成了一种政治结构，将领主地位与经济发展（包括农业和商业），以及一种不同寻常的相互的、契约的政治权利、自由和特权联系在一起。不发达的政府和不稳固的贵族控制不仅将这种观念扩展至城镇（在那里商人开始开创自己的世界），甚至也扩展至农民（他们从领主们为自己的产业争夺劳动力的竞争中获得有利的土地使用条件）。

简言之，西欧在350—1050年这段时期，精英阶层从未能全面统一和垄断权力、威望和特权。换句话说，西欧在这段时期未能建立起真正传统的文明，反而出现了一种极易出现政治与社会的波动和冲突，以及革新和变化的趋势。1050年以后，该文明的军事发展情况正是这一结果的表现。

■ 推荐阅读

Abels, Richard. *Lordship and Military Obligation in Anglo-Saxon England.* Berkeley: University of California Press, 1988。本书对英格兰的撒克逊人招募军队的制度和社会安排进行了仔细研究。也可参见他的 *Alfred the Great: War, Kingship and Culture in Anglo-Saxon England* (London: Routledge, 1998)，这是一本可读性很强的关于伟大英国国王的研究著作。

Bachrach, Bernard. *Merovingian Military Organization.* Minneapolis: University of Minnesota Press, 1972。作者是研究中世纪早期欧洲的著名军事史学家，这是他的一部重要著作，他（以一种

极端的方式）强调了罗马在这一时期的延续性；他的观点没有得到广泛接受。参见他的早期著作 *Early Carolingian Warfare: Prelude to Empire* (Philadelphia: University of Pennsylvania Press, 2001) 和 *Fulk Nerra, Neo-Roman Consul* (Berkeley: University of California Press, 1993)，以及其他书籍和文章。

Contamine, Philipe. *War in the Middle Ages*, trans. M. Jones. Oxford: Oxford University Press, 1984。本书内容翔实，是介绍中世纪战争的最全面的一卷本著作。

Halsall, Guy. *Warfare and Society in the Barbarian West, 450–900*. London: Routledge, 2003。本书是关于这一时期的重要著作，出色地追溯了军事力量和社会结构的共同进化过程，充分利用考古资料，从理论上研究了野蛮人的身份等复杂问题。

Hooper, Nicholas, and M. Bennett. *The Cambridge Illustrated Atlas of Warfare. The Middle Ages, 768–1487*. Cambridge: Cambridge University Press, 1996。本书出色地论述了中世纪战争，虽然以盎格鲁为中心，但使用了很好的地图，进行了合理判断，是非常好的介绍。

Keen, Maurice, ed. *Medieval Warfare: A History*. Oxford: Oxford University Press, 1999。本书是一部编选严谨的文集。

Leyser, Karl. "The Battle at the Lech, 955: A Study in Tenth-Century Warfare。" 与该作者其他的精彩文章一起收录在 *Medieval Germany and Its Neighbors 950–1200* (London: Routledge, 1982)，这是对奥托时代的战争和政治的学术分析。

Morillo, Stephen. *The Battle of Hastings: Sources and Interpretations*. Woodbridge: Boydell and Brewer, 1996。本书是关于中世纪早期决定性战役的主要文献和研究论文的合集。

Reynolds, Susan. *Fiefs and Vassals: The Medieval Evidence Reinterpreted*. Oxford: Oxford University Press, 1994。本书代表了中世纪历史中关于封建制度的主要的修正主义观点。

Sawyer, Peter. *Kings and Vikings. Scandinavia and Europe*. London, Routledge, 1982。本书严谨地概述了维京人对欧洲社会的影响。

Scragg, Donald, ed. *The Battle of Maldon, AD 991*. Oxford: Oxford University Press, 1991。本书以马尔登之战为切入点，研究10世纪战争。

第 8 章

哈里发与盔甲骑士

伊斯兰世界与拜占庭帝国，400—1100 年

引　言

如第 7 章所述，罗马帝国的西半部受经济衰退、蛮族国王统治造成的政治分裂和社会动乱等因素影响，帝国时代的连续性在不断减弱。相比之下，帝国东半部基本维持了较有活力的经济和城市社会组织体制，总之，完整保持了以罗马帝国意识形态和统治机制为中心的政治团结性。因此，历史学家们所称的东罗马帝国的军事组织，显示出与后期罗马军事体制有较大的连续性。实际上，东罗马帝国军队的很多单位的历史可以追溯到几个世纪前的 350 年，并得以延续至 11 世纪 70 年代。

不过，和西部一样，罗马世界的这部分也在转型。与日耳曼王国的情况类似，长期的经济和人口发展也在发挥作用，但转型的关键阶段是在 7 世纪的前半叶。首先，波斯帝国在萨珊王朝的统治下再次崛起，东罗马帝国卷入与其的持久斗争中，争夺叙利亚和埃及这两个行省的控制权。其次，正如那些战争都是在君士坦丁堡的帮助下解决的一样，阿拉伯人也在阿拉伯半岛传播开的一种新的宗教下团结起来。波斯被完全吞并，罗马最富足的几个行省亦被征服，且这次是永久性地。这个与前代割裂开的重新组建起来的帝国通常被历史学家们称为拜占庭，它又面临一场与哈里发持续一个半世纪的生死冲突。尽管继承的是罗马帝国的衣钵，但拜占庭与过去的关系较远，它的原始特征也更为突出。

从阿拉伯征服中崛起的伊斯兰世界也继承了罗马的部分遗产，亦是变革要素之一。同西罗马和拜占庭一样，大片伊斯兰教地区遗留下来的罗马帝国的基础设施——道路、城墙，甚至行政管理体制——塑造了战争模式，同时伊斯兰教文化也吸收了大量罗马和希腊科学标准。另一方面，除了海军之外（参见第 10 章），在某些方面，伊斯兰世界在政治和军事上与罗马最为遥远。本章中，我们就来详尽考察相关发展。

公元 630 年前的东罗马帝国与波斯

东罗马帝国

与第 7 章中我们讲的西罗马帝国的消亡形成对比，400—600 年，东罗马帝国的存续依赖于强有力的中央政府的持续生命力，这个政府能从比西罗马更具城市化的、与贸易相关的且更有生命力的经济中获得税收收入。帝国的领土包括埃及，有时候至少还包括美索不达米亚部分地区、西南亚与地中海世界最富有的行省。这样，政府还养得起一支付薪的职业军队，也承担得起建造保护重要城镇和交通要道的关键要塞的费用，并为军队的进攻提供基地。日趋中央集权的体制的核心就在君士坦丁堡，从 4 世纪晚期开始，这座城市由狄奥多西（Theodosius）皇帝建造的大规模城墙提供保护。

军队本身的组织反映了 300 年前后数十年间戴克里先和君士坦丁进行的改革，这支军队由两大类型的单位组成：边防军，即长期驻守在行省边境附近的部队，负责地方防御，与地方社会的联系十分紧密；巡防军，即机动的中央部队，负责进攻行动。巡防军的骑兵比例在不断增加，反映出对机动和进攻两方面能力的需求，以及一个事实，即东部的主要敌人是依赖骑兵力量的萨珊波斯帝国。帝国的军事系统还包括一支罗马海军部队，这支海军部队增强了野战部队的战略机动能力。

财力资源、有力的中央控制、职业化的军队和一座几乎牢不可破的都城几方面因素结合在一起，保证了东罗马帝国平安度过了哥特人、匈人等（尽管常常是通过贿赂他们向西挺进，攻击更脆弱的西部行省）入侵的岁月，甚至在查士丁尼统治时期还对北非的汪达尔人、西班牙的西哥特人和意大利的伦巴第人发起了进攻。但查士丁尼进行的最重要的几场战争，及其杰出的将军贝里萨留（Belisarius）指挥的战斗，对付的都是波斯，这些军事行动只是为了维护帝国的边境，而非扩张，这才是现实的目标。扩张在经济和政治方面的代价很大。帝国的财政和人力资源受到连年战争和大规模建设的影响而捉襟见肘。此外，统治初期遇到大规模叛乱，查士丁尼九死一生，之后冷酷处置了潜在的对手。因为怀疑有人对他不利，再加上极度小气，他总是让贝里萨留带最少的兵力去打仗，甚至一度以反叛的罪名囚禁了他。6 世纪最后 25 年，查士丁尼统治期间又恰逢瘟疫爆发和人口减少，帝国的资源随之减少。至 600 年，查士丁尼给后世留下了与波斯重新开战的危机，这将在下文中进一步详述。

再者，罗马体制的延续还受到两种一定程度上相互矛盾的变化力量的影响。首先，军队的注意力越来越转向东方，而招募士兵在西方蛮族中进行，并常把他们编入大型兵团。这就在中央机动部队与其保护的社会之间制造了越来越大的鸿沟。对国家来说，军队这种意识形态及其对罗马政治原则的忠诚度所产生的后果就促发了社会的不稳和疏离。其次，基督教教会早在狄奥多西时代就已事实上成为政府的一个部门，帝国政府与教会之间越来越重要的关系，尤其是在帝国统治力量强大且未分裂的东部，趋于产生一种更为复杂的影响机制。在西方，基督教开始发展出一套意识形态，宽恕甚至支持针对异教徒和无信仰者的战争；而在帝国东部，这种意识形态开始集中于皇帝的作用。结果，统治在总体上，尤其是军事行动方面，获得了合法性和潜在的民众支持。教会还在组织和管理人口方面，在官方行政管理渠道之外建立了第二个渠道，进一步深入挖掘和影响大众文化。另一方面，君士坦丁堡的主导地位及以越来越多的法律术语定义的信条赋予了基督教政治潜力的不同（异端的）形式。叙利亚与埃及两个行省总督不满君士坦丁堡所宣称的主教地位，到6世纪晚期，部分转而信仰基督一性论的异端（基督一性论者否认基督本性中属于人的那部分）。教义的细节我们不用太关注，但政治影响是引向分裂的，尽管它对于各行省对帝国的忠诚度的影响是历史学家们争论的话题，而且这个影响很可能被夸大了。公元600年后的危机中，基督教的影响将彻底超过脱离社会的军队产生的影响。

萨珊波斯

这场危机包括与东罗马帝国唯一的超级大国对手萨珊波斯帝国越来越惨烈的战争。波斯的领土覆盖美索不达米亚广阔而不同的部分地区，东部和北部分别与印度和中亚大草原接壤，公元前1世纪这个地区逐步被帕提亚人控制，公元前53年，帕提亚人在卡莱之战中战胜罗马军队，进一步巩固了对这里的控制（参见第4章）。帕提亚人最初是大草原游牧民族，在该地区占据统治地位直到3世纪，尽管其政治控制与其说是统一的帝国形式，还不如说是松散的邦联形式，他们一般承认罗马在上美索不达米亚的优势地位。200年左右，连年内战严重削弱了帕提亚的实力。中波斯地区的总督阿尔达希尔（Ardashir）在200年后的几十年中巩固了对波斯中心地区的控制，之后开始向帕提亚最高君主发起挑战。至226年，他击败了帕提亚帝国统治者，宣布建立萨珊王朝，以居鲁士大帝和大流士的阿契美尼德王朝继承人自居。

阿尔达希尔有意识地重新确立了波斯作为该帝国的身份，与琐罗亚斯德教的关系十分密切。在阿契美尼德王朝时期，在当地众多宗教传统中，琐罗亚斯德教是在上流社会流行的主要的实行宽容统治的宗教。琐罗亚斯德教与波斯贵族保持着重要关系，维护皇家权力及波斯帝国的合法性，萨珊王朝于是也积极扶持推广琐罗亚斯德教，使其成为这个地区流行的宗教。统治者们鼓励践行教义或信仰该教，不仅把信仰琐罗亚斯德教发展为对"波斯"身份的认同，而且还视为对君主的效忠。这与波斯围绕传统核心重新确立军事实力相一致，这一核心便是波斯贵族的重装骑兵部队，并受到广泛信奉琐罗亚斯德教的鼓舞，从较广泛的民众中征召的步兵和弓箭兵为其提供支援。

230—600年间，萨珊波斯与东罗马帝国进行了漫长的战争，通常是为争夺对美索不达米亚一些富有省份的控制权而战，萨珊波斯在南部占主导地位，东罗马帝国则在距离小亚细亚的基地较近的北部占优势。东罗马帝国在组织和防御工事，尤其是他们坚固的要塞方面占有优势，而萨珊波斯在机动能力、骑兵技能及战场距离萨珊权力中心比东罗马权力中心更近这些方面占优势，两方势均力敌，优势都被抵消了。这些战役都不是决定性的，且常常以达成停火协议的方式结束，以避免财政危机。这两个帝国还在别的战线面临着各自的敌人——东罗马在巴尔干地区，波斯在亚洲大草原北部边境地带——迫使他们分散了注意力。

6世纪后半叶，这些战役变得更加激烈，部分是军事上的，部分是意识形态上的，原因是基督教与琐罗亚斯德教的传播形成宗教冲突，进一步激起了由于政治、经济原因本已激烈的敌对。

特别是萨珊王朝在组织及治国理政方面从邻国东罗马那里汲取了经验，结果，同东罗马一样，萨珊王朝的政治结构在6世纪也进一步中央集权化。还是同东罗马一样，其宗教文化对外表现出更加好战，对内则变得更加不能包容异议（尽管两强的夹缝中有很多小宗教仍然存在，尤其是在文化特征不同的和分散的南美索不达米亚）。

东罗马帝国对决萨珊波斯

萨珊波斯与东罗马帝国之间的战争在603—628年间达到高潮，对这两个帝国及后来的世界史产生了重大影响。受相互干涉对方的争端的刺激，萨珊波斯的库思老二世（Chorsroes Ⅱ）对福卡斯（Phocas）皇帝发动了战争，后者为篡位谋杀了前任莫里斯（Maurice），而莫里斯曾帮助库思老获得萨珊王朝的帝位。随着东罗马帝国出现政治分裂——610年，赫拉克利乌斯（Heraclius）推翻了福卡斯，获得对罗马军队的指挥权，阿瓦尔人又大举入侵巴尔干，库思老的野心膨胀了。至615年，他征服了叙利亚和亚美尼亚，后者是东罗马帝国主要的兵源地区。之后，616—619年，他又征服了埃及，切断了君士坦丁堡的主要粮食来源。616年，随着部队越过博斯普鲁斯海峡，进军君士坦丁堡，库思老与阿瓦尔人结成联盟；619年，这个联盟兵临这座雄伟的城市。东罗马帝国处于灭亡的边缘，而大流士的帝国复兴在望。

赫拉克利乌斯几乎准备逃往非洲，但塞尔吉乌斯（Sergius）主教领导的宗教复兴运动说服了他留下来，教会又提供支持重建罗马阵地。赫拉克利乌斯买通阿瓦尔人撤兵，并利用其海军优势重启对叙利亚的战争，吸引波斯人从君士坦丁堡撤离。在623—627年间进行的一系列勇敢漂亮的战役中——这期间君士坦丁堡还于626年被围困过——他完全绕开攻打各行省，直接打击波斯的心脏地带。627年的尼尼微之战，他一举击败波斯军队，并追击到波斯都城忒息封（Ctesiphon）城下。波斯人杀了库思老，扶持其子卡瓦德二世（Kavadh Ⅱ）称帝，并接受了东罗马帝国的条件，将库思老占领的地方全部归还。

这是个令人惊异的收复，是不可预见的原因使波斯的征服成果迅速化为乌有，部分是因为各自发动的战争类型的后果，宗教和政治对战争的影响则超出了这两个帝国的范围。部分历史学家称赫拉克利乌斯对波斯的战争为第一次"十字军东征"，因为在他的统治下基督教承担起鼓舞部队士气和战斗精神的作用。他们高举十字战旗前进，虽被敌人围困却认为有上帝保佑的信念在君士坦丁堡越来越强，即东方基督徒是上帝的选民。当然，波斯一方也产生了类似的反罗马的观念：这场战争可视为既是第一次也是最后一次琐罗亚斯德教的宗教讨伐运动。与此同时，由于战斗非常激烈，双方都在寻找盟友。阿瓦尔人一度为波斯军队发挥了这个作用，但多数情况下，双方都向南从阿拉伯王国中寻找帮手和转移攻击方向。结果就造成了财富以贿赂敌人和补贴盟友的方式流入阿拉伯半岛，这与一神教形式的强烈意识形态压力有关。财富流入为一位特别的阿拉伯领袖——先知穆罕默德建立国家和创立宗教提供了土壤。新诞生的阿拉伯宗教国家未来遇到的是两个精疲力竭的帝国，以及两个直至最近才融入罗马统治体系的行省——叙利亚和埃及。

阿拉伯崛起，630—680 年

到 700 年前后，奉行扩张主义的阿拉伯国家和西南亚古老文明相结合的结果变得很明显：西南亚和北非大片地区永久落入阿拉伯人之手，伊斯兰教成为该地区的主流宗教。但这两个结果是如何在穆罕默德去世与 684 年马尔万（Marwan）哈里发（先知的继任者）继位之间的 50 年左右时间里实现的，现在还不清楚。早期的伊斯兰教历史资料也存在一定问题：几乎所有的伊斯兰教资料都始于 685 年之后，且反映的是与该阶段后期相关的政治立场。而非伊斯兰教的资料来源很少，且很简略。包括阿拉伯征服的一些关键战争在内的具体事件，要么没讲，要么多个版本互相矛盾。甚至此期间具体的伊斯兰教信条也难觅踪迹。我们虽然能了解到所发生事情的大体情况，但不够详细。

背 景

阿拉伯征服在阿拉伯半岛的前伊斯兰教时代就开始了，可与中亚大草原形成最佳对比（参见第 6 章）。沿半岛西侧和南侧边缘的长条地带的人过的是定居生活，有农耕土地和贸易型的城市，这个地带毗邻广袤的沙漠，因过于贫瘠，无法像中亚那样放牧马群，主要生活着放牧骆驼为生的贝都因人。贫瘠的土地产生了两个后果：一是与大草原游牧民族不同，阿拉伯人无法提供建立等级森严的酋长制度和国家所需的资源——事实上，没有外来财富的流入，他们根本做不到。因为阿拉伯人既没有草原游牧民族那样的人口，通常也没有那么大的威胁。再者，阿拉伯与文明世界的边境位于半岛的另一端，远离阿拉伯世界的经济中心，进一步使建国问题复杂化。二是由于土地贫瘠，缺乏竞争，意味着——还是与大草原不同，它不断地融合着不同的民族和身份特征——阿拉伯部族文化及身份极其稳定且已深深扎根，所以对周边文明世界的文化同化有较强的抵抗力。这样，深深的部族隔阂也使得建国所面临的困难增大。

但东罗马帝国与萨珊波斯之间持续半个世纪的激烈对抗，直到 630 年在政治上和文化上创造了某种新的潜在可能。财富滚滚而来，宗教敌对十分激烈，穆罕默德被证明是在正确的时间出现的正确的领袖，他充分利用了这一潜在可能。不论这种信仰的细节是什么，他在其中起到什么作用，显然，他设法建立了一个以麦地那为中心的国家。在与其他阿拉伯政治集团的斗争中，穆罕默德的麦地那政权从宗教的意识形态诱惑中获益。该教宣称他们是亚伯拉罕与以实玛利（Ishmael）的后代，从而赢得阿拉伯人的民族身份认同。该宗教借鉴吸收了这个地区已经存在的基督教和（甚至更重要的）犹太教传统，还设法吸收了阿拉伯异教徒的传统，并以万能的真主的名义证明统一阿拉伯和对外征服是正当的。632 年穆罕默德去世时，已经实现了阿拉伯统一，并开始进攻东罗马帝国的叙利亚行省。他的继任者们在他的基础上迅速巩固了成果。

阿拉伯军队

完成早期征服的阿拉伯军队虽然战斗力很强，但在很多方面并不引人注目，他们最初是在阿拉伯半岛的阿拉伯人中选择成年男子，后来也从已征服的地区招募，尤其是在叙利亚和美索不达米亚的阿拉伯人中，但也在部分非阿拉伯人中选择。这些人服役是为了分享从征服的地区抢掠的财物，但在征服开始后不久，征服者开始利用地方行政机构来收税，很快就以税收的形式来供养军队。因此说来，征服者的军队并非民兵。虽然是支付酬劳的，但军人并非完全是职业的，因为在军中，很多人认为获得税收份额的权利是其可继承的权利，是对他们曾经服役的回报，而非如哈里发希望的那样付酬劳是让他们继续服役。到700年，理论上，哈里发可用的总兵力增长到约20万人，但野战部队通常在2~3万人，因后勤保障能力的限制，很少有超过5~6万人的时候。

如果说招兵和付酬安排有点没有规律可循，那么装备和战术则不会。很可能只有少数士兵有铠甲，要么是鳞甲，要么是锁子甲；铁制头盔则使用得比较广泛。步兵占绝大多数，其中多数使长矛，排成防御队形以应对骑兵冲锋和步兵攻击，第一排常常跪在地上，以便更稳固地握紧长矛。此外，他们还配有刀剑，是他们的主要进攻武器。弓箭兵也有一些。因为马的花费很大，所以骑兵数量有限，骑兵也携带刀剑，战斗中常下马作战，尤其是在防御战中。在大的层面上他们虽与主要对手一样都利用宗教鼓舞士气，但很可能在小的层面上是在部族旗帜下形成凝聚力共同战斗。早期的阿拉伯军队表现出很好的纪律性与战斗意志，或许还有他们征服的叙利亚人的罗马遗风，表现在他们频繁地使用壕沟或野战工事，包括临时挖掘的战场壕沟和在每日行军终点修建的罗马式的全面的防守严密的营地等。这些高超的土木工程技能使他们在围城战中赢得胜利：他们使用临时制作的器械，更多的是使用从敌军那里缴获的或者从叛逃者那里得来的器械，他们不断击败守军，尤其是那些被阿拉伯人通过战场胜利而孤立的守军。

战术上的不屈不挠与防守中的精妙高超在战略层面上结合了他们其他方面的长处——很高的战略机动水平。马和骆驼尽管在作战上不发挥什么作用，但常用来运送部队上战场。甚至阿拉伯步兵也通常轻装快速行军，部分是因为有现金酬劳，用来在行军途中的市场购买粮食，而非依靠辎重车队。阿拉伯指挥官们因而能抓住战机，从对战术防守有利的方案中选择作战地点。这种优势结合使得阿拉伯军队虽然在装备上没有什么优势，甚至面对主要敌人在士气上也没有优势，但仍能取得很多胜利，而东罗马帝国和波斯可能在遭遇阿拉伯人初期时受到厌战情绪和招兵困难的困扰。此外，阿拉伯人意识到海上实力的重要性还需要花较长的时间（参见第10章）。

定居与内部冲突

叙利亚、美索不达米亚、波斯和埃及在632—642年间落入阿拉伯人手中。这期间发生了两次决战：一是 636 年在叙利亚雅穆克（Yarmuk）之战中击败东罗马帝国；二是 637 年在卡迪西亚（Qadisiya）之战中击败波斯。不过，巩固胜利花了较长时间——埃及到 642 年才被征服，但 645 年东罗马帝国的舰队几乎重新夺回亚历山大港，波斯高地则直到 650 年左右才稳定下来。进一步扩张变得更慢，部分是因为距离遥远，部分是因为征服的成功在征服者中造成关系紧张，不只有行政管理等实际问题，而且还有与哈里发继任、阿拉伯身份以及伊斯兰世界属性等有关意识形态的问题。结果于 650—750 年间出现了 3 次内战和伊斯兰教国家的重大转型，但部分最严重的问题仍未能解决。

起初，阿拉伯征服者既不愿意在征服地区失去他们的阿拉伯身份，也不愿意接受对方的宗教，只好居住在与周边人口在很大程度上隔离开来的守备城市中。而在美索不达米亚、埃及和波斯这些守备区中，定居点中又产生出部族分裂和以原故乡区分的敌对。叙利亚成为哈里发的实际中心，麦地那只保留着象征性的帝国中心地位。由此造成的军事与社会分离就基本成为穆斯林与非穆斯林间的分离，但臣服的各族人口开始皈依。皈依者是否有权获得军事税收收入在穆斯林社区中成为争论焦点之一；那些已经完成军事服役的穆斯林与那些尚未完成服役的穆斯林之间的分裂成为另一争论焦点，尤其是 7 世纪晚期美索不达米亚的那些守备区失去了军事能力的情况下。最后，尽管是阿拉伯半岛的部族动员了孤立的守备区定居点，但对半岛部族意识形态上的依附还是暗含着对东罗马帝国和波斯君主与官僚统治的敌意。然而，帝国有效的行政管理要求向某种君主和官僚统治的形式靠拢，这就产生了关系紧张的另一来源。

皈依和定居点不可避免地会弱化部族作为一种可替代的组织依附方式。这些守备区失去了军事上的重要地位后，就成了与贸易有较强关联的城市学者的家园。这个发展绕过了地方统治阶级，不仅将阿拉伯穆斯林社会的领袖与那些以拥有土地作为地位来源的阶层分离开来，而且也将拥有土地与为国服务分离开来——按传统标准，这是一个奇怪的发展现象。与此同时，因为地方贵族已不能再保护农民，所以只要有机会他们就逃入城市，通过皈依伊斯兰教和成为阿拉伯平民来逃税。这就产生了三重效应：削弱了旧贵族势力及他们可能支持的帝国传统；在全社会传播控制其委托人的阿拉伯人的价值观；稳步稀释了穆斯林社会所独有的阿拉伯部族关系。

657—661 年间因哈里发王位继承问题引发的第一次内战造成了什叶派与逊尼派的分裂，并在哈里发中产生了贵族倭马亚家族。发生在 680—684 年间的第二次内战确立了叙利亚哈里发，发展成新一轮征服战之后，哈里发的职业大军守卫着整个帝国（参见专题 B：拉斯艾因之战，685 年）。尽管哈里发和正在崛起的乌理玛（诠释伊斯兰教教法的学者）争论的过程，对伊斯兰教的定义做出了贡献，但两次内战还是在很多穆斯林眼中破坏了哈里发政权的合法性。那些争论与叙利亚军队职业化中出现的维持军事力量问题结合在一起，对伊斯兰世界的政治结构产生了深远影响，并引发了 747—750 年间的第三次内战。下文将进一步叙述。

伊斯兰世界，680—1050 年

倭马亚王朝

对埃及和伊拉克的控制使得倭马亚哈里发国成为西南亚唯一的超级大国；北部高加索大草原上的游牧民族是与哈里发国势均力敌的唯一军事力量。征服者继承了一套有效的财政制度，逾八成的政府收入用于供养军队。可是，收入中很大一部分是地方收集和分配的，这严重削弱了中央政府的权力和灵活性。与此同时，哈里发统治的合法性因继位之争遭到削弱，斗争还产生了阿里派（part of Ali）。一方面，乌理玛中部族传统主义者坚持反帝国主义意识形态；另一方面，阿里派对倭马亚家族继位哈里发提出异议，而部族传统主义者还反对城市和皇家型统治方式。

专题 B：拉斯艾因之战，685 年

第二次内战中，对于倭马亚王朝的最后一次昙花一现式的抵抗，有关资料记录得非常详细，反映了早期伊斯兰世界战争的部分重要特点。来自南部美索不达米亚（伊拉克）的一小股叛军（估计有 5000 人）快速开进到了幼发拉底河谷，准备踏上通往叙利亚北部的道路。他们在古罗马要塞卡尔契西亚（Qarqisiya，色西昔姆）停留了一下，在郊外的市场上采买物资。该城长官建议叛军首领苏莱曼·本·苏拉德（Sulayman bin Surad）充分利用这支人数不多的军队的兵力及战马，在拉斯艾因（Ra's al-Ayn）迎击逼近的人数更多（可能有 2 万人），但大多为步兵的倭马亚军队。这样他就可以背靠拉斯艾因镇和水源（以及潜在的撤退路线）。该城长官还建议他将部队以小组为单位，灵活组合，这样各小组可根据需要决定是否骑马，方便相互支援，以避免与人数众多的敌人打一场常规的阵地战，因为那样有被包围的风险。

苏莱曼抢占了有利地形，但没理会该城长官的建议。他把队伍部署成标准的直线队形，分成中央和两翼，所有人都下马，准备打一场阵地战。叙利亚军队抵达时，指挥部的各机构似乎暂时推迟了决战。小冲突持续到第三天时升级成全面进攻，叙利亚军队拥有兵力优势，占了上风。苏莱曼命令手下毁了刀鞘，孤注一掷地发起最后攻击，但叙利亚军队摆出的是长矛形阵型，派出了包括大量弓箭兵在内的援兵，这正是叛军所缺少的，叛军彻底被包围。苏莱曼战死，按照事先定好的指挥体系安排，叛军的指挥旗依次传给继任者，直至最后一位指定的继任者乘夜色率部成功突围，带残部逃回了家乡。

虽然这场战役在战略层面上几无重要性可言，却表现了阿拉伯战争很多共同的特点，包括以步兵为主、顽强的防守战术，以及兵种联合的能力。此战也是显示支撑倭马亚王朝统治的叙利亚军队专业性的又一例证。

虽然职业的叙利亚军队是倭马亚王朝的权力基石，但自身也有问题。它是以个人向军事首领效忠的方式集合在一起的，这些首领通过控制各行省的总督职位来获取国家财政资源。在某种程度上，明显的部族分裂仍很重要；然而，古老的部族名称为部队分裂成多个派系争夺由哈里发任命的总督职位提供了理由，总督们则反过来想尽办法控制通常不是军事首领的哈里发。于是倭马亚哈里发国就表现出这样的特点：各行省派系斗争不断，不过因为是在中央控制下进行的，所以仍保持了国家的统一。而实际上，这支职业军队玩弄政治，以确保继续获得税收收入，因为在缺少大量贵族土地的情况下，税收是其唯一的收入来源。这也使得叙利亚以外的倭马亚王朝多数臣民视这支军队为半外来的占领军。当派系主义蔓延到首都的时候，哈里发国在747—750年的第三次内战中内部开始崩溃。

阿拔斯革命，750—850年

阿拔斯王朝　大本营在波斯北部呼罗珊的阿拔斯在内战中获胜，结果将哈里发国的国都迁至伊拉克的巴格达，呼罗珊军队也替代了叙利亚军队，成为几个行省的占领军。阿拔斯详细制定了国家机器的组织形式：增加了政府机构，间谍系统监视着各行省的长官。阿拔斯王朝本该比倭马亚王朝更强大，可是在很多穆斯林眼中，这个政权仍缺少合法性，且其职业军队也在玩弄政治以确保能获取金钱，还不受任何有效力的民事机构的控制。倭马亚王朝至少还能凭借与阿拉伯半岛的精神关系要求获得阿拉伯部族社会的领导地位。然而，尽管国家机构得到了进一步发展，但阿拔斯王朝还是既不能凭世袭关系（他们虽属先知哈桑一族，却是穆罕默德的叔叔阿拔斯一支，而非阿里一支的后代）要求获得统治权来让什叶派满意，也不能凭其宣称的从倭马亚王朝压迫下拯救了伊斯兰世界来让乌理玛的传统主义者们满意。因为不能将统治建立在少数派什叶派支持的基础上，阿拔斯王朝被迫联合乌理玛，但乌理玛敌视任何冲击社会的权力机制——例如，伊斯兰教法禁止奴役或使穆斯林同胞处于卑贱地位，造成早期伊斯兰教历史上征兵难问题——尤其是在势力强大的阶级中，结果阿拔斯王朝既不能在民事上也不能在军事上建立起切实可行的服务型贵族统治。由于既不能从社会中吸收资源，又面对着各派系不断挑起事端的政治上不稳定的职业军队，阿拔斯王朝的统治者只能越来越依靠其近臣来治理国家。为确保他们可靠，这类近臣中外国人越来越多，甚至有时是奴仆。

外国兵与奴隶兵的崛起　影响了公职的过程同样也影响着军队，王朝越来越趋向于从帝国以外招兵。800年左右，从西班牙和北非开始，830年扩展到巴格达，此时波斯贵族对首都的统治失败了，阿拔斯王朝的统治者们向国外为其军事力量寻找兵源。

这些部队的重要特点是士兵与社会严重脱节，为了生计同样严重依赖统治者。脱节与依靠是因为他们来自国外，且850年后越来越严重（阿拔斯王朝早期招募的军人中，相比较而言，地位卑贱者较少见）。在强势统治者手中，这样的军队是很有效的统治工具。而当从大草原游牧民族中吸收兵员时，尤其是从帝国的东北部边境招募突厥人时，他们还是有效的军事力量——

正是随着这些部队的兴起，弓骑兵开始增补了早期阿拉伯军队的步兵战术，成为埃及以东处于主导地位的穆斯林军事风格（在非洲及后来穆斯林控制的巴尔干地区，马穆鲁克［mamluk］，即奴隶兵，通常充当重装步兵）。但他们依附统治者以及脱离社会和政治意味着他们不是军事-社会精英，而是军事机器。他们与政治的关联通常是宫廷政变，意在确保获取资金支持。很多马穆鲁克是解放了的奴隶，很多崛起获得了财富和地位；极端情况下，如后来的马穆鲁克埃及，马穆鲁克甚至接管了政权。但他们与穆斯林平民社会的脱离仍很严重。

马穆鲁克部队——奴隶兵组成的军队——成为穆斯林政府与穆斯林社会问题重重的关系以及穆斯林民事管理当局不能有效掌控其军队的最终表现。这种体制迅速在伊斯兰世界推广，但接受程度有限：几乎没有其他国家完全采用这种军事模式（参见专题C：奴隶兵），但大多数伊斯兰教国家又不能没有它。

对一种宗教来说，使宗教法在社会各个方面发挥如此重要的作用，似乎是个非常奇怪的事。但之后，伊斯兰教成为世界性宗教，是阿拉伯人唯一的部落信仰，所以矛盾的结果对它来说并不陌生。

专题 C：奴隶兵

即使是史上最有权势的人物也会因权力的合法行使受限而有挫败感，于是转向系统外的亲信来实现他们的意志。如中国历史上皇帝利用宦官来绕过儒家官僚体系，还有类似的，罗纳德·里根总统利用奥利弗·诺斯（Oliver North）上校绕过国会的限制，援助尼加拉瓜反政府人士。传统世界中，此类人物往往是奴隶、宦官或者妇女，因为这些群体处于常规的政治合法范围之外。因为自己不能行使权力，他们就完全依靠（因此，理论上也完全忠于）雇用他们的统治者。他们只倾向于辅助自由男性管理的合法政府的运作，不过"自由"是有限定的。同样地，纵观历史，战争中经常使用奴隶，从古罗马的角斗士，到美国独立战争期间的非洲裔奴隶等。他们虽人数众多，但只在紧急情况下使用，并在服役前或服役后几乎被统一解放。只有在不寻常的情况下，政府感到在合法行使权力受限时，才专门依靠圈外团体，通过奴隶或女性，及不包括自由人在内的军队去实现他们的意志。

这种情况在伊斯兰世界的心脏地带普遍存在，征服者在没提供恰当替代品的情况下，就抹去了政治机构皈依伊斯兰教前的源头，如本章介绍的。马穆鲁克军队成了这一文明的标准特色，是我们所知的使用奴隶军的唯一主要文明。但是征服的结果，以及在没有建立起官僚统治或服务型贵族统治（并非伊斯兰教所固有的东西）的情况下，维持一支付费的职业军队带来的问题，是马穆鲁克体制出现的重要原因。

该体制虽没有被直接效仿，却在伊斯兰世界外独立出现过很多次，尤其是在西非奴隶贸易社会中。例如，塞内加尔的沃洛夫（Wolof）国王奴役他的臣民（很像奥斯曼帝国那

> 样维持其近卫军),几乎专门依靠奴隶兵。出卖自己臣民的政府从那些不出卖的政府收取保护费,出卖的政府显然无法声称能合法行使权力。穆斯林军队中,在士兵与社会异化的情况下,招募外国兵弥补了那种屈从地位。在另外一些使用女奴做宫廷卫兵的社会中,性别也发挥着同样作用,例如印度的孔雀王朝、达荷美(Dahomey,贝宁的旧称)的国王及4世纪入侵中国中原地区的匈奴单于等。所有这些情况中,与社会从根本上异化的情况,不论是帝国体制的外国起源,还是民族身份危机,都阻碍了对通常的政治合法化来源的呼吁。地位不稳固的统治者们都转向非正统的支持来源。
>
> 因而,不论奴隶军的战斗力有多强——游牧的突厥族马穆鲁克部队往往战斗力很强——仅他们的存在就意味着其所在国家的政治结构和政权的合法性存在着很大问题。

分裂与衰落 对阿拔斯王朝来说,不幸的是,马穆鲁克军队的出现与两类统治者的出现一致,要么很弱势,要么无处证明其军事实力的强大。帝国的边境很遥远,哈里发不是杰出的军事领袖。因而,几乎是马穆鲁克军队一到巴格达,就开始制造麻烦。政治混乱接踵而至,不到一个世纪,阿拔斯革命就造成了统一的伊斯兰教帝国的分裂。倭马亚王朝的复辟分裂了西班牙;几个大的行省——埃及、叙利亚、波斯——已实际独立;之后,甚至这些行省又分裂成更小的相互混战的酋长国。分裂造成了穆斯林扩张的彻底终结,甚至还使拜占庭于10世纪在巴勒斯坦恢复了攻势(见下文),并一度攻占边境的一些酋长国。哈里发退化到屠弱的有名无实的地位,从此,较小的伊斯兰教国家时代开始了。

950—1050年的伊斯兰教国家

军事组织 这些较小的伊斯兰教国家就像西欧的后罗马时代的国家一样,尽管在宗旨上可能有显著的地区差异,但借鉴了整个伊斯兰世界军事组织的某些共同元素。大多数国家军队的核心是埃米尔、苏丹,或别的政治领袖的私人奴隶兵。实际上,有时候(如在马穆鲁克埃及),奴隶军队抛弃了其非奴隶领导人,直接接管统治权。随着新买来的或从边境俘虏来的奴隶涌入,这些军队每代都得到了补充;在马穆鲁克家庭中,服役很少代代相传。

这些核心虽然为每个国家提供了常备军,但通常规模相对比较小。在紧急情况下,地方会通过从自由民群体中征兵,以及用外国雇佣兵(更为重要)来补充部队。伊克塔(iqta)先是从突厥奴隶中,后是从突厥征服者中引入的一种机制,越来越成为一种权力下放的支付军队(以及非军事管理者)酬劳的方式。伊克塔是一套特别土地收入的权利;这些权利被封赏给马穆鲁克和游牧武士,以换取他们季节性的军事服役。这套制度与同期欧洲发展出的封地制度表面上很像(参见第7章),差异却很大。伊克塔的持有者是与中央机构(作为封地的持有人,但不是该机构的参与者)有关的亲属,也是与土地(作为封地的持有人,不是管理者和实际所有人)

有关的雇佣兵。因此，伊克塔持有者既非服役的贵族，亦非地方势力，而是代表了马穆鲁克军事组织遍布全国。简言之，伊克塔并不能补救定居的穆斯林社会与统治它的军事政府间缺乏联系的问题。仅在伊斯兰世界的边缘，穆斯林武士、边境劫掠者对异教徒发动军事圣战的地方，才有一点这样的联系，且通常情况下，部族穆斯林武士对主流穆斯林社会来说只是边缘人物。

军事与社会 对阿拔斯革命体制上的继承在950年（包括那些1050年后的，比如塞尔柱和奥斯曼帝国及马穆鲁克埃及）后赋予了伊斯兰教国家永久型征服社会的特征，亦即，定居型的伊斯兰世界的农业社会一直被那些来自草原游牧部族或奴隶兵主导的政府统治。穆斯林社会与政府之间缺少有机的联系，意味着这些政府在其强盛时内部几乎没有什么反对势力，而当国家处于危机或衰弱时，其内部也几乎没有什么支持力量。因此，这些国家一直在专制与无政府内斗状态之间摇摆。

伊斯兰教国家的这一特征造成的一个严重后果是，伊斯兰心脏地带伊拉克的农业生产严重衰退。伊斯兰世界的农民经常被失去约束的奴隶军队劫掠，在最好的时期被对定居农业没有一点兴趣的军队统治着，只要有机会，农民们就会逃离，结果牧场不断扩大，农地面积则不断缩小。伊拉克持续的农业生产取决于对复杂的灌溉系统的维护，这种衰退特别剧烈，很难逆转。伊拉克的衰落造成伊斯兰世界的权力重心转向埃及，并提升了北部突厥游牧部族在广阔的西南亚世界的地位。

事实上，广泛使用突厥奴隶兵作为穆斯林军队的核心就为游牧世界打开了一条通道，他们不再处于伊斯兰教国家的控制下。经常性的衰弱或内讧会打开缺口，等于是向游牧民族发出了征服邀请。虽然此类征服常常会使伊斯兰教国家重新振兴和暂时统一，但也会加强那些国家的征服本性，在统治者与臣民之间保持距离，破坏了政治合法性，甚至造成在游牧民族征服后仍继续使用马穆鲁克军队。

最后，阿拔斯王朝的遗产在伊斯兰教社会中使军事权力边缘化。武士们要么在地理上被边缘化为边防士兵，要么在社会上被边缘化为伊斯兰教国家常备军中的外国奴隶兵。虽然穆斯林社会的核心是文官，但不同于中国古代的文官政府和社会——它们严格控制着军队，而穆斯林社会虽然是个民事社会，却几乎没有掌握军权，甚至与拥有军权一点联系都没有。

630—1081年的拜占庭帝国

626—628年，赫拉克利乌斯从波斯手中收复叙利亚和埃及是古老的东罗马帝国的最后一件喜事。除了被阿拉伯人侵占的几个行省外，阿瓦尔人和斯拉夫人也在从帝国的版图中抢夺巴尔干和色雷斯的主要地区。至700年，帝国已收缩到首都和小亚细亚，到托罗斯（Taurus）山脉，加上希腊和意大利的一些小的海岸地带：帝国的半数人口，可能还有2/3的税收永远地失去了。

帝国的战略变成了严密的防守——直至8世纪中叶，实际上，拜占庭是在为生存而抗争，7

世纪 70 年代击退对君士坦丁堡的围攻后，于 717—718 年再次打退围攻。拜占庭帝国防守依靠的是其海军（参见第 10 章）和重组后的军队。人力和经济积累的损失及因防守态势造成的劫掠机会受限等意味着，尽管可追溯到毛里斯的《战略》（根据古老的罗马军事手册编写的 6 世纪时的军事手册）的组织传统和战略战术思维传统仍继续影响着拜占庭的军事政策，但是资源严重受限迫使防守政策在实施中出现了很大变化。

社会与经济环境

军事上的变化是帝国众多变化的一部分。大的经济和文化中心失陷，比如安条克和亚历山大港，使首都君士坦丁堡在拜占庭的政治、社会和文化中处于主导地位。君士坦丁堡主教在缩小的东方基督教世界中的重要性和威望都在上升，甚至在皇帝的领导下，进一步成为帝国体系的一部分。在这个帝国的城市总体上比罗马辉煌时期变得更小更不重要的情况下，君士坦丁堡真的变成了帝国的"大都市"。

君士坦丁堡的地位突显对拜占庭的生活产生了持久影响：中央与各行省分裂造成很大影响。在经济上，各行省一边倒地依靠农业生产：农民上缴的税收（以现金或实物支付），成为政府税收的支柱，其中绝大多数用于维持陆军和海军。首都是帝国贸易的中心，政府管理并向商人和工匠征税。对贸易的控制成为政府防守战略的一部分，因为贸易能带来现金，且常与敌对的外部世界有联系。从社会上讲，各行省越来越成为军事贵族（大地主且在各行省的军队中居于领导职位的人）的世界。此类人物在首都也很重要，不过受到中央政府学者–官僚的制衡和竞争。类似的分裂还存在于首都依附政府的教会人员与各相对独立的行省中拥有大量土地的修道院之间。

由于供军事使用的可用资源减少和社会上贵族地主重要性逐步上升，在此时期，拜占庭经历了一些类似影响西欧的变化，但资源受限从未如此之大。中央机构在该文明中保持了实力和主导地位，在此背景下，出现了贵族阶层的崛起。国都城墙背后的财富和安全与各行省的贫困及仍对阿拉伯人的入侵敞开大门形成了对照，至少到 9 世纪 40 年代，一个现实越发突显，即政府对军事主官的任命，而非独立的王朝建设，仍然是帝国中通往权力与成功之路。作为权力的钥匙，君士坦丁堡将帝国残余部分团结在一起。

征服还影响了帝国的文化基调。东罗马帝国已是基督教国家，但还保留着很多罗马世俗文化成分。大地中海文化中心的丧失使其成为一个遍地是基督教文化的帝国。沦陷的几个行省已在宗教上成为非正统，在宗教上信奉基督教一性论。语言上是古埃及语或者古叙利亚语。它们的沦陷实际上提升了教会的同质性，使其更加希腊化，更加依附于皇帝的领导。最后，防守的压力，尤其是应对敌对救赎宗教的压力，使基督教更加趋于好战和缺乏包容。

甚至在赫拉克利乌斯对波斯发动战争期间，这个趋势就出现了。628 年，他重新夺回耶路撒冷并夺回被波斯人从这座城市抢走的"真十字架"碎片。有时候，这场战争也被人称为第一次

"十字军东征"，且该趋势在对抗伊斯兰世界的战斗中又被放大。拜占庭士兵向万能的耶稣吟诵着祈祷文走向战场。帝国中，几个主要教派在相互斗争。8世纪的反对圣像崇拜争议（有关肖像的宗教使用问题）受到因阿拉伯人胜利引发的精神危机的影响，也对军队的士气和组织产生了影响。拜占庭基督教呈现越来越鲜明的希腊东正教特征，这不仅影响了对阿拉伯人的战争，而且影响了希腊的传教士工作。教会与皇权的联系比西方传教团与任何世俗势力的联系都更紧密。同时拜占庭与西欧的关系也受到了影响，随着时间的推移，关系变得越来越紧张。

对这些变化中的多数来说，630—730年是关键的一个世纪，也是新军事态势出现的关键阶段，这种态势使拜占庭得以存续，并最终走向兴旺。

防守中的拜占庭，630—840年

军区制度的演变　赫拉克利乌斯将东部的4个罗马野战军——亚美尼亚军、东方军（安纳托利亚）、伊利里亚军（色雷斯），以及中央预备军（奥布塞奎姆[Obsequium]）——撤往小亚细亚，最终放弃了托罗斯山脉和色雷斯大部分地区以外的边境地区。每支野战军（或称军区[theme]，这个词源于大草原游牧世界）被部署在小亚细亚的一个地区，作为它们的主基地，并在此获得补给和兵员。此外，海岸地区后来被分配给了军区海军的桨手们。财政危机虽迫使军人的薪水大幅减少，但在这个贫困的帝国中，能有现金薪水仍然是很珍贵的。当实物税收能提供各种供应品时，招募兵员也不是难事。

军队在小亚细亚地区永久驻防必然会在军区（方面军）与其地区（也被称为军区）之间建立起一种身份。这最终对省级政府产生重大影响。拜占庭政府在民事与军事机构之间维持着明确的区分。但是逐渐地，从8世纪中叶开始，strategos，即作为军事单位军区的司令变成了军区的军事总督，军区也成为一个行省。于是，民事机构逐渐从属于军事官员。这虽然使行省的管理更加顺畅，却隐隐使军事主管成了拥有实权的政治人物，威胁到皇帝的统治。然而，8世纪军事管理的转变还伴随着原始军区的细分，以降低它们的政治分量。在帝国再次扩张时，军区数量增加了，但面积越来越小。

军区向小型化转变还伴随着战略观的微妙变化。7世纪的军区制军队仍是在边境地区准备应对侵略的野战军，且至少在理论上，维持着发动进攻、重新收回帝国失去的行省的能力。不过现实——哈里发取得主导地位，拜占庭又建立了中央野战军，即近卫军（tagmata）——还是促使军区进一步向着纯防守型民兵部队发展。

行动中的军区部队　部分军区部队是由以长矛和弓箭为武器的步兵组成的。步兵中，防守型甲胄常常很简陋——有衬里的短上衣、毛毡帽和一个椭圆形的木盾——鳞甲或别的金属铠甲看上去都不是大多数步兵配备得起的。尽管不是全都有，但骑兵更可能有金属头盔和部分铠甲；骑兵的武器包括长矛、刀剑、狼牙棒和弓。尽管可能人数上不如步兵多，但骑兵显然是声望更高、装备更好的部队，兵员主要从富有的中层地主中招募。在西欧，骑兵对步兵的优势是社会因素问题，同样也是战术因素问题，会影响武器装备的水平以及对骑兵有利的士气。由士兵们自己准备武器的制度扩大了这种差距。

因此，同古典时代的帝国军团相比，拜占庭步兵由于同样原因，经历了与西欧步兵同样的衰退。毕竟，拜占庭军区部队不是全职的，和平时期并不定期训练（如果不是一点也不训练的话），只有经常发生的战事为其提供了一些经验和凝聚力。此外，游牧部族的骑兵部队对战术和军队组成的影响比西欧更强，因为拜占庭的边境距离游牧民族的草场更近，且气候总体上比西欧更适合骑兵。还有，军区部队通常的作战模式是将优势放在骑兵所提供的机动性上。

尽管如此，拜占庭的军事体系是建立在步兵与骑兵之间认真协调配合的基础上的，各有分工。强大的长矛兵和弓箭兵在战斗中为骑兵提供安全的防卫基础，保卫或围困要塞，并在受到限制的地形，如山隘处，进行严密的防守。守卫得好的隘口或者可以阻挡敌人入侵，或者阻挡劫掠者返回其大本营，为其他部队收拾劫掠者争取了时间。反过来，骑兵可以为行军中的步兵提供安全保卫和侦察，并可到更远的地方搜寻作战所需的草料补给等物资。

军区部队的防守职能受到帝国与其主要敌人哈里发国之间资源差距悬殊的影响，哈里发国的人口比拜占庭仅有1000万左右的人口多出很多倍，且阿拉伯世界的经济更发达。差距最大时，哈里发国的现金收入可能是拜占庭帝国的20倍，即使在9世纪中叶，很可能也超过7倍。拜占庭的军事设施的数量也是个颇具争议的问题，因为资源是如此缺乏和难以依赖，拜占庭全部军队在顶峰时也可能只有4万多人——很可能更少。即使人数很多，如部分作者所认为的那样，总数中也只有一小部分能随时上战场：7世纪时，拜占庭军队从未超过2万人，8世纪时只偶尔达到4万人，而阿拉伯人的军队通常超过4万人。一支重要的军区部队可能少至3000人。

面对人数和资源相差如此悬殊的形势，拜占庭的军队对阿拉伯人的大举入侵几乎毫无办法。拜占庭在外交上一直在寻找办法，转移阿拉伯人的目标，并从高加索和黑海北部的大草原游牧世界寻找盟友，只有这些军事大国才能与哈里发国势均力敌。可萨汗国是这一方法的长期精神堡垒；正是在可萨汗国灭亡后，拜占庭与罗斯（Rus）的关系才形成，基辅的斯堪的纳维亚统治者把自己的名字给了他们，后来就成了"俄罗斯"（Russia）。当盟友不能转移阿拉伯人的注意力时，拜占庭军队就不得不展开防守行动。

因此，不出所料，战役理论强调间接行动和尽量避免正面交战，除非敌人已经损失惨重，被伏击或补给不继而士气低落。间谍会先示警入侵正在接近，斥候会察看接近的敌军，受威胁地区的部队接到警报后进行集结——这是个耗时间的过程，使得在边境处阻止入侵相当困难。人数不多的侵略军行动太快而无法有效拦截，而大规模的侵略军虽然行动较慢，但地方兵力很少，直接与之交战则太过危险。于是作战就以游击形式进行。拜占庭的军队会试图袭扰敌人征粮草的部队，遏制他们获得补给；伏击小股部队，在敌人抵达前占领其安营扎寨的地点，加强城市防卫以抵御敌人的突然进攻，遏制敌人自由运动，等等。目的是消耗入侵者，减少他们造成的破坏，并在入侵者撤走后，重新占领该地区。这个战略是利用了后勤保障的优势，通常是等待时机：在寒冷的冬季，战马饲料充足时，阿拉伯军队就不愿意待在安纳托利亚，想出去打仗。军区部队虽然在阻止阿拉伯人劫掠方面很无能——对强势的阿拉伯人的一种战术退让——但好在能阻止敌人永久征服。

拜占庭局势的不安全状况影响的不只是战略。拜占庭军队在行军时，保持着古罗马时期的习惯。修建防守营地，以方阵布局，并挖有壕沟。挖壕沟得到的泥土用于筑墙，再配以尖桩栅栏加强防守。行军中，营地的方阵变为方形步兵编队守卫辎重车队，骑兵队伍则保护步兵方阵。如果遇到有威胁的战斗，步兵方队就成为部署的重点，辎重等放到后面，此时，骑兵保护着里面的步兵。

这个体系在保护帝国免受重创上做得很出色，却从未能阻止劫掠和大规模入侵。直到 718 年君士坦丁堡防御战胜利及阿拔斯革命并在巴格达建国，穆斯林的重点目标转移后，拜占庭帝国的安全才真正有了保证。9 世纪伊斯兰世界政治分裂，拜占庭的疆域才彻底平静下来。

建立近卫军 741 年，君士坦丁五世（Constantine V）即位，奥普希金军区首领发动叛乱，两年后才被平灭。自赫拉克利乌斯统治以来，这已是该军区第五次反叛，暴露出将一支大型军区部队驻扎在距离首都如此近的地方太过危险。君士坦丁做出调整，将奥普希金军区分割为几个较小的军区，并组建一支常备部队（部分兵员来自奥普希金军区）驻防在首都及周边地区，称为近卫军。近卫军虽然是从已存在了几个世纪的礼仪性宫廷卫兵的旧单位中抽组而来，但已成为拜占庭军队的核心。它不仅从政府领取薪水和土地，还包括武器装备、给养、战马和草料。两支步兵分队守卫帝国宫殿和首都；第三个分队负责辎重和一些支援服务；三支骑兵分队是皇帝的私人部队，平衡着各军区的政治力量。近卫军很快表现出在战斗中的价值，为拜占庭军队恢复了进攻能力。745 年，君士坦丁成功对哈里发国发动突袭，近卫军担任了先锋。近卫军还在拜占庭征服希腊和马其顿的战争中做出了贡献，尽管新敌人保加尔人很快对该地区提出了领土要求。

近卫军与军区部队不同，是全职部队，装备和训练标准都更高，但组织形式类似，与军区部队并肩作战。他们开始为拜占庭提供进攻能力，并降低了军区将军叛乱的概率。然而，近卫军本身成为一支政治力量：君士坦丁创建这支部队的部分原因是要在首都实行反圣像崇拜的宗教政策，但后来的皇帝们不得不在政策中考虑近卫军的利益。在近卫军建立后，拜占庭总体上又坚持了一个世纪的防守政策。只是在 9 世纪中叶，一系列发展动态才开始改变帝国的战略。

进攻中的拜占庭，840—1025 年

近卫军的创建正逢帝国的人口与经济开始增长的阶段。自查士丁尼统治以来周期性爆发的瘟疫结束了，阿拉伯人劫掠的频率降低了，破坏性也在某种程度上减小了。人口开始增长，政府的收入也在提高。840 年左右，在一次阿拉伯人大规模入侵及军区部队叛乱之后，提奥菲洛斯

(Theophilus)皇帝利用帝国的资源加强军队建设，增加了兵员，部分措施是，将大量哈里发国的宗教叛军安置到各个军区中，让他们在军区部队中服役。他很可能还给全军的工资加倍，还在托罗斯山脉的重要关隘处建立小型边境区，巩固了边防部队的前方反应能力。

提奥菲洛斯的改革似乎立竿见影地提升了部队的士气和战斗力。小亚细亚大体上安全了，能应对劫掠者的进犯，进一步促进了人口和经济的恢复。拜占庭军队开始对东部和东南部的穆斯林不断发动攻势，打击巴尔干的保加尔人，甚至还攻击南意大利和克里特岛上的穆斯林海军。不过进攻的范围仍有限——毕竟几个世纪的防御型思维不会一夜间消失——也不会总是胜利。但自867年巴西尔一世（Basil I）建立马其顿王朝后，进攻的节奏在稳步加快，并于963年和976年之间的尼斯弗鲁斯·福卡斯（Nicephorus Phocas）和约翰·齐米斯基斯（John Tzimisces）统治时期达到顶峰。进攻态势在多个方面具有重要意义。

尽管攻势在帝国的两个前线以不同方式呈现，但还是再次突显了宗教与战争的联系。在对抗穆斯林势力时，来自基督教一方的圣战愈演愈烈，因为事实证明，拜占庭总体上禁止并入帝国的穆斯林人口留在被征服地区。这通常包括将穆斯林驱逐出那些还没有被拜占庭突袭摧毁的地区，尽管部分团体皈依了基督教并加入了帝国。在巴尔干，拜占庭的军事行动成为更广泛的文化进攻的一部分，先是保加尔人，后是俄罗斯人皈依了东正教，尽管皈依绝不意味着与这些团体实现了和平。此类皈依的确扩大了拜占庭联盟的疆域，首次远远超出了帝国的实际版图。

进攻还在一定程度上弥补了军队增加的成本。进攻使拜占庭军队靠消耗敌人的资源维持，并逆转了帝国战利品的流向。海军在爱琴海的进攻（参见第10章）清除了穆斯林海盗，使贸易更加安全和有利可图。

进攻还影响了军队的组织形式和军队内部的平衡。全职的近卫军在进攻行动中比军区部队更有用，此阶段建立了几支新的近卫军。近卫军被分为东西两支部队，此时常常驻扎在各行省，距战场较近。另一方面，军区部队不再如以前那么频繁地被征召，而是更有选择性：10世纪的军事手册记载，从一些行省中挑选最优秀的男子，并在适合的各部队中发挥特长，例如亚美尼亚军区可提供最优秀的重装步兵。

拜占庭进攻能力的终极表现来自尼斯弗鲁斯·福卡斯皇帝建立的一支特别的重装骑兵部队，称为铁甲骑兵（kataphraktoi），又称盔甲骑兵（cataphract）。这支部队很可能仅有500多人，由从头到脚穿着鳞甲的男子组成，所骑战马也有铠甲保护，一直覆盖到马的膝盖处。武器有狼牙棒和刀剑，并有长矛兵和弓骑兵支援。他们是战场上锐不可当的冲击力量。他们组成锐利的楔形编队，意在对战场的要害部位、敌军指挥官及其周围的重装步兵发起冲锋。快速突进的冲锋产生两个影响：一是在心理上使对手极其恐惧；二是凭借其重装甲和武器击溃敌人的抵抗。而且，盔甲骑兵需要相当严明的纪律。对敌人的指挥官发起攻击反映了一种认知：杀死或击退敌军将领常常会赢得战斗（擒贼先擒王）。在尼斯弗鲁斯·福卡斯和约翰·齐米斯基斯两位皇帝统治期间，盔甲骑兵实现了对安条克、叙利亚和北巴勒斯坦的征服。

近卫军不断增加的重要性及征召军区时的选择性趋势促进了军区的内部和平，军区部队开始疏于训练，作用在下降。这为节约成本和增加税收进一步提供了空间，政府开始向部分让人替自己服役的军区士兵收费，用这个收入支付近卫军工资。但军区部队的这种衰退有着潜在的危险，并与因进攻战刺激产生的深层次的社会转型联系在一起。各行省的军事贵族在越来越多的军区和近卫军中占据着指挥职位，且各自的家臣门客常常是近卫军的主要组成部分，构成了最大的威胁。随着人口的增长，帝国变得更安全，土地变得更值钱，贵族的阶级利益开始与中央政府的利益发生矛盾。此外，军事贵族期望对近东地区进一步征服也威胁着君士坦丁堡及帝国民事精英们的统治地位。

为遏制这一趋势，巴西尔二世费了很大劲。在瓦兰吉卫队（Varangian Guard）的帮助下，他才保住了王位，这是一支雇来的约6000人的由斯堪的纳维亚人和俄罗斯人组成的重装步兵部队，用来对付东部近卫军。对外国雇佣军的依赖逐渐成为此后拜占庭军队的特征。为了自保，他以完成征服保加利亚为由，让东部部队忙于战争，远离他们的权力基础，他还主张停止扩张，尤其是向东扩张。然而，在巴西尔统治下君士坦丁堡的利益集团取得的胜利来之不易，是有代价的。

灾难之路：1025—1081年

到1025年，拜占庭帝国比赫拉克利乌斯时期的版图更大、更繁荣，军事上也比其邻国强大得多。然而50年后，这个帝国及其军队遭到了无法挽回的衰败。究竟发生了什么？

这个帝国从古罗马时代开始就一直依靠军事上成功的强势首领。最严重的外国入侵和失败几乎总是在内乱之后，如内战、继位危机，或削弱和分散帝国武装力量的叛乱等。巴西尔二世驾崩50年后，就经历了这样一个出现皇位继承纷争和衰落的阶段，无论是皇帝还是女皇都不懂军事，由此引发的效应又与发展中的结构问题叠加在一起。1042年，帝国在战争方面总体上保持了胜利，甚至影响力还扩大到意大利，但接踵而来的是严重衰退。

1042年，军队已太过臃肿，吃军饷的人比实际作战的人员多得多。成功的马上皇帝，在军队的支持下，很可能解散最没用的部队，并削减别的部队的工资。但是军队作为一级组织可以抵制能力不强的统治者采取此类措施。因此，经费削减以较少货币或称货币贬值的方式进行，减少了全军的实际工资，忽视了军队是一个整体。结果引发一些将领和行省贵族反叛。1042—1067年间的皇帝们不相信贵族和军队，越来越依靠外国雇佣军作为其军事依赖力量。君士坦丁十世的确在1050年左右解散了一批军区部队，让他们不再服役，以税收优待作交换。但因为他怕现役士兵们造反，他解散的不是腐败的内地军区，而是最活跃的亚美尼亚边境几省的军区，而恰恰是这一地区正面临着新的威胁——塞尔柱突厥人。

1067年，一位能力出众的军事领袖罗曼努斯·戴奥吉尼斯（Romanus Diogenes）继位，着手重新训练部队。为了稳定东部边境，1071年，他以雇佣军、军区部队和近卫军组成的混合部队在曼齐克特迎战突厥人。然而，由于君士坦丁十世的亲信叛变，他战败被俘。内战爆发了，接下来的10年中，突厥人蹂躏了几乎整个小亚细亚。整个军队，包括军区部队和近卫军都解体了。1081年，阿历克修斯一世科穆宁（Alexius Ⅰ Comnenus）统治时，最后一支西部近卫军在都拉基乌姆（Dyrrachium）败给诺曼人。

1081年后，阿历克修斯一世建立了新王朝，却无法重建军队。历史可追溯到1000年前的军队从此退出历史舞台，随着它的终结，罗马军事传统也消逝了。

总　结

伊斯兰世界与拜占庭世界互补的历史可追溯到1050年，证明了政治组织对军事胜利的重要性。拜占庭在哈里发国的进攻中幸存了下来，哈里发国广泛部署优势兵力，主要是因为其军政系统凝聚力强，重点集中在城墙坚固且海军防御牢不可破的君士坦丁堡。只有当伊斯兰世界的政治团结瓦解时（内部斗争的结果，而非因拜占庭的压力），拜占庭才能恢复攻势。另一方面，哈里发国及其伊斯兰世界中的继承国找到了战争资源高效运用的方法，这些资源受到阿拉伯初期征服后形成的政府与社会之间问题重重的关系的妨碍。

到1050年，拜占庭和伊斯兰世界的历史中，国家承担的重要作用，不论是积极的还是消极的，与西欧都形成了有趣的对比，西欧的军事力量更多地崛起于社会关系组织和阶级结构。因而，西欧国家更多的是社会军事体系的产物，而不是像罗马的其他继承国那样控制着军事格局。这三大文明之间的关系及大草原游牧民族世界的关系将在十字军东征时代进一步发展，相关内容将在第11章讲述。

■ 推荐阅读

Crone, Patricia. *Slaves on Horses. The Evolution of the Islamic Polity*. Cambridge: Cambridge University Press, 1980。本书从广义比较的角度对伊斯兰教中奴隶士兵的兴起和伊斯兰教国家的形成进行了基本分析。

Donner, F. M. *The Early Islamic Conquests*. Princeton: Princeton University Press, 1981。本书对伊斯兰教传播前的阿拉伯社会和早期运动有很好的描述，尽管有时可能过于依赖来自阿拉伯的文献资料。

Frye, R., ed. *The Cambridge History of Iran. Vol. 4: From the Arab Invasions to the Saljuqs*. Cambridge: Cambridge University Press, 1975。本书有标准、全面的介绍，很有用，如果在解释术语中注明日期更佳。

Gordon, M. *The Breaking of a Thousand Swords: A History of the Turkish Community of Samarra*.

Albany: SUNY Press, 2001。本书是对突厥人在伊斯兰世界军事影响力上升的最好的概括。

Haldon, J. F. *Warfare, State and Society in the Byzantine World, 565–1204*. London: Routledge, 1999。本书对拜占庭的社会形态、政治和军事力量相互关系做了完美介绍。Haldon 和 Whittow 都强调了拜占庭军队较小的规模及其局限性。也可参考他的 *Byzantine Praetorians* 和 *Byzantium in the Seventh Century*。

Hawting, G. R. *The First Dynasty of Islam: The Umayyad Caliphate, AD 661–750*, 2nd ed. London: Routledge, 2000。本书对倭马亚王朝统治的动态和王朝面临的政治问题进行了深入的分析。

Kaegi, Walter. *Byzantium and the Early Islamic Conquests*. Cambridge: Cambridge University Press, 1992。本书详细地研究了早期拜占庭-阿拉伯战争，虽然更多的是从拜占庭的角度。

Kennedy, Hugh. *The Armies of the Caliphs. Military and Society in the Early Islamic State*. London: Routledge, 2001。本书对 10 世纪中叶阿拉伯征服和哈里发的武装力量进行了全面而均衡的研究，尤其重视国家与军队的财政关系。

McGeer, Eric. *Sowing the Dragon's Teeth. Byzantine Warfare in the Tenth Century*. Washington, DC: Dumbarton Oaks, 1994。本书既可视为关于拜占庭军事的手册，也可看作一个批判性的研究，它详细介绍了 10 世纪拜占庭扩张时期的军队组成和战术。

Treadgold, Warren. *Byzantium and Its Army 284–1081*. Stanford: Stanford University Press, 1999。本书是一部关于拜占庭国家和军队相互关系发展的研究性著作，强调制度和财政是研究军队规模的窗口，他认为军队规模比 Haldon 和 Whittow 认为的更大，但这并不令人信服。

Whittow, Mark. *The Making of Byzantium, 600–1025*. Berkeley: University of California Press, 1996。本书很好地重新解读了拜占庭历史，重点关注近东地理大背景下的政治和军事战略。

第 9 章
从骑兵到征兵

中国，400—1100 年

220年，汉朝灭亡在中国和亚洲内陆地区产生了很大反响，其中最重要的是，这是自东周（公元前770—前256年）以来，中国首次分裂成多个独立的政权。分裂期间（220—589年），中国北方诸国很大程度上就像西罗马帝国灭亡后的欧洲一样，实力衰退，受各游牧民族的控制和影响。而中国南方诸国，尽管在很大程度上保持了汉朝的文化遗风，但最终在6世纪的时候还是被北方消灭了。

造成的结果是形成两个紧张关系：一是在中国南北方之间；二是在中原与其游牧邻居之间。这种紧张关系成为自汉朝灭亡到12世纪这一时期的主要特点。

唐朝（618—907年）是遏制游牧民族威胁最成功的王朝；整个北宋期间（960—1127年），游牧民族一直占据上风。在武装冲突方面，中国社会发生了巨大变化：这一时期开始时，军事事务和武人在中国社会中发挥着突出作用。到12世纪时，其作用才大幅下降，中国社会也才决定性地转为平民化。

分裂时期，220—589年

在这段分裂时期，中国北方接连被来自北部和西部的游牧民族统治，他们主要依靠骑兵力量来维持对这些地区的控制。几乎所有这些王朝都建立了双重管理模式，在民事管理上，汉人区主要由汉人管理，而非汉人区及军事事务的管理是单独的，总体上由游牧部族的统治者承担。他们通常倚重自己的游牧部族军队作为实现其统治的骨干力量，而对于汉人的民事管理，甚至是行政管理，这些王朝刻意不让军队插手。

所有这些征服王朝都不得不对北方其他少数民族的威胁特别关注。实际上，纵观中国历史，各中原王朝皆如此。因为抵御失败，曾数次造成统治中国北方全部或部分地区的统治集团的更替。这些征服王朝中最成功的一个是北魏（386—534年），几乎控制了整个中国北方。

军事制度

北魏王朝由被称为拓跋氏的鲜卑人建立，同大草原上的所有民族一样，拓跋氏鲜卑人也是骑在马背上的民族。拓跋氏统治者很快就发现中原式统治的优势，怀揣着理论上成为全权统治者的梦想，开始了选择性的汉化进程。例如，398年，北魏统治者下令建造中原式国都，还配有儒家讲堂和藏书室。早期的北魏统治者明白，要维系对中国北方的控制，就必须保持对大草原上其他竞争者的军事优势。这主要由部族骑兵来实现，但同时北魏统治者也认识到，对中国北方的控制使其拥有了其他竞争者所不具备的优势，其中最引人注目的优势是，与大草原相比，汉族人口众多。虽然人口的具体数量难以确定，但北魏统治地区至少有3000万人，且很可能更多。北魏借此利用拓跋氏主力精英部队及其他草原骑兵，对北方游牧民族不断予以遏制。为了保护其控制的汉族地区土地，北魏沿前线地带驻防了守备部队，由汉人和其他游牧部族人口混合编成，由拓跋氏贵族指挥。这些守备部队保卫着前线，防范游牧部族入侵，并为协助远征大草原提供了后备力量。

尽管北魏的制度独具特色，但这套制度很大程度上与三国（220—280年）时期曹魏的制度很像，大量人口沿前线安置，为其提供农耕土地，同时这些人口也作为民兵保卫着王朝的边境。初期，北魏制度更多地依赖定居的汉人与游牧民族人口的融合，但逐渐地这些守备部队变得越来越庞大，且他们中的很多军官来自与拓跋氏贵族结盟的汉人贵族家庭。最终，北魏在这些守备部队中形成了一个独立的汉人军事阶层，期望他们能实现完全自给自足。士兵们及其家人登记为兵户（军事家庭）。在不训练的时候，士兵们在部队中接受从事农业生产的相关培训，为守备部队提供粮食。兵户的其他成员也一样与土地拴在一起，在公共土地上耕作，劳动产品上交各部队的指挥官。

兵户阶层的成员只能内部通婚，而且被限制在守备区域内活动，要离开守备区必须得到特别许可。这些兵户还得几代人都提供兵员。尽管这些士兵看上去待遇较好，但对这类军事阶层的大多数成员来说，他们的生活比奴隶好不了多少，所以多数还是希望摆脱这种状况。然而，不经过复杂的手续，兵户是不能改变他们的身份的（变成登记的平民家庭）。一般来说，只有北魏皇帝才可以改变他们的身份，但这种情况很少发生。

汉 化

随着时间的推移，北魏王朝进一步汉化，边境事务逐渐荒废。兵户的命运变得更加糟糕，一些犯人或被视为谋逆的家庭，作为新的兵户被流放到守备区。尽管这一进程不是突然发生的，却造成了士兵素质的极大下降。守备区中游牧部族成分几乎荡然无存，与汉人已没什么两样，到6世纪初，他们的战斗力已令人高度怀疑。

494年，北魏迁都洛阳，深入中原腹地，至此，拓跋氏鲜卑人的汉化已基本完成。北魏沿着主要城市建起了长城，其汉化程度非常深，以至大草原的服饰已被禁止。前线军事守备区的废弛最终导致很多守备区发生大规模叛乱。驻当地的大批官员被杀，可是朝廷没有出兵镇压叛乱，反而同意将大多数兵户迁居内地比前线更肥沃的地区。基本制度保持不变，甚至兵户还增加了，但前线防卫制度的初衷似乎早已遗忘。

最终，北魏分裂为两个新王朝——一个汉化的王朝在东部；一个游牧民族王朝在西部，更具这个时代征服王朝的传统特点。西部更具游牧民族特点的王朝称西魏（535—556年），试图逆转汉化进程，将汉人变成骑马的弓箭手，并要求所有士兵取鲜卑姓氏，穿鲜卑服饰，遵守鲜卑语发布的命令。

隋朝，581—618年

不管怎么说，逆转汉化的政策很可能效果并不明显，持续时间也不长。整个中国北方叛乱四起，其中很多是数十年前被推翻打压的北魏政权贵族发动的。至581年，不到10年时间，隋朝统一了北方，接着几乎统一了全中国。新建立的隋朝在中国启动了较长的中央集权进程，将统治体制制度化，尽管隋朝官方机构大多采用汉朝的头衔，但其实更具秦王朝的法家思想，汉朝的儒家思想则稍逊。隋朝进行了大规模军事扩张，包括与游牧部族和大量汉族军阀结盟。

隋朝的扩张

隋朝开国皇帝隋文帝在组织其军事力量时，对以前的王朝建立的制度进行了重大调整，兵户制度被废除，所有家庭均登记为平民。尽管很多家庭可能被要求送子参军，但这更像征兵制，而非单独的世袭军事阶层。全军被重组为12个卫府，每个卫府由一名亲信将军统领。至于骑兵力量，隋文帝主要依靠大草原的部族武士，不过这些部队都驻守在边境，与其说是隋朝军队完整的一部分，不如说是缓冲力量。

隋文帝的法家思想一方面出于实际需要，不仅要统一汉人地区，而且要拓展其边界。特别是，他一步步降服了中国北部和西北部边境的突厥人。通过外交和经济手段，他得以实现这一目标，6世纪后期与7世纪初，突厥人处于分裂状态，内部争斗不断。隋文帝对突厥实施的政策得到继任者的继承，大草原政治在他的继任者手中掌控得很好。只是，隋初在各地取得的胜利不太均衡。

对林邑的成功入侵却被军中疫病流行给破坏了；林邑仍是隋的附属国，而非受到隋朝政府直接统治。隋文帝及其继任者隋炀帝都曾计划征服高句丽王国，尽管投入了大量人力物力，但都没能成功。高句丽的拖延战术使得隋军粮草不济，再加上夏季雨水多，冬季气候严寒，使情况进一步恶化。突厥盟军的骑兵部队没有到位。最终，劳民伤财动摇了隋朝的根基，征服高句丽的大业未竟。617年，隋朝陷入混乱。

唐朝，618—907年

初唐：挑战与成功

抓住隋朝内乱之机，隋朝高级将领李渊起兵反隋，建立了唐朝。起兵时他拥有兵力共约3

万人，有步兵也有骑兵。同其他很多希望取代隋朝的将领一样，李渊得到了数千突厥骑兵的援助。李渊攻克长安后，定都于此，此时，他的兵力已增加到 20 万人，其中很多是在征讨高句丽期间和之后弃隋归顺李渊的隋军。李渊将这支大军分为 12 道，每道由一名亲信将领统领，因为在江山稳固之前，还有很多仗要打。

这些是正规部队，集合了各个兵种，包括步兵和骑兵，配备了各种武器，能够独立作战。此外，士兵们分配到了土地，他们的家人被安置在这里。这些土地的产出能保证部队自给自足，这是北魏和隋朝军事体制的延续。同隋朝的建立者一样，李渊与其子兼继任者李世民都明白使中原和北方地区实现和平的重要性。这正是李渊着力将大量士卒迁居到靠近大草原的地区的原因。唐太宗李世民在这方面更为成功，通过军事和外交战略，他不仅成为汉人的皇帝，而且还成为突厥人的可汗（基本相当于皇帝）。

与中国南方传统的统治阶级不同，唐初几十年像唐太宗这样的领袖人物喜欢大草原的传统，比如，狩猎及妇女享有相对的自由，这是分裂期间汉人与游牧民族混居的结果。将这种认知用于实践，唐太宗利用各大草原部落分裂这一点，渗透进了他们的政治与纷争，结果很多游牧部族成为唐军体系的一部分。唐太宗就此解决了——至少是暂时——自周朝以来一直困扰着中国军队的主要问题：缺少建立可靠的骑兵部队所需的战马。唐太宗在位期间，游牧民族成为唐朝骑兵部队的主体，有时候会被征召来协助作战，以巩固唐朝在中原的统治。而对那些屡次拒绝听从其命令的大草原部族，唐太宗则派遣唐军，在其他大草原骑兵的协助下，迫使其听命。

唐太宗被普遍接受，因为他适应大草原的传统，尤其是熟悉大草原的政治和军事战术。他曾多次亲率大军出征，往往兵力逊于敌军。据称，其一生征战中，胯下共 4 匹战马死于战场。此外，他还很熟悉大草原的诈败战术，并在主力为步兵时成功运用了此战术。

后来的唐朝皇帝没能保持住这种控制大草原游牧部落所必需的个人权威，但在唐太宗去世后，游牧部落内部相互敌对，使得唐王朝得以维持北部边疆相对安全几十年。即使在 8 世纪晚期，对边疆的控制减弱后，唐朝还常能征召游牧部落军队前往协助。8 世纪中叶，吐蕃入侵和安禄山叛乱，再加上中原经济与社会正在转型，最终摧毁了这种游牧部落骑兵伴随定居的汉人步兵的近乎寄生式的体制。

唐朝军队

府兵制　唐朝，特别是从唐太宗时代开始，开始有意识地建立一套主要由平民-士兵来保卫国家的体制。同汉朝一样，唐朝对建立大规模的职业化军队持怀疑态度，认为战斗力强的职业化军队要比一支自由平民组成的军队难驾驭得多，或者说更难使其保持忠心。唐朝政府也坚信保持部分战斗力强的职业化军队是必要的，尤其是计划在北方和南方进行远征时作为一支机动打击力量。如我们所知的，骑兵主要由游牧部族骑士组成，既可用作缓冲兵力，也可招来协助军队远征。下一节中，我们就将讨论驻守在国都附近的有较强战斗力的职业化唐军。本节我们重点关注被称为府兵的大规模平民-士兵部队。

虽然府兵有多种翻译，但最常见的是"民兵"，不过这不够令人满意，民兵通常是指兼职的或者一年中部分时间当兵的人，其余时间从事自己的主要工作。府兵则主要是职业的士兵，是常备军的成员，一年中全部或几乎是全部时间都在军队中进行训练或者从事安全保卫。

其含义的混淆来自府兵的招募方式，有时候，唐代的史料本身也没讲清楚府兵制的功能。但是通过对府兵演变过程的追踪，我们了解到，唐朝初年，至少直到8世纪末，它是唐朝军队中最有战斗力的部队，维护着唐朝边境的安全，并参与了唐朝初年的几次远征。府兵的指挥官们是整个唐军中最优秀的将领。

李渊定都于关中的长安。如前文所述，至此时，他统率着20多万雄兵。尽管要统一中国其他地区还有很多仗要打，但李渊首先需要确保北部边境的安全。为此，很多士兵及他们的家人被安置在农业区定居。当军队需要更多兵员时，李渊就让这些家庭补充，自备武器装备。因为预计这些农业区能够自给自足，所以唐王朝节省了大笔开支。当这套体制——显然广泛效仿了隋朝的军事制度——扩大到囊括了唐太宗时期的全部10个道时，唐政府似乎解决了军队的全部三大难题，即在北部边境部署军队防范游牧民族的威胁；分散的部队可供内部调遣；所有这些军队都是自给自足的，几乎不耗费帝国的财政。

府兵制建立时，有623个农耕社区，每个开府有800~1200名士兵，再加上他们的家人，总人数达到60多万。在士兵们进行训练时，他们的家人则要在分配的土地上耕作，很大程度上像隋朝和北魏初年一样。但有个重要区别是，唐朝时几乎不允许土地私有，全部土地是按照非常复杂的方式进行划分的。整个初唐时期实行的是均田制，这是府兵制的基础。那些被划分为军事属性的农耕区分配到一定数量的田地，在府兵制初期的几十年田地是比较大的。国家以此换取这些府兵户提供兵员和军需供给，且这些农耕区享受免税待遇。来自首都的十六卫军官被派往府兵区监督土地管理情况，并在必要时统率士卒。低级军官通常由这些地方的人担任，朝廷这么做就防止了地方官与手下人关系过于紧密而获取过多权力。

招兵既非统一强制征兵，也非如隋朝体制那样严格实行世袭制。唐朝实行的是，十六卫军官每三年一次巡视府兵区进行招募，根据几个基本条件征兵，如财富状况、体格状况，以及兵户家庭成年男性数量等。尽管招兵的年龄要求随时间变化而有所不同，但一般来说，男子从20岁开始参军，可一直服役到60岁退役。唐初几十年中，成员身份被视为一种荣誉，那些富有的有影响力的家庭能够提高送子参军的比例。虽然我们不清楚征兵中体格要求有多严格，但兵员应该要求健康状况良好，并进行体力测试等。那些来自边疆社区的兵员还需要进行骑术测试。

在成为府兵后，新兵及其家人还应提供其全部个人给养、盔甲武器。家庭还必须提供马匹、骡子或牛供府兵使用。对唐王朝来说，这几乎是不费成本的维持常备军的方法，唯一的开支是分配的土地。

府兵的三大职责按重要性依次是：守备边疆、守卫京城长安地区和远征作战。府兵指挥官没有朝廷授权严禁擅自调兵出营，只有紧急情况下例外，未经事先批准调兵的指挥官必须立即通报朝廷。不遵守这些规定的指挥官面临的惩罚可能是流放，甚至是处斩。整个7世纪期间，沿边境地带，府兵制施行得很好，帮助唐王朝稳定了新征服的南方地区的局势。

唐朝朝廷认为守卫京城地区是府兵特别重要的职能，设计了一套复杂的轮换制度来决定由哪支府兵部队在什么时候来担负守卫职责。任何时候，长安及邻近地区各个防区都驻守着数万府兵。虽然他们不是京城唯一的军事力量，但被视为对皇帝私人的军事力量——禁军的制衡。

参加唐王朝的军事征讨是府兵的第三大职能，但府兵很少自己开展作战行动，更经常的是与其他唐军部队一起参加战斗。例如，征讨高句丽主要是由靠近朝鲜的地区征召的部队完成的，不过，府兵常常是远征军的中坚力量。还有，唐朝派去征讨南诏的远征军也包括大量府兵。

一般认为，整个7世纪，府兵是忠于唐王朝中央政府的战斗力强、效率高的军事力量。然而，8世纪初至中叶，随着唐朝经济与社会的变化，府兵制开始衰落。均田制本来毋庸置疑是府兵制的基础，但到了8世纪初，贵族家庭、政府官员、宗教人员及其他权势人物将土地大肆据为己有。很多府兵的土地落入私人手中，很多兵户的土地份额急剧减少。在府兵中服役也变得不再受人尊敬，家庭越来越感觉兵户身份已成为负担，想尽办法将身份改为平民。很多家庭依附佛寺或者僧道，作为摆脱府兵负担的捷径。还有很多则逃往新开垦的土地，成为佃农或富人土地上的劳动力，不愿做府兵户服役，这些情况反映了府兵役已成为沉重的负担。据8世纪40年代的史料反映，府兵出现了大规模逃亡，与此同时，凶猛的吐蕃军不断劫掠北部和西北部边境。749年，府兵制被正式废除，代之以募兵制。

禁军 除了由平民－士兵组成的府兵部队外，唐朝政府还在京城长安驻守一支部队，作为皇帝的私人军队。这就是禁军，最初是由李渊起兵反隋时的那些部队组成。到了唐太宗的时候，这支部队的几乎所有士兵都来自长安地区的贵族或富人家庭。

在7世纪晚期战斗力最强时，禁军很可能约有6万人。在早期，禁军是唐朝军事力量的核心，甚至还包括一支骑兵。这支部队的成员经常一起训练，那些又高又壮并表现出弓骑兵能力的人则被选入骑兵，大多由特别招募的突厥军官来指挥。

除了部分骑兵军官外，禁军的多数军官来自十六卫。实际上，多数府兵最高军官也来自十六卫。十六卫只从贵族和高官子弟招募，因此有人将此视为修订版的"人质制度"，即汉朝对一些豪门大族采取的控制措施。只要十六卫成员有地位有尊严，禁军和府兵中能力强、有活力的军官就会不断地流动。但到7世纪后期，十六卫——还有禁军——卷入了帝位争夺斗争，其作用因此大幅降低。

女皇武则天大幅扩充了禁军，还从传统招募范围之外招募兵员。这本该是重振禁军战斗力的极具活力的举措，可是在705年，禁军的一支主要部队被用于推翻女皇，后来其他部队不断被调来协助宫廷的权力斗争。755年安禄山叛乱后，随着叛军抵近，禁军大多逃得不见踪影。在皇帝逃离长安时，这支精英部队只有约1000人留下来护驾。

唐朝军事效率的衰退

新边军 7世纪晚期，新统一的吐蕃王国不断增加的威胁体现了府兵越来越无力，所以唐朝政府在很大程度上依靠回鹘和突厥游牧民族的盟军，不过，此时已不能认为回鹘和突厥仍处于唐朝的控制下。回鹘在协助唐朝政府时战斗力尤其强，但是召他们来代价不菲。7世纪70年代时，唐朝要用大量的丝绸等物资才能买动回鹘来助战。而当支付拖延时，回鹘就会在中原劫掠，由于府兵的守备部队实力已严重削弱，回鹘的劫掠基本都是成功的。为了减少对回鹘骑兵的依赖，并保护边疆，唐王朝用长期服役的募兵取代了府兵，这支部队由朝廷任命的藩镇节度使统领，拥有很大的民事及军事权力。

为了给这些新军设立营地，唐朝沿着与大草原接壤的三个道大规模修建要塞。边疆要塞不仅彼此互联，而且与国都通过道路连接，还有烽火台联系。有些情况下，部分要塞建在原来突厥人的土地上。当突厥人离开与远在西部的部族交战时，唐军便迅速开进占领该地区，建起要塞，不让突厥人回来，有些地方甚至还是突厥人的主要牧场。到8世纪20年代，仅关中地区就驻扎着6.5万多名士兵、1.5万多匹战马，邻近的两个道的数量与此相当。

这需要巨额的开支，尽管唐朝是中国历史上比较富足的朝代，但这么大的开支还是难以为继。与府兵制不同，这些边军不是自给自足的，他们也做不到自给自足，很多士兵来自相对偏远的北方地区，不适应定居型的农耕生活。朝廷难以支付这些军队的开销引发了危险的政治形势。藩镇长官还拥有征税权，统治权力越来越独立于朝廷之外。

直到750年，这套制度看上去取得了成效。唐朝边疆地区的安全虽然经历了一系列的波动，但遇到的这些问题都不算严重，经由唐朝中亚领地的贸易也进行得比较顺利，边疆各处的游牧民族，即使不是完全驯服，至少也不令人特别担忧。可是751年，唐朝遭遇三大军事失败：首先是发生在西部边疆的怛罗斯河，唐朝将军高仙芝率领的军队被黑衣大食（阿拉伯帝国阿拔斯王朝）与突厥联军击败（参见专题B：怛罗斯之战，751年）。其次是东北部边境由安禄山率领的唐军被主要由契丹游牧民族组成的军队击败。最后是另一支唐军在进攻西南部的南诏时被击败，几乎全军覆没，使四川地区暴露在卷土重来的吐蕃人的威胁下。三次重大军事失利严重动摇了唐王朝的统治基础。

专题B：怛罗斯之战，751年

怛罗斯之战发生在751年，地点在中亚，对历史产生了重大影响。阿拉伯穆斯林军队和部分突厥盟军一起与高仙芝率领的唐军及突厥葛逻禄（Qarluq）部盟军进行了一次大战。当时的唐朝处于实力和影响力的高峰时期，而阿拉伯帝国尚处于扩张阶段。

> 7世纪中叶，阿拉伯军队灭亡了波斯的萨珊王朝，在接下来的数十年中继续扩大伊斯兰教的影响与控制区。至8世纪40年代，阿拉伯人在中亚特别活跃，与各部族和游牧民族团体结盟。唐朝朝廷投入大量兵力阻击，甚至扭转了阿拉伯人对其势力范围的蚕食。在该地区及邻近地区的唐军规模比较大，由经验丰富的将军率领，其中多数不是汉族人，如高仙芝。747年，阿拉伯与吐蕃谈判，拟结成联盟，这威胁了唐朝的安全，高仙芝指挥唐军迅速开进，交战数次，击败吐蕃。翌年，高仙芝在塔什干再次出击，以阻止那里的突厥部落与阿拉伯人结盟。
>
> 有些人认为，唐朝朝廷努力维持的在该地区的地位是不能长久维系的，因为该地区很多部落非常渴望制衡盛气凌人的——甚至是专横跋扈的——唐朝。不过，8世纪40年代时，唐军还是比较成功地使其中亚对手们处于分裂状态，并在军事上打败了那些抵制唐朝霸权的对手。这些军队能够强行发号施令，主要是通过行动迅速的骑兵力量，以及建立步兵守备部队来维持和平。同时，唐朝的外交也促成了突厥盟友来协助唐军。
>
> 751年7月末，高仙芝率军在怛罗斯城（沿着同名河流）附近遇到了阿拉伯军（还包括一定数量的突厥盟军）。虽然现在不清楚确切的人数是多少，但双方兵力大抵相当，约有3万人，且多数是骑兵。据称战斗非常激烈，难分高下。战斗的第二天和第三天，唐军的突厥盟军葛逻禄部突然临阵倒戈，尽管如此，高仙芝还是比较有序地退回了城中。夜幕降临，这天的战斗结束，高仙芝召集众将讨论下一步行动，最后得出结论，彻底失败的风险太大，于是唐军开始撤退。阿拉伯军队则追击撤退的唐军。混乱恐慌的人群和牲畜堵住了唐军后撤的通道，高仙芝的部下屠杀了那些堵塞道路的人，才避免了被俘。
>
> 这次大败彻底终结了唐朝向西扩张的势头，而阿拉伯的势力范围则进一步向东扩张，同时也中断了佛教沿丝绸之路地带的影响。唐朝一直被认为是世界上最强大的陆上国家，沿着唐朝边境地带的各族也一直惧怕得罪大唐。但此战失利，一切都变了。由于安禄山叛乱引起唐朝内部动荡，余下的很多唐军也撤离了中亚，穆斯林军队则趁机站稳了脚跟。

转型与衰落 经历了8世纪中叶的一系列军事失败后，唐朝在恢复军事力量时面临两大问题。首先，尽管大规模的边防军在与敌军作战中表现不佳，其将领们却在继续扩大权力。到9世纪时，将领们对朝廷构成了威胁，且随着将领们在各自的藩镇获得对民事的控制权，以及职位的世袭权，军事贵族的矛盾变得越来越尖锐。最终，藩镇割据毁掉了唐王朝——这种状况对后来宋朝的军事政策产生了重大影响。

其次，唐帝国南部不断增长的人口与经济实力，总体上对社会和军事结构产生了重大影响。南方的地形比北方更不适合养马和骑兵作战。结果，朝廷为了拥有骑兵而对游牧民族的依赖更强了。同时，统治者又疏远了产生唐初领袖的文化融合环境，因此，唐朝对游牧民族盟友的控制力也开始减弱，骑兵作战也变得越来越偏离中国本土的军事传统。这也使宋朝对那些极力维护旧传统的军事贵族家族采取措施。

因为军队将领的权力太大，终于发展到了出现危机的地步。755 年，唐朝权力最大的将军、皇帝最宠幸的将领安禄山反叛了。在经历了 7 年的混战后，各路叛军终于被平定，却是在游牧民族回鹘骑兵的大力协助下实现的，接着回鹘反过头来又成了唐朝的麻烦。接连几任皇帝以效忠朝廷的边防军为核心重新组建中央部队，即由宦官统领的神策军，反映了朝廷想努力解决将领的忠诚问题。尽管取得了一时的成功——781 年，神策军在平定另一起藩镇叛乱中发挥了作用——但由于神策军驻防于首都，这套体制不能成功控制边疆的游牧民族。再者，朝廷的权力被贵族势力、藩镇割据导致的国库空虚、宫廷政治斗争等一点点削弱。唐王朝日渐衰落，终于在 907 年灭亡。接着是数十年的混战，加速了中国政治、社会和军事结构的重大变化。

五代时期，907—960 年

中国历史上的五代时期（907—960 年）战乱不断，既有内部冲突，也有外敌入侵和劫掠。这几十年中，北方重要的城市数次遭到攻击和摧毁。成千上万的官宦被杀，没有军事支持或关系的、幸运地躲过了唐朝末年剿杀的贵族和精英家庭这回几乎全部被消灭。"五代"这个称谓实际上是一种误导，因为当时中国的中部和南部至少建立有 14 个政权，每个政权的君主都宣称要一统天下。然而，传统上，南方政权被称为"十国"。五代是指在北方建立的政权，每个都自夸要一统天下。所有这些政权，不论是北方的还是南方的，都是由那些领导征服战争或军事政变的将领建立的。供养庞大的混编军队和游牧民族士兵需要惊人的开销，农民们在土地被毁的威胁之外，还面临着沉重的赋税。这一时期，有位富有创造性的将军通过摧毁或没收佛教寺庙的财产增加了其财政。

这一时期许多朝代短命的主要原因是不能建立起忠诚的军官及军队核心。每个统治者都与邻国打仗，试图夺取或保卫领土。成功的高级将领很少对统治者有很强的忠心，往往在新王朝稳固建立前发动政变。五代的最后一个王朝后周看似处于摆脱这个宿命的边缘，建立了一支效忠的精英禁军，大体上再次统一了中国，此时其统治者却突然驾崩。

具有讽刺意味的是，后周禁军统领赵匡胤成功建立了新王朝——宋，接下来完成了对中国大部分地区的统一。宋朝延续了 300 多年。赵匡胤，庙号宋太祖，以禁军为基础重新建立了军事制度，多个方面与唐朝截然不同。

宋朝，960—1279 年

北宋的建立

传统上，历史学家们将宋朝分为两部分：北宋（960—1127 年），首都在中国中部的汴梁；

在女真人征服北方后，南宋于 1127—1279 年统治南方。这个时代的情况将在第 14 章介绍。

尽管宋朝控制了北方大部分地区，但宋太祖在统一中国的过程中还是遇到了巨大障碍。此时南方分裂成数个国家，北方还有两个政权。此外，还有两个强大的游牧民族政权，一个是西北部党项人建立的西夏国；另一个是东北部契丹人建立的辽国。西夏的领土主要居住的是非汉族人口，而契丹控制着称为"十六州"的大片宋朝领土，并在整个 10 世纪数次深入中原劫掠，甚至一度渗透到中部的汴梁城，即后来的北宋国都。

太祖首先向南发动统一战争，但他不得不留下部分有才华的将领确保北方安全，这么赌取得了成功。南方人无法抵挡有大量游牧骑兵辅助的作战经验丰富的宋军。太祖还大肆宣传北方兵的野蛮，不投降，就会烹食战俘，所以几乎兵不血刃地控制了南方大部分地区。

中国北方与南方之间越来越大的经济差别影响了这些战役，水军而非骑兵成为步兵及要塞的重要补充：南方密布的江河湖泊推动了水军的发展，多数船只是大军南下途中俘获的，水军用于运输兵员和物资，使宋军避免了遭受两栖攻击的可能，同时还可沿着水道协助围攻要塞。宋朝水军后来共有数千只船，有些大到足以一次运输 1000 多人。后来，当宋太祖的注意力转回北方后，资源又从水军中抽走了。直至 12 世纪初女真人入侵，宋朝水军才再次达到这样的规模和重视程度。

平定了南方后，宋太祖立即将精力转到征服西部的四川。这需要沿长江将大军送往上游，要经过一系列的要塞，有的比较大，还有投掷石块的投石机和向接近的船只投掷燃烧物的弩炮防守，不容易攻克。宋太祖往往靠奸细在敌军中制造混乱及侦察敌人防守的薄弱环节。他还采用在这些要塞的周边制造恐怖的方法，减少当地对要塞的支援。虽然这些行动取得了成功，但被激怒的当地民众在后来许多年中多次发动起义。

平定了中国其他地方后，宋太祖将精力转回到北部边疆，重点是对付控制着十六州的辽国。宋太祖及其继任的皇帝们与辽国打了几十年，双方僵持不下，最终签订和约结束了战争。实际上是宋朝以每年纳贡并承认辽国统治者为对等的皇帝为条件买来了和平，后一条比向辽国纳贡更为丢面子。虽然这两个宿敌之间还爆发过一些较小的战事，但谁也没能削弱对方增强自己。

军事文明

从宋太祖统治时期直到宋朝灭亡，宋朝的统治者及政府官员们不断有意识地避免重蹈他们所认为的唐朝灭亡的覆辙。他们认为，唐朝首当其冲的过失是将领的权力和威望过大。宋朝的建立者原来就是个将领，通过军事政变夺取了政权。所以宋朝长期奉行这样的政策，即既要确保朝廷对军队的控制，又要降低军人作为一种职业的威望。前者的结果是产生了中央集权的军队，由皇帝亲自掌控，这支军队从此被严格统治。后者则积极意义稍逊，导致的结果是，宋朝军队不能将军力投送到国土范围之外，最终面对大规模外敌入侵时，甚至不能保卫国家。

宋太祖通过政变建立了宋朝，当时他是后周的禁军统领。所以在他统治期间，一直致力于确保禁军既忠诚又是宋军中最精锐的部队。例如，战场上脱颖而出的其他部队可调任禁军，相反，那些被认为不合格的禁军部队则被调任地方军。太祖的继任者们则继续奉行这一政策，还经常在地方军队中安插大量民事巡检使和眼线，并不断地换防各地驻军。

宋太祖每控制一地后，就任命一位亲信将军为主官来治理，但很快就会派遣一位文官来监督该州的管理情况。一旦这个地区稳固了，文官就会取代军事将领，直接对皇帝负责。鉴于唐朝发生过这种事，这不仅是对军事将领独立行事的一种遏制，而且也为文官最终取代军事将领奠定了基础。

宋太祖的继任者们绝不容许地方将领们形成权力核心，那些在战斗中表现突出或者给朝廷留下深刻印象的军官，即使是低级军官，也会被调入禁军，并主要安置在京城地区的岗位上。宋朝由此成功建立了一支官兵之间没有个人纽带关系——至少是没有永久纽带关系——的军队，并建立了一整套官僚制度来考评、晋升和奖惩军官。一定级别的军官放入人才库，不论是军事远征还是担负守备职责，朝廷都从人才库中选取，再进行安排。此外，军官的级别与指挥权脱钩——级别高并不必然表明该军官指挥的兵力就多。士卒的表现对军官的奖励和进步完全没有实质性关系。例如，一次军事行动后，部队会返回各自的守备区，对军官们的管理则是回到人才库，等待奖赏、晋升、以及下一步的任职。为了突显个人对皇帝的忠心，所有晋升必须盖有玉玺。军官晋级是在特别仪式上由皇帝举行的，皇帝还亲自参加对禁军部队的定期考评。当发动远征时，对战役如何进行，朝廷会对将领们进行详细指导，如果不遵守这些指导，将领往往会受到严惩，甚至是处斩。

对这一临时指挥原则唯一例外的是营一级的军官，这是一个大约由500名官兵组成的军事单位，是宋朝兵营的基本单位。朝廷认为，这样一支小规模的部队不会对王朝构成威胁，即便有营级将领出现反朝廷之心，也能比较容易地镇压下去。

减少军队对朝廷威胁最有效的一个手段是降低军队在社会上的重要性。反过来，则是通过文职的成功来获取威望、升迁和财富。正是在宋朝科举制度成为获得政府高级职务的主要手段，所有考生都能获益，活字印刷术的发明推动了这一进程，儒家经典得到了广泛的传播，科举试题正是出自这些儒家经典著作。有宋代文学生活特点的新儒学的复兴正源于这一背景，且新儒学的主要词句在指导思想上被认为是民事的而非军事的。结果，军官与军事服役越来越被精英社会瞧不起，权贵家庭很少认为送子参军是理想的职业选择。出现这一趋势，部分也是由于宋代经济大幅增长，尤其是海外贸易。商业活动成为靠拥有土地作为财富来源的重要替代手段，也颠覆了与旧军事传统和骑兵惯例相关的大地主家庭占主导地位的那种旧思想。

这种政策与文化态度本来是为了削弱将领权力过大的威胁，但结果导致了相应的风险——军力衰弱。然而，11世纪后期，宋朝朝廷认为能承受政策造成的军力衰弱的后果，有两个原因：首先，契丹和党项都处于分裂状态，无论怎样都不会对宋朝构成严重威胁；每年纳贡能保证这两个民族相对和平,且对宋朝经济的损耗几乎微不足道。其次,缺乏灵活的有才华的将领队伍可由庞大的兵力来平衡,宋朝觉得仅通过军队数量就可压垮敌人。再次,宋代的军事生产是对部队人数众多的很好补充,可为这些部队提供大量的武器、军服及其他物资。

宋军兵力增长到极大规模,到 1020 年,兵员约为 90 万,20 多年后,这个数字就增加到了 120 万。宋朝繁荣的经济使得这种数量增长成为可能,因为政府的税收大幅增加。宋军不是以初唐那种方式由平民-士兵或应征入伍者组成,而是大多为支付酬劳的志愿兵——不过酬劳不多。士兵是从罪犯、赤贫者以及游手好闲之徒中招募的,这进一步从总体上加剧了参军的负面形象。士兵被人看不起,也不受人待见。大多数士兵都被文身或在手上、身上黥墨,以降低他们当逃兵的机会。只有禁军还强调纪律,但也不是很严格。宋朝初年,军队还定期进行各种训练,包括从体能到围城战等。但到了 11 世纪后期,这种训练已经逐渐荒废了。正是在宋朝的时候,中国那句鄙视军人的顺口溜——"好铁不打钉,好汉不当兵。"——流行了起来。

这个比喻还有另一层含义:士兵的素质可能很差,但补给充足、装备良好。重要的技术发展促进了宋代经济的增长。宋朝已经有了规模很大的先进的冶铁工业,直至 18 世纪欧洲工业革命之前,中国的铁产量一直令世界其他国家相形见绌。官营工厂生产了大量的军服、盔甲、兵器和其他装备。不计其数的弓弩、箭、刀剑、盾牌,以及火药武器如小型火炮、火焰投射器和炸雷等生产出来供军队使用。所以说宋朝皇帝对军队很有信心,规模庞大、补给充足、装备精良的大军足以承担朝廷赋予的重任,这一点不会让人感到意外。

对朝廷来说,不幸的是,兵力的增长超过了财政资源的增长。到 11 世纪 70 年代初,近八成政府税收用于供养庞大的军队,朝廷迫切地希望摆脱这种窘境。巨额开支主要与维持宋朝庞大的军队有关,促使皇帝于 1068 年任王安石为宰相,授权他进行变法。王安石执政期间(1068—1076 年,1078—1085 年)启动了一系列经济和官僚制度改革,推行最彻底的政策正是在军事领域。首先,军队裁员数十万人,多数用来组建新农业社区。其次,沿边境建立了约 130 个小型永久守备区,每个不超 3000 人。不再严格地将所有最优秀的士兵纳入禁军队伍。其中很多人现在被送往边境的守备区,而且还要通过农业生产——很像唐朝的府兵制——实现部分自给。最后,让普通民众参与国防安全。王安石制定了一套民兵制度,称为保甲法,以换取减税和家庭出人担负民兵职责。每十户一组进行招兵,由地方官监管;较高级别的官员监督这些十户组。朝廷或州府派员去装备和训练这些民兵,并监管他们的巡逻及共同安全职责。

保甲法的实施大幅减少了朝廷用于军事的预算。初期,民兵常被编组成较大的单位,与正规军一起进行训练。王安石的规划是,与新的近乎自给自足的边境守备区一起,把主要国防职责交给保甲民兵。这样,正规军转变职能,主要用于进攻行动。

然而,这一规划未能实现。王安石军事改革的最重要结果是造成了正规军士气严重衰落,战斗力严重下降。军队规模大幅缩减导致那些留下来的人员深为忧虑,没有人愿意去遥远的边境服役。民兵成了帝国防卫的主力更使正规军士气严重衰落。保甲法的军事职能很难再组织起来，1085 年，宋神宗驾崩，反对变法的旧党上位，新法遂被逐步废除。到 12 世纪北宋灭亡，保甲法只作为地方法令，其民兵职能再也没能有效复兴。边境守备区也没能得到维持或正规监管，那些 12 世纪初保留下来的守备区对宋朝的防御也起不到什么作用。正规军的数量开始逐步增长，达到大抵与初期相当的规模，维持这样一支大军的成本也随之上升，士气却没有提高，宋军根本无力应对北部崛起的女真人形成的严峻挑战。

女真人入侵与北宋的覆亡

至 12 世纪初，北宋与东北部邻国辽和西北部的西夏大抵保持着和平。尽管有些小的冲突，但没什么大战，宋朝似乎甘心接受丢了十六州。契丹人之前警惕的军事戒备也放松了下来。契丹大军中的骑兵部队几十年里也没有什么重大行动，宋朝对境内各地起义的镇压行动也没费多大劲或者做出大规模军事反应。这种相对的平静主要是受辽国北部一个民族——女真人——崛起的影响。

女真人是中国东北部通古斯人的一支，通古斯人是后来于 17 世纪征服中国的满族人的祖先。对他们 12 世纪初之前的情况，我们所知甚少，主要是因为他们主要靠打猎为生，契丹人认为他们是特别凶悍的武士。女真人对臣服于辽国一直不满，经常起义。女真部族的分裂和契丹的统一使得这些起义对辽国的控制状态形成不了威胁，但女真人在一位才能卓越的领袖（完颜）阿骨打的领导下实现了统一，形势迅速改变了。1115 年，在打败当地的辽军后，阿骨打在宣城建立新的王朝，践位称帝，国号"金"（该地区一条江的名字）。

完成统一的女真军队——一支骑兵部队，组织很像契丹军队，有一支重装甲先锋部队，两个以上的轻装甲部队，以及后方预备队——很快纵横于东北的辽国疆土。仅仅 3 年时间，东北部地区几乎全部落入金国女真人手中，但辽军主力仍驻守在十六州，北宋朝廷看到了收复失地的机会，便与女真人结盟。联军对辽国剩下的领土发起进攻，金国从北部进攻，北宋则从南部和西部发起进攻。北宋要夺回十六州，金国则占领辽国剩下的领土，此时的格局与唐朝时相似，甚至比唐朝还好些。前文介绍了北宋的经济与社会发展情况，只是宋朝缺少一支骑兵部队。所以正如唐朝对回鹘的做法，宋朝从女真人那里借了一支骑兵部队。

结果证明宋朝是在玩火，宋金合击辽国是在 1122 年年中，用了 3 年时间，灭亡了辽国。此后，过于自信的北宋开始冷落那个危险的盟友，又经过 3 年时间，中国北方全部领土，包括北宋国都汴梁都落入女真人手中。残存的宋朝朝廷及其军队逃往南方，老皇帝的一个儿子登基。

残存的宋朝朝廷面临着一种两难的境地：生存下去的唯一希望是建立新军，并授予将领们在统兵方面更大的权力，这比北宋初期给予的权力大。朝廷征召平民当民兵，并进行初步的军事训练，而更多的还是募兵服役。

文官被派到重新恢复的军队作为各级军官履行军事职责。然而，由于持续数十年的对军队及武艺的鄙视，几乎所有文官都不肯去。这虽然对朝廷来说是好事，但让文官统率军队去打仗，结果几乎肯定是灾难。很明显，对很多宋朝人来说，文明的存续必须依靠一支能够击败疯狂入侵的女真人的大军。不过，不是所有人都这么认为，有一些人认为，拥兵自重的宋朝将领比敌人更有威胁。对他们来说，文明可以在异族入侵中幸存，而不应重新建立唐朝式的军事制度。

此时，那些支持建立强大国防的人占了上风，任何人只要能组织军队保卫王朝以及与女真人作战等都受欢迎。这样新式军队就建立了起来，由拥有影响力的将领们统领，对部队有全面控制权，包括指挥、行政管理和部署等。尽管有些交流和协调，但有几年，这些军队是独立行动的，主要是由将领、军官和士卒间的个人纽带联结在一起。

女真人发现在江南地区作战，密布的沼泽、遍地的河流和崎岖的地形不是理想的战场，不适合他们以骑兵为主的军队作战，于是他们同契丹一样，招募了成千上万的汉人组建了步兵部队。金兵一路向南宋都城临安（今杭州）进攻的过程中造成了很大破坏，但到1130年，新组建的宋军已能够利用地理优势，先是挡住了金兵，然后击退了金兵。一些有才华的将领涌现了出来，善于发挥宋军拥有的兵力和武器装备优势。

短短几年时间，女真人不仅未能攻占江南，还几乎被赶出中原。至此，随着南宋王朝逐渐稳固，朝廷开始与女真人谈判，于1142年签订和约，双方分治中国，以淮河为界，南宋还必须向金国纳贡，大体与以前给辽国的数量相当。南宋军队奉命退回江南，将领们都被解职，很多被处死，南宋王朝继续确保文官对军队的领导权（参见专题C：宋朝军队的作用：岳飞案）。

1142—1279年的宋朝，我们通常称为南宋。赵匡胤的后代继续统治着中国，并声称对全中国拥有主权，不过，他们再也没能收复中原。他们将更多的精力放在沿着边境驻扎的新军上。军官是获得内部晋升的职业军人；文官继续管理着军队的财务和装备。

专题C：宋朝军队的作用：岳飞案

对下面这一点学者们没有争论，即宋朝的一个特点是：出于政权安全考虑，朝廷一直约束着军队，让文官控制，或者至少要确保军队不会威胁朝廷安全。问题在于朝廷愿意让军队的主导地位保持多久。有些人认为，朝廷宁愿放弃半壁江山，也不愿意冒军人威胁皇权的风险，或者出现晚唐的那种情况，即势力强大到几乎独立的藩镇将领支配朝廷。此处，对宋朝朝廷限制军队的心态的讨论与宋朝名将岳飞的命运有关。

直至今日，岳飞的塑像和庙宇仍遍布包括台湾在内的中国各地，多少个世纪以来，他的故事一直用来教育儿童，是中国民族精神的楷模。然而，除了虚构和传说的内容外，我们难以弄清楚岳飞的真实情况，因为很多历史档案已遗失或被故意篡改，但我们清楚的是，北宋那个时候，从军和习武遭人鄙视，名声不好，但岳飞还是选择了从军。19岁那年，他投靠了一位当地豪强，负责安全保卫。他的职责主要是保护这家人的土地免遭土匪恶霸的侵占,并镇压贫苦佃农的起义。

1122年,在对抗契丹辽国的战役中,朝廷任命一位将军担负重任,岳飞后来在此人手下谋得一个参将职位。当时辽国占领着宋朝的十六州,这支部队的任务是夺回辽国都城之一南京(今北京),岳飞就在这支队伍中。宋军虽然被击退,但岳飞获得了宝贵的作战经验,这对后来北宋迎击女真人入侵发挥了作用。岳飞组建了岳家军,1126—1128年的大部分时间里,他率军独立作战。所有史料都认定岳飞对朝廷极为忠诚,只是最后几年他才质疑朝廷下达给他的命令。

接下来的几年中,岳家军是迫使女真人放弃夺取江南的几支军队之一。1134年,岳飞接受重任,发起进攻,从女真人手中收复北方失地。行动取得了极大成功,1140年年初,大军攻到了唐朝的东都洛阳郊外。岳家军势不可挡,似乎就要把女真人赶回他们的东北故地。在眼看就要实现朝廷目标的节骨眼上,岳家军等宋军却接到命令撤回到淮河以南。瞒着疆场上的宋军将领们,朝廷已在与女真人媾和,并接受了和平条款。两国同意分治中国,以淮河为界。女真人承诺不再袭扰南宋,南宋也同意承认金朝为中国北方的统治者。岳飞公开表示了愤怒,谴责这一卖国行径。他思虑良久,决定不听朝廷的命令,可是其他宋军遵守了命令,这就意味着岳家军暴露在了靠近黄河的北方,他只好服从命令,班师回朝。回到朝廷他就被剥夺了兵权,后来又遭逮捕并被处死。

引发争论的问题是,眼看就要取得全胜了,朝廷为什么要向女真人屈服。自从遭背叛以来,中国的民族主义者最常见的解释是,这主要是朝廷中岳飞的主要对手——秦桧赤裸裸的弄权行为。长久以来,秦桧一直主张与女真人议和,如果岳飞成功收复北方,那最大的输家是秦桧。岳飞死后,秦桧很快大权独揽,公开地指控并处死其他几位主要军事将领,并肃清岳飞的大部分主要下属。接下来的几年中,宋朝的军官被定期整肃。岳飞幸存的家人也被流放到帝国的边疆地区。

毫无疑问,秦桧在宋朝的军事及文官中进行了恐怖统治,但有些人认为这可能过于简单地解释了宋朝朝廷与女真人划江而治的行为。他们认为秦桧的行径与宋初对待军队的政策是一致的。按照这种说法,当金兵在中国中部甚至是江南肆虐的时候,给予军事将领独立处置的大权是必要的。而一旦这种紧急情况解除了,朝廷就会采取步骤继续保证王朝的安全,防止军事政变。朝廷认为,受江南地形的阻碍,女真骑兵的战斗力受到很大限制,现在江南已经恢复秩序,解除军事将领的兵权是安全举措,在朝廷看来,这些将领正变得拥兵自重。毕竟,岳飞的情况让人听起来越来越像新王朝的开创者,尽管他的罪名只是莫须有。

直到女真人明白他们无法占领南方时,宋朝才能在军事能力不足的情况下实现国家安全。到1140年,随着女真人对中国北方的占领形势岌岌可危,女真人才决定与宋朝讲和。据此观点,宋朝情愿将半壁江山让给蛮夷,这样不仅能保全王朝,而且文官控制军队的原则也得以保留。他们指出,这不是秦桧一个人煽动所能实现的,因为他始终得到皇上

> 和多数高级文官的信任和支持。
>
> 　　近年来，有些人从严格的军事角度来分析当时的形势，尽管岳飞将女真人击退很远，但要收复北方余下的土地，结果根本无法预料。尽管女真人因一时失利而有些混乱，但持这种观点的人认为，在北方平原作战更适合游牧民族的骑兵。岳飞最后几次进攻都被女真人击退，尽管岳飞下定决心要同女真人战斗到底，但史料显示，其他高级将领并没有他的这种信心，建议在继续进攻之前应保住现有成果。同时，女真人与其北方敌人蒙古人的谈判越来越成功。后方稳固后，女真人就能集中精力猛攻打到北方的宋军。
>
> 　　当然，岳飞能否成功将女真人赶出中原，我们不得而知，但失败则会导致灾难性的后果。宋军溃败会使女真人有胆量对南方发起新的攻势。而如果宋军退回淮河以南，即使名将死了，很多官员被肃清，至少能保全军队主力，以抗击女真人的袭扰。这样，我们可得出结论，这原来是朝廷的阴谋，担心统兵将领太过强势独立，甚至是出于军事上的需要，才在岳飞可能取得胜利前夕将其解职。

总　结

　　分裂期间（220—589 年），中国北方大量的定居型农业人口被游牧民族精英军政阶层和在很大程度上适应了游牧民族征服者文化的汉族崛起阶层统治。正是这个新阶层在 6 世纪后期领导了征服战争，实现了中国的统一。由此产生的隋朝（581—618 年）和唐朝（618—907 年）反映了两种文化的结合，其军事力量也由混合兵种组成，包括大量的自给自足型世袭制士兵和一支作为主要进攻力量的精英骑兵。

　　南方不断增长的经济与文化重要性，和那里的大量人口，使军队中的骑兵兵种在性质上越来越不适应，与唐朝的社会政治体制的融合度越来越差。到唐朝晚期，游牧民族的骑兵完全成了一支雇佣军，而宋朝于 10 世纪建立后不久，就严重缺少骑兵。这使得宋朝军队在应对北部对手，尤其是契丹人和女真人时明显处于劣势。

　　中国军队中的汉族与游牧民族融合的趋势还造成了处于融合前沿的大贵族的没落，唐朝末年和五代时期的混乱中，他们的势力被摧毁，为宋朝中国社会的彻底民事化搭建了舞台，宋朝对前朝灭亡中权力过大的藩镇的作用保持了高度警惕，造成了宋军战斗力差，不足以守住北方领土。1128 年后，新组建的宋军和南宋朝廷将面对女真人和蒙古人的威胁。

■ 推荐阅读

Forage, Paul C. "The Sino-Tangut War of 1081–1085." *Journal of Asian History*, 25 (1991): 1–28。这

是一篇特别好的文章，揭示了宋军强大的后勤能力。

Graff, David A. *Medieval Chinese Warfare, 300–900*. London and New York: Routledge, 2002。本书对隋唐军队进行了出色的考查，利用了大量的原始文献进行研究。

Graff, David A., and Robin Higham, eds. *A Military History of China*. Boulder: Westview Press, 2001。本书为一部以军事机构和战略为核心的叙事性史著。

Haeger, John, ed. *Crisis and Prosperity in Sung China*. Tucson: University of Arizona Press, 1975。书中的几章介绍了宋朝处理与北方的游牧民族政权关系的情况。

Pulleyblank, E. G. *The Background to the Rebellion of An Lushan*. London: Oxford University Press, 1955。本书虽然主要关注的是唐朝大起义背后的政治问题，但也包含了很多唐初军事组织的信息。

Rossabi, Morris, ed. *China Among Equals*. Berkeley: University of California Press, 1983。本书虽然主要不是谈论军事问题，但其中几个章节介绍了唐朝和宋朝，特别是宋朝的外交和战略。

Van de Ven, Hans, ed. *Warfare in Chinese History*. Leiden: Brill, 2000。书中的几个章节分析了中原王朝与北方邻国的军事关系。

Wright, Arthur. *The Sui Dynasty*. New York: Knopf, 1978。本书不仅是关于隋朝历史最好的研究著作，而且含有大量隋朝对高句丽战争的资料。

Wright, Arthur, and Denis Twitchett, eds. *Cambridge History of China. Vol. 3: Sui and T'ang China 589–906*. Cambridge: Cambridge University Press, 1979。本书对隋唐这两个朝代进行了全面的分析，含有大量中国军事制度及发展情况的具体资料。

第10章
掠夺者与警察

海战，400—1100年

在世界人口迁徙与入侵的时代，海战反映了那个时代的战争样式。非洲-欧亚文明面临的威胁多数来自亚洲大草原马背上的游牧民族，也有部分人口通过海路进行迁徙。因而，海战的范围不再囿于地中海地区，相对平静的地中海曾是古代世界唯一真正的海上冲突舞台。在较为零散的后古典时期的世界，新的贸易模式刺激了海上活动。由于这两大原因，海战在全球显得比此前的时代更加重要。

400—1100 年之间的海上行动可以通过两大类型或模式来进行分析，即帝国防御型和海上劫掠型人口的活动。那个时代的海上强国大多属于这两种类型中的一种，这两个类型代表着一个连续体的两极，还有的海军属于这两者的混合。

帝国防御型的海军是统一的由中央指挥的防御战略的一部分，有行政机构统一负责招募水手和陆战队员、舰船的建造与维修，以及舰队的后勤补给。换句话说，帝国防御型海军由国家统一指挥。因而，这一类型的海军防御通过政府和贸易与海上活动有联系：贸易中征缴的税收常用来资助海军，通过政府的指令或调拨，将海上船只资源和经验丰富的水手从商船上调到军舰上服役。从技术上讲，帝国防御型海军较为训练有素——事实上，他们是那个文明时期最先进的技术水平的产物——且非常适应执行任务所处的海域的地理和气候环境。广义上，此类海军的战术目的就是击沉敌舰，这也正是技术发展后他们的一项重要任务。拜占庭帝国就是这种海军活动类型的典型例子。那个时代快结束时，中国的宋朝也建立了这样一支水军。

海上劫掠型人口的特点在各种情况下都与帝国防御型海军形成鲜明的对照。这种类型的海上活动几乎是与社会经济结构同时产生的，而不是由政府出台政策开展的。它主要是出于经济和进攻目的，也就是说，目的是掠夺抢劫。它们不是舰队或者正规军队，船上载的是军队的基本单位，实际也是这个类型的社会和组织的基本单位：一位首领和其随从驾驶自己的船，出于个人目的进行活动。海上劫掠型人口的海上活动与国家构成和政治结构有关，但这种情况下中央权威相对较弱，因而，这类海上强国的活动大多是私人行为或者半私人行为，而不是有明确政策支持的国家行为。从技术上讲，与帝国防御型海军相比，此类海军不够先进，当然也不够专业。尽管能够取得令人印象深刻的成就，但他们的舰船技术没有达到那个时代的先进水平。如果参加海战（要比主动寻找这类对抗机会的帝国防御型海军的可能性小），掠夺型海军的目的不是击沉敌船，而是俘获它。船只价值不菲，本身具有很大的经济价值，可作为下一次袭击的工具，也能用来装载丰富的战利品、货物以及可卖为奴隶的人口。不过，这样一支军队更为常见的战术（战略）目的是袭击无人守卫的海岸。这种类型的主要例子有西北欧的维京人、南印度的朱罗人和东南亚马六甲海峡的室利佛逝人。

地中海世界的两个重要海上势力——穆斯林哈里发国和后来的意大利城邦国家——则是这两种类型的混合模式。对他们而言，海军活动是掠夺与帝国进攻（以及防御）战略的结合。对这些大国而言，虽然国家发挥着接近帝国式的作用，但常处在较为零散的且有限的政治环境中。除了哈里发国处于国家权力的顶峰外，其余那些都是实力较强的小国。有些，如威尼斯，实际上是寄生在帝国权力中的。从技术上讲，尽管同帝国型强国比，它们在军事的专业性上较差，但这类强国在适应、采用和革新技术方面非常娴熟。尤其是一只桨在地中海，另一只桨（或帆）在印度洋的伊斯兰世界，成为海洋技术发展的发源地。这些海军的作战目的因环境而异，更倾向于俘获而非击沉敌船，毕竟，对小国甚至强国而言，船只很可能是比较贵重的资源。

这两个类型给我们提供了一个检验那个时代海军实力的框架。但对那个时代的所有海上强国来说，在古地中海地区，海军活动基本上仍是两栖的。海上技术很大程度上将舰队限制在海岸附近，要在现代意义上对海洋进行控制，那是不可能的。

帝国型海军

拜占庭与地中海世界

从 5 世纪到 10 世纪，拜占庭海军和陆军一样，是对罗马军事机构、战术和传统的继承。拜占庭海军继承了罗马舰队的主要使命：作为陆军的辅助力量。但 7 世纪以后，拜占庭海军一直面临着新问题，它被迫要应付穆斯林海军的海上威胁，而这是自公元前 1 世纪以来罗马人不曾遇到的。

罗马的传统　从公元前 1 世纪末开始，罗马人在之前的两个半世纪中建立起来的海军，处于令人羡慕的地位。海军战胜埃及的托勒密王朝（正如奥古斯都喜欢炫耀公元前 31 年他在亚克兴海战中取得的胜利一样）意味着，历史上首次罗马真正消灭了地中海上的全部主要对手。接下来的 3 个世纪中，罗马舰队被降级为陆军的辅助力量，主要任务是运送部队，提供后勤支援，以及保障罗马城的供给，保护粮食供应（参见第 5 章）。实际上，因为没有了大的威胁，罗马几乎可以不再建造大型战舰，改为重点建造较小的战舰和运输船。

但到了 3 世纪中叶，罗马受到各种政治、军事危机的困扰，日耳曼人和凯尔特人袭扰帝国的沿海地区，有时甚至还攻击像雅典这样的主要城市。罗马人因此开始重建一支作战型海军。从 3 世纪后期开始，罗马海军已不是一支主要由战舰组成的舰队，而更像一支海岸防卫队。这些部队通常包括体型小、速度快的战船组成的小型舰队和驻守在海岸要塞中的地面部队。这一方案最有名的实例之一是撒克逊海岸，具体任务是防卫不列颠和高卢的海岸免遭各种劫掠团伙的袭扰。撒克逊海岸伯爵是统领海陆军的罗马军官，努力将海岸要塞的预防性作用和小型舰队更具灵活性的防卫能力结合在一起。

拜占庭霸权时期 到 5 世纪末，海军形势发生了急剧变化。西罗马帝国已沦落为野蛮人（偶尔从陆路大举进犯，而非海路）的劫掠目标。拜占庭帝国——罗马帝国灭亡后剩下的东部——幸存了下来，除了汪达尔人可能构成一些威胁外，它对东地中海的控制几乎没有遇到什么挑战。因而，拜占庭海军再次沦为一支战舰相对较少、运输船数量很大的海上力量。

结果，6 世纪和 7 世纪初采取的很多军事行动中，海军只起到辅助作用。多数情况下，舰队的任务是运送部队和为陆军提供后勤支援。实际上，拜占庭在此时期率先开启了两栖作战模式。海军发明了专业化的运输方式，使运输战马比以前更容易，解决了那个时期军队面临的一个主要难题，人们发现通过海路这种方式运输牲畜比以前更容易也更安全。在与波斯的战争中，赫拉克利乌斯很好地发挥了拜占庭海军的作用：626 年，舰队成功阻止了波斯和阿瓦尔军队穿越博斯普鲁斯海峡围攻君士坦丁堡，然后又将赫拉克利乌斯的军队运往西里西亚海岸，到了波斯入侵部队的后方，从而迫使他们撤出小亚细亚。

拜占庭与阿拉伯的挑战 尽管阿拉伯人的劫掠舰队带来的挑战突出了拜占庭海军作为帝国防御力量的特点，但拜占庭海军的优势还是因哈里发国的崛起而消失了。防御依靠部署在西小亚细亚和希腊南部海岸线地带的海军分队。到 670 年，这些军事力量被合成为一个行政管理区（参见第 8 章），称为卡拉比斯安（Karabisianoi），统帅称为 strategos，就像军区似的。该军区提供桨手和陆战队员，而不是水兵，但另一方面，这也反映出某种本地化的地方军队的防卫性组织结构。通过行政细分，最终又划分了两个海军军区。

正如设在首都的中央职业军队支持地方军队一样，驻扎在首都的中央帝国舰队是拜占庭海军的关键组成部分。中央舰队——包括负责整个帝国海军的海军司令（the droungarios of the ploimon）——负责保卫首都，起到象征性作用，充当海军的行政管理核心，控制着拜占庭帝国的船舶制造，建造地点集中在君士坦丁堡。特别是有关建造和行政管理方面的技术问题，拜占庭海军从罗马帝国继承的传统证明了它很有价值，因为在地中海进行桨帆船海战是困难的、技术上复杂的大事，不会因小的摩擦而轻启战端。

战术上，拜占庭海军依赖一种小而轻的名为德罗蒙（dromons）的桨帆船，由两排桨驱动，其进攻型武器包括船首的撞角、希腊火（参见专题 C：希腊火），还有陆战队员，负责用弓箭支援以及登陆敌舰。战略上，这支舰队还因东地中海的主要气象条件而受益，使得劫掠行动由北向南越来越困难，尤其是当劫掠者在爱琴海缺少安全的基地时更是如此。但 827 年左右，形势明显趋于恶化，西西里和克里特两岛落入了在海上打游击的阿拉伯入侵者手中。特别是克里特岛，成了穆斯林劫掠者的基地，劫掠者很容易抵达希腊本土、小亚细亚海岸，以及爱琴海海运航道——此后的一个半世纪这些地区不得安宁。

尽管 650—900 年间拜占庭的行动大多是防御性的，但其舰队偶尔也对叙利亚甚至埃及的海岸线发动攻击。虽然这些攻击可能在军事上意义不大，但至少还是能给帝国提升一下士气，在此期间，其陆上力量只想着在防御战中保持不损兵折将。

专题C：希腊火

塞奥法尼斯（Theophanes）的编年史记载："673/674年的时候，来自叙利亚赫里奥波利斯城（Heliopolis，今黎巴嫩的巴勒贝克）的一名高级工匠加利尼科斯（Kallinikos）逃到了罗马。他发明了一种海上之火，可点燃阿拉伯人的舰船，将所有船员都烧死，这就是罗马人凯旋和发明海上之火的由来。"后来拜占庭的历史学家和编年史作家详细记述了这个被称为"希腊火"的事物的起源，将这一伟大的秘密武器的生动故事一代代传了下来。根据这一传统，希腊火的配方包括石油、石脑油及其他成分，至少不能被水浇灭，而是与水接触要么会火势蔓延，要么会被点燃，这个配方一直是严格保守的国家秘密。这种物质通过安装在桨帆船船头的铜管高压喷出，或是装在陶罐中通过船上的弩炮发射，击中目标后陶罐会破碎，对木质舰船造成致命杀伤，拜占庭海军一次又一次使用这种武器，产生毁灭性效果，其中最具决定性的是717年围攻君士坦丁堡之战。直到11世纪晚些时候，突厥人找到了应对方法（不是用水，而是用醋可以浇灭这种火焰），从此希腊火失去了在拜占庭海军武器中的重要性。

直至最近，欧洲史学主要还是沿用这个记载，并仍很流行。这或许并不令人感到意外，因为这个传说包括了高技术谍战片的全部要素。再者，它符合拜占庭的自我形象，即上帝宠爱的天选之人，而且它可能继续符合西方的自我形象，这种自我形象将具有创造力、技术精湛的西方人（本例中拜占庭人作为"西方人"）与囿于传统、技术落后的非西方人进行了对比。

这个历史记载存在的问题是，对阿拉伯史料的研究发现，阿拉伯海军不但熟悉希腊火——因为这不是很秘密的武器——而且他们也用过。不同于官廷的宣传册，阿拉伯人和拜占庭的海军手册将希腊火描述为700—1100年时期东地中海舰队的标准武器的一部分。可以肯定的是，这是一种重要又有效的武器，尤其是对付小型舰船和被困在受限水域的敌人或者对使用这种武器毫无准备的敌人，比如，941年拜占庭在黑海消灭了维京-罗斯舰队。但这种火攻武器绝不是万能的，因为铜管射程有限，弩炮发射陶罐的精度也有限。与突厥人的反制措施及突厥征服拜占庭的作用一样，这也解释了希腊火后来从地中海海军武库中消失的原因，其历史影响被夸大了。717年在君士坦丁堡打败阿拉伯舰队的火攻战术，仔细阅读相关史料，可以看到是由火船点着的——船上满载着可燃物，冲向停泊在港口的密集的敌船中。1588年，英格兰对付西班牙无敌舰队就采用了这种战术，取得了很好的战果（参见第20章）。

长期以来人们强调希腊火的作用，掩盖了拜占庭海军迎战哈里发国海军幸存下来的真正原因，哈里发国的海军规模很可能比拜占庭海军大，且资金也肯定更充裕。继承自罗马帝国的组织结构、航海技术和造船技术传统继续支撑着拜占庭海军对抗阿拉伯人，并在10世纪时令希腊人恢复发起海上进攻的能力。如其他案例介绍的，希腊火是一种有点夸张的武器，使其在军事胜利中的技术与战术基本水平在历史想象中被掩盖了。

10世纪海军的进攻 900年哈里发国分裂后（参见第8章），拜占庭的军事命运的转变可从海上和陆上前线感受到。海上进攻的重点是夺回阿拉伯人占据的克里特岛。911年和949年，君士坦丁七世波菲洛格尼图斯（Porphyrogenitus）统治时期，两次入侵全都失败了。直到960年，尼斯弗鲁斯·弗卡斯统治时期，拜占庭第三次远征才成功夺回该岛，由此，爱琴海海运与安纳托利亚海岸线变得安全了，不再遭受阿拉伯人的劫掠，阿拉伯人失去了唯一的行动基地。

前两次行动的细节记录在官方文集中，称为《典仪论》（De Ceremoniis），由君士坦丁七世编写，为我们提供了一个了解此类远征规模的窗口，以及困扰着他们的组织问题等（参见专题A：君士坦丁七世波菲洛格尼图斯编写的《帝国行政论》[De Administrando Imperio]）。这个史料证明了发动此类远征在组织方面的困难，这些文件来自事后帝国对实际参与者（相对于那些被征召去参加者而言）的调查，解决了大量的权利主张问题，如欠薪和奖励等。

911年的远征由数百艘各型战舰组成，包括德罗蒙桨帆船和补给船等。舰船上的水兵和桨手共约3.4万人，另有1.3万名士兵临时在海军各单位服役，估计是熟悉海战的陆战队员。此外，舰队还运送了中央职业军队和各行省的部队，共约4000人；这些部队中至少有1000名骑兵，他们的战马也得运送。因此，5万多人，至少还有2000～3000匹战马，再加上他们的随行装备和补给物资，从君士坦丁堡起程，进行这次最终失败的远征。949年的远征，参战人数与上一次差不多，正规军约有5400人，但陆战队员较少。960年的远征我们没有找到数据，但可以肯定的是规模与之前的一样大。从这些可以看出，除了失败的早期远征，胜利的关键不在于参加行动的部队的规模，而在于海陆联合作战中领兵者的指挥能力。早期远征失败主要是受到政治上内讧和主将无能的困扰，而尼斯弗鲁斯·弗卡斯是位经验丰富的将军、极具魅力的领袖，或许最重要的，还是位优秀的管理者。即便如此，960年冬季到961年，围攻克里特岛首府干地亚（Chandax）之战也打得非常艰苦，直到3月才攻克，结束远征。围困期间，舰队在给围城部队供给物资和阻截救援部队解围上发挥了重要作用。从多方面来看，10世纪尼斯弗鲁斯面临的挑战与1944年盟军诺曼底登陆时艾森豪威尔面临的情况一样，显示了复杂的联合兵种作战行动只有领导有方的帝国海军才有能力做到。

专题A：君士坦丁七世波菲洛格尼图斯编写的《帝国行政论》

作为可圈可点的先进技术的一部分，出色的帝国战舰不仅用于海上作战，而且还可彰显帝国的权威和实力。下文摘自君士坦丁七世的专著之一，以帝国海军的象征性和行政管理两方面为例论述帝国的管理。

直到利奥（Leo，君士坦丁之父）这位光荣睿智的皇帝统治时期，才有帝国桨帆船（德罗蒙）可供皇帝乘坐，而他过去常常是乘坐深红色的驳船。除此之外，在热爱

> 基督的君主巴西尔统治时期（867—886 年），当这位皇帝参观普罗撒（Prousa）的热水浴时，他登上了一艘桨帆船，另一艘桨帆船跟随其后，这艘船的桨手来自帝国驳船和斯特农（Stenon）的水手，斯特农这种老式船也有多达 10 艘参加帝国海军的战争。光荣睿智的皇帝利奥非常喜欢教师、贵族和元老院的密友，总希望他们能跟他分享他的快乐，他认为驳船不适合招待大量的贵族，于是建造了一艘桨帆船，想去哪儿肯定就坐这种船。教师和贵族之中，他想让谁跟着谁就跟着他去。由于这个原因，光荣睿智的皇帝利奥建造了这艘桨帆船，一段时间后，他又建造了一艘，称为"二号船"（second），并在洗礼时命名为"随船"（Attache）……
>
> 在光荣睿智的皇帝利奥统治时期，按帝国命令几艘新的桨帆船建成时，平底船舰长（protospaharius）归皇帝管辖，这些桨帆船的桨手也一样。现在，前面说的平底船舰长每天下午都要下舱去，坐到平底船自己的座位上（正是这个原因他才被称为平底船舰长），来处理驳船和桨帆船的桨手中出现的情况，这些人都归他领导，并按照法律判刑和惩罚。任何时候，只要发现有人不尽职或者做错了事或者工作中玩忽职守，他就会用短棍（sound cudgelling）进行惩罚……平底船舰长波达龙（Podaron）和利奥·阿门纽斯（Leo Armenius）是贵族、海军司令（droungarios of the ploimon）纳赛尔（Nasar）的桨手首领，在巴西尔这位热爱基督的皇帝统治时期，两位首领又在海军中获得提拔，成为皇帝驳船的桨手首领。到了光荣睿智的皇帝利奥统治时期，当建造桨帆船时，由于他们勇敢和航海技术娴熟，利奥任命他们为舵手。当危机出现时，这位皇帝支持两艘桨帆船的桨手和第一艘桨帆船的两位舵手一起到海军战船上服役，并给他们配发了急需的装备，比如，盾牌、皮革圆盾、精美的锁子甲及其他海军人员必须携带的装备；贵族、海军司令尤斯塔修斯（Eustathius）带着他们登上帝国舰船，出发迎击敌人。
>
> 资料来源：Constantine Porphyrogenitus, *De Administrando Imperio*, ed. G. Moravcsik, trans. R. J. H. Jenkins, Washington, DC: Dumbarton Oaks, 1993, pp.247-251.

对拜占庭统治地位的挑战

哈里发与穆斯林海军　阿拉伯人在皈依伊斯兰教之前早就有航海的传统。但航海只是那些生活在阿拉伯半岛南部和东部海岸的阿拉伯人的职业，他们在印度洋而不是地中海从事商业海运——阿拉伯人没有海上作战的传统。他们的船是用椰树皮编织成板材制作的小筏子，反映了阿拉伯人的贸易是小型的私人行为和缺乏制造钉子用的廉价铁，所以无论如何也不适合战争。阿拉伯人在阿拉伯半岛西北部内地建立的哈里发国非常缺乏本土的人力或物质资源，无法在地中海组建海军。

由于这一背景，早期的哈里发实际上对海军没兴趣，这也就没什么可意外的了。第二任哈里发奥马尔（Umar）试图禁止对拜占庭的岛屿进行劫掠（有些还是发生了，这使他很愤怒）。

当叙利亚的穆斯林总督请求允许劫掠塞浦路斯时，奥马尔回应称："人在海上就像落在碎木块上的一只虫子，随时可能被淹没，害怕得要死。"在回信中他还说："对我来说，我们的人的安全比希腊的全部财宝更宝贵。"因此，他拒绝了这个请求。但当拜占庭海军肆无忌惮地威胁穆斯林的财产时，首先是对当地穆斯林指挥官，然后是对哈里发来说，建立海军的必要性就变得很明显了。在此过程中，埃及亚历山大港从几个方面来看都很重要。641年，亚历山大港被穆斯林攻占，645年，又被拜占庭舰队夺了回去，这暴露出其脆弱性。由于拜占庭海军缺乏君士坦丁堡和当地科普特人（Coptic）的支持，阿拉伯人又重新夺回了这座城市，只要有海军支援，这座城市几乎就可以挡住任何陆上军队的进攻。重新夺回这座城市也让人认识到，亚历山大港不仅是个港口，而且还是一座设施齐备、拥有技能娴熟的科普特工匠的主要海军基地。只要从叙利亚运来木材，就可为哈里发建起一支舰队，提供科普特桨手和领航员，由没有海上作战经验的阿拉伯海军司令指挥。穆斯林在他们占领的非洲各行省大规模利用拜占庭的海军基础设施，这甚至反映在哈里发海军的行政区划上，仅保留了其罗马名称，且科普特人在接下来的几个世纪都为穆斯林海军提供水手。

阿拉伯军队由此走向了大海，其陆战队员坐在由被征服的埃及人建造和值守的舰船上，很快就取得了大捷。655年，一支穆斯林海军入侵吕西亚，可能是为了确保木材供应，以建造更多的舰船。拜占庭的一支主力舰队，据说有500艘舰船，开过来阻止入侵，于是在小亚细亚西南部的吕西亚近海打了一仗。这看似是那个时代的标准作战方式，两支舰队相遇后，基本上就是一场海上的陆战，特点是双方的陆战士兵展开肉搏战。拜占庭人很可能想靠维持较强的凝聚力来保持优势，但显然科普特人为其穆斯林主人表现得更出色，使阿拉伯武士取得了这一天战斗的胜利。

达特·阿尔-萨瓦里（Dhat al-Sawari）战役为阿拉伯人的进一步海上扩张打开了通道，到7世纪80年代，阿拉伯舰队劫掠了西西里，并威胁君士坦丁堡。对拜占庭首都的海陆联合进攻在717—718年达到顶峰。此后，尽管827年西西里和克里特岛都在阿拉伯人的入侵中沦陷，但大规模海上进攻越来越少，如前文所述。海岸劫掠开始在东地中海地区成为穆斯林海军活动的主要方式，名义上在哈里发国的控制下进行。

尽管从组织上看，哈里发的海军与帝国型海军活动有些相似，但他们的进攻理论与战略目标更像海上劫掠型的。很多北方阿拉伯人觉得海上活动不够高贵，所以一直不愿意进行海上活动，使紧张关系进一步恶化，造成哈里发在维持一支真正的帝国防御型海军方面缺乏足够的决心。由此，8世纪初，亚历山大港作为海军基地的地位开始衰落（衰落也可从穆斯林扩张带来的贸易路线的变化上反映出来，再次突出了贸易与海军活动的密切联系）。从一个事实也反映出来这种趋势，即使在哈里发国强盛时期，其海上活动很多也只是私掠船发动的小规模劫掠，只得到帝国政府的精神支持，而非实际支持。

海上穆斯林勇士 随着哈里发国的衰落和伊斯兰世界政治上的分裂，其海上活动，尤其是在西地中海上的活动，进一步向劫掠型发展。但政治上的分裂不是造成这一发展趋势的唯一原因。伊斯兰世界在早期建立了某种样式的边缘化的前线勇士——对异教徒发动圣战（参见第8章）的穆斯林勇士（ghazis）。这种模式同样很容易适用于海上前线，从哈里发国初期开始，个体的穆斯林私掠船和小型分队作为游击队开始了针对基督徒海上运输的圣战（商业劫掠）和针对基督徒海岸定居点实施抢劫的劫掠战。

9世纪，随着西欧加洛林王朝防卫能力的减弱（参见第7章），劫掠活动进一步加剧，并于10世纪达到顶峰。最终以北非突尼斯西海岸为基地，劫掠者在西部海上穆斯林控制的一些岛屿建立了基地，并取得很多利益。这些岛屿包括西西里岛、撒丁岛、科西嘉岛和巴利阿里群岛，这些岛屿使他们处于扼守基督徒主要海上运输线路的必经之地，且处在劫掠基督教区域港口很容易抵达的范围内。实际上，有一段时间，他们甚至在法国南部的基地组织起大型海盗队伍，从那里深入内陆进行劫掠。尽管在名义上这是与基督徒的大型战争，但这种活动大多是典型的海上人员的劫掠行为，如海盗，有时甚至是穆斯林运输船进行劫掠活动，只不过不是由中央政府组织的。这些活动破坏了经济，造成了加洛林王朝灭亡后欧洲政治上的分裂。

劫掠活动用小巧轻快的桨帆船，容易悄悄地进出有防守的小海湾，劫掠水和食物。船员中桨手和陆战士兵都增加了一倍，且都是些想分享劫掠活动好处的自由民。因为机动性强，此类海盗船一旦进入大海就难以遏制。虽然拜占庭的防守能力在东地中海地区对付穆斯林勇士较为有效，但对西部远离帝国主要基地的地方，帝国既没有意愿也没有力量去应对穆斯林的海盗活动。10世纪末和11世纪，意大利海上城邦发展出了应对这一威胁的防卫手段。

意大利城邦国家的兴起 威尼斯作为拜占庭的前哨，可能对帝国防御穆斯林海盗做出了贡献，但威尼斯首先关注的是亚得里亚海，然后才是东方。由热那亚和巴里领导的意大利西部城邦率先开启了基督徒在西部海域的复兴。缓慢复兴的贸易刺激了此类城邦加强海上防卫能力的意愿，同时也给海上活动提供了较大的资源。

意大利本土的响应肯定是必需的，主要是积极防御。港口建起了防御墙和工事，发起了一轮攻势，基督徒的舰船对穆斯林运输船发起进攻。海盗基地理所当然地成为攻击目标，不仅有意大利海军，还有法国南部征召的陆军，都对目标发起了进攻。那里的海岸被清剿干净，热那亚人和西班牙人的桨帆船起初只是进行劫掠，之后对穆斯林控扼海运线路的基地岛屿展开争夺。此外，意大利之外的其他民族也发挥了重要作用：11世纪中叶，诺曼人占领了西西里岛，极大地限制了穆斯林的海上运输。海上的风向和洋流使北部海岸的各方在针对中部岛屿和海上航线的斗争中都处于优势地位，这也推动了基督教复兴的成功。到1050年，意大利人率领的基督徒的舰船牢牢控制着西地中海，接着他们逐渐将注意力转移到内部斗争上，争夺领导权（热那亚和威尼斯是主要竞争方），同时与穆斯林和拜占庭人争夺东地中海的控制权。

意大利的复兴证明了贸易与海战之间有着极其重要的关联，这些城邦国家的政府也反映出了这一点。由于不断受到商业寡头的支配，它们积极加强贸易与海上防卫能力，属于帝国模式与掠夺模式的真正混合型。在接下来的时代，它们将发展出一种新型的、更加重商的海军模式。

中国宋朝

960 年，中国宋朝建立，宋王朝的水军由此诞生。与早些时候的唐朝相比，宋朝有着极其不同的特点。唐朝在很多方面主要是以陆地为基础，其政治权力重心在北方，面向中亚，其扩张势头朝向西方，指向大草原，沿着其最重要的贸易线路，即横跨欧亚大陆的丝绸之路。南部港口还发展出了繁荣的海上瓷器贸易，但几乎全部由波斯商人和阿拉伯商人经营，造成这一现象的部分原因是官方政策。唐朝政府和社会受军事贵族阶层统治，蔑视商业活动和商业思想，尤其是海上贸易。大地主们向土地寻求财富和权力，政府对贸易的管控很严，有时候甚至很独裁。这种情况下，海军在政府的发展规划中地位很低。

宋朝的处境与唐朝大不相同，北部和西部被反叛的亚洲游牧民族包围，所以宋朝采取防御型战略，更积极地向大海寻求对外联系和贸易。宋朝整修了港口，沿海岸线修建了灯塔，政府向那些愿意挑战波斯人和阿拉伯人海上垄断地位的商人提供帮助。社会变化为政策转变打开了方便之门。在推翻唐王朝的战争中，门阀贵族之间相互残杀，所剩无几。士绅阶层尽管也很传统，但对经济发展敌意较少（只因他们军事化程度较低），他们上位取代了门阀世族。同时，商人们也获得了较高的社会地位。

因此，政府更加支持贸易，包括发展水军来保护商人，并对海岸线进行巡逻。中国商人的海上活动更加积极，不仅鼓舞了这一举措，而且还提供了创建水军所需的资金、舰船和熟练水手等。与帝国防御型力量保持一致，中国战舰的战术朝着杀伤型战舰发展。为撞击对手而发明了重型船首战舰，又发明了甲板弩炮可发射火药弹的战舰，两者可以相辅相成。

所有这些趋势都将不断增强，这支水军将在守卫中国南方的江河中发挥重要作用。1127 年，北宋首都落入游牧民族之手，宋朝政府退往江南。随着北方领土丧失，水军与陆军一起成为南宋防御所倚重的力量，沿江河行驶的以水车为动力、配有装甲撞角的舰船也编入了宋朝的水军。相关发展动态将在第 14 章和第 15 章进一步介绍。

劫掠型海上民族

维京人

与伟大的拜占庭帝国和中国的防卫型海军形成对照，有时甚至截然相反的，就是迁徙时代的离心化且具有毁灭性的海上劫掠者。毫无疑问，维京人就是劫掠型海上民族的常见原型。

起源与类型 8 世纪后期，来自斯堪的纳维亚的维京劫掠者突然激增的原因是长期以来学术界一直争论的话题，再加上对激增数量到底有多大也存在争议，使问题变得更加复杂。考虑到维京人的航海技术有限，探险的和定居的维京人总数很可能较小，这使人质疑一种说法，即维京人劫掠活动上升的主要原因是人口压力。

但有两大因素似乎最重要：首先，8世纪中期，斯堪的纳维亚地区的航海技术发展了，帆动力辅助传统的桨动力，船体变大了，利于海上航行。虽然这两项变革都不是革命性的，很可能只使维京人的航海技术达到在波罗的海和北海航行的水平，但这两项技术使维京人能在更广阔的大海上进行更远、更为有利可图的航行。其次，斯堪的纳维亚的政治形势很可能是维京人开展劫掠活动的最重要的动机。各国国王开始努力加大对其王国的控制。由于国内发展机遇有限，当地的贵族及其追随者就更倾向于去国外冒险。抢劫是很有诱惑力的收入来源，不需要向王室纳税，劫掠队伍头目能获得财富和威望，从而吸引更多的追随者。此外，在外流亡还可使那些面临法律麻烦的人有机会逃脱惩罚。由于基督教常受到国外中央集权君主的支持和偏爱，教会积聚了大量财富，因此，事实上教会成为被劫掠的目标。换句话说，起初，中央集权和贵族竞争将斯堪的纳维亚社会中最令人感到麻烦的人都推向了外部世界。（Viking最初是个动词：去维京，意思是"去劫掠"，因此同穆斯林勇士一样，维京劫掠者团伙常由不同的斯堪的纳维亚民族团体组成。）后来，随着国王们获得了更大的权力，他们也开始发动劫掠与远征行动，用来释放好战的贵族的精力，并通过对劫掠财物的分配，维系他们对君主的忠诚。

维京人的战争可分为几个不同的类别：一是小规模的战斗与冲突，大多是在维京社会内部；二是小型的私下劫掠，一船人是个基本军事单位；三是较大型的冲突，进行较大规模的劫掠，十多艘到几百艘船，有时候是在国王的统领下，或假借国王的名义（重大的和胜利的短途劫掠的头目可能虚称"国王"）；四是全面的君主征服型远征。总而言之，较小的劫掠和较大的但没有君主参加的战斗发生在8世纪后期到10世纪初期。此类小型突袭成功与失败的概率差不多，且很少属于永久型征服。然后，从大约900年到11世纪中期，远征逐渐成为皇家活动——不论是挪威、瑞典还是丹麦——且征服取得了较大胜利。本书中，我们将所有这些民族统称为维京人。

维京人的军事力量　维京人的舰船形状和大小有很多种，两类船截然不同，一种是吃水较深、圆形的商业帆船，另一种是有名的用于作战的又长又窄、吃水较浅、配有桨和帆的船。尽管不如那个时代地中海的舰船那么威武或专业，但由于类似的原因，船形不同的原因也与地中海船形差异的原因相类似。战舰的首要优势是机动性强和速度快，在作战时，它们可承载与载货能力相近的大量船员。

一艘典型的战舰长18～20米，有24～30个桨位。打仗时，预计可承载多达100人，但出航时一般只载30人更常见，因为如果人太多，后勤保障难以为继，从而使海上航行的能力大打折扣。类似的折中方案也适用于船的尺寸，有些战舰长达29米，有52个桨位，战时可承载多达300人。船员的数量和船的尺寸，尤其是船体侧板的高度，使这样的怪物在海战中显得令人心生畏惧，但由于所载船员过多，所以其航程十分有限。

尽管维京人的名声令人畏惧，但其实他们的航海技术并不很先进。长体快速战船较浅，露天的船舱存货空间很小，因此维京人航海几乎都是沿着海岸线，或者最多就是在已知的岛屿和陆地之间进行两日航行。只有驶向冰岛的行程是看不见陆地的远海航行（冰岛和格陵兰岛上都有高山，从一侧航行到另一侧能看见陆地）；由于没有多少定居者通过海上航行去冰岛，所以鲜有人到岛上去定居，这个岛显得相当偏远。但欧洲海岸线很长，有很多可航行的河流，很适合维京人的船航行，这就几乎使整个欧洲大陆——从俄罗斯到西班牙直至地中海——都在维京人的船可到达的范围内。

海洋考古学家们发掘到的奥斯堡号（Oseberg）船，部分船体（注意：最初建成时两侧较高）显示了典型的原维京长体船的长度、倾斜的线条、高高的主干和船尾。由于船体和航海能力的限制，维京海军规模最大时也从未超过几百人，典型的劫掠团伙人数从几十人到两三百人不等。维京武士配备的武器有矛、斧、刀和弓箭，另外还有圆盾。有些人穿着锁子甲，但大多数人没穿，特别是在海上。对维京人来说，那太贵了，且划船时累赘碍事，更糟糕的是无法游泳。由此，可以看到在甲胄和武器方面，维京人上了岸对敌作战并没有什么特别的优势，甚至在武器上常常还处于劣势，很多维京的刀剑起源于法兰克就表明了这一点。此外，在组织上、战术上和士气上，维京军队也不是特别令人生畏。是他们的船特殊，机动能力强，才使他们看上去很恐怖。从工程学上来讲，维京人总体上有能力，但有限，他们发明的东西也寥寥无几。他们擅长采用创造性方法驾船在大陆间快速运动，但有证据表明在制造攻城器械方面，维京人远不成功。

维京人的战争　维京人打仗的目的是为了获取经济利益，并加强武士们的威望。如果这位武士是国王，那么胜利还有助于巩固统治——对抢劫来的财物的分配能将统治阶级更牢固地绑在一起。这就又回到经济利益上来了。维京人可能是贸易者、海盗、劫掠者或者征服者，身份是可以变换的，主要取决于机会、能力以及对手的实力。不论是其中哪个角色，他们特殊的舰船，即前文所说的机动性，是他们的能力的关键。容易抵达的海岸线或者给人印象较深的河流上的任何地点，都容易遭到突然袭击。

维京劫掠者还认识到加强陆上机动能力的必要性，所以一旦建立了滩头阵地，他们就夺取马匹，这样就可以在陆地上跑得更远，以抢劫更多财物。不论是陆上还是海上，目的是袭击防守薄弱但富裕的目标，并避免进行大的战斗。修道院就是他们的理想目标，僧侣们将相关问题记录在那个时代的史书里这一行为本身，就部分表现了作为非基督徒的维京人残暴的恶名和对维京人的破坏程度的夸张印象。

与当地防守部队发生战斗在所难免，有时候，维京部队甚至还主动发起进攻以进一步实现领土征服，或者至少当防守部队前往救援一座遭到维京人攻击的城市或者要塞时，维京人不得已只好迎战。

但战斗的胜负对维京人的征服战略来说，重要性有限，不如围城战中那么大（参见专题B：巴黎之围，885年）。攻城器械不能用船来运送，在战场上很难临时修造。维京人对坑道战也没什么热情。维京人最常用的手段是在突然袭击、用计或者其他手段都失败的情况下，采用封锁的方法拿下防守能力很强的城市。所以不意外的是，维京人最成功的征服中，要么是那些防守人数不多的地方（盎格鲁-撒克逊英格兰），要么是几乎无人防守的地方（冰岛、俄罗斯）。

鉴于维京人围城攻坚能力不强，系统化地加强防守是对付他们劫掠的最好办法。法国的光头查理下令修建了防守严密的桥梁，限制了维京舰队的机动能力。然而，受到维京人威胁的大国都没能设法将这一战略长期坚持下去。阿尔弗雷德挽救了英格兰，他建立的由坚固的城邑堡垒与野战军组成的体系在他与丹麦人（Danes）的战争中扭转了局势（参见第7章）。

对那个时代来说，打仗时维京人的陆上战术并没有什么特别之处。他们排成盾牌墙，有时候又分成一到三个群或者排，勇士们围绕着他们的首领——分组方法很可能是从船上移到陆地上的。防御队形可能不顾侧翼，甚至放弃全方位的防御。进攻时，维京人有时采用一种楔形队形，由装备最好和战斗热情最饱满的勇士在前面开路。一旦战斗打响，维京人几乎不具备战术机动能力。维京人唯一有点名气的战术称为狂暴术（berserking）——狂暴之战，可使勇士即使受了重伤看上去也能施展出超人的力量和耐力。维京的狂暴战士也有着令人畏惧的现代名气，但类似的行为已经得到证明，不只是在其他古代和中世纪的勇武族群军队（《伊利亚特》提供了很好的案例）中有，现代战争也有这种现象。它被认为是一种短时的精神亢奋，常与外部创伤后精神错乱有关，其症状也可从维京人战后记述的勇士的怪异行为中看出来。有关维京人的狂暴术，最不寻常的不是怪异行为本身，而是这种文化对这种状态的大肆颂扬，甚至还鼓励人这么做。但即便如此，狂暴术未能使维京人战无不胜，维京人失败的战斗要比取胜的战斗多得多。

专题 B：巴黎之围，885 年

865—895 年间，在西欧的维京人集结成一支数千人的大军，有数百艘战船。这支大军起初在英格兰行动，成功地实施了征服战，几乎消灭了所有撒克逊王国，只剩下了阿尔弗雷德的威塞克斯。经历了 9 世纪 70 年代中期的危机后，阿尔弗雷德在爱丁顿击败了由国王古斯鲁姆统率的这支大军。虽然受到撒克逊的遏制，但这支大军得到援军后又开赴欧洲大陆，而此时欧洲大陆的政治形势正越来越混乱，主要是光头查理 876 年去世造成的。879 年后的几年，维京人在斯海尔德河（Scheldt）、莱茵河及默兹河（Meuse）流域疯狂劫掠，每年冬季还夺取或建立防卫基地，再从那里骑马去劫掠周边地区。但到 885 年，该地区已经被抢光了。这年年初，维京人分裂了，一部分去了肯特。

884 年 12 月，西法兰克统治者卡洛曼（Carloman）去世，没有子嗣。7 月，维京大军在塞纳河再次集结，该流域近 20 年来没有遭到破坏。维京舰队强行开进，沿河而上，通过了蓬德拉尔切（Pont de l'Arche）防守较弱的大桥，于秋末抵达巴黎。这座城市位于河

> 中央的一个岛上,通过两座大桥与两岸相连,而守卫大桥的堡垒尚未完工。法兰克军队由巴黎的奥多(Odo)伯爵领导,人数可能有数百。亲历者阿博(Abbo)在其长诗中记录了这次围城情况,维京军队估计有4万人、700艘船。不过,毋庸置疑,实际人数和舰船数量至少要小一个数量级。
>
> 11月晚些时候,维京人试图猛攻北侧桥头堡,但被击退。随着冬季来临,维京人修建了防守严密的营地,以此封锁巴黎城,并疯狂洗劫周边地区。第二年春,维京人恢复了围攻,一些不忠的法兰克工程人员还帮助维京人修建了围城塔楼和弩炮装置。曾有一段时间,维京人派出火船烧桥,但没有成功。整个夏季,所有对桥头堡的攻击都失败了。另外,维京人难以做到对巴黎城的完全封锁。有几次,小股援军和食物补给还设法经陆路或水路进了城。但是萨克森的亨利和胖子查理领导的较大规模的救援行动都被维京人打败了,维京人在防守严密的营地中较为安全。
>
> 维京人将围城压力持续到秋季。又一个冬季,胖子查理面临维京大军对其王国心脏地带劫掠的威胁,最终他通过大量纳贡,并允许维京人通过巴黎防守严密的大桥的方式结束了围困。这就使勃艮第、香槟以及上卢瓦尔河谷地区向这帮劫掠者敞开了大门。虽然严密的防守挽救了巴黎城,但战略上还是失败了,上游的领土沦陷了,遭受了数年劫掠之灾,最终导致查理被推翻。
>
> 维京大军在法兰奇亚(Frankia)部分地区劫掠,直到892年遇到了越来越顽强的抵抗和无数防守要塞,但最终还是由于饥荒才离去。回到英格兰,维京大军遇到了阿尔弗雷德重组后的王国的有力抵抗,最终于896年瓦解。巴黎之围很可能是维京人活动第一阶段的高潮。一系列战役和大军的历史清楚地显示了维京人作战的强项和弱点。

尽管维京人的海战比陆战要少得多,但他们关于海上作战的文献记载情况要比陆上的好。与地中海的桨帆船相似,长船(狭长快速战船)的核心攻击力是弓箭;借助于长船的机动性,维京人很容易找到对手的薄弱之处,并精准打击。结果,当战斗开始时,防守方(常常是较弱的一方或较小的舰队)如果无法避免战斗,就会迅速将船并排连在一起,对攻击方放箭,尽量表现出强悍的架势。用一排船营造出一个大型作战平台,也可使援军很容易地转移到防线上受威胁的地方。只要有可能,防线的一端将锚抛在礁石上,以保护侧翼。

如果有落单的防守方舰船,个别行动的攻击长船就划桨前进发动攻击,或者集中火力攻击防线中最弱的一个,并围着侧翼寻找战机。当战舰抵近到射程时,远距离的火力率先开火,攻击方的一部分尝试俘获并登临防守方的战船。当战斗进行到肉搏战阶段时,战船的建造结构对结果会起到关键作用。这方面,大船有着绝对优势。一方面,大船上人数较多,而小船人数较少,拼不过对方。另一方面,大船的船体侧板较高,对敌人的弓箭有较好的防护作用,同时也是很好的平台,用于火攻和登船。(盾牌悬挂在战船两侧,只是在靠港时用作礼仪性的入口和出口，因此，并不增强船舷两侧的防御能力。）小船上的武士要想登上大船可能会有很大麻烦。此外，较大的战船还可承受较恶劣的海况。因此，舰队的战船数量或者说舰队的人数不是衡量其战斗力的标准，例如，1044 年在罗伯里（Roberry），30 艘大型战船击败了 60 艘小船。特别是大而结实的船甚至可能有装甲防护——船头用铁皮包裹，提升这块最重要的地方的坚固程度。但是，与装载较多船员类似，装甲防护是一种战术装备，这会让船只在航程和适航性上受到战略上的损失。另外，它的成本也相当高。

维京人海上作战的目的是俘获船只，而非击沉。船本身比较贵，又可用来装载贵重的货物。维京人的战术在他们的本土水域较为有效，大多是对付别的维京人。但当维京舰队——无疑是小型舰船——于 10—11 世纪进入黑海时，拜占庭海军完全有能力轻松应对。斯堪的纳维亚武士对拜占庭说非常有用，是巴西尔二世的瓦兰吉卫队的骨干，10 世纪 80 年代之后的一个世纪里，这个卫队吸引了维京人和盎格鲁-撒克逊人来为帝国服务，重用他们的原因就在于他们没有什么政治背景，且战斗力强悍。

维京人的影响　在将近 200 年的时间里，维京人给欧洲大部分地区带来了浩劫，但其破坏的范围容易被夸大。他们征服的只是政治上较弱或者组织混乱的地方，在他们统治或定居过的地方只留下少许印记。他们持久的影响大多在创建和扩大庞大的从爱尔兰经俄罗斯到拜占庭的海上贸易网方面。维京时代之后，继续开展这一贸易的波罗的海和北海的船舶对后来欧洲海军的发展做出了重大贡献。

室利佛逝王国

这一时期多数时间，东南亚的主要海上强国是室利佛逝，以苏门答腊东海岸和巴邻旁（Palembang）为中心。自 7 世纪至 11 世纪间，室利佛逝王国非常强盛。室利佛逝对该地区海岸和途经该地的海上贸易产生很大影响，由此获得了王国发展必不可少的利润，因此历史学家们称之为海权国，即像古代雅典那样的帝国型海上强国。但不幸的是，有关室利佛逝的历史资料很少，而且也不清楚，反映雅典形象的资料却汗牛充栋。可以肯定地说室利佛逝不是古代雅典模式的中央集权的海上帝国，但作为一个较松散的政治实体，它的确有效地保持了海上霸权数个世纪。

中国唐朝时期，以中国为中心的海上贸易的兴起刺激了从地中海、阿拉伯海、波斯到广东海上沿线国家的形成，尤其是马六甲海峡地区，由于其季风性气候，在此形成了重要的临时停靠和转运点。这些港口也起着联结内陆与国际贸易线路的作用。这类国家之间的竞争促进了以巴邻旁为中心的地区的繁荣，然后将其他港口吸纳进来形成了不同等级的联邦，将贸易集中到少数几个受偏爱的港口，由此而产生的政治实体就是室利佛逝。

室利佛逝统治者的军事权力来自能将地区军阀和贵族指挥下的内陆部队与海上流动民族的力量联合到一起的能力。在强大的宗教势力的支持下谨慎地建立联盟，帮助建立并维持这个体系。室利佛逝通过打击海盗活动和为商人们提供庇护港的能力，将影响力扩展到从爪哇到马来半岛的海岸转口港（贸易城）。中国的认可及室利佛逝不断增加的威望进一步巩固了这个关系，将整个国家团结在一起，军事权力一旦确立，从中央到国家各组成部分的利润分配机制也就确立了。

有关室利佛逝的军事行动几乎没什么可说的。东南亚和印度洋的舰船造得很好，但相对较轻，因此船与船之间的作战行动不大可能在室利佛逝的战争中发挥重要作用。两栖行动应该更为常见，尤其是控制了港口就控制或者至少是影响了依赖此港口的内陆的经济，因此劫掠和军事行动主要针对资源比较丰富的目标。

只要管控海岸线竞争和打击海盗活动是室利佛逝的主要军事责任，它就会兴盛。然而，从10世纪中叶开始，海外贸易的扩大同时也推动了对财富的竞争，刺激该地区陆上强国的发展。这暴露了室利佛逝政治实体的弱点。11世纪时，室利佛逝已难以遏制其他海上霸权的威胁。

朱罗王国

起源与结构　室利佛逝面对的重要挑战来自印度南部科罗曼德尔（Coromandel）海岸，这里是扩张的朱罗王国的所在地。起初，朱罗人的活动以陆地为基础，8世纪开始，在敌对强国之间划了块地开始建国。这个新建立的国家不是特别强，也不够中央集权化。朱罗王国的王权很大程度上是仪式性的，对偏远的省份和地区精英的影响在很大程度上是象征性的，且是通过宗教象征意义来行使。王室的官僚体系几乎就没有。因而，国家就靠扩张政策团结在一起：远征劫掠给王室带来了物资，再分赏给追随者，显示国王的财富与威望；永久型征服带来的不仅有抢劫来的物资，还有土地，所以朱罗人发动战争是出于政治动机，其目的主要是经济利益，尽管最常宣传的原因是宗教。劫掠型远征的好处对大多数人来说比较模糊，以"寻找遗迹"（guests for relics）为借口，成功的劫掠是此类行动的结果。

由于王国商队与外部世界商业联系的性质，朱罗战争的经济目的在海上变得十分重要。当地生产通过商人协会运作的寺庙中心与地区和海外贸易线路联结在一起。这些商人协会几乎就是独立的势力，把持着孟加拉湾周围的运营权。随着朱罗王国实力的增强，王室和商人们都看到了朱罗王国沿主要贸易线路推行霸权的好处。

海上劫掠增加了王室的财富，它们成为王室威望的来源；货物和贸易中心是特别合适的袭击目标。海上劫掠，或许甚至以更好的方式，为陆上劫掠提供了政治优势。通过将地方精英和他们的军事力量吸引到此类活动中来，朱罗国王们既将这些精英紧密地笼络到自己的权力网中，也纵容了他们的侵略性以及对王国以外地区的掠夺倾向。海外远征还有个好处，可以将此类力量集中到足够远的地方，以减少国内纷争或反叛的威胁。最后，对政治优势的合理计算表明，远征劫掠或者征服可以作为一种进攻性防御，例如，抢先向斯里兰卡发动战争，从而阻止斯里兰卡袭击朱罗。所有这些把朱罗海军向外推的因素，成为主要目标地区政治不稳或软弱的推动因素，特别是斯里兰卡。

朱罗王国的海军活动于 985—1070 年间达到高峰，那是国王拉贾拉贾（Rajaraja）及其子拉金德拉（Rajendra）统治时期。拉贾拉贾是位改革者，提出了海军战略，强化了内部联盟，并集结了足够的军队来实施这个侵略性战略。拉金德拉利用其父创建的这套体制开疆拓土，收获了很多荣耀，但也面临着该战略造成的越来越多的问题。如果说此时的孟加拉湾是朱罗王国的内湖，从朱罗的实力和那个时代的海军技术来讲，这话有些夸张，但是从威望和影响力这层意义上来讲，这话倒是差不多。

在此时期，朱罗王国的海军活动有两件具有里程碑意义的大事。征服斯里兰卡北部较为常规：舰船将部队运送上岛，发动征服战。较大的具有地区重要性的战争是跨孟加拉湾进入室利佛逝心脏地带进行的一系列劫掠行动。1025 年，拉金德拉发起一次大型远征，劫掠了苏门答腊东北部海岸，最后，洗劫了室利佛逝首都。朱罗王国的铭文记录了对室利佛逝的"征服"。虽然朱罗并没有实际占领和统治室利佛逝，但它的确在半个世纪的时间里成为海峡地区重要的政治势力。更为重要的是，对室利佛逝确保贸易线路和贸易中心的威望和声誉的打击是毁灭性的。随着有利可图的商业竞争的加剧，贸易模式开始在东南亚海域更广泛地扩散开来。1067 年，朱罗对室利佛逝影响的马来半岛海岸的劫掠结束了这场竞争，室利佛逝的海上霸权就此瓦解。此后，直到 15 世纪在中国明朝郑和率领的宝船队的协助下，马六甲才开始崛起，该地区的政治与经济分裂状态才结束（参见第 15 章）。

尽管 1067 年的远征取得了胜利，但实际上在 1044 年拉金德拉死后，朱罗王国的活动有所减少，且在这个世纪剩下的时间里，朱罗王国的统治者试图改变战略，从扩张性的劫掠转向对征服地区进行统治，尤其是在斯里兰卡。然而，岛上居民持续的游击抵抗逐步消耗了朱罗王国的资源，财富外流，朱罗政权已无法再维持下去。到 11 世纪 70 年代，朱罗军队从斯里兰卡撤出，这个王国从此走向没落。

朱罗王国的战争　我们手上关于朱罗王国战争的资料要比关于维京人的少得多。尽管资料有严重的片面性，但战役严格按照时间顺序排列。"征服"室利佛逝是官方史料中有关朱罗军队功绩介绍的典型案例，可惜没有相关的基本的军事组织和技术的细节。所幸，我们仍能从一些泛泛的概要中了解一二。

朱罗军队由多支力量联合组成，其核心由国王掌握，以皇家部队、礼仪部队和私人战团为主体。这支小规模部队的补充力量包括雇佣军和臣服于国王的强大的战团。这些部队的主体来自登陆的精英，但大量的士兵由商人协会供养作为雇佣兵参与。这些加入皇家远征的部队看重的是朱罗战争的经济目的。几乎所有部队都是步兵部队，配备有矛和弓箭。

印度南部是贫困地区，养不起战马，供不起骑兵作战，而且在海外作战，运输战马既困难又昂贵。同这一时期其他次大陆国家的军队一样，朱罗军队还有大象兵，但海战和两栖作战中不可能派上用场。这支部队总体上是一支复合力量，为特殊战役而集合在一起，除了皇家部队这个小规模核心外，都不是常备部队。同样地，也没有皇家海军，而只有从印度南部商人社区中抽调来的特别舰队。

朱罗王国的战略很简单：挑一个方便的或者象征性的重要目标进行劫掠。朱罗海军活动背后，其战略几乎没有什么实际规划，这一点在该王国试图实现从劫掠到征服再到统治斯里兰卡的转型时所遇的困难中得到印证——中央集权较弱的朱罗王国不具备周密筹划和系统治理新领土的能力。

战术上，朱罗人与维京人相似，在发动战争的方法上没有什么特别的创新或战斗力。使他们的劫掠战有效力的原因是其拥有海上机动性，有能力发起突然袭击。至于海军战术，船与船相遇的机会甚至比维京人的还少——其海军基本上是两栖登陆部队。印度洋舰船的船体通常是用椰树皮绑起来的，而不是用钉子钉成的框架，分量较轻，所以运货方面有利，但这一点也使得这种船不适合用作战争武器。朱罗人战争背后的经济动机在任何情况下都倾向于俘获而非击沉运输船，正如维京人和室利佛逝人一样。

与维京人和室利佛逝人一样，朱罗人的军事技术也是常规的，其劫掠与征服的政治和军事影响很短暂。手中有限的海军技术不允许他们再干什么别的。朱罗海军行动主要影响的是贸易模式，而非战争样式。受朱罗劫掠室利佛逝的刺激，东南亚贸易出现了离心化和分散化，产生的后果同维京人的劫掠对北欧的贸易产生的影响一样是重大而持久的。所有劫掠型海上民族的活动都表明，通过海上活动，世界贸易与国家建设之间存在着联系。货物在地中海和中国之间以及其他各个方向流动而产生的财富，往往被证明对于将更高级别的政治组织吸引到该地区争夺败富具有决定性作用，不论这种争夺是采用劫掠、海盗还是商业手段。这种联系将继续把贸易、海盗和海战紧紧地拴在一起，并将在之后的几个世纪中催生新型海上强国。

总　结

尽管400—1100年这个时期，全球海上活动远比古典时代更为活跃，但海战的范围与影响仍有限，且从严格的军事意义上讲，行动本质上仍从属于陆战，原因是海军技术仍对海上军事力量的能力形成严重限制。陆上强国仍比海上强国更为广阔，影响力也更大。然而，海战本身的全球化很重要，正如它所反映、追随和利用了世界海上贸易的发展。在接下来的时代中，这一趋势仍将继续，并于1500年后变得更具有决定性意义，在此过程中产生了新型海上强国。

■ 推荐阅读

Ahrweiler, Helene. *Byzance et la Mer*. Paris: Presses universitaires de France, 1966。本书为拜占庭帝

国的航海简史。

Fahmy, Aly Mohamed. *Muslim Naval Organization in the Eastern Mediterranean from the Seventh to the Tenth Century AD*. Cairo: National Publication and Print House, 1966。本书关注穆斯林海军的行政、经济和人力问题。

Hall, Kenneth. *Maritime Trade and State Development in Early Asia*. Honolulu: University of Hawaii Press, 1985。本书描述了经济活动、国家建设、精英管理和朱罗王国海军活动之间的密切联系。

Hall, Kenneth, and John K. Whitmore, eds. *Explorations in Early Southeast Asian History: The Origins of Southeast Asian Statecraft*. Ann Arbor: Center for South and Southeast Asia Studies, University of Michigan, 1976。本书为研究1000—1200年室利佛逝海军及其与国家霸权和东南亚贸易网络的关系的文章合集。

Hourani, George. *Arab Seafaring*, Rev. and exp. ed. Princeton: Princeton University Press, 1995。本书为一项经典的研究，是关于从古代到大约公元1000年阿拉伯人在印度洋贸易网络中的作用的著作。

Jesch, Judith. *Ships and Men in the Late Viking Age*. Woodbridge: Boydell, 2001。本书为研究维京海军机构的最新的重要著作，尽管是写给专业研究者的，但仍可读一读。

Landstrom, Bjorn. *The Ship*. London: Allen & Unwin, 1961。本书为一个很好的介绍，详细地介绍了世界各地船舶设计的演变，虽然它主要关注的是欧洲的情况。

Lewis, Archibald, and Timothy Runyon. *European Naval and Maritime History, 300–1500*. Bloomington: Indiana University Press, 1985。本书为海军历史的基础性研究著作，包括拜占庭和地中海地区的伊斯兰世界的历史。

Pryor, John H. *Geography, Technology, and War. Studies in the Maritime History of the Mediterranean, 649–1571*. Cambridge: Cambridge University Press, 1988。本书深入地研究了地理因素（包括气候）和海军技术对地中海海上冲突的综合影响。

Sawyer, Peter. *Kings and Vikings*. New York: Methuen, 1982。本书详细介绍了维京人对欧洲社会的影响。

Shanmugam, P. *The Revenue System of the Cholas, 850–1279*. Madras: New Era Publications, 1987。本书有助于读者了解朱罗王国的朝贡和海上贸易的作用，包括贸易和劫掠。

Spencer, George W. *The Politics of Expansion: The Chola Conquest of Sri Lanka and Srivijaya*. Madras: New Era Publications, 1983。本书分析了朱罗王国扩张主义的内在动力，强调国王与贵族的关系。

Unger, Richard W. *The Ship in the Medieval Economy, 600–1600*. London: Croom Helm, 1980。本书介绍了在出现专业化海军之前的海战的重要经济背景，详细介绍了造船技术的发展历史。

Whittow, Mark. *The Making of Byzantium, 600–1025*. Berkeley: University of California Press, 1996。本书涵盖了拜占庭海军及其罗马遗产的情况，虽然简短，但很深入。

评论：第二部分　400—1100年

我们称本部分为"迁徙与入侵时代"，各个游牧民族的影响是这一时期重要的主题之一。古典时代末期见证了欧亚大陆大规模的人口流动，以及疆界和主要文明传统文化内涵的频繁变化。这个时代的不稳定状态是以救赎人类为目标的宗教兴起的主要原因，战争与宗教之间的联系则是这个时期的次要主题。游牧民族和圣战兴起这两大影响是本书总体上要突出的中心：战争是发动战争的那些社会的一种表达方式，也是那个时代居统治地位的陆上武士精英掌控的一种表达方式。

游牧民族的影响

亚洲大草原上的弓骑兵是这一时期处于统治地位的游牧民族军事力量，但不是唯一的。罗马帝国对面的大多数半游牧的日耳曼部族主要靠徒步行进，且他们的移动形成了人口迁徙而不同于马背民族的快速入侵与撤离。有一些，如撒克逊人，还通过海路迁徙，是游牧劫掠者中的第二大类。在所有海上民族中，维京人最出名。阿拉伯半岛上的沙特部落属于马上游牧民族的特殊亚类。他们的战术传统（几乎不倚重弓箭）不同于大草原上的那些部落。7世纪的大发展在他们的历史上是独特的，与大草原上稳步进行的入侵和撤离形成对照，因为他们的故土太过缺乏资源，不能支持促使中亚骑士短途迁徙的政治等级制度。但他们有着许多游牧民族共有的优势，至少短期上是这样的。

战略和战术机动性是各游牧民族军事上胜利的关键。马或船没有特定的行动基地，使游牧力量在出乎意料的时间和地点发起攻击，所以要进行有计划的反应比较困难。在此优势基础上，大草原的骑士们还有复合弓，大大提高了火力精度，日常生活中也形成了无可匹敌的士兵素质——是在与别的游牧部落不断斗争的过程中磨炼出来的技能，这种艰苦的环境使他们轻蔑地视定居民族为"软蛋"和"软弱的人"。

这些骑士常常是一辈子都生活在马背上，所准备的给养不多，这使他们更为冷酷无情，他们将大规模步兵视为另一种可宰杀的畜群。这样的条件也培养了颇具才干的领袖；游牧民族的不团结是他们进攻性行动的主要限制。虽然在战术上，海上民族可怕程度稍低，打击他们却较为耗费国力。只有拜占庭和中国宋朝这种有着重要海上利益的大帝国，才养得起可在海上遏制劫掠者的常备海军。地方上的应对措施倾向于建立防御要塞体系，但这只取得了有限的效果。

这一时期，从罗马到中国，整个欧亚世界都感受到了游牧民族入侵带来的影响——在阿拉伯地区、拜占庭、印度，以及这一时期接近结束时在西南亚。游牧民族的活动与人口迁徙建立了一些关联和跨文化交流，特别是广阔的伊斯兰世界的建立被认为最初是游牧民族活动的结果。从直布罗陀海峡一直到马六甲海峡的贸易网络将世界文明联结在一起。但在大多数情况下，400—1100年的迁徙与入侵，与其说增添了，倒不如说打乱了现有的模式与关联。早期的浪潮无疑与丝绸之路两端的古典帝国的崩溃及丝路本身的暂时衰落同时发生，并推动了继承自帝国时代的政治分裂。因此，游牧骑手促进了这个时代战争中骑兵重要性的提升，既通过他们的战术直接促进，又通过中央权威的衰落间接促进，这个中央权威是在定居型政治实体中创建有战斗力的步兵部队所必需的。

古典时代初期就出现了弓骑兵，只是在400年之后，其影响力才显著提升。为什么呢？建立在马镫的传入与推广基础上的技术性解释，在有关考古日期的细节上陷入了困境。马镫可能在缓慢提高游牧民族骑手的军事效率方面发挥了一定作用，但对400年后增加的影响并不重要。相反，更大的社会与经济趋势开始突显。最重要的是，大草原周边的各个文明在规模和财富两方面都在上一个千年发展起来。不仅是他们巨大的财富使其成为对游牧劫掠者颇具吸引力的目标，而且以贸易和纳贡方式向游牧民族输入的部分财富刺激并使游牧民族形成等级制度和形成国家结构成为可能，而这正是游牧民族侵略成功的先决条件。定居型民族控制地区在地理上的扩张对游牧民族的领土形成了压力，同时也为游牧民族更容易地进入定居型民族的领土铺平了道路。这样的地理扩张也可能产生多米诺骨牌效应，例如，公元前1世纪汉朝扩张时，促使游牧部落西迁，最终对罗马形成压力。尽管受其领地的经济条件的限制，但随着牧群的扩大，游牧民族的人口也在增长。来自定居地区和较大游牧部落的大量货物的输入催生了大型的亚洲部落联盟，对其邻邦构成了更大的威胁。不论后来的游牧民族的活动日趋频繁是大型古典帝国衰落的原因还是结果（很可能两者兼具），无疑它都造成了后古典世界的混乱。在阿拉伯大发展的具体案例中，经过数十年战争后，拜占庭和波斯帝国都到了强弩之末，为阿拉伯人扩张打开了大门。同时阿拉伯人实现了史上罕见的大一统，原因有两个方面，次要原因是地方经济有了发展；主要原因是穆罕默德及其继任者进行了艰苦的努力。后者将游牧民族的影响与伟大的宗教救赎的兴起及其与战争的关系等联系在一起。

战争与宗教

大型救赎式宗教——佛教、基督教和伊斯兰教（或许还有印度教的一部分）——的兴起，根本上讲不是军事现象，即使是伊斯兰教，尽管其早期扩张与征服战争紧密联系在一起，也是这样。宗教是对古典和后古典时代社会条件所提出的精神与政治需求做出的回应，满足了社会各阶层的需求。实际上，所有这些宗教趋向于古典文化的民主化，有助于建立对农民更为友好的信仰体系，作为对这个麻烦不断的时代的回应。

但必然地，宗教和战争这两种活动与农业一起在古典世界中支配着人类的生活，关系变得十分密切。从一开始，这种关系就常常交织在一起：佛教和基督教作为影响广泛的宗教，其兴起与皈依的征服者阿育王和君士坦丁大帝的职业生涯有关；伊斯兰教创始人穆罕默德也曾作为穆斯林早期的军事领袖。借助于基督教和伊斯兰教，这种关联发展出了"圣战"形式和理论，以宗教名义发动战争和以宗教的上帝／真主的名义进行奖励。"圣战"推动了早期阿拉伯的大发展，富有战斗精神的宗教被证明在西方基督教向异教徒地区扩张领土，以及东正教对异教徒、波斯人和穆斯林的抵御中，是一种强大的武器。"圣战"文化的兴起有多重原因。一神论宗教的偏执意味着它们可以接受将武力作为工具来使不信仰者皈依或进行惩罚。这些宗教广泛的阶级诉求还意味着，它们可以动员民众做出承诺，从而有助于巩固各个文明传统的根基，这些传统有时候会使它们陷入更持久的冲突。殉道与救赎的期盼将这些宗教所承诺的最终回报与英勇战斗直接联系在一起。这种联系的最终结果就是产生了一种以前不存在的战争意识形态，它倾向于强调相互竞争的传统之间的分歧而非相似之处。

战争与社会：土地、贵族、武士

世界史专家们，无论是研究军事的还是其他方面的，工作之一就是认识到过去的不同之处中潜在的相似点，并对比其中的差异。诚然，纵观历史，不同的民族以不同的方式作战。在此期间，游牧民族在作战风格上与定居型民族不同；定居型文明中有着非常广泛的受不同社会、经济、宗教和文化背景影响的战术传统和战略样式。但根本的经济条件，在社会和军事组织方面，在很多欧亚民族身上形成了一个重要的相似点，在这个时代尤为突出。

所有传统的（或称工业化之前的）文明的绝大部分财富来自农业生产，开疆拓土（和控制土地）成为拥有权力和威望的关键。在此阶段，随着几个伟大的古典帝国中央化的货币与行政管理制度在很多方面衰落或收缩，对土地的控制甚至更直接地成为权力及经济支撑的来源。那些贸易发生萎缩或崩溃的城市经济体更是如此。即使暂时的衰落也会为某种比小农阶级地位高点的拥有领地的乡村精英们发挥更大作用打开了大门。保护财富来源的需要，尤其是当中央权威不足时，就会自然地使这些人充当武士。尽管他们作战的方式（无论是骑马还是徒步，也无论是用发射式武器还是用格斗式武器）可能大不相同，但出于威望和战略机动性考虑，他们常常会考虑去可养马的地方骑上战马。整个欧亚大陆上，骑马的乡村武士精英占社会统治地位的普遍趋势可以通过多种方式得到证明。在中央集权程度较低的政治体中，对武士给予土地支持的安排以这种或那种方式制度化了，成为此类地区的社会政治组织的核心。西欧的封地制度和伊斯兰世界的土地制度伊克塔（特别是在塞尔柱突厥时期），以及印度类似制度的出现成为这一进程的例证。在那些保留或恢复中央统治传统的地区，容纳乡村武士精英的角色和权力被证明是项持久的挑战，因为他们在军事上非常有用，从而成为对国家政权的潜在威胁。中国唐朝尝试了几种方法将战斗力强的骑兵并入军队，这些军事贵族是中国唐王朝最有政治地位的人。拜占庭的《农民法》（Farmer's Law）将中央对小农的保护制度化，不允许大的土地所有者侵占。而当该平衡被打破时，帝国的防守能力也就减弱了。

在军事层面，提升骑马的乡村武士作用的因素——虚弱的中央政府和衰落的或崩溃的城市经济——也使建立一支战斗力强的步兵部队较为困难。因而，相比古典时期强调建立训练有素的大规模步兵部队，本时期似乎是骑兵的时代。有些情况下，游牧民族骑兵的战斗力也加强了这种印象，游牧民族的骑兵就是各个文明的乡村武士精英。中国唐朝和许多伊斯兰教国家大量吸收他们骁勇善战的游牧民族邻居，并奖励他们土地。

基于这个大背景，接下来我们转向世界历史的下一个时代，研究它的发展情况，包括其影响下的社会、经济和政治结构，以及与之相关的军事制度。

第三部分

传统冲突的时代

1100—1500 年

第11章
十字和新月

中东，1100—1450 年

1100—1500 年，由于战争和贸易活动渐趋频繁，全球各地间的接触也日益增加，这一阶段最为重要的事件就是 13 世纪蒙古迅速扩张。该阶段起始于三种文明及其军事体系在地中海东岸的交汇。十字军东征将西欧、拜占庭和伊斯兰世界一起拖入了漫长的斗争与交流的时代。以圣战的名义，十字军东征代表着战争与宗教相关联的趋势达到了顶峰；作为文明扩张的表现，十字军东征也促进了战争、商贸与文化交流的不断发展。拜占庭帝国的最终瓦解表明这种交流有可能带来灾难性的后果，但三种文明也都表明接触会带来创造性潜力。

十字军东征，1095—1291 年

各个文明内部的具体情况是引发十字军东征的诱因。拜占庭帝国 1071 年在曼齐克特之战中遭到惨败，经历了 50 年的军事衰退后逐渐恢复过来，指望着西欧提供援助从塞尔柱突厥人手中重新夺回小亚细亚。此时欧洲正经历贵族复兴、宗教狂热和经济复苏。1095 年，教皇乌尔班二世（Urban Ⅱ）在克莱芒（Claremont）传教时号召进行远征，拜占庭帝国招募雇佣兵的行为演变成一场解放圣地的大规模行动。伊斯兰世界缺乏团结，使得第一次十字军东征更有可能取得胜利，也导致这一运动得以长期发展。

第一次十字军东征于 1096 年开始，1099 年 8 月，耶路撒冷陷落，从隶属于伊斯兰世界的叙利亚和巴勒斯坦分离出了 4 个参与东征的拉丁国家。12 世纪，这 4 个国家遏制了伊斯兰世界影响力的扩大，危机最终引发第二次十字军东征（1147—1149 年）和第三次十字军东征（1189—1192 年）。十字军第三次东征是由于爆发了哈丁之战（Battle of Hattin）以及耶路撒冷和大片由十字军建立的国家的领土于 1187 年落入穆斯林领袖萨拉丁（Saladin）之手。在英格兰国王狮心理查（Richard of Lion-Hearted）的率领下，第三次十字军东征使耶路撒冷王国除耶路撒冷城之外的地中海沿岸部分又维持了一个世纪。第四次十字军东征的目标在 1204 年转向了拜占庭帝国，十字军劫掠了君士坦丁堡，这也成为 12—13 世纪十字军东征的一个悲剧性插曲。13 世纪的东征主要针对埃及。取得胜利越来越难，1291 年，东征者在圣地的最后一个要塞沦陷——尽管作为西欧扩张步伐的一部分，东征活动在其他地区仍在持续（参见第 12 章）。十字军东征的历史为进行一系列主题研究提供了丰富的素材，其中包括战争、政治与文化之间的关系，不同战术体系之间的冲突等。

战争、政治与文化

圣战 十字军东征是宗教救世思想与战争之间的关系最为极端的表现,这种关系自 3 世纪以来就一直在不断发展。尽管参与地中海东岸冲突的各方有着各种各样的动机,但宗教因素在意识形态和实际战争中占据着核心位置。

就进行东征的基督教国家而言,东征激发了一种复杂的针对异端势力开战的神学,其中夹杂着基督教的"正义战争"理念,这一理念中包含着朝圣赎罪的思想,可以追溯到奥古斯丁时期。"正义战争"理念所需的合法性与权威性来自上帝:十字军东征是为了基督耶稣而进行的战争。第一次东征遇到的困难及最终取得的胜利使人们相信:东征是神圣的。在东征中丧生的人则成了神圣的殉道者。

随着东征的进行,神学开始与兵员招募这一现实问题挂起钩来。参加东征的人获得了赦免——教皇不仅会敕令赦免他们的罪恶,还会敕令保护他们的家人及财产。这样一来,东征的神学就适应了教皇对基督教世界的合理秩序的构想,这一构想源自 11 世纪中期的格里高利(Gregorian)改革运动。教皇视自己为基督教世界的最高统治者,并将东征视为自己凌驾于世俗世界之上的领导地位的体现。因此,东征神学也是教会通过对非基督徒施加暴力来维护基督教世界秩序的一种努力。

当然,东征神学不同于传统教义的一些微妙差别(如皈依基督教不能通过暴力来实现)也被大批十字军将士的狂热彻底掩盖了。很多人从"维护贵族权威"的角度来看待东征,他们认为东征是针对那些蔑视贵族权威的人进行的一次复仇,目标是夺回圣地的遗产。这一认识很容易被用来针对任何基督教的敌人:几乎每次东征行动都伴随着反犹太主义和打击西欧犹太人活动的大爆发。东征理念的这种狭隘性之后又体现在反希腊东正教拜占庭人以及反欧洲非基督徒的活动中。

在伊斯兰世界,十字军的狂热刺激了关于《古兰经》提出对异教徒进行"圣战"的本义进行解释的再次兴盛。伊斯兰世界中心地带的城市居民、商人尤其是非军事人员过去一直将"圣战"看成是内心的斗争、和平的皈依以及人的净化。但在面对基督教的"圣战士"的情况下,尤其是在刚皈依伊斯兰教的奉行宗教激进主义的突厥部族人员的带领下,"圣战"开始逐渐被当作针对宗教对手的战争,成为伊斯兰世界招募兵员参加反对东征的战争的口号。尽管战争双方的军人参战动机各异,其中不乏对权力的觊觎,但宗教在双方人员参战的动机中都占据着主要地位。

专题 C:"圣战"

现代社会很多人都对"圣战"一词相当反感。"圣战"是以宗教的名义发起的,但宗教(尤其是大多数的救世宗教)的核心内涵应是反暴力的。这种反感也使一些学生和学者对与"圣战"相关的宗教信仰的纯洁性持怀疑态度,他们认为宗教被当作了追求物质利益的借口。举例来说,一些学者就认为十字军只是西欧用来攫取利润丰厚的亚洲贸易的工具。

这种观点是在用现代社会的眼光来看待一个截然不同的社会(他们把东征当成第一次海湾战争来分析了),且忽视了具体的证据。东征背后的宗教原因是真实存在的,不仅如此,从经济角度来分析,参加东征对个人而言几乎完全是"赔本买卖"。能够从东征中持续获利的只有意大利商人,而这些人既不是十字军战士,也不是推动东征的主要力量。

人们反感"圣战"的一个重要原因可能是无法将现代意义上的宗教的功能与侵略战争联系到一起。但在传统世界中,宗教是一种包罗一切的世界观,这也就意味着在某种意义上它会为战争服务。它是如何发挥这一功能的呢?通过对主要救世宗教的简要分析,我们可以找到答案。

佛教与现代人对宗教的认知最为契合:佛教没有"圣战"的概念,尽管佛教国家也会发生战争,但佛教仅仅在极少数的情况下才认为战争是合理的。第一位信奉佛教的统治者阿育王在皈依佛教后放弃了征服他国的战争。唯有在日本,情况有所例外,佛教的一种形式(禅宗)成为武士阶层的价值核心。日本、韩国都出现过信奉佛教的武僧,但从宗教整体的层面看,他们与世俗的日本武士所信奉的禅宗相比更像是离经叛道,他们作战的原因也不是为了维护宗教利益,而是为了保卫自己的领地。

印度教在早期即接受了战争的观念。在印度教对社会的认知中,武士是四个主要阶级之一,武士通过作战来完成其阶级使命。但是在认同战争的同时,这一等级制度也将参与战争的合法性限定在了武士群体之中。在面对穆斯林的攻击与侵略时,印度教中确实产生了好战派,但好战派毫无组织,也未开展大规模的运动。当代印度教好战势力的思想根源是民族主义,而不是"圣战"思想。

表面上看,伊斯兰教从一开始就借助"圣战"理念将战争思想纳入了其宗教神学之中,但这种认识可能具有欺骗性。大多数伊斯兰教国家中都有奴隶士兵,这是不符合伊斯兰教神学的。伊斯兰教保持了对"圣战"的军事层面和精神层面的解释,认为战争应该是防卫的一种手段。伊斯兰教的"圣战"历史因游牧部落皈依、宗教激进主义的出现以及近代出现的反抗帝国主义和西方霸权思潮而变得更加复杂,在这些活动中,民族主义和现代意识形态是主导因素。

可能具有讽刺意味的是,基督教从历史上看就与战争有着千丝万缕的联系。与阿育王皈依佛教后放弃战争相反,信奉基督教的君士坦丁大帝是在取得了一场战争的胜利之后才皈依的。

"看到这个标志你就应该臣服。"这句话成为宗教的一部分而在东征中被反复吟诵,东征的思想也融入了社会之中,如"儿童十字军"的出现。基督教对战争的狂热后来推动了教派战争的爆发(伊斯兰教也出现了逊尼派和什叶派的纷争)。

> 就此事而言，另外两种宗教值得我们留意。基督教对战争理念的接受部分源自犹太人的"圣战"理念，这一理念体现在诸多圣经故事之中，也体现在犹太人反抗罗马统治的行动之中。其次就是琐罗亚斯德教，这个宗教也认同国家可以发动战争。事实上，波斯萨珊王朝与拜占庭之间的战争就在600年前后升级成为宗教战争（参见第8章）。
>
> 当然，宗教在历史上和现代都不是引发战争和使用武力的唯一原因。但在传统世界，宗教除引人向善之外，谁都无法否认宗教也是引发暴力的原因之一。

战争与政治权力 尽管"圣战"对使用军事力量给予了道义上的认可，但基督徒和穆斯林都发现宗教战争对加强统治并无多少帮助。圣城耶路撒冷的拉丁国王不时遇到无法在其国土上完全行使权力的情况，尽管他们拥有声望，且经历了多次本应有助于巩固其权力的军事危机。部分原因在于，他们的处境有其特殊性：朝圣活动和军事秩序对王国的防卫非常重要，但这些都未被纳入在国家的法律结构之内。这种法律与政治结构是从欧洲引入的，在这种结构中，权利和义务是相互联系的，王权受到了一定的限制，国王在面对其最强势的臣民时情况亦是如此。在统治一个被征服的地区时所面临的问题让情况变得更加复杂。拉丁定居者无法进行针对所有穆斯林的永久战争，因为他们所统治的人当中大多数仍是穆斯林——欧洲定居者几乎全部是骑士和商人，而不是农民。被征服地区的行政架构得以保留下来，拉丁统治者只是起着监管作用。拉丁人统治之下的穆斯林尽管并不十分合作，但也无法在军事上构成威胁，然而他们限制了王权统治的充分实施。总体而言，东征需要相互合作，各相关国家的防卫却需要权力集中，这两者无法很好地结合起来。

在由非王室的贵族领导了第一次东征结束之后，事实证明，由于经费和管辖方面的问题，由欧洲王室领导以后的东征行动很有必要。但是由于东征使他们离开了自己的领地，而且耗费了他们的资源，国王们发现东征对加强自己的权力似乎没有太大帮助。东征更像是一种表明态度的方式，而不是在国内强化王权的一种途径。

与此类似，教皇试图通过东征来提升自己的领导地位，但东征同样带来了复杂的结果。教皇的权威在英诺森三世（Innocent Ⅲ）时达到了顶峰，但是第四次东征偏离了目标，他又于1215年发起号召，但最终未能亲眼看到第五次东征，这次东征也没有起到任何有益的作用，以失败告终。总体而言，教皇与各位国王一样，在发动东征的过程中耗费了太多的资源。

在穆斯林一方，进行"圣战"并未能解决阿拔斯王朝（参见第8章）时期产生的政治权力问题及合法性问题。巴格达和埃及的哈里发国由苏丹与元老掌控，这些国家的军事实力仍然依靠社会之外的势力——奴隶士兵和伊斯兰世界偏远地区的部落成员。由于受到东征的冲击，13世纪埃及的一支名为马穆鲁克的奴隶武装甚至夺取了政权。十字军政权的存在没能加强伊斯兰世界的团结，也没能提升伊斯兰教国家的实力。

在拜占庭帝国一方，君主们发现处理东征事务充满了风险。东征将士常常会进行劫掠，这就使帝国的声誉和资源受到了损害。羁縻东征将士的野心殊为不易，十字军政权的存在也使得拜占庭帝国的外交更趋复杂：拜占庭的外交政策较为务实，以占领土地为目标，并且利用与伊斯兰教国家的结盟来谋利，这种做法激怒了拉丁人。在一定程度上，十字军对拜占庭帝国政治的参与在 1204 年给这个国家带来了灾难。

简言之，东征对强权统治不利。它给当时的政治和经济结构带来了过重的压力，尽管东征得到了宗教的认可，但宗教常常刺激了野心过大的计划。

文化交流 东征过程中的军事接触是否促进了基督教与伊斯兰教之间的文化交流呢？这是一个颇有争议的话题。毫无疑问，双方之间存在着外交接触，因为部分基督教领导人试图通过外交手段来利用穆斯林各派之间的分歧与对抗。但是，这种接触在拜占庭帝国更为常见，他们与其信仰伊斯兰教的邻国都对拉丁入侵者很蔑视。尽管存在一些联盟现象，但很少有基督教军队与伊斯兰教军队开展合作的实例，因此，这类接触十分有限。外交接触还在拉丁裔基督徒中塑造了穆斯林领导人萨拉丁的形象，萨拉丁被塑造成了骑士精神的代表，这是以己方的文化背景来看待对方人物的一个典型事例。更为实质性的接触是否存在呢？

就军事层面而言，三种文明之间几乎没有出现相互借鉴军事技术与组织的情况。每个国家的军事力量都与其社会结构有着密切的关系，难以被另一个社会借鉴，即便有人曾经有过这种想法，想要实施却困难重重。举例而言，突厥骑兵的战术来自他们的生活方式，而不仅仅是来自军事原则，这是其他人不易学到的。他们所使用的武器以及他们对战争的态度也深深地根植于他们的文化当中。突厥人不反对撤退并转移到另一个地方重新开战，这与欧洲人对勇敢及近身肉搏的认识格格不入。十字军可能从拜占庭学到了一些应对突厥人战术的方法，因为拜占庭人与突厥人接触已久，但这并未得到证实。军队之间真的出现相互借鉴的情况，是在军队招募了大量雇佣兵时，雇佣兵将生活方式和战术完整地带到了新部队，但跨越宗教界限招募雇佣兵的情况并不多见。即便是要塞防御理论（这一理论被认为是欧洲人借助东征从拜占庭人/穆斯林处学到的重要一课），也没有足够的证据证明是欧洲人通过东征学到的。西欧的城堡建造遵循着自己的风格，三种传统之间存在相似之处的原因极有可能是对设计原则的共同认识，而不是相互借鉴的结果。当然，参与东征的各国军队因相互了解而适应了对方的战术。但领袖们熟悉的还是自己军队的传统战术，而不会去接纳其他人的战术。

东征是否促进了广义上的文化交流呢？这方面的证据还不足。欧洲人对阿拉伯文化和科技的接纳更多地发生在伊比利亚和西西里，那里的日常接触更为频繁。十字军建立的国家社会资源有限，它们不会投入太多精力到高等教育上。东征也没能大幅促进海外贸易。意大利的对外贸易有没有东征都会增长，而战争常常导致贸易面临更多困难。可能东征激起了一些人对外国奢侈品的欲望，但经济复兴往往更能促进奢侈品贸易，拉丁人在圣地学到的对食物及服装的品位也只局限在圣城区域，没能对他们的家乡人产生任何影响。

基本来看，东征引发了一系列的军事接触。我们想要详细分析的正是这些军事接触。

参与东征的军队：机构与人力

拉丁基督教军队 拉丁军队主要通过四个渠道招募士兵，这四个渠道都受到严重的限制。起初，所有拉丁人的部队基本都是由来自欧洲的武装朝圣者组成。每次东征都把一支庞大的军队引向了圣地。在东征战事间隙，总有小股的朝圣者前往圣地并拜访十字军建立的国家。其中很多人是骑士和他们的仆从。他们可以在适合作战的季节参加战斗，原因是运送朝圣者的船只于4月抵达圣地，于10月离开，但是他们不能保证持续参战。相反，一旦十字军建立了国家，其防务需求就是持续的。另外，不是所有的朝圣者都是军事人员，即便是，他们也不受当地的统治者节制，他们服从指挥都是出于自愿。

在圣地定居的东征者和朝圣者成为十字军建立的国家进行防卫的中坚力量和统治阶层的核心。定居者从其家乡向新领地引入了社会军事架构。也就是说，每个十字军国家的统治者将土地赐予其追随者来进行管理，并从中获取收益，作为回馈，获得土地者则需要承担相应的军事义务。有些赐予物可能不是土地，而是每年给予一定的金钱，但这种情况并不多见。

大贵族阶级则会把自己的一部分财产赏赐给他们的追随者以供养战士以备不时之需。统治者所提出的服役要求没有什么限制，几个十字军国家会相互支持，但就整个管理体系而言，将财产赐予他人的确会限制统治者行使司法权。有两个问题影响了定居者的军事实力。首先，最需要军事力量保护的地区恰恰是那些最易受到穆斯林袭击的地区。如何在边界地区不花费巨额成本地保有军队成了一个长期存在的问题。其次，与形成足够的防御力量相比，定居者的数量一直不足。

为了组建足够人数的军队，拉丁统治者采取了从没有土地的定居者及欧洲本土招募雇佣兵的方式。当地人，尤其是特科波尔（Turcopole）雇佣兵，常常以这种方式加入军队。但长期维持一支数量庞大的雇佣军会耗费拉丁国家的大量资源，因此，尽管雇佣军在作战时发挥着十分重要的作用，但无法靠他们长期驻防城堡。

保有一支常备部队，尤其是在边境地区保有一支常备部队的问题因为圣殿骑士团及医院骑士团的出现而稍有缓解。这些人实质上身兼军事和宗教两种职责，他们是誓言保持气节、安守贫困和服从命令的骑士。

欧洲各地开始形成复杂的行政架构，在这种结构下，应征者和资金源源不断地流向圣地。在欧洲，向这一行政架构捐赠土地和资金的现象很常见，这也间接地为东征提供了资源。在圣地，这种现象也日益普遍，因为其提供的军事力量有助于防卫位于前沿地区的城堡。这支部队不需要依赖当地的城堡来获取收入，而且部队中的骑士都是职业军人。他们纪律严明、训练有素，这也使得他们成为拉丁国家军队中的佼佼者，穆斯林对手尤为憎恨这支部队。尽管圣殿骑士团在整个拉丁部队中看上去人数众多，但实际的数量非常有限。更为麻烦的是，他们所接受的训令来自教皇,因此不接受世俗统治者的领导。他们与拉丁统治者进行合作,尤其是在他们的封地所在的耶路撒冷王国内,但作为一支独立的武装力量,他们的存在给拉丁人的指挥体系带来了麻烦。

通过前述四种方式招募的步兵和骑兵也反映了欧洲在11世纪典型的军队组织模式。拉丁军队的先头部队是重装骑兵和军士,军士的装备类似骑士,但在社会地位上要低于骑士。骑士身穿锁子甲,外面罩着外套,头戴铁制头盔(12世纪时头盔变得更为复杂)。他们手持盾牌,使用长矛和剑作战。骑兵在拉丁军队中数量并不多,最多仅占1/5—1/4。供养骑兵耗费巨大,而且保有足够的马匹也并非易事。但无论从军事还是从社会的层面看,骑士都是军队中的精英。圣殿骑士的存在更是使这些精英战士拥有了宗教的光环。

步兵则主要由没有土地的冒险者、职业雇佣兵、骑兵的随从和步兵军士组成,这些人的社会地位各异。在战斗中,如果骑兵的马匹无法作战或死亡,那么这名骑兵也将以步兵身份作战。弩兵数量众多,长枪兵也很常见。以步兵身份作战的骑兵则将其长矛当作步兵的长枪来使用。很多步兵可能作战经验没有骑兵那么丰富,但十字军国家经常作战也能够培养出一些经验丰富的步兵,而且这些步兵在军队中经常是一支纪律严明、团结一心的力量。虽然步兵声誉稍逊于骑兵,但在要塞攻防及防卫骑兵部队时,他们发挥着难以估量的重要作用。

穆斯林军队　总体而言,十字军国家的军事部门有能力部署优秀的军人,但部署足够的军人一直是个问题。考虑到拉丁军队存在的缺陷,十字军国家得以长期存在的原因之一就是穆斯林军队同样存在缺陷。

首先,伊斯兰世界在十字军东征历史上的大部分时间都处于政治分裂状态,尤其是在1090年前后塞尔柱帝国出现分裂,对抗十字军的成规模的部队都是来自不同地区的不同埃米尔(emir,穆斯林酋长)的军人组成的联合部队。由于缺乏一个统一的中央政权,各埃米尔之间的合作极不稳定。每位埃米尔都想维护自己的独立地位,不愿意看到另一个埃米尔从战争中获得太多利益,每位埃米尔都担心自己离开领地之后权力会受到威胁。强势的领导人——如萨拉丁——可能在一定程度上压制这些纷争,但他也无法彻底解决问题。造成这种现象的原因之一就是伊斯兰世界缺乏教皇那样的统治者,教皇可以在骑士外出作战时保护他们的封地和家人。因此,针对异教徒的"圣战"很少成为某个地区的穆斯林统治者的首要任务。

其次,穆斯林军队招募人员的方式也决定了这支军队是一支联合部队。就拉丁军队而言,将不同类型的军人区分开来的界线并不明显,拥有封地的骑士在某些情况下可能也会去参加雇佣军,而朝圣者及东征人员有时候也会定居下来。换句话说,所有的拉丁军人都是一个单一社会体系的产物,尽管他们来自这个社会体系的不同等级。不仅如此,拉丁军队招募的人员都遵循相同的战术传统,这样在战场上将所有人融为一体就不是什么难事。但对穆斯林军队而言,情况并非如此。穆斯林军队中的人员成分复杂,其三类主要人员中有两类都被排除在主流穆斯林社会之外。伊斯兰世界的社会多样性也形成了不同的战术传统,并且穆斯林军事体系也在随着时间的推移而不断变化。在如此多样化的基础上建立一支统一的军队并在战场上运用这支军队，长期以来对穆斯林统治者一直都是一个挑战。

穆斯林军队人员的来源主要有三种。其核心力量是苏丹和各埃米尔手下的职业军人（其中包括一些奴隶）。这些职业军人组成了常备部队，他们训练有素，可以独立发起小规模的攻击行动。但是这部分军人数量有限，无法独立进行征服战争。他们当中既有步兵，也有骑兵，作战时偶尔会得到雇佣军的支援，这些雇佣军则来自贫苦阶层或城市中的流民。

为了招募更多的人员，统治者们会要求领主负责提供一定数量的人员（人数多少根据领地的大小来确定）参加军队。领地被分赏给个人，目的就是用于利益交换，受封领地的人负责提供服务，如提供人员组建军队、缴纳税赋等。起初这种服务多为行政性的，但是到了12世纪，塞尔柱帝国将这种服务改换成了军事性的。伊斯兰世界的领土范围决定了很多人可以以这种方式生存，但领主面临的问题就是埃米尔的权力有限。这就导致在获得封地之后，这些人更加不愿意离开封地外出打仗。因此，这种体系所产生的大多数士兵都是短期军人，这些人难以长时间留在战场。穆斯林军队的大部分人常常在冬季临近时离开部队，拜占庭帝国在防卫作战中就经常利用穆斯林军队的这一特点获益。

穆斯林军队的第三类兵源就是部族人员，这些人是从伊斯兰世界的边缘群体中招募的好战分子。其中包括建立伊斯兰世界的阿拉伯人的后裔，但最主要的还是半游牧的突厥人，这些人保持了其中亚祖先的生活方式。尽管他们骁勇善战，但作为半独立的组织，他们常常纪律松散且不易管理。这些人参与作战的目的就是劫掠。他们常常为了抢夺财物而不顾追剿残敌，有时他们甚至会劫掠盟友，如果无利可图，他们就会放弃作战。因此，他们在长期围城作战时经常起不到作用，同封地领主的部队一样，在作战季节结束之后，这些人几乎无法再聚到一起。

从战术层面看，两种主要传统之间存在竞争。塞尔柱帝国的突厥人是典型的中亚骑射手，他们依靠机动性和火力来击败对手，而非近身肉搏。伏击、包围和诈败是突厥人常用的战术。突厥人的军队中也有步兵，但他们起到的作用有限，因此其功能也很难评估。步兵和骑兵的甲胄相对较薄，这有助于机动，但身着更加厚重的甲胄的欧洲军队给这些突厥部队带来了麻烦。法蒂玛王朝时期的埃及主要依赖持长矛和弓箭的埃塞俄比亚步兵以及持长矛的阿拉伯骑兵。因此，同欧洲部队一样，法蒂玛王朝的部队更依赖步兵火力和骑兵冲锋，但与拉丁军队相比，这支部队武器较轻、甲胄较薄、马匹体型也较小。突厥军事传统的优势不仅体现在同时期十字军对待突厥人的态度上（他们敬重突厥人而不是埃及人），也体现在13世纪的埃及占统治地位的是马穆鲁克人这一事实上。这些奴隶士兵奉行突厥人的战术传统，他们于1250年起义，最终成为埃及的统治者。

拜占庭军队　东征时期拜占庭军队的特点很难归纳，原因就是这支军队的大部分人都是雇佣兵，仅有一小部分核心人员是拜占庭人，这一趋势是从巴西尔二世时开始的，在1025年巴西尔二世逝世至曼齐克特之战期间迅速发展。因此，不管是拜占庭人还是外国雇佣兵都没有形成任何战术传统或特性。这支军队主要依赖科穆宁王朝时期的君主卓越的军事领导能力。科穆宁王朝时期拜占庭的军事体制后文还将提到。在叙利亚北部爆发的多场战争中，拜占庭军队起到的作用很有限。他们主要在小亚细亚对抗突厥人并忙于帝国在巴尔干和意大利属地的事务。

参与东征战事的军队

战略与战役 卷入东征战事的任何一种文明都有着自己的战略和政治目标，这些战略和政治目标影响着东征战事的发展，尽管对拜占庭和伊斯兰教国家而言，十字军国家仅仅是他们进行战略筹划时考虑的次要因素。然而它是西欧政策的核心，这就提出了两个战略问题：一是攻击的目标是什么，二是如何保卫拉丁人的领地。

东征的最终目的是夺取圣地，占领耶路撒冷。从第四次东征来看，拉丁人实现这一目标的途径非常清楚，东征就是要夺占耶路撒冷。到达圣地的路线有两条：一条是陆路，通过巴尔干半岛抵达君士坦丁堡，再经由小亚细亚前进。起初陆路是唯一的选择，但第一次东征占领了一些沿海地区后，经由海路抵达圣地也能够实现。大型的东征行动以陆路为宜，尽管通过海路抵达君士坦丁堡也并非不可。但在一些地区，尤其是在小亚细亚的一些地区，陆路通行面临着补给困难的问题，且易受到突厥人的阻击。在12世纪意大利海上实力不断发展的情况下，尤其是理查一世（即狮心王理查）在第三次东征（参见第15章）中占领了塞浦路斯，海上运输开始扮演重要角色。

海上航运的发展也使另外一个战略选项变得可行。十字军国家在12世纪的经历（尤其是哈丁之战的惨败以及1187年耶路撒冷的沦陷）似乎告诉人们：圣地本身并没有足够的资源来长期防御（参见专题B：哈丁之战，1187年）。因此，13世纪东征采取了一种间接的方式，埃及成为攻击目标，因为人们认为占领埃及是占领圣地的重要前提。埃及资源丰富，占领埃及就有可能控制住通往印度和中国的贸易通道，这也使得采取间接战略貌似可行。耶路撒冷王国在1167年就对埃及进行了远征。埃及的重要性在萨拉丁的行动中也有体现，其取得哈丁之战胜利的基础就是控制住了埃及。但不幸的是，东征者每次试图攻占埃及都以失败告终。

十字军国家建立之后，防御成为拉丁军队面临的一个战略挑战。对领土的控制是通过建立要塞和城堡，这些要塞和城堡为拉丁野战部队提供了庇护，同时还是统治当地居民的指挥部。对要塞的控制以及不同军队的特性对战略和战役形式产生了重要影响。

专题B：哈丁之战，1187年

鲍德温四世（Baldwin Ⅳ）国王于1185年去世，他的离世引发了一系列危机，导致耶路撒冷王国领导层出现分裂。的黎波里的雷蒙德（Raymond of Tripoli）伯爵是能力最为出众的东征领导人，但他的对手、吕齐尼昂的居伊（Guy of Lusignan）通过与已故国王的姐姐结婚的方式取得了王位。十字军的内部纷争给了萨拉丁足够的空间来完成对叙利亚的征服，从而将十字军国家周围的土地纳入自己的管辖之下。由于东征者之间出现了不团结的问题，伊斯兰教国家的威胁有所增加。在这种情况下，遵守鲍德温及雷蒙德与萨拉丁通过谈判达成的休战协定就极为重要。但是沙蒂永的雷纳德（Reynald of Chatillon）两次背信弃义，劫掠了穆斯林的商队。在1187年第二次劫掠事件发生后，萨拉丁宣布进行"圣战"。他组织了一支庞大的军队，于6月围困了太巴列（Tiberias）。

国王居伊倾尽各个城堡和要塞之力组建了一支与萨拉丁的军队规模相近的部队，7月2日，居伊将部队集结到西弗利亚（Saffuriya），东征统帅之间就行动方案产生了分歧。尽管太巴列是雷蒙德的家乡，且他的妻子的安全正受到威胁，但他还是提出不应先去解救太巴列。他提出：就算萨拉丁攻占了太巴列，他也无法长久统治那里，城市即便被毁，也可以重建，被扣押的人，包括他的妻子，都可以赎回。一旦攻占太巴列，萨拉丁就得在太巴列到西弗利亚之间没有水源的地区跋涉15英里（约24千米）迎战居伊的军队，这就会使他的军队在作战之前疲惫不堪。而如果拉丁军队前往太巴列应战，那么疲惫不堪的就将会是拉丁人。如果拉丁的军队失利，那么整个王国就会随之灭亡。

他的提醒刚开始起到了作用，但在那天夜里，圣殿骑士团团长说服居伊改变了主意。他说：雷蒙德是想给整个王国带来危险，如果居伊不能保卫其属下的封地，那么雷蒙德就可以不必再接受国王的号令。这个解释很有说服力，因为居伊和雷蒙德长期不和，而且居伊在4年前担任摄政王时就推行谨慎的战备，结果受到各方的批评。圣殿骑士团团长还威胁称：如果国王不采取任何行动，那么他就将撤走圣殿骑士。因此在第二天，部队接到了行军的命令，很多人对此颇感惊讶。

现在就看拉丁军队能否在一天内抵达太巴列并获得水源。据说萨拉丁得到拉丁军队向前推进的消息后欣喜若狂，穆斯林军队迅速行动，迟滞拉丁人的行军速度。拉丁人在途中就遭遇袭击，穆斯林军队集中力量攻击拉丁军队的队尾，这里主要是圣殿骑士。最终，军队的后部由于受到巨大的压力而无法继续前进，前头的部队继续前进，导致军队出现分兵的情况，军队的其他部分则集中在名为哈丁之角（Horns of Hattin）的山上，护卫着国王居伊。由于夜间不得不停止行军，拉丁军队受尽折磨。穆斯林弓箭手整夜都在骚扰拉丁军队，加之他们在缺水的情况下行军了一整天，这使得情况变得更糟。穆斯林军点燃了山头周围的灌木，使得拉丁军队不得不待在烟熏火燎的环境中。拉丁军队士气低落，第二天，穆斯林军队开始了屠杀。雷蒙德虽然侥幸逃生，但不久就病死了。雷纳德被俘并被萨拉丁处死。居伊也被俘虏了，但他在起誓不再开战后被释放。所有被俘的圣殿骑士都被杀死了，但圣殿骑士团团长得到了萨拉丁的赦免。

此战结果惨烈。萨拉丁面对着一个没有防卫的王国，迅速占领了除提尔（蒙费拉的康拉德[Conrad of Montferrat]率领一支小规模的十字军抵达了那里）之外的所有主要城市。10月2日，耶路撒冷沦陷。十字军国家再也无法保持原貌了。

防守的拉丁人面临的主要问题就是资源短缺。能够不受穆斯林袭扰的土地不多，这就导致经济难以繁荣，也就无法招募到足够的军人。结果就是，拉丁人无法在守卫要塞的同时维持一支强大的野战部队。建立野战部队意味着要抽调很多要塞的防守人员，如果在战争中损失了部队，那就意味着国家将无人守卫，野外作战成了一种冒险行动，面临着太多的不确定性。但是对拉丁人而言幸运的是，他们可以不通过战争实现自己的战略目标。拉丁人最为理想的防御策略是以野战部队应对来袭之敌。这些野战部队常常驻扎在安全的水源地附近，这样他们就能威胁穆斯林军队的草料供应，从而使穆斯林军队无法对要塞实施长期围攻。由于无法轻易进行劫掠，或者作战季节即将结束，穆斯林军队就会很快解散，这样拉丁人的领土也就能重获安全。打赢一场战争无非也就是实现这个目标，因为穆斯林军队的人员补充不成问题，很容易弥补兵员损耗。赢得野战的胜利有助于攻占要塞和占领土地，在 12 世纪 20 年代，拉丁部队打了很多仗，当时他们正处于领土扩张时期。但在几场战斗失利之后，拉丁人的进攻之后就开始面临问题；在试图攻占大马士革的第二次东征失利之后，拉丁人的进攻实际上就停止了。而能够成功实施机动并较容易地获取食物、水源和草料则成为取得战役胜利的重要前提。

这个战略的问题是其与统治者保卫其赐封的土地免受敌人攻击这一法律义务存在冲突，而且也与军队中的人员情绪不符，因为他们更期待对穆斯林入侵者主动发起攻击。当拉丁领导层出现分裂或不够强势时，这一问题就会引发严重的政治危机或是导致军队士气低落、纪律涣散。

穆斯林军队遇到的问题是能否团结一致。他们的整体战略比较简单，塞尔柱帝国的苏丹早在 1110 年就对其有过明确的描述：重新夺占基督徒控制的土地。但伊斯兰世界的政治分裂成为实现上述战略目标的一个主要障碍。穆斯林权力中心的斗争以及内部的王朝战争的重要性常常超过了重新攻占土地的重要性，而且，其他边界地区也需要关注，尤其是塞尔柱帝国与拜占庭的边界。这些令其分心的方面也导致伊斯兰世界无法把其资源优势转换成对基督教国家的胜利。

萨拉丁是穆斯林统治者中的一个例外，但萨拉丁也同样证实了上述情况。他一生的大部分时间都是在与其他伊斯兰教国家作战，他在其父亲所取得的成就基础上，通过占领埃及来统一叙利亚，之后又逐渐削弱了多个美索不达米亚北部酋长国的实力，使它们无法威胁到他的权威。他建立了阿尤布王朝之后，可以利用其资源优势实施针对十字军国家的战略。持续不断的战事使防御者一直面临着压力，使其人力更显得捉襟见肘。伴随战事而来的劫掠破坏了基督教防御者的经济基础。萨拉丁充分发挥了自己在人力方面的优势，分出一支部队对耶路撒冷王国的一个地区发动猛攻，然后利用耶路撒冷王国集中兵力应对第一波进攻的时机，对其兵力空虚的其他地区发起攻击。他采用了一种积极寻找战机的策略，因为他知道人员损失对基督教国家的影响比对他的王国的影响更大。这就需要把拉丁人的军队从其食物及水源富足之处调开，采取的方式就是包围孤立的城堡或城镇，并不断对其袭扰。但是，即便拥有优势，如果拉丁国家没有经历哈丁之战的惨败，萨拉丁也无法攻占太多的土地。十字军的城堡很坚固，穆斯林军队作战又有季节性，这使得围攻面临重重困难。拉丁王国的一些沿海城镇可以从海上得到补给，这也使这些城镇在哈丁之战后又存续了近100年的时间。

拜占庭人的战略目标是收复丧失的领土，拜占庭人对十字军的看法与他们对雇佣军的需求有直接联系。

他们对第一次东征持怀疑态度，因为诺曼人是那次东征的主要力量，而诺曼人曾经在长达40年的时间里一直攻打拜占庭帝国，拜占庭人对十字军的宗教动机也不以为然。

拜占庭人要求十字军承诺将占领的土地归还给拜占庭帝国，他们还试图利用提供补给来控制十字军，并且在十字军征服小亚细亚遇到麻烦时迅速放弃了远征，双方开始互不信任。拜占庭帝国对十字军国家的持续存在不以为然，甚至持敌视态度。这给双方都带来了麻烦：十字军国家得不到地区唯一一个重要的基督教国家的支持，拜占庭帝国则发现其与西欧国家的关系受到了损害，而且自己本来拥有的对十字军国家的影响力也在逐渐丧失。这一模式的唯一一个例外发生在曼努埃尔·科穆宁（Manuel Comnenus）执政时期（1143—1180年），由于想要保住帝国在意大利和巴尔干半岛的属地，并且他与日耳曼国王在帝国头衔方面存在争议，曼努埃尔于是与十字军国家建立了良好的关系，以推进其在西方的外交。因此，拜占庭帝国在耶路撒冷王国内的影响力及其与耶路撒冷王国的合作在1150—1180年之间达到了顶峰。但拜占庭帝国在1180年之后发生了内部危机，反西方的政策在帝国内有所恢复，这也为第四次东征的失败埋下了伏笔。军事行动直接反映了这一战略。拜占庭人将注意力放在了叙利亚之外的其他地方，只在安条克（Antioch）以及埃德萨（Edessa）伯国附近打过不多的几场仗。

作战 东征战事之中的作战行动包括三种：围城战、行军途中的遭遇战、列阵野战。但三种作战行动之间并无明显的界限区分。援兵的到来可能会把一场列阵野战变成围城战，行军途中的遭遇战也可能升级成列阵野战。圣地要塞的实力影响了围城作战的样式。拜占庭人、拉丁人和穆斯林都知道攻打城池的技巧：攻城槌、挖掘坑道、投石器。拉丁人可能是从穆斯林那里学会了使用投石器。大型的投石器随后在欧洲开始出现。但攻城的所有技术在面对坚固城墙时都显得效率低下。在围攻城墙坚固的要塞时，实施长期围困以使守军因饥饿而投降似乎对任何一方而言都是个不错的选择。这种围城战的结果取决于围攻的军队能否得到充分的补给——这本身就是个艰巨的任务，正如安条克围攻战所显示的那样。穆斯林士兵的服役时限在这方面的影响就更加重要。攻占这种要塞的另一个方法就是迅速集中兵力使用云梯或其他器械攻上城墙。这种战术对攻占守军较少的大型城堡尤为有效。拉丁人的城堡和市镇对这种快速进攻的方式而言显得非常脆弱，因为城堡和市镇中的人员有限。拉丁军队也会采用这种战术，就像1099年发生在耶路撒冷的情况一样。在城堡内部收买叛徒可以为这种攻城方式提供帮助，这种情况同样发生在安条克战役的过程中。

行军途中的遭遇战是东征战事的一个特色，这也是突厥军队和拉丁军队的战略目标、实力及弱点所决定的。防守要塞的拉丁军队经常需要从一个要塞奔赴另一个要塞，东征的部队也必须借助行军来实现自己的目标。停下脚步来作战只会拖延他们实现目标的进度，而且作战会带来更大的威胁，因此拉丁军队常常会避免阵地战。突厥人则希望拖慢拉丁人的行军速度，使拉丁军队无法驰援要塞，从而在交战中消灭拉丁军队，因此突厥人常常主动寻机开战。但是拉丁军队的重装甲和密集的步兵阵形使得突厥人无法实施直接猛烈的攻击。突厥人的攻击会遭到反击，而且进攻会将突厥军队暴露在拉丁骑兵的攻击之下，而骑兵冲锋恰恰是拉丁人取胜的法宝。

因此，突厥人选择利用其良好的机动性，借助弓箭手对拉丁人的部队实施"打了就跑"的袭扰。其目标就是一点一点地消耗拉丁军队，将各个军团打散，阻碍拉丁军队获得水源，然后再逐个击破。突厥人还希望拉丁人发起鲁莽的进攻，他们采用的方式就是诈败，引诱拉丁人发起冲锋。突厥人其实是在利用拉丁骑士的个人英雄主义来实现自己的目的。然后他们再对拉丁军队的后部发动猛烈进攻，这样就能拖慢整个拉丁军队的行进速度，因为队伍的先头部队必须等待受到袭击的后方部队，以防整支队伍被分割开来。有时，当突厥人发动猛攻时，拉丁军队不得不停止前进，利用骑兵发动有限规模的反击以扫清前进道路上的障碍。

拉丁人的应对方式是改变已沿用了数个世纪的行军队形，转而利用步兵形成一道屏障，即行进在方队的最外侧，如果是在海边行军，就让步兵行进在靠近陆地的一侧，从而达到保护骑兵和辎重的目的。由密集排列的步兵形成的屏障阻挡了突厥人的攻击，弩兵则迫使突厥骑射手无法靠近拉丁军队。即便如此，拉丁军队中的士兵还是对突厥人的袭扰气愤不已，统帅禁止士兵放弃队形去反击，这一禁令也让拉丁士兵们颇感不满。拉丁军队取胜的关键就是耐心和纪律，因此统帅们对打乱队形会予以严厉的处罚。军队中的其他人在行军中通常迅速补上死伤者留下的空位，以保持部队士气，同时也使敌军无法摸清拉丁军队的损失情况。对拉丁军队而言，在这种情况下取得胜利就意味着不受损失地抵达目的地，而不一定是通过作战打败敌军。这种方式往往与普通军人的血性格格不入，因此有可能在军队中造成紧张甚至分裂。强势的拉丁指挥官们通常能够克服这一困难，但由此引发的问题仍然时隐时现。

拉丁军队和突厥军队的阵地战类型往往是由相同的几个因素决定的，其中核心因素就是力争机动而避免束手无策。双方在战术上的关注点都是拉丁军队的骑兵冲锋。拉丁军队的人和马都披挂铠甲，这也就意味着如果骑兵冲锋能够取得成功，那么以轻巧机动见长的突厥军队根本无法抵抗，这样拉丁军队就能获得战斗的胜利。但是冲锋也是有危险的，它必须一击制胜，因为拉丁骑兵在经过第一轮冲锋后，很难重新组织队形，这也反映出他们在训练及纪律方面的缺陷。拉丁骑兵的数量通常十分有限，人和马身披甲胄导致即便他们能够重新组织起来，往往也已筋疲力尽而无法再次发动有效攻击。因此，拉丁人的战术中包括由步兵与突厥士兵近距离交战再由骑兵冲锋击溃敌人的战法。突厥人则采用诈败、用计、伏击、袭扰等战术挑逗拉丁人在时机尚未成熟时发起冲锋，因为他们可以借助马匹速度更快的优势避开拉丁人的冲锋，然后再折返回来打击已队形散乱的拉丁军队。

拉丁人和突厥人就这样给对方出了一道战术方面的难题。任何一方相比另一方而言都没有优势，导致双方都要靠运气和指挥官的能力来取得胜利。当双方最优秀的指挥官相遇时，正如萨拉丁与狮心王理查在第三次东征中相遇时那样，双方就会进入战术相持阶段，因为双方都不会落入陷阱而打一场让对方处于有利位置的仗。这种战术相持的最终结果取决于后勤补给的情况以及对现状的维持情况。举例而言，理查掌控着沿海城市，他认为耶路撒冷已经超出了自己能够掌控的安全范围。

当拉丁军队迎战来自埃及的法蒂玛王朝的军队时，就成了两个类似的战术传统的碰撞。双方都在战场上部署了大量的步兵和用于支援的骑兵部队，但拉丁人在甲胄（可能也在士气方面）上的优势很快就体现了出来。如果拉丁人对一个静止目标发动进攻，战斗就会在一小时内结束。但当萨拉丁和马穆鲁克先后将突厥人的战术带到埃及之后，拉丁人的优势就丧失殆尽了。13 世纪在十字军东征埃及的战斗中，类似情况就出现了。

拜占庭，1081—1453 年

拜占庭帝国在曼齐克特之战后向西方世界寻求帮助以共同对付塞尔柱人，这是第一次十字军东征的起因之一。然而，整体来看，12 世纪的东征并没有给拜占庭带来什么好处，天主教国家与东正教国家之间的关系也常常不甚友好。不过，1081—1180 年，科穆宁王朝的阿历克修斯、约翰、曼努埃尔三位国王设法在很大程度上恢复了拜占庭帝国的权力和声望。阿历克修斯成功地守住了帝国在欧洲的绝大部分领地以及小亚细亚的一部分沿海领地；约翰和曼努埃尔则逐渐占领了更多的沿海地区。尤其是曼努埃尔，他通过与耶路撒冷建立友好关系，成功地对十字军国家施加了影响。拜占庭帝国的贸易收入仍然可观，帝国在巴尔干的农业基础也日益牢固。拜占庭帝国在这个世纪的成功是建立在财富、外交以及帝国声望的基础上的，由科穆宁王朝在拜占庭旧军事体系基础之上重建的新军事体系则为帝国的兴盛提供了重要支撑。

曼齐克特之战以及安纳托利亚的沦陷为军队的衰落敲响了丧钟，在曼齐克特之战后十年中发生的内战几乎使所有的地方部队不复存在。这样一来，科穆宁王朝的军事体系就与 1025 年之前的军队几乎失去了传承关系。这支军队主要依赖两类兵源：一是军事贵族及其追随者，但科穆宁王朝（尤其是曼努埃尔执政时期）的政策限制了从这一资源获取人力，这也是科穆宁王朝的统治者为了避免内战和纷争不得不如此。所以，尽管从这个渠道产生了一批军事指挥官，却无法获得大量可以作战的军人。第二个获取人力的资源就是外国雇佣兵，外国雇佣兵在这一时期成为拜占庭军队的主力。这些军人包括来自西方的拉丁骑士、佩切涅格人（Petcheneg）以及其他亚洲骑兵。这支由五花八门的人员组成的军队可能缺乏以前的拜占庭军队所具备的良好的战术素养，但能够对一系列的挑战做出灵活的反应，而且因为其只效忠于雇佣他们的国王，这也就避免了旧体制所带来的政治风险。

对于支付给军人的报酬，赐予土地逐渐取代了支付酬金。这与伊斯兰教国家的伊克塔体制类似，但其承担的行政义务要少一些，而且这些土地也不附带贵族身份。因此，这些土地仅是一种财政支付方式，这也表明科穆宁王朝在根据自己的经济基础的变化而调整政策。士兵与其所获得的土地之间本无任何联系，众多获赠土地的士兵甚至是外国人，这为后来民众中出现动荡埋下了种子。拜占庭的军事体系与其社会结构之间开始出现分裂，拜占庭帝国与伊斯兰教国家有了更多的相似之处——在伊斯兰教国家，游牧者和获赠土地的人员成为民众中居于统治地位的人。

拜占庭帝国的军队得到了政府的财政支持，也得到了科穆宁王朝国王强大而有创造力的领导，在近一个世纪的时间里，这支军队一直表现出众。到了1176年，曼努埃尔已经强大到了开始考虑从塞尔柱苏丹手中重新夺回安纳托利亚。如果曼努埃尔取得了成功，该地区后来的历史就要改写了。但是机缘巧合，这一尝试以失败告终。在9月17日，基利吉·阿尔斯兰（Kilij Arslan）率领的突厥军队在密列奥塞法隆（Myriocephalum）附近伏击了曼努埃尔的大军并将其歼灭，国王则侥幸逃生。此战巩固了突厥人对安纳托利亚的占领，大大削弱了拜占庭帝国的实力，也让在叙利亚的萨拉丁能够集中精力对付十字军国家。4年之后，曼努埃尔驾崩，拜占庭帝国再次因王位继承问题发生内乱，这也使其难以恢复元气。拜占庭帝国改变了曼努埃尔统治时期奉行的与十字军国家开展合作的政策。1204年进行的第四次十字军东征对拜占庭的政治生活产生了影响，这为西方国家进行干涉打开了方便之门，也使其成为西欧反希腊情绪的一个宣泄地。东征者攻占并洗劫了君士坦丁堡，整个国家也四分五裂。

第四次十字军东征也意味着拜占庭帝国不再是一个强大的军事实体。希腊人于1261年重新占领了君士坦丁堡，拜占庭帝国晚期的军队保留了一些科穆宁王朝时期的行政特色，其中就包括恩赐制度。突厥人和蒙古人仍是这一地区的重要军事力量，1453年，奥斯曼土耳其人占领君士坦丁堡，拜占庭帝国最后一块残存的领土被占领了。但拜占庭帝国的文化得以传承，一直传播到俄罗斯及文艺复兴时期的意大利。

奥斯曼人的崛起

安纳托利亚的塞尔柱王朝，1071—1300年

突厥人在曼齐克特之战中获胜，这是塞尔柱王朝的壮举之一。当拜占庭帝国在11世纪90年代四分五裂之时，安纳托利亚落入了塞尔柱苏丹之手。在曼齐克特之战到密列奥塞法隆战役之间，大量的拜占庭人似乎已迁居到欧洲地区，这也导致安纳托利亚地区定居的突厥人数量大

幅上升。大多数居民变成了农场主，城市中的突厥市民和商人数量也不少。从军事层面来看，突厥人定居点中最为重要的是带着他们的畜群一起前往安纳托利亚高原的山地和峡谷且一直保持着半游牧状态的突厥部落人员。这样一来，安纳托利亚便成了亚洲风格的骑射手的一个新来源地。

从政治层面来看，安纳托利亚苏丹国在 13 世纪开始分裂，其原因与塞尔柱帝国的分裂如出一辙。突厥人对集体主权的认识（统治家族的每个人对国家的主权事务都有发言权），以及其将边疆地区赐封给王室成员的做法导致苏丹国内遍布享有自治权的小行政区域。

13 世纪中叶，蒙古人入侵使苏丹国无法再对其所属的小行政区域行使管辖权。蒙古人对伊斯兰世界的入侵和征服开始于 13 世纪 30 年代，彻底地改变了西南亚地区的权力格局。政治和文化中心巴格达遭到毁灭性的破坏，蒙古人打败了塞尔柱苏丹国，将其变成了蒙古的属国。马穆鲁克苏丹国在埃及的崛起使得政治和军事形势进一步恶化，这导致安纳托利亚在与蒙古争夺叙利亚的控制权期间备感压力。但是到了 1300 年，驻扎在波斯的蒙古人和驻扎在埃及的马穆鲁克至多也只是对安纳托利亚发挥着间接的影响。在这种政治真空状态下，原塞尔柱苏丹国的一些小行政区开始攫取权力，扩大其控制区域。

奥斯曼帝国，1300—1453 年

在 14 世纪初开始逐渐成为一个独立政权的地方势力是奥斯曼（Osman）领导下的一小股突厥人，这些人最终建立了一个伟大的帝国。奥斯曼国位于安纳托利亚的西北角，与拜占庭相邻。通过向拜占庭帝国的领土扩张的方法，奥斯曼和他的继任者成功地吸引了其他一些游牧部落及圣战武士。安纳托利亚的腹地还有一些小的公国，这些国家被伊斯兰教国家包围，因自然条件限制而无法持续扩张。如果奥斯曼人没有越过达达尼尔海峡进入欧洲，他们在 14 世纪扩张的空间也不多。

奥斯曼人于 1345 年在欧洲建立起了一个桥头堡，到了 1360 年，大批突厥人开始前往色雷斯定居。正是这一情况决定了君士坦丁堡的命运，因为这座城市完全被孤立了。奥斯曼人一步步扩大他们对巴尔干半岛的控制，他们在 1371 年打败了塞尔维亚人，1389 年在科索沃再次击败了塞尔维亚人。1391—1399 年期间，他们首次围攻君士坦丁堡，同时占领了越来越多的位于安纳托利亚的突厥小行政区域。但是到了 1402 年，帖木儿入侵安纳托利亚，并且在安戈拉（Angora）之役中打败了奥斯曼帝国苏丹拜亚齐德（Bayazid）。这是一次重大转折，奥斯曼帝国用了数十年才从这次战败中恢复元气。到了 1453 年，奥斯曼人又兵临君士坦丁堡城下。此次他们的军队中装备了大炮，借此攻占了这座城市，并将这座城市定为他们的新首都（参见第 17 章）。

除了可以占领君士坦丁堡之外，奥斯曼人进入欧洲从很多方面来看都意义重大。它为突厥人定居提供了大片土地，并得到了骑兵部队的支持。征服巴尔干得到了数量可观的基督教人群，这里的孩子可以被带走作为苏丹国的奴隶兵来抚养成人。苏丹近卫军成立于 1370 年，但在近百年的时间里，它不是奥斯曼军事力量的核心。向欧洲进军也使奥斯曼人开始涉足海战及海上贸

易。他们在东地中海北岸的存在提升了他们袭扰基督教国家船队的能力,并使其势力可以进一步向西拓展(参见第 15 章)。但这种海上力量的发展是他们在陆地上站稳脚跟后才开始的,这与安纳托利亚的沿岸封国不同,早期的奥斯曼人深居内陆,因此他们不会受到拉丁人的海军的威胁。奥斯曼帝国在欧洲的行省没有受到帖木儿的劫掠,这也使奥斯曼帝国能够迅速从蒙古人入侵中恢复过来。此外,成为一个欧洲国家为他们与中世纪晚期的西方世界接触打开了大门,他们正是从西方学会了使用大炮和步兵轻型火器。

奥斯曼人的军事体系根植于半游牧部落人员的能力。在国家扩张的同时,这些作战人员在新占领的地区获得赐封的土地,他们扩大了突厥人在军事、政治等方面的影响,并使边境地区能够驻有军事力量。这一点十分重要,原因就在于,与十字军东征中遇到的穆斯林军队一样,奥斯曼部落骑兵作战也有季节性。在 15 世纪,它成了一支常设的、训练有素的部队,很快学会了如何使用火器。但奥斯曼军队的主体仍然是骑兵。从战斗力上看,这支军队并不是不可战胜的,正如帖木儿的军队已经证实的那样。但当苏丹近卫军发展成一支坚强的防御力量,使得骑兵可以在外围机动作战时,奥斯曼军队的实力就大为提高了。炮兵更是为围城战带来了决定性的影响,在同类似马穆鲁克的军队作战时,炮兵也取得了优异的战绩,因为那些军队拒绝使用火器。随着帝国的不断扩张,其可以征募的军人数量也在不断上升,这也使得帝国日益强大。占领君士坦丁堡只是进一步巩固了帝国的强大实力而已。

奥斯曼人能够集结数量庞大的军队,因为在他们扩张的过程中,他们吸取了塞尔柱人、伊尔克汗人(Ilkhan)、拜占庭人以及马穆鲁克的经验,建立了复杂的行政体系和财政体系。借此,土耳其市民阶层和受教育阶层的扩大与乡野骑士阶层的扩大是同步的,他们都依赖数量庞大的农业人口供养。因此,奥斯曼人有机会将多个游牧民族(如蒙古人)作战能力成功地与定居民族的行政实力结合起来。游牧民族对定居民族的征服常常带来两种后果:一是被定居民族同化,随之失去游牧民族的军事优势(在中国的情况就是很好的例子);二是处于孤立状态,最终被当作外族入侵者而被赶走(如马穆鲁克在埃及的遭遇)。但是在运气、政策以及土耳其人人口扩张等综合因素的作用下,奥斯曼人走出了不同于上述两种情况的一条新路。苏丹确实统治着一个庞大的、多语言的帝国,但他不是"外族统治者",原因是突厥语是大部分人的语言,其政府和文化也能被大部分民众接受,而且苏丹也确实建立了一套稳定的政治体系。同时奥斯曼人也保留了一些游牧民族的气质,这成了他们的民族特性的一部分。苏丹在每年夏季作战时都住在帐篷里,在生活的很多方面也都保留着游牧部落的特点。游牧文化可能也促成了奥斯曼人接受火药武器,而马穆鲁克,由于他们的身份与制度结构同他们的战斗方式有着更为具体而紧密的联系,就一直没有接受这种武器。奥斯曼人统治着广大的区域,这使得他们可以让其居民中的一部分过着半游牧的生活,这对他们统治下的农村居民可能不利,对他们的军事力量建设却有帮助。

奥斯曼人取得成功的另一个原因是有稳定的统治阶层。早期的奥斯曼苏丹——奥斯曼、奥尔罕(Orhan)和穆拉德(Murad)——都是杰出的统治者,他们的个人智慧对奥斯曼帝国势力的扩大发挥了重要作用。帝国的稳定来自奥斯曼人对突厥语中有关"主权"一词的重新理解。奥斯曼人认为合法的权力只有一个，这种权力掌握在统治者一人之手，而不是整个王室的手里。虽然这种认识并未能完全避免在王位继承中出现纷争——通常有资格继承王位的人之间还会自相残杀——但这的确防止了帝国分裂，统治者会将一些半自治的领地分封给数位王子，这种做法解决了导致塞尔柱王朝灭亡的严重问题。这样一来，奥斯曼帝国不仅不断扩张，而且一直保持着统一，他们学习各民族的军事技能和军事传统，成了东地中海地区汇聚的各类军事传统的继承者。到了1500年，奥斯曼帝国拥有了世界上最强大的军事力量。

结 论

1100—1500年间的中东军事史内容丰富，有时还有相互矛盾之处。以耶路撒冷为中心的地中海沿岸地区成了拉丁基督徒、希腊基督徒、阿拉伯穆斯林和突厥穆斯林之间的战场。这一地区的两支原住民——阿拉伯人和希腊人成了战争的失败者。在伊斯兰世界中，阿拉伯人的影响力不断减弱，突厥人的军事优势不断上升，而拜占庭帝国在1500年后就几乎不复存在。拉丁人的影响力被赶出中东地区，但这对西欧的发展势头并未造成严重影响，这一势头正是因为与东方接触而被激发的。这一地区控制权的最终归属者——奥斯曼人——与拉丁人一样，也从该地区的文化交流中受益，但他们属于后来者，对他们而言，圣地已经不再那么令人关注。实际上，在经历了那么多冲突后，圣地在军事上的意义已经失去大半，其意义直到20世纪才有所恢复。

这一结果表明了"偶然性"在军事历史发展中的地位，很多事的最终结果并不是人们预先所料想的那样。拜占庭的衰落是由于密列奥塞法隆几乎纯属意外的一场惨败。拜占庭帝国原本可能在该地区继续充当一个重要国家，让奥斯曼帝国无法崛起。尽管面临着土耳其人的政权分崩离析的危险，尽管帖木儿几乎在安戈拉消灭了奥斯曼势力，但土耳其人处于优势地位的时代依然到来了。这些结果都是人们之前没有预料到的。

事情的结果还表明：不同文化的接触、战争同商贸和意识形态的联系都是既具有创造力同时也深具破坏力的事件。第三部分的其他章节将在世界其他地区追溯这些影响力的源头。

■ 推荐阅读

Amitai-Preiss, Reuven. *Mongols and Mamluks*。请参见第13章。

Bachrach, David. *Religion and the Conduct of War c. 300–c. 1215*. Woodbridge: Boydell, 2003。本书分析了宗教在西方基督教世界的战争中所扮演的多重角色。

Bartusis, Mark C. *The Late Byzantine Army, Arms and Society,1204–1453*. Philadelphia: University of Pennsylvania Press, 1992。本书是对拜占庭帝国衰落时期军事力量、土地权属和社会结构演

变的出色研究。

France, John. *Victory in the East: A Military History of the First Crusade*. Cambridge: Cambridge University Press, 1994。本书从军事行动的角度详细分析了第一次十字军东征，用很多章节重点介绍了领导者、参战人员数量、后勤以及战术风格的冲突。

Hillenbrand, Carol. *The Crusades: Islamic Perspectives*. London: Routledge, 2000。本书为一个很有价值的调查，介绍了当代穆斯林对十字军东征的态度。

Holt, P. M. *The Age of the Crusades. The Near East from the Eleventh Century to 1517*. London: Routledge, 1986。本书概述了整个近东情况，而不是只关注仅是其中一部分的十字军国家。

Housley, Norman. *Religious Warfare in Europe 1400–1536*. Oxford: Oxford University Press, 2002。本书对各种形式的宗教战争进行了研究，有助于了解战争中的宗教动机对文化的影响。

Irwin, Robert. *The Middle East in the Middle Ages: The Early Mamluk Sultanate, 1250–1382*. Carbondale: Southern Illinois University Press, 1986。本书以埃及为切入点对马穆鲁克制度和十字军时代政治的动态进行了有价值的研究。

Kafesoglu, Ibrahim. *A History of the Seljuks*. Ed., trans., and intro. by Gary Leiser. Carbondale: Southern Illinois University Press, 1988。本书为一部经典的介绍塞尔柱人崛起的著作，塞尔柱人是第一次十字军东征时该地区的主要力量；本书提供了一个具有启发性的非欧洲视角。

Koprulu, M. Faud. *The Origins of the Ottoman Empire*. Ed. and trans. Gary Leiser. Albany: SUNY Press, 1992。本书详细追溯了奥斯曼帝国的早期历史，这是一个充满传奇色彩和史学争议的领域。

Lyons, Malcolm, and D.E.P. Jackson. *Saladin: The Politics of the Holy War*. Cambridge: Cambridge University Press, 1997。本书用迄今被忽视的阿拉伯资料重新评估了这位伟大的穆斯林领袖的职业生涯。

Magdalino, Paul. *The Empire of Manuel I Komnenos, 1143–1180*. Cambridge: Cambridge University Press, 1993。本书详细分析了12世纪世界上最强大的拜占庭统治者，包括他的军事行动和外交方略。

Marshall, Christopher. *Warfare in the Latin East, 1192–1291*. Cambridge: Cambridge University Press, 1992。本书值得与Smail的作品一起阅读；本书研究了与军事组织相结合的战争模式——野战、突袭和围城。

Riley-Smith, Jonathan. *The Crusades: A Short History*. London: Routledge, 1987。本书简要介绍了整个十字军运动，包括各种各样的宗教动机和圣地的治理。

Rogers, Randall. *Latin Siege Warfare in the Twelfth Century*. Oxford: Oxford University Press, 1993。本书重点研究地中海世界的围城战技术，并评估跨文化影响。

Smail, R. C. *Crusading Warfare, 1097–1193*. Cambridge: Cambridge University Press, 1995。本书为一部开创性的中世纪军事史著作，将竞选模式与政治、人力结构和后勤联系起来，堪称经典。

第 12 章

骑士、城堡与国王

西欧，1050—1500 年

350—950年之间的政治动荡和社会转型导致在950—1050年间，一种新的贵族社会秩序和社会军事体系产生（参见第7章）。这一体系建立在三个支柱之上：私人城堡、骑士以及非骑士的城市士兵。尤其在最初，私人城堡是这一体系的核心。是它引发了贵族社会中向父系家庭结构的转型，这一转型是这个时代社会重建的根基。它使当地的贵族及其追随者能够稳定下来，这些人成为骑士阶层，在政治生活中占据统治地位，他们也成为战争的主要力量。

表面上看，私人城堡的出现似乎将西欧的战事局限在了地区冲突以及因统治者无能而导致的政治动荡上——这也经常是历史学家们所认为的封建战争的普遍模式。但是这一判断是不正确的。中世纪的将军们与其他时代的将军们大同小异，这也就是说，有些人能力欠缺，少数人是天才，而大部分人有能力但并不出众。他们在行政及财政方面资源有限，但他们往往能够充分利用手上掌握的有限资源。最根本的是，城堡、骑士和步兵组成的体系是两个长期趋势得以形成的基础，这两个长期趋势的重要性怎么强调都不过分。

首先，上述体系的发展成为贵族社会重新形成的一个重要方面，这一事实也促进了西欧文明的扩张。其次，这一体系也成为新国家建立的基础，原因就是地区统治者和国王逐渐获得了对这一体系的某些环节的控制权。这些形势变化都是在一种特定的战争文化背景下产生的，这一战争文化也成为社会军事体系的一部分。

之后700多年的历史证明，在1050年之前形成的体系极易导致动荡和竞争，这些冲突不仅发生在欧洲内部的不同政治集团之间，也发生在这个体系的不同组成部分之间。这一体系中的军事力量得到了稳定的发展，国家建设与扩张以及这一军事体系所孕育的战争文化也在稳步发展。与欧亚大陆的其他地区不同，这一发展变化几乎没有受到蒙古人的影响和破坏，在1500年之后，它产生了全球瞩目的影响，并在1720年之后带来了革命性的变化。但是在1050—1750年的700年间，没有哪个时间点可以被准确地定为革命性的转折点。除此之外，现代欧洲早期的军事革命是军事演变过程中的一个梦幻般的阶段，这个军事演变植根于1050—1500年之间的中世纪社会。

战争文化

这个政治军事体系发展的一个重要结果就是欧洲战争文化的形成，这种文化之后持续了数个世纪之久。12世纪早期，一系列的价值观和认识得以形成和发展，这些价值观与认识都同战争中的杀戮、征服、殖民以及政权的合法性有关。

中世纪的战争常常被描述成相对温和的、可控的事件。1000—1300年之间骑士们的战争常常被认为类似一种仪式。战争被认为是俘虏对手换取赎金的活动而非杀戮。这一认识常常被用来强调14—16世纪欧洲战争模式所发生的巨大变化。但这个描述是不准确的。当然，有过这样的战斗，双方都主要出动骑士部队，一场仗下来，几百人的部队伤亡都不到10个人。但中世纪的战争中这一类少有伤亡的战斗并不多见。1050年之后的大多数中世纪战争都极为血腥，尤其是在分属不同文明的军队之间兵戎相见时更是这样。

不同种族、阶级、文化、语言、社会经济结构的人群之间发生的战争常常会导致大量人员伤亡。不管是在正式的战斗中还是在应对骚乱的过程中，与城市步兵作战的骑士经常既不支付也不接受赎金，部分原因是这些步兵根本不值得支付赎金。源于不同的世界观的阶级仇恨加剧了这种敌视心理。

与此类似，盎格鲁-撒克逊人、丹麦人、诺曼人都参加过争夺英格兰控制权的血腥战争；英格兰人和威尔士人也相互残杀过；日耳曼人和斯拉夫人之间也发生过惨烈的战争。所谓欧洲发生的战争都相对克制的说法只会让经历过第一次十字军东征的耶路撒冷居民感到难以置信；血流成河的描述（据基督教编年史记载）表明了以上说法的可笑和不真实。可能在1300年之后发生的唯一变化就是不同文明之间的冲突日益频繁。杀戮的文化已经形成。

正如上述例子表明的那样：杀戮的文化与这个时期由扩张而引发的征服和殖民文化相互交织。扩张使其他国家的人日益频繁地接触到欧洲的城堡、骑士和城市文化，使得半游牧农业文明与欧洲核心区的商业文明不停地碰撞。不同文明之间的相异之处也导致人们形成了"基督教世界之外还存在着不文明的人群"的看法，这些人被看成是不遵守规则的野蛮人，因此如果他们不屈从于文明社会并信奉基督教，那么这些人就应面临死亡。如同杀戮文化一样，这些殖民主义观点历史悠久：耶路撒冷的居民看到几个世纪后西班牙人在阿兹特克帝国的首都特诺奇提特兰（Tenochtitlan）的所作所为相信不会感到吃惊。

不仅如此，社会军事体系将重点放在武士-贵族上，这也在一定程度上影响了这种文明的文化特质。十字军东征的思想认识是350—1050年之间发生的武士意识形态与基督教意识形态融合的最终结果，这种思想认识就是文化特质受到影响的一个例子，尤其是考虑到十字军东征的精神越来越频繁地被运用到基督教国家之间的冲突和外部战争中。举例而言，法国国王可以利用十字军东征中的方法来镇压14世纪起义的弗莱芒人（Fleming）。十字军东征思想指导下的行动还包括宗教战争以及对美洲的征服。对宗教改革的不同认识也反映出欧洲的战争文化几乎在各个社会阶层都有所表现。

武士价值观在这一文明中占统治地位的另一个例子就是将军事上的胜利当作统治合法性的基础。这当中也有宗教因素，那就是把战场上的胜利当作上帝的意志。这一点从统治者在钱币和印章上雕铸自己的形象就可以看出来：他们常常是骑着马，身披盔甲，高举利剑，所有这一切都是想表达一个意思：权力即正义。这一点甚至在教堂用于解释政治权力的合法性的符号中也有所体现。双剑理论将权力分割为代表精神之剑的教堂和代表世俗之剑的王权。在 1050 年之后，教堂想要突出精神之剑的权威性，但其已经在具有象征意义的斗争中吃了败仗。这是一种以武士价值观为核心的文化。把这种文化与中华文化做一下对比很有意义。中国的统治者常常把自己塑造成为一个有知识的皇帝，这一传统的根源可以追溯到孔子，欧洲宗教领袖号召发起十字军东征的传统则要溯源到亚历山大大帝。

拉丁基督教世界的扩张：前沿战事，900—1300 年

根基与前沿

欧洲社会军事体系的崛起始于 1050 年，它是贵族社会重新形成的一个方面，为欧洲文明的扩张提供了动力。起初，由于缺乏能够赏赐其追随者财富的强有力的中央政府，希望扩充资源的地方贵族不得不借助于发展经济。许多人开始鼓励开荒、建立新村落甚至新城镇，以使其成为潜在的市场和税收来源。尽管在欧洲腹地还有很多土地，但从外部攫取土地似乎更有诱惑力。所谓"外部"包括：德国东部的波罗的海地区的土地和斯拉夫人的土地、伊比利亚半岛和西西里岛的穆斯林的土地，以及欧洲边缘（如爱尔兰、威尔士和苏格兰）的凯尔特人的土地。贵族社会的重新形成对这种扩张产生的影响在学界仍有争议，但为子孙开拓更多土地的想法在当时已是相当普遍。更加可以肯定的是：这些扩张活动绝大部分都有私人参与的影子。至少在初期，国王发挥的作用不大。扩张的基础是 1050 年之前的那个世纪奠定的，就是在那个时期，推动扩张的社会、经济和军事条件开始成熟。扩张运动最为突出的一个例子就是圣战（参见第 11 章）。这一时期的扩张活动持续了 9 个世纪。

扩张的机制

私人城堡、重装骑士以及持弩步兵构成了军事体系，这为西欧扩张铺平了道路，海军及技术力量也发挥了重要作用（参见第 15 章）。

城堡在扩张中的作用表明其在战术防御方面的功能使其能够发挥战略层面的进攻作用。作为战争中一个安全的基地，城堡能够让栖身其中的士兵成功地控制周边区域，城堡本身也是这种控制力的一个标志。尤其是在用石头和砖块加固之后，技术上相对落后的东欧人和凯尔特人很难成功占领这样的城堡。伊比利亚半岛和地中海地区的穆斯林虽有先进的攻城工具，但是由贵族领主沿边界建立起来的大量城堡对他们也构成了巨大的阻碍。

重装骑士是战场上的进攻力量。跨上战马的他们有了战略上的机动性和战术上的优势。骑士令人畏惧，因为他们是骑兵，更因为他们是出色的战士，既可以骑马作战，也可以徒步作战。

他们在社会和经济生活中的优势地位使得他们可以用昂贵的钢铁做甲胄，并且可以成为职业军人，从军成了他们的生活方式。装备精良、训练有素，这些成了骑士们与敌人相比最大的优势。他们的社会地位使得他们可以成为步兵部队的领袖，而步兵部队在西欧军队中常常占主体。就自身而言，步兵部队不仅拥有有效的武器——弓弩，而且欧洲的种植园经济也使欧洲军队与其他地区的军队相比有着人数上的优势，因为其他地区仍处于落后的游牧或半游牧经济状态。人数优势在驻守数量众多的城堡以及包围敌军的要塞时尤其体现出了重要性。

骑士领导下的社会，其凝聚力得到了基督教所形成的文化凝聚力的有力补充，尤其是十字军东征理念的有力补充。对东征的狂热不仅可以用于对付穆斯林和其他异教徒，而且可以用来对付基督徒中的异类，这些人拥有不同的社会组织或与以罗马为中心的正统的教会体系缺乏关联，这也导致他们被正统基督教社会不容。参加东欧和地中海地区东征战事的军队既有着社会凝聚力也有着文化凝聚力。条顿骑士从波罗的海沿岸的异教徒手中夺得了普鲁士，这类骑士团之所以具有重要意义，是因为这些部队通常都是跨地区的组织，这也使它们能够从多个地区获得人力和物质资源。他们与教皇有着直接联系，这也意味着教会会经常宣扬鼓吹十字军东征以支持重要的战事，从而使参战部队能够从广阔的地区招募人员。但是，西欧的扩张单纯从军事角度看并不是不可抵御的。军事上的胜利最终通过殖民得到巩固，而不是通过征服；边界事务无论从技术上还是从文化上讲都是通过各种妥协来解决的。西欧法律体系及城市架构的传播是其扩张的重要机制，这些扩张活动与军事组织及军事活动有密切的关系。新城堡的建立通常与新城镇的形成有着密切联系，城堡既保护着城镇居民，也控制着城镇居民，而城镇常常为城堡的领主提供生活所需的东西。安全的生活环境往往会吸引来更多的定居者，农民和城镇居民享有的权利也成为吸引新定居者的一个方面。给边疆地区的新定居地和老定居地所颁布的法令中常常为城镇居民规定了服兵役的内容。颁布给西班牙边疆地区的各类法典可能是最为著名也最具军事特色的。民兵组织常常不仅担负着防卫任务，也承担攻击任务。西班牙城市民兵常常能够从侵略性的远征中受益，举例来说，法典与兵役之间的联系使人们认识到：法律权利和义务常常与能否携带武器密切相关。西欧在中世纪的扩张行动能否成功常常取决于边疆地区人口与经济的增长以及军事行动成功与否。

取得成功的另一个原因就是欧洲人对环境的适应。边疆开拓的地区性及半私人性质毫无疑问也提升了欧洲人应对各类挑战的能力：根本没有一个统一的中央集权政府来发号施令。由于他们将面临各种地形和气候，因此适应能力对他们而言就必不可少。举例来说，在丛林或者山区，如威尔士，重装骑兵的冲锋就不大可能实施。在这种地形上，轻装且机动性更强的部队，如轻骑兵和步兵，更容易发挥作用；英格兰军队学会了威尔士人进行突袭和伏击的方法，同他们的城堡战术相互补充。骑士的作用在于充当指挥官，而不仅是发挥骑兵的作用。最终，威尔士长弓也成了英格兰的一种武器。与此相比，西班牙人对骑兵作战非常熟悉，但炎热的天气迫使西班牙骑士的装具更轻，所骑乘的马也更小。当然，这种适应性也受到了文化的限制，例如西欧军队在圣地不愿集中大批骑射手作战。最终，威尔士被征服了，因为爱德华一世充分利用其人口优势和经济实力，修筑了大量城堡来巩固战果。

这种适应常常是相互的，正如受到欧洲扩张威胁的人们常常也学会了欧洲的社会和军事组织体制，并以此来应对欧洲的威胁。组建重装骑兵部队需要创立一套贵族体制，以使这些贵族能够提供骑兵力量。组织松散的部落地区常常渴望采用这种方式，以提升他们的实力，由此引发的社会等级分化也使得一些地区可以更加有效地进行防御。然而，实现这些目的的代价就是自由受到限制，大多数人的生活水平有所下降。西欧的社会军事结构易于输出，西欧文明则通过兼并和征服而得到了传播。这也是一个相互影响的过程，在西欧人攻占异教徒和阿拉伯人的土地的同时，也吸收了异教徒和阿拉伯人的文化。

没有与蒙古人发生正面交锋

西欧文明在政治上四分五裂，其最有权势的国王手中的权力也有限，边境战争更是体现出半私人战争的特点。考虑到以上种种因素，西欧人在扩张过程中取得的大部分成功都归因于其对手并不是十分强大和先进。西欧主要的王国都没有遇到实力强大、科技发达的劲敌。直到15世纪晚期奥斯曼帝国的军队实力才超过欧洲的。此外，欧洲最幸运的一件事就是：他们没有正面面对蒙古。

蒙古军队在征服俄罗斯后，于1241年进入东欧，他们在进军过程中横扫了波兰和匈牙利军队，开始逼近维也纳和威尼斯（参见第13章）。西欧陷入一片混乱。尽管教皇准备采取统一的行动应对威胁，但欧洲人的不团结和轻敌思想与蒙古人的统一指挥、目标明确和情报及时形成了鲜明的对比。他们机动灵活、攻击力强，这使他们在向西挺进的过程中几乎所向披靡。后勤补给问题拖慢了他们的推进速度，西欧的气候和地理条件不适合大规模的骑兵作战（中世纪贵族精锐骑兵其实在军队中的人数并不多）。蒙古人在叙利亚遇到的困难就是例证，其实中国南部也不太适合骑兵大规模行动，但那里被蒙古占领了近一个世纪。巴格达于1258年被蒙古人血腥攻占，导致这个城市在几个世纪都没能恢复元气。巴格达的命运也预示着西欧可能面临的挑战。

但是在1241年，蒙古军队回撤以参加推选新大汗的活动，他们再也没有回来。因此，西欧的政治、经济和文化得以继续发展。这种连续性使得西欧文明经受住了1350—1450年之间长达100年的内部动荡，并最终恢复了自1050年就已开始的对外扩张步伐。

国王与军队，1050—1350年

政权建设

除了推进扩张之外，由城堡、骑士和步兵组成的社会军事体系也成为新的政权建设的基础。

这个阶段首先出现的有效的政体要比继承"罗马帝国"衣钵的王国及加洛林帝国小。事实上，加洛林王朝各国为中央集权的复苏创造了条件。这个进程并不顺利，当地区领主无法控制城堡的拥有者时，他们的权力就会受到严重削弱。那些能够有效控制其土地上的城堡拥有者和贵族的领主则为巩固权力奠定坚实的基础。安茹伯爵、佛兰德斯伯爵和诺曼底公爵在法国北部开辟了政权建设的道路，一些日耳曼公爵和西班牙北部的基督教小国则紧跟这一进程。安茹伯爵富尔克·内拉（Fulk Nerra）在980—1030年间实际上引领着一种权力建设的战略，这种战略的基础就是一系列由石头建造的城堡，这些城堡由忠于富尔克的人守卫。尽管初始阶段实力孱弱，但到1050年前，安茹成了欧洲最具实力的王朝政权。多位国王，包括后来成为英格兰国王的诺曼底公爵都采用了这个战略。

军事力量几乎处于独立状态，一边是贵族和他们的骑士，另一边则是城镇和其非骑士部队，这也意味着这些新型政权的统治者不可能拥有十足的权力。实际上，由于很多政权的统治者并非皇族出身，他们缺乏正式受膏成为国王的统治者身上的那种光环。他们事实上更像是合作企业的领导者，唯有让领土上的贵族觉得有利可图，才能让这些贵族听命于他，因为大部分骑士都依附于这些贵族。他们不能对城镇实施威权统治，因为他们需要这些城镇的军事力量和资源，而且城镇居民也有保护自己权力和利益的意愿和能力。因此，这些统治者需要在重要的城堡和地区培植忠于自己的势力，将最有实力的追随者通过一起参与劫掠和扩张活动的方式组织起来。扩张行动的战利品通常在各参与者之间分配。最为成功的例子就是1066年诺曼底公爵威廉征服英格兰。

这种统治方式的一个结果就是形成了一种基于相互享有权利、承担义务并经常进行磋商的政治结构。政治的焦点是统治者的宫廷，权贵要人在那里讨价还价、解决争端。这些要人既有教会人士也有贵族，因为教会是主要的土地拥有者。统治者的合法性和行政资源通过他们与教会的关系而得到巩固。因缺乏强有力的中央政府而引发的地区冲突也导致1000年前后"和平运动"兴起。这一运动最先由农民发起，很快得到了教会人士的支持，他们希望使一些人（妇女、儿童和教会人士）、一些地方（教堂、修道院）和一些财产（农民的家畜）免受战争的伤害。但是，和平运动并未取得成功，除了部分统治者出于自己的目的而借这一运动来管控自己的下属。和平运动使得统治者能够预防其下属之间发生战争，确保下属只能为了维护统治者的利益而战。不仅如此，总体来看，统治者所取得的利益最终都能使教会受益。作为回报，教会则向统治者提供支持，并向统治者提供有文化的人士以充实官僚系统。当国王们开始利用伯爵和公爵们奠定的政权建设基础时，军事力量就成为国家建设的核心，而且也深刻影响着国家的政治形态。

这种领导方式带来的另一个结果就是欧洲政权都坚定地固守在一个地点。统治者与其追随者（贵族和城镇阶层）之间存在着紧密的联系，这种联系深深扎根于当地的法律传统中，并且得到骑士和城市步兵的捍卫，这也使得这些政权很难被迅速征服。换句话说，这一时期形成的军事体系导致欧洲保持着政治分裂的状态，而不是像加洛林王朝和世界其他地区那样形成了疆域辽阔的大帝国。政治分裂的状态也使欧洲的战事处在一种相互竞争的背景之下，这刺激了武装力量及军事体系的发展。

1050年之后出现的立足特定地区、政府权力有限的政权都借助了欧洲人口和经济增长的东风。在扩张的背景下，维京人和马扎尔人停止了侵略活动，相对稳定的局势推动了经济增长。新技术（如三茬轮作和重型犁）使农业产量稳步提升。农业收入的增加又促进了贸易、制造业和城镇的发展，所有这一切的基础是经济的不断增长。这些又为学术的发展和12世纪文化的蓬勃发展——包括罗马法的重新引入以及普通法开始在英格兰通行——奠定了基础。所有这些发展都使统治者拥有了更多的资源，从而更好地治理国家。上述发展在1100—1350年之间带来的结果就是众多政权的行政和财政能力稳步提升。其背后的动力就是相互竞争之下战争成本不断提高。在统治者得到了更多的资源并加强管控之后，军事体系以及军事体系中的军队都有所转型。

军事体系与军队

人力与管理 安全状况的提升以及社会的繁荣从两个方面影响着军队人力：一是军事义务的法律界定更加清晰。封建兵役逐渐成为土地法的一部分，并且受到了一定的限制，如战争时期要求每年服40天的兵役。与此同时，骑士逐渐成为社会中的一个阶级，他们也有了具体的权利和义务。骑士级别以下拥有土地的军人服役的时间由服役土地占有权（serjeantry tenure）来决定，这些人包括非骑士的骑兵、步兵甚至工程兵等专业人员。封建兵役的局限性使得一些统治者——尤其是亨利二世（Henry Ⅱ）之后的英格兰国王——尝试依据土地财富的水平实施普遍义务兵役制：亨利二世于1181年颁布的《军队法案》（Assize of Arms）就是一个例子。在100年后的爱德华一世（Edward Ⅰ）时期，法定义务经过行伍专员体系将自由民也涵盖在内，行伍专员的职责就是掌握一个郡县适役的人员情况并挑选一部分人参军，这种制度使得爱德华国王可以征募到足够数量的素质较高的步兵。而在欧洲的大部分地区征募非骑士部队更为普遍的方式是：城镇下发兵役令以明确居民应为统治者提供的军事及财政服务，以换取统治者保护居民开展各类活动。普遍兵役制还出现了一些创新，就是在防务方面出现紧急情况时，所有自由民都有入伍的义务——尽管征募农民入伍的效果常常并不理想。

二是资源的日渐丰富使统治者组建和维持军队的方式出现了重要的变化。政府收入不断增加，使得有偿服役越来越普遍。统治者雇佣部分军人，有时还在自己的住所豢养一部分重要的职业军人，而且也开始向一些服役的军人支付酬金——尤其是在这些人无偿服役期结束之后。但是，尽管收入有所增加，统治者们仍然缺乏足够的资金，因此，劫掠、夺取战利品、勒索赎金仍然对很多军人有吸引力，这些军人既包括步兵也包括骑士。为了得到足够的资金以满足战争所用，13世纪晚期前的一些统治者开始向商人和银行家贷款，并承诺以未来一段时间的税收为抵押。

从行政层面来看，国王是战争中的领导者，这也就意味着行政管理由国王从军的亲属承担。

英国国王的亲属就是其军队的核心。但是在其他地区，人们发展出了多种多样的机制来招募军人并组织他们参加战斗。在许多地区，设立地区行政机构并不是通行的做法，同样，在军队中设立小单位也不是通行的做法。军队中的小单位都是围绕贵族成员而设立的，或是围绕城镇民兵的行政区划来设立的，雇佣军则依赖领导者的能力及战果或者雇主们的支付能力来划分单位。

这个阶段的军事体系存在明显的局限。军队的规模在缓慢而稳步地扩大——从1050年的5000人扩大到1300年的2~3万人，没有哪个政权有能力维持一支常备军队，因此，大军团训练的场面也就很少出现。这种小股军事力量以及私人训练是社会关系变化与文化发展的结果，其原因不在政府。而且，这种现象让贵族们受益，因为贵族们的职责就是作战。这些局限性也影响到了中世纪军队在战场上的作战能力。1050—1350年这段时间，皇权不断加强。对私人战争的法律限制日益严格，战争成本的上升也对国王有益，因为国王的收入虽然有限，但仍然比单个贵族的收益要多很多。组建并控制强大军队的关键就是在要塞的数量上占有优势，并将这个体系当中可能相互敌对的势力都拉拢过来，尤其是将来自不同阶层的步兵和骑兵部队团结在一起。

军事力量的组成部分　社会变化以及王室在行政、财政和统治能力方面的增强影响了西欧社会军事体系的三大因素：城堡、骑士以及城市非骑士部队。

建造城堡的资源日益丰富，越来越多的城堡开始改用石头建造，城堡的设计也越来越趋向于庞大和精巧，其中爱德华一世用于保卫威尔士的规模宏伟、耗资巨大的城堡是这方面的巅峰之作。同中心的设计模式（concentric designs，分为外墙、内墙和要塞等多层）增强了主堡的防守能力。在欧洲的边缘地带，这种防守能力不仅可以提供一个安全的防卫基地——亨利二世在英格兰修建的复杂的城堡体系在其长子两次发动叛乱时都发挥了重要作用——而且也可以在进攻行动中发挥战略作用。举例来说，亨利国王的儿子狮心王理查就将塞纳河上的盖拉德城堡（Chateau Gallaird）作为防守诺曼底以及重新占领诺曼底到法兰西岛之间的边境地区的关键据点。国王通过在重要城堡中驻扎皇家部队的形式控制这些城堡，并通过发布特许的方式控制了其他一些私人城堡。这样一来，王室对城堡的控制大幅加强，但是直到1350年，这一进程还远未结束，而拥有爵位的城堡主实力不断增强，这也就意味着各种叛乱仍然很难迅速镇压下去。

如前文所述，骑士的社会地位在这个阶段得到了巩固。与此同时，骑士的甲胄也更加精致，板式甲胄逐渐取代了骑手和战马的锁子甲（长矛和剑仍是主要的攻击武器）。导致这一现象的原因主要有以下几个：一是为了应对弓弩不断提升的穿透力，二是因为有了足够的金钱而炫耀，三是与名利双收的比武大会兴起有关，板式盔甲更适合进行在马上的长矛比武，使骑士可以通过俘获对手来索取赎金而不会将对手误杀。重型甲胄所带来的战斗效果就是骑士的移动速度减慢，即以损失机动性为代价来追求攻击力。从严格的战术层面来看，这一点以及阶层的固化并不一定有益处。无论是从身体的还是从文化的灵活性上来看，1150年的骑士部队可能比1300年的骑士部队更有战斗力，但是，由于缺乏强有力的中央政府领导，在骑士阶层中，社会地位的需要、私人保护的优势以及劫掠勒索的诱惑在战斗中的重要性往往超过了战术逻辑的重要性。国王也是骑士阶层的一员，他们对这一趋势的反应极为迟钝。

还应该注意的是：中世纪军队中越来越多的骑兵从技术层面看都并非骑士，而是军士、仆从等人员，他们的社会地位比骑士要低。骑士体制的封闭性以及骑士服役成本的不断上升令很多有资格成为骑士的人沮丧，这也让军队中非骑士人员数量增加的趋势越发明显。不过，非骑士骑兵部队的武器装备和战术虽然没有骑士部队的那么精良，但也与骑士部队差距不大。

也许这一阶段最为明显的转型发生在城市步兵部队。城镇的繁荣以及护卫城镇的政治上独立的小社区数量的持续上升使希腊式的步兵部队发展起来：相邻的社区因存在共同的利益而并肩作战。同城市化进程一样，这一过程也逐渐扩展到整个欧洲大陆。举例来说，法国骑士阶层的规模和社会统治地位在一定程度上阻碍了法国城市步兵部队发展壮大——尽管法国社区步兵部队在布汶之战中表现英勇。但是，城市步兵的有偿服役还是为一些本地军人实力不济的军队提供了一支步兵部队。西班牙城市民兵（由骑兵和步兵组成）一向作战英勇，原因就是他们经常参加战斗且经常担负进攻任务。13世纪基督教军队的扩张活动将很多前沿地区的城镇消灭了，它们的军事传统也逐渐消亡了。意大利北部和佛兰德斯是西欧两个城市化和商业化程度较高的地区，那里也成为持续不断地提供步兵部队的地区。意大利的弩兵在很多地区以雇佣兵的形式服役，伦巴第同盟的城市长枪兵在1176年战胜腓特烈一世（Frederick Barbarossa）的莱尼亚诺（Legnano）之战中发挥了重要作用，他们在米兰战车（carrocio）——这是一辆牛车，上面竖着米兰的旗帜，象征米兰的团结——周围固守，直至同盟的骑兵能够重新集结发动反击。由佛拉芒人和布拉班松人（Brabançon）组成的雇佣兵步兵部队在12世纪为英国国王服务：亨利二世手下的数千名布拉班松士兵是威慑敌胆的攻城能手，但他作为战略家和围城战术的高手所取得的成就也意味着他的步兵并未经历野战的检验。到了1300年，佛拉芒人的城市军队在叛乱期间都是独立行动的。

13世纪末和14世纪初的英格兰步兵部队有些不同。12世纪，以城市和郡为基础确立了国王对地方封地的高度管控制度，这种制度也被历史学家称为国王统治之下的自治。不仅如此，阶层之间界限的松动也意味着骑兵与步兵在社会地位上的差别已经没有欧洲大陆那么明显了。《大宪章》（Magna Carta）的颁布引发地方领主骚乱之后，爱德华一世在13世纪60年代重新加强了王权，他采取了多项措施——如前文提到的行伍专员制度——来充分发挥当时政府结构的潜力。这也使英格兰国王可以征募到大量的步兵，其中包括著名的长弓兵。王权的加强使得国王可以把军队中骑士出身及非骑士出身的人员更好地融合在一起。这也能够更好地发挥骑士的战术灵活性（骑士既可以以骑兵的形式作战，也可以充当步兵作战），这一战法在封建领主占据统治地位的时期逐渐消失，但是在12世纪的战场上盎格鲁-诺曼骑士仍保留着。

步兵的武器和甲胄没有骑士那么精良，这是由社会地位和经济条件决定的。大部分步兵都身着皮制上衣，部分步兵身着铠甲、头戴头盔。主要的武器是弩和矛，矛的重要性有所上升，英格兰人从 13 世纪晚期开始以长弓作为武器。

战　争

战役　与此前相比，这个时期的战争类型没有出现大的变化。控制城堡以及城堡所拥有的地产是权力的重要保障，分配战利品的重要性有所下降。劫掠仍然是破坏对手的经济基础的一种重要方式，劫掠对军人也是一种赏赐，并能对坚固的要塞形成威胁，因此几乎每场战役都是以纵火和劫掠开始的。有些时候，如苏格兰人入侵英格兰时期，劫掠更是成了战役的主要方式。但更多的情况是，劫掠常常是更大的进攻和防守行动的一部分。大量出现的城堡使得围城战比中世纪早期更加频繁，野战的数量则进一步减少。而在城堡数量很少或没有城堡的地区，如在1066 年之前的盎格鲁-撒克逊人控制下的英格兰，野战是更为常见的作战方式。

尽管道路状况差且缺少地图，但中世纪的指挥官们在指挥作战时仍然表现出了高超的战略智慧和能力。侦察及情报收集活动非常有限，但绝对没有消失。一些军队通过偶遇或是烧毁村庄所冒出的浓烟来发现对方，但是更为普遍的情况是，双方通过骑马侦察来发现敌人的活动情况。但在战略层面，上述局限往往意味着作战计划无法充分落实。举例来说，英格兰国王约翰于 1214 年在征服诺曼底时提出了分进合围的策略，他自己率领部队从普瓦图（Poitou）向东北挺进，他的盟友则向西南进军佛兰德斯。但是时间与空间都使得协调两路军队极为困难。依赖国内的交通线，腓力二世（Philip Augustus）率领法军先在安茹阻击了约翰，然后又向北挺进在布汶战胜了他的盟军——这场激战也使法国王室声名远播（参见专题 B：布汶之战，1214 年）。简言之，中世纪的欧洲军队中没有哪一支达到了蒙古军队的战役筹划、机动和协调的水平。

专题 B：布汶之战，1214 年

1214 年，英格兰国王约翰发动了一场雄心勃勃的战争，意图征服诺曼底。他在普瓦图登陆并推进到了安茹，与此同时，同盟军（由约翰提供军费，由奥托四世[Otto IV]、佛兰德斯的费迪南德伯爵和雷诺·德·达马丁[Renaud de Dammartin]率领）向西南进军到佛兰德斯。法国国王腓力二世于 6 月阻滞了约翰的推进，随后腓力二世留下其子路易在安茹监视英格兰国王的活动，自己则率大军迎击英格兰的同盟军。到 7 月 26 日，当两支军队都意识到距对方不远时，实际上已经彼此错过了。第二天，腓力二世从图尔奈（Tournai）回师里尔（Lille），在上午抵达了布汶大桥。在腓力二世的部队大部分（包括所有的步兵）都过了桥的时候，部队后方的探马报告称英国的同盟军正在迅速逼近，这些人想在当天就开战，尽管当天是礼拜天。腓力二世调整了阵形，开始在布汶以东的平原上排兵布阵，因为在平原上他手下的重装骑兵可以发挥更大的作用。

据最乐观的估计，腓力二世手下有1200名重装骑兵（另有几百名轻骑兵）和4000名从法国北部招募的步兵，而英格兰的同盟军则有1500名重装骑兵和5000~6000名步兵，其中包括雇佣兵和来自佛拉芒人城镇的长枪兵。但战斗的发展使得同盟军的人数优势没有实际发挥作用。

同盟军在得知腓力二世的军队逼近之后，就是否于当天开战产生了分歧。奥托和雷诺都要求下属保持冷静，但更为激进的意见占了上风，因为持这种意见的人或是因为傲慢，或是因为想要在腓力二世的军队渡河的过程中一举将其击溃。在这种意见驱使下，军队开始迅速向西北挺进。他们抵达布汶附近时，其先头部队中的骑兵与法军殿后的弩兵、轻骑兵和部分重装骑兵遭遇。法军进行的抵抗以及林地的地形迟滞了同盟军的推进，腓力二世殿后的部队得以全身而退，被重新部署在法军的右翼。同盟军从排成长纵队的追击阵形迅速由南到北排成迎战阵形，腓力二世则命令部队过桥返回迎战，拉长战线以避免侧翼遭到攻击。腓力二世和奥托在各自战线的中部，腓力二世把部署的最后一支部队——他的近卫步兵放在了自己的前面。法军的右翼开始向奥托四世统率的佛拉芒人发起攻击，这时同盟军的右翼可能尚未部署完毕，而来自根特（Ghent）和布鲁日（Bruges）的佛拉芒步兵军团甚至还没有抵达战场。

法军位于南面的侧翼骑兵逐渐掌握了主动，奥托于是对法军战线的中部发起骑兵带步兵的联合攻击，目标直取腓力二世。法国步兵没能抵挡住久经战阵的日耳曼雇佣兵的冲击，一部分雇佣兵甚至将腓力二世拉下马来，威胁到了他的生命。但法国人利用骑兵发动反击，成功救出了腓力二世，随后又向奥托的阵地发起冲锋。奥托的战马受了伤，带着奥托脱离了战场。奥托换马后与随从一起逃跑了。奥托的临阵脱逃使同盟军中路开始溃败。与此同时，在同盟军的右翼，达马丁率领的一支雇佣兵部队和英格兰国王约翰同父异母的弟弟统率的一个英格兰军团在中路溃败后仍顽强抵抗，表现突出。达马丁将他的700名布拉班松长枪兵集结在一起组成了一个内外两层的防御圈，以这个防御圈为基地指挥骑兵发动攻击。但是，由于法军右翼前往驰援左翼，达马丁的部队在人数上处于劣势，他本人也在突围时被俘。法国人用步兵和弓箭手包围了布拉班松人，击溃了雇佣兵部队，并大肆砍杀。

同盟军的残余部队悉数逃离，腓力二世的军队仅追击了一英里，随后腓力二世集结部队看管被抓的战俘。同盟军战败，数百名骑士和数量更多的步兵被杀或被俘，法军的损失没有确切数据，但肯定比同盟军少许多。

布汶之战是一个多世纪中卡佩王朝的君主指挥的第一场大战，这场仗巩固了对诺曼底的征服，使得法国成为欧洲最有声望的王国。这场仗也成为当时欧洲战场上从战术层面看最引人入胜的战斗。

围城战 大多数战略目标都是占领要塞,因为要塞常常牵扯到土地利益和政治权力。因此,中世纪军队最重要的作战类型就是围城战,这也是为什么步兵部队能够靠人数取胜(即便一支军队的先锋部队仍是精锐骑兵)。围城战术有了一定的发展,但总的来说,它的发展速度还是落后于要塞建设的发展速度,因此与 12 世纪初相比,14 世纪中期的围城战通常需要用更长的时间才能取胜,而且常常是因为一方弹尽粮绝或是通过谈判。

占领一个城堡最为直接的方式就是强攻(assault),针对驻军较少的大型城堡,强攻的作用尤为明显。英格兰国王亨利二世是攻占城堡的能手,他取得胜利的关键就是通过急行军,让布拉班松步兵借助云梯在防守部队组织起有效防御之前就发起大规模的进攻。针对这种战术的防御就是采用更高的城墙、更坚固的要塞和更巧妙的设计。对城墙的攻击开始越来越多地使用投石器、攻城槌及地道等方式,这些方式提高了攻城的效率。火攻也是一种致命的方式,不仅可以焚毁木制的要塞,而且可以焚毁有围墙的城镇和石头城堡的内部建筑。围城战的手段不断增多,其中包括向城堡的水源投毒或改变城堡水源的水道、劫掠城堡周围的乡村地区,以切断城堡的补给、打击要塞驻军的士气。

列阵野战 列阵野战的数量不多,原因是这种作战形式只能间接地实现战略目标,而且中世纪的军事指挥官们认为这种作战形式太过冒险,与筹划周密的作战行动和围城作战相比,列阵野战的胜负更可能受偶发因素的影响。指挥官的视线受阻,缺乏标准化的指挥架构,士兵的能力有限,所有这些因素都使得中世纪的列阵野战非常难以指挥,这也是偶发因素会影响战斗结果的一个原因。很多观点认为列阵野战的结果是由上帝决定的,而不是由人来决定的,就是这个意思。荒诞的是,在这种情况下,作为影响士气的因素,指挥官的重要性提高了:指挥官战死或逃跑,则军队几乎无一例外会战败。因此,军队指挥官常常成为进攻的目标,以降低指挥官凭借个人才能和勇气来影响战局的能力。

这并不是说指挥官发挥不了作用。尽管掌控的军队有限,但许多中世纪的指挥官还是尽其所能地指挥军队并注重学习他人经验。许多指挥官都是临阵受命:留预备队是一种普遍的做法,利用前置步兵或部署在前面及两翼的弓箭手来为骑兵提供掩护也非常普遍。在 1106 年,英格兰国王亨利一世借助预先安排的指挥官序列打赢了坦什布赖之战(battle of Tinchebrai)。亨利一世和他的兄弟罗伯特手下的骑士都下马徒步作战,但是亨利在一座小山后面埋伏了一支骑兵。这支部队从背后攻击了罗伯特的部队,导致罗伯特的副手逃离战场,罗伯特全军溃败。

中世纪的将领们部署部队的方式也显示出他们了解其手下的各部队的长处和弱项。将骑士当作骑兵来使用往往可以在机动打击行动中提供决定性的攻击力量(如在圣地作战中那样)。如果冲锋失败,骑兵重新集结冲锋就会非常麻烦。步兵——尤其是长枪兵——可以用于固守防御阵地。骑士下马作为步兵战斗可以充分利用他们在武器、甲胄和个人作战能力方面的优势来加强防御,下马作战也使他们很难逃离战场,这会使他们从心理上加强防御。弓箭手则可以在此类防御作战中提供支援,协助打击目标或帮助应对敌军的投石部队。

近来一些学者认为在 1300 年前后发生了一场"步兵革命",在这场革命中,长枪兵(主要是佛拉芒人、苏格兰人和英格兰人)成为战场上的主导力量。然而,这种说法言过其实,且误导研究。1300 年前后并没有发生突破性的变革。步兵集团只要能够保持士气和阵形,就一直都有能力抵御骑兵的冲锋。步兵的主要来源地——城市与封地逐渐得到了发展,使得 1300 年前拥有这种凝聚力的步兵部队更为常见。除此之外,由骑士组成的骑兵部队不管在社会层面上还是战术层面上都更加严格和刻板。步兵部队打败骑士骑兵部队的少数几个著名战例,如科特莱(Courtrai)之战、班诺克本(Bannockburn)之战和克雷西(Crecy)之战,很是引人注目,但就战术基础而言,这些战例并没有带来什么明显的变化。1300 年之后步兵的作用也被夸大了。尽管长弓给英格兰步兵提供了更大的防御范围,但 14 世纪早期步兵部队的作用仍然主要在防守方面。没有哪支步兵部队训练有素到在进攻时(尤其是在面对配有骑兵部队的敌军时)仍能保持阵形。只有到了 15 世纪,在瑞士人重新引入依节奏行军的方式后,步兵部队才在战场上真正成为进攻力量——自罗马帝国时期起,步兵在欧洲战场上就不再作为进攻力量发挥作用了。1300 年之后,战争文化也没有发生什么变化。如果说欧洲内部的战争与以往相比更加血腥,那么原因就在于人们开始更多地关注非骑士部队,也在于文化界限开始更多地被打破,而这样做的结果在几个世纪前的十字军东征中就有所体现。在热兵器出现之前的大部分战斗中,战败军队的人员损失总是要远远大于获胜的军队;决定战争结果的不是杀戮,而是精神的崩溃——参战人员在放弃作战或逃跑时更易丧命。

骑士作为骑兵作战的作用也被夸大了。骑士是精英社会阶层的代表,而不一定是骑兵,指挥官们也认识到了联合作战的优势。但采用这一战术不光在社会层面面临问题,在战术层面也面临问题。在军中采用这一战术严重依赖指挥官的权威。让骑士下马作战不光意味着让他们以步兵的角色打仗,而且意味着他们要与比自己社会地位低的人并肩作战。骑士成功作战离不开跨社会阶层的合作。在克雷西之战初始阶段,法国骑士撞倒了己方队伍中的弓箭手,这不仅导致了法军战败,而且也改变了英国军队的战术能力。与此类似,在班诺克本之战中,英国骑士在爱德华二世的指挥下挡住了己方的弓箭手——其实在爱德华二世的父亲甚至儿子指挥军队时,两支部队配合得非常成功。可见在中世纪的战争中,只有指挥官有能力促成各支部队之间的团结协作。英格兰从政治结构上来讲更加成熟,也更富有合作精神,这也使得英格兰国王统率的军队社会阶层区分不甚明显,战术更加灵活有效;而在法国,一大批好战的骑士占据着统治地位,这使其在军队发展方面显得滞后。

对中世纪的统治者而言,好的将帅意味着战术、战略、社会政策以及文化象征,这些主要从经验中学习才能得到。在这个阶段,维吉提乌斯(Vegetius)的作品仍然受到大家追捧,但是他的《罗马军制论》(*De Re Militari*)的实际效用是值得怀疑的。其中后勤和战略方面的建议包括一些常识性的原则。书中很多内容与步兵部队的系统性训练相关,但中世纪的社会结构和政府的局限性使得当时的将帅很难做到这一点。直到 16 世纪晚期,拿骚的莫里斯(Maurice of

Nassau）才真正将书中原则的实际效用体现出来。战场上的实战经验比书本上的内容更能让中世纪的指挥官们了解战争艺术。

撒下灾难的种子

到了 14 世纪中期，经过 3 个世纪的发展，强大的政权开始出现，它们引入了更好的行政体制、更复杂的财政机制来实现其目标，而它们的目标仍然是战争。此时的军队规模更加庞大，步兵部队的作用正在缓慢上升。

然而，从另一个角度来看，这个阶段欧洲内部的战争在作战目标以及征服范围方面都比较有限。小规模的军队、城堡的防御能力以及正义战争的理论支持对正当要求的捍卫，使得统治者们的野心受到了一定的限制，也使得战争的破坏性相对有限。这在一定程度上确保了人口的增长、经济的繁荣和文化的传播，而这也是 1050—1350 年这段时间的一个特点。

但是到了 1300 年，压力开始出现了。由于土地的生产能力达到了极限，人口的增长开始逐渐放缓。由于欧洲气候寒冷潮湿，1315 年发生了大饥荒，社会上的紧张形势开始升级。军队规模扩大以及政府对军队的掌控力有所增强，战争规模也就更大、更具破坏性。中世纪欧洲发生的规模最大、时间最长的战争——百年战争意味着中世纪中期向晚期的转变，这场战争既展现了欧洲军事体系的先进性，也暴露了它的弱点。

百年战争，1337—1453 年

概　览

百年战争实际上是指始于 1337 年的一系列战事。当时，英国人统治着加斯科尼（Gascony），这里是 12 世纪安茹王国最后一块残余的土地。英国国王把这里当作从法国国王那里得到的一块地盘，这是一项不甚稳定的安排。法国的目标是夺回加斯科尼。英国国王爱德华三世的目标则是获得加斯科尼的主权。由于卡佩王朝结束，爱德华三世还想得到法国的王位。对领土和王位的觊觎一直纠缠在一起，直至战争结束。

尽管英国和法国在战争中的大部分时间里都投入了足够的兵力，但战争双方都暴露出了各自存在的不足。双方都组织了大规模的部队，尤其是在黑死病袭击欧洲之前。但是，两国都没有办法长期维持一支大规模部队而不发生财政和社会问题。除此之外，军队可能比较容易组织起来，但是想解散就会非常困难。1360 年后的战争有多次都是由雇佣军挑起的，因为和平就意味着雇佣兵会面临失业的困境。战争蔓延到了法国各地以及其他地区，进一步加重了饥荒和瘟疫所带来的经济和社会问题。1358 年，法国农民进行了反抗，表达对战争双方的劫掠行为的不满。1381 年，英国农民也进行了反抗活动，反对征收沉重的战争税。政府将精力集中到战争上，这也是国内秩序、司法及社会合作出现问题的原因之一。

这场战争主要分为四个阶段。1360 年之前，英国人取得了意料之外的胜利，并通过《布雷蒂尼条约》（Treaty of Bretigny）实现了其领土野心。从 1360 年到 1396 年，由于英国领导层软弱，法国得到了喘息之机，战争开始蔓延到西班牙和葡萄牙，因战争而产生的雇佣兵开始在意大利和更往东的地区谋生。在经历了一段和平时期之后，亨利四世在 1415 年至 15 世纪 20 年代晚期率领英国获得了数场胜利。15 世纪 30—40 年代早期，战争陷入僵局；15 世纪 50 年代末期，法国迅速占领了英国在法国拥有的所有领地。

从军事层面来看，这场战争其实可以简单地分为两个阶段：一个是英国拥有战术优势的阶段，这个阶段时间相对较长（按照英国战略的不同又可以分成两个阶段）；另一个阶段是法国占有优势的阶段，这个阶段时间相对较短，主要是在战争末期。

英国的体系，1340—1435 年

爱德华一世开始尝试使用长弓（最先是威尔士人使用，随着这种武器的日益普及，英格兰人也开始使用长弓）对付苏格兰人。到了 14 世纪 20 年代，爱德华三世已经创立了一种新的战术方法，这一战术方法在百年战争中占据了支配地位。开仗时，英国骑士下马作战，组成重装步兵队伍，使用手中的长枪作战。轻装威尔士长矛兵则进一步加强了这部分步兵部队的实力。长弓兵则在重装步兵的两翼组成稳固的防线。在可能的情况下，防守战线常常是安排在小山顶，这样可以使弓箭的射程达到最大，并且使进攻方无法快速实施攻击，此外，这样列队还可以使己方的侧翼和后方得到地形的保护。长弓兵有的时候也会在阵地前设置一些障碍，以保护自己免受骑兵的袭击。这种列阵方式对防御步兵和骑兵的进攻非常有效，甚至常常可以起到以少胜多的效果，如 1332 年的达普林沼（Dupplin Moor）之战、1333 年的哈里登山（Halidon Hill）之战、1346 年的克雷西之战、1356 年的普瓦捷之战、1415 年的阿金库尔（Agincourt）之战以及其他一些小的战斗等。

重装士兵的防守能力使这一战术的作用得以充分发挥，长弓兵更是提升了这一战术的效能。长弓的威力和射程比弩要强，这就扩大了防御的范围，使得弓箭手们能够在一定距离之外向敌军发起攻击，这常常能够起到攻敌不备的效果。当攻击开始时，数千名长弓兵所组成的战线（弩兵常常是小股活动）常常能够形成强大的攻击力，这种攻击力能够给敌军的人员和马匹造成严重伤害，彻底打乱进攻的节奏，将敌军赶入长枪兵的伏击圈中，这样进攻者就会陷入被动。弓箭手的效用从英国军队中增加长弓兵的比例这一点就可见一斑（从早期与其他军种 1∶1 的比例增加到 70 年后 4∶1 或 5∶1 的比例）。战斗到最后，骑士常常会骑上战马开始进攻或追击，正如在普瓦捷之战中发生的那样。

整个体系的有效性建立在骑士和弓箭手密切配合的基础上，这也体现出了英格兰政府掌控和发挥其国民的军事潜力的能力，英格兰政府在这方面的能力超过了其他国家。这也体现了英格兰在政治合作与参与性方面的特点，这些特点使得英格兰在征收赋税和征兵方面效率非常高。

事实上，整个战争期间，英国的军队都是通过签订合同来招募兵员的，在这些合同中，政府与军官们约定招募一定数量的人服一定时长的兵役，这样就建立了一支领取薪金的职业军队。简言之，英国步兵战术的形成在一定程度上有利于中央政府，虽然可能与罗马帝国取得的成就还不能相提并论，但是也足以体现出欧洲步兵传统的发展。

在作为步兵作战的同时，英国骑士以及长弓兵在战斗中也会骑上战马，这样他们就可以迅速地实施战略机动。英国军队常常会骑着马袭扰（chevauchees），这种袭扰持续时间较长，破坏性很大，他们劫掠法国的村庄，导致法军无法得到补给，自己则从劫掠式袭扰中受益。这种袭扰常常能够引诱法军出击，而英军可以选择对自己有利的地形以逸待劳。这种战术直到14世纪90年代都一直是英军的主要作战方式。但是在1360年之后，这一战术渐渐表现出了局限性。一方面，这种方式在保卫领土方面起不到什么作用，因为防守需要修建要塞；另一方面，这种战术并不难应对。贝特朗·杜·盖克兰（Bertrand du Guesclin）就找到了一种名叫"费边战略"（Fabian approach）的方式来应对英军，而不必与英军兵戎相见。

亨利四世在1415年成功地采用传统的袭扰战术打赢了阿金库尔之战。在战役的开始阶段，他用了几个月的时间来围攻哈弗勒尔（Harfleur），这里是诺曼底驻军的一处基地。他表现出了把英格兰军人的战术能力进行整合从而形成一种新战法的技巧：通过占领城堡来彻底地击败敌人。取得这一成功的部分原因是法国正在发生内战，这使得亨利可以调动军队同时对多座城池展开围攻。另一个原因是亨利使用了口径小但效果很好的攻城炮。此外，亨利也表现出了在后勤补给方面的卓越能力，其中包括从英国运输给养物资，亨利在落实上述战略措施时异常坚定。在5年内，亨利征服了诺曼底和法兰西岛的大部分，还通过签署协议使自己成为法兰西王位的继承人，但不幸在1422年英年早逝。英军的将领们又将战事持续了10年，但在缺少亨利的情况下，维持战争所需的巨额费用最终激发了人民的反战情绪。到了法国在1435年之后展开反攻时，英国军队已经衰弱不堪。

法国的体系，1435—1453年

法军因圣女贞德而士气大振，法国又通过外交手段孤立英国控制下的诺曼底，英国领导层出现了分裂，在上述种种因素的作用下，查理七世终于在1435年成功扭转了战局。虽然在近十年中他的成功来得十分缓慢，但是在1444年签署的一份停火协定使得他能够重新发展法国的经济并最终牢牢地掌控了法军。他建立了法国历史上第一支常备军，并在部队推行了严格的纪律。法国军队的步兵、骑兵和炮兵在战斗中也表现出了良好的协同能力。尤其是炮兵部队表现出了具有决定作用的战斗力。1449年夏，战争再次爆发，在一年的时间里，查理重新夺回了被英国占领的诺曼底，他指挥炮兵对英军的要塞发起猛攻，只用很短时间就攻占了要塞，而通常情况下占领要塞必然会花很多时间。法国炮兵在作战中充分表现出了战斗力。一支英国援军于1450年4月登陆法国，与一支规模相当的法军遭遇。英军摆出了传统的防御阵形，但其侧翼遭到了法军炮兵的攻击。英军被迫撤离阵地，结果又与另一支纪律严明的法军短兵相接。到了1453年，英国在法国占领的所有地方，除了加莱之外，都已经被法军夺回。

变化中的世界，1350—1500 年

社会危机

法国军队的战斗力值得称道，建立常备的骑兵部队和炮兵部队反映了欧洲战争史的新发展。这一发展无论是在法国还是在其他地区，都是在14世纪和15世纪欧洲普遍出现危机之后发生的。1315年发生的饥荒导致欧洲人口迅速减少。1347年，黑死病在欧洲爆发，使欧洲在3年内人口减少了1/4—1/3，在那之后，疫病又断断续续持续了几个世纪，欧洲的人口在一个世纪之后才开始缓慢增长。大规模的流行病给经济和社会造成的破坏由于百年战争而变得更加严重，政府为了进行战争而采取了一些影响公共秩序的行动，这也使情况变得更糟。与此同时，1305年教皇迁往阿维尼翁，之后在1378—1415年出现的教派分裂影响了教会的权威，导致教会更加无力应对疫病造成的心理恐慌。简言之，生活状况很糟糕，教会的内部斗争使人们对来生的希望也变得渺茫。

这些不利情况造成的一个后果就是传统遭到削弱，对权威的怀疑态度开始弥漫。更为年轻的领导层（疫病带来的另一个后果）似乎更愿意去尝试新事物。这些结果不仅体现在文化、宗教和政治层面，而且也体现在军事层面。欧洲社会军事体系越来越趋向于冲突、竞争和变化。

军事发展

这一阶段所孕育的军事变化似乎没有对战略产生影响，这一阶段的战略仍然基于多年积累的经验，并且依然受到后勤保障的限制。但是，变化的确在战争文化和战术发展方面有所体现。

社会紧张局势的不断加剧和社会公共秩序遭到破坏导致暴力冲突愈演愈烈，阶层和宗教之间的界线变得更加分明，越过这些界线常常会引发欧洲人所熟悉的血腥战争。这一点因步兵战斗力的提升（主要是有更多的雇佣兵加入）而变得更为明显。英国长弓兵、佛拉芒长枪兵和意大利步兵都擅长杀戮，同样也擅长劫掠和勒索。瑞士人则以野蛮著称，他们从来不想着通过战争来换取金钱。

宗教内部的分裂也起着相同的作用。例如，胡斯战争（Hussite Wars）中双方都进行了大屠杀。甚至在骑士对决中也存在违反骑士行为准则的情况（参见专题C：骑士精神）。

战术上的变化和创新是通过重装步兵和抛射武器的运用来提升攻击力的。15世纪的战争中参战兵种的多样化使得将军们不得不试验各种战术，从而将重装步兵、抛射兵、骑兵和炮兵的战斗力融合起来。炮兵在列阵野战中的作用日益重要，在围城战中更是不可或缺。

古罗马时期，瑞士人就创建了重装步兵部队，这支部队具有很强的战斗力，即便是在面对

骑兵部队时也是如此。从组织层面看，他们更趋向于回归希腊式的密集阵形。在瑞士山区招募的兵员中，乡邻常常并肩保卫自己的家园和自由。他们携带的武器是戟，这种可怕的武器能够刺穿骑兵的铠甲，抵挡住骑兵的冲锋，并将骑兵拉下马（在瑞士人开始以雇佣兵的身份参加战争时，其人数也大幅上升，持戟兵能够保护长枪兵脆弱的侧翼）。最为重要的是，他们学会了列队前进，这使得他们能够在战场上既保持了机动性又保持了队形。瑞士人的长枪密集阵形首先被日耳曼人效仿，随后又被西班牙人效仿。尽管西班牙人又尝试了带盾的持剑兵密集队形来应对长枪兵，但在几百年的时间里，持戟兵——加上抛射兵的协助——还是成了欧洲步兵部队的基础。

专题 C：骑士精神

　　骑士精神是骑士的行为准则，它是由军人精神、贵族精神和宗教价值观混合而成的。骑士精神起源于1100年之后的法国，这种精神与民谣、罗曼史以及高雅的爱情一起迅速传播，成为精英世俗文化的核心内容。这也是骑士成为社会阶层之一的一个标志。骑士精神把骑士的身份当作一种神圣的东西，他们有着自己的加入仪式，有着自己的历史传承（尤其是关于亚瑟王的一系列传承），他们还有自己的象征符号（徽章）。骑士精神中充斥着基督教的价值观和符号，骑士也是军事文化的一种基督教化，骑士数量的增加与十字军东征密切相关。但是，骑士自视为一个独特的群体，这招致了教会的抵制，但是鉴于骑士在战争中的优异表现，教会对骑士的感情很复杂。到1300年，骑士精神成为贵族文化甚至是宫廷文化的一个主题。14世纪，骑士的世俗体制广为传播，其中最为著名的包括爱德华三世和嘉德骑士团（Knights of the Garter）。

　　骑士精神在两个方面与战争联系紧密：其一是它与骑士之间的决斗有着直接的联系，使得决斗从一种人人皆可参与的活动变成了特定人群参加的活动。决斗使得骑士们可以在类似实战的活动中证明自己，甚至可以让骑士得到有实力的领主的欣赏，可以让他们通过收取赎金来获取经济利益，也可以让骑士们与来自欧洲各地的骑士进行交流。决斗所起到的格斗训练作用是一个复杂的问题，在决斗变成个人行为之后，其训练效果更是受到了负面影响。

　　其二是骑士精神的核心价值也反映出了中世纪战争中的矛盾。一方面，骑士精神非常注重勇气，这种勇气要通过英雄事迹来表现，这就常常会引发个人利益高于集体利益的现象，这也是历史学家认为中世纪战争没有组织、混乱不堪的原因。1300年之后，骑士精神在战场上泛滥，这也是事实。原因就在于这段时间骑士在战场上受到了纪律严明的步兵的挑战。

　　另一方面，骑士精神的另一个核心价值观就是忠于自己的领主和战友，这也是促进骑士之间团结的一个重要因素。骑士精神之所以能够长存的一个重要原因就是它为团结中

> 世纪晚期的军队提供了一种精神凝聚力。在强大的中央政府能够通过训练和支付酬金达到团结军队的目的之后，骑士精神也就没有了用武之地。
>
> 　　现代社会对骑士精神的认识也会严重影响我们对其社会功能的理解。骑士精神是团结一个阶层的信条。一个骑士会对别的骑士表现出尊敬和同情，但这种态度不会延伸到其他身份的人。骑士们也会劫掠农民的财物、杀死步兵。尽管今天人们认为骑士是有风度的，但是骑士精神其实与如何对待女性没有多大关系，除非在同一阶级背景下。事实上，骑士对农民阶层和商人阶层中的妇女暴力相向的事情经常发生。即便是与贵族妇女交往，其实也与骑士的道德准则没有太多的联系，因为骑士精神的主旨还是一种武士准则。其他任何阶层的人——女人、商人和农民都会遭到骑士的蔑视甚至暴力对待。

　　百年战争中的英国长弓兵以及14世纪和15世纪在西班牙、意大利和勃艮第军队中充当雇佣兵的英国弩兵展示出了抛射类武器在战场上造成巨大杀伤的能力。但学习使用长弓是一件难事，因此英国长弓兵的数量在英国军队之外总是不足（在玫瑰战争时期，双方的长弓兵都想消灭对方，最后只留下重装步兵来发挥决定性的作用）。于是，将领们越来越趋向于使用弩兵。

　　火药是中国发明的。在蒙古人统治时期，火药传到了欧洲。欧洲人通过大炮和手枪来利用火药爆炸产生的威力。14世纪30年代，第一支手枪就出现在了欧洲人的手稿上。初期的手枪很重、很粗糙，发射很慢，枪管易堵，效率还比不上弓箭，但是手枪并不很昂贵，而且很容易学会使用。因此，手枪兵的数量增长比长弓兵要快。实际上，一些历史学家甚至认为枪支是一种节省兵员的武器，这在经历了黑死病而劳动力紧缺的欧洲是一种优势。设计的逐渐更新也增强了手枪给敌人造成的心理影响。但是直到1500年之前，手枪还没有成为战场上具有决定性作用的武器。实际上，手枪在当时战斗中的作用就是提升步兵的战斗力，而不是带来一场武器革命。

　　大炮对战争产生影响比手枪更早，也更大。在15世纪20年代和30年代，胡斯人就开始在装甲马车的塔台上使用小型的枪和炮。到了15世纪60年代，勃艮第的查理已拥有很多装在马车上的大炮，尽管其威力还很有限，而且战败后还会被敌军大量缴获。

　　大炮太重，在战场上机动性不足，发射效率甚至比手枪还低，在这个阶段，大炮在战斗中的重要性还没有充分体现出来。但在其他两个领域，大炮开始发挥重要的作用。当被安装到舰船上时，它们给海战带来了革命性的变化（参见第15章）。在攻城作战中，它们也带来了巨大的变化。大炮能够很快击毁中世纪的高墙。在15世纪，攻城战的时间被大大缩短，迅速占领城池成为可能。但16世纪出现的应对大炮轰击的加固城墙使得欧洲的战争回到了其传统的以攻城为基础的模式（参见第16章）。

　　战场上出现了纪律严明的长矛兵、弩兵、手枪兵、重装骑兵和轻骑兵，这也使得将军们面临着令人眼花缭乱的战术选择。最具有创新性的战术开始出现。勃艮第的查理将自己的军队与雇佣兵混合起来，建立起了一支规模不大的常备军。他将不同的兵种分别训练后再集中训练，明确军纪，发放统一的军装。他的目标就是把长弓兵、手枪兵的威力与重装步兵、骑兵、炮兵的威力结合起来。他的这些思想比较超前，不过确实为军队的发展指明了道路。在这个阶段的末期，西班牙步兵方阵的出现将手枪兵和矛兵进行了有效的整合，这种模式主宰了欧洲战场150余年。

结 论

在1450年之后，欧洲开始从其持续一个世纪的危机中恢复。从1050年开始形成的传统得以慢慢恢复。在15世纪末期，西欧军事体系中的活力终于演变成了欧洲军事和文明领域的深刻变化。政府在行政能力和财政资源方面不断取得进展（仅因受到疫病的影响而暂时有所中断），这也将权力重心从贵族以及他们掌控的骑士力量转移开来，尽管贵族和骑士仍然在政治生活和战争中占据着重要位置。权力重心的转移也体现在了防御工事的建造方面，建造成本的不断提升让掌握更多资源的国王能够比贵族更有优势。大炮的出现更是进一步推动了这一趋势。受益于中央政府权力日益增大以及城市经济日益繁荣，步兵在1050—1500年之间的战争中发挥着越来越重要的作用。欧洲步兵的形成最初是模仿希腊建立的以社区为基础的步兵部队，但到了这个时期末，罗马式的步兵（从各类民众中挑选，经过中央政府的训练）开始在欧洲战场上成为主角。

但是军事力量的基本要素，以及它们与政治结构和政治权力之间的关系仍然存在（尽管出现了一些重要变化），自1050年起形成的发展趋势在1500年之后仍保持着。不仅如此，欧洲军事力量的社会文化特性得以确立起来。15世纪最后10年中，一系列的事件成为中世纪发展趋势的顶点，同时也成为后续时代新发展的序曲。1492年，哥伦布无意中为西班牙人征服美洲打开了大门。1494年，法国国王查理八世入侵意大利，将此作为对奥斯曼土耳其帝国进行"东征"的第一步，这也导致战场上出现一系列的创新。1498年，达·伽马绕过非洲好望角抵达印度，开辟了抵达亚洲并从亚洲贸易中获利的新航道。欧洲十字军东征式的重商主义扩张与政府的发展及军事斗争存在密切联系，在新形势下，这种扩张即将在世界舞台上演。

■ 推荐阅读

Ayton, Andrew, and J. L. Price, eds. *The Medieval Military Revolution.* New York: I. B. Tauris, 1995。
本书是从中世纪的观点出发，批判性地审视欧洲军事革命（参见第16章）的概念的文章合集。
Bartlett, Robert. *The Making of Europe.* Princeton: Princeton University Press, 1993。本书为一部将欧洲的社会结构、法律和文化与征服、殖民和扩张联系起来的重要研究著作。

Bradbury, Jim. *The Medieval Siege*. Woodbridge: Boydell, 1992。本书广泛介绍了中世纪欧洲城堡的攻防。

Contamine, Philipe. *War in the Middle Ages*。请参考第 7 章。

Curry, Anne, and M. Hughes, eds. *Arms, Armies and Fortifications in the Hundred Years War*. Woodbridge: Boydell, 1994。本书汇集了关于中世纪欧洲最大的战争的最新研究。

France, John. *Western Warfare in the Age of the Crusades*. Ithaca: Cornell University Press, 1999。本书从社会和文化角度研究了 1000—1300 年的欧洲战争模式。

Gillingham, John. *Richard Coeur de Lion*. London: Routledge, 1994。本书为中世纪军事史研究名家的文章合集。另见他的 *Richard the Lionheart*（London: Routledge, 1989）和 *The Wars of the Roses*（London: Weidenfeld & Nicolson, 1981）。

Hooper, Nicholas, and Matthew Bennett. *The Cambridge Illustrated Atlas of Warfare: The Middle Ages, 768–1497*。请参考第 7 章。

Kaeuper, Richard. *Chivalry and Violence in Medieval Europe*. Oxford: Oxford University Press, 2001。本书是对中世纪欧洲贵族结构中暴力文化的一个极好的研究。

Keen, Maurice, ed. *Medieval Warfare. A History*. Oxford: Oxford University Press, 1999。本书为一部内容可靠的精选文集，提供了编年表，重点研究战争的某一方面。另见他的 *Chivalry*（New Haven: Yale University Press, 1984），这是一部细致入微的文化史。

Morillo, Stephen. *Warfare Under the Anglo-Norman Kings, 1066–1135*. Woodbridge: Boydell, 1994。本书为一部可读性较强的研究性著作，研究在行政和政治背景下的战争模式。

Prestwich, Michael. *Armies and Warfare in the Middle Ages: The English Experience*. New Haven: Yale University Press, 1996。本书为一部汇集最新研究成果的文集，对中世纪或近代早期是否发生过军事革命持怀疑态度。

Strickland, Matthew. *War and Chivalry*. Cambridge: Cambridge University Press, 1996。本书对 1066—1216 年发生在英格兰和诺曼底的战争进行了出色的研究，考察了骑士精神的早期影响。参见他编辑的优秀合集 *Anglo-Norman Warfare*。

Vale, Malcolm. *War and Chivalry*. London: Routledge, 1981。本书是对中世纪晚期战争文化和战争规律的重要研究作品。

Verbruggen, J. F. *The Art of Warfare in Western Europe During the Middle Ages*. Woodbridge: Boydell, 2002, reprinted。本书有点过时，但仍然是一部有价值的关于中世纪中期的战略、战术和人力的研究作品。

第13章
可汗与征服

蒙古人，1150—1400 年

13世纪，蒙古人四面征战，建立了一个疆域辽阔的帝国。蒙古军队常常令他们的对手闻风丧胆。当蒙古人入侵欧洲的时候，他们的大军号称有50万人。在波斯的一场战斗中，他们号称派出了70万人发动攻击。这可能有夸大的成分，因为被打败的一方想要给自己的失败寻找借口。事实上，蒙古人动用军队最多的战争就是征服中国南宋王朝，当时他们派出了近20万人，而且其中多数是汉人和朝鲜人。仅在少数几次战役中，蒙古人集中了超过6万人的部队。蒙古人在战场上人数超过敌军的时候并不多。事实上，在战场上对手的人数常常比蒙古军队多出很多。然而，在整个13世纪，蒙古人成功地建立起了疆域最为辽阔的陆上帝国。

本章将介绍蒙古帝国的起源及其征服的历史，以阐述蒙古人如何获得如此广阔的领土。蒙古人源于中亚地区的大草原，虽然过去曾经出现过众多草原帝国（参见第6章），但没有哪一个如蒙古帝国一般强大和疆域辽阔。在几十年的时间里，蒙古帝国掌握的资源覆盖了多个文明的诞生地。蒙古人成功的基础是成吉思汗奠定的，成吉思汗建立了蒙古的军事和部族社会。蒙古军队与普通的草原帝国的军队并无二致，与敌人相比蒙古人也并不占技术上的优势，他们独有的优势就是他们的组织。

蒙古人扩张的起源

蒙古社会

地理因素是蒙古人向周边扩张的一个原因。蒙古人居住在欧亚大陆草原的一端，他们沿袭着祖先持续了数百年的游牧生活（参见第6章）。蒙古人同他们的"邻居"突厥人一样，依赖与汉人的贸易来换取制成品和粮食。当汉人拒绝开展这一贸易时，蒙古人便开始实施劫掠活动。

在12世纪晚期，蒙古人分成多个不同的部落，每个部落由一位首领统领，这位首领的地位通常是由继承获得的。蒙古部落中男性的主要工作就是打猎、放牧和作战。部落经常会受到外族的侵扰，其中一个重要原因就是外族会来抢夺女性。部分部落会与其他部落结成同盟以壮大势力，但这种同盟通常很不稳固。最常见的结盟理由就是劫掠中原，而部落首领的地位也通常只有通过赢得战争的胜利才能巩固。

在生命中的大部分时间，后来成为"成吉思汗"的铁木真都在遵从着这些蒙古人的传统而忙碌。然而，当他最终成功地将蒙古各部落统一成一个政权时，他给传统的蒙古社会带来了巨大的变化，为他之后的征服活动确立了一套强大的手段。他在建立具有持续性的军事机制方面取得的成功从其去世后这个体系仍然在运转这一事实就可见一斑——他的继任者率领着他建立的军队取得了更多的胜利。

成吉思汗的崛起

铁木真崛起的时候，蒙古还处于四分五裂的局面。他的先辈是杰出的蒙古首领，但是他的父亲只是一个很小的部落的首领，因此铁木真必须表现出自己的实力。蒙古人只会服从成功的首领，失败的首领会一无所有。

铁木真在统一蒙古各部落的过程中经历了很多失败，但从长远来看，这些失败让他懂得不应该对建立在家庭和部落基础之上的蒙古传统社会体系抱有太多幻想。他必须不断地通过作战来维护自己的地位，因此他最终建立的是一个由只忠于他个人（而不是整个部落）的指挥官组成的体系。实际上，他建立了一个新的部落，一个只忠于他个人以及他的继任者的部落。不过，在实现这一目标的过程中，他需要依赖作战的胜利来保持下属对他的忠诚，这也意味着他常常要冒险。

这一基于人员继承的组织体系与传统的草原部落军队体制完全不同。原有体制中的军队通常是由几个部落组成的联盟，这个联盟是建立在血缘关系之上的。铁木真所建立的体系则有助于建立一支更有战斗力、更有效率的军事力量，但是，在这一体系得以牢固确立之前，曾多次面临分崩离析的危险。

铁木真出生于1162年。在他出生后不久，父亲即被人所害，铁木真成了孤儿，他的部落里的许多人投靠其他部落以求保护。但凭借自己的军事天赋，他在1190年前后成为蒙古最著名的军事将领之一，手下拥有近3万名军人。在被尊为大汗的前夕，他遭到突袭并战败，他的很多下属弃他而去。到了1196年，战场上屡屡获胜使他再次获得了领袖地位。但是在1198年对乃蛮人的战争中，他再次被盟友背弃。即便如此，铁木真还是赢得了这场战争的胜利，保住了自己的地位，但实力受到了一定的影响。1203年，对手再次挑唆他的多位盟友背叛他，导致他的实力再次遭到削弱。在这个低谷时期，铁木真手下的兵力不足5000人。

然而，不到一年，铁木真再次取得了一场大胜——他在对手举行庆典喝得酩酊大醉时发动突袭取得胜利。这次胜利使他登上了蒙古统治者的宝座，虽然成吉思汗这一称号直到1206年蒙古各部落举行大会时才宣布。

铁木真如今被称为成吉思汗，他从自己的斗争经历中学到了重要的一课：不要把任何权力交给其他人，除非你能控制住这项权力并令得到权力的人俯首听命于自己。他看到的是宣誓效忠于他的人在第二天就背叛了他，甚至他的叔叔和两位兄弟也在艰难的时候背叛了他。他发现：他唯一能依赖的人就是他亲自选定的保卫他人身安全的卫队。这并不令人感到奇怪，在蒙古，卫士要宣誓效忠首领，这种宣誓常常带着一种神圣的意味。成吉思汗进一步巩固了这种忠诚，他采用的办法就是如果卫士背叛誓言,就要面临极为严厉的惩罚。忠诚的卫士则能得到重赏。当他最终登上蒙古最高统治者的宝座并开始重新组织军队时,他重用了这些忠诚的卫士。成吉思汗是一个深得用人之道的人,并不是每个卫士最终都能身居高位,只有那些证明有军事领导能力的人才会被委以重任。不过,他也一直保持着怀疑的精神——虽然他的儿子都被任命为高级军事指挥官,但他从来没有完全信任过他们。他甚至杀死了自己的几位家人(包括他的几个叔叔),因为他怀疑这些人意图挑战他的权威。

成吉思汗与《成吉思汗法典》

成吉思汗为将蒙古从一个部落联盟变成一个统一的国家付出了很多努力,其中最重要的一项就是引入了《成吉思汗法典》(Yasa)。有传说称成吉思汗在1206年的忽里台大会上推出了《成吉思汗法典》,但学者们对这一说法表示怀疑,他们认为《成吉思汗法典》成形最早也要到1225年。但是,仍然有人认为《成吉思汗法典》的一些内容在铁木真成为大汗后不久就面世了,因为他曾经命令书记员记下他为了管理蒙古各部而下达的指令。《成吉思汗法典》非常有名,但流传下来的只有只言片语,我们甚至不清楚法典中各条训令的排列顺序。

从《成吉思汗法典》的残篇中可以清晰地看到,这部法典的适用对象是所有蒙古人。法典规定的内容涵盖了军事义务、国际关系、赋税、遗产继承、战利品的分配等,但法典中的内容很少涉及婚丧等日常事务。所有蒙古人都对大汗负有义务,因此,杀死另一个蒙古人就是对整个国家犯罪,可以被判处死刑。杀死汉人或穆斯林则只会被判罚金。其他可判处死刑的罪责包括通奸、偷盗、同性恋以及不与另一个蒙古人分享食物等。对劫掠一事,法典规定:所有的蒙古人在将劫掠的财物上交一部分给大汗之后可以保留剩余部分。掳掠的女性则应先交由大汗和高级指挥官挑选。

《成吉思汗法典》中对军事义务的规定也表明成吉思汗想将蒙古人团结成一个民族而不是把蒙古建成一个联邦国家。蒙古人实施了一套统一的军事体制,蒙古人入伍后,在未得到大汗允许的情况下不能被调到任何其他部队。士兵被要求完全服从其指挥官,指挥官对其统领的军队负有责任。所有指挥官都必须毫不迟疑地执行大汗的命令,不管其是什么级别。所有不参加实际作战任务的蒙古人都要参加狩猎活动,成吉思汗认为这是最好的军事训练。

蒙古人的军事体制

行政与后勤

就总体的组织与战术而言,蒙古军队与其他亚洲内陆草原部落的军队没有什么区别。蒙古人独树一帜的地方就是他们的团结和纪律性。幸运的是,蒙古人有很多出色的领袖,这一状况持续了几代人。蒙古人的军队是按十进制组织的,一个小队是10人,大一点的组织是100人,然后是 1000 人，最后组成万人的规模。除了在想要团结其他部族的时候之外，各级军队组织通常都不以部族来划分。成吉思汗想要打破旧的部族体系，让所有蒙古人都忠于他自己，从而使蒙古人形成一个统一的整体。

有证据表明，在创立统一的蒙古军队之初，成吉思汗曾制定了大量军事制度。与《成吉思汗法典》不同，这些制度规定了军队的作战序列、夜间宿营的要求、武器的维护保养、蒙古各部族人员之间的关系等。我们不清楚在成吉思汗时代这些制度是否在蒙古各部族中普遍适用，但后来的继任者确实曾推动这些制度严格执行。

在成吉思汗的所有创举中，对整个游牧部落而言最为激进的变革可能就是蒙古卫队了。这一体制的源头是一支精英私人卫队，可能最早源于契丹人的卫队体系，随着时间的推移，卫队的人数不断增加。到了 1206 年，卫队人数达到 1 万人，其中还包括一支由精挑细选的 1000 人组成的精锐部队。蒙古卫队的人员来自普通部队，但军官全部来自蒙古贵族家庭，尤其是来自大汗手下的高级指挥官的家庭。蒙古卫队的军官都是蒙古军队指挥官的兄弟或者儿子，这也意味着除了担任成吉思汗的护卫人员之外，他们也是人质，用以督促其家人在外英勇作战。成吉思汗还相信，这些年轻人很容易对自己产生人身依附。除跟随成吉思汗上战场之外，蒙古卫队一般不参加作战任务，蒙古卫队同时也是未来领袖的摇篮。大汗从这些人中挑选领袖，而不是从自己的家人中挑选，这在蒙古是非常少见的。

每一个身体健康的蒙古成年男子都要服兵役，这使得蒙古人成了一个尚武的民族。在最初作战时，每个蒙古人除了个人的装具之外，还需要携带几匹马，军队靠山吃山，为了满足其需求，乡村常常遭殃。在后来的战争中，由于蒙古军队中常常带着上万的随从人员以及运载攻城器械的辎重车队等，所以需要更加复杂的后勤保障。这些战场往往不在可以劫掠的地方，因此，蒙古人建立了一套依靠剥削他们统治之下的民众来为军队提供补给的机制。

被征服的地区和部族需要向蒙古军队提供食品、武器、衣物、车辆、手工艺人和工匠等。在征服一个地区后，这个地区的统治者就得按要求向蒙古人上交一份其人口和资源的全面记录。这些记录将由直接为蒙古人服务的官员审查。通常，这些官员来自遥远的其他地方，以避免他们与当地人同谋。举例来说，蒙古人挑选波斯人、阿拉伯人和来自中亚甚至欧洲的人来治理中原地区的汉人，而大量汉人被送往波斯去管理当地的人。这些报告经确认后交给蒙古统治者，这样蒙古统治者就对整个帝国的资源情况了如指掌。到了 13 世纪 50 年代，帝国的一些地区开始缴纳税金，这样蒙古人可以用这些资金为进攻做准备。因此，当蒙古人对伊斯兰教狂热派实施打击时，他们从伊朗东部、高加索地区、基辅罗斯招募了大批随从人员，从亚美尼亚、格鲁吉亚和中亚征收了大量给养。

蒙古在后勤保障方面很成功。他们从有着不同传统、不同管理体制的地区征集作战物资。他们从位于草原腹地的首都管理着这些地区，任命大量官员帮助他们进行统治，这些官员有着不同的民族和文化背景，他们之间只有一点是相同的——为蒙古帝国服务。

蒙古军人

同游牧的先辈一样，蒙古军人的战斗力令人吃惊。他们从3岁起就开始接受骑乘训练。小孩子常被母亲绑在马上，直到他能顺利地学会骑马。到了5岁，蒙古儿童就开始学习射箭，他将花大量时间练习骑马打猎。男孩在16岁前将一直学习这些技巧，然后成为一名真正的蒙古武士。在培训过程中，他们还要学习如何能够连续骑马数天之久，甚至连睡觉都要在马背上。

蒙古人用的弓在草原上很常见，这种弓的射程一般为180～270米。蒙古人学会了使用两种箭，一种是箭头小而尖的箭，用于攻击远距离目标；另一种是箭头较重的箭，用于攻击近距离目标。在作战时，蒙古人一般身背两种弓，携带轻重箭各30支。蒙古人的箭袋中还带有少数特殊的箭，如用于射穿甲胄的箭和响箭。和平时期蒙古人的训练内容包括大规模的围猎等。在打猎结束后，指挥官会对打猎的情况进行讲评，如同讲评战斗情况一样。打猎有助于提升骑射水平，蒙古人在作战中最为有效的战法就是骑射。

当作战的时候，蒙古武士常常多备至少三匹马。这些马都经过了训练，能够听懂人的号令，懂得在骑手射箭时保持平衡。蒙古人在作战时还会携带一柄短剑和一支带钩的长矛，用于将对手拖下马。其他器械还包括短柄斧、用于打磨箭头的锉刀、拉货车的绳子、做饭用的铁锅、皮制水袋、皮包（装有肉干、针线、头盔、小帐篷和其他杂物）。这个皮包可以防水，这就使得其在泅渡时便于携带。就甲胄而言，蒙古人戴着铁制头盔、皮制护颈，穿着刷了漆的皮甲和鳞片状的铁甲。蒙古兵的内甲常常是多层缝合在一起的，经过软化处理，按照身体的形状铸型。蒙古兵还使用多种类型的盾牌，在进攻时常常只携带一个小盾牌，主要用于抵挡敌军射出的箭。

战略与战术

蒙古人的战术大多源自草原部落的传统战法，尤其是伏击和诈败。但成吉思汗领导下的蒙古军队在传统的战法基础上做了一些显著的创新。在发动对某一地区的攻击之前，他们尤其依赖大量的情报工作和缜密的计划。举例来说，在攻打花剌子模之前，蒙古将领向穆斯林商人了解了这一地区的各类情况。与此类似，在攻打南宋政权之前，蒙古人也从汉人及其他民族的商贾和游民处了解相关情况。为了制订作战计划，蒙古人常常会派出探马查明道路、桥梁、山路、城镇、要塞及其他与攻击相关的情况。蒙古人在这方面并非独树一帜，但他们在做这些工作的时候非常注重系统化，他们从不在不了解对手的情况下发动战争。

当蒙古军队向一个目的地行进时，他们常常兵分多路，各路部队调整自己的行军时间，以便能够在大体一致的时间抵达。这是一个令人叹为观止的特色，古代的军队很少能够成功模仿这种做法——直到拿破仑时期才被充分掌握。

蒙古军队另一个不同于其他古代军队的特点是他们愿意接受和采用各种有助于他们取得胜利的方法。其中一种方法就是把树枝绑在马的尾巴上，这样在行军时会扬起大量尘土，令人觉得蒙古军队是在大部队行军。他们会把成千上万的地方居民聚集在一起，让他们在蒙古大军前面走，使这些人看起来像蒙古军队的一部分，而当敌军攻击时，这些人往往会首先受到攻击，从而对蒙古军队起到一定的保护作用。另一个战术就是与敌人的对手结盟，而当蒙古人实现目标后，他们通常会背叛昔日的盟友。这方面最为明显的一个例子就是蒙古人曾与中国的南宋王朝结盟对抗金国，这使得南宋在蒙古攻金时牵制了数万金国部队。蒙古一直与之保持友好的盟友往往是那些同样来自草原的民族，主要是突厥人。这种愿意从对手处学习的心态非常重要。古代的军队常常不愿意改变既有的行动模式及战略战术，因为战争的类型常常是文化和社会类型的反映。蒙古军队的灵活性是他们的一个有力武器。

举例来说，蒙古军队在扩张之初遇到的最大的问题就是攻击要塞城堡。一些中国城市周围的要塞常常又大又复杂，骑兵很难将其攻克。为了实现攻城目的，蒙古人从别人那里积极学习，尤其是从有围城作战经验的中原人那里学习。成千上万的中原人受命建造攻城器械，并跟随蒙古军队在作战中操作这些器械。在攻克汴梁以及后来在朝鲜作战中，蒙古人还运用了中原人的其他发明，包括爆炸装置和喷火装置等。在后来的攻城作战中，他们还使用了中国人发明的火箭。在波斯进行的一场战斗中，蒙古人在攻击一座布防严密的城市时使用了3000部投石器、300部弩车和700部抛射燃烧物的器械。他们还动用了4000架云梯，向战场运送了几吨的石头供攻打城墙使用。这些工作都是由蒙古军队中的汉人完成的。

在征服了穆斯林地区之后，蒙古人也开始采用伊斯兰世界的攻城方式。在13世纪60年代攻打南宋时，他们发现从中原人那里学到的攻城方式对南宋城池又高又厚的城墙不起作用，因此，他们又招募了上万名波斯人和阿拉伯人随军作战，由他们来操作大型投石器，这些投石器是当时世界上抛石攻城效率最高的器械。

在战争中，蒙古人是用计使诈的高手，尤其擅长在中路示弱，当敌军进击时再利用两翼包抄的方式包围敌军。他们用旗帜、号角或灯火来传递作战信号。

蒙古人同样擅长使用箭雨战术，这是当重装骑兵进攻时用于打散敌军的战术。在作战时，这种箭雨战术可以用于攻击敌军阵营中的某个特定的位置。

此外，就战略战术而言，必须要提的一点就是蒙古人对制造恐慌和乘胜追击的重视。蒙古军队采取军事行动的一个重要目标就是制造恐慌，这样做的主要目的是打击敌军士气、削弱敌军的抵抗意志。蒙古军队从成吉思汗起就重视对溃败的敌人一定要乘胜追击直至将其消灭，以防敌军重新集结。有些时候，蒙古人常常追击敌军达30英里（约48千米）；有一个记录在案的例子是，1299年在塞拉米耶（Salamiya），蒙古军队追击敌军200余英里（约322千米）。只有在蒙古军队过于疲劳或敌军已不值得追击时，蒙古军队才会放过敌军。蒙古人作战给对手带来的恐惧从中国一位史学家做的以下记录就可见一斑："民众躲入深山老林以逃避蒙古铁骑，但能自救者不足百分之一二，田野上遍布尸骨。有史以来，没有哪个民族如蒙古人一般残暴，蒙古人往往以摧枯拉朽之势摧毁一个国家。"这种感觉不仅存在于中国人心中，也存在于同时期的穆斯林和基督教徒的心中。

蒙古帝国：征服之战

攻打金国

在成吉思汗于13世纪早期统一蒙古各部的同时，中国的北部大部分地区处于女真人建立的金国统治之下，而富饶辽阔的南部处于宋朝统治之下。与金国接壤但处于蒙古西南面的是西夏国。1207—1209年之间，成吉思汗多次攻打西夏，但每次都让他认识到，当时的蒙古人尚未做好城市攻坚战的准备。西夏国的土地惨遭蹂躏，这令其统治者意识到需要至少在名义上臣服于蒙古人，这样成吉思汗就得到了大量战利品以奖赏他的部下。如果没有这些战利品，蒙古可能就会像其他草原部落联盟一样脆弱。西夏的臣服也使成吉思汗的右翼暂时无忧了，使他可以集中精力地准备攻打金国。

蒙古国攻打金国始于1211年，许多学者认为，当时的成吉思汗并不想占领金国的土地，而是想通过劫掠获得财物来奖赏他的部下。他一开始就得到了金国内奸的帮助。女真人只占金国军队的一小部分，其他民族的成员，尤其是汉人并未得到信任。女真人在作战方面并未完全放弃游牧部落的本色，蒙古人的诈败战术和其他草原民族常用的战术对女真人常常不起作用。蒙古人对女真人作战能够取胜主要是由于蒙古军队机动性强以及在战场上有人数优势。中国北部的耕地大片被毁，这造成了灾难性的后果，死于饥荒和疫病的人甚至多于死于蒙古铁蹄之下的人。每一年蒙古人都会对金国发动战争，但在年末时他们又会退回到蒙古草原。

1215年，蒙古人似乎将其重点从劫掠改为侵略和占领。在此期间，大量金国部队向成吉思汗投降，其中包括多支攻城部队，成吉思汗将这些人用于攻打金国的城市。当年，成吉思汗的军队攻占了中都（今北京）并将其付之一炬。据称，焚城的大火燃烧了一个月，在很远的地方都可以看到。金国的军队此时已经十分虚弱，尤其是还有一大部分军队被部署在与南宋的边界上。到了1218年，曾经强盛的金国统治的地区已经被压缩到很小一块区域，中国北部的其他地区悉数落入蒙古人之手。不过，直到1234年，蒙古才牢牢控制了中国北方的全部土地。

攻打花剌子模

成吉思汗的帝国西边是伊朗人的花剌子模帝国，其首都位于撒马尔罕。这个帝国幅员辽阔，包括中亚的一大部分以及波斯。1218年，花剌子模的统治者是阿拉乌丁·摩诃末（Ala al-Din Muhammad），此时刚达到权力顶峰，对扩张兴趣十足。这一时期，成吉思汗并未认真考虑过向西部扩张，他派使臣面见摩诃末，要求开展正常贸易。关于成吉思汗致摩诃末的信件内容有多种说法，但他写了什么并不重要，因为摩诃末认为这封信是一种羞辱，遂下令其在讹答剌（Utrar）的官员杀死了成吉思汗的大部分使臣，并把其他人剃光胡子后赶回了蒙古。不知道当时成吉思汗对攻打中国已经做了什么计划，但他还是很快发动了对花剌子模的大规模进攻。

1219年夏,成吉思汗集结了一支大军,其中包括很多突厥人和中亚盟友,总数达到近10万人。大军分三路向花剌子模进发,成吉思汗亲率北路军。摩诃末的军队人数比成吉思汗的军队要多好几倍,但其军队分散驻扎在全国各地。摩诃末最终没能发挥其军队的人数优势,这是其战略失误之一。摩诃末犯的另一个错误是不信任手下的很多将领。此外,摩诃末失败的其他原因还包括伊斯兰世界内部的冲突,阿拔斯王朝的哈里发纳西尔(Al-Nasir)拒绝向摩诃末提供援助,他甚至希望蒙古人能够战胜摩诃末。蒙古军队纪律严明,一个接一个地攻占了花剌子模的要塞。一如既往,蒙古人放过了那些未经抵抗即投降的城镇,那些进行了抵抗的城镇则被摧毁并惨遭屠城。1220年2月,成吉思汗的军队抵达了布哈拉(Bukhara),布哈拉的守军惊恐万分,不战而逃。在劫掠并焚城之后,成吉思汗率领大军向撒马尔罕进发,与其他两路蒙古大军合兵一处。撒马尔罕抵抗了一段时间后也被攻占。蒙古人开始屠城,据说,每个蒙古士兵都收到了杀死一定数量的撒马尔罕人的命令。摩诃末侥幸逃脱,但被蒙古军队一路追击,最终病死于里海的一个小岛上。

1221年春,成吉思汗率军渡过阿姆河(Amu Darya River),进入花剌子模剩余的领土——阿富汗和呼罗珊(Kurasan)。仅仅几个星期的时间,这一地区的许多主要城市被毁,其中就包括木鹿(Merv,今土库曼斯坦梅尔夫)。在攻打呼罗珊的时候蒙古人采用的恐怖战术甚至比在花剌子模东部地区时还要残酷。参与抵抗蒙古人的主要是突厥人和其他草原部落,这些人在文化和军事上都与蒙古人相像。然而,他们既没有蒙古军队人多,也不如蒙古军队纪律严明。这些部落人员要么在战斗中被杀,要么向西逃跑,要么被并入蒙古军队。其中一支突厥部落最终逃到了安纳托利亚并在那里定居,正是这支部落最终建立了奥斯曼帝国。

可能是因为遇到了战术类似的部队,蒙古人在这里将制造恐慌的战术发挥到了极致。蒙古人制造恐慌的战术常常能够取得其想要的效果。在许多次战斗中,蒙古人并未携带攻城器械,仅仅依靠对手的恐惧来取得胜利。在一个有记录的战例中,蒙古将军托雷坐在黄金打造的宝座上观看其手下的军队屠杀木鹿的居民。除了屠杀了几千名居民之外,蒙古军队还毁坏了这个地区的灌溉系统,导致该地区因饥荒而丧生的人高达百万。从很多方面看,中亚的这个地区直至今日也没有完全摆脱蒙古人当年破坏所造成的影响。

蒙古人几乎所向披靡,唯一一个例外是摩诃末的儿子札兰丁(Jalal al-Din)持续进行的抵抗。札兰丁是一位非常出色的军事指挥官,在阿富汗加兹尼(Ghazni)的一座山上组织和指挥抵抗。1221年年底,他在加兹尼附近打败了一支蒙古军队,但在成吉思汗的另一支部队抵达加兹尼时,札兰丁放弃了这座城市。不久之后,札兰丁的部队遭到了屠杀,有的被赶入印度河淹死。但也有传闻称札兰丁游过印度河,冒着蒙古人的箭雨侥幸逃生。

显而易见,成吉思汗并未想将花剌子模的土地并入自己的帝国版图。1223年,成吉思汗挑选了一个傀儡并下令将自己的名字记入战史之后,率军返回了蒙古草原。他留下哲别和速不台统领2.5万名蒙古军人驻守在当地并侦察里海地区。

入侵俄罗斯

哲别和速不台行动迅速，摧毁了很多伊朗的城市，其中就包括拉依（Rai）和库姆（Qum）。大不里士幸免一劫，原因是这儿的统治者向蒙古人重金行贿。由于没有攻城器械，蒙古人被迫采用各种办法来攻占城市。他们最为成功的办法之一就是围困一个城市一段时间，然后佯装撤退，在城里的人放松警惕之后，再杀一个回马枪，趁守军不备常常能够一举攻下城市。在劫掠了阿塞拜疆人的土地之后，蒙古人越过高加索山脉进入格鲁吉亚，当地的骑兵守卫森严，这些骑兵与西欧骑士的相似程度超过了与突厥人和伊朗人的相似程度。速不台利用诈败战术将格鲁吉亚骑兵引入包围圈，哲别率领骑射手将格鲁吉亚骑兵击溃。尽管蒙古军队因遭到顽强抵抗而放弃了对第比利斯的围攻，但有多个格鲁吉亚城市和乡村还是遭到了洗劫。

蒙古人继续进军，又取得了多场战斗的胜利，其中最引人注目的是打败了与蒙古有着类似的文化和语言传承的钦察大军。其余的钦察人则逃入俄罗斯的领土，请求俄罗斯给予支援。在不确定如何应对蒙古人的情况下，数位俄罗斯王子集合了他们的部队，与钦察人的军队一起想把蒙古人打退。他们的军队在人数上达到了蒙古军队的3~4倍，蒙古人撤退了。但在俄罗斯军队战线过长且先头部队疲惫不堪时，蒙古人停止了撤退，回头沿卡尔卡河（Kalka River）攻击俄罗斯人和钦察人的联军，战斗主要在蒙古人和钦察人之间展开。钦察人被迫后撤，与俄罗斯人搅在了一起，部队乱作一团，很多士兵被杀死。但是一位王子，即基辅的姆斯季斯拉夫（Mstislav of Kiev），在撤退时井然有序，并在卡尔卡河的对岸建起防御工事。经过数天的战斗，速不台同意姆斯季斯拉夫的军队体面地投降。然而，在占领了姆斯季斯拉夫的营地后，蒙古人残忍地屠杀了姆斯季斯拉夫和他的军队。

其余的俄罗斯王子溃不成军，但幸运的是，蒙古军队当时的目的并不是征服。哲别和速不台返回了蒙古草原，攻打俄罗斯要12年后才真正开始。人数不多的这支蒙古军队是如何不断取得胜利的呢？蒙古军队的纪律性、技巧和战术（如诈败等）是他们取得胜利的重要因素。如同在众多战争中的情况一样，敌人的不团结给了蒙古军队取胜的机会。与蒙古人入侵的其他地区相比，俄罗斯人的团结程度更差。在卡尔卡河与蒙古作战的军队实质上是由4位王子统率的4支独立的部队组成的，4支部队之间的协调性很差，因为每支部队都想为自己赢得胜利而让其他王子远离胜利。事实上，由弗拉基米尔的尤里（Yuri of Vladimir）公爵率领的另一支俄罗斯部队本来也应该参加战斗的，但是他迟到了，其他人则在他还未到的时候就开始追击蒙古人。这对尤里而言是件好事，他带着自己的部队毫发无损地回到了家乡。

蒙古军队还得到了有力的情报支持。据称，大批俄罗斯人前往蒙古人那里向他们透露俄罗斯的情况。另据称：威尼斯商人向蒙古人提供了情报，以换取蒙古人劫掠克里米亚的热那亚贸易点。还有消息称钦察人向蒙古人提供了情报。不管蒙古人是从哪里获得的情报，他们对俄罗斯情况的掌握显然超过了俄罗斯人对蒙古情况的掌握。

对俄罗斯真正的入侵直到 1236 年才开始，这次入侵经过了周密的准备。蒙古军队的人数超过 15 万，其中包括盟友的部队、运送给养的人员、操作攻城器械的汉人和穆斯林，以及炮兵部队。蒙古人和突厥盟友的实际人数大概不超过 6 万。间谍先于大部队出发，四处散布谣言，制造恐慌。统率这支军队的是成吉思汗的孙子拔都，但是此次远征的幕后组织者仍是威名远播的速不台。与蒙古大军的传统做法一样，此次蒙古军队仍然是兵分两路，开始阶段的进攻目标并不是俄罗斯，而是伏尔加河沿岸的保加利亚人和钦察人的部落，这些人居住在俄罗斯公国的东部。拔都和速不台率领一路大军进攻贸易城镇保加尔（Bulgar），蒙哥则率军南下进攻钦察人。两路大军均取得了成功。没被纳入蒙古军队的钦察人逃到了匈牙利，他们在那里得到庇护并最终成为基督教徒。

1237 年，速不台决定攻下俄罗斯各公国，尽管当时正值寒冬。俄罗斯各公国的不团结再次令蒙古人渔翁得利。蒙古大军面前是梁赞（Riazan）和克鲁姆那（Kolumna）两座城市，但俄罗斯各公国仍然各自为战，不肯相互帮助。一些俄罗斯人走上战场与蒙古大军作战，但很快就被蒙古人打败了。为了攻占梁赞，蒙古人首先毁掉城市周边的乡村地区，然后建起高墙以防任何人逃出梁赞或向城内运送给养。随后，蒙古人开始用攻城车攻打梁赞的城墙，经过数天攻击，蒙古人又开始发射火器，没用几天，蒙古人就攻入了梁赞城。蒙古人在城内烧杀抢掠，大量居民惨遭屠杀。几天后，克鲁姆那也遭受了相同的命运。尤里公爵派出的救援部队没能及时到达，反而被蒙古军队包围截杀，尤里公爵的儿子也在战斗中被俘。

为了进攻尤里公爵治下的首都弗拉基米尔，蒙古军队迅速行动，截断援军。后续部队带着数千名战俘于几天后抵达。战俘们被驱赶着修筑了一道包围弗拉基米尔城的木墙。经过一段时间的围攻之后，蒙古人于 1238 年 2 月 14 日发起总攻，占领了这座城市。蒙古人纵火焚城，当时很多居民仍在城中。据称，尸体散发的恶臭令蒙古人都无法忍受。

俄罗斯的主力部队被击溃后，蒙古军队继续前进并攻入乌克兰地区。在制造了更多的伤亡和破坏之后，蒙古军队在春末回到了蒙古草原修整，同时筹划下一阶段的入侵。几个月后，蒙古军队再次出发，此次进攻的目标是乌克兰地区的城市基辅。蒙古骑兵再次在城市周围布下伏击圈，阻止任何救援部队到来。与此同时，蒙古军队用攻城器械对城墙进行猛攻，1240 年 11 月，蒙古大军攻克了基辅及其他几个乌克兰地区的城市。俄罗斯这时成了蒙古帝国的一部分。蒙古人的下一个目标是匈牙利和波兰。

入侵波兰和匈牙利

蒙古人对入侵波兰和匈牙利进行了周密的筹划，此次的目标是征服而不是劫掠。蒙古派出了大量探马和间谍前往作战区域侦察并散布消息。这在中欧和西欧大部分地区引起了恐慌。商人和游民都离开了这个地区。据称，连渔民都不愿意前往波罗的海东部地区捕鱼，他们宁可放弃生计也不希望遇到蒙古人。

蒙古大军于1241年2月兵分两路出征。人数较少的部队进攻波兰，人数较多的部队进攻匈牙利。我们不清楚当时两支部队究竟有多少人，人数较少的那支部队可能有近2.5万人，人数较多的部队可能有约4万人。当时波兰尚未统一，但当地人还是组织了一支统一的军队去迎战蒙古人。率领这支波兰军队的是西里西亚王子亨利，他手下最多有2万人。其他波兰和日耳曼贵族也派了一些人，但亨利手下最具实力的部队仍是来自不同军事序列的骑士，其中包括来自圣殿骑士团的骑士和条顿骑士。但不幸的是，这支精锐部队只有几百人。

亨利在利格尼茨（Liegnitz）附近集结部队，蒙古人则洗劫了村庄，在取得了几次小胜后，蒙古人攻占了克拉科夫（Kracow），当时城内的居民已经弃城而逃。蒙古人知道了亨利部队的位置，并且知道亨利正在等待来自波希米亚的援军。当时亨利手下可能有至少4万多人，这可能也是为什么他决定主动出击抵近的蒙古军队。1241年4月9日，双方的战斗开始了。亨利派出骑士直接攻击蒙古人的先头部队。和以往一样，蒙古人再次诈败，将亨利的部队引入伏击圈。在战斗中，蒙古人在亨利的骑兵部队和步兵部队之间燃放烟雾，导致亨利的军队乱作一团。蒙古人斩杀了数千人，其中包括亨利本人和很多波兰贵族。这支蒙古军队在转向支援进攻匈牙利的另一支蒙古军队之前，又攻击并摧毁了数座城镇。

具有讽刺意味的是，1241年4月9日，亨利于利格尼茨吃败仗的同一天，匈牙利国王贝拉（Bela）率领8万人迎战蒙古人。匈牙利人的弱点与波兰人相似：因匈牙利诸王子之间连年互相征战，匈牙利人之间缺乏足够的团结。为了对抗蒙古人，匈牙利人之间虽然表面上团结了起来，但是愚蠢的贝拉赶走了答应提供帮助的钦察人。蒙古人做出撤退的架势，贝拉的军队追击蒙古军队长达数天。蒙古人一直将贝拉引诱到预先选好的位于绍约河（River Sajo）附近的战场，结果是蒙古人大获全胜。蒙古人用抛射器抛射火球和烟罐，以破坏匈牙利人的队形，将其打散。屠杀持续了数天之久，匈牙利成为蒙古帝国版图的一部分。

教皇号召再进行一次十字军东征，西欧的所有骑士都准备迎战蒙古人的入侵。不过，在1241年12月，窝阔台大汗去世，在中欧的蒙古军队收到命令撤到俄罗斯境内较易防守的地区。这支部队的统帅拔都则返回都城哈拉和林竞争下一任大汗。在之后几十年，蒙古人又对波兰和匈牙利进行了多次劫掠，但没有再侵占土地或向更西边的地区发起进攻。

入侵波斯

成吉思汗建立的新部族体系取得了成功，最为明显的例证就是在成吉思汗去世后，蒙古帝国仍然保持着团结并继续扩张的步伐，他的子孙们继承了他的遗志。他将蒙古民众忠诚的对象从部族和家庭转变为蒙古帝国的大汗。诚然，蒙古军队在战场上取得的胜利有助于巩固蒙古人对大汗的忠诚，正如蒙古军人分到的大量战利品有助于维护军人对将领的忠诚一样。蒙古军队的征服步伐在成吉思汗去世后又持续了数十年，这也是对成吉思汗非凡的组织领导能力的最好回报。

在成吉思汗死后的最初几年，蒙古人首先灭亡了金国，而后侵占了俄罗斯和东欧。到了13世纪50年代，他们准备再次将目标转到伊斯兰世界。事实上，由于中亚的大部分地区和呼罗珊地区都由蒙古人的傀儡政权统治，蒙古人实际上并没有离开伊斯兰世界。唯一幸免于难的是马穆鲁克在埃及和叙利亚建立的伊斯兰教国家。在巴格达的阿拔斯王朝哈里发得到了在伊拉克和伊朗西部的几个突厥和库尔德穆斯林贵族的效忠，也得到了藏身在要塞中的穆斯林激进分子的效忠。

在1251年举行的一次部族首领大会上，蒙哥大汗派忽必烈征服南宋政权，派忽必烈的兄弟旭烈兀征服西亚。他下令先消灭伊斯玛仪派（Ismailis），摧毁他们的城堡，击败独立的穆斯林贵族，并迫使阿拔斯王朝哈里发投降，将叙利亚和埃及纳入蒙古帝国的版图。有人推测，下令消灭伊斯玛仪派的主要原因是他们派出了400名伊斯兰教极端分子前往哈拉和林刺杀蒙哥。旭烈兀的大军于1253年出征波斯，但直到1256年才到达。这对蒙古军队来说行军实属缓慢，但这也显示出蒙古军队适应环境和调整战术的能力之强。为这支军队提供给养都是由先于蒙古大军进发的人员安排的。行军沿线的各个公国都被要求服从指令并向蒙古军队提供给养。除了近6万名蒙古军人和其他盟友的军人之外，旭烈兀的大军中还有数万名汉人步兵以及一大批攻城器械。这些器械将被用于攻破伊斯兰教狂热派阿萨辛派（Assassins）的石头城堡。这一地区的大部分穆斯林首领都很快向旭烈兀投降了，其中包括占据着战略位置的伊朗法尔斯省（Fars）的贵族。旭烈兀率领大军进攻伊斯玛仪派首领卢肯艾丁（Rukn ad-Din）的城堡。旭烈兀用攻城器械对城堡发动猛攻，卢肯艾丁害怕蒙古人破城后会屠城，决定投降，以求得到宽恕。旭烈兀答应，如果卢肯艾丁投降，就会保证他的安全。卢肯艾丁投降后，又下令很多阿萨辛派的城堡开门投降。这样一来，旭烈兀没有经过长达数年的围城战，就迅速取得了战争的胜利。

旭烈兀随后将目标转向了巴格达，要求哈里发穆塔希姆（al-Mutasim）投降。旭烈兀的言辞显然过于傲慢，穆塔希姆没有投降，反而要求蒙古人投降。旭烈兀兵分两路包围了巴格达。一路蒙古军队来到底格里斯河西岸，旭烈兀则亲率主力部队进抵巴格达以东。1258年1月，在轻松击败了试图阻止蒙古大军围困巴格达的阿拔斯王朝军队后，旭烈兀加强了对巴格达的包围。

就在此时，穆塔希姆认识到抵抗完全是徒劳的，准备与蒙古人谈判以求其撤军。他派出什叶派长老去与蒙古人讲和。但这位长老可能已经暗中投降了蒙古人。蒙古大军步步紧逼，巴格达城中的居民开始恐慌。到了2月5日，蒙古人的攻城器械已经将巴格达城东部的城墙轰塌。试图逃离的人都被蒙古人俘获并杀死了。蒙古人的目的就是向穆塔希姆施加更大的压力，逼其投降。穆塔希姆于2月10日亲自向旭烈兀投降。蒙古人要求城中的所有居民离开城市，且不准带走任何东西。然后蒙古人残忍地杀死了那些不听命令离开城市的人。城市被焚毁，据称有9万多人被杀，但据称基督徒被蒙古人饶恕了。穆塔希姆本人也惨遭马踏而死。

旭烈兀继续向下一个目标进发，就是将叙利亚和埃及纳入蒙古的版图。蒙古人此时给伊斯兰世界带来的破坏已经难以计算。除了大规模的屠杀及破坏之外，蒙古人还彻底摧毁了哈里发政体，从先知时代起，哈里发就是伊斯兰的象征。哈里发的灭亡也意味着穆斯林在精神上和物质上的双重溃败。对当时的很多人来说，似乎只有埃及的马穆鲁克王国阻止着蒙古人灭亡伊斯兰世界。马穆鲁克在艾因贾鲁（Ayn Jalut）取得的胜利不光是挡住了蒙古铁骑，而且被视作对伊斯兰世界的拯救（参见专题 B：艾因贾鲁之战，1260 年）。

专题 B：艾因贾鲁之战，1260 年

1260 年发生在叙利亚的艾因贾鲁之战是历史上最著名的战役之一，交战双方是蒙古人和埃及的马穆鲁克。许多古代和当代的历史学家都认为，如果蒙古人在这场战役中取胜，那么伊斯兰世界可能就不复存在了。马穆鲁克王国是伊斯兰世界最后一个较大的王国，他们战胜蒙古人也被视作为伊斯兰世界赢得了从蒙古入侵中恢复的时间。也有一些当代历史学家认为，艾因贾鲁之战的意义可能还没有到生死关头的程度，即便蒙古人赢得了这场战役，他们也不大可能顺势占领埃及。原因在于埃及的土地并不适合蒙古人生存。决定艾因贾鲁之战结果的主要因素是参战的并不是蒙古的主力部队，而是一支不超过 1.2 万人的先头部队。在 1260 年年初，旭烈兀统率的蒙古军队在中东地区连战连捷，不仅占领了巴格达，还占领了叙利亚的一大部分。但是，蒙哥大汗于 1259 年去世，1260 年年初，这个消息传到了旭烈兀那里。由于担心新选的大汗会对自己不利，旭烈兀率军回到了距离蒙古草原较近的地方，以确保自己在选举大汗时也有发言权。他留下怯的不花率领 1.2 万人继续作战，不知道为什么旭烈兀只留下这么少的兵力来统治如此辽阔的一片区域，且强大的敌人就在附近。

怯的不花统率这支人数不多的部队深入叙利亚，并向马穆鲁克苏丹忽都斯（Qutuz）发了一封语带讥讽的信函，要求忽都斯投降。忽都斯则杀了蒙古信使，并将其头颅悬挂在营地外示众。这一举动也预示马穆鲁克与蒙古人的战争不可避免。蒙古人对使者被杀一事的愤怒尽人皆知。与蒙古人的其他敌人不同，马穆鲁克在面对蒙古人威胁的时候非常团结，忽都斯在抗击蒙古人的时候不必担心会有人背叛他。忽都斯还决定，不能等蒙古人抵达埃及，而是应该在北边抗击蒙古人。

怯的不花率领着蒙古大军及一部分亚美尼亚人和突厥人于 1260 年 9 月初抵达一个叫艾因贾鲁的地方。马穆鲁克则集结了 2 万多人的大军前往迎敌。忽都斯想了一些办法以安全地通过十字军国家的领地。十字军国家的贵族们认为蒙古人显然是更大的威胁，因此乐于看到马穆鲁克和蒙古人大打出手。他们不仅允许忽都斯的部队安全地通过其领土，而且还向忽都斯的部队提供了给养。

两军的先头部队之间有一些小的战斗，但真正的大战直到 9 月 3 日黎明才打响。人们相信马穆鲁克引诱蒙古人进入了包围圈，但最近的研究表明这种说法不符合事实。蒙古人先发起了冲锋，险些冲散马穆鲁克军队并消灭其左翼。但马穆鲁克的左翼部队在忽都斯

> 和拜伯尔斯（Baybars）的督战下抵挡住了蒙古人的冲击。马穆鲁克随后发起反击，但被蒙古人击退。怯的不花率领蒙古人发起第二轮冲锋，险些再次击溃马穆鲁克的部队，但马穆鲁克再次抵挡住了蒙古人的冲击。当马穆鲁克再次发起冲锋时，恰逢怯的不花的突厥盟友叛逃，马穆鲁克因此而受益。这次冲锋成功冲散了蒙古军队，怯的不花战死。很快，被冲散的蒙古人聚成一路逃离了战场。
>
> 马穆鲁克取得胜利的原因之一是他们在人数上超过蒙古军队，当然，蒙古军队的盟友——突厥部队的叛变也使马穆鲁克在战斗中受益。不过，马穆鲁克在艾因贾鲁之战取得胜利的主要原因是：虽然交战双方的主力部队都是骑射手，但马穆鲁克更加适应战场的天气和地形，马穆鲁克的甲胄也要比蒙古人的更结实，更能起到保护作用。此外，马穆鲁克的战马也比蒙古人的战马更大更强壮。简单地讲，在战斗过程中，蒙古人渐渐感到疲惫，蒙古人的战马也无法再忍受叙利亚的酷热。体型更大也更强壮的马穆鲁克战马则更适应这种战场环境。马穆鲁克能够在这种环境中生存下来，而蒙古人则被折磨得痛苦不堪。
>
> 就算艾因贾鲁之战的历史意义没有那么重要，这场战役也称得上一次伟大的心理对抗。多年来蒙古人不可战胜的神话一直为蒙古大军提供着精神支撑，但此役之后，这个神话被打破了。蒙古人和马穆鲁克之间还发生过几次交战，但艾因贾鲁之战标志着蒙古向西扩张的终结。

东方的战役

尽管其他几个战场上也在作战，但蒙古人还是在1231年派出一支军队征服朝鲜。朝鲜军队被迅速击溃，残余部队逃入山区，修建了攻防兼备的石头城堡。与此同时，朝鲜王室则逃往了今首尔附近的江华岛。朝鲜人的抵抗令蒙古人颇为沮丧，他们不得不派来中国的攻城专家来对付朝鲜人修建的要塞。在这次战役中，我们看到了首次有记录的用火药制造爆炸物来攻城的例子（蒙古人将炸药装在罐子中，用抛射器投入朝鲜人的城中）。到了1236年，蒙古人已经占领了朝鲜的绝大部分。但是直到1241年，朝鲜王室才下令军队投降，接受蒙古人的统治。在那以后，朝鲜王室仍在江华岛坚持了近30年。

在派遣旭烈兀征服波斯的那次部落首领会议上，各位首领还决定彻底征服南宋王朝。尽管蒙古人牢牢地掌控着中国北部，但从中国北方收获足够的粮食仍旧面临困难。因战乱造成的破坏程度惊人，而且中国北方原本就土地贫瘠。只有控制了富庶的南方，蒙古人才能得到足够的给养。蒙哥大汗亲自率领大军征宋，忽必烈则为领军大将。

在战争开始不久，蒙哥大汗就去世了。因为忽必烈要竞争王位，进攻南宋一事被暂时搁置。在最终成功地成为大汗之后，忽必烈不得不腾出一部分精力对付王位的竞争者，同时还要完成征服南宋的计划。征服南宋需要蒙古军队吸纳汉人步兵以及海上力量，这一任务花了近40年才完成。在忽必烈巩固自己的统治之前，他就将注意力集中在了继续扩大蒙古的统治区域上。在征讨日本和爪哇期间，蒙古人首次进行了海战。这对生长于草原的蒙古人来说无疑是一个严峻的挑战，尽管他们曾经在中国的内河作战并积累了一些经验。

对日本的进攻是从朝鲜发起的。准备战争的过程对朝鲜人来说是一个沉重的负担。他们受命建造大船并负责提供船员。最初，蒙古人还要求朝鲜人提供给养，但被战争破坏的朝鲜根本无力提供物资，最后给养只得由中国提供。蒙古人利用中国高效的运输体系运送了大量的粮食和武器。

对日本的首次入侵发生在1274年11月，大约有2万名蒙古军人（包括一些女真人）参战，另外还有几千名极不情愿加入战争的朝鲜人。蒙古人首先在九州岛西岸的博多湾登陆，蒙古人的到来令日本武士们措手不及。日本人是单兵作战，而蒙古人是严格按阵形作战，并且箭如雨发，令日本人叫苦不迭。除此之外，蒙古人还携带了攻城器械，用抛射器抛射爆炸物攻击日本人。惊恐的日本人被迫退回到要塞中。但他们进行了顽强的抵抗，入夜时分，蒙古人退回船上。结果风暴来临，大量船只被毁，忽必烈不得不等待数年的时间才能再次进攻。

蒙古人对日本的第二次入侵发生在1281年，蒙古人不仅做了更周密的准备，而且在蒙古军中吸纳了数万的汉人和朝鲜人。此次，日本武士认识到了日本人的战术与蒙古人的相比过于落后，因此他们也做了充分的准备。蒙古人在6—7月发动了第一轮攻击，但进攻被日本人打退，蒙古人无法占据稳固的滩头阵地，不仅如此，很多蒙古人还因感染疾病而死去。但在8月中旬，蒙古的大批援军到来，军心大振。然而，在这支人数庞大的军队准备进攻时，一场台风到来，蒙古舰队惨遭摧毁，日本人相信是神在为他们提供帮助，拯救了他们的性命。因此，日本人把这场台风称为"神风"。忽必烈又为第三次进攻日本做了准备，但第三次入侵一直没有真正进行。

对爪哇的进攻发生在1293年，这次战役取得的战果比在日本稍多。同以往一样，蒙古人为此战也进行了精心的准备。蒙古大军从泉州出发，大军包括3万名蒙古和汉人士兵，另携带可供食用至少一年的食物和充足的武器弹药等。蒙古大军还携带了一定数量的银两，以供购买必要的给养。与日本不同，爪哇不是一个统一的王国。蒙古远征军开始实施他们的传统战略——与一派结盟来打击另一派。蒙古大军取得了数次胜利，但在蒙古人准备指望他们的盟友时，爪哇人发起了反击并通过伏击消灭了大量蒙古人，残余部队勉强逃回到船上。蒙古船队最后返回了中国。

尽管蒙古入侵日本和爪哇总体而言是失败的，但战争表现出的不光是蒙古军队在军事领域的局限性。战争中，蒙古军队派遣数千只战舰横跨大洋，显示出蒙古人有能力远离在大漠草原的家乡，转而利用其辽阔帝国的其他战争资源。

作为统治者的蒙古人

对被征服土地的治理

蒙古人治理被征服土地的目标就是服务于其军事扩张活动。前文中谈到的蒙古军队后勤保障完全依赖于对帝国领土的有效治理。蒙古人对治理定居民族本无经验，因此他们需要依赖那些对治理定居民族有经验的人。对被治理民族的人民和官员的管理需要通过外地人作为中间人。总的来讲，蒙古统治者在这些人实施剥削和压迫政策时并没有采取措施加以制止。如果有民众胆敢叛乱生事，蒙古统治者则会动用蒙古军队或盟友的军队进行镇压。

蒙古人的统治是建立在对被统治地区的人力及物资资源的大量索取基础上的。被统治民族的人民有时需要做大量辛苦的工作，其中包括建桥、修路、修建水利设施、建房和修筑城墙等。大批的工匠、技师和其他手工艺人被蒙古人调离家园前往蒙古人需要的地方。蒙古王子和军队将领将数千名此类手工艺人当作奴隶。还有大量的中国船工被送往中国各地乃至中亚负责人员和物资的运送。帝国各地的居民都有义务维持帝国庞大的驿传系统。在波斯和高加索地区，整个村庄的人常常都需要为驿站服务。

从很大程度上讲，蒙古人成功地实现了将整个帝国的人力、物力服务于其军事需求。蒙古统治者有能力把他们所需的兵员、物资和技术人员从帝国的一端运送到另一端。哈拉和林成为整个蒙古帝国最为富裕繁荣的中心，但在蒙古帝国崩溃之时，哈拉和林的繁荣也不复存在。（参见专题C：蒙古人留下的遗产）

专题C：蒙古人留下的遗产

我们如何看待蒙古人留下的遗产呢？历史学家一直对蒙古人的影响存有争论，尤其是对蒙古人统一大片区域后对欧亚大陆的商贸交流所做的贡献是否超过了他们四处扩张造成的损失。

诚然，蒙古帝国建立所带来的一个结果就是欧亚贸易大市场的出现，这个大市场的规模是前所未有的。蒙古人鼓励贸易，并且尊重商人。原因可能是蒙古人需要从商人那里获得很多他们自己无法生产也无法从邻近国家劫掠的东西。来自伊斯兰世界和欧洲的商人们能够在蒙古人的土地上安全地通行。来自中国的商品被大量运往欧洲，这种景象几百年未曾有过。蒙古帝国衰落后，这种贸易不复存在，这也激起了欧洲人试图从海上寻找通往亚洲的通道的愿望。除贸易之外，如我们在前文中提到的，商人们有些时候也能向蒙古军人提供作战物资。

从另一个方面讲，促进欧亚大陆的贸易与蒙古人四处扩张所带来的人员和财产损失相比简直不值一提。蒙古人将城市变成了一片废墟，良田变成了荒地，数百万人被屠杀。此外，蒙古人的入侵还常常伴随着饥荒和疫病。蒙古人屠杀开始的几年，他们显然不太清楚如何对待城市。成吉思汗担心他的军队会被城市生活影响，所以下令他的士兵把城市连同居民一起毁灭。屠杀与破坏活动在撒马尔罕、布哈拉、大都、基辅等多个城市多次上演。这些大屠杀通常都是故意实施的：居民被驱赶到附近的空地，被迫分成几群，然后被有组织地杀死。感受到这种蒙古式屠杀的不光是城市。无数的乡镇和村落同样惨遭破坏，因为蒙古人会破坏灌溉系统，或是焚毁庄稼，使敌人得不到粮食。举例来说，蒙古人破坏了黄河堤防，导致中国北方数百万人丧生。蒙古人直到攻打宋朝时才改变了这一战略，但在金帐汗国和察合台汗国，这种破坏土地、屠杀民众的政策一直在持续。此外，蒙古人的税赋政策也导致数以百万计的人陷入饥荒。

蒙古人的破坏行为常常伴随着疫病的流行。举例来说，蒙古人攻打汴梁期间丧生的 10 万余人当中，大部分是感染疫病而死的。事实上，死于疾病的人远远多于死于战事的人。这些疫病当中最具破坏力的就是蒙古人在世界多地传播的黑死病。在 14 世纪 30 年代，数百万中国人因黑死病而丧生，不久之后，这种疫病就被传到了中东，造成的结果令人恐惧。到了 14 世纪 40 年代后期，黑死病传到了欧洲，导致欧洲 1/3—1/2 的人死亡。

蒙古人四处扩张改变了世界的面貌。促进贸易是短暂的，而蒙古人带来的破坏是持久的。中国失去了世界贸易中心和科技中心的地位，尽管在之后的几个世纪中国恢复了部分实力。阿拔斯王朝的灭亡意味着伊斯兰世界已经不再是一个统一的文明。波斯花了数百年的时间才从蒙古人的破坏当中缓过劲来。中亚文明中心被破坏造成的影响则是永恒的。蒙古人自己则要么被这些文明同化，要么又回到了蒙古草原。他们对自己家乡的文明发展没有做出什么贡献，蒙古军队的那种独特的团结精神也没有谁能够模仿。

帝国内部的成就与压力

蒙古帝国的建立导致巨额的财富流入哈拉和林。事实上，在帝国建立之前，草原上根本没有首都，也很少有城市中心。蒙古统治者仍然居住在帐篷中，不过这些帐篷已经是精心制作且装满了来自中国、波斯、印度、欧洲以及其他地区的财宝。来自欧亚大陆各地的商人都前往哈拉和林开展贸易活动。

如同众多草原部落社会一样，蒙古的王位继承也没有确立制度。成吉思汗选三子窝阔台继承汗位，也是在得到了其他儿子和高级将领的支持后才做出的决定。接下来两任大汗则是由蒙古部落首领及王子召开大会选出来的。在下一任大汗产生之前，国家的行政权力由前任大汗的妻子掌管。这也使得这些女性掌握了足够的权力以影响大汗的选举。这种选举大汗的方式一直持续到蒙哥大汗去世。蒙哥大汗去世后，对汗位的争夺引发了暴力冲突。最终胜利者是忽必烈，忽必烈也是最后一位掌握实权的大汗。不过，即便是忽必烈也没能像他的前任那样将权力的触角遍及蒙古帝国的各个角落。事实上，统一的蒙古帝国分裂成了 4 个独立的政权。每个政权都将大部分精力用在了与其他国家作战上。忽必烈去世后，蒙古帝国的扩张脚步停了下来。

结 论

虽然后来又出现了源自草原的征服活动，如满族人的扩张、莫卧儿帝国的建立以及奥斯曼土耳其帝国的建立等，但蒙古人仍然是草原文明的最后一次大扩张，其政治和文化中心仍然在草原上。它也是欧亚大陆上持续2000年的游牧文明与定居文明之间冲突互动的顶峰。游牧部落由骑射手组成的军队在蒙古帝国崩溃以后的3个世纪中仍然是各国所面临的重要军事威胁，但他们再也没有能够像蒙古人那样对定居文明进行统治。

蒙古帝国的征服行动所造成的冲击是多方面的，到底应该如何评价直到今天也没有定论。但就欧亚大陆究竟是从蒙古人的征服中受益还是受害这一问题，蒙古人所产生的重要影响是不容辩驳的。

最近的遗传学研究证明，蒙古人征服的冲击在今天的人口统计学研究中仍然有所体现。据称，今天世界上约有1600万人是成吉思汗及其亲属的后代。至少从这方面来看，成吉思汗的一生是成功的。

■ 推荐阅读

关于蒙古人的著作相当多，也有很多重复。然而，有一些著作在描述蒙古人、成吉思汗以及蒙古军队的各种军事行动方面较为突出。以下是这些书中最有用的几本。

Amitai-Preiss, Reuven. *Mongols and Mamluks: The Mamluk-Ilkhanid War, 1260–1281.* Cambridge: Cambridge University Press, 1995。这本书深刻分析了马穆鲁克如何战胜蒙古人以及草原帝国的生态局限。

Chambers, James. *The Devil's Horsemen: The Mongol Invasion of Europe.* London: Routledge, 1979。这是一部很出色的讲述蒙古征服的著作，特别是关于俄罗斯和欧洲战役。

Grousset, Rene. *Empire of the Steppes: A History of Central Asia.* New Brunswick: Rutgers State University Press, 1997。本书提供了蒙古人的大量细节，特别是他们的征服情况。

Kahn, Paul. *The Secret History of the Mongols: The Origin of Chingis Khan; An Adaptation of the Yuan Chao Pi Shih.* San Francisco: Harper & Row, 1984。本书提供了成吉思汗崛起的蒙古"官方"版本。

Lococo, Paul Jr. *Genghis Khan: History's Greatest Empire Builder.* Washington, D. C.: Potomac Books, 2008。本书简要讲述了成吉思汗的军事才能和成就。

Morgan, David. *The Mongols.* Cambridge: Cambridge University Press, 1990。本书可能是介绍蒙古最好的著作，讲述了对人民有组织的治理、他们的崛起以及帝国的管理。

Rossabi, Morris. *Khubilai Khan: His Life and Times.* Berkeley: University of California Press, 1988。本书更像是一部政治和文化史著作，书中也讲了很多忽必烈的统治情况。

Saunders, J. J. *The History of the Mongol Conquests*. Philadelphia: University of Pennsylvania Press, 2001。本书是最容易理解的蒙古征服的整体叙事著作。

Sinor, Denis. "The Mongols and Western Europe." In *A History of the Crusades*, vol. 3. Madison: University of Wisconsin Press, 1975。本书对于蒙古人与欧洲的接触情况做了比较学术性的研究。

第 14 章

学者、武士和苏丹

亚洲，1100—1500 年

1100—1500年间，东亚和南亚都被蒙古人统治。中国是这个地区的文明中心，但是由蒙古人统治了将近一个世纪，在这段时期一直面临着游牧民族的挑战。日本成功地击退了蒙古人的两次入侵，印度则受到蒙古人入侵伊斯兰世界的间接影响。在上述几个国家当中，蒙古人产生的长期影响似乎比直接影响要更大。中国、日本和印度对待以战争和贸易为表现形式的全球接触的日益频繁，尤其是蒙古人的战争行动，采取了不同的应对方式，这也表现了三种文明的不同价值观。军人在社会和政治架构中的作用，尤其是军事权力与政治权力之间的关系，是理解上述相异之处的一个重要依据。

中　国

南宋，1127—1279年

军事体系　　如在第9章中提到的那样，女真人的入侵迫使宋朝政权于1127年南迁，这对中国产生了破坏性的影响。宋王朝在其北部边境建立的兵营被迅速摧毁。女真人抓住机会派出骑兵部队攻入中国南部。宋朝军队分散在各地，战斗力也不够强，宋王朝的残部曾经一度被逼至海上。由于缺乏足够的工匠和海员，女真的海军不得不放弃攻打残余的宋朝势力。

　　南宋政权统治区的地形不适合骑兵作战，而且女真人占领的土地上起义频繁，加之一批有经验的将领出现，使宋朝于12世纪30年代出现复兴。当宋朝军队把女真人赶到淮河以北后，他们发现其角色有所改变。在几位有指挥才能的将领领导下，久经沙场的宋朝部队把女真人一直赶到了黄河北岸。北方久经战火，已经无法给军队提供足够给养。此外，宋朝也想见好就收，于是与女真人签署了协议，答应与女真人划河而治。宋朝军队退回到淮河以南，指挥宋朝军队的多位将领被朝廷逮捕处决。当与女真人的危机得到有效控制之后，南宋朝廷不愿意再将权力交到军队将领手中。朝廷中很多人甚至觉得就算被外族征服也比让军队的将领改变传统的儒道要好。

　　中国的北方落入女真人的手中，宋朝的军事力量也大不如前，根本无法保卫朝廷和人民。但是中国的很多精英还是对收复北方充满热情。朝廷的目标则存在矛盾：军队不应该太强大，强大了会威胁到朝廷，但也不能太弱小，太弱小就无法抵御外敌的入侵，也无法收复北方领土。

　　在女真人的威胁有所减弱的情况下，宋朝的军队被分成了四个主要部分和一支御前军。军队主要沿国家的北部和西部边境驻扎，御前军则驻扎在杭州。与唐朝和北宋时期不同，南宋的御前军并不是国家的主力军队，而只是保护皇帝安全的卫队。驻扎在边境的部队都有其内部的行政机构，并且拥有一定的自主权，这与北宋时期的军队差别很大。每支部队都有一支舟船分队，有时这支分队拥有数百艘船舶。这些水上力量负责内河巡逻，河流沿岸则建有石制或木制的要塞，这些要塞把守着各个战略要地。

文官统治得到了继承，但比在北宋时期要宽松很多。军官一般是通过世袭来取得职位的，也有一部分是通过科举考试获得职位的。宦官不得担任军事指挥官，而在北宋末年这一现象还很普遍。实际上，指挥宋朝军队的宦官在女真人入侵时有很多人都被斩首了。

所有军官都应该熟读中国的兵书，这些兵书就是"武经七书"。那些经过科举考试获得军官职位的人会接受就这些兵书的内容进行的考试，考试的内容还包括体力和骑射等能力。设立武举考试的目的就是给军队引入新鲜血液，同时也保证军官阶层中有一部分是熟读中国兵书的人。

到了 12 世纪晚期，通过武举考试成为军队将领的人获得了良好的声誉。在发生危机期间，地方民兵组织也如雨后春笋一般出现。战斗力强的民兵组织常常会被编入朝廷的正规军队，民兵组织的首领常常也能获得军官职位。在军官队伍专业素养提升的同时，军队最高指挥权却往往被交付给文官，军官的升职也主要是靠资历。南宋王朝在军事领域的最大贡献是在围城战术和技术上。长江和汉水沿岸密布着要塞，目的就是阻止敌人顺流而下或是渡江而来。守军常常用抛射车、投石器来守卫这些要塞。要塞还配备了大量的燃烧品，很多也是通过抛射车抛射的。河流上的船舶包括一些安装有桨轮的船，这些船可以沿河流快速航行。在 12 世纪和 13 世纪，中国南方非常富饶，这也使得南宋王朝有能力给部队配备大量的铁制和钢制武器。除此之外，生产中心还制造燃烧弹连弩和喷火装置等。（中国使用火枪的信息来源已经不甚清楚，中国人使用竹筒或铁筒，或类似于火炮的原始武器。但这个时期中国人使用的火器都是小型的，有时不太稳定，且主要是手持的。中国人似乎自主发明了火枪，没有借鉴欧洲人，至少原则上是这样，但是就有效的火炮而言，优势还是在欧洲。）为了保护士兵免受女真人弓箭的伤害，宋朝制造了包有铁壳的车辆，这有点像古时候的"坦克"。宋朝建立了一套复杂的机构来在配属部队前对武器装备进行试验。毫无疑问，女真人入侵的威胁一直存在，宋朝又决心要收复北方，这些都为军事领域的创新提供了动力。

与金国的冲突　在金国与南宋签署和平协议之后 100 年里，两个国家并没有能和平共处。即便是和平时期，两国也常常是为战争做着准备。但是，由于受到地理、人力、政治等因素的影响，双方都无法给对方制造严重的威胁。女真人在和平协议签署后发动的唯一一场战役是在 1161 年，结果以失败告终。宋朝防守得力，使女真人几乎毫无所获，而且宋朝的岁贡数量还有所减少。宋朝则在 1206 年借契丹叛乱和蒙古入侵金国领土之机发动了一场攻打金国的战役，但这场战役同样没有取得成功。金国统治之下的汉人没有借机起义以支持南宋的进攻。到了 1208

年，宋朝又被迫退回到淮河以南，并且增加了给金国的岁贡数量。岁贡对宋朝来说不算什么，但这场失败让宋朝颜面扫地。对金国来说，他们虽然打胜了，但其军事实力遭到了严重的削弱，在这之后不久，金国就将面对成吉思汗领导下的新统一的蒙古军队。

金国的灭亡以及对蒙古人的防守 第13章介绍了蒙古人攻打金国和南宋的情况。在此我们简单介绍南宋政权对蒙古人的进攻所做的反应。南宋军队依然无法成功实施攻击行动，其中一个很重要的原因就是宋朝军队中缺乏足够的骑兵。从防守的角度来看，宋朝人利用地形和财富方面的优势坚持了40年而没有被蒙古人彻底击溃。

蒙古人对中国北方的进攻开始于1211年，进攻行动严重削弱了金国的实力。1214年，宋朝停止岁贡，这令饱受蒙古人劫掠的金国军队和行政雪上加霜。到了1221年，金国的命运已经可以预见了。内部的动乱，加之蒙古人的攻打（南宋王朝向蒙古人提供了支持和补给），导致金国政权崩溃，1234年，金国灭亡。

南宋王朝得到蒙古已经将大部分军队撤出中原的消息后，遂决定收复北方。南宋王朝再一次低估了战争带来的影响，它向北方派遣了大量军队，但是补给严重不足。宋军统帅原想可以就地征集，但是中国北方的土地已经被严重破坏，连当地百姓都无法养活。宋朝军队抵达洛阳后，有数千名士兵饿死，部队开始瓦解。宋朝军队甚至连运送给养的计划都未做，因为在南方，宋军都是靠河流来运送物资的。杀回来的蒙古军队未费吹灰之力就将宋军赶出了中国北方。中国北方被撂荒的土地刚好被蒙古人用来养马。

1235年，蒙古人决定征服宋朝，但几十年中他们一直受到宋军的阻击，当初正是因为遭到这样的阻击，女真人才在中国南方铩羽而归。直到部分宋军叛变投降蒙古，并为蒙古人提供了大量水军，征服整个中国才最终实现。（参见专题B：围攻襄阳，1268—1272年）

专题 B：围攻襄阳，1268—1272 年

1266年，忽必烈统领的蒙古军队在平定了一系列内乱之后，重新开始攻打南宋政权。到了1268年年初，蒙古最伟大的将领之一伯颜（Bayan，此处作者记述有误，襄阳之战的元军主将是阿术，而非伯颜。——编注）抵达了襄阳和樊城。两城都是由石头筑成的，配备有各种防御器械，并由一座浮桥连接。战船在河流上来往巡逻，这也保证了两座城池能够得到足够的补给和武器。如果蒙古人想打过长江，那他们就必须先攻下这两座城市。蒙古炮兵先对襄阳发起轰击，蒙古炮兵主要是由来自中国北方的汉人组成的，其中很多人都是曾在蒙古军队服役的汉人的后代。不过，蒙古抛射器投出的燃烧物对坚固的石墙根本不起作用，翻墙或是挖掘地道也未获成功。宋朝守军抛掷燃烧物，杀伤蒙古攻城部队数千人，其中大部分是汉人、女真人和突厥人。

直接进攻对坚固的石墙不起作用，蒙古人就开始实施压迫和饥饿战略。蒙古人毁掉了城池周边的乡村，并设置了伏兵以防其他南宋军队前来增援。蒙古还派出了水军切断给两座城池运送补给的水上通道。蒙古还扩大了炮兵部队的规模，以持续对城池进行轰击。两年之后，蒙古人的战略似乎马上就要成功了，但就在这时，一支大规模的南宋水军冲入了襄阳和樊城，给守城将士补充了给养。到了1271年，蒙古军队已经同守城的南宋军队一样筋疲力尽。

蒙古军队中的畏兀儿将领阿里海牙（Ali Haya）向伯颜和忽必烈提出，仅凭蒙古当前的军力是无法攻下两座城池的。他建议建造更大的攻城器械，就是类似于波斯人所用的那些器械。来自西亚的工程人员随后被派到战场上，他们开始建造能够抛投200磅（近91千克）重物的抛射器。当蒙古人建造这些器械的时候，又有一支大规模的宋朝军队进入襄阳并带去了大量食物和武器。

对襄阳的最后一次进攻发生在1272年年末，进攻持续了不到3个月。蒙古人用大型攻城器械对两座城池的城墙进行狂轰滥炸，并派出一些熟悉水性的人攻击两座城市之间的浮桥。守城的宋兵认识到了问题的严重性，用各种武器对攻城者进行有力还击。夺占浮桥的蒙古部队遭受了巨大损失，但最终还是成功地毁掉了连接两座城池的浮桥。樊城被攻破，但襄阳一直坚持到了1273年3月。襄阳守将吕文焕意识到已经很难继续固守城池，蒙古的攻城器械已经将城内的大片地区夷为废墟。在投降之后，蒙古人把他召入了蒙古部队。

襄阳被攻占后，中国南方的其他地区也就门户大开。确切地说，蒙古人又进行了四年艰苦的战斗。当时蒙古人拥有了一支规模不小的水上力量，这就使他们可以给自己的部队运送足够的给养，而且他们得到了一位宋朝最善于围城战的将军的帮助。我们从襄阳之战中能够看到中国防御工事的复杂和有效，他们善于利用地形，并使用最为先进的武器。我们也能从这场战争中看到忽必烈领导下的蒙古军队作战灵活，他们熟练地使用着有助于他们取得胜利的各类人员、各种武器和各项战术。

元朝，1270—1368年

军事体系 如果想要保持对中国的控制，忽必烈和他的部下就面临着一个严峻的问题。汉人的人口远远超过了蒙古人的数量，这就导致蒙古人无法把政权交给汉人傀儡手中。蒙古人还担心被同化，同时也想继续攻占更多的土地。

忽必烈对中国实施的是军事占领，他想保留住中国的经济，向汉人征收重税，为元朝的军队打仗提供资金。忽必烈认为元朝无法长期从草原上发号施令来统治中国。于是他在金国的旧都（今天的北京）重新建立了都城。中国北方的大片耕地被征用改造成了牧场，供蒙古人养马所用，但这远远不够占领中国的蒙古军队所用。大批的蒙古马被运到南方。即便如此，在元朝末期，缺乏马匹还是成为蒙古军人面临的一个严重问题。

作为占领者，元朝政府认为有必要在中国内陆保持大量的军队，以随时准备镇压叛乱。元朝的统治阶级和军队都被分成了四个阶层：社会、政治和军事领域的顶层是蒙古人；其次是色目人，即既非蒙古人、又未被中国同化的西亚和中亚人，这些人担任许多中级和部分高级官职，包括税收官员；再次就是汉人，也就是北方的汉族人、女真人、契丹人和朝鲜人；最末一等是"南人"，也就是中国南方的人。

蒙古军队也被分成几个部分，包括皇帝的私人部队、帝国卫队和蒙古各部落贵族的部队。皇帝有时会赐给这些贵族大片的土地，这些土地由数千名奴隶耕种。虽然在忽必烈当政时期，这些土地的行政权仍然归属中央政府，但其仍然享有一定的自治权利，并逐渐成了蒙古贵族的世袭领地。作为回报，这些贵族维护领地的治安，并在忽必烈出征打仗时提供一定数量的部队。在中国的普通蒙古士兵也能得到土地和奴隶。元朝政府的想法是把每个成年的蒙古人都送进军队。

元朝军队中也有一些色目人组成的部队。但这些部队通常都是承担后勤及操作攻城器械等任务。在中国，尤其是中国南方，军营中通常都有一些由北方或南方的汉人组成的部队。北方人的部队可以得到土地，他们依靠这些土地自给自足；南方人的部队则多是宋朝投降的部队，这些人则由中央政府来负责供给。元朝军队的士兵属于世袭的特权阶层。

由于元朝一直处于内战不断的状态，尤其是其要保证对蒙古以及中国西域（今天的新疆）的控制，元朝政府在这些地区设立了大量的军营。仅在蒙古地区，元朝就部署了近 30 万人的部队。朝廷能够从富裕的中国南方运送必需品，因为忽必烈和他的继任者们投入巨资来修建运河体系和航运设施，尤其是连接中国南方和北京的大运河。大运河使得元朝可以充分利用中国南方的农业生产和制造业来为守卫北方提供资源，从这个角度看，大运河无疑具有极为重要的意义。元朝的后勤补给需要导致其对中国的一些地区掠夺性地征收税赋。

元朝的灭亡 蒙古人抗拒被"同化"的努力没有完全取得成功。虽然极少有蒙古人接受汉族文化，但因为很多蒙古人花天酒地，他们很快就出现了债务危机和腐败问题。蒙古统治者无法提供足够的马匹也导致军队战斗力下降。尽管不是所有蒙古人都受到了连年内战的影响，但的确很多蒙古人深受其害。政权开始分裂，同现代印度的德里苏丹一样，元朝皇帝只不过是一个半独立的贵族所结成的联盟的盟主。自 14 世纪 30 年代初开始，起义越来越频繁，也越来越大，尤其是在中国南方。原因可能包括自然灾害、瘟疫以及蒙古政权日趋衰弱等多个方面。14 世纪 50 年代，中国南方开始脱离蒙古统治。1368 年，中国落入来自南方的朱元璋手中，朱元璋建立了明王朝。

最令人感到惊奇的不是蒙古人被赶出了中原，而是蒙古人的经济能够持续如此长的时间。蒙古人入主中原也是历史上首次有来自亚洲内陆的游牧民族征服中国南方并对其进行有效统治。

地理因素、悠久的文化传统、大量的人口都使来自北方的民族统治中国南方变得万分困难。除此之外，与隋朝和北宋王朝统一中原的情况不同，蒙古人面对的13世纪中国南方是一个政治统一的整体，其军事防御能力也不容小觑。蒙古人统治了中国的广大人口却未被同化，这也是他们的体制有效性的体现。

明代早期，1368—1449年

明朝建立后，中国重新成为国内经济与文化迅速发展、国际影响力不断提升的国家。早期的明朝军队既是为了应对元朝军队，也继承了元朝军队的一些体制。明朝军队的发展受到两个因素的影响：其一，统治集团中尚武精神与儒家传统思想的冲突再次出现，明朝建立之初，军方在统治阶层中影响力很大。但是到了1449年，明朝的文官阶层控制了军队，这影响了整个朝廷对战争、国防、与邻国关系等问题的看法。其二，与蒙古的斗争并未完全结束，这也对明朝政府的政策产生了不小的影响。

明王朝的军事体制 明朝第一位皇帝——洪武皇帝所建立的军事体制非常适合发展一支征服型的军队，但在长期的和平条件下，这个机制的缺陷就暴露了出来。明朝早期的军队中，最高指挥官都是跟随洪武皇帝打天下的近臣，地方政府部门则由文人和贵族担任官员，高层官职由洪武皇帝的将领们担任。明朝军队的后勤补给能力很强，他们用数千艘各种类型的船只来运送人员和给养。在统一中国的战争中，明朝政府还组建了骑兵部队，这支部队主要是由投降的元军组成。很多将领都拥有一定的自主权，所有的士兵都经过登记，并受到首都南京的一个专门机构的监管。军官的职位和衔级是世袭的，但是为了防止军队中出现山头派系，军队的将领逐渐开始受到中央政府及其下属机构的管控。

到了14世纪70年代早期，洪武皇帝认为明政府对中国的统治已经稳固。因此，在1373年，他实施了一系列改革以确保这种稳定能够持续下去，并进一步加强他本人及他的家族对国家的统治，他还改革了为军队提供薪饷的体制，以避免供养军队给国家带来不利影响。

首先，军队行政体制被改编成"卫所"体系。在这一体系下，国家所有的家庭都被分为三个世袭的种类：军、民、匠。每个被认定为军户的家庭都要至少派一人参军。如果一个军户没有儿子，他们的亲戚可以入伍，则这个家庭也会被确认为军户。这些军人会被组织起来，组成一个名叫"卫"的机构，每个"卫"有大概5600人，负责防卫一个特定的区域，每个卫又被分成5个"所"，每个"所"有1120人，同样负责守卫一个辖区。士兵在当地接受训练，但受到中央政府所属的机构"五军都督府"的管控。军官的职位实行世袭制，所有军官也受五军都督府的管理。当需要行军打仗时，就从每个"卫"抽调人员组成军队，配备的军官通常不是在军营中统领这些人的军官。等到了战场之后，这支部队就受中央政府兵部的管理，而不再是五军都督府负责管理。这样军官就很难与其下属形成裙带关系。

其次，为了给庞大的军队提供粮食给养，洪武皇帝又建立了屯田制，这一方面是为了给军队提供给养，另一方面也是为了恢复耕种被蒙古人毁坏的土地。各军户都能得到一片土地，以便其能自给自足，剩余的收入则会提供给军官当作薪俸，并可能运往粮食短缺的地方以备不时之需。屯田制是中国汉唐时期军事体制的发展。但在早期，这种体制通常是在边疆地区采用，到了明朝，全国都在采用这一体制。在实施之初，屯田制效果很好，有70%~80%的军人务农，收成也十分可观。但是，几年之后，驻扎大量军队但是土地贫瘠的北方开始需要支持。南方屯田的剩余产品根本满足不了需求，国库必须为此提供财政支持。

最后，洪武皇帝建立了勋臣制度。但这一受蒙古体制影响而建立的体制没能长久，在洪武末年，这一体制已经变得无关紧要。

平民化以及向着消极防御的转变　1368年，元朝最后一位皇帝退回了蒙古草原。洪武皇帝决心就算不能彻底征服蒙古，也要解除蒙古对中原的威胁。当时，蒙古在中原还留有一部分部队，洪武皇帝尤其想将这些部队剿灭。明朝的第三位皇帝——永乐帝对蒙古更加强势，多次御驾亲征蒙古。这些军事活动耗费了明朝大量财政，取得了一些胜利，但也遭受了数次惨败。进攻性的军事活动给明政权带来了安全，但在永乐皇帝驾崩之后，这种军事活动就停止了。

永乐皇帝对蒙古部落愿意纳贡非常满意，因为他知道直接征服蒙古的代价太大，且难以长久。他取得了胜利，但在他驾崩后，中国要想继续保持优势，在蒙古人有能力威胁中原时对其进行征讨，就需要投入大量军费。可是明王朝已经不愿意再这样做了。明朝后期讨伐蒙古取得胜利的时候，其对象都是蒙古军队在外打仗留下的营地。明朝军队还在一些令人印象深刻的讨伐行动中取得了胜利——他们袭击留在营地的蒙古妇女和儿童，当然这一战略往往能够成功地把攻打中原的蒙古军队吸引回营地，而且在一次行动中，明朝军队成功地把回来救援的蒙古军队引入了伏击圈。

到了16世纪的最后十年，明朝政府对边境地区的政策变成了消极防御，最终，开始修建长城以将蒙古人挡在中原之外。采取这种消极防守政策的原因之一是明朝军队日益怠惰，另一个原因是掌管军队的将领从久经沙场的老将逐步转变成了文官和宦官。到了15世纪40年代，所有的"卫"及军队的指挥官都得听从各级文官的指挥，包括听从各个省的官员的指挥，这些人有时还直接干预作战指挥。驻扎在首都（永乐帝将首都从南京迁到了北京）附近的军队则常常归宦官指挥，据称宦官比军队和文官更忠于皇帝。

结果，到了15世纪40年代，卫所制度不断衰落，直至没有任何作用。军队的训练也极不认真，最好的部队都聚集在了京城。明朝军队遭到的沉重一击是1449年的土木堡之变，蒙古军队在那里消灭了明朝一支大规模的军队，几乎是将明王朝最后一支有作战能力的部队消灭殆尽。明朝军事的再次复兴则要等到16世纪下半叶。

汉人在宋朝和明朝早期都未能解决北方边境的防守问题和社会的文官导向问题。只有在元朝时期，蒙古人成功地建立了类似于同时代的日本和印度的军事主导的社会体系。为了控制中原和北方草原，元朝政府实施了令人发指的暴行和剥削。尽管未能成功消除来自北方的威胁，但是明朝和宋朝都成功地建立起了针对游牧部落入侵的有效的防御体系。然而，如我们在第19章将会看到的那样，明朝最终还是在来自北方的入侵中灭亡了，是紧随明朝之后的清朝最终解决了这个困扰中国数个世纪的问题。

镰仓与室町时代的日本，1150—1477年

日本概览

日本登上世界历史舞台的时间相对较短，因此需要详细介绍。因为中国长期在东亚占据统治地位，首先要强调的一点是：日本不属于中国。日本在文化上从中国借鉴了很多东西，但从一开始日本就拥有与中国完全不同的经济、社会结构、政府结构和文化。而且日本遵循着一条极为不同的发展曲线，武士阶层扮演着重要角色。从某种意义上讲，日本的历史与西欧更有可比性，二者都或多或少地偏离了欧亚大陆文明的主流。

日本远离欧亚大陆是一个非常重要的因素。这使它远离了欧亚大陆上的主要国家，确保了日本大多数时候在军事方面是安全的。从4世纪直到19世纪，日本仅面临过两次严重的外部入侵，即蒙古人于1274年和1281年对日本的入侵。除了大规模部队难以抵达之外，日本在很长一段时间也不是一个值得攻打的目标。而且到了11世纪武士阶层崛起之后，日本不再是一个容易打败的国家了。这一不易受到攻击的特殊位置意味着日本从欧亚大陆借鉴的东西都是自主选择的，日本的政治与军事发展都是内因推动的，这导致日本文明与欧亚大陆的主流文明相比独一无二。

实际上，缺乏持续的外部威胁也引发了一个问题：日本是如何发展出了如此丰富和复杂的军事传统的？日本独特的军事发展历程强调的恰恰是传统文明中对战争的一种既普遍但又常常被忽视的认识。也就是说，武士阶层的一个主要功能是自我维持，尤其是应对来自本阶层内部的挑战，同时还要保持武士阶层与财富的主要创造者——农民阶层相比处于支配地位。这样一来，战争除了是应对外部威胁的工具之外，也成为派别政治与国家内部建设的需要。这一点是放之四海而皆准的，日本没有受到太多外部威胁，只是让这一点表现得更加明显。武士阶层在日本占据支配地位对日本的文化产生了深远的影响，武士的价值观几乎影响着日本人生活的方方面面。

早期及平安时代的日本

日本帝国的诞生 在4世纪和5世纪，一个名义上统一的日本国在各宗族夺取统治权的斗争中逐渐产生了。关于日本及皇族来源的神话传说使统治者的地位得到了加强，但日本皇族仍然觉得自己的经济权力有限。为了强化他们在道义上及实际掌控的权力，在6世纪和7世纪，日本的统治者开始从中国的帝王思想和行政技巧中借鉴一些东西。佛教传入日本起到了与印度

教和佛教传入东南亚一样的效果，这种做法进一步巩固了皇族的地位，并将统治阶层与宗教机构联系了起来。7世纪，日本开始依照中国唐王朝的形式建立中央集权的国家。经过一系列的改革，日本建立了等级制的官僚体制，但日本并未采用中国通过科举选拔公职人员的机制。取而代之的是，日本将有势力的宗族吸纳进统治体系，从而逐渐形成了一种天皇统治下的贵族集权体制。在借鉴并建立了类似中国唐王朝的行政体系之后，日本实施了"大化改新"。经过这场改革，日本建立了类似于中国唐王朝的军队体系。日本的军队是一支征召军队，兵员主要来自农民阶层。出于征税和招募军人的目的，全国被划分成不同的行政区。从每个行政区招募的兵员由中央政府负责提供装备、进行训练，并接受中央政府的调遣。在建立新的军事体制后，日本于662年进攻朝鲜，但这次进攻行动让日本损失惨重。其后，日本军队开始将矛头指向了日本岛上的虾夷人。虾夷人是日本岛上的原住民。这些原住民不断被迫退向北方，并在8世纪被征服。但是，在战事不断北移的过程中，日本军队也逐渐远离权力中心，由农民组成的军队日益不适应这种作战环境。于是，日本政府开始进行转型。

平安时代的改革 自8世纪中期，各个领域中政府权力私有化的趋势日益严重。各个职位日益被几个特定的家族控制，这也是缺乏一套考核任用官员的体系所造成的后果。地方庄园的势力不断增强，这些庄园通常都不用缴税，也免除了庄园主的兵役。地方庄园是天皇赐予权势家族的一种荣耀。从短期的建立联盟和获取支持的角度看，这种赏赐是有益的，但是从长远来看，它影响了中央集权政体的权力，因为中央集权与地方贵族的权力之间存在分歧。权力私有化的现象日益严重，派别冲突也日趋激烈，中央政府的权力开始受到削弱。在8世纪的最后十年，桓武天皇开始加强中央集权。天皇成为唯一的权力核心，天皇还获得了任命其他官员的权力，这样，地方势力就不会再与中央政府争夺权力，他们的目标变成了如何控制中央政府。

武士阶层的崛起 上述两个因素——远离中央政府的战争和政府权力的私有化——导致日本军事机构发生重要变化。征召军队的规模开始缩小。不论是从经济层面还是从行政层面，维持一支大规模的军队都投入太大，从一开始，这对日本有限的资源就是一种考验。与此同时，远离中央政府作战使情形变得更糟糕，而庄园的兴起也导致用来养兵的土地越来越少。

武士阶层崛起，这些人来自逐渐握有权力的农村家族。武士的数量比军人的数量要少很多，但他们可以受雇全时段在任何地点执行任务，这就可以保证军事任务在不干扰农业生产的情况下得以执行。他们在社会阶层中的地位与文官一样，都是由天皇赐予职位和头衔，从而得以正规化和合法化。在桓武天皇治下，一支由武士组建的军队攻占了本州北部虾夷人的最后一个据点，而且在与势力日益强大的武僧的对抗中也发挥了重要作用，这也是日本文化和政治体制发展过程中的一个奇特现象。

职业武士还显示出了另一个优势。在这一模式下，贵族家庭与中央政府都保有自己的军事力量。实际上，维持军队的花费因此而得以分散，这是皇室支持这一体制的原因之一。除此之外，庄园不再负责供养公共军队，开始发展私人武装，庄园领主将其收入的一部分交给其属下的武士，以此来换取武士对他们的支持。贵族家庭在派别纷争中就可以使用自己的部队。冲突中最大的两股势力就是平氏和源氏。

平安时代的终结 尽管出现了上述纷争，但9世纪和10世纪的日本整体上还是和平的。军队的主要任务是为皇室和贵族作战，更确切地说，他们发挥的主要是维持稳定的功能。但是在11世纪，派别纷争加剧，军人开始争夺对皇室的影响力。1150年之后，平氏和源氏之间爆发了一系列冲突。1160年，源氏战败，且险些被消灭，但是，源氏的一个年轻成员——源赖朝侥幸逃脱，领导源氏发起了反击。1180—1184年，源赖朝的部队打败了平氏家族的部队，在1184年的坛浦海战中给了平氏致命一击。在打败了敌人并战胜了家族中的竞争者之后，源赖朝创立了幕府制度，这是在天皇政府体系内部新建了一个军政府。当时幕府总部设在日本东部的镰仓，源赖朝自己则获得了幕府大将军的头衔。日本军事和政治变革的一个新时代开启了，在这个时代，武士成为统治阶层。

日本的战争

12世纪在平氏和源氏之间发生的战争的模式一直持续到15世纪晚期，参与战争的士兵种类也没有发生什么变化。导致这一现象的一个可能的原因就是日本在军事领域没有受到外部的影响。战争的形式也成为稳定的文化传统的一部分，通过史诗及物语的形式在武士阶层中流传。这些传统在日本的政治结构中开始自成体系，战争的形式一直稳定不变，直到1477年政治背景出现了革命性的变化（参见第19章）。

人力 在讨论日本军队的组成时，我们首先需要了解日本人是怎么称呼军队中的各类士兵的。有三种称谓非常重要："武士"是占统治地位的家族中产生的精英阶层，这些人奉行独特的行为规范，即"武士道"。"侍"常被当作"武士"的同义词，但严格意义上讲，这两个词是不能混用的。"侍"一词来自"服务"一词，专指执行军事任务的家臣。并不是所有武士都能称为侍，也不是所有的侍都是武士，尽管在一段时间里大部分的侍都是武士。"足轻"是军队中最低等的士兵，他们通常是从农民家庭中征召的。足轻肯定不是武士，但可能成为侍。需要注意的是，这些称谓都与阶层有关，除代表着在战场上的职能之外，更代表着士兵在等级社会中的地位。因此，几乎所有的足轻都是步兵，这是由他们的经济地位决定的，但是"足轻"这个词本身并不是步兵的意思。更为重要的是，侍和武士也并不一定都是骑兵。即便一名军人有马，他也有可能会徒步作战。骑兵部队都是由武士组成的这种认识是错误的。

军队中的精英更有可能是骑兵，这一点日本和世界其他地方是一样的。骑兵确实是地位的一种表现，骑兵通常拥有更好的武器和甲胄。日本军人的甲胄通常是由小的铁片或锁子甲缝在丝绸或皮甲上做成的。日本军人的头盔带有装饰，通常是茸角、羽毛等物品，以作为其在战场上的身份标志（如欧洲军人的纹章一样），并起到一定的防护作用。日本军人所用的武器也反映出了日本高超的冶金技术，尤其是在制作刀剑方面，日本人制作的刀剑在当时的世界上几乎无人能出其右。全副武装的武士携带着一长一短两把刀,也有一些武士持两把长刀。武士中的精英可能还携带弓箭,可以骑乘时使用,也可在徒步时使用,有时候也会携带长矛。武士携带武器的种类通常与战场的地形以及战术要求有关,优秀的武士既可以骑乘作战,也可以徒步作战。

在这个时期,足轻的甲胄通常比较简单。事实上,对相关战场的研究显示,当时足轻甚至连头盔或其他保护装具都没有。足轻可能是从农民家庭紧急征召的士兵,可能只是手持一支长矛,身穿简单的粗丝衣或皮制的长袍,再无其他防护装具了。因此,除了防守城墙之外,足轻在作战中起到的作用有限。一旦战败,失利一方的足轻常常遭到胜利一方部队的屠杀。

这个时期,军队的规模都不大,通常只有数百人。在大型战斗中,军队的人数可以达到数千人,这可能也只有在应对蒙古人入侵的时候才会出现。不过,日本军队的数量确实达到过数万人,但这给镰仓幕府带来了巨大的压力。日本的行政体系和经济资源都无法维持庞大的军队,军事力量集中在一小部分精英手中而且战争的文化及政治功能有限,这也使得维持大规模军事力量没有必要。

战争时期的军队 地理条件与后勤补给因素也是导致日本军队规模较小的原因。日本是一个多山的国家,在这一时期大山均被密林覆盖。这一条件限制了大规模军队的行动,而且也使得用木轮车运送补给面临困难。小规模的军队则更容易通过山间小径,也更容易得到补给。除此之外,日本的水田主要集中在适宜这类种植的山谷地区,自然及人文地理的组合使军队的行军路线受到限制,因此一些道路和区域就成为在许多战役中常出现的焦点。这本身就可能导致后勤补给的问题,因为一个地方经常出现军队,那么这个地方的农业肯定会受到破坏。即使是富裕的地区在某个特定时段可能也无法满足战争的需求,这个时期日本发生的饥荒就曾经使数场战役被迫中止。

鉴于客观条件决定了日本不适合发生长期的战争,那么日本的军事战略就更依赖于政治和心理因素。结盟就是战略的一个重要方面,因为完全征服敌人的领地从后勤补给方面看非常困难。更进一步看,所有的冲突都是在一个统一的政体中发生的,因此从某种意义上说,这些冲突都属于内战范畴。某个家族对某个地区的控制是传统的、世袭的,这也很难通过战争来改变,接管某一地区必须得到中央政府的认可。因此,日本各方势力的战略重点是控制中央政府,经常采用的方式就是占据首都,挟天子以令诸侯。实现这一目标同样需要建立稳固的联盟,联盟建立的基础就是表面的合法性以及物质利益。获得现实利益的需要也使得各方势力的战略更重视速战速决,而不是去打一场持久战。

在这种情况下,要塞在日本的战争中所发挥的作用就没那么重要了。要塞的作用是提供保护并且作为行动基地,要塞的规模通常不大,也不是石制的。相反,木制的山顶要塞则非常普遍。攻城技术也非常简单,攻城的主要手段不是用大型器械,而是发动突然袭击或使用火攻、切断资源供应等。

战术常常反映着政治与文化背景。当时的很多战斗，包括1183年发生的俱利伽罗峠（Kurikara）之战，都是依固定的程序开始，按照对英雄史诗的模仿进行的。两军对垒时，选出的战士会单人逼近或以小股推进，以对敌军形成威胁。当敌军队伍中有人出面应战时，双方会先用弓箭对射，然而用刀剑互搏，这种互搏有可能在马上，也有可能是徒步的，这取决于战场的地形。

但是这种模式化的作战方式只是日本战争的一部分。伏击或突袭在日本人的战争中也很常见。实际上，在俱利伽罗峠之战时，有一方就利用传统的作战形式来麻痹敌军，同时派出了一支部队攻击敌军的后方。欺骗的战术也经常使用，尤其是以旗号（用于部队区分和集结）来迷惑敌军，使敌军对我军规模和位置做出错误判断，历史记载中还有利用鸟和牛欺骗误导敌军的情形。在程式化的阶段结束之后，日本人的战争通常也是非常血腥的。饶过敌人的性命或俘虏敌军以换取赎金不是日本人的做法。战争中失利一方的残兵败将经常会选择自杀。

我们怎么解释日本战争中这种仪式化的特点与伴随的高伤亡率呢？派别政治可能是原因之一。正如前文所说，征服一块土地既不现实也不具备政治可行性（土地所有权是由中央政府决定的）。这就弱化了要塞城堡的重要性，因为即使占据着城堡也并不代表着占有了土地。但保持一个人的尊严是十分重要的。在战争中为家族赢得荣誉可以提升一个家族的影响力，这就能够为家族吸引来更多的追随者，并引起当权者的重视，从而使这个家族更容易建立联盟。就算在战败后自杀，也能够给一个家族挽回一些因战斗失利而丢掉的荣誉。

从另一个方面看，杀死对手也是有用的。将对手的继承人全部杀死也就消除了对手在未来与自己作对的可能性，同时也可能有利于兼并对手的领地。因此，程式化的战争和杀戮是相互联系的，结合当时的政治和文化背景来考虑，两者的结合是符合逻辑的，也是有实用价值的。这类战争的影响很大，这一时期的战争结果推动了日本政治结构的演变。

政治与军事的演变

镰仓幕府，1189—1333年 源赖朝将幕府设在了镰仓，它位于今天东京南部的一个小渔村，这里距离当时日本的首都京都很远。这也是幕府之下各级政府权力划分的一种象征。文官贵族以及他们的官僚机构继续在自己的辖区内与新上任的军事官员一起行使权力。但是，实际的权力更多地掌握在军政府的手中，在维护稳定和在武士阶层中确保公正等方面尤其是这样。而立法权主要掌握在文官政府手中。从庄园中获取收入的权力被文官和武官们瓜分。不可避免的是，幕府掌握权力也就意味着武士阶层能够获得比文职官员更多的利益。文官与武官之间的紧张关系在已退位的后鸟羽天皇于1221年发动军事征讨后不断升级，后鸟羽天皇发动军事征讨就是为了恢复皇族的统治。但是，一直到1331—1333年的内战时期，文官与武官之间的权力划分安排都还一直存在。

幕府的组织围绕大将军而展开，不过在源赖朝去世后，幕府将军们也成为傀儡，受到北条家族（北条是源赖朝的妻子的家族）的控制。幕府将军之下是"守护"（shugo），他们是日本各令制国的军事负责人。守护会在不同的地区之间轮换，也可能会被解职。各位守护负责管理辖区内的武士。武士中有些与统治者关系很近，有些则不然。

武士等级体系得以维持的一个因素就是赐封和酬劳机制的存在。武士能够获取一部分庄园收入用作日常花销，如果武士表现出色，被赏赐的数量还会增加。由于幕府的土地资源有限，想增加赏赐就必须从斗争的失败者那里获取。在幕府及其主要的支持者和侍从这个层面，赏赐土地收成的做法常常把派别与派别联系在一起，而不是把一个人同另一个人联系在一起，原因是武士阶层中最密切的联系就是血缘关系。这一关系在整个家族中都发挥着重要作用，在家族之间的关系上也扮演着重要角色。血缘关系也可以通过收养来人为地形成，这与罗马统治阶层的做法类似。以血缘关系作为维系内部团结的方式在最高层中也有体现。北条家族一直处于摄政的地位就是因为只有源氏家族的成员才能继任幕府将军，正如只有天皇家族的成员才能继承皇位一样。当然，这一规则并不能排除源氏家族（或是天皇的家族）内部派系之间发生冲突的可能性，正如1331—1333年的内战所表现的那样。这也表明，血缘关系是一股巨大的道义力量，但使存有异心的人保持忠诚并非易事。

维护幕府一体化的系统存在内在缺陷，在后来发生的蒙古入侵过程中，这一缺陷就体现了出来。蒙古首次入侵日本是在1274年，蒙古派出大军从朝鲜入侵日本，在抵达九州岛北部之前，先占领了对马岛和壹岐岛。尽管被蒙古人的突然袭击打了一个措手不及，但幕府还是迅速组织起一支部队与蒙古军队在海滩附近展开了战斗。日本军队被打败，很大一部分原因是蒙古军队纪律严明，他们根本无视日本形同仪式的作战方式。就在日本军队越聚越多之时，一场风暴到来，摧毁了蒙古人的部分舰船，残余的蒙古部队返回朝鲜。在日本拒绝向蒙古称臣纳贡并斩杀了使者之后，蒙古人于1281年再次组织对日本进行更大规模的征讨。蒙古人的一支约5万人的部队再次在九州岛登陆。这次日本军队进行了及时的抵抗。虽然无法把入侵的蒙古军队赶回船上，但成功地把蒙古军队限制在一定范围之内，这也使蒙古军队的骑兵无法充分展开作战，并且蒙古军队无法得到充足的给养。日本的小船还对停泊的蒙古舰队发动了攻击（参见第15章）。一场台风到来，舰船被毁，蒙古军队遭到围困，无法及时获得给养，最终被日本消灭。

这些战争充分表明日本武士训练有素。日本军队武器精良，其军人既可骑乘作战，也可徒步作战，这使得他们在战法上与蒙古人旗鼓相当，尤其是在特定的一块盐碱地上作战，蒙古军队的阵法无法充分发挥作用的时候。日本军队的团结以及迎战蒙古入侵时的高昂士气令人印象深刻。但在威胁过去之后，参加抵抗的派别都想得到赏赐。幕府面临的老问题再次显现出来，他没有足够的土地赏赐给参战者。因此，参战者与幕府的关系遭到了削弱，幕府内部各派别之间的斗争愈演愈烈。

1331年，后醍醐天皇发动倒幕运动，导致这种紧张关系达到高潮。后醍醐天皇发动倒幕运动的目标是恢复天皇的直接统治。有多个贵族对天皇给予了支持，幕府的回应与1221年相比却较为软弱。1332年后醍醐天皇战败被俘，但他成功地逃出了牢狱，并且得到一部分幕府高级将领的支持，其中包括幕府大将军的一名亲属足利尊氏的支持。镰仓幕府于1333年在迎战后醍醐天皇的军队时失利，最后一位北条家族的捍卫者也自杀而死。

室町时代，1335—1467年 足利尊氏有望成为新的大将军，但是后醍醐天皇想要亲自执政。足利尊氏于1335年发动叛乱，将后醍醐天皇赶出了京都，并将皇室的另一位成员推上天皇的宝座，自己则担任幕府大将军。但是后醍醐天皇没有放弃，1392年，双方进行了一场惨烈的战斗。双方之间的冲突最后以足利幕府第三位大将军足利义满与后醍醐天皇的后人通过谈判达成协议而结束。后醍醐天皇的后人答应放弃皇位，使南北朝的皇权得以统一。

足利幕府将都城设在了京都的室町区，这里紧邻皇室。这也意味着文官贵族政府的彻底衰落，镰仓幕府时代分权模式结束。武士阶层在社会上占据了统治地位。但这种统治地位的获得是有代价的，文官政府赋予武士权力的体系不复存在。1392年之前皇权的分裂以及京都天皇的傀儡性质导致这一问题的影响更加严重。统治的合法性日益来源于武力的强大，武力成为维护稳定的手段，这也是诸多结构缺陷中的一个，这些缺陷不断困扰着足利幕府。

除了在京都建立政府之外，幕府将军还要求各令制国的军事长官居住在首都，以便加强对这些人的控制。这也把幕府大将军推到了国家政治舞台的中心。但是把各令制国的军事长官长期集中在首都也就意味着中央与各令制国的联系有所疏远，各令制国负责人开始加强对地方的控制。为了防止地方势力叛乱和独立，幕府大将军开始把各令制国的守护重新任命到他们不拥有土地的令制国——因为拥有土地是拥有权力以及供养武士的基础——这一做法也是为了把各令制国的行政权力与实际势力区分开来，但这又导致了地方独立活动的抬头。总的来说，室町时代的武士阶层在政治上受到了控制，但他们根植于地方势力之中，而地方的管理机制常常比较落后。

然而，在这个阶段也有显著的发展，中央政府的权力得到了加强。其一，这个阶段是经济获得增长的时期，尤其是海外贸易方面。幕府大将军控制着外贸税收和金融，这有助于他加强对守护的控制。其二，这一时期的大部分贸易都是与中国开展的，而且这一时期日本也在大规模借鉴中国的文化，这也意味着武士阶层的文化背景日益复杂，武士的文化素质有所提升，在他们前往首都之后，武士们也开始从文官阶层那里学到一些东西。幕府大将军控制着贸易，他们处在文化发展的中心，维护文化的发展也给他们赢得了巨大声誉。

有两项发展对武士阶层意义重大。其一，长期的内战以及权力的不稳定导致武士的依附关系有所减弱，道义力量不断弱化，已无法继续应对时代的压力。其二，社会动荡，加之旧有文官体制的瓦解也导致旧庄园体制不断衰弱，从庄园获取收入来供养武装侍卫的体制也逐渐不复存在。取而代之的是，地方军阀为了巩固随从们对自己的忠诚，开始将土地赐封给自己的随从。这些被赐封的土地开始成为地方权力结盟的基础，对领土的重视程度开始上升，因为被赐封的土地是地方军阀直接掌控的土地的一部分。上述两种发展变化是相互联系的；这两项发展在控制地方冲突的中央政府机制于 1467 年瓦解后将会发挥更加重要的作用。

应仁之乱，1467—1477 年 1467 年，足利家族出现继承权纷争，这场纷争导致京都及其周边地区爆发战争。战争持续了十年之久，大多数守护及其亲随都卷入其中。众多优秀的守护在这场冲突中丧生，守护作为一个阶层损失殆尽。尽管幕府大将军的继承权问题于 1477 年得到解决，但大将军权威的基础——守护阶层已经被破坏。自 1477 年直到 1573 年足利幕府被织田信长推翻，幕府已衰落成京都周边的一支地区性力量。

实际上，应仁之乱削弱了日本中央政府的权力，导致幕府大将军和天皇都成了傀儡。原本是守护下属的大名在各令制国攫取权力，现在他们成了各地区的有力管理者，他们管理着今天组成日本的各个地方。这些独立的地方小政权成为日本在之后一个世纪出现军事变革的原因。我们将在第 19 章讨论这个问题。

印度，1192—1565 年

政治与军事

印度政治与军事结构的古老根基在这个阶段演变成一种军事史上颇有特点的模式。其一，印度的战争不是由国家进行的，而是由一些精英阶层进行的。印度文化中几乎没有明确的边界以及拥有强权的政府的概念，部分原因是组建军队的权利和义务是与阶层或种姓密切联系在一起的。这也就导致印度发生的战争多是为了巩固社会和等级秩序，而不是为了争夺领土。由此而引发的印度政治的第二个特征是：效忠于谁都是可以用金钱决定的。南亚次大陆中心地区有一大块不适合农业耕种的丛林和旱地，这也导致次大陆上的地缘政治情况更加复杂。但是，这个地区成了商人、武装团体活动的中心地带，这也导致这个地区给发展农业的人口定居地区既带来了不稳定，也带来了资源；既带来了军事威胁，也带来了金钱。9 世纪，穆斯林开始入侵这一地区，10 世纪末期，穆斯林开始征服南亚次大陆。

德里苏丹国 入侵南亚次大陆的穆斯林军队主要是突厥奴隶兵（参见第 8 章和第 11 章），他们主要是骑射手和部分重装枪骑兵。他们在印度的北部平原所向披靡，印度拉吉普特人（Rajput）未组织起有效的抵抗，袭扰最终变成了征服。1192 年，穆斯林军队大败拉吉普特人联盟，导致印度北部几乎所有地区均被占领。1206 年，德里苏丹国建立。

德里苏丹国的突厥穆斯林成为军事统治阶层。但与被统治的印度人相比，这个军事统治阶层的人数甚少。苏丹国早期的统治权主要在突厥人手中，这就意味着其他穆斯林被排除在上层统治阶级之外。这影响了他们对领土的施政能力，同时也意味着统治阶层必须源源不断地得到突厥士兵来补充军力。正是由于这个原因，苏丹国从蒙古人入侵穆斯林世界中既得到了益处，最终也受到蒙古人入侵穆斯林世界的不利影响（参见第 13 章）。蒙古人早期对穆斯林世界的入侵将突厥人赶到了印度，但蒙古人巩固对穆斯林世界的统治之后，印度的突厥兵源也就不复存在了。

德里苏丹国最为成功的统治者是巴尔班（Balban，1249—1287年当政），他最成功的地方不是征服了土地，而是成功压制了地方突厥贵族而巩固了苏丹的权力。与元朝的忽必烈类似，巴尔班想要建立一个中央集权且中央政府直接掌控军队的政权。但他的继任者没能延续他的成功——德里苏丹国恢复到了原有的行政模式，苏丹仅掌控自己的一部分军队，如果需要打仗，苏丹还必须得到各地方贵族的支持。源自中亚的这一模式受到了印度人"不断变换联盟"的影响，印度各王子之间就处于这种状态。因此，穆斯林统治未能促成印度政治结构转型。

军事转型

从军事层面看，突厥穆斯林的作战模式对印度产生了深远影响。在印度北部和南部发生的几乎每场战争中，穆斯林军队在人数上都不占优势，有时甚至与拉吉普特对手相比人数甚少。他们能够赢得这些战争，主要原因不是拉吉普特人没有作战经验——拉吉普特人几个世纪以来都征战不休。突厥穆斯林之所以能够打败拉吉普特人，主要有两个原因：一是拉吉普特人内部不团结，二是拉吉普特人在战术、战略以及武器方面不如穆斯林。

拉吉普特王子们很少将这些战争看作针对印度人的侵略战争，或者是穆斯林对印度教徒的战争。一些拉吉普特王子甚至很高兴看到自己的对手被穆斯林打败，有些甚至向穆斯林军队提供帮助以打败他们在当地的对手，这也是他们"不断变换联盟"这一习惯的重演。即便结盟，他们也是在迫不得已的情况下才会这么做。这种结盟通常只是形式上的，盟友的军队之间很少协调行动。与之相比，穆斯林军队在入侵印度之初就非常团结，且纪律严明，指挥得力。穆斯林关注的是他们的手下获得了利益，他们得到了充分的给养，军人受伤后能够得到救治，军人的家庭能够得到照顾等问题。

就作战经验而言，拉吉普特时代的战略和战术与早期的笈多王朝相比没有太大的区别（参见第4章）。作战的重点就是大象兵的使用。拉吉普特人几乎不用骑兵，但入侵的穆斯林部队的主力就是骑兵部队。骑乘马和骆驼使穆斯林军队具备良好的机动性，他们学会了如何应对拉吉普特人大象兵的冲击，而且还学会了如何以子之矛攻子之盾。经常在战争最后，被大象兵冲撞而死的印度人比穆斯林还要多。穆斯林骑兵对数量众多但缺乏训练的拉吉普特步兵而言极具杀伤力。经常出现的情况是，穆斯林的骑兵部队不费吹灰之力就可以冲散拉吉普特步兵部队。

印度人使用骑兵也不是新鲜事。但由于受地理条件的限制，印度人无法饲养太多的马匹。穆斯林的征服提升了战马与骑射手在战争中的重要性，这也打开了印度通往中亚的马匹贸易路线。骑射手可以在印度内陆作战，这就使得大范围的征服成为可能。但是穆斯林军队无法征服南亚次大陆的边缘地区，这些地区成为不稳定的源头。德里苏丹国在开始扩张后不久，其在政治上就出现了分裂。

此外，穆斯林的武器装备比拉吉普特人的要先进。总体来讲，穆斯林武器的先进之处主要是单兵武器方面占有优势，尤其在刀剑和弓箭方面。造成这一情况的原因一方面是印度相对封闭，另一方面是印度种姓制度产生了负面影响。在这个阶段，种姓制度导致社会流动性大为下降。

而在早期，尤其是在孔雀王朝和笈多王朝时期，制造武器的工匠有着较高的社会地位，高种姓的人很多都在从事武器制造业。但是到了 11 世纪，制造武器的工匠成了社会最底层的人，他们通常都属于最低等的种姓。印度军队的将领与穆斯林军队的将领不同，他们极少关注武器的质量和制造工艺。穆斯林军队在征服过程中还从近东带来了更为先进的攻城武器，尤其是牵引式投石机。在机动性很强的骑射手的帮助下，这些攻城武器大大提升了进攻的效率，为摧城拔寨提供了重要帮助。在印度北部，拥有这些优势能够带来决定性的胜利。

但是在印度南部，地理形势与印度北部完全不同。印度南部远离穆斯林权力中心，也远离马匹集中的地区。这对穆斯林进行征服形成了更大的挑战。在 13 世纪和 14 世纪，由于受到攻城器械的威胁，印度人建造的城堡也更加坚固。防守的重要性开始体现出来，变换盟友的情况更加普遍，通过贿赂来收买攻城部队的情况也开始出现。不仅如此，南方还出现了一个强大的王国，这也使得南方在 200 余年里保持了统一。

毗奢耶那伽罗王朝，1336—1565 年

德里苏丹国几经尝试，仍然未能在印度南部保持有效的统治。然而，苏丹国对南方的征服却导致了毗奢耶那伽罗王朝的建立。印度 14 世纪晚期和 15 世纪的政治和军事史很多内容都与穆斯林同毗奢耶那伽罗王朝的战争有关。

通过对贸易的控制和收取贡奉等手段，毗奢耶那伽罗王朝逐渐发展成一个富裕的国家，而收取贡奉又常常是通过军事手段来实现的。毗奢耶那伽罗王朝是根据其首都的名称来命名的，这个词的意思是"胜利之城"。"胜利之城"的周围建有高高的城墙，挖有很深的壕沟。建立这些防御设施不光是为了抵御穆斯林军队，也是为了抵御来自东北部的敌对的印度人，尤其是奥里萨（Orissa）王国。在其历史上，毗奢耶那伽罗王朝一直都是以军事实力强大著称，据传闻，这个王朝的军队最多时达到了数十万人之众。

毗奢耶那伽罗王朝的军队主要是步兵，此外也有一支规模不大但是很重要的骑兵部队。这个王国的创立者哈利哈拉（Harihara）拥有与德里苏丹国作战的经验，因此他才在军队中引入了骑兵部队。毗奢耶那伽罗王朝早期的骑兵部队都是叛逃而来或是作战中被俘的突厥人。这支骑兵部队规模一直有限，因为毗奢耶那伽罗王朝无法获得足够的马匹。

毗奢耶那伽罗王朝历史上最为辉煌的时期是葡萄牙商人到来的时候，因为从葡萄牙商人处购买的最大宗的商品就是马匹。在与邻国作战获胜后，毗奢耶那伽罗王朝通常会要求战败国纳贡或是提供作战的士兵，但他们通常不会直接占领被他们打败的国家。毗奢耶那伽罗王朝于 1565 年在塔利克特（Talikot）之战后灭亡。毗奢耶那伽罗王朝的灭亡也严重削弱了葡萄牙人在这个地区的影响力，因为这个王朝是葡萄牙人在印度的主要盟友。毗奢耶那伽罗王朝的覆灭也

导致印度南部对新成立的莫卧儿帝国入侵敞开了门户（参见第17章）。

结 论

对东亚和南亚的大部分地区而言，这个时代的主要压力都是类似的，那就是由蒙古人征服而产生的直接或间接压力。各个地区应对这一压力的方式各不相同，即便是在纯粹的军事层面也是这样。这也反映出中国、日本和印度军人在社会和政治层级中的地位是不同的（参见专题C：军队精英）。每个地区应对威胁的方式不同也意味着他们在16世纪全球接触更加频繁的时代会以不同的方式迎接新的挑战。中国和印度在全球贸易体系中的地位也使他们应对挑战的方式具有了世界范围的影响力。

专题C：军队精英

中国历代朝廷都在与一个严重的问题做斗争，那就是文官对军队的过多控制会严重影响军事体系的有效性；而如果文官对军队的控制过少，又会导致大权在握的将军们威胁皇权。军事将领与文官贵族之间的斗争同样也困扰了日本政坛数百年。中国和日本遇到的问题其实也是传统社会所面临的一个普遍问题——军人在一个文明体系中究竟应该处于什么地位。对军事历史学家而言，这是一个内涵丰富的课题，在此我们只能概略介绍。

由于有能力直接运用武力，军人在每个传统社会的社会-政治体系中无疑是处于领导阶层。（在这里，军人是指生活方式和价值观都带有军事色彩的人员，"军人"这一称呼与"士兵"不同，士兵是军事体系中的大众，是非精英人员。其区别在于个人的身份、地位不同，而不在于发挥的功能不同。）军人中的精英阶层通常都是（尽管不是一直都是）住在农业区的土地所有者。产生这一现象的原因部分在于土地是饲养马匹和培养骑手的基础，军人中的精英通常都是骑兵，原因就在于拥有马匹本身就是身份、地位和军事优势的象征。这一因素导致军人精英与文官中的精英及宗教界的精英之间存在潜在的冲突，因为那些精英通常都出身于城市。农村出身的军人精英的价值观就与城市出身的文官的价值观出现了冲突。

这一冲突常常会使更为深层次的结构问题进一步加剧。认为"实力即公正"是对社会及国家权力的片面认识。中国有句谚语说，"可以马上打天下，但不能马上治天下"，就是这个道理。真正的问题是：军事实力与社会和国家权力之间的哲学和宗教层面的联系究竟存在于何处。在现实生活中，这个问题就演化成了"军人精英与文官和宗教界精英之间的关系究竟应该是什么样的"。

这一问题需要从几个方面来作答。在中国，文官政治一直保持了下来，但是在日本，军人占据统治地位带来的常常是不稳定、军事政变以及对合法性的寻求（参见本章和第19章）。军人精英与文官贵族之间在初始阶段保持着平衡，但最终会发生破坏性的冲突，这种现象在拜占庭帝国的历史上也反复上演（参见第8章）。西欧的发展史上，军事精英占统治地位的国家与独立的教廷之间的冲突也持续了很长时间（参见第12章）。伊斯兰世界中这一问题更是棘手，原因就在于大规模使用奴隶兵——有时这些奴隶兵成为统治者，比如马穆鲁克占统治地位的埃及（参见第8章和第11章）。印度人的传统中将权力的合法性在宗教与军事首领之间进行了分割，这在文化领域似乎行得通，但这种做法既未能带来政治稳定，也未能提升军队在应对穆斯林入侵时的战斗力（参见本章前半面的论述）。

可能仅仅在游牧部落社会中，军事与政治权力的分配才不会成为问题，因为在游牧部落中，军事权力、生活方式与社会结构都被融合成了一个整体，而且在社会各个阶层中均是如此（而不光是在精英阶层中）。这样一来，只有当游牧民族征服了定居民族之后，上述冲突才会解决。但是正如中国的元朝以及奥斯曼帝国的情况一样，这一问题依然会存在。

显而易见，将军事精英与军事力量整合成一个稳定合法的阶层，这对传统文明而言一直是个问题，而对这个问题开展研究的空间仍然很大。

■ 推荐阅读

The Cambridge History of Japan, Vol. 3: Medieval Japan. Cambridge: Cambridge University Press, 1990。本书不关注军事史，而是广泛介绍这一时期的日本。

Chan, Albert. *The Glory and Fall of the Ming Dynasty.* Norman: University of Oklahoma Press, 1982。本书有几个章节专门研究明朝军队的机构和使用情况。

Dreyer, Edward L. *Early Ming China: A Political History, 1355–1435.* Stanford: Stanford University Press, 1982。本书对明初军事制度做了精彩的论述，包括一些关于明初战役的资料。

Friday, Karl. *Samurai, Warfare and the State in Early Medieval Japan.* London: Routledge, 2004。本书对1400年前的日本战争进行了出色的重新解读；强调战争与政治的密切联系。也可参见他的 *Hired Swords: The Rise of Private Warrior Power in Early Japan*（Stanford: Stanford University Press, 1992），该书重新评估了武士力量的增长，强调了与民事政府的合法联系。

Hsiao, Ch'i Ch'ing. *The Military Establishment of the Yüan Dynasty.* Cambridge: Harvard University Press, 1978。本书主要翻译了一部分元代官方兵书，附有注释。

Jackson, Peter. *The Delhi Sultanate: A Political and Military History.* Cambridge: Cambridge University Press, 1999。本书包含了大量印度历史上这个复杂时代的政治阴谋的信息。

Mass, Jeffrey. *Warrior Government in Early Medieval Japan.* New Haven: Yale University Press, 1974。

本书详细研究了镰仓幕府的行政和政治结构。

Rossabi, Morris. *Qubilai Khan: His Life and Times*。请参考第 13 章。

Tillman, Hoyt T., and Stephen H. West, eds. *China Under Jurchen Rule.* Albany: SUNY Press, 1995。本书研究了宋朝对女真人入侵的反应,并介绍了一些优秀的军事应对情况。

Turnbull, Stephen. *The Samurai. A Military History*. London: Routledge, 1987。本书主要根据原始文献对那段时期战争进行了直接叙述。

Varley, Paul. *Warriors of Japan as Portrayed in the War Tales.* Honolulu: University of Hawaii Press, 1994。本书通过对文学作品的解读来分析武士阶级的文化、价值观和作战方法。

Wolpert, Stanley. *A New History of India, 5th ed.,* Oxford: Oxford University Press, 1997。本书对印度的总体叙述很好,包括与穆斯林入侵有关的政治、宗教和军事问题。

第 15 章
水手与商人

海上战争，1100—1571 年

1100—1571年之间的几个世纪是海上活动和海上战争飞速发展的时期。全球贸易网络的规模和重要性的持续增长成为变革的动力，这对商船船队和战船船队的组织、目标、技术都产生了影响。此前就已存在的两种海上活动——海上防御和海上劫掠——在这个时期依然存在。中国宋朝采取了第一种形式，而日本人（又称倭寇）采取了第二种形式，他们在中国海域横行无忌。但两种形式的重要性都有所下降。拜占庭帝国是实施海上防御的一个典型例子，但在这个时期拜占庭帝国已经不再是海上强国；维京人和朱罗人的袭击有所减少，劫掠活动逐渐让位于更加有组织的海上活动，这些活动有些出于和平目的，有些则是出于战争目的。这些情况出现的原因在于：贸易活动导致财富增加，这也使得国际贸易通道沿线的政治组织向更高层次发展。事实上，上述两类活动都在向着一种模式发展，即向着政府资助下的活动发展，海上商贸活动逐渐占据了中心地位。这一新模式仍然是外向的，甚至是带有攻击性的，这与过去的劫掠模式类似，但是这些活动中政府的参与程度更深，活动也更加持久。帝国海军的进攻角色更加突出，如在中国的元朝和地中海地区的奥斯曼帝国所发生的那样。除此之外，海军舰队抱着商业、军事甚至宗教动机而开发新的贸易路线，如中国的明朝和西欧的葡萄牙所开展的活动。虽然在这一模式的发展过程中，政府利益与私人利益很难一直取得平衡，但是，把这些活动称作"资本主义的海上活动形式"或"资本主义因素占主体的海上活动形式"仍然是合理的。

由于这一新模式出现，这一时期航海技术飞速发展。这些技术革新最为直接的体现就是舰船的适航性和续航能力得到了大幅提升。船只运送商品的效率有了明显的提升，贸易量的提升开始和技术的革新相互促进。这也预示着划桨船将在贸易活动和战争中被淘汰。但是，直到这个阶段的末期，技术才开始对战术产生影响，这也深刻地改变了海上力量的使用方式。在这个阶段的大部分时间，航海技术——包括划桨船的地位——没有发生太大的变化，过去多年形成的传统正处在发展变化的过程中。海上战争——作为陆上战争的一种延伸——的基本特点也没有什么改变。通过积极的、持续的巡逻和借助舰队控制海上航线来掌控海洋在技术上看还是很难实现。将控制海洋当作陆上军事力量的额外任务，这在认识和实践上都还普遍存在。

在这个阶段的下半期，中国和欧洲在航海技术方面处于领先地位，他们利用这一优势扩大了海上军事力量的实力和影响力。通过对比欧洲和中国的实践历程，我们可以看到海上活动的不同模式，以及技术的深远影响。掌握先进的技术与掌握制海权之间存在联系。最终，新的海上力量以及先进技术为新的海上战争形式奠定了基础，海军开始成为一个独立的军种，也可以说是此后 250 年最为重要的军种。

试验阶段，1050—1368 年

地中海

在地中海，桨帆船组成的舰队依然占据主导地位。大型桨帆船（其桨手也可以承担作战任务）依然有效地执行着军事任务。但是船员数量过多导致大型桨帆船无法远离基地和港口执行任务，而且其适航性也不尽如人意。船员数量过多也导致大型桨帆船受到国家经济形势和政府支持体系的影响。地理位置、商业发展、政治形势等因素都影响着地中海地区的海上力量发展。

阿拉伯世界的衰落 地中海南岸不太适合海军活动。因为那里缺少安全的港口，常年的西北风也导致从那里进入主要海上贸易航线会很危险。由于地中海中部的岛屿，尤其是克里特岛、西西里岛和西班牙东部的巴利阿里群岛都被基督教势力控制，这一地理因素的影响表现得更加明显。造成的结果就是，直至 14 世纪中期，地区贸易一直被基督教势力控制，伊斯兰教国家的海军在规模、活动范围和效率方面被日益压缩。如果有一个强大的中央集权国家，地中海中部的岛屿可能就会被其控制，但当时阿拉伯世界四分五裂，他们自 11 世纪后期开始就面临着诺曼人、意大利人和西班牙人的袭扰。除了这些问题之外，阿拉伯世界还开始面临木材不足的问题。木材价格居高不下影响了伊斯兰教国家的船舶制造。这样一来，尽管穆斯林海盗威胁依然存在（尤其是在地中海西部海盆直至伊比利亚半岛的部分地区），但是基督教国家大部分地区的海上贸易基本上没有太大的风险，伊斯兰教国家的大部分货物也通过基督教国家的船只来运送。

拜占庭帝国的衰落 作为一个拥有地中海北岸优势的基督教国家，拜占庭帝国一度在地中海东部占据主导地位。这个帝国在 1050 年之后衰落，原因非常复杂，且主要是政治方面的。

首先，海军受到了国内权力斗争的不利影响，权力斗争自 1025 年巴西尔二世去世之后开始，在半个世纪的时间里一直影响着拜占庭军事力量的发展（参见第 8 章）。简言之，首都君士坦丁堡的文官与各行省的军事贵族之间的对抗给帝国的军事体系带来了巨大的破坏。文官们迫切希望削弱各行省军事贵族的权力，解散或裁撤各地区的军队，其中就包括在小亚细亚和希腊驻扎的海军。军队中最为重要的力量——近卫军也被削弱，雇佣兵成了近卫军的主要兵源，这对帝国的陆军和海军主力部队都产生了负面影响。这场对抗的结果在 1071 年的曼齐克特之战中体现了出来。在同一年，诺曼人占领了巴里（Bari），巴里是拜占庭帝国在意大利的最后一个据点。这就导致拜占庭的海军活动受到了限制，也使拜占庭帝国的两栖作战能力遭到了削弱。

另一个政治因素也影响了帝国海军的实力。帝国的战略指导思想几个世纪以来都是防守性的，就算是在 10 世纪扩张时期，拜占庭人依然奉行着"城堡防御"的主导思想。这样做的一个结果就是：商贸活动也被看作帝国防守政策的一部分。希腊商人受到严格的约束，不得前往帝国以外的地区开展商业活动，这样，长途的商贸活动就主要由外国商人来承担。失去在意大利的领地之后，这种限制更进一步影响到了希腊商船的活动范围。由于各种形式的海上活动之间存在着密切的联系，海上商贸活动所受到的限制也直接影响到了拜占庭海军经费和兵员的来源。

在 1071 年之后发生的危机当中，意大利人决定性地掌控了拜占庭帝国的商贸活动。这给意大利人带来了利润，却给拜占庭帝国造成了损害，由此引起的紧张局势导致第四次十字军东征的目标变成了君士坦丁堡。1204 年，君士坦丁堡陷落。

意大利人和伊比利亚人的兴起　尽管诺曼人的军事力量在从阿拉伯人和拜占庭人手中夺取港口方面发挥了重要作用，但是在这些帝国的衰落过程中最有力的推手和最大的获益者其实是意大利的城邦国家，以及稍晚一些的西班牙的阿拉贡。威尼斯原本是拜占庭帝国的属地，但现在崛起并替代了拜占庭帝国的角色。而以热那亚为代表的意大利西部城邦在对穆斯林势力的攻击中扮演了领导者的角色。意大利人的成功有多种因素，其中包括自然地理因素、地缘政治因素和政治结构因素等。

第一，意大利港口的地理位置优越，它们都处在地中海北岸主要贸易通道的中心位置上，很容易就可以通往地中海中部的岛屿并进一步通往地中海沿岸各地。至少在 14 世纪中叶以前，木材和其他原料供应都十分充足。

第二，意大利人还从地缘政治因素中受益。意大利北部的城市基本上都是完全独立的城邦国家，正是它们引领了拉丁基督教国家海上力量的崛起。威尼斯是距离遥远且实力衰落的拜占庭帝国的属地，意大利北部其他地区中的绝大部分都是遥远的日耳曼帝国的属地。由于缺乏辽阔的内陆地区，这些城邦国家主要靠贸易和海上劫掠来获取财富、增强实力，因此它们都很重视保有一支强大的海上力量。

他们交易的主要商品就是来自东方的奢侈品，这些奢侈品通过大型桨帆船就可以安全地运送，因此各个城邦国家之间的商船和战船之间没有特别明显的区别。对敌对的穆斯林控制的港口进行劫掠活动对商业活动有利，而商业活动的繁荣又为从事劫掠活动的船只带来了利益。地中海地区的商业活动常常都是伴随着战争而展开的。基督教国家的舰队和伊斯兰教国家的舰队还不时地发生大规模的对抗，有时，基督教国家之间的舰队也会因争夺贸易控制权而发生冲突。威尼斯和热那亚成为激烈的竞争对手。在这种情况下，这些国家独立的政治地位发挥了作用，而且也使它们拥有了第三个优势——政治结构优势。内陆的狭小不仅使这些国家更加依赖贸易，而且也削弱了地主贵族在政府中的权力。相反，商业贵族常常占据着城邦国家政府中的重要职位，这也保证了商贸活动能够在国家政策中得到重视，海上防御活动能够得到支持。在大多数情况下，私人的商贸活动与国家的军事行动之间相互纠缠、不可分割。在土地辽阔的国家，不管是伊斯兰教国家还是拜占庭帝国，政府与商界都很少能够产生这种关系，原因在于地主阶层的利益在政府中占据着统治地位。简言之，意大利城邦国家在海上力量资本主义化的前期处于领先地位。

地中海上的斗争，首要的武器就是前文提到的大型桨帆船。这类船外形狭长，由桨手划桨来产生动力，其形制来源于拜占庭帝国的德罗蒙战船。到了12世纪，三人一排，每人都划动单独的桨的形式变得更为普遍。划桨驱动的方式使这种舰船具备一定的机动性、短距冲刺的速度和进出港口的灵活性等。在海上巡航时，这种船还可使用其安装的大三角帆，这种帆也可在作战需要时降下。大型桨帆船的适航性有限，因此无法在远离海岸的海域长期活动。但这种船很适合在地中海上活动，因为地中海风浪不大，每年3月中旬到10月中旬的天气较为平稳。

11世纪的大型桨帆船不再在水线以下安装喙状突起以用于撞击。相反，喙状突起被安装到了水线以上，形式也变成了抓钩与登船坡道的结合体，因为这一时期大型桨帆船之间作战的主要方式就是登上敌船。出现这种变化的主要原因在经济层面。船只造价都很昂贵，其上面还搭载着昂贵的货物以及可以充当水手的奴隶。在拜占庭帝国衰落之后，地中海地区没有哪个国家拥有足够的财富将海军的作战目标定为摧毁敌船。除此之外，拜占庭人也放弃了通过撞击来摧毁敌船的方式，而是改为使用希腊燃烧剂来杀伤敌人（参见第10章）。但是在这一时期，希腊燃烧剂的配方逐渐失传。登船俘虏敌人成了这一阶段大型桨帆船的主要作战形式。这个方法在桨手的安排方面也有所体现。这时的桨手通常都是自由民，在作战时也可以加入战斗，作战胜利后也会得到相应的奖赏。意大利海军半私有的、带有资本主义色彩的组织结构更是推动了这一趋势。大型桨帆船开始成为通用的工具。大型桨帆船能装载大量的士兵以及120～150名桨手，且具有一定的机动能力，这使得其成为对敌港口和海岸进行袭击以及攻击商船、进行劫掠活动的有力武器。

十字军东征提高了意大利海上力量的利益，并展示了海上力量的两栖特性。在第一次十字军东征占领耶路撒冷后，对圣城港口的控制得到了意大利舰队的帮助。意大利舰队为参与围城的东征部队运来了给养，阻止敌援兵从海上进入圣城，并将己方援军通过海上运抵战场。作为报酬，意大利人得到了在新建立的十字军国家开展贸易的特权。不仅如此，由于战争把最近的穆斯林海军基地挤压到了埃及境内，拉丁人对海岸的征服确保了海上贸易的安全，因为在埃及和耶路撒冷之间缺少补给站，这给伊斯兰教国家海军的活动造成了严重的不便。这种情况在东征部队占领了几个关键岛屿后变得更为严重，狮心王理查在第三次十字军东征时占领塞浦路斯可能是此类行动中影响最为深远的一次。十字军国家的建立促进了贸易的进一步发展，而这些贸易大部分都是通过意大利船只来实现的。与此相联系的是，大型的东征活动也日益离不开海上运输的支持，这比通过突厥人占领的小亚细亚来进行陆路运输要更快捷也更安全。在同近东的贸易不断增长的同时，东征战事巩固了意大利在地中海东部的主导地位，这一情形一直持续到 15 世纪奥斯曼帝国崛起。与此同时，东征的狂热推动着基督教徒重新占领了伊比利亚（在 1147 年第二次东征的过程中，英格兰人和诺曼人还占领了里斯本），这为西班牙海军在西地中海活动提供了便利。到了 1350 年，整个地中海都落入基督教势力的掌控范围之内。

北海－波罗的海世界

就海上形势而言，北大西洋、北海和波罗的海没有像地中海那样发生如此多的冲突。究其原因，很大程度上在于这些海域的自然条件不利，海上风高浪急，沿岸浅滩暗流很多，不适于舰船作战。地中海上的大型桨帆船在这些海域根本不适用。

这些海域也发生过海上冲突，但都主要是对沿岸及河流中开展的军事行动的延伸。斯堪的纳维亚人建造的划桨船在这些战争中仅发挥着有限的作用。舰船在拉丁基督教徒推进到波罗的海的战争中发挥了重要作用，它们被用于运送给养和部队。正是这些因素决定了日耳曼人最先进行殖民的地区都是海洋和河流的沿岸地带，也正是这些因素维持了新殖民地的经济发展，因为它们可以作为海上贸易网络的节点。

这方面的一个例外就是英吉利海峡，这里多次发生舰队之间的冲突。1088 年，英王威廉二世的舰队在罗切斯特附近海域击败了其兄弟罗伯特的舰队，据说有很多船在此次大战中被击沉。1217 年，国王约翰的追随者在桑威奇（Sandwich）附近击败了一支法国舰队。在百年战争期间，英吉利海峡更是战火不断，其中包括 1340 年发生的斯鲁伊斯海战（Battle of Sluys）。但所有这些战役都是在距离海岸不远的地方进行的，控制海洋的难度依然很大。尽管北方的舰船补给距离已经有了很大的改观（尤其是在斯鲁伊斯海战时期），但其航海能力和适航性仍然有限，这导致它们无法长期在海上活动。不仅如此，北部王国的行政资源和财政资源都很有限，这也导致舰队都是临时组建的，舰船中有很多是临时征用的商船。行政能力和经济实力都不允许永久性地维持这么庞大的一支舰队。

推动舰船设计不断进步的动力是商业活动。正是在这个阶段，柯克船（cog）开始成为在北部海域广泛使用的船舶。柯克船的容量很大，这使得它成为一种非常实用的货船。这种船只安装一面单独的横帆和一个尾柱舵，这比侧板舵要先进很多，因此其适航性有了大幅提升。这种船成为北部汉萨同盟国家以及荷兰和英国商船队的主要船舶。

柯克船也很适宜作战使用。运载能力大也就意味着柯克船可以装载更多的军人、马匹和给养。将众多军人装在一艘船上，这本身就意味着战斗力强大，因为当时北方国家海战的首要战术就是登船作战。柯克船还有其他适于作为战舰的特点：它的干舷很高。这一特点也提升了柯克船的续航能力，增加了储物空间，也扩大了作战空间。这种船前后都装上了塔楼，这就使得弓箭手可以居高临下攻击敌人。弓箭手还可以部署在桅杆上安装的作战平台上，这样他们也可以居高临下攻击敌人。

海上战争常常都是舰船之间的一场混战。舰队也可能被堵在港口并被焚毁。但是，这种决定性的作战行动并不常见。两支规模相近的舰队短兵相接的情况并不多见。这个时期的舰船机动性有限，这也就意味着如果两强相遇时一方不愿打仗，就有机会脱离战场。小规模的对岸攻击和两栖作战在这个时期更加常见，同在地中海地区一样，海盗行动、商业活动与战争常常交织在一起。

中　国

中国的海上活动在北宋时已经相当频繁，1127年，宋朝朝廷南迁至长江以南，中国的海上活动更加兴盛。南宋统治区的西面是河流和运河网，东面是大海，这成为宋朝抵御游牧民族及北方政权的天然防线。最初，政府依赖征集商船组建舰队，这与北欧国家组建舰队的方式类似。不过，中央集权的宋朝国家机器从贸易活动中收取的税赋日益增多，便迅速组建起了一支防御型的常备水军。这支水军拥有平底的舢板以及明轮船，这些船被用于守卫江河湖泊和运河体系（参见第9章和第14章）。此外，宋朝还建立了海上舰队。中国在舰船方面占有优势，这使他们控制了中国周边海域，并将影响力扩大到了印度洋。中国的航海人员从波斯人、阿拉伯人和印度人那里学习了知识，绘制出了详细的海图和贸易航线图，他们还发明了水浮磁针，其航海技术得到进一步发展。政府的支持推动了创新，来自贸易活动的税收以及造船业的兴起为海军提供了支持。在鼎盛时期，宋朝水军拥有20个舰队，约5万名军人，这是同时代其他任何国家的海上力量所无法比拟的。宋朝船只的适航性、国家的财富水平和防御性的战略导向决定了宋朝水军的作战重点是消灭敌方有生力量，而不是俘虏敌军，这与拜占庭帝国的海军在其鼎盛时期的做法是一样的。

1161年，宋朝水军击败了金国水军发动的一次进攻，在这场战役中，宋军借助战术机动和火药战胜了数量多于自己的敌人。但是在1200年之后，宋朝水军指挥结构发生变化，朝廷政策发生改变，导致水军实力和战斗力出现了衰退。尽管规模仍然庞大，但舰队的战斗力退化严重，而蒙古人自13世纪中期起重新加强了对南宋朝廷的威胁。蒙古人作战适应性很强，他们建立了自己的舰队用以对抗宋朝的水军，尤其是他们使用了很多俘虏的或投降的宋朝水军。蒙古水军在忽必烈领导的灭亡南宋的战争中发挥了重要作用。正是蒙古的水军于1279年在海上打败了最后一位南宋皇帝。

元朝时期，中国的海上力量发生了根本性的变化。蒙古人的外向型、进攻性的外交政策，他们与外国的频繁接触，对贸易活动的重视，极大地推动了中国商业活动的发展。蒙古人还削弱了传统儒家思想的影响，因为这种思想对商业行为持敌视态度。元朝时期最大的船舶体积庞大，船首装有防水的隔板（欧洲数百年内都没有制造出这种船），其储存货物的空间很大。这种船由船首和船尾安装的有竹制帆骨加固的多桅三角帆来提供动力，并由船尾舵来控制方向。中国商人开始在印度洋的香料之路上占据主导地位，中国商品开始逐渐抵达非洲，与中国的海岸贸易——尤其是谷物贸易（这些谷物被用于供应元大都）——达到了新的高潮。

以这种商业活动为基础，蒙古人建立起了一支拥有各类特种舰船的新型海军，这些舰船经过专门的设计，用于运送军队、马匹和给养等，船上还安装着抛射器以及火炮等。在宋朝和元朝时期，政府的支持推动了新的设计和新式武器的出现。这支海军协助中国将其势力延伸到了东南亚，并且在中国、朝鲜和日本之间的海上占据了统治地位。

元朝曾派出大规模的舰队进攻日本，但这场战争以元朝失败告终。1274年和1281年，忽必烈两次派出舰队入侵日本。第一次攻打日本的舰队据称有900多艘船和4万多人，第二次攻打日本的舰队（也是当时世界海战史上规模最大的舰队）有4000余艘船和约15万人。他们在海上没有遇到什么阻拦，因为日本的海上活动还停留在海盗劫掠的时代。日本的小船根本不是中国舰队大型舰船的对手。因此，日本未在其西南面的海上设置任何障碍，而是将蒙古舰队引入了遍布浅滩暗流且气象条件又不稳定的区域，日本人则乘小船对锚泊的蒙古舰船发起了游击式的攻击。镰仓幕府在岸上阻击蒙古人登陆，他们在蒙古人接近海岸时向其发起攻击。正如地中海上的海军指挥官们所熟知的那样，这个阶段是海军舰队和登陆部队最为脆弱的时候。蒙古人确实把登陆部队送上了岸，但由于遭遇到了台风，蒙古人的舰船大部分被摧毁，两次入侵都以失败告终。日本人把这两次台风称为神风，他们相信是神降下了这些风暴。

蒙古舰队在日本遭受重创也影响了蒙古在海上活动的能力。到了14世纪中叶，蒙古的海上活动能力已经大幅衰退，国内起义牵扯了其大部分精力，蒙古的扩张势头已经不复存在。除此之外，官僚系统中的儒家学者们又一次影响了贸易政策，他们开始实施新的管理措施，使得中国商人很难再前往海外。由于内河航运恢复，海岸贸易也因为谷物贸易转由内河航运承担而受到了负面影响。海军也不断衰落。1368年明朝推翻元朝统治的时候，海军几乎没有发挥什么作用。但在明朝统治的最初100年，中国海军出现了最后一个兴盛时期。

印度洋

在地中海海域和中国海域不断发生大规模战争的同时，印度洋与北海一样，相对而言比较平静，商贸活动也很繁荣。南亚的海域主要由三股势力支配：阿拉伯人、印度人和印度尼西亚岛屿上的一些小国。在这片海域，海军的使用多是围绕保护海上贸易这一目的，这种海军的运用模式基本上是防御性的，因此很少会引发冲突。

阿拉伯人是来自波斯湾、前往印度西部地区的商人的主体，他们常常会继续前行到香料群岛和中国。他们的船常常是规模较小的单桅三角帆船，这种船很适合做海岸贸易之用。这片海域主要的穆斯林海上力量来自埃及，他们可以很容易地把战舰从红海驶出，以控制向西的贸易路线。但是，即使地中海式的大型桨帆船能够在红海上称霸，它们还是很难驶入远洋（这些船的后勤补给能力也不允许其这样做）。

南亚次大陆上的印度王国有着海上贸易的传统。印度的造船技艺也相当先进，印度享受着原材料产地的巨大利益，这些原料不仅是商品，也是造船的主要材料。尤其是用于造船体的木材和用于做帆的棉花。由于贸易具有重要地位，印度的很多统治者，尤其是南部地区的统治者，都拥有一支小型的舰队，以保护自己的商业利益。但在朱罗王朝开始衰落之后，南亚次大陆上的印度再也没有把海上力量当作自己军事战略的基础。就连当时在印度南部最为强大的毗奢耶那伽罗王朝也是以陆上力量为主，并且将其北部的德里苏丹国当作最大的军事威胁。只有在处于恒河出海口的一些地区，海上力量才具有一定的必要性，因为在这些地方需要用舰船来运送军队穿越纵横交错的河网。在这种情况下，桨划船与帆船一样发挥着重要的作用，但是由于冲突较少，战舰也就显得没有在地中海或是中国的长江上那么有必要了。

室利佛逝的衰落带来了权力真空，马来西亚和印度尼西亚地区出现了多个小王国，它们的实力此消彼长。这些小王国的实力都很有限，依赖来往的贸易运输给其带来的财富，贸易路线的变化以及周围大国势力的变化都会对其产生影响。为了本国商人的利益，中国断断续续地保持着对这片海域的影响力，并从维护本国利益的角度出发调节着这片海域的政治竞争。

太平洋和波利尼西亚

与印度洋类似，太平洋在这个时期也没有发生大规模的海上战争。但其海上活动因波利尼西亚人的存在而显得相当活跃。波利尼西亚人在公元初从东南亚陆续迁来，在公元后的 1000 年里他们在西太平洋的一些岛屿上定居，在本章所涵盖的时期中间他们又从那里逐渐散布到太平洋中部的各个岛屿上，最东面抵达了复活节岛，最北面抵达了夏威夷群岛（当时夏威夷群岛还荒无人烟）。

这些开拓活动也代表了波利尼西亚人的航海水平。这种航海活动常常通过带有舷外支架的独木舟（边架艇）来完成，这种小舟通常是双龙骨，中间安装有一个平台，人员以及供人员生活所用的食物、水、家畜和植物都放在平台上。富有经验的波利尼西亚人不仅利用太阳和星星来指引方向，而且还对风向、气候、洋流、海浪等情况非常了解，他们把脚探入水中就可以感受到海浪击打到岛屿后产生的回流。

在岛屿密集的地方，各个岛屿之间保持着经常的海上联系，这些联系包括相互贸易、进奉贡品以及相互交战等。但是战争活动仍然主要是在陆地上进行的，舰船主要是用作运送人员和物资，这方面我们掌握的情况不多。美洲大陆太平洋沿岸的情况也相差无几，贸易活动和战争活动在从阿拉斯加到秘鲁的海岸文化的发展过程中都发挥着重要的作用，但我们掌握的情况都不是很充分。

变化之风

14 世纪下半叶出现了一系列发展变化，这些发展变化对海上贸易和海上战争都产生了深远的影响。其中最为重要的变化可能就是蔓延欧洲大陆的黑死病，1330—1430 年期间，黑死病导致大量人口死亡。人口数量的巨大变化严重地影响了传统的生产方式和消费方式，而这些变化又对贸易模式和贸易路线产生了影响。由于世界贸易在海上力量建设方面占有重要地位，这些变化带来了很多影响。贸易规模的收缩不仅影响到了商人的利润，也影响到了政府的财政收入，这又进一步影响到劳动力市场和技术的发展，因为劳动力和技术的发展都依赖于特定领域的政治和经济因素的平衡。

第二个变化就是奥斯曼帝国的崛起。奥斯曼帝国成功地将其势力延伸到了地中海东部（参见第 11 章），这产生了两个结果：一是他们在地中海遇到的海上冲突开始不断增加，原因是土耳其舰队挑战了基督教国家在海上的支配地位；二是奥斯曼帝国对欧亚大陆贸易路线（连接着中国和地中海东部）的西端掌控能力不断增强，这影响到了依赖这条路线获取东方货物的欧洲人的利益。进入 16 世纪后不久，埃及落入奥斯曼帝国的手中，这使得问题变得更加严重，而这一时期的技术进步本可以缓和矛盾。15 世纪起，舰船的设计、航海技术和海军武器（尤其是火药）都有了发展，这些发展本可以给全世界海上力量的规模和形式带来革命性的变化。但是技术进步所带来的真正的变化表明，技术还远不是一个独立的因素，它与其产生的社会背景、政治背景和经济背景都有着密切的联系。

谁是海洋之主，1378—1571 年

海上活动和航海技术发展最为活跃的两个地区是中国和西欧。认为这两种传承之间存在着争夺制海权的竞争无非是马后炮。但将两种传承之间进行对比能够使我们更加了解海上战争、海上力量以及两种完全不同的文明的结构。

中　国

明朝的第一位皇帝对海上贸易不感兴趣，但在他的统治下，私人贸易以及舰船建造得以延续。明朝的第三位皇帝朱棣则把海上贸易当作获取财富和扩大威望的一种好办法。他推动了中国海上活动最后也是最为繁荣的一个时代的到来，这就是郑和率宝船七下西洋。

技术　朱棣所组建的船队的规模需要从中国的各沿海地区集中造船工人来一起建造。正因为如此，来自中国北部黄海流域的造船传统与来自中国南方南海沿岸的造船传统得以相互融合、相互促进。来自黄河流域的水手们需要应对浅滩，来自黄河的船叫作沙船，这种船机动性很好，船底很平，吃水很浅。南海风急浪大，暗礁众多，海盗猖獗。南海上航行的船叫作福船，这种船船体很深，龙骨坚固，船首很高并经过加固，这一方面是为了保护船只免受暗礁之害，另一方面也是为了在撞击低矮的小船时占据优势。这种船在船尾处建有平台以供军人作战用，这种设计也是明朝时战船的标准设计样式。郑和船队包含了上述两种风格的印记，其中最大的船规模空前。

据推测，最大的宝船约有 400 英尺（约 122 米）长、160 英尺（近 49 米）宽，这差不多

是人类有史以来建造的最大的木船。宝船上装有 7~8 支桅杆、由竹竿加固的帆和尾柱舵。宝船的装载能力惊人，能够装载数百名船员、士兵和官员。宝船上也可以安装攻城器械来抛射石头并发射炮弹（目前尚不清楚当时中国研制火药推进的炮弹的能力究竟如何）。宝船中分隔成多个水密隔舱，安装有坚固的内梁并装有多层甲板。这些特点都提升了船只的坚固程度和适航能力，但这些设计也导致建造船只需要投入大量的人力物力，尤其是在建造大型船只的时候。

正如前文所述，中国在宋代的时候就发明了水浮磁针。到了郑和下西洋的时期，他们已经掌握了主要贸易航线的详细海图，海图上详细地标注了地标及港口的位置。中国的航海者还研发出了计量速度以及纬度的科学方法。但是，尽管掌握有海图等工具，航海仍然未成为中国的传统。

郑和下西洋　中国明朝的郑和总共七次下西洋，前六次（1405—1421 年）都是由皇帝朱棣支持开展的，最后一次（1431 年）则是由朱棣的孙子朱瞻基支持开展的。每次下西洋都耗时将近两年，主要的航线是从中国长江口的刘家港出发，前往越南南部的占婆，从那里通过马六甲海峡，经由锡兰前往卡利卡特，最终抵达波斯湾口的霍尔木兹。还有一些探险活动则抵达了菲律宾、婆罗洲、帝汶岛、暹罗、孟加拉湾以及红海上阿拉伯人的港口、非洲东海岸，最远甚至到达了马达加斯加。

宝船船队的任务是多方面的，其中最重要的是政治任务。宝船船队的规模、船的尺寸、船上所携带的商品（既用于贸易也被当作送给沿途国家统治者的礼物），这些都展示了明朝皇帝的财富与权威。船上的数千名军人则以硬实力彰显了皇帝的威仪。这种政治职能不是仅仅拿来展示的，早期下西洋的航程中，宝船船队积极清除了多地的海盗，郑和也充当着大使，协调着这一地区各个小王国之间的关系，从而保证中国的利益。船队还支持并参与了在越南北部安南所发生的战争。

船队的另一项重要任务就是商贸活动。其目的是推动中国与南亚和东南亚各国的贸易关系。赠送中国制作的昂贵而精美的工艺品（尤其是精美的瓷器）当作礼物，也换回了别国回赠的一些礼物，其中包括非洲国家赠送的长颈鹿。很难去判断这种政治交易是否值得。但是这种交易肯定提升了中国皇帝的权威。宝船船队也开展了一些实实在在的贸易活动，例如，他们用中国的工艺品交换来了香料和药品。从这个层面看，交易可能确实换来了一些利润。但这些利润是否能够偿付建造和维护这些船的费用？答案可能是否定的。但是船队为商业交流重新注入了活力，私人商队和纳贡队伍重新开始活动，贸易繁荣所带来的关税和进口税可能使整个活动处于赢利状态。此外，很重要的一点是，需要认识到进入中国的所有贸易都被官方认为是一种纳贡形式，是对中国皇帝享有宗主权以及中国在世界上占有中心地位的一种认可。

宝船船队的支持者中也有一些是抱着探险的目的的。但是对中国之外的世界感兴趣在当时的官场哲学中并不受待见，因此这种兴趣被冠以探寻皇权覆盖之地、传播皇帝威仪等名号。

从军事层面来看，这支船队在海上是所向披靡的。船队中不同的船只类型也表明他们能够实施一系列的战术，其中包括冲撞敌船、使用抛射器械以及登船作战等。再考虑到大船所运载的大量士兵，敌人面对这支船队只能望风而逃。这支船队搭载的士兵可能不足以让他们在陆地战场上所向披靡，但这支部队的人数足以抵御任何威胁，由于这支船队是为了和平目的而派遣的，因此他们没有遇到敌对行动。简言之，在派出船队下西洋时，中国在从波斯到朝鲜的亚洲海上占据着支配地位。如果他们在最后一次船队下西洋（1433年）之后再在海上活动70年，他们肯定就会成为葡萄牙船队不可逾越的障碍，因为葡萄牙船队不管是在船只的规模还是数量上都无法与宝船船队相比。

让位 宝船船队在七下西洋之后没有再继续开展海上活动。郑和在最后一次下西洋的途中去世，朱瞻基也于1435年英年早逝。明王朝再也没有派遣船队下西洋远航。但中国放弃海上活动的做法还不仅是停止官船出航这么简单。在之后的100年，朝廷还严格限制私人贸易，海上贸易面临的限制也越来越严格。外国来中国的商人也受到诸多限制。在中国城市中居住的外国人也面临着越来越严重的排外情绪。最终，连中国商人建造海船的行为也被禁止，中国先进的航海技艺和造船技术不断衰退。

这一切为什么会发生呢？学术界对这个问题争论了多年。一部分原因是欧洲的崛起，而更深层次的原因是政治结构、文化结构与社会经济结构之间的关系，我们将在后文中再论述这一关系。但有一些因素还是很明显的。

朱祁镇对海上活动不感兴趣，海上活动的资金来源断绝。在朝廷斗争中，朱祁镇与文官官僚站在了一起，而儒家思想一直对经商持鄙视态度，尽管宋朝时曾经有所好转，但在明朝，文官与宦官之间争权，而宦官是商业活动的庇护者。因此，文官抵制商业活动也就可以切断宦官的财富和实力来源。宦官集团的腐败也是导致商业活动受到限制的原因：他们没有推进商业发展，反而是从关税和各类税赋中捞油水，导致经商的成本大幅提升。简言之，这段时间政府对贸易的控制着实是有害的。

算计宝船船队出海的成本与收益也是导致宝船船队不复存在的原因。单纯从表面的成本来看，宝船船队对朝廷来说是一笔巨大的投入。只要朝廷出现财政危机或出现政策变化，那么船队就不可能再获得足够的财政投入。朱祁镇就面临着这种政策变化：朱棣在北京新建了都城，导致朝廷的资源捉襟见肘。除此之外，宝船下西洋的时间恰逢中国人口从瘟疫中恢复的时间段，而15世纪中期，瘟疫再次暴发，导致政府收入减少。巨额的支出与紧缩的收入反差巨大，这也导致宝船船队成了牺牲品。最后，朱祁镇于1449年被蒙古人俘虏，这也引发了一场危机。他被俘及后来获释后引起的争斗导致中央政权衰落、朝廷分裂，帝国的权威也丧失殆尽。来自国外的纳贡商队数量减少，明王朝的商业也受到了直接影响。

由于以上种种原因，中国周边的海洋成为外国商队、朝鲜和日本海盗的活动范围，自16世纪30年代起，这些海域又成了欧洲人的天下，这给全球贸易和海上战争带来了深远的影响。

西 欧

与中国一样,欧洲这个时期的造船技术也是整合了南方和北方的传统。但中国的技术整合是政府推动的,而欧洲的技术整合是逐渐产生的。欧洲漫长的海岸线、众多的岛屿以及缺乏运河系统导致欧洲经济对海上贸易严重依赖。随着造船技术的进步,欧洲经济融合得更为紧密,带来的一个结果就是造船技术的融合也更加迅速。在15世纪,这种融合进入一个重要的阶段,舰船设计制造出现了革命性的变化,这给海上贸易和海上战争带来了重要影响。

技术 地中海上的大型划桨船仍在按自己的路线发展,技术融合主要体现在帆船上。北方的船只是以柯克船为基础设计的,这类船运载能力出众。这种船的船舱很深、很宽阔,干舷很高,装有尾柱舵,船首与船尾都安装有塔台。这种船适航性很好,少量的船员就能很好地操控这种船。但是,北方的船是重叠建造的,也就是从龙骨起先建造外壳,然后再建造内部装饰。南方帆船的建造工艺很快传到了北方,因为这种船建造起来不需要太多的技术工人,因此造船的成本相对较低,而且可以建造大龙骨的船只。船只的大小很快达到了北方船只单横帆所能推进的极限。南方船只很早以前就拥有了多桅杆技术,现在,北方的船只也开始加装船首桅杆,船首桅杆也悬挂横帆,但比主帆要小一些。不久后,后桅杆也开始被加装到船上,后桅杆上悬挂大三角帆,这样就增加了船的机动性。与此同时,大横帆开始被分割成几部分以便于操作。到了1500年,装备完整的帆的舰船出现了,这种船当时被称作"克拉克帆船"(carrack),它比以往的船适航性更好,也是一种更为经济的货物运载工具。

克拉克帆船能够充分发挥其远洋运输能力还得益于导航技术的进步。到了1400年,欧洲人已经有了指南针,可能是从中国人那里借鉴的,也可能是独立发明的(参见专题C:海军与技术)。欧洲人还从阿拉伯水手那里学会了使用星盘,这让他们可以精确地计算纬度。不仅如此,地图技术也得到了飞速发展,这就使得船舶能够不必沿海岸线航行。1453年发明了印刷机,这也使得航海技术得到了进一步提升。地图、纬度计算表以及其他辅助图表得以迅速广泛传播。

专题 C:海军与技术

在现代海军历史上,蒸汽机、钢、飞机和雷达等技术创新对海上战争的演变发挥了重要作用,这导致海军史本身形成了对技术因素的偏好。正因为如此,可能也因为海上活动严重依赖与船舶有关的一整套技术,海军史学者长久以来一直在争论技术传播所带来的影响。

这一类的争论在1400年之后变得更有意义,因为海军技术的发展开始与一个重大问题产生联系,即如何解释欧洲的崛起以及工业革命的起源呢?原有的一些解释认为,欧洲人对技术有特殊的偏好,这也使他们有别于其他比较缺乏创新力的民族。此外,欧洲人注重航海技术与火药技术,这些技术也在1500年之后帮助把欧洲人送到了世界各地。

意料之中的是，反对这种观点的人提出，很多重要的发明都不是欧洲人的首创，其中包括火药、星盘、指南针等，而且就船舶而言，中国制造的船也比欧洲的船要好。这种说法可能对原有的解释构成了冲击，但是这其实是用一种新的推测取代了旧有的推测来解释技术的起源。这种新的推测仍然以技术为中心，这也形成了另一种全新的欧洲中心论。这种理论认为，其他民族虽然发明了这些技术，但是这些技术并没有发挥革命性的作用，而在欧洲，这些技术发挥了革命性的作用，因此它们在一定程度上受到了限制，使它们无法成为现代世界的发祥地。这一说法产生了两个问题：欧洲变成了发展的模板，而技术被当作了发展的推动力量。

近现代的海军史则说明上面的推测很多都是站不住脚的。海上活动的历史清楚地表明：海军技术是不断扩散的。一个地区的传统会在内部融合，而不同地区和不同文明之间的传统、思想和技术也会随着贸易的开展而得到交流。因此，航海技术的发展模式与文化的发展和传播是类似的。

同样重要的是，近代的航海历史强调了经济、社会和政治背景在决定技术应用方面的重要作用。从某种意义上看，这并不令人惊奇，因为舰船的发展不光与技术有关，也与社会有关。海上战争与海盗活动、海上贸易的密切联系也很容易让人想到上面那一点。举例而言，约翰·古尔马丁（John Guilmartin）的《火药与桨帆船》（Gunpowder and Galleys）一书就揭示了地中海大型桨帆船进行的战争与这一地区的气候、地理条件、经济和政治因素之间的关系。他还表明：火药武器及舰炮并没有迅速令大型桨帆船退出战场。相反地，大炮提升了大型桨帆船在进攻和两栖行动（要塞进攻和防御）中的作用。不过，新技术的确在促进大型桨帆船退出历史舞台的过程中发挥了一定的作用。那就是，后勤补给和人力问题限制了大型桨帆船的活动半径。但是，技术的经济适用性扮演了更为重要的角色。因此，新的技术与新的海上作战方式之间并不存在直接的联系。我们在本章中对中国与欧洲的海上探险也做了详细的比较。

事实上，另一项地中海的海上技术也证明技术的进步并不一定能一直持续下去——这是现代社会中形成的一种期望。希腊火（参见第10章）是拜占庭人和阿拉伯人使用了几个世纪的有效进攻武器，但是，随着12世纪拜占庭文化和政治的变化，希腊火的配方失传了，从那时之后这一配方再也没有出现过。这也充分说明，对技术的依赖也是由时代背景决定的。

航海技术中最后一个空缺是从陆上战争中借鉴经验来补全的。自15世纪早期起，舰船上开始安装火药武器。最初，火药武器主要是一些人员杀伤类的武器，通常安置在上甲板和塔台上。但是在15世纪后期，帆船的下层甲板上开始安装大炮，炮口则直接开在船体上。大型划桨船上也开始安装大炮，炮位通常在船首，炮口朝向前方，使得这种船也具备了攻击能力。由于大炮数量不多且价格昂贵，装有大炮的大型划桨船与装有大炮的帆船相比并不落下风。但是到了16世纪70年代，财富的积累以及铸铁大炮的出现，导致大炮的数量迅速增加，装有更多大炮的帆船就占据了绝对的优势。

从战船的层面看，这一革新的最终结果就是16世纪早期伊比利亚盖伦船（galleon）的出现。其名称就显示出南方造船传统对其的影响。这种船是一种装有整套帆索的船舶，但其船体外形受到了地中海式的大型划桨船的影响，船体狭长，船身较矮。这就令伊比利亚盖伦船比其他帆船速度更快，也更加灵活。不过狭长的船身也导致它无法装载太多的货物，而且建造起来也更费木材，因此很不经济。这种船的出现更加体现出了战舰与商船的不同，随着大炮更加便宜而且舰船上所装火炮数量不断增多，这种不同开始越来越明显。

到了16世纪的第二个十年，催生新型海军技术的因素已经全部到位。装有大炮的大型帆船成为海上探险、贸易和战争的利器。从技术层面来看，它们也能够在海上待更长的时间，这使得控制海洋变得更为容易。就此而言，控制海上航线也远比控制单独的某条船能够带来更多的利益。火药技术的发展导致登船厮杀有了新的实施方式，这也使人们对登船厮杀的愿望更加强烈。直到19世纪，这方面的技术发展还包括：帆的改进和外舷形状的变化，尤其是与战舰侧舷炮组相关的技术创新（参见第20章）。当欧洲国家的政府拥有了与舰船技术进步相匹配的财政和行政资源时，新型海上力量的资本模式也就应运而生了。

海上战争 英吉利海峡仍是北方海域海上战争爆发最为频繁的地区。英格兰国王亨利五世（Henry V）在开始征服诺曼底时非常关注其交通线的安全，于是组建了一支舰队，把法国及其热那亚盟友的舰船赶出了英吉利海峡。这支舰队中包括配备有大炮的战舰。1417年，在翁弗勒尔（Honfleur）取得的胜利达到了上述目的。自那以后，英格兰一直维持着一支小型的皇家舰队，但是直到16世纪50年代爱德华六世（Edward VI）当政之前，海军在英格兰国防上发挥的作用都十分有限。自那以后，受到海外探险与海外贸易鼓舞的诺森伯兰公爵（Duke of Northumberland）扩大了海军的规模。

但是与地中海上的海战相比，北方海域的海战还很落后。在1380年之后的一个世纪，这类战争越来越限于局部地区：地中海西部各基督教王国之间的战争，地中海东部发生的威尼斯与奥斯曼帝国之间的战争，威尼斯与其他意大利城邦国家在地中海中部发生的战争以及北非穆斯林对西班牙实施的劫掠活动、医院骑士团对穆斯林地区实施的劫掠等。出于经济目的，海上战争仍然与海盗活动有着密不可分的关系，这时的桨手大部分都是有技术的自由民。

北方的舰船开始越来越多地出现在地中海，他们在海上贸易中占据的比例也不断上升。从一定意义上讲，北方舰船与桨帆船之间出现了技术对峙的局面。北方舰船坚固且速度很快，常常能够逼走桨帆船甚至一支小型的船队，尤其是在北方舰船搭载众多船员的时候。这种能力能够使海上贸易活动安全进行，但对海上战争的形式没有产生什么影响，原因就是北方舰船的攻击能力有限，它无法迫使一艘桨帆船与之作战。更为重要的是，桨帆船拥有将人员和给养直接运抵港口和海岸的能力，这使得它们很适合开展围攻要塞港口的行动，也适用于救助被围攻的港口，帆船则很难成功开展上述行动。此外，由于大炮依然昂贵且数量稀少，桨帆船也比帆船更适合当作大炮的平台，作为移动炮台靠划桨进入作战位置，并利用在海上进行枪战战斗玉制侧舷炮不足的帆船。而就桨帆船之间的战斗而言，舰首炮的出现进一步推动了把火力集中在船首的趋势。大炮主要是用作人员杀伤型的武器，发射炮弹常常也是人员登舰的火力准备，但是威尼斯人也可能会用大炮从较远的距离直接击沉敌舰。因此，在桨帆船的战斗中，双方舰队经常是各自排成一列相互对峙。

除此之外，奥斯曼帝国的崛起以及西班牙王国实力的不断增强也改变了地中海战争的政治地理环境。地中海逐渐被这两个国家瓜分，威尼斯则相对较弱，在16世纪，威尼斯也成为地中海上的一支重要力量。奥斯曼帝国控制了地中海东岸，这也使得其可以控制那里的海上航线，当其入侵埃及的马穆鲁克王朝之后，威尼斯人开始尽量避免与穆斯林统治者发生战争，因为奥斯曼帝国控制着威尼斯人贸易财富的源头。不仅如此，基督教国家的前哨，如罗得岛，也变得很难防御。1522年，罗得岛陷落，驻守的骑士被迫撤到了马耳他。

以桨帆船为主角的海战逐渐发生了变化。在13世纪，舰队的规模不断扩大，每艘桨帆船的尺寸和每艘船上所搭载的军人数量也不断增加，因为各方都想提升其舰船的作战能力。舰船越大，其可以搭载的大炮和士兵也就越多。就水兵而言，西班牙枪兵和奥斯曼弓兵从战术上讲不相上下。但是，西班牙枪兵的优势是，一个农民可以在很短的时间内就学会用枪；而要成为一个好的弓兵，需要合适的社会经济体系的培养。奥斯曼帝国在16世纪中叶以前一直努力想维持这种社会经济体系。

大型船只和舰队需要更多有经验的桨手，而在瘟疫过后，劳动力成本在不断上升。1450年之后，有一个趋势就是使用奴隶来代替自由民桨手（每组5名奴隶取代原先的3名自由民桨手）。这虽然在一定程度上减轻了对有经验的桨手的需求，但由于桨手数量增加，每艘船上要供养的人数大幅上升。由于桨帆船的储物空间有限，桨手数量的增加导致船上的后勤补给更加捉襟见肘。越大的舰队这种问题就越明显，而且火炮的弹药供应也面临着困难。到了这个世纪的中叶，桨帆船舰队在地中海适航时期的活动范围和打击范围都有所缩小，这样一来，地中海就形成了一种战略僵局。到了1550年，维持大型舰队的费用甚至让大国也难以承担，这给海上力量带来了更大的问题。1565年，奥斯曼帝国对马耳他进行的长期围攻以失败告终，这也预示着大型两栖攻击活动终结。6年之后发生的勒班陀海战成了桨帆船作战的"绝响"（参见专题B：勒班陀海战，1571年）。在这场海战后，配备有铸铁大炮的英国和荷兰私掠船在16世纪80年代进入地中海，维持桨帆船体系的基础已经不再稳固，历史悠久的划船作战模式也寿终正寝。

专题 B：勒班陀海战，1571 年

1565 年，奥斯曼帝国征伐马耳他失败，遂转向一个更近一些的目标——威尼斯人掌控下的塞浦路斯。塞利姆二世（Selim Ⅱ）派出了一支由 116 艘桨帆船和 5 万名军人组成的舰队，这支部队很快就在 1570 年 9 月占领了尼科西亚岛（Nicosia）。海港城市法马古斯塔（Famagusta）也被包围，塞利姆二世准备在第二年春天对其发起进攻。

1571 年 1 月，一支援军赶到了法马古斯塔，加强了这里的防御。经历持续至 8 月的轰炸、坑道作战以及强攻，法马古斯塔坚持了下来。威尼斯向西班牙求救，但是由于基督教国家内部分裂以及忙于应对摩里斯科人（Morisco）的叛乱，西班牙没能及时派出援军。由西班牙、威尼斯以及教廷组成的神圣同盟直至 5 月才形成，而它们派出的舰队直到法马古斯塔投降之后才从西西里岛的墨西拿出发。奥斯曼帝国的舰队已经从塞浦路斯出发，越过克里特岛一路向西前往亚得里亚海，并在那里与一支北非的小型舰队会合，但在得知基督教国家舰队的位置后，他们退回到位于勒班陀的基地内。

1571 年 10 月 7 日，奥斯曼帝国的舰队在勒班陀与基督教国家的舰队遭遇。双方似乎都低估了对手的实力，因此轻率决定开战。基督教国家的舰队有 208 艘桨帆船和 6 艘装备有大炮的大型重装三桅帆船。奥斯曼帝国的舰队则有 230 艘桨帆船和约 70 艘轻型排桨船。奥斯曼帝国的桨帆船要比基督教国家（尤其是西班牙）的桨帆船体量小，更为机动灵活，但其装备的大炮数量没有基督教国家的多。双方的桨手和水兵的数量都在 5 万人以上，双方的舰队都由三支分舰队和一支后备力量组成。基督教国家舰队的指挥官是来自奥地利的唐·胡安（Don Juan）。他计划用自己的重型船去冲击穆斯林舰队的中军。奥斯曼帝国舰队的指挥官阿里（Muezzinzade Ali）帕夏则希望中军守住，由左翼舰队（由乌鲁齐[Uluj Ali]指挥）利用舰船数量优势去冲击基督教国家舰队的战线，从而赢得战斗胜利。

事实上，双方的战术都起到了作用。基督教国家舰队的左翼舰队充分利用自己的经验阻止奥斯曼帝国舰队靠近岸边的右翼对其进行攻击，并最终成功击败了奥斯曼帝国舰队的右翼。基督教国家的中军由两艘三桅战舰率领，冲散了奥斯曼帝国舰队的战线，双方陷入拉锯战，最终西班牙舰队在舰船规模、大炮数量、作战技能等方面的优势逐渐发挥了作用，奥斯曼帝国舰队开始逐渐不支。双方靠岸边的侧翼最后发生交锋。为了阻止奥斯曼帝国舰队侧翼的活动，基督教国家舰队的右翼与中军失去了联系，乌鲁齐则率军攻入了基督教国家舰队的战线，但为时已晚。在奥斯曼帝国舰队的左翼参战时，其舰队的右翼已经失败，中军也渐渐无力抵抗。乌鲁齐领着不足 20 艘舰船突围而出，其余的舰船要么被击沉，要么被俘虏。奥斯曼帝国舰队伤亡惨重，损失了超过 3 万名军人，这比基督教国家舰队损失人数的两倍还要多。其中至少一半是精锐的弓箭手、水手和国王近卫军。这些人员损失，尤其是弓箭手的损失，是奥斯曼帝国后来一直无法弥补的。

> 正是这些人员损失使得勒班陀海战具有了决定性意义。奥斯曼帝国第二年又重组了一支舰队。但这支舰队缺乏经验，奥斯曼帝国海上扩张的势头被遏制了。基督教国家军队没有乘胜追击，这场海战从心理上讲是一次重大胜利。从战术层面看，此次海战也是地中海桨帆船的巅峰之战和绝响。未来的海战将成为帆船的舞台。

不断扩张　葡萄牙在全桅帆船和舷炮技术的发展过程中占据了领先地位。亨利自15世纪50年代起就将这种船派往非洲海岸，这些舰船给他带来了黄金和奴隶（常常是通过军火贸易来获得）。到了1488年，达·伽马率领的一支船队抵达了好望角，10年后又抵达了印度的一些港口，而这时距离中国宝船船队访问这些港口已经过去了66年。与中国的宝船船队不同，欧洲船队停留在了那里。

葡萄牙人的船队与中国的船队相比规模小很多。他们得到了来自政府和商人的支持，因为政府和商人可以从船队的活动中受益。西班牙人也投资开展探险活动，1492年，他们取得了意想不到的巨大成就。不久之后，荷兰人、英国人、法国人都开始加入海上探险活动。欧洲的商业资产阶级得到了政府的批准和支持，他们渴望从这些探险活动中受益。政府为商人提供支持，原因就是这些政府之间也存在政治和军事竞争。欧洲处于分裂状态，各个王国的国王不得不四处找寻新的收入来源。商人和国王们希望能够在传统的海上航线之外寻找新的通往东方的航线，这样做是因为在旧航线上威尼斯人占据着统治地位，此外，找寻新的航线也是为了避免与奥斯曼帝国遭遇。事实上，葡萄牙人寻求控制印度洋上的贸易的一个重要原因就是想削弱奥斯曼帝国，这是一个雄心勃勃的、有点类似于十字军东征的战略。

安装有大炮和完整帆索的舰船是这些扩张行动的重要工具。达·伽马、阿尔梅达（Almeida）和阿尔布克尔克（Albuquerque）在早期战胜了印度舰队，尤其是阿尔梅达于1509年2月在第乌岛（Diu）附近海域战胜了埃及人和古吉拉特人的联合舰队，这充分显示出欧洲武装舰船、灵活的帆索设计以及重炮的优势。这些舰船背后的社会经济系统与这些舰船一样都是海上战争向新的方向发展的信号，而中国早在数十年前就已经显示出了类似的技术潜力。舰船只是一种工具，是达到目标的一种手段。下面我们就通过比较中国与欧洲的海上活动来分析一下双方的动机。

对比分析

由于一系列复杂因素的影响，中国与欧洲海军历史的发展呈现出了完全不同的轨迹。其中每一个因素可能都不是决定性的，而且很多因素之间还存在着复杂的联系。每一种文明都是一个独立的有机体，而其海军历史正是由这个独立的有机体所产生的。不以事实为基础的历史分析——也就是提出太多的假设——只会起到相反的作用。我们要避免以欧洲的标准来判断中国的发展轨迹，尤其是判断中国发展轨迹的结果。欧洲并没有获胜，因为欧洲与中国之间并不存在激烈竞争。无论如何，结果是有说服力的，如果中国仍然积极地在海上活动，那么结果不大可能是在中国发生欧洲模式的工业革命。

政府的职能 统治中国的是一个强大的、中央集权的官僚政府。尽管经历王朝更替，但明王朝仍然视自己为延续了2000余年的统治传统的一部分。文人、贵族组成的官僚体系通过科举来选拔人员，科举的内容是以儒家思想为基础的，这就保持了政府在意识形态上的延续性。在这种意识形态中，政府的作用就是培育"王国之善"，皇帝和百官要为整个国家的福祉负责。正因为如此，朝廷有动机也有能力来控制和管理贸易。贸易对政府财政与税收有着重要影响，尤其是自宋朝之后，但是这种重要影响在意识形态领域被低估了。来自农业和土地的税收被认为是政府收入最重要的部分，在很多儒士看来，这也是政府财政的唯一来源。因此，在中国，市场所提供的动力被政治力量人为地限制起来，这在工业化之前的社会中也是一个普遍现象。

欧洲则处于政治分裂的状态。不仅如此，以中国的标准看，很多政府都还比较落后。它们的官僚体制非常原始，对贸易的控制能力也非常有限。事实上，很多国家的政府收税的能力都很有限，这就意味着贸易活动成了政府财政收入的重要来源，尤其是考虑到国王们还非常需要资源来维持战争开销。他们不能冒贸易通道被切断的风险，而且还必须想方设法来推动贸易。这也反映了欧洲长期存在的实用主义统治思想。国王和王子们治理国家是为了臣民的福祉，这一点是和中国一样的，但在实际操作上，它们的经济更像是企业主想从自己的企业中获得最大程度的利润，这一观点也是受地区主义以及税收机制较弱的影响而形成的。在这种政治气氛中，市场力量就能够对公共与私营领域的决策产生有力的影响。

社会结构的作用 政府对待贸易活动的这种态度从某种程度上讲是更深层次的社会结构与社会认识的反映。在中国，商人数量很大，也非常成功，但是社会地位很低，社会影响也小。在儒家的社会理论中，商人是社会的最底层，他们的社会地位比农民还低；尽管富裕的商人显然更加有影响力而且生活也比农民要好，但这种意识形成的影响还是很大。富裕的商人希望他们的子弟成为文人或者官员，这也显示出政府在社会中的影响力以及科举考试体系的开放性。

另一方面，欧洲商人虽然在绝对的财富和数量上都比不上中国商人，但他们在相对数量和影响力上比中国商人要更占优势。在当时的说法中，中世纪的社会是由三种人组成的，也就是工匠、军人和宗教人士，其中并没有商人。面对敌视商业活动的宗教集团和封闭的贵族体系，商人们别无选择，只能用自己的财富来积累更多的财富。在一些地方，如在文艺复兴时期的意大利，商人们还会用财富来换取社会地位。作为城市自由民，商人们的自我管理要比中国的商人强（这也是中央集权统治弱化的一个标志）。事实上，一些意大利城邦国家就是由商人贵族来统治的。

社会结构中一个比较微妙的现象就是：在中国，社会关系是建立在儒家思想道德基础上的，每个人在社会结构中都有自己的位置，皇帝在最顶端，社会阶层也往往与政府的阶层有着直接关系。在欧洲，即便不算上商人阶层，社会关系也主要是由契约理论来调节的。各种显性的和隐性的契约维护着贵族与平民、地主与农民以及国王和相关政府机构的关系。与中国的儒家社会相比，欧洲以契约理论来维系的社会对商业活动更为开放，也更易受到商业活动的影响。

经济的作用　从经济层面看，中国在16世纪以前的世界贸易体系中居于非常有利的地位。中国是很多工业制品的主要生产国，从漆器到瓷器，从珠宝到丝绸。中国还是一个广阔的消费品（如香料、药品和食品）市场。因此，中国成为贸易活动的中心——不管中国商人是不是追求这种结果——而且中国常常能够在贸易活动中获益。而欧洲位于非洲到亚洲的贸易航线的最西端，既无法为世界市场提供原材料，也无法提供制成品。欧洲出口的主要产品就是毛料衣物和武器（包括刀剑和枪炮）。欧洲商人因此必须想办法满足人们对东方奢侈品的需求，同时又要满足财政收支的平衡，因此他们开始寻找新的获取金银的方式。但从另一个方面来讲，欧洲的地理位置也占有优势，它在非洲–欧亚文明中距离美洲大陆最近，而美洲大陆的矿产及以奴隶为基础的农业利润丰厚。从中国前往美洲在技术上也有可能性，但由于距离遥远且受到利润丰厚的东南亚贸易的影响，这条贸易路线相对而言缺乏吸引力。

地理因素也影响到了国内贸易的模式。对中国而言，海洋的重要性并没有到不可替代的程度。中国是一个幅员辽阔、以陆地为主的帝国，国内有很多河流、运河和道路。欧洲的海岸线较长，作为地区的连接点更为重要，这些地区的差异是欧洲经济增长的基础。因此与中国相比，海上活动对贸易更加具有本质的影响。

最后，前面所介绍的政治结构也影响着技术的发展变化。中国的技术创新在世界上首屈一指，但中国的技术创新主要是由中央政府推动或是要得到中央政府的许可。特定的一些领域，如战舰的发展，因此也会受制于中央政策的影响。而在欧洲，政府既没有足够的影响力也没有足够的资源去干涉技术创新，除了在一些时候充当军火购买者的角色。

这些政治、社会和经济层面的不同之处也在瘟疫对海上活动的影响中得到了体现。在中国，瘟疫导致农业减产，政府的收入因此而减少，政府对海军舰队的建设投入也相应减少。而在欧洲，瘟疫导致人口减少，贸易活动减少，贸易形式也开始出现变化，这促使人们开始寻求更好的技术以节约人力。在契约社会中，人力是非常昂贵的，人力缺乏就会导致用工成本上升。中国的应对措施常常是源于政治干预，而欧洲的应对措施源于市场驱动。

文化的作用　我们已经分析了导致两种文明中的商业活动呈现差异的社会意识因素。儒家思想对商业活动的敌视以及通过科举考试制度将商人纳入社会体系当中的做法与欧洲体系对商人的近乎无视有所不同。在欧洲，军人阶层与宗教阶层也无法吸纳或控制商业活动。两个文化中另外一个巨大的差异就是对待殖民主义的态度不同。

中国自视为居于中央地位的王国,是世界的中心,这也就导致中国形成了自给自足的思想,把贸易当作向皇帝纳贡的一种方式,而不是一种生活必需的活动。与此类似,中央王国也没有必要再去征服或控制世界的某个地区,因为这些地区已经臣服于皇权之下。因此,尤其是在郑和的宝船下西洋期间,中国人的主要目的是将中华文明通过间接的政治管控以及使中国的皇权得到承认等方式来传播四方。中国的宗教中也很少有军事和传教的冲动。但是在欧洲,文化中充斥着征服的理念,含有军事和传教色彩的宗教与一种带有征服和殖民色彩的文化纠缠在一起(参见第 12 章)。这种纠缠在一起的宗教文化影响了欧洲人对贸易的认识,他们将贸易看作一种支配和入侵的手段,因此他们对贸易也远比中国人更加热衷。

结果 有鉴于以上诸因素,尽管欧洲最初在航海技术上落后,但海上力量不断发展,且国家对其的控制力有限。欧洲的海上力量与商贸活动、扩张和战争都有着密切联系。中国的海上力量及海上活动主要受到中央政府的控制,对中央政府而言,海上力量和海上活动都不是最受重视的事项。作为控制全局的一种手段,政府努力弱化海上战争同商业活动和社会发展的联系。因此,中国有能力在 1405—1433 年之间充分展示海上力量,也会出现在这段时间之后限制海上力量发展的情况。

结　论

到了 1550 年,欧洲已经掌握了控制全球海域的能力。欧洲所掌握的工具——配备有火炮的快速帆船——有能力将海上战争的地位从"陆地战争的延伸"提高到"一种新的军事行动领域"。在之后的几个世纪,是欧洲的海军而不是陆军打开了全球接触和全球冲突的新局面。

■ 推荐阅读

Abu-Lughod, Janet. *Before European Hegemony*. Oxford: Oxford University Press, 1989。本书将世界系统理论应用到这一时期的世界贸易网络的方法很有趣,它揭示了海战的商业背景。

Brooks, F. W. *The English Naval Forces, 1199–1272*. London: A. Brown & Sons, nd。本书是对早期"皇家"海军的一次过时但有价值的考察。参见 Stephen Morillo 的 *Warfare Under the Anglo-Norman Kings* 中关于海战的章节。请参考第 12 章。

Guilmartin, John. *Gunpowder and Galleys*. Cambridge: Cambridge University Press, 1974。本书是一项很有影响的研究,介绍了火药武器的引进对大型帆船战争的影响,介绍桨帆船没有立即被大炮淘汰的过程。

Landstrom, Bjorn. *The Ship*。请参考第 10 章。

Levathes, Louise. *When China Ruled the Seas: The Treasure Fleet of the Dragon Throne 1405–1433*.

New York: Simon & Shuster, 1994。本书是一部非常值得一读的研究郑和船队的著作，还介绍了郑和船队兴起和消失的政治、社会和经济因素。

Lewis, Archibald. *Nomads and Crusaders, AD 1000–1368*. Bloomington: Indiana University Press, 1988。本书广泛调查了欧亚大陆的发展情况，其中包括大量海上活动资料。

Lewis, Archibald, and Timothy Runyon. *European Naval and Maritime History, 300–1500*。请参考第 10 章。

Parry, J. H. *Discovery of the Sea*. Berkeley: University of California Press, 1974。本书研究了欧洲海上扩张的起源。

Pryor, John H. *Geography, Technology, and War*。请参考第 10 章。

Rose, Susan. *Medieval Naval Warfare 1000–1500*. London: Routledge, 2001。本书对中世纪海战进行了全面研究，重点关注基础设施（港口和造船厂）和 14 世纪的地中海冲突。

Roy, Atul Chandra. *Mughal Navy and Naval Warfare*. Calcutta: World Press, 1972。这是为数不多的对莫卧儿王朝海军及其局限性的研究著作之一。

Unger, Richard W. *The Ship in the Medieval Economy 600–1600*。请参考第 10 章。

评论：第三部分　1100—1500年

1100—1500年的特点是两个相对的趋势共同发展。首先，在民族迁徙和侵略的阶段之后，稳定的文化传统开始出现，这一因素一直影响着世界文明的发展，直到今天。军人阶层独特的文化是这一发展趋势的一个重要层面。其次，即便独特的稳定的发展趋势已经出现，各种文明之间还是不断出现接触和互动（常常是军事层面的），这些互动的结果常常具有世界性的影响。从多个重要的层面来看，这些趋势都是前一个阶段发展的高潮，也是后一个阶段的序曲。

稳定的传统与武士文化

古典文化的根基、民族大迁徙的结束以及救世宗教的兴起在这个阶段相互作用，生发出或者全新或者正一步步变得更精细复杂的多种文化传统。当然这些传统的主流并不在军事层面，但各类传统中大多包含着军事次文化，它们对整体文化的发展发挥着重要的牵引作用。

其中最著名的可能就是西欧的骑士精神，这种精神是军事贵族或骑士阶层的行为准则。骑士行为的准则是由精神和文化层面的因素共同决定的。与此类似，在日本，战争物语和传说也阐释了武士精神及武士的行为准则，这成为武士道精神的基础。由于哲学和意识形态背景不同，武士道精神没有西方的骑士精神那么精确具体（正如佛教在意识形态层面没有西方的基督教那么具体一样）。但是武士道精神通过与茶道和其他艺术形式的联系而产生了更广泛的文化影响，这也在一定程度上堪比骑士精神对诗歌和艺术的影响。伊斯兰世界充斥着尚武精神，反异教徒的传统其实与基督教十字军东征的思想有很多类似之处。其感召力对新入教的教徒而言是非常强大的，尤其是对那些游牧民族以及被边缘化的穆斯林而言，这一点在中东的塞尔柱突厥人中体现得最为明显。在伊斯兰教体系中，使用奴隶兵的传统一直存在。这些失去了自由但是拥有武力的群体常常能够形成独特的传统和身份认同，这种特性有时会在政府中占据统治地位（如埃及的马穆鲁克）。印度社会中的种姓制度为当地的军事行为确立了一种框架。其哲学基础则可以追溯到《薄伽梵歌》。战争仍然决定着与蒙古人类似的游牧民族的生活习惯。东南亚、非洲、美洲和波利尼西亚也存在一定程度上的尚武传统。两种不存在尚武传统的文明是拜占庭文明（11世纪的转型使得拜占庭文明开始依赖雇佣军）和中华文明（儒教文化在中华文明中占据统治地位，从军成了一种不甚荣耀的生活方式）。

尽管存在着种种不同，但是尚武的文明之间总是有一些基本特点是类似的。其中最为突出的一点就是对个人荣誉的重视和崇拜，这种荣誉通过名声、英雄主义、夸耀、担心遭到羞辱以及忠诚等行为来获得。在某些地方，例如在日本，荣誉甚至需要通过牺牲生命去换取。两种内在动力之间潜在的矛盾常常导致传统之间发生冲突。尚武传统常常倾向于保守主义的行为，这与大多数农业社会中的传统是一样的。最明显的表现就是行伍阶层，尤其是上层社会的行伍阶层常常是一个封闭的群体，凭借出身才能进入。此外，军事人员常常会对某种武器或某种战术非常钟爱。骑射手是游牧民族、马穆鲁克以及镰仓幕府时期日本武士的骄傲。日本武士后来发展出了剑道，这使他们更加倾向于同欧洲骑士一样与敌人短兵相接，但是使用诈术，如诈败等，在武士当中仍然很受推崇，而欧洲的武士对此非常蔑视。尽管在这一时期，保守主义倾向只是大多数军事文化的一个特点，因为没有任何一种战术体系能够占据支配地位，但这种保守主义传统在以后一个时期成为在军事领域应对新挑战的一种阻碍。

接触与冲突过程中的传统

这些挑战即将来临的一个预兆就是欧亚大陆各种传统的接触日益频繁。这种接触主要以三种形式展开。来自西欧的十字军与拜占庭和伊斯兰世界的接触日益频繁。成吉思汗及其继任者建立了蒙古帝国，把欧亚大陆的大片土地纳入一个政权的统治之下。在经历了前一阶段的经济大崩溃之后，11—12世纪世界贸易活动的规模和范围都出现了明显的扩大，这就把旧世界通过贸易通道连接了起来，这些贸易通道在蒙古帝国的征服过程中保留了下来。上述三种接触形式给军事领域带来了深远的影响。

蒙古人的入侵给欧亚大陆的很多地区带来了灾难性的影响，并在14世纪中叶将瘟疫传到了各地。伊斯兰世界的心脏地带所受到的影响更大，这直接导致伊斯兰世界的权力中心从富饶的新月地带转移到了更西面的奥斯曼帝国。从这个方面来说，蒙古人的入侵巩固了十字军东征的成果，加剧了伊斯兰世界的分裂。

蒙古统治、元末农民起义以及瘟疫的影响导致中国的科学文化受到了沉重打击。蒙古人的持续威胁也导致中国对海外探险失去了兴趣，中国开始从各属地回撤力量。蒙古人的统治将俄罗斯同欧洲分割开来，使俄国人在200多年的时间里一直将东方当作重点。蒙古人以及后来的帖木儿帝国导致了德里苏丹国的灭亡。当地政权四分五裂则为后来的莫卧儿帝国入侵打开了大门。蒙古人带来的压迫及最终的失败导致欧亚大陆上的很多国家采取了保守传统的反应方式，甚至也导致了神秘主义思想的抬头。但是在日本和西欧，蒙古并未征服这些地方，导致这里的文化并不是反思式的文化,而只是因蒙古入侵及瘟疫暴发而进行了调整。

从战术层面看,东征和蒙古的入侵给这一时期的尚武文化及其作战传统带来了诸多冲突。在这个过程中,蒙古人轻而易举地证明了游牧部落的骑兵是多么强悍有力。蒙古人的部队战胜了其他游牧民族的骑兵,战胜了中国的步兵,战胜了伊斯兰教国家的骑兵,也战胜了欧洲的骑士。蒙古人取得胜利的部分原因是他们的传统所具有的灵活性。他们愿意从外国借用部队和战术,其中最为著名的就是借用了汉人的攻城器械,并根据所面对的对手和战场地形来改变自己的战术思想。尽管在一些潮湿的热带地区气候不适合骑兵作战,但是蒙古人从总体上讲在大部分地区都获得了胜利,他们的适应能力和灵活性远远超过了任何一个对手。他们的军事传统具有灵活性,强大的领导层能够让手下的每名军人放下个人利益,而去为了整体的利益服务。而在其他一些地区,个人的利益和对荣誉的追求往往会影响到部队整体的灵活性和适应性。蒙古人的纪律意识及整体战术在其第一次攻打日本时让日本人学到了很多。

但蒙古人的适应性和灵活性还是有限的。他们在根本上还是以游牧部落的骑兵为主,他们也只有在自己的战术不能满足需要的时候才会使用外国军队。在其他地方,系统的对抗中也体现出了这种适应性的局限。十字军、拜占庭人和突厥人也会根据敌人的情况调整自己的战略和战术。但他们的这种调整是浅层次的,他们不会在大多数情况下吸收敌人的战术和使用敌人的武器。出现这种情况的原因是各地所形成的军事传统的连续性强弱不同,其中又与战争的形式和社会体系有着密不可分的联系。也就是说,这个时期的很多军事传统都是各自文明的生活方式、内部政治和经济生活的外在表现,而不是专门为了作战而形成的传统。因此,军事传统的任何大的变化都可能会面临经济层面的阻力,甚至是政治层面的阻力。这种情况的确在很多地区发生过,这都需要对社会和经济领域进行深刻的改革,而这个进程通常都是缓慢且逐步进行的——即便新技术带来的变化已经在社会和文化层面有所体现。

因此,火药武器在正经历经济发展和社会重组的中国宋王朝出现了。在蒙古统一了大片地区的背景下,火药武器得以广为传播。在正处于转型期的西欧,火药武器得到了进一步的发展。之后,火药武器传入了继承近东各类传统的奥斯曼帝国,继而又传到了其他地区。

火药随着蒙古贸易路线的传播也体现出了商业活动作为各文明之间相互交流的一种途径的重要性。贸易活动的增加也对军事历史产生了重要影响。它为战争提供了一种新的支持力,为统治者维持军队提供了新的经济和财政手段。土地上的收成对所有军事力量而言仍然很重要。中国的宋王朝严重依赖对外贸易所获得的税赋来维持其军事力量;而在13世纪末14世纪初的英格兰,国王从意大利银行家手中贷款来控制羊毛贸易,从而为远征法国做好资本积累,而意大利银行家的财富也是从商业活动中积累起来的。这些事例都为未来的发展指出了方向。

贸易活动的频繁也影响到了海上战争的形式,给舰船的发展、船员的培训带来了影响,同时促进了新的筹资形式以及新的伙伴关系的形成。在整个16世纪,威尼斯和热那亚商业帝国成了全球贸易的领跑者,我们将在本书的下一章节详细介绍这一情况。

到达顶点并成为序曲

1100—1500 年之间的这段时间是 1500 年之后全球接触和交流甚至全球战争时代的序曲。贸易活动日益频繁，海上贸易航线的重要性日益突出，商业帝国开始出现，海上力量也开始得到新技术与新科技的推动。与此同时，火药沿着蒙古帝国的贸易路线开始传播，这具有一定的讽刺意味，因为正是火药武器的出现预示着游牧民族威胁的减弱。

然而，这个时期也可以看作几个世纪以来的发展趋势达到了顶点。蒙古征服成为一种长期存在的形式。十字军东征和伊斯兰教圣战得到了动力，原因就是几百年来的竞争导致宗教在战争中的作用日益增强。

上述几种观点都有道理，但也都有缺陷，就是把已经发生的事当作了必然会发生的事，而且几种观点都没有从这个时代的自身特征出发来考虑问题。我们强调军事文化的一个重要原因就是军事文化体现了当时的军人对自己的认识。军人和他们的家庭不是一场大规模的历史运动的工具，他们也是普通人，他们也在按照自己的价值观建设和改造世界。1100—1500 年之间的这段历史有自己的特点，这段时间全球冲突日益增多，这段时间发生的一切尤其能够说明上述观点。

第四部分

全球战争的开端

1500—1750 年

第 16 章
欧洲的转变

西欧,1450—1720 年

在经历了包括黑死病在内的一系列危机，并因此衰退长达一个世纪之后，从大约1450年开始，欧洲的人口再次开始增长，经济逐渐繁荣。欧洲各国政府开始重建秩序以及财政与管理框架，并很快达到乃至超过了危机之前的行政效率。这种复苏刺激了西欧的重新扩张。1490年后，西欧的扩张面向两个方向：一是开发新世界，二是开辟新航路连通旧世界。整个过程仿佛一次新的十字军东征，其间长期交织着商业利益、传教热情和军事侵略。

从大约公元1000年之后，西欧社会经过重组，呈现融合的趋势，在此基础上欧洲人的生活的全面转变开始加速，这在很大程度上是由商业资本主义日益广泛的影响推动的。在1450年之后的300年里，历史见证了全世界的财富和新思想汇集于欧洲，一个强有力的商业阶层逐渐崛起，早期的现代国家雏形开始出现，思想与知识的巨变不断产生：文艺复兴、宗教改革、科学革命。此类进步不断地积累，最终导致西欧在政治、经济、社会生活、宗教信仰、世界观等领域发生了革命性的累加效果，西欧走上了一条有别于世界上其他任何地区的发展之路。当然，在这段历史时期的大部分时间里，西欧看上去似乎与世界上的其他地方没什么不同，那是因为当时全球信息交流普遍迟缓，能源还主要依靠风力、水力和普遍营养不良的人力或畜力。西欧这段历史时期的发展，实际上为工业革命的到来打下了坚实的基础。工业革命发生后，这一切都将发生巨变，欧洲将逐渐傲视全球，在世界范围内拥有压倒性的优势，一个全新的现代世界也随之慢慢成形。

欧洲在军事方面的转变，是这次整体转变当中具体而重要的一部分。相对于其他领域发生的转变而言，直至1720年之前，欧洲军事方面的转变可以说是极其重要的，甚至可以说是革命性的。不过，就军事转变本身而言，对于欧洲超越世界其他地区并未起到决定性的作用。

一些历史学家将这段时期欧洲所发生的军事转变称为"军事革命"。鉴于自1050年以来西欧军事体系发生的深刻而持久的结构性变化与巨大进步，用"军事革命"这一词汇来定义它显得十分方便，这种标签化却存在问题，并且容易误导人们对欧洲整体变革中的军事方面的认识。因此，"军事革命"的定义，成为欧洲史学界（甚至世界史学界）对这一时期历史研究的争论焦点（参见专题C：军事革命）。无论我们怎样定义它，1450—1720年间西欧在军事领域发生的转变似乎都可以被分为两个主要阶段。自1450年至1660年，是一段实验时期，出现大量的新技术、新方法，但是由于某种原因，这种转变的潜力并未完全发挥出来。而后，自1660年至1720年，巩固并融合的时代终于到来，许多之前就露出端倪的军事转变最终被欧洲国家重视和利用，并被果断地推动向前发展。

专题 C：军事革命

"军事革命"这个词是迈克尔·罗伯茨（Michael Roberts）于 1956 年在一篇文章中首次提出的。之后 20 年，这一说法被广泛接受。在 20 世纪 70 年代中期，罗伯茨的"军事革命"概念被人重新审视，并在 80 年代引发大讨论，其中著名的有杰弗里·帕克（Geoffrey Parker）的著作《军事革命》(*The Military Revolution*)。现在，在军事、现代欧洲的早期历史以及世界史学领域，"军事革命"一词经常被提及。为什么军事革命这一概念会引起如此多的争论？主要由于两个貌似矛盾的原因。首先，大家争论的焦点之一是历史上是否存在"军事革命"（如果存在，其包括哪些因素）。其次，无论军事革命的概念如何（抑或其根本不存在），大家争论的焦点却总是远远游离于军事历史之外。

目前，人们对现代欧洲早期出现的一些军事变革因素基本认同，包括出现战术改变、新的战略问题、军队规模的扩大，以及这些军事领域的变化与欧洲社会、政府的变革和欧洲在世界上的地位变化之间的关系。这些主题本章将进行详细解读。不过，无论是作为历史阶段还是从其发生原因分析，要从历史的长河中萃取出"军事革命"来，都被证明是极其困难的，很容易直接掉进"到底什么因素组合在一起，才可称之为革命"这样一场无休止的争论中。罗伯茨最初将这场革命定为发生在 1560—1660 年，将荷兰"拿骚的莫里斯"和瑞典国王古斯塔夫·阿道夫的战术创新作为这场军事革命的动因。帕克将这场军事革命的起始时间向前推至 1530 年，聚焦于意大利人为应对加农炮的攻击而改进军事要塞的设计建造，将此作为这场军事革命的基本推动因素，实际上将技术的变革置于这场变革过程的中心位置。其他一些定义军事革命的理论和说法包括：15 世纪中叶，加农炮的引进；始于 1660 年之后，以政治改革为重点，特别是法国的政治改革，这一理论将政治改革作为原因，而不是作为军事革命的结果来看待（与此理论相关的还有 1789—1815 年间的另一场改革）；甚至有人把这场军事革命向前推至 14 世纪，以步兵力量的变革作为其标志。中世纪军事历史学家一直质疑是否存在这么一场军事革命，因为被早期现代历史学家作为"革命性改变"所引用的那些变化趋势，都能在中世纪找到变革开始的蛛丝马迹，可被归于对中世纪战争形态的错误理解（参见第 12 章）。简言之，当涉及定义一场军事革命时，每个重大设想和众多的理论细节都毫无例外地遭到质疑，而且这场争论仍在继续。我们也许只能这样表述：根据 18 世纪之前的世界的标准，西欧战争具有革命性的不同与效果，但是没有任何一个单一的革命性时期具有明显的决定性意义，能够被独立定义为军事革命。当然，具有革命性的成果是这场长达 7 个世纪的西欧社会-军事体系变革、进化的终极产品，而这场变革最初从 11 世纪中叶便开始了。"军事革命"实际上是一个虚幻的概念和易引起误导的标签。

不过，如果我们已经认识到了问题的本质，"军事革命"这一标签化的表述，不失为对这一漫长时期和广阔议题的一个简化的总结性词语，毕竟这一历史时期的重要性无可否认。厘清和定义一场军事革命所付出的种种努力，常常异化为一场近乎学究般迂腐的吹毛求疵。围绕军事革命进行的争论不仅众多，而且具有引导性和重要性。这是因为虽然它属于军事历史领域的争论，但它与更为广泛的社会和政治变革紧密相关，例如"西方的崛起"，以及历史学家看待历史时所采用的哲学思维——这一切都成为这场争论的源头。如此一来，在过去的20年，这场争论本身就刺激了军事历史学作为令人尊敬的学科的复兴。

军事发展与社会和政治变革紧密相关，其重点不仅涉及战争对社会的影响和作用（直接通过战争围困或洗劫城市，或间接以军队为媒介传播疾病），还在于军事变革与技术革新对国家建设和"现代欧洲国家"的产生所起的作用。这一因果关系的核心问题是，到底是战争的变革塑造了国家的组成形式，还是政治变革促进了军事革新。为了进一步简要表述这一核心问题，从哲学的角度有两种主要的论断。首先，技术决定论者认为，新技术的引进或出现，是造成革命性结果的主要原因（例如，他们认为武器的革新是引发政治进步的终极原因）。另一些社会历史学家认为，社会结构与经济发展的连续性和持久性是政治发展的关键因素，将技术因素作为这一进程中的次要变量，而且该变量在引入时受整体环境的影响较大。在这两种观点之间，充斥着其他一些分析论据的观点，这些观点混合着各种历史因素，包括"资本化"与"高压统治"——金钱与武器、商业与战争——认为它们在早期现代欧洲政治形态的形成过程中发挥着作用。

当军事革命在"西方的崛起"中所起的作用进入讨论环节后，这场大辩论迎来了高潮。"西方的崛起"本身就是一个令人挠头的政治概念，很难去定义它（什么是"西方"？），很难精确论断（从哪个时间点开始，"西方"处于了"支配地位"？），并且很容易被绕进"欧洲中心论"的相关问题，像欧洲军事变革这类议题，几乎无可避免地会被绕进"欧洲中心论"的圈子。

关于军事革命的讨论，很难得出一个综合性的结论，因为目前讨论仍在进行，各方专家并未达成明显的共识。本文的观点并不意味着给出一个明确的结论或答案。但是从这些争论中我们明显可以得到一些教训，那就是"军事革命"这个词在解释塑造历史学辩论中起到了标签化的作用，同时也显示了过于简单的标签化的危险以及争论术语用词毫无意义。不过，丰富而充分的讨论也展现出人类的历史经历中存在跨领域的相互联系，且证明了解释一个复杂的现象不能仅用单一因果论或只从一个方向进行解读。历史不仅仅是发现过去发生了什么，更重要的是解释其发生的原因。因为历史是一个进程——需要不断进行讨论和重新解读——而不是历史事件的简单拼接。关于这一点，没有比"军事革命"大讨论更好的证明例子了。

实验，1450—1660 年

管 理

军队与国家 在欧洲转变的过程中，政治发展与军事改革之间的关系是一个十分关键的方面，一般情况下它们会相互影响并形成积极的互动。也就是说，国家如果能够构建更为高效的行政模式和更为有效的筹款方法，就可以组建一支更为强大且能有效掌控的军队。更为富有的国家可以雇佣职业军人替代原来那些无报酬的非职业军人，这些国家也有能力长期维持庞大的雇佣军。这样的国家在应对与邻国的冲突时总是更占优势。反过来，维持和管理这样一支庞大而昂贵的军队，必将促使政府进一步改革并提升自己的行政能力。为获取巨额军费，政府会推动贸易与商业的发展，因为城市中富有的商人越来越成为财政贷款和国家税收的重要来源。当国家在某一领域寻求一种更为彻底的垄断地位时，更强大的军队成为其展现国家力量的积极工具。

不过，这种强化有其局限性。在战争和危机时期，为了壮大力量，维护权力，或者为了控制某些地方和领域，欧洲政府很容易过度使用资源扩充其军事力量，以期快速获得财政资金。军事力量的壮大与政治集权的实现之间并不能直接画等号。实际上，许多因战争刺激而进行的国家建设都发生在和平与恢复时期。盲目扩军经常使国家自尝苦果：在从美洲获取的黄金和白银的支撑下，西班牙曾经一度拥有欧洲最强大、最活跃的军事力量，1500 年成为欧洲相对较强的君主政体国家，但是到 1660 年它变成了欧洲相对弱小的国家。

只有在统一的社会政治构架基础上，战争才能成为刺激国家发展的积极因素。从 1550 年开始的"宗教战争"，使天主教徒与新教徒对抗长达一个世纪之久，这种对抗不仅发生在国家之间，往往也发生在一个国家之内。这场"宗教战争"割裂了统治者与贵族阶层之间的传统纽带，拖累了欧洲国家对军事发展需要本应有的反应能力。特别是法国，由于内战，对军事进步反应相当迟钝。综观整个欧洲，各国政治发展很不平衡且呈现出多样化。由于之前的政治架构不同，各国经济发展水平不一，国内出于防卫需要的争论此消彼长，以及由日趋衰弱的君主政府发起军事革新等因素，欧洲各国所选取的制度也不尽相同。其中，军事革新不仅发生在像西班牙那样的中央集权君主制国家，也发生在像意大利那样存在不同政治力量的城邦制国家，还发生在像荷兰共和国那样的"去中央集权化"国家。

募兵制 直至 1660 年，欧洲政府权力的优势与局限性，已经被其常备军历史很好地诠释了：常备军能保持编制与管理上的统一和连续性。从某种意义上说，这种军队其实并不是首创。例如，在 15 世纪 20 年代和 30 年代，英国就在法国诺曼底占领区保留有常备军，并且整个中世纪英国一直保持着皇家行伍世家。但是，在 15 世纪 50 年代"百年战争"末期，法国出台《连队条令》（*compagnies d'ordinnance*）之后，常备军开始凸显出其优越性，并迎来新的管理模式。这类连队由标准化的士兵团队组成，每个士兵团队包含一个重装骑兵、多个轻骑兵和弓箭手。此后十年，法国勃艮第公爵"大胆的查理"（Charles the Bold）进一步改革了这一组织形式，创造出一种标准化的军事团队，自罗马帝国之后第一次使用了数字番号、独特的旗帜和统一的军服。查理的军事创新过于领先时代，在其死后没有得到保留。但是，这些军事创新指明了提升军队管理标准化的方向。西班牙在从美洲大陆获取大量金银之后，开始维持一支数量可观的常备军以及"西班牙大方阵"（tercio），这类军队拥有标准的军服并保持管理上的连续性。

然而，军费短缺使得大部分欧洲国家实际保有的常备军规模很小。所以，这种早期常备军制度改革的实际效果不应被过分夸大。没有哪个欧洲国家能够仅仅凭借其常备军就去打一场大仗。真正的战争动员需要临时补充很多后备兵员。因此纵观这一时期，任何国家的士兵总数都呈现出巨大的波动。从总体上看，军人的数量呈现缓慢上升的趋势，特别是在1500—1580年间，军人数量增长很快，但常备军的规模其实并没有相应增加。因为但凡超过约3万人的军队（常常是少于3万人），后勤保障就十分困难。许多国家看上去似乎保持着较大数量的常备军，其实不少人只是每次战争开始前招募的雇佣兵而已。

从1450年到1660年，雇佣兵一直是欧洲军队的主体。雇佣兵可以作为个人被国家招募，但是欧洲国家没有这么强大的行政能力去一个一个招募士兵，并最终组成一支军队。所以，政府转而寻求私人供应商（军人或非军人），由他们招募并提供一定数量的雇佣兵，政府支付雇佣兵的报酬以及招募组织者的收益。这种募兵形式数百年来一直存在，特别是在英格兰。尽管存在向招募者行贿以求得被招募名额的问题，但雇佣兵还是十分受雇主欢迎的，不过这并不表示这些政府无法独自完成募兵工作。提供雇佣兵服务的市场的出现，以及向政府提供高效的军事服务的军事承包商阶层的出现，显示出西欧社会逐渐走向普遍的法制与资本主义。雇佣兵的兵种呈现出地区性特色，这也体现出市场的作用，例如英国长弓兵、瑞士和德国的长矛兵、西班牙的剑士和火枪兵，以及法国的重装骑兵。社会和地理条件不同，对出产的兵种特色具有影响。例如在瑞士这种较为贫困的山区，就不太可能出产骑兵和火枪手。市场对大量兵源的需求，也导致了武器和战术同质化的后果。例如，17世纪之前最庞大的兵种群体——火枪兵和长矛兵，除去专业武器之外，他们也常常经过最基本的训练之后，就挥舞着其他武器上战场。市场的力量还通过另一种形式影响着供应：许多雇佣兵是因为贫穷，且无法在劳动力市场找到工作，才选择从军的。

虽然政府通过中间商得到大批雇佣兵，省去了自主招募士兵的烦琐，但是这也削弱了政府对军队的控制能力（有时候，整支军队都是由同一个雇佣军首领雇来的）。这一时期，没有哪个国家能够完全解决其对军队控制权的问题。但是有两个国家通过一些重要的步骤措施，一步一步地将雇佣军争取到了政府麾下。荷兰共和国三执政之一——"拿骚的莫里斯"从16世纪80年代开始，以几次行政改革为基础，进行了政策革新。一般在每次作战季结束时，雇佣军都会被解散，来年春天政府会重新雇佣他们。但莫里斯没有这么做，他选择全年保留雇佣军。尽管荷兰共和国的军队中，实际上只有一小部分士兵是真正的荷兰人，但为了激励雇佣兵的忠诚度，减少其流动性，莫里斯仍然为服役期限长的老兵们提供国家养老金。在17世纪20年代，瑞典国王古斯塔夫·阿道夫通过从某些特定地区招募士兵，并向老兵提供养老金的方式，建立了一套全国性的服役体制，从而创建了一支国家军队。雇佣军和政府在行政上的联系更为紧密了，从而在一定程度上保证了其战术素养。不过，由于种种原因，这些欧洲军事改革的实际作用总体上十分有限。荷兰与瑞典都是小国，且莫里斯很少在正面作战时使用其军队。当瑞典军队进入"三十年战争"时期，瑞典籍军人忽然发现他们在古斯塔夫国王的军队中只占少数。莫里斯和古斯塔夫均指出了发展国家军队潜力的方向，只是没能完全实现。

组织与纪律　不论是常备军还是雇佣军，其组织形式都是以领导阶层为中心的。在大部分地区，贵族阶层占军官群体的大多数，特别是在高级将领中。军队里的这种现象从另一方面也反映出当时的社会结构。仅"军官团"这一形式，就显示出那一历史时期军队中的明显分化和社会中存在的等级制度。贵族阶层是社会的领导层，从而也成为军队中的领导者，因为他们有足够的经济实力和地区影响力，能够筹资组建部队。

不过，那时候也有一种趋势，推动更为专业的战争形式和领导层的出现。出现这种趋势的部分原因，是印刷业的发展。当时，军事出版物呈现井喷之势，关于战争的经典著作（莫里斯关于军队训练的创新观点就部分来自他阅读的古罗马时代后期军事作家韦格提乌斯的有关论述）也出现一个有趣的潮流，即同时代的著作（包括莫里斯的步兵条例）也涌现出来，其中有些还是盗版出版物。这批出版物十分关注战争中的新技术，例如，弹道学指南，以及由于加农炮和手持枪械的出现而大量传播的关于防御工事设计的专著。军队中逐渐出现了炮兵、工程师这种"技术专家"变身为军官阶层的现象。同时出现了职业军人，他们的工作就是研究战争。不过，由于此类专业人士大都也来自贵族阶层，所以这一军事职业化进程并没有威胁到整个社会结构。

第三类军队领导阶层便是雇佣军首领。作为经营私营企业的"战争资本家"，雇佣军首领也是当时的社会产物，尽管其产生的社会土壤与贵族阶层的不同。实际上，这些雇佣军头领之中也不乏拥有贵族头衔或骑士血统的人。不过，由于那个历史时期商人们可以花钱买贵族头衔，所以许多雇佣军首领通过其雄厚的财力或者军事上的成功而获得贵族头衔和声望并不稀奇。实际上，雇佣军首领变身贵族阶层，仅仅是长期存在的西欧文化的一个最新表现形式而已：西欧文化中，成为一名战士享有崇高的荣誉。从中世纪一直到现代欧洲早期，这种战士价值与"强权即公理"的理念，相比商人阶层的集体平行向上运动，从长远来看离"军事革命"的特性相距更远，因为他们的成功不是基于战争，而是来自非传统的商业形式及其积累的财富。

军队领导层的人物特性存在的差异（兼收并蓄三种类型的领导层），导致军队的战斗力与组织性呈现多样化，但我们仍然看到这一时期的欧洲军队存在向标准化发展的重要趋势。雇佣军的长期服役，其结果之一就是出现更为稳定的战斗单位，还有更为系统的训练、战术以及统一的服装和武器。

由于雇佣军长期受雇于这些发展中的欧洲国家，许多部队可能在相当长的时期内都共同服役，这是很有积极作用的。长期的共同服役，使得军队产生一种新的团队精神，这是自罗马时代结束以来欧洲一直缺少的。这种"半永久性"的部队，常常聚集着某些特定民族的士兵，他们在同一个外族将领的麾下作战。例如，荷兰军队里，除了荷兰本民族的士兵之外，还有由英国、法国、日耳曼人和瓦隆人（Walloon）组成的不同作战单位。瑞典军队也一样，包括由日耳曼人、苏格兰人和瑞典人组成的战斗连或旅。

为了让由不同民族的士兵组成的军队具有凝聚力，荷兰人对服饰和训练方法进行了统一。"拿骚的约翰"是莫里斯的表亲和副官，受希腊作家艾利安（Aelian）的启发，写了一本关于荷兰士兵该如何使用步枪和长矛的军事训练手册。以步枪训练为例，约翰将装弹和发射的训练过程分为42个动作，并为每个动作定下一个简单的口令。这样，所有的士兵，无论来自哪个民族（或之前在哪支军队中当过雇佣兵），都有了一套统一的训练口令和命令方式。此外，为防止雇佣兵忘记他们对新雇主的忠诚，且便于区分敌友，一开始是个别连队，后来整支军队都穿上了统一颜色的外衣，或者配以诸如腰带或肩带那样的统一饰品。

最后，根据兵种的不同，士兵们都分配到了自己专有的装备——长矛兵、火枪手、胸甲骑兵的全套军服或盔甲都实现了统一化和标准化。现在，这些接受专门训练、拥有专属装备的士兵团体很容易被部署到特定的阵营或不同的战线里去。

然而，在1660年之前，正如建立一支真正的国家军队存在局限性一样，实现军官职业化与军队标准化同样存在类似的局限性。军费的短缺限制了装备的标准化，并且导致军队的纪律极差。无法领到佣金的雇佣兵常常当逃兵，而且一有机会就变成肆意抢夺的暴徒。军队的叛乱虽然基本没有出现过，但是兵变，特别是罢工，时有发生。在荷兰作战的西班牙部队几乎每年都会发生哗变。一些欧洲学者还将16世纪欧洲军队的纪律性与土耳其军队进行过不太合适的对比。在军服问题上，雇佣兵还常常抵制这种统一化。例如，独立的雇佣兵会拒绝接受他们认为含有奴役性暗示的军服或饰品。

最根本的局限性，其实来自宗教战争的破坏阻碍了国家权力的集中。宗教派别不同的贵族会抵制中央的控制，并分散和破坏军队纪律性与标准化进程。结果是，1660年之前的欧洲军事变革，仅仅是对新技术和新资源的应用，而没有推动社会结构发生改变。战争的科技是随时可以向外输出的，这一时期的奥斯曼帝国和日本就是鲜明的例子，它们相比欧洲进行了更有效的应用。但是，相比于战争的科学技术，真正难以仿效的是下一历史时期的社会转型与变革。

战　略

战略目标　"探索试验"在这一时期的军事管理和战术历史中处于支配地位。相反，在战略方面实际上没有出现真正的创新。

可以确定的是，宏伟而大胆的军事战略尝试在这个时期还是存在的，其中不少是由西班牙发起的。当时，西班牙的实力无可匹敌，且热衷于进攻性军事行动，是欧洲哈布斯堡王朝在荷兰和整个帝国的保护者，也是"反宗教改革运动"的领导者。1588年，西班牙发起"无敌舰队"战役，雄心勃勃地试图调派一支庞大的海军舰队、一支运输船队和陆军部队共同采取军事行动。

这场战役从事先计划到最终失败都是那个历史时期最壮观的。这表明在欧洲大陆乃至全球范围内，海权的战略重要性已经越来越凸显。那时欧洲国家最具创新性的战略意图可能就在于海外帝国的建设，并最终推出政策来追求商业、财富、帝国实力与战争（特别是战争财政）之间互动成效的最大化和最具革命性的成果。本书第20章会对这些因素之间的互动影响进行更深入的分析探讨。

在欧洲，"西班牙之路"表明，宏伟的战略构想是可以付诸实施的。哈布斯堡王朝时的西班牙将战略意图和政治安排紧密衔接，试图将军队和补给从西班牙和意大利向北沿着莱茵河一直延伸到荷兰，以期抵近和威胁西班牙的主要对手——法国。这也表明，宏伟战略计划的制订，是无法与早期现代欧洲体系和动态竞争关系分离的，且欧洲国家的战略设想很容易超越其控制实力。尽管拥有如此雄厚的资源，但西班牙仍未能确保其"西班牙之路"取得胜利：最终，法国并没有被其遏制住，荷兰的叛乱也未被其镇压。"西班牙之路"毕竟无法仅通过军事途径得到延续。

欧洲其他大多数国家的战略雄心相比西班牙来说要小得多。地理和政治因素将欧洲大部分战事集中在传统的重要或有争议地区，例如意大利北部和欧洲"低地国家"（荷兰、比利时、卢森堡），或者像日耳曼中部地区那样没有大国势力存在的地区。在这些热点战区以及其他一些地区，军队统帅们发现他们的战略选择通常受到两个重要因素的限制和影响：后勤保障与围城战的盛行。

后勤保障 后勤保障的不足一直以来牵制着军事战略的作用和效果，这一时期的欧洲同样面临这个问题。运输相当缓慢，仅用马车从后方运输补给的话，没有哪支军队能够长期行军或坚持很久。因此部队行军不得不靠山吃山、靠水吃水，依靠从当地人那里偷窃、抢夺或者收取所谓"捐献"来维持。一支两万人的军队，相当于当时大多数欧洲城市的人口。除非能够通过水路运输补给，否则一支这样的军队若长期驻扎在某地，将面临巨大的后勤保障压力。由于军事雄心超越了实际保障能力，军队编制和兵员的增长使这一原本就困难的处境更加恶化。

火药武器的使用，使得后勤保障更为艰难。加农炮十分笨重，运输缓慢，且很容易陷进泥泞中。热兵器所需的火药和子弹，只能随军携带，因为它们无法像粮草那样从当地获取。政府忙于将军队派驻各地，建造或修复各类防御工事，几乎无暇顾及建立一套中央仓储系统，并且难以保证充足的后勤运输费用。战时，制造武器、弹药、军服和其他军需品的新工业体系开足马力生产，也很难满足需求。在花费大量时间和进行了多种探索之后，政府才找到从生产商（包括国有工业厂商）那里购买和征用军需品的令人满意的方法。

与此同时，由于可以肆意劫掠仍然是当时投军当兵的一大吸引力，军队照样靠山吃山、就地取材。不光是农村地区，被攻取的城市也同样遭受军队劫掠的严重后果。从骑兵的坐骑到运输队的牲畜，保障所有军中牲畜所需的草料成为一大难题，这也是最不太可能从大本营仓库运来的物资。因此，草料供应问题决定了那一时期的战争一般可以从春季后期持续到深秋（参见专题A：粮草）。

专题 A：粮草

下文中，参加过"三十年战争"的日耳曼作家格里梅尔斯豪森（Grimmelshausen）为我们生动描述了一场战役的悲惨景象。

我并不想通过此文将热爱和平的读者随同那些强盗一起带进我父亲的房子和院落，因为这个经历的确很恐怖。然而，这段经历又确实要求我为子孙后代们描述那个年代到底发生了什么……

［士兵们来到辛普利丘家的农场］这群强盗做的第一件事，就是把他们的马拴进马棚里，然后，每个人都像事先分配好特定任务一般，开始大肆进行破坏。一些人开始杀鸡宰羊，又煮又烤的，像是准备一场欢乐的宴会；一些人闯进房子，楼上楼下翻箱倒柜地搜索，连女人的闺房也不放过；一些人把看到的布料、衣物和家居用品都搜罗起来，就像他们准备开一家旧货店一样，而且只要是他们不要的东西，全部砸烂；一些人用短剑对着干草堆又捅又刺，好像他们刚才捅过的羊和猪还不够多一样；一些人把被褥里的羽毛都抖搂出来，再塞进去培根、腌肉和其他东西，好像那样被子才会盖得舒服；一些人把炉灶和窗户都砸碎，似乎在宣告迎来永久的夏天；还有一些人猛砸家里的铜器和锡器，再把这些扭曲变形或者破碎的器物捡走。他们把床、桌子、椅子和长凳等都拆了烧，却对院子里捆好的柴火堆视而不见。最后，家里的碗和盘子等都必须摔碎，或许因为他们更喜欢吃烧烤的食物，或许因为他们只打算在这里吃一顿而已。他们把农场里的挤奶女工拉进马棚里奸污，残暴地虐待她，以至于女工最后无法自己走路，即使对这种场景的描述都令人感到耻辱。他们把农场里的男帮工捆绑起来扔在地上，用块木板撑开他的嘴，然后将一牛奶桶的粪水灌进他的嘴里，并笑称这是"瑞典风味啤酒"。然后，他们强迫他在士兵的狂欢中领舞，士兵们还不时地抓一些男人和牲畜带回这个院子。

一会儿，有士兵把短枪上的燧石取出，把一个农民的大拇指拧了进去，折磨着这个可怜的人。似乎还有人想烧死一个"女巫"，他们抓住一个农民，把他塞进了炉子，尽管这个农民并没有承认做过什么坏事，他们还是在他身后点起了火。他们用一根绳子缠住另一个农民的脑袋，将绳子的一段绑上木棍用力转动拧紧，直至那人的嘴巴、鼻子、耳朵都喷出血来。总之，每个士兵在折磨这群农民时都各有其新鲜的玩法，每个农民都在创新般的折磨中痛苦挣扎……至于农场里那些被抓住的主妇、女佣和女孩儿，我不知道该怎么描述她们的遭遇，因为这群士兵不让人看见他们对女人们都做了什么。不过，时不时会从房子的各个角落里传来女人可怜的叫声。

资料来源：Hans Jacob Christoph von Grimmelshausen, *Simplicissimus*, ed. Roef Tarot (Stuttgart: Niemeyer, 1967), trans. Lyne Miles-Morillo.

后勤保障上的噩梦，产生三方面的结果。第一，军事将领面临着一个战略难题。由于那时军事上的重大成果一般为攻占永久性的城堡要塞或工事，所以如果他们选择快速突进，沿途劫掠物资以保障后勤的话，最终是无法取得战略上的胜利或重大军事成果的。如果他们选择组织一条有效的后勤补给线的话，则其行军速度会大受影响，而且还得逐个攻占后勤补给线上的敌方堡垒。第二，许多战事热点地区，早就因战争被破坏殆尽甚至荒芜了。例如，日耳曼中部地区由于"三十年战争"的破坏，已经荒芜，不少城镇消失了。第三，相比战斗减员，军队自身更多的是遭受饥饿、疾病和逃兵等非战斗减员的巨大困扰。这些消耗使得那一时期的军队有效战斗力十分有限。例如，"三十年战争"的破坏就导致一场政府追求能更有效控制的后勤补给的运动。但直到1660年之后出现更为高效的政府，这些问题才开始一一得到解决。

围城战　围城战术的变革是这一时期欧洲军事发展的一个重点。15世纪初出现的有效攻城武器——攻城（加农）炮拉开了这一军事变革的序幕。到15世纪中叶，那些老式的中世纪城堡和防御工事在加农炮面前变得不堪一击。那些高大却相对薄弱的中世纪城堡的城墙，在加农炮的低弹道直射下，很容易就被击破并坍塌。此外，那些薄弱的城墙为上面架设的防御火炮提供了一个实际上很糟糕的射击平台：射击盲点很多，且防御火炮发射时也会使城墙发生危险的晃动。突然间，1000多年来积累的城防理念和智慧，在攻城炮面前变得毫无意义。

尽管使用加农炮开展攻城战效果显著，但新的攻城战术所引发的政治版图快速重塑的潜力并没有完全施展开，"百年战争"最后十年的法国以及勃艮第公爵"大胆的查理"都没能将这一军事变革快速转化为政治版图上的扩张。直到1494年，法国的查理八世进攻意大利时，才在欧洲战争中将这一军事变革的真正潜能发挥出来。简略地说，1494—1530年，攻城炮的投入使用几乎使围城战显得多余，许多城堡在发现加农炮的威胁后就放弃防守直接投降了。炸药的出现，也为老式攻城战术增添了新的效力。通过挖地道通到城墙下方，再引爆埋在城墙下的炸药，不仅可以把城墙炸塌，甚至可以直接把墙炸得粉碎。野战成为战争中的一个临时角色，发生频率也大为降低。直到1530年，意大利提出了要塞设计的新原则，才使得欧洲战争重归我们所熟悉的攻防模式。

为了抵御攻城炮的火力打击并为防御火炮提供平台，防御工事的墙体修建得更为厚实和低矮。为了抵御传统云梯的进攻，在城墙外部挖了深深的壕沟，同时这也可以防止敌人通过挖地道埋炸药的方式炸毁城墙。壕沟外的护墙也能进一步保护城墙免遭敌人炮火的直射。低矮厚重的城墙上还可设置棱堡，各棱堡之间可相互提供火力支援，这样，城墙的各个部分都能得到防御火炮和火枪的有效覆盖。是否用石头来建造变得不那么重要了。棱堡可用土方和木材建造，这样建造速度更快，也更为经济。土墙几乎能够无限吸收加农炮炮弹的冲击力而不发生坍塌，更为有效。不过，尽管土墙有一定优势，但它需要持续地进行维护，所以只要财力和时间允许，人们还是倾向于建造石墙。这一时期，土墙和石墙建筑相互补充的现象十分常见。

面临这一新的障碍，攻城部队不得不挖掘战壕以防御守城部队的炮火，同时也可抵御前来增援的军队。标准的攻城战术包括修建围墙、对垒工事以及一系列战壕。战壕修建成 Z 字形，以防御敌方的纵向火力，蜿蜒直达城墙。攻城士兵借助战壕抵达护城河（壕沟）外，填埋一部分水域，使后续部队可以有途径直抵城墙下。此时，攻城炮兵借助战壕不断抵近，直至到达可以将城墙打开缺口的有效距离。整个攻城的过程耗时很长，即便城墙最终被炮火攻破，决心守城的部队有时也会在缺口后方建造一个临时的土墙，架设火炮进行还击。总之，新式的堡垒要塞抵消了攻城炮的优势，使得中世纪那种传统的阵地攻防战再度出现。

经过半个世纪，意大利工程师们把这一新的攻城和建城原则传播到欧洲各地。直到 16 世纪 90 年代，由于长期抵御西班牙军队的进攻，荷兰工程师在要塞设计方面逐渐领先，超越了原来的棱堡防御系统（大都是土方建造），开始建造大量外垒，并利用荷兰的地势扩大壕沟，形成大面积的护城河。到 17 世纪中叶，法国工程师又后来居上，领先整个欧洲。不过，直到 1660 年之后出现了国立工程学校，军事工程学方面才显现出系统化与延续性。

现在人们常常争论火器堡垒兴起的效果如何。它们是否促进了部队规模的扩大？也许大规模的军队会更容易围困这样的堡垒。不过，火器堡垒的兴起，对欧洲各国的刺激程度是不一样的。它只是军队规模逐渐扩大进程中的一个次要的刺激因素，因为军队规模的大小毕竟主要还是由后勤保障能力和国家的管理能力决定的。但可以肯定的是，火器的出现，使攻城战消耗更大，不论是人力成本还是经济成本。加农炮和随身火器的出现，使堡垒的防御半径比弓弩时期要扩大许多。由于中世纪城堡的墙体强度提升是很有限的，所以设计棱堡的目的就是为了优化城堡的防御火力。于是，无论进攻方还是防守方，在攻城战中的伤亡都大大增加。攻城方快速而普遍地使用战壕，也从一个侧面说明了堡垒防御火力的潜在有效杀伤力。攻城战需要在某片区域内长期集结大量军队，饥饿与疾病的流行会使军队减员严重，战斗减员只是在这个基础上雪上加霜而已。攻城战看上去不如肉搏战那么惊心动魄，但其实它无疑使士兵伤亡更大。采用好的攻城设备，以及为了应对攻城而建造的新式堡垒工事，都是花费巨大的。从 16 世纪到 17 世纪，这种创新与变革的快速出现，导致枪炮等武器需要不断地更新换代，而堡垒要塞等防御工事相应地也需要经常重建。

由于应用枪炮的攻城战术兴起，枪炮等火器在战场上越来越受到重视，富裕的国家由贵族们出钱采购这类武器，穷国也对其趋之若鹜（例如，法国那样的大国，通常是最富裕的国家，但是像荷兰共和国和威尼斯邦国，依靠其商业财富，也显示出小国对于应用军事新技术的热情和能力）。

另外，依靠枪炮攻城的兴起，使得军事工程师受到重用，推动了要塞防御科学的推广，因此进一步促进了战争的专业化。不过，应用枪炮的攻城战还大多集中在那些战略地位重要以及富庶的大城市区域，诸如意大利北部、佛兰德斯地区以及法国北部边境。在其他区域，防御要塞还不那么重要和普遍。加农炮、堡垒和攻城战是欧洲转变进程中的重要方面，但它们都不是推动转变的主要力量。

战术与训练

长矛与火枪 从 1450 年直到大约 1650 年"三十年战争"结束，这段时期被认为是长矛与火枪的时代。因为步兵是早期现代欧洲军队中的绝对主力，而这两样武器是当时步兵的标准装备。第一种武器——长矛（13~18 英尺［约 4~5.5 米］长，一般双手持用）是一种古老的兵器，随着步兵集团式作战能够发挥更大的威力，所以又流行了起来。一个训练有素的士兵手中所持的长矛，是件可怕的武器。当一队长矛兵坚定地将武器一致对外，便形成一堵稳固的矛墙，即便最勇敢的全副披挂的骑兵也只能陷入困境，无计可施。

相对于长矛，火枪是新式武器，在不同的历史阶段它被称作火绳枪或者滑膛枪。这类武器尽管枪管的长度和弹丸的重量千差万别——滑膛枪一般更长更重——但其基本技术原理是一样的。火绳枪和滑膛枪都采用无膛线枪管，都使用火绳和相同的击发装置。这种枪械用灯芯或者火柴做引燃物，当扣下扳机时，灯芯或火柴点燃枪体上装有火药的凹槽，捻子被点燃并通过点火孔把枪膛里的主火药燃爆，实现击发。虽然射击精度并不高，但这类火枪有两个重要优点：第一，它的威力很强。100 码（约 91 米）距离内，滑膛枪射出的 2 盎司（约 57 克）重的弹丸能够击穿最新式的盔甲，也能一枪撂倒最强壮的战马。第二，与早期的投射类武器不同，火绳类枪械很容易掌握，甚至对新兵来说也不难学会如何操作，何况后来还有了训练手册。不过，当时的长弓甚至是十字弓也拥有同样的威力，且在更远的射程里比火绳枪更为精准，但需要更长的时间进行训练才能掌握。

步兵战术 15 世纪后期，训练有素的长矛兵部队开始出现，且相对于欧洲其他陆军兵种来说，其数量规模不断增长。毫无疑问，瑞士长矛兵部队成功地击败奥地利和法国勃艮第军队，大大推动了这一兵种的流行和壮大（当时许多军队确实开始大量招募瑞士长矛兵）。尽管最初瑞士军队的胜利并不是依靠长矛这种武器，而用的是长戟（一种末端集合了斧刃、钩和枪尖的长武器），但其基本原理是相同的：一队训练有素的长矛兵或长戟兵，能够使最好的骑兵部队陷入困境，甚至击败他们。瑞士军队，甚至那些后来成为雇佣兵的瑞士军人，其凝聚力基于他们之间的共有联系与纽带。他们都来自同一地区，在靠军衔或资历选举出来的军官的指挥下并肩战斗。

16 世纪初期，瑞士军队还创立了一套组织结构和战术模式，后来被大部分欧洲军队竞相模仿。例如，在日耳曼，神圣罗马帝国皇帝马克西米连一世（Maximilian）模仿瑞士人的做法，组建了日耳曼长矛兵（Landsknechts）部队作为专业步兵部队的主体。实际上，日耳曼长矛兵甚至连瑞士长矛兵的军服样式都照抄不误，最终日耳曼长矛兵雇佣军也很受欢迎。

瑞士和日耳曼的长矛兵部队规模很大，但也需要其他兵种相互支援，如长戟兵和长剑兵，以及一些火枪兵。很明显，在这个战术模式里，长矛兵是步兵中的绝对主力，其他兵种担负协同作战任务。例如，长戟兵和长剑兵，他们的任务常常是组织一支敢死队，排在长矛兵阵营之前，通过大砍大劈袭扰敌军的长矛兵，以期在敌军长矛兵战线上杀开一道口子。而此时的火枪兵,要么作为游击散兵在长矛兵方阵前作战,要么被零散地安排在长矛兵方阵之间的空隙里。

长矛兵是绝对主力,占步兵的比例可达80%,数量上比火枪兵要多得多。造成这一现象的原因之一是,火枪兵连续击发的能力太差,再次装弹并击发的时间间隔太长。火枪兵再次装弹时需要长枪兵的保护,他们极易受到敌方骑兵部队的攻击,处于绝对弱势。同时,火枪兵的火力容易打乱长矛兵的密集阵形。

1510—1520年间,瑞士和日耳曼的长矛兵部队面临着来自西班牙军队的严峻挑战。西班牙军队当时在诸多方面都有所创新。首先,西班牙建立了第一支大规模的常备步兵部队,即"西班牙大方阵",这是17世纪西班牙皇家部队的前身。此前,西班牙针对摩尔人发动了"收复失地运动",这支部队就是从那场战争中逐渐发展演变而来的,几乎成为一支正规的国家武装。"西班牙大方阵"的士兵数量一般为3000名步兵,他们(至少在早期)大都来自同一地区,并共同服役了相当长的时间。实际上,每个"西班牙大方阵"都逐渐发展出自己特有的军服以示区别,比如"丹迪西班牙大方阵部队"(tercio of the dandies)就以军服颜色十分艳丽而著称。

其次,西班牙在调整火枪兵在步兵中的比例方面,也很具创新性。16世纪头20年,西班牙军队中长矛兵与火枪兵的比例已经下降到了3∶1;到16世纪末期,这一比例甚至降到了1∶1。这使得西班牙军队拥有更强的火力,并在对阵意大利的多场战争中取得胜利发挥了关键作用。此外,不像瑞士军队或日耳曼军队那样,西班牙军队没有大规模地使用长戟这种武器,反而为部队配备了剑和圆盾,目的是从敌方长矛兵矛头的下方抵近,冲击袭扰其长矛兵方阵。这种使用剑与盾牌的作战方式在欧洲文艺复兴期间被广泛模仿,因为它被认为是一种经典的复兴,是对古罗马式战斗的回归。

由于军队中的火枪兵数量不断增长,西班牙人开始尝试一种新的组织结构,到16世纪60年代,出现了火枪兵部队。一般来说,由于火枪兵装弹时间较长,其间易受攻击,所以在战斗中需要紧靠长矛兵部队。西班牙"西班牙大方阵"数量庞大,长矛兵一般居中,而火枪兵常常被部署在方阵的外围边角处,为长矛兵提供全方位多角度的火力掩护。

16世纪末期,步兵战术的几大重要发展来自拿骚公国的3位荷兰改革家:威廉·路易斯(William Louis)、约翰和莫里斯。有趣的是,由于荷兰重视研究围城战而不是野战,这些军事改革措施追根溯源的话均来自荷兰。以莫里斯为例,在荷兰式训练方法引进之前,他还从未参加过任何战争,之后也只参加过一场大战而已。这些军事改革产生的动力,似乎是对古典战斗模式复兴的一种渴望。

荷兰战术改革家们主要有三大贡献。第一,为火枪兵发明了一种新的射击模式,叫作"后退式射击"。火枪兵被组织成6排(有时为12排),当第一排齐射之后,迅速后退到方阵的最后,并根据荷兰训练手册的动作要求开始有序地装填弹药。此时,原本排在第二排的火枪兵变成了第一排,齐射之后再退至方阵最后,装填弹药,如此循环反复,直至原来的第一排火枪兵完成弹药装填并回到他们的位置。这种后退式射击法，使火枪兵能持续保持稳定的对敌火力，因而不再那么易受攻击。另外，这种射击方法的有效运用，还使得军队中火枪兵的数量相对于长矛兵的数量大大提升。到 17 世纪早期，荷兰军队中这一比例大概是每 3 个火枪兵对应 2 个长矛兵。

不过，采用后退式射击方式对火枪兵的训练素养和纪律性要求很高，这也就是荷兰改革家的第二个创新。我们前文曾提及，"拿骚的约翰"亲自监督并于 1607 年出版了相关军事训练和命令手册。这本手册详细介绍了操作使用长矛和火枪的荷兰式方法。

荷兰人的第三项改革，改变了步兵作战队伍的规模和组织形态。荷兰人打破了被瑞士人、日耳曼人和西班牙人普遍采用的大规模阵营集团作战的传统，采用了更为小巧的营建制部队。一营队伍有 550 人，不无巧合地参照了韦格提乌斯建议的古罗马大队的规模。由于采用了更先进的后退式射击方式，部队可以以规模更小的单位进行部署，火枪兵一般排列成 6 排或 12 排，即可打击敌方部队的纵深了。这种小建制部队比大规模部队——例如多达 3000 人的大方阵——更为灵活，且相比于大方阵，它能更充分地利用人力，使每个士兵都发挥作用。

骑兵与骑兵战术　1500 年之前，陆军规模已经迅速扩大，这种规模和战术创新上的快速发展实际上都集中在步兵方面。这段历史时期初期，重装骑兵（现在一般称作重装骑兵而不再称"骑士"了）仍然是骑兵部队的主力。尽管步兵部队人数剧增，但骑兵部队的人数相对而言基本没怎么变化。很明显，造成骑兵比例下降的主要原因还是经费问题。要全副武装一个重装骑兵，其花费是巨大的。当大量的长矛兵和火枪兵对阵重装骑兵时，能够给骑兵造成巨大伤亡。从另一方面讲，失去昂贵且不易得到的战马，相比失去骑兵甚至是更大的损失。

结果，另外一种花费更少的骑兵开始在欧洲军队中出现。一开始他们只是替代损失的重装骑兵，后来逐渐取而代之。最早作为战场上的主力出现的轻骑兵是日耳曼黑衫骑兵（Reiter）或者法国胸甲骑兵（cuirassier）。这类骑兵披挂的甲胄更为轻便，有时被称作"3/4 装甲"，一般配备长剑和数把手枪，而不再配备重装骑兵使用的大长矛。武器和甲胄上的变化，反映出当时的人们已经认识到了战争本身正在发生变化。当骑兵面对大量训练有素的步兵时，已经不能在他们面前横行无忌了。

骑兵战术也随之发生了变化。骑兵使用长剑和火枪，显示出对火器越来越倚重的趋势。那时的骑兵已经无法再肆意践踏步兵了，他们转而使用火枪对步兵进行袭扰，然后离开进行弹药装填。为了实现对步兵的这种袭扰，一种新的骑兵战术产生了——半旋转战术。日耳曼黑衫骑兵或法国胸甲骑兵最早使用这种战术：骑兵先冲向步兵方阵，开枪射击后，不直接返回自己阵地装填弹药，而是略微跑开就进行装填，与此同时，其他骑兵赶上来进行射击，如此反复。从某方面看，这有点像火枪步兵"后退式射击"战术的骑兵版。当造成敌人步兵一定的伤亡之后，骑兵会进行最后一次齐射，然后返回自己的阵地装填弹药。

不幸的是，这一骑兵新战术并不怎么成功。由于步兵的火枪射程更远，且人数众多，因此步兵的火力更为强大。不过，当骑兵部队最终无法返回去装填弹药时，他们仍然能在战场上发挥较大的作用。例如，他们可以冲击并打散敌人的骑兵，然后攻击步兵薄弱的侧翼，或者攻击没有防护的炮兵。那时，骑兵仍然是打败敌人的一个关键力量。

火炮/炮兵　由于在围城战中能发挥重要作用，直到17世纪末之前，火炮一直是早期现代军队中不可或缺的力量。火炮无法在野战中发挥主要作用，主要原因是它缺乏机动性：一旦部署完毕，它在战斗中就不能再移动了。因此，尽管战斗初期火炮能给敌军造成较大伤亡，但随着战斗的持续，双方相对位置发生变化，火炮便不能再发挥什么作用了。此外，火炮装填弹药耗时较长，一尊大炮在战斗中常常仅能发射几发炮弹而已。在实际战斗中，瑞士军队常常采取快速抵近敌方的方式缩短敌我距离，让敌方火炮甚至来不及进行二次装填。另外，那时的火炮一般由民间承包商负责操作，所以一旦敌军抵近火炮阵地，他们不愿意冒险守卫火炮，经常一跑了之。

瑞典式综合体

长矛和火枪的时代在瑞典国王古斯塔夫·阿道夫的军队参与"三十年战争"期间达到了顶峰。瑞典军队吸收并且改进了欧洲变革初期的诸多最新发展成果，不仅包括那两个世纪以来的各类战术和技术创新，还包括它长期保留一批士兵，建立了一种新型的士兵群体，使瑞典军队成为那一时期经验最丰富、相对最稳定的军队。

瑞典旅　古斯塔夫的军队的核心是瑞典步兵，其中包括在瑞典指挥官麾下作战的外国士兵。这支步兵队伍最初是在15—16世纪由瑞典政府征召组建的。由于瑞典是个人口小国，古斯塔夫国王不仅按传统征召瑞典人，还招募了许多雇佣兵，尤其是日耳曼和苏格兰雇佣兵。在"三十年战争"初期，古斯塔夫国王率军进入日耳曼地区时，瑞典军队中的外国雇佣兵数量几乎与瑞典士兵数量相当。

瑞典军队中的基础战术单位是"中队"（squadron），其规模与荷兰军队"营"（battalion）的编制基本相当。理论上，一个瑞典中队有大约500名士兵，分别为288名火枪兵和216名长矛兵，不过其中大约100名火枪兵是相对独立于中队之外的，主要执行其他任务。一般3个或4个中队组成一个旅（brigade），作为军事行动的基本单位。同一旅的士兵通常已经一起服役很长时间了，产生了较强的团队认同感。每个旅都有自己独特的军服，能够根据外衣的颜色就轻易分辨出来，例如黄色旅、红色旅、绿色旅等。

瑞典中队的进攻特色是火力打击和冲锋冲击相结合。瑞典中队的火力来自火枪，一般阵形为6排火枪兵。当瑞典军队采用"后退式射击"方法时，其火枪兵的阵营纵深一般要增加一倍。第一组火枪兵肩并肩地排列，共三排，其中第一排采取跪姿，第二排采取弯腰屈膝式，第三排采取立姿。在指挥官的统一命令下，三排士兵同时开火，瞬间可给敌方造成较大伤亡。后来，瑞典军队通过加入步兵炮，强化了这一火力打击的威力。步兵炮是一种炮弹仅3磅（约1.4千克）

重的轻型火炮，由在瑞典军中服役的苏格兰炮兵军官研发。由于重量较轻，它可以由人力推动，速度保持与步兵同步。在瑞典火枪兵的齐射火力基础上，加上这种步兵炮，瑞典军队的火力不可小觑。在一阵射击之后，瑞典军队便开始冲锋：长矛兵混合着挥舞火枪如棍棒一般的火枪兵，一齐向敌军发起冲锋。同一旅建制下的各中队，一般采取棋盘式的布局，分为前后两条阵线。这种类似罗马军团的经典布阵方式，使得两条阵线的士兵可以在进攻和撤退时互不干扰，避免造成混乱。

瑞典骑兵 瑞典步兵的冲击能力叠加上骑兵的冲锋，这个组合更具威力。大部分瑞典骑兵都是轻骑兵，只披挂半甲胄（一种不保护上臂和大腿的护甲），比法国胸甲骑兵的甲胄还要轻便。在和波兰人的战争中，古斯塔夫意识到他的骑兵部队不适应"半旋转战术"，因为骑兵们只配备一支手枪，重新装填弹药相当麻烦耗时。因此他采用了波兰人的战术，利用轻骑兵的速度优势，加强冲击。"半旋转战术"需要人数更多的骑兵部队才能实现交替射击和轮流装填弹药，而瑞典骑兵不适合采取这种战术，因此古斯塔夫也使自己的骑兵部队更为精简和灵活。尽管瑞典骑兵更倾向于使用长剑，但他们在回到己方阵地之前，也会用手枪进行最后的射击。由于敌方骑兵偏向于使用火器，而瑞典人重视骑兵的快速冲锋，加之瑞典军队的纪律性强，因此瑞典骑兵常常以雷霆之势冲乱敌军，占有相当大的优势。

炮兵 除了为瑞典步兵配备步兵炮这一创新手段之外，古斯塔夫还对重炮部队进行了改革。炮兵第一次成为瑞典常备军中的一支部队，火炮改由军人负责操作，而不再像以前那样由民间承包商负责。古斯塔夫进一步将炮兵连定位为常备战术单位，最终发展成为炮兵团。瑞典军队对炮兵编制的改革，也为相关军事条令的标准化奠定了基础。瑞典陆军对大炮进行了轻量化改革，使其更便于移动。除了此前提到的3磅步兵炮之外，瑞典火炮还包括其他不同口径（6磅、12磅和24磅）的大炮。在炮弹装填方面，瑞典军队也有所创新。他们事先准备好火炮的弹药，装在木箱子里运输。这一早期的备弹改革，使得瑞典炮兵的战斗力大大提高，炮兵的连续射击能力已经能赶上火枪兵了。

"三十年战争"时期的瑞典军队，几乎应用了那个时代最为先进的技术和战术。这支军队应当被人铭记，尽管当时其他国家的军队也试图进行类似的军事改革。相比同时代的其他军队，瑞典军队显得特别突出，主要原因并不在于他们使用的武器或者战术阵形，而在于他们长期共同服役并逐渐具备了常备军的形态。老兵们经受战争的洗礼，从战争中学习战争，严格遵守军事条令有如瑞典人信奉路德教派教义一般。

巩固合并，1660—1720年

大约1660年之前，无论是在围城战还是野战中，包括在平时训练中，战术与技术创新都是十分重要的。但是从全球范围来看，由于后勤保障与管理支持的限制，以及缺乏一贯的纪律与部队的整体延续性，创新的潜力很大程度上并未转化为现实。相对于其他拥有火药武器的军队，例如，奥斯曼帝国的军队，欧洲的军队并不占明显优势，而且欧洲的战争技术仍然可以轻易地向外传播。但是随着"宗教战争"的结束，传统的王室-贵族联盟的政治势力重新巩固，政治力量的统一与改革的重现，使得欧洲各国能够驾驭之前的变革，并且坚定地向前推进。

皇家军队

号称"太阳王"的法国国王路易十四，是开创皇家军队的先驱。长期以来，法国一直是欧洲最强大、最富裕的国家，但是其在"宗教战争"期间受到了内战的沉重打击。红衣主教黎塞留和红衣主教马萨林在路易十三统治时期以及路易十四少年时期即开始重新确立中央集权。而这位"太阳王"和他的主要大臣们将君权推至一个新的高度，他们大力推动经济发展，改善王室财政，并且极大提高和拓展了王室行政管理的效率和范围。在此基础上，路易十四推行了重大军事改革，这些改革措施迫使法国的对手们纷纷效仿，否则就面临被征服的危险。

路易十四的军事改革，实质上就是将军队改造成了君权的维护工具。原来的雇佣军变成了正规的国家军队，原来的私人雇佣契约被替换成了标准化的军事服务条款，许多原来的雇佣军首领变身为国家军官。尽管仍然受到政治力量的影响，但军衔和晋升逐渐规范化了。这些由专业的、贵族出身的军官统领的新型常备军队，拥有了自己的部队名称、番号、徽章标识与旗帜，并且逐渐发展出自己的军队历史与文化。

随着雇佣军的没落和国家专业军队的发展，外国人在军队中的比例逐渐下降。法国军队的军官大都来自贵族和上层社会，普通士兵大都是从社会边缘人口中招募而来（实际上，常常是被征召，而非招募）。尽管统一的训练和严格的纪律是皇家军队发挥战斗力的关键，但军队中军官与士兵的社会地位差异，恰恰有利于确立严格的纪律标准。从贵族阶层中招募军官和从社会边缘人口中招募士兵，可以减少对社会主要生产力因素的冲击，这也符合重商主义国家政策。尽管如此，组建和维持皇家军队对国家财政的消耗极大。为此，每个国家都将财政资源挖掘至极限，到1660年之后，各国军队规模出现大幅扩张。至1700年前，法国在战时维持着在册人数高达40万的军队，这一数据创造了自古罗马时代以来的欧洲之最。

中央政府插手和控制军队管理的方方面面，导致中央政府对军队各项开支的负担也不断增加。国家现在负责向士兵们提供武器装备（此前通常由个人自备）、军装被服和军需给养等。当然，还有住房，提供住房也成为军队服务"一揽子协议"中的一部分。此前常常安排在民房的军人营舍逐步被淘汰，现在无论驻防地设在哪里，军队都需要兴建专门的营房。皇家城堡和要塞也成为储存中央物资的仓库，连接着各个堡垒，也负责通过陆路和水路运输体系向驻防部队运送物资给养。政府对军队管理事务的中央集权，必将导致政府将军队开支也揽于一身。

财政问题成为军队专制主义的"阿喀琉斯之踵"，特别是在法国，它成了与专制主义国家政治和社会结构无法分割的共生性问题。国家权力机器越是集中在王室手中，贵族阶层就越没有兴趣为这个权力机器的运行掏腰包，因为虽然他们仍然处于这个社会的领导阶层且拥有军官的身份地位，但对于权力机器的运转没有多少实际发言权，自然也就没有多么强烈的意愿来花钱维持其运转。法国政府无权向贵族阶层征税，进一步导致了财政上的严重后果，而这一政策几乎是新生专制主义政权的通病。唯独英格兰，由于其与欧洲大陆隔离的岛屿政权的政治体系具有独特性，它走出了一条平衡军队管理与财政支出的路子，被认为是那个时代的一个重要突破。英格兰的贵族、大商人、地主们通过议会可以在王权政府中发出自己的声音，因此他们也愿意为自己的这一特权缴税。此外，17世纪90年代英格兰银行和偿债基金成立，它们作为政府清偿借款的保证机制，进一步解决了政府的财政问题。赤字财政的发明，以及一种安全的国家借款机制的确立，使得英格兰这样一个人口远远少于法国的国家，不仅拥有与其对手比肩的维持军队的财政力量，而且有余力通过开拓海外贸易和扩大帝国规模（主要通过与法国的战争获得）来获得更多的财富用于战争。简言之，不列颠将资本主义、政府和军权三者进行了彻底的现代化融合。考虑到其皇家造船厂的规模（参见第20章），我们甚至可以说一个军事工业综合体已经显现雏形。在这个发展阶段，我们看到了一种真正的军事革命。

战　略

阵地战　皇家军队的出现以及中央政府对军事事务的有效控制，影响了军事战略，主要表现为军事行动更为谨慎和更注重阵地战。军事指挥官对于将花费巨资组建和维持的军队投入野战战场十分谨慎。围城战中的减员也许同样严重，但相比于进行野战造成的短时间内大量减员，这类兵员损失是可以逐步补充和恢复的。而且，既然获得要塞城堡的控制权是大部分战役的最终目标，野战充其量是达成这一目标的冒险且非直接的途径。

将军队化整为零，提升其机动性，并允许其在区域内自己解决军需给养问题也成为一个不太可能采纳的方案。一方面，这是对"三十年战争"期间军队破坏性行为的文化抵触反应。任由部队自行搜寻给养，会大大降低指挥官对士兵的控制力，并且军纪涣散和出现逃兵的风险也大大增加。部队自行搜寻给养时（这仍然是战争中常见的解决军需补给的方式，特别是对草料的补给），开始受到严格的管控和限制。军官们一般倾向于让士兵到农村地区通过购买或者有偿征用的方式补充给养。这一现象一方面反映出军队有意识地保护征战地区的生产力并尽量维护其在当地居民中的仁义形象，另一方面也显示出军队迫切需要一个自古典时代以来更宏大、更周全的军需保障方案。军队因此与以城堡为基地的物资仓库和车、船补给线（如果有水路运输的话）更为紧密地联系起来。

补给问题并不意味着调遣军队（特别是在军事行动层面的调遣）无法实行。巧妙地调遣部队，可以通过威胁敌方补给线迫使敌军撤兵，或者通过切断敌方堡垒仓库与其地面部队之间的补给运输，使军事堡垒成为一个易攻占的目标。近乎矛盾的是，由于补给问题而变得行军缓慢的军队，却有利于军事管理和军令的传达：一支军队可以先于敌人数个星期的时间抵达指定战场，抢占先机，这一行动对攻占城市或者堡垒来说往往是成败的关键。

对堡垒的进攻和防守是战略和战役的核心。野战几乎都是由围城战引发的结果，例如围城部队遭遇前来解围的部队时。由于此时各国维持的常备军数量比较庞大，将军们在围城时往往愿意且有能力预留一支部队供随时调遣，保护攻城行动。此外，城堡对大量驻防士兵的需求，也进一步促进了常备军的扩充。

由于"堡垒兼军需仓库"形式的出现，对堡垒的围攻与防守成为焦点，而围绕攻城与堡垒设防的战争艺术演变成了科学之争。沃邦是路易十四的堡垒防守大师，他改进了堡垒防卫设计和攻城技术，将之前150年来相关领域的各项实践经验综合起来，予以系统化、实用化。皇家工程学校的成立，保证了这项科学的发展和成果的延续。而这一系统化的延续，正是之前时期的一项重大缺失。

马尔堡 阵地战并不意味着一定是静态的，这一点马尔堡公爵约翰·丘吉尔（John Churchill）通过其组织的战役做出了很好的诠释。作为在西班牙王位继承战争中对抗路易十四的联军首领，约翰·丘吉尔得一人担当外交家、事务大总管、参谋军官和将军，而他基本上把这几个角色都扮演得很好。他在布莱尼姆战役（Blenheim campaign）中对军队后勤事务的部署显示出了其最高水平。他成功地组织英德联军从位于荷兰的大本营出发，沿莱茵河北上，与沿着多瑙河行进的盟友巴伐利亚的欧根亲王顺利会师。沿线补给站为军队提供了粮草、衣物（包括备用军靴）以及安全的休息点。尽管行军速度每天仅有6英里（约10千米）多，但长期的效果积累成为战略机动与联合协作的胜利果实，最终改变了战争的走向。马尔堡公爵后来组织的比利时战役，虽然在规模上稍逊，但仍然不失为大胆调遣与军事诡术的典范。他粉碎了法国军队不可战胜的神话，坦言胜利对于提升联军的士气有相当积极的作用，击败了敌军的野战部队后，联军即可分兵几路，同时围攻多个城池。

水陆协同作战 最终，那个历史时期最大胆，同时也可以说是最成功的军事行动模式——水陆协同作战出现了，这显示出海军的重要性，甚至直到今天其重要性仍在上升。英格兰是这一领域的佼佼者。在英军参加的爱尔兰战争、直布罗陀海峡争夺战、打击法国在加拿大的前哨据点战役、加勒比海战争以及南亚战争中，英国皇家海军都起到了重要作用。水陆协同作战成为面向全球的大战略。

线式战术的出现

至17世纪中叶，大部分西欧国家都不同程度地开始采用瑞典在"三十年战争"中所采用的战术与训练模式。在1660年至1720年的几十年间，武器、训练与战术方面出现了很大的发展进步。基于军事管理和技术方面的变革，同时也由于欧洲在其前沿战争，特别是与奥斯曼帝国的战争实践中不断进步和发展，一种新的战争体系逐渐出现了。

步兵武器与阵形　战术上的深远变革影响了正在不断壮大的欧洲步兵，也使得武器的火力得到空前的重视。使得步兵火力增强的一大因素是火枪及其弹药方面的变革。17 世纪后期，火绳枪变得越来越轻，便于操作，且弹药装填速度也大大提高。弹药装填速度的提高得益于预先封装弹药单位的普遍使用。

因此，到 17 世纪 90 年代，一营步兵中的火枪兵对长矛兵的比例升至 4∶1 至 5∶1。这显然提升了步兵的火力，但同时也产生了另一个问题：这使得火枪兵在面对冲击战术时变得十分脆弱，特别是当敌方骑兵发起冲锋，而己方火力没能够对其有效阻击的情况下。长矛兵一般部署在方阵的中部，无力保护数量众多的火枪兵，而且面对敌人骑兵有组织的进攻，其自身的侧翼和后部也较易受到攻击。当时采取了一些新的战术试图解决这个问题。法国陆军采取了一种方法，他们把长矛兵分成三组，一半部署在方阵中部，另外一半分别部署在方阵中火枪兵部队的两翼。还有一种方法是将部队分成五排，前两排是火枪兵，中间一排是长矛兵，然后再部署两排火枪兵。然而，这些方法最终被证明没有多大用处。例如，第一种解决方法，将本来人数就捉襟见肘的长矛兵部队再拆分开，其效果可想而知。第二种方法也无甚效果，法国陆军后来直接禁止采用这种战术阵形，因为这种阵形将火枪兵近一半的兵力部署到了方阵的后部，浪费了其火力优势。

这个问题直到一种新的武器出现后才得以解决，那就是刺刀。刺刀于 17 世纪 40 年代出现在欧洲，但只在小范围应用，直到 17 世纪 70 年代才得到广泛使用。这种武器的最初形式是一种插拔式刺刀，实际上类似一种可以插进火枪枪管里的匕首。这类刺刀有个极不好的副作用，即插上之后火枪就没法发射了，而且当火枪兵一手拿着点着的引火物时，也很难将刺刀插进枪管里。插拔式刺刀的使用，让火枪兵能够保护自己免受敌方骑兵的攻击，例如，前排火枪兵使用装了刺刀的火枪，发挥着类似于长矛兵的作用，后排的火枪兵仍可继续射击。但这在加强了防守的同时，也影响了其攻击行动的效力。像古斯塔夫的瑞典步兵那样，每次齐射之后都需要重新装填弹药，而装卸插拔式刺刀太费时间了，没法有效实行大威力的火枪齐射。插拔式刺刀的这个弱点十分明显（参见专题 B：基里克兰基之战，1689 年）。

专题 B：基里克兰基之战，1689 年

基里克兰基之战（battle of Killikrankie）发生于 1689 年 7 月 27 日，在詹姆斯二世被"奥兰治的威廉"驱逐出去之后，英国詹姆斯二世党人在苏格兰发动叛乱的期间。整场战役始于 1689 年 4 月，其时邓迪子爵（Viscount Dundee）约翰·格拉汉姆（John Graham）因支持詹姆斯二世而揭竿而起。英国政府派出休·麦凯（Hugh Mackay）将军率领大约 4500 人的部队去征讨叛乱。不过，这支政府军大都没有什么作战经验，其中一个团的士

兵甚至是为了这次征讨刚刚招募的。当政府军于初夏包围战略重地爱丁堡时，麦凯将军正率一支小部队在北部地区作战。爱丁堡于 6 月 13 日被攻下后，麦凯将军会合主力部队，决定攻打詹姆斯二世党人位于布莱尔阿索尔（Blair Atholl）的堡垒。邓迪率领大约 2800 名高地人前去增援布莱尔阿索尔，并赶在政府军之前抵达该地区，政府军随即后撤至位于基里克兰基一个可防御的通道区域，以便阻击后续的叛军援兵。麦凯将军认为仅仅是阻击援兵和围困詹姆斯二世党人的叛军是远远不够的，应当彻底击败他们，因此他率军前去组织进攻。

邓迪的军队占据着一片地形较高的区域，士兵大都是高地人，其中装备较好的一部分人配有火绳枪，贵族军官则一般有两支手枪，其余绝大部分士兵都只配备了大刀和斧头。他们的战术是采用毁灭性的"高地冲击"，这种狂野而混乱的冲击会使对手极度紧张，从而溃败。

政府军则在邓迪部队视线内的一条山脊线区域，部署成三排的阵形。政府军有 6 个步兵团，装备火绳枪和插拔式刺刀，还有一小队燧发枪手、两支骑兵部队以及 3 个轻型火炮部队。麦凯将军的计划是，先炮击敌军阵地，促使其发起冲锋，然后用火枪齐射消灭敌人。

不幸的是，炮击的效果并不理想，高地人没有像麦凯将军预想的那样被赶出阵地向他冲锋。相反，敌人在炮击下一直坚守到黄昏，然后突然向政府军发起了冲锋。政府军在较近的距离上火枪齐射，给高地人造成较大伤亡，却没能完全阻止这次冲锋。就在这时，没有战斗经验的政府军犯了致命的错误，他们准备再次开火，但在他们还没来得及重新装填弹药或者给火枪插上刺刀时，高地人已经抵近。接下来的混战对于麦凯将军来说是场灾难，政府军被击溃，四处逃散，打乱了本来准备前来解围的骑兵。幸亏叛军没有穷追猛打，转而将政府军丢弃的军需车辆洗劫一空。

此战以高地人完胜结束，他们打死了近 1000 名政府军，俘虏了约 500 人，而己方仅损失了 200 人，尽管邓迪本人也在战斗中阵亡。基里克兰基之战暴露出插拔式刺刀与生俱来的弱点，特别是在没有战斗经验的士兵面对士气高涨且不惧肉搏的敌人时。

阵形由纵深棋盘式向线式的转变　到 17 世纪 90 年代后期，两种新式武器的应用解决了与火枪兵防守短板相关的一系列问题，并推动了战场战术的变化。这两种新武器分别是燧发枪和插座式刺刀。相比于火绳枪来说，燧发枪的出现是一项重大进步。以前的火绳枪需要有点燃的引火物来进行点火击发，而燧发枪使用燧石撞击击发槽上方的触发杆或者铰链钢盖，引起火花从而进行点火击发。这使得燧发枪的射击速度更快，也更为可靠，大大增强了火力。另外，燧发枪的使用还让部队的阵形更为紧密了，因为火枪兵们不用再担心自己手里拿着点燃的引火物，而身边的战友正在往枪里装填黑火药的危险了。插座式刺刀上一般有一个环状物或管状物，可以套在枪管上，因此火枪兵在上完刺刀后仍然可以进行射击。这使得火枪兵在进行齐射之后，可以马上发起冲锋，或者用带刺刀的枪防御敌人的进攻。长矛兵的作用弱化，这个兵种逐渐过时，最终被淘汰了。

这两项新技术的应用，使得步兵阵形可以越变越薄，弹药装填速度的提高以及长矛兵被淘汰，使三排步兵的方阵成为可能，阵形规模和厚度变小，也能使火力部署更为高效。不过，这种机会的出现并不意味着一定会发生改变，这时，外部因素促成了这一改变。17世纪末到18世纪初期的步兵战术受欧洲前沿与奥斯曼帝国战争的影响很深。在与西班牙军队的大方阵对抗时，甚至在与其他欧洲国家所采取的更小型的荷兰式或瑞典式方阵对抗时，瑞典的棋盘式大纵深阵形十分有效。不过，在对抗灵活性更强的土耳其式阵形时，这种棋盘式大纵深阵形突显出了其弱点。敌人能够快速移动的小股部队穿插于己方大方阵之间，使得第一线部队的侧翼和后方易受攻击。作为应对方式，欧洲陆军开始进行线形的兵力部署，没有了原来大方阵之间的空隙，这种线式部队还能作为后备力量使用，随时投入前线。这就是线式战争的雏形，它将在之后的一个半世纪里成为欧洲战场的主流（参见第21章）。

结　论

到18世纪初期，700年的演变与发展从大约1660年开始逐渐融合统一，使欧洲产生了独特的社会经济体制。商业资本主义加快了社会结构的塑造，并使欧洲经济迅速发展，显现出全球性的优势。资本主义孕育出一种尊重法律的、基于契约的社会框架，催生了社会变革，而社会变革反过来又重新塑造了欧洲国家的政治形态，无论这种政治形态是专制主义的还是基于宪法的。与此同时，科学革命为欧洲人看待自然界提供了全新的视角。综合起来，相比于世界其他地域，此时欧洲的各个君主国家越来越脱颖而出。

这种独特的社会结构支撑着军队的发展，军队是欧洲国家执行政策的有效工具，同时也越来越成为欧洲国家政治与经济野心的开路者。当然，此时欧洲军队对外扩张并不多，也远未成为世界军力中的决定性力量。例如，由于非军事的原因，主要是与疾病有关，非洲内陆仍然是未开垦的处女地。东亚国家抵御欧洲军队也绰绰有余：中国清朝的实力与俄国相当，日本正闭关锁国。情况类似，欧洲在南亚的影响也很有限。不过，欧洲战争技术的发展越来越有效，并最终成为海上的无敌霸主。

1720年，欧洲的战争科技，除了刺刀之外，与60年前差别不太大，但在技术层面已经发生了变革。社会的变革在陆军和海军中都有所体现，社会性的变化反映到了军队上，塑造出一支欧洲风格的军队。欧洲的军队不仅比其他地区的军队更有战斗力，而且很难被复制，因为产生这种军队的政治与社会结构对于传统的社会组织结构和社会等级制度是有害且排斥的。欧洲的变革终于到了革命的临界点。

推荐阅读

Black, Jeremy. *European Warfare, 1660-1815*. New Haven: Yale University Press, 1994。本书对军事革命观点进行了重新审视，着重阐述了发生技术和军事变革的时代背景，特别是中央政权的巩固。关于更早期的情况，也可参考他的 *European Warfare 1494-1660*（London: Routledge, 2002）。

Brewer, John. *The Sinews of Power*. Cambridge: Harvard University Press, 1988。本书从财政-行政管理的视角阐述了国家兴起的根源，以及英国是如何诞生军事工业综合体，并最终走上军事强国之路的。

Duffy, Christopher. *Siege Warfare*. New York: Routledge。本书详细研究了要塞攻防战中的军事技术。也可参见其 *Fortress Warfare in the Age of Vauban*（New York: Routledge, 1975）。

Glete, Jan. *War and the State in Early Modern Europe*. London: Routledge, 2002。本书详尽阐述了财政与战争之间相互依存的关系，着重研究了早期财政-军事国家的运作本质。

Hale, J. R. *War and Society in Renaissance Europe*. New York: St. Martin's Press, 1985。本书研究了战争的社会意义，特别是在意大利和德国。

Lynn, John, ed. *Tools of War*. Champaign: University of Illinois Press, 1990。本书是有关技术决定论和战争革命议题的重要文章合集。关于 1610 年以来的情况，可参见他的 *Giant of the Grand Siècle*，该书主要阐述了变革时期法国陆军的发展之路。

Parker, Geoffrey. *The Military Revolution*. Cambridge: Cambridge University Press, 1988。本书在全球背景下研究早期现代战争，并指出技术与军事创新的重要作用。还可对照阅读其另一部著作 *Army of Flanders and the Spanish Road*, 2nd ed.（Cambridge: Cambridge University Press, 2004）。

Rogers, Clifford, ed. *The Military Revolution Debate*. Boulder: Westview Press, 1995。本书为文章合集，包括 Michael Roberts 所著关于军事革命议题的文章，虽有偏颇，但仍大有可取之处。

Tallett, Frank. *War and Society in Early Modern Europe*. New York: Routledge, 1992。本书综合了关于早期现代战争的各类研究成果。

Tilly, Charles. *Coercion, Capital and European States, 990-1990*. Oxford: Oxford University Press, 1992。本书对政治与军事力量的相互作用和发展做了十分有趣的总结和论述。

Wood, James B. *The King's Army*. Cambridge: Cambridge University Press, 1996。本书对"宗教战争"时期法国陆军的情况进行了详尽的案例分析，对一些军事革命理论进行了实事求是的验证。

第 17 章

大炮与骑兵

欧亚扩张，1500—1750 年

如果说在欧洲社会-军事体系演变过程中，火药武器在西欧的应用最终促成了革命性的结果，那么火药武器在欧亚其他地区的传播和扩散则引发了更大也更直接的革命。各个游牧民族（或者有游牧特性和相应战术传统的民族）开始拥有火器，其在军事体系上产生的结果是：草原上的战士将高机动性的快马与火力强劲的大炮，还有火器防御技术、步兵火枪等结合起来，推动产生了那一时期陆上拥有最强大军事力量的帝国，并对外扩张。奥斯曼帝国的崛起可以说是这一模式最成功的例子，到1500年，奥斯曼帝国拥有了可能是世界上最强大的陆军。不过，印度的莫卧儿王朝、波斯的萨法维王朝、俄罗斯的莫斯科公国以及中国的清朝，都先后走上了这条游牧民族与火器相结合的道路，这些将在本书第19章讲述。

至少从某一方面看，这种被某些历史学家称为"火器帝国"（参见专题C：火器帝国）的崛起，其影响和结果是革命性的。火器应用同中亚骑兵传统的结合，使中亚扩张主义国家产生军事体系的变革，并将游牧民族与农耕民族间的冲突推向高潮并最终走向终结。奥斯曼帝国及其同类型的国家，成为历史上具有游牧民族背景的最后一批伟大的征服者。直到1750年，大部分草原民族失去了其独立性以及真正能威胁到其毗邻农耕国家的能力。人口、经济发展以及国家实力等方面的发展趋势成为推动历史车轮前进的主要因素，权力的天平最终无可阻挡地从马背上的民族向农耕民族倾斜。不过，火器应用与草原骑兵力量的结合，确实最终造就了欧亚帝国的强大。

专题C：火器帝国

一些历史学家认为，世界历史上存在一个"火器帝国"时期。他们认为，火药武器的出现，特别是可以轻易攻破中世纪防御工事的大炮的出现，使得欧亚大帝国的出现成为可能。按照这一理论，垄断了新式火药武器的统治者们可以轻易将那些仍然仅仅使用冷兵器的对手踢出局。不过，在欧洲，没有哪个国家能够实现对火药武器的垄断，因此欧洲没有出现大一统的超级火器帝国，也没有实现相应的火器改进发展。

然而，当你仔细研究历史现象，就会发现"火器帝国"这一概念是有问题的。一方面，它忽视了此类帝国军事体系中游牧型骑兵一直在发挥重要作用，关于这一点，本章将做详细分析。另外，这一观点还落入了技术决定论的陷阱，认为火器的优越性、征服性放之四海而皆准。实际上，本章所讨论的火器帝国，与同时期的日本和中国一样，均表明由于各国的社会、经济、政治、文化不同，同一技术传入各国后表现出的结果也大相径庭。

况且，火器帝国这一概念实际上夸大了火药武器在帝国扩张进程中的作用。波斯的萨法维王朝由伊斯兰教什叶派建立，但其在应用火炮技术不久后就走到了王朝扩张的尽头。印度的莫卧儿王朝刚开始使用火炮时，确实打了一些胜仗，但其在战场上的核心优势仍然是骑兵。况且，在进行围城战时，火炮对印度防御工事的毁伤效果也并不尽如人意，因为防守方改进了防御工事以抵御攻城武器，且拥有了自己的火器。贿赂手段与人数上的优势通常比火炮更管用。莫斯科公国在崛起之时几乎没有什么坚固的堡垒需要攻占，在攻打其他俄罗斯公国时，其常规军力已然具有压倒性优势，使用炮兵仅仅是锦上添花而已。唯一比较能体现出火器应用在帝国崛起时发挥作用的例子是奥斯曼帝国，不过即便是这样，火器应用的功效也被夸大和过分简单化了。

如果要说火药武器在帝国发展历史上的作用的话，那么相比于其在国家对外扩张方面发挥的作用，其在内部政治上的作用似乎更为突出。火枪大炮成为帝国华丽甲胄的一部分，其象征意义与其作为武器的效果一样，都发挥着平衡地方贵族和派系势力的作用。这一作用不可小觑，当然，大炮和步兵火枪也确实充实着帝国武器库的实力，但其效果并不是革命性的，"火器帝国"这一提法似乎过于强调甚至夸大了火药技术的作用。

从另一方面看，这种所谓革命是虚幻的。大炮与骑兵的结合基于一定的社会和政治结构，这种结构具有传统惯性，且不因军事体制的改变而改变。结果，这些强大的欧亚军事帝国逐渐面临与社会、经济和政治层面的断裂以及保守主义等传统问题，辉煌时代不久便走向终结（相反，西欧的社会与经济变革恰恰正是军事变革的基础和核心）。当然，在18世纪时，大部分具有游牧民族背景的"火器帝国"仍然能够在面临欧洲军事威胁时屹立不倒，特别是处在欧洲大陆之外的国家，而且在18世纪大部分时期，从某个方面看它们似乎也一点不比欧洲强国差。到1750年，两种不同道路逐渐显现出差异，历史最终还是青睐"欧洲式"的战争。不过，在1500年，没有人能够预测出历史的走向，大炮与骑兵结合的强大帝国仍然是那一时期的霸主。

奥斯曼帝国，1453—1699年

具有象征意义的是，土耳其人于1453年占领君士坦丁堡后，建立了一个超级帝国。那时候，苏丹继承了拜占庭的衣钵，试图将复辟塞尔柱帝国时期确立的伊斯兰教和土耳其式的传统。不过，在君士坦丁堡落入土耳其人手中（参见本书第 11 章有关土耳其人初步崛起的内容）之前，土耳其人的军事和行政管理体系已经发展成熟。土耳其人拥有庞大的骑兵部队，包括弓骑兵和重装骑兵，有一支训练有素、纪律严明的火枪步兵新军，再加上炮兵部队。这一切都是奥斯曼帝国国家体制在军事上的表现，它使苏丹有了一支能让其实现抱负和目标的强大力量。

1453 年之后的奥斯曼帝国历史主要可分为 3 个阶段：1453—1566 年，土耳其人所向披靡，扩张主义与军事上的成功互相促进；后来，土耳其人的征服之路越走越难，其原因我们将在后面进行分析，因此 1566—1699 年间，奥斯曼帝国进入停滞不前的阶段；到了 18 世纪，奥斯曼帝国逐渐出现各种问题，直至 19 世纪这些问题积重难返。本章主要介绍奥斯曼帝国的前两个阶段。

奥斯曼帝国的行政架构

奥斯曼帝国的一些特性及理念决定了其军事力量的形态和应用。奥斯曼帝国是一个对外扩张主义与防守型"堡垒心态"的矛盾结合体，其伊斯兰教君主（苏丹）国的政治特性影响着其军事政策，反过来，其军事实力也影响着政治形态。

扩张主义 与其他传统帝国一样，奥斯曼帝国也信奉扩张主义，至少其内在意图是倾向于对外扩张的。在一个基于农业生产的世界里，对外扩张似乎是增加国家财富的唯一途径。另外，有两个因素进一步刺激了奥斯曼帝国对外扩张的需求。

首先，奥斯曼帝国源于"伊斯兰教圣战士"（ghazi）或者"开疆拓土的战士"，其国家政策的基因里就含有宣扬伊斯兰教教义的冲动，外在表现就是去征服异教徒的土地。甚至直到奥斯曼帝国对外扩张放缓、防守主义战略开始成为主导之时，"伊斯兰教圣战士"的理念和西帕希骑兵（sipahi）的游牧民族性格仍然在军队和政府中大有市场，表现出对外扩张和进行圣战的思维。

不过，内部政治对于国家扩张政策的形成起着更为重要的作用。征战与扩张，及其所带来的丰厚战利品，是苏丹笼络帝国精英阶层不可缺少的重要手段。征战行动将地方上的地主凝聚起来，而这些地主掌握着地方权力，他们同时也是政府监控地方民情的耳目。奥斯曼帝国对外征战所得的战利品和土地，作为新"提马尔"（timar）被分封出去，成为对参战者的忠诚与服务的奖励，同时也激励他们积极参加下一次征战。作为这一阶层主力的西帕希骑兵，在获得"提马尔"奖励的同时，也有义务为国家去征战，而当奥斯曼帝国对外扩张的脚步放缓时，西帕希骑兵的作用也开始下降。当然，哪个是原因、哪个是结果，有时很难分清楚——也有可能是西帕希骑兵的战斗力下降，导致胜仗越来越少，扩张才逐渐停滞。不过，军队后勤方面出现的困难，以及奥斯曼式征兵模式（该征兵模式本身就是奥斯曼帝国精英治理的结果，详见下文）的固有问题，似乎是导致扩张停滞的主要原因，之后才出现西帕希骑兵的衰落。

"堡垒心态" 除了扩张主义之外，奥斯曼帝国在其军事组织与军事行动中还表现出一种趋于防守的"堡垒心态"。从一方面看，这反映出奥斯曼帝国的拜占庭情结。近 1000 年来，拜占庭一直采取防守策略，这对其国家的经济、文化、军事和外交政策（参见第 8 章和第 11 章）都产生了深远的影响。部分政策被奥斯曼帝国沿用，特别是当苏丹发现他的处境与拜占庭很相似，周边都是敌对国家时。一直困扰着奥斯曼帝国的问题是来自欧洲的威胁，强敌环伺，伊斯兰教什叶派的波斯萨法维王朝就在其后方，反之亦然。奥地利与波斯的交往就反映了这一问题（作为外交反制手段，奥斯曼帝国苏丹与法国亦过从甚密）。

奥斯曼帝国的经济发展方面，也真实地反映出其防守型"堡垒心态"。苏丹基于传统的军事考虑，制定了相应的经济政策。因此，对贸易的管理是基于国家安全考虑的，而不是以经济利益为出发点来考虑的。例如，对国内商人在帝国以外开展贸易进行了诸多限制，外国商人来到奥斯曼帝国进行贸易，也被严格限制在特定的几个港口外商贸易区内进行。结果，奥斯曼帝国用于军费的税收主要来自国内农业税，相比于西欧那些国土面积虽小，但由于实行重商主义政策而商业税收充足、比较富裕的国家而言，其劣势就表现出来了。况且，当来自美洲大陆的贵金属流入欧洲，造成通货膨胀时，奥斯曼帝国的这种封闭性经济形态就面临着更为严重的问题。由于国内市场的商品价格受中央政府的控制较严，奥斯曼帝国的商品便从利润较低的国内市场流入物价较高的欧洲，而此时出口还没有得到官方批准，于是大量黑市贸易滋生，奥斯曼政府几乎无法从正常贸易中获取任何税收。奥斯曼帝国的主要税种是定额的农业税，因此当通货膨胀从西欧蔓延到东方时，政府无法获得更多的税收，维持军队的成本却大大增加了。另外，成本的上升还使提马尔的持有者难以装备和维持其军队，这也是导致奥斯曼帝国军力下降的一个因素。

最后，奥斯曼帝国的"堡垒心态"直接体现在其数量众多的、庞大的堡垒上，这些帝国堡垒主要用于抵御欧洲的进攻（当然，一定程度上也用于防范波斯人）。堡垒同时也是奥斯曼帝国军事和安全体系的仓储中心，用于支持各类陆上军事行动。不过，维持这些堡垒的运作，也耗费了大量的人力、物力、财力。

继承问题 继承问题同样影响着奥斯曼帝国的军事构架和军事行动。同其他许多伊斯兰教国家一样，严格的世袭继承制度虽有问题，但对于一个本质上是专制主义政体的国家十分重要。原来土耳其式的继承制度较宽泛地适用于统治集团内部的各大宗族，这就容易造成统治集团内部较大的分裂和冲突。奥斯曼帝国对其进行了进一步的限制，王位只能传给苏丹的直系后代。不过，即使是这样，苏丹的儿子之间以及同父异母的兄弟之间仍然内斗不断。此外，这一政策也造成了王朝后宫干政的结果，特别是当 16 世纪中叶之后，苏丹不再经常性地领军外出打仗，待在宫中的时间渐长，其妃嫔们为了各自的皇子能够登上大位，不断对苏丹和朝廷施加影响。奥斯曼帝国在几任统治者的带领下不断扩张，国力大增，随着帝国领土变得更广阔、更安全，王位继承问题却面临更大的风险，以至为了防止王储被其竞争对手刺杀，其幼年生活几乎与外界隔绝。到其登基之后，他并没有完全准备好统治这个帝国，特别是在军事指挥方面，几乎没有任何经验或威信。

帝国王位继承制度在王子们之间造成竞争，也产生了另一个问题，那就是为拥戴继承人的势力——土耳其新军（Janissary）开放了市场。土耳其新军就驻扎在首都及其周边地区，成为拥立新王的一大力量，经常是谁许诺的条件优厚，它就介入和支持谁竞争王位（代价亦不菲）。结果，伴随着土耳其新军在宫廷内的政治影响力的上升，其军事能力反而逐渐下降。

奥斯曼帝国军事力量的组织构成

奥斯曼帝国军事力量组织结构的一大特点，就是其中央部队与地方部队之间微妙的平衡关系，这种微妙而紧张的关系，是土耳其新军崛起的土壤。这种中央部队与地方部队关系的根源其实始于拜占庭时期，随着帝国疆域的不断扩张，两者关系似乎更趋于微妙而紧张。如前文所述，它也反映出帝国中央精英管理层在军事政策制定中的角色。

在奥斯曼帝国早期，忠于帝国的地方和家族势力负责掌控军队（参见第11章）。但随着帝国疆域的扩张，拥有提马尔和西帕希骑兵的地方军事精英阶层渐渐有了自己的地方利益，他们的利益不再等同于帝国苏丹和首都政府大员们的利益。苏丹因此创建了土耳其新军和炮兵部队，作为平衡地方西帕希骑兵的中央军事力量。从土耳其新军诞生的15世纪早期直至16世纪，新军和炮兵部队一直是帝国陆军中的主要力量。然而，地方军队势力的影响不断扩大，主要基于以下两个原因。首先，战争的消耗巨大，逐渐超过了帝国苏丹所能支付的极限，因此战争的支出逐渐"去中央化"。为了换取地方承担更多的军事开支，中央授予地方军事首领和地方军队更多的自主权以及对地方土地收入更多的支配权等。中央与地方权力分化转让的这个过程与西班牙哈布斯堡王朝的经历是同时的。其次，奥斯曼帝国的中央政府相当腐败，大大降低了中央部队的战斗力，因此地方部队的重要性不断上升。

中央部队 炮兵部队和土耳其新军是奥斯曼帝国中央部队的主力。在帝国初期，土耳其人在围城战中开始使用炮兵。火炮技术传自欧洲，直到16世纪之前，奥斯曼帝国制造的大炮与欧洲火炮在技术上都旗鼓相当。1453年，当土耳其大炮在君士坦丁堡厚重的城墙上轰出大洞时，他们操控火炮的技术已经相当熟练。奥斯曼苏丹偏爱巨炮：奥斯曼帝国最大型号的火炮相当笨重，移动起来很费劲，因此经常就在炮位由既是操炮手又是铸造专家的人员当场铸造。奥斯曼帝国对巨炮的偏爱，部分源自该国金属材料的匮乏，无法制造大量的中小型火炮，此外，制造巨炮更多的是出自心理影响与内部政治效果方面的考虑。不过，这也导致了奥斯曼帝国后来在制造和使用机动性更强的野战火炮方面大大落后于欧洲。

相比于炮兵部队，土耳其新军在奥斯曼帝国陆军中更为有名，它见证了奥斯曼从圣战士型的边鄙小邦发展成为强大帝国的历史。一开始，奥斯曼帝国苏丹尝试着将贵族子弟同罪犯和战俘的孩子们组建成一支步兵部队，后来，又将巴尔干省的基督徒的孩子们变为奴隶兵。这群士兵被灌输伊斯兰教和土耳其的宗教、文化教育，并进行军事训练，逐渐发展出了强烈的团队精神和团队认同感，并由此在战斗中具有了很强的纪律性和作战能力。这支部队在使用刀剑、斧头等冷兵器的基础上，后来又配备了火枪。在15—16世纪之间的一段时间里，他们几乎成为世界上最强大、最有战斗力的火器步兵部队。

由于奥斯曼帝国苏丹对土耳其新军早期取得的胜利不断进行奖赏，且新军中的职位后来变为世袭制，土耳其新军规模不断扩大。后来，由于它对王朝新君的继承问题有着较大的政治影响力，因此其军饷也不断增加：土耳其新军的第一次叛乱发生于1449年，此后奥斯曼帝国新君继位后第一件事就是对土耳其新军进行犒劳奖赏。这支部队的军饷由中央财政负担，且不断增长。与此同时，其战斗力却不断下降。新军中职位的世袭制使得他们疏于训练，且一旦军队中的战术传统得以确立，制度的惰性和文化上的僵化使这支部队难以跟上时代进行更新。举个例子来说，制度僵化的土耳其新军就没有采用火枪齐射的新战术。到1700年，与其说土耳其新军是一支有效的军事力量，还不如说它已成为国家的一个严重问题和沉重包袱。

地方部队　仅从数量而言，整个16世纪奥斯曼帝国陆军的主力是地方部队中的西帕希骑兵。西帕希骑兵是重装甲的骑射部队，既可以马上射箭，也可以采用骑兵冲击战术。西帕希骑兵部队由提马尔体系支撑，该体系允许部队从指定的土地产业中获取收入。从提马尔体系中获取的收入用于支付军饷，并提供马匹和装备。较大的提马尔土地使得其拥有者能获得更多的收入，因此拥有更强大的西帕希军事力量。西帕希部队的存在，反映出奥斯曼文化和社会中的游牧民族特性与定居农耕特性的融合。固定的土地及其收入支撑着军队，而这支军队又具有游牧民族特性及相应的战术传统。

如前文所述，经济上的制约，再加上提马尔拥有者逐渐转化为固定土地的经营者，并开始变得不愿外出征战，这一切都使得西帕希骑兵的战斗力逐渐减弱。因此，到1600年之前，奥斯曼帝国苏丹越来越强烈地需要新生力量加入帝国的军队中去。从17世纪开始，我们见到越来越多的伊斯兰教"圣战士"士兵——被奥斯曼帝国主流社会边缘化的部落武装——以及各地方的征募兵员补充进帝国的步兵和骑兵部队。尽管数量得到了补充，且这部分士兵的士气也较高，但他们缺乏正规的军事训练。此外，由于怕这些地方武装发生叛乱，奥斯曼帝国中央政府也极不愿意给他们配备火枪。奥斯曼帝国的军队发展模式与西欧模式再一次发生了偏离。

奥斯曼帝国军力构成的最后一部分，是其游牧民族盟友——鞑靼人、哥萨克人以及苏丹的诸侯封臣。这部分军事力量虽然直至18世纪还能提供数万的轻骑兵，却并不可靠，也毫无纪律性可言。他们可以执行侦察任务，或者袭扰敌军的补给线，但由于其主要目的在于劫掠战利品，事实证明它就如一柄双刃剑一样，对敌人和对自己几乎同样危险。

军事行动的模式

奥斯曼帝国政府和军队的三个基本特性极大地影响着其开展军事行动的模式。首先，奥斯曼帝国苏丹需要加强中央政府的控制权。其次，作为军队的主力，西帕希骑兵和土耳其新军自身都存在一定的局限性。西帕希骑兵作为固定土地的拥有者，在军事行动中经常要求回到所属土地，去组织秋收和管理冬季的储备等。与此相似，土耳其新军一般驻扎在首都及其郊区，也常常拒绝在冬天开拔，离开君士坦丁堡舒适的永久性军营。再次，后勤补给方面的限制也使得奥斯曼帝国外出征战呈现出明显的季节性特征。大军出征，就像一座移动的自给自足的军事堡垒一般，需要稳定的后勤补给，骑兵马匹和运输牲口都需要大量的草料供应。以上三个特性，塑造了奥斯曼帝国军事行动刻板老套的模式。

军事行动需要仔细地筹划。如果苏丹在某个冬天决定第二年要进行军事行动——一般是去征战巴尔干地区或者波斯的萨法维王朝——那么他要命令部队进行准备并调拨军需给养。军费会发往各行省的地方执政官和盟国首领，用于购买军需物品。一些官员会依照计划的行军路线前往沿途各个村庄组织囤积给养，并尽量不打扰村民的正常生活。出征所需成千上万的运输车辆及牲口也要及时集结。

为了强化中央集权，苏丹会命令大部分提马尔拥有者、盟国首领带着他们的部队到首都君士坦丁堡附近集结。如果可能的话，一般都要求在象征斋月结束的盛大宴会后集结（位于行军路线沿线的其他部队，则在大军经过时加入），斋月宴会是为了庆祝《古兰经》第一次被授予穆罕默德。聚会之地立即变成了一个组织严密的军事营地，营地事先由数千名匠人和劳工修建成。各路兵马都有自己的营区，而苏丹的营帐效仿过去游牧时期的营帐模式，设在大营的正中，四周由土耳其新军帐篷和炮兵辎重环绕。在主持人宣讲结束之后，苏丹本人或者其代表就开始一项重要的仪式，祭出穆罕默德的战旗和奥马尔之剑，以鼓舞士气，并表明这次军事行动是一次伊斯兰教"吉哈德"（jihad）圣战。这一切都是为了强化苏丹在国家和军队中的统治地位。

对粮草的需求以及对土地农业生产的管理，意味着标准的作战季是从4月初到10月中下旬。不过，斋月后在君士坦丁堡进行的军事集结，导致部队开拔常常拖延至6月。行军需要沿着水路，因为为一个移动城市般体量的军队提供给养，水路运输是唯一的方法。行军速度缓慢，特别是当军中有大量的火炮辎重时，因此常常直到夏末，军队才能抵达匈牙利或者波斯人的腹地。这样，真正留给开展军事行动的时间只有1~2个月，之后，粮草会变得难以为继，且西帕希骑兵和土耳其新军也会陆续提出回家的要求。

这种征战模式最初延缓了奥斯曼帝国扩张的脚步，后来竟使得扩张完全停滞。由于帝国征战主要依赖于以首都为基地的季节性征战部队，扩张遇到了难以逾越的障碍。奥斯曼帝国的各个要塞堡垒及其守卫部队可以通过季节性的征战守卫疆域，但无法将领土边界向外扩张。奥斯曼帝国两个主要对手的特征也不尽相同。波斯地处沙漠戈壁，攻打它给后勤补给造成很大的困难；攻打奥匈帝国虽然后勤补给要方便一些，但敌人的防御堡垒相当坚固。1560年之后，奥斯曼帝国在攻城略地方面几乎就没有什么进展了。

这种军事行动模式还造成了另外两个后果。出于中央集权的需要，奥斯曼帝国苏丹很难同时两线作战，他必须与一方达成休战和解，然后主攻另一方敌人。另外，自给自足的征战模式，使军队在征服新的土地后可劫掠财富和战利品，并以此确保军队的忠诚和战斗力。现在，由于帝国对外扩张停滞，这种忠诚和战斗力逐渐瓦解。在长期的防守型战争中，由于没有新的领土和战利品刺激，这种战争模式显示出其劣势。1560 年之后的数十年，奥斯曼帝国能动用的资源和要塞仍然为其守住了现有的领土，甚至还时不时对外发起一些攻势，但是帝国军队的战斗力已逐年下降。到 1700 年之前，奥斯曼帝国曾在 16 世纪扩张得来的领土边界，慢慢出现了往回收缩的现象。不过，直到 19 世纪，这种领土收缩的情况才真正变得严重起来，迫使奥斯曼帝国不得不进行重大改革（详见第 24 章）。

战　术

野战战术　至少直到 1500 年，奥斯曼帝国在军事上的成功都是以战术灵活著称的。奥斯曼军队能够积极适应各地的不同情况，并愿意向敌人学习有效的战术和武器。例如，在 15 世纪 80 年代战胜匈牙利人的战争中，奥斯曼军队使用的就是匈牙利式的短武器，以及从之前的战败经验中学来的战术。逐渐地，一种集合了奥斯曼军队多种特长的战术慢慢形成，并固定下来。

尽管由于机动性差，大炮在野战中的作用比在围城战中要小得多，但其作用也不可忽视，特别是在开阔地带的遭遇战中。土耳其新军是奥斯曼步兵战线的核心，大炮居于新军阵营的中央，是对新军火枪威力极大的加强。土耳其新军火枪手有自己的一套打法。得到开火命令后，新军士兵会毫不留情地向敌人发起火力攻击，包括火枪和弓箭射击，虽然并不是有组织的齐射，但是士兵们会不停地射击、装填弹药、再射击，直到得到停火的命令。射击停止后，他们立刻拔出刀剑和战斧，在战鼓、号角和短笛声中，勇敢地向敌人发起令人丧胆的冲锋。土耳其新军在战场上的表现向来优异且稳定，直到 18 世纪，他们的冲锋才常常被对手的火枪齐射击败。

奥斯曼步兵，特别是土耳其新军，一直是西帕希骑兵部队发起进攻的战术支撑点。西帕希骑兵一般在步兵阵营的一侧形成一个较浅的弯月状阵形，两翼均向敌人方向倾斜。这种阵形设计是为了方便进行侧翼攻击。同土耳其新军的冲锋一样，西帕希骑兵冲锋也以勇猛著称，虽然没有什么组织性。主力部队以外的各地方部队，以及盟军部队，在作战上基本处于次要地位，只作为缓冲和吸引敌人进攻的"炮灰"，或者在体量上给奥斯曼军队壮壮声势。

在鼎盛时期，奥斯曼军队的这种包含了轻重骑兵、训练有素的步兵以及炮兵的集合体，灵活有效，所向披靡。在对抗马穆鲁克军队、波斯萨法维王朝军队这类有大量骑兵的对手时，奥斯曼军队在火力和步兵稳定性上的优势展现无遗，经常赢得战斗的胜利。例如，在 1515 年奥斯曼军队对阵波斯军队的查尔迪兰之战中，稳固的步兵防线与相配合的火炮发挥了巨大作用，为奥斯曼军队赢得了战斗胜利。而在对阵拥有训练有素的步兵部队的欧洲对手时，奥斯曼帝国庞大且机动性强的骑兵部队优势明显。然而，到了 1500 年，奥斯曼军队的战术逐渐僵化，几乎没有新的发展。历史上的辉煌战绩使得这支军队变得骄傲自满。土耳其新军在文化上和政治上变得僵化，且前文提到的社会和经济方面的因素也在侵蚀着奥斯曼军队战斗力的基础。这支军队仍然强大且令人敬畏，但它正在不断失去其在全盛时期所拥有的对敌优势。

围城战战术　奥斯曼帝国的围城战战术在 1453 年攻取君士坦丁堡战役中为帝国赢得了可

能是其最辉煌的胜利。"征服者"穆罕默德二世于1451年即开始着手进行战争准备,他在博斯普鲁斯海峡岸边的两座堡垒中部署了大炮,以控制进入君士坦丁堡的水路交通。1453年,他率10万大军开始了攻城战役。君士坦丁堡拥有着有史以来最为厚重坚固的城墙,但其守将只有大约8500名士兵用于防守,其中大部分是意大利人。穆罕默德二世的制胜武器是他雇佣的一个匈牙利人为其铸造的巨炮。巨炮的炮管长达25英尺(约7.6米),发射的石质炮弹重达250千克。在不到两个月的时间里,巨炮逐渐损毁了城墙和高塔,在墙上打了一个足够大的缺口,奥斯曼军队最终突破城墙,攻陷了城市。君士坦丁堡陷落,遭受了长达3天的屠杀和洗劫,成为穆罕默德二世的新都城。

攻占君士坦丁堡的战役充分显示出奥斯曼军队在围城战战术上的一些特点。部署巨大但机动性相对较差的攻城炮一直是奥斯曼军队的一大标志。不过,随着新的堡垒设计理念的推广(参见第16章),这种战术的有效性不断降低。新的堡垒设计和防守理念,促成了新的攻城战法。进攻方需要挖掘大量的地下工事,通过地道抵近城墙,用火药爆破墙体,以打开缺口,并不计损失地采用人海战术发起进攻。尽管奥斯曼帝国也与时俱进地采用了挖掘壕沟抵近城墙并爆破的攻城战术,但它没有像西欧国家那样跟进发展壕沟的科学设计,也没有采用构筑对垒防御工事的方法,以在攻城的同时抵御敌人援军的攻击。奥斯曼军队与西欧军队的另一大区别是,奥斯曼帝国的土耳其新军和西帕希骑兵这些精英部队从来不自己动手挖掘战壕等工事,这些粗活都是由征召的低级士兵或者雇佣的劳工来做。这样虽然使精英军人更为安全,但也大大降低了掘进壕沟等工事的效率。

与西方军队一样,奥斯曼军队组织的围城战也是一个缓慢的、消耗巨大的过程。但是与欧洲对手不同的是,奥斯曼帝国没有对其攻城战术和相关科技进行改进,特别是1600年之后。随着时间的推移,这种采用人海战术、不计减员成本、采用挖掘地道抵近爆破等方式的攻城战术,虽然时不时还能为奥斯曼帝国带来一些胜利,但其效果越来越差了,特别是当围城战发生在后勤补给线过长的情况下(参见专题B:1529年与1683年的维也纳攻城战)。从这点上看,奥斯曼军队的攻城战术其实就是整个奥斯曼帝国战争模式的翻版:初期取得伟大胜利,随后是长时间毫无创新的稳定期,接着便走向衰落。不过这种衰退很容易被夸大,实际上奥斯曼帝国在18世纪中期仍然取得了不少战争的胜利,甚至在对抗训练有素的欧洲敌人时也一样,只不过这种胜利已经相当勉强和不值一提了。

专题 B:1529 年与 1683 年的维也纳攻城战

1529年5月,奥斯曼帝国苏丹苏莱曼大帝率军北上攻打维也纳,攻取该城的目的是为了更好地控制奥斯曼帝国新获取的匈牙利领土。随军出征的还有数千匈牙利盟军。恶劣的天气和糟糕的路况使行军速度相当缓慢，苏莱曼大军中的炮兵辎重没能跟上队伍，落在了后面。9月底，苏莱曼的大军终于抵达维也纳城外，而缓慢的行军速度给了维也纳城的守卫者充分的时间进行防御准备，包括拆毁紧靠城墙的一些外围建筑。

奥斯曼军队开始挖战壕，掘地道，构建土木工事。根据间谍的报告，维也纳城的城墙有薄弱的地方，奥斯曼军队朝这个方向掘进地道和壕沟，挖掘过程中有数千普通士兵被守城部队打死。奥斯曼军队用轻型火炮轰击城墙，但效果甚微。不过，奥斯曼军队仍然毫不留情地坚持进攻。为了延缓奥斯曼军队挖掘地道和壕沟的速度，维也纳守军多次出城出击，也损失了数千人。10月9日，地道抵近城墙，奥斯曼军队在城墙上炸出一个小缺口，准备第二天一早由土耳其新军强攻入城。不过，当晚奥地利人就堵上了这个缺口。奥斯曼军队毫不掩盖自己的战术，对维也纳城墙上的一两个点保持着强力攻击，奥地利军队也蜂拥守卫城墙缺口。守军的炮火和密集的火枪射击，击退了奥斯曼军队的多次进攻，造成大量伤亡。后来，奥斯曼军队通过挖掘两个地道又炸毁了维也纳城相连的一小段城墙。然而，奥斯曼军队的冲锋又一次被守军的炮火和密集的火枪射击击退。最终，奥斯曼军队于10月14日晚拔营撤退。

1683年，奥斯曼帝国的大维齐尔（首相）卡拉·穆斯塔法（Kara Mustafa）率领可能是帝国历史上最庞大的军队对维也纳城发动了第二次进攻。奥斯曼帝国的诸多盟国和附属国军队也参加了这场战争。同样，这支军队通过贝尔格莱德之后，行军速度开始变得缓慢。这次，奥斯曼军队带来了一些重炮，不过这些火炮除了对付敌人步兵和骑兵之外，在攻城方面发挥的作用不大。卡拉·穆斯塔法率领大军于7月中旬抵达维也纳城外，随后开始挖掘战壕和地道，数千士兵在这个过程中阵亡。

如果奥斯曼军队还采取第一次攻城战时那样的战术，会发现面对的敌人已经大不相同了。首先，守城的奥地利人在维也纳地区得到了其他基督教国家的援助。此外，维也纳城也今非昔比，采取了更多的防御措施：随着一个半世纪以来欧洲在堡垒防御领域的技术进步，维也纳城的城墙、护城河、棱堡、外护墙（外崖）等各类防御工事相当完备。

攻城很猛烈，是典型的奥斯曼式攻城打法。攻城部队集中力量进攻城墙的某一个点，而不是同时进攻或伴攻多个方向，这样就没能分散守军的力量。奥斯曼军队在外层堡垒甚至一个主要的棱堡上打开了缺口，但还是没能突破内墙。在9月初的暴雨中，奥斯曼军队多次发起猛烈进攻，并利用地道炸开了一个主要的棱堡。但在训练有素的奥地利步兵的火枪和大炮阻击下，奥斯曼军队甚至连这一点小小的突破也没能把握住，又被守军击退了。

卡拉·穆斯塔法将全部精力放在了攻城上，采用的是传统的奥斯曼式战术，将军队的后方完全暴露给了敌人的增援部队。9月12日，一支由奥地利军队、波兰军队、日耳曼王公军队等多支名义上隶属于波兰王约翰·索别斯基（John Sobieski）的援军从后方攻击了奥斯曼军队。卡拉·穆斯塔法不仅被打个措手不及，而且在遭受攻击后很难将用于攻

> 城的大炮重新调配，用于防守后方。援军的步兵、炮兵配合相当默契，再加上训练有素的骑兵的攻击，战果非常显著：步兵前方的火炮将奥斯曼军队击退，随后步兵推进，守住新的阵地，大炮接着跟进，继续攻击敌人，如此循环往复。最终，卡拉·穆斯塔法的军队大败，他本人也在奥斯曼苏丹穆罕默德四世（Mehmed Ⅳ）面前被处死。
>
> 两次攻打维也纳城失败，显示出奥斯曼帝国对外扩张遇到了瓶颈，也显示出奥斯曼军队在战术打法和武器体系上的保守僵化。

印度莫卧儿王朝，1526—1720年

在其鼎盛时期，莫卧儿王朝横扫整个印度次大陆，还占据着今天的阿富汗大部以及部分中亚地区。莫卧儿王朝的创立者巴布尔（Babur），其祖先可以追溯到成吉思汗和帖木儿，他所创立的军事体系也与其祖先十分相似。莫卧儿王朝在印度北部建立起来之后，同奥斯曼帝国刚刚兴起时一样，也需要根据当地的实际情况和帝国的统治需要调整军事体系。

莫卧儿政权及其军事体系

莫卧儿人最初起源于阿富汗，被认为部分是前帖木儿王朝的后代。帖木儿死后，其国家组织和政令一并崩塌，留下一群子嗣为了争权夺利而互相厮杀。莫卧儿军队由土耳其人、蒙古人和阿富汗人组成，主要兵种是骑射兵和长矛轻骑兵，带有很浓的传统游牧民族特色。在帖木儿王朝结束后的100年里，莫卧儿人一直不停地进攻印度，不过直到16世纪，他们才将这种劫掠型的进攻变为征服战争。

1526年，巴布尔发动进攻，试图建立永久据点。那时候，印度北部大部分地区处于阿富汗罗迪王朝（Lodi dynasty）的虚弱统治下。两军在印度的帕尼帕特（Panipat）相遇，巴布尔发现敌军人数大大超过己方。不过，巴布尔的军队里有两门巨炮，以及数百名火枪兵。巴布尔将所有的马车车厢用锁链连在一起，并效仿奥斯曼军队的战法，将炮兵和火枪兵部署在这道防御墙之后。炮兵和火枪兵将一波又一波连续进攻的阿富汗罗迪王朝军队击溃，取得了令人瞩目的胜利。随后，巴布尔在印度接连取得胜利，这些胜利都是更先进的技术和战法的结果。尽管后来印度的统治者们很快也拥有了火炮，但在有效掌握这一武器的战法之前就被打败了。在骑兵部队仍不断为其赢得战争胜利的同时，巴布尔在首都阿格拉（Agra）建立了兵工厂，用以建造火炮。

在阿克巴（Akbar）皇帝统治中期之前，莫卧儿王朝一直进行着军事改革，以稳定统治和适应国家不断增长的人口，这些人来自盟国、边疆和所谓印度属国（参见第14章）。改革的结果是与奥斯曼帝国模式越来越相似。由巴布尔建立的莫卧儿兵工厂规模得到扩大，并逐渐为中央所控制。国家官僚机构建立起来，以保证莫卧儿王朝进一步的扩张征战能够得到资金和各类资

源的支持。

莫卧儿王朝军事改革以及王朝对印度统治的关键是皇帝，这个处在高度中央集权顶端的统治者。莫卧儿王朝政府里几乎所有的重要职务都由军队将领担任，军事的中央集权化越来越强。莫卧儿王朝所有的人力和物资都被军事化了，在这个国家不断扩大的官僚体系里，所有任职人员都被赋予一定的军职军衔，包括文员、会计甚至是厨子。皇家司库掌管着国家财政，政府文官俸禄以及国家常备军的开支全都由他来支付。甚至只在有战争需要时，才有地方将领组织的莫卧儿大军，其开支也全部由皇室财政来负担。

阿克巴皇帝的军事体制的核心，是曼萨卜达尔（mansabdar）体系。所谓曼萨卜达尔，是皇帝笼络的地方军事将领，他们直接对皇帝负责。每个曼萨卜达尔都掌控着一定数量的军队，通常军队的数量是十的倍数，仿效蒙古人的军事编制。招募这些军队（大多数是骑兵）的经费来源主要有两个：一是帝国的皇家财政，二是来自中央赐给曼萨卜达尔的土地的收入，这一点与奥斯曼帝国的提马尔体系类似。除了拥有士兵之外，曼萨卜达尔还掌握一定配额的马匹、大象以及后勤车辆。当莫卧儿王朝的皇帝需要出征时，曼萨卜达尔应召将军队集结到指定的地区。在军事行动开始之前，皇帝会从他的将军中确定人选，作为这些曼萨卜达尔及其部队的指挥官。在战争中，曼萨卜达尔将负责他所带部队的补给和军纪。在征战的过程中，由于许诺土地或者通过贿赂手段都可能将潜在的敌人变为新的曼萨卜达尔从而避免真正开战，因此曼萨卜达尔体系成为容纳印度政坛骑墙派同盟的利器。

莫卧儿军队

莫卧儿军队主要由两部分组成。其中常备军主要包括从其各自家乡部落中招募来的土耳其人和阿富汗人，此外还有波斯人、印度拉杰普特人、阿拉伯人和埃塞俄比亚人。莫卧儿军队中也有欧洲人，特别是"三十年战争"结束之后，许多欧洲雇佣兵都失业了，他们中不少人加入了莫卧儿军队。令人意外的是，很少有印度穆斯林加入莫卧儿王朝的常备军。这支规模不算大的常备军包括皇帝的奴隶兵——古拉姆重装骑兵（ghulam），在战时莫卧儿王朝还会专门招募一批士兵。政府中有专门的官员负责战争中莫卧儿骑兵、炮兵和步兵的后勤补给和人事调配等事宜。

骑兵 莫卧儿军队中最重要的力量就是骑兵。实际上，莫卧儿陆军主要就是一支骑兵部队，这源于其游牧民族传统，以及从早期穆斯林对印度的征战中得到的教训。马匹几乎全部来自印度之外的地区，这也是莫卧儿王朝需要征服阿富汗和中亚地区的重要原因。骑兵中主要是弓箭兵，还有一定数量的长矛骑兵和火枪骑兵。在对阵印度拉杰普特骑兵的一些战斗中，火枪骑兵显示出了其对于取得战斗胜利的重要性。由于莫卧儿骑兵的标准战术要求骑兵在冲锋之后下马像步兵一样战斗，所以每个骑兵还配备一把刀。

炮兵 16世纪后期，莫卧儿王朝的兵工厂已经可以生产各种口径的大炮。口径最大的大炮可以发射重量超过 120 磅（约 54 千克）的炮弹，最轻的火炮则可以由两个人完成搬运和架设。莫卧儿人估计是从波斯人那里学到的火炮技术，因为最初的莫卧儿军队中炮兵都是由波斯人担任的。不过，当莫卧儿人接触到葡萄牙人后，便开始建造葡萄牙式样的火炮。莫卧儿王朝雇佣许多葡萄牙人来监督大炮的铸造，甚至在战场上也任用葡萄牙人操作火炮。最终，莫卧儿王朝的炮兵几乎完全由拥有印度-欧洲血统的人担任，且炮兵军官几乎全是欧洲人。

莫卧儿炮兵有两个特点。一是莫卧儿人喜欢重炮、巨炮，这些重炮其实中看不中用，做做样子还行，真的用来攻打印度的城堡，用处不太大。而且有些大炮实在太笨重了，只能动用大象将火炮拉到战场。二是相比于火炮质量，莫卧儿人对火炮数量的依赖更大。莫卧儿王朝早期的火炮质量是可以媲美奥斯曼帝国或者欧洲的。后来莫卧儿人没有跟上技术的进步，尽管莫卧儿王朝雇用了不少欧洲人，但也没能改进其火炮技术。与奥斯曼帝国不同，也许是莫卧儿王朝的敌人几乎不掌握火器技术，因此莫卧儿人也没有改进其火炮技术的动力和压力。

步兵 对于莫卧儿步兵部队没有必要多说什么，因为它在帝国战争中发挥的作用不大。大部分步兵是由曼萨卜达尔在其配额义务以外招募的。常备军中的步兵配备火绳枪，部分作为皇帝的御林军使用。战争中，步兵一般就护卫在皇帝身边，出击时也一般作为炮兵的支援部队。在部分战斗中，步兵骑在大象上，用火绳枪射击，配合骑兵的冲锋。其实，大部分步兵的主要任务还是作为运输车队或者驻扎营地的护卫而已。

战略与战术

战略 相比于奥斯曼帝国的统治者，莫卧儿帝国的皇帝称自己为哈里发，肩负着用圣战推行伊斯兰教的使命。与奥斯曼帝国一样，莫卧儿帝国也靠对外扩张来维持帝国的内部统一和稳定。莫卧儿王朝的皇帝靠分封土地和赏赐战利品来奖赏其追随者，将莫卧儿王朝的精英阶层聚集在其身边。莫卧儿王朝早期的军事战略是靠小规模骑兵的突袭，后来其战略变为依靠大规模军队赢得战争。当莫卧儿王朝的大军浩浩荡荡地开进时，其隐蔽性和突然性就消失了。部队大张旗鼓地行军，每到一站都鼓乐齐鸣地宣示其到来，随军而来的还有大量民事官员，商人们也为了向部队售卖商品而不时在沿途举办流动集市，甚至杂耍戏子们和妓女也闻风而来。这样大张旗鼓的做法，一来是为了彰显其庞大的部队规模，震慑那些潜在的敌人，使他们不战而降，倒戈加入他们的队伍；二来是为了安慰和巩固那些已经加入自己阵营的同盟和附属。这样的军队实际上并不真正积极地去寻找敌人交战，而更愿意通过震慑威胁和贿赂手段赢得战争。在印度南部地区，莫卧儿王朝的这招挺灵验，其军队靠展示技术和数量上的优势，震慑住了对手。但在对付诸如波斯的萨法维王朝和乌兹别克这样的域外对手时，莫卧儿军队庞大而臃肿的体量反而成了其取胜的障碍。在这种情况下，只有莫卧儿王朝雇佣的整个中亚部族军队在实施正确战术时才能取得战争的胜利。

战术 在早期，莫卧儿军队经常面临以少敌多的形势，这就要求莫卧儿王朝的军事指挥官要有较高的战术素养和创造性。后来，在阿克巴皇帝统治下，随着帝国的扩张和军队规模的扩大，军事将领在战争中的作用大大降低了，莫卧儿军队的战术日趋僵化。莫卧儿军队偏好在开阔地带展开战斗，这样有利于发挥其数量优势和骑兵的机动性。从战斗阵形上看，一般莫卧儿军队的炮兵列于阵营前部中央，火炮采取奥斯曼式，都用铁链连接固定，并处于防御工事之内。炮兵的后方是火枪兵，他们的职责主要是保护炮兵不受敌军袭击。骑兵位于阵营的两翼。在阵营的后方，是皇帝或者军队总指挥，他们一般坐在高高的象背之上纵观全局。再往后是用以冲击敌军两翼的精英骑兵。最后，是军队的殿后护卫部队或者是骑兵和步兵的备用梯队。

随着隆隆的战鼓和响亮的号角，莫卧儿军队开始了进攻。首先是火炮射击。由于莫卧儿王朝只注重火炮的数量，没有发展出快速连续射击的技术，因此大部分火炮一般只发射一次。在火炮射击的过程中，骑兵开始冲锋。就在骑兵快接近敌军阵营的时候，火炮射击会暂停，骑兵用弓箭和火枪对敌人射击。骑兵进行几次这样的冲击之后，就下马抽刀，与敌人接仗。莫卧儿王朝的精英部队总是向着敌人的中央发起进攻，其余部队则袭扰和冲击敌人的两翼。一般来说，莫卧儿军队的绝对数量会保证战争取得胜利。不过，一旦莫卧儿军队被击败，其溃退则是灾难性的，因为莫卧儿人没有制订过有序的撤退计划。如莫卧儿人的游牧祖先那般熟练掌握的诈败策略，在16世纪中期以前还不存在。

围城战 莫卧儿帝国依靠贿赂、武力威胁和火炮火力等手段，取得了不少城池。对于围城战，莫卧儿人有一套标准化的打法，一般很少变动。首先，利用其人数众多的优势，将敌方城堡或者加筑防御工事的城市团团围住。然后挖地道抵近城墙，用炸药爆破城墙的根基。尽管对印度城堡又高又厚的城墙来说，有时火炮的破坏力微乎其微，但军队还是要发射炮弹对城墙和城门进行轰击。火炮同时也要射进堡垒内部，造成火灾并对城内建筑物造成破坏。如果敌方城墙过高，炮弹无法跃过，则要修建木结构的高台，将火炮置于高台之上进行射击。有时候甚至连大象也被用于攻击城门。一旦城墙出现缺口，或者敌方防御工事出现薄弱处，大量莫卧儿士兵会扛着云梯蜂拥而上。这时候的进攻已经毫无组织性可言了，因为莫卧儿军队靠着绝对的人数优势，一拥而上一般都能够拿下城池。同样，莫卧儿人也建造了大量的堡垒用于防守、储存军械和物资。莫卧儿人的堡垒一般有高大厚实的城墙，周围挖有护城河，这些设计也都是为了抵御火炮的攻击。

衰 落

随着莫卧儿军队规模的不断扩大，维持这样一支庞大的军队越来越难了。阿克巴皇帝和他的继任者一直竭尽全力靠土地收入以及行军途中采购的物资来维持这支军队的征战，但是一旦部队的军纪败坏，士兵们便开始在沿途烧杀抢掠了。到17世纪后期，这种军纪败坏的情况愈演愈烈。同时，莫卧儿王朝对于压制国家内部马拉地人（Maratha）联盟和其他印度地方势力的反抗也越来越力不从心。领导层的软弱只能使形势恶化。在鼎盛时期，莫卧儿王朝可以轻松统治如此广阔和人口众多的疆域。而最终这个王朝没有被其敌人打败，而是逐渐衰落下去，最终各地区的势力分裂为印度的几个独立邦国。

波斯的萨法维王朝

波斯的萨法维王朝脱胎于伊斯兰教什叶派穆斯林的宗教狂热，展现出当火药武器与游牧民族特性相结合所能产生的另一种结果。

波斯的地理与社会

对这一时期波斯的军队组织形式和军事行动模式产生重大影响的因素主要有两个。第一，由于波斯的地理位置处于亚洲西南部的要冲，比奥斯曼帝国或者莫卧儿帝国都要更接近游牧民族地区，也更易受到游牧民族的入侵，事实上波斯也比莫斯科公国更多地受到游牧民族的入侵。因此，波斯一方面加紧对游牧民族的融合，将骁勇善战的游牧民族战士吸纳进其军队中，另一方面又要遏制游牧民族的反抗和入侵，波斯统治者一直在这两者之间进行平衡。任何一任波斯统治者沙阿（shah）治下的军队，都必须掌握抵御游牧骑射部队的战术。同时，由于波斯处于相对较为中央的位置，它还必须时刻提防西边的奥斯曼帝国和东边的莫卧儿帝国。1664 年，第三条战线又出现了，俄罗斯授意下的哥萨克人第一次从北面向波斯王朝发起了进攻。说实话，地缘政治真的是给波斯统治者制造了不少麻烦。

第二，相对于奥斯曼帝国和印度莫卧儿帝国来说，波斯的城镇化率比较低，甚至在 1700 年前比俄罗斯的城镇化还要低。波斯社会和政府中的主干力量，是一批有权势的农村出身的贵族，他们主导着这个王国各个部落的决定。同时，数个世纪以来，他们也是波斯军队的主力重装骑兵里的先锋力量。由于波斯王国只有数量较少的城市，统治者想要组建强大的国家军队没有足够的城市资源可依赖。结果，波斯军队中的步兵部队力量极为薄弱，国家的枪炮制造工业也难以为继（当然，这一点也与原材料的紧缺有关）。因此，相比于奥斯曼帝国和莫卧儿帝国，波斯军队的枪炮更多地来自外部输入，特别是欧洲。由于城市少，贸易收入也相当匮乏，军费开支大部分靠传统的土地税收，或者直接赏赐土地以换取军事服务。

波斯军队

在 1515 年查尔迪兰之战中败给奥斯曼帝国的波斯军队，几乎全部由蒙古式的传统骑兵组成，主要分为长矛骑兵和弓骑兵。这种传统模式的骑兵部队作战彪悍勇猛，但是正如地方部落不听命中央一样，他们缺少对中央军令的高度执行力。土耳其人的记载，很容易夸大波斯军队的这次战败。其实，这是一场相当艰苦的战斗。由于奥斯曼步兵拥有火器优势，且在战场上表现稳定，他们最终赢得了战争。但是波斯人在失利之后，比较从容地组织了撤退。当面对敌军步兵时，尽管战败，几乎所有的骑兵部队也都有能力有组织地撤退。

由于查尔迪兰之战的失败，波斯萨法维王朝失去了包括巴格达在内的大部分美索不达米亚平原地区。在之后的几十年里，波斯人又卷入了几场无关紧要的战争。他们与乌兹别克部落军队交战，与没能牢牢控制住新扩张的土地的奥斯曼帝国进行了边境土地争夺战等。直到 16 世纪末，波斯迎来了伟大的领袖阿拔斯一世（Abbas I），波斯军队才重振雄风。1598 年，一支欧洲军队为了对付奥斯曼帝国而寻求波斯人的帮助，这支军队中的炮兵由卓越的英格兰炮兵指挥官罗伯特·雪利（Robert Shirley）率领。阿拔斯一世抓住这次机会，在奥斯曼战线重新组织了波斯军队。一支炮兵部队和纪律严明的火枪步兵部队诞生了，这支波斯帝国的中央政府常备军不仅在同等条件下可以在战术上匹敌奥斯曼军队，而且和奥斯曼中央常备军一样，让波斯中央政府加强了对地方贵族的有效控制。阿拔斯一世同时还大力组建了一支中央骑兵部队。他从地方部落中招募骑兵勇士，这样还同时削弱了地方部族和贵族的力量。这支崭新的波斯军队实力大增，在 1606 年的西斯（Sis）之战中击败了庞大的奥斯曼军队。在查尔迪兰之战中失去的大片土地，包括巴格达，被波斯收复。到 1612 年，波斯与奥斯曼签订了一个更有利于波斯的和平协议。

不幸的是，阿拔斯时代的波斯萨法维王朝强调中央集权以及中央常备军的力量，这也造成了新军队和新的政治构架都十分依赖强有力的中央指挥。1629 年阿拔斯死后，这种强有力的中央统治力量不存在了，阿拔斯所创造的辉煌成果也逐渐流失。1638 年，奥斯曼帝国重新夺走了巴格达。萨法维王朝又卷入了与莫卧儿王朝的几次战争。到 17 世纪后期，俄罗斯人唆使哥萨克人攻打波斯，荷兰人也从海上发起攻击，都要从波斯人手里夺回被其占领的土地。

就像某个历史时期的奥斯曼帝国或印度莫卧儿王朝一样，波斯萨法维王朝在一个更小的范围、更短的时期内，上演了一幕火器与游牧传统结合的历史大戏。当处于一个强有力的中央统治之下时，这种炮兵、训练有素的火枪步兵、仍具有游牧民族战术传统的骑兵三者相结合的军队展示出强大的力量和可塑性，为国家开疆拓土立下汗马功劳。当中央的力量式微之时，几乎同其他所有的王朝发展模式一样，"去中央集权化"的潮流会席卷整个国家，使王朝政权岌岌可危。在这一过程中，中央军费负担不断加重，也在一定程度上加速了这种"去中央集权化"的趋势。到底是打造全新且耗费巨大的军事力量，还是照旧依靠传统的社会体系和财政模式？萨法维王朝被困在这一苦恼中。正如奥斯曼帝国和莫卧儿王朝一样，萨法维王朝在历史的长河中有过辉煌的时期，但最终没能完成国家的整体转型。

俄罗斯莫斯科公国，1450—1720 年

莫斯科公国最早成为一个俄罗斯公国是在 12 世纪末期。那时，莫斯科公国仅仅是一个不起眼的小国，处于更强大的诺夫哥罗德公国的控制之下。13 世纪时，蒙古人入侵俄罗斯，使得莫斯科公国逐渐崛起并最终控制了整个俄罗斯。13 世纪的俄罗斯是一个由零散公国组成的"大拼

盘"式的国家，这些公国大都从 9 世纪开始成形，包括基辅罗斯公国、斯堪的纳维亚国家、斯拉夫国家以及在斯堪的纳维亚精英阶层统治下的芬兰-乌加里特。13 世纪前，基辅政权逐渐强大，领土包括从东北部的白海沿岸到西南部的喀尔巴阡山脉。此时的俄罗斯并没有一个强有力的中央政权，而是由较为松散的公国基于共同的文化和语言联合组成。这种"去中央集权化"的松散状态，使得俄罗斯内部分裂相当严重，每位大公或者公国君主都要为了一城一地的控制权与政治对手竞争，同时还要与波维尔贵族（boyar，一种高等级身份的贵族）、地方人民议会以及首都市政议会争权夺利。到 13 世纪早期，这种内斗使得基辅罗斯的力量大为削弱，时刻处于被侵略征服的境地。

被蒙古征服及其影响

在进行了几次试探之后，1236 年，蒙古大军对俄罗斯发起了计划已久的入侵。在之后的 4 年时间里，利用俄罗斯各公国之间的不团结，蒙古人迅速地各个击破，在 1240 年年末，俄罗斯各公国已经成为蒙古帝国的一部分了（详见第 13 章）。

蒙古统治下的俄罗斯　蒙古人并不直接统治俄罗斯。在 14 世纪中期前，蒙古人在俄罗斯南部的萨莱（Sarai）建都，将这片布满帐篷的都城作为蒙古政权在俄罗斯地区的中心。一度所有的俄罗斯公国君主都必须长途跋涉到蒙古都城萨莱去获得蒙古金帐大汗（俄罗斯地区的蒙古政权称为金帐汗国）的认可，才能合法统治自己的公国。有时候，蒙古人甚至要求俄罗斯公国的首领必须去蒙古帝国的首都哈拉和林获取统治认可。一旦获得认可，公国的君主便可在蒙古官员的监督下行使行政权力。他们负责为蒙古宗主收集贡品、征收税赋，供养军队以支持蒙古帝国的军事行动，管理百姓特别是监管少数贵族首领，以防造反。这一时期的俄罗斯民族英雄亚历山大·涅夫斯基（Alexander Nevsky），一个打败瑞典人和条顿骑士的俄罗斯将军，就曾经无情地镇压了诺夫哥罗德公国贵族的反叛。蒙古帝国对俄罗斯各公国的管理程度主要取决于各公国的地理位置：俄罗斯南部地区受到蒙古政权干涉比较多，北部地区相对较少。在这种模式下，蒙古金帐汗国对俄罗斯的统治长达一个多世纪。

蒙古人的统治对俄罗斯的影响　蒙古人统治时期，一般被认为对俄罗斯之后的发展起了很不利的影响。苏联历史学家认为这个观点没错，蒙古的统治被称作"鞑靼之轭"，阻碍了俄罗斯的政治、社会和经济发展，使其倒退了几个世纪。不过，另一种观点认为，虽然蒙古人统治时期俄罗斯的财富都外流到了蒙古，但是作为蒙古帝国的一部分，俄罗斯也享受到了区域贸易带来的好处。此外，俄罗斯公国从蒙古统治者那里学到了治理国家和发展军队的措施，学到了包括税收在内的行政、财政制度。

莫斯科公国的兴起

莫斯科公国是在蒙古人统治的历史背景下逐渐崛起的。14 世纪初期，莫斯科公国只不过是一个不太起眼的小国，为了获得权力及蒙古可汗的支持，同其他公国争战不休。到14世纪后期，莫斯科公国逐渐崛起。1380年，莫斯科公国的军队在库利科沃（Kulikovo）之战中让蒙古人第一次尝到了吃败仗的苦头。虽然这场战役后一个半世纪莫斯科公国才真正成为俄罗斯地区的首领，但莫斯科公国的成功要追溯到蒙古人统治时期。

莫斯科公国崛起的一个重要因素，是公国国王在同蒙古统治者打交道的过程中善于周旋平衡。一方面，莫斯科公国大公成为金帐汗国授权的俄罗斯首席收税官，这让他获得了不少经济利益，包括使其拥有了筹款的权力和手段。蒙古大汗的信任还使得莫斯科公国在与周边其他公国的争斗中能获得蒙古人更大的支持。这种支持使得莫斯科公国在14世纪与特维尔（Tver）公国的争权夺利中获胜。另一方面，莫斯科公国善于把自己塑造成抵抗蒙古统治者的英雄。其中，莫斯科大公德米特里·顿斯科伊（Dmitri Donskoi）最善于这样做。1380年，德米特里在取得其他俄罗斯公国的支持下，在库利科沃发动战役，对抗蒙古金帐汗国的王位争夺者之一——马麦（Mamai），并取得了胜利，打破了蒙古军队不可战胜的神话。两年后，脱脱迷失可汗（打败了王位争夺者马麦，成为金帐汗国大汗）率蒙古大军攻入莫斯科领地，大肆烧杀抢掠一番。即便是这样，莫斯科大公德米特里竟然可以重新获得蒙古人的青睐，再次成为金帐汗国大汗的首席收税官。

莫斯科公国成功的另一个原因，就是它与东正教的联盟。14世纪中叶，莫斯科大公开始允许和保护东正教莫斯科大主教在其国内活动。这使得东正教会投桃报李，支持莫斯科大公，利用教会势力和宗教影响（包括逐出教会的权力）为莫斯科公国达成其政治目的助力。

15—16世纪，莫斯科公国大力笼络贵族，不仅是其国内的贵族，还包括其他公国的贵族阶层。以前，波维尔贵族可以离开原来的君主，转投其他公国效忠，莫斯科大公通过改变传统的军事效忠职责，让莫斯科的贵族几乎不可更改地追随他，一旦离开莫斯科效忠其他人，就会被认为是叛徒。15—16世纪以来，莫斯科公国逐渐强大，周边其他公国相对弱小，使其成为有实力供养这么多贵族的唯一大公国。而且，通过一个复杂的授衔授勋体系，莫斯科公国可以用新的贵族头衔把其他公国的贵族撬过来，同时不影响其原有的头衔。这一体系还可通过授予头衔、赐予土地等手段，把更低阶层的贵族聚拢在其周围，为其服务。这样，越来越多的低阶层贵族愿意投靠过来，形成莫斯科军事力量的基础。莫斯科公国的贵族阶层越来越壮大了。

莫斯科公国的军事体系

从14世纪到17世纪，莫斯科公国的军事力量不断发展，从西欧和奥斯曼帝国吸纳了各种新的技术、组织形式和战术。

贵族骑兵 通过将俄罗斯各公国的贵族变为莫斯科公国的服务阶层，莫斯科公国拥有了大量的贵族骑兵。这些人构成了莫斯科公国军队的主力。按照传统，这些贵族骑兵需要自行准备马匹、装备和给养。结果，大部分莫斯科公国的骑兵根据当地条件准备装备，一般是弓箭和轻型铠甲，富裕一点的贵族会配备马刀和铁甲。16世纪中期，为了对抗欧洲和奥斯曼军队，莫斯科公国的骑兵需要更好的装备和护具才行。因此，莫斯科公国要求地方贵族们每拥有400英亩（约162公顷）土地就必须贡献出一个全副武装的骑兵（包括一匹备用的马），而不再需要装备较差的无用扈从了。

火器 俄罗斯最早接触到火器是1380年，不过那时火器并没有大规模出现，直到一个世纪之后，特别是当伊万三世（Ivan III）娶了一位拜占庭公主之后。这位拜占庭公主与罗马教会关系密切，因此，意大利的火器制造专家们将相关技术带到了俄罗斯。15世纪末期，莫斯科公国已经能够自己生产大炮和制造火药了。经过之后几十年的发展，当莫斯科大公向敌人发起围城战时，已经有能力动用多达2000门大炮了，大炮算是当时相当有效的攻城武器。

到16世纪中期，步兵火器开始在俄罗斯大量出现。一开始，莫斯科公国的步兵主要是城镇民兵，主要装备的是诸如弓箭那样的传统武器，持火枪的大都是来自立陶宛和德国的外国雇佣兵。不过后来，效仿西欧和奥斯曼帝国的军事发展模式，莫斯科公国逐步建立了自己的火枪步兵部队，即近卫步兵火枪队（strel'tsy）。1550年，作为沙皇近卫军的一部分，最初组建了拥有3000名火枪步兵的部队。之后不久，其规模越来越大，到1563年，莫斯科公国的陆军中已经有大约1.2万名火枪步兵。

后来，由于驻扎在城市地区的近卫军火枪队在政治上和军事上变得越来越不可靠，最终被彼得大帝遣散了。临时替代它的是一种被称作"索达蒂"（soldati）的新式步兵。他们效仿西欧军队，混合配备火枪或者长矛。各种身份的士兵混合编组，包括国外雇佣兵、新获头衔的贵族，甚至是征召来的纯粹农民。后来，这种新式的军队被证明无法令人满意，最终被彼得大帝用更现代化的军队替换了。

哥萨克部队 在16世纪，莫斯科公国越来越频繁地使用一种非常规部队，即大名鼎鼎的哥萨克部队。其实，严格地说，哥萨克人并不是一个少数民族，他们是一个边疆族群，其中包括许多脱离莫斯科公国日渐独裁统治的逃亡者。这群边疆居民有些成为强盗、海盗，甚至成为莫斯科公国的敌人波兰人的雇佣兵。到16世纪后期，通过补贴金钱或者恩赐土地等手段，莫斯科公国终于将哥萨克人吸纳进其军队，尽管在莫斯科公国的军队序列中，哥萨克士兵的等级很低。

结 论

到1700年或1750年为止，用火炮和骑兵武装起来的东欧和亚洲军队可以说完胜西欧对手。这反映出不同的国家可以通过不同的方式充分利用火药技术。其实，不只是火药技术，真正使这些东欧或亚洲国家团结且变得强大的，是相应的皇权制度和传统。国家权力使得草原游牧传统与新技术和步兵战术相结合成为可能；在这种结合基础上所取得的军事上的成功，反过来又进一步巩固了国家政权。从这方面说，同一时期远东的中国和日本情况类似，这一点我们可以在之后的第 19 章看到。在国家权力机制发展得还不十分完善的地区，例如美洲，在技术上大大落后于当时的欧亚国家，且对火药武器的反应和开展军事改革的途径也完全不同（当然，不同不一定就意味着不成功），这些我们可以在第 18 章看到。

不过，如果国家权力过于依靠火炮和骑兵部队的成功，那么随着后期在军事上出现一系列问题，国家权力也会同样面临严重的问题。庞大的帝国军队开销甚巨，基于传统农耕经济发展模式的国家无力长期承担。一般来说，军事上的成功推动了帝国对外扩张，但是在当时的历史条件下，通信技术相当有限，一个国家的领土一旦扩大到一定程度，政府就无法进行有效管理了。而军事扩张本身也常常加剧地方主义和党派之争的问题，一旦帝国扩张的脚步停止，没有更多的财富被掠夺而流入帝国，那么这些问题便会恶化和显现出来。在本章所提及的那些曾经伟大的帝国当中，只有俄罗斯这个草原游牧传统不强的国家取得了持续的成功，并幸运地在 1750 年之后的世界中继续成长为更加强大的力量。相比之下，其他曾一度强大的帝国风光不再，纷纷面临严重的问题。

■ 推荐阅读

Chase, Kenneth. *Firearms: A Global History to 1700*. Cambridge: Cambridge University Press. 本书认为与草原游牧民族相邻，决定了整个欧亚大陆火药技术发展的模式。本书对火药技术发展史的细节介绍得相当详尽，但整体立论过于简单化，难以令人信服。

Davies, Brian L. "The Development of Russian Military Power, 1453-1815." In *European Warfare, 1453-1815*, ed. Jeremy Black. New York: St. Martin's Press, 1999. 本文详述了俄罗斯军事体制的发展，并将俄罗斯置于"军事革命"的历史大背景下讨论。本书第 17 章、18 章引用了这篇文章中的不少内容和观点（包括关于奥斯曼帝国的内容）。

Gommans, Jos. "Warhorse and Gunpowder in India c. 1000-1850." In *War in the Early Modern World, 1450-1815*, ed. Jeremy Black. Boulder: Westview Press, 1999. 本文对这一历史时期印度战争的各种因素进行了清晰的、能让人接受的归纳和总结。本文内容涉及多个领域，本书第 17 章、18 章引用了这篇文章中的不少内容和观点（包括关于奥斯曼帝国的内容）。

Hellie, Richard. *Enserfment and Military Change in Muscovy*. Chicago: University of Chicago Press, 1971. 本书深入地研究了俄罗斯火药革命背景下农奴制的兴起。

Jackson, Peter, and Lawrence Lockhart, eds. *The Cambridge History of Iran: Volume 6, The Timurid and Safavid Periods*. Cambridge: Cambridge University Press, 1986. 本书可谓是记录波斯那一历史时期的标准史书，本书并没有特意关注军事方面，但记录了大量政治和军事历史事件。

Lord Kinross. *The Ottoman Centuries: The Rise and Fall of the Turkish Empire*. New York: Morrow, 1979. 本书是一本叙事体史书，记载了包括军事细节在内的奥斯曼帝国的历史。

Keep, John L. H. *Soldiers of the Tsar: Army and Society in Russia, 1462-1874*. New York: Oxford University Press, 1985。本书叙述了莫斯科公国时期俄罗斯社会与战争之间的相互影响，并将这一时期置于直到 19 世纪末的俄罗斯军事发展大背景中进行研究。

Murphey, Rhoads. *Ottoman Warfare, 1500-1700*. New Brunswick: Rutgers University Press, 1999。本书从政治、财政、社会等多个角度出发，详细分析了奥斯曼帝国的军事行动。

Parry, V. J. "Materials of War in the Ottoman Empire." In *Studies in the Economic History of the Middle East*, ed. M. A. Cook. Oxford: Oxford University Press, 1996。本书论述了奥斯曼帝国所拥有的物资的优势与不足，特别是战争物资方面。

Richards, John F. *The Mughal Empire*. Cambridge: Cambridge University Press, 1993。本书对莫卧儿帝国的发展进行了较为详细的论述，特别是阿克巴皇帝作为帝国军事首领的时期。

Shaw, S. J. "The Origins of Ottoman Military Reform: The Nizam-iCedid Army of Sultan Selim Ⅲ." *Journal of Modern History* 37（1965），291-301。本文论点虽略显陈旧，但其对奥斯曼帝国试图进行军事改革的讨论，仍有很多可借鉴之处。

第 18 章

征服与接触

欧洲的海外扩张，1500—1700 年

除了西欧与欧亚交界地区，火药武器随着当时的几个世界大国传播到了全球各地。1500年到1700年之间，作为贸易物品或者战争工具，欧洲人将火器带到了世界各地。尽管世界上有些地区或国家的气候、地理环境不适合养马，这些国家的中央政府也远比欧洲国家或者大炮配骑兵的欧亚交界地区的国家弱小，但火药武器的传播给这些地区和国家带去了各不相同却重大深远的影响。当火器传到非洲、东南亚甚至部分美洲地区时，它对这些地区所起的不一定都是毁灭性的负面作用，带着火器抵达的欧洲探险者们也不一定就拥有绝对的优势。这个时期，火器技术凭借着低廉的成本和技术上较为简单的特点，在各地迅速传播，但天气、疾病和后勤补给同双方的武器水平一样在战争中都起着重要作用。为了促进国际贸易，欧洲国家主要征服了一些沿海"飞地"，而没有发动大规模的领土征服战争。要保卫这些飞地，依靠高超的外交手段及与当地势力联盟，同依靠军事实力一样重要。

1500年到1800年欧洲人对美洲大陆的入侵则是个例外。事实上，由于下文提到的一些原因，西班牙殖民者到美洲大陆后尝到的甜头远远超过了他们的预期，因此雄心勃勃地开始了开疆拓土的征服大计，试图在美洲建立一个广阔富有的西班牙帝国。西班牙人征服并接管了美洲大陆的土著帝国阿兹特克和印加，但除此之外，欧洲人虽然在疾病防治和技术领域占有优势，但在美洲的扩张模式与在其他地区相比并没有多大不同，仍然是有限的，以沿海地区为主（与其海军力量强大有关），部分是因为技术传播的模式比较相似。更重要的是，虽然西班牙人最初用武力消灭了美洲的阿兹特克帝国和印加帝国，但我们不要以偏概全，过分地解读发生在阿兹特克首都特诺奇提特兰和印加帝国腹地库斯科的事情。在这些地区，和世界其他地区一样，难以发现军事革命，特别是西欧式的军事革命。

非洲的战争，1415—1570年

伊比利亚-北非边界

欧洲最早的对外扩张，并不是大家所熟知的"新大陆"或者印度方向，而是一个距离欧洲大陆很近的地区。一直以来，欧洲人就想把伊斯兰教从伊比利亚地区赶到对面的北非去，这样欧洲人就能控制基督教世界与伊斯兰教世界在地中海西部地区的前沿阵地了。数个世纪以来，伊比利亚半岛与马格里布地区形成了一个不太严密的边境前沿，人员、货物、疾病、军事技术与民用科技等，都从这片地区穿梭往来于欧洲和北非。伊比利亚半岛上的伊斯兰教国家常常从海峡对岸的北非获得增援部队。而半岛上的基督教国家在面对穆斯林的挑战时，也不断改进战术，例如雇佣大量被称作"jinete"的轻骑兵，以对付穆斯林装备得更为轻便的骑兵部队。双方在这片区域的军事冲突和小型战斗几乎没有停止过。

15世纪初期，伊比利亚半岛上的基督教国家再次发起"收复失地运动"，试图从穆斯林手中将所有的伊比利亚土地夺回来。1492年，格拉纳达终于回到西班牙的版图中。葡萄牙从1415年以来就一直觊觎北非地区，试图夺取马格里布地区。这一企图的目的主要是军事方面的，因为掌握马格里布地区就能阻止穆斯林向格拉纳达地区增援部队和补充给养，还能确保1492年之后北非伊斯兰教国家不再煽动伊比利亚半岛上的穆斯林起义造反。从战略上讲，控制了这一地区也能阻断奥斯曼帝国控制地中海西岸的企图，但奥斯曼帝国的这一企图在16世纪中期还是得逞了。另外，控制这一地区在商业贸易上也能带来众多好处：可以得到摩洛哥丰富的农产品和优良的马匹。此外，控制住北非还能使伊比利亚打通同西非的贸易路线，并获得西非的金银等贵金属。

15世纪时，伊比利亚地区在火器、炮兵、防御技术和军事组织方面的快速发展，使其相比海峡对岸的北非国家遥遥领先。因此在早期的战争中，基于火枪、火炮以及海军舰船所带来的战略、战术机动性等优势，葡萄牙人在北非战场上着实占尽优势。到了16世纪，由于西班牙对马格里布格局的改变、奥斯曼帝国对其穆斯林友邦的援助，以及伊比利亚地区国家战略需求的变化等，敌对双方的力量对比趋于平衡。最终，伊斯兰教国家从伊比利亚人手中夺回了北非地区。

15世纪的葡萄牙与摩洛哥 葡萄牙人于1415年攻下海岸城市休达（Ceuta），第一次踏上摩洛哥的领土。除了前文中提到的一些动因外，作为一个新王朝的建立者，约翰一世（John I）是在葡萄牙城市阶层的大力支持下登上王位的，为了迎合有产精英阶层——包括葡萄牙王子"航海家亨利"等人进行"十字军圣战"的强烈呼声——约翰一世发动了对摩洛哥马林王朝（Marinid dynasty）的战争。大军携带了包括投石器和火炮等一系列攻城器械。不过，葡萄牙人从攻取休达城的经验中得知，摩洛哥城镇的那些老式城墙在大炮面前几乎不堪一击，因此战争中这些攻城重器几乎没派上什么用场。

葡萄牙人战胜摩洛哥人的战争，是一场中世纪式"十字军"打败传统的北非穆斯林军队的战争。同那一时期大部分的穆斯林军队一样，摩洛哥马林王朝军队的战斗力主要体现在其战术机动性和大量的优秀骑兵。其军队的弱点源于其体制：摩洛哥军队由不同类别、不同军事素养的士兵混合组成。军队的核心力量是称作"hashm"的皇家卫队，这是一支由具有军事素养的奴隶、优秀的战士和有特殊技能的雇佣兵（例如来自西班牙的能操作火枪的基督徒雇佣兵）组成的部队。皇家卫队的支援部队，包括中央常备军和不领军饷的非常规部队。这两者都是通过许诺减免税收等优惠措施，从有关联的部族中征召而来的。最外围的军事力量，是从城镇地区号召来的基于宗教信仰而参加战斗的"圣战者"（mujahidin）们。摩洛哥马林王朝军事失利的另一个原因是其严重的权力内耗。1472年，马林王朝的一个重要政治对手——瓦塔斯（Wattasid）

家族，趁葡萄牙大军压境且已占领了不少重要据点的关键时期，突然发动政变推翻了马林王朝。摩洛哥各个号称谢里夫（Sharif）的部落首领宣称穆罕默德已然堕落，宣扬去伊斯兰教的世俗化思想。这也不断削弱了继马林王朝之后的瓦塔斯王朝的力量和权威。同欧洲一样，宗教上的分裂也动摇了摩洛哥的政权。

摩洛哥的百年战争 除了早期取得的一些胜利之外，尽管摩洛哥马林王朝日益衰落，且葡萄牙人拥有了更多的火枪和大炮，但胜利似乎不像之前来得那么容易了。例如在1437年，葡萄牙国王杜阿尔特（Duarte）率军攻打摩洛哥城市丹吉尔（Tangiers）。尽管葡萄牙人拥有强大的炮兵，却没能攻破丹吉尔的城墙。炮位设置得不合理，葡萄牙士兵还鲁莽地发起冲锋，这一切都导致了葡萄牙人的惨败，大量火炮被敌人缴获。由于攻占丹吉尔失败，以及追求大西洋航运贸易，葡萄牙人曾一度长达20年没有再进攻摩洛哥。不过，在15世纪60年代，随着摩洛哥人对葡萄牙前哨据点的进攻，以及摩洛哥瓦塔斯家族的政变，葡萄牙人又重新开始了对摩洛哥的征战，这次葡萄牙人带来了大量的青铜大炮和外国火枪雇佣兵。1471年，葡萄牙国王阿方索五世（Alfonso V）御驾亲征，率400艘战船、3万人的部队进攻摩洛哥，并最终拿下摩洛哥城市阿尔吉拉（Arzila），导致马林王朝寿终正寝，瓦塔斯家族夺取摩洛哥政权。从此，摩洛哥百年战争的序幕正式拉开，直到1578年这场北非霸权争夺战才结束。

1471—1520年是葡萄牙人在北非的行动最为一帆风顺的时期。葡萄牙军队从小型火枪到巨型大炮的各类火器装备一应俱全，还建造了不少堡垒用以保卫新占领的摩洛哥土地。另一方面，摩洛哥瓦塔斯王朝的内斗愈演愈烈。16世纪早期，一群伊斯兰教谢里夫建立了萨迪（Sa'dian）政权。萨迪政权既狂热推崇伊斯兰教教义，同时又认可西方人技术和战术的重要性。萨迪政权的军队一方面既有传统的北非军队战术特色，又大胆地使用现代火炮和火枪雇佣兵，包括火枪步兵和火枪骑兵。萨迪政权于1536年打败了瓦塔斯王朝（通过此战对其军队进行了改革），并最终于1578年在阿尔卡萨基维尔（Alcazarquivir）打败了葡萄牙军队（参见专题B：阿尔卡萨基维尔战役，1578年）。

专题B：阿尔卡萨基维尔战役，1578年

1578年，葡萄牙国王塞巴斯蒂安（Sebastian）率军进攻摩洛哥，意图推翻奥斯曼帝国背后支持的萨迪王朝苏丹阿卜杜勒·马利克（Abd al-Malik），将摩洛哥纳入葡萄牙的势力范围。葡萄牙的这次军事行动得到了西班牙国王菲利普二世（Philip II）以及法国"奥兰治的威廉"（William of Orange）等欧洲君主的支持。此外，塞巴斯蒂安此次行动还得到了摩洛哥被废黜的苏丹穆塔瓦基勒（Mutawakkil）的支持。7月，塞巴斯蒂安率领1.8万～2万人的部队进抵摩洛哥。这支主要由步兵组成的大军包括以下几部分：5个葡萄牙"大方阵"（tercio）部队，其中1个方阵部队由无法负担马匹费用的拥有贵族头衔的士兵组成；

由卡斯蒂利亚人、日耳曼人、瓦隆人组成的雇佣军；1支由教会人员组成的火枪队；大约70门大炮。塞巴斯蒂安财力不够，没法招募足够数量的骑兵。摩洛哥被废黜的苏丹穆塔瓦基勒提供了约1000名骑兵和1000名火枪兵。

摩洛哥苏丹阿卜杜勒·马利克的军队实力显然更强大，他拥有大约7万人，其中1/3是步兵，2/3是骑兵，以及36门大炮。他的部队构成也较复杂，包括他的皇家卫队、中央常备军、安达卢西亚人、从地方部落征召而来的士兵、来自城镇的民兵等，其中一些人也不太靠得住。其部队的核心力量是大约1.8万名装备精良、训练有素的火枪兵，包括火枪步兵和火枪骑兵。此外，马利克还拥有不少西帕希重装骑兵。

8月4日，塞巴斯蒂安开始按照传统的方式排兵布阵，将"西班牙大方阵"部署在前方及左右两侧，辎重部队居中，较弱的骑兵部署在最外侧两翼。阿卜杜勒·马利克部署了三层火枪兵，其后是一大队常规步兵和骑兵，侧翼亦由骑兵和火枪骑兵拱卫。炮兵部署在主战线之前。

战斗打响后，双方先是互射火炮。摩洛哥人首先发起快速进攻，向葡萄牙炮兵开火，并用骑兵部队发起冲锋。摩洛哥骑兵最终冲垮了葡萄牙人的炮兵阵地，摩洛哥火枪兵也压制住了葡萄牙人的火力。此时，摩洛哥骑兵和火枪骑兵开始向葡萄牙人的主战线发起进攻，但是葡萄牙人的"西班牙大方阵"部队防守得相当牢固。对着"西班牙大方阵"硬冲无异于自杀，因此摩洛哥火枪骑兵对"西班牙大方阵"采取了一种半旋转式的攻击战术。不幸的是，摩洛哥军中一些不太可靠的分子开始逃离战场。此时，双方战事呈胶着状态。当葡萄牙骑兵发起攻击并击退部分摩洛哥骑兵后，马利克亲自率领包括西帕希骑兵在内的部队发起反冲锋，将葡萄牙人的进攻部队打乱并赶回他们自己的防线以内。马利克在率军冲锋时战死，不过为了攻击摩洛哥骑兵，葡萄牙人的防线开了一个口子，摩洛哥军队抓住机会迅速出击，火枪骑兵将子弹倾泻到葡萄牙的后方防线，最终塞巴斯蒂安的军队溃败，四散而逃，塞巴斯蒂安本人也在溃败中被杀。此战，大约有1.5万名欧洲人战死或被俘，摩洛哥损失了7000~8000人。摩洛哥国王马利克死后，在这次战役中担任右翼指挥官的他的弟弟艾哈迈德（Ahmad）继任国王。摩洛哥人的胜利，终结了葡萄牙人侵占摩洛哥的野心。

西班牙与奥斯曼帝国在北非 1492年，当"收复失地运动"完美收官时，西班牙人也企图在北非地区发动对穆斯林的军事行动，甚至还讨论了将"收复失地运动"扩大到地中海地区的可能。当那些有基督教"十字军"思想的精英阶层对铲除伊斯兰教仍念念不忘时，西班牙王室则放眼世界，计划越过大西洋开拓新的疆域。实际上，1478年西班牙的船队就已经抵达了其海外基地之一的加那利群岛；1494年，西班牙王室还支持哥伦布进行了第二次远航。更重要的是，1494年法国入侵意大利的行动大大刺激了西班牙，挑起了西班牙与法国一争高下的野心。

1497 年，西班牙确实发动了一次"十字军东征"式的征战，从摩洛哥手中夺回了梅利利亚（Melilla）。在这一胜利的刺激下，从 1505 年起，教会提供资金支持，且有时直接在"托莱多的红衣主教西斯内罗斯"（Cardinal Cisneros of Toledo）的领导下，西班牙发动了一波针对北非伊斯兰教国家的"十字军圣战"。1505—1510 年，西班牙军队夺取了一些沿海重镇，包括凯比尔港（Kebir）、奥兰（Oran）、布日伊（Bougie）和的黎波里。另外，还夺取了阿尔及尔港外的一座岛屿堡垒。这些堡垒是西班牙人抵御穆斯林进攻的前沿阵地，同时也是其控制北非部落盟友的基地。西班牙利用其在北非的部落盟友实施"用野蛮人打野蛮人"的战略。

1510—1530 年期间，由于把精力放在"新世界"的诱人斩获以及同法国的不断冲突上，西班牙暂时减少了对北非的关注。西班牙船队在海上受到由名叫巴巴罗萨兄弟领头的一个海盗团伙的压制，吃了几次败仗。为了持续压制住西班牙人，这个海盗团伙后来还请奥斯曼帝国出手帮忙。从 16 世纪 30 年代起，多国王室都卷入了北非的争斗当中。西班牙和奥地利的哈布斯堡王朝同时与奥斯曼帝国和法国多线作战。在欧洲的战事牵制了西班牙在北非的行动，其在北非的一些沿海城镇据点遭到奥斯曼帝国的突袭。不过，随着奥斯曼帝国在马耳他和勒班陀战败（其实参战各方经多年征战也都精疲力竭了），它从此停止了在地中海西部地区的大规模行动。西班牙-马格里布局势逐渐缓和，最终西班牙只在阿尔及尔以西地区保留了一些防御据点。

撒哈拉沙漠以南的非洲

葡萄牙人在撒哈拉沙漠以南地区的军事行动，证明了这一时期欧洲军事力量的局限性，同时也证明了自然环境的重要性及其对火药武器使用方式的影响。地理和生理因素部分影响了葡萄牙人在非洲的影响力。非洲的河流大都不适合大型船只航行，这就限制了葡萄牙人在非洲贸易点的发展，进而从物资供应上阻碍了其沿海飞地的防御建设。当葡萄牙军队对非洲内陆发起军事行动时，他们将面对当地人的有效反击，以及造成非战斗减员的热带疾病的袭扰。在非洲大陆军事行动成功与否，受到包括上述因素在内的各种因素的综合影响。

15 世纪 80 年代，葡萄牙人在非洲黄金海岸建立了一个据点。之后在 16 世纪初，又陆续征服了一批非洲东岸的沿海贸易城镇。这些沿海城镇既作为葡萄牙人通往印度的中转站，又发挥着控制东非贸易的作用。葡萄牙人在非洲一心只关注黄金，这就扰乱了传统的象牙及其他货物的贸易模式，引发非洲一些内陆部落的不满和抵抗。例如，16 世纪 90 年代，在非洲东南部的赞比西河流域，当地的曼瓜加尔（Mang'aja）部落就与葡萄牙远征军发生了一次大规模冲突。在非洲盟友的支持下，数百名葡萄牙火枪兵和长矛兵侵入曼瓜加尔部落的领地。由于曼瓜加尔人的土制堡垒对火炮天然"免疫"，葡萄牙人一时攻不下来。曼瓜加尔人利用非洲丛林树木茂密等特点，对葡萄牙人进行伏击，而葡萄牙人的火枪优势在这种受限的环境里根本发挥不出来，伤亡惨重。两支落单的葡萄牙部队遭到曼瓜加尔人袭击，全军覆没，曼瓜加尔人对葡萄牙远征军的突袭一直持续不断。葡萄牙人虽然进攻失利，但其沿海堡垒守住了。曼瓜加尔人最终也没能重新恢复其象牙贸易。从长远来看，这是一场没有赢家的战争。

16 世纪 70 年代，葡萄牙人进入安哥拉地区。受客观条件所限，安哥拉地区有其固有的战争模式。火器作为商品迅速流入葡萄牙在安哥拉的盟友手里，甚至也到了葡萄牙在当地的敌人手中。安哥拉的气候、土壤、农业生产无法支撑像欧洲那样城市化的密集人口，因而火器的使用效果也大打折扣。安哥拉地区城市少，堡垒也少，大炮在这里的用处不大，而且安哥拉糟糕的道路状况也不利于火炮运输。由于堡垒工事少，后勤保障受限，没有骑兵（在非洲，马匹的患病死亡率甚至比欧洲的还高）等原因，在非洲的战术不像在欧洲那样使用大规模部队和密集的火力，而是发展为小规模轻装步兵配合弓箭手的战术模式。这种小股部队可以袭扰敌人防线，少量的精英重装步兵发挥作用的同时，其侧翼能够得到轻装步兵的防护。带护甲的葡萄牙长矛兵被证明同重装步兵一样作战有效，但是仍略显不及安哥拉土著士兵。葡萄牙军队的指挥官们没有灵活接受和运用安哥拉人的战术方法，造成战争失败，有时还丢了自己的性命，最终导致葡萄牙人在这片区域的影响力有限。

评价　总而言之，伊比利亚人在非洲的表现，一开始是小有斩获，后来难以打开局面，到最后变为收缩回防。虽然他们在非洲战场上没有展现出欧洲军事改革以来的军事先进性，但他们通过"收复失地运动"锻炼了队伍，为之后在美洲大陆的所向披靡奠定了基础。

征服美洲，1492—1700 年

欧洲人入侵美洲，往往被认为是因军事革命引发的新欧洲在战争领域的领先性在海外的第一次展现。它促成了西班牙帝国的迅速崛起，当然也阻碍了其他欧洲国家对海外飞地的开发。不过，欧洲人对美洲的征服完成得太快，甚至连欧洲军事革命的真正成果还来不及展现出来，征服就结束了。其实，换作任何一个欧亚大国来发起这场对美洲的征服，结果都一样唾手可得。不难看出，欧洲在军事上的进步其实在这场美洲征服战争中并不是那么起决定性作用，至少不像它最初表现的那样。

初次接触：欧洲人的优势

当与美洲土著的初次接触变为冲突时，欧洲人显然占尽了优势。这种优势体现在技术上、社会学上，甚至是生物学上。

武器与技术　相对于美洲土著，欧洲人最明显的优势在武器上。美洲大陆相对封闭的文明环境造成了当地人在技术上的认知很窄。他们认识金、银，也能有限地使用青铜器，但他们的军事实践仍停留在石器时代。相比于印第安人使用的棍棒、弹弓、弓箭和石刀等，欧洲人的武器则威力大得多，特别是对铁器的使用。当铁被炼成钢，锻造成钢剑，其坚固性和柔韧性以及刃口的不易磨损，都是印第安人手中的武器无法比拟的。铁器在防御上的应用，例如，做成头盔、锁子甲、板甲等，并用于加固盾牌等，虽不及在进攻型武器上的应用来得重要，但也发挥了作用。在有些地区，穿戴这些铁质的铠甲护具会很热，也比较笨重，容易生锈。基于这些不利因素，西班牙人更愿意使用阿兹特克式的棉质护甲，只保留钢制的头盔。最后，由于铁器的应用，十字弩成为一种相当有杀伤力的武器，尽管重新装箭略显费时。

在带去枪炮的同时，欧洲人把火药也带到了美洲大陆。在与印第安人发生冲突的初期，火枪和大炮在展现杀伤力的同时，其巨大的声响和冒出的滚滚浓烟，给印第安人带来很大的心理冲击。不过，枪炮在美洲主要战场上的应用受到诸多限制，比如，其射击频率较低、火药和子弹的供应有限等。在欧洲人入侵美洲的头100年里，只有在攻占特诺奇提特兰城的战斗中，枪炮才发挥了决定性的作用。其实，战马在美洲发挥的作用比枪炮要大得多，正如上千年来战马在欧亚大陆给游牧民族带来的巨大优势一样，战马给入侵美洲的欧洲人带去了战术机动性和面对印第安人步兵战斗时居高临下的巨大优势。在冲突的初期，骑兵的价值和效率优势显露无遗。骑兵成为欧洲人在美洲的尖刀部队，只有当骑兵数量过少，或者地形非常不利于骑兵作战时，其优势才难以发挥。

欧洲人另一个决定性的技术优势是其船队。这并不算一个军事领域的优势，虽然印第安人根本没有能与欧洲人匹敌的战船（在欧洲人围攻岛城特诺奇提特兰时，欧洲船队也发挥了军事作用）。欧洲船队主要还是作为运输工具使用的，船队把美洲的各个军事据点以及据点与物资仓库连接了起来，航海船队将美洲新大陆与欧洲大陆连接了起来，把欧洲人在美洲掠夺的物资源源不断地运回欧洲。欧洲人一旦建立了一个新的据点，船队立刻运来大量人口和经济物资，这相比于当地的印第安人来说是一个巨大优势，尽管在初期由于侵入美洲的欧洲人太少，这个运输和物流领域的优势还不是那么明显。相比于欧亚大陆的其他国家来说，船队是欧洲人能够先于其他地区的国家抵达并开发美洲大陆的关键因素，毕竟欧洲距离美洲那么遥远，欧洲人却凭借航海技术最早抵达美洲大陆。

此外，航行技术还是欧洲人在安全方面的一项优势技术。印第安人不能像掌握其他的欧洲技术那样容易地去掌握舰船航行技术。技术转化在美洲大陆上的冲突中发挥着重要作用。在欧洲人入侵美洲的头20年至50年间，当地印第安人逐渐掌握了很多有效的欧洲技术：钢刃的武器、火枪、马匹等。不过，西班牙人很幸运，他们在印第安人掌握了足够的技术之前就建立起庞大的帝国，并开始干预和阻止某些领域的技术外传。西班牙帝国有效的中央集权实行了严格的技术禁令，禁止枪炮、刀剑、马匹等有关技术产品通过贸易、交换或者赠送等手段让印第安人得到。这项禁令执行得相当好，因为西班牙在"收复失地运动"期间就对穆斯林实施过这项政策，而且西班牙征服者认为拥有武器是一种身份和地位的象征，他们更倾向于维持对武器的垄断。不过，在其他欧洲国家控制的美洲地区，由于去中央集权化的政治理念以及重商主义价值观盛行，与印第安人的双边贸易相当繁荣，许多技术和技术产品被印第安部落掌握，并反过来用于对付欧洲入侵者。

经验 欧洲人对印第安人的第二个重要优势，就是他们对这个世界认知上的丰富经验。数个世纪以来，包括西班牙人在"收复失地运动"中与各个伊斯兰教国家接触及作战的经验在内，欧洲人对世界其他区域已经有了一个基本的认知。欧洲人在美洲大陆发现的新世界虽然奇怪、令人恐惧、异乎寻常而又十分奇特，但从遥远的希腊人开始，欧洲人就经历和探索过类似的异域风情，他们从文化和历史的角度看待在美洲发现的一切，是有心理准备且能够承受的。相反，印第安人毫无此类经验。从掠取黄金、争得荣誉和宣扬上帝三种传统价值观出发，欧洲人以高傲的姿态，满怀信心地深入美洲，并且始终怀着一种扎根其心底的传播基督教的十字军东征般的复杂而神圣的心态。相反，面对欧洲人的入侵，印第安人则显得相当困惑和手足无措。除了美洲大陆上已有的少数几个帝国以外，当面对其余在社会组织形态上更为原始和简单的印第安土著部落时，欧洲人的这一优势更明显了。

疾病 欧洲人的最后一个优势是生物学方面的。在欧洲人征服美洲的过程中，随之而来的欧亚疾病，无论是从削弱敌人战斗力的短期效果来看（疾病曾使特诺奇提特兰城的大量士兵失去战斗力，也曾使印加帝国的皇位继承问题陷入危机），还是从造成社会学及人口学灾难的长期效果来看，印第安人对其都毫无抵抗力（参见专题 C：战争中的疾病）。

评价 综上所述，欧洲人具备的这些优势非常重要。不过，从欧洲人征服阿兹特克和印加帝国的情况来看，即便是所有这些有利因素都具备，也并不是决定性的。征服墨西哥和秘鲁的西班牙军队其实在后勤上非常薄弱，毕竟刀枪大炮不能当饭吃，且欧洲人所拥有的优势几乎都是战术上的，而不是战略方面的。此外，欧洲入侵的军队规模太小，很容易淹没在当地印第安人的人海战术中。这一点在敌我双方技术差距不那么大的墨西哥，表现得更为明显（秘鲁人与欧洲人在技术上的差距则更大）。在墨西哥和秘鲁以外的美洲地区，由于前文提到的一些局限性，欧洲征服者较少取得直接的军事成功。如果我们仔细研究欧洲人对阿兹特克和印加帝国的战争，可以看出政治构架、当地印第安盟友的帮助，以及那么一点点运气，都是欧洲人取得胜利不可或缺的因素。

专题 C：战争中的疾病

源自欧亚大陆的疾病，造成美洲印第安人大量死亡，这是有史以来疾病在战争中发挥作用的一个典型例子。一个残酷的事实是，战争造成直接伤亡的数字向来比战争引发的疾病造成的伤亡数字要小，这一情况直到 1904—1905 年日俄战争时日方的战争伤亡超过疾病伤亡才得以改变。然后，从第一次世界大战开始，战争直接伤亡人数基本上就超过了疾病伤亡人数。除了士兵，如果加上因病死亡的平民百姓，以及战争引发饥荒等情况造成的死亡，那么这一非战斗因素造成的死亡人数会更为惊人。如果我们把 1918—1919 年的流感全球大流行作为因第一次世界大战引发的疾病疫情看待的话，那么第二次世界大战就成了战争直接死亡人数首次超过疾病死亡人数的大型战争。因为战争，生命消逝在征途中、在军营里、在寒冷的冬季，甚至整个国家人口都会减少，这是无法避免且能够被人接受的。直到近代，这类并不是在战场上损失的大量生命，才逐渐被人重视和了解。

随着战争的到来，时而会发生大规模的疾病疫情。一个典型的例子是，古希腊历史学家修昔底德就是在伯罗奔尼撒战争的初期在雅典染上瘟疫死的。此类流行病毫无疑问严重影响社会和经济的稳定，也破坏着国家的军事力量。例如，1348年当黑死病席卷欧洲时，英国和法国的军队规模都大为缩减，同样的一场瘟疫在10年前动摇了中国元朝的统治。疾病对战争的影响有时会以一种更为直接的方式呈现。例如，雅典领导人伯里克利病死是疫情给雅典造成的最大损失，雅典政权从此失去了一个稳健的领导人和正确的战略措施；疾病夺去了阿兹特克和印加帝国领导人的生命，也削弱了他们对西班牙征服者的反抗。

其实，相比于流行性疾病，地方性疾病更能悄无声息地造成巨大损害。大量人员的聚集，不可避免地造成脏乱差的卫生环境，成为传染性疾病肆虐的温床。痢疾就曾经是历史上最可怕的士兵杀手。当过多人员聚集在一小片区域内，时间一长，干净卫生的食物和饮用水会出现短缺，情况必定不容乐观。航行中的舰船就是这么一个狭小而典型的环境：早期的现代海军总是受到与营养有关的疾病的困扰，例如坏血病。以围城战为例，在这个过程中往往城市内和围城部队中都会暴发疫情。历史上，围城部队和守城部队都出现过使用器械将病死之人的尸体抛射到对方区域，企图通过这种方式让敌人大规模染病造成伤亡。蒙古人就用这种方法将黑死病散播到克里米亚的卡法（Caffa），黑死病再通过热那亚商船被传播到了欧洲。

缺乏流行病学的科学理论让人对它束手无策，疾病疫情一如既往地影响着战争的走向。在美洲大陆以外，一般来说疾病对战争产生影响的方式是有利于防守方，不利于进攻方的。因为当地人的免疫力和适应力一般要强于现代之前的军事技术。更重要的是，入侵的欧洲人大多来自温带，他们来到热带或亚热带作战，疾病侵袭这群外来者和马匹，会大大削弱他们的战斗力。在19世纪后期之前，欧洲人无法深入撒哈拉沙漠以南的非洲地区，正是这一病理模式的反映。直到现代细菌病理学发展到一定程度之后，人们才有能力将军队中的疾病暴发限制在最小范围之内，并且利用先进技术将病菌改造成一种新式生物武器，纳入武器库中，从此人类战争进入一个恐怖的阶段。

阿兹特克帝国

阿兹特克战争 阿兹特克人大约于1300年定居在墨西哥山谷的中心地区，于1345年在特诺奇提特兰建都。阿兹特克最初是特帕尼斯国（Tepanecs）的附属国，后来于1428年推翻其宗主国，建立了独立的政权，并用不到100年的时间发展成了中美洲最强大的帝国。

同其他更早的中美洲国家一样，阿兹特克帝国从政治结构上说属于一个霸权型的国家，而不是领土型的国家。这意味着，被阿兹特克帝国征服的土地，可以保留原来的首领、律法和宗教信仰，但是它们必须向阿兹特克帝国进贡，在需要的时候必须为其提供军事上的支持，包括兵员、夫役和物资补给。阿兹特克帝国的存在，并不是靠四处征服的军队和中央集权的管理去实现的，而在于臣属国家深知阿兹特克帝国的强大力量，如果某个臣属国家不听指挥，它有能力再次对其武力征服，并以课重税来惩罚。为了强化自身的统治者形象，阿兹特克帝国定期地进行扩张行动，掠夺更多的贡品，开拓更多的贸易渠道，俘虏更多的人用于祭祀。这一维护帝国运行的体系从成本上说是相当划算的，只不过难免会有臣属的城邦国家发生叛乱。

阿兹特克的军队是帝国皇权的象征，其核心是由一批贵族阶层组成的职业的常备军。军中的衔级和地位需要靠战功来定，特别是抓获俘虏的数量。这支军队的兵源基础是广大的城市及农村平民，他们都极其支持帝国的军事机制。阿兹特克帝国一般于每年的12月至来年4月开展军事行动，因为这段时间正好是丰收之后的旱季，道路通畅，后勤物资充足，且农闲时期农民也易于征召服役。

阿兹特克士兵装备有弓箭（青铜质箭头）、弹弓、投矛、黑曜石做成的砍刀和长矛等武器。弓箭、投矛等投射类武器相当有杀伤力，战争一般都以双方互射互掷投射类武器拉开序幕。黑曜石砍刀等带刃的武器同样也很有杀伤力，但相比铁器来说，其缺点是质地较脆且过于笨重，不过其砍杀效果很快便得到西班牙人的认可。阿兹特克的精锐战士会穿上带有内垫的棉质衣甲，可以抵御不太重的攻击。

阿兹特克军队的一大弱点，是其后勤保障能力十分有限。由于没有马匹等畜力，也没有轮式运输工具，军队的后勤物资只能靠人力手提肩扛。因此一个夫役只能保障两名士兵，这就意味着阿兹特克大军一旦离开自己的领地，后勤保障只能维持行军三天，而且难以实施长期围城等军事行动。如果要对付比城邦更大的敌人，例如多个敌人的联盟或者是体量较大的帝国，阿兹特克军队只能通过零敲碎打、各个击破的方法，从敌人势力的边缘地带一步一步渗透进其核心地区，慢慢削弱和消耗对手。对付强大的敌人还有一个战略方法，那就是"鲜花战争"，也叫作仪式战争。当战争进入围城战等相持阶段时，双方派出精英战士交手，战斗胜利的一方就以较小的代价获取了整个战争的胜利。不过，相持阶段也很可能升级为消耗战，并最终导致一方获得全胜，全面征服另一方。中美洲印第安人确实有仪式战争的传统，但被夸大了。阿兹特克人热衷于活捉俘虏，但他们在战争时屠杀敌人也毫不手软。

西班牙人的入侵 中美洲的战争有其固有的模式，包括在政治架构方面。而当埃尔南·科尔特斯（Hernan Cortes）率领一支规模不大的西班牙军队于1521年抵达墨西哥沿岸时，作为外来者的西班牙人不懂当地的规矩，因此也从不遵守当地的规矩，这反而使西班牙人的行动带有突然性，给他们带来一定的优势。西班牙人不懂阿兹特克人在投降、威胁、谈判等方面的习俗和规矩，因此他们对阿兹特克使者向其发出的各种信号毫无反应。由于与西班牙人沟通不畅，阿兹特克皇帝蒙特祖玛（Montezuma）对其"入侵"行动不能做出准确判断，也就没能采取果断的应对策略。而且，西班牙人进入阿兹特克时正值夏季，不是传统的战争季节。阿兹特克人对西班牙人这种反季节的军事行动十分困惑。怎么还有人会在夏天开战？最终，阿兹特克皇帝蒙特祖玛误解了西班牙人的企图，没有果断下达出战的命令，反而认为西班牙人来到首都特诺奇提特兰是为了向其表达敬意和臣服。

西班牙人的到来，对阿兹特克帝国霸权统治的影响很大。阿兹特克皇帝蒙特祖玛刚刚登基不久，政权不稳，还需确立其对各部族及附属国的权威。而帝国之下的不少附属政权都蠢蠢欲动，要推翻帝国或者脱离阿兹特克的统治。此时西班牙人的到来，受到不少当地部族的欢迎，被这些当地反抗力量视作抵抗阿兹特克政权的先锋。西班牙人打了几次胜仗后，打破了阿兹特克帝国不可战胜的神话，越来越多的部落加入反抗的队伍。

印第安人盟友向西班牙人提供了重要的情报、关键的物资以及后勤支持。没有这些，西班牙人也许早就饿死了。由于有大量当地盟友加盟，西班牙人的部队规模才能够勉强与阿兹特克军队相匹敌。实际上，西班牙人已经成为当地印第安人推翻阿兹特克帝国的先锋。阿兹特克帝国固有的政体和其皇帝优柔寡断的做法为西班牙人本来就很先进的技术又助力不少。但是尽管如此，西班牙人还是多次面临失败的危险，并且在被阿兹特克人从首都特诺奇提特兰赶出去时遭受了巨大的损失。不过，一场突如其来的天花疫情阻止了阿兹特克人的反击。在西班牙人的大炮和天花疫情的双重打击下，印第安士兵再勇猛善战也无济于事，当特诺奇提特兰再次陷落时，阿兹特克帝国也随之土崩瓦解了。

新的霸权　阿兹特克帝国被推翻后，西班牙人在当地的盟友面临着一个重大问题，那就是盟友中没有哪个部落或者国家拥有足以成为新领袖的压倒性力量。没错，这些盟国最初的主张大多是为了争取脱离阿兹特克霸权的自由而已。这样，西班牙人利用其拥有绝对先进的战术和武器的军事力量，对印第安盟国玩弄权术，又打又拉，利用一个部族去对抗另一个部族，最终使自己成为新的霸主。原来的帝国完全落入了西班牙人手中：一旦政权的中心陷落，其余便土崩瓦解。不可否认，西班牙人掌权后改变了帝国的政治模式：西班牙人的管理模式更趋向于领土型而不是霸权型。不过，和征服行为本身一样，政权的统一性是符合中美洲政治模式的。

客观地说，西班牙人的野心与中美洲的社会经济体系结合得很不错，这也有助于接手阿兹特克帝国后各印第安部落归化。尽管西班牙人时不时搞些内乱，但掌权之后，他们在美洲主要做的就是以下两件事：第一，搜寻贵金属，这几乎是印第安人在西班牙人指挥下每天都要做的工作；第二，由于耕种和开矿的需要，西班牙人需要大量的农民和矿工，这种从西班牙国内带来的地主与农民的新型社会关系，不可避免地影响和改变着当地社会。不过，在阿兹特克人统治时期，当地印第安农民就已经习惯了在军官兼贵族主人的控制下辛苦工作。所以，现在转为给西班牙人做苦力，这个转变对他们来说并不算大。除此以外，西班牙修道士和传教士在当地大力传播基督教，也为西班牙人将这个国家从战争状态快速转换为和平状态做了贡献。

当然，西班牙人在美洲的统治也可以说是残暴的，特别是西班牙人强迫矿工劳动和从与其和平相处的部落中掠夺奴隶的行为。然而，印第安人由于对欧洲疾病毫无免疫力而大量死亡，大大影响了西班牙人开采金矿等活动（这还推动了非洲奴隶贸易的繁荣）。同时，印第安人口的大幅减少，也断绝了他们反抗西班牙统治者的企图。

评价 与其说西班牙人征服阿兹特克帝国是欧洲军队的胜利，倒不如说主要是当地印第安人分裂的结果。正面交锋的话，阿兹特克人是有能力打败西班牙军队的。但是阿兹特克帝国的政治构架暴露出了巨大的弱点：霸权体系中的起义造反是家常便饭，它使帝国的防御体系有很多漏洞，也给西班牙入侵者科尔特斯提供了宝贵的盟友，如果没有这些，科尔特斯不可能取得胜利。西班牙人的入侵时机也恰巧非常好，既是阿兹特克帝国每年的非作战期，又正值帝国新皇帝刚刚登基。更重要的是，蒙特祖玛皇帝没有早下开战决心，错失了歼灭入侵者的时机（科尔特斯的入侵行动本来就是违反西班牙国家政策的，只不过在他成功后，才取得合法性而已），本来蒙特祖玛皇帝是有可能建立西班牙与墨西哥"正常的"外交关系的。不过，阿兹特克帝国反抗西班牙入侵者，在管理和掌控方面也的确面临巨大的困难，因为阿兹特克帝国的霸权本质就滋生了很多潜在的敌人。

印加帝国

印加战争 同阿兹特克帝国一样，在西班牙人入侵前，印加帝国崛起的时间并不长。印加帝国大约是在 14 世纪中期开始扩张的，到 1530 年之前，它控制了安第斯山脉沿线的大片土地，包括从现在的哥伦比亚到智利，以及玻利维亚、秘鲁和厄瓜多尔的全部或者部分地区。由于跨区域的贸易不发达，秘鲁人甚至与同一大陆的中美洲其他国家进行的贸易也十分有限，印加帝国可以说征服了它能接触到的所有文明。

尽管相对封闭，印加人却令人惊奇地发展出相当复杂的政治和军事体系。与阿兹特克帝国的霸权型国家不同，印加帝国是领土型国家。帝国每征服一片土地，都会把它纳入等级分明的国家行政管理体系之内，由帝国驻在当地的（local）或者区域的（regional）行政长官进行管理。出于管理或者实施其他国家大计的需要，印加帝国会毫不犹豫地对国家行政区或者人口重新进行划分。被征服的部落有时会被全部或者部分地迁移到帝国遥远的边疆地区去，为的是防止他们煽动叛乱。为了让被征服地区的原领导精英与当地人民分开，他们会被帝国首脑"邀请"到首都去居住，实际上成为帝国的人质。这些原地方精英到了首都之后，就慢慢变为帝国的管理阶层，他们的后代会接受印加人的教育并被要求信奉印加人的宗教信仰，而帝国的宗教信仰会替代或者高于被征服国家的宗教信仰。印加帝国的统治者与国家宗教是合二为一的，就如同日本天皇一样，印加皇帝号称自己是太阳神的后代。给越来越多的逝去的皇室成员寻找大片的墓葬土地，也是印加帝国需要不断对外扩张的原因之一。简言之，印加帝国高度中央集权化，皇室在行政上和意识形态上都处于统治地位。印加帝国在行政管理上的唯一弱点，是没有真正的文字，尽管印加人已经掌握了一种比较复杂的记事系统——用带颜色的绳子以及绳结来记录事件，一批官方的历史学家和记录者多多少少弥补了一些这方面的不足。

印加帝国的疆域惊人地辽阔，它不光在领土覆盖面上相当广阔，而且在海拔垂直面上也具有惊人的多样性：从低洼的沿海和热带丛林地带，到海拔慢慢走高的区域，再到安第斯山脉地区高耸入云的大山及山谷。不同气候地区的经济往来呈现多样性且极具活力，有助于帝国的统一，并为国家创造出巨额财富。将帝国紧密联系在一起，并促进经济发展的一个重要因素，是印加帝国的道路系统。尽管印加帝国的官道只适合步行，但其建造质量可媲美罗马的道路。印加人的建筑水平之高，从一架跨越大峡谷的桥梁的工程质量上即可看出端倪。印加官道的功能都是相似的：一是用于部队调动，二是用于货物运输。印加人在官道沿线还修建了许多皇家仓库。道路和仓库的组合，使印加信息传递员可以以较快的速度行走在帝国的道路上来传递信息，而且也使印加上万人的部队拥有了较高的机动性。

印加军队的构成，也反映出这个国家在领土划分管理方面的特点。全国性的征兵，会招募来自各个地区的战士，他们携带各种具有地方特色的武器，在一批职业军官的率领下组成军队。印加军队中的精英部队，是由上万名强壮的军事贵族阶层人士组成的，其中就包括数千人的皇家卫队。印加政府的军事动员能力远远强于阿兹特克帝国，可以说与当时世界上任何国家相比都毫不逊色。在16世纪初，印加人可以同时保持3支可独立作战的常备军，总数超过3万人。另外，印加帝国的地形特点是极其有利于其国防的。该国陡峭的高山和狭窄的道路，有利于防守。此外，由于印加帝国许多领土都处于高海拔地区，印加人由于长期进化已经适应了这里的高海拔状态，来自其他低海拔地区的人肺活量不够，根本不适应在这里生活，更别说作战了。最后，印加人发动的战争在消灭敌人方面，意图明确，执行力强，不像中美洲国家那样有抓俘虏的传统。

在与西班牙人作战时，印加人最大的弱点是他们的武器。尽管印加人已经懂得了使用青铜，但他们的武器几乎全部是石质的、木质的或者骨质的，例如，木棒和投石器，都是击打型的武器。印加人缺乏如阿兹特克人的黑曜石刀那样带刃的切割型武器，而且他们没有充分利用帝国边缘丛林地区居民所掌握的射箭技术。由于海拔高，缺乏高大树木，好木料的短缺也造成印加士兵的长矛都较短小。武器上的劣势，让印加人在面对西班牙入侵者时处于绝对下风，特别是在受到西班牙骑兵攻击时更是不堪一击。印加人还不像阿兹特克人那样拥有尖锐和带刃的武器，没法刺透西班牙人的铠甲。总之，印加人在开阔地带与西班牙人战斗时，处于绝对劣势。

西班牙人的入侵 1532年，西班牙人弗朗西斯科·皮萨罗（Francisco Pizarro）率军第一次来到这个还不为外人所知的神秘帝国印加。同当年进入阿兹特克帝国一样，这次西班牙人又相当幸运地选择了一个极好的入侵时机。当时，印加帝国正处于一场由皇位继承问题引发的内战的末期。皇位继承人在一场疫病中病死，引发了这次继承危机。而疫病很可能就是西班牙人定居加勒比海沿岸地区后带来的。显然，来自欧洲的疾病在美洲大陆上正为欧洲军队开路。印加帝国的新皇帝阿塔瓦尔帕（Atahualpa）刚登基不久，正焦头烂额地对付国内的政治对手，没顾得上皮萨罗率领的这支西班牙小股部队正一步步逼近首都。结果，皮萨罗的军队在入侵初期最脆弱的时候，没有遭到印加军队的抗击。阿塔瓦尔帕似乎也低估了这支外来军队的威胁，因为据其探马回报，这支西班牙军队只不过是一群纪律极差的乌合之众。相反，阿塔瓦尔帕更重视西班牙人可能给地方政治局势带来的影响。西班牙人科尔特斯率军进入墨西哥时所引发的政治分裂就是前车之鉴。印加帝国面临着新征服的几个部落的仇视和随时可能发生的反叛，尽管规模比墨西哥当年发生的部落叛乱要小得多。印加帝国内战还没有完全结束，政治对手仍然虎视眈眈。所以在西班牙人入侵之时，阿塔瓦尔帕更多地将注意力放在中美洲和加勒比海地区与其他印第安部落作战。

在各种因素的共同作用下，西班牙入侵者皮萨罗最终在卡哈马卡（Cajamarca）俘虏了印加帝国皇帝阿塔瓦尔帕。西班牙人俘虏印加帝国皇帝的行动与其说是场战斗，倒不如说是外交上的陷阱和对印第安人的屠杀。阿塔瓦尔帕对这些外国人的轻视让他付出了代价，轻率地走进了这个本来根本不需要他出现的陷阱。皇帝被俘，印加政府极端的中央集权形式，以及皇帝所谓"半人半神"的神化身份，反而给后来印加人的反抗斗争制造了麻烦。皇帝被俘后，下令军队不要进攻，也不准实施任何危险的营救行动，这使得印加军队完全瘫痪。那些原本争夺皇位的政治对手将西班牙人看成是解放者，热烈欢迎并向他们提供给养和向导。从卡哈马卡到首都库斯科的路上，地形险要，利于埋伏，但印加人根本没有利用这些优势进行抵抗，让西班牙入侵者轻松抵达了帝国首都。皮萨罗处死了阿塔瓦尔帕，这引起了印加人的恐慌，随后政治上的混乱和分裂越发严重。西班牙人最终扶持了一个孱弱的或者说亲西班牙的新皇帝上台，这使得西班牙入侵者在印加帝国境内的活动至少部分地合法化了。直到1536年，曼科·印加（Manco Inca）登基之后，印加人才组织了较有效的抵抗。

尽管在政治方面有这么多的不利因素，但印加军队还是对西班牙殖民者进行了抵抗。火药武器在这场战争中并没有发挥多大的作用。由于印加人的堡垒对火炮天然免疫——特殊的山区地形使印加帝国的堡垒易守难攻，即便在地形不占优势的情况下，石材铸成的堡垒也异常坚固，火炮对其无可奈何。枪炮在这场战争中的作用的确不大，反而是技术含量更低的钢铁武器和骑兵给印加人造成了较大的伤亡，特别是当战斗发生在开阔地带时。不过，印加人也不傻，不会硬碰硬地白白送死。他们在道路狭窄的地方进行伏击，从高处滚下巨石去攻击敌人。印加人有时将西班牙人分割成小股，然后利用人数上的压倒性优势发起攻击。有时，印加人夺取了西班牙士兵的武器和战马，用这些武装自己，同敌人作战。曼科·印加就不止一次地使用缴获来的头盔、胸甲、大刀和长矛，骑着缴获的西班牙战马冲入敌营作战。不过，印加人与西班牙人在技术上的差距实在太大了，仅仅靠缴获的这点装备根本起不了多大作用。在战争初始阶段政治上的失算，也使得印加人在战术的改进上显得有心无力，而且太迟了。

在西班牙人取得最初的几场胜利，并把傀儡皇帝扶上印加帝国皇位之后，印加人在曼科·印加的领导下发动了两次大的起义，差点成功地将西班牙人赶走。印加人利用了西班牙殖民者内部不同派别间的分歧，扭转了局势。印加起义军利用有利地形打击西班牙人的战术最初是十分有效的，但是下列三个因素最终导致印加人的反抗归于失败：第一，西班牙人和印加帝国傀儡皇帝的众多印第安追随者在几场关键的战斗中给予了西班牙人巨大支持；第二，西班牙帝国倾其国力，派来了增援力量；第三，西班牙人的先进技术和战术相结合，其杀伤力在战场上所向无敌。西班牙殖民者与印加人进行了长达7年的战争，但损失的人数还不如从特诺奇提特兰撤退时的一次战斗中死亡的人数多。尽管占尽优势，但西班牙人还是经过了长达7年的艰苦战斗才征服秘鲁，比当年征服墨西哥的时间长多了。直到曼科·印加被他收留并带回营地长达一年时间的西班牙叛徒成功刺杀后，当地人的反抗才逐渐平息。

新的统治者　和墨西哥一样，印加帝国也有着完善的政治体制，这有利于战后西班牙人尽快实行有效的统治。中央集权化的国家行政体制被西班牙人接手，通过傀儡皇帝的合作，西班牙人在印加帝国的地位被合法化：尽管西班牙人的政策迅速改变了印加帝国的社会与经济形态，严重影响和侵蚀了秘鲁的印加帝国传统，但从技术层面上说，印加帝国并没有灭亡，只是国家被西班牙侵略者监管了。

和墨西哥一样，印加帝国的农民早已习惯被军事贵族阶层剥削和控制，所以当西班牙统治者接手后，至少在最初阶段，这一转换并不难。和在墨西哥一样，西班牙人在印加帝国也追求两样东西——贵金属及土地的收益，并且两样他们都找到了。光是波托西（Potosí）银矿出产的白银，就让西班牙在长达一个世纪的时间里都财政充足。马铃薯作为印加人的主食，对人类的价值比美洲所有黄金白银加起来还要大。最后，也同墨西哥的情况一样，随着欧洲人而来的疾病，加上西班牙人在采矿时残暴地奴役当地劳工，印加帝国的人口锐减。

评价　如果说无论西班牙殖民者何时到来，阿兹特克帝国都无法抵御入侵者的最大的问题是他们的政治构架，那么印加人失败的关键原因就在于武器技术。不管从哪方面看，西班牙人入侵印加帝国的时机对他们来说都太有利了，如果换个时间，或者可能的情况下换个政治构架，那么结局也许会大不相同。

如果再多给印加帝国1~2年的时间，他们在政治上会更加团结，抵御侵略的前方战线也将更为牢固。如果多给印加人5~10年时间，即便西班牙侵略者武器先进，也不会那么容易啃下印加帝国这块骨头。而且当欧洲人出现在美洲大陆北方的消息传来（这个消息很可能会由北向南传播），印加人也会有所警惕。如果西班牙人晚50年来到印加地区，则对印加帝国的征服很可能变得相当艰难。虽然再晚50年才进入印加地区不太可能，但也不是天方夜谭，因为直到皮萨罗抵达之前，欧洲人本没听说过印加帝国，连传闻也没有。如果印加帝国能再有50年时间，作为一个不像阿兹特克帝国那样有固有政治体制缺陷的国家，它可以进一步巩固和组织好政权，根据欧洲人已经出现在大陆北部的消息做好准备，吸取其他印第安人败给欧洲人的教训，更重要的是尽量缩小在武器技术上与欧洲人的差距，那么……历史的偶然性是多么有趣！

现实中，印加人没有获得更多的时间。历史的其他可能性只能是虚无缥缈的假设。不过，如果我们细查历史，就会发现西班牙人虽然依靠先进的武器于1532年征服了印加帝国，但运气和偶然性仍然在这个过程中起到了重要作用。现在的人们禁不住遐想，如果历史条件稍有不同，那么彼时的印加帝国将会是一番什么样的景象呢？

美洲两大帝国以外的地区

随着西班牙殖民者以及其他欧洲人深入墨西哥和秘鲁以外的美洲地区，人们越来越意识到先进的武器也有其局限性，必须更加依靠当地印第安部落的政治势力才行。在阿兹特克帝国和印加帝国以外的广袤大陆，殖民扩张进展缓慢，入侵者难以取得较大的胜利。欧洲人通过经济以及传教等方式对这片区域产生的影响堪可比拟，甚至还要强于通过战争所产生的影响。

奇奇梅克人和西班牙在北美洲的征服行动　西班牙人在边疆地带遇到的第一个问题就是奇奇梅克人（Chichimeca），他们是生活在墨西哥高原北部地区彪悍的游牧民族。对墨西哥地区的农牧国家来说，奇奇梅克人是他们历史悠久的邻居。西班牙人接管政权之后，如何对付奇奇梅克人就成了他们需要尽快解决的棘手问题。因为在这片远离西班牙控制中心的边远地区发现了银矿，吸引大量人员蜂拥而至。另外，西班牙人养牛的牧场也越来越深入奇奇梅克游牧民族的传统领地。奇奇梅克人为了保卫自己的土地，也为抢劫运输物资的车辆以及放牧的牛群，经常发动袭击。

尽管奇奇梅克人没有马，但他们仍给农耕邻居制造了巨大的麻烦，正如上千年来中亚游牧民族给其农耕邻居制造的麻烦一样。奇奇梅克人是来去如风、彪悍顽强、善于射箭、令人生畏的战士。他们相当鄙视西班牙人以及他们从事农耕的印第安盟友，认为他们软弱、没有男子汉气概。他们生活的地区过于崎岖，不利于西班牙骑兵追踪。而且，在面对西班牙人的威胁时，奇奇梅克人的各个部落逐渐走向大规模联合、合作，共同抵抗西班牙人。

从1550年到1600年的50年间，西班牙人一直企图用军事手段征服奇奇梅克人。政府向西班牙士兵许诺，他们在北部边疆地区抓获的游牧民族俘虏可以成为他们的奴隶。这吸引了不少西班牙士兵，不过他们常常利用这一特权，抓些他们原本应该保护的性情平和的农耕民族百姓。西班牙人还将印第安盟友组织成军去攻打奇奇梅克人，不过依然收效甚微。他们原本是要保护这里的银矿，这些军事行动却白白耗费了大量白银。更可怕的是，打了几十年的交道，奇奇梅克人获得了西班牙人的马匹，并逐渐学会了骑马。马匹给了奇奇梅克人从未有过的高机动性，他们纵横驰骋，几乎使边疆地区不再适合其他外来人居住了。

后来，新的西班牙领导层听从了修道士和传教士的建议，放弃了"火与剑"的武力方式，转而通过和平的非军事途径去教化这些边民。通过赠送礼物等贿赂手段，西班牙人说服奇奇梅克人迁到农耕民族的聚居地。利用宗教传播等和平演变方式竟然比战争、奴役等手段有效得多。

随着这片土地上农耕民族聚居地不断扩大，以及西班牙牧场主和牛仔人数增多，边境游牧民族的人口被稀释了。西班牙人还修建了不少带防御工事的前哨作为新定居点的中心，巩固了扩张的成果。在应对奇奇梅克人的过程中发展出的这种和平演变方式，将边疆居民纳入西班牙帝国的经济体系中。这一模式也成为西班牙人此后在北美洲西部进行扩张的基本模式。

中美洲与南美洲　除阿兹特克与印加帝国之外，西班牙和葡萄牙在中美洲和南美洲其他地区的征服行动就显得相当平淡了。在阿兹特克帝国另一边的尤卡坦半岛，经过较长的时间也慢慢被欧洲人征服了。尤卡坦半岛所处的地理位置让外来者很难接近，而且这里既不出产黄金，也不出产白银，还是极为涣散的非中央集权部落，其政权很难被顺利接管，征服后也没什么利益可图。况且，欧洲人征服这片地域花费的时间太长，长到土著已经慢慢掌握了诸如钢刃武器在内的外来新技术，尽管这种技术产品是禁止卖给当地人的。

这样的故事在秘鲁以外的南美地区，以及在葡萄牙人通过舰船连接的巴西沿海殖民地区天天上演。直到1700年之前，欧洲人在美洲内陆的殖民进程一直都极为缓慢。甚至在加勒比海地区，这个欧洲殖民者最先抵达、也是最具有压倒性优势的区域，欧洲人的征服行动也困难重重。加勒比人利用欧洲各国之间的矛盾，通过利用一国对付另一国的方式，自己仍然能够牢牢控制一些岛屿。到17世纪，加勒比人甚至用大炮攻击了欧洲人的一些聚居点。直到1680年之后，由于英、法两国在美洲争夺糖产地的冲突升级，引来一批训练有素的欧洲皇家军队抵达美洲，这群印第安人的反抗才真正结束。彻底征服印第安人的日子相当重要，因为这是欧洲发展壮大的标志和证据：17世纪后半期，欧洲的军事革新大大提升了军队的战斗力，使其远超世界其他地区的军队的战斗力。

其他欧洲国家对北美的殖民　英国人、法国人、荷兰人在美洲的殖民活动与西班牙人那种贵族占领模式大不相同。英、法、荷的殖民地呈碎片化分布在中南美洲。他们占据一些人迹罕至的沿海地区，殖民者上岸后试图在农业上自给自足，几乎不使用当地印第安人劳力。印第安人和他们的关系是既存在必要的合作，又难免发生些冲突。

在这种情况下，向印第安人的技术传播要比西班牙统治区多得多。印第安人可以从英、法、荷殖民区获得大量刀剑、枪械和战马，这使他们的战斗力大大提升。有些时候，某些欧洲国家（特别是法国）有意将他们的印第安盟友武装起来，用以对付其他敌对的印第安部落，甚至去对付欧洲对手。欧洲人定居点的缓慢发展，主要取决于人口特点，而这一发展趋势是最有利于英国殖民者的。从英国来到美洲的移民数量最多，他们建立在温带地区的殖民地在农业上的巨大成功也极大地促进了人口的增长，出现了许多在美洲出生的英国人。英国殖民地的商业文化和集中型的农业耕作模式推动了英国殖民者人口激增，同区域的印第安人居住相对分散，且由于欧洲人带来的疾病而有不少人死亡，因此人口规模在相对缩小。不过，这一人口学方面的变化趋势是相当缓慢的，并且在其他因素的作用下并不具有决定性，至少在1700年之前，这一进程是相对有限且缓慢的。

欧洲殖民者之间的冲突

最后，1500年至1700年间美洲的战争还有一个重要的特点，那就是欧洲殖民者之间爆发的冲突。正如欧洲人入侵美洲之前美洲印第安人之间就常常发生战争一样，欧洲人之间也时常爆发激烈的战争。正是欧洲人之间的战争，才最能明显地体现出正在进行中的军事变革的成果。战争的目标，主要集中在制海权上，体现在舰队之间的战斗（参见第20章）和为了争夺海港而发生的战斗上。欧洲人很快就在重要的战略性港口建起了现代化的炮台要塞，把最坚固结实的一面朝向大海，面向敌人炮火猛烈的方向。战争的根本目的，还是为了争夺美洲的黄金白银，以及其他物产资源，这些来自殖民地的资源是那一时期欧洲经济增长的发动机。到1720年，不列颠成为这场争夺战的胜利者。

东南亚

在葡萄牙人的船队发现美洲大陆后不久，欧洲人其实就开始了对印度和东南亚的征服。从整个16世纪到17世纪，葡萄牙人和荷兰人先后控制着印度与欧洲的航运贸易，特别是从印度东部到欧洲的香料贸易。利用在东非的殖民经验，葡萄牙人在印度洋沿岸建立起一系列的战略据点，例如，印度果阿、霍尔木兹海峡和马六甲等地，目的是迫使其他国家的商船必须在某一据点停留并缴税。这实际上是葡萄牙人对本国贸易的一种保护措施。不过，随着葡萄牙人对这一手法掌握得越来越熟练，国家的军事实力却下降了。葡萄牙人没有足够的军队镇压各地民众不断涌起的反抗，更别说应对其他欧洲国家的挑战了。

当荷兰人于16世纪抵达东印度时，他们不仅想取代葡萄牙人，更打算改变和控制整个贸易体系。与葡萄牙人不同，荷兰人计划控制整个香料的来源，还想垄断从东印度地区出发的海上航运。要达到这两个目的，需要强大的军事力量来支持其商业贸易政策。不过，欧洲人军力的强大与否，还相对取决于当地人接受了多少欧洲传播过来的先进军事技术，以及欧洲能够部署过来的军队的规模，特别是地面部队的规模。

葡萄牙帝国

印度及对果阿的控制　葡萄牙人来到印度，是为了主导（如果说不是绝对控制的话）印度洋地区与欧洲的贸易，特别是香料贸易，尽管印度与欧洲之间的香料贸易只是整个亚洲地区香料贸易的一小部分（本地贸易以及亚洲国家间的贸易实际上占香料贸易的大部分）。为达到这一目的，葡萄牙人阿方索·德·阿尔布克尔克（Afonso de Albuquerque）将军实施了一个成功的战略计划。印度的马拉巴尔（Malabar）海岸是一个重要的海运中转港，同时也是印度内陆货物对外贸易的中心。1510年，阿尔布克尔克将军利用手中的一支规模不大但十分精锐的舰队占领了一个名为果阿的小岛，从这里可以扼守整个马拉巴尔港。印度果阿最终成为葡萄牙人在亚洲建立的帝国的首都。依靠这一战略据点，以及在当地设立的能够制造大炮的兵工厂，葡萄牙人控制了印度洋通往欧洲的香料贸易。

控制果阿是一个十分明智的选择。葡萄牙人在印度大陆沿岸的其他据点经常被当地人攻占，而果阿及该地区的堡垒十分易守难攻，仅仅在1691年被印度人攻占过一次。其实，葡萄牙人想要守住其在亚洲的帝国的首都果阿，面对的主要问题不是军事上的：数年来，疾病导致数千葡萄牙人死亡，特别是包括远渡重洋来到印度的本来数量就不多的葡萄牙籍女性。葡萄牙人实现长久统治的一项措施就是，与印度人或者非洲人通婚，并雇佣他们（包括他们的后代）为政府官员、士兵和水手等。

东印度地区的葡萄牙人 马六甲是马来海岸的一个战略要地，与印度尼西亚的苏门答腊岛隔海相望。同果阿的情况一样，阿尔布克尔克将军利用威力巨大的海军大炮攻下了马六甲。1509年，一支葡萄牙使团在觐见马六甲苏丹的过程中与当地人发生冲突，许多葡萄牙人被扣为人质。第二年，阿尔布克尔克将军率领一支由14艘船、1200人（包括200名印度籍士兵）组成的舰队来到马六甲。马六甲苏丹拥有2万人的部队，以及不少火药武器，尽管其火器的性能不及葡萄牙人的。一战下来，葡萄牙人据称缴获了大约3000支火枪。马六甲城内的一些中国商人投靠了葡萄牙人，向葡萄牙人提供了一艘帆船，载着他们靠近到马六甲的城市中心。在随后的炮击中，马六甲苏丹逃走，该城投降。在之后的几个月里，阿尔布克尔克将军一直待在马六甲，监督修筑防御工事，并派兵侦察马鲁古群岛。该群岛是香料原产地，是16世纪欧洲人在亚洲的利益中心。马六甲是亚洲地区重要的贸易港口，占领它的葡萄牙人并不想改变这一点。他们发布公告称，他们的利益在于保护贸易关系，而不在于夺取更多的土地。

防御与反抗 葡萄牙人在盛产香料的岛上修建了不少堡垒工事，特别是在安汶岛（Ambon）和特尔纳特岛（Ternate），但这些工事并不太保险。葡萄牙人没有选择直接采取军事行动，而是更倾向于通过与当地政权结盟和签署条约的形式来保障他们的利益。当地的穆斯林首领也曾经试图夺回马六甲，但没能成功。葡萄牙人在海上拥有绝对优势，特别是当他们于1521年打败一支庞大的爪哇舰队之后，更是在海上所向披靡。不过，当地的抵抗力量获取和掌握先进火器技术的速度也越来越快了。在当地反抗力量的不断攻击下，虽然马六甲仍然屹立不倒，但葡萄牙人的其他一些据点纷纷被攻破，或者需要付出极大的代价才能守住。尽管葡萄牙人死守马六甲要塞，但随着其他诸如亚齐（Aceh）、柔佛（Johor）在内的新兴港口的崛起，马六甲作为国际贸易港口的战略地位似乎正在下降。马六甲的衰落，给葡萄牙人维持在该地区的军事存在造成了很大的财政压力。

东印度地区的荷兰人

17世纪初期，印度人发现了一个可以在海上牵制葡萄牙人的盟友——荷兰人。16世纪后期，西班牙发展壮大成为一个全球性的大帝国，荷兰曾是其属国。后来，葡萄牙舰队前往东方攫取资源，荷兰人也开始了脱离西班牙统治、争取独立的斗争。葡萄牙人最初控制东印度地区主要是为了商业利益。荷兰人也一样，其战略利益也促使其需要大规模控制东印度地区的岛屿。

荷兰人在东印度地区的早期行动 当 16 世纪后期荷兰人最初抵达东印度地区时，他们的表现真是不怎么样。几个涉足香料贸易的荷兰公司在与葡萄牙人竞争的同时，互相之间还争得不可开交。他们之间激烈的对抗行为造成了极大的敌意。直到 1602 年，几个荷兰公司最终合并为"荷兰东印度公司"，根据其荷兰语的首字母缩写，也称作 VOC 公司。从此，荷兰人在东印度地区的利益和行动逐渐趋于一致。荷兰东印度公司凭借其一流的管理、雄厚的资本以及强大的军事力量，与葡萄牙人展开了激烈竞争。同年，荷兰人组织了一次对葡萄牙人控制下的马六甲的围攻，但没能成功。为了准备未来的进攻，达到将葡萄牙人赶出香料群岛的目的，荷兰人与当地首领签署了协议，可以在当地从事贸易并修建堡垒工事。根据葡萄牙人的经验，如果要在某地安全地从事贸易等活动，就必须修建堡垒工事。此外，荷兰东印度公司还与葡萄牙人的当地对手（特别是柔佛王国）结成同盟。双方于 1607 年对葡萄牙人控制的马六甲发起了一次联合军事行动。荷兰人主要提供海上支援，柔佛王国主要提供士兵等人力资源。幸亏葡萄牙人及时从印度果阿调来增援部队，才堪堪解围。

在巴达维亚建立荷兰东印度公司总部 控制贸易是荷兰东印度公司的核心利益。1605 年前，在当地盟军提供主要陆上部队的情况下，荷兰人终于把葡萄牙人赶出了安汶岛。不过，同其他香料产地的情况一样，安汶岛上的荷兰据点需要时刻保持警惕，并不时采取军事行动。因为安汶当地人不愿接受荷兰人的统治，就像当初他们不愿臣服于葡萄牙人一样。

到 17 世纪 20 年代，由于牢牢控制着产地中心和海上航线要地，荷兰东印度公司比之前的葡萄牙人更彻底地垄断了香料贸易。荷兰人的制海权发挥着相当重要的作用：在最初的几十年里，荷兰人在这一地区仅部署了不到 2000 人的常备军，主要依靠当地盟军的力量；而在海上，荷兰人常年保持着 90 艘以上舰船。由于面临当地人不断的反抗，荷兰人将各个岛屿隔离开来，展开行动摧毁了一个又一个城市和乡镇，毁掉庄稼，甚至大量迁移当地人口。

荷兰人在爪哇岛的表现说明了他们虽然在海上尽显军事优势，但在陆地上碰到的困难就大得多。为了寻找一个更好的仓储地点，且便于他们管理东印度地区的贸易事务，荷兰人开始为东印度公司新总部选址，最终于 1619 年将爪哇岛上的雅加达港定为新总部地址。1615 年，荷兰人就已经在雅加达建立了一个附带防御工事的小贸易站，并将其改名为巴达维亚（Batavia）。1619 年 5 月，一支荷兰舰队驶入雅加达港，并用舰炮猛轰这座城市。荷兰人占领了几乎成为空城的雅加达，并着手加固防御工事，因为当地首领必然会试图夺回这座城市。为了有效地设防，荷兰人需要更多的人力，东印度公司招募了大量的中国人（还有一部分日本人），后来整个城市的大部分人口都是中国人。东印度公司逐渐控制了雅加达周边的大部分土地。不要说对外扩张了，光是守住这片土地，就需要荷兰人与当地政权首领结为盟友才行。此外，荷兰人还资助其最厉害的某些敌人的对手发动政变或者军事叛乱。

征服马六甲 当葡萄牙人仍然牢牢控制马六甲的时候，荷兰人的制海权受到很大的挑战。甚至不光是在海上，荷兰人在陆地上也遭遇了葡萄牙人制造的大麻烦。17世纪20年代和30年代，葡萄牙人在爪哇岛上支持反荷兰的当地武装，给荷兰人制造了不少麻烦。1640年6月，荷兰人与葡萄牙人的最大对手柔佛王国再次结盟，共同围攻马六甲。荷兰东印度公司提供了12艘战舰和大约1500人，柔佛王国派出40艘战舰和超过2万人。不过，这支联军中，战斗力较强的荷兰人是主力。为了彻底实现海上封锁，荷兰人向柔佛联军传授了欧洲最新的攻城战术。挖掘战壕和地道的工程历时5个月，数千名荷兰人及柔佛人死于疾病和高强度的劳动。1641年年初，葡萄牙守军几乎弹尽粮绝，荷兰人成功地攻破了守卫马六甲的堡垒。取得胜利后，荷兰人并没有如当初向柔佛盟友承诺的那样把马六甲交给柔佛，而是自己接管了，并在葡萄牙人修筑的工事基础上进一步加强防御措施。荷兰人将马六甲的防御工事修得极为坚固，以至许多年后，他们在城中驻守的部队一般不超过500人。

荷兰东印度公司对该地区的统治 征服马六甲奠定了荷兰东印度公司在该地区的统治地位。他们把葡萄牙人赶出了东印度地区，并几乎控制了这里所有的香料贸易。此外，荷兰人很快又控制了锡的贸易，并垄断了日本的白银贸易。雄厚的财力使得荷兰东印度公司进一步介入爪哇事务，并不断强化了对爪哇的直接控制。不过，除了要应对此起彼伏的当地武装反抗之外，荷兰人也受到其他欧洲竞争对手越来越多的挑战。海军军力的此消彼长（参见第20章），以及英国和法国开始进入印度地区（参见第21章），都挑战着荷兰对东印度地区的贸易控制权。经济的下行和兵力上的短缺，使得荷兰人的统治岌岌可危。关于这一点，我们将在第24章再讨论。

结 论

1700年之前，欧洲人在全球的影响力不断上升。到了18世纪，基于欧洲先进的军事技术和遍布全球的商业帝国给本国带来的巨大财富，欧洲人将为提升其世界地位迈出更为决定性的一步。不过，仅就规模和性质而言，1700年之前欧洲人所取得的成就仍然十分有限。甚至于西班牙人对美洲的成功征服和欧洲人在东南亚的丰厚收获，也需要与当地政权多多合作，不能仅仅依靠武力。这一点在文化上的反映，美洲可作为一个典型例子：天主教只有与美洲当地的宗教相融合，才能生存并繁荣发展。这一点在军事上的反映，可以东南亚为例：欧洲人在东南亚不仅与当地政权结成盟友，甚至越来越多地利用当地盟军或者帮助训练当地军队（参见第21章，英国人在印度训练和使用印度士兵的实例）。在经济方面，我们发现欧洲人可以在非洲找到愿意与其合作进行奴隶贸易的当地首领。简言之，这不是欧洲人占世界统治地位的时代，而是欧洲人全面参与全球事务的时代。欧洲人在全球范围的参与和介入，是一个新的、重要的发展现象，但并不表示军事革命改变了欧洲人在世界权力体系中的位置。其实，欧洲人的局限性在东亚地区表现得更为明显。这一点我们将在下一章讲到。

■ 推荐阅读

Boucher, Philip P. *Cannibal Encounters: Europeans and Island Caribs, 1492-1763*. Baltimore: Johns Hopkins University Press, 1999。本书论述了欧洲人抵达加勒比海地区后与当地人在军事和文化上的冲突，包括加勒比人有效的抵抗斗争。

Cook, Weston. *The Hundred Years War for Morocco: Gunpowder and the Military Revolution in the Early Modern Muslim World*. Boulder: Westview Press, 1994。本书讲述了葡萄牙与摩洛哥之间长达百年的战争，特别关注火器的冲击和传播，以及该地区军事组织和战术上随之而来的变化。

Guilmartin, John. "The Cutting Edge: An Analysis of the Spanish Invasion and Overthrow of the Inca Empire, 1532-1539." In K. Andrien and R. Adorno, *Transatlantic Encounters*. Berkeley: University of California Press, 1992。本文详细分析了印加帝国与西班牙人之间的技术差距所造成的影响。

Hassig, Ross. *Aztec Warfare. Imperial Expansion and Political Control*. Norman: University of Oklahoma Press, 1995。本书对阿兹特克战争做了精彩的分析，质疑了诸如"仪式主义"等关于中美洲战争的不严谨的传说。

Hemming, John. *The Conquest of the Incas*. New York: Penguin Books, 1983。本书详细介绍了皮萨罗对美洲的远征，以可以理解的方式从印加人的角度讲述了这场冲突。

Hess, Andrew. *The Forgotten Frontier: A History of the Sixteenth Century Ibero-African Frontier*. Chicago: University of Chicago Press, 1978。本书以精准的视角叙述了马格里布在16世纪作为基督教与伊斯兰教冲突前沿的作用。

McNeill, William. *Plagues and Peoples*. New York: Anchor Press, 1976。本书论述了世界历史上疾病所发挥的作用。

Powell, Philip Wayne. *Soldiers, Indians and Silver: The Northward Advance of New Spain, 1550-1600*. Tempe: Arizona State University Press, 1975。本书讨论了西班牙人在墨西哥北部征服游牧部落时所显现出的军事上的局限性。

Prescott, William H. *The Art of War in Spain: The Conquest of Granada 1481-1492*, ed. Albert D. McJoynt. London: Routledge, 1995。本书是普莱斯科特1837年以来研究的最新合辑，详细叙述了15世纪后期西班牙的军队与战争。

Ricklefs, Merle. *A History of Modern Indonesia Since 1300*. Stanford: Stanford University Press, 1993。本书是关于印度尼西亚历史的典范之作，特别关注了荷兰人在印度尼西亚殖民时期对该地区的影响。

Russell-Wood, A.J.R. *The Portuguese Empire, 1415-1808*. Baltimore: Johns Hopkins University Press,

1998。本书详述了葡萄牙帝国的发展，着重阐述了这一背景下亚洲、欧洲与美洲之间的联系。

Thornton, John. "The Art of War in Angola, 1575-1680." *Comparative Studies in Society and History* 30: 2（1988），360-378。本文详述了撒哈拉以南非洲地区的特殊环境与人口特点是如何改变和影响火药武器的应用的。

Vogt, John. "Saint Barbara's Legion: Portuguese Artillery in the Struggle for Morocco 1415-1578." *Military Affairs* LXI（1977），176-182。本文是对葡萄牙与摩洛哥交战时炮兵种类、数量及部署的一个很有价值的调查研究。

第 19 章
东亚的转变

日本与中国，1500—1750 年

当欧洲人把欧式火药武器和欧洲的战争模式带到东亚时，充分显示出了其局限性，并表明欧洲人在世界其他地区所取得的胜利其实有其偶然性，因为日本和中国在经历了欧洲人带来的战争后，最终没有被完全征服，而是迫使欧洲人与其签订了条约。这不仅仅是因为东亚与欧洲相隔万里之遥，更多的是东亚国家的政府和军事力量作用的结果。当欧洲人抵达东亚时，日本人和中国人都已掌握了火药武器技术（其中中国还是火药的发明国），因为两国的军事和政治体制正在或者已经发展到能够兼容枪炮的程度。它们的例子告诫人们，在现代早期军事变革的过程中，不能过于依赖新技术，社会技术的进步在改变战争模式方面更为重要。这是一条亘古不变的规律，甚至在拥有枪炮使得敌我力量对比相当悬殊的情况下，单纯的技术领先仍然不是战争模式发展变化的根本原因。在这个历史时期的末期，正如中国的历史所表现的那样，一旦文明与枪炮结合起来，则决定性、永久性地打破了军事力量的平衡，千百年来游牧民族的军事优势一去不复返了。

日　本

在1543年日本第一次接触到欧洲人之前，同西欧正在发生的变化一样，日本国内的战争方式也正按其发展规律在发生较大的转变。结果，日本战国时代的军队很容易地接受了火药武器技术并能有效地使用，这使得日本人后来在与欧洲人签订条约时有一定的话语权。直到17世纪中期，日本实行了闭关锁国政策，断绝了与外界的往来。这一政策从政治上阻断了日本进一步进行军事变革的可能。

战国时代的日本，1477—1615年

新政治：大名时代　　日本"应仁之乱"（1467—1477年）从根本上改变了日本的政治和军事环境。这场战争有效地瓦解了"守护"（地方军事首领，是当时国家政治构架的地方基础）的势力，削弱了室町幕府的权力，使其成为京都地区的一支次要的政治力量。

代替传统的"幕府-守护"体系的，是新出现的"大名"。大名一般为武士阶层出身，是听命于守护的地方军阀。当守护常驻首都之时，大名居于地方各自领地，不断培植地方势力和追随者。当守护身死，大名就将其地方影响力转化为对土地的实际控制，而这些独立的土地，其

性质与之前日本政体内的性质大不相同。从地理上讲，大名控制的区域一般面积较小且紧密相连，不像早期的地方军事领袖拥有分散的土地及其相关的收益权利。大名所拥有的土地一般以某个城堡为中心，其边界也相应受到一系列防御堡垒的保护。从政治上讲，大名所拥有的土地是个独立王国，中央政府对这片土地没有任何控制权。实际上，在大名时代，日本的天皇和幕府将军继续存在，但在长达一个世纪的时间里，他们仅仅是文化上和象征意义上的政治领袖而已。大名们都相当好斗，常年与其他大名处于保护或扩张土地的战争之中。但由于缺乏全国性的政治舞台，他们之间的争斗在16世纪60年代之前都只局限于有限的地域范围内（参见专题C：比较史与日本的封建制度，该文将大名体系置于一个更广阔的历史背景下进行分析）。

专题C：比较史与日本的封建制度

日本镰仓幕府时代以来，中央政府日益衰弱，农村地区的武士贵族阶层逐渐崛起，这段历史时期与欧洲的中世纪时期情况类似，总是被人们相提并论。不同空间的这两段历史时期，总是在冠以"封建制度"的名下互相比较。例如，阿奇博尔德·刘易斯（Archibald Lewis）所著的《骑士与武士——北部法国与日本的封建制度》（*Knights and Samurai: Feudalism in Northern France and Japan*）一书，就是这一史学研究领域普遍现象的一个典型例子。不过，我们仔细研究日本与欧洲的封建制度史，就会发现它们之间有很大不同，充分显示出这一研究领域存在的诸多陷阱以及其在比较史学研究方面的巨大潜力。

首先，封建制度的概念问题就是一个难题。这个概念的定义甚至在欧洲都没有一致的结论。其次，即便对封建制度的定义不存在争议，将它套用于日本也是极具误导性的。因为历史学家关于封建主义和封建制度的认识模型都来自对西欧历史的研究，因此他们对于世界上其他地区的"非欧洲型"封建制度的研究，也很容易强行纳入这个模型里来。比如，许多人认为欧洲封建制度的发展过程是一个非常自然的发展轨迹，并用这个模型套用其他封建制度的发展轨迹，很容易提前预设其他封建制度"应当"出现的现象，一旦其他封建制度发展轨迹与这个模型不一致，就很容易被判定为发展路线和方向出现错误（这种僵化的研究方法是十分危险的，在研究"资本主义"这个概念时，情况甚至更为严重）。

这些问题严重影响着历史学家对于日本战国时代的看法。套用僵化的封建制度模型，历史学家们认为战国时代的日本是封建制度倒退、无政府主义混乱盛行的象征。日本的大名被看作法国北部的城堡主或者地主，因为依照欧洲的封建制度模型，日本和欧洲的封建中央政府都存在孱弱的通病。但是，这一观点过分强调了大型政治集团的分裂，而忽视和掩盖了大名统治时期的一些重要政治力量的聚合与统一。抛开僵化模型的偏见，日本更像是欧洲，而不是欧洲的某个王国，而日本的大名，则像是这个"欧洲"之中各个独立的政治王国。

在更低一层级的封建制度模型方面，基于欧洲的标准，激发了大量对于武士／骑士阶层社会结构的对比，例如在土地所有制和军事服务方面，而对日本、欧洲两种社会结构的类比，其社会相似性往往掩盖了两种社会的巨大不同。这一问题，在研究日本战国时代时更为突出。史学家们往往在封建制度的模型下解释日本大名麾下的大规模军队，与欧洲相比，其被认为更为体现出"非个人的官僚封建主义"。而"官僚封建主义"本身就是一个自相矛盾的概念，一旦仔细推敲就必然瓦解。

由于生搬硬套欧洲封建制度模型，史学家们常常使用一套通用词汇来描述欧洲与日本相近的事物，而实际上二者有可能相去甚远。例如，阿奇博尔德·刘易斯所著的《骑士与武士——北部法国与日本的封建制度》一书，将欧洲骑士与日本武士作为同一类事物进行类比，而实际上，武士与骑士是两个完全不同的历史现象：欧洲骑士的内涵更接近于日本德川幕府之前时期的"布什"（bushi）[①]武士。将骑士与武士相提并论，不可避免地暗示二者战斗技术相近，而实际上，他们的战术存在很大不同。特别是在日本战国时代，其武士部队虽纪律严明，却几乎全是步兵，这与欧洲骑士的概念大相径庭。另外，"皇帝"（emperor）这一词语的使用，是另一个典型例子。日本和罗马帝国都有英语中的"皇帝"这一称呼的人物，而从功能上将，日本的"天皇"与罗马帝国的"皇帝"完全不同。实际上，日本的"天皇"更类似于欧洲的"教皇"，更多的是文化和宗教统一上的一个象征，是合法性的来源，是与日本军事政权相冲突、相对抗的一股政治力量。

不过，这并不意味着人们对社会、政治、经济组织的抽象化、概念化是毫无用处的。没有这些，就没有比较历史学。以日本的封建制度为例，它提醒我们不要把从一个狭义文化中提取出的概念与模式轻易地套用到其他地方去。当然，从不同领域的比较以及功能性描述中概括归纳出的东西，还是十分有用的。战国时期的日本可能还不存在封建制度，它与16世纪的欧洲十分相似。两地在政治上都处于分裂状态，战乱频仍，各个地方势力为了生存都不得不极度重视战争。当时的欧洲和日本都开始了经济扩张，而经济的发展促使新的材料、新的人力资源不断地充实到国家的战争机器中去。此外，当时的欧洲与日本都是由精英阶层统治，这些精英阶层都拥有军事背景、军事眼光以及接受过相关军事培训。相比于功能背景上的相似性来说，欧洲与日本在16世纪似乎处于同一水平，后来由于如火药武器的应用时间不同等因素，欧洲和日本的发展道路和结果就大相径庭了。

1477年后的几十年里，许多大名逐渐实现了对其土地切实有效的控制。首先，大名对其封

[①] 关于"武士"一词，现在英文通常用samurai，这个词实际对应的是"侍"，其本意为侍者、贴身随从，后来衍化为"武士"的通称，成为"武士"一词的通用英文。在早期，"武士"称为"bushi"（ぶし），与"侍"（samurai，さぶらう）是不同的人群。而当下日语中，"武士"与"侍"也已逐渐混用。中文里没有表现这种历史变化的对应词语，故而我们在需要时将samurai译作"武士"，将"bushi"译作"布什"武士，以示区别。——编注

臣和下属实现了更为紧密的控制和更具持续性的约束。这一点，是在日本武士阶层的结构发生变化的情况下完成的。武士阶层原来是靠零散的土地收入维持生计，现在改为依靠当地军阀固定的土地收益生存，这进一步巩固了武士们与某个固定的军阀或首领之间的紧密联系。随着经济的发展和大名们财力的增加，武士阶层不光能够获得土地出产物，还能得到现金收入，其总体收入不断增长。简言之，武士们与其领主的紧密关系通过一种直接的、可撤销的现金支付关系建立起来。这本质上是一种契约性的关系，与欧洲的社会契约不同，大名领主作为这种契约关系的一方占尽优势。这种新型的关系取代了以前的血缘宗亲关系，由于它没有亲族之间的道德约束，所以只有当大名十分富有强大，这种契约关系才稳固。大名将其追随者们尽可能多地笼络到其领地的城堡和都城中，不断强化对属下的控制。

　　随着对属下控制不断加强，大名们对其领地的治理水平也不断提高。大名们对属下的控制得益于其强大的财力，而财力的增强得益于改进赋税方法。大名们对其治下的土地进行了详尽的调查，然后调整农业税的征收方式，根据土地实际出产的多寡课税。大名们同时也鼓励工商业发展，将工商业者都召集到其城堡和城市中去，结果商业税收也随之增加了。更好的税赋改革，仅仅是大名们加强有效管理的措施之一。除此之外，成文法律也出现了。这些法律源自大名约束其手下军人的行为准则。武士们读写能力的提高，意味着他们不仅仅是战士，也可以成为大名统治区的管理者了。随着大名实力的增强，其境内的治安状况大大提高，其公正治理的形象传至村民和贩夫走卒等社会底层，而这一阶层以前主要靠自我治理，现在则期望大名给他们带去秩序。这一情况的出现，重新确立了管理者的公共职责和权威，也使大名的统治合法化了。简言之，在日本第一次出现了实力与合法权威并存的现象：这些大名的统治区域虽小，却是统治高效的真实政体。

　　随着日本当时广泛发生的社会变革，大名的控制力进一步得到加强。由于受到每年年景的不确定性以及越发失去政治约束力的地方武装的威胁，日本农民对其自身权益的主张越来越强烈。随着经济的发展，部分农民在不断发展的市场环境中越来越富裕，拥有了一定的财力，他们开始组建自己的武装联盟。越来越多的农民阶层倾向于支持自己的武装领袖，而农民中的武装领袖在对抗极具侵略性的地方武士（local warrior）时经常寻求大名的支持。作为交换，农民向大名提供金钱支持和兵源。这样，农民们日益增长的自信和底气，从下而上挤压着地方武士的空间。同时，大名从上至下地不断向地方武士施加压力。在这两股力量的作用下，地方武士变得越来越依赖于大名，服从于大名。

　　经济的增长以及大名军事力量的增强，为那些有才干、有雄心的人改变自己的命运创造了机会。从1477年到1580年的大概一个世纪，是日本社会结构发生空前巨变的时代，被称作"以下犯上的时代"或"上下颠倒的时代"。曾经穷苦的商贩变得富有，农民参军并能在军中获得重要职位，有野心的下属推翻并取代其长官，诸如此类的事情层出不穷。要获得安全的最好途径，就是在军事上变得强大。但在这个政治环境多变的时代，随着领导者不断获得新的管理、财政和军事资源，随着社会变迁造就更多的人才，军事成功不再像以前那样仅仅是个人和家族的荣耀了。政治、政府和社会领域的变迁，产生了新的战争形式，它们同时也被这种新式的战争影响。

新的战争：日本的军事变革 在新的政治环境下，战争的目的发生了变化。有雄心的地方首领不再热衷于争夺在全国层级中的虚名地位，转而争夺周边的土地。而通过战争得来的土地，在当时也天然地具有合法性，丝毫不比中央政府封赐的差。这就意味着，夺取、守住并管理城堡及领土，其重要性陡然上升到战略高度。围城战的重要性越来越强，其结果是出现了一系列的城堡与要塞，相互牵连，相互支持，构成防卫体系。城堡的规模越来越大，坚固性也越来越强，特别是当日本战国时代最具创新性的军阀——织田信长在16世纪70年代早期使用大量石料重修安土城之后。安土城成为修筑堡垒要塞的新标杆，从那之后，有实力的领主纷纷效仿建造石头城堡。

征战成了首要任务，1477年之后，随着竞争越来越激烈，日本各地军阀的数量也在连年战争中逐渐减少。不论是由于领导人的出色领导力、对于资源的有效部署，还是由于地理位置或是特殊情况等原因，弱小和运气不太好的藩国，逐渐被大藩、强藩吞并。到了1477年，日本境内只有100来个独立的藩国。到16世纪70年代前，日本真正有影响力的重要藩国，只剩下20余个。

经济的快速发展是日本这一时期的重要特征，它大大弥补了战略执行过程中的后勤短板。更好的管理以及更高效的运输体系，使得在后勤保障上支持更大规模的军队行动成为可能。不过，后勤问题仍然是战略能否得到执行的一大关键问题。特别是在16世纪60年代，大军阀之间开始了大规模的战争，这时对于贯穿日本东西的两条主要道路的控制就显得尤为重要。这两条要道分别是东海道和中山道，围绕这两条道路及其沿线发生了不少重大战役，日本历史上一些最为重要的城堡，也有不少就修建在这些要道附近，证明了对交通和补给线的控制在当时具有极高的战略重要性。

虽然围城战和对领土的控制成为战争的重点，但是日本战国时代的军阀们仍然较为热衷进行野战。出现这一现象的原因有很多。虽然经济发展了，但是不断壮大的军队规模仍然使得后勤压力过大，将领们都试图寻求快速的、决定性的手段来结束战争。在日本的文化中，敢于正面接仗事关荣誉问题，虽然这对于士兵的个人行为已经不适用了，但是大名们仍然愿意通过正面接仗来巩固其追随者的忠诚，并吸引新生力量加入。此外，有胆量的军阀们为避免消耗巨大的阵地战，有时也愿意冒险率军出战，以求主动击退人数占优的敌人。例如，织田信长1560年在桶狭间（Okehazama）之战中出人意料地主动出击，以区区2000兵力击败2万敌军。最后，日本地理纵深不大，城堡数量少且相当重要，这种情况使得围城战与野战常常混杂在一起：一场重要的围城战往往会吸引大量的援军，从而发展成近战，例如日本1575年著名的长筱（Nagashino）之战（参见专题B：长筱之战，1575年）。

专题 B：长筱之战，1575 年

织田信长和他的主要盟友德川家康势力越来越大，终于跻身全日本几大势力之一，与其他主要大名间的争斗也越发激烈。其中，德川家康领地北部地区有一个赫赫有名的武田家族，其首领是号称"甲斐之虎"的武田信玄。1573 年，武田信玄死后，其子武田胜赖继承了父亲的领地以及可以算得上是当时日本最为强大的武田军队。武田军队是进攻型的军队，主要由类似于瑞士大方阵的纪律严明的长矛步兵组成，辅以精英骑兵、火枪兵和弓箭手等。在 1572 年的三方原（Mikata-ga-Hara）之战中，武田信玄率领的大军曾一举击败了德川家康的军队，一时几有问鼎之势。

1575 年，武田胜赖率军进攻德川家康，在得到城内内应为其打开城门的承诺后，意图夺取冈崎城（Okazaki）。不过，这个里应外合的计谋后来败露了，武田胜赖转而指挥这支 1.5 万~2 万人的大军开进至其敌人领地边境地区的一个重要城池——长筱城。该城由他的一个宿敌率 500 人防守。在武田胜赖设立好攻城指挥部的同时，城内守军派人成功地向德川家康发出了求援信，表示城内粮食仅够守军三四天之用。攻城和防守部队同时得知了援军即将抵达的消息。德川家康与织田信长的联军大约 3.8 万人浩浩荡荡前来解围。此时，武田胜赖的不少谋士都建议他暂时撤退，但他坚持要开战。

长筱城西部，在护卫着城堡两侧的一条河流的外面，有一片小溪纵横的丘陵地带。织田信长在此地部署了旨在击败武田军冲击战术的部队。他设置了长约 1 英里（约 1.6 千米）的藩篱屏障，这些屏障由木桩、网和隔板组成。屏障后面部署了 3000 名训练有素的火枪兵。这些火枪兵熟练掌握轮换齐射战术，每次可发射 1000 发弹丸。在屏障前面部署的小股部队，用来引诱敌人发起冲击。武田胜赖果然中计，他的部队以密集的阵形发起冲锋。织田信长的火枪兵轮番齐射，制敌效果甚至超出了织田信长的预期。武田军的冲击被遏制、瓦解了，许多士兵被当场击毙。随后，织田信长的重装步兵和骑兵从屏障缺口冲出，发起反冲锋，结束了战斗。这一役，武田家族损失了 1 万人，几乎是全军的 2/3。更为严重的损失是，武田信玄最为信任的武田二十四将中，有 7 人死于这场战斗。而织田信长和德川家康的联军仅损失约 6000 人。

在长筱之战失败后，武田家族一蹶不振。7 年之后，织田信长与德川家康经过一系列征战，最终消灭了武田军队，武田家族灭亡了。织田信长应用新战术的成功，大大提升了火枪步兵在大名军中的地位。而长筱之战，无论是在政治上、军事上还是象征意义上，都成为织田信长作为一个军事将领的一生中最为辉煌的顶点。

战略上的变化，导致军队也需要随之发生改变。战国时期，大名统治下的政府转变与社会变迁，也促成了军队在各个方面都发生着改变。

首先，1477年之后，随着各个大名财力的增加和行政管理能力的增强，其手下军队的规模也逐渐壮大。军队最初都是数百人或者几千人，并没有出现特别大的变化。但后来在某一片小区域内，这种规模的部队数量越来越多。几十年来日本在政治上的分裂割据掩盖了各方军事力量增强这一事实。直到16世纪中期，不少大名的军队规模都达到数万人。16世纪末期，大型联军的规模甚至超过10万之众。

其次，士兵服役的缘由发生了改变，这不仅影响了之前出于忠诚、血缘关系和土地收益而效忠的"布什"武士，而且影响着出身更为低微的"足轻"步兵，他们之前往往是在地方领主的征召下参与作战的。随着时间的推移，大名手下的士兵都变成了职业的雇佣军人，为了大名发给他们的军饷而入伍。在那个背叛与野心横行的年代，这一雇佣关系也许在语言上被美化了，掺入了一些军队对首领的道德忠诚、人身依附等方面的内容，但这些军队实质上就是职业的常备军，而不是某些人宣传的那种封建军队。

再次，军队规模的扩大，影响了其内部社会结构。早期的勇士精英不再担任作战队伍的主体，与欧洲的骑士阶层类似，他们转而成为军队中的低级指挥官。精锐的"布什"武士仍然作为重装骑兵突击部队使用。甲胄齐全的骑兵部队在战国时代的战场上仍然发挥着关键性的作用，不过，相对于军队整体规模而言，骑兵所占比例小了不少。

排兵布阵上，人数众多的步兵被前移到了阵前位置。在早期，担任足轻步兵似乎没有什么荣誉可言，而现在，战争形式的改变使得一支训练有素的步兵部队也能够在攻城与守城作战中发挥重要作用。步兵的重要性还体现在，一旦对阵临时从村民中抓壮丁凑成的"农民军"，步兵部队也能打个胜仗。1481年，朝仓敏景曾对他的子嗣说："即便一个勇者手持价值1万元的宝刀，也敌不过100个手持价值100元长矛的普通士兵。因此，如果你用1万元买来100支长矛装备100个士兵，那么就足以守卫军队的侧翼了。"从效率和管理资源的角度来理解这段话，其逻辑正确性是无懈可击的。随着经济和人口的增长，大名招募越来越多的士兵，而且特别倾向于从农村地区的村民联防武装中招募。军队中社会结构的变化，既是军队规模扩张的结果，又是其原因，二者互为因果、互相作用，并且都依赖于当时日本大名统治下的政府变革与社会变迁。

新的军队当然应用新式战法。日本的战争最明显的变化还是在战术层面。步兵不仅仅有长矛，而且还配备了弓箭，在防投射武器的器具保护下，步兵还具有相当不错的持久防守力。1543年，葡萄牙人将火器传到了日本。从16世纪60年代开始，日本步兵中的火绳枪兵数量增多。16世纪的日本步兵，其战术能力令人刮目相看，不仅能够进行大规模的调遣，排列各类阵形，而且能够与持不同武器的其他步兵部队甚至是骑兵部队做战术配合。日本步兵的纪律性和训练水平据称归功于织田信长，正是他在1575年长筱之战中成功运用了火绳枪兵的齐射战术，这比荷兰"拿骚的莫里斯"在欧洲发明火枪齐射战术早了数十年。

精英武士，无论是作为步兵还是作为骑兵，也都采用了新的战术。武士们原先盛行个人英雄主义，常常脱离阵营，搅进与敌人的单打独斗中去，这被认为是一种勇气与荣誉。现在，这种个人英雄主义需要让位于集体战术了。如果还有士兵不守纪律，擅自打乱阵形，他可能会面临被处死的惩罚。重装骑兵仍然是战场上的主要攻击力量，同步兵一样，骑兵部队也能够掌握不同的阵法，并且能够与其他兵种相互配合。

不仅仅是个别的部队单位，整支军队都能够训练有素地掌握不同的阵法。具体采用什么阵形主要取决于战场的地形地貌，以及己方部队处于攻势还是守势。史书上生动地记载着不同的阵形，例如，名为"鹤翼阵"的阵形。也许史书上对阵形数量及其复杂程度的记载略有夸张，但经过严格的操演，16世纪的日本军队完全可能掌握不少有效的阵法。例如，1561年，武田信玄在川中岛（Kawanakajima）之战中率军秘密出城渡河，成功地在夜晚集结军队并摆开阵形。各路将军们坐镇战场指挥所，通过传令兵指挥调动部队。简言之，战国时期的日本军队战术反映出当时的军队专业素养。

尽管不像野战战术演变得那么彻底，但攻城战术也在悄然发生着改变。对于防护较弱的堡垒，使用大量士兵快速一拥而上的攻城战术仍然是首选。对付老式的木质堡垒，以及新式石头堡垒中的木质屋顶和木头建筑，使用火箭总是不错的选择。日本军队在攻城时也采用挖掘地道和壕沟的战术，不过与欧洲不同的是，他们挖掘地道主要是为攻城士兵提供一个较为安全的抵近通道，也顺带破坏城墙和敌人的水源。16世纪70年代以及之后出现的新式石质城堡更为坚固，除非实施长期封锁或者内部出现通敌叛变等情况，否则几乎坚不可摧。这类城堡的城墙一般较为低矮，但是十分厚实，例如，日本大阪城的城墙竟然厚达19码（约17米），城墙前还挖有壕沟。日本在那个时期从没有过炮弹重达9磅（约4千克）以上的重炮，因此炮兵一直没有成为攻城战中的决定性力量，但在16世纪末期，日本军阀已经开始使用青铜大炮了，尽管如此，大炮攻击这类城墙厚实的城堡仍然效果甚微。新式城堡在设计上还是部分反映出了其防御大炮攻击的应对理念的。

1477年以后，日本军队的规模、组成结构和战术应用都发生了一系列变化，这给1543年葡萄牙人把火枪引进日本并随后火枪得到广泛应用创造了条件。将近一个世纪的军事变革，为16世纪70年代火枪在日本的应用做好了铺垫。一系列的军事变革改变了战争的模式，改变了战国时代军队的形态，最终为火器的顺利引入创造了机会。对于织田信长这样本身就极具创新性的大名领导下的纪律严明的军队，火枪的引入顺理成章。新式火器在日本从上至下依令推行，比自下而上地慢慢渗透要容易得多。这种新武器、新战术的顺利推行，也反映出大名对其部下的控制力，以及军队的纪律性。不过，16世纪末期在日本得到推广使用的新式武器，可不是来自欧洲的原装火枪。技术高超的日本工匠仅仅凭借葡萄牙人带来的数量有限的火枪原型，就成功地掌握了火枪的制造技艺。日本的枪械制造业迅速发展起来，这也反映出日本已经具备了支持该工业体系所需的社会及经济结构。日本当时的冶金工艺水平在全世界都是处于领先地位的：相比于精湛的日本武士刀而言，火枪对制造工艺的要求并不算太高。政治领袖们在得到这种新式强大武器的利益驱动下，命令工匠们进行研究仿制，很快就取得了成功。而日本拥有较为发达的市场机制，这使得兵器工业原材料的采购以及产品的流通都极为便利。不光是日本军队，当时整个日本社会都做好了迎接火器时代来临的准备。

同欧洲的情况差不多，对于火枪的流行，经济条件和技术原因一样扮演着极为重要的推动角色。火枪和子弹的制造成本并不比弓箭的制造成本高，其人力成本甚至还要更为节省。因为要真正掌握射箭技术需要大量的练习，而学习有效地操作火枪比学习射箭更为简单。火枪手可以成批地训练成才，替换军中的弓箭手，而且攻击力还大大增强。日本战国时代军队规模的急剧扩张，必然把经济成本和人力成本考虑在内，因此推崇和鼓励发展性价比极佳的火器新技术也理所当然。16世纪的日本军队中，火枪兵在数量上不占多数。但是到了17世纪初期，由于政治气候的改变，火枪兵在军中的比例不断上升。

与西欧不同的是，尽管在攻城战中有所使用，但火炮在日本的火器战术史上发挥的作用极其有限。随着火枪制造业的发展，小型的、高质量的火炮也被制造出来，但是它们在战场上发挥的作用微乎其微。日本多山的地形，以及落后的运输条件，大大限制了火炮的机动性，使其变得笨重且不实用。

火药武器流入日本，其总体效果是加快了日本战争本来就已开始的变革。战国时代日本的经济、社会、行政管理、政治发展等一系列变化，都为日本大名提供了条件和动机，推动他们打造一支很容易接受火器改造的部队。从这个角度来看，火器流入日本本身并不具备革命性。

如果从结构和功能上进行更为广泛的类比，那么我们会发现16世纪的日本与同时代的西欧，在政治、经济、社会和行政管理等诸多方面存在着惊人的相似。只不过相比之下，日本的变革进程体现出一种控制，它缺少了一个关键的变量，即火药武器，这一变量直到军事变革后期才参与进程并发挥作用。因此，日本的军事变革史从某种程度上反映着同时期西欧军事变革的影子，只是不像某些技术决定论强调的那样，其社会、经济和管理领域的发展变化在日本军事变革进程中扮演着重要角色，而火药武器在这一军事变革中的作用较为次要。

统一之路

日本与欧洲的一个主要区别是地理上的不同：日本的军事变革发生在一个相对狭小的地理空间内，这种地理上的孤立隔绝使日本免于受到外来的竞争和威胁。结果，到16世纪60年代，日本战国时代的内部争斗愈演愈烈，战争规模的升级最终导致几个主要大名卷入其中。他们都试图夺取更多的土地，并把日本全境重新纳入统一的政府掌控之下。历史上这几个主要大名分别是：织田信长、丰臣秀吉和德川家康。他们领导了日本的统一之路，结束了纷争，将日本引向了政治稳定。

织田信长 织田信长是一个冷酷无情的军阀，同时也是一个富有远见的改革者，是那个时代最伟大的军事领袖之一（参见专题B：长筱之战，1575年）。他从位于日本京都东部东海道附近的一块面积虽小但战略位置十分重要的领地起家,发展成为占据日本全境近 1/3 的中部地区大军阀,并废除了旧时代不合时宜的相关制度,为建立新的政治格局奠定了基础。他终结了室町幕府的统治,系统地围绕京都发难,摧毁了日本佛教寺庙的权力。他常年征战,消灭了不少大名望族。他主导的经济改革破坏了商人和村庄社团的独立性,尽管他同时还享用着商人和村庄为其提供的资源。

织田信长领导了日本战国时代最为高效的行政管理与税收体系改革,并以此为基础,建立了一个全新的军事体系。他修建的安土城,开创了日本建设新式堡垒的先河。此外,织田信长还是日本历史上首位大规模有效使用火枪的大名。不过,织田信长功成名就于那个时代,也毁于那个时代。1582 年,织田信长手下一位野心极大的封臣,乘其军队外出征战之时设下伏兵杀死了他。织田信长死后,其部分政策和事业由其下属丰臣秀吉继续完成。

丰臣秀吉　丰臣秀吉是一个农民的儿子,在那个战乱年代通过自身过硬的军事素质得到织田信长的赏识和提拔。丰臣秀吉击败了伏击织田信长的叛军,通过为主复仇的方式,获得了联盟领导人的位置。1590 年,经过一系列的征战和结盟,丰臣秀吉终于将整个日本纳入其控制之下。尽管不是纯粹的军事征服,只是通过与几大主要大名的政治联盟而获得领袖地位,但丰臣秀吉仍然拥有足够的控制力,可以在大名之间重新分配领地,并以此奖赏他的盟友和追随者。

政治上统一日本之后,丰臣秀吉将目光转向更大的猎物,他试图以朝鲜为跳板,入侵中国。1592 年,日本军队入侵朝鲜。日军以严明的纪律、精湛的战术和强大的火力,一举击溃朝鲜军队,控制了朝鲜半岛的南部地区。不过,朝鲜海军将领李舜臣用铁甲龟船舰队击败了日本海军,成功切断了日军的补给线,阻截了后援部队。同时,朝鲜陆上部队改变战术,不再与日军正面交战,开始打起了游击战。1592 年 10 月,中国明朝军队介入,丰臣秀吉的部队不得不撤退至釜山港一带的堡垒中防守。1598 年,日军再次发起攻势,击败了中国与朝鲜的联军。然而,当年 8 月丰臣秀吉死后,日军又在海上吃了一次大败仗,日军随后全线撤出了朝鲜半岛。

日本妄图以朝鲜为跳板侵略中国的企图尽管不太切合实际,但这一战争行为将日本各个大名的军事力量重新洗牌并整合统一到了一起。而且,日军在朝鲜半岛陆上的军事胜利展示出战国时代日本军事变革所取得的成就。遗憾的是,丰臣秀吉死后没能给后人留下一个稳定的政治环境,因为他死时,作为继承人的孩子年龄还很小。

德川幕府时代,1615—1800 年

德川家康　丰臣秀吉死前,委托几位德高权重的大名在其子丰臣秀赖成年之前共同摄政监国。几十年来,德川家康一直是织田信长和丰臣秀吉最重要的盟友。丰臣秀吉死后,他成为摄政大臣之中最有权势的一个,并一手策划了一场内讧冲突。1600 年,德川家康及其最亲近的盟军,与石田三成、上杉景胜、毛利辉元三大家族联盟的矛盾公开化,发生了战争。当年夏末,德川家康用计一举击败对手,夺得了东海道和中山道两条战略要道的控制权。10 月 21 日,在著

名的关原（Sekigahara）之战中，德川家康联军以 7 万人的部队击败了对手 12 万人的联军。此役使双方军事力量对比发生了根本性的转变。

尽管丰臣秀赖及其追随者们控制的大阪城仍然是一大威胁，但德川家康已经取得了整个国家的实际控制权。不过，德川家康并没有急于铲除丰臣秀赖，而是继续积蓄力量。作为日本望族源氏的后裔，德川家康自立为幕府大将军，定都江户（现在的东京）。1614 年 12 月，德川家康抓住一次机会率军包围了大阪。1615 年 6 月，大阪城被攻陷，丰臣秀赖及其数千名追随者被杀。除了高超的计谋之外，德川家康取得这次胜利还略微有赖于他的运气和长寿。就在大阪城陷落的第二年，年迈的德川家康逝世。其子嗣继任幕府大将军，直到 19 世纪中期，德川家族一直统治着日本。

一场逆转的革命 在前人打下的基础上，德川家康及其继任者们建立了一套旨在最大限度降低发生冲突可能的政治体系。同丰臣秀吉治下一样，德川幕府统治下的日本，实际上是一个由各个分散的大名联合起来的政权，这个政权由德川家族及其同盟统领。按照规定，各个领地的大名每隔一年必须到江户居住，而当他们不在首都居住时，必须将家人子嗣留在江户，实际上就是留给中央政府作为人质。通过这一办法，德川幕府不仅将潜在的对手置于严密监控之下，而且使他们疲于奔走，在两地间分散了大名的各项资源，削弱了他们壮大自身军队的能力。此外，对大名麾下家臣的数量也有严格控制，且新建和修缮城堡的权力基本收归江户军队所有，大名们的这一权力也受到严格控制。

日本的对外政策也是服务于内政安全的。日本政府对于外国人进入日本以及日本人出海的限制越来越严。到 1624 年，日本政府下令禁止本国人出国，并在英国人自动离开的情况下，又开始驱逐在日本的西班牙人。这一系列政策的实施，实际上与基督教在日本的传播有关。从 16 世纪 40 年代开始，基督教传入日本并呈盛行之势。江户政府视基督教特别是天主教为一大威胁，因为天主教教义鼓励教民信奉和忠于教皇，将教皇的地位凌驾于日本天皇以及幕府首脑之上。自 1615 年开始，德川幕府压制、镇压基督教教民的行为不断升级。1638 年，日本的基督教教民发动了著名的岛原（Shimabara）起义，葡萄牙人被视为这次大规模教民起义的幕后推手，因此被驱逐出日本。同时，日本开始全面对外闭关锁国，只允许中国和荷兰（江户政府镇压叛乱时，荷兰曾派一艘军舰协助日本政府平叛）每年有一艘船抵达日本。

为了进一步巩固政权，日本政府逐渐系统地将整个国家"去军事化"。丰臣秀吉时代即下达了禁刀令，禁止农民阶层拥有刀剑；到德川幕府时代，更是全面禁止武士以外的人员携带兵器，武士集团很快就变成了一个对外封闭的社会阶层。日本的和平年代越长，武士阶层就越发从一个拥有实战经验的勇士团体慢慢蜕变为仅仅是武士身份和武士精神的继承者，他们实际上成为这个国家的统治阶层以及不断发展的消费文化的引领者。在 1651 年和 1652 年镇压了两次较大规模的军事政变之后，日本迎来了长达 200 年的和平时期，其间只在部分地区发生过零星的农民起义，并且很快就被镇压了下去。

值得注意的是，正是在这样的历史背景下，日本政府放弃了火药武器技术。德川幕府对枪炮制造业和流通渠道进行了严格的控制，自1638年的叛乱之后，对火器的采购实际上已经停止。日本的火药武器工业很快就消失了，到1700年，除了少数古董般的火枪之外，在16世纪的大部分时期内，火枪在日本军队中几乎销声匿迹。这一现象并未反映出日本抵制毁灭性兵器技术的文化政策——尽管随着武士阶层作为一个封闭性社会阶层的复兴，这一切都掩盖在当时对传统刀剑兵器狂热推崇的表象之下——而实际上是日本政府为了控制和消除潜在的社会及政治动乱所采取的政治决策。在日本国内的政治竞争尘埃落定，且中央政府清除了外国势力的介入干扰之后，这一政策才有条件实施。是出于政治需要，出于日本统治阶层的利益需要，而非出于文化诉求，日本的火药革命才会出现倒退。

中　国

1449年土木堡之变（详见第14章），瓦剌（蒙古人的一个分支）军大败明朝军队，迫使明朝不得不对北方邻居采取防守之势。经过长达一个世纪的长城修建，明朝政府试图用长城将自己同蒙古人以及其他游牧民族政权隔离开来。与此同时，明朝政权内部的文官（特别是宦官）对军队的控制力越来越强。明朝时期在军事战略和战术上的唯一创新，发生在16世纪中期明军抵抗倭寇对中国东部沿海地区的入侵时。16世纪后期，当在朝鲜对阵技术更为先进、纪律更为严明的日本军队时，明朝军队的孱弱暴露无遗。

17世纪中期，满族人统治了中国，这对中国的军事历史产生了深远影响。明朝后期，中国已经初步应用了西方样式的火药武器。而清政府扩大了这一火药武器技术的应用。到1700年，火药武器已经完全融入了清朝的军事体系，成为其重要部分。正如日本一样，清政府对于火药武器的接纳，得益于其本来就十分发达的大规模步兵作战体系。中国版的早期现代军事变革，使得清朝最终完成了此前其他朝代仅仅短暂完成过的两个目标：成功构建一个文官控制的高效的军队体系，并一劳永逸地征服蒙古人。

明朝后期，1500—1644年

一个变化的体系　明朝初期沿用宋朝旧制，实施文官掌管军队的做法，为的是防止将军权力过大而又忠心不足出现分裂叛乱的危险（详见第14章），但这一做法是以牺牲军事指挥效率为代价的。各省文官掌控着本省的军队，而首都附近的卫戍部队一般由京城的文官或者宦官掌管。到15世纪中期，土地供养军队的体系崩溃，士兵的生活条件和状态不断恶化。此前，士兵的来源是那些世代从军的军户，但到了15世纪50年代，士兵开小差当逃兵的比例急剧上升，明朝政府不得不认真组织征兵工作。新征来的兵不少都是罪犯、暴徒和无业游民，他们被送往兵员紧缺的前线要塞。明朝军队本来就声誉不佳，这些新加入的各类罪犯、无业游民等更是拉低了其整体素质，导致其在百姓中的声望更是直线下降。尽管如此，前线仍然缺兵，到了 16 世纪中期，专门的征兵部队被派往农村地区四处抓壮丁，没有跑掉的男性村民一律被抓走充军。由于跑得慢的老年男性大都被当作壮丁抓走了，结果造成明朝军队中士兵的平均年龄持续走高。

1449 年的土木堡之变，明朝军队惨败于瓦剌军队，政权岌岌可危。明王朝意识到其军队并不可靠，因此转而大兴土木修建长城，企图用长城将自己与蒙古人隔离开来。富庶的中国有实力进行这样浩大的工程，不过，在贫瘠的边境前线地区动辄动用数万名夫役，运输数千吨的建筑材料、食物以及其他补给品，仍然相当劳民伤财。明长城的建筑工程尽可能地依据地形地貌展开，这道屏障大部分是砖石结构的，沿线布有岗楼、瞭望哨、兵营以及其他防御设施。在某些区段，甚至建有重叠交叉的长城，在前线城墙被攻破之后，它们可作为士兵退守的据点。这就是著名的"中国长城"。不少人把明长城和公元前 3 世纪秦朝的长城误认为是同一条长城。其实，我们今天所看到的明长城比秦长城更长、更宽，也更为坚固。明朝的将领们相信，尽管长城无法阻止蒙古人入侵，至少也能够抵挡一时，延缓其攻势，为后方组织防御争取更多的时间。因此，从这个意义上讲，明长城的作用在于抵消蒙古骑兵的高机动性优势。

16 世纪的中国明朝进行过数次军事改革，尽管仍然存在重大问题，特别是涉及前线戍边军队的问题没有得到有效解决，但改革仍然使得明朝军队能够更为有效地抵御来自外部的军事威胁。首都附近的卫戍部队统一称作京军，不断从前线戍边军队中抽调最精干的力量加以补充，使得前线军人素质下降，这也成了压垮中国有效防御外敌体系的最后一根稻草。此外，成千上万的家庭被朝廷强迫迁移到边境地区居住生活，目的是为这条长城防御线提供稳定的兵源。

16 世纪及 17 世纪的明朝变得越来越依靠火药武器，明军更多地使用欧洲样式的火器，以替代从宋朝就开始使用的设计过时的旧式火器。1523 年，两艘葡萄牙舰船被明朝俘获，船上的火器被明朝政府仔细研究并加以仿制。不久后，中国的武器工匠们就能够制造火枪，特别是欧洲样式的大炮。此外，中国明朝还从葡萄牙采购更多的大炮。到 16 世纪后期，首都建起了一座兵工厂，在葡萄牙传教士的监督下，明朝政府在那里用黄铜或青铜制造巨型大炮。这些大炮被放置于可旋转的炮座上，部署在长城沿线的战略区段，或者防御外敌的北方重镇的城墙之上。

关于中国到底是通过何种方式接触到并且大规模应用葡萄牙式火绳枪的，学术界一直有争论。这种改良的新式火枪，在中国被称作"鸟铳"或"鸟枪"。有资料显示，中国人最早是从倭寇那里得到这种葡萄牙式先进火器的。一旦有了样枪，明朝便建立了许多兵工厂成千上万地生产这样的火绳枪，其中最大的兵工厂位于北京和南京。到 16 世纪 60 年代，几乎在每个军事重镇都可以见到生产这种火绳枪的兵工厂。火药武器很容易就融入当时已经相当成熟完备的国家武器分配流通系统，只需在军事管理上略做调整，火器便能依靠政府的物流体系送到步兵的手中。不过，当时仍然存在火器制造工艺和质量参差不齐的问题，而且火器的真实生产数据肯定要比官方声称的低得多。

煞费苦心地营建长城，沿线部署百万计的防御兵力，不断增加火药武器，这一系列措施本应该使明朝有足够的力量防御北方的敌人，然而现实情况是，北方的蒙古人多年来几乎随心所欲地突破明朝的长城防线，攻入内地。从 1550 年开始，蒙古人在俺答汗的率领下几乎每年都要攻入中国北方地区。许多次，蒙古军队兵临北京城下才被赶走，或者接受贿赂后才肯离去。蒙古人对明朝首都的侵犯破坏性极大，以至明朝开始考虑迁都南京。不过，双方最终达成和解，明朝同意向蒙古人支付银两并且开放边境市场同蒙古人进行贸易。具有讽刺意味的是，明朝支付给蒙古人的钱财，比政府维持长城防线的费用要少得多。

对倭寇入侵的军事反击 中国东部沿海地区常常受到海盗的袭扰，这些海盗大都将大本营设在外海的岛屿上。海盗的袭扰是件麻烦事，但对整个国家来说倒是无关痛痒。不过，到了 16 世纪中期，一种全新的、规模更大的海盗集团开始威胁中国。早年间，这些来自日本的海盗都将基地设于日本的岛屿，因此他们被中国人称作"倭寇"，意为来自倭国的海盗流寇。后来，这群日本海盗与中国本土的海盗团伙联合，组成了一个动辄数千人、上百条船的海盗集团。整个中国东部沿海地区的财富被掠夺殆尽，甚至连人口都被掠走为奴。此外，倭寇开始将基地设在中国海岸线外的岛屿上，甚至有时就将基地直接设在中国大陆上。

对于如何应对倭寇，明朝政府一时束手无策。倭寇可以自由选择进攻位置，并在明朝军队赶来之前就撤退逃离。明朝政府不可能在如此长的海岸线上都部署守军，况且明军数量本来就不多，战斗力也堪忧。明朝军队赶来追击倭寇，常常会对地方造成二次伤害。不少当地渔民的船都因为被怀疑私通倭寇而没收充公。明朝皇帝曾经向日本发去诏书，要求日本政府出兵清剿倭寇在日本的巢穴。但是日本在"应仁之乱"后局势混乱，已经没有一个强有力的中央政府可以出兵打击海盗。

1556 年，明朝将领戚继光奉命前往浙江抗击倭寇。戚继光改进了明军体系，从当地人中招募士兵，并从一个新设计的人头税体系中获取资金，为部队提供持续稳定的供给。戚继光的下属中，许多人都是其亲属，他们在军中负责领兵打仗，并协调与地方官之间的配合。这支军队被称作"戚家军"。戚继光还在村民中组织起了民兵，在沿海修建了瞭望哨，并在离岸岛屿派驻了兵力。严明的军纪为戚家军在当地民众中赢得了较好的口碑。同荷兰"拿骚的莫里斯"一样，戚继光利用无战事的冬歇时间进行练兵，并编撰了详尽的训练手册，这本手册成为之后数个世纪中国军队研究训练方法的典范。戚继光的这一系列措施十分成功，到了 1562 年，戚继光被委以指挥全面抗倭战争的重任。而戚家军尽管似乎仅忠于戚继光一人，也发展成为全国性的军队。

1567 年，戚继光被朝廷派去组织领导抵御蒙古人的全国性行动。戚继光采用了一套类似于他在东海沿岸抗击倭寇时使用的体系，即小型的地方民兵武装、数以百计的瞭望哨和防御塔、大量火药武器的使用、部队进行长期的艰苦训练——这一切都是为了遏制蒙古骑兵的机动性，然后利用大量步兵围困或歼灭他们。戚继光的理念，并不是纯粹的防御，他甚至还组织了明朝骑兵深入草原对蒙古人发起过几次进攻。戚继光建立的这套体系初见成效，但是戚家军势力不断壮大，引起了朝廷的警惕。1582年，当明朝政府与蒙古人达成赔付银两并开放边境贸易的协定之后，来自蒙古的威胁暂时解除了。戚继光旋即被解除了军事指挥权，并被明朝皇帝痛加斥责（参见专题A：维持文官体制与军事指挥之间的平衡）。除了抵御外敌之外，戚继光其实并没

专题A：维持文官体制与军事指挥之间的平衡

因为遭到朝廷文官的嫉妒与猜忌，戚继光被革职弃用。而极具讽刺意味的是，戚继光本人就曾著书论述过如何恰当地处理好文武官员之间的关系，其部分内容摘录如下：

> 天地之道，惟阴与阳；治世之具，惟文与武。文武者，阴阳之义也。故治乱相寻，本阴阳叠运，必文武并用，乃相济有成。

戚继光随后解释了为什么在上古时代战争不断，正是因为没有处理好文武之道。至于后世——例如后来的汉唐时期——依然难以处理好文武关系。

> 讫于我朝以武功驱除僭乱，恢拓区宇，一时握戎者辄以汗马自骄，纷然多事，以故防微虑重，军政肘掣。
>
> 承平二百年来（自从1368年明朝建立以来），文法日密，不惟分党而治，抑且恶兴而攻，惟驭众临垒为将士之责，而粮饷赏罚操纵予夺，纤细之事，悉在有司，即器具行伍教授法令，亦缙绅预其章程，复不关于利害，故文武势分，情格阴阳之义，判而相成之实堕矣。
>
> 盖当思之朝廷设官分职，外而百里之令、五百里之守，上而旬宣之司，激扬之位，皆所以保民也。

资料来源：戚继光著《练兵实纪》。

有指挥戚家军进行过其他任何行动，而且朝廷一直以来都通过发放军饷等手段限制戚家军的发展，但是，文官政府还是受到唐朝先例的影响，对坐拥兵权的武将极度不信任。戚继光最终被革职，永不叙用，部分军队继续沿用戚家军时期的体系及训练方法，而其他不少军队重新堕落回之前孱弱的状态。戚继光遭革职弃用，使明朝其他将领都明白朝廷的言外之意，任何不是从文官中脱颖而出的成功军事将领都会遭到朝廷的怀疑。具有讽刺意味的是，当17世纪满族人进攻明朝时，一些独立的将领确实没能让朝廷放心，威胁到了明朝政权的安全。

明朝的覆灭和满族人的征服 击退了倭寇并减轻了来自蒙古人的军事威胁，这些成就使人

产生了整个明朝军队依然强大的错觉。其实，明军中的许多部队长期缺乏训练，纪律涣散，已与土匪强盗无异。最精锐的部队不是部署在边疆前线，而是常常被派去押送运往京城的粮食与税银。而军官，不管其职位是家族世袭而来、科举考试而来、富商捐官而来，还是朝廷委派而来（一般是宦官）的，大都无法胜任、腐败不堪。

16 世纪末，日本入侵朝鲜，严重威胁了中国明朝的安全。最终，明朝政府派出 20 万大军入朝作战。明朝的军官搜遍了中国农村地区，抓壮丁充数，数百万两的白银被用于武器采购和后勤补给。明军中的一些将领还是相当尽职尽责的，他们奋勇作战，与日军战至僵局对峙。但是其他一些明军将领把这场战争看成是一次贪污捞钱的大好机会，据记载，数以千计的明军士兵在朝鲜冻饿而死。尽管明朝军队和文官系统中的官员们腐败横行、能力低下，但能够为如此大规模的入朝作战保障后勤补给，仍然令人刮目相看。很明显，明王朝气数未尽，还没有到穷途末路之时。

与日本的战争，极大地消耗了中国的财力，且加剧了军队的腐败。不过，中国令人惊叹的富裕程度，特别是来自中国南方各省的钱粮，使得国家仍能正常运转，并至少可以挨过之后的几十年时间。到 17 世纪 20 年代，许多明朝部队名存实亡，没有了实际部队，只留有番号。朝廷的军饷花费越来越高，却受到层层盘剥，最终能用在一线部队，特别是北方前线部队的钱粮少之又少。据史料记载，军中不少士兵饿死，并出现整支部队哗变叛乱的情况。与此同时，中国东北地区的满族人对明朝的袭扰愈加频繁和严重。为了抗击满族人的袭扰，就如当年准备入朝抗击日本一样，明朝需要重新征召士兵。北京城的兵工厂日夜赶工，尽可能多地铸造枪炮，以部署在长城内外的各个城池用于防御（明军发现，满族人的骑兵很难抵御火药武器的攻击）。到 17 世纪 40 年代，明军不仅要抵御满族人的袭扰，还要时刻提防大多由逃兵组成的大量起义军。为了应对上述两大军事威胁，以及与当年唐朝末期极为相似的混乱局面，中国明朝的将领们被赋予了极大的自主权。正当中国地方军阀势力逐渐坐大，政权岌岌可危之时，来自东北地区的清朝军队一改以往袭扰的传统，开始正式大举入侵关内。通过一系列漂亮的军事和政治战略组合拳，清朝政府统一了中国。

清朝初期，1644—1757 年

八旗制度的形成 满族部落是 12 世纪曾经征服过中国北部地区的女真人的后裔（详见第 9 章、第 14 章）。满族部落承认大明朝的政权，但并不直接接受明朝的管理。明朝对满族的政策是，维持其内部各部族分裂的状态。但随着明王朝日渐衰落，满族各部在一个名叫努尔哈赤的部族首领的带领下，逐渐走向强大和统一。

当新的部落归顺时，努尔哈赤就把他们编入一个称作"八旗"的体系里。尽管主要还是作为一个军事体制，但八旗制度全面控制着旗下成员的生活，范围从经济利益直到社会地位。每个成年的满族男性，连同他的家人和奴隶，都要被编入一个 200～300 人的被称作"牛录"的组织。每5个牛录组成一个"甲喇"，每5个甲喇组成一个"旗"。一开始，满族人只有4个"旗"，分别是黄、白、蓝、红。后来，加入了4个新"旗"，颜色与原来的4旗相同，只是镶上了红色或者白色的边。每个满族男性预期都将成长为合格的马上弓箭手，而每个牛录都必须按要求从成员之中选拔一定数量的士兵，其余的成员则从事农业生产或者其他经济活动。常备军士兵一般穿统一的制服，重装骑兵穿戴同他所属的"旗"颜色相同的盔甲。几乎所有的满族士兵都是轻骑兵或者重装骑兵，步兵则由朝鲜或者明朝的战俘组成。

努尔哈赤任命自己的几个儿子分别担任八旗的旗主，并安排亲属担任大多数甲喇的首领"甲喇额真"。不过，同成吉思汗一样，努尔哈赤也需要任人唯贤，将有军事才能的人安排到首领的位置，所以如果他的儿子作为旗主却不能胜任，也会被换掉。出于政治原因，努尔哈赤有时会安排一位副手作为指挥官去领兵打仗，而不直接替换掉能力有限、可能无法胜任的旗主或甲喇额真。没有战事之时，各旗会持续进行操练。同样也是效仿蒙古首领成吉思汗的做法，满族各旗经常联合举行大规模的围猎活动。

努尔哈赤的儿子兼继承人——皇太极，进一步改革了满族八旗制度。皇太极同他父亲一样坚毅冷峻，采取措施将八旗规模进行扩充，并使其官僚化，同时向各旗引入了新式武器。通过结盟或者征服的手段，满族人将一些蒙古部落纳入麾下，编为"蒙八旗"（一开始是四旗，后变为八旗），旗主由满族贵族担任，效仿满族八旗的组织形式。17世纪40年代，明朝军队中投降的部队被满族人纳入麾下，编为"汉八旗"。汉八旗建立的重要意义，不仅在于其数量庞大，更重要的是，几乎所有"在旗"的汉人都来自原来居住在中国东北的汉人聚居区，他们几乎通晓满、汉两种语言，对于今后清朝统一广袤的中国内陆，他们无疑充当了良好的润滑剂。

汉八旗部队常常作为步兵或者是炮兵部队使用。汉八旗的炮兵部队在后来清朝统一中国的过程中，特别是在初期，起到了重要作用。我们知道，明朝军队在对抗满族军队时，十分倚重火炮的威力，而满族军队也经常因为被明军火炮击退而大伤脑筋。努尔哈赤本人就是被明军的火炮击伤而不治身亡。皇太极坚信，拥有火炮对于其军队的胜利十分重要，因此他专门派兵攻陷了储备有火炮武器的城池，得到了一批火炮。此外，皇太极还得到了葡萄牙人的帮助。葡萄牙人同意在后金当时的都城盛京（今沈阳）帮助建立一个火炮工厂。汉八旗部队随后加紧操练，掌握火炮操作技术，在之后对阵明朝军队的攻城战和野战中，炮兵发挥了巨大作用。

1636年，皇太极正式宣布改国号为"清"，并提出统一全中国的政治纲领。首先，在征服察哈尔蒙古之后，清朝保证了其右翼的安全。此后，皇太极又发兵征服朝鲜。新成立的汉八旗炮兵部队在攻占朝鲜堡垒工事的战斗中发挥了巨大作用。最终，朝鲜国王俯首称臣，清朝的左翼安全也得到了保证。1644年，皇太极死后的第一年，大明王朝在国内一支规模庞大的起义军的进攻中终于土崩瓦解，京城亦被占领。之后不到两个月的时间，八旗军攻入北京。

"后征服时代"的清朝军事体系　在北京建立了政权后，清朝政府继续竭力扫除明朝的残余势力。明朝皇室成员也纷纷在中国南部起兵，抗击入侵的清军。如果清军只有八旗部队，则局势很容易同当年的宋朝一样南北分治，南方汉族政权无法收复北方，北方的清朝政权也无法消灭南方政权统一全国。不过，这次不同的是，南下进攻的军队中，有大量在原明朝将领指挥下投降的汉人部队。这支囊括了满、汉军人的大军在军事上取得了成功，于1662年统一了中国大部，仅余台湾岛还在明朝残余势力的控制之下。

协助清军攻下大明江山的原明朝将领们得到了应有的封赏，被委任为封疆大吏。满人的八旗部队则大都部署在京城附近，拱卫京师。不过，1673年，汉人将军们发动叛乱，史称"三藩之乱"，清政府只得借助忠于朝廷的汉人军队才得以将叛军镇压。这一事件促使清政府对当时的军事体制进行了改革。1682年，在平定三藩之乱后，清政府建立了新的体制，一举解决了由来已久的一个问题——既保持较高的军事效率，又保证军队能够听命于朝廷。这一体系一直沿用到19世纪中期。在这一军政体系下，直到20世纪清朝覆灭之前，清廷不仅避免了内部出现军事叛乱的威胁，而且在整个18世纪不断开疆拓土，通过军事扩张将大量土地纳入大清帝国的版图，并且一劳永逸地解决了蒙古对其的威胁。

清朝的军队主要分为两大体系，分别是八旗军和绿营军。八旗军仍然是清王朝的中坚力量，其军事首领和组织管理机构均在首都北京的紫禁城附近。八旗军的主力大都部署在首都以及龙兴之地满洲。其余八旗兵则驻防在全国的战略重镇和具有战略地位的水道附近，特别是长江以及大运河。八旗军的兵营驻地是与周边普通民众严格隔离开的，形成了筑有高墙的城中城。八旗部队一般会定期轮换驻防，从北京或者满洲换防至地方各省，而在换防的过程中，只有军官才有权携带家属随之迁移。八旗军的军人身份是世袭罔替的，但是当八旗子弟人口总数增长得过于庞大之后，清廷时常将汉八旗与蒙八旗的部分军人重新划归为平民。1700年，当汉八旗的人口成为旗人总人口中的多数时，清廷开始将部分汉人削除旗籍。到了1800年，满族人又重新成为旗人中的大多数。

八旗军队中的军官职务大多是世袭的，军官的任命和晋升之路由皇帝通过掌管旗务的机构牢牢控制着。当然，一个普通的旗人也可以通过战场上的英勇战斗获得赏识和提升，甚至最终升到旗主的地位也有可能。每个旗的驻地都会有练兵场，特别是在驻防地的军营，八旗军官按要求是必须带领士兵们进行军事操练的。在18世纪中期之前，大部分满族旗人都是步兵，只有一小部分精英部队是骑兵，且都在首都执行防卫任务。相比之下，几乎所有的蒙古八旗部队都是骑兵，且大都在地方各省驻防。1757年，清朝共有25万常备八旗兵，其余编外和临时的武装力量更是达到几十万之众。

清朝的绿营军主要由汉人组成，这是一支具有警察性质的部队，主要任务是维持地方治安并镇压地方或者省级规模的小骚乱。18世纪中期，绿营军规模已达60万人，尽管相对于清朝总人口的迅速膨胀，这一军队规模并不十分惹眼，但这一绝对数字也够大。绿营军规模庞大，其指挥权却被朝廷故意拆散。按规定，除了战时，没有任何一个军官可以指挥超过5000人的绿营部队。在当时整个中国境内,遍布数百个小型的绿营军驻地和哨所,有些军营驻军极少,甚至仅有 12 人。这些驻军担负着治安巡逻、押送人犯、运送税银以及其他一些安防职责。各省军事长官——提督负责总管本省的绿营军队,当然,各省行政长官——巡抚所辖的武装力量不在提督管辖范围之内。而各省巡抚所辖部队最多不超过 5000 人。

绿营兵并不是世袭的,但实际情况是,新兵经常从老兵的兄弟或者儿子中征召。在绿营军中当兵,可以成为一个终身的职业,但如果士兵们自己愿意,也可以脱下军装退役成为老百姓。如果老兵没有儿子或者兄弟,他的侄子或者其他亲属也可以被征召入伍,清政府甚至会从完全没有行伍背景的家庭中征召兵员。绿营军的军饷、装备、供给、训练等一干事宜均由朝廷兵部负责。虽然绿营军的军饷福利相比八旗军要少得多,但至少到 19 世纪之前,绿营兵还能按时稳定地领取军饷。每个省都设有绿营骑兵部队,但其重要性并不高,绿营军中的绝对主力仍然是步兵和炮兵部队。

绿营军的军官一般有两个来源。第一,来自八旗军的军官。八旗军官天然具有被任命为绿营军军官的资格。不过,这种情况一般发生在绿营军执行出征作战任务的时期。八旗军官被临时任命为绿营军军官后,并不会失去他在八旗军中原有的身份,这意味着他仍然可以比绿营军中的同僚们拿更高的军饷。绿营军军官的论功行赏及晋升事务由兵部掌管,而在绿营军中任职的八旗军官,其评功与晋升事务由朝廷负责旗务的机构掌管。第二,绿营军军官还可来自清朝的武举应试体系。当通过了一系列考试,包括如《孙子兵法》在内的中国传统军事理论知识考试,以及骑术、射箭、举石等一系列身体力量和耐力的考核之后,应试者便可获得在绿营军中担任官职的资格。从技术上说,绿营军军官的职务向所有应试者开放,但实际上大部分的候选人都来自世代具有行伍背景的家庭。和八旗军一样,在某些情况下,如果绿营军士兵在战斗中表现英勇,也有可能被提拔重用,成为军官。绿营兵如果表现优异,兼具过人的本领和勇气,甚至也有可能被纳入八旗军中。

到 1700 年,各种样式的火器成为清朝军队的标配,无论是八旗军还是绿营军,都在相当程度上依赖火绳枪。那时的火绳枪主要有两种基本类型,在设计上与明朝火枪较为相似。除了北京和其他大城市拥有制造枪炮的兵工厂之外,在一些驻扎大部队的军事重镇也设有兵工厂,生产火绳枪、抬枪(一种由两人操作的较重的火枪)和各种不同口径的火炮。同明朝一样,清朝最大口径的火炮也是在天主教传教士的监督下在北京生产的。基于这种大炮的技术起源,它们被称作"红夷大炮"。此外,这些外国火器制造专家还时常被派往前线,现场监督铸造大型火炮。私自制造和拥有火器在清朝是禁止的,不过这一禁令执行得并不严格。因此,民间仍然保有大量的火药武器,它们常常被犯罪分子用以违法作乱。

为什么清朝一直使用火绳枪而没有升级采用更为先进有效的燧发枪呢?实际上燧发枪在 18 世纪时已经在欧洲军队中普及了(详见第 16 章)。清朝的军事统帅们其实是知道燧发枪的,他们甚至在 18 世纪 70 年代与缅甸的战争中见过这种武器。清朝的官员们记载了缅甸从法国人那里购买的这种先进武器，尽管清政府意识到了这种武器的先进性，却没有采购它，更谈不上为部队升级换装。也许是因为缺乏强大的敌人，反正不管是出于何种原因，清政府没有升级采用燧发枪，这一情况一直持续到19世纪中英鸦片战争之后。

值得注意的是，和日本的情况一样，火药武器引入中国这一事件本身并不具有革命性。中国健全的机制将火药武器很好地融合进了现有的大规模步兵体系之中，欧洲式的火器并没有改变中国的这一体制。火药武器确实对原先由精英骑射手引领的满族人的社会结构产生了一定的冲击，但是在八旗军转变成一个官僚的、中央集权的军事组织的过程中，火药武器只是一系列影响因素中很小的一个。

虽然火药武器并没有在多大程度上影响中国传统的社会结构，但其大规模的应用对明清两朝与其北方游牧民族的关系产生了重要影响，改变了这一区域的地缘政治。在攻城战方面，无论作为攻方还是守方，由于得到火药武器的帮助，明朝军队抵御蒙古人和满族人的能力大大加强了。清军后来也学会了使用火炮攻城，这给清朝统一全国并防御其西部边陲提供了极大帮助。火器的应用赋予了明清两朝对抗蒙古游牧民族的决定性优势。18世纪时，清政府征讨大小金川叛乱。大小金川位于中国四川西部、西藏东部地区，地处山区，当地人修建了上百座小型的石头堡垒。想要征讨这一地区，清军必须先摧毁这些堡垒，这是一项巨大的工程，攻破每个堡垒需要数百名士兵参与战斗，清政府最终花费数年时间才得以清除完毕。如果不是清军使用了开花弹、燃烧弹等各类火炮弹药，大小金川是不会那么容易平定的。当时为了对付规模较大的石头堡垒，清军甚至在战场上就地铸造火炮，用以攻城。

18世纪的军事行动 18世纪时，清朝领土之稳定、国内局势之安定，中国历史上的任何朝代都难以企及。从17世纪后期开始，经历了一系列的大规模扩张之后，清政府牢牢控制了台湾，征服了西藏、四川西部和新疆，通过武力迫使缅甸、尼泊尔和越南接受或者延续其附属国地位。此外，可能是最为重要的，是平定了蒙古，确保蒙古人不再对中原的稳定产生威胁。在这个过程中，外交和经济因素发挥了一定的作用，但总体来说，是军事因素发挥了决定性作用，促成了这一成果。

这一系列军事行动，都是在雍正皇帝建立的军机处的协调下完成的。军机处的成员大多是满族贵族，在皇帝的授权下参与管理国家军务。经皇帝的批准，军机处负责挑选作战的将领和部队，并负责后勤保障事宜。整个大清帝国境内建有大量驿站，皇帝和军机处的信使可以通过驿站迅速向各地官员传递涉及交通和补给事务的命令。出征的将领们从获任命时起，就掌握了军事指挥权。皇帝一般会主持一个庄严的授权仪式，用以任命出征将领。而将领与皇帝的通信以及对朝廷的需求，可以直达圣听，甚至不需要经过军机处审看。军队出征的主要路途沿线，会设立皇家粮仓和兵器库，这样远征军可以从库中获得粮草补给和武器，而无须过度加重地方的负担。

军事行动的指挥官一般来自有作战经验的满八旗或汉八旗军官，在之前的战争中表现优异的绿营军汉人将领也可能获任较高军职。军队士兵则可能来自八旗军或绿营军。有时候，奉命出征的绿营军部队指挥官，会由拱卫首都的八旗军军官临时担任。无论何种情况，赴前线参战的八旗军或绿营军都有可能是调拨自国家任何一个驻防区的部队。就部队而言，来自东北地区或者戍卫边防线的驻军被认为是最有战斗力的部队，来自关内的驻军则不是那么可靠。例如，驻守南京的八旗军被认为基本不适合打仗了，因为根据一份调查显示，这群八旗子弟不但不进行马上骑射操练，反而将备用马匹杀掉买卖，在南京城里开了多家马肉汤连锁餐馆。就绿营军而言，来自贵州和湖南的部队在战场上赢得了英勇善战的声誉，来自浙江的部队则战斗力孱弱，遭到皇帝的轻视和斥责。

清朝在 18 世纪最为重要的远征行动，可算是 50 年代征服蒙古准噶尔部的战争了。同明朝一样，清朝在后勤补给等方面有能力支持远征军深入辽阔的蒙古草原进行作战。清军征讨蒙古军队的战略是，由骑兵部队连同其蒙古盟友追踪到蒙古军队并拖住他们，直至己方的步兵大部队和炮兵部队赶来参战。蒙古军队虽然机动性强，但仍然无法抵挡装备有火绳枪的大规模清军步兵和杀伤力强大的炮兵。在战争中幸存的蒙古准噶尔部人后来遭到残忍的杀戮，显示出清朝要一举解决北方游牧民族对中原的威胁。

结　论

1500—1800 年的东亚军事变革，尽管与世界上其他地区一样都与火药武器的引进相关联，但明确显示出这一地区的政治与社会经济因素才是对火器技术的作用产生决定性影响的。由于中国早就拥有了历史悠久而成熟的军事管理体制（尽管不总是那么高效），对火药武器的接纳相对容易，且几乎没有引发什么革命性的社会效应。而日本在这一点上表现得更为明显。一个十分独特的现象是，日本在最初十分有效地接受了火药武器之后，对其军事体系实行了"去革命化"。例如德川幕府时期，日本的统治阶层就视社会和政权的稳定性要比社会发展或技术进步重要得多。因此，这一新的军事技术并不一定就会引发革命性的结果，除非当时当地的各种政治、社会环境等已经发展到了可孕育出激进变革的成熟期。

这一历史时期的东亚状况，也反映出那时所谓"欧洲先进性"或"欧洲的优势"并不是那么明显。实际上，只有在工业革命之后，中国和日本才真正在军事上明显落后于西方，而日本仅仅在落后一段时期之后，很快于 19 世纪又迎头赶上，重新加入了工业军事强国的行列。从另一个角度看，中国在清朝时征服了北方游牧民族，这至少从某一方面显示出火器确实对彻底改变世界军事力量的平衡产生了作用。这一作用和影响不是针对欧洲的，而是除了中亚游牧民族之外，作用于其他所有的农耕文明的。考虑到中亚游牧民族上千年的统治历史，这一发展变化当然十分符合"具有革命性"这一定义。

推荐阅读

The Cambridge History of Japan, Vol. 4: Early Modern Japan. Cambridge: Cambridge University Press, 1991。本书介绍了该时期军事发展的广泛背景。

Chan, Albert. *The Glory and Fall of the Ming Dynasty.* Norman: University of Oklahoma Press, 1982。本书中的几个章节介绍了明朝末期的军事情况。

Chase, Kenneth. *Firearms: A Global History to 1700.* Cambridge: Cambridge University Press, 2003。本书部分分析存在严重缺陷,应认真阅读,但书中仍然包含了丰富的东亚军事系统、武器、战术和战斗的信息。

Hall, John W. *Government and Local Power in Japan, 500 to 1700.* Princeton: Princeton University Press, 1966。本书是关于备前国(Bizen)的开创性研究,研究了中央政府与地方土地占有和行政之间的联系。

Huang, Ray. "The Liao-tung Campaign of 1619." *Oriens Extremus*, 1981。本文是对中国军事行动少有的详细描述之一。

Morillo, Stephen. "Guns and Government: A Comparative Study of Europe and Japan." *Journal of World History* 6 (1995), 75-106。本文用比较的方法重新评估了日本战国时代和欧洲军事革命的区别,强调社会经济原因而不是技术刺激。

Perrin, Noel. *Giving Up the Gun.* Boston: D. R. Godine, 1980。本书是一部清晰易读的关于日本枪支兴衰的著作,很好地解释了发生了什么,但是相比于莫里罗提出的因果关系,佩林这本书严重低估了政治动机。

Totman, Conrad. *Politics in the Tokugawa Bakufu.* Cambridge: Harvard University Press, 1967。本书是对日本统一后政府运作的经典研究。

Turnbull, Stephen. *Battles of the Samurai.* Arms and Armour Press, 1987; *Samurai Armies, 1550-1600.* Osprey, 1979。本书提供了丰富的关于日本战国时期军队组成和战术的细节。

Waldron, Arthur. *The Great Wall of China: From History to Myth.* Cambridge: Cambridge University Press, 1990。本书介绍了明朝修建长城作为安全/军事问题的广泛讨论。

Wakeman, Frederic, Jr. *The Great Enterprise.* Berkeley: University of California Press, 1985。本书提供了丰富的明末清初的军事资料,包括早期的军区和它们的社会起源,以及对一些军事行动的描述。

Waley-Cohen, Joanna. "China and Western Technology in the Late Eighteenth Century." *American Historical Review* 98(1993),1525-1544。本文讨论了西式火炮在18世纪后期的一些战役中的重要作用。

第20章
航海时代

海战，1500—1750 年

正如前面的章节所述，这一历史时期的陆上战争并未显示出军事革命的迹象，与火药武器相关的变革通过不同方式影响着世界上的多个地区，却并没有给某个区域带来特别明显的压倒性优势。只有 18 世纪上半叶西欧在军事技术上的革新，使其脱颖而出，逐渐领先了世界其他地区。不过，西欧的这一优势在规模效应上十分有限，也并未对全球格局产生什么影响。

陆上战争如此，海战的情况却大不相同。海战毫无疑问体现出了重量级军事革命的特征，从多个方面极为深远地影响了战争的形态，且对全球产生了明显的冲击。可以毫不夸张地说，海战的变革以及航海活动的进步，是这个时期最为重要的发展。

在此之前，军事指挥官发起的海战，只是从属于陆上战争的附属作战。一般情况下，舰船总是游弋在离海岸很近的海域，由于后勤保障、导航技术以及船体强度等各方面的限制，舰船无法过于远离港口。那时的战船，充其量是装载了一群士兵的商船罢了，其装载的还不是海军陆战队，而是一群并未接受过船上作战训练的陆军士兵。不过，这群士兵也并不需要接受专业的船上作战训练，因为那时候的海战就是两支舰队遭遇后互相登船大混战，也就是说，基本上就是在漂浮的平台上作战的陆军步兵战法。虽然地中海地区的专业海战舰船已经有很长的历史了，但这种桨帆并用的大海船其实与运兵船无异。船上载有大量的士兵，船只的载货空间和适航性十分有限，使它们比其他类型的船舶更为依赖港口，无法远离海岸。简言之，在此之前的海战基本不单独发生，仅仅作为陆战的附属行动，在全球舞台上毫无存在感。这时的世界格局是，来自广阔草原上的游牧民族将欧洲与亚洲连接了起来，而世界上其他地区基本互不关联，各自发展。

如同第 15 章所述，到 15 世纪时，世界上有两个地方发展出了相应的航海技术，有潜力突破诸多限制，那就是中国和西欧。由于各种原因，只有欧洲完成了这一跨越的过程。到了 1500 年，综合社会经济结构和新技术的发展等一系列因素，欧洲的大西洋沿岸一线产生了通过新途径开展远洋航行的动机和技术方法。此时中国对远洋航行的放弃，加之其他一些因素，使得这一时代性的契机被欧洲牢牢抓住。

在接下来的两个半世纪里，新的社会经济结构和新技术使得欧洲人在海上掀起了一场经济与军事革命。广袤的大洋不再是交通屏障，反而成为快速通道，将各个新大陆连接起来，融入全球经济当中。欧洲海军可以在大海上航行数月，仅仅偶尔靠岸做短暂停留。他们成为世界历史上第一批海洋掌控者，至少从某种程度上说，他们利用对海洋的控制权掌握了全球大部分的国际贸易，并利用制海权去争夺殖民地。海军突然变成了同陆军一样重要的力量。本章就将为这一革命追根溯源。

革命的工具

欧洲人探索远洋的这种全新的、革命性的途径并不单单是一种新技术的产物，仅仅靠配有火炮的全装帆船（full-rigged ship）是无法造就一个大航海时代的，这一切都是当时独特的社会和经济形态下的产物。实际上，这一社会经济结构先期形成，然后才孕育出新的技术。在我们检视新的航海技术之前，必须先搞清楚孕育这些新发明、新应用的社会和经济土壤。

结构：十字军与资本家

大炮与舰船的结合，象征着商业利益与军事利益的完美结合，反映出公共需求与私人动机的结合。在这些因素的共同作用下，海军革命发生了。

欧洲对外扩张的动机　欧洲人发起远征和对外扩张的背后，永远隐藏着本质上的动因，那就是人们总结的"金子、上帝和荣誉"。这一说法其实很好地道出了欧洲人对外扩张的文化基础：一是对物质财富的贪婪，特别是当欧洲资本主义兴起之后，这种掠夺性的经济体系基于对私产的占有和对可能产生财富的资源的攫取，越来越多地影响着西欧的社会体系；二是传播宗教的狂热；三是军事竞争与征服的冲动。

就海军而言，意大利北部的城邦国家早在12世纪就演变出了资本家先驱，或者至少可以说是出现了资本家原型，并将资本主义与航海活动结合在一起（参见第15章）。尽管最早的经济活动还是从属于政治利益的，但随着经济活动的不断发展，二者的关系出现了逆转。意大利的海军行动越来越多地围绕着商业利益展开。意大利舰船负责保护商船，警戒港口，并保证有利于意大利的贸易条约得以执行，军舰甚至有时也用于装载运输高价值的货物。意大利的这种商业与军事相结合的模式，很快被其他西欧国家效仿，特别是大约1450年起，当葡萄牙人在西非打通了有利可图的商贸通道，可进行黄金、盐以及奴隶贸易时，这一模式更加体现出其实用价值。当哥伦布（奉西班牙王室的指派）发现了去往新大陆（一开始并不知道发现的是什么地方）的航线6年后，航海家瓦斯科·达·伽马（Vasco da Gama）的船队绕过非洲南部的好望角，于1498年抵达了印度，这一切表明，通过海上扩张所能带来的物质利益已显而易见。尽管葡萄牙与西班牙的海外扩张和贸易活动仍属于王室的官方行为，但随着与亚洲的货物贸易以及对美洲财富的攫取不断促进西欧的经济与社会转型，我们看到私营公司正扮演着越来越重要的角色。

对"金子、上帝和荣誉"三者的追求往往是混杂在一起的。例如，西欧在与印度进行香料贸易时，强力剔除了地中海中间商的介入，这看似完全是出于经济利益的考虑，其实还暗含着其他利益因素。因为国际香料贸易最重要的中间商就是奥斯曼土耳其人，在重视商业利益之外，葡萄牙人当然还考虑要压制住土耳其穆斯林这一战略行动，这是基督教与伊斯兰教之间宗教斗争的延续。葡萄牙和西班牙在进行海上贸易的同时也兼行传播基督教的职责，这是自11世纪以来西欧文化内在需求的外在表现。当"宗教改革"造成了欧洲在宗教上的分裂，宗教竞争便成为欧洲各国进行海外活动时无法避免的动机之一，无论它是通过十字军东征的形式，还是采取传教士推广的形式。

最后，欧洲贵族阶层十字军东征式的传教激情扎根于穷兵黩武、荣誉至上的社会文化。追求个人荣誉（以及相伴而来的财富和地位）使很多人敢于冒险，他们追随如伊丽莎白女王的海盗兼英国著名的私掠船船长弗朗西斯·德雷克（Francis Drake）这样的人，将商业行为与有利可图的战争行为结合起来。如果说之前200年来欧洲各国之间的竞争是为了争夺地位和权势，那么现在这种竞争的性质正悄悄发生改变，竞争目标变为追求名望和更为实际的财富，毕竟国王之间的竞争当然不可能仅仅是为了什么虚无缥缈的荣誉而已。

机构：政府机构、私营公司以及介于二者之间的机构　　这一时期欧洲人海外扩张是基于经济、宗教以及军事三方面混杂的动机，这一情况也反映在参与航海行动以及海战的各类不同的机构上。海军作为执行海外扩张的国家公器，仅在后期才逐渐成形。我们不能简单地将这个时期的国家海军、私人商船及海盗武装清晰地区分开来，正如此时引发海战的商业利益与军事目的常常是合二为一的。

1500年，还没有哪个国家有足够的实力维持一支具备一定规模的常备海军，一些国家仅仅保有一支规模很小的海军，不少国家甚至根本没有海军。在战时急需舰船时，政府会临时采购或租赁商船，并连同商船原来的船长和水手一并租用。例如，当1587年德雷克率领英国海军突袭西班牙加的斯港时，英国政府拥有的常备军舰仅占德雷克的舰队的一小部分。直到17世纪，尽管军舰的设计建造已经与商船结构明显不同了，但私人商船仍然在国家海军中占有相当大的比例。后来，诸如英国和荷兰的东印度公司这样的政府特许经营的大型贸易公司兴起，造就了一批私营舰队，它们为海军舰队的构成来源提供了另一种可能，因为这类海外贸易公司培养了一大批经验丰富的船长和水手，成为海军的后备人才库。这类贸易垄断型公司既为私人所有，又得到国家的授权，其存在本身就是政府与私人利益相结合的范例。总而言之，贸易与战争是一枚硬币的两面，它们无法被简单厘清，正如所获取的利益也分别流向政府和商业资本家一样。海盗摇身一变，可以成为合法的商人，还可以在政府的支持下（至少是在政府的默许下）成为战争的武器，向商船发起进攻。

随着时间的推移，海上战争与海上贸易之间的区分变得越来越清晰了。政府极力将使用武力的权力据为己有，贸易行为则划归商业公司所有。这一分离是随着17世纪后期政府常备海军的出现而出现的。不过，由于这一时期海上霸权所带来的丰厚利益不断增长，正规海军的出现并没有将各国卷入海战的经济或政治动机拆分得那么清楚。最终，在这个时期的末期，政府与私人利益的捆绑达到了顶峰，在政府与私人领域的生产、金融、政治机构的共同作用下，1688年之后，英国皇家海军诞生并作为常备力量维持。由于战舰几乎是那个年代最为复杂、精细和昂贵的技术产品，所以我们不难理解它们的产生也推动欧洲出现了最为先进的相应管理机构。

技术：全装帆船

这一时期海战的核心装备，就是技术极为复杂、配有大炮、风帆完备的全装帆船。全装帆船的两大主要构成分别是：航海和导航装备齐全的船体本身；以船体为平台，安装有大炮的火力技术系统。

舰船、航行、导航 15世纪之前，欧洲主要有两类造船模式和传统：一种是地中海式，一种是北海-波罗的海式。从15世纪的造船业发展史来看，这两种类型的舰船交替发展，互相影响，都为大型远洋舰船的诞生做出了各自的贡献。地中海式的骨架法造船工艺最终取代了北海-波罗的海式的船壳法造船工艺。不过，它仍然采用类似于"柯克船"（cog）那种北欧商船类型的更重、更圆的船形设计，并使用尾舵操纵驾驶。采用骨架法造船工艺能够造出更大的船体，因此北欧式的单一横帆的桅杆设计需要改进，增加更多的辅助风帆。首先增加的是横帆前桅，后来又增加了后桅，形成了从船头到船尾纵向设置、贯穿整个舰船的纵帆结构。这种三桅结构后来成为远洋舰船的标配，甚至在后桅也增加了横帆，并在几个主桅间加装了纵帆。这一系列技术改进的结果就是，即便是早期的改进型海船，也具备了很高的适航能力。地中海式海船的其他特征，诸如更为细长和倾斜的船身，则成为它们区别于技术改进后的全装帆船的特征。而这种早期型的全装帆船被称作"盖伦船"（galleon），人们用不同的名称来区别它们的远亲——那些传统的桨帆并用的桶状商用海船。

有了更庞大和坚固的船体、更为齐全的帆桅索具，再加上近两个世纪以来逐渐发明或引进的一系列先进导航技术，舰船向着更远的大洋深处航行成为可能。磁性罗盘能够用来指明方向，依靠星盘可以知道纬度（赤道以南或以北的区域度），此外，船员们用将每隔固定间距打结的长绳抛入水中的方法可以大致测得航行速度（航速单位"节"）。当时还没有任何直接的方法可以测得经度（东、西位置），直到18世纪后期发明了航海经线仪之后才能精确测得航船的经度。但是根据几何学原理，在知道起始位置、航向、航速以及纬度等参数的情况下，已经可以大致测算出航船所在的经度了。综上，在各种工具、设备、技术较为齐全的条件下，人们已经有可能绘制出复杂的世界海上航道图，并开展全球远洋航行了。

全装帆船可以作为一种劳动力效率很高的商船，因为操作该船仅需要相对较少的船员，所以可以空余出较为宽敞的载货空间。同样的特点也使得全装帆船成为效率很高的战舰，特别是当船上加装大炮作为主火力替代人数众多的步兵之后。一个结果就是，全装帆船比之前任何类型的舰船都能在海上航行更长的时间，因为相对更为宽敞的空间可以储藏更多的补给物资，供人数相对较少的船员消耗更长时间。如果没有发生意外或者在战斗中受损，这种结实坚固的海船能够航行数年才进行一次船体清洗和维修。实际上限制全装帆船航程和航行时间的恰恰是船员而不是舰船本身。食物特别是淡水的供应是限制舰船航行时间的一大因素，舰船必须定期靠岸补充淡水和给养。一旦缺乏新鲜的食物，船员们极易患上维生素缺乏症类的疾病，比如坏血病，此类疾病成为人员拥挤、卫生条件不佳的大海船上流行的疾病。这种新型的全装帆船技术装备如此齐全，仅需再配上攻击性火力，就完全可以称作革命性战舰了，而舰载大炮正好适时出现。

大炮与火力 几乎在欧洲出现枪炮的同时，船上就有了这种武器。一开始，船上的主要火力是步兵手持的火枪，而不是火炮。为什么这样呢？倒不是因为怕船体太脆弱经不住大型火炮垂直于船梁作用的后坐力而散架（世界上其他一些地区的舰船确实存在这种情况，包括地中海式海船，只能将大炮架设在船首），船体其实是足够结实的，能够吸收和承受大炮开火时的作用力。当时舰船上架设的火炮一般都体形较小，原因主要是这些火炮都需要架设在开放的上层甲板上，如果火炮过重，就会造成舰船头重脚轻，很容易倾覆（15世纪和16世纪初期一些舰船正是由于这个原因而倾覆沉没的）。而如果采用将火炮藏在船体内部并在船体两侧开炮窗的方式，一旦舰船遭受横风侧倾，海水很容易从船侧的炮窗倒灌进去。直到1501年，法国人发明了一种铰链式炮窗，这一问题才因技术上的突破而得以解决。现在，大型火炮可以安装在船腹更为坚固的低层甲板上，使得船舷火炮齐射成为可能。有了船舷火炮，这些舰船再也不用采取船首撞击，或者使用抓钩钩住敌船并登船的方式作战了。现在舰船只需在经过敌船时，船舷火炮向敌船船体、桅杆或船员发射实心炮弹，就能够击伤或瘫痪敌船，甚至击沉敌船。

当然，至少在理论上是这样的。大规模且有效地使用船舷火炮，是1520年之后几十年甚至是100年之后才实现的。当时的大型舰炮仍然不太可靠。这些由铁块、铁条熔化铸成的大铁炮，在开火时常常自身发生爆裂。青铜铸造的大炮则要安全得多，并且强度大，可以发射更大更重的炮弹。不过，青铜铸造的火炮造价更高，用这些大炮武装一艘舰船，成本高昂，更别提装备整支舰队了。尽管存在这些不足，但在16世纪中期之前，这种装备了舷炮的舰船的巨大潜力已然十分明显了。

实际上，基础性的海军军事技术早在1520年之前就已经成形了，或者说，直到19世纪蒸汽船和钢铁舰船出现之前，这种海军技术一直没有什么大的改变。当然，随着时间的推移，在船体设计、帆桅索具、航行技术、食物储存、卫生条件和火力配置等方面还是有一些改进的。船的吨位也随着时间的推移在稳步地增长，从16世纪中期的平均500吨，增长到18世纪的平均2000吨，再到19世纪的3000吨。随着舰船的增大，船上配备的火炮的重量、数量和口径也逐渐加大。尽管有着这些小的改进和变化，但当1805年纳尔逊（Nelson）率领英国海军在特拉法尔加（Trafalgar）作战时驾驶的那些舰船与300年前他的祖先驾驶的舰船本质上并没有什么区别。

海上力量的构成要素

战术的演变

正如我们所见,炮窗的发明很自然地使发挥舷炮威力成为单个舰船的选择,而舷炮的有效性又很自然地推动了经典的舰队战术的出现:一字阵形战术,即己方舰船首尾相连地朝着同一方向航行,整个舰队呈一条线,当舰队的侧面经过敌方时(或者与敌人同向平行航行时),舰队用侧面的舷炮轰击敌人。早在1502年,这一战术就被证实首次投入使用,当时一支葡萄牙舰队在印度马拉巴尔的海面上以此战术摧毁了一支阿拉伯人的单桅帆船舰队。

不过,这一战术第二次在大规模的海战中应用,则要等到大概50年之后了,且从那之后,该战术才逐渐开始普及。如前文所提及的,由于受到舰载大炮的质量和数量的限制,且受到长期以来根深蒂固的旨在登上敌船进行搏斗的近战混战战术的影响,这种新型的使用舰炮进行远距离攻击的战术,推广应用一直受到某些制约。从某种角度看,旨在登船作战的传统战术仍然十分合乎情理,因为一旦登船作战成功,则胜利者就俘获了一艘新船,这是十分有价值的战利品,对舰队自身的战斗力而言也是极大的提升。但对传统海战战术的改进也有其逻辑合理性和动因,在后文中我们将对此进行分析讨论。不过,新战术的推广应用要成为可能,首先得在舰载火力技术方面取得实质性进步才行。

技术进步　16世纪40年代,英国工匠首次成功地制造出了铸铁大炮,当然这里有些运气的成分。英格兰南部的铁矿石呈天然合金状态,这可以防止铁水在冷却时结晶和脆化,因此铸铁大炮性能优越,在发射时不会炸膛。又过了一个世纪,铸铁大炮的性能才变得完全可靠,并在大口径火炮方面取代了青铜大炮。铸铁大炮的推广使得用其大量装备舰船的成本变得低廉。正是在这个历史背景下,这种侧舷装备有火炮的英国舰船才于16世纪70年代成功地攻入地中海地区,而此前,这一海域一直由单层甲板的帆桨并用舰船统治。在铸铁大炮得到大规模推广应用之前,这些来自北方的新型舰船相比于地中海装备优良的传统舰船,在火力配备上并不占优势。

影响舷炮有效使用的另外一个更大的障碍,是火炮的炮口装弹方式。由于火炮安装在一个移动性较差的底座上,无法向船舱内移动足够的距离,因此战斗中第一次齐射过后,操炮小组人员需要顺着炮管爬出船体,从炮口重新装弹,在这期间,装填手悬在船体之外、海面之上,成为敌方炮火和轻火器的活靶子。即便是装弹成功,此类舰船在首次开火之后,也得间隔5分钟才能再次发射。并不罕见的是,许多舰船在向敌船进行第一轮近距离火炮平射之后,就采取抵近攻击的战术,所以舷炮攻击仅仅是传统登船作战的序曲而已。这一混合战术似乎是1588年西班牙无敌舰队所惯常采用的。

直到17世纪20年代或30年代,人们才找到解决方案,尽管最初的发明人已经无从考证了。人们使用一种类似滑轮组的装置与带轮子的舰炮基座相连接。当火炮发射时产生的后坐力将炮身向船内推进时，人们通过一种索具将炮身临时固定在舱内，并重新装填弹药。弹药装填结束后再通过相关装置将炮管推出舱外，进行下一轮射击。这种装置使得舰炮的射速能够达到每分钟一发，大大提高了操炮手们的安全，且最终提升了舰炮的火力。舰船火力的重要性不断增强，这也通过舰炮口径的标准化以及人们通过舰载火炮的数量给舰船分级的行为得到体现。1618年，最早从英格兰开始，人们通过舰船的火炮甲板层数以及舰载火炮的总体数量，将舰船分为4级，之后最终分为6级。顶尖的三级舰船被称作"第一线作战军舰"或者"战列舰"，它们船体坚固、火力强劲，能够保证在对敌作战时不会因为船体弱小或者火力不强而形成己方战线上的薄弱一环。其他三级舰船被统称为"护卫舰"，它们一般执行普通任务，例如，进攻或者保护商船，或者执行掩护、侦察、传令等要求略低的作战任务。舰船的分级和标准化，有可能进一步推动了上述舰船吨位的增加，并且促进了欧洲造船业技术和相关知识的稳步发展。

其他一些对于实施纵阵战术起推动作用的技术革新包括航行技术方面的改进，它使得舰队的调遣以及战斗阵形的保持更容易。其中最主要的革新要算帆船索具的改进了。16世纪时，帆船的风帆相对于舰船巨大的排水量来说，能提供的驱动力严重不足。后来，人们逐渐在每个桅杆的主帆上方增加两片额外的风帆，增大风帆的受风面积，更为细致地划分帆体，从而更有效地利用风力。后来出现了从船首斜桅经过前桅直至三根主桅的纵帆，它增强了舰船迎风航行的能力（舰船航行的方向与风向呈直角，甚至逆向迎风而行），更有利于舰船进出港口。此外，舰船的风帆索具得到进一步改进，变得更易使用，更为安全和结实，船壳外形同样也得到了改进。到1670年，"科技革命"的效果已经在英国的造船业显现出来，数学分析以及流体动力学测试等高新科技逐渐撼动着原本一直依靠传统和直觉的造船业，虽然这些所谓高科技测试的价值在当时并不很突出。最后一项大的改进出现在18世纪后半叶。船底和舰船外壳上的海生甲壳动物以及海藻等生物长期依附累积，不仅严重侵蚀损害木质船体，而且影响舰船航行速度。船壳包铜技术则解决了上述两个问题，大大延长了舰船使用寿命，舰船不再像以前那样需要频繁地进行修整维护了。

这个时期的这种缓慢而稳步的航海技术进步，究其根源，是由于海军所面临的严峻挑战的督促，以及发展迅速的私营航海贸易公司及工匠们的竞争，还有就是欧洲科学文化的内在发展需求。战舰是检验欧洲在工商资本主义和军事竞争的双重压力下，发生了何种变革的最好的工具。

战术：火力与近战　　如前所述，前文提到的那些技术进步仅仅是为海军纵阵战术的出现提供了可能，并不意味着一定会形成这一战术应用的结果。例如，英国人谋划与西班牙无敌舰队展开一场远距离的炮战，并不是因为他们对自己的火炮或纵阵战术有多大的信心，而是因为他们要极力避免与人数众多的西班牙无敌舰队进行近战肉搏。尽管取得了最终的胜利，但英国人的舰炮实际效果有限，难以盖过近战战术的风头。此外，西班牙无敌舰队时期与第一次英荷战争时期（1652—1654年）之间，英国缺少大型海战经验，这也在一定程度上阻碍了海军战术的进一步发展。

不过，战舰火力的提升也影响着近战的打法。在舰炮出现之前，近战战术一般指舰船抵近、抓扣并登上敌舰。现在，这一战术仍然有效，特别是当你的目的就是俘虏敌舰时，比如，对海盗而言就是如此。那么现在，当舰炮出现之后，近战的打法有了改变。逐步抵近敌舰之后，并不选择使用工具抓扣，而是用火炮对敌舰进行平射齐射，使之瘫痪或将之摧毁。近战战术提供了一种可能，那就是多艘己方舰船可以向一艘敌舰施压，不仅仅是从船的两个舷侧同时进攻，还可以向船首和船尾扫射。船尾建筑含有许多窗户和玻璃，不像舰船侧面那样使用坚固的板材，这使得船尾相对脆弱，而用舰船的侧舷炮攻击敌舰的船尾相当有效，炮弹从船尾射入，贯穿过去，能够对船员造成较大杀伤，损毁船体内部构造，如果运气好的话，还能引燃弹药库，给整个敌舰致命一击。

换句话说，抵近作战是扩大舰船火力效果的一个好方法。木质船体相当结实，使用发射实心炮弹、火力效果一般的滑膛炮，可没那么容易击败敌舰。任何不带膛线的滑膛武器，其出膛弹丸在不同射程的命中率都是相当低的。而实心弹丸主要靠的是撞击的钝力，缺乏穿透效果和爆炸效果。因为几乎所有的炮弹都击打在敌舰的水线以上，因此舰船的自然浮力就能够使其避免在短时间内沉没。想要击沉一艘大型舰船，需要足够的运气触发其弹药库爆炸，要么只能靠一点一点地打击，积累足够的创伤。火力的打击效果主要有三种方式。首先，船体的创伤积累起来可能会严重到影响船的适航性，或者使其难以跟上舰队。在第一次英荷战争中，英国人就希望通过火力打击逐渐瘫痪敌舰，荷兰人也希望达到这一目的，尽管他们的火炮口径和炮弹尺寸要比英国对手的小，从而影响了其火力效果。其次，也可以将炮口抬高，瞄准敌船的桅杆、风帆以及航行索具，这是解除敌舰机动性的一种更为直接的方法。虽然受损的风帆索具可以使敌舰陷入困境，但这并不能像船体损坏那样容易逼对手挂白旗投降。在近距离内，这种高射打法的效果还可以通过使用链弹（两个炮弹由锁链连接在一起）和杆弹（两个炮弹中间由一根金属杆连接在一起）得以加强。最后，任何一种作战方法，其结果都能导致敌方人员伤亡惨重，以至敌舰最终失去战斗力或者投降。此外，当敌我舰船相距较近时，还可以将铁钉或者其他金属碎片等装进大炮中向敌舰发射，这样能够造成敌方人员的大量伤亡，然后就可以抵近登船了。在大航海时代，海战几乎是历史上最为血腥和残酷的，往往能造成数千人伤亡。

这种打法有一个问题，那就是当你抵近敌舰进行攻击的时候，你自己也一样暴露在敌人的炮火之下。因此，不光大炮的火力（炮弹的重量）很重要，火炮的射速（这就关系到平时的操炮训练）也十分关键。比如，1680年之后的法国海军，其主要目的是保护法国商船不被英国人抢夺，因此他们的作战目标主要是开火拖延敌舰或者瘫痪敌舰，从而保证己方以及需要保护的船队安然无恙地逃脱即可，而不是与敌人决一死战以夺取制海权。

由于以上三种战术，包括联合围攻敌舰的战术，都有赖于缩短与敌人海战的距离，因此近战战术的选择是海军指挥官总是要求缩短距离的诱因。当英国人与荷兰人进行第一次英荷战争时，双方都寻求与对手近战，包括 1652 年 5 月的多佛（Dover）之战以及 9 月的肯特海（Kentish Knock）之战（均以英国获胜告终），还有 11 月的邓杰内斯（Dungeness）之战（荷兰获胜）。其时，英国将领罗伯特·布莱克（Robert Blake）与荷兰将领马腾·特伦普（Maarten Tromp）这两位那一时期最有创新精神的战术家，都意识到了近战战术的不足。首先，近战将己方部队也暴露在了敌人近距离火力之下，混战的情形下，己方舰队的火力很难发挥出最大的效果。其次，也是更为重要的一点，那就是舰队指挥官发现一旦战斗开始，他们就再也无法控制其发展和走向了。因此，布莱克和特伦普将军都开始组织自己的舰队以纵列队形进入战场，尽管特伦普将军一开始没能说服荷兰地方行政官他的舰队需要脱离护卫的船队投入战斗。接下来，在 1653 年 2 月 28 日至 3 月 2 日的 "三日战争" 中，布莱克赢得了海战，不过自己也身受重伤。3 月，他与他的海军将领在英联邦海军中发行了一本名为 "舰队海战指挥指南" 的小册子，第一次正式提出并指导英国海军应用纵列队形战术。此时，荷兰的特伦普也得到了允许，可以先主动介入与敌舰的海战，然后再归队护卫船队。

战术：纵列队形战术的发展 这本小册子在英国海军中被称作 "作战指南"，在之后的一个世纪里多次再版发行。在它出版当年的 6 月，"作战指南" 就立即产生了神奇的效果，在其指导下，英国海军将领乔治·蒙克（George Monck）在加伯德岸（Gabbard Bank）战斗中利用纵列战术击败了荷兰将领特伦普。很快，欧洲大部分海军都开始翻印 "作战指南"，因为其中描述的纵列队形战术——每艘战舰以 100 码（约 91 米）的距离紧跟前一艘战舰，整个舰队列为一个纵队在旗舰指挥官的带领下作战——似乎解决了原来抵近混战战术的两个主要问题。确实，这一阵形成功地将舰队舷炮的威力发挥了出来，同时由于每艘舰船首尾相接，除了队首和队尾的两艘船以外，其余舰船脆弱的船首和船尾都得到了有效的保护。更为关键的是，这一阵形使得海军指挥官从某种程度上获得了对舰队和战斗的虚幻的掌控感，因为只要阵形不被打乱，整个舰队就会紧跟旗舰而动。不过，由于这一阵形的使用十分依赖舰队指挥官的指挥和控制，这使得舰队指挥官责任重大。为了防止部分指挥官在指挥战斗时临场即兴发挥，政府严令指挥官必须依照 "作战指南" 行事。这样，再加上各舰船之间的通信手段有限，战场上的指挥就显得呆板僵化、灵活不足，无法应对瞬息万变的战场环境（换句话说，舰队对随时出现的威胁或者机会无法做出迅速恰当的反应）。海军发明了旗语，但旗语也只能传递事先设定好的一些信息，其传递信息的数量和灵活度不够。此外，大雾、黑暗、战场的硝烟等一系列因素都可能干扰旗语信号的传递。直到 20 世纪中期，稳定可靠的电报和无线电通信技术的应用，才使这一问题得到解决。纵列战术的采用，的确使指挥官将整个舰队聚拢在一起，并在战斗开始之后也能掌控自己的舰队。将舰队再细分为三个分支（英国皇家海军称为红、白、蓝三队），形成舰队纵列阵形中的先锋部队、中部部队及尾部部队，这更增加了舰队指挥掌控的层次。

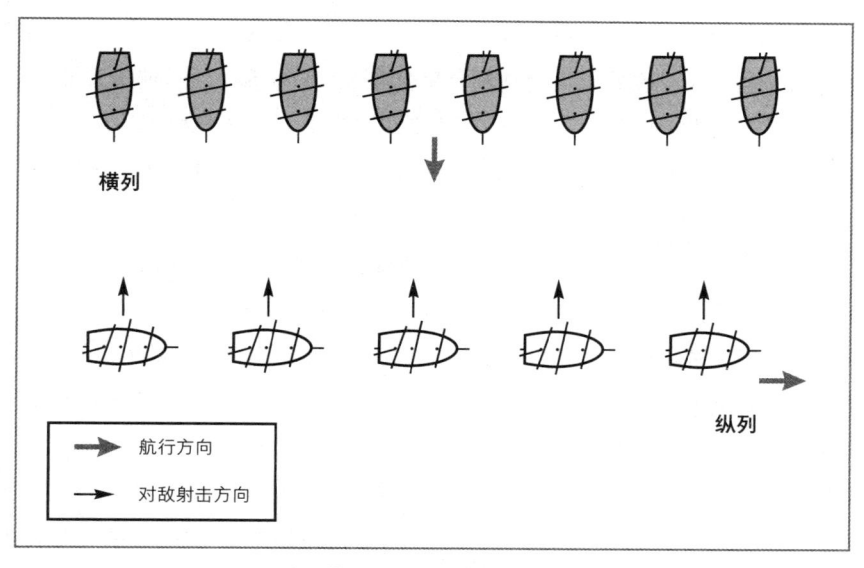

海军横列战术与纵列战术的对比

横列战术是标准的传统舰队战术，主要依靠船头火力，倾向于抵近混战的舰队往往喜欢采用这一阵形。不过，这一战术在抵近过程中其舰队火力一直受限，直到近距离混战才开始显现出其优势。纵列战术能将舰队的火力最大化，虽然弱化了潜在的一击致胜的力量，但其有利于运动中对舰队的控制和指挥

由于舰船之间传达的信号其实相当地模糊，"作战指南"以及同系列的指导书籍总是试图为每艘舰的舰长、每个阵列甚至整个舰队的指挥官们制定出一套明确有效的指挥信号，以便指挥官们预测行动有据可依。海军纵列战术也难免落入常规模式，即两支舰队平行同向航行，各自舰队从队首到队尾每艘船与邻船头尾相衔接，或者两支舰队平行反方向航行，侧身错过。战前的排兵布阵往往都意在"抢风"，即抢占对手的上风位。上风位的战舰可以借风势冲击下风位的敌舰，同时战场的硝烟也可以迎面吹向下风位的敌舰，扰乱其视线。到了后期，法国舰队反其道而行之，往往甘居下风位，这样可以随时撤离战场继续执行护航任务。当然，纵观整个大航海时代，战场上风向的突变往往会给作战双方带来一片混乱。历史上，风力或风向的突变给许多战斗带来了完全不同的战果。

因此，纵列战术使指挥官对其舰队的控制力最大化了，并尽量保证了整支舰队强大和持续的攻击火力（战斗开始后，在不断靠近敌军战线的过程中，队尾舰船往往已经比最初时相距得更远了）。然而，纵列战术也有不利的方面，特别是当舰队指挥官犯了机械的教条主义时，往往使舰队缺乏主动性，贻误战机以至丧失取得决定性胜利的机会。采取舰船首尾相接的纵列战术，很难创造出好的战机，并且也不像抵近混战那样能够在很近的距离发挥火炮威力。另外，信号传递的困难以及照搬"作战指南"的教条主义，使得即便出现战机，有利的一方也很难把握住。最后，只要舰队保持纵列队形，不管战场形势多么恶劣，一般也能够全身而退。"作战指南"清楚纵列阵形的劣势，并且试图提供一些解决方案。意识到严格执行纵列阵形的战术变量，指挥

官们可以选择一些配合打法，特别是当己方战舰数量超过对手时，包括派出一支分遣队或者战舰绕到敌人后方进行夹击，或者派出分遣队直接冲破敌人的战线。前一种方法很难实现，除非己方舰队在航行上具有明显的优势。后一种方法则很可能打乱己方的阵形，最后使双方陷入近战和混战。"作战指南"基本上更倾向于采用迫使敌人两线作战的方法，而不太赞同派出分遣队冲破敌阵的战术。

不过，发动近战和混战在某些情况下仍然有必要。例如当一方舰队的规模明显大于另一方时，或者当对手阵形大乱试图撤出战斗时，舰队司令有可能会升起信号旗，允许手下舰船脱离阵营，各自为战，抓住战机追击敌舰。不过，舰队司令一般是不会轻易做出这一决定的。确实，是严格照本宣科地执行纵列战术，还是采取灵活机动的打法，曾经在皇家海军中引起相当严肃地讨论（参见专题 C：正统的纵列战术）。"作战指南"偏向于不鼓励将领们发挥灵活机动性。然而，当形式主义者在这场大讨论中大力倡导要严格按纵列战法行事，直至敌人溃不成军时，现实中的爱德华·霍克（Edward Hawke）将军在第二次菲尼斯特雷（Finisterre）战役（1747年）中采用大胆灵活的战法与敌军进行抵近混战并取得辉煌战果，在英国皇家海军中展示出灵活机动战术的可取之处，并且当霍雷肖·纳尔逊取得特拉法尔加海战（参见第25章）的胜利时，皇家海军中对这一灵活机动战法的推崇达到了顶峰。

专题 C：正统的纵列战术

历史学家曾经争论过，"作战指南"中单调乏味的教条，是否因为大航海时代末期的两场海战，以及随之而来的对有关海军将领和舰长的军事法庭审判而变得更为严重了？这两场海战的例子证明，很难在风浪变幻无常的海上环境中定下准确不变的战争教条。

1744年2月，一支由28艘战列舰组成的英国舰队在海军中将托马斯·马修斯（Thomas Mathews）的率领下，在法国东南部的土伦港外对由12艘战列舰组成的西班牙舰队进行封锁。2月8日，16艘法国战列舰将西班牙舰队带出重围。之后两天，逆风使得英国舰队无法追赶上敌人，甚至连保持自己的纵列阵形都很困难。2月11日，英国舰队最终赶上敌人后，马修斯中将命令英国舰队发动进攻。但是，他麾下的舰队，包括远远落后于队尾的一支由理查德·勒斯托克（Richard Lestock）中将率领的分遣队，根本无法组成有效的战斗队形。结果，在这场并无决定性意义的战斗中，英国海军败于法国和西班牙联军。

事后，英国海军军事法庭对马修斯中将、勒斯托克中将以及舰队的11名舰长进行了审判。马修斯的罪名是违反了一系列"作战指南"中的规定，包括在全舰队单位未到齐时即发动攻击、没有将纵列阵形调整为与敌舰并列等，他最终被解除了军职。勒斯托克则

> 在庭审中辩解道，上级向他发出的两个命令信号——进入战斗和保持队形，是两个相互矛盾的指令，他最终被判无罪。尽管在对勒斯托克的审判中，政治因素可能比逻辑因素起到了更大的作用，但历史学家们普遍将这看作纵列战术教条僵化的表现。
>
> 1756年5月的米诺卡（Minorca）之战，其结果使得这次对马修斯的判决更具争议。海军上将约翰·宾（John Byng）率领由12艘战列舰组成的舰队与同等数量的法军对阵，旨在解除法国海军对马洪（Mahon）港的围困。两支舰队相向而行，当宾将军指挥其舰队抢上风位航行，转而与法军同向行驶时，调遣过程中的指挥失误使得他的两个分支部队断开了，宾将军所在的分支舰队落在了后面，而先头部队则在前面独自卷入与法军的战斗。这种情形下，宾将军试图将两支舰队重新接上，让他所在的旗舰重新进入指挥位置，但突进的先头部队受到法军的猛烈攻击，宾将军无法实施营救，只得撤退。结果，马洪港陷落。
>
> 同样，宾将军也受到了军事法庭的审判。但是这次战例显示出，严格执行"作战指南"中关于纵列阵形的指令行事，在当时是明显不合适的战术。法庭判定宾将军没有尽全力与法军战斗并为米诺卡解围。尽管法庭似乎倾向于宽大处理，但据亲历这一事件的伏尔泰后来描述，宾将军在自己的舰船上被一队火枪手执行了枪决，以此鞭策其他人。
>
> 以此鞭策其他人如何呢？是严格按照"作战指南"的条款行事，还是适时做出适当的机动性进攻？这两者之间很难把握和抉择，且颇具风险。上述两个案例可能扼杀了军事指挥官的灵活机动性，但从另一方面讲，也促使人们不断地寻找这一僵局的破解之法。不过，这个探索过程是漫长的，直到50年后一个战术天才诞生，海军战术才又攀上一座新的高峰（参见第25章）。

战术：胜利者与失败者　自从17世纪50年代海军纵列战术出现以来，英国舰队并不是唯一掌握这一技术并总是赢得战斗的一方。不过，英国人在海上战场确实赢多输少。为什么呢？这并不是因为他们的战术更为高明（几乎所有的对手都采取相似的战术），也不是因为他们掌握的技术更为先进（要说技术先进，法国人造的船性能更好）。好的领导与指挥在其中发挥了一定的作用，但更为关键的是，英国人的实战经验更为丰富。英国水手拥有更多的经验，接受过更多的训练，比所有对手都更为老练，这一因素在实战中发挥了重要作用。英国舰队的航行操作更为顺畅，火炮打击的连续性更好，也更为准确和有效。

可以说，英国海军在战场经验上的优势，主要来自他们与对手不同的战略理念。英国人的对手主要是法国人，虽然法国人在战术上有时甚至领先，但战略上总是英国人略胜一筹。接下来，我们就要转向大航海时代的海军战略层面进行讨论了。

战略的浮现

在战术层面，一种潜在的新技术总是需要一定的时间才能被人在实践中完全认识。与战术不同，战略转变似乎是很快完成的。1498 年抵达印度洋之后，阿方索率领的葡萄牙舰队试图利用其远洋航海能力控制海上贸易通道，并依靠海军建立一个贸易帝国。葡萄牙人的这一战略企图之前就显现过，只是这一次的地理格局更为广大。同样，尽管不如葡萄牙人那样有创造性，但西班牙人也依靠其海军大力发展皇家商贸。其他的欧洲国家花了 100 年的时间才在海上战略理念和实践层面赶上葡萄牙，世界上其他国家则更是远远落在后面。海上战略的构成要素包括商业航行、不同类型帝国的构建，以及与控制海洋相关的一系列活动。海上战略的影响力表现在，这一时期第一次出现了将经济与军事活动相关联的自我意识理论——重商主义。

赢得海外贸易 首先意识到商业行为对海军战略的重要性的是葡萄牙的阿尔布克尔克，他认为不光应垄断亚洲出产的奢侈品销往欧洲的海上贸易，还应当把亚洲内部的商贸也垄断。1502 年，第一次纵列战术在战场上的应用就是基于这一目的。欧洲造船业的悠久传统以及威力强大的火炮等优势使得这一目的在印度洋得以实现。不过，在红海地区，地中海模式的海船战斗仍占主导地位，使其逃过了 16 世纪葡萄牙人的控制，这可算作一个小小的历史倒退。从此之后，只有其他崛起的欧洲国家才有能力与葡萄牙舰队抗衡，如 1600 年之后崛起的英国，以及荷兰舰队。这些国家倾尽所有资源支持舰队发展，很快便打破了葡萄牙人过于宽泛的垄断。这一打破垄断的行为，由英国与荷兰的东印度公司组织并实施，显示出政府与私营公司的合作，能够比政府单单依靠自己的力量取得更大的成果。垄断海上贸易所产生的利润，实际上对于支撑欧洲国家获取亚洲的奢侈品是十分关键的，而亚洲国家本身在这个贸易过程中其实并没有什么利益可言。由于海军的发展，欧洲国家还可获取美洲大陆出产的贵金属，这也从货币层面支撑了亚洲奢侈品向欧洲的流入。其实，海上贸易并不仅仅是在亚洲成为争夺焦点，第一次英荷战争的爆发，就是因为英国通过了《航海法案》，企图打破荷兰对欧洲地区海上贸易的垄断。

在介入地区贸易的过程中，特别是在初期，欧洲舰船的战术发挥了关键作用，例如，欧洲舰船最早出现在亚洲时就是这样。不过，欧洲海军的相关技术其实在很短的时间内就在亚洲地区传播开来。但这并没有真正威胁到欧洲人的海上霸权，这也显示出技术层面其实并不是关键的：欧洲海军的活动，与 16 世纪、17 世纪的陆上战争不同，是一个极为复杂的社会经济形态以及一系列活动作用的结果，这对于任何一个不同文明的国家都是迥异的结构。因此，世界上其他地区的潜在竞争者发现很难模仿或者复制欧洲人在海洋上的成功。此外，几乎也没有国家对于制海权感兴趣。至少在理论上，中国和日本在各个方面都可与欧洲国家相匹敌，不过，中日两国长期以来都坚持闭关锁国的政策，让其商队和船舶远离外海。简言之，辽阔的海洋对大多数农耕文明起源的国家来说，是一个全新的异世界。欧洲人能够在海上称霸，相当一部分原因要归于其他文明大国对这一领域不感兴趣。

帝国的建立 1640 年之后，日本成功关闭了海上贸易，只保留对中国与荷兰每年一艘商船的贸易量。这进一步显示出欧洲海军的局限性。海上贸易仍然十分依赖于当地陆上力量的合作，船队需要友好的海岸落脚点，以补充淡水、给养等。阿尔布克尔克很快认识到了这一海军战略问题，他在着手控制海上贸易的同时，也开始在印度洋及东南亚沿海建立堡垒基地。这些沿海岸线的基地既可作为海军补给站，又可作为与亚洲地区进行海上贸易的物资仓库和中转站。其中，印度西海岸的果阿就成为葡萄牙人最为重要的海外据点。

一种被称作"海岸贸易帝国"的形式出现了。这并不是一种新事物，不过，相比于以前仅仅将威尼斯城与君士坦丁堡相连的贸易链，这种大跨度的将欧洲城市里斯本与印度洋地区的果阿等城市相连的情况，几乎可以被看作一种全新的类型了。由于这个时期欧洲国家的陆上军力相当有限，海上力量的强大保障了欧洲国家介入和控制欧亚、非洲以及美洲海上贸易的能力。庞大的贸易体系依靠一系列的海上据点，由国际贸易产生的利润同时又维护和支持这一自给自足的发展模式。海军在这一系列殖民据点的产生和维护过程中扮演着十分重要的角色。一开始是西班牙人在美洲建立殖民据点，后来英国人和法国人也在北美地区建立殖民据点。尽管这一自给自足的殖民据点在整个帝国发展框架内一开始并不显得有多么突出，但随着贸易产品（例如，白银、烟草、白糖）的增多及航运贸易的扩大，其重要性越来越凸显。最终，到18世纪时，这一海岸贸易帝国所产生的利润比传统的亚洲奢侈品贸易还要多：18世纪中期，英国单单从加勒比海地区进口白糖的贸易额就超过了其与整个亚洲的贸易额。两种不同类型帝国的维持与拓展，都依赖于海上交通线。保护海上通道不受威胁，特别是不被欧洲对手威胁，使两种不同类型的海上活动逐渐走上了世界舞台：反贸易的战争，逐渐演变为私掠船和海盗行为；与之相对的是海岸据点防卫和舰队护航行为。

对海洋的控制 海上贸易以及由相应水道连接起来的海上帝国，在此之前就已经一定程度上出现了，只不过其规模和势力范围相对较小而已。但是，新的海军技术的出现，为海军战略打开了一片全新的天地。例如，舰船续航能力的提高，使得他们可以在大海上航行数月，仅仅做最低限度的靠岸。这样，海军就可以真正去控制海上航道，而不是像以前那样仅仅垄断航道沿线的岸上基地。当然，就这一时期而言，海军执行这一战略的一大掣肘问题是，船员的"续航能力"比舰船的续航能力要弱得多。由于酬劳、给养等后勤保障方面的原因，船员很容易出现疾病、怠工甚至哗变等情况。后来到了18世纪，随着管理方法的改进，以及关于营养和卫生学方面知识的增长，这些问题逐一得到解决，舰船才真正可以控制欧洲海面的航道。即便在那时，海军仍然十分弱小且舰船航速较低，还远远谈不上夺得对海洋的控制权。

对海上航线的控制方法包括保护己方的商船（拥有舰队护航比单独航行更为安全，但是护航行动很难协调组织，而且商船在护航情况下也照样可能受到攻击），骚扰袭击敌方商船，攻击或者防守殖民地，组织对敌人的水陆入侵或者阻止敌人对己方的入侵等。对航线的控制到底该如何实现？组织入侵，可能甫一抵达就遇到抵抗，甚至舰队在靠岸登陆之后还可能受到攻击，通信和后勤补给会遭到严重破坏（参见专题B：西班牙无敌舰队与朝鲜龟船）。控制大海最直接的方法，就是在战争中直接消灭敌方的舰队！实际上，英荷战争中双方就是这么干的，特别是第一次和第二次英荷战争（第三次英荷战争的输赢早就没有了悬念，基本上就是荷兰为了生存而战)。英荷双方没有任何一方能够长时间地保持压倒性的优势,但是每一场战争中,总有暂时获胜的一方将另一方的舰队压制在港口内无法出来。第一次英荷战争中,1653 年英国舰队在布莱克将军的率领下取得加伯德之战(Battle of Gabbard)的胜利,将荷兰海军死死封锁在内海港口内。而在 1666 年 6 月的"四日战争"中,荷兰伟大的海军将领迈克尔·德·鲁伊特(Michael de Ruyter)将军将英国舰队击败并封锁在泰晤士河口。不过,后来一支改装过的英国舰队突破荷兰舰队的封锁,转而进攻荷兰海岸。

专题 B:西班牙无敌舰队与朝鲜龟船

1588 年,西班牙国王菲利普二世派出一支强大的军队攻打他的宿敌——英格兰王后伊丽莎白一世。4 年后,刚刚统一日本的丰臣秀吉派海军入侵朝鲜。以传统眼光来看,两支进攻方的军队都具有赢得战争的潜质。菲利普与丰臣秀吉派出的都是当时世界上最强大、最训练有素的军队,火枪手、长枪兵、剑士等不同兵种搭配齐全。相对而言,他们的对手则兵力弱小、装备落后、训练不足。然而,入侵者没有料到的是,对手的海军在这次对抗中发挥了决定性的作用。这一方面预示着这种新的战术应用将在这一历史时期处于支配地位,另一方面还未来主义般地显示出装甲舰的发展趋势。当然,入侵者难逃失败的命运。

西班牙无敌舰队 西班牙国王曾经于 1587 年企图派兵入侵英国,但是由于英国舰队指挥官弗朗西斯·德雷克攻打西班牙港口加的斯,打乱了其计划。1588 年 7 月,菲利普国王派出 130 艘战舰组成的舰队,包括 20 艘大型战舰、8500 名水手以及 1.9 万名士兵,在美迪纳·西多尼亚公爵(Duke of Medina Sidonia)的指挥下驶向英吉利海峡,企图在登陆英格兰之前,先在荷兰与帕尔马公爵(Duke of Parma)率领的陆军会合。7 月 19 日,英国巡逻船在康沃尔地区的海面上发现了这支西班牙舰队。第二天,由 120 艘来自皇家海军、伦敦地区以及私人的船只组成的舰队在霍华德勋爵(Lord Howard)的指挥下,并在弗朗西斯·德雷克的配合下,从普利茅斯港驶出迎敌。尽管舰载火炮的总体数量少于西班牙舰队,但英国舰队的远程火炮数量是对手的两倍,并且英军还能随时返回母港进行维修、补给等。此外,英国舰船在航速和机动性方面都要优于西班牙舰船。

7 月 21 日,普利茅斯港外的英吉利海峡海面上,上演了一场海上追击战。一开始,英国战舰的炮火就给西班牙人造成了较大伤害。英军击沉了一艘西班牙战船,并成功阻止了西班牙人在怀特岛登陆。尽管弹药不足,但西班牙舰队在初战中总体上没有伤筋动骨。7 月 26 日,无敌舰队在法国加来附近海域抛锚停泊,进行补给并等待与帕尔马公爵率领的陆军会合。不过,后者在比利时港口城市布鲁日遭到一支荷兰舰队拦截,无法及时赶到。7 月 28 日凌晨,英国人派出一些火船偷袭西班牙舰队的锚地。西多尼亚公爵下令舰队起锚，准备返航。但是组织上的混乱以及当时不利的风向使得西班牙舰队迷失航向，进入佛兰德斯沿岸并被英国人追上。英国人得以集中优势兵力对西班牙舰船以多打少，多次用侧舷炮火不断地攻击西班牙舰船。

由于无法在荷兰港口靠岸，西多尼亚公爵决定绕过英国返回西班牙。返航途中，在暴风雨以及饥荒的连续打击下，130艘船中只有63艘最终于9月返回了西班牙，而船员的损失比例比这还要高。英国人击沉、俘获了大约15艘船，另有19艘在苏格兰及爱尔兰海岸失事，其余的舰船不知所踪，消失在茫茫大海中。

从技术层面讲，此次西班牙无敌舰队的失败，初步展示了军舰使用侧舷火炮将逐渐成为海战的主流。尽管英国舰船更好的航行性能以及更强的炮火还不足以完全阻挡西班牙无敌舰队抵近登船作战，但天气和好运气格外青睐英国人。从战略层面讲，无敌舰队的失败，是一种新的海上力量的展示。一支强大的陆军，以及用来装载运输陆军并可以抵近登船作战的海军舰队，输给了一支专门为更高航速和更强火力而组建的舰队。菲利普国王的这次失败，开启了西班牙国力衰落的时代。

龟船 统一日本后，丰臣秀吉纠集了13万兵力与中国明朝政府开战（此举也是为了转移国内躁动不安的武士阶层的注意力）。一支由在日本统一之战中饱受战火考验的老兵组成的军队，同时也是一支毫无海外作战经验的军队，就这样登船向朝鲜进发了（朝鲜是进入中国的门户）。运送日本陆军的舰队，是一支临时拼凑起来的包含商船等不同类型的船只的杂牌运输舰队。而朝鲜方面，尽管陆军装备落后，几乎没有什么火枪兵，但其海军实力不容小觑，战舰装配有多达40门中型火炮。其中一些战舰是由全罗道海军将领李舜臣设计的。这种船以桨为动力，用板材覆盖封闭船体，以防止敌人登船。船体还进一步钉有金属长钉作为防护，甚至据称有的船体完全由金属板材包裹覆盖（这一资料来源并不完全可信）。因此，这支装备有金属装甲和火炮的朝鲜舰队，在拥有军事指挥天才和如弗朗西斯·德雷克一样勇猛的海军将领的指挥下，出海迎战日本人，从而改变了战争的走向。

第一波入侵的日军在没有遇到任何抵抗的情况下抵达了朝鲜南部的釜山地区海面，准备"以雷霆之击"一举征服朝鲜。不过，游击队的袭扰使得日军十分依赖于本国的后勤补给，并且还要存储大量补给物资用以准备将来对中国的入侵。李舜臣已经击毁了不少仍停泊在港口的日军运输船。正在这时，第二波日军主力舰队抵达。在1592年7月的闲山岛之战（Battle of Han-San）中，李舜臣率领朝鲜海军采用纵列战术，用船侧的火炮和火箭攻击日本舰队，摧毁了许多日军舰船，其余日军仓皇而逃。战后统计，59艘日本舰船被击沉，日本人入侵中国的计划也被迫搁置。李舜臣还切断了日军的补给线和后援通道，迫使残余日军龟缩在釜山港一线的狭小区域。

此后5年，在经过断断续续的战斗和谈判之后，1597年，丰臣秀吉派军从釜山出动，再一次发动大规模入侵。日军这次几乎没有遇到什么抵抗，因为朝鲜海军将领李舜臣在政

> 治斗争中失势，被剥夺了军事指挥权。不过，当日军大败朝鲜舰队，并将中国与朝鲜联军逼退到今天的首尔附近时，李舜臣重掌军权，再次切断了日本侵略军与其国内的交通要道。1598 年 11 月，李舜臣在镇海港组织攻打撤退的日军舰队的战斗中，不幸身亡。此时由于丰臣秀吉也死了，日本军队撤回了国内，从此开始了长达 250 年的闭关锁国政策。

英国与法国的战略模式不同，除了一个例外，那就是 1674 年英荷战争结束后，这对之前的敌人转而结成同盟，共同抗击路易十四领导下迅速崛起的法国。路易十四的海军大臣柯尔贝尔（Colbert）一手打造了一支强大的海军，1688 年大同盟战争爆发，法国海军拥有更多更优良的战舰。1690 年 7 月 10 日，法国海军在比奇角（Beachy Head）大败英荷联军，一度取得了制海权，本可以趁势派出陆军入侵爱尔兰，甚至入侵英格兰，并严重威胁英国的商船贸易。但是路易十四没有抓住这次机会，英荷联军得到喘息机会，恢复了军力。两年以后，当法国准备好了要入侵英国时，已时过境迁。法国土伦舰队以风向不利为由，拒绝策应支援法国海峡舰队，导致 1692 年 5 月 29 日至 6 月 3 日法军败于英荷联军。从此，法军再也无法真正威胁到英国人对海峡的控制。

为什么路易十四没有抓住这一战略机遇呢？原因是多方面的。法国是一个主要依靠陆地势力的国家，路易十四重点关注的是在欧洲大陆扩张版图。此外，法国的财政大臣和海军大臣柯尔贝尔是法国重商主义的拥护者，对海军的使用总是从经济利益角度出发，偏向于利用海军骚扰和破坏英国商船的活动，而尽量避免与英国海军发生正面冲突。这种观点其实低估了海军的重要性。如果法国至少介入爱尔兰地区，那么可以牵制英国政府的资源，使英国人不那么方便地在欧洲大陆做手脚，破坏法国的扩张意图，暗地里支持反法联盟。只重视对商船的攻击，而不重视制海权，最后被证明是耗费巨大的徒劳行为，根本没有如柯尔贝尔设想的那样，达到摧毁英伦岛国经济的目的。

在拉和岬（La Hogue）战斗中的失利，没有给法国留下多少选择的余地。由于既无实力又无意愿去挑战英国的海上霸权，法国人逐渐安于选择仅仅袭击英国商船了事（并派舰队护卫自己的商船），这成为法国在 18 世纪剩余岁月里的标准海上战略。而英国呢，一有战事就把法国舰队堵在港口，让法国海军几乎无法在开阔的海域得到历练。最终结果是，尽管法国的舰船一如既往地比英国的先进，但法国船员缺乏训练，在面对英国水手和舰炮时毫无信心。所以，一旦发生冲突，法国人输多赢少，这也就是所谓"失败的战略必定导致真实战斗中的失败"。

重商主义：理论的出现 当写到海军战略对于保障海上活动的重要性时，一般会很自然地笔锋一转，接着分析这一战略如何实施。但是让我们回到前面谈到的欧洲国家之所以控制了海上贸易是因为缺少竞争这个观点，从全球视角来看，欧洲非常重视海权，特别是它认为海权与经济利益息息相关。17 世纪之前，这一关联性第一次产生了一种自我意识理论，即商业与海上活动和国家权力之间的关系理论。这一系列想法以重商主义的名义发展。重商主义理论有两个重要的基本前提：首先，一个国家应当尽力从对外贸易中获利（出口最大化的同时，尽量进口最小化），出口和进口的贸易差使国家获利，利润可用于支撑陆军和海军的发展；其次，全球贸易的总量是恒定不变的（这一理论已被经济学家亚当·斯密证伪）。依据这一逻辑，为了扩大贸易的利润，一个国家必须夺取整体贸易蛋糕中更大的份额。而实现这一目的的手段，即是授权商贸公司与装备精良的国家海军结合。几次英荷战争都是围绕争夺海上商贸通道展开的，法国海军大臣柯尔贝尔支持的袭击英国商队的战略，也是与这一原则一脉相承的。在这一理论的影响下（尽管如亚当·斯密后来证明的那样，是个有缺陷的理论），欧洲各国海上战事不断。

管理的发展

1500 年至 1750 年间最重要的海军发展，可能得算是管理上的改革了。海军技术不断变化，战术革新也在稳步发展，海上战略也早在阿尔布克尔克时期就初具雏形。另一方面，17 世纪中叶的十年里，各国纷纷建立皇家常备海军，并配有常设管理海军事务的政府部门。海军不再是以前那种为了某一目的或战事而召集不同种类的船只临时拼凑出来的杂牌军了。同时，陆军的常备军化也在进行，在这个过程中海军甚至还先行了一步。随着"宗教战争"的结束，君主与贵族传统关系的重新修好，以及政府收入的增加，特别是从海上贸易中获利颇丰，国家的实力大大增强。

造船与后勤 海军管理的组织化、专业化比陆军来得更早些，原因之一是修造战舰是那一时期最为复杂的技术。要使战舰制造业得以运转，需要精密地组织、协调、安排大量人员。私营船厂仍然在为海军制造小型的海船，但诸如战列舰这样的大型战舰则逐渐由皇家造船厂垄断。无论是皇家造船厂还是私营造船厂，从事这一行业都需要大量雇佣劳动力，并远程购进原材料。例如，造船用的优质木料来自波罗的海地区。拥有强大海军的国家可以保证其原材料运输通道的安全和畅通，但那些南欧国家要获取北部地区出产的木材相对更加困难。虽然此时的造船技术还称不上是科学，但造船业发达的国家仍然引起不少工业间谍的兴趣，造船技术的传播也相当迅速。例如，俄国彼得大帝在创建俄国海军时，就曾派人到造船厂现场考察学习造船技术，或者从造船业发达的国家雇佣技术工人到俄国工作。后勤保障方面不仅影响着舰队的创建，还影响着其运行与维护。政府常设管理机构能够为海军提供稳定的财政支持，这是十分重要的。这样，当舰队在友好水域航行时，可以从母港得到食物与弹药补给；当舰队在远离基地的地区时，则只能向当地购买补给物资了。这也就是为什么英国这样的国家要不断在全球的关键地区建立或者夺取基地。例如，直布罗陀海峡，这一通往地中海的门户自从 1700 年左右落入英国人之手后，直到现在仍在英国牢牢的掌控之中。

人力 大航海时代最为困扰海军的一大问题恐怕得算是人力资源问题了。军舰上的生活、工作条件不尽如人意（当然民用商船上的条件也好不到哪去），军饷还常常不能按时发放。海军招募船员一般是靠民众自愿的，在紧急情况下政府也会提供一些额外的奖励来激励大家加入海军，偶尔也出现过强征壮丁的情况。海军中的社会阶层分化与当时的陆军情况相似：军官阶层几乎都是贵族，而普通士兵清一色来自社会底层民众。由于海军船员与民用商船水手同根同源，他们甚至比陆军中的士兵更为底层、更为草根。

这种社会阶层的分化从某种程度上注定舰船上必定同陆军中一样执行严酷的纪律。船舱里狭小的空间，以及茫茫大海中没有当逃兵的机会，这些都加大了船员们所承受的压力，相应导致船上的军纪十分严酷：鞭笞和处决是家常便饭，船长在舰船上拥有至高无上的近乎独裁的权力。由于大海上没有逃亡的可能，水手们往往面临另一个选择，那就是兵变。兵变在那个时期的海军中司空见惯。训练对于维持军纪十分有用，所以尽管18世纪的法国和英国在效率方面差异巨大，但都一致认为只有通过大量的训练形成丰富的经验，才能保证在战场上有良好的航行和操炮水准。

严酷的军纪使得舰船在招募完水手之后总是难以保持满编状态。不少船员一有机会就开小差当了逃兵，更多的船员则死于船上的各种疾病。舰船离开港口刚开始巡航之时是十分关键的。大量来自不同地方、携带不同细菌的人员突然被集中到一个狭小的空间里，很容易滋生传染病。例如，直到17世纪还不时侵袭城市和舰船的黑死病。1673年，黑死病的暴发曾经成功地阻止了荷兰人对伦敦的围困。远征军到达热带地区也是十分危险的。船员们第一次接触到热带疾病，很容易成批地死去。此外，长期在海上航行，船员们食用饼干、硬面包和肉干，缺乏新鲜食物，特别是水果和蔬菜，很容易因营养不良而患上维生素缺乏症，例如，坏血病。同陆军中的情况一样，战斗仅仅阶段性地造成士兵死亡，而从长远来看夺走更多士兵生命的是疾病。

对于各类疾病的治疗方法总是姗姗来迟。人们经过长时间的摸索才发现饮食与疾病之间的关联。直到18世纪，英国舰船才储备柠檬以防止船员患上坏血病。军医在陆军中可能还多少发挥些作用，但舰船上的军医比陆军军医还要糟糕。很少有船长或者舰队司令能够意识到，人道地对待船员，例如，按时发放军饷，在击沉或者俘获敌船后给予船员们一定的奖赏等，其实比单纯地依靠鞭刑和处决更有效。

英国复合体　　由于各种原因，特别是由于其岛国的地理特性（尽管同为岛国的日本由于孤立主义并没有成为海上军事强国，这反驳了地理决定论），在航海事务方面英国（1707年苏格兰根据《联合法案》与英格兰合并后，称为大不列颠）总是走在欧洲的前列。英吉利海峡作为其天然的防卫屏障，英国政府可以专心致力于发展海军，而不需要保持大规模的常备陆军，并且通过海上贸易获取资源，使英国发展成为一个航海引导型国家。反过来，一个繁荣的商业社会也为海军的发展提供各种支持资源，这一切宛如回到中世纪的光景。在政治上，由于英国是孤悬于欧洲大陆之外的岛国，1600年前便出现了议会，作为国王在中央政府执政的平等伙伴。不像欧洲大陆国家那样，君主独裁专制几乎是标配。由于政治上议会与国王共同治理国家，防止了英国出现大规模的常备陆军，因为常备陆军被议会视为王权独裁的潜在工具。海军则没有那么明显的威胁，反而被视为符合商业资本主义的发展需求。英国海军 1588 年击败西班牙无敌舰队后，奠定了其在王国内威望和荣耀的基石。英国在北美的殖民更加强化了其航海引导型国家的特性，而海外殖民又为英国带来很多财富，可用于进一步发展海军。

具有讽刺意味的是，1642—1648 年发生在英国议会与保皇派之间的内战，大大促进了海军的发展。由于商贸发展产生的利益一时盖过了大贵族对经济的影响力，克伦威尔政府尽管实质上也是依靠陆军发展起来的具有独裁性质的政府，但十分重视海军的发展。1649—1652 年，英联邦实施了一个宏大的海军发展计划，成立了专职管理海军事务的政府机构——海军部（委员会），改善了舰船上的条件，例如，为船员提供更好的食物、更稳定的薪水以及制度化的奖励机制。正是这支经过改革的英国海军投入了第一次英荷战争。这支经过重新组织和建设的海军在 1660 年克伦威尔去世、英国国王复辟之后，成为英国皇家海军。

1688 年的光荣革命以及 1689 年君主立宪制的确立，最终使得现代海军制度关键的最后一环得以完成——财政支持军事制度的确立。议会在中央政府中确立了其权威地位，没有经过议会批准，任何人都无法征税或者拨付军费。而真正控制着议会的商业利益阶层，愿意为他们的领域进行更多的财政投入。因此，不像欧洲大陆上的任何国家，英国国内的各个阶层都必须纳税，包括最富有的统治阶层也一样。当然，在危急时刻，即便全民纳税也可能难以提供足够的资金支持战争。在革命之后不久，英国政府便按照荷兰中央银行的模式设立了英格兰银行，吸收政府与民间存款，并作为政府借贷的清算银行。后来英国发明了偿债基金，作为政府预算的一部分，以未来国家税收为担保，使得政府可以通过常规手段以及发行债券的方式向全体国民进行借贷，这几乎将政府的资金池无限扩大了。结果，18 世纪时，即便英国人口比法国少得多，却能够拥有比法国更大的财政支出，当法国政府三次拖欠债务时，英国政府的偿付能力却依然很强。

这一财政支付机制在皇家海军发展上十分适用。确保海军在海上的绝对优势已经成为英国政府的一个核心政策（英国陆军则相对弱小，英国政府一般通过财政补贴获得其大陆盟友的军事支持，以维护其在大陆上的利益）。政府设在朴次茅斯、德特福德和查塔姆的造船厂成为初具雏形的工业中心，数以千计的工人涌入工厂寻找工作。然而，这种以军事为中心的财政政策，对国家和社会的影响比外表看上去更为广泛和深入，而且逐渐显现出一些负作用。在一个已经高度商业化的经济形态里，如果政府最重要的生意是战争的话，那将会影响到社会的方方面面。战争会导致国家财政危机，危及信用体系。战争会扰乱贸易秩序，有的商人囤积重要物资待价而沽，大发战争财；而有的商人商船被敌人击沉，血本无归。换句话说，国家通过其财政、军事政策及相关机制，必将影响每一个普通英国人的日常生活。

这种财政-军事体制的现代性，还体现在当代人对其某些方面的担忧上。首先担心的是这种商贸、官僚与财政利益相勾连的关系将降低贵族阶层在政府中的影响力，而陆上贵族曾经是传统社会中的精英领导阶层。换句话说，资本主义正在通过渗透国家权力来打破旧的阶层结构，一个与传统英伦王国大相径庭的现代国家的雏形正逐渐显现出来。另一个担忧是，维系一个军事强国的高税赋标准将会严重影响这个国家的经济和社会。即使到了现代，我们依然常常听到类似的抱怨。此外，还有人担心重商主义与军事利益的结合将变得可以自我维持，成为仅仅为某个小集团服务的体系，担心社会中的某个特定团体既从政府手里接受订单与资源，同时又是政府借款支持这些工程的幕后债主。这样，这一群体将会形成一个强大的游说集团，迫使国家长久地处于战争状态，或者总是积极地为战争做准备（这样才能确保他们投资与回报的连续性）。这是 1961 年美国总统艾森豪威尔在讲话中提到的，他在这次著名的演讲中还提醒民众小心军事工业复合体可能给美国民主带来的负面影响。1700 年左右在英国出现的现代军事工业复合体现象，确实展示出海上战争是欧洲乃至世界军事与政治现代化的引领先锋。

结 论

在欧洲，英国体系的崛起开始让大英帝国在 1750 年走上了称霸海洋的道路。进一步巩固英国这一海洋霸主地位的，是随后而来的由天才而大胆的海军统帅们所引领的一系列海军战术改革，打破鸡肋般的纵列战术，使英国不仅仅在战略上、管理上和经济上占尽优势，最终也在战场战术上得以称霸。

从全球范围来讲，欧洲人特别是英国人对于航线的控制，是新的经济形态得以发展的关键。它使得财富得以快速积累，并最终使英国从一个前工业化经济体发展成为工业经济体。正是这种转变，使欧洲人在 19 世纪控制了世界上的陆地与海洋。

所以，欧洲人在 1500—1750 年间所开展的新的航海活动以及海上战争新形态，无论从它们自身来看还是从它们所产生的影响来看，都是具有革命性的：那个时期全装帆船上的水手，以及装备侧舷火炮的木质帆船，都是军事革命和现代工业化的真正的推动者。

■ 推荐阅读

Brewer John. *The Sinews of Power: War, Money and the English State, 1688-1783*. Cambridge: Harvard University Press,1988。本书对英国财政-军事政府的崛起和英国皇家海军在这一过程中的核心地位做了非常重要的论述。

Brummett, Palmira. *Ottoman Seapower and Levantine Diplomacy in the Age of Discovery*. Albany: SUNY Press, 1994。本书通过重新定义 16 世纪早期奥斯曼帝国的角色，挑战由于欧洲海上力量崛起而出现的欧洲中心主义。

Cipolla, Carlo. *Guns, Sails and Empires: Technological Innovation and the Early Phases of European Expansion, 1400-1700*. New York: Minerva Press, 1967。这是一部关于欧洲海上力量崛起的古老

而经典的著作,至今仍很有用。

Glete, Jan. "Warfare at Sea 1450-1815." In Jeremy Black, ed., *War in the Early Modern World, 1450-1815*. London: Routledge, 1999。本文简要而清楚地概述了海上这一时期的发展情况,囊括了平衡战略、战术和行政情况。若要进一步了解,可参考他的 *Warfare at Sea, 1500-1650* (London: Routledge, 2000),重点关注这一时期前半段时间里海战发展的技术、金融、社会维度。

Guilmartin, John. *Gunpowder and Galleys*。请参考第 15 章。

Harding, Richard. *The Evolution of the Sailing Navy, 1509-1815*. New York: St. Martin's Press, 1995。本书对英国皇家海军历史进行了全面描述,根据政策和管理的背景研究其组织结构。

Landstrom, Bjorn. *The Ship*。请参考第 10 章。

Mahan, A. T. *The Influence of Sea Power upon History, 1660-1789*. Boston: Little, Brown, 1890。本书多次再版。作者提出了海战理论,对主要海军行动进行了广泛的描述。

Perez-Mallaina, Pablo. *Spain's Men of the Sea: Daily Life on the Indies Fleets in the Sixteenth Century*. Trans. Carla Rahn Phillips. Baltimore: Johns Hopkins University Press, 1994。本书是一部优秀的讲述西班牙海军海上生活的社会史著作;充满生动的细节,是理解木船上生活的最好的基础性作品。

Rasor, E. L. *The Spanish Armada of 1588: Historiography and Annotated Bibliography*. Westport: Greenwich Press, 1993。通过本书可接触到关于西班牙无敌舰队的众多文学作品。

Russell-Wood, A. J. R. *The Portuguese Empire, 1415-1808*. Baltimore: Johns Hopkins University Press, 1998。本书是一部经典的研究海军和海上活动的著作,以第一个全球性质的海上帝国为案例。

Sweetman, Jack, ed. *The Great Admirals: Command at Sea, 1587-1945*. Annapolis: Naval Institute Press, 1997。本书对当时一些最重要的海军指挥官进行了详细的研究,他们在制定海上战略和战术方面做出了巨大贡献;本书很好地总结了海军发展情况,并在此基础上对个案进行了研究。

Turnbull, Stephen. *The Samurai: A Military History*. London: Routledge, 1977。本书相当详细地介绍了丰臣秀吉入侵朝鲜和朝鲜龟船取胜的情况。

评论：第四部分　1500—1750 年

从全球范围来看，1500—1750 年的军事史有两个突出主题。首先，这一时期见证了持续 2000 年的游牧民族军事优势的逆转。现在，农耕文明第一次获得了对草原对手的决定性优势。其次，海洋见证了新式海军的崛起，这与真正的全球贸易网络的出现有关，随之而来的是战争的全球化（以及其他形式的文化接触）。这两种发展都与火药武器的发展有关，尽管这两种趋势都不是由技术的变化直接导致的。

游牧民族和定居民族

1500 年后，定居民族国家稳步发展，而游牧民族国家逐渐衰落。虽然像半游牧民族的莫卧儿人和满族人在这一时期仍然具有重要的影响，但他们的成功很少来自纯粹的游牧骑兵部队，且他们被证明是游牧力量在文明浪潮中最后的一抹闪光。连接着大草原与波斯和奥斯曼帝国的长期不安全的边境地带最终稳定了下来。莫卧儿王朝的征服是印度最后一次面对来自西北的入侵。俄国在中亚的边境线不断向前推进，到 1750 年，这个欧洲国家在太平洋地区建立了前哨。也许最重要的是，中国在 13 世纪 70 年代被蒙古人征服，并在随后的几个世纪中面临蒙古人的严重威胁，但在 17 世纪晚期扭转了局势，将蒙古置于其统治之下，由此控制了中亚大部分地区，损害了游牧民族和俄国人的利益。这一过程甚至在墨西哥北部小规模地重复着，西班牙殖民者和他们的本土盟友征服了游牧（但不是骑马）的奇奇梅克人。

欧亚力量平衡发生这种转变的原因是多方面的。从一个角度看，这只不过是一个漫长的循环过程的高潮部分，在这个过程中，游牧征服者使文明的各个领域恢复活力并相互联系，而这些文明又随着游牧浪潮不可避免地退却而扩大。这一趋势的根本方向是定居文明的人口和资源增长。越来越多的农民、商人、官僚、牧师和他们所支持的士兵意味着越来越多的土地得到耕种，人和商品的数量差距越来越大，文明可以用来对抗他们的游牧邻居。环境的限制，也建构了他们的军事技能，在游牧民族环伺之中他们不可能有这样的增长。1500 年后，这一普遍趋势被一种只有定居民族军队才能使用的特殊物品——火枪放大了。随着防御系统的扩展，火药使静止的步兵的威力超过了游牧骑兵部队。安全的基地和增强的火力是游牧民族无法真正解决的问题。但不应过分强调火枪本身，因为在这段时期内，草原上的弓箭手依然具有相当大的军事威慑力。事实证明，当时最有效的军事系统实际上是由定居和游牧因素综合而成的。上一波游牧民族的成功，尤其是在印度、中国和近东，建立了具有游牧根源的混合型国家，这些国家往往保留着游牧民族的精神，但也可以利用庞大的定居帝国的资源。莫卧儿人、满族人、萨法维人，尤其是奥斯曼土耳其人——其中一些是由奥斯曼帝国的近卫军组成的，他们纪律严明，配备火枪——可以组建由传统骑兵组成的部队，并且有步兵和攻城炮兵的支持。这种结合造就了强大的扩张主义国家，决定了游牧民族的命运。甚至俄国人和他们的哥萨克盟友也采用了这种形式的军事融合。

这一划时代的转变有利于大草原周围的文明解除对其安全的长期威胁，但结果是复杂的。游牧民族威胁的消除有可能导致大草原周围陆地帝国放松警惕。随着游牧民族被征服，推动改革和竞争的动力没有了，军事创新的主要动力也没有了。结果，没有一个主要的欧亚帝国完全准备好迎接来自欧亚外围的一种新形式的竞争，尽管在这段时期，欧洲人的小船对它们中的任何一个都没有什么军事威胁。此外，定居文明的普遍成功意味着，到1700年，作为贸易和文化交流通道的大草原已经分裂，并被各大帝国瓜分。虽然目前还不清楚这对贸易究竟产生了什么影响，但与此同时，一种新的全球商业快速通道——海洋——越来越重要。海上贸易的重要性虽然在这一时期并不是才被认识到，但就在大草原衰落之际，它在经济和军事上达到了一个关键的新水平。

海上世界

在这个时代，海军有几个发展趋势。首先，至少在海上，欧洲从世界经济和军事事务中相当边缘的参与者，转变为核心力量。欧洲建立海军和商船队以充分开发海洋的原因很复杂。但一旦启动，推动它们的不仅是风，还有国家和私人利益的结合，事实证明，这些利益是可以自我延续的。这些国家的海军在大海上发动了一场具有全球意义的战争革命。这在一定程度上是因为第二个趋势是欧洲海上探险从探索之旅（从欧洲的观点来看）转向主导海上贸易网络。这涉及新形式帝国的建立。葡萄牙人在很多方面效仿意大利城邦威尼斯和热那亚的模式，在印度洋周围建立了贸易前哨。这些小而坚固的飞地是舰队的基地，也是与向欧洲供货的大陆经济体进行贸易的站点。西班牙人利用土著、奴隶和移民，率先在新大陆开发殖民地，而紧随其后的北欧人在美洲的殖民形成了定居者飞地。英国对印度的渗透体现了私人利益的作用，这种渗透源于英国东印度公司的活动。

为什么欧洲人在1500年后在海上占据主导地位？部分原因在于强大的技术组合，即装备齐全的船只携带威力巨大的重炮。这种技术组合几乎可以在任何相对便宜的地方运送货物和人员，因为较少的船员就可以操作较大威力的武器系统。这些船造得比当时其他任何地区的船都要坚固。虽然只有几门炮，但已使它可以保护商船免受海盗的袭击，而且使它本身具备成为一艘潜在的海盗船的能力。带有侧舷武器的军舰是真正强大的武器系统。毫无疑问，在1500年至1750年间，一场军事革命就是在海上展开的。这一系列发展的结果是，欧洲的船只既可以从事往来于欧洲的贸易，又能从亚洲的运输公司那里抢走亚洲本地的生意，而这些生意和从美洲开采贵金属所产生的利润，又为进一步购买亚洲商品提供了资金。因此，虽然欧洲融入世界贸易体系在某种程度上是寄生在亚洲主要生产地区的，但正是这种成功的寄生使欧洲的地位上升，重要性越来越接近亚洲主要国家。欧洲主导海洋的第二个原因是，他们几乎没有遇到任何有组织的或坚决的反对。欧洲以外的主要国家对海上贸易几乎不感兴趣。这种贸易在它们的经济中其实是很重要的，对这些国家中的某些阶层来说尤为如此，但是官方的理念和态度很少注意到这种贸易（如印度），或者积极地反对这种贸易（如中国和1600年以后的日本）。它们是以大陆为根本的帝国。对它们的安全的重大威胁（例如，前文所述的游牧民族）以及他们的精英阶层的政治和经济利益，一如既往地是在土地和农业上。除了奥斯曼帝国在地中海的军事力量之外，没有任何国家的海军挑战欧洲对海洋的垄断。实际上，欧洲人在玩一种新的游戏，他们也有了自己的一方天地。

这种新的海军活动模式影响巨大。它第一次开启了真正的全球性时代，因为美洲被纳入了欧亚大陆的活动范围。哥伦布给新大陆和旧大陆带去了各自原本没有的疾病、植物和动物，对新、旧世界都产生了深远影响。正如所指出的，这种海军活动也使欧洲人更靠近世界舞台的中心。到1750年，英国可能是仅次于中国的世界第二大强国，法国紧随其后。但是欧洲的实力不应该被夸大：他们在海洋和沿海地区之外的影响力还很有限，甚至在美洲也是如此。欧洲海军遥遥领先于世界其他国家，他们的陆军尽管发生了巨大的变化，却仍然谈不上领先，至少不是决定性的。

评估火药

无论是主导权从游牧民族转移走还是海上主导权向欧洲转移，都与火药武器的出现有关，这个时代在很多方面都是火药时代。但是，在评估火药在这一时期军事史上的作用时，重要的是不要对它的出现做太大的因果关系考量。这两种转变的深层结构性原因很复杂，其根源在于人口、经济和社会的长期趋势，而这些趋势早在火药发明之前就存在了数百年。火药成为这两种趋势发展的重要途径，但都不是原因。

同样重要的是要记住，火药武器的使用和影响在欧亚大陆、非洲和美洲各不相同。有效使用火枪并不是欧洲的专利——奥斯曼帝国和日本都可以说有时更好地使用了火枪，而莫卧儿王朝等其他国家在与欧洲不同的情况下很好地使用了火枪，无论在哪里使用火枪，都不是革命性的。这是因为火枪仍然是一种简单的技术，它的使用很大程度上取决于政治、军事和社会环境。这些不同的用途在效力上也没有明显的不同，直到这一时期末期，欧洲使用火枪技术的不断进步——而不是什么重大的技术突破——开始逐渐为欧洲军队带来微弱的优势。因此，很难说欧洲的陆上战争发生了一场军事革命，其规模甚至与海上发生的情况相差甚远。欧洲在陆上战争中占据主导地位要到18世纪以后，而且主要进入19世纪才实现。

换句话说，真正的革命时代尚未到来。这是本书下一部分的主题。

第五部分

革命和帝国主义时代
1700—1914 年

第 21 章

金钱与刺刀

全球舞台中的线式战术，1680—1789 年在18世纪的欧洲，17世纪末期在军事技术、科技和制度等方面取得的进步得到进一步发展。这些进步的取得，是欧洲社会军事制度（参见第12章和第16章）长达7个多世纪缓慢转型的最终产物。而18世纪欧洲的军事发展同样也是欧洲整体转型的重要组成部分，这些转型包括人口统计与经济发展，启蒙运动影响下理性、科学世界观的传播，以及新的政府组织形式与文化表述。最终，这使得欧洲的战争方式不仅有别于世界其他地区，而且显得更加有效，尽管这种区别仍然仅限于某些重要方面。

在这一阶段，军事进步成果的进一步巩固和完善，有赖于更加高效的中央集权，即强有力的政府能够更好地利用资源支撑战争行动，也能够对军队实施更为有效的纪律约束并开展训练。而更为高效的训练特别是步兵轻武器的稳步增多，进一步增强了欧洲军队的火力。同样，科学文化进步推动了技术的稳步发展，并进而促进训练、理论和机制的效能发挥。

更为先进的技术与技能的有机结合，进一步催生出日益专业化的军队。这些军队不但能够在战场上灵活反应，而且更为显著的是能够熟练运用线式战术，而这恰恰是此时期欧洲主要战争的一个显著标志。也正是这些运用线式战术的军队，开始在全球舞台上进一步扩大欧洲的影响。

机　构

政府、经济与军队

多数欧洲国家军事实力的增强，一方面得益于政府与战争机器之间日益系统化、合理化的结合，另一方面得益于经济的不断发展。这种内在联系在当时得到广泛认可，成为17世纪理性思潮发展的一部分，并在第一个系统的政府管理经济学理论——重商主义中有所阐述。

尤为重要的是，重商主义是一个以军事基本原理为核心的经济理论。重商主义者认为，由于世界贸易总量是不变的（亚当·斯密在1776年提出的一个假想），一个国家可以通过扩大出口（通过支持贸易公司等方式）和限制进口（通过设定关税和鼓励本地工业发展）的方式从贸易中获得最大利益。为什么要最大化进口与出口之间的差异？因为差异会以金银的形式流入该国，而这些金银可以被用于发展陆军和海军。

经济资源　虽然重商主义理论本身存在一定不足，但重商主义的确在一定程度上促进了经济的发展，特别是在影响军事实力的经济资源方面。其中最关键的就是全球商业帝国的制造能力和获得的收益。

18世纪，欧洲的制造能力不断增强，其中最为明显的就是英国。18世纪中期的英国处于工业革命早期阶段，已经开始改革纺织和机器的生产，相较而言当时欧洲大陆的水平则要低一些。其中许多新发展的工业都与军事有着直接的联系。在欧洲，火枪、大炮、火药和弹药的生产稳步增加，靴子、用于制作制服和帆的布料，以及陆军或海军所需的其他各种装备的生产也是如此。尽管多数制造商都是私营公司，但它们借助于同政府签订的合同而持续受益。同时，制造商之间的竞争进一步推动了制造技术的创新。但更为重要的是，这使得武器装备日益正规化和标准化，并且开始朝着批量生产的方向不断发展。尽管这些武器装备主要在欧洲制造并用于欧洲的战争，但欧洲生产的武器数量与质量的稳步提升对全球还是产生了重要影响。在这一时期，最为典型的就是英国的皇家造船厂以及为英国海军生产和供应装备的联合制造商们，它们也是后来出现的军事工业复合体的原型。

与欧洲制造业的发展联系最为紧密的则是全球商业帝国的资源，这在英国体现得也最为明显。殖民地与贸易点提供了税收、直接收入、原材料、"替代"劳动力（奴隶和殖民地的劳工专门从事食品生产，将欧洲的劳动力解放出来，使其能够投入工业生产）服务于欧洲经济发展，同时也为生产出来的商品提供了市场。英国通过加勒比海地区的蔗糖贸易获得了大量财富，其在1750年获得的收益远远大于其远东贸易的总和，这进而也为英国经济发展以及18世纪的军力发展奠定了坚实的基础。

金融　在1700年，政府与制造业的联系相较以往更加紧密，因为政府开始越来越多地直接向士兵提供包括武器、服装、住宿、培训甚至医疗在内的一切，且士兵们的薪水也逐步由国家直接支付，而不再通过中间的独立承包商。所有这一切导致战争费用急剧增加，进而强化了金钱作为战争命脉的地位。因此，国家发展经济的能力直接成为影响军事潜力的一个关键因素。

英国在金融领域也再次处于领跑地位。部分原因是这个岛国在长达数世纪的时间里形成了特有的政治体制，即议会掌控财政大权。1688年的光荣革命使得议会成为英国的权力机构，控制着税收和军队组建。由于议会主要由大大小小的土地所有者、商人和贵族构成，因此英国政府实际上是由最富有的人来运作的，并在某种程度上依赖其支撑。在这个基础上，英国于17世纪90年代成立了英格兰银行，并且英格兰银行很快就超越了荷兰中央银行，能够为政府提供大笔贷款。而偿还此类贷款主要通过创建偿债基金来保障，从而确保政府偿还贷款不会受到未来税收的影响。这种灵活的金融体制，以及发行能够利用全球财富的国债，使得英国能够轻松甚至是毫无限制地筹款，从而能够在财政上满足远超其人口负担能力的战争需求。英国在18世纪之所以能够成为两个军事大国（另一个是中国）之一，就是基于这一财政基础，这个财政基础不仅为英国的陆军和海军提供了经费，而且还在主要的陆上战争中资助了其大陆盟国。

专制君主统治下的欧洲大陆列强也竭力效仿英国的模式，但因为欧洲大陆贵族们所享有的免税地位而一直受到掣肘。

涉及改革的尝试常常会遭到抵制，因为贵族们不愿接受一个无法直接控制的政府，而王室的专制制度会阻碍这种控制。因此，虽然欧洲大陆列强在整个18世纪投入了越来越多的资源，但与英国相比，其财政基础始终不稳定。事实上，作为最大的欧洲大陆国家以及英国的直接对手，法国就一直因为战争负债问题而未能很好地发挥作用，其中最糟糕的情况就出现在1789年。

尽管如此，18世纪所有欧洲列强都筹集到了更多的金钱，建立了由中央控制的军事机构。这些巨量资金中的一部分被用于建立或改进军事机构支撑体制，重点是招募人员以及改革提供后勤支持的政府机构，进而推动形成了更加专业化的官僚体制。尽管各个欧洲国家的官僚体制都远远达不到理想的水平，但政府服务越来越被视为非私人化的专业人员的领域，这些专业人员基于个人的能力为国家服务，并致力于服务国家的利益。政府的高效率有助于提高军事效率，二者都是日益增强的理性主义与效率文化的关键要素。

军事机构与社会

所有社会都是军事化的，从这个意义上来讲，陆军与海军是政府的关注重点，无论对于政府还是对于民众，军队的经费直接或间接地都是一个重要问题。由此导致的一个结果，就是战争对许多平民百姓都产生了影响。军队是复杂社会的一部分，虽然具有独特作用，但无法与社会脱离。军队与民众之间具有多方面的联系，包括招兵、住宿、后勤和生理需求。例如，一个军营的设立会导致当地的非婚出生率增长。这是一个极具破坏力的问题，并且会给社会福利制度带来压力，因为人口众多的家庭、慈善组织和孤儿院不得不面对私生子问题，甚至曾与士兵发生过关系的许多妇女都被判犯有杀婴罪。在某种程度上，这个问题反映出当时军营的隔离程度远不及今天的军队。对所有驻防的城镇（包括首都）而言，军队的作用十分重要。在1789年的巴黎，驻扎在当地的军队在法国大革命中发挥了关键作用。由于军队人员与民众一起生活和工作，并在不执行任务的时候开展贸易活动，因此他们也同民众一样，受到经济和意识形态的影响。最初只是零星地，后来则越来越多地采用专门的军营来安置士兵，而不再直接将士兵安置在民宅中，以此将军事人员与平民社会隔离开来。但这种做法只取得了部分成功，特别是在部队长期驻扎在一个地方的时候，往往会失效。

军队与社会相互影响。事实上，平民社会对军队的影响远比感受到的要深，也远比同时代人所期待的程度要深。社会压力、阶层归属以及军官和士兵个性的发挥，都会削弱军事等级结构，削弱军队纪律。另一方面，军队中既有纵向的等级结构，也有基于阶层或社会地位的横向结构，这与平民社会是一样的。这往往就促进了非正式的约定俗成的惯例，以此弥补了软弱无力的正式纪律。

此外，军队与社会之间还存在一种反馈机制：战争与社会联系的几个方面被证明对军事能力与效率特别重要。这在征兵方式及其所体现的思想意识方面表现得尤其明显，这也是军队与民众进行互动交流的一个关键因素。

与现代西方社会形成鲜明对比的是，战争与杀戮在当时被广泛接受。在这一点上，军队反映出当时社会的特性，而其做法也反映出当时的人们对待生命的态度。当时无论在民间还是在国际社会层面，杀戮都被普遍接受。对民众而言，它是为应对犯罪、异教邪说和骚乱而采取的合适手段。就战争本身来讲，其存在似乎很有必要，但从现代的专业角度来看，那只是因为当时的国际体系缺少霸权国家而衍生出来的产物。与此相反，对当时社会而言，战争是维护利益和达成目标的最佳方式，而在社会中，暴力是以捍卫荣誉的方式保全个人财产的合法手段。因此，与今天相比，这些观点似乎在当时更容易被接受。

依据现代西方的标准，大量男性在军队中服役，部分原因是伤亡率较高，这就需要经常性地进行人员轮换，以确保军队拥有充足的兵力。但对那些丈夫、父亲、兄弟和儿子都在军队的女性而言，她们受到的影响很大，因为其必须承受亲人分离的痛苦以及巨大的失落感。因此，战争至少间接地影响了很大一部分女性人口。

统治者与军队 军队通常被看作主权的基本组成部分。这也与军队的外在表现相关，因为一支形象高大威武的军队更能受到统治者的重视，这是其更倾向于招募高大而非矮小人员的一个关键原因。出于同样的原因，统治者也常常为其军队设计制服。红色和白色分别代表着英国和法国，它们看上去很炫丽，尽管这使其很容易成为神枪手的目标。同时由于可以协助统治者和贵族们履行其被赋予的职责，军队的存在也就更具价值，因为统治者和贵族们通常愿意履行这些职责。军队领导层的岗位十分重要，这在历史、传统以及《圣经》的例子中都得到了验证。许多统治者常常在战争中亲自上阵，他们的确视战争为保卫他的臣民和捍卫其权力合法性的应尽之责和正当理由——这也是其个人荣耀、王朝开疆拓土和国家财富的源泉。庆祝王室英雄为胜利者是欧洲的一个历史悠久的传统，它最令人印象深刻的功能是展示权力。战争并不是进行此类展示的唯一方式，却能最好地实现王朝雄心勃勃的目标，这也是这一时期多数国家的一个共同特点。效仿先辈、前朝君主和同时代的人，当然也包括纯粹的兴奋与冲动，这一切都成为君主渴望战争的推动因素（想要进一步了解这一时期的战争性质，可参见专题C：有限战争？）

因此，尽管处于最基础的水平，但军队仍然是社会中政府所需要和关注的一部分。和平时期，军队的生计能够得到保障，但在战争期间会出现严重的问题。尽管薪水普遍不高，且常常拖欠，但军人仍然是政府开支最大的一个群体。此外，尽管军事训练被作为隔离和管控的一个严格的制度措施，但总体而言军队纪律在实际执行中并不总是像理论上那样残酷严格。事实上，这也是这一时期法律执行上的一个共同特点，即在实际操作过程中，执法常常会因为怜悯而被削弱（并且通过启蒙思想的传播，减少酷刑及其他形式的严厉处罚已经被广泛接受），并且由于执法机构人员不足和资源匮乏，执法工作也时断时续。少数棘手的案件受到最严厉惩罚的数量也不成比例。

> ### 专题 C：有限战争？
>
> 在军事历史学中，17 世纪末以及 18 世纪多数时期的战争是有限的、不确定的，这主要表现在两个截然不同的对比上。
>
> 一是 17 世纪中期的战争对平民产生重大影响，特别是在德国的三十年战争中，大部分地区遭受多番劫掠、肆意破坏，结果导致土地荒芜，人口锐减。新教与天主教在意识形态上的冲突，以及不受政府约束的雇佣兵部队劫掠，都进一步加剧了战争的破坏性，并使其难以终结。与之相反，18 世纪战争的特点是由管理更加严格的皇家军队寻求更为有限的政治目标，并且有专门的后勤补给进行保障，这就大大减少了对粮草补给的需求。一般认为，18 世纪"开化的专制君主"已经认识到战争给其子民带来的经济负担，并开始采取更为人性的、有限的军事活动，进而促进了有限战争的出现。
>
> 二是法国革命以及 1792—1815 年拿破仑战争与 18 世纪大多数战争的对比。前者呈现范围广、以战争为导向的特点，而后者呈现明显的范围有限、重点强调机动与包围、政治影响力弱的特点。两相对比，后者给人一种缺乏决断力的印象。学者们都倾向于强调变革在革命时期的作用，因为在此之前更突出稳定与保守态度。因此，许多人都不认为 18 世纪的战争是"真正的"战争，而诡计、传统和风格在其中发挥着主导作用。
>
> 然而，这些对比给人造成的印象肯定被过度夸大了，还有不同的角度可以观察。对当事者而言，18 世纪的战争不存在任何有限的概念。野战发生的频率远远高于通常所描述的情况，密集的近距离交火造成了极高的伤亡率。相比于野战，围城战的伤亡要更缓慢一些，耗时更长，但总伤亡率常常也更高。高伤亡率使得士兵们更习惯于近距离搏杀。因此并不能说平民的状况有多大改善，读过伏尔泰的《老实人》这部小说的人对此都会有所认识，当时整个欧洲平民的悲惨遭遇也部分反映在交战士兵互相报复。尽管防守方的部队可以更多地依靠仓库存储的物资来实现补给，但入侵敌国领土的进攻行动，使得部队无论在策略上还是现实条件上，都仍然依赖土地产出来解决后勤补给问题，因此对平民的残酷侵害情况仍大量存在。此外，虽然个别战争通过外交手段可能会比 17 世纪更容易结束，但它也往往更容易再次爆发，事实上多数情况也正是如此。
>
> 君主、大臣和军队将领都决心取得胜利，并且其往往也能够这么做。17 世纪和 18 世纪的战略与战术本身并不那么优柔寡断，或许在海上是个例外，尽管当时的海上战术是为了确保取得决定性胜利（参见第 20 章和第 25 章）。优柔寡断往往是政治因素而非军事因素带来的结果，特别是在国家无法充分利用其军事潜力的情况下。西欧国家在欧洲以外的地方采取行动的能力，以及其在欧洲和欧洲以外的地区对阵非欧洲国家所取得的胜利，也十分

> 引人注目。事实上，18世纪的战争给人留下优柔寡断的印象，很大程度上源于欧洲中心主义这一幻觉。从西班牙王位继承战争（1701—1714年）、七年战争（1756—1763年）以及在印度进行的各类战争中，英国既获得全球性的利益，又抢占了殖民地，而其在美国独立战争中的失败导致的损失几乎可以忽略不计。英国获得的收益远远超过拿破仑在战争中取得的任何短暂成果，在战争中只有英国能一再获得持久的利益。就作战的角度而言，以克劳塞维茨为首的后拿破仑时代军事理论家的军事思想中，拿破仑战争的"决定性"意义是不可否认的。从另一个角度看，18世纪的战争在全球性和战略规模上往往也具有同样的决定性意义。

也有一些迹象表明士兵的待遇得到了改善。对士兵士气的日益重视推动了军纪改革，同时从17世纪末开始在医疗护理方面逐步改进。改革也逐渐平息了各个部队的地位是一致的或他们的待遇总是很差之类的争论。事实上，18世纪90年代与法国革命者对峙的陆军和海军的战斗力，并不仅仅源于其纪律性和信念。它还反映出由训练和医疗护理所带来的专业素质。

技 术

战争工具的技术变革通常依赖且受制于前面所提到的经济和制度影响。同样，技术变革本身也会产生一定的影响：线式战术即源自训练和诸如套环式刺刀等新式武器的结合。

武器创新的模式

在开始具体研究之前，我们可以先看一看武器创新的两种主要模式。第一，18世纪是基础武器不断完善的一个时期。火药武器，无论是步兵轻武器还是火炮，都主导了整个进程。发射原理、弹药和制造流程的稳步改进均发挥了一定影响。新出现的实验科学方法和更加精密的数学，也促使武器设计者和武器使用者测试、修正和改进其设计，并且数学的进步也直接使得射击弹道更加精确，从而提高了火炮发射的准确度。此外，欧洲的市场经济以及私营武器制造商们针对有利可图的政府合同而展开的竞争，也进一步为改进武器设计，提高武器的生产数量、可靠性以及降低制造成本提供了经济动力。

第二，现实之中发生重大变革的情况并不多。资金和技术水平是研发和使用不同武器的关键因素，18世纪初期出现的大型皇家军队，仅仅在人力和基础装备方面就已经使国家的资源陷入紧张状态。一旦其武器配备达到一定水平，拥有标准的滑膛枪和火炮，多数国家都将无法负担再以任何方式对军队装备进行重大变革。因此，一些重大的装备改进并非易事，诸如燧发枪就用了几十年的时间才在所有欧洲军队中普及，而在制造基础薄弱的国家，例如，俄国，则花了更长的时间才完成更新换代。进一步说，当时的武器配备与现实中的培训、操练和社会结构结合得十分紧密，因此如果要进行重大变革，必须重新调整军队的正常发展路径，这对任何国家来说都将是难以承受的。特别是随着军队发展的日益体系化、规范化，先期的投资和制度的滞后问题也变得更为严重。最后，欧洲社会尚未完全实现工业化，因此也一直无力迅速重整军队，加之多数装备制造商都是小规模作业，能够投入新型机械制造业的资金有限，且多数制造技术仍然更多地基于传统知识而非科学进程。因此，技术快速发展的时代尚未来临。

武器发展

研发的新武器包括 17 世纪末期的套环式刺刀和燧发枪，18 世纪加农炮上使用的升降杆和纸壳弹药。一系列创新极大地提高了武器的性能。例如，圆锥形推弹杆被用于将弹药送入炮膛发射，这降低了炮口口径与弹药口径之间的差距，进而提高了发射的精度。

刺刀 在 17 世纪行将结束之际，刺刀的发展通过改变步兵的作战效能而改变了欧洲的战争。17 世纪 40 年代早期引入的插入式刺刀（参见第 16 章）安装后影响射击。这种建立在猎人武器基础上的刺刀是以法国西南部小城巴荣涅（Bayonne）的名字命名的。这些刺刀本来是短剑，一旦需要可以安装到火枪上，进而可以使其成为对付野猪的有效武器。

一直有观点认为，法国在 1642 年之前一直使用刺刀。但它的迅速普及，是在 17 世纪 70 年代，当时专业化的兵种诸如骑兵和燧枪兵都配发了刺刀，而法国首次刺刀战发生在 1677 年围攻瓦朗谢讷（Valenciennes）期间。到了 17 世纪 80 年代，刺刀的使用更加普及。这些刺刀基本上都是双刃的，长约 1 英尺，被安装在约 1 英尺长的手柄上，并与枪膛的直径相同，而手柄被固定在枪支上。1672 年，英国鲁柏特亲王（Prince Rupert）的骑兵部队也首次配备了刺刀。

军事变革不断演进的一个范例就是插入式刺刀被附环刺刀和插座式刺刀取代，其中附环刺刀出现于 17 世纪 80 年代。通过这些改进，枪支在开火时刺刀也可以保持固定。刺刀在战斗中所表现出来的稳定性，促使长矛逐渐被淘汰。总体而言，刺刀是对枪支的一大补充，既能够代替长矛起到抵御来袭步兵和骑兵的作用，也能够用来攻击步兵甚至是骑兵。随着长矛逐渐被取代，军队的火力得到了极大提升。

这一改变主要发生在 17 世纪 80 年代和 18 世纪初。1687—1688 年，受命前往希腊与土耳其人作战的符腾堡部队已经没有长矛，而撒克逊人和符腾堡军队在 17 世纪 80 年代末和 90 年代中期配备了刺刀。1687 年，法国陆军国务大臣路瓦（Louvois）侯爵指示军事工程师沃邦（Vaubau）制作了一把刺刀原型。考虑到沃邦在堡垒设计方面的独特技能，这也证明了其总体能力。

1689 年，勃兰登堡-普鲁士开始使用刺刀，随后丹麦于 1690 年也开始使用刺刀。在弗勒吕斯战役（Battle of Fleurus，1690 年）、九年战争［或称奥格斯堡联盟战争（War of the League of Augsburg），1688—1697 年］中，部分德国军队虽然只装备了火枪而没有配备长矛，但击退了法国骑兵，引发了人们的关注。俄国于 18 世纪初装备了刺刀。与此形成对比的是，土耳其人开始使用刺刀的时间相对较晚，直至 18 世纪 30 年代才开始少量地使用。

燧发枪 火绳枪被燧发枪取代是发射机制的一个重大转变，它既提高了速度，又提升了火枪的可靠性，在欧洲及其他地区产生了重要影响。首先，燧发枪降低了火枪对天气的依赖。之前火绳枪一直受风、雨、总体湿度的影响，而这在热带地区显然是一个特别重要的问题。燧发枪通过燧石与钢铁撞击产生的火花点火，与火绳枪相比造价更高，但更为轻便、更加可靠、更容易迅速开火。通过预先包装好的纸壳弹药辅助，燧发枪能够提供更强大的火力，并使射击速度几乎翻倍。此外，由于不存在之前可能面临的划燃火柴引燃火药的危险，火枪手们也能够更密集地排列，进而也增加了每个排面的火力。

燧发点火系统最早出现在 16 世纪中期，其表现形式是早期燧发机，17 世纪出现的更为经典的燧发枪就由它演变而来。此类燧发枪当时主要用于打猎以及手枪上，由于成本原因，其被用作主要的军事武器引入军队还将经历一段时间。

奥地利和瑞典分别自 1689 年和 1696 年开始引入燧发枪，荷兰人和英国人到 1700 年也采用了，1689 年后新组建的英国新军都装备了燧发枪。新配备的火枪能够在 1 分钟内至少发射两次，重量却较之前降低了 1 磅（约 454 克）。与早前火绳枪的普及一样，燧发枪的大范围应用也并非一蹴而就，因为当时一支燧发枪的造价相当于一名农业劳动力一年的收入。然而，由于具备显著优势以及存在竞争压力，燧发枪的引入和普及比火绳枪更快。虽然法国自 1670 年开始就引入了燧发枪，但直至 1704 年火绳枪才完全被淘汰。这种情况的出现很有可能是因为燧发枪的造价太高，但后来爆发的九年战争最终促使法国做出了改变，并于 1699 年 12 月颁布一项法令推进燧发枪的应用。而瑞典的许多部队仍在使用老式的武器。由于刺刀取代了长矛，燧发枪的影响进一步扩大了。

较低的初速能够造成更加严重的伤口，因为子弹飞行的速度越慢，其对骨头和肌肉组织造成的伤害就越大。同时，士兵们往往齐射开火而不是进行单人瞄准射击。毕竟在一个充满噪声与硝烟的战场上，要进行瞄准是十分困难的，并且火枪的重量极易导致枪管下沉，从而使得射程较短。士兵们也往往会因为巨大的后坐力而受伤。

甚至在非常好的条件下，士兵瞄准射击的有效射程也不过 50 码（近 46 米），不过对此也有不同的声音，因为一些人肯定地表示曾准确地击中更远的目标。在许多情况下，1 分钟内的射击次数很难超过 3 次，同时射击精度也受到枪管构造（诸如枪管没有膛线或开槽，以及火药结垢和向后的作用力等）、射击弹道、漫长的瞄准时间以及快速射击的需要等因素制约。由于巨大的偏差，子弹射出后甚至可能会飞向任何方向，而磨损的燧石和闭塞的火门也可能造成误射，重新装膛也会因为枪膛结垢而变得十分困难。随着制铁技术的发展，推弹杆被认为提高了火枪射击的速度，但由于其常常会弯曲并堵在火枪里，且易折断或生锈，因此它的频繁使用往往也会造成枪管弯曲。

此外，还存在火枪生产的问题。这部分是由于 18 世纪的工业制造能力有限，特别是缺少标准化的大规模生产能力。普鲁士火枪的口径一般在 18～20.4 毫米之间，而长度最多能相差 8 厘米。法国 1754 式燧发枪的很多构件都是手工制作的，这使得其零部件不可更换，同时由于标准不一而难以进行量产。甚至到了 1757 年，据估计许多法国火枪射击次数达到 6 次就存在损坏的风险，而这种情况直到 18 世纪 90 年代才稍有好转。

尽管存在诸多不足，但由于其能够提供强大的火力，燧发枪的产量仍不断增加。1701—1704 年，英国军械官共发放了 5.6 万支火枪；1737—1778 年，俄国位于图拉（Tula）的主要兵工厂年产火枪近 1.4 万支；18 世纪 60 年代，法国在沙勒维尔（Charleville）和圣埃蒂安（Saint-Etienne）每年生产 2.3 万支火枪；1777 年，法国还向美国大陆军提供了 2.3 万支火枪。截至 1814 年，英国库存火枪数量达到 74.3 万支。直到 19 世纪引入来复枪后，欧洲军队的武器装备才经历了较大的变革。

火炮 火炮是各国政府拥抱技术进步所带来的机遇的一个领域。18 世纪，技术的改进使得加农炮的重量得以减轻，并使其在战场上的部署更加灵活。18 世纪初，瑞士枪炮制造商约翰·马利兹（Johann Maritz）发明了一种新的加农炮制造技术。过去，枪炮是在一个特制的模子里围绕一个核心部件进行铸模，而这往往使其难以精确地与其他部件整合。1715 年，马利兹和他的儿子们发明了一种新的技术，即在铸造过程中使炮的尾座朝下，从而使后膛的密度增大，增强发射威力，同时制造出一个更加光滑、更加精准的炮膛。后来，这一技术在整个欧洲都得到了广泛应用。改良后的铸件对于提高火炮的精度至关重要，因为铸造水平低的火炮可能会断裂，并因此不得不在两发炮射的间隔进行冷却。新的火炮更加安全，更具可预测性，更加统一，而且更轻便，因为马利兹系统拥有更薄的炮管，炮弹和炮管之间贴合得更紧密，这也使其可以装更少的火药。同时，这也使得降低炮膛的厚度更加安全。新的铸造技术使得火炮更具机动性，并确保其在战场上逐渐发挥更大的作用。

线式战术

步兵、骑兵和炮兵

步兵 长期以来，为了确保实现防御和火力之间必要的平衡，整合长枪兵和火枪兵一直都是十分复杂的任务。相较而言，刺刀和燧发枪这些新技术催生了更长、更细的线形组合与肩并肩的训练，从而可以实现火力的最大化，这也成为 18 世纪欧洲步兵的一个主要特点，包括在欧洲内部以及海外。刺刀和燧发枪的应用推动了防御战术的发展，尤其是因为更有效的步兵武器促使欧洲军队逐步淘汰了盔甲，提高了军队的机动性。然而，最初的刺刀操练建立在长枪操练的基础上，直到 18 世纪 50 年代，一种新的刺刀操练模式才使其变得更容易进行攻击。

肉搏战在 18 世纪的战场上已不多见，多数伤亡都是由枪炮造成的。在 1709 年的马尔普拉凯战役（Battle of Malplaquet）中，法国军队中约 2% 的伤亡是由刺刀造成的，而这场战役也是西班牙王位继承战争中最为血腥的一次。无论如何，刺刀的作用变得日益重要，而且日益成为武器装备的一部分。1786 年，英军副官长威廉·福塞特（William Fawcett）爵士将国王赠送的两支火枪还给乔治三世，表示："根据陛下的指示，旨在供轻步兵使用的刺刀被安装在火枪上。"

从 18 世纪 50 年代末开始，先进行齐射，再进行刺杀已经成为标准的英军战术。1759 年的敏登战役（Battle of Minden）作为七年战争的关键一战，英国步兵们的勇气和射击纪律为他们赢得了这场战争。步兵们误解了命令，向前推进穿过一片开阔的平原，然后两次击退了法国骑兵。绝大多数骑兵受伤都是由燧发枪造成的，那些冲到英国阵前的人则是被刺刀刺伤的。骑兵冲锋之后，接着是法国步兵向前推进，然后是又一轮骑兵攻击，但再次被燧发枪和刺刀击退。这场胜利极大地缓解了法国向英国的同盟——普鲁士腓特烈大帝施加的压力。

齐射的方法有很多种，既可以排成一排射击，也可以按编队射击。在西班牙王位继承战争（1701—1714 年）期间，荷兰的编队射击已经十分常见，但法国是个例外。18 世纪 40 年代，普鲁士人采用荷兰的这种射击技术，每排单独射击形成连环式射击，而法国仍然排成一排射击。在 1745 年丰特努瓦战役（Battle of Fontenoy）中打败英国的法军指挥官元帅萨克森伯爵说："目前这种按照口令射击的方法，因为束缚了处于受限位置中的士兵而影响其射击精度……依照目前的这种子弹装弹方法，在吵闹和匆忙的交战过程中，很少有士兵能迅速装填，且极易将子弹装入膛内而没有取掉火帽，而一旦这样做了，许多武器就变得无用了。"同样的问题也影响到当时所有的步兵部队。因此，虽然一些步兵（当然，从 18 世纪 40 年代开始是普鲁士人）赢得了一些优势，与敌方相比在火力、机动性和纪律等方面胜出，但是赢得战斗依靠的不是占优势的人员技能，而是数量、机会和卓越的指挥能力，特别是在机动性以及将步兵与其他武器结合等方面。

炮兵 前面提及的火炮技术改进使得火炮在 18 世纪的战场上作用更加突出。最重要的是，由于更轻便、更方便移动，火炮炮架可以快速组装排列，而这在绝大多数的 17 世纪战争中都是不可能的。因此，火炮可以被用来加强重要的防御阵地，并且更重要的是，它也能够更加方便地推进以支援进攻，正如腓特烈大帝在洛伊滕（Leuthen）所做的那样（参见专题 B：洛伊滕之战，1757 年）。指挥员们开始部署更大的火炮阵地，这一趋势发展到顶峰的典型表现就是拿破仑式的庞大炮兵阵地。但是，火炮有限的射程使得人们仍然需要将火炮部署在步兵前面，而这也使得火炮及炮兵们容易遭到骑兵攻击。因此，协调步兵、炮兵和骑兵需要充分把握时机，并拥有丰富的经验。最重要的是，它需要炮兵指挥官有胆识、有进取意识、有熟练技能，而火炮也因此完全被纳入常规指挥体系中。

骑兵 虽然在整个 18 世纪中，大规模步兵和机动火炮的火力的作用稳步增加，但骑兵仍然是欧洲所有军队的重要组成部分。除了履行重要的作战职责，包括进行巡逻和检查，骑兵还在战场发挥重要的作用。燧发枪有限的射程和缓慢的射击速度为骑兵冲锋留出了一定的空间，这可能决定一场战斗的胜败，就像1704年英国骑兵在布伦海姆（Blenheim）的战斗中在这一天结

> **专题 B：洛伊滕之战，1757 年**
>
> 　　1757 年 12 月 5 日发生的战斗是七年战争（1756—1763 年）中最重要的战斗之一。普鲁士的腓特烈二世率领 3.5 万人的军队，前往攻击由洛林亲王卡尔率领的 5.4 万人的奥地利军队。腓特烈二世采取了被称作斜线进攻的方式夺得了战场的主动权和优势，这是对当时一贯使用的线式战术做出的一个重要改变。腓特烈制定了一系列加强直线排列军队一端力量并利用其发动攻击的方法，同时也将薄弱处的暴露程度最小化。这种战术取决于迅速实施作战机动，旨在使腓特烈的军队前进到敌方军队的侧翼，避免发起正面进攻。这种战术需要训练有素、纪律严明的军队，而且进攻敌方侧翼的部队也面临遭受袭击的危险。
>
> 　　腓特烈率领军队从西面靠近，并利用山脊做掩护向南前进，绕过了奥地利军队的左翼。同时，声东击西的战术导致奥地利人不得不调动后备力量进行增援。此外，普鲁士人还使用机动火炮增强其进攻能力。而卡尔调动军队穿越洛伊滕的村庄形成了一个面朝南方的防线。
>
> 　　战斗第二阶段则集中在普鲁士军队对这一新战线特别是洛伊滕的攻击。尽管在进攻过程中普鲁士步兵遭遇到了奥地利骑兵，但普鲁士骑兵及时采取行动，阻止了奥地利骑兵对普鲁士步兵发起的反击，而遭受猛烈攻击的奥地利士兵最终溃败。和这一时期大多数的战斗一样，夜幕降临，战斗也随之结束。
>
> 　　在这场战斗中，普鲁士一方伤亡 6380 人，而奥地利一方伤亡 1 万多人，被俘 1.2 万余人。战败后，奥地利人放弃了西里西亚的多数地方，而对该省的占有正是此战的焦点所在。此战是一支训练有素的军队打赢的一场攻坚战，它反映了普鲁士军队的火力、腓特烈大帝对地形的巧妙利用、普鲁士骑兵的素质，以及普鲁士指挥官积极进取的精神。

束时冲破了法军防线的中部。没有步兵保护的炮兵极易受到骑兵的攻击。骑兵战胜步兵则通常是抓住步兵疲惫、混乱以及侧翼或后方暴露的机会。此外，骑兵也需要与敌方骑兵争夺暴露的阵地，以及应对敌方骑兵的威胁，腓特烈大帝的骑兵部队在洛伊滕的表现就是一个典型的例子。此外，在追击敌人的过程中，骑兵也是不可或缺的。

　　如同步兵一样，机动性是骑兵发挥战斗力的关键。在刺刀完全取代长枪之后，由于步兵的砍削和戳刺类武器的作用范围缩小，欧洲骑兵也逐渐脱下了盔甲。在骑兵部队服役依然是经济条件好的人当兵的首选，这也表明它仍然是各国军队最重要的组成部分。

战场模式

虽然 18 世纪的战争并不都像其呈现的那样谨慎而又典型，但总的战术模式仍然能够分辨出来。

我们已经知道刺刀和燧发枪对战术组合产生的影响：导致形成更长、更稀疏的步兵战线，进而使每排队列的火力能够造成最大的杀伤效果。催生线式组合的另一个动力来自奥地利、匈牙利与土耳其作战的经验总结。土耳其的轻骑兵部队总是通过合围战术威胁奥地利展开的防线，而延伸的防线组合能够有效抵御这一威胁。这也反映出欧洲军队和土耳其军队之间在火力方面日益加剧的不平衡。

然而在另一方面，线式战术在 18 世纪的大战术层面上是一个不太恰当的说法。与 17 世纪中期的战争相比，最重要的变化之一就是 18 世纪的政府和经济可以维持更大规模的野战部队。野战部队的人数通常在 2 万左右，在三十年战争中从未超过 5 万；到西班牙王位继承战争时，5 万～8 万人的军队已成为常态。规模更大的部队意味着，部队可以排成比长枪和燧发枪组合更长、更稀疏的线式组合，同时作为一个整体更充分地利用二线和后备力量进行部署。在 1631 年的布莱登菲尔德（Breitenfeld）之战中，步兵和火炮部署在中间，骑兵部署在侧翼；在 1704 年的布伦海姆之战中，双方都采用了多排、混合和灵活的部署方式。将这两个例子进行比较就可以明显地看出，并且从腓特烈大帝的许多场战斗中也可以看出，这种线式部署方式重点强调战前机动，进而最大限度地利用进攻方——腓特烈大帝所谓斜线进攻的基础——或防御方的位置优势。在后一种情况下，部队指挥官试图通过将其部署在可防守或无法通过之处以保护其侧翼，这就迫使进攻方必须实施代价巨大的正面进攻。牢固的防守位置和步兵的防御力量，使得敌方在能够对线式组合部队的薄弱之处发起决定性攻击之前，将首先不得不采取分段攻击的方式，从而达到分散敌人后备力量的目的。但这类战斗通常会造成较大的人员伤亡。

更大规模的军队和更加复杂的部队构成也引发一些指挥上的新问题，特别是后备力量的指挥和控制，而这通常非常关键。然而，即使是 8 万人的军队也可以被部署在同一个战场上，排除硝烟弥漫、地形复杂等不利因素，仍然存在由一名指挥官进行指挥控制的空间。当然，敌对指挥官之间的心理战等因素，也对战争走向产生重要作用。此外，相较于更为谨慎的奥地利对手，腓特烈大帝还拥有一个特殊优势，即他作为国王和统帅采取的是集权制。随着军队的发展，一支专业化的军官队伍变得比以往更为重要，情报和基层指挥官的作用也更加突出。军事学院的发展也清晰地反映出统治者意识到了进行专业军事教育的必要性。

战略背景

线式战争的战略背景在欧洲内部以及欧洲以外地区有着极大的不同，欧洲以外地区的战略为采取大胆举措和非常规措施提供了一个更加广阔的舞台。

欧洲内部的战略　主要欧洲大国之间的军事实力几近均衡，并且因为奉行结盟战略而得到加强，这也在一定程度上限制了一些国家在 18 世纪大多数时间的战略野心和选择。和前几个世纪一样，最具争议的地区都戒备森严，这往往导致小心翼翼的阵地战，因为大规模军队依赖于补给站以及缓慢的运输提供弹药补给甚至是粮食补给。因此，后勤成为军队实施快速机动的一个主要限制因素，特别是在有限战争的背景下。这并非因为将军们不想采取大胆的、决定性的进攻行动，而是因为这种进攻在欧洲难以施展，大陆战争常常以交战双方资源耗尽而宣布停战。

由此导致的一个结果就是，路易十四的扩张主义一度受阻，欧洲各国版图未发生大的变化。而波兰由于缺少有力的政府和军队，几乎在未打一仗的情况下，就惨被普鲁士、俄国和奥地利瓜分。此外，奥地利也从奥斯曼帝国那里攫取了利益。但在众多的欧洲国家中，只有腓特烈二世迅速从奥地利手中夺取西里西亚的意义最为重大，此举引发的所有战斗都是腓特烈致力于保卫其占有的新领土。

欧洲以外地区的战略　在较少受限的全球舞台上，战略变得广阔而宏大，这与 18 世纪的战争本质上缺乏想象力和具有局限性的观念不符。这一战略的重点聚焦于欧洲殖民前哨，因此具有双重性（参见第 25 章）。英国作为世界上最重要的海上强国和殖民国家，也是这一战略的主要实践者和受益者。它通过资助欧洲大陆的盟国牵制住了法国陆军，并将其舰队封锁在港口内，进而利用对海洋的控制权孤立和夺取了法国在北美、印度和加勒比海地区的殖民地。但在众多的战略行动中，最重大的一次成功当属法国与美国联军于 1781 年在约克镇取得的大捷，当时一支位于新泽西的美军和位于加勒比海的法国舰队进行了令人难以想象的协同配合，成功地结束了美国独立战争。然而，英国稳固地利用其海上霸主优势，在与法国和其他欧洲国家长达一个世纪的殖民竞争中成为最大的赢家。

这些全球战略所涉及的范围使欧洲军队陷入与不同地区敌对者的冲突之中。皇家军队没有僵化和脆弱，显示出能够适应不同的战术和对手，将边疆战争的经验带回到欧洲，主要的形式是更多地运用散兵、侦察兵和轻骑兵部队，同时将自己的风格强加于其控制的地区。战略和战术共同发挥作用，二者中的任何一个都不像 18 世纪所反映出来的那样一成不变。

全球影响

18 世纪的欧洲在全球舞台上的影响日益增强，特别是在最后的 25 年中。如果要解释这种影响，就需要区分战争中的技术和应用这些技术的技巧，研究欧洲影响力最大的地区的特点，并认识到欧洲大国仍然存在的局限。

技巧与技术

在这个阶段，从根本上说，逐渐使欧洲战争方式不同于世界其他地区的不是技术（technology），而是运用武装部队的技巧（technigue），涉及从战术战法到组建、训练和指挥欧洲风格军队所需的军事和官僚机构。而这些技巧与欧洲的社会结构、政府实践和经济活动有机地联系在一起。因此，这种技巧是整个社会军事体系的产物。虽然从广义上讲，每一种军事体系都是这样的情况，但大多数前工业文明之间的普遍相似性，意味着战争方式的有效性迄今为止并不存在很大差异。在枪炮时代之前存在的较大差异性是农耕和游牧社会之间的差异，游牧民族因其完全不同于定居民族的生活方式而具有总体上的优势。到了18世纪中期，欧洲社会发展带来的结果，是在整体生活方式基础上产生的不均等，却是不同定居民族之间的差异。

简言之，有效独立地运用欧洲的武器需要具有生产此类武器的能力。欧洲以外地区的部分国家从欧洲购买了大量武器，还有一些国家如印度则自己生产火枪和大炮，甚至其中一些质量还非常精良，但是这种生产往往是由一位雄心勃勃的统治者发起，并在短期内实施的，持续的生产以及自发的改良则依赖于竞争性的政治和市场经济结构，这在欧洲以外的地区难以实现。只有拥有专业的官僚机构、稳固的税收基础的强大中央政府，才能建立大规模军队。但这样的政府和军队对传统精英阶层的地位和特权构成了威胁，因此即使存在建立这种军队的政治意愿，也很少能够不受阻碍地实施。

结果就是欧洲模式的战争变得越来越难以复制，因为其一套运转流程需要得到整个社会体系的支撑，而这种社会体系完全不同于传统的组织模式。换句话说，希望保护自己抵御欧洲入侵的非欧洲人，现在面临着必须"变成欧洲人"的问题，即接受完全不同于传统的欧洲方式，以便发展出欧洲式的军队。在18世纪晚期，这个问题在某些地区变得尤为突出，而在19世纪，它在全球都变得至关重要（参见第24章）。

一些非欧洲大国的确成功地引入了欧洲模式，特别是印度的马拉塔（Marathas）组建了一支很有战斗力的军队，并将欧洲风格的步兵和火炮与其传统的骑兵有机地结合。但可以发现，在欧洲以外地区组建的最成功的欧式风格军队，要么是在"新欧洲"（英国的美洲殖民地），要么是在欧洲统治下的或直接与欧洲存在竞争的印度洋国家。与之形成鲜明对比的是，许多国家在16世纪都引入了火药技术，包括当时的奥斯曼帝国和日本，与欧洲人相比，这些国家更好地利用了火药技术。

这种发展的最终结果是欧洲军队具有越来越大的优势。欧洲的技术革新虽然缓慢，但在稳步前进，因为它是以资本主义为核心的社会经济体制的产物。政府和经济对战争的支撑作用越来越大，因此也更加可靠，特别是后勤和领导能力也变得更加规范，而不再依赖统治者的性格。或许，最好的例证就是与奥斯曼帝国的对比。在18世纪的大部分时间里，奥斯曼帝国的战术传统并没有糟糕到被欧洲侵蚀的地步，正如之前谈到的，它对欧洲战术的影响可以证明这一点。尽管与 18 世纪初相比，奥斯曼帝国输掉了更多的战争，但仍然赢了一些。但他们在与欧洲的直接对抗中遇到的主要问题，是如何在漫长的战争中常年保持驻军，而这是一个关乎政治意愿、行政腐败和经济困难的问题。欧洲的官员和商人们就像将军和士兵所做的那样，把奥斯曼帝国的边境线不断往后推。

战争和商业帝国

欧洲国家之间在欧洲以外地区发生的大多数冲突，主要集中于已经存在的商业帝国和殖民地，且诱因常常在于拥有军队的贸易公司的私自行动，而非由于官方政策。这一事实也再次说明了欧洲成功的基础，例如，英国在印度的存在就是英国东印度公司的创建。尽管如此，政治敌对也是一个关键因素：由于西班牙王位继承战争，英国与法国进行了长达一个世纪的经济和军事竞争，而且这种竞争在地理范围上进一步演变成全球性竞争，影响到美洲和印度洋的大部分地区。这种商业与军事结合所带来的最重要的变化，就是欧洲风格的训练扩大到同欧洲竞争的同盟国家，其中最具代表性的就是美国独立战争。

当地同盟和战术传统　在海外作战的西方军队面临新的挑战，这进而导致其战术和组织方式增添了新的内容。尽管这些变化对于欧洲的冲突影响有限，却反映出西方战争所涉及的范围和面对的挑战，其中最重要的就是按照欧洲模式建立的印度军队的发展。这种将欧式训练与印度人员相结合的方式，一方面为欧洲帝国创造了机遇，另一方面也对其地位形成了威胁。不可否认，这种结合成为 19 世纪英国军事力量的基础，进而促使其创建了一个具有史无前例规模的帝国。东印度公司组建的第一支印度部队，是在 1684 年组建的两支拉贾普特联队。起初东印度公司在 1763 年的兵力规模为 18 200 人，1782 年为 11.5 万人，而到了 1805 年，其兵力规模已经达到 15.4 万人。这些军队的官员几乎全是英国人（正如其对手军队的军官大部分都是欧洲人一样），进而也反映出英国控制印度的基本模式。

一个新欧洲：美国独立战争　在标准的西方叙事体系中，美国独立战争使得在七年战争和法国革命之间发生的任何其他事件都黯然失色。尽管美国独立战争并不是这一阶段唯一的冲突，但它在全球背景下具有重大意义，这不仅是因为其促成了美国的诞生，而且还在于其催生出了现代军事（和学术史上的）超级大国。美国独立战争是发生在一个欧洲殖民国家和欧洲后裔之间的第一次大规模跨海战争，并且也是自 1778 年起英国和法国之间长期斗争过程中的一个重要事件。在北美，美国独立战争既是革命性的，也是传统的，之所以说它具有革命性，是因为它是第一个现代的"武装起来的国家"；说它具有传统性，是因为它作战的方式类似于当时在欧洲和北美进行的其他战争。美国采取欧洲战争中的线式战术作战，这并不令人感到惊讶，因为许多美国人都曾服役并参加 18 世纪中期英国对波旁王朝的战争，且其中超过 1 万人是正规军。此外，还有许多人十分熟悉欧洲军队的作战方式，特别是英国军队的作战方式，这主要是通过阅读、观察或讨论的方式获得的。

步兵主导了中部殖民地的战场。配备刺刀的火枪起初曾令美国人感到害怕，但是面对训练有素的英国火枪手，美国人能够以强有力的阵地战进行抵抗，且这一战术的价值在邦克山之战（Battle of Bunker Hill，1775年6月17日）英国遭受重挫中得到证明。此战中，英国军队曾试图在第一轮战斗中就击败对手，但与七年战争时北欧平原的开阔牧场不同，那里有狭窄的河谷、茂密的森林、湍急的河流，以及在新英格兰本身就构成防御阵地的石墙。豪威和克林顿等英国将军采取了侧翼机动的方式应对，尽管如此，以传统编队行动的英国正规军，不但要面对坚固阵地的阻击，而且难以适应加拿大边境陌生的茂密森林与山区地形，以及广袤南部的环境。在这样一个地广人稀的地区，维持后勤补给成为一大难题。并且除了港口以外，几乎没有什么地点对于防守具有至关重要的价值，进而也使得英国寻求对美国实施阵地战的机会少之又少。此外，南方炎热、潮湿的气候也给军队制造了许多麻烦。

除了地理因素，政治因素也使得美国独立战争和欧洲古老体制下的战争不同，以至前者的实践者们似乎没有什么可以教给后者的实践者们。与欧洲地区的战争相比，美国更大的地理范围和规模更小的军队意味着，其必须在后勤和作战理念上有所突破，特别是英国的战略受到许多美国人致力于获得独立这一政治因素的影响。此外，就美国民兵做出的重要贡献而言，这一观点也是成立的。正是美国民兵的存在，削弱了英国在1780—1781年采取的南方战略，因为它已被证明无法巩固英国在卡罗来纳的地位。而腓特烈大帝在欧洲不必面对这样的对手。

美国的将军们常常习惯于散兵线、夜间行进和打了就跑的作战方式。然而，乔治·华盛顿不仅指挥着大陆军这样一支堪称匹配英国军队专业水平的武装，而且选择以英国人熟悉的方式作战，而这与英国在北美面临的陌生的后勤和政治问题完全不同。毫无疑问，欧洲的战术和作战技巧传入了美国，并在1776年以及1780年的坎登之战（Battle of Camden）中取得成功，正是在这次战役中英国军队在行进中完成精准射击。此外，英国军队也比美国人更善于夜间作战。即使是英国雇佣的黑森部队（Hessian troops）也能够采取灵活战术，就像在1776年的长岛之战（Battle of Long Island）一样，他们首次以散兵队形行进。

英国人在战场上取得的胜利，往往由于保守的指挥以及缺少骑兵支援，而无法将战场上的优势转化为美国的重大损失，并且这些胜利大多发生在大陆军没有退路的情况下，就像1776年在华盛顿堡（Fort Washington）和1780年在查尔斯顿（Charleston）发生的战斗一样。

由于对战场环境更为熟悉和适应，大陆军抵御英军进攻的能力（就像1777年在萨拉托加大捷中所做的一样）以及给敌人造成重创的能力都得到了增强，正如1781年在吉尔福德县取得的胜利导致英国遭受重大损失所表明的那样（见专题A：吉尔福德县之战）。

在失去13个殖民地的公众支持的情况下，英国不得不从本土获得补给，同时不得不调派驻防的部队，但由于需要保护给养、基地和关键的转运点，驻防任务也越发重要。

专题 A：吉尔福德县之战

纳萨尼尔·格林将军评价 1781 年 3 月发生的北卡罗来纳之战时认为，虽然美国人在战术上失败了，但较高的伤亡率致使康华利（Cornwallis）将军放弃了卡罗来纳，这在美国历史上是巨大的贡献。

……发现我们的力量比过去更加值得敬畏，极可能会发生力量减弱而不是增强，而且在这个荒芜的国度长期作战面临着极大的困难。我决定不再浪费时间，立即对敌人展开攻击，并相应做出必要部署。而且我们相信，一旦我们取得成功，敌方将损失巨大，反之，其结果只会对我们更加不利……

这个国家的大部分地区都是荒野，只有为数不多的开垦土地零星地散落其间。军队被部署到一座大山上，四周群山环绕，山上长满了茂密的松树和灌木丛。第一排士兵被部署在树林边缘的田野中，第二排部在树林里，距第一排约 300 码（约 274 米）的位置，大陆军就在第二排后方大约 300 码的位置……

战斗以炮击开始，持续约 20 分钟，敌人呈 3 个纵队向前推进时，右侧是黑森部队，中间是卫队，左侧是韦斯特中校率领的一支部队。敌军穿过田野，袭击了等待发起攻击的北卡罗来纳部队。直到距离敌军大约 140 码（约 128 米）时，他们中的一部分人才开始射击，但有相当一部分人还没有开枪就逃离了战场，有的开了一枪，有的开了两枪，仅此而已。将军和军官们尽其所能地命令士兵们留在原地，但是阵列的优势或其他理由都不能让士兵们留在原地。弗吉尼亚民兵给予敌军沉重的打击，进行了长时间的开火，同时也遭到了还击，这种情况在哪里都是如此，十分普遍……简言之，交火持续时间很长，战况也非常激烈，敌军仅仅因为纪律严明而获得了一点优势。他们突破了马里兰第二团的封锁，绕过我们的左翼攻击弗吉尼亚旅，并且似乎开始在我们的右翼取得一定优势，这有可能会对整个大陆军形成包围。我认为应当下令撤退……我们已经损失了火炮和两辆弹药车，且在开始撤退之前大部分马匹已经战死，因此只能沿着大路行进。在集结之后，我们撤退到距离吉尔福德 10 英里（约 16 千米）的营地。

[英军 1900 人，阵亡 532 人；美军 4500 人，阵亡 326 人。] 多数 [失踪] 人员已经回家，在战斗开始后，民兵的惯常做法就是如此……我们的人员斗志昂扬，精神饱满，完全准备好再进行另一场战斗。

资料来源：Richard K. Showman, Dennis Michael Lonrad, et al., eds., *The Papers of General Mathaniel Greene*, Chapel Hill: University of North Carolina Press, 1976.

因此，军队中只有一部分人能够用于作战，而新阵地的攻取，特别是 1776 年夺取的纽约和纽波特，迫使英国分出更多的士兵用作守备部队。这也解释了为何英国将重点放在决定性的战役上，因为只有消灭美国的野战部队，英军才能不再担负守备的任务，从而扩大英国的控制范围。因此，美国人在避免这些失败方面的技能和决定变得至关重要。

自 1778 年开始，先前曾向大陆军提供关键军事物资的法国正式参战，企图扭转英国在七年战争期间确立起的霸权地位。法国的参战使得英国军队不得不在世界其他地区同时作战，英国对北美海域的控制也受到威胁，其资源供应及帝国主义体系也受到了挑战。1780 年，在让·德·罗切堡（Jean de Rochambeau）伯爵的率领下，法国派出一支远征军前往北美。此人曾参加过法国在奥地利王位继承战争中的德国战役以及七年战争。这支军队抵达北美意味着法国形成的威胁不再仅仅在海上。1778 年，法国的介入导致英国放弃了费城。

1779 年，法国的盟友西班牙（其曾通过哈瓦纳向美国人提供过火药和资金）加入战局，1780 年，荷兰也效仿加入。这种情况造成的结果就是对英国构成了巨大挑战，这既有助于分散其注意力以及用于北美战争的资源，又直接导致英国在 1781 年的约克镇战役中失败：当时位于切萨皮克湾（Chesapeake Bay）入口处的一支庞大的法国舰队，成功地阻止了解救被围困在那里的英军的企图，迫使康华利将军投降。这也直接导致了英国议员的信任危机、政府的垮台以及和平谈判。

教训和相似的情况　尽管在西印度群岛、西非、地中海、北美海岸遭受了损失，但大英帝国的大部分殖民地仍然挺过了危击，包括直布罗陀与牙买加，而这些地区都曾是西班牙的目标。英国成功地保住了大部分地盘，这也部分反映出其对手在联盟战争方面所面临的问题，就像普鲁士尽管在七年战争中遭到奥地利、法国、俄国和瑞典的联合攻击仍然幸存一样。联盟战争需要解决好指挥和控制方面存在的问题。美国独立战争也在很大程度上反映出许多西方国家之间的战争并没有发生在欧洲。

此次战争也表明成功与失败之间有时只是一步之遥，1781 年发生在约克镇和 1782 年发生在桑特（Saintes）的两场战斗的结果之间巨大的差异就说明了这一点。在桑特之战中，英国战胜法国舰队可以被视作其海军体制方面的成果，而英国在约克镇的失败，以及 1779 年在印度的沃德冈（Wadgaon）败给马拉塔军队，则表明英国军事体系的成功取决于意外情况。法国军队在北美取得成功及其在印度的失败之间的巨大差异也是如此，在后者中，法国派出军队和战舰并没有帮助其盟友——迈索尔的苏丹推翻英国在印度南部的统治。如果法国将军布希（Bussy）能够毫不迟疑地率领强大的军队和火炮抵达印度，也许将更容易实现目标，特别是因为法国海军将领叙弗朗（Suffren）也在那里，而他是一名优秀的海军指挥官。然而，布希手下的部队远没有达到他所要求的 1 万人，部分原因是舰队无法抵达或遭到英国海军的拦截，此外坏血病造成的损失也对法国产生了影响。

陆海协调既需要规划，也可能发生意外情况。英国的阵地，例如，1776 年的魁北克和 1779

年的直布罗陀，可以通过海上进行解救，那些未得到解救的则丢失了，例如，1781 年的彭萨科拉（Pensacola）和约克镇，以及 1782 年的梅诺卡（Minorca）。相反，英国的行动，例如，1781 年筹划从荷兰手中夺取开普敦，因为法国战舰抵达而受阻。此外，此次战争也表明了西班牙可持续的军事实力。西班牙在 1779 年夺取了巴吞鲁日、曼查克（Manchac）和纳齐兹（Natchez），1781 年夺取了彭萨科拉，其版图扩张行动（1775 年延伸到阿尔及尔，1779 年扩大到英吉利海峡，但二者都是不成功的远征）完全不同于当时的普鲁士，这也表明了这一时期战争的多样性。

英国成为世界强国　1783 年签署的《凡尔赛和约》，标志着美国独立战争的结束。法国得到了多巴哥和塞内加尔，西班牙则得到了梅诺卡和佛罗里达。然而，英国损失的最重要的地盘是从美国人手中丢的而非从法国人手中，且其在印度仍然是一个重要的欧洲国家。尽管失去了美洲殖民地，英国截至 18 世纪末在与法国的竞争中仍是赢家。下面对欧洲大国的局限性进行简要阐述。

欧洲大国的局限性

中国是 18 世纪的另一个大国，满族的征服活动催生了一个结合游牧骑兵与步兵优势的军事体系。和欧洲地区一样，自 17 世纪 80 年代开始，随着人口的稳定增长以及经济的不断发展，清朝政权逐步稳固并随之开始了将近一个世纪的扩张，直至 18 世纪 60 年代，清朝的疆域达到了顶峰。尼泊尔、中亚的广袤地区，甚至包括曾经一度构成威胁的蒙古腹地都纳入清朝的统治。17 世纪 80 年代，清军将俄国人赶出了黑龙江地区，并在整个 18 世纪毫不畏惧任何欧洲国家。当时的中国是一个庞大的、传统的、以陆地为基础的成功帝国。进一步说，甚至在 1780 年，在中国人的高效和欧洲人的官僚主义之间，以及中国与欧洲在经济活力和生活水平上，在知识传统的丰富性上，孰优孰劣一目了然。然而到了 1830 年，力量均势开始急剧地向欧洲倾斜，这是有原因的。一方面，欧洲（特别是英国的）经济趋于将殖民地财富集中于英国，进而推动了工业化发展，而中国的政策趋于更加平均地分配财富，以至人口的增长最终超过了经济增长。另一方面，欧洲的经济和军事竞争在推动技术进步和扩张主义方面明显快于统一的中国。但在 1780 年的，这种转变不可预测，甚至也并非不可避免。

中国并不是欧洲国家在远东扩张的唯一障碍。缅甸成功地抵制住了欧洲国家，并扩大了自身的影响力。总体而言，在这一时期，庞大的、以陆地为根基的国家的独立地位并没有受到欧洲的威胁。欧洲的影响力仍然局限于海岸地区和近海地区，即便是在美洲。这也再次表明，海上战争及其与贸易、商业殖民地和帝国之间的联系是欧洲获得优势的关键，并且这种优势之所以存在，部分原因是没有任何一个国家在这一领域与欧洲人竞争。欧洲在陆地战争上虽然比在其他类型的战争上具有一定的优势，但仍然不是对抗大多数敌人时的决定性因素。欧洲国家可以向海外派遣的军队数量不多，能够得到的资源支持也非常有限，并且有时还会受到热带地区疾病的侵袭，这些因素都很容易击垮欧洲人的意志。多数欧洲军队的行动都集中在欧洲内部，包括英国在内的欧洲君主制政体的全球野心十分有限，他们并不想缔造更为庞大的帝国，而发生的此类扩张常常是私下行动的结果，而非官方意志的体现。

总而言之，18世纪并不是一个企图或业已实现欧洲主导的世纪，我们在解读19世纪的帝国主义时，不应以目的论的方法将其延伸到18世纪。到1789年，欧洲军队是专业化的、训练有素的军队，并且配备了标准化的武器和装备，但是要实现欧洲的主导地位，仍然缺少两个重要的要素：第一，将政治扩大到君主制范畴之外，在国家主义意识形态的驱使下创建国家军队；第二，工业、技术突破的范围（包括医药）、经济实力及其带来的扩张主义驱动力。

结 论

到18世纪末，对18世纪欧洲社会、经济和军事发展成果的巩固达到了顶峰。专制主义的社会和政治结构不能有效地扩大军队规模，而且依靠传统方式组织和驱动的欧洲制造业，也无法有效地满足更大规模军队的装备和后勤需求。

但是这种发展为下一个世纪实现真正革命性的发展奠定了基础，这些发展彼此密切相关。大众化的军队，在国家意识形态的驱动下，将打破社会和体制对军事人员的束缚。更重要的是，工业资本主义的兴起将与不断发展和扩大的新军事技术和经济实力一道，为新式军队提供后勤补给、装备及其所需的资金。这些发展也将对全球产生重要影响（参见第23章和第24章），革命的时代即将到来。

■ 推荐阅读

Anderson, Matthew. *War and Society in Europe of the Old Regime, 1618-1789*. New York: St. Martin's Press. 本书是介绍这一时期战争主要构成要素的指南性著作。

Black, Jeremy. *European Warfare in a Global Context, 1660-1815*. London: Routledge, 2007. 本书对其所著的 *European Warfare 1660-1815*. 做了修订；由于具有全球视野，这本书更全面、权威。

Duffy, Christopher. *The Military Experience in the Age of Reason*, 2nd ed. Ware, Hertfordshire: Wordsworth Editions, 1998。本书有助于了解18世纪战争的社会和理性背景。

Frost, Robert. *The Northern Wars, 1558-1721*. Harlow: Longman, 2000。本书是关于北欧地区战争最好的介绍。

Hill, J. Michael. *Celtic Warfare 1595-1763*. Edinburgh: J. Donald, 1986。本书对不同于欧洲标准的一种冲突模式做了论述。

Starkey, Armstrong. *War in the Age of Enlightenment, 1700-1789*. Westport: Greenwich Press, 2003。与其他此类书籍不同，本书更多地聚焦于理念的作用。

Ward, Harry. *The War for Independence and the Transformation of American Society*. London: Routledge, 1999。本书将美国独立战争置于更广阔的背景下进行研究。

Wilson, Peter. *German Armies: War and German Politics, 1648-1806*. London: Routledge, 1998。本书论述了德国武装力量与政治的关系。

第 22 章
从监狱到路障

革命与拿破仑战争，1792—1815 年从1792年春季奥地利与大革命时期的法国爆发战争开始，一直持续到1815年法国独裁统治者拿破仑·波拿巴在滑铁卢被英国和普鲁士联军打败，这期间发生的一系列战事，是自1618—1648年三十年战争以来，在欧洲持续时间最长的战争。而且，它的影响远远超过了三十年战争，因为英国、俄国都直接参与其中，而且还波及欧洲在世界各地的殖民地。结果，就和在传统的欧洲战场如莱茵兰和意大利北部发生的战争一样，加勒比海和印度洋地区也发生了战争。

大革命战争，特别是拿破仑战争在传统的军事历史学上占据核心地位，这个地位非常重要，以至这个时期的战争是如何进行革命的就成了核心问题。正如我们将要看到的，答案很复杂。在某种程度上，这个阶段的战争代表了我们在前一章研究的18世纪的趋势的顶点（有些人可能会说是极致）。尤其是，战争中真正出现了技术手段，尽管这些技术上的重大变化直到1830年之后才能被看清。但在其他方面，包括军队的数量和组织方式在内，已经出现了进步，这些进步因素与新技术结合后将会使优势倍增。这个时期见证了战争的意识形态发展，特别是诞生了现代民族主义，这让本时期的战争在全球范围内都变得更加重要。而对于这种具有全球性意义的战争，必须从全球视角或至少部分从全球视角来评估。它对常常被简单地以"战争的艺术"的范例来看待的一系列战争的战略形态和总体意义提出了不同看法。

战争的背景

大革命战争，特别是拿破仑战争发生在政治、社会结构、阶级斗争和经济的革命发展达到临界点的欧洲，法国大革命本身就是政治革命的第一个也是最关键的阶段。这种背景使得评估战争的性质变得复杂，因为弄清因果关系可能很困难。而且，即使在这些地区，变革的真正影响也往往在战争结束之后才会显现出来，因此，革命性的变革不应被过分强调为这些战争的背景。

政治背景

地缘政治 从1789年的地缘政治和欧洲主要国家的战略利益的角度来讨论政治背景是正确的。地缘政治和战略利益建立在以外交为手段的国际关系体系中，直到战争爆发，这个体系已经发展了一个半世纪。

欧洲的地缘政治版图可以分为三大类国家和地区。第一是可以被称为大陆国家的国家——这类国家的目标和重要关切主要集中于欧洲内部和其他大陆国家，包括法国、奥地利、普鲁士。其中，普鲁士是最局限于欧洲视角的国家，尽管在腓特烈大帝发动战争期间赢得了军事效率高的声誉，但普鲁士的地理位置最为危险。奥地利则因为与奥斯曼帝国拥有共同的边境而比普鲁士更为外向，但由于奥地利与奥斯曼帝国的关系只限于巴尔干地区，因此它以欧洲为中心的战略几乎不亚于普鲁士。法国在美洲和印度洋拥有相当多的海外属地，并且至少是有潜力跻身于拥有足够多的欧洲以外利益、能够超越大陆范畴的大国之列。但实际上，在这个时期的战争中，法国的注意力和努力重点仍然放在欧洲。

第二类国家则由所谓作战地区构成：低地国家（比利时、荷兰和卢森堡）、莱茵兰、意大利北部和波兰。这些国家的主要特点是，虽然经济富裕，但政治上脆弱或四分五裂，位于大国之间的地理通道，因此也发生了一些小规模的战争。

第三类是超大陆国家。最重要的两个国家分别是英国和俄国。英国的殖民地网络集中在美洲（即使是失去了13个殖民地之后）和印度。俄国的势力范围不仅包括东欧，还南至黑海和奥斯曼帝国，东至西伯利亚及其与亚洲超级大国中国的边境。在第二梯队中，西班牙及其美洲殖民地也在战争中发挥了作用。

这些国家各不相同的利益与目标在导致它们参与这个时期的冲突中发挥了重要作用，并且也有助于解释为何在从1792年到1815年的冲突（革命与反革命的）中不只是有界线分明的两方。1792年之前共同的利益促使奥地利、普鲁士和俄国在1795年瓜分了波兰，波兰为此直至1918年才再次获得独立。长期的领土利益也反映出俄国插手波罗的海和巴尔干地区的冲突、普鲁士在日耳曼北部地区扩张以及西班牙觊觎意大利和葡萄牙的原因。当然，不止法国掠夺成性，英国也有殖民野心。这种关切可以超越意识形态，推动结成互利互惠的联盟，同盟国家可能在意识形态上并不一致。因此，虽然西班牙从1793年开始与大革命时期的法国作战，但是从1796年开始，西班牙又与法国结盟，进而削弱了其近期盟友英国的地位。同样地，在日耳曼地区，巴伐利亚、萨克森与符腾堡的选帝候们各自与拿破仑结盟，以此攫取领土，并加冕称王。法国大革命与拿破仑时期造成的混乱创造了机会，也导致了实力变化，寻求进行领土扩张的根源即在于此。而且，对其他国家扩张的担忧也促使各国开始采取行动。波兰就是这样一种情况。奥地利和鲁普士的扩张在很大程度上都归因于对对方的担忧，以及俄国向西推进的警惕。的确，就这三个国家而言，特别是对俄国而言，波兰问题有时就如同西欧的命运一样重要。由于诸如"法国大革命和拿破仑战争"之类的标签的影响力，上述问题的重要性可能被低估了。

这些因素对那些试图构筑反法联盟的国家构成了一系列的问题，而且也在它们内部造成了紧张关系。英国利用其全球贸易网络获得的利润去资助这些联盟，但常常抱怨联盟未能成功地将目标指向法国。因此，在1795年，普鲁士退出第一联盟，不再与法国作战，直至1806年在第三联盟战争中再次同法国作战。当年因为惨遭失败，普鲁士变成了法国的附庸国，而且在第四联盟战争中，在 1809 年不愿意支持奥地利对抗法国。普鲁士还协助法国于 1812 年攻打俄国。在那次进攻彻底失败之后，尽管其极力想推翻拿破仑的统治，但直到 1813 年才开始掉头对付拿破仑。因此，意识形态对某个特定国家的政策几乎无法提供任何指导。

专制主义政治 不论怎样，欧洲主要大国的内政以及这些政治与法国大革命的关系是这个时期战争的政治背景中的关键内容。我们将在后面进一步分析意识形态问题。重要的问题在于认识到旧制度（旧的欧洲秩序）专制主义政体的局限和矛盾，以及在很大程度上导致法国大革命爆发并且威胁到法国反对者有效应对革命军威胁的局限和矛盾。

这些都与王权专制有关，尽管实际上远非绝对专制。君主实施政治垄断，将贵族、资产阶级和普通人排除在外，但这种权力是从贵族手里买来的，统治者会给予贵族一定的法律特权，包括免除税赋、肯定贵族对佃户的特权，还有社会特权，例如普鲁士贵族想要的不只是在军队中的指挥地位，还包括在这个位置上拥有相对的行动自由。王权在没有贵族认可的情况下是不能存在的（就像普鲁士和奥地利的统治者们在试图废弃贵族庄园的奴隶制时所发现的那样）。当然，贵族认可的代价就是确立了这样一种制度：它为不满的资产阶级提供了目标，也威胁到人民的支持基础。例如，这种局限束缚了法国反对派在全国范围内征兵的能力，由于其对专制主义政治秩序的影响。

英国和俄国则以不同的方式在一定程度上避免了这些矛盾和局限。在 1688 年光荣革命之后出现的英国特有的以宪法来确立的解决方案，意味着贵族权力是实实在在的和制度化的。英国贵族对拥有财富的新晋势力开放大门和议会的影响机制（允许商业和制造业利益集团购买代表权）确保了获得所有政治上的权势阶层的广泛支持（副作用就是，与其他许多专制国家不同，英国的财政体制既稳固又深不见底——毕竟法国大革命始于法国破产危机）。相比之下，俄国专制主义更为根深蒂固地根植于与国家服务相关联的屈从的贵族，以及在一定意义上得益于其经济落后而没有令人头痛的资产阶级——正如在英国则是得益于其发达的经济一样。这两个国家成为法国最顽固、最危险的敌人，并非偶然。

社会背景

专制主义对不断崛起的资产阶级力量的局限和矛盾显然也是战争的一个社会背景。对贵族的法律和社会权力的威胁，再一次地在英国的体制中被化解，而在俄国也不那么紧迫，这些构成了革命意识形态的社会背景，并为法国在许多地方制造政权更迭提供了理由。通过革命方式对社会进行重组释放了大量的人力资源和物质资源，并且也为法国在这整个阶段军事行动的成效做出了贡献。

社会复杂性——或者更为直接地说，阶级矛盾——像其他大多数时期一样，也是这一时期使用军事力量的一个因素。法国革命者们动用武装力量打击国内的反对者们。针对反革命的各种斗争，特别是 1793—1794 年在法国西部凡德（Vendee）的各种斗争，是 19 世纪、20 世纪和

21 世纪激烈的国内冲突和反叛乱战争的前奏，特别是难以区分作战人员和平民，以及针对平民的暴行。拿破仑的掌权可以追溯到 1795 年，当时他帮助法国政府，用火炮近距离发射霰弹来镇压巴黎的叛乱。最终，他被授予了意大利方面军的指挥权，这为其提供了由军事成功通向政治权力的跳板。

经济背景

社会变革建立在欧洲经济持续发展的基础之上，尽管欧洲的经济发展非常不均衡。这些也是战争的一个重要背景。英国、法国，特别是荷兰，到了 18 世纪晚期已经变成全球性贸易体系的中心，具体表现为利润丰厚的奴隶贸易，通常非常残忍。加勒比海地区的蔗糖生产也十分重要——英国的蔗糖贸易的年贸易值超过了其与远东贸易的总额——对这种财富来源的保护和利用也与欧洲海上力量的发展壮大密切相关（参见第 25 章），而英国在这些海上战争中占据主导地位。加勒比海地区蔗糖贸易所赚取的特殊财富以及美洲的资源都为英格兰进入工业化的初期阶段做出了重要贡献。工业产量本身作为英国与拿破仑的战争的一个因素，其重要性是有限的，尽管廉价的英国棉纺织品的涌入进一步加剧了通常依赖家庭纺织来贴补农业收入的法国农民的贫困程度，因此也导致在法国大革命期间爆发骚乱。但是这也表明了英国经济不同寻常的发展，其广泛的社会基础使得拿破仑蔑称英国是一个"小店主的国家"。他低估了小店主们对他的损害。

法国经济本身相当富足和稳健，养活了俄国之外欧洲国家规模最大的人口。相比之下，俄国的经济较为落后，但国土面积庞大，人口众多；在一个仍然处于前工业时代的地方，在技术变革渐进发展的地方，这种规模具有重要意义。还应当指出的是，尽管大西洋沿岸的欧洲在全球贸易网络中占据中心位置，但是这个体系的经济强国是中国，中国仍然是世界上最强大的陆上国家。这也提醒我们，经济产出，以及各国政府为实现财政增收而发掘本国经济生产的相关但不相同的能力，是战争的命脉。

意识形态背景

对这个阶段的战争进行解读的一个标准方式是将意识形态冲突视作其原因。尽管这夸大了它的作用，就像我们在前面研究地缘政治因素时所看到的，法国大革命的激进主义——具体而言，其从 1792 年开始反对国王并支持人权（凝练为三位一体的自由、平等和友爱）——发挥了作用。这推动革命力量在意大利、瑞士和低地国家建立了共和国（如果共和国已经存在，那就是建立了更为激进的共和国）。法国将军拿破仑于 1799 年夺取权力，并在 1804 年登上皇位，但是他背弃了这一共和承诺（他的传统主义观念表现在他采用了帝王头衔以及他对小店主的蔑视上）。他还反对许多旧政权，并且帮助制定了法国法律中有关革命的许多原则。他推翻了绵延多代的王朝，例如，1808 年推翻了西班牙波旁王朝，重新分配了其领土，经常使他的亲属获利。

除了上述这些，激进主义还把目标指向了旧军队中的反革命势力。这无疑在 1792 年激励了奥地利和普鲁士。拿破仑被推翻后（第一次是在 1814 年，后来决定性地被推翻是在 1815 年），复辟了路易十八（他是国王路易十六的弟弟，路易十六在 1793 年被革命者处死了）的统治。在士兵层面，意识形态起到了一定的作用。18 世纪 90 年代的法国军队因致力于激进事业而士气高昂。他们的敌人同样如此，最明显的是 1808—1814 年半岛战争期间抵抗拿破仑军队的西班牙游击队员们。

法国大革命的激进主义迅速发酵。意识形态对战争的影响变得更为持久，这种影响成为战争的部分背景，并一直持续，传播了民族主义理念。虽然在英国民族主义最初出现于 1688 年，是光荣革命附带的部分意识形态结果，在欧洲大陆民族主义则是随着 1793 年法国全民总动员令的下达而产生的：法国各地的士兵响应革命口号，团结在一起，他们可能更多的是从地区而不是从国家的角度来构想自己的身份。结果是形成了法国的国家认同，组建了一支为了抽象的爱国主义和革命原则而战斗的国家军队。当它在欧洲一路高歌猛进，并以革命的名义征战时，其理念传播得非常快，受此鼓舞而产生了为普鲁士而战，为俄国而战，甚至为西班牙波旁王朝而战等的军队——这种结果相当于推动了被占领土上的民众的抵抗而不是接受被法国征服。这种效应甚至在今天的中东地区也可见到。

并不是说民族主义的意义或影响是简单的或没有问题的。从长远来看，它是一种可以促进国家统一的意识形态，就像 19 世纪末在普鲁士领导下的德国或者像在意大利一样。但是它也会威胁国家的领土完整，因为人们突然发现国家是由多民族组成的——例如，匈牙利人在奥地利帝国中的角色是什么？当波兰亡国时，波兰人又发生了什么变化？即使是民族主义意识形态处于萌芽时期，这种复杂性也影响到了大革命战争，特别是拿破仑战争。

战争的结构

人力与组织

数量：全民总动员　法国 1793 年 8 月下达的全民总动员令，是成功地在意识形态和组织两个方面运用人力资源的关键，同时，因大革命而发生的社会与财政改革也使得大规模的军队能够在长期战争中得到支持和维系。在这种体制下，所有人都被要求为战争服务，所有年龄在 18～25 岁之间的单身男子都被要求参军入伍。

法国在全国范围内征兵以动员其庞大的人口，法国组建的军队规模远远超过了到那时为止任何一个欧洲国家所部署的军队的数量。此前，路易十四统治下的法国军队人数最多时达到 40 万人，这个规模被证明是不可持续的，通常数量是在 30 万～35 万人。第一次发布总动员令就使军队人数超过了 80 万。这个庞大的数字使法国能够有效地同时在几个战线上作战，承受得起伤亡，能够与大多数欧洲国家的军队相抗衡。特别是在联盟凝聚力非常有限时，法国的大军非常有震慑力。无论是在战役层面还是在战斗层面，人数上的优势都是十分重要的。除了数量庞大的军队在战斗中具有明显的优势之外，更强大的军队和总体实力也直接影响到作战行动上和战略上的选择。原本可以阻挡一支18世纪军队的堡垒，可能会被比以前的主力部队人数更多的辅助部队封锁或包围，与此同时，主力部队可以迅速向前推进。换言之，阵地战的局限因为兵员数量的增加、作战思路的改变而被克服了。

师与兵团 通过第一次全民总动员令组建起来的军队，之后依靠军事制度持续得到加强。法国公共安全委员会军事部部长拉萨雷·卡诺（Lazare Carnot）将这支军队做了体系化改编。这是一项关键举措，解决了大规模军队易产生混乱的问题。他在组建和培训新军方面取得的成功，有助于由皇家军队向武装的国民转变。但制订一项改进的训练计划和创建庞大的新军只是这个组织面临的挑战之一。有效地将这么多的部队投入作战，特别是如何最大化地将法国军队在士气、行军以及作战中的机动性优势发挥出来，则是需要在战争过程中进行更高层次的创新。

首先出现的是多兵种合成师，它将一些小股步兵部队与集成火炮和支援保障部队结合在一起。一个5000~6000人的师被证明是能够达成战场指挥和管控目的的理想规模的部队，其人员实力足够大到发挥效用，同时其人员规模也足够小到保持灵活性。在拿破仑的指挥下，还确定了更高一层的组织结构——兵团，旨在解决作战期间的指挥问题。兵团由若干个步兵师、一个炮团以及骑兵组成，构成一支规模较小的、可以满足作战需求的军队。兵团成为拿破仑指挥的基本作战单位，常常沿不同的路线行进，只有发生战役时才会进行整合，并且能够单独打一场战役。这在1806年的战役中是显而易见的，当时拿破仑在耶拿击垮了一支辅助军队，而他以为这是普鲁士的主力部队，同时，达武（Davour）的第三兵团则在奥尔施泰特打败了普鲁士主力部队。

正是这场失败促使普鲁士尝试借鉴法国的经验进行军事改革；奥地利军队和俄国军队也效仿进行了军事改革。到1813年，普鲁士开始部署一支经过改革的军队，其在任命和提拔军官与招募士兵方面有优势，普鲁士也重点发挥了这个优势，从而提升了作战灵活性和战术行动质量。这也意味着通过引入一套更加复杂的征兵制度来组建更多的军队，要么在军队服役，要么充当民兵；尽管在最初时期，它面临着战争的压力和普鲁士政治体制的局限，兼顾质量与数量非常困难。然而，普鲁士人仍然以旅为单位而非以兵团为单位开展作战行动，其他国家的军队则迟疑地效仿了法国的兵团模式。

指挥与控制 在战场上将步兵、炮兵和骑兵整合在一个兵团中，以及在更低的战术层面整合炮兵、游击型散兵和突击纵队，使得指挥与协调能力对法国大革命军队（最终都变成了拿破仑时代的军队）的兵团指挥官们变得更加重要。法国军队得益于拥有年轻、果断的指挥官，他们的平均年龄都远远小于敌方军队指挥官的年龄。在不受贵族控制的一个严格的任人唯贤的体制中，人才得到培养和发展；通过层层提拔晋升为指挥官的知名法国军官包括曾经是列兵的让·巴普蒂斯特·儒尔当（Jean Baptiste Jourdan）、曾经是下士的拉萨勒·奥什（Lazare Hoche），以及曾经是下士的拿破仑·波拿巴。起初，至少是在营级，有一个更加民主的指挥体制。任人唯贤的法国指挥体制被证明是法国的创新中最难以被其对手模仿的一个方面，因为它与大革命的社会和政治影响紧密地联系在一起。军事专业精神和精英（不论是普鲁士的容克贵族还是伊顿公学操场上的英国人）的社会凝聚力能够提供称职的军官，但在数量上和质量上都无法与法国的体制相匹敌。

"战争的艺术"

拿破仑战争一直是西方（包括军民两界）对所谓"战争的艺术"进行学术研究的一个主要内容。在这里，继承性和创新性都是明显的。

技术 在这个时期，没有出现较大的技术革新并导致出现新的作战方式。这尤其值得注意，因为出现了后来演变成重要变革的一些迹象。这个时期见证了蒸汽动力船试验、潜艇试验，18世纪90年代法国人用于观测的载人气球的使用，信号形式的人工通信系统的发展。一种新型炮弹——榴霰弹算是新发明，再就是西方首次使用了火箭弹，包括地对地火箭弹和海对地火箭弹。

信号是这个时期科学技术不断应用于军事的一个重要例子。在1793年得到官方批准后，克劳德·查普（Claude Chappe）研究了旗语系统。这套系统有196个信号组合，平均每分钟3个信号，而且可以使用代码。法国大革命政府从1794年开始建立信号站网络，每个信号站平均间隔7英里，拿破仑将其延伸到威尼斯、阿姆斯特丹、美因茨等法国控制的各个地方。尽管大雾或恶劣的天气以及黑暗会严重影响这个系统，但是在天气良好的情况下，可以在5分钟内将信息从巴黎传送到150英里（约241千米）以外的里尔。在每隔5～10英里（约8～16千米）修建的塔楼上通过望远镜解读信息。在电报出现之前，一直没有比这更好的通信系统。巴黎至里尔的路线十分重要，因为里尔是法国在东北边境作战的一个重要基地。在1792年至1794年间，这个边境常常受到联盟军队的袭击，相应地，法国于1794年在这里取得了决定性的进展。

旗语系统被其他国家模仿，这种被认为最优秀的系统迅速在西方世界传播开来。查普的著作被中校约翰·麦克唐纳（John Macdonald）翻译成了英语。他是一名军事工程师，在改进远程通信方面做了大量工作，在1817年出版了《新远程通信系统》（*A New System of Telegraphy*）。在18世纪90年代，伦敦的英国海军部通过旗语与朴次茅斯基地联系。同时期，瑞典也建了一些站点。有9个站点修建在葡萄牙的托里什·韦德拉什防线，这是惠灵顿公爵在1810年修建的加固阵地，为的是保护里斯本不受法国的攻击。在天气良好的状况下，可以在7分钟内从大西洋向22英里外的塔霍河（River Tagus）发送信息。

然而，旗语网络仍然非常有局限，部分原因是可视问题，还因为站点极易受到攻击。的确，英国在地中海的海军将部队送上岸，试图攻击站点。拿破仑为1812年进攻俄国而研究了制定移动信号系统的可能性，但最终认为不可行。无论是在战斗中还是在行军时，多数命令和报告仍然是手写的，并且由骑马的通信兵传递。

技术方面压倒性的现实情况是武器的一成不变。1815 年，和 1792 年的情况一样，军队依赖前装填无膛线燧发枪和燧发大炮。军队在战斗和战役中步行或骑马前进，他们的补给用马车运输。其他持续存在的则是关于由于疾病以及食物难以储存而出现的一些问题。这些问题对士兵个体和作战能力都再一次产生了重要影响。持续存在的这些问题需要被强调，原因是存在一个趋势，突出表现为一些主要的革新将改变法国大革命军队的战争形态。此外，部分原因是所有大国都在采用基本相同的技术进行作战，从而使指挥作战与战争的艺术因素在对这些战争的分析中显得非常重要。

新战术 法国大革命激发了法国人对新战术的兴趣。这延续了对新思想的广泛讨论，这一直是法国旧制度中军界的一个特点，从 18 世纪 20 年代开始就众所周知，特别是在 1757 年在罗斯巴赫（Rossbach）败在普鲁士腓特烈大帝手中之后。法国一直努力研究恢复战场进攻的最佳方式，特别是如何克服因为燧发枪兵线式阵形密集火力产生的明显僵局。这种对新战法的渴望，可以与第一次世界大战经历堑壕战之后开始对新思想产生浓厚兴趣相提并论。

纵队似乎可以作为解决方案，并成为在战场上机动的法国革命军队的独特之处。使用被征召参加革命军队的缺少作战经验的士兵最有效的方法就是组建独立的攻击纵队。对于把进攻作为重点的军队，这也是最佳方式。纵队行进比线形排列更加灵活，因为在前进过程中很难维持线式阵形。例如 1792 年热马普（Jemappes）大捷中就采用了纵队，那是在征服奥地利属荷兰（现在的比利时）的一场关键战役。对纵队的钟爱使法国在战场灵活性方面具有优势，拿破仑的军队能有效实施作战行动当然也十分依赖纵队。由于只有位于纵队前方的人员才可以射击，纵队进行正面进攻并非没有弱势，他们会因遭受线形阵形部队的火力打击而伤亡惨重。纵队比线形排列更容易遭受集中防御的炮击，因为一枚炮弹可以夺走一整列人员的生命。

另一方面，法国将纵队与加强使用火炮相结合，特别是众多火炮的组合，这些火炮将在敌方的阵营组合中打开缺口，从而为步兵进攻做准备。这种做法建立在对法国炮兵的旧体制改革基础上，不仅仅是火炮类型的标准化。拿破仑最初是炮兵部队的一名军官，在职业生涯初期擅长在关键时刻和地点临时决定进行炮火密集攻击，这项才能对他后来的成功起到了重要作用。

法国还运用了大量游击散兵。这被证明是一项成功的融合，将战术与当代技术以及新共和国士兵的特点相配合。这些士兵的指挥官认为，因为受到的意识形态的培养和承诺，这些士兵即使不受大规模、纪律严明的阵列的约束，也不会逃跑。这些士兵以纵队的形式派遣，并且自由机动地部署，因此，他们不太容易遭到密集火力或大炮的攻击，游击散兵们利用分散射击对敌方密集的线式队列造成伤亡。这影响了敌方的士气，并且破坏了他们的阵形。游击散兵们从线式排列的军团中分出来，并以整体的形式部署，因此，与他们的普鲁士对手相比，法国的游击散兵更容易整合到法国的军队体系中。普鲁士军队则组建单独的、经过特殊训练的冲锋部队。理论上，任何一名法国步兵都能够以线式、纵队甚至方队的方式被部署充当散兵；方队是面对大量骑兵的步兵分队通常采用的阵形。1798年在舒卜拉希特（Shubra Khit）和厄姆巴贝（Embabeh）战役（又称为金字塔战役）中，拿破仑曾以若干大型方队阵列部署军队来对付埃及皇家马穆鲁克骑兵。他将密集排列的步兵的火力与阵形的战术机动性结合起来，这种组合不会因为在侧翼或后方遭到机动性更强的骑兵袭击而处于不利地位。1815年，在滑铁卢，惠灵顿公爵在防线中心将部队排成方阵，以应对由内伊（Marshal Ney）元帅率领的法国骑兵。方阵相对固定，极易遭到炮兵攻击，所以与线式阵形和纵队相比较为少见。

法国的大多数敌人也开始逐渐采用法国重点使用纵队和火炮的做法。然而，因为组织和意识形态方面的原因，他们有时仍然受到限制。而且，他们的步兵部队难与法国的相匹敌，直到战争晚期，反法联盟取得进步，法军则遭受巨大损失，特别是在俄国战役中，法军质量日益下降。英国步兵是个例外。惠灵顿公爵在伊比利亚半岛取得的胜利中，训练有素的英国步兵发挥了重要作用。英国步兵几乎只以两排线形的方式部署，卓有成效的持续射击训练能够使这种"细细的红线"防御变得强大。惠灵顿公爵通常能最大化地利用英国步兵的优势，将作战或战略进攻与战术防守结合起来，利用入侵敌方领土来根据自己的条件寻机开战。英国步兵火力不必是固定不变的，可以作为刺刀冲锋的前奏。英军巧妙地运用火力和机动战术，将线式火力编队与部队机动性和战术灵活性相结合。英国成功地既发挥了腓特烈大帝留下的训练有素的线式编队的长处，又可以在战斗中广泛使用轻步兵。相应的代价是，专业化的英国军队的人数不能指望达到大陆主要强国的总兵力。

和18世纪的战争一样，射程短且装填缓慢的燧发枪和火炮使骑兵在战场上仍发挥了巨大作用。骑兵适时的出击以支援炮兵攻击和步兵冲锋，可以对敌方步兵的士气和阵形进行决定性打击，并且可以作为对敌方步兵或骑兵袭击的有效反击力量。但是，骑兵部队很脆弱，容易在进攻时打乱队形，而混乱的队形本身极易遭到反击。法国马匹的质量和促使法国步兵战斗力强悍的士气和领导力等要素，也使法国骑兵成为最优秀的部队。而且，拿破仑还发展了一种战术，将大部分骑兵集结成一支庞大的中央后备骑兵部队。它通常由勇敢的若阿尚·缪拉（Joachim Murat）来统率，这进一步扩大了它在战场上的影响力。在侦察和追击方面，骑兵仍然不可或缺。

大战术 正是整个部队在战场上更大范围的机动（以及在作战层面，导致战役的机动）使得统帅问题，相对于小单位级别的指挥和控制，开始更加清楚地显现出来，而对拿破仑时代战争艺术的大部分关注点也都在于此。然而，这也是历史学家在事后对历史的复原最有可能扭曲失真的地方。战役本质上是混乱的、复杂的，并且难以控制——拿破仑时期的任何一名指挥官对一场战役的影响力都不及对拿破仑战争进行沙盘推演或计算机模拟所显现出的影响力。然而，正是成功的将军们，特别是拿破仑，在胜利中发挥了作用，这种趋势符合当时及后来的欧洲军事史和军事分析的重点。对这位"伟人"进行历史反叙事的是托尔斯泰讲述博罗季诺（Borodino）战役的历史小说《战争与和平》。托尔斯泰的重点是高级将领们没有有效指挥，信息传递缓慢，以及许多小事件的突发性和随机性增加了战场上的成功概率——这个侧重点也引起了在大战术层面对将领进行分析的质疑。

我们可以接受托尔斯泰的批评，将其认为是一个有价值的提醒，但并不放弃这种分析，因为有些模式是可以透过意外和盲目的乌云而被认识的。的确，关于拿破仑，也出现了一种历史地理学的中间层面的解释。历史学家欧文·康奈利（Owen Connelly）描述拿破仑是一个能够成功在战场即兴发挥的人，他不一定能控制事态的发展，但是会比多数对手更加迅速和成功地抓住出现的机遇。借用康奈利的书名来说，他"跌跌撞撞地走向辉煌"。这或许是一个公正的评价，特别是如果这被视作战场有效指挥上限的一个模式。成功地即兴采取行动的一个关键是拿破仑抓住和利用主动权的能力，这是他用兵之术最令人印象深刻的特点。以现代的视角来看，他能够打入敌人的决策圈，能够最大化地发挥部下的作战能力。他在战场上的机动能力使其在阿尔科（Arcole，1796年11月15—17日）和里沃利（Rivoli，1797年1月14—15日）打败奥地利人，进而将拿破仑这个名字与军事成功联系在一起。

尽管拿破仑以战略家著称，但实际上他在战术层面上更为出色，他参与的许多战役实际上在开始之前就已经获胜了。虽然他推动了大规模使用火炮和骑兵的创新，是火炮阵地部署大师，在职业生涯早期就显示出指挥部队迂回到敌方侧翼和后方的能力，但在他职业生涯的后期，他指挥作战变得越来越呆板，越来越多地呈现强攻和正面突击的特点，策略灵活性下降。除了可能与他上了年纪之后精力衰减，以及因为早期的军事成功而缺乏对对手的尊重等个人因素有关之外，在很大程度上还可能与在整个战争期间战场上军队的规模日益增大有关。像在马伦戈（Marengo，1800年）指挥3万~5万名士兵与在博罗季诺（1812年）指挥8万~9万人之间的区别是巨大的。无疑，后一种情况更符合托尔斯泰所描述的偶然性因素决定了战场胜负。当超过10万人的军队在莱比锡集结时，由于当时的通信技术十分落后，即使拥有最好的参谋人员，军队规模也超过了任何个人能够迅速地或创造性地应对突发情况的能力。剩下的只有双方部队死打硬拼了，在这种情况下，军队规模对拿破仑是不利的。

而且，他的许多对手都显示出某些战场指挥官的技能。惠灵顿公爵至少在有效评估和利用地形方面与他不相上下，而且，许多俄国人都顽强地保卫他们的阵地。特别是普鲁士的布吕歇尔（Blücher）在意志坚决、顽强应对敌人方面不输任何人。拿破仑在战场上的另一个优势是他能够用好他依赖的优秀指挥官，这些指挥官的积极主动与才能为其赢得了许多战斗，包括达武在奥尔施泰特的辉煌胜利。

作战 在作战层面上，拿破仑擅长发挥军队在特定战场上的机动性，这也是军事学者们对拿破仑战争可能最感兴趣的内容。他的作战理念的主要特点早在1796年意大利北部的战役中就十分明显。他显示出极大的自信，并且表现出赢得主动的决心。拿破仑还展现出果断决策利用快速机动来增强部队攻击力的能力。他通过安排细致的参谋团队工作，通过将后勤干扰降至最少，使部队能够以比对手更快的速度运动。他还利用军队的师、兵团建制沿着多条路线朝着一个目标前进。这使得他能够集中兵力，并将其投送到他选定的决战地点。此外，他还关注确保如何利用内线战场。在意大利北部，拿破仑抢占奥地利人和撒丁国王（皮埃蒙特的统治者）之间的位置，打败了二者，并迫使撒丁王国退出了战争。他同样利用部队快速前进，集中兵力攻击一处，并且利用更大的内线战场，在1805年奥斯特里茨（Austerlitz，参见专题B：奥斯特里茨战役，1805年）战役和1806年耶拿-奥尔施泰特（Jena-Auerstadt）战役取得胜利。在后一个例子中，他实际上比普鲁士人更成功地分析了战略位置。他考虑的是如何将普鲁士人赶到某个地点而不是考虑普鲁士人当时在哪里，这奠定了达武取得胜利的基础，拿破仑原本认为达武迎战的最多是一支增援部队。

专题 B：奥斯特里茨战役，1805 年

奥斯特里茨战役常常被认为是拿破仑最伟大的胜利。实际上，它的确是战略（strategic）、行动（operational）和战术（tactical）规划与实施的杰作。它诠释了拿破仑"战争的艺术"长期以来在军事研究中占据核心地位的原因。

1805年夏，拿破仑将他的大军集结于布洛涅营地，防范英国入侵。英国与瑞典、奥地利和俄国组成了第三次反法同盟，然而，跨越海峡实施进攻的可能性越来越小。俄国军队与奥地利军队会合后，一支奥地利军队朝莱茵挺进，占据了乌尔姆（Ulm）坚固的巴伐利亚要塞。拿破仑率军离开海峡，将20万人分成7个兵团进发。他们于9月25日在宽阔的战线上越过莱茵河，向东进抵乌尔姆北部，然后又向南迂回到奥地利3.7万大军的后方。奥地利于10月20日未打一仗就投降了。战略机动已经完成了作战任务。

离开镇守的乌尔姆，拿破仑迅速向东挺进。俄军抵达的时间晚于预期，而奥地利的防御也非常混乱，因此维也纳在11月中旬就沦陷了，拿破仑缴获了10万支燧发枪、500门火炮，而且，最重要的是，奥地利给拿破仑留下了多瑙河上完好无损的桥梁。俄国人向城市的东北部撤退，与其他部队会合，同时冲散了战场上的奥地利军队。

到目前为止，这场战役取得了辉煌的成功，但远未结束，法军仍面临威胁。拿破仑与法国国内的通信线路很长，且极易受到攻击，防守部队占比很大，所以，在接下来的战役中，他只剩下大约6.7万人来对抗7.3万人的反法联军。普鲁士人随时可能会加入战争，所以，尽管拿破仑的属下有些担忧，但他可能还是需要打一仗。他尾随联军来到东北部，俄国沙皇亚历山大说服奥地利人和他的将军们发动攻击，从而帮了拿破仑一个大忙。

拿破仑的计划是诱使联军攻击他的右翼，他只留下了少量人员守卫右翼（的确，达

> 武的第三军团7000人必须在48小时内行进70英里抵达右翼,而此时战斗已经打响,这是一个有胆识也有些冒险的作战时机)。一旦联军后备力量参与这次攻击,从而削弱了联军的中部阵地,苏尔特的第四军团就会突破联军的中心,进而打散和消灭联军部队。然而,形势并未如此发展——联军对法军右翼连续多次进攻取得成功,让形势朝反方向发展,在法军攻击联军中心的路上留下了远超拿破仑预期的部队,而且,俄军作战十分勇猛顽强,出现了许多惊心动魄的情况需要法军谨慎应对。但总体上,这个计划的进展是完美的。达武按时抵达,协助右翼挡住了联军的进攻,苏尔特的攻击也取得了成功,在许多军官逃离战场后,联军士兵也恐慌地四处逃命。一部分俄军向南撤退,穿过表面结冰的池塘逃往维也纳,拿破仑命令对着冰面开火。联军伤亡2.7万人,法军则损失了9000人。
>
> 战役结束后不久,奥地利签署了一份屈辱的但并不是灾难性的和平条约,俄国人则返回了家园。拿破仑将一些德意志邦国组合起来成立了莱茵联邦,把它作为法国的缓冲区,这导致1806年普鲁士向法国宣战,但普鲁士军队在耶拿-奥尔施泰特被拿破仑军队击败。此时,拿破仑正处于权力和名誉的巅峰时期,在决定性的陆上战争史上书写了华丽的一章。
>
> 俄军虽然撤退了,但并没有被彻底击败。解决英国问题更是遥遥无期,事实上,在乌尔姆投降的第二天,纳尔逊在特拉法尔加消灭了法国-西班牙联合舰队,从而断绝了拿破仑直接入侵英国的任何希望。而且拿破仑此后再也没能创造这样辉煌的战绩。因此,是不是我们可以这样说,奥斯特里茨战役的教训是含混不清的。

重要的是要注意到使这种作战成为可能的条件及其局限性。西欧和中欧经济繁荣,这意味着军队可以相对轻松地在广袤的土地上获得补给。整个地区还拥有良好的道路网。这些因素结合在一起意味着拿破仑(包括其对手)的师和兵团都不依赖于补给站,也不受限于几条主要道路,这使他们能够沿着平行的或汇集于一点的路线前进,并增加了他们作战的灵活性。在诸如西班牙中部等地区,特别是在俄国,这些基本条件都不具备,作战选项也更受限制,法军被证明在面对抵抗的游击队、焦土策略以及伏击时较为脆弱。准确地说,正是这两个战场见证了拿破仑统率的法军长途行军的问题及其遭受的灭顶之灾。

欧洲大陆范围的战争

大战略

拿破仑战争中众多参与国家的战略目标,基本上是使自己作为独立的政治实体得以存续。从这个角度而言,波兰失败了,普鲁士几近失败,其在1806年后成为法国的附属国。可以说,这种相同的战略目标鼓舞了西班牙的抵抗力量,推动了王室的强制变革,以及葡萄牙与英国的联盟。只有法国、英国和俄国具有超越生存目标而向外扩张的战略目标。

部队投送 对于这三个大国的任何一个，其战略目标的关键是确保己方部队的投送，相对地限制主要敌人或众多敌人将部队投送到自己认定的势力范围之内。任何一方都没有设想消灭另一方，尽管英国和拿破仑认为对方政体的持续存在与他们的战略目标是不相容的。在分析时我们发现，各国对势力范围的构想存在某种不对称性，这意义深远。

法国，特别是在拿破仑治下，和俄国在某种意义上正面遭遇，因为双方的目标都是希望以军队为基础实现对欧洲的霸权，进而保护自己的核心政治利益。俄国的战略目标，不只是向西投送兵力（结果遇到法国向东推进），而且向南指向奥斯曼帝国，向东通过西伯利亚甚至到达其与中国的边境。与此同时，英国的战略目标是统治海洋并以海军为基础；只要没有哪个国家统治欧洲大陆并构成入侵英伦三岛的威胁，英国就主要将殖民地和全球经济联系视为其势力范围。因此，一方面，英国和俄国的构想如果不是相互补充的，至少也是不相冲突的，法国的战略目标是打击英国和俄国，但最终一个也未实现。

英国和俄国追求超越生存的大战略的能力，表明欧洲边缘的大国拥有战略纵深，使其能够抵抗拿破仑。然而，能够抵抗并不等于能够取得成功。可以说，在打败法国方面，英国和俄国的军队能完成多样军事任务并拥有丰富经验，因此更为有效，能力也更强，但是很难说军队质量出现了提升。在本时期的大多数时间里，法国和俄国都处于僵持之中。法国的成功更为显著，因为法国的权力中心更靠近双方相会的地区（特别是德国），而俄国跨越两个中心之间的遥远距离的能力是卓越的，正如1812年和1813年的战役所表现出来的那样。法国和英国似乎也面临着僵局：拿破仑无法容易地入侵英国，英国也做不到集结兵力直接在欧洲境内挑战拿破仑。

但英国在防御上的成功是始终如一的，而且1805年在特拉法尔加取得的胜利实际上确保了英国免遭进攻（参见第25章）的可能。由于英国的成功应对，法国未能享受到独霸欧洲所带来的利益。其欧洲盟友的殖民帝国不在法国（以及他们的）控制之内，而且拿破仑部署的物资也不能用于投送法国军队。这个失败并不是缘于法国的地理位置，而是反映了法国对海上活动的重视程度远不及其对大陆活动的重视，也反映了英国海军的成功。简言之，偶然因素是十分关键的。和路易十四一样，拿破仑也想拥有殖民地和一支强大的海军，但是迫于压力，陆军必须优先发展。和希特勒一样，拿破仑在欧洲范围内（而非在欧洲以外的地方）寻求实施他的殖民计划，这里显然是他的世界观的焦点所在。1798年远征埃及之后，拿破仑对欧洲以外地区的兴趣仅是偶尔萌生，更不要说承诺去欧洲以外殖民了。而且进一步说，这基本源于这样做能打击欧洲对手，而不是法国想要在不断扩大的西方世界中提高自身的地位。

经济战争 拿破仑并没有真正理解进一步扩大贸易或促进商业活动的意义，以及商业活动与公共财政的关系。这在军事上陷入僵持，英法两国开始通过经济战争实现各自的战略目标时变得尤为重要。这里应当指出的是，经济战争本身并不新鲜，但是其开展的规模，以及在英国经济和财政政策背后的理论复杂性是新颖的。英国封锁了欧洲（在挑起与美国的战争期间），拿破仑则采取"大陆体系"进行应对，该体系试图阻止英国货物输入欧洲大陆，进而瘫痪英国的经济，这也说明拿破仑误解了英国经济的全球性质。俄国基本上未卷入这个冲突，并曾与拿破仑暧昧地合作了一段时间，之后又开始反对这个"大陆体系"，导致拿破仑在1812年发起了对俄国的入侵。与此同时，英国夺取了法国在加勒比海和印度的殖民地。法国的另一个殖民地海地则发生了国内革命，而法国无法有效应对这场革命。

具体的战略

每个国家的大战略对各自在具体战役中采取的战略都会产生重要影响。实际上，在整个拿破仑战争时期，在法国、英国和俄国的军事行动中，可以看到各国都有一个一以贯之的战略方针。

法国独霸欧洲的大战略意味着拿破仑要经常面对由多支敌军组成的联军。拿破仑一以贯之的战略模式基本上就是根本作战原则的延伸：在一个可以发挥己方优势兵力的地点打击多股敌军中的一支，特别是在它们合兵一处并取得数量优势之前。在这个过程中，当时落后的通信条件和外交手段帮了拿破仑大忙：通信不畅让反法同盟的军队难以协同作战，外交手段则或是在政治上阻止反法同盟建立，或是破坏已建立的同盟。然而，问题在于，反法联军受到教训后开始防范拿破仑的这种战略，不轻易暴露个别部队，并且要在整个战役和作战地区更好地协调联军部队。因此，随着拿破仑的军队因长期持续作战而损耗，他的战略变得更难实现了（参见专题C：拿破仑的意义）。

英国的大战略将关注点基本上放在欧洲以外的地区，加之法国军队在数量上远超英国军队，迫使英国在战略上采取间接路线——从两种意义上说是间接的。首先，英国不直接组建军队对抗拿破仑，而是通过资助盟国的方式。其次，当英国军队直接进入战场时（至少在1815年滑铁卢战役之前），是进入伊比利亚半岛这个次要战场打击拿破仑。1807年，法军成功入侵葡萄牙，那是英国的一个重要贸易伙伴。但是在1808年，拿破仑企图让他的哥哥约瑟夫当西班牙国王，这导致西班牙爆发了起义。英国利用这次机会派出一支远征军，由后来的惠灵顿公爵亚瑟·威斯利（Arthur Wellesley）将军率领，前往葡萄牙。威斯利将军骁勇善战，他能因地制宜，其部队火力强悍，于1808年在维梅鲁（Vimeiro）击败了进攻的法军。后来，英军在约翰·莫尔（John Moore）爵士的率领下进军西班牙，对阵庞大的法国军队，未能成功实现战略目标。尽管如此，英军直到1813年前，通过在葡萄牙持续取得防守战的胜利，并对西班牙采取进攻性作战，持续对法军形成了压力。之后，威斯利将军成功地攻入西班牙，在维多利亚取得一场关键性胜利；1814年，他的军队攻入了法国南部。

俄国面临的关键战略问题是他们的政治和经济中心均远离中欧战场。因此，俄国的战略常常首先聚焦于与盟友联合建立投送军队的前哨基地。另一方面，1812年，战略纵深成为他们的有利条件，他们采取焦土战略以应对拿破仑的进攻部队，力图将战略纵深的影响最大化。他们在那场战役中的成功，以及1813年联军在德意志地区取得胜利和1814年决定性地攻入法国时所起的作用，都证明了俄国在战略上利用和克服空间与距离的限制的能力。

专题C：拿破仑的意义

为什么在西方军事史和军事分析中拿破仑是非常重要的一个人物？尽管他初期取得的成功举世震惊，但他最终是一个失败者，不只是事后看来如此，在他有生之年来看也是如此。如果没有扭曲的"诸神的黄昏"，就像阿道夫·希特勒1945年在柏林的地堡自杀那样，拿破仑被英国囚禁在孤悬于南大西洋上的不断被暴风雨侵袭的圣赫勒拿岛时，他用自己的方式找到了地狱。那么，为什么长期以来拿破仑一直是众多军事评论家讨论的焦点呢？不管是学术著作还是大众文学，从理论家到教师和军事游戏爱好者，再到历史重现表演者，都会研究拿破仑。为什么要研究拿破仑的失败，简言之，在我们思考德国在"一战"和"二战"的表现时，这是一个会再次回想的问题。

有一些原因是不言而喻的，一些是历史性的，还有一些则与今天直接相关。就历史因素而言，拿破仑在18世纪90年代和19世纪前十年的成功使得其他人去研究他成功的基础，从而试图复制拿破仑的成功或者学习如何更好地避免重蹈覆辙。简言之，有一个非常明确的理解拿破仑的任务。这显然是相关的，因为1815年后，数十年间欧洲大国体系并没有发生较大的变动。事实上，在拿破仑倒台的半个世纪里，在1854—1856年、1859年、1870—1871年，法国一直处在分别与俄国、奥地利和普鲁士的战争中。法国与奥地利、普鲁士作战的意大利北部和法国东部部分战场，就是拿破仑曾经指挥作战的地方。所以，研究拿破仑似乎是有意义的，特别是19世纪20年代和30年代，武器几乎没有发生大的变化，而即使是武器性质在19世纪50年代和60年代已发生改变，法国的军事行动目标和战略目标也几乎保持不变。而且，战争中的一些重要人物，包括惠灵顿公爵在内，在战争结束多年后仍然极具影响力。

在学术方面，19世纪西方重要的战争学者克劳塞维茨和约米尼（Jomini）有关拿破仑时期战争的著作，也论述了这一时期现成的主要经验教训。19世纪的军事教育有很大进步，得益于拿破仑战争成为一个重要议题。这种模式一旦建立，成效就会非常持久。而且拿破仑战争一直被认为对西方冲突的宏大叙事具有至关重要的作用。在20世纪，这似乎是不言而喻的，因为主要大国之间的战争，即拿破仑战争的基本主题，主导着讨论的焦点。

然而，从21世纪初的角度来看，这种模式的适用性并不明显。现在的焦点是更广泛的冲突，这反映了近几十年的军事历史轨迹（参见第30章）。两个领域尤其重要：第一，西方和非西方大国之间的冲突；第二，叛乱与反叛乱战争之间的辩证关系。无论是哪一

> 种情况，都能在拿破仑时期的战争中找到相关的材料。1798—1801 年的埃及战争为前者提供了具有指导意义的例子，卡拉布里亚（Calabria）、蒂罗尔（Tyrol）、西班牙为后者提供了例子；海地则为二者都可以提供例子。如果关于拿破仑战争的著作包括这样一个焦点，它就具有更广泛的参考价值和相关性，但通常情况下情况并非如此。这意味着研究拿破仑的军事史学者面临着一个挑战。这个挑战尤为严峻，因为进行任何有效性评估都需要研究双方作战人员。因此，研究埃及和海地的著作需要与优秀的著作相结合，特别是查尔斯·厄斯代尔（Charles Esdaile）写的有关西班牙抵抗拿破仑的作品。关于英国在印度的情况，兰道夫·库珀（Randolph Cooper）写了有关他们的主要对手马拉塔军队的著作，该书对英国的军事行动进行了大量研究。这样的工作需要不断进行。
>
> 如果说拿破仑时代的战争能够告诉我们有关西方与非西方之间的冲突，以及非常规战争的智慧，而拿破仑本人却不能。在埃及，他赢得了战役，却输掉了战争，人民的反抗似乎使他非常困窘。然而，这不会将我们对他辉煌战绩的研究转移到质疑他的失败例子在今天的影响上来。

全球视野

不断扩张的西方国家

从全球视角看，1792—1815 年的法国大革命战争和拿破仑战争时期，更确切的是从 1799 年到 1815 年的拿破仑战争时期，对于西方国家的扩张具有重要意义。英国在印度南部和西部取得了关键性的胜利，尽管在迈索尔和马拉塔付出了代价，但这确保了其在次大陆的霸权（参见专题 A：西方在印度的作战技巧）。俄国在高加索山脉的格鲁吉亚确立其地位，后来，1806—1812 年，在还面临拿破仑治下的法国挑战的同时打败了土耳其人。美国也以牺牲美国土著的利益获得了重要成果。

然而，西方国家并不总是成功或成为主导的，就像英国 1806—1807 年在地中海东部所遇到的那样。进攻埃及遭遇了失败，因为是入侵内陆还是建立海岸基地成了一个问题。而且，在 1807 年，英国舰队试图强迫奥斯曼帝国接受英国调停其与俄国的战争，但法国帮助奥斯曼帝国军队部署大炮挡住了英国舰队。在蒸汽船出现之前的时代，英国的战舰还受到逆风的影响。就主导地位而言，英国应对中国就很谨慎——例如，当 1792 年尼泊尔的廓尔喀人要求援助时——这清楚地表明了一种相对权力的意味。此外，1786 年英国在马来亚建立第一个基地乔治城后，英国对承担相应的义务也很犹豫。

专题 A：西方在印度的作战技巧

一些英国士兵记录下了他们对于在印度作战的印象，评论了他们的印度对手的作战能力和影响作战的国情。下面就是这种欧洲印象的一个例子。

在下面的段落里，英国第 52 团的少校斯凯利记录了英军 1792 年 5 月 13 日在向迈索尔（Mysore）的提普苏丹（Tipu Sultan）的首都塞林伽巴丹（Seringapatam）进攻的情况。

> 敌人有时很顽强，他们的火力很猛，但是在我们的部队发起冲锋时，他们在混乱中弃枪而逃，逃向了塞林伽巴丹岛，那里到处都是密集的火炮以掩护他们从左侧撤退……当我们进入他们步枪的射程后，他们向我们开火，虽然火力很猛，但是准头太差，一点效果都没有，我们的部队甚至没有还击，而是继续按照这种完美的秩序前进。带着这种决心，更加勇敢的部队比提普苏丹的军队更能获得胜利。

斯凯利还评论了战争的艰难性。他记录了战争初期英国军队在塞林伽巴丹外的一个堡垒遭到袭击的情况。

> 敌人现在从三面向我们攻击，他们还有步枪和火箭弹……很快我们的损失就非常严重……现在严重缺水……这些不同的攻击仍在进行，并且对我方造成损失，这个堡垒现在变成了恐怖的大屠杀场景——许多人都已倒下，剩下的人因为炎热、劳累和饥渴而几乎精疲力竭，然而，他们仍然勇敢地忠于职守，尽管已经有一些迹象表明他们开始泄气。

少校拉奇兰·马奎尔在英军驻塞达塞尔（Seedaseer）的营地写的一封信描述了 1799 年 3 月 5 日英军和提普苏丹指挥的迈索尔 2 万大军之间的一场主要战役。

> 3 月 5 日，从塞达塞尔山顶可以看到一个营地位于伯里亚帕塔（Periapatam）的右侧——在夜晚到来之前，这个营地变得越来越大，而且可以清楚地观察到在中央支起了一顶绿色的帐篷。因此我们命令塞达塞尔的阵地由两个穆迪坦克（Muddy-Tank）营进行加强；后方的所有部队都奉命做好准备，随时可以在最短时间内行动。
> 3 月 6 日清晨，一支 6000 人（就像我们后来认为的那样）的纵队攻击了塞达塞尔的前沿阵地；而另外两支同样规模的部队穿过丛林绕了一大圈，从左右两侧分别向后方进发，明显有拦截和救援双重目的，它们从各个方向向这个阵地发起了进攻。我们的计划应对无误，所以，我们成功了。

> 正面进攻的纵队，从上午9点一直攻击到下午2点，最终被占据着通道的蒙特里梭中校的部队击退了。而攻击后方的两个纵队被邓禄普中校统率的欧洲旅的一部分部队打散或击退了；邓禄普中校的部队在接到第一份报告说受到攻击时就赶来增援这个阵地。我们有2名军官战死，另有3名军官负伤。我方阵亡、受伤以及失踪的总人数为143人。我们无法确定敌人的伤亡情况；但除了倒在阵地前面的，在距阵地2.5英里（约4千米）的路上和丛林里，可以看见大量的敌人尸体和伤员。这个国家的文化传统导致几乎不会有人当俘虏。极少的几个俘虏包括：穆尔泽姆·考恩，旅级指挥官；密扎·博卡，旅级指挥官；西德·戈法，负伤而死，他是一名高级军官，是提普苏丹的爱将，也是一个攻击纵队的指挥官。
>
> 所有的俘虏都说是提普苏丹亲自指挥了战斗，他们交代敌军有2万名步兵和数百名骑兵，因为大部分骑兵赶赴东部去对抗马德拉斯的军队了。从俘虏那里我们也得知了攻击我们的不同纵队的力量；茂密的丛林妨碍了我们对其的准确而连续的观察。
>
> 资料来源：www.lib.mq.edu.au/digital/seringapatam/intro/html。

然而，与此同时，出现了一个朝向西方大国的重要转变，这是当时最值得注意的发展之一。鉴于现代社会对西方和伊斯兰世界之间的关系的关切，关注西方国家向伊斯兰世界投送武装力量的能力是有益的。这可以从对待被视为流氓政权的实体的态度上看出来。例如，瓦哈比（Wahhabi）海盗从他们位于波斯湾的基地袭击了英国东印度公司的船只以及英国在阿拉伯海的战舰。1809年英国派出一支讨伐的远征军，以保护英国贸易不受袭击。但是1816年又发生了新的海盗袭击，于是英国于1819—1820年又派出一支远征军。派遣后一支远征军表明确立长期安全存在困难。英国指挥官被其指为海盗的沙漠阿拉伯人巴尼·卜·阿里（Bani Bu Ali）打败，英国的影响受到削弱。更重要的是，1816年，英国针对北非巴巴里（Barbary）政权采取行动，那里长期存在的海盗活动不仅影响到英国的利益，而且威胁到航行和贸易自由；英国十分重视与这里的贸易，而且其他西方国家不与英国开战时也从这些海上贸易中受益。

这被英国乃至欧洲视为一次伟大的胜利，而且这确立了一种被视作典范的模式。与陆上作战不同，有一些必须表现为光荣的失败，而且其中为数不多的一些被视作对人类具有价值，因此可以将海上的泛英时代（Pax Britannica，指19世纪英国强权下的世界和平）视为成功的和值得称赞的。此外，在阿尔及尔，英国舰队担负起了先前波旁王朝的职责，其取得的成功与西班牙1784年在那里的失败形成了鲜明对比。结合俄国在19世纪初在与土耳其和波斯的斗争中取得的成功，这代表着伊斯兰教国家和非伊斯兰教国家力量的巨大转变。

扩大欧洲的影响力

西方军队在这个时期正赢得相对优势,特别是相对于他们的邻居而言,这种优势得到了承认,而且这些国家还试图借鉴西方的做法。在 1815 年之后,埃及军队由法国军官培训,并且在 1840 年之前一直获得法国的支持。然而,几乎没有哪个国家的冶炼能力能与先进的西方国家工业领域的冶炼能力相比,也无法与西方大国载有重武器的战舰相匹敌。19 世纪对西方影响力的挑战将在第 24 章专题讨论。

西方大国的局限和 1815 年的影响力值得强调。只有在工业领域产生巨大的技术变革成果,欧洲对 19 世纪的大多数国家的政治独立自主才构成严峻的挑战,而这种技术变革是从 1815 年开始出现的。欧洲的影响力在很大程度上仍局限于英属印度和俄国控制的亚洲地区之外的沿海地区,中国仍然是这个时期世界上领先的大陆国家,其在与俄国边境地区的相对优势就表明了这一点。

结　论

拿破仑留下的是一个在欧洲更加虚弱的法国,俄国则在东欧占据主导地位,而且在西方拥有更大的影响力,而英国在欧洲以外的海外世界占主导地位。法国在 1815 年的殖民地只是那些得到英国许可的地方,例如,一些现在无足轻重的印度基地,最著名的就是本地治里(Pondicherry),以及英国有信心在必要时能够夺取的其他地方。英国主导着西方世界。法国在海外的地位,无论是绝对的还是相对的,都比 17 世纪时要低。另一方面,1815 年的俄国在许多方面都处在全球影响力的巅峰。

欧洲内部战争的影响是复杂的。表面上,特别是在政治方面,1815 年实现的和平恢复了战前的状态。然而,这是一个可能会令人误解的图景。拿破仑的征战将革命意识传播到了整个欧洲,而他的对手们为抵抗他的征战做出的调整也扩大了这些理念的影响力。1815 年的西欧更像是一个资本主义世界,19 世纪 30 年代以及 1848 年的革命巩固了这种影响力,而对德国而言意味更多。从这个角度看,法国大革命战争和拿破仑战争使西欧在社会经济上重新进行了配置,从而能够与英国式的工业化更加兼容。但是这种影响并没有波及俄国,这让其主导地位存在被削弱的可能。俄国的主导地位来自在渐进的技术变革时期使用的大量人力和自然资源。

更重要的是,1815 年的欧洲是一个更自觉地受民族主义驱动,也因为民族主义而分裂的世界。这个情况的重要性是不能低估的。工业发展与民族主义二者相结合,对欧洲战争产生了影响,同时它也在全球范围内产生了影响,我们将在第 23 章对其进行论述。

■ 推荐阅读

Bertaud, J.-P. *The Army of the French Repolution*. Princeton: Princeton University Press, 1988。本书是对大革命如何改变了法国军队并使其更加有战斗力所做的研究。

Connelly, Owen. *Blundering to Glory: Napoleon's Military Campaigns*, 2nd ed. Wilmington: Scholarly Resources, 1998。本书讲述了拿破仑是一个成功的即兴发挥指挥官。还可参阅他的著作 *The Wars of the French Revolution and Napoleon, 1792-1815*（London: Routledge, 2006）。

Esdaile, Charles. *The Peninsular War: A New History*. London: Penguin Books, 2002。本书是一部优秀的个案研究作品，具有重要价值，因为本书从西班牙的角度进行了研究。

LeDonne, John P. *Grand Strategy of Russian Empire, 1650-1831*. Oxford: Oxford University Press, 2004。本书是一部极具参考价值的著作，重新思考在拿破仑时代之前、期间以及之后俄国在欧洲的作用。

Lynn, John. *The Bayonets of the Republic: Motivation and Tactics in the Army of Revolutionary France, 1791-94*, 2nd ed. Boulder: Westview Press, 1996。本书是对法国大革命军队战斗力进行研究的一部重要著作。

Rothenberg, Gunther. *The Napoleonic Wars*. London: Cassell, 1999。本书是一位研究奥地利军队的专家撰写的一部清楚的、配有精美插图的介绍性作品，提供了一种具有参考价值的观点。还可以参阅他的 *The Art of Warfare in the Age of Napoleon*（Bloomington: Indiana University Press, 1975），这是关于这个时期战争的一部重要著作。

Schneid, Frederick. *Napoleon's Conquest of Europe: The War of the Third Coalition*. Westport: Greenwich Press, 2005。本书是一部研究拿破仑战争产生的广泛影响的重要著作。

第 23 章
步枪和铁路

工业时代的战争，1815—1914 年

工业革命与使用火和农耕一样,成为人类历史上的重要转折点。工业资本主义利用了比风力、水力和肌肉力量等人类先前用过的更加强大的能源。它在科学的世界观指导下利用这些资源,取得越来越多的技术突破。而且,它还将一切都与一个掠夺的、扩张性的经济体系联系在一起。其给人类生活的各个领域所带来的影响是革命性的,包括军事——而且常常受到其推动。从1815年到1914年,欧洲和北美的军队和战争发生了比历史上任何时期更为激烈和彻底的转变,这种转变促使西方在全球居于主导地位,但是所有人对革命的结果都不能理解,也未做好准备。

本章将首先对工业资本主义的崛起对西方军队、战争和社会产生的影响进行综述。这些发展与因为法国大革命和拿破仑战争而正在进行的政治、军事变革之间的相互作用是本章讨论的核心内容。然后,我们将研究几个对现代战争发展产生关键影响的战争。美国内战是第一场现代战争:这是由大众军队在新技术辅助下进行的战争。它的许多战术,特别是在彼得斯堡(Petersburg)的战壕里的战斗,及其对作战人员广泛的社会影响,首次准确地暗示了20世纪的战争将采取的形式。但是就其在技术与结果方面的现代性而言,它仍然具有典型的美国特点。正是在这个世纪后半叶的各类欧洲战争中,普鲁士的参谋体系形成了现代战争的组织形式,而普法战争、意大利加里波第领导的战争,以及巴尔干地区的冲突,表明了人民参与战争的重要性。

工业与大规模军事革命

战争与工业经济

大规模生产和后勤 随着工业化的到来,一个关键的概念就是大规模。工业资本主义的巨大生产力使得大规模生产成为可能,能够满足围绕各种形式的大众政治(但不一定是民主政治)而组成的大众社会的大众消费需求。工业推动人口迅速增长,使欧洲裔的人口数量从1800年占全世界人口1/5增长到1900年占全世界人口1/3。因此,人口数量与生产能力可以维持法国大革命和拿破仑时代开始创建、但当时的经济不足以长时间维持的大规模军队。

制服、靴子的批量生产,能够为大规模的军队提供服装。18世纪可更换部件被发明,推动了武器弹药的大规模生产来装备军队。新的交通工具的出现——蒸汽船和铁路——可以将这些物资运送给军队,条件是它们在港口或铁路的运输范围之内。在19世纪中期发明的罐装口粮使工业化与后勤的关系更加紧密。舰船和铁路可以运送军队,进而使战略机动实现革命性的变化成为可能，条件是在有需要的地方修建港口和铁路。铁路网的重要性很快使它成为一个新的战略目标。

因此，大规模生产为组建大规模军队提供了可能性。然而，这并不是必要的。组建大规模军队也充满了政治风险，在欧洲和美国，决定军队规模的是政治而不是经济。在任何情况下，工业化甚至对小规模的专业化军队都会产生影响，因为大规模生产不仅能够装备一支大规模的军队，也能够迅速用最先进的武器来武装一支小规模的军队，这结束了技术发展缓慢的时代，开启了几乎不断发生革新的时代。

技术革新 经常性的技术革新被纳入工业资本主义体系中，因为经济发展促使新机器既作为一种更加有效的生产工具，也作为商品来出售。在一些重要的例子中，例如铁路，非军事发明变得具有重要的军事意义。但是军事和经济竞争与强大的政府作为买方相结合，确保了军事武器不断发展改进，也推动了公司的发展，例如，德国克虏伯公司的军火就被纳入军工复合体网络中。最大的变化是影响到了交通与火力。

由于商业原因，在利益的驱动下，铁路网首先得到发展。到了19世纪中期，铁路网的战略意义变得更加突出，使得铁路建设领域的公私合营形式更加普遍。在一些国家和地区，例如美国，私营商业利益仍然占据主导地位，政府提供土地（并不是这个阻碍了发展：截至1860年，美国拥有世界上最大的铁路网）。在另一些地方，例如普鲁士（和日本，参见第24章），政府则直接地干预，让铁路的规划建设用于军事而非商业目的。铁路是军队机动性发生革命性变革的第一步。

同时，在火力方面发生的革命性变化从1830年发明容易装填弹药的来复枪开始。步枪已经发明了数个世纪，但是子弹与枪管之间的紧密贴合性使得弹药装填过程十分缓慢，以至这种枪只能用于打猎。但是，带有空心底座的软子弹使来复枪可以像滑膛枪那样快速装填。而且击发后通过膛线产生的旋转可以将老式滑膛枪的子弹变成高速子弹，进而增加有效射程，并极大地提高了精准度。结果是使骑兵攻击变得过时，使火炮能够支援攻击的距离延长，这使得攻击已准备好的步兵阵列变得更加困难。后续的改进包括用火帽取代燧石点火装置，用撞针击发，并且用后膛装填子弹取代枪口装填，还包括发明了机关枪和连发步枪，以及引入无烟火药。因此，在这个世纪，一个连的步兵火力得到了稳固的提升，而他们利用自然环境的掩护以俯卧姿势重新装填子弹和隐藏他们火力来源的能力也进一步增强了他们的防御能力。到19世纪70年代，膛线设计和后膛装填也开始用于火炮，之后是在19世纪90年代发明了无后坐力炮架。同时，在海上，交通与火力一同以新式战舰的形式出现（参见第25章）。

全面战争的潜力 战争中工业重要性的巨大提升催生了所谓"全面战争"的潜在可能，即针对敌方的人口、工业基础和发动战争的能力的作战。虽然在某些情况下这是对古代掠夺乡村的做法的延伸，但是工业技术提供了一种手段，大大扩展了攻击资源和基础设施的思想，包括打击敌方民众进行战争的意志。物质上的打击发挥了主要作用，早期的一个例子是威廉·T.舍曼（William T. Sherman）将军在美国内战期间挺进穿越佐治亚州。舍曼在南部一个宽50英里

(约 80 千米）、长 425 英里（约 680 千米）的区域纵横驰骋，所过之处没有留下谷仓、牲畜或任何有价值的家庭用品。舍曼解释说："我们不能改变南方这些人的观点，但我们可以使战争变得恐怖……使他们厌恶战争，从而世世代代都不愿再挑起战争。"渐渐地，针对敌方民众的宣传越来越多地用来辅助军事进攻，作为削弱敌方意志的一种手段。这种对政治意愿的关注源于工业国家社会和政治的新的大众特性，这种发展对军队以及军民关系产生了重要影响。但是全面战争的概念（相对于其日益发展的实践）发展缓慢，并且更有益于回顾分析趋势以增进对19世纪人们如何看待工业化战争挑战的理解。对他们而言，有必要回顾拿破仑时代以及社会的民族主义动机，而不是向前看发生在20世纪的大战。战略和战术也是如此，这也解释了军队（包括海军）在适应不断变化的技术与经济方面所面临的问题。

军队与大众社会

工业、战争和民族国家 工业化重组的社会产生了新的阶级和阶级冲突。在欧洲，旧贵族阶级仍然强大，但与迅速发展的资产阶级或中产阶级，特别是与上层富有的工业家们，日益共同分享对国家政策的影响力。这两个阶级都不信任逐渐壮大的、进入工厂体系的城市无产阶级。自我意识（self-consciousness）的逐渐觉醒，表现为发明了众多"主义"，包括民族主义、自由主义、保守主义、社会主义和共产主义，这反映了革命时代的政治斗争，以及民主形式逐渐渗透到许多欧洲国家的政府。

阶级之间的政治斗争随着国家权力的日益增强而受到推动。工业化和伴随其产生的科学文化给国家在金融、财政和人力方面提供了新的资源，同时，民族主义也给那些边境或多或少与族群一致的国家提供了新的道义上的支持。政府和工业界之间在生产武器装备（有时是为了发展交通网络）方面的伙伴关系促成了在整个欧洲大陆建立起国家军工复合体。这意味着工业家们的利益开始对军事政策产生重要的影响，对发展军事工业复合体以及对陆上和海上的军备竞赛产生了推动作用。

军队的新能力扩大了其作为国家主权最终执行者的职能，并使其在政治冲突中发挥关键作用。这就是，步枪既可以用来对付国内敌人，也可以用来对付外敌。应对这两种不同对手所需要的力量之间的紧张关系决定了这个世纪主要的军事政策。军队被用于确保国家安全，很容易被视作统治阶级的压迫工具。同时，军队也可以成为不同地区和阶级推动国家统一的积极开创者和象征。在美国，由于缺少一支庞大的常备军，以及民主意识的早期胜利，大众军队成为内战期间相对不受争议的选择。但是在欧洲，1870年成为19世纪的分水岭，一种方式或另一种方式开始占据主导地位。

职业军队，1815—1870年 在拿破仑最终战败之后，各大国都试图恢复革命之前的欧洲秩序。保守派开始在各地掌权，法国大革命和拿破仑战争推动资产阶级寻求实施的变革处处都受到了压制。1848年革命爆发，旋即遭到镇压，上层资产阶级和贵族之间达成和解，秩序被重新建立起来。同时，各国之间的紧张关系处于缓和阶段。在这种情况下，军队建设的主要任务是社会管控。

这意味着需要建立的是规模适中的、长期职业化的军队，服役年限从 7 年到 20 年不等。延长服役年限被认为是有必要的，从而将军队与社会区别开，对士兵实施必要的、充分的训练，以使士兵成为政府可靠的工具——这就是说，可以指望他们向同胞开火。在文化多元的国家，例如奥匈帝国，国家主义情绪持续发展，士兵在远离其家乡的地方服役，从而使这种服从成为可能。在殖民地值勤的部队，例如英国军队，需要长期服役的兵源。素质被认为比数量更重要，这意味着需要规模更小的部队，使用当时的新式武器接受更多的训练。成本意识进一步加强了这种考虑，而由贵族占主体的军官阶层帮助维持了这种政治可靠性。这类军队的规模在这个时期的确极大地提高了。外部威胁并不是不存在，更多的人口需要更庞大的治安力量，而且维持更庞大的军队的能力也增强了。在 1870 年之后，这种能力上的提高更加显著。

只有普鲁士远离了这种模式。和其他地方一样，贵族是军官阶层的主体。然而，普鲁士创建的用来应对拿破仑的军事义务与征兵的体制在拿破仑死后仍然在施行。招募的各类士兵在常备军服役三年，之后在预备役部队中服役一定时期。普鲁士不只能够组建一支比国家运用长期招募体制能够组建的更加庞大的军队，而且，正如它在对抗法国时证明的那样，其公民士兵与职业士兵旗鼓相当。普鲁士在 1870—1871 年的成功使各个国家认为国外威胁比国内安全更重要，并由此开始了大规模征兵的时代。

征兵，1870—1914 年　除英国之外，主要欧洲大国以及大多数小国在 1871 年后迅速模仿普鲁士的体制，尽管具体情况由于政治和经济原因而各有不同。英国模仿了除征兵之外的许多方面。这个体制的基础是对一定年龄的所有男性公民实行普遍义务兵役制，这是这个时期法律确立的一项制度。只要条件符合，每个年龄组中有一定比例的人员会被征召入伍，在常备军队服役 2~3 年，之后进入预备役部队，年限从 7 年至 30 年不等，不同的国家规定不尽相同。一旦发生战争，常备军队是动员和组织的基础，铁路网的建设使这个体制成为可能，因为铁路网能够将部队集结在一起，并将其运送到前线去。

然而，这种体制的迅速扩散并不意味着贯彻该体制的决定是轻易做出的。大规模征兵也引起了对武装工人阶级发动革命的担忧。军官阶层仍然主要由贵族占据。训练强调的不仅是使用武器装备的能力，还包括对国家理念和自觉服从上级方面的教育。因此，军队不仅用来训练士兵，也用来训练提供后援支持的、容易教育的市民。在很大程度上它是成功的，尽管军队同平民生活相分离的这种倾向使其作为制度在民众中的受欢迎程度变得不确定。这个时期不断加剧的国际紧张关系意味着，对军事有效性的考虑逐渐超过了政治上的担忧。例如，奥匈帝国的军队开始驻扎在他们征兵的地区，这样，他们就可以距离后备力量更近些，从而便于动员，尽管存在民族主义分裂的担忧。

不断加剧的紧张局势也促使军队人数增加，而征兵本身也推动了军事价值观在整个社会中的传播。政治家们开始关注出生率,因为每个年龄层的人口规模对军队的总体规模影响很大;在外交方面,军队也越来越多地左右政府决策,并影响到动员计划的政策。越来越多的人开始接受不可避免地通过战争解决外交僵局的观点,这主要是受到了任何战争都是(的确也必须是)短暂的这种看法的影响。

职业主义和参谋体制　这种看法源于普鲁士军队在德国统一战争中取得的成功(1866年和1870—1871年)。一般认为其取得成功是由于建立了总参谋部。总参谋部领导着一个专业的、训练有素的、面向未来的军官团队。总参谋部是使庞大的军队骨干和预备役运作起来的大脑。只有这样一个由在这个阶段建立的专业化军事学院接受过教育的军官组成的控制中心,才能制订和执行复杂的动员与作战计划。有趣的是,这类计划逐渐开始决定外交决策而不是服务于外交决策。由于第一次世界大战强化和扩大了在美国内战和19世纪末欧洲战争中变得明显的现代战争的经验教训,总参谋部体制的所有优缺点都在1914年突显出来。

美国内战,1861—1865年

综　述

美国内战是其历史上的一个重要事件,因此与美国内战有关的文献和书籍比美国历史上其他任何战争的文献和书籍都多——或许关于第二次世界大战的除外。这里并不能全面地论述受到如此多关注的主题,但是可以概括地谈一谈战争的重点和主要特点。

美国内战是逐渐升级以至最终全面爆发的,因为北方的美利坚合众国(以下简称联邦——译注)和南方的美利坚联盟国(以下简称邦联——译注)都没有准备好打仗。美国的正规军规模很小,而且多数驻扎在西部地区,双方都不得不完善战略计划。初期邦联在东部取得的胜利与联邦在西部取得的胜利大体相当,但是到了1861年年底,双方对于打一场短期战争的希望显然都破灭了。尽管联邦在1862年年初在田纳西州取得了进展,但是这一年夏天,邦联首次占了上风。在安提塔姆(Antietam,美国马里兰州中北部的一条小河,注入波托马克河。1862年9月17日在其沿岸进行了残酷却未分胜败的安提塔姆战役——译注)、佩里维尔(Perryville,位于肯塔基州)和新奥尔良,北方军成功地平定了叛乱,并推动了联邦的发展。但是北方的进展很缓慢,到1863年夏季,南方邦联似乎准备再次对北方发起攻击,并且有可能赢得战争。然而,这一次,北方联邦在葛底斯堡和维克斯堡的胜利使南方邦联寻求制胜一击的希望彻底破灭。南方邦联被迫采取防御策略。南方邦联希望通过在战争中使北方消耗殆尽以获胜的目标在1864年秋季几近实现,但是,北方联邦再一次地及时在亚特兰大、莫比尔(Mobile)以及谢南多厄河谷(Shenandoah Valley)取得了一系列胜利。

这种简短的介绍掩盖了在许多层面进行的战役的复杂性。这是任何一方原本都可能获胜的战争,仔细地研究战争的若干关键方面就可以看出这一点。

处在战争中的国家

政治目标和战争目标　美国内战首先是一场现代战争，因为它是一场带有大众政治性质的战争，结合了经济问题和人权问题。奴隶制并不是点燃火药桶的火花，但它是引信、火药和枪管。奴隶制形成了北方和南方不同的经济发展模式，这本身就是一个问题。奴隶制在美国内战爆发之前数十年就是双方观点两极分化的一个道德问题；奴隶制度的延伸加剧了联邦权力与各州权力博弈在宪法上的危机。作为一场带有大众政治性质的战争，双方在交战时要经常举行选举，需要民众支持。战争在这方面的一个显著结果就是政治领袖的崛起，即那些指挥的资质在于他们的受欢迎程度或在某个关键州拥有政治资源的人，他们影响着双方在战争中的成果。

在战争目标方面，北方的诉求更简单些。北方军队作战的目的是维持联邦：在战争开始时，镇压叛乱是北方唯一的目标。解放黑奴不可避免地逐渐成为第二个目标，这在很大程度上是因为解放宣言推动了维持联邦的努力。奴隶制暴露了南方的战争目标自身存在的矛盾，影响了南方邦联获得外部支持，并且促进了共和党内部的团结。开战时共和党面对的是一个在支持和反对之间摇摆不定的民主党。北方政治明显的分歧使1862年的选举，特别是1864年的选举变得尤为关键。共和党在大选中获胜使战争得以继续进行。许多积极参战的士兵在竞选时可以缺席投票，他们中的绝大多数（超过80%）都将选票投给了林肯。军队显然在其中发挥了重要作用。

南方邦联的战争目标是要独立，但部分邦联领袖对这个问题选择低调处理的方式，意图维持"南方的生活方式"，即奴隶制。但是邦联没有明确的路线纲领，这使其战争目标显得模糊不清，同时南方邦联在许多问题上面临来自不同方面的反对意见。两个关键问题阻碍了南方的战争努力：第一，一个被组建起来以维护各州权利的政府在加强统一和得到各方合作方面面临着困难；第二，奴隶制本身与进行战争之间存在着矛盾。奴隶们成为劳动力大军，受到南方奴隶主们的监督越少，他们就会变得越不稳定和具有威胁性。邦联内部在战争的最后一年号召奴隶们武装起来支持战争清楚地显示了全面战争造成的压力有多大。

人口统计与工业　美国内战属于现代战争，因为现代经济在这个过程中发挥了关键作用。双方充分利用了其人口、工业和基础设施。北方联邦在各地区的优势使其能够（但并不能保证）克服南方在一个比俄国欧洲部分还大的地区防御作战中的优势。

北方拥有的适龄参军的白人男子几乎是南方的三倍，尽管由于蓄奴，一开始南方可以有更多的人参战。北方联邦的人力优势反映在整个战争中的实际军队规模上，其比例略高于2∶1，几乎与其总体人口优势相同。另外，长期以来，自由州的人口增长速度快于奴隶州。更多的经济机遇既促进了经济增长，也吸引了更多的移民。的确，战争期间的移民数量远远超过了联邦军队的死亡人数。自由州的人口甚至在战争期间也一直在增长，并且向西扩张。因此，在北方可以明显地看出工业经济与农业经济之间基本的人口数量区别。

北方联邦在工业生产方面的优势甚至更大。战争爆发时，全国超过九成的制造业都在北方，包括弹药、衣服和鞋子，南方邦联也十分清楚这一点。北方甚至在粮食生产方面也具有优势，因为在战争开始时，南方的大部分土地都用于种植棉花。北方工业经济带来的另一个优势是，与种植园相比，它创造的是更具流动性的财富。1860 年，南方拥有占全国 40% 的资本，但是大部分资本都以土地和奴隶的形式存在。这种财政难以被用来支持战争。结果是，北方联邦通过税收和贷款可以获得大量的资金支持，拥有更多的资源和更加有效的财政支持，而且不会因为要考虑各州的权利而受到阻碍。与此相反，南方邦联基本上要靠印刷纸币来支持战争，这损害了南方的经济，同时也没有能够为军队提供充足的资金。

随着战争的发展，北方的工业体系为联邦军队提供了充足的物资。南方邦联则成功地建立起了战争工业，特别是弹药工业，因此，南方军队并不缺少弹药。但制服和鞋子的供给始终是个问题。到 1864 年，甚至连之前取得的一系列胜利也因为北方联邦的破坏和交通问题而迅速消解了。

交通 1860 年，国家超过 2/3 的铁路和几乎全部的运河都在北方，而且维护和扩张铁路网的所有专业技术知识也都掌握在北方联邦手里。南方邦联因为一开始就缺少铁路，不具备工业能力以维持其自己的网络，更不用说恢复因为联邦骑兵袭击而造成的破坏。1864 年南方虽然粮食丰收——舍曼的军队从亚特兰大行军到无树大草原这一路消耗了大量粮食——但是其军队和许多城市因为缺少必要的交通运输条件而陷入饥荒，这导致其最终崩溃。

经济压力因为北方联邦实施海上封锁而进一步加剧。南方的棉花卖不出去，因此无法依靠棉花赚取收入，许多进口的产品变得稀缺昂贵。这种封锁的有效性一直受到一些历史学家的质疑，但其显然不仅对新奥尔良和莫比尔的胜利做出了贡献，而且加速了南方经济的崩溃和战争努力的失败。

封锁也是联邦在经济预算以及人口、工业和基础设施领域具有优势最显著的原因。它直接影响到双方的战略。这不仅解释了大战略的模式，而且也突显了诸如弗吉尼亚的谢南多厄河谷等具体生产中心的重要性。换言之，政治与经济的结合塑造了双方对战争采取的战略。

战　略

大战略 无论是在林肯总统的正确领导下制定的联邦大战略，还是温菲尔德·斯科特（Winfield Scott）将军首次制订的蟒蛇计划（Anaconda Plan），北方在如何打败南方这个问题上一直采取比较连贯的策略。斯科特采取的封锁加遏制的战略或许在单纯的军事意义上是成功的，但是在政治上是不可行的。因此，北方联邦在封锁的基础上制订了沿密西西比河进攻的计划，从而将南方邦联一分为二，然后通过一系列战役"解放"对联邦持支持态度的田纳西州，并攻占南方邦联的首都里士满。下一步的策略聚聚于南方重要的铁路线，从而将南方邦联分割成在经济上无法维持战争的若干个小区域。当然，制订计划容易，实施起来就没那么容易了。该计划是在尤利西斯·S. 格兰特（Ulysses S. Grant）将军上任后才开始实施。林肯命令格兰特去完成其在西部开始的所有工作。然后，格兰特和舍曼开始朝着全面战争做准备。格兰特在弗吉尼亚州击败了罗伯特·E. 李（Robert E. Lee）的邦联军队，乔治·托马斯（George Thomas）也遏制住了在西部残余的南方邦联部队。舍曼则切断了邦联的经济心脏的交通。

南方邦联缺少明确统一的大战略构想。总统杰斐逊·戴维斯（Jefferson Davis）是一个拙劣的战争领导人，疏远下属并且干预行动。戴维斯的领导能力不足，因此，总体战略是以偏离指挥官们的建议和行动的方式制定的。而且，罗伯特·E. 李将军最初在弗吉尼亚州北部取得的胜利可以说是多种因素共同促成的结果。这场胜利，加上罗伯特将军的意向和将邦联的首都设在里士满的决定，可能导致南方邦联在人员和物资上向这个战场投入了过多的资源，而未对西部投入充足的人员和物资。罗伯特将军并不像格兰特那样对战争拥有一个总体的明确看法。尽管他成功地进行了防御，但考虑到南方有限的资源以及打进攻战的困难，他的进攻作战策略不仅对南方邦联军队是一场直接的灾难，而且可能原则上也是一个糟糕的主意。它至少证明了，罗伯特将军和大多数南方领导人一样，对北方政治的理解是有问题的：无论是在马里兰还是在肯塔基，南方的同情者们都没有像预想中的那样应对进攻。

南方的确具有防御作战的优势，这使某些地方可以利用空间去争取时间，并利用好内线优势。但实际上后者的优势在大战略层面因为北方联邦能够通过铁路和海上在不同的战场之间调动部队而被抵消。

战役　在单个战役层面，防御方是占据优势的。良好的防御工事可以极大地促进防御，并且成为许多重要战役的焦点，特别是在西部。组织好进攻战的后勤工作更为艰巨，因为防御部队距离己方的补给站更近，更有可能获得后勤保障。后勤保障不充分不仅是罗伯特·E. 李将军进攻存在的一个主要问题，而且也影响到联邦推进战事。协调好一支进攻部队的各个分队也比防御更难，在罗伯特将军向北进军时就遇到了这个问题。在这个层面上，内线作战就更有优势。邦联在弗吉尼亚州取得的最大胜利——斯通沃·杰克逊（Stonewall Jackson）将军在谢南多厄河谷战役和罗伯特·E. 李将军在昌塞洛斯维尔（Chancellorsville）取得的胜利——就是利用小股部队快速挺进、集中兵力突袭和审慎的战术进攻等以少胜多的。但是罗伯特·E. 李将军指挥的那次战役也有很大风险，因为防御的一方在战术上也有很大的优势。因此，甚至是成功的进攻也有可能随着战斗的进行而士气受损。

事实上，战争中许多极为成功的进攻行动都是间接的。这包括骑兵突袭，邦联的南森·贝特福德·弗雷斯特（Nathan Bedford Forrest）将军靠这个战术一战成名，邦联也因此在内战开始的第一年占据优势。之后，联邦迎头赶上，并且最终更加有效地运用了这种战术。行动迅速的骑兵部队可以比更庞大、但行进速度缓慢的步兵部队更容易切断敌方的补给线，而且可以深入敌方领土袭击骚扰，破坏铁路和后勤补给。这种袭击骚扰还会在敌方阵营中引起混乱，分散敌军力量，使敌军不知道下一次袭击会在哪里发生并且无法集中兵力。这突出了情报在战争中的关键作用，这是防御一方具有优势的另一个领域，因为防御的一方是在自己的领土，拥有民众支持。在这个方面，骑兵继续发挥其传统的巡逻侦察作用，成为军队的眼睛。

步兵部队实施的多数勇猛、成功的战役也采取了间接举措。快速行动、迷惑敌人、放弃常规补给保障和借助地利等是此类战役取得胜利的关键。从纯军事的角度来说，杰克逊成功指挥的河谷战役可能是研究最多的战例，他的"步骑兵"（foot cavalry）以经典的方式利用了上述各个因素。格兰特将军指挥的维克斯堡战役也同样打得很勇猛，取得了胜利（参见专题 B：维克斯堡战役）；甚至舍曼将军"向大海进军"（March to the Sea）也是一个经过深思熟虑的冒险战术，最初还遭到了格兰特的反对。但是经过细致的后勤保障谋划和明确作战目标，这个甚至是明显临时决定进行机动的策略最终取得了成功。相反，真正冒险的后勤影响了罗伯特·E. 李的进攻行动，正如前面所说的那样。任何战役都不可能是完全间接的或者单独基于机动之上的。双方在将获得领土和消灭敌方军队作为战役目标方面都存在紧张关系，在这个层面上，美国内战的现代性表现在后者对赢得战争更加重要。甚至舍曼的进军也是因为格兰特在弗吉尼亚州的彼得斯堡打败罗伯特·E. 李、托马斯在田纳西州重创约翰·B. 胡德（John B. Hood）的军队而得到有力的配合，才有实施的可能。

战术 美国内战的战术以防御为主。可以在平放状态装填子弹的步枪使防守一方的步兵可以在石墙或木头后面，或者浅沟内隐蔽，并对行进中的、距离超过 300 码的敌人开火。这对进攻的步兵或骑兵的杀伤是毁灭性的，但是在整个战争中还是不得不反复采用这种进攻方式，因为将军们没有别的办法。这种打法最著名的一仗可能是皮克特（Pickett）将军在葛底斯堡打败了罗伯特·E. 李的部队。尽管在发动攻击之前部队得到了火炮集群的支援，但参战的北方联邦军队的 1.4 万人中，也只有不到一半的人生还。

部分原因在于步枪的射程使火炮后退到其有效射程的极限位置。火炮不能再部署到准备发动进攻的步兵前面，就像拿破仑时期的军队采取的部署方式那样，因为炮兵在大规模杀伤敌方之前自己先受到对手精准步枪的威胁。他们可以选择一个能够隐蔽或得到步兵防护的地点，等待敌军攻击部队完全进入其射程内。的确，防御火炮在近距离极具杀伤力，因为碎裂的弹片形成一个宽阔的辐射面。

攻击也可能因为缺少优秀的指挥而受到影响。带膛线的步枪相对于老式滑膛枪所具有的精准性是二者之间的重要区别，许多军官因为冲在最前面或因为制服和徽章而使自己变得十分显眼，这样极易成为目标。美国内战期间军官的伤亡数字远远高于拿破仑战争时期，许多军衔更高的军官，包括格兰特，都身着只能通过不太显眼的肩章来与士兵区别开的制服，从而降低他们成为猎杀目标的概率。

进攻方面的另一个问题是，一方面步枪使步兵集群进攻变得困难，另一方面也使传统的骑兵进攻（长期以来这一直是进攻的巧妙之举）变得完全过时。即使是正在撤退的步兵，其防御火力也使骑兵在攻击和搜捕上受到限制，因此美国内战中的军队很难在战场上被彻底消灭。大多数在战场上战败的部队退出战场时虽然伤痕累累，但基本上是建制完整的，而且许多还设法对追击者造成更大的伤亡。防御的优势意味着军队中的一支预备队——例如，托马斯将军在奇卡莫加（Chickamauga）的部队——也可以解救其余部队不被包围或消灭。

> **专题 B：维克斯堡战役**
>
> 格兰特率军于 1862 年 11 月抵达密西西比河的维克斯堡对岸。维克斯堡是南方邦联最后一个大的据点，北面有亚祖河（Yazoo River）三角地带绵延 175 英里（约 280 千米）长的湿地保护。因此，格兰特面临的问题是如何使他的军队从河流的西岸进驻城市东面的高地。他有 5 万人，分成 3 个军，而对手约翰·C. 彭伯顿（John C. Pemberton）在维克斯堡及周边驻有 3.1 万人的部队。
>
> 当时是寒冷阴雨的冬季，他派波特将军率领一支部队和炮艇中队抵达维克斯堡。两次尝试穿越亚祖湿地都失败了，切断穿过维克斯堡对面狭窄地带的运河的努力也失败了，绕过维克斯堡的炮兵阵地，甚至经由运河抵达雷德河（Red River）的尝试也无果而终。尽管并不清楚格兰特是否期待这些努力发挥作用，但是这使他的部队奔波不停，使敌军无法确定其意图，并令推动运河战役的总统十分开心。
>
> 1863 年 3 月底，天气转晴，格兰特发起了一波猛烈的攻击。他留下舍曼的部队继续在维克斯堡的对岸和北面挑衅，命令另外两个军向南面进发，前往河的西面，抵达距维克斯堡约 60 英里（96 千米）的地方。部队在那里与波特的炮艇中队会合。炮艇中队于 4 月 16 日和 22 日晚分两拨绕过了南方邦联的炮兵阵地。在这些行动进行的同时，联邦的骑兵部队未受阻挠（敌军骑兵全都在田纳西州）地进入了密西西比州，他们抢夺了必需品，破坏了铁路，并制造混乱，直至他们抵达联邦位于巴吞鲁日（Baton Rouge）周边的据点。或许这是战争中最成功的骑兵突袭。
>
> 4 月 30 日，格兰特率部渡河，并于翌日击败了位于吉布森港（Port Gibson）的小股敌军。但是，格兰特没有向北朝着维克斯堡进发，攻击彭伯顿的防守阵地，而是放弃了自己的补给线，转向东北方向对杰克逊发起攻击。他的部队携带着补给，有时也就地补充，于 5 月 12 日击败了南方邦联的一支部队。夺得杰克逊并切断了通往维克斯堡的铁路线后，格兰特转向西面，于 5 月 16 日在冠军山（Champion Hill）击败了彭伯顿的部队，并于 5 月 18 日抵达维克斯堡。虽然经过代价巨大的攻击并在此之后实施了围困才于 7 月 4 日攻占维克斯堡，但是格兰特精密的筹划、良好的后勤补给以及快速行军确保了战役胜利以及邦联被分割开。

防御战术获得普遍认同的优势也推动了一个新的发展：修建壕沟。如果没有可以利用的天然屏障，例如弗雷德里克斯堡（Fredericksburg）的下沉式小路，用铁锹挖战壕也可以建立掩体。1864 年，在弗吉尼亚州，罗伯特将军的部队在任何地方驻扎都挖掘壕沟，只要时间充裕，这种土木工事就可以变得很坚固。彼得斯堡的壕沟几乎什么也没有，只有相互交错的带尖的木桩——那时尚未发明带刺铁丝网，这是与第一次世界大战中西线壕沟的最大区别。

由于有这些优势，大规模进攻很少成功并且常常显得自取灭亡也就毫不奇怪了。与此形成对比的是，偶尔的成功似乎更加引人注目，最著名的是北方联邦在查塔努加（Chattanooga）的传教士山（Missionary Ridge，在美国田纳西州和佐治亚州境内）突袭南方军的阵地，这必须从防御一方士气完全崩溃而不能从战术角度来解释。进攻成功是因为突袭导致敌军目瞪口呆（在夏洛伊［Shiloh］①，许多联邦部队第一次见识战斗开始前邦联步兵的低吼），或者因为部队位于防守一方的侧翼或后方，并且火力压制敌方阵地。这需要加强战前的行军和机动，它可能会不需要交战就将敌人赶出阵地（如舍曼切断通向城市的铁路线而将约翰逊赶出亚特兰大），或者突然发起侧翼攻击，例如，杰克逊在昌塞洛斯维尔所打的那一仗。即使这样，打一场硬仗也难以避免，而且，正如在夏洛伊所看到的，这也不能确保胜利，特别是如果有增援部队抵达来抵抗已呈现疲惫之态的进攻方时。这类进攻取得胜利，并不是因为整个部队溃败或投降，而是因为防守的指挥官们失去了信心，承认失败。罗伯特的一些成功，例如在对阵麦克莱伦（McClellan）的 7 天战斗中取得的胜利，源于他成功地向对手实施了心理战。尽管他的部队伤亡率高于对手，但他仍然取得了胜利。格兰特是与他能力不相上下的对手，格兰特没有被吓住，尽管他在一些地方以实施缺乏创造力的猛攻而闻名，但在他打的所有战役中，他的部队伤亡率远低于罗伯特指挥的部队的伤亡率（参见专题 A：军队的伤亡）。

简言之，这种防御战术意味着大量伤亡。安提塔姆战役中有 3654 人战死，这是美国历史上最血腥的一天。内战期间美国死亡的人数比在其他战争中死亡人数的总和还多，至少有 61.8 万人，或许多达 70 万人。战争中死亡和受伤的人数说明了战争对美国人的心理所造成的持续影响。

专题 A：军队的伤亡

约书亚·张伯伦是一名联邦将领，他在阿波麦托克斯（Appomattox）接受了邦联的投降。他因在葛底斯堡的胜利而被授予国会荣誉奖章。战争结束后，他回到大学教书，并担任缅因州一所大学的校长。张伯伦在这里讲述了波托马克（Potomac）部队在格兰特的指挥下在 1864 年年底进行的战役。

格兰特突然转向一个新的作战地点，这燃起新的希望。像同样的命运降临，这是一次大胆（如果不称其为危险的话）的行动，实际上是在冒着炮火大规模地改变整个部队的前线阵地。通过秘密命令和强行军巧妙地从敌人的前线撤退，利用渡船和浮桥

---

① 美国田纳西州的一处国家公园，是南北战争时的战场。——译注

> 迅速地越过詹姆斯河，冲向防守薄弱的彼得斯堡，从而切断了李将军的主要通信路线，改变了他的整个阵地，这个手笔看起来像是一个不错的战略。但是这个大胆的计划和后续行动，由于下级们理解上的混乱和拖延，在可怕的畏缩和算计下，一切又归于乌有了。然后又变成了持久缓慢的效果不大的小型行动，毫无价值的僵持，时而不明所以的相互围攻；蹲在战壕里，躲在防弹掩体和有遮蔽的通道里，靠在护墙上，露出一个头来吸引子弹，用尖桩围住拥挤的敌对的阵地。生命的消耗就是默默理解共同的人性，不断地接受间歇性的攻击或者无效的冲锋的骚扰，缓慢地向侧翼爬行而从未接近主要目标。这就是消耗，消耗经验，一个月接着一个月，新年的到来并没有带来任何信号和希望：做出一些更好的决定而不是像以前那样明显且无效地日复一日。
>
> 这样的前线所产生的情绪并没有因为我们从后方到达而得到缓解。长期痛苦和无助的悲伤；经受了痛苦考验，整个北方的信心和耐心几乎动摇了；征兵不再抱有幻想，要靠巨额奖金强制征募才能补充兵员；报纸嘲笑军队的无能；自私的政客们在国会大厦密谋反对总统……
>
> 在格兰特指挥的战役开始时，波托马克军团的士兵数量，根据 1864 年 5 月 4 日早上的报告，是 97162 人。…而第五兵团进入战场时，可供作战的人数是 25695 人。从皮丹到詹姆斯城，6 个星期的伤亡人数是 16245 人，比一开始服役的半数还多 3398 人……
>
> 在那一年的余下部分，在彼得斯堡战役之前，不安且徒劳的战斗导致伤亡人数达到 1.8 万人——这几乎是比 5 月那个清晨顶着星光渡过拉皮丹河的意气风发的士兵的 2/3 还要多出 1000 人，现在他们已经倒下——而且这还没有结束！
>
> 资料来源：Joshua Lawrence Chamberlain, *The Passing of the Armies: An Account of the Final Campaign of the Army of the Potomac*（New York: Bantam Books, 1992）.

评 估

为什么北方会赢　美国内战是一个很好的解释战争中胜利或失败的历史地理研究案例。特别是存在一种倾向，认为由于一方获胜了，其获胜是必然的，这可以从决定性因素的角度来解释。

因此，一些历史学家认为北方庞大的人力资源和工业优势使战争的结果可以预测到。另一些学者则说，北方注定会赢，因为直到最后，北方拥有更优秀的将领。然而，还有人认为，南方输掉了战斗的意志或者因为他们关于各州权利的政治传统和其他因素而不愿意或者不能够采取赢得战争所必需的一切措施。

到 1864 年 9 月，战争的结果仍然未知。林肯认为自己可能会在 1864 年选举中落败，而且，南方邦联在 1862 年夏季或 1863 年的关键战役中取得的胜利可能会使北方胜利无望。南方可能会赢，如果真的如此，那么历史学家们可能会从联邦不具有充分的资源优势、防御优势、南方更优秀的指挥官或者北方失去作战的意志等方面来解释胜利。

资源很重要，将领也很重要，但是，北方之所以取得胜利，是因为在关键的转折点和重要的战役中，他们设法赢得了更多这类不确定的遭遇战。南方丧失作战意志是其失败的结果而不是原因。运气、技术以及不可预测的事件导致产生了一系列可能的结果。一些战争的确是可以预知结果的，但美国内战并不属于此类战争。

战争的结果 战争的结果反映了战争的目的和方法。显著的政治结果是结束了奴隶制度。但是国家的种族问题无法在战场上解决。一个世纪之后，对这个国家的非裔族群来说，自由的种子才开始开花。对非裔美国人权利的持续压制使南方的经济无法从战争中恢复。在民权运动爆发之前，南方成为经济上不受外界影响的地方长达近一个世纪，无法摆脱劳动力的束缚。

这是因为战争最重要的结果反映了其现代性：东北部的工业资本主义社会和经济体制是这场战争真正的赢家。其发展促使在战争爆发之前南北方关系紧张，它为北方联邦军队提供了必需的物资，修建了联邦铁路，吸引了新的移民前往联邦。它的胜利也重新树立了国家形象。它最终获得胜利，不只是因为优于南方的传统劳工体制——1860 年的典型情况是南方种植园的工人比北方的产业工人要多得多——而且是因为优于创建了这个国家的自由、独立的小农和手工业者的经济和政治文化。内战将美国从一个杰斐逊式的民主国家转变成现代的中央集权的工业民族国家。

美国内战的经验 美国内战的军事经验远比其结果简单。经验如下：工业化国家之间的大型战争是全面战争，需要动用在工业化之前并不存在的政治和经济资源；而且，火力防御的效力极大地得到了提升。这些经验从美国国内传向世界用了近半个世纪的时间，但是其在 19 世纪的欧洲战争中得到了印证。

欧洲的战争，1815—1914 年

19 世纪欧洲的战争反映了民族主义不断发展成为身份认同的源泉和对变革的诉求，而且由于人口增长和工业发展，实力较强的国家之间为了维持战争而展开的竞争愈演愈烈。对第一次世界大战的目的论分析，使军事历史学家们将研究重点放在德国统一战争（1864—1871 年）上，视其为这个阶段的关键性战争，这表明在研究战争的发展时关注 1815—1914 年间的不同战争是适宜的。

克里米亚战争，1853—1856 年

19 世纪后半叶的第一个重要冲突是克里米亚战争，其反映了英国和法国对俄国扩张以及近东局势的担忧。这场战争于 1853 年在俄国和奥斯曼帝国之间爆发，并随着英国和法国于 1854

年介入支持奥斯曼帝国而扩大。英国和法国介入的目的是阻止俄国控制黑海和巴尔干半岛，这显然会威胁到它们由陆路至印度的路线。这导致（夸大了来自俄国的威胁的）英国向奥斯曼帝国提供援助。国内因素也发挥了一定的作用。法国的拿破仑三世寻求提升威望以巩固他的政治地位，并满足他对荣耀的追求。

战争表明了打败大陆国家的困难程度，以及能够投送军队和能够取得胜利之间的对比。尽管法国建议向莫斯科进军，但联军缺少拿破仑一世的陆上资源。相反，他们在海上的力量更加强大。的确，俄国海军虽然在1853年能够在黑海决定性地击败奥斯曼帝国，但打不过英国。结果，战争集中在针对俄国的海上和两栖行动。联军在波罗的海的海上行动威胁到了圣彼得堡，与此相配合的是大举进攻克里米亚以夺取俄国黑海海军基地塞瓦斯托波尔（Sevastopol）。

然而任务的艰巨性并没有得到合理的评估。联军缺少必要的人员。在包围塞瓦斯托波尔时，联军缺乏机动性，并且将自己暴露给了俄国的救援部队。俄国的救援目标放在联军运送补给时使用的港口，这引发了1854年的巴拉克拉瓦（Balaclava）战役[①]和英克曼（Inkerman）战役。

由于联军成功地进行了防御，俄国未能切断其补给线，而且俄国在塞瓦斯托波尔也吃了败仗。虽然得到了重炮支援，但英法联军对塞瓦斯托波尔海军基地发起地面进攻时最初还是失败了。而且，由于预判到即将有一场大战，联军不得不准备阵地战，这不同于先前的围攻。俄军在城镇外围修建了坚固的壕沟组成防御体系，并且能够有效利用地面工事，与此同时，俄军还有超过1000门大炮的支援，而联军在围攻期间发射了135万发炮弹。最后，法军成功突破防御阵地，塞瓦斯托波尔于1855年陷落。1856年签署的《巴黎协议》（Treaty of Paris）严格限制了俄国在黑海的军事活动。

克里米亚战争暴露了现代军事行动的短板。军队缺少必要的粮食、洁净的水、休整区、衣服和医疗救护，这极易导致军队因为疾病而严重减员。指挥官们，特别是英国的指挥官们缺乏专业技能，而且，由于计划不周全，战略几乎是在仓促的情况下制定和实施的。

然而，就像后来的第一次世界大战一样，军事指挥才能也一直受到批评，人们对军事部署、补给和大规模部队的指挥方面，以及每场战役中一方获胜的程度也可能评价过低。在克里米亚战争中，联军成功地派遣部队侵入俄国，并一直驻扎在那里，直至完成任务，这是拿破仑一世在1812年时未能实现的一个目标。虽然英法联军没有拿破仑指挥时的兵力，但联军拥有的新技术提高了军队调动的能力。这项新技术就是蒸汽船，它可以使联军获得补给。这些蒸汽船是俄方能够运送大批军队和充足补给的铁路所无法匹敌的。在岸上，联军通过攻占一个港口以保持他们的这个优势，这种侵入腹地的行动是1812年（或1941—1942年德国入侵苏联时）的任何

[①] 这是在克里米亚战争中，1854年俄国与英、法、奥斯曼帝国联军之间发生的一场战役，该战役未分胜负，但因为是诗人丁尼生《轻骑冲锋》一诗的现场而被载入史册。——译注

行动无法比拟的。

另一个相关的要点是在冲突期间英国在战争准备方面做出的改善。从最初的战役来判断结果常常是不准确的，克里米亚战争也不例外。良好的交通、医疗和补给条件可以改善军队人员的健康状况。而且，在克里米亚战争期间，新闻界对战争的报道方式也有重大改进：通过电报向国内发送消息，并且有战场照片。

意大利统一战争，1848—1860 年

部分意大利邦国的领导人在民族主义的驱使下寻求将奥地利赶出意大利并统一全国，这引发了 19 世纪初的冲突。1848—1849 年，奥地利击败了处在民族主义活动最前沿的意大利邦国皮埃蒙特-撒丁王国。

1859 年，战争再次爆发，因为拿破仑三世试图利用意大利作为契机解除标志着法国失败的 1815 年和平协定，并确立法国的优势。法国与奥地利围绕意大利展开的战争揭示了后来各大国之间冲突的众多特点。双方在军队动员和部署时都利用了铁路。在战争的初始阶段，法国通过铁路运送了 5 万人的部队至意大利，赢得了主动。而且，部署的总兵力规模庞大。在 6 月 24 日的索尔费里诺（Solferino）战役中，各方共有 16 万人，这也使得此战伤亡人数巨大——3.9 万人。

规模庞大的军队也导致在指挥和部署方面出现了严重问题。的确，双方高层指挥官在战役期间很大程度上都失去了控制能力。这不但没有成为拿破仑式围剿的典范，反而在性质上更具损耗性。而且，总体而言，筹划和指挥缺少一致性。这反映出在 19 世纪中叶普遍存在的一个问题，即指挥体系并没有发挥有效的等级制度的作用，在这个指挥体系内普遍存在个人对抗行为。因此，很难要求下级军官们执行上级的命令。1859 年，法国也因为拿破仑三世拙劣的军事指挥水平而遭受损失。无论是在作战方面还是在战术技巧方面，他都无法与拿破仑这个威名远播的名字相称。此外，在投送部队和向部队提供补给方面也存在问题。幸运的是，法军的战场决心最后使战争没有持续太久，这使他们能够克服这些不足产生的影响。在马真塔（Magenta）（6 月 4 日）和索尔费里诺，端着刺刀挺进的法国步兵成功地击败了奥地利步兵。军事素质差、指挥拙劣的奥地利军队未能从其技术先进的步枪中获得较多的益处。奥地利步兵缺少足够的测距和瞄准训练，因此，法军能够近距离地使用刺刀。运用类似于拿破仑时期的战术，例如，密集部署和纵队组合，法军也受益于其性能优越的火炮。法军新式的膛线炮比奥地利的无膛线炮更先进，能够通过精准的反炮兵射击摧毁敌军的大部分炮兵，之后再一举击溃步兵。

虽然赢得了战役，但是法国并没有像拿破仑一世 1796—1797 年在意大利所做的那样乘胜追击。因为在索尔费里诺战役中伤亡惨重，缺少物资储备，以及出于对普鲁士态度的顾虑，拿破仑三世并没有向奥地利在意大利其余地方的军队发起攻击，而是进行了和谈。最终其同盟撒丁

王国从奥地利手中获得了伦巴第和帕尔马，还将萨伏伊和尼斯割让给了法国。法国似乎成了欧洲的领导者，更难以置信的是，在 12 年后，德国军队会炮轰巴黎。

接下来研究德国统一战争是很容易的事。但这不仅会忽略意大利持续发生的冲突，而且会忽视 19 世纪欧洲战争类型的多样性，以及各类成功的军事组织。

意大利北部战争结束后，积极支持统一的朱塞佩·加里波第（Giuseppe Garibaldi）率领 1000 名身着红衫的志愿兵于 1860 年乘船前往西西里，帮助起义者反抗保守的拿破仑式波旁王朝——两西西里王朝。在进行了三天的巷战后，拿破仑三世的军队惨败，加里波第攻占西西里首都巴勒莫。他率部队继续前往意大利南部作战，之后将攻占的地区交给皮埃蒙特-撒丁王国，其统治者后来建立了意大利王国。

这是在 1816—1913 年间取得的最迅速、最彻底的胜利。这不是击败了对手的主力部队，就像法国在 1859 年或普鲁士在 1866 年所做的那样，这是对一个国家的征服。波旁王朝政权岌岌可危，特别是在西西里，大部分地区因为发生抢劫而近乎失控。从某种程度上说，波旁王朝政权被推翻是革命的结果，而不是征服的结果。

同样地，在西班牙内战，即卡洛斯战争（Carlist Wars，1833—1840 年及 1873—1876 年）期间，战事与暴动相互交织。就像其他内战一样，战略、作战行动、士气和军事指挥才能都与政治考虑相纠缠。

普鲁士和德国统一战争，1864—1871 年

德国统一战争——普鲁士对丹麦的战争（1864 年）、普鲁士对奥地利的战争（1866 年）和普鲁士对法国的战争（1870—1871 年）——并不是内战，这使得其作为军事成功的样板的作用不如后来所设想的那样大，比不上由普鲁士建立的德国以及更普遍情况下提供的样板。的确，德国统一战争的特点是其在战争中寻求军事解决方案，而不是将关注点放在更广泛的政治背景上。

普鲁士于 1864—1871 年间在战略层面上取得军事成功的关键是依次发动战争。普鲁士人分别与对手作战，避免两线作战。两线作战在 1914—1918 年和 1941—1945 年间令德国狼狈不堪。在战术层面，关键因素是普鲁士建立了一个总参谋部体制，这为迅速有效地进行决策奠定了基础，特别是在执行战略计划、及时进行作战部署、有效利用铁路网实现战略与部队机动以及相互关联的战术行动等方面。战争期间进行有效协调也是普鲁士体制的一个重要特点，这是其对手所不具备的。

而且普鲁士在军事和非军事上都积极利用了新技术。普鲁士总参谋长毛奇（Helmuth von Moltke）通过避免正面进攻来寻求应对带膛线的武器和冲突规模给防御带来的优势，而是寻机围堵敌军，迫使敌军为了重新获得机动而发起进攻。毛奇还将拿破仑持续进攻的理念做了相应改进，使之更适应工业时代的实际情况，包括利用铁路。通过在战役中取得决定性的胜利，摧毁敌军继续

进行有效抵抗的能力，从而迅速结束战争。例如，在1864年，人数占优势的丹麦军队因为普鲁士军队拥有更先进的步枪、大炮和训练有素而损失惨重，并且为换取和平而放弃了石勒苏益格-荷尔斯泰因。

普奥战争，1866年 两年后，在"七周战争"（Seven Weeks War）中，普鲁士人不仅迅速打败了奥地利人，而且还赢得了他们的德意志盟友，例如，汉诺威和黑塞-卡塞尔（Hesse-Cassel）。普鲁士人之所以能赢得主动，要部分归功于他们更加有效的机动和部署。7月3日，双方在萨多瓦（Sadowa）的决战中投入了25万兵力。防守的奥地利人拥有更为精良的大炮，并且可能会利用内线逐个击败单独的普鲁士部队，但是普鲁士人在机动方面胜过了奥地利人，他们采用了毛奇的外线作战策略。拿破仑一世曾在他的军队中使用单独作战军团（corps），而毛奇使用的是独立作战部队（armies）；拿破仑在开战前集中兵力，而毛奇在战斗过程中集中部队。普鲁士人迅速的作战行动使奥地利内线作战的策略优势全无。普鲁士人始终向奥地利的侧翼攻击，威胁奥地利部队之间的接合处。

普鲁士军队在战场上占据了上风。他们拥有对手缺少的灵活性和主动权，这使得奥地利的侧翼防线暴露出来，并在开战后受到攻击。奥地利发动的大规模进攻损失惨重。普鲁士将兵力集中于散兵线的战术和采取比纵队更松散的队形组合行之有效，因为这样不易遭到攻击。失败使奥地利军队军心涣散，士气低落，最终导致政府失去信心。奥地利人求和了，支付了赔款，并且正式承认普鲁士兼并他们在德国北部的盟友。德意志的双权体制自此不复存在。

普法战争，1870—1871年 由于在外交上被德国首相俾斯麦利用策略击败，拿破仑三世于1870年7月16日对德宣战，但既没有一个合理的作战计划，也没有一支做好充分准备的军队。相反，毛奇迅速部署了一支能够夺取主动权和主导对法战争的军队。铁路机动发挥了前所未有的重要作用，使普鲁士军队在人数上超过了法军。由于普鲁士人夺取了主动权，法国人失去了信心，指挥官们错失阻挡德军的机遇和机动力。普鲁士军队的后膛装填钢管大炮在战场上发挥了重要作用。当然，最关键的是使用的技术。不同于拿破仑采取摆开火炮阵列进行正面射击的传统方式，普鲁士人在军团层面组织炮火支援，并实施火炮集群发射。大胆的军官们组成机动阵形，在关键地点会合，交叉发射将敌人歼灭，然后继续进攻。

有效使用火炮是战术和作战行动的规划与实施的一个重要组成部分，它可以攻破法国步兵的防线。法国步兵防守主要靠的是后膛装填子弹的步枪，给普鲁士的进攻部队造成了巨大损失。这种步枪发射出的子弹会穿入身体、击碎骨头、撕裂组织，并且在穿出身体时留下的伤口是穿入身体时的四倍大，受伤的普鲁士士兵形容法军的子弹造成的创伤如"剃刀割肉般疼痛"。

由于普鲁士军队在马斯拉图尔（Mars-la-Tour）战役（8月16日）和格拉沃洛特（Gravelotte）战役（8月18日）对法军形成压倒性优势，阿希尔·巴赞（Achille Bazaine）率领的法军在撤退至梅斯（Metz）时被截住。在格拉沃洛特，进攻的普鲁士军队因为法军防守部队的顽强抵抗而损失惨重，但是巴赞未能采取进一步行动。这给了毛奇机会来用计击败法军的沙隆部队（Army of Chalons），并将其围困在色当。普鲁士军队将火炮部署在周边的山上，9月1日法军突围被击退。第二天，拿破仑三世率法军投降。9月4日，法兰西第三共和国成立，法兰西第二帝国灭亡。法兰西第三共和国决定继续作战，不割让任何领土以求得和平。这能唤起人们对共和一贯的热情，复兴18世纪90年代的革命战争思想。

于是，德国人继续挺进，包围并炮轰巴黎，击败了援救这座城市的部队。就像美国人在内战期间所做的那样，在这些援救行动中，法国人发现，迅速组建起来的部队存在补给、训练和指挥等方面的严重问题。仅仅靠数量是不行的。正如德国人所展示的那样，将士兵纳入现有军队组织结构的方式才是至关重要的。

新组建的法军也被击败了，而且法军溃兵或平民反击的骚扰战术也没有给普鲁士军队造成太大的麻烦。普鲁士军队严阵以待，将这些人视作罪犯而不是士兵，立即依法行刑，使敌方士气低落。这也是普鲁士军队野蛮行径的一部分，此外还包括绑架人质、拷打他们认为有嫌疑的人、对犯人严刑拷问，以及破坏村镇，例如，沙托丹（Chateaudun）。这部分地反映出，面对保护越来越长的补给线的艰巨任务、不穿军服的敌方民兵的袭扰以及民兵们一旦丢弃武器就无法辨认出来的问题，普鲁士军队感到很头疼。作为应对策略，普鲁士人采取社会分类法，将每个"身着蓝色工作服"的人视作潜在的游击队员。而蓝色工作服是法国工人的惯常着装。

事实上，游击战在这场战争中只发挥了很小的作用，只造成不到1000名普鲁士军人受伤。然而，这种暴力理念不仅引起了普鲁士人不希望产生的摩擦和不确定性，而且也制造了他们在心理上不愿意接受的混乱。正规军针对被怀疑是反抗的平民使用暴力以确保正规军垄断武力，这并不新鲜，但当普鲁士人视此为必要的手段并将此作为本能的反应时，一切便进入一个极端的恶性循环。

法国战败，于1871年1月28日签署停战协定，接受普鲁士的和平条款。但是，这些条款——包括割让阿尔萨斯和洛林的一部分，以及赔款——远比俾斯麦最初的战争目标牺牲更大。俾斯麦最初的战争目标是将余下的德意志南部独立的州并入普鲁士联邦。普法战争结束后成立了德意志帝国。德国，特别是俾斯麦对游击战和非正规战争做出的反应在战争结束之后比在战争期间产生了更大的影响，因为1871年的和平条款对1914年的战争条款产生了重要的影响（参见第26章）。

巴尔干冲突，1876—1878年

欧洲战争的多样性在普法战争之后的另一场重要冲突中得到了体现，即奥斯曼帝国、保加利亚、塞尔维亚和俄国之间在位于欧洲东部的巴尔干的冲突。有关暴行的报道在事件的发展中发挥了一定的作用，预示了巴尔干冲突的爆发。这些暴行并不新鲜，但是新闻界对奥斯曼帝国于1876年血腥镇压保加利亚人起义的关注是新奇的，并且损害了土耳其人在欧洲舆论中的声誉。保加利亚起义者屠杀众多穆斯林未受到关注，而被杀害的保加利亚人的数量被大幅夸大了。

当塞尔维亚人于 1876 年向奥斯曼帝国宣战时，俄国奉行泛斯拉夫主义，派出许多志愿者前往帮助塞尔维亚人，结果在阿莱克西纳茨（Aleksinac）被击败。1876 年，俄国正式参战，并且在战争中证明自己是一个强大的对手。然而，战争突显了正面进攻的战术问题，特别是在未能很好地协调的情况下。战争也表明，在任人唯亲的情况下任命的指挥官——在这场战役中，是俄国沙皇亚历山大二世的亲戚们——因为基本上缺乏必要的训练而在作战时处于劣势，这种任人唯亲、利益交换的体制削弱了其在军事改革方面的努力。

与此同时，攻击的潜力也得到了充分展示。俄国人于 1877 年越过多瑙河，炮击了位于尼科波利斯（Nicopolis）的兵营，在之后的一个月迫使其投降。虽然俄军付出了巨大代价，进攻经历了一次次失败，但最终位于普列文（Plevna）的军队因为缺乏粮草而于 1877 年 12 月投降。在接下来的一个月，俄军在希普卡（Shipka）山口包围了另一支奥斯曼帝国部队，之后又夺取了普罗夫迪夫（Plovdiv）和阿德里安堡（Adrianople），并威胁到君士坦丁堡。1878 年 2 月，在君士坦丁堡近郊的圣斯特凡诺（San Stefano）签署了和平协议，保加利亚成为一个独立国家，领土包括马其顿并延伸至爱琴海。

局部冲突与大国政治相互作用，这种相互作用导致第一次世界大战在 1914 年爆发（参见专题 C：巴尔干战争，1912—1913 年）。英国和奥地利介入，并威胁发动战争而成功地要求保加利亚接受更少的领土。相反地，1897 年，在很大程度上被忽略的希腊与奥斯曼帝国的战争中，俄国的介入使奥斯曼帝国军队未敢继续向雅典推进。

专题 C：巴尔干战争，1912—1913 年

巴尔干是 19 世纪 70 年代，20 世纪 10 年代、40 年代和 90 年代欧洲冲突的主要地区。因此，巴尔干见证了战争性质的变化以及民族仇恨持续的影响。对土地的控制的渴望是关键目标，被视为确保民族生存和成功的方式。

正如 20 世纪最后 10 年的那些冲突部分是南斯拉夫解体的原因，部分又是它的结果那样，1912—1913 年局势变化的关键在于奥斯曼帝国的欧洲领土被蚕食。第一次巴尔干战争（1912—1913 年）期间，奥斯曼帝国遭到其邻国保加利亚、希腊、蒙特内格罗和塞尔维亚的攻击。在战术、战略层面，这场战争表明了缺少大规模军队的危险。由于奥斯曼帝国要防止在面临多个方向的进攻时出现领土沦陷，因此军队部署很分散，这使得其对手能够在进攻的特定地区占据优势。这类似于 1939 年波兰及 1941 年南斯拉夫所面临的问题，这两国的军队分散部署以保护漫长的边境线，从而使德军及其盟友成功地实施了攻击。1912—1913 年，奥斯曼帝国浪费了其防守的战术优势，未能成功地围攻其对手。与同时期的德国和其他国家相比，奥斯曼帝国没有进行足够的军队机动演练，这极大地降低了奥斯曼帝国军队的作战效能。

> 在战术层面，虽然空中力量的使用规模不大，效果也不明显，但威力巨大的火炮发挥了重要作用。相反，由于没有火炮优势，1912 年 11 月保加利亚对卡塔尔卡（Catalca）防线的攻击没有成功，但保住了其夺取的奥斯曼帝国在欧洲靠近君士坦丁堡（伊斯坦布尔）附近余下的阵地，这里后来成了第一次世界大战的战略要地。这次战役中奥斯曼地国的火炮在数量上不及对方，但其集中指挥使用使其能够有效毁伤保加利亚的火炮，并且击退了保加利亚的进攻。保加利亚主要强调进攻的勇猛以及对刺刀的使用，这使他们损失惨重，伤亡 1.2 万人。
>
> 防御实力也在斯库塔里（Scutari）得到了验证，这是奥斯曼帝国的一个堡垒，于 1912—1913 年间遭到蒙特内格罗军队的围攻。蒙特内格罗军队发起了一系列猛烈的、代价惨重的进攻，伤亡近 1 万人，最终堡垒里的守军投降了。
>
> 充满变数的大国政治很快就导致获胜者解散。在第二次巴尔干战争中（1913 年），保加利亚未能打过其曾经的盟国以及罗马尼亚和奥斯曼帝国。保加利亚集中兵力在马其顿打得很好，这却给奥斯曼帝国机会重新夺回阿德里安堡，并使罗马尼亚军队能够继续向保加利亚首都索非亚挺进。最终保加利亚战败并割让了领土。一年之后，巴尔干地区再次爆发了冲突，也就是后来的第一次世界大战。

对德国的效仿

普鲁士人在德国统一战争中取得的成功促使其他国家将德国视作军事成功的典范。这些国家开展军备竞赛，积极准备应对未来的战争。在这种背景下，领土扩张的理由主要是民族主义和国家利益。战争筹划和准备是现代战争的关键。随着西方军队变得越来越制度化和专业化，战争筹划逐渐发挥越来越大的作用。军事教育受到重视，在新的参谋学院，克劳塞维茨的《战争论》（1832 年）声名远播，这也反映了德国在战争研究方面的声望。在战争筹划方面，重点强调进攻，这基于对德国统一战争的研究，并被视作确保成功的唯一方式。

更广泛的文化背景也影响了军事筹划和普通男性公民接受军费负担以及在欧洲大陆和平时期征兵的意愿。19 世纪末期社会达尔文主义的兴起催生了对极具侵略性的军事规划的兴趣，而社会达尔文主义的重点是人类生存所固有的竞争性。这个时期人口数量急剧增长，西方以及日本的工业能力得到了显著提升，无论是在资源上还是心理上都为这种观点提供了重要的支撑。学者、科学家、艺术家、牧师等也在阐述扩张和冲突的理由和目标时发挥了重要作用。战争被视为使人民重新充满活力、避免文化和精神衰落的一种光荣的方式。许多学者都是热情高涨的民族主义者，国家主义只有有限的号召力。成功的意愿、千年的神学和天命论也推波助澜地为冲突的正当性辩护。受过教育的精英们信奉战争的道义价值观，其"合理性"聚焦于牺牲主题和活力理念。同样地，工业家们推动了武器的经济和社会效用。

这些思想比那些试图颁布公认的战争原则的想法更具影响力，尽管后者推动成立了一系列的国际机构，这些国际机构的决定影响着1945年以后制定国际行为准则的举措。19世纪最后30年里没有大规模战争，这促使战争理念受到推崇以及兵役被普遍接受：这是一个没有危险的成年仪式，在这个时期男性的其他成年仪式都遭到诟病。阅兵、军旗、制服和勋章都象征着到军队服役的吸引力。

由于进攻成为当时流行的主题，克劳塞维茨有关防御战的章节（《战争论》中最长的篇幅）在很大程度上被忽略了，一些译本也将其省略了。面对战场上更具致命性的军事技术，为了维持进攻和取得胜利，战略家和战术家们都推崇更庞大的军队。结果，战略家和评论家们都强调征兵和维持大量后备军的重要性。人们在军队服役到一定年限之后，被转为预备役，其军事素养通过每年的演习得以维持。征兵的结果就是能够有数百万受过训练的人作战。

工业能力也极大地增强了军事实力。由于工业文化的性质，以及具备组织专业技术、投资资本、经过训练的劳动力，新的概念可以很快地转化为新的或改良的武器，并进行大批量生产，这样，这些武器就可以迅速地大批量投入使用。火炮的改进具有特别的意义，因为它成为20世纪上半叶战场上最具杀伤力的武器。更笼统地讲，新机遇源于技术上的先进。1909年，英国驻柏林武官弗雷德里克上校报告称，德国人正研制"适合军队使用"的一种动力牵引车。

这些发展也影响了那些由于政治和文化原因而没有在和平时期征兵的国家，其中最明显的是英国和美国。的确，这些发展加剧了对它们军事安排有效性的焦虑。由于对声名远播的德国体制的关注，1904年伊舍委员会（Esher Committee）建议设立英国总参谋部，其可以加强指挥和参谋体系。总参谋部的职责是确保军队拥有一批训练有素的高级军官。将英国在南非的第二次布尔战争（Boer War）期间的军事活动与英国远征军1914年在比利时和法国的部署和作战进行对比，可以看出英国军事能力得到了明显的提升。

结 论

这一时期，评论家们对发生的一系列战争进行研究以探讨欧洲未来战争可能的性质。例如，1904—1905年的日俄战争（参见第24章）就被视作进攻方获胜的证明，而且证明即使是面对防御火力的情况下，成功且相对迅速地发动现代战争也是可能的。显然，前面提到的文化背景也渲染了这种观点。

在民族主义竞争背景下的工业化，以及欧洲在19世纪最后25年里在全球占据主导地位，都对欧洲军事大国的文化产生了影响。信奉"进步"的乐观信念——不只是物质上的定义，而且是人文上的定义——主导着欧洲政治高层的文化。通向1914年的道路充满了自信，然而，当道路延伸到第一次世界大战的堑壕时，终点令人震惊（参见第26章）。

■ 推荐阅读

Black, Jeremy. *Western Warfare, 1775-1882*. Bloomington: University of Indiana Press, 2001。本书的分析避免了对变化的简单叙述。

Boemke, Manfred, Roger Chickering, et al., eds. *Anticipating Total War: The German and American Experiences, 1871-1914*. Cambridge: Cambridge University Press, 2004。本书是从历史学角度研究全面战争的概念，以及全面战争理念的发展和影响的文化历史论文集。

Craig, Gordon. *The Politics of the Prussian Army, 1640-1945*. New York: Oxford University Press, 1964。本书对普鲁士军队领导层的发展及其在政治中的作用做了全面评述。

Foote, Shelby. *The Civil War: A Narrative*. 3 Vols. New York: Vintage Books, 1986。本书是对战争的全面叙述，书中配有大量插图。

Howard, Michael. *Franco-Prussian War: The German Invasion of France, 1870-1871*. London: Routledge, 1985。本书仍然有参考价值，参见 Wawro。

McPherson, James. *Battle Cry of Freedom: The Civil War Era*. New York: Ballantine Books, 1988。本书是专研美国内战的历史学家对美国内战的权威概述，将军事行动置于政治、社会和经济背景下进行研究。

Palmer, Michael A. *Lee Moves North: Robert E. Lee on the Offensive*. New York: Wiley, 1999。本书批判性地重新审视了罗伯特·李在北方展开的一系列军事行动，重点放在战略构想、规划和后勤方面的弱点上，这些方面是南方军事将领共有的特征。

Showalter, Dennis. *The Wars of German Unification*. New York: Oxford University Press, 2004。本书是对德国 19 世纪中期战争的评述。还可以参阅他的著作 *Railroads and Rifles: Soldiers, Technology and the Unification of Germany*（New York: Oxford University Press, 1976），这是有关该主题的具有重大影响的著作。

Smallman-Raynor, M. R, and A. D. Cliff. *War Epidemics: An Historical Geography of Infections Diseases in Military Conflict and Civil Strife, 1850-2000*. Oxford: Oxford University Press, 2004。本书对战争与流行性疾病之间的关系进行了卓越的分析，包括疾病对军队的影响，以及军队作为疾病传播的载体。

Wawro, Geoffrey. *The Franco-Prussian War: The German Conquest of France in 1870-1871*. Cambridge: Cambridge University Press, 2003。本书是分析这场战争的一部优秀著作，均衡地评估了双方的强项与弱点，并对俾斯麦的和平条款提出了尖锐的批评。还可以参见该作者的著作 *The Austro-Prussian War: Austria's War with Prussia and Italy in 1866*（Cambridge: Cambridge University Press, 1997），这本书聚焦于分析奥地利人。他撰写的 *Warfare and Society in Europe, 1792-1914*（London: Rout-ledge, 2000）分析了整个这一时期的战争和社会状况，有兴趣的读者可以阅读此书，该书

重点对 1848—1914 年这段时间进行论述。

Weigley, Russell. *A Great Civil War: A Military and Political History, 1861-1865*. Bloomington: Indiana University Press, 2001。这是关于美国内战的另一本权威著作，它将军事行动放到当时的政治、社会和经济背景下来考察。

# 第 24 章

枪炮与政府

欧洲在全球的主导地位，1800—1914 年职业化的国家军队，由工业资本提供装备，并且在民族主义的推动下，代表着西方人（特别是欧洲人和美国人）投送军事力量的能力迈出了一大步，其野心也随之不断膨胀。尽管事实上这种军事力量大部分仍部署在欧洲，但19世纪被派驻海外的部队向非西方人提出了严峻挑战。他们本国的军事组织模式突然变得毫无竞争力，因此，他们的政治独立也常常受到威胁。那么，会有什么样的反应呢？

在檀香山的国王大街上矗立着一座卡美哈梅哈一世（Kamehameha I）的雕像。卡美哈梅哈在18世纪末通过使用欧洲的舰艇和大炮打赢了一场决定性的战役，从而将夏威夷岛团结成一个王国。这尊雕像由国王大卫·卡拉卡乌阿（David Kalakaua）于1878年竖立。卡拉卡乌阿的图书馆内还有普鲁士和法国有关军事组织的书籍。他努力维持岛国的独立，避免遭受来自西方国家不断施加的经济（和潜在的军事）压力。虽然卡美哈梅哈的雕像身着传统的夏威夷服饰，但是其姿势立即就被西方外交家们一眼看穿了：这个雕像是模仿的奥古斯都像。它寓意着卡美哈梅哈为使他的王国面对那些虎视眈眈的国家而获得合法地位的努力。但是，卡美哈梅哈作为奥古斯都也象征着在这一时期非西方人所面临的主要问题：他们不得不在多大程度上变得西方化以保护自己？保护他们的文化传统必须放弃那些核心传统吗？或者有没有办法不用西方化就可以实现现代化，有没有办法为皇帝穿上夏威夷服饰？

这是一个难题，因为18世纪的西方军队组织已经与不同于传统世界的社会、经济和政治组织模式紧密相连。工业经济学和民族主义意识形态的加入只会使引入欧洲式的军队和向现代主义飞跃更加困难。许多地方不能应对这些挑战而沦为西方帝国的殖民地。彼得大帝领导的俄国为引入现代军事组织所做的尝试，以及奥斯曼帝国和中国清政府所做的尝试都突出强调了这些挑战对大国而言存在的困难。只有日本成功地以自己的方式迎接西方的挑战，并通过这种做法成为帝国主义列强之一。本章主要研究和分析对西方国家做出的不同反应，以及这对世界各国人民的文化认同构成的挑战。

拉丁美洲的战争

拉丁美洲的独立战争源于拿破仑在1808年征战西班牙所造成的破坏以及后来在1808—1813年发生的半岛战争，这在西班牙的拉丁美洲殖民地引起了极大的混乱。拿破仑被打败后，西班牙的美洲殖民地就试图恢复皇权，但是这种努力因为西班牙财政和经济衰落而受阻。阿根廷于 1816 年独立之后，何塞·德·圣马丁（José de San Martin）率军越过安第斯山脉，于 1817—1818 年在智利打败了保皇派（亲西班牙派）。西蒙·玻利瓦尔经过多次失败之后，最终解放了哥伦比亚（1819 年）、委内瑞拉（1821 年）、厄瓜多尔（1822 年）和秘鲁（1823—1824 年）。墨西哥于 1821 年宣布独立，1822—1823 年爆发的一场成功的起义结束了葡萄牙对巴西的统治。

这些战争表明了维持革命斗争和成功发动起义的困难。拉丁美洲冲突的力量对比不同于中欧和西欧，政治控制的问题更大些。革命者和保皇派对创建新型军队的需求使得有必要高度重视克服在征兵方面所面临的问题，以及应对逃兵问题。政府结构的创建与合法化对于提供利用人力资源的条件至关重要。补救措施常常也是非常残酷的。征兵常常采取暴力方式和威胁手段来进行，当逃兵会遭到严厉的惩罚，常常会被处死；此外还面临着重要的后勤问题，军队常常强行征集补给物资。在 20 世纪末，这些现象在全球的独立斗争中十分普遍，例如，在撒哈拉以南的非洲。在这些例子中，大量农作物、庄园住宅和镇子被烧毁和破坏，这样做的目的既是不给敌人留下任何资源，也是为了惩罚背叛者。正如在 20 世纪后期，武器装备的匮乏突显了外国援助的重要性，同时也使用枪支以外的武器。属于内部冲突的战争，重点是战略中的政治因素，这些政治因素不同于在欧洲拿破仑战争中国家与国家冲突中看到的政治因素。此外还存在对社会秩序的担忧，以及对战后秩序的担忧。这导致南美的起义者对效忠者采取温和的政策。

为数不多的国际战争在拉丁美洲的军事历史上占据了主导地位，这些战争主要包括 1864—1870 年的巴拉圭战争和 1879—1883 年的太平洋战争，而且通过一个更广泛的、连续的进程，新独立国家的军队在争夺权力和巩固政权方面发挥了关键作用。军队是获得政权的关键力量。军事政变十分普遍，而且竞选会导致发生叛乱，就像 1874 年的阿根廷一样。此外，由于某些地区的叛乱，比如，1870 年的阿根廷，结果出现了严重的问题。军事影响力是拉丁美洲政治的一个主要方面。

帝国主义：强制实施欧洲统治

19 世纪，欧洲进行帝国主义扩张的能力稳步增强。这部分源于经济资源不断增多，以及在新兴工业经济的推动下，欧洲国家的组织体系不断增强。汽船、铁路和电话提供了必要的通信和交通基础设施，从而能够连接和控制比以前更广大和分布更为广泛的领地。武器，例如，机关枪，开始使欧洲的陆军和海军在战争中占据优势，汽船和装备了膛线炮的炮舰能够控制先前难以到达的河流。医疗的发展，特别是使用奎宁治疗热带地区的疟疾，开辟了欧洲永久性地占领的新疆域。

然而，能力和动机是两个截然不同的事物。在 19 世纪的大部分时间，欧洲各国的重点仍然放在彼此之间的冲突上，它们的海外资产，特别是在拉丁美洲的海外资产实际上并没有受到欧洲的政治控制。在 1870 年之前，只有印度受到欧洲（英国）的统治，这代表着 18 世纪殖民主义的延续和巩固，而且在 1857 年之前，殖民主义在很大程度上都受到私人利益的推动。然而，欧洲军事大国的威胁逐渐在全球显现。

从 1870 年起，欧洲大国（和一些小国）开始在非洲和亚洲争夺殖民地，数十年后，美国和日本也加入了争夺的行列。是什么促使这种帝国主义野心迅速膨胀？其答案包括很多复杂的因素，这些因素有时以无法预知的方式相互交织，发生作用。不断加剧的经济竞争发挥了一定的作用：在 1870 年之前，只有英国是一个较大的工业国家；到了 1870 年，其他国家也纷纷进入工业时代，确保获得世界其他地方的原材料在一定程度上推动了国家间的竞争。（并不是所有的殖民地都被证明是有利可图的，但是巨大的资源都以低于市场价的价格流向了欧洲，而这都归功于政治控制。）民族主义引发了对土地的争夺，这仅仅是因为拥有一个庞大的帝国变成了一种民族自豪感。复兴的基督教传教活动也推波助澜，使欧洲统治合理化，即"使野蛮人开化"和有"科学"依据的种族主义。不同动机的结合使全世界人民应对欧洲侵略的任务变得极其复杂和艰巨。

印　度

英国成为南亚的一个重要力量，并且在这个过程中形成了一种混合的军事力量形式。1799—1818 年的胜利至关重要。迈索尔的提普苏丹是印度南部的一位重要统治者，他在 1799 年战败被杀，之后是马拉塔联盟（Maratha Confederation）在 1803—1806 年和 1817—1818 年臣服，1815 年斯里兰卡康提（Kandy）王朝臣服，1815—1816 年尼泊尔廓尔喀人臣服。在这一系列战争中，重要的战役有 1799 年突袭迈索尔首府塞林伽巴丹，惠灵顿公爵 1803 年在阿萨耶（Assaye）和阿加乌姆（Argaum）取得的胜利，其间，英国的刺刀攻击发挥了决定性的作用，而英国军队在阿萨耶伤亡也达到 25%。

除了英国军队，英国还借助印度的人力。东印度公司组建的第一支印度部队是 1684 年在孟买的两个拉贾普特（Rajput）连队。英国东印度公司组建的部队主要由当地人组成，人数从 1763 年的 1.82 万人增加到 1805 年的 15.4 万人。英国逐渐控制了印度部队的兵源，但这是一种积极的关系，英国塑造了这种局面。例如，在 19 世纪初的孟加拉，英国组建了一支配备了轻型火炮的骑兵部队，这极大地增强了军队的机动性，同时还给本土步兵的每个团增加了一个连的散兵。这既反映出了对欧洲发展的回应，也反映出了英国和印度军事实践相结合的程度（参见专题 C：印度兵变）。

井然有序的、相对规范的军事和行政结构是英国取得成功的关键，征兵的能力也同样至关重要。系统性地运用权力确保了在印度的英国军队并不像当时的大多数军队那样四处劫掠，也不像那些打仗就为了哄抢战利品的军队。英国还成功地将火力与合理的机动性结合在一起。此外，英国还受益于潜在的对手没有良好的协作。马拉塔人非常不团结，在1815—1816年，马拉塔人和锡克人都未能支援廓尔喀人。

专题C：印度兵变

诸多因素导致印度军队内部产生不满，进而导致1857—1859年间发生了反对英国统治的起义。许多士兵由于种族原因不愿在外国服役，这与当局的决定背道而驰。引发起义的诱因是英国要求印度士兵在他们新的李-恩菲尔德步枪上使用新的弹夹，据称其被涂抹了动物油以保持弹药干燥，而这是不能被穆斯林和印度教教徒接受的。但是，早在弹药事件出现之前就有兵变的计划，策划者之间为此进行了秘密沟通。

军队最大的一个分支，即孟加拉军队中的绝大多数印度士兵在1857年5月发动兵变，同时，在印度中北部发生了大规模平民起义。对英国人而言，幸运的是，大部分印度军队仍然表示效忠，也没有任何君主参与起义。海得拉巴（Hyderabad）、克什米尔和尼泊尔的统治者们向英国人提供了援助，起义者则没有得到任何外国援助。而且，由于英国部队调入该地区，以及领导拙劣的起义者未能推动起义成为星火燎原之势，因此英国人能够重新掌握主动，突袭德里，并在1857年9月经过激烈的巷战消灭了这座城市的起义者。

印度兵变期间在坎普尔被俘的英国妇女和儿童遭到了残酷的对待，这被英国人拿来证明他们声称自己道德高尚和建立了合法的帝国是正确的。在坎普尔还建立了纪念教堂，用来纪念起义者在那里杀死的英国人。对1857年发生的这个事件的历史研究和公开的历史回忆都是从英国角度阐述和分析的，并且持续了一个世纪。

印度1947年独立之后，重点转向展现英国的暴行，特别是被俘印度士兵遭受的虐待，尽管实际上在这段时期对发动兵变者行刑在全球都是十分普遍的做法。兵变本身被重新解释和命名为起义，而这旨在开启一场独立战争，即第一次独立战争。2007年，印度政府借起义150周年之际来应对暗流汹涌的宗教和种族分歧，特别是印度教教派主义。总理辛格宣称：自由斗争团结了来自不同宗教、讲不同语言的人们。印度教教徒和穆斯林肩并肩地团结在一起。我们不能忘记1857年事件所代表的印度教教徒与穆斯林之间的团结，应当将此作为后代的榜样。

这种新的民族主义阐释旨在忽略印度人在这场权力危机中支持英国方面所起到的作用，尽管对起义的镇压也依赖于这种支持。近代西方历史学家们对起义的阐释趋于从文化的角度阐释各参与方的动机和行动，并且尽可能地从他们各自所处的时代背景来理解。

19 世纪 20 年代中期，英国打败了缅甸（1824—1826 年），在 30 年代，他们巩固了在印度的地位。但是在 40 年代，英国未能成功地入侵阿富汗，1842 年 1 月，英军从喀布尔撤退时在山口处被击溃。但是，英国于 1843 年打败了俾路支人，1845—1846 年和 1848—1849 年打败了锡克人，这使得英国在印度和巴基斯坦仍占据统治地位。在 1852—1853 年和 1885—1886 年的战争之后，缅甸落入英国之手，但是 1878—1880 年对阿富汗的入侵再次证明是存在问题的。英国能够推进和占领阵地，但是他们难以结束战争，更不用说稳定局势了。

对非洲的掠夺

1830—1910 年间，特别是从 1885 年开始，非洲的绝大部分地区被欧洲各国瓜分。这反映出了西方军事帝国主义的适应性。除了通过使用现代装备和通信技术获得的优势，能够适应不同的自然和政治环境对帝国主义者而言也十分重要。态度很关键。在融合了妄自尊大、种族主义和文化傲慢的思想的驱使下，扩张变成了一种标准。神圣的目的、自然权利、地理命定论、合理使用资源、自由和文化领域的扩张等，这一切都结合在一起用来支持侵占领土。

侵占领土构成 19 世纪末期西方帝国主义的基础，促使他们决心即使受到挫折也要坚持，1879 年英国在南非与祖鲁人的战争就是一个很好的例证。

西方的扩张在很大程度上也有赖于其能够利用当地人之间的矛盾，以及获得当地人的支持。例如，法国利用在塞内加尔招募的士兵征服了后来成为法属西非的国家，也就是现在的尼日尔、马里、布基纳法索和乍得。因此，通过扩张获得的利益相应地又为新的征服奠定了基础。

应对反抗时，当地人的支持也很重要。1830 年法国强占阿尔及尔市，虽然遇到激烈的反抗，但法国仍强占了今天的阿尔及利亚。19 世纪 40 年代，当地人寻求建立一个强大的部落联合，在 1871 年 3 月爆发大规模起义时，大多数人并没有参加。因此，起义在 1872 年 1 月被镇压。

除了先进的武器装备，其他方面的西方技术对支持和推动帝国扩张也发挥了重要作用。汽船、铁路和电报极大地推动了通信的发展。铁路建设为英国从 1895 年至 1899 年在苏丹的行动取得成功提供了后勤保障，发挥了至关重要的作用（参见专题 B：乌姆杜尔曼，1898 年）。在了解和应对热带疾病方面取得的医学进步同样至关重要。

同时帝国扩张也充满了血腥，特别是德国镇压纳马人（Nama）和纳米比亚的赫雷罗人（Herero）起义（1904—1907 年）以及坦桑尼亚的马吉-马吉人（Maji-Maji）起义。在纳米比亚，他们针对游击队的抵抗采取焦土政策（军队撤退时毁掉一切敌军可用之物），导致数以万计的人死亡，其中绝大多数平民因为缺水而死。

这个时期，非洲的大部分地区已经被瓜分。尼日利亚北部对英国的抵抗于 1903 年结束，撒哈拉地区对法国的抵抗于 1905 年结束。意大利人于 1911 年入侵利比亚时，却未能成功地镇压塞努西（Senussi）部落的抵抗。这也是首次动用了装甲车和飞机的战争。

东南亚

东南亚各国努力应对西方武器和现代化的挑战，并且取得了不同程度的成功。如同在其他领域一样，西方在战场技术上的优势并不总是他们的主要优势，的确，有时甚至毫无优势可言。相反，他们的社会和政治组织，以及在军队组织、纪律、军官培训等方面产生的效应常常发挥着作用。西方的主要技术优势是汽船，还有他们对海洋和河流的控制以及由此获得的机动能力。

缅甸 在 18 世纪和 19 世纪初，英属印度和缅甸贡榜（Konbaung）王朝都是扩张主义帝国，似乎注定会发生冲突。缅甸先后 3 次与英军爆发冲突，分别在 19 世纪 20 年代、50 年代和 80 年代，结果是缅甸逐渐失去了主权独立。

专题 B：乌姆杜尔曼，1898 年

英国于 1882 年征服埃及，但栋古拉（Dongola）的穆斯林圣穆罕默德·艾哈迈德（Mohammed Ahmed）自称"马赫迪"，他领导的宗教起义使苏丹摆脱了埃及的统治。在这个过程中，起义军消灭了一支英埃联军，在喀土穆围城战中又消灭了由查尔斯·戈登（Charles Gordon）率领的部队。这促使英国开始重新征讨苏丹。英国远征军司令基奇纳（Horatio Kitchener）率领一支由大约 8000 名英国士兵和 1.7 万名埃及士兵组成的英埃联军沿尼罗河南部与马赫迪的继任者哈里发阿卜杜拉希统领的 5 万人的军队对阵。

基奇纳在距离乌姆杜尔曼（Omdurman）以北大约 6 英里（近 10 千米）的科莱里（Kerreri）安营扎寨。他的部队围绕村庄形成一个弧形，骑兵守在尼罗河的两端，炮舰则为军队提供炮火支援。9 月 2 日 6 时左右，马赫迪的主力部队大约 1.6 万枪兵和火枪兵发起进攻，冲向榴弹炮和机关枪的密集火力网中，他们甚至都未攻到英埃联军训练有素的步兵射程内。结果他们在战场上伤亡 4000 人，仓皇撤退。

基奇纳认为战斗已经胜利，于是命令部队向南挺进，在起义军卷土重来之前占领乌姆杜尔曼。在挺进过程中，轻骑兵作为先锋开路，却在西南方向的山前遭到突如其来的抵抗，损失了大约 1/4 的兵力才将防守的敌军击退。挺进部队的后方由大约 3000 名苏丹士兵组成一个旅守卫，由苏格曼·海克特·麦克唐纳（Scotsman Hector MacDonald）指挥。哈里发迅速集结余下的兵力，命令预备队从西面进攻，同时，埋伏在科莱里山后的几支部队分别从北面和西面攻击麦克唐纳的部队。麦克唐纳虽然以寡敌众，但仍坚守不退，持续开火抵御进攻。基奇纳很晚才得知他的后方部队身陷困境，随即命令部队前往北面增援，同时击退他的主阵地受到的新一轮攻击。最后，在大约 11 时发起的最后一轮攻击被击退，残余的马赫迪军队四散而逃，英军得以继续向乌姆杜尔曼挺进。

这场战役显示了英国的火炮和机关枪能够有效地应对大规模步兵的进攻。哈里发的军队战死了 1 万人，另有 5000 人被英埃联军俘虏，并且有大量人员受伤，但具体数字不详。

> 根据英国人的记载,受伤的敌军都会死亡,因为甚至那些丧失战斗能力的人也会在英军经过时跳起来开枪或者投掷长矛,所以这些人必须被击毙。基奇纳的部队只有 48 人阵亡,382 人受伤,而且多数是麦克唐纳的轻骑兵。基奇纳成为国家英雄。但是马赫迪的军队的勇敢以及对马赫迪的事业的奉献精神也有目共睹,正如麦克唐纳的苏丹黑人部队在英军取得胜利中发挥了关键作用一样。纪律严明和训练有素,再加上先进的军事技术就能产生增强的效益。面对一个将步枪火力和有效利用地形相结合的敌人,就像在 1899—1902 年的布尔战争一样,英国人发现他们的技术优势并未起到决定性作用。

贡榜王朝采取的是一种稳定的军事编制,由训练有素的世袭的战士组成的精英部队领导着大批被招募参加某一具体战役的士兵。由于太过自负,缅甸认识到英国的军事优势时为时已晚。英国性能优越的武器为其在战争初期赢得了胜利,并且获得了缅甸宿敌的支持。蒸汽战舰控制了港口和河流,英军占领了贡榜最富饶的地区。缅甸后来向法国求援,这促使英国进一步加快完成对缅甸的征服。恶劣的天气和疾病是缅甸拥有的唯一有利条件,1824 年占领仰光的英军 1.1 万人中有近一半的人死亡。缅甸的传统军事结构最终导致失败,缅甸沦为西方的殖民地。

越南 越南阮朝(Nguyen dynasty)的建立者嘉隆王(Gia-long)在法国天主教传教士和军人的支持下于 1802 年登基。法国向他出售武器,并为他的军队提供顾问。除了指导越南士兵使用最先进的欧洲大炮与手枪外,这些顾问还按照欧洲的训练和编队方式组建了几支分队,教授他们如何使用西方武器。法国的军事工程师们还在新首都顺化修建了一个欧洲样式的堡垒(还包括中国的砌墙技术)。嘉隆和他的两位继任者为了向法国给予援助表示感谢,允许法国天主教传教士几乎可以不受限制地进入越南。

这个做法引发了受儒家影响的人士的反西方行为,表现为越来越多地杀害越南基督教徒和西方传教士。不幸的是,这种反西方的行为与法国民族主义的崛起以及法国与其他欧洲国家争夺势力范围几乎是同时发生的,法国军队开始入侵越南。法国发挥其海军的优势,消灭了越南海军,为法国地面部队提供机动,并且切断了向越南中部和北部运送稻米的海上路线——英国在中国发动鸦片战争期间也采用了这种策略。越南在军队现代化方面没有形成统一的政策。领土的沦陷削弱了阮朝统治的合法性,严重的经济问题导致骚乱和起义不断,这消耗了政府的大量精力。官员们抨击越南的天主教徒,他们转而向法国寻求保护,这导致法国要求获得更多的领土以及要求越南做出更大的让步。

1884—1885 年对越南其他地方的最后征服对法国而言变成了一场轻而易举的胜利。越南转向中国求援,越南军队与中国军队联合起来,在人数上超过了法军,并且还配备了性能优良的武器,如温切斯特连发枪。在经过一系列的失败和代价巨大的胜利之后,法国利用西方战术、组织和海军机动性而不是技术最终获胜。再一次地，法军指挥官们运用纪律严明的侧翼机动战术迫使中国军队撤退。一支法国舰队驶向中国的港口城市福州（那里停靠着大部分的中国南方舰队）时，中国最终退出了战争。在几个小时的时间里，中国战船或者被摧毁，或者着火，至少有 2000 名中国人丧生，而法军只有 10 人阵亡、48 人受伤。根据最后签署的条约，中国接受法国控制越南。这样，在越南，反西方行为破坏了越南初期为实现军队现代化而做的努力，越南与柬埔寨、老挝一样，成为法属印度支那。

泰国 地缘政治和巧妙的外交帮助了泰国。1851—1910 年，在马古（Mongkut）大帝和朱拉隆功（Chulalongkorn）国王统治时期，泰国开始雄心勃勃地推行现代化政策。国王推动建设铁路和电报系统，开通贸易路线，废除奴隶制度，在保护泰国文字和文化的同时引入西方教育。泰国还按照欧洲的方式改革军队，但强调的是军队作为对内治安力量的作用，积极扭转了泰国扩张主义的传统，以避免与欧洲大国发生冲突。通过推进现代化，泰国塑造了一个和平、稳定的形象，在欧洲大国之间维持平衡——英国和法国都认为一个独立的泰国是英属缅甸和法属印度支那之间有益的缓冲——由此，泰国保持了独立。泰国取得的这一成就可以与日本的现代化相比拟，尽管二者在特点上是不同的。

菲律宾 西班牙长达数个世纪的统治使菲律宾在某种程度上被"欧洲化"了。然而，当美国人以新的殖民者身份干预菲律宾事务时，菲律宾人借助美国人的干预几乎成功地将西班牙人赶了出去。随着美国西部边疆的稳定，美国开始向海外推行帝国主义，这并非巧合。在美国西部边疆，长达一个世纪的小规模冲突是西方强国对北美土著作战，北美土著常常夺得现代化的武器，但是在人口规模、传染病防治以及组织等方面处于严重的劣势。美国在菲律宾的战争延续了这种内部帝国主义，一支部分现代化的菲律宾军队在从 1899 年至 1902 年的血腥战争中抵抗美国。

表面上看，双方似乎并不势均力敌，菲律宾占有优势。菲律宾组建了一支 12 万人的军队，包括曾在西班牙治安部队服役过的几个军团。绝大多数都只是接受了部分训练，但他们拥有充足的德国步枪，此外，还有从美国人那里获得的武器或者从占领的西班牙兵营里缴获的武器。他们还配备了几门大炮。菲律宾人缺少的是充足的训练有素的、经验丰富的军官。美国在战争开始时只有 2.4 万名士兵以及无法与菲律宾的精良武器相比的装备。然而，最终美军有超过 7.5 万人（美国军队的 2/3）参战，且配备了更好的武器。

菲律宾起初采取的是大规模交战策略，结果损失惨重：反应迟钝的菲律宾军队和据点都输给了卓越的美国海军。美国海军能够迅速地将部队从一个地区投送到另一个地区，并利用舰船火炮支援地面部队。菲律宾后来转为采用游击战，拖住了美军，并给美军造成足够大的损失，这导致美国民众在 1900 年选举出一个更温和的政府。菲律宾和美国的暴行的确影响到了美国的民意，导致举行了国会听证会，改革美国军队的组织结构，但这种战术在军事上是不成功的。美军指挥官们常常运用在国内与美国土著作战时学来的战术，孤立和消灭菲律宾的游击队，同时成功地发动心理战以赢得菲律宾民众的支持。但是对菲律宾的征服仍付出了巨大代价。在战争中死亡的美军超过 4000 人,以及数百名菲律宾士兵。菲律宾至少损失了 2 万名游击队员和超过 20 万平民,其中多数死于疾病。迎战一支至少部分现代化的军队,美国之所以能取得胜利,主要是由于拥有优秀的组织、后勤和海军。

遇见欧洲:对改革的尝试

奥斯曼帝国

直到 18 世纪初,奥斯曼帝国的衰落一直都不明显,其间,奥斯曼帝国逐步从其欧洲部分的领土收缩后撤。这种收缩后撤在很大程度上是由一个新的对手——俄国引起的,但是传统的敌人,如奥地利,也不断入侵。17 世纪,甚至是 18 世纪,奥斯曼帝国的军队取得了令人瞩目的成功,但是这些都掩盖了一个事实,即奥斯曼帝国的军队依赖的是数量而不是战术和技术。正如我们在第 17 章看到的,奥斯曼帝国 1689 年在维也纳的失败部分原因是欧洲使用了先进的武器,部分原因是奥斯曼帝国的衰落。此外,欧洲直接介入远东地区和欧洲通货膨胀(参见第 17 章)造成奥斯曼帝国经济困难,也削弱了其支付军费的能力。而且,奥斯曼帝国的近卫军曾经是其支柱,但在 1800 年变成了一个腐败的政治干预者,甚至当他们被说服进行作战时都已无力发挥作用。而且软弱的苏丹令一切变得更糟:软弱的中央政府使得内部发生分裂,奥斯曼帝国的领土被蚕食。奥斯曼帝国后来才意识到必须改革军队。

早期的改革者认为,振兴近卫军,特别是按照欧洲的方式,是解决问题的方法。但是,在所有的情况中,这些改革都遭到近卫军的抵制,有时甚至是以暴力的方式抵制,这既是由于传统主义,也是由于畏惧。新的欧洲方式的战争被认为是对近卫军传统的威胁,威胁到他们对自己的认知以及他们的社会地位;而且,如果他们同意以这种新的方式作战,他们就要真正地作战而不是在首都收受贿赂。

严肃的改革:近卫军的破坏 在 18 世纪 90 年代,苏丹塞利姆三世(Selim Ⅲ)决定建立一支新军,名为新秩序(Nizam i-Cedid)。新军从战俘、俄国和德国的逃兵、土耳其街头帮派和首都无家可归的人中招募,在远离首都的地方秘密接受训练。最初的结果令人振奋。但是,近卫军和他们的同盟再一次迫使塞利姆放弃了这种努力。苏丹尝试着以和平的方式平息叛乱,命令新秩序士兵留在兵营里。但这并不足以平息叛乱,新秩序部队被撤销,塞利姆也被迫退位。新军的大部分人员遭到屠杀,但是一些事先被部署在帝国北部地区的部队得以保留,成为后来塞利姆之子马哈穆德二世(Mahmud Ⅱ)领导的更为成功的经过改革的军队核心。1823 年,希腊爆发起义,埃及统治者穆罕默德·阿里用一支欧洲风格的军队取得了巨大成功,马哈穆德因此认为,军队改革必须采用欧洲模式。

在苏丹看来,最明显的是,改革的主要阻力是近卫军与宗教机构相勾结。因此,他采取一种极富耐心的策略，在从近卫军中抽调人员组建新军的同时，争取到宗教机构的支持。新军明显是基于穆罕默德·阿里的埃及军队模式，这有效地反击了奥斯曼帝国仿照异教徒的模式的论断。1826 年，当近卫军最终意识到发生的一切时，马哈穆德迅速采取行动，用新军消灭了近卫军。

近代化改革和年轻的土耳其人　　和 19 世纪末期的中国一样，土耳其人发现，组建一支能够保卫帝国和维持秩序的现代军队需要对社会本身进行改革，包括进行工业化革命。首先，必须控制奥斯曼帝国社会中的自治因素，包括拥有很大权势的总督。在几次战役中败给穆罕默德·阿里之后，土耳其人被迫依赖欧洲的帮助以恢复权威。之后，1839 年在苏丹阿卜杜勒·迈吉德（Abdul-Mecid）领导下开始实施近代化改革，在此期间，需要欧洲的财政援助以实行影响更加深远的改革。这些改革影响到了从金融和教育体系到农业以及军事等各个方面。和过去一样，改革遭到抵制，平民骚乱成为 19 世纪末期奥斯曼帝国生活中的一个常见现象。与此同时，奥斯曼帝国的领土继续被其欧洲的对手蚕食。

极具讽刺意味的是，在骚乱期间，多数部队都成功地进行了改革。特别是还在欧洲模式的基础上组建了一个新的军官团，并且极具专业素质和民族精神。虽然这支现代化的军队仍无法保护奥斯曼帝国，但其成为后来的土耳其共和国的现代军队的核心。

穆罕默德·阿里在埃及

奥斯曼帝国苏丹和中央政府在实现军队的现代化以应对 19 世纪初的欧洲威胁方面存在困难，一个半独立的奥斯曼帝国行省却几近成功。埃及一直都只是表面上被奥斯曼帝国统治，1798 年拿破仑的入侵扰乱了一些事务，使得奥斯曼帝国能够收回一定程度的控制权。主要由阿尔巴尼亚人组成的军队成为埃及的主要军事力量，其指挥官穆罕默德·阿里于 1805 年被任命为该行省的总督。穆罕默德·阿里是一位非常老练的政治家，几年的时间里，他就牢牢地控制了该行省。掌权之后，穆罕默德·阿里开始在经济、财政，特别是军事领域进行一系列的改革，这使他巩固了在埃及的根基，成功地在埃及之外的地方进行军事讨伐，甚至挑战苏丹对奥斯曼帝国的控制权。

穆罕默德·阿里利用埃及的重要资源和财政优势保障军队的现代化改革。土地被从穆斯林学校、清真寺和其他曾经权威的机构没收，用于为国家种植经济作物。出口这些经济作物——棉花、烟草和糖——所获得的收益为他提供了必要的资金用于修建公路、运河和水利工程，这反过来促进了农业生产。他大力改革了税收体制，这有助于促进被用于工业和军事发展所需的税收。而且，由国家经营的工厂制造了其欧洲风格的军队所需要的大部分武器和其他装备。

构成他的军队主力的阿尔巴尼亚人抵制对他们强制推行的欧洲式军装和训练，特别憎恨欧洲军官担任他们的教官。穆罕默德·阿里对此采取的做法是征服了苏丹的部分地区，并组建了一支以黑人奴隶为主的军队。当这被证明还不够时，埃及的农民也被招募进军队服役，但军官职位仍留给了土耳其人、阿尔巴尼亚人和切尔克斯人（来自俄国南部）。军队被用于镇压农民起义（就像 19 世纪末期的日本一样），到 19 世纪 20 年代，穆罕默德·阿里的军队规模达到了 15 万人，占了埃及成年男性的很大一部分。

这支军队按照法国方式组建，强调经常性的训练，几年之后，这种方法就见到了成效：埃及的影响力扩大到阿拉伯半岛和红海。而且，1824 年和 1825 年埃及军队成功打败了希腊起义军，这使奥斯曼帝国苏丹马哈穆德二世相信需要加紧进行改革。1829 年，现代化的埃及军队从奥斯曼帝国手中夺取了叙利亚。1833 年，穆罕默德·阿里控制了几乎整个新月地区（中东的阿拉伯世界）。

随着埃及军队进入安纳托利亚，奥斯曼帝国的王权受到了威胁，而且，奥斯曼帝国在 1839 年重新夺回失去的领土的努力也全面失败。穆罕默德·阿里成为奥斯曼帝国剩余地区的主人似乎只是一个时间问题。然而，在这个关键时刻，欧洲国家介入，要求他撤回埃及，并且将他的军队规模限制在 1.8 万人。穆罕默德·阿里当时无法对抗欧洲人，只能愤怒地让步。

在 19 世纪，只有日本进行了令人印象深刻且成功的军事改革。与日本不同，埃及严重依赖于个人的能力和意志。穆罕默德·阿里面对埃及社会多个派系的极力抵制仍然坚持己见，但是他对叙利亚实施改革的努力惨遭失败。农民起义在他统治期间频频爆发，在 19 世纪 40 年代，他被迫打破农业垄断，而这是他进行改革的重要资金来源。他的继任者们继续推行他发起的军事改革，但是在几十年的时间里，埃及就衰落了，依赖外国贷款，不再是非欧洲国家成功实施军事改革的典范。

中　国

在接连败给西方军队之后，19 世纪 60 年代，清政府采取了一项效仿西方军队体制的政策，特别是在技术方面。但是，几个因素妨碍了中国现代化政策取得成功。首先，国家在地理与人口方面的规模使其任何现代化计划都变得很复杂。其次，不同于世界上其他地区传统的武士精英阶层抵制军事现代化，中国有着文官统率军队的悠久传统。但是，主导中国官僚阶层的儒家学者们对军事几乎没有兴趣，也没有专业知识，并且趋于低估西方军队构成的威胁以及应对西方军队所面临的困难。最后，清朝军队主要用于最大限度地防止骄兵悍将犯上作乱。结果证明，分散的军事结构很难从中央进行改革。虽然清朝的军队取得了一些进步，但是在 1894—1895 年的中日战争中，其政策的不足表现得十分明显。

中国军事体制的衰落　清朝的两个主要军事组织——八旗军和绿营兵（参见第 19 章）都配备了火枪（火绳枪和各种类型的火炮），但这些部队分散在各个军营中，因为清政府倾向于在地方层面应对外部和内部威胁。如果这不足以应对威胁，邻近的兵营就会部署过去以平定骚乱，同时还会在整个国家的军队中抽调人员组成远征军。

18 世纪中国的人口增长导致 19 世纪初期内部动乱增多，这削弱了清政府的武官和文官制度。大规模的远征军需要花更长的时间来组织，而且日益严重的腐败和低效与后勤保障之间又存在冲突。到了 19 世纪 30 年代，清军开始严重依赖地方士绅组建的民团。正是在这个背景下，清朝军队开始面对鸦片战争的挑战。

鸦片战争 18 世纪末期，英国开始从印度向中国出口鸦片。尽管官方明令禁止，但是中国人对鸦片产生的毒瘾导致中国对鸦片需求量大增，鸦片带来的巨大利润最终平衡了欧洲对中国持续了几个世纪的贸易逆差。因此，当清政府试图在 19 世纪 30 年代禁止鸦片贸易时，英国以武力回应中国对英国商人和外交人员的抓捕。这场战争暴露了中国与现代英国军队相比存在的不足。

中国人在很大程度上对西方一无所知。中国的许多精锐部队驻扎在港口城市，而这些港口城市是战争的主要战场。英国从未派出超过 1 万人的军队对抗清朝数十万人的军队（尽管英国的武器和训练都更胜一筹）。清政府尽管掌握了更多的情报，可以对利用地方部队与敌人作战的典型战略的效果充满信心，然而还是组织了一支庞大的远征军。

英国通过在海上调动作战部队实现战略机动来应对这一策略。英军指挥官们可以随意沿海岸调动部队，炮击海岸堡垒和清军，部队能够随意登陆，并在清军增援部队抵达之前击败守军。中国从未应对过如此严重的海上威胁，而且在清军指挥官们意识到英国的战略和海盗之间的区别前战争就几近结束了。清朝实际上没有海军，英国舰船可以在中国火炮射程外向海岸目标开火。炮舰使英国在中国内河沿岸拥有无法估量的优势。除了自身的火力之外，蒸汽船"复仇女神号"（Nemesis）还可以拖曳其他的英国战舰，帮助它们将目标纳入射程。

在天津之战中目睹了英国战舰的无敌威力后，清政府的高官们决定进行谈判。当"复仇女神号"率领的英国舰队任意在长江沿岸巡弋，威胁切断从南方到首都之间的交通时，甚至连清朝的皇帝都意识到在灾难发生之前没有时间组织一支远征军。英国主要是对贸易感兴趣，一旦谈妥了特惠贸易条款，他们并不打算挑战清政府统治中国的权力。

清政府随后与美国及其他欧洲国家签订的条约使中国进一步向西方的贸易和影响开放，但这几乎并未改变清朝的军事结构或理念。虽然一些官员和知识分子主张实施改革，但主流观点仍然认为，中国的道德优势将最终使其能够控制外国人。"亚罗号战争"（也被称作第二次鸦片战争）才真正使清政府摆脱了盲目自大。

1856 年，由于中国不愿履行条约义务，英国和法国采取军事行动。1860 年 8 月，英法联军大约 2 万人向北京挺进。虽然清军设法拖延，甚至有时还击退了英法联军，但是在两个月内，英法联军就控制了北京，皇帝也逃跑了。尽管清军在战争中取得了一些胜利，但是仍无力保护中国免遭西方军队的入侵。在"亚罗号战争"进行的同时，清政府还要应对国内起义，即太平天国运动。在作战中，老式的清军遭受了一系列失败，只有通过配备更多现代装备的新军才取得成功。这些事件都推动了改革。

太平天国运动 太平天国运动是一次大规模农民起义，带有宗教和民族意味。清军的部署机制并不是为应对大股敌人的，因此，最初太平军取得了一个又一个胜利。清政府急于寻求阻止太平军进攻势头的办法，作为应对措施，曾国藩组建了一支新型军队。从中国历史中汲取经验，曾国藩仿照了16世纪明朝将军戚继光设计的体制。

他的"勇营"[①]是在旧式民兵基础上的扩充。军官和士兵大部分都通过个人关系招募进来，并且经常接受训练；许多军官和士兵还配备了从西方购买的现代武器。训练包括儒家思想和中国文化传统的教育，实际上就是一种民族主义形式。按照中国的标准而言，军人的薪饷很高，而且纪律严明，军官和士兵被要求不得骚扰百姓。到1864年，曾国藩的湘军和仿照此模式组建的其他部队成功镇压了太平天国起义。

清朝在"亚罗号战争"中的失败使清政府相信其在军事上无法与西方相比。然而，新型军队成功镇压太平天国起义又使许多人相信问题并不大。他们认为自己只是在军事技术及其应用方面落后于西方。与奥斯曼帝国改革者的看法一样，中国人认为，在许多事情上，特别是在文化和道德上，中国与其西方对手相比拥有巨大的优势。这种态度限制了清朝官员改革的意愿和能力。

改革：洋务运动 被称作洋务运动的改革主要是以按照西方的方式训练军队为主。改革还包括建立兵工厂生产西式武器，减少对进口的依赖。大多数改革都是在省级层面上进行的。曾国藩带头开展实施，之后是他的学生李鸿章。李鸿章试图超越仅仅借鉴西方军事技术的做法，认为中国也必须实现工业化。在这方面，和多数改革计划一样，他只取得了有限的成功。

洋务运动旨在创建一支西方式的陆军和海军。新军需要的大多数装备都从国外购买，但是清朝改革者并不希望依赖外国人满足其军事需求。因此，他们建立了兵工厂、造船厂和其他工厂，制造舰船和武器弹药。其中最大的兵工厂建在上海和福州。的确，上海的江南制造局是当时世界上最大的兵工厂之一。为了向兵工厂提供原材料，政府开始开办现代铁矿和煤矿，还修建了铁路以将原材料运送到工厂。主要的兵工厂内还设立了译书馆，专门将西方军事和技术书籍翻译成中文。19世纪80年代末期，又成立了一个欧洲式的军事学院，但是毕业的学员数量并不足以对中国的军事产生太大的影响。作为改革的重点，新军配备了最先进的武器，由欧洲的教官为其提供训练。但是清政府并没有采用西方的军事参谋体系，中央对政策和战略的控制仍然十分薄弱，还是由各省各自为政。1894年与日本爆发战争时，这种组织体制的缺点表现得十分明显。

甲午中日战争 1894—1895年的甲午中日战争暴露了中国的弱势，两个军事现代化计划只

[①] 清朝初期逐步形成兵、勇、丁三级体制。"兵"（八旗兵、绿营兵）是由朝廷饷银供养的国家军队，父老子继；"勇"是战时由官府招募，但不被国家承认军籍，且只有临时薪饷，战事结束便遣散；"丁"是不借助国家财政而靠地方豪绅供养的团练一类。曾国藩创建湘军、制定勇营制度后，勇营异军突起，取代八旗、绿营，成为晚清国防力量的主体。——译注

取得了相对的成功。日本军队迅速将中国清朝军队赶出朝鲜和中国东北,之后在山东半岛建立了据点,并准备从两个方向攻打清朝的首都北京,清政府因此求和。为什么会这样呢?

事实证明,清军无法快速机动,或者在部署到位后无法对日军在战场上的行动迅速做出反应。日军能够再次从侧翼包抄清军。相反,当日军正面进攻时,清军常常表现得非常好。清军也拥有一些先进的现代武器,其中一些甚至比日军的武器还先进。但是这些武器常常无法平均分配,许多士兵甚至从未接受过操作武器的相关培训。另外,采购过程中还存在腐败问题,这意味着许多炮弹里填充的不是火药而是沙子。尽管存在此类问题,但是在战争初期,清军面临日军的正面进攻所表现出来的纪律性与顽强性证明了新的训练体制并不是完全失败的。

最重要的是,与日军作战的不是清朝的中央直属部队,而是清朝的地方部队。只是在战争的最后几个月,朝廷才下达命令,调动除受战争直接影响的省份以外的其他省份的部队。甚至在那时,各省的主官和军事指挥官们对中央的命令要么阳奉阴违,要么干脆拒绝。之所以出现这种国民不能同心协力保卫国家的现象,是因为所有的现代化改革都是通过省级机构实施的,它并不是一个由中央指导实施的计划。

在 15 年时间里的失败加速了清王朝的灭亡。中国实行现代化的努力在 20 世纪将以不同的方式展开。

日本:成功的故事

美国海军准将马修·佩里(Matthew Perry)于 1853 年抵达日本海岸,要求开通贸易、建立正常的外交关系,这对几乎对外封闭了 200 多年的日本(参见第 19 章)而言是令人震惊的。但这并不是完全意外的震惊:日本人警惕地关注着鸦片战争,日本的一些政治人士一直警告这一天可能会来临。

日本也并非完全没有准备好应对其独立自主所面临的挑战,以及与西方接触可能对其自我形象带来的挑战。但短期而言,日本完全没有准备好。日本的军队很落后,而且分散隶属于德川幕府统治下的各藩。然而,长达两个世纪的和平为日本的领导人提供了可以利用的重要资源。经济发展创造了繁荣的市场经济。武士阶层虽然保留着武士精神,但已经变成了娴熟的管理者。当时的日本人受教育状况良好,神道教的复兴增强了日本民众整体的文化认同和团结,尽管政治上存在分歧。

在这种背景下,与西方接触以及强行开放国门给幕府造成了政治危机。德川家族内部派系斗争严重,其支持者以及西南部主要藩国的党羽控制了皇室,而这些又与意识形态冲突相互交织。这种意识形态上的冲突表现为三种彼此不相容的态度,与面临西方入侵的世界其他许多地方相类似。一个极端是完全不切实际地希望"驱逐野蛮人",就像天皇命令的那样,并且保持闭关锁国。另一个极端是希望抛弃所有的日本传统,完全西化。最后,一些人采取了中间立场,主张在日本伦理和文化背景下接受西方先进的科学、军事和技术。关于日本对西方的反应，一个怪异的情况是，事实上，中间立场最终获得了成功，特别是在反西方的极端分子被西方军队（为报复舰船和商人遭到袭击）打败后，这些极端分子相信了采用现代武器的必要性。1868 年最后一个幕府将军退位时，主张现代化的人士开始掌权，明治天皇采用德国的政府模式恢复了全部权力。

现代化：工业与军队

明治政府上层的多数人都曾在西方接受教育，拥有西方履历，虽然在西化和现代化之间存在一些分歧，但是在基本的目标上意见是一致的。他们希望为日本赢得尊重，跻身世界强国之列。这需要有一支强大的军队，相应地，也需要有一个强大的中央政府。而政府和军队需要强劲的工业化经济作为基础。所有这一切都依赖于一个统一的日本民族。这些相互交织的目标迅速得以实现。

社会、经济和政府 天皇重新掌权有利于打造一个强有力的统一国家形象，而教育体制通过向民众灌输效忠于天皇作为核心价值的思想又进一步促进了国家统一。教育也深入军队中，新招募的士兵既接受政治教育，也接受军事训练。征兵还打破了已被政府正式废除的旧的阶级壁垒。在征兵和国家防御的背景下，消除武士阶层并不是废除武士精神，而是将武士精神延伸到整个民众中。

为了避免从国外借款用于工业发展导致外国掌控本国工业，政府为迅速发展的丝织业提供资助。工厂雇用了大量女工和童工，并且目标指向出口市场，丝织业带来的巨大利润资助了战略重工业的发展。政府和私营业者联合建立了钢铁、机械和造船工厂，这些工厂一旦赢利，政府就逐渐放弃所有权，通常是以优惠的条件转让给前武士家族以补偿他们失去的正统地位。日本开始大力兴修铁路和建立电报网。仅仅在贝尔发明电话几年之后，日本就建成了第一条电话线。外国的顾问和经理人一直被保留到他们可以被日本人取代。早在 1860 年一艘由日本人驾驶的船就进行了首次跨太平洋航行，这反映出日本人较强的学习能力。外贸和市场推动了经济的增长，到 1876 年，即"开放"3 年之后，日本开始向朝鲜施压，要求贸易自由化。

除了废除德川幕府的等级制度，明治政府还撤销了旧的藩，将国家分成标准的府/道/县进行民事和军事管理。各藩的财政和军事权被收到中央政府的手中。改革带来了发展动力，也促进了人口的增长。1890 年，日本第一届国会会议开启了新一波西方化潮流，这一次重点集中在政治领域。更大程度的民主化虽然有限，但还是遭到了明治政府上层部分成员的抵制。这场斗争对军队在日本政府中的作用产生了深远的影响。

一支新的国家军队 军事改革者的核心目标是消除旧的武士阶层的抵制以结束他们的军事垄断。为进行军事改革而在最初采取的举措，以及采纳西方军事组织形式，都是在天皇重新掌权之前在西南部的萨摩藩和长州藩进行的。长州藩反西方的领导者们组建了一支志愿军,其成员来自各个阶层,并且配备了西式武器(这支部队后来被西方远征军打败)。部队在1866年击败幕府将军的征讨,不仅加速了幕府的衰落,而且使许多保守的人相信全国征兵的重要性,因为招募的农民与传统武士一样在作战时十分勇敢,而且比传统武士更有战斗力。

在天皇掌权后的几十年内,以长州藩和萨摩藩已经部分西化的部队为核心,一支国家军队开始逐渐成形。它建立在普遍征兵的现役和预备役制度基础上,这种制度对打破旧的阶层和政治分裂起了很大作用,正如我们所看到的,由此极大地推动了日本在现实方面和意识形态上的统一。虽然起初因为财政受限而导致军队发展缓慢,但是它后来证明能够镇压1877年由前武士阶层发动的叛乱,到19世纪90年代,这支军队已经足够强大,开始在世界舞台上发挥重要的作用。与此同时,日本还组建了海军,日本建造的舰船开始逐渐补充并取代从西方造船厂购买或租借的舰船(参见第25章有关海军发展的内容)。

明治政府的领导人起初以法国军队和英国海军为他们的军事范式。但是,日本军事机构的设计师山县有朋(Yamagata Aritomo)[①]成功地发挥了他的领导才能,建立了德国式的军事组织机构。1878年,他组建了普鲁士模式的参谋本部,1879年任命一名检察长监察军事教育,1882年建立了一所军事学院开展军事教育。他还在1886年建立了一套现代军事组织体系。

山县有朋是一个保守主义者,他不信任文职官僚,憎恨政党,希望军队独立并凌驾于派系政治之上。随着1886年参谋本部的重组,他实现了他的目标。参谋本部长官不向任何内阁部长报告,而是直接向天皇报告,而且要求防卫相必须是现役的陆军或者海军大将。虽然山县有朋希望这个机构能够使军队凌驾于政党政治之上,但事实上的结果是将军队与日渐兴起的政党分离,因此使得军队在政治中积极发挥作用以保护自身的利益。在接下来的几十年里,一个不受文官政策制定者控制的政治化的军队成为日本一笔不幸的遗产。

同时,新的军队成为除教育、阶级、政治派别等之外日本生活各个领域西化过程中的一支领导力量。军装引领了朝西方风格服饰发展的趋势,短发也是从军队开始推行的,因为蓄短发被认为是确保安全使用武器所必需的。甚至吃面包的风气也是从军队粮食配给开始的。但是这些常常都是短期时尚。事实上,可以用现代化而非西方化来形容日本的整体转型。一方面,日本采用工业化的经济组织模式、大众政治形式和意识形态,以及国家军队体制;另一方面,日本在这样做的同时还保留了日本固有的特点。西方风格引起的反应是对日本传统价值观和精神的强调,这个方式没有明确的界定,因而能够容纳足够多的变化,同时还保留了对日本文化的认同。这种带有变通性的文化实力或许是日本能够迅速成功地进入现代世界的一个关键因素——没有太多的内部阻力和困难,而且是一个统一并且日渐强大的民族国家。

[①] 日本幕府末期和明治、大正时期的军事家、政治家,日本近代陆军的奠基人,明治维新以来"军阀王国的始祖"。——译注

甲午中日战争和日俄战争

甲午中日战争 日本现代化改革行之有效的第一个证据来自1894年的外部世界，即日本和中国清朝爆发的战争。战争的核心问题是对朝鲜的控制。许多观察家都怀疑中国军队孱弱，但是中国的现代化努力也使许多人开始警惕这个正在苏醒的巨人。几乎没有人预料到日本会获胜。日本军队一路击败中国军队并向北京进发，这迫使清政府提出议和。

在和平条约中达成的对日本有利的条款以及日本获得的领土收益很大程度上是在西方国家的压力下交换的，随着清朝暴露出孱弱不堪，西方列强采取行动支持日益衰落的清政府，借机瓜分中国。这个结果进一步使日本领导人认为，如果要赢得西方列强的尊重，就必须建立一支更加强大的军队。

日俄战争 这种尊重从1904年与俄国的战争中赢得。多年来，俄国和日本在中国东北、朝鲜和日本北部的千岛存在利益冲突，俄国在太平洋方向的扩张使其日益与一个崭新的、坚定自信的日本产生冲突。

此时，德国、英国和美国都对日本采取支持性的中立态度，这些国家出于各自不同的目的，都希望看到俄国在太平洋地区的扩张受到遏制。而且，没有一个国家希望日本在与欧洲列强之一的俄国较量中失败，因为这或许能在一段时间里对俄国形成牵制。

补给线是战争中的一个关键因素，这是日本最初所拥有的优势。俄国450万人的军队中只有8.3万人驻扎在贝加尔湖以东，一个月不超过4万人的补给和增援必须通过5500英里（约8850千米）长的跨西伯利亚单轨铁路运送。如果控制了海洋，日本可以迅速调动其28.3万人的现役部队、40万预备役部队及补给运往大陆。1904年2月，日本对停在旅顺港的俄国太平洋舰队发动了鱼雷突袭。海军大将东乡平八郎拦截了残余的俄国军舰，在围攻旅顺港时它们被日本火炮摧毁，这为日本赢得了海上胜利，1905年5月在对马海战中又击败了从波罗的海派出的一支俄国舰队（参见第25章以了解海战的详细情况）。

日本虽然拥有人数上的优势，但是也希望尽早结束战争。一支部队围攻旅顺港，另外三支部队则被调去阻击俄国军队从满洲里向港口增援。围攻持续了6个月，从1904年6月持续到1905年1月，阻击部队则一步步将俄军逼退到满洲里。两方面的战事都十分激烈，为西方观察家们提供了有关战争特征变化的经验教训。在旅顺港，4万守军因为在环绕城市的山峦上加固阵地而得到保护和支持。这些早已准备好的阵地上的机关枪和大炮一次又一次地击退了日本步兵的进攻。但是由于指挥不当、饥饿、围攻炮火的猛烈轰炸，日军又有人数优势，最终守军被击溃，损失了3万人，日军则有5.9万人阵亡、受伤和失踪。在这场战役中，堑壕对双方都发挥了很大的作用，机关枪和火炮射击都证明在防御和进攻中是十分有效的。战役多数都是战术性平局，双方都未能取得决定性胜利。日本的成功主要源于其卓越的指挥能力，因为犹豫不决的俄军指挥官们未能很好地利用有利条件或撤退，只得在僵持中承认失败。许多观察家对日本步兵在进攻中显示出的高昂士气（几近疯狂）和严明纪律印象深刻。

这场战争也预示着，在火力和工业的时代，打一场战争，国家的决心越来越重要。当西奥多·罗斯福总统在 1905 年 9 月就达成和平协议进行斡旋时，双方都处在崩溃的边缘。除了沙皇最亲密的顾问之外，这场战争在俄国极少有支持者，而且使俄国国内处于革命爆发的边缘。日本方面，这场战争得到了全国的支持，但到 1905 年中期，政府几乎破产，经济面临极大的压力，而且，最重要的是，军队开始面临兵员严重短缺的问题。日本勉强赢得了战争胜利。而且，政府通过新闻审查制造了一种舆论，认为取得胜利是必然的，签订和平协议则与目标相违背，因为日本民众认为和平协议对俄国过于温和，这导致当时的日本内阁辞职。

然而，和平为日本带来了更多的安全，使日本能不受约束地控制朝鲜，以及强占中国的部分领土。新的领地给日本提供了新的资源，并且为日本工业打开了新的市场。经济、政府财政以及军队都迅速从战争中恢复过来。日本已经实现了它的目标：现在，日本被西方视为大国之一。但是这个成就本身也产生了许多复杂的情况。日本与美国的关系长期以来一直比较友好，但是在战争之后变得紧张，原因是日本的实力现在被美国视为对其太平洋地区利益的一个潜在威胁。同样地，英国也开始注意到一个新对手有可能会威胁其海上霸主地位，因为日本海军现在是世界第三大海军。而且，战争也提升了日本军队在国内的威望。陆军和海军日益被视为日本在全球新地位的缔造者，并且是日本所有机构中最有效和光荣的。加上军队在政治控制常规渠道之外的合乎宪法的地位，这种威望为 20 世纪 30 年代危险的军国主义的崛起打开了大门。

1905 年，作为非欧洲国家的日本在一场重要战争中击败作为欧洲大国的俄国，让世人为之惊叹。日本在迅速实现现代化，以自己的方式应对西方的挑战，并且在保持一种独特的文化认同感等方面取得的成就是史无前例的，而且仍将保持这种独特性很多年。但是，它向世界证明这能够做到，因此在欧洲的全球霸权体系中撕开了第一个致命的口子。

结　论

19 世纪在世界其他地方尝试基于平等的军事条件应对西方的成功例子非常少，这证明了现代化过程的艰难性。建立欧洲式的军队并不像获得最新技术那样容易。有效地利用技术需要军事教育体系和大规模征兵，而这些常常与现行的政治组织，特别是传统军事精英的地位和特权相冲突。甚至在日本，现代化面临的最大阻碍或许也是武士阶层反对终结他们对军事的垄断。在其他方面，这种抵制常常被证明对现代化的倡导者的计划具有致命的影响。而且，有效地长期利用欧洲式的武装力量依赖工业化的经济来生产武器和创造财富，需要官僚阶层和政府具备一定的财政能力，而这在遭到传统精英阶层反对的情况下是难以实现的。工业依赖于社会和法律对市场经济和私有财产的相关安排，而这又再次与许多传统贵族特权及政府的独裁体制相冲突。最终,在欧洲人的鼓励下,将现代化与西方化等同的趋势常常会使非西方人对西方势力的挑战做出两极分化的文化反应。只有在日本,强调西方技术和科学与结合非西方文化价值观的中间路线成为主流观点。在其他地方,贵族方式的战争与各民族文化认同的紧密结合倾向于在极端反西方主义者与极端西化主义者之间进行妥协,最终形成这个双方都能接受的选择。

无论怎样,西方帝国主义以及这个时期战争方式的成功播下了未来反应的种子。更重要的是,在欧洲统治之下的人民所焕发的民族主义意识形态将证明是一股强大的支持反帝国主义的力量,就像欧洲人所做的那样,将神话与传统相结合,反对他们的帝国主义。此外,西方战争方式的强大促使抵抗者们不直接迎战西方军队,而且以非西方的方式运用西方武器。受意识形态驱动的游击队配备了现代武器,在20世纪,他们成为西方军队最大的挑战。

但是这种力量的全面崛起不得不等待欧洲主导的体系出现破裂。日本的成功制造了一个裂缝,但是其通过两次世界大战——二者至少部分是欧洲内战——才使这种体系崩溃。

■ 推荐阅读

Asher, Michael. *Khartoum: The Ultimate Imperial Adventure*. London: Penguin Books, 2005。本书是对有关喀土穆战争的研究,包括乌姆杜尔曼战役。

Black, Jeremy. *Introduction to Global Military History: 1775 to the Present Day*. London: Routledge, 2005。本书是对19世纪军事的一个重要介绍,并且避免了欧洲中心论。

Headrick, Daniel. *The Tools of Empire: Technology and European Imperialism in the Nineteenth Century*. Oxford: 1981。本书是论述技术先进与帝国征服和控制体系之间联系的标准著作。

Kolff, Dirk. *Naukar, Rajput, and Sepoy: The Ethnohistory of the Military Labour Market of Hindustan, 1450-1850*. Cambridge: Cambridge University Press, 2002。本书将英国的印度兵体制放在印度为军队提供人力的动态发展上进行研究。

Linn, Brian. *The Philippine War; 1899-1902*. Lawrenceville: University of Kansas Press, 2002。本书详细论述了镇压起义的问题,并且基于广泛的资料来源。

Ralston, David. *Importing the European Army: The Introduction of European Military Techniques and Institutions in the Extra-European World, 1600-1914*. Chicago: University of Chicago Press, 1996。本书对俄国、中国、奥斯曼帝国、埃及和日本进行了比较研究,分析了非欧洲国家在创建欧洲式的军队方面所面临的困难。

Roy, Tapti. *The Politics of a Popular Uprising: Bundelkhand 1857*. Delhi: Oxford University Press, 1994。本书是对导致印度人起义的政治冲突的研究。

Scheina, Robert. *Latin American Wars: Vol. I, The Age of Caudillos, 1791-1899*. Washington, DC:

Brassey, 2003。本书详细论述和分析了整个拉丁美洲战争,从革命到内部冲突,特别是军事实力对该地区国家建立所具有的复杂关系。

Spiers, Edward. *The Victorian Soldier in Africa*. Manchester: Manchester University Press, 2005。本书详细地研究了曾在非洲作战的英国普通士兵的经历。

第 25 章
从帆船到蒸汽船

海上战争，1750—1914 年

19世纪彻底改变了战争并使西欧和美国跃居世界主导地位的工业化也同样地改变了海上作战方式。的确，海上实力常常是西方军队在全球成功投送的关键因素，从鸦片战争中在中国使用的蒸汽驱动的炮舰，到美国的汽船强行打开日本德川幕府的国门，再到甚至更加重要但常常看不到的连接欧洲首都与其遥远的海外殖民地的海上交通线。技术革新是海上战争发生变化的核心，但是和陆上战争一样，现代海军技术与政治、社会和经济结构是紧密相连的，正是这些结构催生并支持着技术上的突破。

然而，在许多方面，时代显示出不同寻常的连续性。18世纪后半叶，大不列颠在帆船和无膛线炮兴盛的时代巩固其海上霸主地位。英国开拓性地发展了维持一个全球性的强大舰队所必需的金融和制造业体系，英国海军开始寻求在战术层面更加决定性地运用其战略优势的方式。英国海军在这方面的努力因霍雷肖·纳尔逊将军辉煌的功绩而变得圆满。霍雷肖·纳尔逊将军或许是历史上最有名的海军将领，他曾打败了敌方舰队，特别是1805年在西班牙海岸的特拉法尔加海战中。但是在这个世纪，对舰队的战术控制仍然存在许多问题。尽管如此，1905年，英国仍然是世界上第一海上强国，其由纳尔逊将军的旗舰胜利号基础上改进的战列舰统率的舰队，无论在技术上如何改变，仍然是英国海军实力的关键。的确，1905年，英国皇家海军建造了一艘新式战列舰，综合了半个世纪的技术革新，进一步巩固了主力舰作为制海权的象征的重要地位。正当英国确立工业实力与海上实力之间的重要联系的时候，德国和美国崛起为海上强国，开始挑战英国的霸权。1905年，全世界都注意到了日本在对马海峡所采取的自特拉法尔加海战以来最大、最具决定意义的舰队行动。诸如马汉（Thayer Mahan）等理论家都认为对马海战的结果肯定了他们从研究纳尔逊时代的战争中得出的准则。

另一方面，对马海战的胜利者是日本——一个与英国结盟的非西方国家。到了1914年，海上战争延伸到水面以下和空中似乎比9年前更有可能实现，这也令人开始质疑未来战列舰作为海上冲突的主宰者的地位。简言之，1750—1914年间的海上历史证明了一个复杂的时代悖论，充满了发展变化，同时也令海军和海军政策的决策者们感到困惑。

帆船时代的巅峰，1750—1830年

1750年之后，海战战术逐步发展，有时甚至是矛盾地发展，同时战略保持了连续性，海军

的行政管理效率也有所提升。这种海军的有效管理部分基于积累的经验，部分基于合理的科学方式的应用，这就是18世纪末的特点。这些发展的背景是这段时期大不列颠与法国之间对抗不断加剧，这将欧洲的海上战争带到几乎全球各个大洋。

英法竞争

法国是除俄国之外欧洲最大的国家，也是最富有的国家，尽管公共财政因为专制主义固有的政治矛盾而受到限制，特别是贵族享有免税特权。这使法国政府不能有效地使用其财富。英国虽然在人口和经济总量上都远不及法国，但是英国拥有完善的公共财政体系，这使其能够在军事开支方面与其对手不相上下，同时在国内几乎不会产生负面的政治影响（参见第20章）。英国还拥有集中精力用于其大战略的优势。英国利用西班牙王位继承战争之机，向欧洲大陆派遣了大批军队，成功地遏制了路易十四攫取欧洲霸权的企图。从此，英国遏制了法国直接参与欧洲大陆的陆上战争。相反，英国寻求的是所谓蓝水战略（blue water strategy），目标是确保英伦三岛不会遭到攻击，保护商业，通过其海军实力扩大其商业和殖民帝国的影响力。虽然英国有一支常备军队，但是以欧洲的标准来看，其规模较小，而且大部分部队并未驻守在英格兰，而是驻守在被视为对政治自由存在威胁的地区，比如，爱尔兰（实际上是一个殖民领地），分遣队则视情况部署在其他殖民地。尽管拿破仑战争迫使英国将大量军队调到了欧洲大陆，但海军遏止法国入侵的能力因为向欧洲大陆上那些反法同盟提供资金而得到了增强。

另一方面，法国发现自己处于一种艰难的处境，其试图既要维持一支强大的陆军，又要建设一支能够在海上挑战英国的海军，在这个过程中，法国几乎耗尽了财政。受到直接攻击的威胁使法国的陆地边境成为其主要的关注点，这迫使其扩大殖民和全球商业利益的尝试以及在海军方面的投入处于次要地位。尽管如此，法国海军已构成对英国的严重威胁，甚至在单纯的技术发展方面常常超过了英国。地理上的战略迫切性反映在法国和英国政策的连续性上，甚至贯穿法国大革命这样的时期。但是，法国和英国在实施各自的大战略时也有许多选择：两个国家的技术、行政、战略和战术努力正是在这种持续的竞争过程中形成的。最终，英国获胜，在1805年之后开启了长达一个世纪的海上霸主时代。

海军基础设施

造船与技术 正如我们在第20章看到的，装备齐全的舰船是当时最复杂、最耗资的军事技术，而且这种舰船的制造和维护需要大量的基础设施：造船厂、用于清洗和维修的干船坞、储存大量海军物资的基地，以及弹药工厂（一个小型舰队需要比陆军部队更多的军火）。18世纪下半叶，海军技术几乎没有革命性的发展，但是不断的改进逐渐扩大了舰队的作战范围，增强了海军战斗力。科学和数学测试给舰船的建造带来了一些改进，法国常常率先尝试——法国舰船在航行性能上常常优于英国的舰船。设计师们增加了每吨排水量的航行距离，提高了航速和机动性。船体水下部分通过镀铜减少了因为附着甲壳类生物和海草而形成的水生物沉积，这不仅提高了速度，而且增加了舰船维护前的巡航时间。海军医学也取得了一些小的进步：英国人开始随船携带酸橙以减少坏血病，并且还因此得了一个绰号。用于指挥舰队作战的信号系统也有所改进，使舰队在巡航时不致分散。英国人通过不断的实践，改进火炮设计，发射技术得到了提升。或许最重大的科技突破是在航海方面，英国人发明了一种精密的舰船经线仪，这使其第一次能够直接按照经度航行。这些变化所产生的累积效应就是舰队可以在海上航行更长的时间、巡航更远、弹药装载更多。但是发展是缓慢的，许多一线作战的舰船执行任务长达数十年。

行政管理 管理海军及其基础设施的复杂性促使政府相关职能部门提升了专业性，英国海军部虽然在高级将领的任命方面受到政治影响，但建立了监管程序并保有大量记录。法国政府常常推崇程序和条令合理化，但是在法国大革命期间，其连续性受到了严重的影响。两国政府的倾向是试图由中央控制海军的行动，但这因为战略层面的通信不畅而受到限制，而且其在战术层面也未达到理想的状况。

人力资源 或许，对任何海军管理机构而言，最艰巨的任务是获得足够的人员来安排到所有战舰上，特别是在战时集结期间。商船船长常常抱怨国家雇用商船船员执行军事任务，这就像敌方行动一样对贸易造成极大的损害。征兵人员常常提供签约奖金，最终，多国海军有时从普通民众（包括流浪汉、罪犯和其他边缘群体）和商船船员中招募，有时还同中立国家发生了外交纠纷。强行征用成为一个重要问题，例如，这引发了1812年的英美战争。一旦登上战舰，船员们就面临着严厉的处罚（虽然各舰之间、舰队之间的残酷程度不尽相同）以及传染病等恶劣条件。经常发生船员在港口私自离船的情况。尽管如此，海军的活动很少因为人员问题受到影响，仅在西印度有时因此受到影响，在那里，传染病能够毁掉整个舰队。

战 略

封锁、护航以及制海权 前面讨论的英国和法国的国家战略形成了各自的海军战略，但是地理或国家战略都不能决定军事战略。各方都有自己的选择，在1715年之后，他们的选择在整个世纪的连贯性也反映出了制度文化。

英国的海军战略旨在控制海洋，尽管基于当时的技术水平绝对控制是不可能的。其真正的意思是确保英国商船和海军的海上航线能够不受敌人的干扰，同时尽可能地限制敌方利用这些海上航线。这需要一支执行三方面任务的舰队，而如何完成任务的细节情况由执行任务的将军负责。首先，在对峙一开始，法国舰队的主力被封锁在港口。一部分人主张近距离封锁，这需要英国舰队全天候地在海岸巡航，从而能够立即迎战试图出港的法国舰队并在战斗中将其打败。还有一部分人主张远距离封锁，英国舰队驻扎在最近的友好港口，由快速护卫舰严密监视被封锁的舰队，如果其驶离就进行追击。这二者之间经常有争论。尽管存在一些支持远距离封锁的听上去合理的论断——这可以使舰船更好地得到维修，避免猛攻的风险，使执行舰队的其他任务具有更大的灵活性——但是近距离封锁总是更有效。这拥有其他的主要优势，可以为舰船上的船员提供航行和操控火炮的实践机会。正是通过经常性的巡航锻炼了技能，才使英国的船员比其他国家的海军在作战时拥有更大的优势，即使他们的战舰并不足够好。其次，舰队可以为英国商船护航，特别是在英吉利海峡这样的区域，封锁常常发生在主要的航道上。显然，将敌方的舰队封锁在港口就可以很好地完成这项任务。再次，同一舰队既要执行拦截敌方商船的任务，又要执行护航任务。这个战略的构想考虑到了在双方敌对一开始就抢占海上优势，这种构想几乎总是得到和平时期建设计划的支持。

相反，法国的战略是常常假定己方处于劣势，即使在制订计划时带有挑战英国霸主地位的明显目的时也是如此。法国舰队很少以挑起与英国舰队的大规模战役为目标，反而倾向于进入远海劫掠英国的商船。对经济战的强调主要源于重商主义理论和权宜之计，因为防控航线是不可能的，原因就在于英国拥有海上霸主地位。法国舰队还要执行护送法国商船进入港口的任务。英、法两国有关海外殖民地的战略也有类似的二分法。法国通常采取防御姿态，例如，会部署舰队保护他们在加勒比海地区盛产糖的重要岛屿。英国则采取进攻战略，寻求切断航线和夺取法国在加勒比海、魁北克以及印度的殖民地，在这些地方，法国的海岸前哨极易被封锁和占领。大多数时候，英国的战略都是成功的。

两栖作战 在这个时期，海军战略的另一个重要方面是两栖行动，包括用舰队护送运兵船以及在战斗中在海岸沿线协调陆上和海上力量。英国擅长前一类型的行动，在整个18世纪用舰队使英国军队登陆欧洲大陆（在必要时再将英国军队运走）。登陆之后，舰队保护陆军的海上补给线。但是，由于距离遥远，这个体系在美国独立战争期间无法顺利运行，最终证明无法镇压独立运动。英国人从他们在北美的失败中汲取的教训被很好地运用到伊比利亚半岛作战中以及1812年的战争中。

协调陆上与海上力量之间的行动比护送运兵船更难以顺利完成，部分原因是陆上战争的大多数战场都远离海岸。极具讽刺意味的是，英国是这类行动的受害者之一，例如，美法联军在约克镇的围攻。1781年3月22日，法国将军弗朗索瓦·德·格拉斯（Francois de Grasse）率领26艘军舰和一支运兵船队从布雷斯特出发。5月21日，乔治·华盛顿和法国将军罗尚博（Rochambeau）同意敦促德·格拉斯在北面的弗吉尼亚或纽约对英国主力部队采取联合行动。一艘快速舰艇传递了这个消息。8月13日，德·格拉斯向北航行，8天后，华盛顿从纽约向南挺进。8月30日，德·格拉斯抵达约克镇，并在9月5—9日的海岬战役（Battle of the Capes）中击败了托马斯·格拉夫斯（Thomas Graves）将军指挥的英国舰队。9月14日，华盛顿和罗尚博抵达约克镇，离战争结束已近在咫尺。在如此远的距离对部队进行协调，其中有运气的成分，但最重要的还是合作成功和华盛顿大胆的战略，以及他对海上力量在这场战役中发挥决定性影响的判断。英国在此次战役中犹豫不决（虽然德·格拉斯的确拥有更多的军舰）也是其中一个因素，这促使英国海军的一些人开始寻求更有效的作战方法来提高他们的战略与行动的成功概率。

战术：指挥与控制

英国和法国海军作战的战术相对直接地反映了他们的战略任务。英国的目标是攻击和摧毁法国舰队，所以偏重于向下部开火，破坏敌方舰船的船体，从而杀死船员，击沉舰船或使舰船瘫痪。他们还倾向于从敌方舰艇的逆风方向进攻，从而能够缩短距离，近距离交战，寻找机会发动致命一击。与此相反的是，法国认为他们在公海上的主要任务是保护其商业利益，舰队行动以防御为主。因此，他们倾向于向上部开火，对敌舰的桅杆和帆开火，从而使敌方无法继续战斗；他们主要从敌方的下风处进入战场，以便在形势不利之际或者在商船已经逃离的情况下能够从容撤退。具体的战场情况可以改变这些典型的模式（法国有时也处于进攻态势，特别是在西印度），但是训练和习惯影响了火炮的效率，特别是在非常规的情况下。

然而，各国海军的将军和理论家们不得不解决的最大的战术问题是战斗行动的指挥与控制这个核心问题，以及这会怎样影响以直线队形编队进行作战的惯常方法。直线编队就是一个舰队常常会分成前锋、中军和后卫，一艘接着一艘按照平行于敌方舰队排成直线的方式航行。这最初是作为解决在大规模混战中失去指挥与控制的一个方案。与混乱相比，直线队形可以使火力最大化，确保每艘船都有开阔的射界，并且在理论上可以使海军将领在整个战斗过程中保持对舰队的控制。直线队形的引入也推动了标准化，把较弱的军舰从战线中排除出去，并且使军官更具专业素养，因为舰长被要求沿着直线队形航行，而不是按照自己的计划航行。但是，直线队形是通过严格限制舰队可以采用的战术选择来解决指挥与控制问题的。每艘舰船约100英尺（30米）长，舰船的间隔至少300英尺（约90米），这样的舰队排成一线可以横跨整个地平线。舰船之间通信的唯一方法是使用简单的信号旗，除了沿着同样的航道航行，任何行动都有导致发生混乱的危险。在保持队形以形成强大的防御编队的同时，却不容易发动决定性的攻击。或许有重炮方面的优势，可以击退敌方舰队，但并不能摧毁敌方舰队的大部分舰船。

针对直线队形的刻板造成的限制，出现了两种思想。但它们都不够正式，因此很难被称为学派，它们也不是完全对立的，但的确代表着对指挥与控制的不同看法。一方是中心主义者，认为可以通过由海军将领更有效地控制舰队来解决战术局限的问题。他们的观点是最初创立了直线队形学说的那群人的分支。支持者们呼吁船长严格遵守一套书面的作战指南，这套作战指南试图涵盖在战斗中可能出现的各种主要情况，信号旗是海军将领发出指令的关键。法国人遵循当时的理性主义和科学方法，实际上倡导了这种方式：在细节层面上，英国在一个世纪里无法与他们在1689年引入的"作战指南"相匹敌。18世纪的改革集中在更有效的信号旗系统，其发展的顶峰是一个数字系统，只需要三面旗帜来表达作战指南中列出的规则。

然而，尽管以理性的、精密的方式将旗帜与指南相结合，但是它们并不能涵盖在海上作战时可能出现的各种紧急情况。更大的问题在于，直线队形的长度使得能见度在最好的天气情况下都变得不确定；炮火的硝烟和恶劣的天气会迅速使可视通信变得不可能。海军将领发现，改进后的信号在巡航期间非常有用，从而继续采用直线队形作为战术基础。但是，一些英国海军将领——最初以爱德华·维尔农（Edward Vernon）、乔治·安森（George Anson）和爱德华·霍克（Edward Hawke）为首——认为理论、信号和战术的结合并不能让指挥官果断采取行动。他们没有提出对立的理论，而是采取了去中心化的方式指挥和控制舰队。也就是说，他们信任和依赖舰长的判断，而不是徒劳地寻求改进后的中央控制。安森在1747年5月3日的第一次菲尼斯特雷（Finisterre）战役中，霍克在同年10月14日的第二次菲尼斯特雷战役中，都将这种想法付诸实践，派他们的舰队根据查斯（Chase）将军的信号攻击法国舰队，这个信号通常被留着用于追击已经损坏、撤离战场的敌方舰船。这两个战例的结果是彻底摧毁了法国舰队。

更年轻的推崇者霍雷肖·纳尔逊又完善了这种领导方式。他有意识地向他指挥的舰长们灌输他的作战方法，他称其为兄弟连（Band of Brothers）。在纳尔逊的舰队开始战斗之前，会充分讨论总体计划，具体执行则交由纳尔逊指挥的舰长们。1797—1805年，英国海军取得了史无前例的一系列决定性胜利，纳尔逊也在特拉法尔加海战中达到了职业巅峰（参见专题B：特拉法尔加海战）。这种战术再现了海军委员会对战略赋予的成功的指挥与控制方式：对舰队指挥官给予总体、宏观指导，由指挥官们在对实际情况进行评估的基础上具体实施。

专题B：特拉法尔加海战

1804年12月，西班牙卷入英法之间的战争，站在法国一边，从而使欧洲第三大舰队参与到海上力量角逐中。拿破仑立即开始谋划进攻英国。计划是西班牙和法国的舰队在西印度群岛集结，这将牵制英国在英吉利海峡的军力，然后转回英吉利海峡以夺得对英吉利海峡和爱尔兰海的控制权，掩护大军登陆英国。但是，英国战略的核心要义是：当敌情不明时，将兵力集中在英吉利海峡。由于英国坚持这个战略，拿破仑的这个计划破产了。

4—7月间，维尔纳夫（Villeneuve）上将率领的土伦舰队与西班牙舰队向西印度群岛驶去，然后返回位于西班牙西南部的加的斯港。纳尔逊一直在封锁土伦舰队，同时，英国舰队主力守卫着英吉利海峡，并且在敌人逃跑时仔细地在地中海搜索，之后跟着前往西印度群岛，并穿越大西洋返回，这使得维尔纳夫的舰队离开了英国利润丰厚的盛产蔗糖的岛屿。

9月27日，维尔纳夫遵照拿破仑的命令离开加的斯港，前往地中海的卡塔赫纳（Cartagena）与另一支西班牙舰队会合，然后前往意大利支援那里的作战行动。纳尔逊现在面临的是一支联合舰队，即一共33艘法国和西班牙军舰。纳尔逊迅速指挥他的27艘军舰从西面包抄，与进入直布罗陀海峡的敌方舰队对峙，他的军舰跟踪着联合舰队，并用信号弹和火箭弹传递信号。

> 纳尔逊已经为他的舰长们制订了作战计划：把舰队分成两队，径直穿插到敌方排成一线的军舰中，将其分成两部分。顺风的分队包围敌人的后方分队，逆风的分队则在敌人的中心位置交战，拖住敌人的前锋。由于敌人后方分队被包围，因此主要对付的是前锋分队。纳尔逊10月9日写的备忘录总结了他的计划，而且还提到了几个关键的战术要素："但是，如果信号既不能被看到，也不能被完全理解，如果舰长将他的舰船沿敌人的舰船旁摆放，那么没有一名舰长会做错。"在这次海战中，纳尔逊指挥的旗舰发出的唯一信号是"英格兰期待每个人都恪尽职守"。
>
> 联合舰队在10月21日早上向北航行，发起攻击。从西北以西方向刮的是微风，这增加了纳尔逊战术的风险性，因为他的每个分队领头的舰船必须要经受舷炮齐发长达半小时的攻击，同时他们还要包围敌方军舰。炮击于午间开始，10分钟后，顺风的分队在敌方的第16艘舰艇处突破敌人的直线式排列，20分钟后，纳尔逊的旗舰胜利号再次突破敌人的直线式排列。之后就开始了一场激烈的、血腥的战斗。在下午1点30分左右，纳尔逊被狙击手开枪打中，受伤倒下，被抬到甲板下，极为痛苦地躺了近3小时。在弥留之际，他知道他取得了决定性的胜利：联合舰队的18艘舰艇被摧毁；英国舰队没有损失一艘舰艇；残余的联合舰队战舰有的被击沉，有的在接下来的两个星期时间里遭到追击。英国确保了制海权。然而，尽管特拉法尔加海战是一场决定性的战役，但并没有结束对拿破仑的战争，两个月之后，拿破仑在奥斯特里茨取得了大胜。纳尔逊和海军能够保护英国不输掉战争，但赢得战争胜利是另一回事。
>
> 纳尔逊被视为民族英雄，他作为历史上最伟大的海军将领的声誉直到今天仍然被人们铭记。这是建立在战术勇敢与分散指挥和控制基础之上的声誉，这种分散指挥和控制充分利用了对他的舰长们的了解和舰长们的倡议。

然而，纳尔逊的战术在他之后逐渐衰落——在他的军事生涯中这种战术在皇家海军中并不流行。海军部曾尝试将纳尔逊战术的一些特点纳入作战指南中——为了从自发行为中总结出理论——但现实是继续依赖于通过信号集中落实的理论。其他国家的海军甚至都未尝试过模仿纳尔逊的战术。为什么？主要有两个原因：一个是总体的，另一个是具体的。

总体原因是纳尔逊的去中心化战术违背了当时理性、科学和中心化的趋势。由于无法迅速与战场上的舰队取得联系，因此海军的战略方针被强制执行；19世纪电报的发明提供了微观管理的一些机会，海军部欣然应用了这种技术。相信舰长做出决定性的判断似乎太冒险，更不用说他们的上级的声望了，如果舰长失败了，他们必须做出答复；主张中心化的人则通过统一决策寻求确定性（可能是因为纳尔逊笃信宗教，这与当时的理性主义形成鲜明对比，这使他信任他神圣的兄弟连）。

具体原因是培养一群彼此了解和信任的舰长的制度文化、舰队指挥官以及他信奉的作战方式甚至都难以在英国海军中复制，更不用说既没有大量舰船定期在海上巡航，也没有英国海军的制度延续性的其他国家海军了。的确，在1805年之后，海战变少了（1715—1815年发生了56场重要海战），以至没有哪国海军能够复制纳尔逊将训练与经验相结合的做法。由于更多缺乏经验的舰长和没有大量成功作战经历的将领被强行送到海上作战，许多国家的海军，包括在纳尔逊之后的英国海军，选择通过理论和信号进行微观管理，这也就不足为奇了。然而，在海上作战中固有的中心化指挥与控制的局限仍然存在，至少持续到发明了无线电报时，后来无线电通信在某种程度上对此问题有所缓解。19世纪的海军因此继续带着一个几乎无法逾越的障碍实施舰队作战战术。

海军转型：1830—1914年

工业化和海上力量

最后一场依靠风力的舰队之间的海战发生在1827年，是英国舰队和土耳其舰队在希腊附近纳瓦里诺（Navarino）的水域展开的。罗伯特·富尔顿（Robert Fulton）早在1807年就将蒸汽动力用于船舶，并且不久就开始普及，至少成为军舰的备用驱动系统。蒸汽动力开启了19世纪海军技术的革新，这影响到了舰船设计的各个方面，以及海军与经济和政治体制之间的关系。换言之，工业革命给经济、政治、社会结构和文化带来的巨大转变对陆上战争的影响和对海上战争的影响是一样的。的确，在工业时代，由于需要投入巨大的资金和资源用于建设和维持海军，海上力量和工业力量之间的联系变得比以往更加紧密，而且比陆军和工业之间的联系更直接。

无论是对亲历者而言，还是对今天的历史学家而言，工业化对海上作战产生的多方面影响都是难以估量的，因为在1815年之后，海战的频次陡然下降。技术创新是在战略和理论延续的背景下出现的。在不多的几次行动之后就会重新进行评估，如克里米亚行动、美国内战、日俄战争等。但是理论家们倾向于在18世纪的历史基础上建立的理论行动中进行确认。只是在1914年，新技术才开始对这种基本的延续性提出问题。

新技术

水面舰艇技术 改变舰艇的设计与技术参数并不是等有新的创新问世时把它们加上去那么简单。特别是对战舰而言，任何新设计都需要平衡许多因素，其中最主要的三大因素是机动性（最高航速和巡航半径）、火力和防御保护。加强某一因素时往往不得不以削弱另外一种因素为代价，就像在为便利蒸汽推动而引入侧翼桨轮时大幅降低了侧舷可安装的大炮数量。由于这个原因，以及大型侧翼桨轮在敌方火力下极为脆弱，桨轮式蒸汽舰船在任何国家的海军中都极少见，只在某些特殊情况下才会例外，比如，美国内战期间，尾部桨轮装甲舰艇被用于内河作战。

一个世纪以来，战舰的吨位、速度、火力和武器都稳步得到提升，但是平衡各因素的做法仍然应用于舰船设计发展的每个阶段，并且也解释了不同方式中的许多特点。

19世纪30年代末螺旋桨的发明使蒸汽船可以带有侧舷，从19世纪40年代中期开始，螺旋桨驱动的舰船成为海军的标配。每隔一段时间，推进装置就实现进一步的改进。在19世纪50年代，简单的单缸发动机被更有效的双缸发动机取代，既提高了速度，也极大地增加了燃料使用效率。19世纪70年代，三级膨胀式引擎进一步提升了发动机动力，并且减少了煤耗，在这个时期，多数国家的海军已经放弃使用风帆获得辅助动力。1894年，涡轮发动机的发明开启了使用现代方式驱动舰船的时代。20世纪20年代转为使用石油（20世纪50年代开始使用核动力），改变了燃料，涡轮设计也得到了极大的改进。蒸汽涡轮虽然可以极大地提升航速，但只是缓慢地被纳入新的设计中。涡轮能够以极高的速度有效运转，却被证明不能与当时的螺旋桨很好地兼容，因为螺旋桨是在低速情况下运转最好。英国海军在1906年后将涡轮发动机作为标配，因为涡轮更可靠，而且可以减少重量、节省空间。特别是传动装置的发展，降低了螺旋桨的转动速度，解决了涡轮和螺旋桨之间不兼容的问题，从而提高了燃料使用效率，并且延长了推进器的使用寿命。到了1912年，英国海军开始在其驱逐舰上安装齿轮降速涡轮机，美国和德国也开始效仿。但是英国海军是唯一在第一次世界大战期间将齿轮降速涡轮机用到极致的军队。在20世纪，战舰速度从最初的桨轮船的10~12节提升到使用复合式发动机后的18~22节，在1914年之后几乎达到了30节。

蒸汽动力可以在改进后用于木船，中世纪海军的许多蒸汽快速帆船都是用以前的那种帆船，尽管许多都是为特定目的而建造的。船体建造方面的改进伴随着推进装置的改进。一艘木船的最大长度可以达到400英尺（约120米），但实际上，船体更短些才能保持良好的航行状态。于是问题就出现了：木质框架结构自身的弱点，导致长木船倾向于两端下陷。铁质框架早在19世纪20年代就出现了，此后不久就出现了铁质船体的舰船。但是多数国家的海军甚至比商船货主更保守，坚持在铁质框架上使用木质板材，部分原因是厚实的木质侧面船体相比薄的铁质船体可以提供更多的保护。这样，在19世纪50年代中期，木质军舰仍然是主流。

但是在1857年，受到海军条令改进的影响，以及意欲挑战英国在常规蒸汽快速帆船方面的霸主地位，法国开始建造光荣号（Gloire），于1859年开建，一年之后完工。它有一个木质船体，装上了4.5英寸（约11厘米）厚的钢铁装甲。英国原先一直未建造铁甲舰，以期维持其在常规战舰方面的霸主地位。为了应对法国，英国开始了自己的铁甲舰设计。在每个国家，铁甲都被应用于木质和铁质船体的舰船上。这些设计仍然建立在舷侧安装大炮的基础上，但它在1862年受到了质疑，在美国内战期间的这一年，在弗吉尼亚的汉普顿发生了铁甲舰之间的第一场战斗。

美国南方邦联利用梅里麦克号（Merrimack）的船体建造了铁甲舰弗吉尼亚号（Virginia），梅里麦克号是一艘蒸汽快速帆船，当北方联邦放弃汉普顿的海军基地时，这艘船被点燃，烧到了吃水线的位置。南方邦联捞起船体，在其基础上建造了一个炮塔，装上4英寸（约10厘米）

厚的装甲，并安装了10门重炮。3月8日，这艘船驶出港口，攻击了北方联邦执行封锁任务的舰艇。它撞向小型战舰坎伯兰号（Cumberland），将其撞沉；之后，它又用重炮摧毁了快速帆船国会号（Congress），北方联邦的大炮却未能对南方邦联的舰艇造成任何损害。不久之后，北方联邦的莫尼特号（Monitor）被拖到了锚地（靠近岸边的一个部分被遮蔽的水域）。莫尼特号是一艘奇怪的小船。它的设计者约翰·埃里克森（John Ericsson）是一个瑞典人，他在几十年前就发明了一种可以运转的螺旋桨。这艘船的铁皮船体带有装甲，在它平坦的、接近水平的甲板上只有两个结构：一个小的操舵室和一个可转动的铁甲炮塔，装有两门11英寸（约28厘米）口径的大炮，由蒸汽动力驱动，每30秒转一次。第二天，莫尼特号和弗吉尼亚号在交战了几小时后停了下来，双方都不能给对方造成损失。但是这种战术上的僵持对北方联邦来说就是战略上的胜利，因为这维持了封锁，而且埃里克森的炮塔指明了未来战舰在火炮设置方面的设计方向。

莫尼特号在海上风暴中沉没，之后被拖离北卡罗来纳州的哈特拉斯角（Cape Hatteras），这表明了"奶酪盒子"（cheese box）式的设计在远洋航行中存在的不足。因此，尽管莫尼特号舰艇在美国内战中取得了极大的成功，但欧洲各国的海军开始将炮塔安装在更大、更经得起海浪的舰船上。工程师们开始将注意力转向制造更好的装甲，设计师们尝试建造各种方式的、不会过多减慢速度的装甲舰，包括仅在吃水线位置使用装甲。在船体建造和保护方面取得的真正突破是在19世纪70年代现代化学应用于冶金技术时实现的。1880年，钢开始取代铁成为建造战舰的材料。钢质船体比铁质船体更坚固、更轻，而且钢板相比同等厚度的铁板可以提供更多的保护。用于生产钢板和能够加固材料的合金技术开始在19世纪90年代和20世纪的第一个十年里出现。钢还可以使舰船的吨位继续增加。1910年最大的战舰近3万吨，而莫尼特号还不足1000吨。

寻找更合适的装甲随着始于19世纪30年代的海军条令的完善而进行。炮弹爆炸的碎片被证明能够比纳尔逊时代的实心弹更有效地破坏木质船体。流线型炮弹的设计进一步增强了其破坏力，流线型炮弹的一端是尖的，而不像过去的实心弹是圆的。与膛线炮相结合，这类炮弹极大地增加了海军火炮的射程和准度。后膛装填提高了射速，而钢质材料使火炮更大、更有威力，并且还发明了穿甲弹。1895—1915年，海军膛线式重炮的射程增加了6倍，从6000码（近5.5千米）增加到了3.5万码（约32千米）。这些武器的准度虽然在19世纪末时还很低，但随着光学测距仪、机械射击控制系统和无烟火药的出现而得到了提高。这类火炮发射的装填有烈性炸药的穿甲弹领先于防护装甲的改进。同时，新的海军武器开始出现，特别是助推式鱼雷在19世纪80年代初期发明，用鱼雷艇攻击大型军舰流行一时。

大多数实验都主要集中在火炮的摆放和配置上，包括在舰艇上将火炮摆放在哪里，以及如何将重型与轻型火炮相结合等。转动式炮塔可以使舰艇调整火力方向，但是设计师们并不十分清楚转动式炮塔的最佳摆放方式。19世纪70年代和80年代的战舰常常在船头和船尾摆放1~2个中线转动式炮塔，在船的中部再摆放几个，这使战舰无法一次性承载所有大炮。而且，并不是每个转动式炮塔都配备重型火炮，小型火炮被认为在近距离作战中是必需的，特别是针对鱼雷艇作战。转动式炮塔的火炮数量也不尽相同。

1906年，英国的无畏号战列舰下水，它将一个世纪以来的技术发展集于一身。它由英国第一海务大臣约翰·费舍尔（John Fisher）爵士设计，它使当时的所有战舰都显得过时。它的吨位前所未有（18110吨，527英尺［约160米］长），配有11英寸（约28厘米）厚的装甲，涡轮驱动，最高航速可达21节，比当时所有的战舰都快，8门12英寸（约30厘米）口径的火炮组成的炮组分别安装在4个中心线转动式炮塔上，它是当时相对先进的战舰设计的最大火炮数量的两倍。费舍尔实际上是想设计一种新型的大型军舰，即巡洋舰，却建造了无畏号以满足战列舰的倡导者。他的巡洋舰在规模上和武器装备上与战列舰几乎一样，但是它更轻便的6英寸（约15厘米）厚装甲使其最高航速能够达到25节。但是用降低防护来换取速度是一个充满风险的设计，因为提升火力在海军的技术改进中占据了重要的地位。

无畏号仅用11个月就建好了，这开启了第一次世界大战前新一轮的军备竞赛。各种类型的战舰都建得更大、更快，舰员数量多于专业化的武器装备。所有之前的设计都称为前无畏级，这是用于指代一般陈旧设备的委婉表达。随着这一代大型军舰的出现，从纳尔逊的胜利号到无畏号，战舰的改进取得了一个合理的结果。海军的技术转型也将包括在水下以及空中实施海上作战。

潜艇和飞机 人们自17世纪就体验过可潜入水中的舰船，在美国独立战争期间，大卫·布什内尔（David Bushnell）的海龟号（Turtle）潜艇成为第一艘潜入水下作战的舰艇，它的任务是将一枚水雷附着在停靠于纽约港的一艘英国军舰上，但没有成功。以其发明者的名字命名的汉利号（Hunley）成为第一艘击沉敌军舰艇的潜艇。在美国内战期间，它用一枚鱼雷击沉了停靠在查尔斯顿港的豪萨通尼克号（Housatonic）。豪萨通尼克号与汉利号一起沉没，所有人员都遇难。事实上，在测试期间，汉利号曾两次沉没，船上所有人员（包括其发明者）无一幸免。汉利号是现代潜艇的始祖，它有一个30英尺（约9米）长的经过改良的锅炉，并配有一个沉浮箱、潜水舵和深度计。它通过一个由8人手摇曲柄操作的船尾螺旋桨驱动，而且潜入水下时它只能盲目地行进。动力和能见度成为潜艇设计者们努力解决的主要问题。电力驱动的潜艇在19世纪80年代出现，但这些限制了巡航的里程。从19世纪90年代开始可以使用内燃机驱动在水面航行，而水下巡航还需要可充电电池来驱动，但是汽油烟雾的弥漫是一个持续存在的风险。1908年之后转为使用柴油，这解决了气体问题，但是直到德国在第二次世界大战期间发明了通气管，才使远距离秘密巡航成为可能。这种通气管在舰艇潜入水下时可以吸入空气和排出废气。1902年，一个美国发明家发明了潜望镜，这解决了水下导航和发现敌方舰艇的问题。这种配备了助推式鱼雷的电池-柴油混合动力潜艇将在第一次世界大战中在海上发挥重要作用（参见第26章）。

1903年开始了航空时代，富有远见的人们迅速开始研究利用空气动力进行海上作战的方式。但是这种努力要比潜艇技术见效更慢，海基航空在第一次世界大战中几乎没有发挥什么作用，在此之前更是没有发挥任何作用。

海军的基础设施 舰艇技术本身只是 19 世纪海军转型的一部分。陆基技术和组织生产、通信、补给以及政治象征意义都对海军的组建、部署和运用产生影响。

在基础建设层面，实际和潜在的海上力量都反映出了海洋国家的工业能力。英国最早引领实施工业化，这意味着其在 1880 年前有数十年的时间几乎不用担心激烈的海上竞争。例如，法国可能建造了第一艘铁甲舰；但是在 1860 年，其制铁工业在一年的时间里只能为一艘光荣级舰艇生产足够的铁板。英国是在法国的光荣号之后才开始建造铁甲舰的，但几乎在同一时间完成了建造，并且同时还建造了其他几艘舰艇。舰艇技术的每一次转型都会反复出现这种相同的模式，英国迅速超过其多数对手，尽管它并不是第一个进行创新的。越来越多地通过私营企业进行资本主义模式的海军建设——这是克虏伯（Krupp）的时代，它是德国的重要钢厂，还生产工业化学品和武器弹药等——也对海军竞争形式产生了重大影响。英国造船厂不仅为本国建造海军舰艇，还为拉丁美洲、东亚、北美（包括与南方邦联的合同，尽管多数从未履行过）甚至欧洲对手的海军建造舰艇。1860 年后，尽管英法两国之间敌对，但英国的铁厂甚至仍为许多法国战舰提供铁板和多数发动机部件。事实上，那时并不是对工业国防视作机密的时代。新设计、新发明和新程序，例如钢铁制造，迅速传播到所有竞争者中，这不只是通过直接销售部件和整艘舰船，而且还因为许可协议上称，美国炼钢厂将购买使用德国拥有专利的炼制合金的技术。也许从 21 世纪初的角度来看，这很奇怪，各国政府竟然不采取任何措施阻止这种情报外泄。结果可能就是更大水平和幅度的创新，但是主要国家的海军之间在技术方面可能有为数不多的不对称结果——工业国家（包括 1870 年之后的日本）和非工业国家之间发展的不对称，非工业国家只能在市场上购买领先者的陈旧舰艇和设计。因此，大国海军之间的竞争集中在数量上，因为没有任何技术领先是长期安全的。批量建造舰艇的能力再次反映了基础工业能力。

海军的全球抵达能力以及海军战略的目标受到海军基础设施两个方面的影响。第一，19 世纪中叶电报的发明，以及后来铺设跨大陆和跨海电缆为中央指挥和管理远航舰队提供了可能，尽管在实践中这往往是海市蜃楼而非现实。将技术应用于舰艇间通信以及舰队协调更加缓慢。尽管已经开始使用摩尔斯电码，但在 19 世纪末，可视通信仍然受到变幻无常的天气的影响，而且严重依赖于规则（也就是事先编排好的加密信息）传递信息。

第二，帆船舰队转为蒸汽动力舰队使获得燃料成为驶出国内水域执行任务的舰队需要解决的一个关键问题。早期的蒸汽船消耗煤炭的速度惊人，这也是长期使用风帆辅助动力的一个原因。更有效的发动机增加了舰队巡航的航程，但是对英国这类国家的海军而言，实现全球抵达需要建立一个全球性的安全供煤网络。英国已经建立的殖民地在这方面起到了作用，一些前哨，例如，南非的好望角因此变得十分重要。对其他国家而言，建立煤站的需求又增加了 19 世纪最后 25 年里朝帝国主义方向发展的另一个维度。

由于技术先进的大型军舰造价高昂，且 19 世纪末海军竞赛日益激烈，海军基础设施建设的最后一个、也是最关键的方面是筹措经费。在争取稀缺的政府资金方面，主要陆地国家的海军常常发现自己相对于陆军而言，无论是在人力水平上还是长期的历史传统上，都处于劣势，这反映出陆军在国家战略中更居于中心地位。经过反复考虑，法国最终选择尝试维持一支名副其实的一流海军，而法国与英国的关系在20世纪初有所缓和也对这个决定起到了帮助作用。（法国海军曾一度侧重发展鱼雷艇和袭击商船，19世纪80年代末，法国海军的战略和建造计划是将英国视为潜在的敌人。）而德国海军在阿尔弗雷德·冯·提尔皮茨（Alfred von Tirpitz）将军的领导下大幅提升了其海军建设计划，并且直接挑战英国的海上霸主地位。

冯·提尔皮茨以及美国、日本、意大利、奥地利、俄国和其他国家发展海军的支持者们，还有英国传统的强调海上力量的捍卫者们，主要依据三个基础论断对大型军舰进行投资。第一，至少拥有一些战列舰，这可以对敌人的野心起到威慑作用，即使这些战列舰可能从未被使用。尽管它们造价高昂，但这是避免大规模冲突的一种划算的方式。第二，随着首个受欢迎的海洋战略理论，特别是马汉和朱利安·科贝特（Julian Corbett）提出了海权理论，它们在接近19世纪末的时候得到了支持。这些理论都强调了海军在国家安全和争夺帝国利益方面的作用，理论家们通过历史事例将此与国家的长期发展和强大联系在一起。这些理论在英国和美国等国家极受推崇。在这些国家，建立在担忧暴政的基础上的对军事开支一以贯之的不信任仍然是一个潜在的政治现实，尽管舰队并没有对民主制度构成任何威胁。第三，或许支持海军建设的最有力的论据，是利用大型军舰鼓舞人心的力量和将海军的胜利视作国家伟大的象征。在某种程度上，这不是在寻找一个新的纳尔逊，而是在一个新的特拉法尔加广场上寻找一个新的纳尔逊纪念柱，以此鼓动政治家和公众们慷慨解囊支持海军建设计划。所有这些因素综合在一起，推动了对海上霸主的竞争，这成为军备竞赛的历史原型（参见专题C：军备竞赛），并且对即将爆发的第一次世界大战起到了一定推动作用。

专题C：军备竞赛

快速的技术革新使各国海军都面临着问题。一方面，如果某国海军不希望自己的舰队面临过时的威胁，就必须跟上创新的速度，这是至关重要的。另一方面，新技术似乎提供了超越处于领先地位的其他国家海军的机会，尽管这种机会常常被证明只是幻想。毕竟，制海权并不取决于具体的技术，或者各种技术的综合，而是建立在更广泛的工业实力和政治意愿的基础上，这使竞争性建设计划的结果相对可以预测。英国海军部清楚这一点，因此能够冷静地应对法国在19世纪80年代对英国海上霸权发起的每一次挑战。但是，他们也十分清楚德国从19世纪90年代开始成为最大的挑战，美国的海上实力与此同时也对其形成了挑战，因为各国的工业实力很明显地已经基本与英国持平。英国保持着其海上领先地位，但是它几乎将其所有资源都用在海军上，而德国的陆军和海军同时发展。无畏号的引入削弱了英国在现代战列舰上的显著领先地位（从领先20多艘降至1艘，直至趋零），这表明各国海军在平衡舰艇总数与新技术方面所面临的艰难抉择。

但这实际上是受到政治而非技术推动的军备竞赛，其动机包括民族主义和帝国主义。战列舰作为关键技术和权力的象征并不新奇，各种规格的战列舰也并不新奇（甚至无畏号也只是比以前的战列舰更大、更专业）。而且，使用该技术的理论也一直是稳定的，即使技术发生了变化。在这方面，它类似于欧洲军队1660—1720年间的陆上军事竞争（参见第16章），而不是技术驱动的军备竞赛。

是不是曾经有过受到技术驱动的军备竞赛呢？历史学家在此面对的是不同于军事革命讨论的技术决定论问题。有时，新技术会对军事产生一定的影响，可以肯定：首先是战车的引入，然后是驭马术、铁制兵器、火药、整个工业技术，最后是核武器。但是很难说它们直接对"军备竞赛"负有责任。这些技术通常会形成暂时的军事实力不对称，但是随着技术的扩散，这种不对称会逐渐消失。甚至核军备竞赛也基本上是政治性的：1954年之后，美苏双方都拥有热核弹（尤指氢弹），竞赛只是这类武器在数量上的增长，在一个两极的世界，这受到意识形态和地缘政治竞争的驱动。

因此，19世纪末期的海上军备竞赛似乎是军备竞赛的原型，包括在政治的影响下，竞争各方共有的技术在数量上的积累。技术竞赛的出现，无论是在战列舰方面还是在核武器方面，多数都是虚幻的。

现实中的海上力量

正如前面提到的，19世纪海军的技术变革发生在缺少真正海上作战的背景下。结果，有关技术影响的经验教训稀缺。发生的为数不多的几次大型交战结果都被过度分析了，但常常没有明确的经验教训，甚至连错误的经验教训也没有。在战略上，条令仍然是不变的；战术理论更有延展性，因为新技术直接改变了海军作战的条件，但是将军在旗舰上对舰队的指挥与控制仍然是这个时期的一个核心战术问题。限于篇幅，不能讲述1830年以后这段时期的所有海上交战。这部分将着重讲几个具有代表性的、关键的海上冲突及其对当时海上力量构想所产生的影响。

克里米亚战争 克里米亚战争的两次海上行动影响了海军的思维。在1853年11月30日的锡诺普（Sinope）战役中，俄国舰队消灭了奥斯曼帝国舰队。拿破仑三世将此作为证据表明炮弹使木船变得陈旧过时，尽管事实上俄军的炮弹可能并不比实心炮弹更有威力。1855年10月，英法联军在第聂伯河河口炮击了俄国的堡垒——金本（Kinburn）。这个事件进一步强化了这种观念。重要的舰艇都是装备浮动蓄电池的浅水船，它能连续轰击堡垒，直至将其轰塌。俄军发射的炮弹则被舰艇上的装甲弹开，没有造成任何损害。俄军的火炮只是二流水平，尚不清楚炮群是不是起了决定性的作用，但是拿破仑三世这样认为，这促成了他在3年后决定建造一艘铁甲舰。

美国内战 美国内战在海军方面取得的战术经验主要都与前面曾讨论过的莫尼特号上炮塔装甲的有效性相关。舰艇火炮相对于岸上的防御工事所具有的优点也得到了反复的说明。

从海上战争获得的更重要的经验是作战与战略方面的。北方联邦利用装甲炮舰比海岸防御具有优势，可以运送陆军，绕过和夺取南方邦联的堡垒，以及为自己的部队开通水上通信提供便利。从第一次在肯塔基州的帕杜卡（Paducah）战役到维克斯堡战役，都证明了格兰特将军特别擅长在这种河网地区作战。维克斯堡战役将南方邦联分成了两部分。这些行动提升了蒸汽炮舰利用河网的能力，而这是有桨舰船和帆船所不及的，英国在对中国发动的鸦片战争中就利用这种战术取得了决定性的胜利。

河网地区水陆联合作战成为北方联邦更宏大的战略的一部分，它旨在通过海上封锁孤立和扼制南方邦联——这就是温菲尔德·斯科特（Winfield Scott）将军在战争之初提出的"蟒蛇计划"（Anaconda Plan）。在战争开始时，由于南方邦联海岸线很长，加之南方邦联有很多隐蔽的港湾，北方联邦的海军只能封锁很小一部分。但是南方邦联并未能在北方联邦最薄弱处突破封锁，因为南方邦联错误地认为对其棉花出口实行禁运会迫使英国支持他们。在南方邦联改变这个策略时，北方联邦的增援部队已经加强了封锁。北方联邦通过发动陆上与海上的联合进攻逐个摧毁了南部的主要港口，进而缩小了包围圈。大卫·法拉古特（David Farragut）将军指挥实施了最著名的两次进攻。1862年4月，他率领一支由蒸汽动力单桅帆船、迫击炮艇和炮舰组成的海军中队，护送1万名士兵，在本杰明·巴特勒（Benjamin Butler）将军指挥下，沿密西西比河逆流而上。舰队穿过了用废弃的舰艇和原木设置的障碍，穿过圣菲利普堡（Forts St. Philip）和新奥尔良下游90英里（约145千米）处的杰克逊的炮火，击沉了南方邦联11艘炮艇中的9艘，之后畅通无阻地驶入新奥尔良，舰队中的迫击炮艇和巴特勒的部队占领了要塞。1864年8月，他率领一支装甲舰舰队和其他舰艇进入莫比尔湾（Mobile Bay），穿过了炮火密集的港口防御区和一个雷区，以一艘舰艇被击沉的代价，成功夺取莫比尔，为林肯总统竞选连任提供了亟须的支持。虽然南方邦联采用浅水快艇封锁和袭击商船等方式避开北方联邦的巡弋，取得了一些成功，但是总体而言，北方联邦的封锁成功地将海上力量应用于经济战争，这对南方的失败起到了一定的推动作用（虽然可能不是决定性的）。

利萨海战 美国内战期间的装甲舰行动都发生在河流或港口。装甲舰之间的第一次远海战役，亦即特拉法尔加海战（1805年）和对马海战（1905年）之间的最大一次海战，是1866年7月20日发生在亚得里亚海的利萨（Lissa）岛的海战，意大利舰队由11艘外国建造的装甲舰组成，奥地利舰队由7艘装甲快速舰艇和7艘螺旋桨驱动的战舰组成，其中包括一艘风帆战列舰和一些小型炮舰。奥地利的舰队司令特格特霍夫（Tegethoff）命令舰队以并排横列发动攻击。战斗迅速演变成薄弱的奥地利火炮与意大利重炮的混战。特格特霍夫的旗舰撞沉一艘意大利装甲舰，这成为致命的一击。这场海战本没有什么经验教训，因为它反映了双方都没有战术准备且能力欠缺，但是特格特霍夫的成功意味着并排横列（line abreast）成为20年后一种有效的编队方式，而且直到 20 世纪初还在建造那种配备没有任何用处的船首柱的战舰。

日俄战争：对马海战　由于与日本在陆上战斗开展得并不顺利，俄国派出波罗的海舰队增援其在太平洋的海军。1904 年，罗杰斯特文斯基（Rozhestvensky）率波罗的海舰队离开俄国，因为在北海误击一艘英国渔船而险些与英国发生战争。大型的战列舰沿好望角航行，在马达加斯加与穿越苏伊士运河的巡洋舰和驱逐舰会合。后续增援的老式战舰于 1905 年 1 月跟进，当时罗杰斯特文斯基得知旅顺港已经沦陷，舰艇被俘；增援舰队最后于 1905 年 4 月在越南集结。5 月，罗杰斯特文斯基率 11 艘战列舰、8 艘巡洋舰、9 艘驱逐舰和一些小型舰艇向北进发。多数舰艇都已老旧（只有 5 艘战列舰接近于日本的新舰艇的质量），并且装载了过多的煤用于远洋航行，而且舰员也缺乏训练。

日本舰队司令东乡平八郎率 4 艘战列舰、8 艘巡洋舰、21 艘驱逐舰以及一支鱼雷艇中队，前往对马海峡迎战俄国人。俄国人于 5 月 27 日进入对马海峡。东乡平八郎的舰队向西航行，穿插到向北航行的俄国舰队中，然后掉转航向再次穿插。战斗于下午 1 点 30 分左右打响，俄军在距离 7000 米时开火，日军在距离 6400 米时开火。罗杰斯特文斯基将航向转向东，然后转向西北，试图甩开东乡平八郎，前往符拉迪沃斯托克（海参崴），但是日本的舰艇速度更快，使俄国舰队未能逃离，日本舰艇占优势的重炮对俄国舰队造成了重大杀伤。在这一天结束时，俄国战列舰全部被击沉或俘获，日本驱逐舰在夜间继续追击逃离的俄国舰队残余力量。俄国的 3 艘巡洋舰逃至马尼拉，被美国人扣押，一艘小型炮艇逃到了符拉迪沃斯托克（海参崴）。其余舰艇或者被击沉，或者凿船自沉，或者被俘获；超过 1 万名俄军水兵被杀或被俘；而日本只损失了 110 人和 3 艘鱼雷艇。

对马海战是特拉法尔加海战以后规模最大的一场海战，其在战术和战略上都具有决定意义，因为此战导致当年进行了和谈。与利萨海战不同，对马海战提供了真正的经验教训。这场海战由远程大炮主导，之后在 1905 年就出现了无畏号。虽然日本的大炮在海战中证明是有效的，但是双方的火力控制都不够，这促使各国进一步研究如何更好地实现准度。对马海战之后对大炮与重炮的改进也提升了航速的重要性。也就是说，未来不属于杰克·费舍尔（Jackie Fisher）模式的快速但没有装甲的巡洋战舰，而是更大、更快且配备重型装甲的战舰。

海军理论的发展

19 世纪 90 年代之前的海军战略缺乏科学性。当然，像英国海军委员会这样的机构以及纳尔逊这样的个人也曾将理论应用于海军。从 18 世纪的海战可以看出战略的连贯性（特别是在英国运用封锁战略方面）。但是没有系统的、书面的阐述指导海军战略的一些原则，仅仅是将经验应用于特定情况中。19 世纪学术研究越来越专业，涌现大批有关陆战原理的著作，其中以克劳塞维茨的《战争论》（*On War*）最受欢迎，影响深远。令人惊讶的是这种理论用了很长时间才出现。1890 年，阿尔弗雷德·赛耶·马汉出版了他的著作《海权对历史的影响，1660—1783》

(*The Influence of Sea Power upon History, 1660-1783*)，于是，专门的海洋战略诞生了。也许是因为马汉的著作极受大众欢迎，1911年，朱利安·科贝特出版了他的著作《海洋战略原则》(*Some Principles of Maritime Strategy*)，对马汉的许多结论提出了质疑，但是赞同一些基本见解和分析海权的方法。海洋战略由此进入公众视野。

马汉的理论基于对历史的研究，特别是对大航海时期主要海上战争的研究。根据从这些战争中汲取的经验，他提出了一套"海权要素"，海权被广泛地定义，包括一个国家的海上贸易和海军，以及支撑二者的基础——经济、政治和文化（参见专题A：海权理论）。

专题A：海权理论

本文节选自马汉的著作《海权对历史的影响，1660—1783》第一章，指出了影响海权的主要因素。可以将其作为类似于约翰·洛克的"自然状态"学说的一个基础性的神话来理解，而不能作为历史来理解。约翰·洛克的"自然状态"学说是海权源于自然状态，其相关的观点需要现代读者仔细地研究。这也是对马汉的历史哲学和方法的一种阐述。

从政治和社会的角度来看，海洋所呈现的第一个也是最明显的光芒是一条通道……水上通行和交通总是比陆路更方便和经济……

（对于一个靠海的现代国家而言，）外国必需品或奢侈品必须由本国的船或外国的船运送到其港口，在这些船返回的时候可以带上这个国家生产的产品……每个国家都希望可以用自己的船做这种航运生意。因此，往来的船舶必须有安全的港口可以停靠，而且必须尽可能地在整个航行过程中受到本国的保护。

这种保护在战时必须由武装舰船提供。从严格意义上说，一支海军的必要性源于和平航运的存在。

当一个拥有武装舰船和非武装船舶的国家从其海岸发船时，人们很快就能意识到舰船可以依靠哪些地点进行和平贸易、运送难民和获得补给等。早些时候，寻求通过贸易获利或者在新的未开发的地区获利的商船船员们会在其贸易路线最远的一端寻找一个或多个停靠点，这样他们可以使自己或代理人得到安全保障，可以安全地停靠船舶，在当地收购可以买卖的产品，然后等待本国船队到来，将这些产品运回国内。由于这当中有丰厚的利润，而且还有很多风险，在早期的这类航行中，这类地区自然地增多和发展，直到变成了殖民地……

其中，有三样东西在沿海国家的历史和政策中扮演着关键角色，它们分别是生产、航运和殖民地。其中，生产是交换产品所必需的，航运则是运输交换的产品所必需的，殖民地则为航运提供便利并且扩大了航运业务，并且通过增加安全的港口对其

> 提供保护。国家政策随着时代的发展以及统治者的个性和远见而各不相同，但是沿海国家的历史更多地由其位置状况、人口数量和特点等决定，而不是由政府的英明和远见所决定的，简言之，就是由其自然条件决定的。不得不承认的是，个人明智或不明智的行动在某一时期会对海权的发展产生极大的影响，这不仅包括军事实力，还包括和平贸易和航运。
>
> 　　影响国家海权的主要条件可以概述如下：一是地理位置；二是自然构成，包括自然生产和气候；三是领土状况；四是人口数量；五是人民的性格；六是政府的特性，包括国家机构。
>
> 资料来源：Alfred Thayer Mahan, *The Influence of Sea Power upon History, 1660-1783*, Boston: Little, Brown, 1898.

　　马汉的理论核心是海权，其源于海上贸易、海军建设和经济实力的结合，必须在战争时期被及时地用于实现对海洋的控制，因为只有实现对海洋的控制才能确保一个国家的商业和海岸安全。要通过拥有一支能够在决定性战役中压制并且摧毁敌方舰队的海上力量，才能夺得制海权，从而确保海上交通线的安全。这种强调决定性战役和进攻行动的观点在很大程度上借鉴了陆地战争的理论，从这个意义上说，它是有普遍性的。马汉之所以拥有广泛的影响力和受欢迎度，是因为他积极地扩大自己的影响——他写了20本书和150多篇文章，其中许多文章都投给了知名杂志，详细阐述了他的观点——并且将作品放到更大的政治背景下，这使得他的作品更容易被接受。他强调全球抵达和殖民地对国家实力的重要性，认为国家并不需要维持一支庞大的常备军，这表达了许多美国政治家的帝国主义愿望，并为美国将政策从孤立主义转向扩张主义提供了合理依据。的确，这本书出版后不久，美国国会授权其第一艘现代远航战舰出航，8年后，一支美国舰队帮助美国从西班牙手中夺取了菲律宾。

　　继马汉之后，科贝特在英国写作了20年，他认为控制海洋是海权的核心。和马汉一样，他通过研究英国海军历史提出了他的理论，虽然他的作品不是历史著作而是理论著作。他解决历史经验教训的方式不同于马汉，是更加仔细和系统地提出了另一种海权理论，却不如马汉的理论更受欢迎和流行。他对控制海洋的构想比马汉的更细致，也更具灵活性：其重点放在获得海上通行权，这可能是总体的，也可能是局部的，临时的或永久的，视具体情况而定。他还仔细地区分海权的积极和消极目标，有针对性地分别需要采取进攻或防御策略。他不认为在任何情况下都诉诸武力是必要的和明智的。相反，简单地维持一支舰队就可以实现海权的许多方面。最重要的是，他认为海权要与陆权相呼应，他还强调两栖作战——用杰克·费舍尔的话说，就是"陆军是海军发射出的炮弹"——因为无论海上封锁多么有效，最终起决定性作用的还是在陆上。

马汉和科贝特都认为保护友好贸易和禁止敌方贸易是海权的核心任务，但是科贝特将封锁和护航纳入一个多维的战略图景，其比马汉更为全面地包括了陆地战争。具有讽刺意味的是，在马汉和科贝特去世之前，战术的多维性就开始削弱他们的理论。20世纪初的战舰，虽然在技术上不同于纳尔逊那个时代的舰艇，但仍在二维的纳尔逊式理论的海上运转，并且以纳尔逊确认的原则和任务为指导。潜艇和飞机将开启在水下和天空中的海上作战，因此，需要重新思考海权原则。最后，核武器、飞机和导弹将使海权的作战图景延伸到全球各个角落。英国18世纪海上战争对今天的经验教训远不如对马汉、科贝特和他们所处时代明显。

结 论

随着世界朝着第一次世界大战的爆发迈进，海权似乎取决于战列舰，就像一个半世纪之前一样。战列舰得到了工业和商业实力的支持，并且根据战略和战术理论进行部署，这也显示出自1750年以来的延续性而非变化，战列舰作为海权武器的优势似乎表明，这个时期的技术革命事实上没有产生太大的变化。

从一些角度来说，这种观点是正确的：在北海日德兰岛附近的最大一次海战由战列舰主导，建立在控制海上航线基础上的封锁在战争中发挥了关键作用。英国的这一战略靠的是常规舰艇，而德国基于潜艇战的努力表明，在1914年，海上技术的转变接近于创造了令海权工具发生巨大变化的条件。这会在第26章中阐述。

■ 推荐阅读

Barnett, Gary. *Seapower and Strategy*. Annapolis: Naval Institute Press, 1989。本书对海军战略主要因素做了很好的分析。

Dunnavent, R. Blake. *Brown Water Warfare: The U.S. Navy in Riverine Warfare and the Emergence of a Tactical Doctrine, 1775-1970*. Gainesville: University of Florida Press, 2003。本书是对美国海军在河流上进行战斗的一项学术研究，蒸汽动力在该地区具有决定性影响。

Harding, Richard. *The Evolution of the Sailing Navy, 1509-1815*。参见第20章。

Keegan, John. *The Price of Admiralty*. London: Hutchinson, 1988。本书对1750—1945年海战发展进行了可读性很强的研究；对特拉法尔加海战的分析尤其出色。

Landstrom, Bjorn. *The Ship*。参见第10章。

Massie, Robert. *Dreadnought. Britain, Germany, and the Coming of the Great War*. New York: Random House, 1991。本书深入分析了英国和德国之间的海军军备竞赛在第一次世界大战中的作用，

重点放在德皇威廉二世的战略和外交失误所起的作用上。

Miller, Nathan. *Broadsides: The Age of Fighting Sail, 1775-1815*. New York: Wiley, 2001。本书是一部可读性较强的关于木船时代鼎盛时期海战历史的著作。

Palmer, Michael. "'The Soul's Right Hand': Command and Control in the Age of Fighting Sail, 1652-1827." *Journal of Military History* 61(1997), 679-705。本文对纳尔逊指挥风格的特点进行了清晰的分析,这些特点使他的指挥非常成功,且难以复制。

Reeve, John, and David Stevens, eds. *The Face of Naval Battle*. New York: Allen & Unwin, 2004。本书研究这个时期海战中人的因素。

Sondhaus, Lawrence. *Naval Warfare, 1815-1914*. New York: Routledge, 2001。本书对海战进行了细致的研究,关注不断变化的经济和政治环境。

Sweetman, Jack, ed. *The Great Admirals. Command at Sea, 1587-1945*。参见第20章。

评论：第五部分　1700—1914年

1700—1914年这段时期发生了自农业出现以来空前的历史革命，并因此而发生了自驯服马以及欧亚草原游牧民族出现以来空前的军事革命。广义来说，工业革命改变了全球图景。在军事方面，革命的两个引擎是带有意识形态的工业资本主义和民族主义政治结构。这些力量改变了战争背景以及从战略层面到战术层面的战争行为。无论是在当前的军事事务还是在军事历史研究中，都能感受到其产生的影响。

工业和国家主义

工业生产上的发明和传播起初很慢，而且仅限于英国。但是在1850年以后，传播的速度和国际竞争开始迅速提升，因为美国和日本也进入了工业时代，这使工业国家的内部和外部生活都发生了根本性的改变。这种改变从经济模式和社会结构延伸到政治制度和文化表达。正如本章所表明的，军事活动也同样发生了改变，既直接受到工业方法的影响，也间接地受到其他变化的影响。大众生产、大众消费、大众通信、大众政治和大众文化都可以用来形容这些转变。之所以能够产生这些影响，是因为利用了远远超过风力、水力、人力等的新形式的力量，其背景是产生了迅速的并且正在进行技术革新的资本主义经济体制。虽然18世纪的欧洲根据当时的标准在技术上是创新性的，并且武器方面有了许多改进，但是18世纪的变化与19世纪相比在范围上是有限的，在速度上是缓慢的。1900年的军队配备有步枪、机关枪、后膛装填火炮，并且在不同于拿破仑军队所处的时代条件下作战。海上的变化更大：无畏号完全不同于纳尔逊的胜利号。

技术变化部分地受到了资本主义发展的驱动，但是民族主义逐渐成为19世纪世界（特别是欧洲）的核心意识形态，新兴民族国家之间展开了竞争，这使许多科学家和工程师将目光直接聚焦在武器上，进一步加快变革的速度。其中一个结果就是军备竞赛开始成为军事历史中的一个常量，而不是偶尔出现的、时间较短的现象。军备竞赛部分地成为理性的政策应对不断变化的技术和新武器构成的潜在威胁所做出的反应。但是民族自豪感常常推动军备竞赛越过了理性分析的界线：拥有最新、最先进的武器是国家实力和威望的象征，无论武器在战略上是否有用，其本身都可能变成最终目标。简言之，民族主义开始从根本上改变了战争的意识形态背景。相应地，民族国家逐渐成为国际外交最重要的角色，这也根本性地改变了战争和战略的地缘政治背景。民族主义崛起与法国大革命和拿破仑战争的联系是显而易见的，同时，在1815年之后，一个世纪的意识形态和政治发展使政治和外交发生的变化也和技术领域的变化一样巨大。

影响：战争

工业资本主义和国家竞争这两个引擎从战略到战术都影响到了战争行为的方方面面。工业和民族主义时代战争的结果是欧洲帝国主义崛起，以及欧洲曾一度前所未有地在全球占据主导地位。而且，改变了战争和国家关系的这个背景也将促使历史成为一门现代学术性学科，对直到今天的军事历史范式产生了重要影响。

在国家竞争的背景下，铁路、蒸汽船、电报等先进技术使欧洲在交通和通信方面的军事能力得到增强，并使国家战略发生了转变。欧洲的王朝政府的野心相对较小，一直将重点放在欧洲或很大程度上局限于欧洲的均势概念之内。当然，18世纪殖民国家，特别是英国的经济影响力是全球性的。然而，这些海上帝国对全球内陆地区的影响仍然有限，而且帝国的建立在目标上仍然是传统性质的。也就是说，像印度这类地区在英国统治下受到传统方式的剥削，以传统手段创造财富。但是，19世纪晚期的欧洲工业民族国家的目标是在全球竞争中夺得全球性主导地位。例如，18世纪或在此之前没有什么能够与"掠夺非洲"相比。但是，新帝国主义者的目标不是传统的剥削，而是重建他们的殖民社会以有效地生产工业原材料，这对全球各民族产生了深远的影响。在这个竞争过程中不断膨胀的野心和涉及的利益表现为在美国内战期间可以看到的"全面战争"，这种概念在1914年之后变得更加明显。

和国家战略一样，小的战略根据新的交通和通信能力进行调整。18世纪欧洲战争谨慎的阵地战术开始消失，因为军队能够利用铁路网比以前更快速地机动。海军也能够更快速地调动，尽管与一直同基地联系紧密的帆船海军相比，他们与储煤站的联系变得更加紧密。拿破仑的经验表明，大规模军队能够绕开和保护防御工事而不是不得不减少防御工事，这也提升了战役的速度和范围。新的战略挑战需要新的战略理论家，直到20世纪，他们对军事思想产生了重要的影响力。克劳塞维茨研究了拿破仑的历次战役，提出了一些原则，这些原则迅速成为教义：在克劳塞维茨的"战争是政治通过其他方式的延伸"这一表述下，寻求的是进攻力量和消灭敌人的"决定性战役"。同样地，科贝特和马汉撰写了有关海上战略的极具影响的作品，马汉将帆船时代的战争作为他研究的基础，表明18世纪海军任务的变化不及其在技术上发生的变化大。考虑到新技术对后勤、组织和战略产生的影响，毫不奇怪的是，19世纪出现了规划和管理战略的参谋部。然而，多数情况下，即使这个新的制度努力应对这些挑战，但在执行时通常无法与概念相匹配，特别是在大的战役中。例如，电报原本意味着中央可以对战役进行更多的控制，但结果常常变成一种幻想，它只是干扰了下级军官们的行动，并且影响了总体指挥。

新技术使出现的问题在作战层面表现尤为明显。更庞大的军队和步兵武器增加的射程和准度使战场上的指挥变得更加困难。指挥官发现自己与战场隔得更远，无法安全地近距离察看战场上正在发生的情况，战场变得过大而无法直接察看。与此同时，年轻军官成为配备了后膛装填子弹的步枪的狙击手的目标。极易受到新武器攻击的骑兵首先失去了重要的作战地位，之后发现甚至连他们有效实施侦察的能力也被削弱了。海军也遇到了同样的问题。蒸汽船能够比帆船更快、更准确地采取机动，但它们远未实现基本的可以使舰队司令与其舰队联系的信号技术。最后，新技术的局限也显示在作战层面上。铁路（或蒸汽船）可以将军队和补给送到前线，但是一旦到了前线，他们又面临着后勤和运输瓶颈，因为在火车站或港口转运速度受限，步行和畜力运输的局限再次显现出来。

在出现运输瓶颈的地方，战术革命开始发挥影响。极大地增强了的火力、膛线、后膛装填、机关枪、性能更优越的火炮，这些都增加了一支部队能够对敌人施加的火力。面对使用矛、剑或滑膛枪的非欧洲军队，这种火力是致命性的，可以使小型军队击败数万人的军队。但在面对配备类似装备的敌人时，这种致命性的火力强调的是防御力量。一个令人啼笑皆非的结果是，战略和战术变得日益不协调，因为受到克劳塞维茨的影响的战略逐渐强调进攻和决战，而战术防御使取得决定性结果变得更难以实现，并且需要付出巨大的代价。

不同于以前的黑火药式武器，其技术很简单，能够相对容易地学会，所以不会使某个地区长期保持优势，工业时代的军事技术基于更加复杂和广泛的社会与经济体制和网络。这些难以被其他国家效仿，而且在整个19世纪，工业革命及其军事优势仍然仅仅局限在欧洲。美国虽然也实现了工业化，但和拉丁美洲大部分地区一样，仅凭欧洲移民不足以创造一个适于工业的环境。日本是唯一一个进入工业时代的非欧洲国家，而且其在1905年通过与俄国的战争证明了它的军事实力。

因此，工业和非工业世界之间在技术和组织上存在着巨大差异。这种巨大差异为开启前所未有的极具竞争性的帝国主义时代奠定了基础，一些欧洲国家开始主导世界政治，建立全球帝国，而且这些活动大部分集中在1870—1914年这段时间，在民族主义推动下的竞争变得更为激烈。虽然时间短，但在这个时期建构欧洲帝国所产生的影响力是巨大的，其留下的遗产直到今天仍然对国际关系建构（和历史的书写）产生影响。

影响：军事历史

不仅仅是工业社会的出现，民族主义、民族国家以及帝国主义都是这些发生在19世纪战争中的里程碑式变化的背景。它们构成了近代世界,并推动了历史研究现代学术形式的出现。这是一个非常宽泛的课题,不可能在此详述,但是历史学科的问世,特别是在军事研究领域所形成的主要框架和影响,还是值得一提的。

"现代学术历史"源于德国的利奥波德·冯·兰克(Leopold von Ranke)[1]在19世纪40年代完善的教育研究体制。它强调尽可能地运用客观和科学的方法仔细、批判性地评估原始文献,并且要遵循学术出版的规范,强调在脚注中标明援引文献及其出处。这些规范在国家历史协会的机关刊物中得到了推广,其中以德国的《历史杂志》(Historische Zeitschrift)和英国的《英国历史评论》(English Historical Review)为代表。这些刊物创办于19世纪中期,各自聚焦于本国情况,这也体现了冯·兰克最初阐述的另一条原则:"国家"的政治历史是历史研究的核心主题。正如冯·兰克所说的,"国家历史"是"普遍历史"。换言之,民族主义从一开始就深深地影响了现代历史研究的范式。

作为现代政治历史的一个分支,军事历史也具有这种民族特性。它还汲取了当代军事理论的灵感,特别是克劳塞维茨的军事理论,并且被证明容易受到大众史学理论的影响,英国历史学家托马斯·卡莱尔(Thomas Carlyle)[2]着重提出了这一点。这些影响力结合在一起创造了军事历史,爱德华·克里西(Edward Creasy)[3]于1851年出版的《改变世界历史的十五大战役》(Fifteen Decisive Battles of the World)就是一个很好的例证。这本书提出的原则是:历史的进步(在这里进步是一个关键词,它证明了军事历史的合理性,将军事历史与必胜主义者和民族主义对历史发展的构想联系在一起)是由伟大将领统率的军队之间的"决定性战役"在关键时刻形成的。

只是在过去的25年里,军事历史才开始摆脱19世纪造成的这种概念束缚。正如本书的大部分内容所展示的,它需要摆脱的是在政治背景下的一个以国家为中心的、以战争为导向的、伟大将领的军事历史,这是一个严重失真的透镜,19世纪之前的欧洲和世界其他地区是通过这个严重失真的透镜来看待的,这也正是我们想要在此说明的。这种方式对应用全球战争和影响20世纪的复杂地区冲突而言是不尽如人意的。这些战争是本书另一部分的主题。

---

[1] 德国历史学家,德国经典历史主义的代表人物之一。——译注
[2] 苏格兰评论家、讽刺作家、历史学家,其作品在维多利亚时代具有较大影响力。——译注
[3] 英国历史学家、法学家。——译注

第六部分

全球冲突时代
1914 年至现在

第 26 章
大型战争

第一次世界大战，1914—1918 年

对那些参加过大型战争的交战方来说，第一次世界大战比之前历史上的任何一次冲突都要大。与英法两国（及各自的同盟者）于1689—1815年的多次战争相似，这次大战也是在欧洲大陆、海上及其海外殖民地进行的。但是在规模和烈度上，第一次世界大战与以往不同，主要原因如下：

一、"一战"包含了以往冲突所不具备的样式，如空战和潜艇战，这就直接产生了一种新的冲突形态。从这层意义上讲，它展现了新技术所带来的巨大威力和可怕的杀伤潜力。毒气弹、坦克与现代火焰喷射器也首次投入使用。尽管大多数伤亡仍是由以前就投入使用的武器，特别是火炮和步枪造成的，但无论是单件武器还是武器系统，这些新型武器都发挥了人的想象力，并改变了人们对战争的认识。此外，既有武器的革新，例如，机动能力更强的机关枪和迫击炮，至少短期来看比开发新武器系统更为重要。

二、这是首次有东亚主要大国参加的欧洲战争。1914年，日本加入协约国（英、法、俄）一方参战。虽然日本在战争中发挥的作用不大，却占领了德国在中国和太平洋的基地，日本派出的战舰远至地中海，显示了日本的强硬与自信，预示了日本的侵略扩张主义倾向，这个倾向之后在1931—1945年表现了出来。日本还以此战为契机，加大了对中国的侵略。

三、这是首次有美国参加的欧洲战争，同样是在协约国一方。美国参战有些晚，是在1917年。那时美国还不是主要军事大国，当然也不属于那种有战争经验的国家。与第二次世界大战不同，战争在美国军事力量的潜力达到其承受能力之前就结束了。但是，在正式参战前，美国给协约国提供了重要帮助，并向法国派遣了一支大型远征军，使地缘政治发生了重大变化。

四、"一战"的烈度超过了以往任何一次战争。"一战"的伤亡率极高，近900万军人死于战争。仅法军就有140万人阵亡，400万人受伤，其中80万人重伤。奥地利动员起来的800万士兵中有110万人死亡。即使没有全程参加战争的国家，如美国，伤亡率也很高，全国城镇和校园中的战争纪念碑上留下的记录创下了新高。这场战争给很多幸存者留下了无比惨痛的记忆，还产生了对弹震症和其他心理问题的认识和治疗。

五、战争的烈度，尤其是西线的堑壕战——法国与比利时前线——对很多人来说，突显出战争的野蛮与毫无价值，造成了文化上的重大反弹，产生的影响不仅持续到第二次世界大战，而且还持续到第二次世界大战之后多年。的确，这场战争最终使西方给人留下的印象是：一场毫无意义的杀戮竞赛。由于真实的和虚构的两方面的记述——例如，电影《多可爱的战争》

（Oh! What a Lovely War）——一种观点认为"一战"比其他冲突更广为人知，另一种观点则认为只有部分正确。

特别是，这场战争在多大程度上导致一个决定而不是一个僵局被低估了。由于那些主要工业国家愿意维持这场战争，预计冲突造成的伤亡率会很高。1914—1917年间，这没能使西线战场取得胜利，反而是在对手的沉重打击下双方的生存能力都增强了。尽管如此，在其他方面还产生了决定性的结果，部分国家实际上退出了战争，例如，塞尔维亚（1915年）、罗马尼亚（1916年）和俄国（1917年）。1918年，同盟国保加利亚、奥地利、土耳其和德国战败。

这代表一种主要的军事成绩。从速度方面来说，这不能与拿破仑战争或者德国统一战争相比。实际上，较为恰当的比较是美国内战，都持续了几年，并在没有能力迅速做出军事决策的情况下调动资源。虽然所有比较都存在低估个别冲突具体特征的风险，但是仍能获得异同对比的价值。

背 景

第一次世界大战在1914年爆发，是欧洲大国之间相互敌对（参见专题C：为什么会发生这场战争？）的形式下，巴尔干不稳定的局势相互作用的结果。

> **专题C：为什么会发生这场战争？**
>
> 为什么欧洲大国之间会发生战争？是国际体制发展不可避免的，还是某种特别决策的结果？很久以来，一种观点倾向于认为是前一个原因，试图归因于此，但实际上是一些重要人物做出了发动战争的决定，正是这些人应该为这场战争负责。
>
> 决定德国、奥匈帝国和俄国政策的精英们发挥了核心作用。他们对国内的变化忧心忡忡，包括左翼激进主义，对国际上的挑战也深感担忧。这些传统的军事与社会精英的脑中深深地隐藏着对19世纪军国主义与帝国主义的忧虑，认为受到了现代化的威胁，他们要利用军国主义和帝国主义来捍卫他们的特权。这类政权，与同时代的其他政权一样，在一种越来越脆弱的环境中运行，城市化、民众识字率提高、工业化、世俗化和民族主义创造了一个不确定的和让其感到陌生的世界，所以通过使用武力强行使这种潮流恢复秩序，或者通过胁迫来稳定秩序的诱惑非常强烈。这种不稳定感的增强，既鼓励了使用武力来抵制和疏导它，也为那些"不满意的"统治者和政府挑战国际秩序提供了机会。
>
> 1914年，德国是一个关键角色，因为对其主要盟国奥匈帝国染指塞尔维亚来说，德国的支持非常重要。在很大程度上，德国在1848年自由革命失败后，军国主义思潮盛行。那些想要维护和谋求权力的社会和政治团体，以及赞同以不断更新的武器为后盾、以融

合了民族主义或种族主义观念的军国主义来应对现代化的挑战的社会和政治团体，倾向于用军事手段来应对和解决问题。在日本，这也同样成为一种趋势。

并且，德国应对这些挑战的能力比两个世纪前的欧洲专制政权更强。部分是因为资源的标准变了，尤其是人口和工业规模扩大了；部分是因为组织机构有所发展，特别是通信和官僚机构的发展；还有部分原因在于城市化和国家控制下的教育使民众更容易被鼓动。对主要大国的战争计划来说，拥有更多的资源十分必要，特别是因为它们能获得足够数量的军队，以在多个战线确保战斗力。法俄联盟给德国带来了大问题，法俄分别从西面和东面发起进攻，威胁德国。

奥匈帝国和德国的领导人认为，他们在外交与帝国竞争中输了，他们的焦虑以特定的方式集中在特定的方面。这种焦虑可从联盟上看出来，比如，1882年的奥、德、意三国联盟，但20世纪的第一个10年和第二个10年早期，随着对国际地缘政治和国家政治变化的担忧加剧，这些联盟显得还不够。对奥匈帝国的精英来说尤其如此，他们担心土耳其政权的崩溃导致巴尔干地区（尤其是塞尔维亚）独立意识觉醒，这会威胁到奥匈帝国的完整。面对日益高涨的民族主义，这个帝国是否已经力不从心，也是个有争议的问题。很多情况下，与民族主义有关的内部政治争端，使其政策难以推行，同时也使内部产生一种破坏稳定的敌对意识。具有讽刺意味的是，对奥匈帝国的真正威胁不是来自斯拉夫民族主义，而是来自好战的德意志民族主义，且主要来自统治集团的精英分子，这突显了国内和国际两方面的弱点。

德国则既担心奥匈帝国内部的问题，也担心以奥匈帝国作为盟国的问题。1914年时，这两个大国都不能充分地约束对方；相反，在第一次世界大战中，盟国的地缘政治逻辑将大国拖入了战争，破坏力非常大，并最终摧毁了同盟的逻辑。同时，德国还对俄国发动进攻的能力感到担忧，俄国的这个能力得到了法国的财政支援，其中部分是以俄占波兰铁路建设的形式进行的。具有讽刺意味的是，1914年，俄国对德国的进攻轻松被击败，1915年，俄国侵占的波兰大片土地被德国占领。德国方面，无论是军方领导人还是听取其建议的政治家，一直都高估了俄国的军事实力。虽然没有迹象表明他们是故意这么做的，但结果证明这种误判造成的结果还是很好的。这突显出政治精英，特别是奥匈帝国和德国的精英在形成诉诸战争的决策过程中的认知与自我认知水平的重要性。

德国还有个特别的野心，即建立一支足以与英国进行海上竞争的强大海军，这显然只是个一厢情愿的想法，终因战略上野心过大而失败。实际上，这个海军建设计划对德国实现欧洲范围内的目标根本没必要。并且，德国发展海军的野心可能会导致与英国关系变冷，这就会造成这些目标无法实现，事实上，第一次世界大战中正出现了这种情况。德国还预测英国与法俄的矛盾无法化解，这又犯了一个大错。1905年，日本击败俄国成

> 为海上大国，这也损害了德国对形势的判断，因为这在英国眼中放大了德国构成的挑战，德国取代了俄国的地位，而早些时候，俄国还被视为对大英帝国在印度与奥斯曼帝国利益的威胁。
>
> 1870—1871年的普法战争中，尽管法国海军实力很强，但德国还是取得了胜利。在以后的对抗中，如果英国保持中立，德国可能希望与英国和美国进行贸易，这样可获得经济上的收益，使其更容易在欧洲范围内追求自己的目标。而当这样的目标与海军至上主义政策相结合时，就会因战略上野心过大而失败。
>
> 德国发展海军的野心这次没有上次那么强，这次是建立在对战略形势的合理评估基础上的，而上次是建立在德皇威廉二世（Wilhelm Ⅱ）对英国的羡慕、嫉妒和仇恨等情绪相结合的基础上的。这种态度或许能从他与其英国母亲（威廉是维多利亚女王的长外孙）的冲突上找到蛛丝马迹。从19世纪90年代开始，威廉主导着德国的政治，部分是出于集中政治权力，尤其是通过人事任命和内阁重组的手段使各部门变得不稳定。对于战争爆发，他的决策、认识和误判负有主要责任。
>
> 虽然个人的作用与国际关系的决定论和结构性解释并不一致，但如果对这些特定的危机进行深入研究，就会有所发现。结构限制和文化模式当然很重要，在很大程度上对导致"一战"爆发的条件做出了解释。但这不一定意味着要回归"伟人"历史观，去看待个人（无论是伟大的还是平凡的）在塑造他们的结构和文化背景下的选择和作用。

大国文化层面的竞争使局势恶化，尤其是德国、奥地利和俄国的军国主义争霸态度。巴尔干地区发生的本该是一场有限的冲突，而非欧洲火力的试验场，在此问题上这三国负有责任。因为不愿意看到自己的联盟体系崩溃，法英两国也卷入了战争。

1914年6月28日，奥匈帝国王位继承人斐迪南大公在奥匈帝国统治下的波斯尼亚省首府萨拉热窝被刺杀。斯拉夫民族主义者在塞尔维亚秘密警察的支持下实施了这次刺杀行动，因为奥匈帝国控制着邻近的斯拉夫人土地，并认为塞尔维亚威胁了其控制权，所以奥匈帝国想以这一事件为契机来彻底解除塞尔维亚的威胁。奥匈帝国总参谋长康拉德·冯·赫岑多夫（Conrad von Hotzendorf）男爵担心与塞尔维亚开战会导致战争扩大，而奥匈帝国尚未做好大战的准备，所以他先向塞尔维亚施压恫吓，并于7月23日发出最后通牒。很显然塞尔维亚政府不会接受，于是，5天后奥匈帝国宣战。

俄国方面担心，若其保护国塞尔维亚战败，就会使奥匈帝国在巴尔干的势力坐大，从而危及俄国与奥匈帝国及德国竞争的能力。于是，两个相互竞争的联盟体系的国际关系焦点聚集在法-俄与德-奥两个相互敌对的联盟上，确保某个特定地区的破裂（在这个例子中，就是在奥匈帝国与塞尔维亚间）能迅速扩大。与此同时，其他国家也采取了行动，原因是它们认为如果不行动，会导致自己的地位下降。因为担心俄国势力被削弱，法国明确表示支持俄国，这就引发德国向法国进攻。为实现目标，德军从侧翼包围德法前线上的法国守军，8月4日，德军经中立国比利时发起了攻击，这又使担保比利时中立的英国卷入了战争。

之后又有部分国家陆续加入这两个联盟，由塞尔维亚、俄国、法国、比利时、英国和日本组成协约国集团，1915年意大利加入，1916年罗马尼亚加入。德国和奥匈帝国组成同盟国集团，1914年土耳其加入，1915年保加利亚加入。

第一次世界大战陆上战场

开始时的几场战役

1914年，德国想再现拿破仑在1796—1809年间的胜利，以及老毛奇在1864—1871年间以演习为名进行机动赢得的战争。由于法国与俄国是同盟，德国现在不得不准备两线作战，这场战争不可能像德国的上次欧洲战争（1870—1871年的普法战争）那样发展。

受到老毛奇1864—1871年间倾向包围敌军而非依靠正面攻击的战术的影响，先发制人战略成为德国制订作战计划的基础。考虑到一旦战争发展成旷日持久的阵地战会带来灾难性后果，1891—1906年间的德军总参谋长阿尔弗雷德·冯·施里芬（Alfred von Schlieffen）伯爵给接任的小毛奇留下一份作战计划：经比利时进攻法国。然而，小毛奇未能根据形势的变化调整作战计划。形势的变化包括俄国此时已从1904—1905年日俄战争的失败中恢复过来，建立起一支比奥匈帝国更强大的军队。并且，1914年，俄国战争动员的速度也远比预想的要快。

小毛奇及其总参谋部的同僚们想发动战争，所以大肆渲染未来威胁，声称一旦俄国的铁路建设能力得到提升，其战争动员的速度将变得更快，并声称如果1914年开战，则德国胜券在握，于是他们鼓动文官决策者们下决心发动战争。可是，他们并没有给政治家们提出另一种可能的设想，即引发全面战争怎么办。此外，施里芬还犯了个愚蠢的错误，将非军事人员赶出了总参谋部智囊团，以至制订计划时，未能对德国采取的军事行动可能引发的政治后果予以应有的考虑，最明显的就是英国的参战。

小毛奇计划的是打一场短期的可控的战争，使英国只向法国提供有限的军事援助，然而事与愿违，他所害怕的德国未做准备的长期冲突的情况偏偏出现了。在此情况下，1914年的战场情况表明，德国不能再复制1870年战争的胜利。尽管他们强调在选定的战场投入出其不意的、快速及压倒性的力量，但是德军仍不能突破法军的防线，在战争中，法国通过铁路保持了部队的部署调遣能力。除了德国的战争计划与执行存在严重的缺陷外，其装备和纪律也存在问题，损害了德国通常应有的能力。总而言之，克劳塞维茨早就辨明的"战争迷雾"——曲解对形势和计划事件所产生的影响——显而易见。

1914年9月马恩河战役中，法国成功挽救了巴黎，阻挡住了战线过长、精疲力竭且部署得很差的德军，这场战争注定不会很快结束。德国本计划在西线得手后将部队转移到东线，以进攻俄国。然而，在英国和比利时军队与法军并肩作战的情况下，德国甚至只能被迫应对俄国的进攻，法国因是强大联盟的一分子而受益，这与1870—1871年的情形形成鲜明的对比。但这个联盟本身没有能力成功地发动进攻。法国与俄国1914年发起的进攻（意在获得主动权和夺取土地）被德国打得惨败。

入侵东普鲁士的俄军在两场战役中被彻底击败，一场是1914年8月27—28日的坦能堡（Tannenberg）战役；另一场是同年9月7—14日的马祖里湖（Masurian Lakes）战役。德军在指挥上要胜俄军一筹，一是得益于战役的顺利进行；二是由于俄军指挥官欠缺指挥才能，尽管后面这一点不像有时候认为的那么严重。由于俄军两场战役均惨败，法军在洛林发动的进攻也遭到惨败，德国得以在军事行动层面克服了两线作战所面临的不利形势，但在坦能堡战役之前，由于担忧俄军的实力，德国将原本准备进攻法国的部队调往东线；在此情况下，在西线战场急需人手时，再调部队为时已晚，无法及时增援。

在法国和比利时，马恩河战役之后，双方都未能突破敌军的防线，于是展开了"海上竞争"。1914年10—11月第一次伊珀尔（Ypres）战役中，双方在佛兰德斯余下的开阔侧翼均未能取胜，随后战场形势陷入了僵局。

西线战场

战略与战术 第一次世界大战中的战役，尤其是在西线，旷日持久且难以应对。如此大量的部队集中在一个相对狭小的区域，堑壕阵地的防守能力很强，特别是机枪的射速与射程得到了提高，火炮的射速也得到了提高，再加上在铁丝网和混凝土加固工事的作用，这造成战场形势陷入僵局，直到战争最后几个星期德军的阵地才崩溃。在向德军阵地发起进攻时，协约国很难将战场上的兵力优势转化为决定性的胜利，而且伤亡很大。英军的战场伤亡有58%是由榴弹炮和迫击炮造成的，只有不足39%是由机枪和步枪子弹造成的。

虽然有突破堑壕阵地的可能，但是夺得这样的胜利却很难，而且，飞机和摩托化战车尚未用于助攻。再者，部队推进后，还很难确认、巩固和扩大战果，直到1917年后期无线通信技术得到改进，通信与中央指挥受限的问题才得到解决。面对堑壕阵地进攻往往无法取得突破，反而导致大量伤亡，如协约国1915年在洛斯（Loos）、1916年在索姆河、1917年在阿拉斯（Arras）和帕斯尚尔（Passchendaele），还有德国1916年在凡尔登的进攻都是如此。

多数进攻是协约国发起的，那么他们为什么发动进攻？首先，德国在夺取比利时大片领土和法国部分领土后，挖掘了大量的堑壕。为了阻止德国最终在战争结束时实现攫取领土的图谋，协约国必须将其赶出去。其次，协约国方面认为有必要减少德国对俄国的压力，以防止俄国彻底战败，因为1917年时，形势呈现出了这样的可能性。再次，协约国方面认为，只有通过发动进攻，才可能获得主动权，反过来说，就是不让德国获得主动权。获取主动权和发动进攻都是胜利的先决条件。这就是1918年时实际发生的情况。1915年年初，人们普遍认为，冬季的僵局反映出前一年的秋季战役使人精疲力竭，物资已经耗尽；同时还认为只有补充新兵与弹药，才可能重新战斗。

人们还没有普遍认识到，这场僵局和堑壕战是双方都投入了大量兵力，却不能取得突破的自然结果。虽然德军防御阵地的强度并没有什么特别之处，但其防线选址很好，地形对其很有利。协约国的阵地则沿着德军的阵地部署，实际上是接受了德军的地形优势，这给协约国的进攻造成了很大障碍。

战术层面上，双方间攻击的相似性是彼此都注重堑壕战的结果，但这并不意味着双方在作战和战略环境、计划或者政治背景等方面也相似。例如，1915年，协约国试图通过正面进攻在西线取得战略突破，但在协调方面远远不足，还想通过加强正面进攻来克服堑壕战带来的问题。与此形成对比的是，1916年，协约国计划对德军的主要防线发动一系列精心协调的进攻，这次制订了更有凝聚力和雄心的宏大计划，意在给德军以足够的全面打击，特别是要迫使其耗尽储备，为随后协约国的进攻准备条件，以取得期待已久的突破。可惜，这个战略未能付诸实施，原因是1916年2月德军率先对法军控制的凡尔登发起了攻击。法国方面受到牵制，迫使英国最终在1916年7月英法发起的索姆河战役中承担起更大作用。然而，这次进攻准备得很不充分，一是支援火力不足；二是进攻的目标不明确。因为堑壕系统相对稳定，这就有必要部署重炮进行轰击，且如机动作战那样，在形势变化前，调派和部署大炮。为了打击敌军的防御系统，也有必要提供炮火支援。在防守的一方，火炮或许在加大敌军的伤亡中发挥了作用，因为它本来就是设计用来对进攻的步兵予以重创的。然而，1916年的索姆河战役中，英军的火炮分布太散，没能形成有效的战斗力。1917年4月，英军动用2879门大炮——前线每9码就有一门——在阿拉斯附近发动攻击。重大伤亡严重打击了士气，对1917年的法军和俄军来说也一样严重。事实上，1917年，法军发生兵变，尽管仍在防守自己的阵地，但已实际拒绝实施任何进攻行动，迫使高级指挥官不得不调整作战计划。此时，俄国的全部战争行动已全面瘫痪，但值得注意的是，军队总体上士气仍然高涨，直至1918年晚些时候之前，只有俄国军事上瘫痪了。实际上，法俄两国的情况，不是伤亡引发了兵变或者军事上的瘫痪，而是普通士兵的感受引发的，他们认为自己的牺牲是能力不足又不关心下属的长官造成的。法国人成功地解决了这个问题；而缺乏灵活性和弹性的俄国政治组织没能解决，并在这一压力下崩溃。

技术：毒气与坦克　沿堑壕战线形成的僵局迫使各方试验新式武器，以取得常规武器实现不了的突破。首个重大革新是毒气弹的使用，先是沿着友军战线投放（需要有利的风向，但实践证明不会总如人意，也不可靠），后来则是用大炮发射。在最初的战役中，法德两军都使用了催泪弹，但首先部署毒气弹（氯气弹）的是德军。在东线试验失败后，1915年4月22日第二次伊珀尔战役中，德军首次大规模使用氯气弹，在协约国战线上撕开了一道4英里（约6.4千米）

宽的口子。然而，对于使用毒气弹所取得的战果，德军和协约国军队一样感到惊讶，没能在协约国堵上这道口子之前抓住战机。然而，初尝胜利果实还是使整个战争中毒气弹的使用量加大，并促进了杀伤性最强的毒气弹，包括光子气和芥子气的研制。但是并没有令人意外的结果，随着各方迅速使用防毒面具，采取防御性反制措施，毒气弹只是增加了前线士兵的痛苦，却没有实质上影响战争的结果。

以坦克为代表的自行装甲火力平台的开发被证明是更为成功的革新途径。坦克于1916年9月首先由英国大量研发和投入使用，可以突破堑壕，从而克服了一大难题：火力与进攻的步兵相分离，以及创造和利用这些突破后随之而来的缺乏灵活性问题。通过携带的机枪和火炮，坦克使部队推进得以实现，可以应对未受到压制的阵地和反攻。坦克提供了精确的战术火力，作为进攻前进行的集群轰炸所带来的结果的有力补充。

然而，同毒气弹一样，坦克的使用也严重受限，因为在发展军事的时候，存在强调运用新武器的趋势，这具有启发性。"一战"时，各型坦克都存在诸多不足，如装甲、火炮威力、发动机功率以及可靠性等，所以坦克运行的持续时间、火力和速度等都显得不足。并且，坦克乘员之间很难进行通信联系，更不用说与外边的人联系了，这就更难指挥坦克抓住战机击毁目标了。此外，坦克的价值还受到产能不足问题的影响，这反映在战时资源分配与生产系统姗姗来迟上。德国还成功地研制出了反坦克措施，这一点也很重要。为了最有效地发挥坦克的战斗力，坦克需要支援进攻的步兵和炮兵，同时也要得到步兵和炮兵的支援，在过去的一个世纪，面对坦克推崇者的压力，人们多次吸取了这个教训。

1918年，对协约国来说，在西线打破僵局的不是坦克。相反地，是精准的重型火炮及步兵的巧妙协调和冲锋发挥了关键作用。与1914年6月时相比，1918年11月，英军已拥有440门重型火炮。

欧洲其他战场

其他战场单位面积的部队分布密度低于西线，所以要发起同等规模的进攻，集中兵力获得足够数量的兵员更加困难。另一方面，防守力量也很薄弱，尤其是纵深防御不足，因此进攻一方可能取得突破，获得重大胜利，取得决定性战果。东线战场和巴尔干战场尤其如此，1915—1918年，德国和奥匈帝国占领了大片土地，并在运动战中击败了敌军。

东线战场 1914年打退俄军的进攻后，翌年，德军乘胜追击，在东线发起进攻，击败了指挥糟糕、补给又不足的俄军，将俄军从波兰的大片领土赶了出去，战果比英法两军同年在西线进攻所取得的胜利大得多。事实证明，俄军在应对进攻中指挥不当，部分是因为其指挥理念已不合时宜。尽管俄军精英领导团体是俄国总参军事学院的毕业生，对战争中的科技方法持开放态度，但毕竟他们只是少数。总而言之，强调门第、关系和性格特点并不能对机枪、堑壕防守等所造成的困难做出有效的应对。

与此形成对比的是，1916 年，德国在东线采取防守态势，为的是集中兵力在西线发起进攻——凡尔登战役。在成功地解决了补给不足的问题后，俄军在当年打了几个胜仗。1916 年 6 月勃鲁西洛夫（Brusilov）将军指挥对奥匈帝国军队发起进攻，在德军增援稳住奥匈帝国军队的抵抗前，俄军夺得了大片领土。勃鲁西洛夫将军的部队设法将试探性攻击、炮火密集支援和寻找对方弱点的预备队结合在一起，这些战法启发了"一战"后期的德国渗透战术和"二战"中苏联的"大纵深作战"行动。

1917 年，德国调整战略，不得不在西线进行防守，实际是收缩到一条较直的防线，即兴登堡防线，以腾出部分部队。这样德国希望彻底击败英军（使用不受限的潜艇战）、意大利军（卡波雷托攻势）和俄军，但只有最后一个战略目标实现了。当时的俄国内外交困，外部有德军的进攻，内部维持战争已经很困难，沙皇尼古拉二世（亲自担任军队指挥）的政权产生了危机，最终导致共和政府取而代之。军队非但没有镇压首都圣彼得堡的起义者，反而与之联合。工人代表苏维埃号召士兵们从其长官手中夺取部队的控制权，并向苏维埃派出代表。在一片反对声中，沙皇被迫于 1917 年 3 月 15 日退位。

为了维持与英法的条约义务，俄国新政府准备继续参战，于 1917 年 6 月 30 日在加利西亚（波兰南部）发动攻势。但是德军仍维持着对俄国的压力，8 月占领了里加，此时，新政府执意继续打这场不得人心的战争导致民众纷纷转而支持共产主义者。7 月，布尔什维克举行的大规模游行示威遭到武力镇压。由于得不到军队的支持，1917 年 11 月，政府被布尔什维克在圣彼得堡发动起义推翻。翌年，弗拉基米尔·列宁领导的俄国新领导层与德国在布列斯特－立陶夫斯克举行和谈，接受了丧失大片领土的条约。一些评论人士认为战争胜负未判，与谈判的结果形成对比。

巴尔干战场 尽管重要性不是很大，但其他战场也有重要进展。1914 年，奥匈帝国没能征服塞尔维亚，但次年，在进攻保加利亚时，德奥联军入侵了塞尔维亚，并从塞尔维亚穿过。1916 年秋，罗马尼亚也遭受了同样的命运。

这场战争涉及的范围很广，所以要讲的内容很多。各国参战的原因不尽相同，人们总是容易忽视小国的态度。例如，人们主要关注西线，就容易忽视巴尔干，而事实上巴尔干发生了很多战斗。保加利亚起初基本上保持中立，但拥有大量军队，是战争双方争取的对象。最后，保加利亚加入了同盟国一方参战，因为同盟国承诺许以塞尔维亚的土地。此外，1915 年时，协约国方面在战争中几乎没取得什么进展，这也推动了保加利亚加入同盟国一方。1915 年 9 月 28 日，保加利亚向塞尔维亚发动进攻，之后，协约国向保加利亚宣战。1915 年，保加利亚打败塞尔维亚；为了阻止英法联军从萨洛尼卡港推进，保加利亚于 1916 年又入侵了希腊，之后参与入侵罗马尼亚。然而，战争造成了恶性通胀，物资严重匮乏，民众越来越不满，影响了军队的士气，1918 年的收成锐减。呼吁和平的声音不断增强。

军事上的失败成为推动和平的主因。1918 年 9 月，从萨洛尼卡登陆的英法联军击退了保加利亚军队，保加利亚于9月28日接受停火协议，成为同盟国中第一个退出战争的国家。

意大利战场　相比之下，意大利战场的很多战斗也呈现出与西线战场类似的僵持状态。在重要的伊松佐河（Isonzo）战役中，1915—1917年间，意大利发动11次攻势，遭受重大损失，也才迫使奥匈帝国军队退后仅仅6英里（近10千米），当然奥匈帝国的军队也付出了重大伤亡。此战，奥匈帝国的军队得益于两点：一是地形带来的防守优势大；二是压制奥匈帝国军队的意大利炮兵火力不强。

1917年10月，德奥联军突然发动卡波雷托（Caporetto）战役，使战场形势发生变化，意大利几乎被彻底击败，但英法联军及时赶到，在皮亚韦河谷（Piave Valley）挡住了敌军的进攻。1918年6月，意大利军队挡住了奥匈帝国军队的又一次进攻。当年晚些时候，意大利军队再次向前推进，击退了奥匈帝国军队，奥匈帝国于11月3日投降。

欧洲以外的战场

尽管胜利比战前预期的晚了一些，也比1914—1915年时判断的可能时间晚了一些，但在各个战场，协约国都处于主导地位。由于英国海军拥有制海权，英军拥有两栖作战能力，且英法两国政府予以支持，德国在非洲的殖民地全被占领（尽管德国在东非的殖民地的抵抗活动一直持续到战争结束）。苏伊士运河及波斯湾的石油供给得到了德国的盟国奥斯曼土耳其的保护，但1917—1918年，土耳其被赶出了巴勒斯坦（今以色列和巴勒斯坦）和美索不达米亚（今伊拉克）。

"一战"非洲战场的情况与欧洲战场大不相同，应对疾病、保护人和驮运物资的牲畜的能力十分重要。而且，由于距离遥远，交通状况不佳，补给物资的运输具有重要作用。无论在实际作战中还是在战术制定上，机动能力和突然性在非洲都十分关键，火力却不如在欧洲那么重要。

与土耳其的战争和东线的作战情况更为相似，虽然机动能力很重要，但是火力及对有准备的阵地的进攻也很重要。这在加利波利战役中表现得特别明显（参见专题B：加利波利战役，1915年），英军未能从登陆区实现突破，以扫清达达尼尔，从而能够进攻君士坦丁堡（今伊斯坦布尔）。虽然加利波利战役中，英军有几次可能取得突破，但协约国战术上的失败造成了其战略上的失利。

因为机动的空间非常大，1917—1918年，英军成功地击败了土耳其军队，守住了巴勒斯坦。步兵与炮兵的紧密协调非常重要，需要熟练地制订作战计划。地形因素意味着坦克和飞机可以很好地发挥作战效能，与西线战场不同，骑兵——在战争的战术动力学中是坦克与飞机的前身——在进攻中发挥着重要作用。

战争也象征着一种机遇，但更反映一种需求：扩大帝国的势力范围，以遏制可能的不满情绪，先于对手抓住机会，并开发利用资源。因此，1915—1916年，法国镇压了突尼斯的起义和今天西非的布基纳法索的反对派，英国则于1914年迫使埃及承认其为保护国，还使波斯湾受其保护，又使卡塔尔从奥斯曼帝国统治下独立出来，受其保护。在苏丹，苏丹王阿里·第纳尔（Ali Dinar）响应奥斯曼帝国的号召推行伊斯兰教政策，于是英国于1916年征服了达尔富尔地区，加强了控制。英国人通过飞机和轻型卡车实现快速的火力配置和部队机动。在索马里，奥斯曼帝国号召的泛伊斯兰教行动受挫，因为他们未能攻入埃及，又在阿拉伯半岛被阿拉伯起义军击败，意味着赛义德·穆罕默德（Mullah Sayyid Muhammed）领导的反英斗争团体没有得到期望的外国援助。并且，英国的海上封锁取得了很好的效果，切断了反英团体的武器弹药补给。

专题B：加利波利战役，1915年

英法两军试图突破达达尼尔海峡围困奥斯曼帝国的都城君士坦丁堡，这一行动成为这场战争的重大两栖作战，却遭到了全面失败。起初，重点是海军试图突破达达尼尔海峡，即从爱琴海进攻君士坦丁堡途中的关键海峡。然而，1915年3月18日，舰队遭遇水雷攻击，三艘英法准无畏级战舰沉没。虽然海军专家早就预料到水雷带来的危险，因此支持采用沙滩炮阵战术，并且在战前英国海军已经提供了土耳其人在部署水雷的情报，但是他们的警惕性全被海军大臣温斯顿·丘吉尔忽视了，他主张对君士坦丁堡进行大胆的海上进攻，所以土耳其人冒险进攻的能力和意愿都被严重低估了。

由于突袭战机丧失，协约国部队随后于4月25日在达达尼尔海峡以西的加利波利半岛登陆。此举旨在确保抢占沙滩炮兵阵地，然后再扫清水雷。可是，土耳其人已在德国的指导下加强了当地的防守。因为协约国方面计划制订得差，指挥能力欠缺，土耳其人战斗技巧好，且此时总体防守火力强，尤其是未受到炮火压制，协约国先遣部队进攻受阻。据中将威廉·伯德伍德（William Birdwood）爵士5月的报告，攻击力量不足迫使英法军队转为防守，且"实际已变成围困状态"，所以战斗很快就停了下来。加利波利战役说明了战术和战役胜利目标与战略理念是多么不相符，这种现象在"一战"中曾多次上演。

澳大利亚指挥官约翰·莫纳什（John Monash）报告称："我们现在已将战斗程序彻底组织好了，对陌生人而言，看上去就像一个被打乱的蚁丘，虽然每个人在向不同的方向跑，但事情真是组织上的一个成功，行动都是有序的，具有意义。参谋军官负责传达命令，弹药运输线、水运具、炮弹运具、抬担架的人、埋葬小队、急救队员、预备队、志愿队、信号兵、电话兵、工程兵、挖掘小队、沙袋小队、潜望手、先锋队、军需小队以及增援部队等，各自在阵地上忙碌着，虽然表面上看有些混乱，空气中充满了噪声、子弹和炮弹划破空气的声音，及炸弹爆炸声和火焰燃烧声，但一切就像和平游行一样，平稳地进行着。"

接下来的冬天，虽然作战行动中取得了少数几个胜利，但协约国最后还是撤退了。

第一次世界大战海上战场

水面战场

英国海军期待着再取得一次 1805 年特拉法尔加式的胜利，想着 1905 年日本在对马海战中的胜利，他们认为对德国海军的战斗将以英军的大胜告终。实际上，两军并没有爆发这样的决战。其他地方也没有，特别是在亚得里亚海，法国和意大利海军虽然限制了奥匈帝国海军的活动，但实际上并没有击败它。此外，俄国海军与德国或者奥斯曼帝国海军也没有发生大的遭遇战。

封锁与战斗 处于优势的协约国（尤其是英国）海军对同盟国进行了封锁，这发挥了关键作用，所以双方没有发生海上决战。封锁切断了同盟国与中立国（如美国）的贸易，并切断了其获取殖民地资源的途径。

最大的海战，实际上也是史上最大规模的战列舰较量，发生在 1916 年 5 月 31 日，地点在北海的日德兰地区，起因是德国试图（本来只是尝试性的）突破海上封锁。然而，英国方面应对失当，因为海军上将约翰·杰利科（John Jellicoe）爵士太过慎重，火力控制及火药的安全操作出现了问题。虽然此战中英国方面损失的战舰较多，但是在这场海上炮战中，德方的大量战舰也遭到重创，信心被英国舰队的巨大规模及表现出的顽强的战斗意志动摇。因此，尽管在战术上此战德国收获更大，但是德国的舰队还是退回了港口，并一直驻泊到战争结束，成为愚蠢的威廉二世不稳定的海军政策的纪念碑。由此可见，日德兰海战应视为英国舰队的重大战略胜利，使英国对德海上封锁得以继续。

不管怎样，德国未能打破英国的海上封锁，这就断绝了与其他国家的贸易，经济上遭受严重损失，民众的士气受到削弱，造成了民众骚乱，并最终于 1918 年 11 月导致德国政治体制崩溃。早在 1915 年 1 月，随着英国成功实施封锁，德国开始实行面包定量供给。德国的海上运输需要通过不列颠群岛，英国的海上封锁不只是简单地封锁了通往德国的水域，同时，它也是一场广泛的针对德国的经济战。这就使德国不得不购买绕开封锁的物资，海上运输也要想方设法避开封锁，同时这也对中立国家的经济、金融和政治政策产生影响，从而影响中立国的形势。有些人曾对德国平民在封锁中遭受的伤亡情况进行过评估，死于营养不良和饥饿的人数高达 80 万，比第二次世界大战中盟军对德国进行战略轰炸造成的死亡还要多。

地中海方面，意大利曾于 1913 年与德国和奥匈帝国签署海军协议，现在决定抛弃他们，转而于 1915 年加入英法联盟，这使得地中海地区处于协约国的控制下。奥匈帝国与奥斯曼帝国没有能力去争夺控制权，而 1914 年部署在地中海的一支小型德国舰队还要由奥斯曼帝国提供庇护。一支位于科孚岛的法国舰队和位于塔兰托的意大利舰队将奥匈帝国舰队封锁在亚得里亚海，阻止其进入地中海。由于受到潜艇的威胁，法国和意大利将主要舰艇从海上撤了回来，在奥特朗托海峡（Straits of Otranto）布置了水雷，将敌方的潜艇困在其亚得里亚海的基地中。

潜艇战

德国试图通过常规的水面作战突破英国的海上封锁失败后，英国海上封锁造成的形势非常严峻。1916 年 7 月 4 日，日德兰海战的德国指挥官海军中将莱因哈特·舍尔（Reinhard Scheer）向德皇威廉二世建议，只有使用潜艇才有胜算。

潜艇是旧战法"商业突袭舰队"的新运用，只是地缘政治情况有所不同，1689—1815 年间的那些战争中，商业突袭舰队从法国的许多船舶停泊处捞了不少好处。相比之下，德国的舰艇深入公海的能力非常有限，不只是因为德国的海岸线很短、舰艇停泊处较少，而且还因为英国可能通过反潜措施，特别是用雷场来封锁英吉利海峡和北海。当然，这与第二次世界大战中形成的地缘政治挑战不可相提并论，1940 年时，德国征服了挪威和法国。

无论如何，潜艇都是一种令人生畏的武器，部分是因为反潜武器的作战效力有限。一旦潜艇潜入水下，难以被探测到，深水炸弹也只有在靠近潜艇船体时爆炸才能奏效。另外，军事理论上也有问题，对来自潜艇的挑战被说得很严峻，也就是说，面对潜艇的攻击，相关理论中缺乏应对知识。

这增加了英国贸易的脆弱性和英国可能屈从于一种封锁的危险。结果是潜艇的使用效果非常好，不是用于摧毁战舰，而是用来击沉商船。整个战争期间，德国击沉的协约国船舶的排水量总计达 1190 万吨，大多数是商船，付出的代价是 199 艘潜艇。

潜艇与美国的参战 1915 年，德国发动了无限制潜艇战，这是其迫使英国陷入饥饿而投降的战略的一部分，直至美国抗议有美国公民遭袭死亡时才放弃这一战术，例如，击沉英国客轮卢西塔尼亚号（Lusitania）等，这使德国担心美国可能参战。

但德国一直希望继续进行潜艇战，以达到彻底击败英国的目的，于是 1917 年 2 月 2 日又恢复了潜艇战，这最终促使美国于 4 月 6 日参战。虽然德国军方领导人为这一高风险计划做了精心策划，结果却失败了，但他们更担心的是其同盟的瓦解或者德国本土防线的崩溃，所以不得不采取孤注一掷的办法。德国希望削弱英国的实力，并击败俄国，这样就能抽调部队前往西线，并在美国的军事实力发挥效力之前于 1918 年击败法国。

尽管对反潜战缺乏相关经验，但美国参战还是使战争形势发生了重大变化，后来的"二战"中美国于 1941 年参战也是一样。1917 年，美国是世界上最大的经济体，本身就是协约国战争经济的重要支撑，拥有世界第三大海军（排在英国、德国之后）。从 1917 年 5 月开始，美国战舰在欧洲水域进行反潜巡逻，当年晚些时候，5 艘美国战列舰被派至英国，使协约国的水面舰艇在数量上超过了德国的。

击败潜艇 1917 年无限制潜艇战宣布之初，协约国舰船损失率很高，似乎失败之日已经不远。1917 年 2—4 月，总计超过 190 万吨排水量的舰船被击沉，而德国只损失了 9 艘潜艇。这使得英国军方领导人对取得战争胜利感到悲观，但是，1917 年 5 月，护航制度的出台成为应对潜艇的关键措施。护航舰队大幅减少了舰船的损失，减少了潜艇的攻击目标，并扩大了击沉德国潜艇的数量。1917 年无限制潜艇战开始的 4 个月中，英国每月舰船损失吨位数达 63 万吨，到 8 月时，降至 50 万吨以下。通过护航而跨越大西洋的 9.5 万艘船舶中，仅损失 393 艘，其中仅 3 艘为运兵船。大批美军被安全地运过大西洋，昭示着德国海军的失败。

第一次世界大战空中战场

第一次世界大战的空中战场上不仅有飞机，还有飞艇（充气飞船）。1915 年 1 月，德国的齐柏林飞艇开始轰炸英国。物质上的破坏还不算严重，但对平民的攻击则是一种新式全面战争的准备。战争期间，总共有 50 艘齐柏林飞艇对英国实施了攻击（208 架次），投下了 196 吨炸弹，造成 557 人死亡、1358 人受伤，财产损失价值 150 万英镑。但是齐柏林飞艇缺乏飞机的机动能力，且其易燃性气体面对燃烧弹的攻击显得很脆弱。

不论怎样，飞机是将战场引向天空的关键军事技术。空中侦察则是它们最重要的功能。事实上，飞机已经取代了骑兵的侦察功能。例如，1915 年英国飞机侦察发现了一支行进在苏伊士运河上的土耳其舰队。甚至在战争结束时，很多服役的飞行器是用来侦察和观察的飞机。空中拍照侦察技术也已开发，推动了准确地图的出品。

空战使对手失去了这些机会，且空中优势因而被视为对地面作战有价值，使得对手难以制订攻击计划。尽管伤亡很大，但英国仍特别热衷于对德国的阵地发动空中打击，进而保持威压态势。

空战的压力促进了飞机性能的稳步提升，飞机的速度、机动性和飞行高度不断提高，使其更容易攻击敌方飞机，同步操作的齿轮可使飞机向前开火，而不会损坏螺旋桨。随着量产能力的发展，飞机的产量迅速增长。到 1918 年，英国已拥有 2.2 万架飞机，数量远超德国。空气动力学也成为军事科研能力不断增长的实例，风洞被建起以供研究使用，完全由金属制造的无支架机翼的飞机也已研发出来。发动机动力增强而尺寸减小了，飞机的速度和爬升能力不断提升。

飞机性能方面的增强最突出地表现在战斗力上，如争夺空中优势的空中搏斗。除了研发出单个飞机的空中缠斗战术外，飞机还开始编队飞行，又研发出了队形战术。作为飞机战斗力增强的一部分，还研发出了对地攻击技术，这一技术在 1916 年的索姆河战役中得到应用。还有更为先进的作战样式，如 1917 年的帕斯尚尔战役和康布雷（Cambrai）战役中的支援坦克作战。1918 年，德国补给线经常遭到空袭，使德军的作战行动受到限制。在向巴勒斯坦推进时，英军进行了空袭，其空中反潜巡逻加大了德军的损失。

更大更强的飞机还可用于两栖作战、远程轰炸。1914 年 9 月和 10 月，英国皇家海军的航空部队实施了战争中的首次战略空袭，载有 20 磅（约 9 千克）炸弹的飞机从安特卫普起飞，轰炸了杜塞尔多夫的齐柏林飞艇库，摧毁了一架飞艇。轰炸不仅针对民用目标，同时也针对军用目标。1917年，作为无限制潜艇战的辅助手段，德国哥达（Gotha）双引擎轰炸机飞越北海空袭了伦敦。这促使英国于1918年4月1日建立起皇家空军。战略轰炸任务被认为是打破堑壕战僵局的一个技术途径：制空权的拥护者想象一种摧毁敌人的可能性，即敌人的脆弱处、软肋、不受保护的后方地区，包括工业和人口中心，因为这些是全部战争行动所依赖的资源。继飞艇战、坦克战甚至潜艇战之后，又进行了飞机战，希望超越了现实。1918年英国空袭所造成的实际破坏极小，却损失了很多飞机。这在很大程度上是因为在飞机性能提升之际，防空能力也得到了很大提升。这又给我们提供了一个作用与反作用循环的例子，一是军事技术的推进与应对；二是军事实力的增强。

尽管如此，空中力量可能实现的目标仍有扩大的可能。1915年，英国防御委员会曾考虑使用在俄国基地的远程飞机用燃烧弹去摧毁德国的小麦和黑麦等农作物。不过，这个作战行动最终未执行，因为在使用大型的汉德利·佩奇公司（Handley Page）生产的V/500型轰炸机空袭柏林之前，战争就结束了。1918年10月7日，西线的英军指挥官道格拉斯·黑格（Douglas Haig）记录道："我问空军少将约翰·萨蒙德（John Salmond），一旦敌人溃败，他是否准备好用大量低空飞行的飞机来支援骑兵，例如，布西尼（Busigny）行动，他可以集中多少飞机？他回答说：'一切都已准备就绪，可以立即集中300架！'"

然而，在此阶段，有关制空权的希望都建立在一种错误的感觉基础上，即作战和技术可能性感觉，尤其是在轰炸方面。在空战上，同后来在"二战"中的表现一样，德国没有输，这在很大程度上表明"一战"中飞机的战斗力非常有限。

后方：全面战争

第一次世界大战期间，各个社会团体都因战争被动员起来，经济活动中的很多行业被置于政府控制之下，并以军事组织的形式进行管理。社会的其他行业虽没有正式置于政府控制下，但仍可被视为军事化国家的非正式组织的一部分。

如冲突的程度那样，战争的需求推动了这一进程。为了满足前所未有的弹药需求，各国政府都扩大了权力，与战前经济管理很大程度上的自由化状态相比，这是个明显的转变。政府的权力变得更大，包括控制物价、工资和强制实行定量配给。在德国，军队还被赋予很多权力，如逮捕、搜查和审查，以及拆检信件、禁止出售某些特别货物和禁止歇业等。战争期间政府权力的扩大，虽不是在战时的所有层面上，但的确在大多数地方都是长期的。

战争的需求还改变了妇女的地位，尽管依旧不那么平等。以法国为例，妇女的权利同英国一样并没有扩大。在英国，妇女担负起许多新职责，许多妇女进入了工业领域。英国工会会员中女性比例从1900年的7.8%增加到1918年的17%。妇女的工资水平尽管仍比男性低，且工厂中的女性由男性工头监管，但同此前相比还是达到了最高水平。1898年时，英国军队医院雇用的护士仅 72 人，而 1914—1919 年间，军队护士增加到了 3.2 万人；甚至在管理层中妇女也有了一席之地，能指挥男性病房的勤务兵工作。1918 年，只要是户主、户主的妻子、年价值 5 英镑以上的财产拥有者，或者是英国大学的毕业生、30 岁以上（含 30 岁）的妇女，都被赋予了选举权。

持续数年的战争对妇女造成的社会影响更加广泛，新机遇与流动性和独立性增强相关联，包括年轻妇女受她们的长辈、男性的控制与影响降低了。于是出现了新的社会风气：原来的未婚少女社交监督人不再那么强势，作用下降了，求婚的风格变得较为自由，非婚生育的数量上升了。

然而，由于妇女的作用一般是被视为生儿育女，所以大后方这种认识也是对新确立起来的性别观念与角色的一种确认。同时，在军队中，有关性别的新角色也确立了起来。在靠近前线的地方服务的妇女 —— 例如，与美国陆军一起工作的护士和电话接线员 —— 发现军队等级制要求她们履行传统的性别角色，相比于她们在战争中做出的贡献，领取的津贴却更少。

战争结束

1918 年，西线战场的僵局终于被打破。1917 年美国加入协约国一方对德作战，大大改变了战争的形势。特别是在后勤方面，对陷入堑壕战僵局的协约国来说，士气的影响是相当大的。到 1918 年，美国人虽只攻占了前线部分地区，但如果战争持续到 1919 年的话，那他们的作用就会重要得多。因此说，1918 年英国的贡献十分关键，不仅是因为这一年俄国被德国击败退出了战争，还因为法国 —— 尽管仍很重要 —— 已由于前期的伤亡而被严重削弱。这里说的"英国"是指大英帝国，其中包括了澳大利亚人、加拿大人，甚至还有部分印度部队也在西线战场做出了重要贡献。

1918 年春，英军挡住了德军的最后一次进攻。此次进攻中，德国在意大利和西线战场上都使用了自 1917 年晚些时候开始的渗透战术。该战术是德军攻势由消耗战向突然袭击和闪击战转变的一部分。德军突击队分散成很多个小组，在密集炮火的掩护下绕开防守严密的地方，突入协约国的堑壕。德军使用了一些轻型武器加强火力，包括冲锋枪、火焰喷射器、迫击炮、手雷和手提式轻机枪等。

在阻挡德军攻势中，协约国的防守开展得很有效，尽管德国改进了渗透战术，但在此阶段，进攻中的总体限制以及协约国的资源优势都是重要原因。从 7 月到 11 月，得到了法国和美国的支援后，英军发动了一系列进攻，打败了德军，9 月突破了其主要防线。协约国运用的炮兵与步兵协调行动和其他非常先进的战法，以及与 1916 年不同的作战单位编制等取得了很好的作战效果，这些都是取胜的重要原因，尽管后来各方的关注点趋向于坦克集群进攻的新战法。总而言之，德国失去了武器上的优势，同时向前线士兵运送食物、衣服和武器的能力都被削弱了，德军又获悉美国向协约国提供了大量物资补给，这使德军士气受挫，造成的后果十分严重。

1918 年，德国及其盟国终于在战争中被击败，而不是像右翼分子如阿道夫·希特勒后来声称的那样，是被国内反对派在背后捅了刀子。各方关注的重点是德国在西线被击败，但是德国的盟国在巴勒斯坦、美索不达米亚、马其顿和意大利北部的军事失败也是部分原因，这造成同盟国一方被击败的累积效应，也显示了协约国在战争中的总体优势。

西线战场上，德国被击败了，资源的平衡是一个重要原因：德国用光了预备部队，协约国一方则可请求美国支援。资源的重要作用促进了一系列政策的出台，如协约国对德国进行封锁，以及德国决心夺取东欧资源等。

此外，在分析德国失败的原因时，我们也应考虑一系列作战方面的因素，包括 1918 年埃里希·鲁登道夫（Erich Ludendorff）在西线糟糕的指挥——特别是在年初的攻势中，他重点对西线不同地段依次发起攻击，而非重点对其中一段进行持续的猛攻。然而，我们也需要提醒的是，讨论政策和分析事件是困难的，德军攻击点的变换也是 8 月后协约国在西线取得胜利的关键因素之一。其他关键因素还包括协约国炮兵战术的成功，这对德军造成巨大杀伤。还有德军遭受的流感大流行的影响比其对手英法联军更严重。

结　语

1918 年 11 月 9 日，德国皇帝退位，11 日西线实现停火，战争结束。这场战争导致几个帝国——德国、奥匈帝国、俄国和奥斯曼帝国崩溃，使欧洲和中东的领土重新划分，其变化之快可谓前所未有。除巴尔干和斯堪的纳维亚以外，欧洲各国的疆界自 1871 年以来就已固定，而现在情况突然发生急剧变化。在东欧建立起来的新国家——波兰、奥地利、匈牙利、捷克斯洛伐克、南斯拉夫、芬兰、立陶宛、拉脱维亚和爱沙尼亚——相对比较弱，这就形成了一种脆弱的局面，向一些富有侵略性的国家敞开了剥削的大门，最致命的便是 1938—1939 年希特勒上台后的德国。同时，还要面对俄国十月革命胜利所带来的挑战。

战争还严重打击了欧洲的经济。美国此时成了最大的债权国，但是其军事实力薄弱，对外关系上还缺乏自信。在全球范围内，稳定所面临的挑战与 20 世纪第二个 10 年初期时相比虽有很大差异，但全部保留到了现在。军事策划者对 1918 年之后战争演变形态的预测是下一章的主题。

■ 推荐阅读

Beckett Ian. *The Great War, 1914-1918*. London: Longman, 2001。本书对社会与经济方面的论述特别有价值。

Black, Jeremy. *The Age of Total War, 1860-1945*. Westport: Praeger, 2006。本书值得一读。

Chickering, Roger. *Imperial Germany and the Great War, 1914-1918*. Cambridge: Cambridge University Press, 2004。这是一本讲述德意志战争努力的书。

Doughty, Robert. *Pyrrhic Victory: French Strategy and Operations in the Great War*. Cambridge: Harvard University Press, 2005。本书对法国战争努力讲述得非常好,重点是多前线战略和取得胜利的艰辛。

Gordon, Andrew. *The Rules of the Game: Jutland and British Naval Command*. London: John Murray, 1996。本书指明了英国海军文化中的作战指挥风格。

Halpern, Paul G. *A Naval History of World War I*. Annapolis: Naval Institute Press 1995。本书是一部出色地全面记述"一战"的著作,没忽视地中海战场,特别有价值。

Herwig, Holger. *The First World War: Germany and Austria*. London: Edward Arnold, 1997。本书恰当记述了奥匈帝国的情况。

Neiberg, Michael S. *Fighting the Great War: A Global History*. Cambridge: Harvard University Press, 2005。本书是一部出色的通史,恰当地重点讲了法国的情况。

Neiberg, Michael S., ed. *The World War I Reader*. New York: New York University Press, 2007。本书是一部很好的重要论文合集。

Sheffield, Gary. *Forgotten Victory: The First World War, Myths and Realities*. London: Headline, 2001。本书收集了一些修正主义者的观点。

Strachan, Hew. *The First World War: To Arms*. Oxford: Oxford University Press, 2001。本书详细记述了战争初级阶段的情况。

第 27 章
坦克与任务

两次世界大战之间的军事发展，1918—1937 年第一次世界大战结束之后，各国将帅和军事理论研究者们必须面对的问题主要有三个：如何汲取"一战"中的经验、如何使用新式武器，以及如何应对未来的挑战。这些问题没有答案，也充满了争议，尤其是如何应对未来的挑战。各国未来面对的挑战各不相同，因此从"一战"中汲取的经验以及对新式武器军事价值的认识与态度也截然不同。

现代军事历史研究侧重于从一国军队面临的主要任务，而不是其具备的作战能力展开研究。因为只有这样，从应对未来挑战的角度思考才更有意义。反过来，聚焦于一国军队的作战能力则必然关注其武器装备。通常情况下，研究两次世界大战之间这段时期军事领域的发展，往往侧重于"一战"中新武器的影响，尤其是坦克与飞机。但是我们要注意到，研究新武器的影响时一定要考虑其使用者未来必须应对的挑战。由于这些挑战使我们有机会从全球视角观察军事领域的发展，因此本章我们就从这些挑战开始。

挑　战

维护帝国主义统治

在"一战"之后的和平年代，欧洲帝国主义列强达到了扩张的顶峰。日本作为非西方的列强之一，也扩展了其势力，当然这主要是因为日本也是"一战"战胜国之一。日本获得了德国在太平洋地区的殖民地，包括加罗林群岛、马里亚纳群岛和马绍尔群岛（"二战"中被美国占领），以及中国的青岛。与之相比，英国和法国从德意志第二帝国和奥斯曼帝国获得的利益更多。澳大利亚、比利时、新西兰和南非也从德国获取了不少利益。列强获取的殖民地都得到了正式的委任统治，这就意味着不管是日本还是欧洲列强新获取的土地都得到了国际联盟的承认。国际联盟是"一战"后国际社会为阻止战争而成立的仲裁机构，是联合国的前身。

重新划分殖民地标志着"一战"中战胜一方的帝国主义列强重新掌控了殖民地世界。这是19世纪末20世纪初帝国主义列强瓜分世界的收尾阶段。

但实际上，想要掌控全球形势绝非想象中那么容易，"一战"的影响更是加重了西方帝国主义列强所必须应对的、已经非常严重的殖民地问题。反西方情绪与刚刚形成的反抗殖民当局的运动结合起来，在20年代席卷了殖民地世界的绝大多数角落。尤其是伊斯兰世界，其反抗最为普遍。虽然原因和结果各不相同，但伊斯兰世界反抗西方殖民统治的运动包括伊拉克、埃及、波斯（伊朗）、南也门和英属索马里的反英运动，叙利亚的反法运动，利比亚反抗意大利殖民统治的运动，西属摩洛哥的反西班牙殖民运动，以及土耳其拒绝接受希腊统治爱琴海而与欧洲军队展开的斗争。具有讽刺意味的是，绝大多数反殖民运动，都是在西方引导的民族主义思潮激荡下形成的。

帝国主义列强极力维护其殖民统治。法国于1926年空袭并炮击了叙利亚首都大马士革，英国则出动其在"一战"中新成立的空军打击阿富汗、伊拉克、南也门和英属索马里的反英起义。空军既现代又高效，是军事力量的放大器。空军不仅能输出火力，同时机动性强，并且不需要部署大量地面部队。

当然，成功不是没有代价的。1921—1927年，西班牙为镇压摩洛哥北部愈演愈烈的起义，从空中向平民和起义者投掷了芥子气。摩洛哥的反西班牙运动经历了种种困难，在1925—1927年被残酷镇压，很大程度上是由于法国的干预。叙利亚的反法起义和爪哇人民的反荷兰殖民运动也相继失败。

但是，凯末尔领导的土耳其于1922年打败了企图干涉的希腊军队，并于同一年逼退了英国军队，从而维护了自身的独立。而实际上作为世界头号帝国主义强国，大英帝国在殖民扩张上已经显得力不从心了，决定开始收缩。因此，英国在伊拉克、伊朗、埃及、土耳其、爱尔兰（参见专题B：国家恐怖主义的胜利：英国在爱尔兰的失败）和苏联的野心开始逐渐消退。

20年代中期以后，反帝运动开始退潮。部分原因是帝国主义残酷镇压的结果。尤其是1930—1931年意大利残酷镇压了利比亚的反抗运动。在此过程中，意大利悍然采用反人类手段，屠杀了超过5万名平民，还采用填埋水井、屠杀牧群等经济方式来镇压反抗。意大利的镇

专题B：国家恐怖主义的胜利：英国在爱尔兰的失败

英国在爱尔兰的失败既显示了恐怖主义的能量，也展示了应对游击战的困难。1916年，规模达1200人的爱尔兰民族主义暴动被英国彻底镇压了下去，但是"一战"沉重打击了大英帝国，动摇了爱尔兰作为一个自治领留在大英帝国内的基础。1919年，爱尔兰志愿军（后来更名为爱尔兰共和军）开始恐怖活动。爱尔兰共和军反对合法的政治活动，认为那是对英国的妥协。英国拒绝爱尔兰的独立要求，从而在1919—1921年引发了残酷的内战，爱尔兰共和军采用恐怖手段和游击战推翻了英国在爱尔兰的统治。英国陆军副总参谋长菲利普·切特伍德（Philip Chetwode）中将有一段为当时人所熟知的评论。他认为除非给予英军更大的权力，包括控制爱尔兰警察，并得到英国民众的全力支持，否则消灭爱尔兰共和军是不可能的。"全面执行戒严令必然伴随着高压手段和处决乱党等强硬措施，在当前英国民众对爱尔兰独立运动知晓不多的情况下，我非常怀疑执行戒严会引起英国民众的抗议，这不仅会毁掉当前我们所有的努力，而且对部队危害极大。后一个危害尤甚，

> 士兵们会感觉完全被国人所抛弃,并会极力反抗,为我们管理部队造成巨大困难。"
>
> 切特伍德的观点也许是正确的。动用高压手段有可能镇压起义,但肯定得不到公众支持。因此英国从爱尔兰绝大多数地方退出,留下了一个自治的爱尔兰国家和一个主要由清教徒组成的北爱尔兰,而北爱尔兰继续留在不列颠联合王国。这样的划分引起了爱尔兰共和军大多数人的不满,这些反条约派被称为非正规军,他们拒绝接受安置并致力于统一爱尔兰。非正规军的恐怖活动于1921年在北爱尔兰达到了顶峰,并于1922—1923年在南部与新成立的爱尔兰政府展开战斗,但被英国和爱尔兰政府联合镇压下去。

压手段还包括使用毒气弹和大规模屠杀,幸存的利比亚民众在解除武装被关入监狱之后,有大量人员死亡。

1935—1936年,意大利在侵略埃塞俄比亚的战争中大量使用毒气和生化武器。虽然意大利最终占领了埃塞俄比亚,但其胜利不是建立在拥有现代武器装备和大量军队(近60万人)的基础上,而是埃塞俄比亚选择常规作战手段而不是游击战的缘故。埃塞俄比亚战略上的错误使得意大利能够克服在恶劣地形下后勤保障不力的困难,集中优势兵力消灭埃塞俄比亚军队主力。

反帝运动在殖民帝国内部也存在。英国就面临着自1936年起印度西北部边境瓦济里斯坦(Waziristan)[①]地区的暴动和1937—1938年巴勒斯坦大起义。而英国能够从容应对,部分原因要归功于印度军队的规模以及对反抗运动的克制。而从更高层面来看,虽然长达十年的严重经济衰退沉重打击了大英帝国,却并没有导致其统治分崩离析。

还未成形的美帝国主义在拉丁美洲也遇到了挑战。为镇压奥古斯托·桑地诺(Augusto Sandino)于1927—1933年在尼加拉瓜发起的反美运动,维护美国利益,美国海军出动军舰和飞机打击桑地诺领导的游击队,但最终彻底失败。

内 战

就规模而言,两次世界大战之间的重要战争不是帝国主义维护其殖民统治的战争,也不是西方列强之间的斗争,而是内战(参见专题C:西班牙内战,1936—1939年)。

> **专题C:西班牙内战,1936—1939年**
>
> 认为西班牙内战提供了测试西方先进武器和先进作战理论的观点的确存在争议,但

---

① 位于巴基斯坦西北部与阿富汗接壤的一片山区,地理条件复杂,面积为1万多平方千米,今属于巴基斯坦的部落地区。——译注

是，从左翼的共和政府和右翼的民族主义反政府军背后都有外国势力支持这一点来看，这样的争议也不无道理。意大利法西斯党魁墨索里尼是右翼反政府军的主要支持者，派出了50000人的部队和大量飞机。希特勒也为反政府军提供了飞机和其他装备。苏联则是西班牙共和政府的主要支持者。1936年11月，得益于苏联空军提供的支援，共和政府将进逼至马德里附近的反政府军阻击在城外。

在这场国际化的冲突当中淡化外国势力支持，不仅会抬高左翼共和政府和右翼反政府军在战争中起到的作用，而且也是不合时宜的。例如，1937年3月一支意大利军队逼近马德里东面。这支外国干涉部队由于过度依赖当地的几条道路，在恶劣的天气条件下失去了机动能力和后勤保障，最终被共和政府击溃。德国和意大利出动飞机对马德里（1936年）、格尔尼卡（1937年）和巴塞罗那（1938年）的民用设施实施了疯狂轰炸，虽然规模空前，但对战争结果并没有产生重要影响。这一行径却激发了很多人的想象，认为在未来的战争中通过轰炸民用目标能够取得决定性胜利。德国在西班牙内战中发现，空军作战必须具备有效的空地联络，从中研究出的战术对于德国"二战"初期的作战行动产生重要影响。

与意大利和德国在西班牙内战中大胆检验其先进作战理论相反，西班牙右翼反政府军首领佛朗哥（Francisco Franco）更侧重于实施符合其军队特点的有效策略，即谨慎行动。右翼反政府军通过积小胜为大胜，于1939年3月扫清了残余的共和政府势力。共和政府在军事上的失利应归因于其军事领导人指挥不当，过度依赖过时的、僵化的定点防御战术，无法控制敌人进攻的节奏。

交战双方都发现低密度的防御阵形能够相对稳定地抵挡敌方进攻，却无法有效发动进攻，结果造成双方长期僵持。这是由交战双方军队的特点决定的。双方军队不仅都缺乏训练和武器装备，而且也缺乏有效战术。这使得西班牙内战演变成双方的消耗战，缺乏20世纪20年代苏俄内战和中国内战中的大规模快速机动作战。在消耗战中双方拼的是资源，因此国外支持就至关重要，而能够维持战时经济、保持士气，并保持政治凝聚力的一方必然占据优势。在这三个方面，佛朗哥的反政府军明显占优。

伴随着双方意识形态斗争的西班牙内战尤为血腥惨烈，在战争中和战后，仅反政府军就处决了近8万名共和政府人员。

苏俄 西方世界规模最大的战争是苏俄内战（1917—1922年），1917年二月革命推翻沙皇尼古拉二世的统治后，俄国成立了临时政府，保守派和布尔什维克为争夺权力展开斗争。苏俄内战的起因是布尔什维克为推翻临时政府于1917年11月发动起义（此时是俄历十月，故称为十月革命）。双方斗争是为了争夺政权，白军（保守派）得到了英国、法国、日本、美国和其他国家的支持。

由于白军内部存在分歧并且得不到拥护革命的广大农民阶级支持，布尔什维克取得了内战胜利。布尔什维克还掌握着莫斯科和圣彼得堡这样的城镇中心、工业中心和交通枢纽，而白军将军们在战斗中缺乏相互支援与配合。

中国　中国内战持续时间更长，其重要性并不为西方评论者所重视，但从政治角度上讲中国内战破坏了缔造非共产主义民族政府的尝试；从军事角度上讲中国内战很好地诠释了常规军事力量在维护统治时通常会遭遇的种种限制，从而进一步揭露了战争的政治本质。中国内战中参与者有三方：蒋介石领导的国民党力量，反蒋的各路军阀（军阀之间也有斗争）和共产党。当然，蒋介石本身就是一个大军阀，其政权依靠军队来维持并服务于军队。在1926—1928年的北伐战争中，蒋介石从广州起兵一路向北，打败了各路军阀，并占领了南京、上海和北京。然而，蒋介石的北伐之所以能够成功，一个很重要的原因是利用了各路军阀之间的矛盾。中国内战充分证明了增强部队火力必然导致其机动能力下降的观点是不成立的。在内战中，各路军阀都装备了大量先进武器，出动了大批军队。例如，盘踞在东北的奉系军阀就装备了大量"一战"时期的武器，而且能够大规模生产弹药，还具备通过铁路快速调动部队的能力，这充分展示了当时中国军队的现代化水平。

20世纪20年代的中国，是对政治与军事是现代国家的立国之基这一论断最好的反面例证。同样的反面例子还有阿拉伯国家。随着奥斯曼帝国土崩瓦解，阿拉伯部落酋长开始崛起成为与中国军阀相似的割据势力，其中最成功的一个当属来自内志省（Nejd）的伊本·沙特（Ibn Saud）[1]。伊本·沙特击败了各路豪强，于1924年控制了圣地麦加和麦地那，并于1925年控制了约旦。这些作战行动都是通过奇袭或者松散的围攻方式。

中国内战还证明了20世纪战争中意识形态斗争的重要性。中国共产党于1927年组建了中国工农红军。起初，红军的作战目标是夺取城市，这样的指导思想很容易使红军陷入国民党军队的围攻当中。但在相对偏远的农村地区，通过以空间换时间的策略，红军的发展取得了成功。由于国民党得不到广大农民阶级的支持，无法控制农村，因而无法切断民众对红军的支持，尤其是在物资和情报方面。国民党的应对策略是通过在农村修建大量碉堡封锁红军。

中共领导人毛泽东于1937年发表了著名的《论游击战》（*Guerrilla Warfare*）[2]。在这个小册子中，毛泽东提出要用无限游击战的方式取代之前较为原始的游击战，从而打破敌人的封锁。毛泽东的理论包括：就革命战争的特点而言，游击战是必不可少的作战方式，尤其是在中国这样一个幅员辽阔的国度进行以解放民众为目的的战争……大规模进行游击战是必要的也是自然的……我们应将游击战作为主要作战方式……民众不分男女，都要组织起来进行游击战。在军事行动上，毛泽东的游击战强调运用当时常规战争中所用的战术，包括机动和进攻……迅猛打

---

[1] 沙特阿拉伯国王，1932—1953年在位。——译注
[2] 即《抗日游击战争的战略问题》，实际为1938年5月发表。——编注

击，寻求一击制胜。然而就战争的总目标而言，毛泽东认为革命战争应当是不分阶级和党派，全民参与，通过游击战的方式夺取国家政权。更进一步讲，他认为这样的方式是符合历史发展规律的，即革命斗争是为了全体人民或者绝大多数人民的利益，应动员全民参与，这是符合历史发展规律的。"符合历史发展规律"是马克思主义的一个非常重要的意识形态观点。毛泽东描述的"真正"的游击战与反革命势力进行的游击战形成了鲜明对比，后者明显与"历史发展规律"背道而驰。与此同时，毛泽东也将正规战作为一种重要作战手段保留了下来。1948—1949年的中国内战、越南战争的最后阶段以及1975年北越与南越的战争都是对此最好的例证。

在20世纪30年代，外国势力对中国内战也有巨大影响。苏联于1929年出兵中国东北。日本于1931—1932年占领中国东北，并于1937年发动了全面侵华战争，相继占领了北京、上海和南京。但是日本在中国的一系列军事胜利，并没有让中国屈服，反而激起了全民族团结一致的反抗。

为大战做准备：军事理论与技术

日本引以为傲的，不是其较先进的军事力量，而是其强大的精神力量，这显示出两次世界大战之间这段时间军事理论发展的关注点。如前所述，当时的军事理论发展还处在百家争鸣的状态，在20世纪20年代有些战争似乎是不可能胜利的，尤其是苏俄在1920年败于波兰。而在1935年希特勒公开重新发展德国武装力量的时候，有些又变成了可能。

因此，当时的军事理论研究侧重于在武器装备性能快速提高的背景下如何打赢战争，如何发挥坦克以及其他新式武器的威力。通过发挥新武器的作战能力迅速取胜的军事理论研究方向，反映出当时新式武器效能的提高，以及各国极力避免陷入"一战"式长期而又代价高昂的作战方式。两次世界大战之间这段时期军事理论研究的特点，即通过有限作战取得战争胜利，避免陷入"一战"式的全面战争。这期间，各国陆军的机械化侧重于火力与机动能力的结合。英军阿奇博尔德·蒙哥马利－马辛伯德（Archibald Montgomery-Massingberd）中将在1929年英军通过机械化作战攻取印度山地时评论道："武器发展如此之快，一两年前还似乎是完全不可能的事情，如今已经实现了。"

空军 空军优越论的鼓吹者们认为，战略轰炸是在实施全面战中避免堑壕战的最佳方式。意大利的朱利奥·杜黑（Guilio Douhet）和美国的威廉·米歇尔（William Mitchell）是空军制胜论的主要倡导者。在其《制空权》（*Il Dominio dell'Aria*）一书中，杜黑认为飞机将成为最有效的进攻武器，而且没有对手。他提出使用毒气弹和燃烧弹攻击敌方的人口稠密地区，通过打击敌国士气迫使敌方屈服。米歇尔曾于1919—1925年担任美国陆军航空勤务部队副司令，也推崇战略轰炸。据此美国陆军航空兵战术学校研发出一整套战术，即采用昼间高空精确轰炸的方式，打击敌方工业系统。这一战术后来在"二战"中对美军战略产生重要影响。

轰炸机不仅能够执行战术和战略任务，而且还能够通过摧毁敌方的工业系统刺激敌国内的反对势力，进而造成战略影响。这一军事理论在英国尤其受到推崇，英国也最早成立了独立的空军。强调战略轰炸的负面效果导致英国忽略了空军近距离支援地面作战的重要战术价值，阻碍了英国在"二战"中扩大战果。英国之所以在战略轰炸理论发展过程中扮演重要角色，除了过于乐观、机构利益（保留独立的皇家空军）之外，还出于保持在欧洲战场上强大影响力的同时又不陷入"一战"中残酷消耗战的考量。因此，英国选择战略轰炸既不是出于对于"一战"中战略轰炸经验的总结，也不是出于其之后具备的战略轰炸能力。

地面作战及作战理论 综观全世界，各国对"二战"的战争准备都很有限，对即将发生的冲突理解不深，对战争的持续时间和强度也未有判断。实际上当时广为流行的一种思潮，是空军能够快速结束像一战那种规模的战争，"一战"那样的战争没有哪个国家愿意再次经历。列强对于战争的准备不一而足。例如，1919年英国开始实行的"十年规划"，是基于英国在十年内不会卷入另一场大战，因而也无须进行大规模战争准备的设想。英国陆军和空军的首要任务是维护帝国统治，此政策一直执行到1932年3月。

美国也没有做好大规模战争的准备。直到1938年，美国陆军能够参与作战的师只有6个，除了驱逐舰和航空母舰外海军的规模还不如1925年。在这样的环境下，作战理论研究当然仍处在模糊的探索阶段。

有趣的是，将主要精力、财力用在马奇诺防线建设上的法国，对德作战准备更充分。部分原因是法国在军事上的投入占国民生产总值较高。同时，法国的坦克技术水平也在全世界首屈一指。然而法军的作战思想强调防御，将坦克用于支援步兵作战，这种作战思想导致法国陆军在1940年后失去了机动性。

在1919年《凡尔赛和约》限制德国陆军规模不超过10万人的基础之上，希特勒重建了德国军事力量，尽管重新武装花费了不少时间，尤其是为建立起所必需的工业体系。1934年10月，德国陆军的规模达到30万人，并建立了独立的空军，这严重违反了《凡尔赛和约》。德国于1936年开始实施"四年计划"，其目的在于四年之内做好战争准备。同时，希特勒还通过与意大利和日本缔结和约的方式，提高德国的国际地位，其目的在于为德国发动侵略战争增强战略灵活性。

德军建设的重点是机械化，于1935年首次组建了3个装甲师。这是对20年代起德国逐渐发展起来的装甲战作战理论的实践，尤其为古德里安（Heinz Guderian）所推崇。德国的装甲战理论源于"一战"中英国对坦克的运用以及之后英军的坦克作战思想，但从20年代末到30年代末，德军的装甲作战理论发展成形，并具有鲜明特点。德军强调将坦克集中使用，突破敌防御纵深，而不是像法军那样将其配属给步兵做移动炮台使用。德军的装甲战指导思想强调装甲集团与步兵和炮兵密切协同，在战役起始阶段突破敌军防线并迅速推进。同时，基于上述目的，德国空军也强调近距离空中支援能力建设。可以说，坦克与飞机是1939—1940年间德国一系列成功的"闪电战"中最锋利的刀尖。

德国的装甲作战理论部分精髓源于旧普鲁士作战指导思想中强调快速、机动和进攻的理念。然而在实践中，虽然德国致力于建设一支现代化军队，但是德国陆军并不如其宣传的那么强大，也不是人们想象中的战争机器。而且，德国的工业能力和后勤补给能力相对薄弱，这也是其作战思想中强调快速、决战的因素之一，因为德军并不具备长期作战所必需的后勤补给能力和经济动员能力。步兵的机械化程度不高，后勤严重依赖畜力运输，空军的战略轰炸能力微乎其微。再者，战役能力卓越的德军作战规范并没有与之相匹配的宏观战略设想，这同样是由其强调通过快速、战役决战制胜所致。上述问题在"二战"中始终困扰着德国。

苏军也对机械化作战理论有所创新。与德国的装甲战理论相似，苏联的大纵深作战理论也强调装甲集群突击、近距离空中支援以及突破之后包围对手。但是苏军的大纵深作战理论容易导致双方大量伤亡（换言之，不太在意己方军队的伤亡），与现代民主理念相悖，却更契合苏联的宏观战略和政治目标。然而，苏军的大纵深作战理论发展，由于苏联领导人斯大林怀疑军队的忠诚而于1937年展开的清洗而中断。苏军才能卓越的高级指挥官图哈切夫斯基（Marshal Mikhail Tukhachevsky）元帅，从1932年起就致力于红军的机械化建设，却被斯大林枪决。与之一起被杀害的还有超过半数的红军将领，斯大林残酷地清洗了大批具有创造性思维的军事人才，同时也影响了苏军机械化建设和苏军大规模机动作战能力的提高。由于斯大林清洗了部队的骨干，削弱了苏军的战役能力，结果造成在1939—1940年苏芬战争期间，红军面对弱小的芬兰军队表现糟糕，尽管苏军在1938年的张鼓峰之战和1939年的诺门罕之战对阵日本关东军时更胜一筹。与此同时，大清洗提醒红军要保持忠诚，因而在之后军队建设方面将大量精力用于与之相关的工作，减少了战争准备。

从两次世界大战之间作战思想发展得出的经验教训

总结两次世界大战之间作战指导思想发展的经验，有益于我们思考当前的"军事变革"（参见第30章）。不论是两次大战之间的那个时代还是现在，所谓变革都是需求的产物。在两次世界大战之间的那个时代，主要问题集中在战术、战役和战略的应用上面，这源于"一战"经验对现实的要求。与此同时，从更广泛的层面思考，主要问题集中在社会、政治和文化上，尤其对英国和法国而言，如何避免"一战"那样损失程度空前的战争，是其军事上的首要任务。在绝大部分战场上，协约国取得了战争胜利，因而作战理论的发展也集中在对这些胜利的反思上面。当时的作战思想，都是以绝不能在下一场战争中重现旷日持久而又伤亡惨重的消耗战为出发点来分析和思考的。

基于上述论点，军事理论研究方面出现一种思潮，即"一战"中的新式武器经过进一步发展，如果运用得当，是能够快速有效地结束战争的。然而时至今日，这种将战术性能与战术目标混为一谈、将战役经验与战略目标混为一谈的错误做法，仍然源于我们对武器装备的技术性能过于乐观（参见专题 A：西班牙内战）。因此，20 世纪 20 年代、30 年代与 90 年代和 21 世纪第一个 10 年相比，空中力量与机械化战争显现出来的潜力非常相似。直到今天，这都表现为历史研

专题 A：西班牙内战

从 1937 年 3 月英国退役将军、军事记者 J. F. C. 富勒（J. F. C. Fuller）提交英国军情部门的一份关于西班牙内战的报告中可以看出，西班牙内战并不符合现代战争的特征，以下是富勒报告的节选。

西班牙内战并不是一场重要战争，也不是一次阵地战……反政府军首领佛朗哥有大量军队和足够的运输能力将其送入马德里，他却没有利用这些优势。例如，反政府军的奎波·德·里亚诺（Queipo de Llano）将军亲口告诉我：他向马拉加挺进时只有 28 辆卡车……所有的工作都依赖人力，部队膨胀到了无以复加的地步……虽然所谓前线非常广阔，但防御部队很少……西班牙内战中的前线根本不像"一战"中的前线那样。不仅无法坚守，而且很难发现……我没有看到几辆坦克，也分辨不出坦克采用的战术。坦克通常都是单独使用，散布在漫长的战线上。这样做的结果就是被对方集中火力摧毁……实际上，佛朗哥的军队既没有战术，又缺乏训练，也没有后勤保障。曾有位军官告诉我，规模最大的一次进攻仅出动了 15 辆坦克！我认为从这场战争中，我们在坦克战术和反坦克战术方面学不到任何东西。坦克战术的基础是训练，而这场战争不过是一群未经训练的平民和一小撮外国雇佣兵之间的战斗。

究中不时显现出来的处理起来非常棘手的问题：如何协调理论与实践，即怎样才能将上一次战争中汲取的经验与当前需要的作战指导思想真正地融合起来。

直到今天，我们仍然对下一场战争的对手是谁或者下一场战争的形态存有疑虑。任何一种可能似乎都会产生结果。例如，美国是必须要准备与中国开战、继续进行全球反恐战争还是处理拉丁美洲的问题？美国当前面临的困难，与 20 世纪 20 年代西方帝国主义列强面临的困难鲜有不同。华沙战役之前，能否通过短期的全面战争阻止苏联扩张还不得而知，因为当时苏联的势力显得尤为强大。而华沙战役之后，西方也无法确定苏联是否会因此崩溃。国家不会亡于一时兴起的工人运动，但对此类问题应有所预防。针对此类威胁，美国有"白色战争计划"（War Plan White）[①] 应对。

[①] 20 世纪 20—30 年代美国陆军和海军联合委员会为应对潜在的战争威胁，制订了一系列以颜色为编号的作战计划，其中黑色代表对德作战，橙色代表对日作战，白色代表平定美国本土出现的骚乱。——译注

采取什么样的手段才能抵挡帝国主义的侵略，人们不得而知，尤其是在英国和法国从奥斯曼帝国手中夺取了中东、大大扩张了其殖民地的情况下。新武器似乎能够解决这些问题，似乎也有助于帝国主义解决战略扩张过度的问题。而飞机将火力和机动性结合起来，可能就是解决问题的关键。毫不令人感到意外的是，其他机械化装备也有类似的价值。事实上20年代飞机的使用非常广泛，并不限于英国镇压伊拉克起义。

20年代军队所面临的各种任务，让我们想起了"转型"（transformation）一词，即在军事变革当中某种全新的作战能力占据主导地位。然而除非转型能够与军队面临的任务较好地整合，否则鲜有价值。例如，出动空军达成何种作战目标：打击极端落后的敌人，还是控制地面？我们应当牢记这样两个过程：作战能力的提升促使部队担负起新的作战任务，进而通过战略文化影响理论。整体而言，是作战任务提出的要求使得作战能力具备可操作性，这不仅是因为作战能力需要耗费资金采购装备，并对部队进行训练，同时还要求指挥官在作战过程中进行有效决断。

上述关于采购和优先使用的问题，绝不可能随着作战能力的提高自行解决。我们需要明白，在任何时候，只要不断投入，总能获得新的军事手段。实际上，由于技术发展而获得的作战能力提高会使情况变得更加复杂，因为军事手段选择的增多必然同时导致军事手段实际成本的增加。与此同时，为发挥特定武器的效能，必须对部队进行针对性训练，导致武器与人员之间相互发挥优势的可能性降低，从而使情况更加复杂。

要解决上述问题，必须处理好以下两个方面：为形成特定的作战能力，必须将其发展成熟，这是一定要满足的要求；相对要求则集中在武器系统、部队编制模式、条例，以及战术、战役模式的调整上面。二者之间的竞争是军事变革中经常讨论的内容之一。更直白地讲，鼓吹变革的目的其实就是为战争准备中某一重要方向的发展获取支持。大大小小的军工复合体，为了争夺利益而竞相提出一些骇人的设想，这在涉及采购政策时尤为突出，却没有引起足够的重视。

与之相关联的还有优先权的问题，这涉及如何考虑任务需要，以及如何以最有效的措施应对未来挑战等方面的问题。例如，1936—1937年，为应对未来的欧洲战事，英国应加强装甲部队建设。但就当时英国面临的威胁而言，发展海军应对意大利在地中海的挑战以及日本在远东的挑战才是当务之急。而且，巴勒斯坦地区的阿拉伯人起义、印度西北部地区的民族起义也需要英国加强军事投入。即便是镇压殖民地起义对军队要求相对较低，可以忽略不计（对英国、法国和意大利来说这很困难），但仍然面临诸多挑战。法国是应将主要军事力量用来防备德国，还是用来应对意大利的挑衅呢？是将军事力量投入保护从法国到北非以及从黎巴嫩到叙利亚的航线上，还是投入海军建设上呢？更宽泛地讲，是应集中在进攻上还是应集中在防御上？哪种武器系统在战争中效能最高？

结 论

　　从两次世界大战之间的这段时间预测未来的第二次世界大战，不论是对其进程的分析，还是对其结果的研判，会有很多人怀疑军事变革是直线发展的。没有几个国家真正为第二次世界大战做好了准备。例如，德国其实并没有真正做好闪电战的准备，也没有从 1939 年闪击波兰的胜利中吸取经验教训。而且德国军队也并非人们想象的那么先进。1940—1941 年间，德国将一支纯粹的战术型空军作为战略手段打击英国。与此相似，日本在战前大量建造航母和潜艇，在战争中却又将其置于战列舰之下。简言之，军队某项作战能力是针对特定作战目的而发展的，在实践中却发现这些作战能力适用于其他作战环境，在下一章我们将接着讨论这些问题。

■ 推荐阅读

Beevor, Antony. *Battle for Spain: The Spanish Civil War 1936-1939*. London: Penguin Books, 2006。不同寻常的是，在这场冲突的研究中，本书关注的是军事方面，而不是政治方面。

Bond, Brian. *British Military Policy Between the Two World Wars*. Oxford: Oxford University Press, 1980。本书是对英国军事计划复杂性的学术研究。

Budiansky, Stephen. *Air Power*. New York: Viking Press, 2004。本书是一部有益的概论，包含对两次世界大战之间军事条令发展的有益讨论。

Corum, James. *The Roots of Blitzkrieg: Hans von Seeckt and German Military Reform*. Lawrence: University of Kansas Press, 1992。本书对德国军队效率的起源做了重要解读。

Danchev, Alex. *Alchemist of War: The Life of Basil Liddell Hart*. London: Weidenfeld & Nicolson, 1998。本书是一位重要军事人物的生动传记。

Habeck, Mary R. *Storm of Steel: The Development of Armor Doctrine in Germany and the Soviet Union, 1919-1939*. Ithaca: Cornell University Press, 2003。本书重点介绍了德国和苏联军事思想家在两次世界大战之间的联系。

Mawdsley, Evan. *The Russian Civil War*. London: Allen & Unwin, 1987。本书是对一场复杂的战争的有说服力的介绍。

Simpkin, Richard. *Deep Battle: The Brain Child of Marshal Tukhachevskii*. London: Brassey's Defence, 1987。本书阐述了苏联在军事行动方面创新思维的起源。

第28章
正义之战

第二次世界大战，1937—1945年

第二次世界大战，是德国、日本和意大利三国决心通过扩张手段改变当时的国际秩序，提高其帝国形象而发动的全球战争。德、日、意三国的战败确立了1945年以后很长一段时间的国际政治格局。

第二次世界大战是人类历史上规模最大的一次战争，是一次真正的全球性战争。它之所以被认为是一场正义的战争，是因为其不仅反抗帝国主义侵略，还反对法西斯主义、种族主义，以及轴心国集团意识形态当中的种族灭绝思想。作为"二战"中正义的一方，盟军结成的阵营超越了意识形态限制，不仅有西方国家，还有斯大林领导的苏联，不仅有以毛泽东为代表的共产主义者，还有以蒋介石为首的专制统治集团。这样一个成分复杂的联盟在战争中发挥了巨大作用，是"二战"最主要的成就之一，但是在1945年盟军胜利之后，这些由相互竞争的对手组成的联盟立即分崩离析。

第二次世界大战是人类第一场真正意义上的全面现代战争。在"一战"中惊鸿一现的飞机、坦克和潜艇，经历了"一战"后和平时期的发展，在"二战"中大放光彩。在海战中，飞机引发的军事革命使得战列舰失去了现代海军霸主的地位。而这仅仅是陆、海、空军相互关系日益密切的简单一例，同样突出的还有大规模两栖登陆作战。因此，我们在分析时必须要将不同领域的战斗结合起来。还有，虽然不明显但同样重要的是，内燃机在坦克和卡车上的应用大大提高了部队的机动能力和后勤保障能力。但与此同时，与人们想象的不同，"二战"中的大部分参战军队的调动和后勤运输仍旧依靠人类的双脚以及畜力来实现。

正义战胜邪恶的主题（虽然有些过于简化）、技术上的现代化，以及战争中广为传播的官方宣传影视资料使得第二次世界大战显得特别重要，直到现在它仍是学术和军事历史研究领域最主要的课题。"二战"题材的作品占据了图书馆绝大部分书架（在美国只有与美国内战相关的出版物能与之匹敌）和历史频道。纳粹作为邪恶的形象深入人心，以至《星球大战》系列电影中的反派角色——帝国暴风军队的头盔即是"二战"中纳粹德军的头盔样式。

用一章的篇幅详述"二战"历史不太现实，因此我们主要讨论战争进程和重要战役。与本书中其他章节类似，在这里我们立足于导读阐述的主题，从宏观上简要介绍这场战争。

主要战场

德 国

战端初启 第二次世界大战在欧洲爆发于 1939 年 9 月。德国入侵波兰导致英、法对德宣战,准备充分的德军轻取人数众多的波兰军队。没有做好战争准备的英法联军无法直接支援波兰,甚至无法通过在法国前线攻击德国间接支援波兰。

尽管波兰迅速沦陷以及希特勒在吞并波兰后提议和谈,但为阻止德国进一步扩张,英、法还是决定对德宣战。出于对希特勒的不信任,以及对德国有能力进行持久战的怀疑,当时的英国首相张伯伦对英法联军能够阻止德国进一步扩张充满信心,认为通过有限战争即可阻止希特勒。此时英国所采用的战略是向德国施压,迫使其要么和谈,要么让步。

但是 1940 年 4 月德国占领丹麦和挪威,未曾受到驻挪威的英法联军阻挠。虽然北欧的地形不适合德军装甲部队施展,但因为德国空军提供了有效的空中支援,使其迅速消灭抵抗部队,占领了挪威。英国在挪威的失败导致了首相张伯伦下台,丘吉尔上台。

1940 年 5 月,德国相继占领荷兰、比利时和法国。德国的一系列胜利反映出德军在战术和战役层面上的优势,以及从波兰战役中总结出的经验教训,同时也反映出法国在战争预判上的严重不足,尤其是在预备役部队使用方面。

闪击法国 德国在波兰和北欧取得的胜利虽然令人印象深刻,但对手相对弱小。而德国陆军闪击法国的胜利提高了"闪电战"的威名,使这种战役能力出色的作战方式成为运动战的一种新模式。"闪电战"是否名副其实、其主要原则是什么以及是否是全新的作战模式仍然存在巨大争议,但不可否认,从 1940 年 5 月 10 日起,德国从法国和低地国家取得了一连串的胜利。

德国陆军成立了 3 个集团军,共计 123 个师 250 万人,其中包含 10 个装甲师和 9 个机械化师。盟军有 200 万人,其中绝大多数是法军,组成 103 个师与之对峙。虽然盟军的坦克数量更多,而且性能先进(双方的对比是 3600 辆对 2500 辆),但仅组建了 3 个装甲师,其余全配属在各个步兵师内。盟军的飞机也远多于德军,双方对比为 3500 架对 1500 架。

法军的作战计划缺乏条理性,仅仅是对"一战"的翻版:超过一半的部队躲在马奇诺防线后面,剩下的绝大多数部队随时准备移师比利时,与英军和比利时军队一道迎击德军右翼。法军防线中央的结合部是阿登地区,多山且林木茂密,法军认为德军无法从阿登地区通过。而德国的计划恰恰是从此处绕过马奇诺防线。

德国 B 集团军从北面快速攻占荷兰和比利时北部,通过成功的伞降和滑翔机降作战,攻占对马奇诺防线至关重要的通信中心、桥梁和后方补给仓库。与此同时,C 集团军在南面与马奇诺防线的法军对峙。当盟军移师比利时迎击 B 集团军时,由装甲师和机械化师组成的 A 集团军,沿着阿登地区由东至西的道路,一路畅通无阻地于 1940 年 5 月 12 日出现在色当城下,迅速拿下毫无防备的法军指挥中心。德军发起进攻时集中使用坦克,用机械化步兵支援坦克攻击,并使用斯图卡（Stuka）俯冲轰炸机实施近距离空中支援，不仅打击盟军的通信中心，还沉重打击了盟军后方的民众士气。盟军反应迟钝且准备不足，在战场上一败涂地。

德军先头装甲部队于5月21日抵达英吉利海峡，切断了法国第1集团军、英国远征军和比利时军队残部的退路。英法军队在敦刻尔克进行了英勇抵抗，希特勒命令德国陆军于5月26—28日停止进攻，以便德国空军将包围在敦刻尔克的英法联军彻底消灭。然而，德国空军落后的斯图卡俯冲轰炸机并不是从海峡对岸赶来的英国皇家空军战斗机的对手，用空军消灭英法联军的希望成了泡影。从5月28日到6月4日，英国远征军和大约10万人的法国及比利时军队成功地从敦刻尔克撤到了英国。6月5日，德军再次向法国南部进军，于6月21日彻底占领法国。希特勒曾在巴黎的拿破仑墓沉思了数小时，这是长达4年的第一次世界大战中德国军队无法抵达的目的地。

攻占法国无疑是极其辉煌的胜利，但德军的胜利原本可以更大。这应归因于希特勒出于政治考虑命令陆军停止进攻，而且德军在战术和战役上也存在问题。德军装甲部队往往将常规步兵师和配属的后勤保障单位远远地甩在后面，这个问题在苏联战场上再次发生。德军装备的新型坦克和斯图卡俯冲轰炸机虽然性能优越，但技术上已经落伍。就创新性而言，坦克和空中支援在德军战术中扮演着关键角色。盟军的坦克虽然拥有数量优势，但德军的作战思想更强调以质取胜，将传统的普鲁士运动战精髓与新技术有效地结合在一起，极大提高了战斗力。

宏观战略与资源 如果1940年英法联军的表现能够再优秀一点，使西方盟军能够更好地利用其经济和金融资源以及地理位置，尤其是与欧洲大陆隔海相望的英伦三岛易守难攻的优势，那么"二战"初期将重现1914年"一战"时的情景。这将有利于英国采取其一贯奉行的消耗战策略置德国于严重不利的地位。如同"一战"那样，法军的防御能力对英军至关重要，即便是当时在经济上已经成为全球重要力量的美国，其政治和军事实力也无法与英法联盟抗衡。

对德国来讲，闪击法国的真正失败之处在于，无论是希特勒还是其最高指挥机构的任何一名将领，都没有对战争的下一步发展进行预判。整个"二战"中，德国最根本的错误是无法将其优异的战役能力同战略设想和作战计划匹配起来。攻占法国后希特勒尴尬地面临着三个选择：一是攻打英国本土，二是进军地中海战场（支援其毫无用处的意大利盟友），三是向东进攻苏联。他必须从中选择一个。然而，毫无任何征兆或者理由，希特勒将这三个选择逐一试了一遍。

英国本土包括不列颠岛和爱尔兰岛的北部，同时英国还拥有广大的殖民地，是盟军的主力。英国在强大的德国战争机器面前，并非像德国宣传的那样孤立无援。英国是当时世界上疆域最大的帝国，而且能够与当时经济上最强大的美国进行贸易。实际上英国和中国的抗战都影响了美国1940—1941年间的对外政策。除了动用其强大的空军和海军潜艇部队以外，德国还携手西班牙国王菲利普二世和法国维希傀儡政权在海上打击英国。但是当时的英国由于拥有海外殖民地丰富的资源和经济强大的美国支持，要比16—18世纪时更强大。例如，英国能够从加拿大和美国获取钨矿石,从非洲获取锰矿。这些矿产主要用于生产装甲和爆破装甲用的穿甲弹,在军事上极为重要,德国则无法横跨大洋获得这样的支持。

而且,在1940年和1941年早些时候,德国利用苏德结盟的有利时机从苏联获取了很多对德国战争经济至关重要的原材料。但是1941年夏德国入侵苏联之后,尽管战争前期苏联在领土、人口和生产能力方面遭受巨大损失,但苏联拥有的资源足以支撑其继续战斗,而且这种情况在1942—1943年间越发明显。

战争前期,德国的政治和军事野心快速膨胀。德国通过在大西洋沿岸建设海军基地来威胁英国与殖民地之间贸易航线的安全,增强德国在南美洲的影响力,并挑战美国。因此,纳粹德国海军决心建设一支强大的水面舰艇部队,使德国的触角伸向世界各个角落。

第二次世界大战可以看作盟军成功地利用美国和苏联的资源,于1944—1945年彻底打垮德国和日本。实际上,早在美苏两巨头参战之前,他们拥有的资源已对战争早期阶段产生了明显影响。英国在1940—1941年间能够保持与美国贸易,对于英国继续坚持下去具有重大意义,尽管从平均数量上看,在战争中英国从加拿大获取的资源要更多一些。

意识形态 资源固然重要,但是"二战"前期错综复杂的外交斗争显示出,意识形态方面的斗争在推动战争进程方面也发挥了重要的作用。虽然通常来讲法西斯主义和共产主义之间的斗争,即希特勒领导的德国与斯大林领导的苏联之间的斗争,是"二战"中意识形态方面的主要斗争,但是我们应当注意到,无论是希特勒还是斯大林,都反对英国和其奉行的自由价值观。实际上,斯大林和希特勒在1939—1941年过从甚密,这是苏联对英国保持敌意的真实体现。整个"二战"期间,英国的政治地位和其倡导的自由主义价值观都为苏德所反对。这表现出来的不仅是苏德两国在其国内通过反对自由与民主来反对自由资本主义,更体现在国际上反对英国的殖民扩张和支持小国独立。而英国卷入两次世界大战的原因恰恰是因为支持这些国家,在1914年是支持比利时,在1939年支持波兰。希特勒和斯大林都反对启蒙运动、自由和资本主义价值观。

东线战场 1941年6月德国发起了代号为"巴巴罗萨"的作战行动,开始入侵苏联。希特勒此举意在通过展示德国强大的军事实力使英国屈服。由于担心美国参战,留给希特勒的选择并不多。因此,希特勒选择了1812年拿破仑选择的策略,即通过入侵苏联强化德国在欧洲大陆的实力,同时切断英国与欧洲大陆之间的贸易。但是与拿破仑相比留给希特勒的时间并不多,而且德国的实力更逊一筹,因为在苏德结盟期间,德国依靠苏联的资源为其战争经济输血。

但是,拿破仑缺乏德国实行的种族战争和种族主义理论。种族战争和种族主义理论在希特勒征服东欧过程中扮演了至关重要的角色,其内容包括将占领地民众划分类别区别对待,以及种族灭绝。对希特勒来说,日耳曼民族和斯拉夫民族进行的种族战争是以赢得生存权利、建立一个以日耳曼民族为主导的欧洲为目的的。以种族主义为借口的征服战争并非新鲜事物。在殖民扩张过程中,西方势力就曾利用建立在人种学认同基础之上的战斗种族理论,从第三世界殖民地招募当地民众,组建军事力量。但是希特勒将此发挥到了极致,种族主义理论从各个方面深刻影响了德国的宏观战略。

很多德国知识分子从一开始就不认同希特勒的理论。德国陆军也参与了种族屠杀，而且不仅仅在东线战场（参见专题C：德国军队与种族战争）。实际上，德国陆军对于手无寸铁的平民实施的暴行不是某个头脑发热的指挥官的个人意志，而是整个德国陆军贯穿战争始终的集体行为。对于德国所犯错误的惋惜，反映出冷战时期西方对"二战"中德国陆军名誉的粉饰。

面对德国的入侵，尤其是在战术和战役能力上极其出色的德军在1941年6月28—30日间兵锋直抵白俄罗斯首府明斯克时，斯大林在这场未曾预料到的灾难面前保持了镇静，从未丧失抵抗意志。如同列宁在1918年那样，苏联可以考虑与德国缔结和约，这对当时的苏联是有益的。在德军进逼之下，莫斯科于10月中旬也有骚乱发生，当时苏联政府正忙于转移其工业设施。有

专题C：德国军队与种族战争

1941年6月22日德军进攻苏联之后占领了苏联大片领土，控制了大量犹太人和斯拉夫人。希特勒认为犹太人和斯拉夫人都是劣等民族，征服了人数如此众多的所谓劣等民族，给德国制造了一个难题，但同时也给了纳粹实施战前设想的机会。进攻苏联就是为了消灭斯拉夫人，德国国防军与德意志第三帝国东方省的部长携起手来，计划消灭3000万苏联人。与此同时，纳粹还计划将犹太人流放至德国无意占领的西伯利亚。纳粹组建了4个别动队（党卫军组织），开战之后紧随德军，专门屠杀犹太人、政治犯和其他所谓劣等民族。德国警察也在屠杀中扮演了关键角色，如在波兰的加利卡（Galica）制造的大规模屠杀。

通常情况下纳粹实施的屠杀都有德国军队参与。在乌克兰，当地民众对德军的暴行颇有微词，却支持屠杀犹太人，并将犹太人视为主要抵抗力量。很多德军将领残酷的意图和命令，使其下属很少能够对犹太人、共产党员和战俘施以人道待遇。很多德军将领号召下属帮助希特勒实施其种族灭绝计划。党卫军固然是屠杀中的刽子手，但德国国防军也参与了屠杀，尤其是1941年年底至1942年年初，德国国防军在苏联和塞尔维亚大规模屠杀犹太人。德军这么做是为了报复塞尔维亚游击队。德军将共产党游击队等同于犹太人，在无法抓获前者的情况下更愿意处决犹太人。

德军针对平民的暴行是德国在欧洲和海外扩张时的一项传统。1870—1871年普法战争期间德军曾在比利时屠杀平民，1914年在法国也是如此。在普法战争期间，比利时出乎意料地抵挡了德军的攻势，比利时正规军给德军造成的损失，导致德军屠杀平民和战俘泄愤。德军内部经常出现的酗酒、混乱和误伤使得德军认为自己遭受了当地民众的攻击，进而鼓励了他们认为屠杀平民泄愤的行为是可以理解和接受的。"二战"中德军的常规作战行动和种族灭绝行为，其相互交叉之处也有很大不同。普法战争和"一战"期间德

军针对平民的暴行并不是德国有组织、有目的的行为，而是对于不确定性和害怕在心理上不被占领区平民接受而产生的反应。动用正规军屠杀平民的行为一旦成为一种需要或者自动反应，德军与占领区民众之间的矛盾就变得不可调和。但在1941年之前这并不是德军的主要任务。从更深层次的背景来看，德军屠杀平民的暴行是20世纪初德国在非洲殖民地实施的反人类种族灭绝行为的延续。当时，德军曾把平民赶入沙漠任由其干渴至死。德国人把赫雷罗族（Herero，西南非洲游牧民族，主要居住在纳米比亚北部和安哥拉南部。——译注）平民关入监狱和劳动营，对其残酷虐待，导致其大量死亡。为镇压1904—1905年德属西南非殖民地（今纳米比亚）赫雷罗族、1890年和1905—1909年那马族（Nama）以及1905年德属东非殖民地（今坦桑尼亚）的非洲人发动的马及马及（Maji-Maji）起义，德军将这些部族整体视为敌人，实施种族灭绝政策。

20世纪，德国开始在欧洲推行上述种族主义理论，实施种族灭绝行为。德军在欧洲首次实施种族屠杀是"一战"中在比利时。"二战"期间德军在东欧实施的种族灭绝行为更明显、更持久，也更血腥。"一战"中德军在东线受阻或许是德国在俄国和东欧地区采取种族灭绝政策的主要原因。认为占领区的俄国平民懦弱、肮脏并患有疾病在德军中成为一种主流认识，从而逐渐发展成为不仅要征服俄国的土地，更要从精神和心理上征服俄国民众的理念。这段历史对于仇视和屠杀平民的行为逐步升级并最终成为德国战争政策的中心环节至关重要，因此我们能够从上述对历史的回顾中预料到德军在"二战"中的行为。实际上，"二战"中德军针对平民的暴行是其"一战"中非主流战争观的升级。

德军在"二战"中的种族屠杀行为始于1939年波兰战役期间，1940年法国战役期间，德军屠杀了约3000名非洲裔法军士兵，这表明德军接受了纳粹关于种族战争的思想，并着手在西欧实践这一理论。德国国防军和党卫军都曾在法国大规模屠杀法军非洲裔士兵。这些屠杀行径并非源自命令，而是德军基层的自发行为，这充分反映了纳粹的意识形态，同时也是"一战"期间德军反对法军使用非洲裔士兵的煽动所致。

从1941年起，冷酷无情的德国战争机器在东线战场忠实地实践着纳粹种族主义理论。大部分德国军人都接受了纳粹的意识形态，认同反对犹太共产主义的战争，认为屠杀犹太人能够削弱共产主义，进而巩固德军的占领。德军的将领们也从屠杀中受益，希特勒默许他们侵占犹太人的财产，将其作为笼络高级将领的必要手段。这仅是希特勒与德军高层之间亲密关系的一面，而德军在战后极力淡化与纳粹的关系。德国海军也全力支持纳粹政权，而纳粹组建的党卫军，更能体现出纳粹意识形态与德国发动的战争之间的密切关系。整个"二战"期间，超过80万人参加了党卫军，成为德国武装力量的重要组成部分。党卫军虽然在德军统一指挥下参与作战，但有着独立的组织结构。

德国陆军元帅沃尔特·冯·赖歇瑙（Walter von Reichenau）曾下令要求德军支持系统屠杀犹太人的行为，称其为"对犹太劣等民族残酷而必要的惩罚"，这是对国际法的公然

> 践踏。他的上司德国陆军元帅卡尔·冯·龙德施泰特（Karl von Rundstedt）在任德国陆军南方部队总司令时，也曾明确地要求下属执行与赖歇瑙相似的命令。战后盟军在纽伦堡审判德国战犯，龙德施泰特矢口否认曾下达过此类命令，而且战后的历史资料通常情况下也没有提及此事。例如，著名学者特雷弗·杜普伊（Trevor Dupuy）曾在其编纂的《军事历史年鉴》（Encyclopedia of Military Biography）中将龙德施泰特描述为"旧普鲁士军官团的楷模"。从1941年起，德军在东线战场的暴行是赖歇瑙这样的纳粹同情者和德国陆军北方部队指挥官威廉·冯·里布（Wilhelm von Leeb）元帅之流的德军高级指挥官共同实施的结果，二者的合作直至1942年1月。德军第4装甲集群指挥官埃里希·赫普纳（Erich Hoepner）上将在1941年5月入侵苏联前，将这场战争描述成"抵御犹太共产主义的进攻"。德军上下在战争中不仅漠视平民和战俘的生命，而且出于作战行动的考虑更是将屠杀平民视为便利之举。
>
> 　　有些情况下德军将领也会违背希特勒的意志，1941年12月，希特勒命令龙德施泰特在进攻之前先迅速攻占罗斯托夫，而不是后退至相对便于防御的位置，龙德施泰特拒绝了。面对苏联在冬季发起的反攻，很多德军将领对希特勒要求他们不成功便成仁的做法嗤之以鼻。结果共有包括古德里安和赫普纳在内的35名将军被希特勒解职。但是希特勒屠杀犹太人的行径并没有遭到德军的强烈反对。战后审判纳粹战犯时，对德军将领的行为做了进一步的披露。而且，残酷虐待外籍奴工也是德国工业企业实施种族战争的一种途径。

工人袭击了抛弃他们的工厂主管和官员，用当时莫斯科秘密警察主管的话讲：简直就是处于无政府状态。但是斯大林决心坚守莫斯科。随着冬季来临，苏军开始反攻，秘密警察通过严酷的惩罚手段恢复了莫斯科的秩序。

　　开战前期苏军指挥效率低下，部队缺乏训练，武器装备落后，战役部署失策，面对德军攻势陷入全面被动之中。尤其是战役部署方面，苏军过于依赖靠前防御的部署方式，使得德国战役素养较高的装甲师能够通过快速机动将其大规模包围。但德国失策在其战略设想和战争准备。对德军装甲部队快速机动能力的盲目自信，加上完全低估了苏军的实力（苏军实际数量比德国估计的要多出一倍），使得德军的进攻后继乏力。德军的作战目标在占领苏联领土、消灭苏军有生力量以及哪个方向才是进攻重点之间变来变去，导致德军中路部队于9月进攻莫斯科的计划被搁置，中路军转而南下乌克兰掠夺资源，消灭此地的苏军。由于秋季多雨，道路泥泞，这影响了德军南下的速度。入冬之后，虽然土地冻硬有利于德军机动，但苏军更擅长在寒冷的天气条件下作战。德军不擅长在寒冷条件下作战，而且其装备和后勤保障也不利于冬季作战。

　　虽然苏联政府撤退至伏尔加河流域的古比雪夫，但苏联的政治和军事力量并没有像1940年的法国那样崩溃。苏联红军守住了莫斯科——这是苏军的通信和指挥中心——并于1941年12

月5—6日发起反攻。而此时的德军由于缺乏预备队，无法抵御苏军发起的反攻。

由于在1941年无法将占领苏联国土和消灭苏联军队转化为政治上的胜利，德军于1942年再次发动进攻。然而面对体量如此庞大的苏联，德军的进攻既缺乏资源又缺乏协调与组织。虽然德军计划尽早展开进攻，但用了很长时间才做好准备，而且攻击也显得乏力。1942年东线战场的战况不仅显示出苏联的强大，而且暴露出德国在战役指挥和战略层面的严重缺陷。德军在1942年发动了代号"蓝色"的战役行动，但此次行动在计划和执行过程中都出现严重问题。德国判断美国很快就会参战，为了准备与美国打持久战，德国决定夺取高加索地区的油田。当时世界上绝大多数产油地（包括美国、伊朗和伊拉克）都掌握在盟军手中，或者处于盟军海军的打击范围之内（沙特阿拉伯和委内瑞拉）。但是希特勒低估了苏军的实力，也没有进行充分的后勤准备，而且在战役的执行过程中也有重大失误。德军兵分两路进军斯大林格勒和高加索地区，希特勒固执地要求德军占领斯大林格勒，攻占斯大林格勒的政治意义显然高于其军事价值，导致德军丧失了战役灵活性，德军在战略方面严重失策。尽管希特勒投入了大量资源，但德军仍然没有攻下斯大林格勒。

由于缺乏准备，1941年德军的部队建设跟不上战争需要。德国陆军分成了两个部分，一部分是具备机动打击能力的精锐机械化部队，另一部分则是人数众多、依靠马匹运输给养的步兵。这一问题随着战线拉长、天气变冷而越发严重，削弱了军队的战斗力。

除此之外，苏军展开的反攻也显示出苏军战斗力在不断提升。1941—1942年间苏军在冬季发起的反攻最终收效不大，但是1942—1943年冬季，苏军反攻的部队表现出较强的战斗力。很多苏军部队都是在冬天之前完成组建的，战斗准备比较充分。另外，战前斯大林对部队残酷清洗而被迫中断的苏军进攻作战理论，在认真总结1940年苏芬战争经验之后也开始恢复发展，并逐渐成熟。与德军强调装甲突破和大规模包围的闪电战作战理论相比，苏军进攻作战理论更强调在坦克、炮兵、步兵和近距离空中支援密切协同的基础上，在较宽的正面大规模突破敌军防线。一旦形成突破，苏军就会在德军的防线上撕开大口子，而不是仅仅突破几个点。随着苏军的节节胜利，苏军进攻作战理论显示出在突破纵深方面的巨大优势。虽然苏军进攻作战理论代价很高，尤其是步兵牺牲较大，但这种牺牲是苏军能够承受的。这一战例也提醒我们，评判作战理论先进与否一定要考虑到现实需要和国家能够提供的资源，而不仅仅是从抽象的理论上衡量。

1942年11月，德军第6集团军被围困于斯大林格勒城下，这一代号为"天王星"的作战行动向我们完美诠释了武器装备、作战思想和领导权之间的相互作用。苏军能够取得此役胜利，应归功于苏联军事工业的恢复与发展提高了苏军武器装备的性能，尤其是坦克。而且由于苏军的战役设想和准备更充分，这也增加了苏军的优势。此役反映出德军在战役指挥上的严重问题，德军将士气低落、装备简陋的罗马尼亚军队部署在防线外围，结果导致苏军进攻时处于关键侧翼阵地的德军无法灵活应对苏军的突破。希特勒严令德军不许从斯大林格勒撤退，致使第6集团军被围，最终于1943年年初向苏军投降。随着1943年夏德军在库尔斯克战役中的攻势被完全粉碎，苏军进军柏林势不可当。

德国决策层在理解战争本质、研判对手方面犯了致命的错误。到 1944 年，技术上占据优势的苏军通过一系列压倒性胜利消灭了德军近 100 个师。如果德国能够赢得苏联被占领土上民众的支持，建立起一个有效的反苏阵营，那么此举有可能影响到美国的政策以及苏德战局，但是德国的政策和统治的本质使得这一假设不可能成立。1944—1945 年，强大的苏军进入东欧，这是德国损失最严重的时候。而"二战"中盟军阵营掌握的资源，使得即便德军在占领区受到更多民众的支持，也无法与盟军抗衡。

地中海战场 地中海战场是规模宏大的"二战"欧洲战场的组成部分之一。由于墨索里尼和意大利军队的无能，意大利从利比亚进攻埃及和从阿尔巴尼亚进攻希腊的行动最终在德国的帮助下才在 1940 年获得成功。面对战役战术能力强大的德国军队，希腊很快沦陷。德军通过伞兵突袭的方式攻占克里特岛（虽然代价很高），使英国皇家空军以克里特岛为基地的战略设想化为泡影。隆美尔在北非战役初期的一系列胜利显示出德军在运动战方面的强大战斗力。北非不是德国的主要战略方向，德军从东线抽调两个宝贵的装甲师投入北非战场，但盟军拥有雄厚的资源，而且取得制空权和制海权，德军最终功败垂成。盟军在北非的胜利还应归功于首次破译了德军通信密码，提前知晓了隆美尔的动向和德军补给船的到达时间。整个"二战"期间，盟军的密码破译能力都是其一项持久而至关重要的优势。同时，北非战场为美军提供了一个相对较容易的对手，使得美军能够为下一阶段更激烈的欧洲大陆作战做好准备。

美军在欧洲战场上的作战 美国于 1942 年底全面参战。12 月 8 日，美军在北非发起了代号为"火炬"的作战行动，在卡萨布兰卡、奥兰和阿尔及尔登陆后向东对法属北非殖民地展开了进攻。美国强大的工业能力已经使得德国在大西洋上进行的潜艇战无法继续下去。1938 年美国的工业制造能力占到了全世界的 31.4%（相比之下德国占 12.7%，英国占 10.7%，苏联占 9%），而且美国相对完善的经济基础设施，使其能够成功地向战时经济转型。参战后，美军协助英军在北非打败了隆美尔指挥的德意军队，之后又在西西里和意大利成功实施了两栖登陆，这些行动为 1944 年盟军在诺曼底成功实施登陆奠定了基础。

1944 年盟军在欧洲战场上取得了一系列胜利。6 月 6 日盟军在诺曼底登陆后，开始向巴黎进军。8 月 25 日驻巴黎德军投降，9 月 3 日盟军占领布鲁塞尔。为实施诺曼底登陆，盟军在战役发起之前做了大量准备工作。登陆实施过程中虽然遭遇到德军顽强抵抗，盟军付出了一定代价，但盟军最后成功登陆并迫使德军后退。8 月 15 日盟军登陆法国南部，28 日解放马赛。盟军对战争前期作战行动的总结有利地促进了其作战能力的提升。例如，通过认真分析德国闪击法国的运动战战术，以及北非战役中英德双方运用的战术，并从中吸取经验教训。美军在 1943—1945 年的意大利战役中认识到坦克不适用于山地作战，而诺曼底地区茂密的灌木丛有利于德军的反坦克火力。

盟军的目标是彻底打垮纳粹政权。经历了 1944 年 7 月一次未遂的暗杀之后，大批德国将领开始重新支持希特勒，新任德军总参谋长古德里安更是推行纳粹化。由希姆莱统领的纳粹秘密警察严密监听德国国内的不满情绪和失败言论，使得1918年德国战败投降之后盟军未曾占领德国领土即导致德国政权崩溃的现象没有再次发生。实际上发动第二次世界大战的德国政权和社会与之前有着本质区别。1945年4月30日希特勒自杀之后，为避免被攻克柏林的苏军俘虏，柏林城中残余的德军于5月2日向英美军队投降。

亚洲战场的地面作战

中日战争 第二次世界大战始于1931年日本侵占中国东北，这是自1894—1895年中日甲午战争之后两国矛盾的又一次激化。之后中日双方未曾正式宣战，双方的摩擦与对峙也未导致全面战争爆发。这主要是因为以蒋介石为首的国民党政府奉行"攘外必先安内"的政策，意图先消灭国内的共产党，而日本此时也并未做好与中国全面开战的准备。但是在1937年日军相继占领北京、上海和南京之后，中日全面战争爆发。

双方军事力量与战略对比 中国国内不仅存在国共两党之争，国民党集团内部、各派系军阀也存在矛盾和斗争。这严重削弱了中国的宏观战略，使得中国军队在迎战火力水平和机械化程度全面超越自己、战术和战役能力卓越的日本军队时，无法做出有效应对。当时美国计算的中国军队有效火力仅为同单位情况下日本军队的1/12。蒋介石害怕手下的将军取而代之，对指挥能力强的将军极不信任，这也严重制约了中国军队的指挥能力。中国的海军和空军极为弱小，而中国在人力资源和士气方面的优势也在逐渐消退。全面抗战爆发时，中国能够动员200万人的军队，但这些部队装备落后，并且缺乏训练。随着战争的发展，民众的民族主义情绪日益高涨，使得这些力量更愿意保卫本乡本土。

与之相比，日本拥有一支规模达30万人的现代化武装力量，另有15万在日本军官指挥下的伪满洲国和蒙古傀儡军队，在日本国内还有200万预备役力量。日军装备了数以千计的坦克和飞机，其海军规模位居世界第三。日本的意图是通过联合机动作战打击国民党政府的政治中心，迫使其屈服，扶持地方势力，瓦解中国政府，从而迫使中国投降。但是日本严重低估了中国民众的反抗意志，即便在领导层极其无能的情况下，中国民众还是进行了英勇的斗争。日本还计划占领中国相对富裕的工业发达地区和资源丰富的省份，并顺势而下将整个东亚置于其统治之下。随着战争规模的扩大和中国的力量逐渐恢复，日本又通过攻占法属印度支那和缅甸，将中国与盟国隔离开来。1942—1944年，许多美国飞行员驾驶飞机从英国殖民地印度飞越喜马拉雅山，为中国提供来自美国和英国的军用物资援助，这就是著名的"驼峰航线"，当时这是中国从西方盟国获得物资援助的唯一途径。

中国在军事上面对的上述种种不利情况，在整个"二战"期间都未曾有效解决，而且在战争初期的大规模战役中遭受巨大损失，使得中国的宏观战略从1938年起转变为与日本比拼消耗战，并尽最大努力减少与占据优势的日军在常规作战中的损失。中国北方共产党领导的军队在此战略基础上更进一步，通过在日军后方开展积极的游击战打击敌军。随着 1941 年太平洋战争爆发，日军作战重点转移，中国奉行的"持久战"策略通过更多形式体现出来。除了拥有火力优势之外，日军还控制了绝大部分中国铁路网，这意味着直至战争结束时日军仍有能力发动战术和战役进攻。但是从 1944 年起，美军能够使用中国境内的机场攻击日本本土，使日本完全处于守势。

丛林战 1939 年之后为夺取东南亚和太平洋诸岛上的资源，切断中国与西方盟国之间的联系，日本开始谋划太平洋战争。日本军队研制适用装备，精心组织训练，做好了丛林战的准备，于 1941 年打败了驻马来西亚的英军，1942 年在缅甸又击败了英国、中国和少量美国军队。日军在这一系列的胜利中展现出高超的作战技巧，包括空袭、两栖登陆和战术渗透，其装备的坦克也适用于涉水攻击。而且，日军的防御极为有效，使其在雨季能够守住在旱季夺取的阵地。当然，从某种程度上讲日军之所以能在东南亚所向披靡，主要是因为西方在东南亚的军队较弱。1944 年，英军在印度边界击退了日军的攻势。1945 年，英军收复缅甸之战是太平洋战场上日军的最大一次失败。

太平洋战争

宏观战略 趁着法国和荷兰在 1940 年被德国占领、英国也处于德国攻击之下无暇东顾的有利时机，同时也有夺取侵华战争所需要的资源、彻底占领中国的意图，日本将战争扩展到了东南亚和太平洋。日本国内对于应当对美国开战还是对苏联开战存有分歧，陆军与海军之间、陆军内部如关东军之类的各军事集团之间也有矛盾。由于可供选择的目标较多，日本国内的军工复合体缺乏明确目标。日本高层在维持现状、消化侵略成果还是进一步拓展势力范围之间如何选择举棋不定，这种犹豫心态严重影响了日本的战略选择，而这种心态本身根植于自 19 世纪 80 年代起日本意识到其相对于美国、苏联和中国领土狭小、资源匮乏的现实。基于上述考量，日本于 1941 年夏孤注一掷地对美国发动了进攻。

战端初启 截至 1942 年 5 月底，日本相继攻占中国香港、关岛、菲律宾、荷属东印度群岛、马来西亚、新加坡、英属婆罗洲、缅甸以及西阿留申群岛的阿图岛和基斯卡岛，占领地区的土地面积和人口数量远远超过了纳粹德国发动侵略战争所占领的地区。虽然有大量军队陷在中国战场无法抽身，但相比实力较弱且战备不足的对手，日军占有空中优势，作战计划完备且灵活机动，部队士气高，战斗力强。尤其是在马来西亚，参加此役的英军人数还多于日军。盟军在指挥和作战行动中颇多纰漏。1941 年 12 月 8 日（日本偷袭珍珠港第二天）菲律宾战役伊始，美军绝大多数飞机就被日军炸毁在地面上。由于缺乏陆基航空兵提供有效防御，英国皇家海军在亚洲的威尔士亲王号和反击号两艘主力战舰在马来西亚战役开始两天后即被日军飞机炸沉。海军作战必须要有陆基航空兵支援，因为如果使用航母为战列舰护航的话，则航母本身的防空能力就会减弱，容易受到敌机攻击。此外，英军在马来西亚和新加坡的地面战斗也存在严重问题。

太平洋战争伊始，日军即从盟军手中夺取了亚太地区大片土地，这与欧洲战场有很大区别。两个战场上力量-空间对比，以及海战与陆战重要程度都不相同，因而苏军从斯大林格勒打到柏林城下的作战距离，远不能与美军从瓜达尔卡纳尔岛（Guadalcanal，以下简称瓜岛）打到东京的战斗相比。美军在太平洋战场面临的还有部队作战经验不足的难题。1942年美军在瓜岛登陆演习中就发现部队在如何穿越珊瑚岛礁、如何与海军支援炮火协同方面存在严重问题。虽然日本不必全面从中国抽身即能轻松打败盟军在亚洲的军事部署，显示出其作战计划、执行和协调方面的巨大优势（可以与德军"闪电战"媲美），然而日本无法将其优势转化为实质性的胜利，尤其是其战役优势无法与战略和地缘政治现实相匹配。只要中国能够在日本全面进攻之下采取守势而不崩溃，美国就能发起攻击打败日本。

美军的进攻　盟军为了打败日本，并不需要将日本侵占的土地一一收回。直到1945年战争后期，日本仍占据着马来西亚、新加坡、越南、荷属东印度群岛以及中国部分地区。但是日本的军事力量，包括海军舰队、关东军和日本本土部队，在1944—1945年美国海军、苏联红军的打击和美国的战略空袭之下，已呈全面崩溃之势。

美军在太平洋战争中转守为攻得益于其部队技战术水平的不断提高。例如，为全面提高两栖作战能力，美军调整了其侦察与火力系统。同时，航母作战能力的提高也至关重要，而战前美国在航母作战方面并无经验。除了航母数量上的优势，美军在太平洋战场上的胜利还应归因于其他多个因素。例如，1942年中途岛海战中，日本的失败就在于忽视了诸如潜艇作战等常规作战模式，而一味地追求战列舰之间的决战。中途岛海战期间日本海军在战役策划和准备方面存在很多问题，不仅严重低估了美军实力，而且作战计划过于复杂，导致其在战术决断上犹豫不决。同时，日本海军联合舰队司令官山本五十六过于强调战列舰的作用。

与之相比，尽管也存在如水雷失效等战备不足的问题，但美军的战役准备要比日军充分得多。美军在中途岛海战前夕截获并破译了日军无线电密码，使得美军能够提前知晓日军下一步动向，从而避免了类似珍珠港事件的重演。除此之外，美国海军舰船维修效率大幅提高，1942年年初在珊瑚海海战中严重受损的美国海军约克城号航母也返回了战斗序列。而且，日本放弃了原本通过夺取资源丰富地区、抢占足够多的地盘扩大其战略纵深，以待美国势不可免的反击的战略，转而采取以其有限的工业基础与美国打一场消耗战，妄图以高昂的战争代价吓阻美国的战略。用日本人自己的话讲，日本患上了"胜利病"，不断地进攻、不断地胜利，但同时也在不断地消耗自己所剩无几的资源，不断地削弱自己。1942年4月18日，杜立特率领美军轰炸机群从航母甲板上起飞轰炸了东京和日本其他城市，而日军为了报复，开始进攻中途岛。

尽管美国拥有全方位、系统性的优势，但中途岛海战仍然对美国非常关键。虽然对战争胜负影响不大，但此役将反映出美军战术执行方面的高度灵活性。取得中途岛海战胜利后，美军不仅能够有效防御日本海基航空兵的攻击，而且随着美军两栖作战理论的发展，还能够出动航母为其两栖登陆作战提供空中支援。1944年日本仍有能力在印缅前线和中国战场发起攻势，而且在中国战场上还取得了不小的胜利，却再也没有办法守住太平洋上所占领的岛屿。

美军在进攻中主要采取"蛙跳"战术，即有选择性地进攻日本占领的岛屿，并将其中的一些作为后勤补给基地。例如，美军就曾跳过日军占据的拉包尔（巴布亚新几内亚），转而进攻其他岛屿。"蛙跳"战术不仅降低了美军攻击的难度，同时也大大压缩了日本的防御纵深，有利于美军保持进攻态势。

在太平洋战场，战争后期美日双方资源对比非常明显地有利于美国。例如，1945年年初，驻扎在吕宋岛的日本陆军第16军虽有25万多人，但日本战争机器已大不如前。驻扎在吕宋岛的日军仅剩下150余架能用的飞机，其飞机数量和飞行员的训练水平远逊于美军。大部分日本航空兵都是被美军航母舰载机消灭的。同时，美国海军潜艇部队切断了日本的海上补给线，这导致日军严重缺乏油料和弹药补给。但是，尽管有菲律宾民众的支持，1944—1945年美军攻占吕宋岛战略要地时，仍付出了伤亡14万多人的巨大代价。即便面对压倒性军事优势时日军仍然疯狂抵抗，这使得美国高层意识到，必须要像彻底打败德国那样彻底打败日本。而进攻日本本土可能会付出巨大的人员伤亡代价（包括美日双方），这促使美国决定使用刚刚研制成功的原子弹，尽快结束战争。

空中战场

作为战争三维空间的要素之一，空中作战在第二次世界大战中发展成熟，这体现在各国都在其现有军事指挥体系内组建了独立的空军。追求成为独立军种的政治地位，使得空中力量的倡导者们鼓吹能够通过战略轰炸取得战争胜利。但历史告诉我们，空军的发展壮大并非一路坦途。为追求独立军种地位而极力鼓吹战略轰炸的作用，是以牺牲空军战术能力发展为代价的。与地面作战和海上作战相似，空中作战的历史同样向我们展示了作战思想、技术和工业制造能力之间的相互作用。

战术空军

战术空军有三个主要任务：与敌机空战夺取制空权，为地面部队提供近距离空中支援，以及战术掩护。其中，战术掩护主要侧重于打击敌地面支援部队和通信网络。按照其强调战术和战役能力的作战指导思想划分，纳粹空军是一支典型的战术空军。在"二战"初期波兰战役和法国战役中，面对战备不足的对手，纳粹空军在近距离空中支援和战术掩护方面展现出强大的战斗力。但纳粹空军的问题在于其本质是一支战术型空军，无法承担战略任务。纳粹空军不仅无法在不列颠之战与英国皇家空军的较量中取得制空权，而且其装备的中型和俯冲式轰炸机并不具备空战能力，无法承担战略轰炸任务。德国进攻苏联后，东西两线同时作战，分散了纳粹空军的力量，因而与苏军在东线战场为夺取制空权而展开的消耗战中处于劣势。

近距离空中支援在打击敌方平民士气方面效果并不理想（虽然战争初期德国斯图卡俯冲式轰炸机在俯冲轰炸时发出的轰鸣声的确对民众的心理造成一定影响）。纳粹空军的战斗力体现在其战术掩护能力上。贯穿"二战"始终，困扰战术空军的问题在于其缺乏精确打击能力，而且战术轰炸机在地面防空火力和敌方战斗机的打击下生存能力较弱，限制了其打击地面装甲部队、破坏敌方进攻队形作用的发挥。只有苏联继续使用专门用于打击地面目标的攻击机，其战术效果建立在苏联愿意承担攻击机群在打击地面目标的同时本身也将付出一定伤亡代价的基础上。

开战伊始，盟军空军由支持战略轰炸理论的将领指挥，因而没有受战术空军作战思想的误导，把航空兵分散到地面部队指挥体系当中，将打击能力浪费在价值不高的地面目标和为进攻的地面部队提供空中掩护上面。在北非战场，英军最终发现了纳粹空军在战术上存在的漏洞，不遗余力地坚持打击隆美尔的后勤补给线和通信中心，使得纳粹空军为夺取制空权而陷入与英军的消耗战中且无法取胜，这种局面对纳粹空军非常不利。盟军缺乏专门用于打击地面目标的轰炸机，因而将战斗机投入对地攻击任务中，事实证明这一选择非常明智。战斗机本身具备空战能力，可以在空战中自保，其快速机动能力大大提高了在地面防空火力之下的生存概率，而且打击诸如桥梁之类的战术目标时，战斗机还具备中型和重型轰炸机在高空中不具备的打击精度。虽然在诺曼底战役中盟军的空中打击力量仍以轰炸机为主，但战斗机执行的战术掩护任务非常成功，大大限制了德军的增援与反击。

事实上，摧毁纳粹空军的，不是战略轰炸鼓吹者们宣称的对德国航空制造业基础设施的战略轰炸——德国的飞机产量在战争最后一年反而有所增加——而是盟军轰炸机编队在执行轰炸任务过程中迫使德军出动战斗机拦截，使其陷入与盟军护航战斗机的消耗战中。纳粹空军消耗的不是飞机，而是其训练有素的飞行员。同样，在太平洋战场上，美日双方空中作战能力的差距之所以迅速拉大，也是因为日本在战争中损失了大量训练有素、作战经验丰富的飞行员，无法弥补在空战中日益增大的人员损失。再者，德国和日本也无法在航空技术发展方面跟上美国的步伐，第二次世界大战自始至终美国不仅飞机数量多，而且性能更先进。纳粹德国在技术研发上并没有持续动力，虽然战争快结束时德军已经装备了世界上第一款喷气式战斗机，但由于数量很少，最终并不能对战争结果产生任何影响。

战略轰炸

欧洲战场 纳粹德国首先在第二次世界大战中实施战略轰炸，但如前文所述，其战术型空军无法担负起实施战略轰炸的任务。而且，纳粹空军将消灭英国皇家空军于地面、为入侵英国本土铺平道路的作战指导思想，降为在不列颠之战中摧毁皇家空军、通过夜间轰炸平民和军事目标的手段迫使英国政府屈服。1944年，德军开始使用V-1和V-2导弹执行上述任务，纳粹空军的这些做法也影响了英国皇家空军和美国空军的作战指导思想，当然是从相反的方面。在"轰炸机"哈里斯（Harris）的指挥下，英国皇家空军也放弃了早期代价巨大的昼间轰炸，转而采用夜间轰炸的方式打击德国的士气和工业生产能力，以期彻底打败德国。美国空军的作战指导思想则体现在通过昼间高空精确轰炸的方式，重点打击德国经济的关键环节，从而快速瘫痪德国的战争机器。

坦率地讲，上述种种指导思想至少在战争末期之前都没有明显效果，而且盟军还付出了惨重的人员损失代价。英国皇家空军对德国城市的轰炸的确打击了德国工人的士气，但并没有影响到他们的生产效率，也没有激起工人对纳粹政权的反抗（恰恰相反，纳粹政府给遭受英国轰炸的德国平民分发救济，还收买了人心）。这些轰炸对德国工业基础设施造成的影响很小，对非工业区和市郊造成的影响更是微乎其微。虽然随着战争发展轰炸精度不断提高，但美军实施的精确轰炸其实并不精确，美国对德国轴承厂之类的制造业目标实施的轰炸并没有瘫痪德国的战争经济，也没有产生预期的效果。

但是有一类精确轰炸最终起到了意想不到的效果。1944年夏，美国开始轰炸德国的石油工厂，尤其是精炼厂。由于德国严重依赖以煤炭为基础的合成石油，美军对精炼厂的轰炸立即导致德国燃料产量大幅下降。到了1944年年底，德国航空燃料的产量降到了0，储存量也仅够使用一个月。由于汽油和柴油供应不上，东线德军装甲部队已烧光了所有的汽油。发现这一情况后，盟军加大了对德国石油工业的打击力度，从而在某种程度上推动了战争早日结束。

对德国的战略轰炸迫使德国将一部分航空兵和防空部队撤回本土防御，从而大大地减轻了盟军前线的压力。从某些方面来讲，对德国实施战略轰炸是非常必要的。由于英国和苏联都强烈希望盟军能够尽早登陆法国开辟"第二战场"，英美盟军的登陆计划先是在1942年，接着在1943年两度推迟，这导致英美政府面临巨大的舆论压力，而对德战略轰炸有效地减轻了这种压力。然而到了战争末期，对轰炸平民是否合乎道德的质疑越来越多，使得美国坚持只轰炸军事目标，虽然在实施层面二者的差别非常小。战略轰炸造成的严重附加伤害，以及战争的暴力性本质，往往使得轰炸时并不严格区分军事目标和民用目标（美军对日本的轰炸尤甚），1943年英国向德国汉堡投下了大量燃烧弹以及1945年美英联军大规模轰炸德国城市德累斯顿，更是引起了人们对此类轰炸是否合乎道德的争议。

日本 早在1942年，美军就曾经用航母搭载轰炸机轰炸日本本土，但在之后的两年里，此类轰炸对日本工业体系的打击收效甚微。随着1945年年初美军新研制的B-29重型轰炸机大量装备部队，美国空军可以从中国大陆和马里亚纳群岛起飞打击日本本土。1945年4月，美军使用燃烧弹轰炸东京，造成超过10万平民丧生。然而，彻底瘫痪日本战争能力的最有效方式，是美国海军潜艇部队对日本航路的封锁，完全切断了日本从海外获得石油供给的渠道。与轰炸德国炼油厂效果类似，美军潜艇的封锁给日本战争机器以致命打击。

作为对日战略轰炸的极致，美国向日本投掷原子弹一直备受争议。有人就认为美国向日本投放原子弹虽然制约了苏联在东亚的进一步扩张，却导致苏联对欧洲的影响力增强。考虑到日本在防御美国进攻时表现出来的坚定决心和残暴行径，使用原子弹促使日本投降是可以理解的。原子弹制造的杀伤效果并不比美军使用燃烧弹轰炸东京这种常规作战方式制造的杀伤效果更强。但原子弹作为一种远远超出当时普通人认知的先进武器，对日本民众士气给予了巨大打击，使得妄图保留颜面的日本天皇不得不妥协，最终选择了无条件投降（参见专题A：广岛核爆亲历记）。

专题A：广岛核爆亲历记

美国向广岛投下原子弹那一年，藤原雄浩只有28岁，是驻宇品陆军司令部的一名军医。原子弹爆炸那一刻，他正在司令部的机关大楼里，距离爆炸中心4.1千米。由于远离爆炸中心，藤原雄浩并没有受重伤。在爆炸发生后，他立即投入对幸存者的抢救当中，以下是他的讲述。

爆炸发生时，我在办公室。我刚进门，和同事们打完招呼，向自己的办公桌走去。这时候，外面突然变成了亮红色。我感觉到脸颊很烫。作为长官，我大声呼喊，让下属尽快跑出房间。就在我催促同事们撤离的时候，我突然有一种失重感，就如同行走在太空中的宇航员一样，接下来的几十秒我失去了意识。等我恢复意识，我发现包括我在内的办公室里所有人都躺在屋子的一角，没有一个人是站着的……我望向窗户，发现所有的玻璃都碎了，窗框也完全损坏了，于是我走到窗口向外看，试图辨别爆炸发生在哪个方向……过了一会儿，在医务人员的指导下，伤员陆陆续续地来到司令部。看到如此多的伤员，我们意识到这次轰炸有多严重。我们发现大部分伤员都是严重烧伤，他们进来的时候都将手臂举在空中，就像鬼魂一样。我们将食用花生油和其他药物混合在一起，给伤员们做了简单处理，但是伤员太多了，我们几乎忙不过来……后来，我觉得我能够喘口气的时候，就走出治疗室到了隔壁房间。一进门，我就闻到整个屋子里充满了一种怪味，这种气味与烤鱿鱼时烧煳了的气味相似，我明白，这是人体器官被灼烧时散发的气味……我感觉到有东西在碰我的腿，是一名奄奄一息的孕妇，她快要死了。她对我说："我知道我快要死了，但是我能感觉到肚子里的孩子在动，他快要出生了，我不怕死，但是我想把孩子生下来，他不应该和我一起死去，请救救我的孩子吧！"没有产科医生，也没有分娩室，更没有时间来照顾婴儿。我所能做的就是告诉她，我会去找人来帮她接生。我答应了她的请求，她看起来也很高兴。但是我必须回去处理伤员。于是我回到处置室，开始一个接一个地处理伤员。伤员非常多，我感觉我就是在与时间赛跑。整个下午，那个孕妇的形象一直在我

> 的脑海里盘旋。快到傍晚时，我又来到那个孕妇所在的地方，她还躺在那里，我上去拍了拍她的肩，但她没有出声，躺在旁边的人告诉我，之前一段时间这个孕妇就不再说话了。我经常会回想起这件事，因为我没有办法满足这个将死之人最后的愿望。我还记得她，因为在她临死之前有幸与她交谈过，虽然时间很短。
>
> 资料来源：http://www.inicom.com/hibakusha/hiroshi.html。

第二次世界大战中的海战

从战场范围和交战双方付出的代价来衡量，第二次世界大战中的海战是人类历史上规模最大的海战。到了20世纪中叶，随着全球冲突的持续、政治斗争日益残酷以及工业技术的飞速发展，在军事领域再没有比建设一支强大的海军，进而长期保持在全球海域实质性存在花费更昂贵的事情了。

与此同时，海军的重要性也在提高。潜艇可以有效打击敌方商船，搭载飞机的航母可以将力量投送到更广阔的海域以及内陆深处，这些新具备的作战能力使得海军舰队与地面作战部队的接触和协同空前紧密，在"二战"中主要体现在两栖作战方面，其中海军武器装备的发展和应用极为关键。但是，技术的飞速发展增加了作战指导思想调整的难度，海军战术、战役和战略体系的发展显得非常乱。因此，与地面作战和空中作战相似，1937—1945年推动海军作战发展的，同样也是作战思想、技术和工业生产能力之间的相互作用。

水面战斗

德国水面舰艇对战争的影响微乎其微，而且德国将战列舰和巡洋舰用于水面袭扰是非常错误的做法。由于在袭扰战中德军舰艇必须单独行动，因此要躲避占据优势的盟军海军舰艇和飞机搜索，隐蔽行踪极其困难，尤其是飞机的搜索与跟踪更难以防范。开战第一年德国水面舰艇就所剩无几。

战争中几乎所有重要海战都有巡洋舰和驱逐舰的身影。而技术先进、航速较快的战列舰战斗群总是会有航母相伴。航母为战列舰提供空中掩护，战列舰则保护航母免受敌人水面舰艇的打击，同时还能够用自身较强的防空火力保护航母免受敌机空袭。换句话说，战列舰和航母都太宝贵了，不能冒没有支援的风险单独行动，那么就只有巡洋舰和驱逐舰能够单独行动了。同时，战前建造的老式战列舰拥有较强的舰炮火力，能够在两栖作战行动中为登陆部队提供火力支援。

海军作战能力的提升，依赖在信息收集、整理和应用的基础上建立有效的指挥、控制和通信系统，并与后勤保障系统协调行动，这是保证海军作战胜利的关键。在这方面最典型的例子是对受损舰艇的维修能力，美国海军在这方面尤为突出。随着战争发展，海军武器的杀伤力也不断增强。日本海军装备的"长矛"鱼雷射程远、杀伤力大，对防护力较弱的巡洋舰和驱逐舰能够造成毁灭性打击。受益于科技发展，美军水面舰艇装备的火控雷达大大提高了海军的夜战能力，再加上美国海军在舰艇数量方面的优势，使他们在海战中拥有压倒性的优势。

潜艇战

大西洋上的潜艇战　第二次世界大战中潜艇作战能力的提高，得益于战前科技水平的迅猛发展。这时的潜艇航程更远，航速更快，下潜时间更长，能够与基地进行远距离无线电联络，并且装备了更先进的鱼雷。在1939年"二战"爆发之前，潜艇应该是英国的重点防御对象之一，但是英国对其声呐系统很有信心，认为其能够有效防御德国U型潜艇的进攻。然而不幸的是，德国改变了作战指导思想，侧重于用潜艇在夜间从水面展开进攻，沉重打击了英国的防御体系。开战后的前7个月，德国潜艇击沉了222艘英国商船，自身损失18艘。随着1940年4—6月德国相继攻占挪威、低地国家和法国，这些新占领的地区为德国潜艇出击提供了更便利的基地，使英国面临的局面严重恶化。1940年8月希特勒下令全面封锁英国本土，并警告所有驶向英国的船只，不论国籍，一经发现立即击沉。因此，1940年10月，大西洋上的德国潜艇度过了一段"幸福时光"。他们一共击沉了217艘各类舰船，其中绝大部分都是单独行动，没有护航。

负责指挥潜艇部队的是德国海军上将卡尔·邓尼茨（Karl Dönitz），作为潜艇部队的司令官，他指挥手下的潜艇，在意大利海军的协助下，力求最大限度地击沉驶向英国的运输船，不论其军事价值大小，同时极力避免潜艇损失。德国发明了"狼群"战术，即数艘潜艇在潜艇司令部的指挥下，在夜间向盟军运输船队发起攻击。尽管德国很少有足够数量的U型潜艇来实施"狼群"战术，但在1941年早期，盟军平均每个月损失的运输船吨位达到了45万吨。虽然战争爆发后英国立即开始加强对运输船队的护航，但制定行之有效的战术、研发适用于反潜作战的新技术需要一定的时间。英国皇家海军保护大英帝国全球利益的使命，也使得其能够用于反潜战的资源相对较少。

随着英国海军增强了对运输船队的护航，德国潜艇相应地也提高了"狼群"攻击的频率和强度。1941年12月美国对德宣战，进入大西洋的美国船只也成了德国潜艇的目标。德国海军发动的攻击美国东海岸的"敲打"行动标志着U型潜艇的第二段"幸福时光"。整个1942年，盟军舰船的损失一直在增长。

但是德国潜艇部队也有损失。随着反潜技术的进步、护航战术的发展、船员反潜经验的提高，以及盟军对德国海军使用的无线电通信密码破译程度的不断提高，大西洋对于U型潜艇来说变得越来越危险。盟军对运输船队的空中掩护从爱尔兰北部沿冰岛、格陵兰岛和加拿大一路延伸，使得德国的"狼群"战术越来越难以实施。飞机能够攻击浮出水面的U型潜艇，只要有飞机在，潜艇就不得不下潜，大大降低了潜艇的续航里程、巡航时间和对目标的跟踪能力。与此同时，美国有能力大规模建造运输船，其生产速度远快于德国的击沉速度，盟军的损失开始减少。到了 1943 年春夏之交，德国 U 型潜艇的损失开始与其击沉的盟军运输船相当，双方的形势发生了巨大变化，邓尼茨从大西洋的主要航道上撤出了 U 型潜艇。

德国潜艇技术也在提高。改进后的换气系统使得潜艇的柴油发动机能够在下潜后继续工作，再加上鱼雷性能的提高，德国潜艇在 1943 年年底再次发起进攻。但是盟军的反潜技术也提高了，尤其是前向武器系统和雷达、声呐性能的提高，再加上盟军对德军无线电密码的破译，使得德国潜艇再没有能力发起有效攻击。

太平洋战场的潜艇战 在太平洋战场上，美国海军自战争开始即对日本的运输船队发起了系统的、持续的潜艇攻击，直至战争结束。日本缺乏铁矿石、石油、煤炭、铝矾矿和橡胶这些对现代经济和军事工业至关重要的资源。因而对日本来说，抢夺资源和作战一样重要。除了运输战略物资外，日本还要将军队运送到其占领的各国领土上。

日本并没有忽视美军潜艇对其运输船队造成的威胁。相反，日本决定集中其有限的工业生产能力制造武器，快速打败对手，从而取得胜利。因此，日本的潜艇列入海军舰队的战斗序列，专门用于打击美军战舰，而不是运输船队。但这样做有很大的风险，一旦日本无法速胜，缺乏有效防护的运输船队就成为非常明显的软肋，盟军可以通过打击日本的航运能力，破坏其战争经济，最终打败日本。

1943 年年中，负责指挥太平洋战区潜艇作战的美国海军上将查尔斯·A. 洛克伍德（Charles A. Lockwood）下令，进一步加强对日本的打击力度。美军潜艇自开战之初即进至日本海，此后更是大胆地在日本海域出没，美军潜艇通常 3 艘为一组展开攻击，但战果并不如在大西洋上实施"狼群"战术的德国潜艇丰硕。日本面对突如其来的美国潜艇，既缺乏飞机和反潜舰艇等反潜武器，也缺乏足够的作战灵活性，因而措手不及。1943 年 9 月日本运输船队的损失达到了顶峰，但直到 11 月，即对美开战整整两年之后，海军部仍没有成立独立的反潜战指挥部门，保护日本的运输船队。而且即便成立了独立的反潜机构，日本也缺乏足够的人员、各类舰艇、飞机、雷达和有效通信系统进行反潜作战，甚至其政府内部也不支持建立独立的护航体系。即便日本开始为运输船队护航，仍然面临反潜战术落后、人员缺乏训练的局面。截至 1943 年年底，日本一共损失了 180 万吨的运输船，其中 2/3 是美国潜艇击沉的。1944 年情况进一步恶化，美国潜艇的封锁使得日本从东印度群岛运往本土的石油总量减少了一半，可以说美国潜艇以一己之力拖垮了日本的战争机器。

大西洋上的潜艇战和太平洋上的潜艇战截然不同的结果，说明了"二战"中潜艇战的重要作用。在水下没有对手的潜艇，能够有效地切断敌方的海上供应线。而要有效地实施反潜作战，需要建立独立的指挥机构，研究出有效的应对方案。日本对反潜战毫不在意，而在"一战"中遭遇过德国潜艇攻击的英国，虽然在战前做了准备，但是并不充分。在很多时候，潜艇都被配属到海军舰队中，执行侦察、攻击敌方老旧战舰的任务，而不是用于袭扰商船队。

海空战

以航母为核心的海战 1940年夏,英国地中海舰队在夜间偷袭了停泊有6艘意大利战列舰的塔兰托港。从英国光辉号航母上起飞的21架老旧的"旗鱼"式双翼鱼雷机,穿过意大利密集的防空炮火,击沉了意大利海军加富尔号和利托里奥号战列舰,并炸伤了一艘战列舰。意大利海军残存的3艘军舰随后撤离了塔兰托港。

1940年春,美国太平洋舰队从其常驻地加利福尼亚进至夏威夷。美国此举意在震慑日本,却激起了日本不宣而战的决心。受英国成功偷袭塔兰托港的启发,日本决定偷袭珍珠港,消灭美国太平洋舰队,从而在战争伊始抢占有利地位。为保证实现作战目的,日本将其战斗力最强的6艘航空母舰集中起来,全部投入偷袭行动中。由于日本海军缺乏有效的早期预警系统,并且需要将其数量不多的舰载战斗机集中使用才能为舰队提供有效防空,所以日本将航母作为战术单位使用。日本在战前进行了周密部署和严格训练,1941年12月7日偷袭行动大获成功,给驻守在珍珠港的美国海军造成了重大伤亡。

参与攻击珍珠港的日本飞机共计2个波次350架,重创了美国太平洋舰队(击沉4艘战列舰,其中2艘彻底报废),击沉、击毁美军大量舰艇和飞机。但是,日本飞机没有攻击港口的海军补给和维修设施、储油罐和潜艇船坞。这一错误导致日本计划瘫痪有能力阻止日本在东南亚扩张的美国海军太平洋舰队,进而迫使美国接受日本侵略野心的企图彻底破产。美国海军的航母当时在海上执行任务,幸运地躲过一劫。即便如此,一旦日本破坏了珍珠港海军基地的基础设施,美国舰队则不得不退回美国西海岸的基地。而事实上,由于美国航母能够继续利用珍珠港作为其前进基地,美国在太平洋上为反击做准备的时间由几年缩短为几个月,而航母成为美国发起反击的利刃(详见专题B:中途岛之战,1942年6月4—7日)。

专题B:中途岛之战,1942年6月4—7日

1942年4月,杜立特带领从航母甲板上起飞的轰炸机群空袭了日本。由于空袭日本本土的美军航母以珍珠港为基地,日本海军司令山本五十六意识到有必要扩大日本的防御圈,更重要的是,通过一场对马海战式的决战彻底消灭美国海军。但是在5月,美国海军在珊瑚海海战中挫败了日本海军夺取澳大利亚的企图。而且,由于成功破译了日本海军无线电通信密码,美国海军太平洋舰队司令尼米兹(Chester W. Nimitz)上将已经提前知道山本五十六接下来将攻占中途岛的计划,一场灭顶之灾将在中途岛等着日本舰队。

山本五十六制订了一项非常复杂的作战计划,企图迫使美国海军在中太平洋分兵,进而在攻占中途岛之后诱使美军舰队在中途岛附近进行决战。日军派出一支包括几艘轻型航母在内的舰队进攻阿留申群岛,与此同时由4艘重型航母组成的主力舰队直扑中途岛。日

> 本潜艇部队则严密监视珍珠港内美国海军的动向，并随时准备在战役打响后伏击美军舰艇。
>
> 然而被伏击的是日本舰队。由于破译了日军的通信密码，尼米兹抢在日本潜艇到达珍珠港之前，将其所有能动用的航空母舰都派到了中途岛东北方向的位置。
>
> 在珊瑚海海战中遭受重创的约克城号航母经过美军全力抢修后，与美国海军企业号和大黄蜂号航母以及美军驻扎在中途岛的陆基航空兵一起，严阵以待日军的进攻。6月4日，没有察觉到美军航母就在附近的日本航母舰队司令南云忠一中将，向中途岛发起了进攻，美军驻扎在中途岛的陆基航空兵部队奋起抵抗，并对日军航母实施了攻击，但没有取得什么战果。在日军航母的甲板上，舰载机正在为下一波攻击中途岛做准备。这时候日军一架水上侦察机发现了美军航母的行踪，南云忠一立即命令所有舰载机换装反舰武器，这是一次非常严重的延误。与此同时美军掌握了先机，116架舰载机组成的攻击机群向日本航母扑来。
>
> 美国海军已经过时的鱼雷轰炸机率先发现了日本舰队，在没有战斗机掩护的情况下首先发起了攻击。虽然勇气可嘉，但并没有对日本航母造成伤害。41架鱼雷机中有35架被击落，其中包括大黄蜂号上的整个舰载机中队。然而在无意之中，美军鱼雷机的攻击诱使日军战斗机在低空盘旋。而在此时，美军的俯冲轰炸机飞临日军航母上空。从企业号和约克城号航母上起飞的俯冲轰炸机抓住了日军舰载机正在甲板上重新加油、挂弹的有利时机，以日军航母黄色飞行甲板和醒目的红色旭日图案为目标进行了攻击。美军飞机基本没有遇到拦截，日军航母加贺号、赤城号和苍龙号在几分钟之内相继化为一团火球。日军最后一艘航母飞龙号虽然躲过一劫，但在当天晚些时候与美军约克城号航母展开的舰载机对攻当中被击沉，而约克城号航母在一个月之内第二次遭受重创。失去了空中掩护，山本五十六被迫下令取消中途岛登陆作战计划。6月6日美军出动舰载机将在海战中遭受重创的一艘日本重型巡洋舰炸沉。同一天，日本潜艇用鱼雷攻击了在海战中遭受重创的约克城号航空母舰和拖曳它的一艘驱逐舰，约克城号航母倾覆，于第二天沉没。
>
> 在中途岛海战中，美军损失了1艘航母、1艘驱逐舰、132架舰载机和陆基作战飞机，以及307名军人，击沉日本4艘航母、1艘重型巡洋舰，击落275架飞机，消灭3500名日军，此役打破了日本海军不可战胜的神话。从战略上讲，在珍珠港事件后仅6个月，美国海军即摧毁了对手的进攻能力，迫使日本由此转入防御。中途岛海战或许是美国军事史上最具决定性意义的一场战役。

1942年年初，美国航母特混编队袭击了日本位于马绍尔、吉尔伯特和新几内亚的海、空军基地。美军航母编队在此役展现出的强大机动打击能力暂时遏制了日本攻占澳大利亚的企图。在珊瑚海海战（1942年5月7—8日）中，美日双方海军均动用航母上的舰载机，在视距外攻击对方航母，这是人类历史上的首次海空战。美军击沉日军1艘轻型航母，重创1艘重型航母，还消灭了另一艘航母上的舰载机。日军飞机重创美军约克城号航母，击沉列克星敦号航母。美日双方损失相当，但是日本无力继续攻击新几内亚的莫尔斯比港，开始撤退，而美国遏制了日本攻占澳大利亚的企图，在战略上取得优势。

然而在 1942 年美军航母损失严重。到年底，战前建造的 6 艘航母仅有 2 艘在役，这暴露出美军领导层在航母设计、损伤控制处理、防空武器的类型和数量以及舰载机防护能力方面存在严重错误。美国海军针对上述问题投入了大量的人力物力，使得海军在 1942 年 10 月之后的战斗中再没有损失一艘航母。

美军增加了航母特混编队中新建造的快速战列舰的数量，为航母提供了强大的防空火力。雷达性能的提高增强了航母的早期预警能力，使其有充分的时间做好防空准备。但是即便能够在雷达上发现敌方来袭飞机，航母上的舰载战斗机仍然没有足够时间消灭来袭敌机（敌军来袭飞机通常会有战斗机护航）。结果当敌机逼近时，航母编队必须开足马力全速前进，通过战术机动和防空火力（5 英寸、1.1 英寸口径防空炮，40 毫米、20 毫米口径高射机枪）进行反击。

美国舰队防空能力的提高沉重打击了日本舰载航空兵部队，日本海军发现舰载机遭受的损失很难弥补。新式飞机的性能跟不上战斗需要（即便是最新式的飞机也无法与美军新式飞机媲美），而且补充训练有素的飞行员越来越困难，这进一步削弱了日本海军航母的作战能力。空战越来越呈现出一边倒的趋势，这种趋势在 1944 年 6 月 19—21 日的菲律宾海战中达到了极致。日本海军一支舰队奉命拦截美军攻击塞班岛的舰队。支援两栖作战任务的美国航母特混编队采用了灵活的战术，应对日本海军舰队的进攻。日本海军飞行员无法匹敌美军舰载机飞行员，在美国海军舰载机和防空火力的共同打击下，约有 400 架日军飞机被击落，所以此次战役又被戏称为"马里亚纳打火鸡"。与此同时，美军潜艇还攻击了日本舰队的 5 艘重型航母、4 艘轻型航母、5 艘战列舰、13 艘巡洋舰和 28 艘驱逐舰，击沉了 2 艘日军新下水的轻型航母。在与美军第 58 中队的空战中，日军还损失了 1 艘重型航母和 2 艘登陆舰以及舰队剩下的 35 架飞机。美军舰艇无一沉没，只有 76 名飞行员和空勤人员牺牲。日本在飞机和飞行员上的损失是无法弥补的，此役之后日本再也没有能力与美国争夺制空权了。

日本最后一次单独使用空军，是在战争最后一年执行自杀式攻击任务。由于是自杀式攻击，执行任务的日本飞行员无惧美军防空炮火，因而也不需要太多训练。日军将自杀式袭击命名为"神风"，取自 13 世纪蒙古入侵日本时给蒙古舰队造成重大损失的台风之名。日军飞机的自杀式攻击给美军造成了一定损失，但并不影响美国海军的压倒性优势。相反，自杀式攻击表现出日军在本土防御作战中残暴的一面，也更加坚定了美国进攻日本本土和使用原子弹的决心。

两栖作战

太平洋上的"蛙跳"作战 鉴于日本为岛国的自然现实，为阻止美国攻击日本本土，日本高层打算将本土彻底建成堡垒。尤其是珊瑚海海战和中途岛海战失利迫使日本转入防御之后，面对工业能力和人口规模远远超过自己的美国，日本唯一的希望是让美国在进攻日本时付出巨大代价，使美国厌倦战争，从而使日本至少能够保留其在西太平洋夺取的既得利益。因此，日本在许多岛屿上驻扎了部队，将其建成要塞，并决心拼死守卫。

从 1942 年 8 月起，美国海军陆战队第 1 师出其不意地登陆并占领瓜岛和图拉吉岛（Tulagi）后，日本的防御圈就开始不断缩小，但这一过程极为血腥。美军在瓜岛的胜利并不是没有代价的，同时也引起了海军陆战队和陆军对于进攻作战指导思想的争议。但是两栖作战行动的关键要素，包括陆、海、空军之间的协同等开始获得美军的认同。海军和海军陆战队从失败中吸取教训，加强了侦察，延长了火力覆盖时间，提高了对潮汐和海浪条件的观测，改进了登陆艇，并研制和装备了更多专门用于两栖作战的各类舰艇。这些措施在接下来的登陆作战中极大提高了美军的成功率，减少了人员伤亡。1943 年年初，在所罗门群岛战役付出巨大人员伤亡代价后，美国海军调整了攻击策略，绕过某些日军占据的岛屿，通过切断其补给降低其可能造成的威胁。这一策略不仅被海军执行，由麦克阿瑟上将指挥的美国陆军部队也在西南太平洋地区实施了这一策略。与此同时，日军试图为其守岛部队提供支援或者补给则要付出巨大代价。由于日军损失了绝大部分运输船，所以日军先后曾使用军舰和潜艇为其守岛部队提供支援，但最终在美军的打击下还是失败了。

尽管美国在战术和武器方面取得了很大进步，但"蛙跳"战术仍然代价巨大。日军也在调整作战指导思想和战术，有时候日军会沿着海岸构建前置防御，有时候日军会在内陆深处构筑堡垒工事。到了 1944 年年底，日本又采取新的策略：不再追求通常意义上的胜利，即打退美国的进攻，而是接受了分散在各个岛上孤军作战的日军守岛部队一定会被美军消灭的现实，日本的理念是在美军进攻这些岛屿时给予美军最大程度的杀伤。

欧洲战场的两栖登陆作战　　欧洲战场上的盟军作战行动包括各种规模的陆海军联合进攻。与之相反的是，轴心国集团最著名的两栖作战行动，则是希特勒入侵英国的代号"海狮"的作战行动。苏联红军在东线发起反击的时候也曾在波罗的海和黑海地区实施过两栖登陆作战，夺取德军战略要地和重要通道，切断德军西撤的退路。苏军（包括海军陆战队，即所谓"水兵"）将各类国产和进口车船装备，包括美制反潜舰艇投入两栖作战当中，以提高攻击效率，但收效甚微。

通过充分发挥海军和制海权以及在专业两栖登陆舰艇装备方面的优势，英美盟军进行的两栖登陆作战行动占据了"二战"中绝大多数两栖作战行动。甚至早在战争初期美国海军专家们就意识到用小船将大批进攻部队从运输舰上运送到滩头，并在有重兵防守的海滩上登陆是很不现实的。因此，美国政府优先制造了大量用于两栖作战的各类舰船和相关装备。这些装备不仅装备了美军，还大量装备了世界各地的盟军海军。

通过两栖登陆法国维希政权统治下的摩洛哥和阿尔及利亚，美军开始介入欧洲战事。美军从弗吉尼亚的诺福克港（Norfolk）启程，在未被察觉的情况下直接登陆北非。在战列舰、巡洋舰、航母和驱逐舰实施的打击下，维希政权很快投降并加入盟军阵营。登陆北非之后，美军于

1943—1944 年发起了西西里岛战役和意大利战役，这两场战役都是以两栖登陆作战为主。挟北非战役和西西里岛战役之利，盟军登陆意大利的作战行动相对顺利，而登陆诺曼底标志着盟军两栖作战行动达到顶峰。美军承担了绝大多数进攻任务，英国海军主要负责舰炮火力支援并提供大约 2500 艘登陆艇。在实施登陆之前，盟军在英国集结了大约 1.3 万架飞机，因而没有动用航母。盟军出动了 17.5 万名军人在诺曼底登陆，开辟了第二战场，与向西挺进的苏联红军联合起来，在 11 个月之后结束了战争。

总　结

影响：国内方面

战争与社会　第二次世界大战是一场比第一次世界大战规模更大、持续时间更长、波及范围更广的全面战争。战略轰炸和战线的不断变化，在欧洲和亚洲直接造成大量平民伤亡，而且即使是在战争没有波及的地方，由于物资匮乏和实施配给制，同样造成超过 5000 万平民丧生。凭借 20 世纪 30 年代与纳粹德国和日本进行战争准备的有利时机，美国最终摆脱了大萧条，但大战在世界范围内对人口和财富的破坏程度远远超过美国战时经济取得的成绩。经济史学家们一直致力于计算战争中人口伤亡造成的巨大负面影响，因为人口伤亡不仅影响工业国家的生产，而且由于以输出原材料为主的非工业国家失去了消费其出口产品的潜在客户，制约了其后几十年非工业国家的经济发展。战争大大增强了美国在全球工业领域的主导地位，使其至少在战后 30 年主导了全球经济。

进行如此大规模的战争所必需的人力与资源流动，必然会对社会产生影响。然而，战争造成的人口与资源流动同社会转型并非简单的因果关系。人们普遍认为"二战"给美国国内外都带来一些积极影响。战争使空前规模的女性进入工厂工作，为谁而战的问题以及法西斯敌人奉行的种族主义理论也使得人们关注起国内仍旧存在的社会不公。战争并没有在一夜之间就改变这些情况。战后杜鲁门总统用了 3 年时间裁军，而民权运动在社会上广泛取得实质性进展则用了 15 年时间。如同 20 世纪 50 年代的电视剧《天才小麻烦》（*Leave It to Beaver*）中表现的那样，大量退伍军人回归社会，让刚刚获得解放的妇女又回到了家庭，使得此后 10 年里女权运动始终风起云涌。

尽管人力资源紧张的问题更突出，但是德国在战争期间很少让女性进入工厂工作。在纳粹的理念中，妇女承担着抚养者的角色，不应该涉足经济领域。日本妇女的情况与之类似。战后法国赋予了女性选举权，但是法国在战争期间复杂的形势使得这项政治权利象征意义大于实际意义。

战争造成了巨大人员伤亡。在战争中美军阵亡 29.2 万人，英军阵亡 39.78 万人，日军阵亡 175 万人，德军阵亡 350 万人，苏军阵亡 750 万人。除此之外，苏联有 2000 万平民丧生，波兰有250万平民丧生；其中包括被纳粹屠杀的600万犹太人。德国有200万平民丧生，日本有近100万平民丧生。中国有2000万平民丧生，另有1亿人在战争中流离失所。战争造成的经济损失同样巨大。与"一战"在欧洲造成的创伤相比，中日战争给中国造成的创伤可能更严重，将延续一代甚至几代人。其他国家的情况也与之类似。而且，在战争中遭受重大人口和经济损失的中国和苏联，并没有像德国和日本那样借助美国的力量进行战后重建，这也成为战后中苏两国与美国政治关系紧张的一个重要因素。

战争与意识形态 轴心国集团在战争前期侵占多个国家的大片领土，给这些占领区民众的社会生活造成重大影响。纳粹德国和日本发动的侵略战争之所以失败，很大程度上是因为得不到占领区民众的支持。虽然占领区也有一些人支持德国或日本，例如，1941—1944年的克罗地亚，1943—1944年的阿尔巴尼亚，以及德国驻扎在马其顿的盟友保加利亚等，但是轴心国集团得到的支持远不及盟军从其部分殖民地获得的支持。也有相当一部分民众反对盟军，例如有些印度民族主义者就支持日本，尽管这在军事上毫无实际意义。但是，印度始终坚定地站在英国一边，即使是在1941—1942年德国和日本疯狂扩张、英国正处于德国"闪电战"威胁最艰难的时期。战争期间有230万印度人到海外服役，印度的支持是英军在中东和缅甸战胜对手的重要因素。

与之相反，德国和日本奉行的种族优越论在很大程度上妨碍了占领区民众与之展开合作。除了自己以外，日本根本不理解民族主义为何物，德国则不需要盟友，需要的只是听话的奴隶。占领区民众仅仅将日本看作新的征服者，而不是将其从西方奴役之下解放出来的解放者。德国和日本对占领区民众的残暴行径和残酷剥削，例如德国在乌克兰的暴行，使其根本得不到支持，而且还使其本已不堪重负的战时经济更加恶化。1942年日本刚攻占新几内亚时，有部分民众将其视为解放者。之后日本的暴行激起了民众的愤怒，当地民众重新拥护盟军，为盟军航母提供了重要支援。德国强迫数以百万计来自苏联、波兰和法国的劳工为其工作，粗暴对待导致其大量死亡，这不仅无益于提高生产效率，还激起了占领区民众的激烈反抗。而同样使用奴工，苏联的劳动营则能生产出大量战争物资。

胜利与士气 战役和战斗的胜负不仅对战争进程产生重要影响，而且还对国内的士气大有影响。1940年6月，中东地区英军司令阿奇博尔德·韦维尔（Archibald Wavell）将军就曾说过："埃及、巴勒斯坦和伊拉克的内部安全问题占用了英军大部分精力和时间。加强宣传或许会有所改善，但只有战场上的胜利才能让这些地区真正稳定下来。"即使是在极权国家内部，宣传仍然很有意义，尤其是对德国来讲，要通过宣传获得民众的广泛支持，宣传的内容则包含了从饮食习惯到政治目标等方方面面。海报、电影、广播、报纸、摄影甚至漫画等手段都用来宣传和鼓舞士气，而这些手段也将前线与后方紧密联系在一起。

但是各国进行战争宣传较少表现民众信心，而更多侧重于宣传战时团结一致的精神，德国和苏联尤其是如此。例如，1939年开战之初，纳粹就必须处理好民众缺乏响应的问题。在苏联，宣传的红军战士的英雄形象与现实严重不符。与其他民族相比，来自中亚的苏军战士对战争目的知之甚少。西方民主之所以拥有较高的支持率，部分原因在于前线总能传来好消息，以及战争对国内民众直接影响相对较小。政府对某部分族群的不信任也反映出了民众的普遍观念，这方面最典型的例子就是美国在战争期间拘捕了大量日裔美国公民。另一方面，西方战时宣传效果较好的原因，在于其对于战争的报道相对公开可信。相比之下，如今美国在对其伊拉克政策的媒体报道方面设置的限制不禁令人感到汗颜。

"二战"中各参战国都认识到民众士气的重要性，也将其作为打击目标。1940年起德国通过空袭和潜艇封锁，意图在摧毁英国战争经济的同时打垮英国的士气。通过战略轰炸打击并瓦解敌国士气的理论成为各国空军作战思想的主流。1940年出版的《皇家空军战争手册》(*War Manual of the Royal Air Force*)就这样写道：如果一个国家的民众或政府失去了坚定其战争目标的决心，那么这个国家已经败了。战略轰炸是打击敌国民众士气的手段之一。如果战略轰炸能够在消耗敌人资源的同时摧毁敌人的意志，那么我们就应该将其作为促使敌国社会产生变革的全面战争手段之一加以利用。

总体影响 简言之，我们不能否认战争对社会造成的影响。战争给社会留下了深深的文化印记，大战中成长起来的一代人在战后几十年里一直是国际政治舞台上的主角。或许是因为战争结局似乎比较完美，"二战"带给人们更多的是正面印象，这一点与"一战"完全不同。战争对每个参战国的价值观和社会结构产生的影响各不相同，因而很难进行深层次的归纳。

军事方面的教训

第二次世界大战充分证明了资源并非决定战争胜负的关键，军队的战斗力同样是决定战争胜负的重要因素。将作战思想、技术和工业生产能力结合起来协调发展，进而形成强大的战斗力，这方面盟军更占优势。在战术方面，轴心国武装在1939—1941年有着巨大优势，但在1944年完全处于下风，这反映出盟军成功缩小了双方战术能力方面的差距并取得了非常重要的战役优势。而在战略方面，盟军自始至终都很明确，明显强于轴心国集团。

历史意义 从占有资源、经济动员能力和国内情况等方面解释盟军获得的胜利，会曲解轴心国集团失败的真正原因。轴心国集团在战争中的失败，是在陆、海、空三维战场，在欧洲、亚洲和太平洋各个战区全方位的战败。而从占有资源、经济动员能力和国内情况评价轴心国集团的失败，凸显了其军队战斗力，暗含其失败应归因于其军队人数过少。这样的解释意味着认同轴心国集团发动战争的借口。例如，纳粹德国就强调其对苏联的入侵旨在阻止大部分由亚洲"游牧"民族组成的苏联军队的入侵，保卫欧洲文明。时至今日在德国国内仍有观点认为"二战"中德国失败是因为盟军摧毁了德国的战争经济，而极力淡化和忽视德国在战场上失败的事实。这与"一战"后德国为失败寻找各种各样的借口，而对德军在西线无法战胜英法军队的现实视而不见如出一辙。这种解释是希特勒为夺取德国政权而利用民众的失望情绪，在国内煽风点火、刻意制造矛盾。

很多关于"二战"中德军作战的文献资料，都是以战后德军将领和参谋人员对其参加过的战役进行的分析为基础的。除了资源匮乏、苏联疆域辽阔、天气条件恶劣等原因之外，他们将德国失败的主要原因归结于希特勒对军事指挥过度干涉。希特勒的军事指挥才能的确拙劣，尤其是在防御方面，希特勒要求德军寸土必争，使得德军只能放弃运动防御，陷入阵地防御的被动局面。由于权力过于集中，无法做到像斯大林那样下放权力，希特勒在指挥上往往听不到合理建议。结果到了1944年，逐渐对实际情况失去判断力的希特勒使德军本已困难重重的作战指挥体系更加恶化。持此观点的人认为早在1942年年初希特勒已经认识到不可能战胜苏联，但德国将战争继续下去的目的是消灭欧洲的犹太人，而日耳曼民族将取得道义上的胜利。这种自我毁灭的理念成为纳粹政权意识形态的关键部分。

希特勒拙劣的指挥才能仅仅是导致德国失败的众多原因之一，德国在战争中过于主观也是一个重要因素。最终，德国追求的胜利是其对手无法接受的。1914年"一战"爆发，德国侵入法国和比利时，在西线与英法军队反复拉锯。而德国夺取战争胜利的主观意愿既无法弥补其政治和军事目的上的严重缺陷，也无法使其妥协进而有效保存实力。战后德国对"二战"的反思往往忽视德军指挥官在战场上所犯的明显错误，也对苏联军队强大的战斗力绝口不提——这主要得益于苏联解体后，美国在刻意贬低苏军实力方面所做的不懈努力。

资源、工业生产能力和军事技术　在战争前期，德国和日本军队展现出来的强大战术、战役优势，得益于其先进的作战指导思想和部队不断积累的作战经验，直到1942年盟军才遏制住轴心国集团疯狂的进攻势头。1943年5月19日，英国首相丘吉尔在美国国会演讲时这样说道："敌人仍旧骄横且强大……轴心国集团仍有大量军队，掌握着很多资源，占据着战略价值重要之地……德国和日本现在与我们在战场上进行着代价巨大的拉锯，妄想着民主力量疲惫、厌倦和分裂，进而战胜我们，这一点我们必须警惕。"因此，将盟军资源与科技优势结合起来非常重要。资源与军事技术是相互独立的，但同时也是能够互补的。

仅仅关注工业生产能力，尤其是武器装备制造能力，必然低估军事技术涵盖的范畴。军事技术涵盖的内容从洞察战略时机到加强部队凝聚力以及战术能力应用等作战领域的方方面面。同样，军事技术也在不断变化之中。通过对比英国陆军1940—1941年同德军和1941—1942年同日军的战斗，与1944—1945年同德军和日军的战斗；1941年和1944—1945年苏军同德军的战斗；1943年美军同德军在北非的战斗和1944—1945年美军同德军的战斗，我们能够清楚地看到盟军部队的战斗力在不断提升。

由于双方阵营分化明显（虽然苏联直到"二战"末期才对日本宣战），"二战"后期资源对战争的影响要比前期更明显，交战双方进入比战争前期更残酷、更惨烈的消耗战中。这并不是说这个时期战略不重要了，而是战略推动着交战双方将注意力转到战争经济上来。例如，1944年，油料严重匮乏的日本海军无力应对美军对菲律宾的进攻。从战略范畴讲，军队数量与质量对于在战争中形成压倒性优势也很重要。例如，到了1944年，美军在作战指导思想和战斗力两方面完全压制日军，美军知道自己在海、空战中一定能够打败日军，这种优势也是其在军事技术与战略能力方面占据优势的体现。

领导力、产量和不断变化的战斗力　与此同时，我们也应该看到德国和日本在确定战争策略、制订战争计划方面犯下的严重错误。战略物资与武器装备的产量不仅与工业动员能力相关，也与军事资源的利用程度相关。随着战争的发展，德国和日本在制订作战计划过程中开始用主观意志代替严谨分析，变得越来越浮夸和不切实际。在情报领域的失利使得德国无法预料到对手的下一步行动。同时盟军在应用研究方面也占据优势。例如在武器研发方面，德国的潜艇技术就缺乏创新，还错误地认为其装备的Ⅶ型潜艇性能不需要提高。雪上加霜的是，早在1942年年初，德国海军司令埃里希·雷德尔（Erich Raeder）上将（邓尼茨前任）为解决潜艇维护工人短缺的问题，将从事新型潜艇制造的工人拉去为旧潜艇维护，其代价则是降低了新型潜艇的产量。

更常见的情况，是德军被安排到其不可能完成的任务当中。完全按照执行对地支援任务的战术型空军建设的纳粹空军，在1940—1941年被迫担负起进攻英国的战略角色。这种情况在参战各国普遍存在。战争开始前，所有装备了航母和潜艇的海军都将其作为舰队中战列舰的附属角色，其中以日本海军尤甚。简言之，军队为实现特定作战目标而极力发展某项能力，但在实战中发现，这项能力能或者只能用于其他作战目标。其结果就是经济实力更强大、生产更灵活的国家能够更快速有效地应对新作战任务对武器装备的需求。这必然要求对经济进行调整，而且受制于政治领导层的政策与战略决断。战争进程证明了在此方面轴心国集团严重缺乏至关重要的灵活性。其中最典型的例子莫过于德国。整个战争期间，德军在对阵苏军、英军和美军时都没有真正解决其在东线与苏军作战时就一直困扰它的问题，即作战能力从战术、战役、战略以及后勤保障上全方位地止步不前。

结　论

具有讽刺意味的是，即便战后世界政治格局发生变化，尤其是殖民地民族解放运动风起云涌，在核战阴影与日俱增的情形下作战模式也在发生变化，但交战双方还是十分细致认真地研究了如何从战争中汲取关于机械化作战、战场战术以及长期、宏观战略等方面的经验。苏联最终解体使得自"二战"开始的全球转型结束，之后的世界进入了斗争与冲突比"二战"这一"大国之间碰撞"的顶峰更为频繁的时代。我们在接下来的第29章和第30章继续讨论这一话题。

■ 推荐阅读

Ambrose, Stephen. *The Supreme Commander: The War Years of General Dwight D. Eisenhower*. Garden City: Doubleday, 1970. 这位历史学家是艾森豪威尔战时文件的起草者，他分析盟军指挥官的

作用视角独特。

Black, Jeremy. *World War Two. A Military History*. New York: Routledge, 2004。本书是一部简短的概论，尤其重视在这类作品中经常被忽视的战争中的某些方面。

Budiansky, Stephen. *Air power*. New York: Viking Press, 2004。这是一本关于20世纪空中力量的综合性历史书，很好地区分了现实与空中力量支持者的主张。

Citino, Robert. *From Blitzkrieg to Desert Storm: The Evolution of Operational Warfare*. Lawrence: University of Kansas Press, 2004。本书在作战行动层面对第二次世界大战（及以后的）战役进行了出色的分析，特点是研究军事行动的形式与战争社会的不同需要和能力的联系。

Evans, David C., and Mark R. Peattie. *Kaigun: Strategy, Tactics, and Technology in the Imperial Japanese Navy, 1887-1941*. Annapolis: Naval Institute Press, 1997。本书是一部开创性的作品，基于日本的资料，对从明治维新到第二次世界大战前夕日本海军的发展情况做了深入分析。结论是，尽管日本海军早期取得了成功，并为与美国的战争做了准备，但其未能为太平洋战场上的现代海上战争做好准备。

Glantz, David M., and Jonathan M. House. *When Titans Clashed: How the Red Army Stopped Hitler*. Lawrence: University of Kansas Press, 1998。本书根据新公开的苏联档案研究苏联的进步在多大程度上影响了东线的战事，修正了长期以来基于德国文献的说法。

Megargee, Geoffrey P., and Williamson Murray. *Inside Hitler's High Command*. Lawrence: University of Kansas Press, 2000。本书是对德国决策的重要描述，认为将德国的失败完全归咎于希特勒的看法是有些偏激的。

Murray, Williamson, and Allan R. Millet. *A War to Be Won: Fighting the Second World War, 1937-1945*. New York: Harvard University Press, 2000。本书是一部优秀的一卷本战争史，强调军事技能在盟军胜利中所起的重要作用。

Overy, Richard. *Why the Allies Won*. New York: Norton, 1995。本书讲述了另一段否定战争经济决定论的历史，强调盟军必须做出关键决定才能有效发挥其资源优势。

Reynolds, Clark G. *The Fast Carriers: The Forging of an Air Navy*. New York: McGraw-Hill, 1968。本书是对战时美国航空母舰理论演变的经典研究，所使用的资料既包括官方文件，又包括口述历史，达到了一定平衡，以探索美国快速航母战斗群不断赢得战争的秘诀。

Weinberg, Gerhard. L. *A World at Arms: A Global History of World War II*. New York: Cambridge University Press, 1995。本书是一项详细的研究，显著地将战争史学从以德国为中心的轴心国战术优势的叙述中移开；对欧洲的研究比对亚洲的更深入。

第 29 章
核时代

殖民地独立和冷战,1945—1989 年步入现代，我们走进一个靠记忆书写历史的时代。生活在现代社会的人大多都曾经历过1945年以后的一场或多场冲突。这一点对历史学家而言可谓喜忧参半。因为记忆既能够启迪人的思维，也容易误导人的思路。考虑到更多的人实际上是通过访谈、书信、广播以及更为普及的可视化媒体，尤其是电视和电影，来间接经历现代历史的冲突的，我们对这一点更加确信无疑。这些手段不仅记录了战争是如何发动的，也通过特别选择或者故意遗漏的方式，记述一些"重要"的战争。但是，令人遗憾的是，这往往是一些误导性的记录。因为只有记述人身处其中的战争才容易引起他们的关注，例如，对主导电影业的美国人来说，显然朝鲜战争和越南战争更容易吸引他们的眼球。这容易导致人们对这一时期战争的性质以及特定战争的重要性做出误导性的评估。

本章将回顾第二次世界大战结束后44年历史中发生的各种冲突。这一时期有两大政治历史背景：一是美苏之间的冷战，二是西方殖民体系的瓦解，伴随其间的是核武器系统发展对众多战争形态的影响。但是另外一些因素，通常是一些发生在局部地区并且与全球趋势相悖的因素，凸显了这一时期战争的复杂性以及相互交织的特点，而这些战争的重要意义依赖于当前的研究视角。不同的学者在研究近代以来战争不同的特点时总是各取所需，认为其中的一些更为重要，而另一些无关紧要。

二战以后：全球化背景

这一时期战争发生在以三大特点或趋势为特征的"二战"后的大环境里，这三大特点分别是美国的经济垄断地位、美苏对立形成的政治两极化以及日益明显的全球化。看似相互矛盾的三大特点在历史上真实存在。理解这一点并不难，只需留意1945—1989年间这三大趋势虽然共存，但其重要性经历了此消彼长的过程。

美国的世界地位

"二战"比"一战"的影响更为深远，这在很大程度上要归功于美国和日本的参战。"二战"中，美日两大力量作为对手在太平洋展开了大战，这与"一战"时作为盟国参战截然不同。此外，"二战"也使两国争夺势力范围的斗争有了最终结果。伴随苏联军队开进柏林、维也纳和中国东北（中国工业化程度最高的地区），"二战"于 1945 年宣告结束。美国成为战后最强大的国家，这主要得益于其强大的经济实力。战后，德国和日本因为遭遇大轰炸，受到了极大影响，国土还被战胜国占领。而英国背负着沉重的债务，苏联经济也因战争被严重消耗。因此美国担负起确立战后经济新秩序的责任，开始领导世界缓慢恢复以国际自由贸易和全球资本市场为特征的 20 世纪全球经济。美国的投资对世界至关重要，世界大国中只有美国在 1945 年保持真正的资本充足。

根据 1944 年布雷顿森林协议，世界银行和国际货币基金组织（总部都在美国）这两个美国支持的货币机构成立，目的是在强化全球金融系统上发挥关键作用。与此同时，美国也积极支持自由贸易，将其作为自身着力打造的自由市场秩序的一部分。美国进而通过支持殖民地独立和开辟独立的资本市场，继续推进建设自由市场秩序。1945 年确立的这一经济新秩序与联合国相对应，旨在努力寻求解决分歧的和平解决方案。

两极化

美国的霸权受到了斯大林领导的苏联的挑战。实际上，共产主义与资本主义或者自由民主主义（也可能是二者的混合体，尽管资本主义与自由民主主义经常被证实是相互矛盾的）之间意识形态的对立一度十分尖锐，尽管二者的界线并非总是十分清晰。双方在争夺势力范围上尤其最初在东欧和东亚地区曾出现严重政治对立。当欧洲老牌帝国因失去对东南亚、中东、非洲和拉丁美洲的殖民地的控制和广泛影响力而形成"第三世界"后，美苏两国开始在这些地区展开激烈竞争。在这场政治斗争中，苏联凭借其强大的核武库、在西欧边界部署的大规模常规性武器以及对其盟友和追随国提供的军事援助，消解了美国在经济上的优势。两极争霸中，美国被迫将部分独立运动推向共产主义，这一度加剧了美国应对殖民地独立运动的复杂程度。

全球化

冷战时期的两极化自始至终都在一定程度上打了折扣，因为部分国家在独立后的印度带领下一直追求不结盟的地位。苏联和中国的关系恶化进一步使两极化的局势更为复杂，反而强化了国际社会对第三世界的认知，第三世界国家大都没有加入美国或者苏联的阵营。冷战时期各国经济和社会发展进一步削弱了美国的经济霸权地位和政治极化趋势。其中包括各国工业化的不断推进和经济发展，尤其是西欧、日本的经济复苏，环太平洋国家财富的增长以及由此引起的经济机构和经济磋商的扩大。通常在冷战时出于两极对抗需要而组建的政治和经济条约组织（前者如北约、东南亚条约组织、华约等，后者如欧洲经济共同体及后来深化而成的欧盟），是这一时期所谓"地区跨国主义"在形式上的代表，其发展结局往往使两极趋势和超级大国操纵两极化的努力更为复杂。

这些背景因素相互交织，使战略计划和任务预测面临严峻挑战。

冷战与核武器

冷战的起源

第二次世界大战结束伊始，美国社会各阶层都弥漫着乐观情绪。毕竟，德国和日本在战争中被彻底打败，而美国绝大多数人还没有意识到当时的苏联会成为一个严重威胁。当时，美国社会普遍都渴望"刀兵入库，马放南山"，重返和平生活，同时认为美国拥有的原子弹垄断地位足以确保自身的安全。手握原子弹看似使美国可以在不持续耗费大规模军事力量、不因战争动员消耗大量经济资源的前提下保持大国地位。

但是，这种乐观情绪很快就消散了（参见专题 C：谁该为冷战负责）。1945 年，美苏双方都感到对方在意识形态和文化领域对自己构成了威胁。美国旨在帮助战后各国经济复苏的马歇尔计划受到苏联的抵制，苏联称其为经济帝国主义的一种形式。由此，以是否接受援助为界线产生了两个对立的阵营。苏联放弃在由战胜国分区占领德国的问题上进行合作，苏联在东欧地区推行共产主义并最终发展到 1948 年捷克首都发生政变，这些都促使西方国家做出强烈反应。苏联的行动印证了温斯顿·丘吉尔 1946 年 3 月演说中"从波罗的海至亚得里亚海，一道铁幕已经降下来"的预言。

专题 C：谁该为冷战负责

从广义上讲，正如前文所概述的那样，在第二次世界大战结束阶段，美国领导的资本主义集团和苏联领导的共产主义集团之间争夺世界领导权的起源，是意识形态和地缘政治紧张的再次上演。但是，导致冷战时期和平秩序的失败，谁应该负责任或谁应该被指责的问题，长期以来一直是一个有争议的历史问题。

冷战早期的历史倾向于遵循（并加强）双方的意识形态分歧。因此，在许多美国历史学家看来，冷战是苏联侵略的必然结果——实际上，是"全球共产主义"的推进——其目的是统治全球，并由苏联策划。美国则是保卫政治和经济自由的堡垒。苏联历史学家依据马列主义的传统，把苏联置于防守的角色，而美国则是资本主义、帝国主义的侵略者。一些西方历史学家也认同这个观点，包括美国人和欧洲人（尤其是法国人），以及一些理论上认可马克思主义的人。他们倾向于区分资本主义（它指向帝国主义）和民主，认为美国更支持前者。美国在长崎投下一枚原子弹，在这种观点看来，既是为了向希特勒战败后加入对日战争的苏联展示美国新的核能力，也是为了更坚定地向日本传递在广岛传递的信息。

事实上，美国使用原子武器对一些人来说引起了对美方道德优越感的质疑，出现一种淡化意识形态的解释学派，他们将双方视为主要的地缘政治、类似于帝国的国家，出于

> 对现实政治或理性的、以国家利益为中心的动机而采取行动。虽然意识形态的淡化有其局限性，但现实政治分析的影响是显著的，并使对冷战后次国家级冲突的准确解释变得复杂（参见第30章）。
>
> 后来出现的另一个分析侧重于每个主要角色的内部动态，认识到外部政治立场往往与内部政治或经济斗争和挑战有关。从这个角度说，例如，根据《国家安全法》以及国家安全委员会和中央情报局的成立，美国在1947年重整军备，其动机主要是担心随着战时生产的结束，美国经济会重新陷入衰退甚至萧条；而苏联的威胁只是一个借口。艾森豪威尔总统在1961年的离任演说中对一个影响力过大的军工复合体的出现提出了警告，为这种解释提供了支持。
>
> 自1989年冷战结束以来，关于冷战起源的史学争论已经失去了大部分热度，而以更冷静的方式，综合上述分析，更细致入微的解读已经开始出现。

持续升级的紧张局势表明，期望联合国确立战后新的世界和平秩序已经成为幻想。相反，联合国只是为日渐升级的东西对峙提供了舞台，而非解决方案。

美国开始在西方世界发挥关键作用。"二战"结束后，西欧国家一度想建设摆脱美苏两国控制的"第三方力量"，英法两国正是在这个背景下于1947年签署了《敦刻尔克协定》（*Treaty of Dunkirk*）。但由于对苏联的恐惧，与美国结盟成为西欧国家迫在眉睫的问题。1947年2月，英国宣布将不再向希腊和土耳其提供经济和军事援助，以帮助其脱离共产主义控制。同时，英国成功促使美国在这一问题上进行干涉。1949年，英国又推动美国卷入在东南亚抵抗共产主义发展的战争，当时法国和英国因印度支那和马来半岛的民族独立运动正陷入泥潭。

在对待共产主义问题上，美国不打算重蹈20世纪30年代无视德日法西斯坐大的孤立主义道路。自那时起，美国经济在绝对数量和相对数量上均得到迅猛发展，具备了超强的制造能力、组织能力和财政资源以应付新的军事需要。1948年，美国的对外政策明显更加强硬。1948年，苏联封锁西柏林造成了柏林危机，促使美国在英国部署了B-29战略轰炸机，意图在发生战争时对苏联进行轰炸。最后，美国以威胁使用原子弹的方式结束了危机。

1949年，北大西洋公约组织的成立为西欧国家提供了安全防护网。美国自此放弃了其孤立主义的传统，开始在组建新同盟关系上发挥关键作用，并着手保护西欧免受苏联威胁。这时，一篇对"二战"的分析文章认为，"二战"以及希特勒在初期所获胜利，完全是由列强对其采取绥靖政策造成的。受这篇文章影响，美国和西欧各国决定共同遏制苏联。继北约组建后，美国又着手打造包括中央司令部在内的军事机构，并最终对德国重新进行了武装。华约的成立代表了苏联在这一领域的回击。

共同毁灭原则：核军备竞赛

起源 两大阵营均对自身军事能力上的不足、国际关系、政治体系和意识形态观念的脆弱性深感不安，这加剧了双方的威胁感，促使相互之间展开了一场成为冷战时期焦点的军备竞赛。毫无疑问，军备竞赛在许多方面都代表了冷战本身。双方都宣称自身强大，但同时表明需要获取优势以确保安全，这是军备竞赛固有的不稳定性所在，因为只有双方均通过获得大量核武器从而威胁共同毁灭（mutually assured destruction，MAD），才能最终确保稳定。

美苏两国在生产和部署更多、更尖端武器上展开竞争。苏联最初没有原子弹，但其在沿西欧边境上部署了更为强大的军力，除非美国动用原子弹，否则其他手段无法撼动苏联在这一地区的地位。如此一来，核力量成为遏制苏联的核心。

美国的核垄断地位在1949年被打破，苏联在这一年成功完成了原子弹的试爆工作。尽管苏联的经济在"二战"中遭到了严重破坏，但斯大林坚信只有在核武器上取得与美国同等地位才能保护和扩大苏联的利益。为此苏联付出了巨大代价——苏联的这一政策在经济上是破坏性的，它导致苏联在研究和投资项目上严重失衡，最终拖累了苏联经济。而且，开发核武器在军事上也无益处，因为它会占用本可用于常规军力发展的资源。英国、法国和中国继苏联之后分别于1952年、1960年和1964年成功进行了核爆。

竞争阶段 根据美苏两国核技术的发展和对外政策的变化，两国核竞赛先后经历了几个发展阶段。第一个阶段的特征不是从原子弹到氢弹的变化，而是运载工具的发展，特别是从远距离轰炸机到陆基导弹和潜射导弹的演变。1957年，苏联将第一颗人造卫星"斯帕特尼克1号"（Sputnik Ⅰ）发射入轨，证明苏联已经能够研制出将全世界纳入打击范围的洲际导弹，从而使美国更易受到苏联的攻击，苏联在先发打击和反击上都较美国更有优势。导弹研制的战略意义在于它使美国战略空军司令部的轰炸机，特别是1955年部署的B-52轰炸机，具有的核打击能力渐渐落伍，进而使20世纪二三十年代发展形成的谁掌握制空权谁就能赢得战争的理论面临挑战。

洲际导弹的发展同样改变了易受打击目标的空间维度，使人们意识到战争空间绝非肉眼可视范围内从发射点到目标之间的直线距离。诚如苏联领导人赫鲁晓夫在1961年8月所言，"我们把加加林和蒂托夫送上了太空，我们随时可以将他们换成可以打击地球上任何目标的炸弹"。1957年美国盖瑟委员会（Gaither Committee）提交的一份秘密报告更加强调了美国面临苏联打击的威胁。搭载核弹头、可以远距离飞行的弹道导弹具备的战略意义使得投资用于研发昂贵的导弹技术变成了一个必须采取的行动，因为导弹比飞机飞得更快，不易被击落。

实际上，美国也一直在利用俘虏的德国V-2火箭专家特别是韦纳·冯·布劳恩（Wernher von Braun）和位于纳粹火箭研究中心佩讷明德（Peenemünde）的他的团队来研发洲际导弹。大规模核报复理论的出台，要求使用装备弹道导弹、不易受到攻击的潜艇和隐蔽在加固的发射井的陆基导弹来取代容易受到攻击的载人轰炸机。美国于1958年第一次发射洲际弹道导弹，1960年7月又在卡纳维拉尔角（Cape Canaveral）利用美国航母乔治·华盛顿号第一次成功从水下发射了代号为"北极星"的核导弹。1961年，美国第一艘真正意义上搭载舰载导弹的潜艇伊森·艾伦号（Ethan Allen）正式服役。潜艇可以部署到敌国海岸附近，具有高度的机动性，很难被探测到。潜艇的出现，标志着武装力量结构出现重大变化，开始从原来的以空军为主战力量转向更加重视海军。美国海军宣称利用自己无懈可击的潜艇对目标实施精准打击，可以实现更为复杂的遏制和报复行动。英国皇家海军后来也援引了这一观点。

其他国家也纷纷效仿美国研制核潜艇。1962年，根据美国总统肯尼迪同英国首相麦克米伦（Harold Macmillan）达成的《拿骚协议》（Nassau Agreement），美国将向4艘英国即将制造的大型核潜艇提供"北极星"导弹，但美国在协议中表示英国需要将其核潜艇部队置于北约指挥下。1968年，英国海军1964年下水的第一艘核动力弹道导弹核潜艇决心号（Resolution）首次试射了"北极星"导弹。"北极星"导弹一直服役至1995年才被"三叉戟"导弹代替。1969年，法国的弹道导弹潜艇也正式服役。

核战略 洲际核武器的破坏力具有的局限性，使各国一方面急于勾勒出战术核武器的应用领域，并计划实施有效的战略核武器先发打击，从而提高了爆发核战争的危险性，另一方面也使大国之间发生战争的风险降低，使大国冲突主要囿于常规战争形式。核武器高破坏性的风险特点，使防止发生大规模武装冲突升级显得尤为重要，从而使各国乐于寻求制定能够防范冲突升级的具体战争条款。

20世纪60年代早期，美国对核力量平衡的关注度上升。1960年，约翰·肯尼迪在竞选总统时，就曾以无法确保美国安全为由，抨击艾森豪威尔领导的共和党政府。肯尼迪致力于取得对苏联的战略优势，并相应提高了国防预算。

1962年，因苏联在古巴部署导弹而发生古巴导弹危机时，美国对导弹威胁的关注上升到最高点。当时，这些部署在古巴导弹的射程为1040海里（约1926千米），华盛顿在其打击范围内。尽管苏联通过这一事件成功改变了对抗的均势，但其原本的意图只是防止美国入侵古巴。美国在空中和海上划定隔离区，阻止苏联向古巴进一步运送装备，计划入侵古巴，并威胁实施全面报复性核打击。古巴领导人菲德尔·卡斯特罗和切·格瓦拉希望爆发一场核战争，他们期待把核战争作为推动世界社会主义发展的良机。但苏联最终做出了让步，从古巴撤回了导弹，美国则从土耳其撤出了搭载核弹头的"朱庇特"导弹，并承诺不入侵古巴。古巴危机中，美苏几近兵戎相见，促使双方对核战争保持警觉。

20世纪60年代，美苏两国都在大力加强其导弹力量建设。1965年，美国国防部长罗伯特·麦克纳马拉（Robert McNamara）声称美国可以凭借威胁"确保摧毁"来遏制苏联进攻。依靠数量充足的潜艇，美国可以在苏联突然发动先发打击并造成严重破坏时进行还击。

遏制理论要求在核武器技术的全面竞争中取得领先地位，这也是冷战时代竞争最激烈的领域之一。1970年，美国部署了装备分导式多弹头系统的"民兵3"导弹系统，大大提高了单体导弹的打击能力，标志着美国可以进行更有效的打击。通过研发存储液体推进剂能够进行发射井内发射的"泰坦2"导弹,美国缩短了发射时间,使其陆基洲际导弹的反应时间也相应缩短。

当原子弹被氢弹取代后,核武器的破坏力也得到了提高。美国率先于1952年进行了氢弹试爆,摧毁了位于太平洋的岛屿伊鲁古拉伯岛(Elugelab)。随后,苏联、英国、中国和法国分别于1953年、1957年、1967年和1968年也试爆了氢弹。氢弹爆炸中,热氢同位素经过充分的裂变爆炸后,熔断为氦原子,这一过程将释放出巨大的、破坏力极强的能量,其威力远远超出单纯裂变爆炸的效果。这一时期,制导系统的精准度也有所提升。

核对抗并没有导致冲突发生,但美苏双方都加紧了常规战争的准备,或将其作为核战争的一部分,或与核战争截然分开。此举使双方常规战争能力大幅提升,这不仅是因被迫提高步兵和炮兵机动能力而采取的措施。20世纪70年代开始苏联推进的纵深作战概念以及美国相应提出的空地一体战概念对常规战争能力的提升具有重要的贡献。双方都强调放弃静态的战争观,转而强调机动作战的重要性。

遏制外交 美国在20世纪70年代的立场受到了苏联有力回应的挑战,这只不过是整个导弹竞赛密不可分的行动-反制行动的一部分而已。苏联在陆基洲际导弹研发领域取得关键进展,导致美苏似乎都拥有安全的二次打击能力,从而使双方一致认为一旦发生战争,将摧毁对方。

当军备竞赛发展到危险的顶峰时,外交谈判又重新开始发挥作用。尼克松总统在解决核对峙危机时采用了两手策略。他于1972年访问中国,开启了同中国建立外交关系的大门。美国将中国视为潜在的第三方,从而明确承认世界力量平衡格局已经变化,打乱了苏联的安全评估计划。这使尼克松总统获得了实施遏制战略的优势,或者说缓解了美国的战略压力,提升了与苏联合作的可能,两国开启军备磋商,并最终达成了《限制战略核武器条约》(*Strategic Arms Limitation Treaty*),条约对双方将要部署的核弹头的数量和类型都做出了限制。

1985年,戈尔巴乔夫成为苏联最高领导人后,推行对内进行改革、对外改善国际关系的政策,进一步缓和了紧张局势。戈尔巴乔夫不相信克格勃报告里对世界发生冲突前景的评估。例如,他确信美国推行裁减军备的政策,并非是为了掩盖其削弱苏联的计划,这使得戈尔巴乔夫愿意与美国谈判。1987年,苏联政府接受了《中导条约》(*Intermediate-Nuclear Forces Treaty*),要求美苏两国销毁射程在500~5000千米的陆基导弹,苏联销毁的数量要多于美国,同时确立了现场核查以确保销毁的制度。1991年,《削减和限制进攻性战略武器条约1》(START I)的签订使美苏战略核弹头数量大幅减少。

冷战:结论与代价 最终,美国以军事对峙的代价特别是20世纪80年代早期的美苏对抗,拖垮了苏联,赢得了冷战的胜利。卡特总统于20世纪70年代末期开始大幅扩充军备,其继任者里根总统延续了这一政策,对此,苏联捉襟见肘且效率低下的经济已经无力做出回应。相反,充满活力的美国经济能够控制赤字风险,并且能够充分动员全部国内资源。这一过程中,新技术的应用总是占据了新闻头条。例如,对苏联弹道导弹威胁的恐惧使美国人对"星球大战"计划的兴趣陡然上升。该计划宣称利用部署在太空的激光武器可以摧毁苏联的卫星和导弹,从而使美国能够主宰太空。尽管这个计划从未发挥过作用，并且大多数科学家都表示该计划即使在理论上也是行不通的。除了常规核弹头的发展，这一时期对不同类型弹头应用前景的研究也在进行。铪炸弹是美国在这一领域从事的一项具体研究工作，美国相信它可以产生高能伽马射线。因为这个过程中核能的释放不涉及核裂变或核聚变，所以这样的炸弹并不被视为核武器。

然而，事实证明，核武器和常规武器的大规模储备才具有决定性意义，因为实现20世纪80年代的大部分技术愿景都存在重大问题。同时，戈尔巴乔夫致力于实现共产主义，但经济改革促使苏联人要求进行政治改革，这导致东欧国家的共产主义政权在1989年被颠覆，这是在较少暴力并且没有西方军事干预的背景下发生的。同样的命运两年后发生在苏联身上，苏联的加盟共和国如乌克兰等纷纷宣告独立，苏联最终解体。有苏联参与的冷战时代宣告结束。

冷战使美苏双方都付出了沉重代价，国际社会也受到很大影响。对冷战进行全面评估时，必须充分考虑这些因素。美苏出于全球争霸需要相互斗争的压力，使两国面对第三世界国家的独立斗争采取的外交政策更加复杂曲折，关于这一点我们接下来还要详细探讨。因为复杂的外交关系而被迫在内部政策上采取的妥协可能对一国的政治价值观产生毁灭性破坏，这一点对美国尤为突出：当时美国政府支持许多野蛮的右翼极权主义国家，仅仅是因为它们宣称"反共"。

两极对峙的概念被大量应用于准军事领域的竞争（如"星球大战"计划）和象征性活动（如奥运会上奖牌数量之争）中，在此意义上重塑了世界文化。冷战更加具有破坏性意义之处在于它煽动国家安全思想，导致美国出现红色恐慌、麦卡锡主义和一种公民自由时刻有被侵蚀风险的气氛。在这种气氛下，公民倾向于支持那些仅仅被模糊描述的安全措施。而在同那些被描述得更加模糊的、未来更为普遍的恐怖威胁斗争时，这种气氛变得更加严酷。这种文化在机构上的原型是大量军工复合体的出现：这实质上反映了军工承包商同政府之间亲密合作的伙伴关系。政府培养了人为捏造的所谓永久威胁的幽灵，并以此为其持续增加国防预算、使之超出合理水平辩护。冷战的另一个代价是不计其数的生产要素被分散投入毫无价值的军事装备制造上，尽管军事研究和开发有时对民用经济能产生零星益处。

最后，冷战军备竞赛造成大量有极大破坏力的核武器和生化武器积压，其安全存储和处理至今仍是一个难题。由于担心像朝鲜这样的国家获取此类武器，美国希望找到一种类似"星球大战"计划那样的能够确保绝对安全的技术方法，而这即使在条件最有利的情况下也是一个难以达到的目标。这也是冷战的一个"后遗症"。由于其重点是技术研发和国与国之间的政治对抗，因而后冷战时代世界和平的探索更加复杂（参见第30章）。

殖民地独立

英国和法国作为两大殖民宗主国，虽然也在"二战"战胜国之列，但其殖民帝国在20年内几乎土崩瓦解，这是世界历史上最为重要的权力格局变化。之所以出现这种情况，主要是英法两国在战争中极大地消耗了其军事、经济和道义资源。当然，美苏两国对殖民化的反对态度，以及殖民地民族主义的兴起也起了一定作用。殖民宗主国在极少遇到暴力抵抗的情况下主动放弃了其享有的特权，这一点在1947年英国主动撤出印度和巴基斯坦时表现得尤为明显。但在其他一些地方也发生了武装冲突，例如，在日本战败撤出印度尼西亚后，荷兰殖民者重返此地，尽管在当地同盟军支持下，荷兰人成功遏制了1945年民族独立势力控制的瓜哇和苏门答腊的扩张，但最终无力镇压1947年印度尼西亚民族独立运动的反抗。战后荷兰的衰弱、美国反殖民化的压力、当地游击战和印度尼西亚民族独立势力的决心，最终迫使荷兰于1949年接受了印度尼西亚独立。

冷战遭遇去殖民化

对世界绝大多数地区而言，去殖民化是20世纪50年代至70年代中期政治和军事议题的核心。正因为如此，去殖民化是一个与冷战密切交织的问题。从双方冲突的目标和手段，尤其是其他力量干预的手段来看，这一点确定无疑。对殖民者来说，这些战争给其带来在国内（特别是大都市）和殖民地获得支持的问题，这是他们击败殖民地反抗势力的关键方面。但这并不是一个可以轻易画等号的问题，宗主国的各部门围绕应该实现什么目标分歧十分明显，既有反对继续保持对殖民地控制的意见，也有反对做出让步的声音。目标自相矛盾使殖民宗主国面临严重的战略、行动和战术上的困难。特别是殖民者很难在镇压起义者的同时，赢得殖民地人民的支持，控制他们的思想。殖民地起义者在何种程度上动摇了殖民者赖以生存的土壤，决定了殖民者获取殖民地民心的目标有多么迫切。起义者的计划是耗尽帝国主义势力及其在宗主国和殖民地的支持者的元气，使其无法继续承担维持帝国主义统治的代价。在行动上，殖民者投入的常规兵力和战术与殖民地独立运动的非常规部队和游击战战术也形成了鲜明对比。战争确实呈现出高度的不对称性，特别是在一方使用包括空中打击在内的大规模武力对付另一方分散目标上更是如此。

20世纪40年代末期殖民地独立浪潮风起云涌，帝国主义势力在50年代早期和中期企图顽固地维持其统治。尽管英法两国在全球范围内进行战略收缩，但它们仍然准备为其残余的势力范围拼死一搏。

法国做出了最大的努力，分别在1946—1954年的印度支那、1954—1962年的阿尔及利亚与当地民族独立武装进行了惨烈的战争。在印度支那，胡志明领导的北越在1954年奠边府之战中取得了胜利，奠边府是法国伞兵沿北越军队的补给线开辟的前沿阵地，目的是诱使北越军队与之决战。法军猛烈的炮火打击使北越军队遭受了巨大损失。但由于法军据点被分割包围，飞机跑道又遭到越军炮火打击，法军得不到空中支援，奠边府在被北越军队围困55天后最终失守。尽管在武器上占据优势，但指挥无方的法军最终以失败的结局证明其不仅在游击战上不能战胜对手，即使在常规作战上也败给了对手。法国于1954年放弃了印度支那，美国对这一结局的忧虑为后来的越南战争埋下了种子。

战争：帝国、热点和代理人

冷战的开启：1946—1949 年中国内战

中国内战或许是 1945—1989 年间世界上最为重要的"热"冲突事件，但由于研究缺失，加上部分学者对其敬而远之，世人普遍对其缺乏应有的关注。这场冲突中，共产党打败了国民党。共产党认为，这是一场民心与意志的胜利，证明了共产党高尚的品质在同腐败、无能的国民党的斗争中取得了胜利，同样取得胜利的还有中国人民解放军。

直到最近，对中国革命中实际发生事件的研究才成为学界关注的重点。国民党直到 1948 年一直控制着中国绝大部分地区，但共产党在当年转入运动战，分割包围并最终消灭了东北的国民党军队。共产党在东北地区的胜利扭转了全国战场的力量对比：共产党获得了充足的物资供给，东北承担起为其他地区作战提供补给的任务。1948 年冬季至 1949 年年初淮海战役中，由于将领指挥无方，部队之间协调不足，空中支援难以有效发挥作用，加之大量官兵阵前起义，国民党军队遭受重创。在共产党领导的解放军铁桶般的围攻下，大量国民党军队被围困，最终因官兵起义和战场失利而彻底失败。

解放军 1948 年冬季的胜利打通了南下的道路，并进一步加强了解放军的物资供应。华南广大地区迅速被解放军占领，一方面证明了其战斗力的巨大潜力，另一方面也说明军事胜利对赢得支持有重要影响。

冷战热点：1950—1953 年的朝鲜战争

激烈对抗的大国在世界各个敏感地区针锋相对，尤其是在东亚和中欧地区更是互不相让。激烈对峙导致各方磨刀霍霍，在 1948—1949 年苏联封锁西柏林、1962 年古巴导弹危机等几次冲突中，美苏几近走到战争的边缘。苏联为了维持其势力范围内的利益不惜动用武力，如在 1956 年出兵匈牙利和 1968 年出兵捷克斯洛伐克过程中，苏联都动用了大量部队，镇压当地的骚乱，更是加剧了紧张局势。

上述事件并没有导致爆发战争。在东亚，1950 年却爆发了一场战争，成为冷战时期唯一一次各国常规部队作为对手互相厮杀的事件。"二战"临近尾声时，日本占领下的历来保持统一的朝鲜被人为地一分为二，朝鲜北部被苏联占领，朝鲜南部则被美国占领。1948 年，朝鲜南北方各自建立了政权。朝鲜被分割没有任何历史基础，南北双方在整个朝鲜都有各自的支持者，都希望统一整个半岛。

在苏联帮助下，朝鲜加紧扩充军备，认为韩国不堪一击，美国迟早会放弃对其支持。从 1948 年开始，两个政权之间展开了血腥的斗争，朝鲜支持其游击队到韩国境内作战。1950 年 6 月，朝鲜利用苏联援助的坦克和飞机突然进攻韩国，韩国军队被迫后撤，但多数部队在南撤过程中进行了顽强抵抗，迟滞了朝鲜军队的进攻，为美国派遣援军赢得了宝贵的时间。由于西方的文献大多重点表现美军的作战情况，就像对南越军队的评价一样，人们一直低估了韩国军队的作用。

在集体安全和遏制战略影响下，朝鲜战争受到了美国主导的联合国军的干预。在朝鲜军队第一轮猛攻下，美国和韩国军队在半岛南部几乎被赶下海。但美军和韩国军队最终成功守住了釜山防御圈，美军在仁川登陆，扭转了局势。在这次大胆的半岛西海岸登陆作战中，美军被投送到前线北部很远距离的关键位置，约8.3万名美军在气象、潮汐条件复杂的地带成功登陆，向东推进占领了汉城，切断了远在南方作战的朝鲜军队的补给线。随后，联合国军一路向北推进，将朝鲜军队赶到中朝边境。

中国对联合国军的干预深感不安，利用美军的过度自信，中国出兵援助。中国军队更好地利用地形条件，利用运动战牵制了联合国军，并将其赶出了朝鲜。

为了反击中国军队，指挥联合国军的美国司令官道格拉斯·麦克阿瑟要求美国政府授权其扩大战争，包括封锁中国、允许战机轰炸中国东北并攻击中国的基地，以及派遣国民党军队在中国沿海或朝鲜发起反攻。由于担心这些措施会引起苏联直接介入从而使战争升级，美国参谋长联席会议拒绝了麦克阿瑟的提议。麦克阿瑟随后被解职。美国的克制态度确保了朝鲜战争没有演变成世界大战或核战争，朝鲜战争也成为美国政治家理解有限战争复杂性质的一个重要契机。苏联方面也不希望苏军直接介入。

朝鲜战争中，中国军队实现了向拥有坦克、重炮和飞机的正规化、现代化军队的转变。但是，对中国军队来说，联合国军比战争初期更为强大。1951年，中国军队利用人数优势发起的正面攻击因美军优势火力的阻击而严重受挫，中国军队的进攻速度被迟滞下来。此后，战事变得更加胶着。当阵地战取代运动战后，炮兵的作用显得更为重要。双方防守都更为严密，向前推进都更困难。

尽管麦克阿瑟一再敦促，美国最终还是没有动用原子弹。但1953年，美国政府为尽快结束战争曾威胁使用原子弹。

朝鲜战争在加剧冷战紧张局势和敌对状态上起到了重要作用。战争使遏制手段而不是遏制的目标成为最核心的问题。在西方世界，国防支出因此显著提高。高额军费被用于研制先进武器，推动美国军工复合体迅速发展。美国和西方不仅在装备上投入巨大，而且需要部署大量军队驻守遏制的最前沿。这就要求维持或恢复义务兵役制。美苏双方相互推行遏制战略，以保持对势力范围的控制力的举措，给英法两国造成了巨大压力。

伊斯兰世界的去殖民化斗争：1954—1962年的阿尔及利亚

尽管法国在阿尔及利亚投入大量资源，但其失败结局与在印度支那战场如出一辙。在将第一批预备役士兵和新征募的兵员送上战场后，法军在阿尔及利亚投入的兵力从1954年年末的6.5万人增至1956年的39万人。这两次派兵在法国国内并不受支持，极大地刺激了法国国内反战力量的发展。法国人从政治角度出发向来将阿尔及利亚视为自己的领土，而不是一个殖民地。当时，阿尔及利亚由 100 多万殖民者控制，而当地 850 万土著穆斯林没有任何实际的权利，而且遭到殖民者的歧视。1954 年 10 月，阿尔及利亚爆发了由"国民自由阵线"（Front de Libération Nationale）组织领导的起义，但最初起义还只是规模很小的恐怖活动。起义动摇了法国与阿尔及利亚土著穆斯林的关系，大量皇室成员被杀害，法国人发现很难辨别敌人，开始通过残酷的"搜索和破坏"（search-and-destroy）行动对穆斯林进行离间，当地殖民者同穆斯林之间的关系也开始恶化。1955 年，"国民自由阵线"的行动范围有所扩大，在屠杀、报复和法国人威胁采取更为血腥的恐怖中，冲突不断升级。这促使法国人采取更为有效的战术。通过直升机投送的军队被源源不断地派往前线，法国在阿尔及利亚的驻军数量不断增加。法国在阿尔及利亚投入的兵力从某种意义上超出了美国在越南战争中动用的兵力。与 1968 年越共军队在战场上失利一样，1959 年，"国民自由阵线"也被法军重创。但是，同后来美国的遭遇一样，战争持续发展使法国国内承受很大压力，要求政治解决的呼声越来越高。这促使 1958 年组建新政府并成为法国总统的戴高乐将军开始反对阿尔及利亚的殖民者和军事领导力量（这些人都反对同"国民自由阵线"谈判议和）。

在法国国内，上述斗争造成政治紧张，随后又演变成武力冲突。1960 年，殖民者试图夺取阿尔及尔，但被戴高乐拒绝。1961 年年初，戴高乐命令同"国民自由阵线"签订停火协议，军队中一部分人企图在阿尔及利亚抢夺权力的企图被挫败。"秘密军官组织"（Organisation Armée Secrète）开始策划既针对戴高乐也针对穆斯林的恐怖活动，包括一次失败的刺杀戴高乐的行动。由此引发的法国政府、"秘密军官组织"和"国民自由阵线"的三方博弈在 1962 年造成了大规模屠杀，而此时距离阿尔及利亚获得独立已为期不远。

阿尔及利亚战争反映出法国应对武装起义力量在战术、行动和战略层面都普遍存在困难。包括动用酷刑在内的高压措施长期以来被视为对付"国民自由阵线"成员的手段，法国用这种手段于 1957 年控制了阿尔及尔市。但是，尽管法军在战斗中没有被击败，却无力结束代价巨大的游击战，而且其军事行动往往将阿尔及利亚大多数人口推向对立面。除了在执行积极的镇压政策方面存在困难，法军也急需集结大量部队保护其殖民地据点，并试图关闭与游击队活动地区接壤的边境。

人们很容易将法国在阿尔及利亚的失败归结为帝国主义镇压武装起义者的失败。但同样重要的是，我们应该把它看成是每个国家都会面临的更为普遍的问题，一个至今仍然没有找到答案的问题。阿尔及利亚独立后，"国民自由阵线"的统治并没有为这个国家带来和平，因为它不能满足人们的普遍期待，而且被认为有贪腐行为。从 1992 年开始，阿尔及利亚内战爆发，伊斯兰激进组织"伊斯兰救世阵线"（Front Islamique du Salut）在阿尔及利亚兴风作浪，其大肆推行的血腥恐怖行径严重破坏了阿尔及利亚的国内安全。对此，阿尔及利亚政府采取了法国殖民者早期的战术，包括动用直升机力量抓捕、大范围搜捕清剿以及用恐怖行动进行报复等。

因此，人们很容易被西方国家在 20 世纪五六十年代打击殖民地武装起义时失败的表象误导，认为西方的军事和政治架构出现了问题。事实并非如此，同一时期英国镇压马来半岛反对派和肯尼亚"茅茅"（Mau-Mau）起义就取得了胜利。这两场战争中，英国最初也曾失利，但后来因为在军事上主动进攻，并采取了限制敌人获取支持的社会政策，最终反败为胜。而英国在亚丁（南也门）的行动就远不能称为胜利。英国将50年代对付马来半岛的战术用到亚丁战场，但"国民解放阵线"（National Liberation Front）的游击斗争迫使英国于1967年放弃了亚丁，这是英国在内外交困的局面下为保护当地驻军唯一可能采取的行动。

去殖民化遭遇冷战：1954—1974年的越南

1954年法国从越南撤军后，越南被一分为二。越南人民的斗争最开始是以民族主义、反殖民主义起义的形式开展的。越南独立宣言就是模仿1776年美国《独立宣言》拟定的。但美国支持法国的举动促使苏联和中国援助越南民族独立领袖胡志明，马克思主义思想开始影响越南的独立运动。1954年后，共产主义者掌握了北越的领导权，越南南部则建立了美国支持的政权。面对北越的共产主义武装，由于担心在越南战争中失败会导致多米诺骨牌效应，美国在越南战场上投入了大量部队，在1969年1月最高达到54.1万人。但是，美国的战略建立在它能够给北越造成难以承受的损失这样一个错误的判断上，低估了北越捍卫其事业的决心。与预期相反，美国内部先发生了分裂，原因是战场上难以取胜导致兵力不断损耗，演变成明显的僵局。

美国开始意识到有限战争可能遭遇失败的后果。随后，美国国内针对全面战争能否为美国赢得胜利展开了激烈的辩论，讨论全面战争的范围十分宽泛，根据不同时期军事技术的应用情况，从无差别轰炸到使用核武器都有涉及。但这仅限于辩论本身，其目的并不是要打一场全面战争，这主要是顾忌如此将导致中国和苏联从向北越提供援助转向大规模参与到这场战争中来。

从更大的战略视野看，引发美国出兵干预越南的顾虑已经有所缓解。南越的溃败并没有导致东南亚国家亲西方阵营的全面崩溃，共产主义仅仅扩展到柬埔寨和老挝。北越和美国为了支持各自在南部的战争，都利用了柬埔寨和老挝的领土。相比之下，美国的重要盟友泰国就没有发生共产主义演变。1965—1966年，中央情报局支持印度尼西亚军方推翻了反西方的统治者苏加诺，从而为推行遏制战略赢得了纵深空间。

冷战遇上游击战时代：反叛与代理人

当冷战与游击战正面相遇时，除了涉及西方列强的大规模战争以外，还有一些国家力量并不直接发挥作用的战争。此类战争是代理人的战争，就像从20世纪70年代开始苏联利用古巴雇佣军在非洲从事反西方活动，以及美国在20世纪80年代利用尼加拉瓜反政府军推翻左翼的桑地诺政府一样。20世纪70年代苏联在非洲取得的一系列胜利让许多苏联人重新生出对自身成就的自豪感，认为苏联能够推动共产主义取得重大突破。冷战充满了互相矛盾的斗争，从某种程度上说，冷战的色彩被淡化了。

对这些 20 世纪七八十年代在非洲和拉丁美洲变得尤为重要的冲突进行军事学上的分析是很困难的，尤其是因为这方面详细的研究成果十分有限，对其效果进行评估也非常困难。最重要的结论是民事和军事领域没有完全分开。这导致这一时期各类反社会的暴力行为如恐怖主义和屠杀异常频繁，也让寻找借口通过直接军事干预给失败者提供支持变得困难。其结果是，从外部源源不断地提供武器、金钱和支持变得十分重要。例如，苏丹政府军在 20 世纪 60 年代同以色列支持的黑人非伊斯兰教南部分裂势力作战时，就得到苏联大量武器装备和顾问的支持，同时也获得了来自埃及的支援。当外部不再支持后，这些冲突就变得不那么激烈。同样情况也发生在冷战结束后的中美洲国家和安哥拉，尽管暂时停火并不意味着和平的到来。更早的战争已经反映出冷战的变化。例如，从 20 世纪 60 年代中期开始，莫斯科和华盛顿都已经清晰地看到，非洲冷战争夺的焦点正从非洲北部和中部向南部转移。

坏邻居：地区常规冲突

尽管冷战和殖民地独立是冷战时代的两条主线，但两者并不绝对排斥武力。相反，两国或多国间也发生过战争，这在某种意义上是国际关系和国际政治的补充法则。

两国之间的战争 殖民统治结束后，两国之间往往爆发一系列冲突。不管是否采取了和平方式，伴随殖民地独立而来的是新的国境线划分（殖民统治时期的边界是在同一殖民地内部划分领土）和冲突爆发。例如，在南亚地区，英国殖民统治结束后，印度和巴基斯坦先后于 1947 年、1965 年和 1971 年爆发了冲突。最后一次冲突中巴基斯坦战败，东巴基斯坦地区反政府武装获胜，宣告成立孟加拉国。去殖民化的到来同样使解决殖民时期的分歧变得更为紧要，这些分歧在殖民地时期由于列强的强权和影响力而得到较好的控制。这方面的例子主要有英国和阿根廷于 1982 年爆发的马岛战争，阿根廷的军事行动最终失败。还有就是 1974 年因为土耳其武装干预出现了土耳其控制的北塞浦路斯。

同一时期，中东地区爆发了一系列以色列同其阿拉伯邻国之间的战争。阿拉伯国家不愿意看到犹太复国主义以以色列建国的形式达到高潮，这导致中东地区局势高度紧张。1948—1949 年，以色列在其阿拉伯邻国四面夹击下仍然捍卫了独立。1956 年，与英法两国呼应，以色列又袭击了埃及，并占领了西奈半岛，但在美苏施压下撤出。1967 年，面临地区局势动荡的压力，以色列再次突袭埃及。随着战争不断升级，以色列不仅占领了西奈半岛，还夺取了约旦的约旦河西岸地区和叙利亚的戈兰高地。

1973 年，赎罪日战争中，埃及和叙利亚联军既没有在突袭行动中打败以色列，又不能巩固防守态势以寻求大国的调停（参见专题 B：冷战中的热战——1973 年赎罪日战争）。美国试图缓和地区紧张局势，协助安排埃及和以色列在 1979 年举行和谈。但是以色列想要成为地区大国，而且由于对其边境不稳定形势深感忧虑，在 1978 年入侵了黎巴嫩南部。在此之前，叙利亚已经于 1976 年侵占了黎巴嫩的大部分国土。1982 年，以色列占领了黎巴嫩南部地区，一直推进到贝鲁特。但形势证明，以色列军队在黎巴嫩南部的行动不能稳定当地局势，以色列军队最后不得不于 1985 年从占领的大部分黎巴嫩国土撤出。

> **专题 B：冷战中的热战 —— 1973 年赎罪日战争**
>
> 以色列遭受了过分自信导致的挫折，1967 年阿拉伯人也同样如此。以色列未能充分了解阿拉伯人的准备情况，他们对发生在 1973 年 10 月 6 日的袭击毫无准备。以色列在苏伊士运河东岸的巴列夫防线防御虚弱并迅速被攻破，而叙利亚突破了以色列在戈兰高地的防线。
>
> 此外，在应对埃及的进攻时，以色列发现很难突破埃及从苏联那里得到的综合防空导弹系统。与此同时，埃及在苏伊士运河击退了以色列的一系列反击，给以色列装甲部队造成重大伤亡。以色列基于 1967 年的经验，遵守着一个原则，即夸大了坦克攻击的有效性，未能提供足够的联合作战能力，特别是充分的炮兵和机动步兵支持。事实证明，以色列的飞机和坦克很容易受到地空和空地导弹以及"萨格"反坦克导弹的攻击。
>
> 尽管如此，以色列还是能够将叙利亚击退，挺进叙利亚并击退反击。为了回应叙利亚的求援，埃及改变了策略，将装甲预备队向前推进，于 10 月 14 日发动了进攻。这犯了一个错误，因为以色列强于防御，特别是当埃及冒进并远离了其防空掩护时。在一场凸显埃及战术缺陷的袭击中，埃及损失惨重。反过来，以色列利用了摧毁了埃及预备队的成果，发动了反击，利用了埃及无法保护整个前线的弱点，更广泛地说，是其在机动作战方面的局限性，这是由于指挥结构过于僵化，指挥文化抑制了战场指挥官的主动性。在 10 月 24 日停火结束战争之前，以色列军队成功地越过了埃及防守最薄弱的苏伊士运河，包围了埃及军队。
>
> 在 1973 年的战争中，由于使用了大规模的坦克部队，指挥能力受到了特别的考验。更严重的是，阿拉伯军队缺乏有效的训练，特别是信息获取和管理、部队凝聚力和指挥能力，而以色列军队在使用坦克方面更为成功。

与同期其他冲突相比，1980—1988 年的两伊战争参战（截至 1988 年共有约 250 余万士兵参战）和伤亡人数（报道称超过 100 万人死亡）都是最多的。伊拉克的萨达姆利用出口石油赚取的外汇加强了军事力量，抓住伊朗国内什叶派政权被推翻、局势动荡的时机，为了在解决两伊边境争端中占据优势地位并夺取地区霸权，于 1980 年突然对伊朗发动进攻。但是，萨达姆误判了自己的战争对象，因为他误解了伊朗政治的本质特征。伊朗军队不仅没有一溃千里，而且在爱国主义情绪感染下进行了有力的回击。就像以色列在 1973 年反击埃及入侵一样，伊拉克的飞机和坦克遭到伊朗导弹的致命打击。两伊战争迅速从最初的运动战转为阵地战，炮兵对夺取前沿阵地的作用越来越大。这跟朝鲜战争的作战样式如出一辙，证明即使当代战争对机动和速度的追求已经达到极致，也必须承认战术和作战法则中一些所谓"陈规陋习"具有持久的生命力。

撒哈拉以南非洲地区在这个时期爆发的战争数量最多，甚至超过了引发世界更多关注的中东。撒哈拉以南非洲也是过去半个世纪中爆发战争最多的地区。例如，1979年坦桑尼亚人侵邻国乌干达，推翻了乌干达因屠杀闻名的伊迪·阿明（Idi Amin）的统治。它是非洲战争的典型之役。乌干达军队的作战能力参差不齐，其精锐部队组织了顽强的抵抗，更多的散兵游勇却袖手旁观。步兵在这场战争中发挥了突出作用，将坦桑尼亚军队向乌干达首都恩德培（Entebbe）的推进速度迟滞到每天仅10英里（约16千米）。机动性在战争中发挥了重要作用，确保了利用轻型反坦克武器能够摧毁主要通过公路行进的装甲运兵车。利比亚为支持阿明政权出兵干预，虽然没有改变战争结局，但至少在一定程度上延缓了阿明政权的垮台。

国家内战 这一时期，武力也被用于镇压地区分裂势力，以维持新独立的国家内部统一。例如，1948—1955年，缅甸因为一系列挑战而爆发了严重的国内冲突。1959年，摩洛哥政府军镇压了里夫（Rif）山脉柏柏尔人的叛乱。1967—1970年，尼日利亚发生了堪称60年代最大规模的冲突，政府军挫败了伊博人（Ibo，尼日利亚东部少数民族）企图建立"比夫拉"（Biafra）国的图谋。这是撒哈拉以南非洲国家第一场使用现代化武器解决争端的主要战争，战争的指挥官都是非洲人。在前线地区采用常规战法作战的反政府军，面对对手的空中力量和装甲战车根本无力还击。经过战争初期阶段后，政府军的数量也远远超过了反政府军。而与越南战争期间在越南南部游击作战的越共武装不一样的是，反政府军与外界的陆上通道很快就被切断。当外部支持程度和效率成为决定武装斗争能否成功的关键因素时，局部战争的结局就有了天壤之别。与外部的陆上通道被切断，加剧了反政府军食品供应和武器补给的困难。

在许多国家，武力成为政治的法则，这同缺乏稳定的民主秩序有关。后殖民地国家对游离于国家治理层级之外的族群和地区普遍缺少宽容。1963年，叙利亚复兴党人依靠政变夺取了政权，随后于70年代末和80年代初武力镇压了国内叛乱。其结果是，不论是叙利亚还是世界其他地区，国家权力被滥用助长了暴力反击的势头。在巴基斯坦，军方在阿尤布·汗（Ayub Khan）将军的领导下于1958年上台，一直执政到1969年被另一场政变推翻。1971年巴基斯坦被印度打败后，政权回归平民政府。而1977年，又一场政变将齐亚·哈克（Zia ul-Haw）将军推上执政前台，直到1988年他死于一场空难，而这也许是一次炸弹袭击。1999年，巴基斯坦军方在穆沙拉夫将军的领导下重新执政。考虑到巴基斯坦军方在"合乎宪政的政变"中的支持立场同样重要，以上还不是其军事政变的完全统计。不论是国内政治还是国际政治，使用武力往往是其核心所在。但战争的性质是不一样的，主要交战方的性质与战争地区地理环境的相关作用往往是决定战争性质的关键因素。国内冲突往往带来抢劫、贩毒和黑社会组织等一系列严重问题，这些都被武装分子用来资助其叛乱活动。

结　论

冷战往往被用来与"二战"进行对比，讨论较多的是其有限战争的性质，而研究重点往往是冷战的边缘政策，这在 1962 年古巴导弹危机中有较为突出的表现。但是，这其实是对这场性质复杂的战争不甚准确的描述，冷战结束后许多类似的描述需要从战争的性质角度重新审视。本章讨论的冷战时期各种类型的战争脱离了从战略、战术和政治教训角度进行简单归类或者概括总结的传统视角，但研究这一时期全部军事历史时需要对这些战争给予应有的关注，因为对战争的经历者而言，这些战争无论怎么强调其意义都不为过。研究战争时必须充分考虑战争的政治背景、国内和国际因素，因为只有如此才能还原冲突的动态发展过程。

1989 年冷战的结束曾让世人期待一个更加和平的世界，从美国以自我为中心构建"世界新秩序"的努力中我们能够更加清晰地看到这样的愿景。但这种美好的愿望很快就破灭了，各种各样新的冲突继续冲击着世界的和平。我们将在第 30 章详细介绍这些新的冲突。

■ 推荐阅读

Beckett, Ian. *Modern Insurgencies and Counter-Insurgencies*. London: Routledge, 2001。本书是一部对非常规战争技术的广泛而有趣的研究著作。

Black, Jeremy. *War Since 1945*. London: Reaktion, 2004。本书介绍清晰，不仅着眼于冷战，也着眼于非冷战的主题。

Bregman, Ahron. *Israel's Wars, 1947-93*. London: Routledge, 2000。本书是一位以色列前军官的精彩描述，对冲突和背景进行了非常好的介绍。

Clayton, Anthony, *Frontiersmen Warfare in Africa Since 1950*. London: Routledge, 1998。本书在解释冲突的性质的趋势方面见解独到。

Lawrence, Mark Atwood. *Assuming the Burden: Europe and the American Commitment to War in Vietnam*. Berkeley: University of California Press, 2005。本书对让美国在法国殖民地冲突中扮演重要角色的外交和政治决策做了深入描述。

Millett, Allan R. *Their War for Korea: American, Asian and European Combatants and Civilians, 1945 -53*. Washington, DC: Brassey, 2002。本书对朝鲜战争对冲突各方个人生活的影响进行了引人入胜的研究。

Suri, Jeremi. *Power and Protest: Global Revolution and the Rise of Détente*. Cambridge: Harvard University Press, 2003。本书研究了 20 世纪 60 年代末民众抗议在改变政府外交重点方面所发挥的作用。

Tucker, Spencer. *Vietnam*. Lexington: University Press of Kentocky, 1999。本书是一位美国前军官的可信的描述。

Westad, Odd. *The Global Cold War*. Cambridge: Cambridge University Press, 2005。本书是关于冷战的全球影响的一份出色的综合报告。

第30章
冲突与文化

1989年后的战争

冷战的结束使人们对战争彻底消失和西方价值观的胜利充满乐观情绪。有人认为作为和平时代来临的红利，大量军事支出可以裁减，有人希望将之用于其他领域。但这种乐观情绪很快就被证明是不可持续的。从某种程度上看，对抗和战争仍然是20世纪90年代和21世纪最初10年国际关系的主题，其强度相比于20世纪七八十年代并没有降低。

冷战的结束确实改变了冲突的样式，或者说更多地改变了人们对战争重要性的认识。讨论这一问题时，我们需要将之与变化了的现代战争以及从过去到现在的战争形态演变过程中伴随而来的战争评估问题联系起来。我们在第29章讨论了还健在的人们凭借记忆描述的战争，接下来我们将探讨目前正在发生和未来将要发生的战争。这给历史学家提出了诸多挑战。首先，从当前发生的事件中几乎得不到任何启示。其次，历史分析和判断的政策性启示是即时的，往往会受到更加激烈的现实挑战。

换句话说，当代战争和历史上的战争都是不断推陈出新的，并将继续推动现代世界文化的变革，这一主题将贯穿本章始终。

变化了的世界

1989年后的战争是在国际社会政治、经济和文化发生变化的背景下发生的。这一时期的战争背景一方面继承了冷战时代的某些特征，另一方面也伴随着全球化在各领域的深入推进，显示出与冷战时代显著不同的特点。这反过来又引发了对全球化带来的收益与受损分配体系各式各样新的抵制。与几个世纪之前仅有主导战争的少数国家是战争主角相比，1989年后的战争涉及更多的角色，因而变得更加复杂，这也反映出时代背景变化的轨迹。

政治背景

后殖民时代的殖民主义 从某种角度看，这一时期的一些冲突可以被视为去殖民化战争的另一个阶段。这种情况下，殖民主义及其引起的反抗相比于20世纪中期西方帝国主义国家与殖民地之间的冲突更为复杂。民族主义的发展特别是其同以种族为基础的身份政治相互交织，导致爆发了挑战从20世纪中期以来逐渐走下坡路的小国的战争。这一方面较为典型的例子是曾作为南斯拉夫组成部分的斯洛文尼亚和克罗地亚同塞尔维亚的冲突。同样的例子还有厄立特里亚人反抗埃塞俄比亚统治的战争，埃塞俄比亚在"二战"后伴随意大利战败就开始控制厄立特里亚。

一般而言，新的去殖民化的战争往往对1945年或更早就形成的国家的领土结构提出挑战。从本质上说，之前的去殖民化并没有破坏帝国主义国家的殖民地之间的边界，这些边界作为新独立国家的边界被相应保留下来。新时期战争对既有边界的挑战在巴尔干地区和非洲之角表现得十分突出，在世界其他地区也时有发生。因此，在广阔的印度尼西亚群岛，东帝汶和亚齐（苏门答腊地区）都要求实现民族独立，却遭到印度尼西亚军方和与军方有关联的民兵武装的镇压。对帝国主义疆域构成挑战的还有在其他国家出现的干涉主义，例如，20世纪90年代晚期卢旺达和乌干达将军队部署到刚果的行动，就使该地区从1998年至2003年成为"二战"以后发生的最为血腥的战争的地方。继承了老牌帝国主义边界的前殖民地国家的边界在种族、部族内部随意切割，是引发干涉行动的主要原因。干涉主义也反映出国际冲突与国内冲突相互交织的特点。根据具体情况不同，干涉主义的表现形式也不尽相同，有的表现为战争，有的是高强度的对峙，有的则是政治博弈。

前殖民地民众和国家之间的争端往往同西方帝国主义的扩张相互作用。当冷战的主角竞相在前殖民地寻求同盟时，这些争端也同冷战有了直接关联。即使在冷战结束后，这种关系也没有改变。冲突双方都试图寻求强有力的支持者为其提供政治支持，并免费或以相对合理的价格获得军火。

冷战的终结　冷战的结束为各种层次的冲突提供了一个重要的政治环境。苏联的解体破坏了冷战时期的势力平衡。另一方面，冷战的结束也使美苏两个核大国大幅削减其战略武器数量。2010年前，美俄部署的战略核弹头数量都缩减至1700~2000枚。但核扩散仍然是一个紧迫的问题。

冷战结束后，那些曾经仰仗苏联抗衡美国和其同盟力量的国家发现自己重新变得脆弱起来。这个情况对萨达姆统治下的伊拉克和东欧地区的塞尔维亚来说尤其贴切。如果苏联未解体，很难保证会出现海湾战争的情况，或者塞尔维亚在波黑（1995年）和科索沃危机（1999年）中的失败。这也提示我们需要把战争放在具体环境中加以分析。例如，把美国1991年和2003年两次打击伊拉克获胜与其早年在越南战场上的失败做对比分析时，如果不将苏联解体造成的完全不同的条件作为一个重要的因素，这样的分析就是不充分的。1991年和2003年，俄罗斯由于实力衰落，对萨达姆的支持十分有限，难以阻挡美国的进攻。当然，这些条件绝不是其区别于越南战争的唯一因素，也不是最重要的因素。

美国一超独霸的局面促使其在地区冲突中采取更具进攻性的姿态。美国在中东地区的表现最为突出。如果从广义的方面看，美国在索马里的行动也可以归为此类。在拉丁美洲地区，美国继续坚持其20世纪80年代在中美洲和加勒比海地区表现出的强硬立场，于1994年向海地部署了大量军队。美国的强硬立场影响了多极化趋势和国际政治组织如联合国的作用。对美国来说，其1989年后对世界经济的垄断地位并没有1945年后那样明显。

经济背景

全球性不平等与资源 经济背景不仅有全球资本扩张创造和保持的大量财富,也包括发展机遇显著不同以及经济发展不均衡趋势的扩大可能引起的不满心理。冷战结束后,以美国和西方为核心的国际经济机构,如国际货币基金组织和世界银行,对全球经济的控制有时会加剧紧张局势。由这些机构提供和发达国家直接向发展中国家提供的援助资金常常在发展中国家内部成为竞相争夺的目标,这可能会加剧对援助资金分配有控制权的国家机制的冲突。巨额援助资金最终落入对现行体制持支持态度的强权政治家的腰包,这虽然不出乎意料,但并非毫无问题。发展中国家的债务问题造成了经济失衡和结构性不平等。

贫穷国家的劳动力出于就业和寻求其他机遇的目的向富裕国家的合法和非法移民是经济不平等和发展矛盾的一个后果。这造成或者凸显了对社会和文化变迁的关注,许多人感到迷失了方向。人口增长极大地加大了资源的压力。资源问题在第三世界尤为严重,是造成环境质量下降的重要原因,水资源供应和土地资源利用面临的挑战尤其紧迫。具体到争端地区,许多冲突发生在新移民与原住民之间,前者在当地开垦土地、修建农场,而后者对土地的利用程度显然不如前者。

毒品经济 在被大规模犯罪威胁的国家,社会秩序也受到挑战,尤其当这些犯罪行为同激烈的政治运动相关联时更是如此。这方面突出的例子是哥伦比亚,当地的激进游击队武装"哥伦比亚武装革命力量"("Revolution Armed Forces of Colombia",简称FARC)通过与大型贩毒集团勾结为其活动提供部分资金支持。出于对毒品和激进主义的忧虑,联合国在2000—2006年向哥伦比亚(主要是其军队)提供了超过40亿美元的援助,2006年对哥伦比亚的援助达到年均6亿美元。然而,毒品泛滥的趋势不断外溢,使一些本来是打击贩毒的政府军反而同贩毒集团相互勾结。其他地区如缅甸、阿富汗等国也存在类似问题,这些地区的反恐战争与毒品走私、宗教问题和军阀武装问题交织在一起。有必要认识到,那些靠贩毒资助的武装力量不仅要在贫穷国家找到种植毒品的人,同样需要在富裕国家找到购买毒品的人。另一场战争,即美国政府长期从事的"打击毒品"的战争,反而使贩毒集团从中获益,因为毒品从政府监管手中移到犯罪团伙和黑市控制范围内,这就像当年"禁酒令"发挥的作用一样。

全球军火贸易 从一个角度看,冷战的结束为人们带来一个冲突减少和分享"和平红利"的时代。但从武器制造商(或者用冷战时代的术语讲是各类军工复合体)的角度看,这并非一个好消息,而是一个实实在在的威胁。打着维护和平的旗号,以应对现实以及捏造的新型威胁为借口,军火制造商与各国政府共同把全球军火市场搞得火热。在这个过程中,由于俄罗斯军工产业在数量和质量上衰落,美国成为世界顶尖的军火商。武器可以随意获取,推动并提高了诉诸武力解决冲突的可能性,这种可能性因世界政治文化的发展而不断上升。

文化背景

战争模式 把"战争"这一军事术语隐喻用到政府对贩毒和吸毒的政策上,例如,前面提到的"扫毒战",强调了冲突的文化背景的一个侧面。战争模式的提法为我们在用文化视角观察历史、宗教、种族和其他在文化主体性上可能发生争执的问题时引入军事因素提供了便利。从对长期以来政治争端的框架性梳理中可以看出战争模式的影响。例如,在非洲之角,生活在内陆山区的埃塞俄比亚人同生活在海岸地区的厄立特里亚人和索马里人之间的冲突已经持续了一个世纪,这场冲突因宗教和种族问题而不断激化。2006年11月,埃塞俄比亚总理称索马里的穆斯林是对埃塞俄比亚的"明确和现实的威胁",并宣称这些穆斯林得到了埃塞俄比亚的敌人厄立特里亚的武装支持。与之相对的是,索马里的穆斯林武装在摩加迪沙聚会,宣布将保卫索马里免受"残酷、嗜血"的埃塞俄比亚的侵略。厄立特里亚和埃塞俄比亚都向索马里派遣了军队。索马里战争的模式在外部势力干涉下呈现出新的特点,截至2006年11月,有10个国家不顾联合国禁令,向索马里提供武器弹药,使内战与全球军火贸易的关联程度大大提高。

战争模式带来的问题从2001年开始变得更加严峻,从这时开始,美国宣称的"反恐战争"对局部冲突的解释有了更为宽泛的调整,关于这一点可以参考美国政治学家塞缪尔·亨廷顿撰写的《文明的冲突》(*Clash of Civilizations*),作者在书中鼓吹在世界各地推行干预主义(参见专题C:文明的冲突)。例如,2006年在索马里,当地军阀抵抗穆斯林武装攻占首都摩加迪沙得到了美国的大力支持,尽管当年6月这座城市最终沦陷。战争模式同样改变了关于战争准备的政策。这方面的典型例子是布什政府以"反恐战争"的名义为其大幅增加军费提供合法借口,美国的军费从1998年的2760亿美元增长到2000年的2950亿美元,2001年大幅增长至3100亿美元。布什政府于2006年2月提议将国防预算增至4393亿美元。

专题C:文明的冲突

将战争范式应用于当前全球政策分析的一个明显例子是塞缪尔·亨廷顿的《文明的冲突》。亨廷顿首先在颇具影响力的期刊《外交事务》(*Foreign Affairs*)上发表了这篇论文,后来将其扩展为一本书。在这本书中,他假定有五个(或者可能是六个或七个)主要的文明——由共同的文化特征联合起来的区域。这些文明包括东亚"儒家"文明、南亚"印度"文明、伊斯兰教文明以及自由、民主、现代的"西方"文明。他接着提出,这些文明,尤其是后两种文明,正处于不可避免的冲突过程中,原因是价值观之间存在不可弥合的不相容,"西方"必须准备以武力为其文明而战。

这一论点存在许多根本性的问题,如果不是因为它对美国最近制定政策产生了影响,它几乎不值得批评。正如已经指出的,它落入战争模式的陷阱,在这种模式下,必须以武力解决分歧,淡化或忽视谈判、和解和妥协的可能性。在这一论点中诉诸武力是有道理的,因为文化的本质是精心挑选的意识形态特征,而这些特征被认为是每一种文明的特征。但这忽略了一个事实,即在可能被视为大型文化区域内的文化身份,实际上是多种形态的、可塑的，并且在不断地建构和竞争。正如 2003 年萨达姆·侯赛因政权被推翻后在伊拉克发生的教派屠杀所充分表明的那样，伊斯兰激进主义暴力的受害者主要是其他穆斯林，这证明了这种声音的多样性，也削弱了伊斯兰文明和西方文明之间所谓敌对观念。如果以一种明智的方式阅读世界史，再一次认识到文化边界是可以渗透的、可以协商的，而且往往是非对抗性的，就会进一步不认可文明本质论。

将所有冲突与假定的文明冲突联系起来的问题在泰国南部表现得淋漓尽致，那里的伊斯兰分离主义者被视为在抵制亲西方的政府。自 2004 年以来，这场冲突已经造成 1700 多人死亡，其中当然有文化因素，但也有其他因素。这些原因不仅包括亨廷顿论点中所允许的文化因素，也包括更复杂的、讲泰语的佛教国家于 1902 年吞并了讲马来语的穆斯林的问题，但"文化"问题往往由军事暴力实现，在 2004 年年底军队向示威者开枪，对于加剧紧张局势起了重要作用，而政客和毒枭为寻求自己的本土优势，也会利用潜在的冲突。从根本上说，"文明冲突"似乎不是为了分析冲突，而是为了扩大冲突，这就引出了一个问题：冲突是为了谁的利益？

身份冲突　种族身份概念是 1989 年以后战争的另一个极为重要的文化背景因素。所谓种族冲突确实是诸多武装冲突的核心问题，在巴尔干地区、非洲和世界其他地方引发连续不断的种族清洗和种族灭绝行径。要想认清这种悲剧的根本原因（进而更好地进行防范），就不能仅仅把种族这个概念简单理解成一个经常并且必然会引发武装冲突的最重要的、自然而然的人类特性。族群之间当然共享文化，但在语言、物质文化、历史意识和种族的其他特征等领域，文化并非完全重合，而是与个人身份属性的其他重要因素如阶层、性别、年龄等交织在一起（参见专题 A：被占领的伊拉克：性别和身份）。每一个文化类别都可以为族群中的个人提供不同的政治和社会利益，这些利益容易受到为实现个人目的而相互竞争的政客的操纵。当战争对普罗大众有害时，它对希望巩固自身地位的政治家（以及支持强势领导人的社会精英）却可能是有利的，这是世界战争史的一个永恒不变的话题，即使我们回溯到氏族社会形成时期和人类社会刚刚出现战争的时候来看这个问题也是如此。

专题 A：被占领的伊拉克：性别和身份

下面的信息出自《燃烧的巴格达》（*Baghdad Burning*），"一个伊拉克女孩的博客……让我们谈论战争、政治和占领"。

巴格达的居民正被有计划地赶出这座城市。一些家庭醒来后发现一个信封，信封里有一颗卡拉什尼科夫步枪子弹和一封信，上面写着："离开你的地区，否则……"这些袭击和威胁背后的罪魁祸首是萨德尔的追随者——马赫迪军。这是常识，虽然没有人敢大声说出来。上个月，我们有两个不同的家庭和我们住在一起，他们因为死亡威胁和袭击而不得不离开他们的社区。不只是逊尼派——还有什叶派、阿拉伯人、库尔德人——大多数中产阶级地区都成为民兵组织的目标。

其他地区也被伊斯兰武装分子占领了。美国人在这些地区完全没有控制权。或者他们只是不想控制这些地区，因为当萨德尔的民兵组织和居民区的另一个民兵组织发生冲突时，他们就会包围这些地区，看着势态的发展。

自 7 月初以来，我们地区的人一直在街上巡逻。他们有的在屋顶巡逻，有的静静地坐在通往该地区的主要道路上的自制路障旁。你不能以任何方式依赖美国人或政府。你只能希望你的家人和朋友活着——不安全——只是活着。这就足够好了。

对我来说，6 月是我第一个不戴头巾就不敢出门的月份。我通常不戴头巾，但现在不戴头巾就不可能在巴格达开车了。这不是一个好主意。（注意，当我说"开车"时，我实际上是指"坐在汽车的后座"——我已经很久没开车了。）

光着头坐车或走在街上也会让你的家人处于危险之中。你可能会听到一些你不想听的话，你的父亲、兄弟、堂兄弟或叔叔却不能坐视不管。我好久没开车了。如果你是女性，你有被攻击的风险。

我看着我的旧衣服——牛仔裤、T 恤衫和五颜六色的裙子——就好像我在研究一件来自另一个国家、另一个时代的衣物。几年前有一段时间，如果你不去公共场所，你可以多多少少穿你想穿的衣服。如果你要去朋友家或亲戚家，你可以穿长裤和衬衫，或者牛仔裤，一些你通常不会穿的衣服。现在我们不再这样做了，因为总是有被拦下车、被某个民兵检查的风险。

目前还没有法律规定我们必须戴头巾，但有些人从头到脚都是黑色的，戴着头巾，他们是因美军占领这里而被解放的极端分子和狂热分子，在某种程度上，你已经厌倦了这种反抗。你不想再被人看见了。我觉得我出门时随意戴在头上的黑色或白色围巾，在某种程度上让我隐形——更容易融入黑色的人群。如果你是女性，你不希望受到关注——你不希望受到伊拉克警察的关注，你不希望受到黑衣民兵的关注，你不希望受到美国士兵的关注。你不想被注意或看见。

当然，我并不反对戴面纱，只要是出于自愿。我的许多亲戚和朋友都戴着头巾。他们中的大多数人在战后开始戴它。一开始是为了避免麻烦和不必要的关注，现在他们仍然戴着它，因为把它取下来毫无意义。这个国家发生了什么？

直到 7 月中旬，当我的一个儿时的朋友 M 在离开这个国家之前来告别时，我才意识到这已经变得多么普遍。她走进屋里，抱怨着天气太热，路又太长，她哥哥紧紧地跟

> 在后面。直到来访结束时我才意识到情况的特殊性。她正准备在太阳落山前离开，她拿起了身边叠得整整齐齐的米黄色头巾。当她告诉我她的一个邻居被枪杀的事时，她猛地打开围巾，像专业人士一样把它戴在头上，然后像老练的戴头巾者一样，把它紧紧地别在下巴下面。这一切都是在没有镜子的情况下做的，就像她做了一百遍一样。这一切都很正常，但 M 是一个基督徒。如果 M 可以安静地戴一个——我也可以。
>
> 资料来源：Retrieved from http://riverbendblog.blogspot.com/

人类学家弗格森因此提议用"身份冲突"这一术语来标记这些战争在文化领域中的结构性、非本质性特点。他所说的身份冲突是由追求实现或者强化其权力的个别领导人和精英团体制造的特定形式的不同身份属性之间的冲突。身份冲突可以获得其内在的发展动力，成为超越任何领导人影响的地区冲突的根深蒂固的特征。但是，身份冲突容易受到强调不同身份、利益和历史背景的反叙事主义的解构影响。事实上，全球战争的历史证明，冲突绝不简单是不同文化、人群、种族之间的准则。要想理解种族冲突或者更加准确地说是身份冲突，需要对局部文化、经济和政治动态予以更加密切的关注。

战争的样式

战争类型

这一时期的战争类型看似因为美国冷战后关注点的变化特别是反恐战争的出现而表现出巨大的变化。但对这些变化的心理预期实际上比变化本身的程度更大。

类别和特点 我们可以把这一时期使用武力的行为概括为五个类别。从美国视角看最为显著的一类是强国与弱国之间的战争，如两次伊拉克战争。另一类不为人关注但实际上更为普遍的战争是相对弱小的非西方国家之间的冲突。这两类战争最符合西方国家对 1989 年之前常规战争的认识。但是，另一类更有普遍意义的战争是局部冲突，包括内战、分裂主义活动以及其他形式的内部斗争。这一类型的冲突有时会导致人道主义或者自由主义的干预以及国际维和行动，这往往是欧洲人最乐于采取的举措。最后，恐怖主义和反恐行动在 2001 年 9 月之后成为新型的战争。

观察以上战争类型，1989 年之后的战争表现出几大特点。

第一，暴力行为更加分散化、碎片化，一定程度上从国家控制范围内挣脱出来。虽然这意味着暴力行为被限制在有限的地区，却造成了更为分散但相互关联的暴力活动。暴力活动的分散化表明战争脱离了国家垄断暴力活动和暴力手段的趋势（至少在大多数国家层面的社会结构内是这样的），长期以来，这一趋势使战争与较少使用暴力的文明世界相对立。总之，暴力活动的分散化模糊了战争、内乱和私人之间暴力行为的边界，笼统地将所有这些涉及暴力的活动都归结为战争，是对以上所述战争样式的曲解，但这很难避免。

第二，战争向着非对称作战的方向发展，当然在非西方国家之间发生的常规战争是一些例外。非对称的意思是指战争一方在技术和武器、兵员数量、组织或其他一些西方人认为常规战争中极为重要的因素上拥有非常明显的优势。但是，实力的非对称往往延伸到战争目标和战争观念的非对称，导致物质上的非对称或者说是投入力量的非对称，并不一定就会让明显占据优势的一方获得其预想的结果。

第三，从西方人眼中"正常的"国与国之间战争的视角看，1989年以后武力的使用越来越朝着非常规的方向发展。对手、战术、战略目标，甚至是资金来源这些要素的变化都在不断地颠覆人们的认识，导致常规力量使用武力的效果越来越难如人意。伊拉克战争中美国赢得常规阶段作战后，伊拉克国内的武装分子就是这方面的一个典型例证。非常规的、趋于分散的战争样式大大影响了战斗人员的性质，这些战斗人员往往不是正规部队，或者说只有在伊拉克被一些利益集团控制后它们才算得上是正规部队。但是，战争的非常规并不等同于有限性：战争的规模因为大量使用儿童而格外引人注目。例如，在尼泊尔和乌干达的内乱，以及利比里亚军阀斗争中这种情况十分突出。

现实中，战争的这些类别和特征往往错综复杂地交织在一起，对一些案例的研究证明了这一点。

非对称战争的多样性　西方国家经北约、欧盟或联合国授权向很多国家和地区如阿富汗、科索沃、马其顿、刚果以及2006年向黎巴嫩派遣的人道主义干预力量和维和部队，成为人们在讨论技术上占据优势地位的西方专业化军队与技术上呈劣势、但在战斗中并不寻求直接接触的非西方国家军队之间的非对称战争时强调的因素之一。这里说的非对称，不仅仅指战争中双方实力的不对称，还包括战斗人员、战争目标和方式等因素的不对称。当国家的正规作战力量遭遇国内反政府武装和游击队如21世纪第一个10年印度的纳萨尔派（Naxalite）武装、2003年苏门答腊亚齐地区的"自由亚齐运动"（Gam）分裂组织时，政府军往往发现自己同以色列一样陷入非对称作战的困境中。以色列在1987—1994年同巴勒斯坦反以武装激烈交战，2000—2005年时双方冲突更是进一步升级。而从2003年至今，美军及其盟军在伊拉克和阿富汗的战争同样也是非对称作战的例子。

进一步说，非对称战争的多样性随着政治局势发展和军事能力的变化也在发生相应的变化。例如，战争中相对弱小一方的威胁程度在其可以获取火箭弹后更加突出，21世纪最初10年，阿拉伯地区的黎巴嫩和加沙反以武装就是用这种相对廉价的武器威胁和打击以色列。这使以色列希望利用固定防御措施如隔离墙保护自己的想法化为泡影，尽管这些隔离墙在为检查点防范自杀式袭击时确实起到了一定作用。一些非对称战争反映了旧的政治冲突模式。例如，

2005 年津巴布韦的罗伯特·穆加贝（Robert Mugabe）发动的穆拉姆巴茨维纳行动（Operation Murambatsvina）中，毁了 70 万人的家园和产业。这是一次不同"身份属性"集团之间的冲突，但因为由控制军队的政府发动，战争呈现出一边倒的形势。同样的例子还有缅甸，军方控制的缅甸政府使用武力打击反对其统治的国内少数民族如喀伦人（Karens）的武装。

国家内战和次国家战争 从另一个角度看，尽管仍需要把种族或身份属性的不同归结为爆发内战的原因之一，但有一个长期被忽略的世界角落需要得到应有的重视，那就是大洋洲。日本和美国在"二战"时期的对抗中，大洋洲发挥了重要作用，却没有得到足够的关注。随着帝国主义势力的衰退，大洋洲的局势变得越来越不稳定。围绕就业和其他机会的内部分歧因经济问题而被不断放大，致使地区局势高度紧张，暴力行为变得更加普遍，人们的安全感大幅降低。其结果是地方争斗加剧，例如，在巴布亚新几内亚，失业平民组成的武装团伙严重威胁着社会秩序。在所罗门群岛，严重的种族冲突在 2000 年引发了一次军事政变，同年斐济也爆发了一次有预谋的军事政变，造成了流血冲突，最终以失败告终。2006 年，警察和军队之间的骚乱和冲突导致东帝汶安全局势恶化，斐济再次发生军事政变。但是，颇具讽刺意味的是，这种社会失序状态促使帝国主义势力重新将其部队和警察派往这一地区。2006 年，澳大利亚和新西兰的军警被派往东帝汶、所罗门群岛和汤加，试图恢复正常的社会秩序。

这证明政治斗争、社会骚乱和国内冲突等要素是相互交织的，这种现象在其他领域同样存在。因此，在孟加拉国，民族主义党（Nationalist Party）和人民联盟（Awami League）两大政党一方面在选举中相互竞争，另一方面也通过大规模的暴力行动、罢工、暗杀、利用政治操纵司法判决等展开激烈斗争。结果是武器被广泛发放，特别是广泛用于街头斗殴的棍棒，而政客则选择穿着防弹背心上街。此种程度的暴力活动后来超越了政治范畴，开始以另一种方式对政治造成破坏。例如，2004 年，孟加拉国反对党的领袖在一次选举活动中差点被手榴弹炸死。

战术、战略和后勤上的影响 这样的背景下，战术和战略上的后果可能是种族灭绝或者至少是通过强制迁移造成对敌对族群的破坏。这方面的典型例子是 2004 年苏丹达尔富尔地区发生的冲突，一个叫作"简贾威德"（Janjaweed）的阿拉伯民兵组织在政府的默许下，袭击了当地的黑人，进行了大规模屠杀，破坏了黑人的居所，抢夺了他们的财富，并把大量难民赶入邻国乍得，使危机蔓延至乍得。袭击过程中，发生了大量强奸事件，给女性造成了极大的伤害。

上述这种小规模的冲突可以通过抢劫和征用物资满足后勤需要，但如果是大规模、持续性的冲突就需要解决补给上的难题，特别是战斗力量后勤补给的缺陷和因为战乱造成的大量农田荒芜。因此，在国际市场有价值的原材料被不断出售，从而为战争提供关键的资金支持。从这个角度看，这些战争是全球经济的一个侧面，正如冲突往往扮演的角色那样。例如，20 世纪 90 年代安哥拉内战中，政府军大量出售石油，而叛军"争取安哥拉彻底独立全国联盟"大量出售钻石，都是为了支持各自作战需要。21 世纪最初的 10 年在西非的利比里亚和塞拉利昂内战中，上述情况再次发生。这也导致暴力冲突和犯罪现象明显地交织在一起。

问　题

民族和身份属性的冲突　把以民族为核心的身份属性的不同作为战争爆发的最重要的原因，为我们提供了研究这一时期国际关系和战争的一种方式。同样需要说明的是，民族结构是一个具有广泛外延的术语，它囊括了宗教教派、语言、物质和精神文化等不同因素。通常情况下，这些因素是根据某一群体共享历史的背景而巧妙地整合在一起的。换句话说，历史继续扮演着重要的角色，因为对历史经验的共同认识会塑造一个群体认知其未来的途径，操控历史就成了那些为了实现特定利益（通常是物质利益）而拉拢特定身份属性群体的人的主要手段。

大多数身份属性的冲突发生在次国家层面。在 20 世纪 90 年代的印度尼西亚，民族冲突加剧，地区意识不断高涨，而暴力行为随之不断蔓延。因此，从 1997 年开始，加里曼丹岛（印度尼西亚的婆罗洲）的土著达雅克人（Dayaks）同从 20 世纪 50 年代开始得到政府支持移居该地区的马都拉人（Madurans）爆发了冲突。因为印度尼西亚政府从国家全局出发，希望把人口从稠密地区迁走，却没有考虑到接收地区的意愿。这场冲突中，斩首行动增添了恐怖气氛，在暴力活动中扮演了重要角色。斩首在达雅克人文化中是一种重要的象征，被人们视为在巫术表演中获胜的重要方式。斩首这样残忍的行为能够长盛不衰，是文化冲突作祟的结果。但在印度尼西亚和世界其他地区，民族冲突往往是同物质资源争夺特别是对土地资源和就业机会的争夺分不开的。从世界范围看，类似围绕权力和经济资源进行争夺的战争往往是以地区民族和宗教纠纷的形式爆发的。

民族冲突和大国　民族冲突往往被认为是第三世界政治最原始本性的例证，但需要声明的是，大国在制造身份属性冲突中也会相互勾结。关于这一点，法国对 1994 年卢旺达发生的种族屠杀应负的责任就是最好的证明，冲突中有 93.7 万图西族人（Tutsis）被屠杀，实际上这一数字很可能超过 100 万，是卢旺达人口总数的 1/7。法国在种族屠杀中的态度反映了法国一贯认为盎格鲁-撒克逊人是对其组建包括前比利时殖民地如卢旺达和刚果在内的法语联盟的威胁这样一种错误的观念。1978 年，法国和比利时为了支持蒙博托（Mobutu）政府而出兵对刚果进行了干涉。

此前，卢旺达是一个四分五裂的国家，胡图族人（Hutu）控制的政府亲近法国，而大量图西族人在卢旺达沦为难民。同发生在其他国家的派系斗争中表现出的错综复杂的内部关系一样，图西族卢旺达爱国阵线组织（Tutsi Rwandan Patriotic Front）同穆塞韦尼（Museveni）指挥的乌干达武装力量一起反抗独裁者伊迪·阿明和米尔顿·奥博特（Milton Obote）。穆塞韦尼获胜后，图西族卢旺达爱国阵线组织在其支持下于 1990 年侵入卢旺达，而当他们在同卢旺达军队作战中进展顺利时，法国人把他们当成是盎格鲁-撒克逊支持下的乌干达军队，于是派军队帮助胡图族人掌握的政府。大量军事装备被提供给卢旺达政府军，而法国则牢牢控制着军事援助。有证据表明，法国人愿意支持胡图族人屠杀图西族人，包括1994年种族屠杀及此前的屠杀行动中向胡图族人提供直接支持。此次种族屠杀是对卢旺达总统被害的回应。卢旺达总统遇刺再次点燃了图西族卢旺达爱国阵线组织与卢旺达政府之间因1993年达成停火协议而刚刚结束的冲突，并直接导致了种族屠杀的发生，而联合国对此几乎束手无策。

指挥得当、装备精良的图西族卢旺达爱国阵线组织本来能够一举推翻胡图族政权，但法国政府派军队帮助其盟友在刚果的戈马（Goma）建立难民营接收难民。难民大量涌入加剧了刚果国内的危机。历史再一次证明在危机中很难独善其身，卢旺达和乌干达联合反对刚果胡图族人的行动，导致1997年蒙博托政权垮台。

扩散和大规模杀伤性武器　许多非西方国家都寻求通过获取大规模杀伤性武器及相应的武器发射系统来开发先进的军事能力。

"9·11"恐怖袭击事件发生后，美国的决策者更不能容忍某些国家获得这种能力。美国2002年9月发布的国家安全战略强调了对恐怖主义和拥有或研制大规模杀伤性武器的国家构成的双重威胁进行先发打击的必要性。美国希望通过此举对全球政治体系进行变革，以便降低这些威胁发展的概率。冷战的结束带来了新的挑战，美国国家安全战略提议为应对新挑战，需要把美国价值观向全球范围拓展：

> 20世纪自由与极权主义之间的伟大斗争以自由力量的决定性胜利而告终……这些自由力量的价值观对每一个社会的每一个人来说都是正确和真实的，而保护这些价值观不受敌人侵犯的责任是全世界和各个时代热爱自由的人们的共同使命……我们将鼓励每个大陆上的社会更加自由和开放，以此来扩大和平。

对武器扩散的关注被证明是有针对性的，相比已经研制出核武器和导弹发射系统的印度和巴基斯坦，西方国家更担心的是伊拉克、伊朗和朝鲜（参见专题B：伊拉克战争）。实际上，印度早在1974年就试爆了核弹，而巴基斯坦在1998年也完成了试爆。美国在2006年冒着违反《不扩散核武器条约》（Treaty on the Non-Proliferation of Nuclear Weapons）的风险，同意支持印度核试验活动，就是出于寻求盟友、遏制中国和军火合同订单等实用主义需求。但此举无疑是预防核扩散国际合作实践中一个明目张胆的冒险行为。

专题B：伊拉克战争

美国担心核扩散会让伊拉克这个敌对政权获益，这是2003年伊拉克战争的背景。不过布什政府显然误解甚至故意夸大了这种情况，使得很难评估美国入侵伊拉克的真实动机。文化误解似乎主导了双方的行动。伊拉克的萨达姆·侯赛因似乎相信，美国不会入侵伊拉克，即使美国入侵，城市作战也会削弱美国的技术优势，并造成足以迫使美国政府改变政策的伤亡——这种分析在短期内肯定是错误的。无论如何，萨达姆无法阻挡住一支组织严密、节奏快、由美国主导的联合入侵部队。同样，萨达姆希望国际压力，特别是法国和俄罗斯将通过联合国施加压力，能够阻止美国采取行动，但事实证明，他对当代国际关系动态的解读是不准确的。

萨达姆政权的凝聚力，它胁迫人民的能力，以及利用美国战线过长以及补给脆弱的弱点的可能，都被美国的攻击速度所破坏。这突出了该政权的弱点，包括它对伊拉克军队的恐惧以及担心出现军事政变。面对美国的火力，大部分伊拉克共和国卫队逃跑了；事实证明，美国的空中力量尤其有效。重新部署或坚持战斗的部队都被消灭了，特别是美国致力于摧毁伊拉克的装甲部队。一旦联合部队接近巴格达，美国就发动了"雷击"行动，装甲部队冲进城市，表明敌人无法阻挡他们前进，由此削弱了伊拉克的抵抗意志。因此，美国人证明了机动作战可以在城市环境中发挥作用。占领巴格达后，美国人继续占领伊拉克其他地区。英国军队在攻占伊拉克南部的过程中发挥了重要的辅助作用。

然而，有迹象表明，从长远来看，军事局势将不那么有利。伊拉克对补给线的攻击，例如在幼发拉底河纳西里亚镇（Nasiriya），吸引了相当多的媒体注意，但实施这种攻击只导致局部混乱，可以忽略不计，并不会对前往巴格达的道路造成阻碍，其不具有重大行动意义。伊拉克使用敢死队这种非正规军，其中一些人进行了激烈的战斗，导致了一些对伪装或假装投降等战术有些天真的抱怨。无论在战术上还是在行动上，这种抵抗预示着在证明不能稳定伊拉克的局势之后，问题将变得更加严重。因此，这种情况很致命，因为抵抗表明，在短期内，对伊拉克领导人实施"斩首"行动（和攻占首都）这种自上而下的方式确保快速成功并维持秩序的方法似乎是错误的。

相反，美国拙劣的当地政策，在占领后维持安全秩序的军队数量严重不足，使得伊拉克的种族和宗教分歧扩大，并日益严重，包括什叶派与逊尼派对立以及阿拉伯人与库尔德人互相敌视，这破坏了推翻萨达姆政权之后的和平过渡机会。宗教组织的部队向分裂的、缺乏纪律的伊拉克军队发起了挑战。激进的什叶派领袖穆克塔达·萨德尔（Muqtada al-Sadr）的马赫迪部队尤为引人注目。因此，布什政府未能理解伊拉克的政治文化，把明显的成功转变成一个严重的、持续的问题。

2003年美国在伊拉克快速取得初步成功，引发了对其他藏匿恐怖分子、可能正在研发大规模杀伤性武器的国家（尤其是伊朗和叙利亚）发动袭击的讨论。然而，更有可能的是，美国在伊拉克恢复秩序的行动以失败告终，其承诺的代价——2007年3月已超过5000亿美元，平均每天2.75亿美元，更不用说将近4000名美国人死亡，超过6万美国人受伤，至少70万伊拉克人死亡，另有400万伊拉克人流离失所成为难民——将促使国际

> 社会更加谨慎，反对干涉主义，至少在使用地面部队上更为谨慎。事实上，2006 年由于担心伊朗的核野心，美国可能会对伊朗采取行动，但讨论主要集中在空袭上。

战略文化的多样性　谈到军事能力和军事行动，就不能简单用美国、流氓国家、民族团体、恐怖主义团伙一言以蔽之，其他虽不具备像美国一样霸权地位的主要力量也需要考虑在内。此外，还有许多国家正在试验、研发或声称具备部队投送能力。例如，2004 年 9 月，俄罗斯总参谋长表示，俄军能够对世界范围内任何地点的恐怖分子基地实施预防性打击，而英国在 2000 年向塞拉利昂、2003 年向伊拉克和 2006 年向阿富汗投送军事力量时发挥了关键作用，法国在 2002 年对科特迪瓦动武时也发挥了类似作用，在后殖民时期延续了其干预原法属非洲殖民地的做法。

战争和国家权力　世界上绝大多数国家既不是军事强国，也不是"流氓国家"。在独立后的拉丁美洲、撒哈拉沙漠以南非洲和大洋洲地区，许多国家的军队的主要任务是加强内部统治，其作用就好比是国家的手腕。但是，作为内部统治的军队是一把"双刃剑"，既会引起反抗，也能镇压反抗。战争同国家权力之间的关系并不是非黑即白这样简单。布什政府的反恐战争使美国延续或者强化有利于军工复合体的政策有了合法依据，这些复合体开始将其触角伸向军事采购和战后重建，这方面典型的例子是哈里伯顿公司（Halliburton）在伊拉克战后重建过程中的不光彩行为。也有人称，反恐战争以"战时需要"为名，将国家权力扩大到公民生活中，对宪政和法治构成了威胁。公民权利的受限、国内监听、对战争新闻报道的严密控制（甚至是制造假新闻）以及宣称总统权力在关键领域凌驾于法律之上等，成为战时紧急状态的持续后果，而在这场同虚无缥缈的恐怖主义斗争的过程中，紧急状态很有可能永远持续下去。从这个意义上说，战争的样式扩展到国内文化的内核中。

战争实践

军事事务变革

通过以上篇幅对进行军事行动的政权多样性的强调，我们很容易理解为什么近期常规战争有如此丰富的特点。需要特别指出的是，美国新闻评论员 20 世纪 90 年代和 21 世纪最初 10 年极力渲染的所谓"军事事务变革"的概念，具有明显的局限性。

军事事务变革最早起源于早期的军事事务和军事发展过程中。军事事务变革的兴起，脱胎于从 20 世纪 70 年代开始的美国学界为应对苏联纵深作战理论和在欧洲打赢常规战争的需要而提出的机动作战和改进相应武器装备的学说。军事事务变革可以被视为"哈米吉多顿"（Armageddon，基督教《圣经》所述世界末日之时善恶对决的最终战场）的另一种表述方式，旨在创造一种有利的条件,以打赢无核战争或次核战争。因此,冷战后期的军事环境是军事事务变革的根源。特别是从美国关于空地一体战的概念和苏联关于军事技术革新的观点来看,双方的研究人员都在考虑加快转变战争的作战样式,以便从中抢占优势。他们把各自的研究背景归结为正在发生(或可以通过外力促使发生)的军事事务变革,进而声称如果根据军事事务变革的需要进行相应调整,可以进一步提高自己在战争中的优势地位。

上述军事学说和改良后的军事武器在1991年和2003年伊拉克战争中才被广泛应用,使人们错误地认为只有到了后冷战时代,军事事务变革才真正出现。但事实上,这只是冷战时期军事思想的一次迟到的应用。其他类似的误解还有空中制导炸弹和巡航导弹,前者实际上在越南战争中已有使用,而后者从1983年开始就被部署在欧洲。

从这种意义上说,军事事务变革正如我们所理解的那样,确实代表了从"二战"结束至冷战早期军事技术在各种竞争压力下的进步和现代化。特别是对美国而言,军事事务变革促使其强调提升武器和军事系统改造的电子化程度。在投入资金应对挑战上,美国一开始就不含糊,20世纪80年代这种心理变得更加急迫。

在后冷战时期国家安全压力和军事发展优先目标变化的大背景下,新闻评论员开始重新谋划军事能力发展,特别是强调具备军队投送能力的重要性,并呼吁加快军事转型,把冷战时期的军事架构进行改造,以适应新时期的需要。根据任务和条件不同,美国将军事发展重点放在建设多功能、联合或合成的军事力量上,对履行特种任务能力的描述则相对含糊。军事事务变革使武器系统和军队架构的效能成为战场上取胜的关键。因为它们同军事手段和目标直接关联,军事事务变革可以被概括为战争过程和结果的革命。

出于对1994年、1995年分别发生在卢旺达和波黑的大规模流血事件的忧虑,干涉主义成为苏联解体后新的世界秩序的一部分,西方国家认为自己有责任对某些国家进行干预以防止人道主义灾难发生。这种干预有一个预设前提,就是干预行为可以轻松地取得成功,对干预的信心建立在干预方与被干预方明显的实力差距上。从人道主义立场看,代表正义一方的部队必须迅速取得胜利,以避免受到伤害一方因为战局胶着而承受战争的煎熬。这也是2003年伊拉克战争中及战后英美联军代表讨论伊拉克平民遭受巨大伤亡问题时面临的困难。

从美国外交政策角度看,军事事务变革也可以很好地阐释外交政策目标是如何实现的,因为这种外交政策在一定程度上是建立在军事实力基础上的,特别是外交政策要考虑如何对国家面临的安全威胁实施先发制人的打击。美国战略家认为同时应对一种以上威胁的反应能力至关重要,所以军事事务变革要求实现的军队完成多项任务的能力就显得尤为关键。简言之,军事事务变革使美国的外交政策成为现实,不仅聚焦美国的战略关注对象,而且对美国在世界范围内达成外交政策的利益目标也发挥着重要作用。如果我们更加严格地审视这个问题,军事事务变革促使美国的外交政策更加军事化,盟国的立场对美国而言几乎没有什么意义。美国在这方面并不孤立,以色列的对外政策与美国如出一辙。

此外，还有必要考虑到美国的军事事务变革在很大程度上是"军事态度革命"（Revolution in Attitudes to the Military）的必然结果，而"军事态度革命"的起因是人们越来越无法承受在战场上的伤亡。这一点无论是就具体问题而言还是泛泛而谈都是客观存在的。例如，具体而言，美国人由于在越南战争中担心战斗机被击落、飞行员被俘虏，加快了研发远程打击武器的步伐，后来就有了制导炸弹和远程发射的导弹。

军事事务变革将武器系统的发展同军事学说的进步联系在一起。这些军事学说中有大量建立在技术系统应用基础上的现代化的军事理论。军事事务变革适应了人们对未来战争样式的心理预期，大家都认为未来战争将是高强度冲突，在战争中完全取胜是可能的。此外，军事事务变革看来能够有效遏制竞争对手在早期技术积累和新技术发展阶段对自己构成的威胁。

与军事事务变革密不可分的还有一大堆概念，这些概念主要讨论"灵巧"（smart）军事学说，利用新一代武器和信息技术提供的条件对作战进行规划和演练。将精确信息作为战争工具，可以对部队进行精确定位，有效克服战争摩擦，运用半自动化武器摧毁敌人的武装力量。精密武器要发挥作用，就必须做到精确定位，这促使战场指挥官把获取信息优势作为目标，同时想方设法破坏敌人的精确定位能力。军事事务变革同时要求实施网络战，促成了高度集成、数字化连接的信息系统的出现。这一系统受益于信息系统新能力的开发，使信息系统从传统的以平台为中心的信息传送和指挥控制结构中摆脱出来。在军事事务变革的语言体系里，武器研制的目的是确保实现所谓"主导机动、精确接触、全方位防护、聚焦后勤和信息战"的目的。这些目的被视为未来军事架构和特定编组模式的理想目标和方式。联合作战被视为关系机动作战成败的重要因素，而机动作战被各方推崇，认为其符合纵深作战中各军种的利益。

对军事事务变革的深信不疑在 2003 年海湾战争中发挥了重要作用。伊拉克在战争中成为美军明确的、冒进的目标，只有常规的作战部队，而不像恐怖主义组织那样飘忽不定。军队的进攻效率显示出其军事技术的优越性和高超的常规作战技术。2003 年的战争中，美军使用了"联合直接攻击炸弹"（Joint Direct Attack Munitions），它运用全球定位系统（GPS）对常规轰炸进行制导，使其发挥出卫星制导武器一般的作用。另外，无人飞机也被有效应用在伊拉克战场。

海湾战争前，美国政界围绕派遣多大规模的地面部队以确保成功占领伊拉克发生了争论。美国国防部长唐纳德·拉姆斯菲尔德（Donald Rumsfeld）和其他非军方的评论家因为 2001 年美军快速推翻阿富汗塔利班政权而深受鼓舞，主张空军和特种部队是战争的主要手段，而军方领导人极力要求动用大量地面部队进攻伊拉克并在其后实施占领的计划是夸大其词的。因此在伊拉克战争中，美军仅派遣了少量地面部队，这主要是因为美国低估了在伊拉克战场上确保军队安全的难度，另外对战后伊拉克国内混乱的局势也准备不足。

但是，随后发生的伊拉克危机使人们对军事事务变革充满了疑虑，技术的局限性也因此受到重视。而且，伊拉克局势的发展表明，技术投入不能简单地同政治成果画等号。军事发展极大提高了技术投入值，尤其是空战技术的发展使单体武器能够取得远超过历史上同类武器的更大程度、更高精度的杀伤力。巡航导弹的出现更是证明了这个道理。但扩大的技术投入并不能保证取得好的结果，因为美国军事人员远离战场上的敌人和平民，实际上导致了政策的失败。

现代武器

巡航导弹 巡航导弹代表了20世纪80年代以来军事能力的重要进步，在冷战末期和后冷战时代的战争中，巡航导弹对军事计划产生了重要的影响。巡航导弹的价值在于它们可以在不受与空中力量有关的风险和局限影响的前提下精确传送打击火力。20世纪80年代在策划同苏联的战争时，美国决策者计划使用巡航导弹对苏联的装甲部队进行高强度的打击以应对苏联任何形式的攻击。这些巡航导弹可以携带常规弹头或战术核弹头，可以在任何天气状况下发射，并且可以用多种平台发射。

苏联也研发了同样的武器，但军备竞赛反映出西方在电子工程领域的优势以及美国比苏联更高的经济增长率、更灵活的经济模式。令人遗憾的是，苏联在很长一段时间都深信西方资本主义具有难以根本克服的矛盾，这使得苏联没能认真地考虑自身在经济、社会和政治等领域面临的日益严峻的危机。

1991年海湾战争中，美国同时使用了巡航导弹和精确制导炸弹，尽管战术核弹头在战争中并没有使用。在这一时期，因为美国使用精确制导炸弹，巡航武器相比空中力量有着明显的优势。战争中，美军共投下9300枚精确制导炸弹，但大多数美军战斗机并没有装备这种炸弹，美军飞行员也没有接受相关的训练，战场上使用最多的是无制导炸弹，占了全部炸弹的90%。实际上早在1972年越南战争的"后卫Ⅰ号"（Linebacker Ⅰ）和"后卫Ⅱ号"作战行动中，精确制导炸弹已经大量使用，而且取得了良好的效果。巡航导弹具有较强的灵活性，可以从陆地、海上和空中任何地方发射。因此，1991年，美军对威斯康星号军舰进行了改造，使其既能发射导弹也能进行火炮射击。

随后，美国于1998年对阿富汗和苏丹的恐怖主义目标发射了79枚海基巡航导弹。尽管这是一次高水平的武力示威，却没能彻底阻止恐怖分子。本·拉登通过贩卖导弹筹措了大量资金。

1999年，北约打击南联盟过程中也将巡航导弹作为联合空中打击和导弹攻击的一部分，以迫使南联盟从科索沃撤军。1998年，英国皇家海军潜艇光辉号（Splendid）成功试射了一枚购自美国的巡航导弹。第二年，在北约军队发起的科索沃作战行动中，光辉号潜艇又向南联盟军队目标发射了巡航导弹。2001年，在打击阿富汗塔利班政权的行动中，美军从位于阿拉伯海的军舰上发射了巡航导弹。此后，随着双模、激光和GPS制导炸弹的研制，作战精度越来越高，空中打击能力大大提高。

其他国家也在不断研制巡航导弹。2004年，澳大利亚宣布将投入4.5亿美元用于研制空中发射的巡航导弹，该型导弹射程超过 250 千米。

定位 以精确定位为形式的信息是导弹发挥有效作用的关键。通过使用 GPS 系统的卫星，对目标和线路预先进行精确测量后，导弹可以根据预定的飞行轨迹对目标进行打击。对预定飞行轨迹进行数字地形建模，使远距离空中精确打击更加便利，而地形轮廓匹配（TERCOM）制导系统使飞行路线校正成为可能。但是，信息获取受限仍然不可避免地制约了武器的有效性。在 2003 年打击伊拉克的过程中，美军将巡航导弹的精确度及其在打击巴格达的行动中的表现吹捧为"震慑与威吓"（shock-and-awe）行动最为锋利的刀刃，称其翻开了战争史新的一页。尽管这有些夸大其词，但巡航导弹确实被证明有效打击了伊拉克的地面部队。实际上，地面部队在打击南联盟行动中对实现预期目标发挥了关键作用，而由于缺少足够的地面部队，美军利用巡航导弹打击阿富汗恐怖主义基地的行动遭遇了失败。

人力与平台 巡航导弹制导系统反映了复杂的自动化系统对于先进的现代武器的重要性。武器威力倍增的特性被大大提升，而且更加多样化。技术优势开始取代工业时代以量取胜的历史成为武器制造的关键因素，特别是计算机不断引领作战和战术革命后，军事技术的重要性更加突出。

运用计算机系统的熟练的技术人员可以操控无人机（UAV）和远程遥控车（RPV）。这些作战平台通过提供可供导弹发射或炸弹投掷的移动平台，将导弹的优势进一步发挥出来。这些平台不需要现场作战人员，因此不会有人员牺牲或被俘的风险。这些移动平台可以低空飞行，因为不会出现飞行员被敌军防空火力击中的危险。考虑到自越南战争以来，被俘飞行员的命运往往成为宣传战的焦点，这种平台的发明具有重要意义。此外，这种平台的出现至少在理论上大大减轻了空军在后勤上的负担。作战成本也大幅降低，因为无人平台比载人战斗机更便宜，而且还节省了训练飞行员的费用。而且，无人平台在功能上更加紧凑，拥有不易被探测的隐身特点，无人机（车）的加速和机动也不再受到地球引力的限制，而地球引力有时甚至能使飞行员昏迷。

1999 年，美军大量使用无人机在科索沃战场进行侦察，传输关于轰炸效果和难民情况的信息。而在 2001 年和 2003 年，配备武器的无人机被美军用作发射平台。长达 26 英尺（近 8 米）的美军"捕食者"无人机，作战半径可达 500 千米，续航时间超过 40 小时，巡航速度为 80 英里/小时（约 129 千米/小时），正常作战高度为 1.5 万英尺（近 4.6 千米），可用于打击敌军防空系统和指挥中心。此型无人机还可部署在遭到化学武器或细菌武器污染的战场。2006 年以色列同黎巴嫩真主党作战时，双方都使用了无人机，以色列更是将无人机作为夺取制空权和加强进攻能力的重要手段，而黎巴嫩真主党的无人机是由伊朗通过叙利亚提供的。

人　员

对高技术武器的重视要求以熟练的技术人员为支撑，从而使各国在军事上更加关注军队质量和训练。这促使各国支持建设一支专业化的募兵队伍，而不是通过义务兵役制征兵。因为在发达国家，义务兵役制越来越不受到各方面的欢迎。但是，募兵制有其自身的问题。因为募兵是在竞争性的劳动力市场上进行的，兵员募集过程中必然会出现对人口中弱势群体如穷人、教育水平低下者和少数族裔人群不利的现象。如果要确保向军队提供其需要的技术人员，就必须坚持募兵的高标准。这也是当备受批评的伊拉克战争爆发时，由于兵员不足，美军不得不降低征兵的标准，最终导致军队在战场上频频惹事的原因。完全募兵化的军队还面临规模限制，而军队规模是军事事务变革学说中使军队战斗力倍增的一个因素。因为任务重，近年来美军被迫将作为民兵组织的国民警卫队人员的服役期限延长，而且常常将之投入作战性任务中。

美军面临的人员短缺以及高水平专业人才不足的问题，迫使其将部分任务尤其是后勤和支援业务分包给部分专业性公司，但结果并不尽如人意。严格来说，美军并没有使用雇佣军。但在一个被游击作战和非常规作战主导的战场环境下，区分作战和非作战任务是十分困难的。从这点而言，私营安保公司确实在被占领的伊拉克有效执行了部分作战性任务。

许多发达国家的军队中女性正在发挥越来越大的作用，这是我们讨论军队对高水平技术人员需求增大时需要提及的又一个问题。女性在战争中的作用曾经被严格限制在战场支援方面，但现在女性越来越成为战斗团队中的一员。尽管人们对之仍有不同看法，但这一趋势似乎不可逆转。因为一方面正如我们之前讨论的那样，武器现代化水平已显著提高，对技术人员的需求越来越大，另一方面随着西方（以及其他国家）社会整体文明程度的进步，性别平等已逐渐成为人权的一个基本原则。

技术、学说和政治

武器扩散与政治 20世纪90年代和21世纪最初的10年，主要国家拥有的先进武器的数量出现了激增。这个问题在东南亚地区尤为突出。印度和巴基斯坦在1998年先后进行了核试验。同年，巴基斯坦试射了名为"高里"（Ghauri）的中程导弹，而印度于次年发射了新型远程导弹"烈火-2"（Agni 2），其射程可达2000~3000千米。2003年3月，印度和巴基斯坦都试射了可携带核弹头的短程地对地导弹。2003年，伊朗进行了"流星"（Shahabz）导弹所谓最后一个阶段的试验，该型导弹最早从1998年即开始试验，射程1300千米，可打击以色列和部署在这一地区的美国军队。

上述武器研制的目的是为研制国提供对抗其他国家军事优势的能力。自2006年以来，伊朗面对国际社会的压力不肯让步，伊朗和西方之间发生了一系列核危机。如果埃及、沙特阿拉伯、叙利亚和土耳其都像以色列、伊朗、巴基斯坦和印度一样具备核能力，我们避免核冲突的可能性将会更加遥不可及。

重温军事事务变革 持续不断的创新是军事装备更新换代的一个方面，巡航导弹只是其中的一个例子。例如，2006年，美国空军进行了以合成燃料替代部分喷气燃料的飞行试验。但试验并没有取得预期的结果，对高技术武器投资的回报并不像人们想象的那样丰厚。这不仅在军事上让人沮丧，在政治上也是一个打击。军事事务变革的潜在风险难以避免。

在开发高技术武器提升作战能力方面，海军或空军同陆军之间有明显的区别。投资军事技术和军民混用技术，从而获取优势，对海军或空军具有更为重要的价值。因为对海军或空军而言，技术的作用压倒一切。但对陆军而言，军事技术的进步对陆战能力提升的作用并不明显。关于这一点，有一个普遍的理论可以解释，即在某一领域可以确保获得能力优势或成功的因素，并不一定在其他领域也能发挥同样的作用。从这个意义上说，军事事务变革学说实际上主要是关于空军军事事务变革的一个概念。

结 论

核武器阴影笼罩下以及冷战刚刚结束时那些认为战争已经过时的结论，现在看起来是多么仓促和幼稚。一方面，美英联军入侵伊拉克后，战争反而陷入僵局，速战速决的计划破产，使两国国内都对干涉主义的有效性充满了怀疑。另一方面，20世纪非洲大陆持续不断的冲突表明，对武力的依赖仍然根深蒂固。

从另一方面看，东亚和南亚大国加强军力建设的行为，客观上促使该地区其他国家（地区）如马来西亚、巴基斯坦也积极整军备战，这反映出各国仍然将军队视为有效的吓阻手段。就这些国家而言，它们在军队建设中不仅强调数量，也重视获取先进的武器装备。如果说美英联军在2003年伊拉克战争后面临的问题反映出军队在维持一国政权和维护和平方面的作用是有限的，那么东亚和南亚地区国家在军事上的投入则反映出其深信这些投入对于抵御常规军事入侵、保卫国家安全是有效的。

但是，一些历史学家和政治学者认为，未来主要的常规战争有渐渐退出历史舞台的趋势。原因有两个方面：一个是物质的，一个是文化的。首先，世界经济关联度越来越高，从而增加了潜在冲突的风险，促使各国更倾向于采取和平的手段解决分歧，以免破坏珍贵的贸易联系。这一点对像中国这样经济不断发展并且对外资和外部市场依赖程度较高的国家来说尤为重要。其次，所谓民主效应正在逐渐降低战争爆发的可能性。根据这一效应，真正民主的政体从来没有相互发生过战争。尽管有人对此有疑义，认为民主的定义和条件很难界定，却似乎确实存在这样一种趋势，即使它还没有成为历史发展规律。20世纪90年代和21世纪初，民主政体和与民主有关的文化构想（与世界经济中市场机制的扩大并非没有关联）缓慢却稳定地扩展开来，成为人们对未来国与国之间减少冲突的希望所在。

但是，以上两种趋势都无法解释国家内部冲突或者非国家实体发动战争的动机，这些战争的文化背景十分复杂，对它们不能进行简单的、教条的解读。而且，当推动两种趋势的背景，例如经济发展和随之而来的个人生活水平提高等因素消失后，这两种趋势并不会继续向前发展。

全球气候变暖的灾难性后果造成的世界范围内的环境危机，就可能改变这样的背景，进而加剧各国对突然变得稀缺的资源的争夺。

因此，如果要充分认识当代军事活动的多样性和战争发生的复杂背景，在回顾历史的过程中，就不能对军事发展过程和其结果简单解读成偶然因素或者文化背景影响的后果。拒绝简单化的军事活动的研究，可能让军事历史变得更加复杂。但这种研究对社会和文化给予应有的关注，从而更能抓住某一领域的实际特点，而这一领域与人类活动和发展的其他诸多领域都有着密切的联系。

■ 推荐阅读

Barnett, Thomas. *The Pentagon's New Map: War and Peace in the Twenty-First Century*. New York and London: Penguin Books, 2004。本书从政策制定的角度，对美国面临的全球性挑战以及为应对这些挑战而必须确立的部队结构进行了有趣的阐述，对军事事务变革的辩论做出贡献。

Black, Jeremy. *War and the New Disorder in the 21st Century*. New York: Continuum, 2004。本书从全球视野分析未来的战争。

Cordesman, Anthony. *The Lessons of Afghanistan*. Washington, DC: CSIS Press, 2002。本书是关于2001年阿富汗战争的素描式著作，值得一读。

Corera, Gordon. *Shopping for Bombs: Nuclear Proliferation, Global Insecurity, and the Rise and Fall of the A. Q. Khan Network*. Oxford: Oxford University Press, 2006。本书对全球军火贸易最新的重要内容做了很好的分析。

Ferguson, Brian, ed. *The State, Identity, and Violence: Political Disintegration in the Post-Cold War World*. London: Routledge, 2003。本书是一部优秀的论文集，包括作者自己的论文"Violent Conflict and Control of the State"，从人类学的角度分析现代战争。

Murray, Williamson, and Robert H. Scales Jr. *The Iraq War: A Military History*. Cambridge: Belknap Press of Harvard University, 2003。本书清楚地介绍了伊拉克战争的常规军事作战的情况。

Ovendale, Ritchie. *The Origins of the Arab-Israeli Wars*, 4th ed., London: Longman, 2004。本书分析了战争因果关系的复杂性，包括对第二次巴勒斯坦起义（intifada）的分析。

Ricks, Thomas E. *Fiasco: The American Military Adventure in Iraq*. New York: Penguin Books, 2006。本书是一名五角大楼资深记者对伊拉克战争进行的全面报道，包括从战争策划到叛乱。

Woodward, Bob. *Plan of Attack*. New York: Simon & Schuster, 2004。本书是对2003年美军入侵伊拉克的介绍，重点介绍美国的政策制定过程。

评论：第六部分　1914年至今

用仅仅数千字的评论来总结20世纪和21世纪早期的军事历史，对我们来说是一个特别的挑战。这是一个充满矛盾并且不断变化的时期。这个时期的战争既有全球性战争和越来越频繁的局部冲突，也有世界历史上最强大的国家之间的战争，还有一些战争根本不是由国家实体发动的。我们距离这个时期非常近（实际上我们还生活在其中），以至我们对这个时期可以有或多或少的历史认识，但同时这种近距离的接触也要求我们从中汲取对不久的未来或许能有借鉴意义的历史教训。我们将如何认识过去一个世纪的战争？自有人类历史以来人类评价全球军事历史的视角将如何继续完成这一任务？

技术，工业，"进步"

从某个层次看，现代战争的特点是十分明显的。随着战争工业化进程加速并不断发展，蕴含其中的力量在19世纪终于迸发出来。技术的进步就是其中的一个方面，这也是战争被人关注的表现形式中最显而易见的一个侧面。战争开始越来越机械化：在人类历史上，军队的行动速度第一次开始超越竞赛中的人和马匹，而现代军队的战略纵深和快速部署更是史无前例，部队不仅能够通过铁路、公路和海运穿越陆地和海洋，还能通过飞机实现大规模兵员投送。全部武器系统，包括坦克、飞机、潜艇、弹道导弹等，在科学研究和大规模生产的联合推动下，被巧妙地整合在一起。武器的破坏力和破坏范围发展得非常快，以至整个地球都被纳入火力打击范围内。但就在同一时期，军事医药技术也飞速发展，尽管其重点还只是集中在武器造成的伤害救助上。

工业化意味着在20世纪的主要战争如两次世界大战和冷战中，工业生产力水平成为决定大国地位最主要的加速器。历史同样证明，在这个时代的所有战争中，不管是如两次世界大战这样的全部社会资源和经济资源都被动员起来的全面战争，还是像由广义的经济竞争力决定其前途命运的冷战，工业化水平都是在大国冲突中制胜的关键武器。在不断扩大的冲突中动员全部社会资源的必要性，非常突出地代表了现代战争意识形态鲜明的特征，即使意识形态本身在根源上并不一定具有军事色彩。宣传鼓动、各种"主义"的泛滥，成为20世纪主要战争动员的必要组成部分。

作为工业化及其影响的一个结果，20世纪的战争呈现出这一时代典型的特征，即无节制的挥霍。具体内容有：生产和资源消耗的不断增长，使人类历史上所有历史时期的消费水平和对全球环境的影响的总和都相形见绌，这种增长既能承受史无前例的人口爆炸，也被人口爆炸吞噬。尽管我们成功避免了落入大规模核战争旋涡的危险，从而保证了生产力不断进步的水平远远超出了战争可能造成的破坏水平，但必须承认战争对物质生产的损耗、破坏以及对人们生活的破坏能力也在飞速增长的事实。

本书在讲述军事历史的过程中，常常使用"进步"（progress）这个术语。在技术发展中的进步，在大国争雄中的进步，以及在为价值观而战中的进步，在此类历史编纂当中常常与"西方"（Western）世界联系在一起，如西方科技、西方国家、西方意识形态（无论是民主的、资本主义的还是共产主义的）等。从这个视角看，世界其他地区都是西方发明通过不同传播途径的接受者。通过这种诡辩的、错误的形式，以上观点成为"西方战争方式"优越性的论据。即使是以更加微妙的形式，围绕以上观点仍然会有各种各样的假想，如谁曾经是以及将来会是战争的主角，仗是如何打的以及将如何打，等等。实际上，21世纪早期，这些假想的许多内容已经被证明是不充分的。

文化与政治：从传播到混乱

"9·11"事件的发生并没有在很大程度上改变现代战争的特点，却极大地改变了人们的观念，尤其是改变了发达工业化时代的民主观念。

过去，正如克劳塞维茨所谓"战争无非是政治通过另一种手段的继续"那样，人们把战争视为国与国之间通过合法途径实施的行为。但现在人们不得不正视一个新的事实，即大多数战争的主角是国家下属的州、加盟国，甚至是非政治实体，而这些主角在战争中并不总是遵守所谓规则。历史学家和人类学家在认识新的战争的过程中发现，这些形形色色的战争并不符合自己以国家为核心的关于战争发展样式的假想。20世纪晚期和21世纪初发生的这些日趋分散化的战争，以及它们在分裂一些现代国家和将另一些国家变成失败国家方面发挥的破坏作用都在提醒我们，从人类社会出现有组织的集体犯罪开始，战争的全部历史都证明了战争同国家权力之间没有直接或者必然的关联。这种复杂的关系正是本书考察战争历史的关注点之一。

同样，先进技术同军事上的成功之间也不能简单地画等号。关于这一点，各种游击组织在殖民地独立战争和各类武装冲突中取得的胜利，以及恐怖分子配备的低技术含量的装备取得的效果都可以证明。我们同时发现一条不断被实践证明的真理，即技术在战争中是一个对条件有要求的变量。换句话说，根据技术应用的社会和文化背景的不同，技术应用的效果会有很大差异。在同现代战争直接关联的领域，技术投入与产出之间，以及一国军事工业基础设施在量上和质上的生产力水平同其实现宏观战略和政治目标的能力之间常常有显著的差距。美国在伊拉克战场上遇到的问题就证明了这一点。特定技术的使用并不一定能实现特定形式的军事目的，更不用说社会、组织的目的。技术决定论从历史研究方法上看是一种无效的理论。

战争中有关技术应用方法的一系列决定因素可以自然而然地适用于以物质为基础的社会科学研究中，用来分析社会和经济结构。而最近发生的战争表明，文化心理对战争原因和实施方式也有影响。这一点对那些以实现自我利益为目的的政党特别是其领袖或者潜在的领袖在构建以种族、宗教等文化因素为核心的身份认同和利益群体时表现得尤为突出。但是，历史上的证据也警示我们不能把文化的概念简单化或者提炼化地处理。文化从来不是一个整体的概念。文化是具有不同的利益和思维方式的不同子群的合成物。因此，身份属性往往是多重而且相互矛盾的。不管是从文明或者国家的层面，还是从个体和小群体层面看待这一问题，结果都是一样的。文化与战争之间的联系，就如同文化与国家或者战争与技术之间的关系一样十分复杂微妙。本书关于文化及其对战争影响的观点希望强调的是历史书写的作用，不管这种书写是官方的还是学术的，又或者是民间的，它们都对解释战争背景或者遏制战争的背景因素发挥着重要作用。

历史昭示未来

类似本书这样的历史著作在结尾做出结论难免会遇到一个问题，那就是我们这个世界未来的冲突和战争将是什么样子？实践证明，历史学家在预测未来方面并不比任何普通人更加高明，有关这一方面任何具体的预测都将比其他任何普遍性话题更加迅速地被证明是愚蠢的。尽管如此，我们还是能够在广泛阅读军事历史和本书包含的相关题材基础上有一些泛泛的认识。

从逻辑上讲，我们可以预测未来战争会有三条主要路径，分别是：在战争数量上，未来战争可能会保持目前的状态，或者出现下降，或者出现上升。当然，单纯的战争数量并不是一个完整的问题。一次以全面核武器作战为特点的战争可能完全超出目前的战争破坏程度。而要想在一个分析框架内融入各种不同层次的战争，如大国之间的对抗、国家内部冲突和非国家实体的战争等，显然是十分困难的。但是，根据我们对未来战争最不可能一成不变的推测，我们可以简单地审视一下对未来战争的一些乐观和悲观的看法。

有一种并非孤立的观点认为，随着全球化进程不断将国家和地区捆绑成相互依存的经济实体，各国之间的文化联系和相互理解不断扩展和深化，未来战争有望呈现减少趋势，至少在国家层面是这样的。根据这种观点，与经济全球化相同的力量，根据其使全体参与者都受益的特点，将缓和国家之间的紧张关系，并消解国家内部和不同身份属性群体之间的冲突。民主的扩展以及政治学家认为民主政体之间不会发生战争的认识，更加推动了这种乐观主义的预测。

另一方面，全球化的批评者指出，资本主义在世界上的扩张造成国与国之间以及国家内部严重的不平等现象，而且这种现象最近更趋恶化。这种观点认为，上述不平等现象将成为诱发武装冲突的强有力的刺激。但是，更具说服力的悲观论调是建立在对乐观主义者假想情况背景的批判性审视基础上的。这种悲观论调质疑建立在现行模式上的持续的经济增长在环境问题上是否仍然具有可持续性。考虑到全球气候变暖的现实，这一质疑确实似乎有一定道理。万一出现极端后果，如海岸被冲毁、气候出现特大灾变、粮食产量大幅下滑、通信和贸易网络中断等，将会有越来越多的派别认为通过武力保护自己正在缩小的馅饼份额从理性上看是可能的。

我们深感恐惧的是战争在人类历史上将首次扩大到全球规模。等级制度和不平等现象仍然存在并不断加剧，它们为那些热衷于争权夺利的蛊惑人心的领袖（战争培养领袖，领袖也制造战争）动用武力提供了现成的弹药。如果再加上一场严重的环境变化造成突发性资源危机，1.2万年前孵化战争的条件可能会导致出现一次全球规模的战争，其后果之严重将是难以想象的。

假如发生以上情况，战争将连同其他许多手段一起成为政治失败的后果，而民主文化或者说人类文明将是其牺牲品。

出版后记

中国历史典籍《左传·成公十三年》中引刘康公言："国之大事，在祀与戎。"战争是人类历史中的一个宏大的主题，从人类社会诞生伊始，暴力冲突就一直未曾中断，直到今天依然如此。因此，梳理和审视战争的历史，一直是各个时代的历史学家关注和研究的焦点之一。《世界战争史》就是这样一部试图从世界范围来观察和梳理人类战争历史的著作。它将战争置于政治、经济、地理、宗教、社会习俗所交织成的大的文化框架下，从多个角度进行探讨式的研究。难能可贵的是，作为西方的历史研究者，几位作者的目光没有局限在他们所熟悉的欧洲和北美视野，对发生在亚洲、非洲、拉丁美洲的战争也做了充分的介绍，因此，这本书是一部名副其实的"世界战争史"。特别值得一提的是，作者对不同历史时期的海战进行了专章的论述，将这些章节连在一起读，读者就可以得到一部独特的世界海战史。所以，这部《世界战争史》可以有多种读法，读者可以试着根据自己的兴趣，挑选相关的章节连成某一专题历史文本。

《世界战争史》的翻译出版，经历了一个漫长而艰难的过程。首先，本书卷帙浩繁，英文版分上下册，共六部30章，译成中文有80余万字，无论翻译还是编辑，都是一个很耗时费力的工作。其次，本书是一部跨越时期长、涵盖地域广、涉及学科范围宽的宏大的历史著作，它讲述了约5000年的世界范围内的战争史，涉及政治、经济、法律、科技、地理、社会习俗等诸多方面的内容，其中有很多细节性的介绍。这么广阔的时间、地域和学科跨度，远非一般的历史学者所能驾驭，因此在翻译和编辑上也是难度极大。除了对国别史非常熟悉外，译者还需有专题史以及经济、法律、科技、地理等方面的专业知识才能胜任，从而尽可能少地出现误译、错译的情况。于是，这近乎是一个不可完成的任务，译者和编辑为此做了大量艰辛的工作，努力把它做到最好。英文版是由多位作者合作写成，中文版也是由多位译者联合翻译，因此在语言风格上，不可避免地会存在一定的差异。我们努力使整体的语言风格相对统一，不至出现明显的区别。

书中各章有一些小的专题很有趣，它为读者提供了三个方面的内容：一是文献资料的记载；二是一些著名军事行动的战场细节；三是对一些有争论的历史观点的比较和探讨。这些小的专题插在各章的正文中，不影响对正文的阅读，而且对正文的理解是一种有益的补充。相信它会是很多读者喜爱的部分。

本书或许不可避免地还有一些遗憾，但它至少可以起到抛砖引玉的作用，帮助读者相对粗略地了解世界 5000 年的战争历史，能做到这一点，我们便可感到欣慰了。

后浪出版公司
2023 年 5 月

图书在版编目（CIP）数据

世界战争史 /（英）杰里米·布莱克,（美）史蒂芬·莫里略,（美）保罗·洛科科著；王启超, 董伟译. -- 北京：光明日报出版社，2023.6（2023.8 重印）

书名原文：WAR IN WORLD HISTORY:Society, Technology, and War from Ancient Times to the Present

ISBN 978-7-5194-7052-4

Ⅰ.①世… Ⅱ.①杰…②史…③保…④王…⑤董… Ⅲ.①战争史—世界 Ⅳ.① E19

中国版本图书馆 CIP 数据核字 (2022) 第 254787 号

Stephen Morillo, Jeremy Black, Paul Lococo
War in World History, Vol 1 & 2
ISBN: 0070525846, 0070525854
Copyright © 2009 by McGraw-Hill Education

All Rights reserved. No part of this publication may be reproduced or transmitted in any form or by any means, electronic or mechanical, including without limitation photocopying, recording, taping, or any database, information or retrieval system, without the prior written permission of the publisher.

This authorized Chinese translation edition is published by Guangming Daily Press in arrangement with McGraw-Hill Education (Singapore) Pte. Ltd. This edition is authorized for sale in the People's Republic of China only, excluding Hong Kong, Macao SAR and Taiwan.

Translation Copyright © 2023 by McGraw-Hill Education (Singapore) Pte. Ltd and Guangming Daily Press.

版权所有。未经出版人事先书面许可，对本出版物的任何部分不得以任何方式或途径复制传播，包括但不限于复印、录制、录音，或通过任何数据库、信息或可检索的系统。

此中文简体翻译版本经授权仅限在中华人民共和国境内（不包括香港特别行政区、澳门特别行政区和台湾）销售。

翻译版权 © 2023 由麦格劳 – 希尔教育（新加坡）有限公司与光明日报出版社所有。

本书封面贴有 McGraw–Hill Education 公司防伪标签，无标签者不得销售。

版权登记号：01-2022-1482

世界战争史
SHIJIE ZHANZHENGSHI

著　　者：[英] 杰里米·布莱克　[美] 史蒂芬·莫里略　[美] 保罗·洛科科　　译　者：王启超　董伟

责任编辑：舒　心　许黛如　　　　　　　　　　　　　　策　划：郝明慧
封面设计：陈威伸　　　　　　　　　　　　　　　　　　责任校对：傅泉泽
责任印制：曹　净

出版发行：光明日报出版社
地　　址：北京市西城区永安路 106 号，100050
电　　话：010-63169890（咨询），010-63131930（邮购）
传　　真：010-63131930
网　　址：http://book.gmw.cn
E-mail：gmrbcbs@gmw.cn
法律顾问：北京市兰台律师事务所龚柳方律师

印　　刷：天津雅图印刷有限公司
装　　订：天津雅图印刷有限公司
本书如有破损、缺页、装订错误，请与本社联系调换，电话：010-63131930

开　　本：190mm×260mm　　　　　　　　　　　　　印　张：44
版　　次：2023 年 6 月第 1 版　　　　　　　　　　　字　数：953 千字
印　　次：2023 年 8 月第 2 次印刷
书　　号：ISBN 978-7-5194-7052-4

定　　价：168.00 元